Actualización y mantenimiento del PC

TÍTULOS ESPECIALES

TÍTULO DE LA OBRA ORIGINAL:
Upgrading and Repairing PCs, 19th Edition

RESPONSABLE EDITORIAL:
Víctor Manuel Ruiz Calderón
Sandra Prada Sánchez

TRADUCTOR:
María Pascual Cabrerizo

DISEÑO DE CUBIERTA:
Ignacio Serrano Pérez

Actualización y mantenimiento del PC

Scott Mueller

ANAYA MULTIMEDIA

Todos los nombres propios de programas, sistemas operativos, equipos hardware, etc. que aparecen en este libro son marcas registradas de sus respectivas compañías u organizaciones.

Edición española:

© EDICIONES ANAYA MULTIMEDIA (GRUPO ANAYA, S.A.), 2010
Juan Ignacio Luca de Tena, 15. 28027 Madrid
Depósito legal: M. 17.366-2010
ISBN: 978-84-415-2753-9
Printed in Spain
Impreso en: Closas-Orcoyen, S.L.

Para Emerson.

Agradecimientos

Estoy especialmente agradecido a Rick Kughen, de la editorial Que. Durante todos estos años Rick ha sido el principal artífice del éxito de esta obra y de nuestra serie de libros sobre actualización y reparación de sistemas. No puedo expresar todo lo que es Rick y lo que significa para estos libros. Con todo lo que le he hecho pasar con este trabajo, me temo que soy responsable de más de una de sus canas (¡los siento!)... Me gustaría asimismo dar las gracias a Todd Brakke por encargarse del desarrollo de la redacción de esta edición, tarea bastante ardua teniendo en cuenta todas las modificaciones y novedades. Sus excelentes consejos y sugerencias son de gran ayuda para ofrecer un material conciso y actualizado.

También quiero dar las gracias a Bart Reed, que ha colaborado en la edición, y a Jovana San Nicolas-Shirley por sacar adelante los manuscritos en un programa tan ajustado. Quedo también agradecido a los revisores, ilustradores e indizadores que tanto han trabajado para terminar el libro y sacarlo a la luz. Son un equipo fantástico que está detrás de los que, sin duda, son los mejores libros de informática del mercado. El trabajo con la gente de Que me llena de orgullo y satisfacción.

Quiero también dar las gracias a mi editor, Greg Wiegand, que siempre ha apoyado los proyectos de los libros y vídeos de esta serie. Greg es además un fanático de las motos; ojalá algún día podamos ir a montar juntos.

Todo el personal de Que me ha hecho sentir parte del grupo y ha dedicado tanto esfuerzo como yo a hacer los libros lo mejor posible.

Me gustaría también dar gracias a Mark Reddin, que ha sido el principal editor técnico de este libro desde la decimotercera edición, y que no sólo es extremadamente meticuloso al comprobar detalles, sino que además aporta muchísimas sugerencias para contenido adicional. Sus aportaciones han sido de vital importancia para garantizar el máximo nivel de precisión técnica y profundidad de contenidos.

Muchos lectores me han hecho llegar sugerencias e incluso correcciones, por lo que les estoy especialmente agradecido. Tanto sus comentarios como sus críticas siempre serán bien recibidos y los tendré en cuenta para la continua mejora de este libro. La interacción con los lectores es lo que hace que esta obra sea la más completa y actualizada del mundo en materia de hardware del PC.

Para terminar, quiero dar las gracias a los millares de personas que han asistido a mis seminarios; ¡no sabéis cuánto he aprendido de vosotros y de vuestras preguntas!

Sobre el autor

Scott Mueller es el presidente de *Mueller Technical Research* (MTR), una firma internacional de investigación y desarrollo empresarial. Desde 1982, MTR ha generado los seminarios, libros, artículos y vídeos más exhaustivos, precisos y efectivos del mercado, que abarcan desde el soporte físico de los equipos hasta la recuperación de datos. La cartera de clientes de MTR incluye algunas de las empresas más importantes de Estados

Unidos, los gobiernos de EEUU y otros países, notables empresas de hardware y de software, y también pequeños empresarios y fanáticos del PC. Mueller ha presentado sus seminarios ante miles de profesionales de la informática de todo el mundo.

Aunque lleva impartiendo clases prácticamente sin parar desde 1982, Scott Mueller es más conocido como autor de la obra sobre hardware de PC más popular, completa y perdurable del mundo, que además se ha convertido en el eje central de toda una serie de libros.

La revista *Forbes* ha dedicado un reportaje a Scott, quien además ha escrito numerosos artículos para diversas publicaciones especializadas, como *PC World* o *Maximum PC*.

Índice

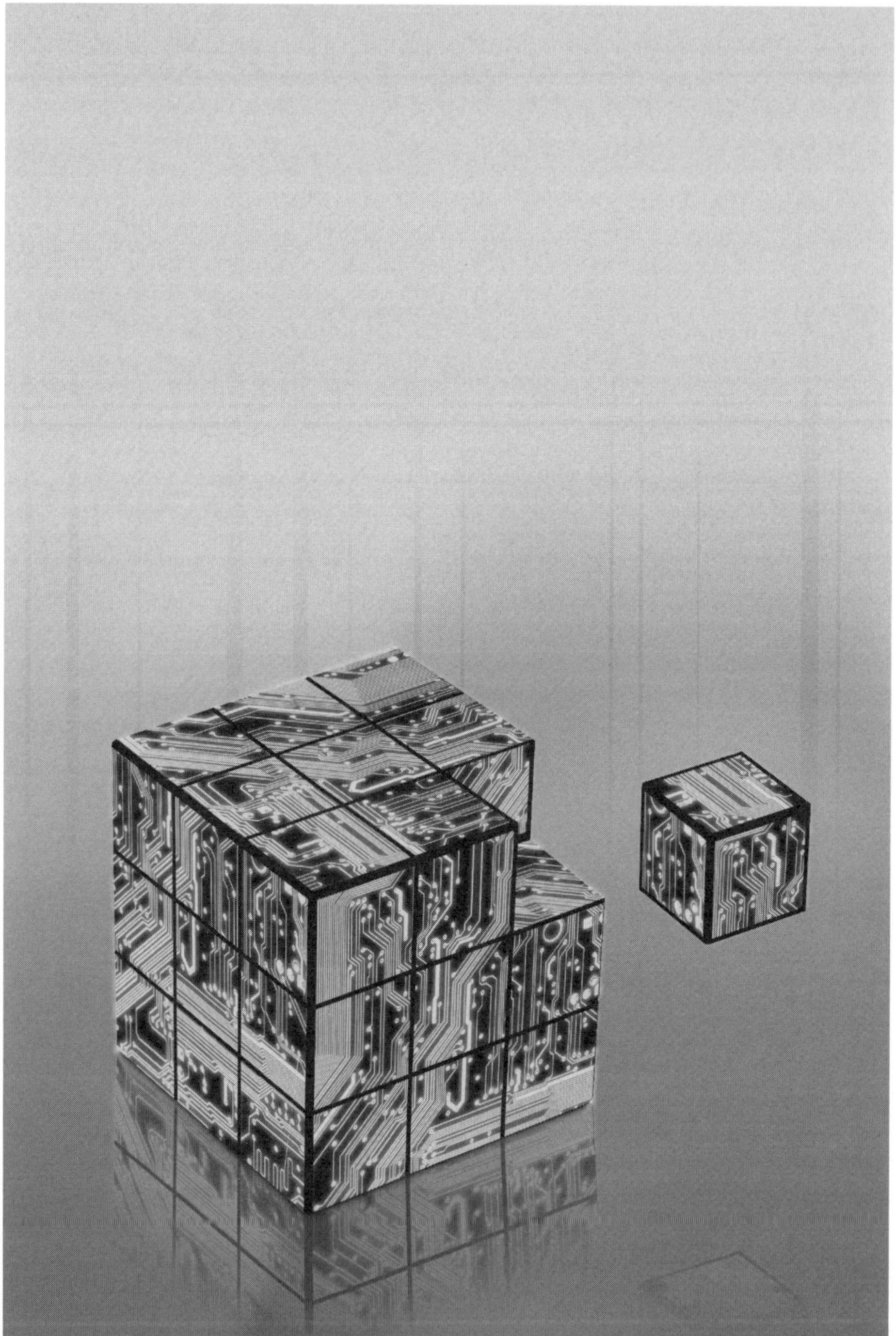

Introducción

Bienvenido a esta obra destinada a los lectores que quieran saberlo todo sobre el PC, desde su evolución hasta cómo mejorarlo, repararlo y solucionar problemas. El libro cubre toda la gama de sistemas compatibles con PC, desde los antiguos equipos de 8 bits hasta los procesadores más punteros de 64. Si quiere saber todo sobre el hardware del PC, desde la tecnología original hasta la más reciente, éste es su libro.

Tampoco vamos a dejar de lado los componentes menos glamurosos del PC: todas y cada una de sus partes desempeñan un papel fundamental en la estabilidad y el rendimiento del sistema. A lo largo del libro, veremos por qué es precisamente el *chipset* de la placa base la parte más importante del PC y qué puede salir mal cuando se tiene una instalación eléctrica normal y corriente que no explota al máximo el monstruo de procesador que acabamos de comprar. También analizaremos tecnologías como los nuevos procesadores, *chipsets*, tarjetas gráficas y de sonido, PCI Express 2.x, unidades Blu-ray, Serial ATA, USB y FireWire, etcétera. Todo está aquí, junto con el análisis exhaustivo del ratón y del teclado.

Objetivos del libro

Este libro persigue varios objetivos, el principal es ayudar a los lectores a aprender a mantener, actualizar y reparar sus sistemas PC. Con ese fin, esta guía le ayudará a comprender la familia de equipos derivada del IBM PC original, incluidos todos los sistemas compatibles con PC. Trataremos diversos aspectos para mejorar nuestros sistemas, como las placas base, los procesadores, la memoria e incluso el suministro eléctrico. El libro explica el cuidado adecuado del sistema y sus componentes, especifica los elementos más propensos a errores en distintos PC, y muestra cómo localizar e identificar componentes problemáticos. Veremos herramientas potentes de diagnóstico de hardware y software que permiten habilitar al sistema para ayudarnos a repararlo.

Los PC avanzan a pasos agigantados tanto en potencia como en capacidad. El rendimiento de los procesadores aumenta con cada chip nuevo que se diseña. Esta obra le ayudará a conocer todos los procesadores utilizados en sistemas compatibles con PC.

Este libro cubre todas las diferencias significativas entre las principales arquitecturas de sistema, desde los estándares ISA (*Industry Standard Architecture*, Arquitectura normalizada de la industria) originales hasta los más recientes PCI Express. Veremos cada una de estas arquitecturas y sus placas adaptadoras para ayudarle a decidir sobre el tipo de sistema que necesitará en el futuro, y actualizar y solucionar problemas con tales sistemas. Además, la cantidad de espacio de almacenamiento en los PC modernos también está aumentando, por lo que también trataremos distintas opciones de almacenamiento, que incluyen discos duros más grandes y rápidos y dispositivos de almacenamiento más vanguardistas.

Cuando acabe de leer este libro, debería tener conocimientos suficientes para actualizar y reparar prácticamente cualquier sistema y componente.

Web del autor: informit.com/upgrading

En el sitio Web InformIT Upgrading encontrará un montón de material de gran utilidad para complementar el libro. Este material, que cuenta con aportaciones de varios autores, incluye desde vídeos hasta actualizaciones del mismo.

Dispone de un foro privado (`www.forum.scottmueller.com`) diseñado exclusivamente para ayudar a los lectores. La finalidad del foro es responder a las preguntas de los usuarios, así que, si lo desea, puede unirse al foro para formular sus preguntas. Intento responder yo personalmente todas las preguntas, pero también animo a otros miembros a hacerlo. Se puede acceder al foro sin registrarse, pero para colgar preguntas es necesario haberse unido previamente. Pásese por `informit.com/upgrading` para más información sobre las publicaciones recientes, vídeos, preguntas frecuentes, etc.

> **Nota:** *El material del citado sitio Web no está disponible en castellano.*

Nota del autor

Cuando a Dave McLellan, antiguo gerente de la plataforma Corvette en General Motors, le preguntaban cuál era su Corvette favorito, él siempre respondía: "El modelo del año que viene". Ahora, con la decimanovena edición de este libro ya en el mercado estadounidense, el modelo del año que viene se ha convertido en el de este año; hasta el año que viene, claro...

Creo que esta obra es la mejor de su especie actualmente en el mercado, y es en gran parte gracias a los comentarios que recibo a través de mis seminarios y por parte de los lectores. Estoy profundamente agradecido a todos aquellos que me han ayudado con cada una de las ediciones de este libro, y también a mis fieles lectores, que lo han convertido en una obra de referencia desde el principìo. He coincidido con muchos de ellos en los seminarios que imparto y he disfrutado mucho de sus comentarios, incluso de los más críticos. La utilización de este libro en un entorno didáctico también ha contribuido a su desarrollo. Empecé a escribirlo en 1985, al principio lo editaba por mi cuenta para usarlo en mis cursos, hasta que en 1988 la editorial lo publicó por primera vez a nivel profesional.

En cierto modo, llevo escribiendo y reescribiendo esta obra más de 20 años. En todo ese tiempo, ha quedado patente que este libro no sólo es el primero de este tipo, sino también el más completo y asequible. Los comentarios, sugerencias y apoyo de los lectores han hecho de esta guía el mejor libro sobre hardware que hay actualmente en el mercado, así que espero ansioso todos sus comentarios sobre esta nueva versión.

–Scott.

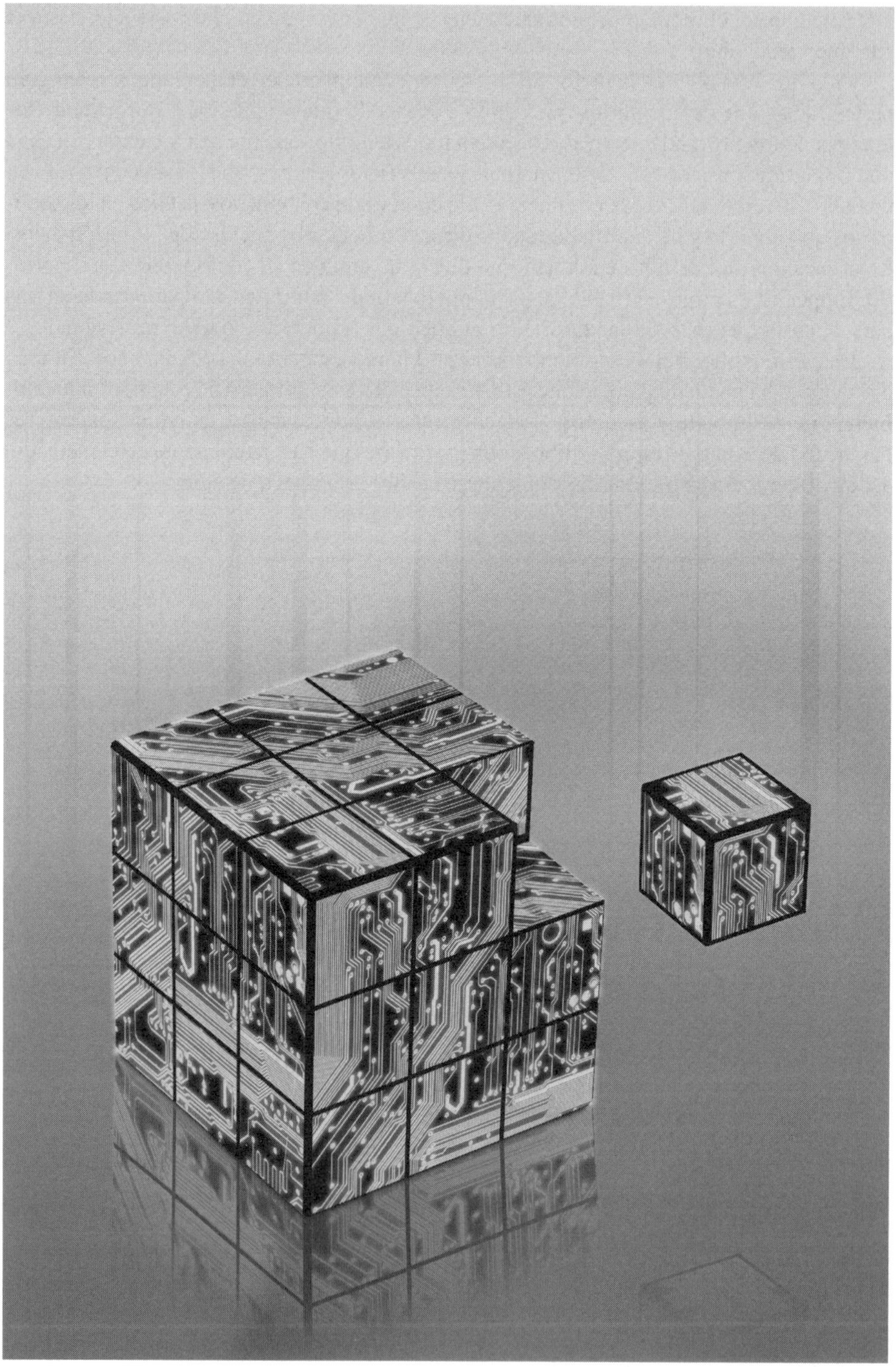

1. Diseño del sistema, características y componentes del PC

¿Qué es un PC?

Cuando comienzo mis seminarios sobre hardware de PC, me gusta preguntar "¿Qué es exactamente un PC?"

La mayoría de la gente responde inmediatamente que PC significa *personal computer* (ordenador personal), algo que es cierto. Muchos siguen definiendo el ordenador personal como un sistema de computación pequeño adquirido para uso individual. Aunque es verdad que todos los PC son ordenadores personales, no todos los ordenadores personales son PC. Por ejemplo, todos los sistemas Macintosh basados en procesadores Motorola/IBM anteriores a 2006 de Apple, los equipos CP/M basados en procesadores 8080/Z-80 más antiguos, e incluso mi viejo sistema Apple se consideran ordenadores personales, pero la mayoría de la gente no los llamaría PC, ¡especialmente los usuarios de Mac! Para tener una definición más precisa de lo que es un PC hay que profundizar un poco más.

Llamar a algo PC implica que pertenece a la familia del PC original de IBM de 1981. De hecho, diría incluso que IBM "inventó" literalmente el tipo de ordenador que llamamos PC hoy en día; es decir, IBM diseñó y creó el primero, y la definición de IBM establece todos los estándares que distinguen al PC de otros ordenadores personales. Con esto no estoy diciendo que IBM inventara el ordenador personal; muchos reconocen los orígenes históricos del ordenador personal en el MITS Altair, presentado en 1975, incluso aunque anteriormente hubiera otros ordenadores pequeños disponibles. Sin embargo, aunque IBM no inventó el ordenador personal, inventó el tipo de ordenador personal que actualmente conocemos como PC. Puede que algunos lleven esta definición aún más lejos y definan el PC como cualquier ordenador personal que sea "compatible con IBM". De hecho, hace muchos años, los PC se llamaban "compatibles con IBM" o "clones de IBM", como pequeño homenaje a los orígenes del PC en esta empresa.

La realidad de hoy es que, aunque IBM diseñó y creó el PC en 1981 y controló el desarrollo y evolución del PC estándar durante varios años, ya no tiene el control sobre el PC; es decir, no dicta lo que hace un PC hoy en día. IBM perdió el control del PC en 1987, cuando introdujo su línea de sistemas PS/2. Hasta entonces, otras empresas que estaban produciendo PC copiaban literalmente los sistemas de IBM en los chips, los conectores e incluso las formas (factores de forma) de los teclados, las cajas y los suministros de energía. A partir de 1987, IBM abandonó muchos de los estándares que había creado al principio y la consideración de "compatible con IBM" empezó a considerarse obsoleta.

Si un PC ya no es un sistema compatible con IBM, entonces, ¿qué es? Parece que la verdadera pregunta es "¿Quién tiene actualmente el control de los PC?". Esta pregunta puede desglosarse en dos partes. Primero, ¿quién tiene el control del software de PC? Segundo, ¿quién tiene el control del hardware de PC?

¿Quién controla el software de los PC?

La mayoría de asistentes a mis seminarios no dudan ni un segundo cuando les planteo esta pregunta; responden inmediatamente "¡Microsoft!". No creo que se pueda discutir. Microsoft controla claramente los sistemas operativos dominantes utilizados en los PC, que han evolucionado desde el MS-DOS original a DOS/Windows 3.x, después a Windows 9x/Me, más tarde a Windows NT/2000/XP, y ahora a Windows Vista y Windows 7.

Microsoft ha utilizado de manera eficaz su control de los sistemas operativos de PC como apoyo para controlar otros tipos de software de PC, como unidades, utilidades y aplicaciones. Por ejemplo, muchos programas de utilidades ofrecidos por empresas independientes, como el almacenamiento en caché, la compresión de discos, la desfragmentación de archivos, la reparación de estructuras de archivos, los cortafuegos e incluso aplicaciones sencillas como los programas de calculadora y bloc de notas, están en Windows. Microsoft ha recogido incluso aplicaciones más completas, como navegadores Web, procesadores de texto y reproductores multimedia, garantizando una base automática instalada para esas aplicaciones, para disgusto de la competencia. Microsoft también se ha apoyado en su control del sistema operativo para integrar su propio software de red y suites de aplicaciones en el sistema operativo con menos complicaciones que otros. Ésa es la razón por la que ahora domina la mayoría del universo del software de PC, desde los sistemas operativos a software de redes y a utilidades, desde procesadores de texto a bases de datos y hojas de cálculo.

En los primeros días del PC, IBM contrató a Microsoft para que se ocupara de desarrollar la mayoría del software para el núcleo del PC. IBM desarrolló el hardware, escribió el sistema básico de entrada/salida (BIOS) y contrató a Microsoft para que desarrollara el sistema operativo en disco (DOS) y otros programas y utilidades para PC. Cometiendo el que más tarde se ha considerado quizá el error más caro de la historia de los negocios, IBM no aseguró los derechos exclusivos del DOS que había contratado de Microsoft, ni comprándolo completamente ni mediante un acuerdo de licencia en exclusividad. En vez de eso, IBM le otorgó un permiso no exclusivo, lo que después permitió a Microsoft vender el mismo código MS-DOS que había desarrollado para IBM a cualquier otra empresa interesada. Los primeros clonadores de PC, como Compaq, sacaron licencias de este código de sistema operativo con mucho entusiasmo, y de pronto los consumidores se encontraron con la posibilidad de comprar el mismo sistema operativo MS-DOS con el nombre de distintas empresas en la caja. En retrospectiva, ese simple error contractual convirtió a Microsoft en la empresa de software dominante que es hoy en día, e hizo que IBM perdiera el control del PC estándar que había creado.

Como escritor (de libros, no de software), puedo darme cuenta del despiste tan increíble que fue aquello. Imagínese que una editorial tiene una gran idea para un libro muy popular y contrata a un autor para que lo escriba, después, en virtud de un contrato mal redactado, el autor descubre que puede vender legalmente el mismo libro (quizá con un título diferente) a todos los competidores de la editorial original. Por supuesto, ninguna editorial que yo conozca permitiría que eso ocurriera; sin embargo, eso es exactamente lo que IBM permitió hacer a Microsoft en 1981. Por culpa de ese trato con Microsoft, IBM perdió el control del software que había encargado para su nuevo PC.

Es interesante destacar que en el negocio del PC, el software goza de protección de *copyright*, mientras que el hardware tan sólo puede protegerse mediante patentes, que son mucho más difíciles y caras de obtener, y llevan más tiempo. En el caso de Estados Unidos, las patentes expiran a los 20 años de archivarse. Según la oficina de patentes de este país, cualquier composición, elaboración, equipo o proceso nuevo y útil, o cualquier mejora útil y nueva que se realice del mismo puede patentarse. Esta definición dificulta patentar la mayoría de aspectos del IBM PC porque se diseñó utilizando partes ya existentes que cualquiera podía comprar tal cual. De hecho, la mayoría de partes importantes del PC original venían de Intel, como el procesador 8088, el generador de reloj 8284, el temporizador 8253/54, el controlador de interrupción 8259, el controlador de DMA (*direct memory access*, acceso directo a memoria) 8237, la interfaz de periféricos 8255, y el controlador de bus 8288. Estos chips conformaban el corazón y el alma de la placa base del PC original.

Puesto que el diseño del PC original no se patentó completamente, y prácticamente todas las partes estaban disponibles, casi cualquiera podría duplicar el hardware del IBM PC. Todo lo que había que hacer era comprar los mismos chips de los mismos fabricantes y proveedores utilizados por IBM y diseñar una nueva placa base con un circuito similar. IBM lo hizo aún más fácil al publicar diagramas esquemáticos completos de sus placas base y tarjetas adaptadoras en manuales técnicos de referencia muy detallados y de gran disponibilidad. Esos manuales ofrecían incluso listas de códigos fuente completamente comentadas para el código ROM BIOS. Yo tengo muchos de esos manuales de IBM y aún los consulto para obtener información específica sobre diseño de PC a nivel de componentes. De hecho, recomiendo encarecidamente estos manuales originales para cualquiera que desee profundizar en el diseño del hardware de PC. Aunque hace tiempo que están agotados, pueden encontrarse en mercados de libros usados y en sitios de subastas en línea como eBay.

La parte difícil de copiar de IBM PC era el software, que está protegido por la ley de *copyright.* Tanto Compaq como Phoenix Software (conocido actualmente como Phoenix Technologies) fueron de los primeros en evitar este problema de manera legal, lo que les permitía duplicar funcionalmente (pero no copiar exactamente) software como el del BIOS. El BIOS se define como el conjunto principal de software de control que gestiona los dispositivos de hardware en el sistema directamente. Estos tipos de programas se llaman normalmente "controladores de dispositivos", así que, en esencia, el BIOS es una colección de todos los controladores de dispositivos importantes utilizados para operar y controlar el hardware del sistema. El "sistema operativo" (como DOS o Windows) utiliza los controladores en el BIOS para controlar y comunicarse con los distintos hardware y periféricos del sistema.

El método que utilizaron para duplicar legalmente el BIOS de IBM PC fue una astuta forma de ingeniería inversa. Utilizaron dos grupos de ingenieros de software, el segundo de los cuales estaba especialmente seleccionado para que estuviera formado únicamente por personas que nunca hubieran visto ni estudiado el código de la BIOS de IBM. El primer grupo la estudió y escribió una descripción detallada de lo que hizo y el segundo leyó la descripción escrita por el primero y se puso a escribir desde cero una nueva BIOS que hiciera todo lo que el primer grupo había descrito. El resultado final fue un nuevo BIOS escrito desde cero, y aunque el código resultante no era idéntico al de IBM, tenía exactamente la misma funcionalidad.

Esto es lo que se llama una aproximación "de sala limpia" al software de ingeniería inversa, y si se gestiona con cuidado, puede escapar de cualquier ataque legal. Ya que el BIOS del PC original de IBM tenía un conjunto de funciones limitado y bien definido, y sólo tenía 8.096 bytes de longitud, duplicarlo mediante una aproximación "de sala limpia " no fue muy difícil. A medida que el BIOS de IBM evolucionaba, mantenerse al paso de los cambios realizados por IBM era relativamente sencillo. Excepto la porción del BIOS para Autocomprobación en el Encendido (POST) y BIOS Setup (utilizado para configurar el sistema), la mayoría de BIOS de placa base sólo tienen, todavía hoy, alrededor de 32KB–128KB de código activo, además, los sistemas operativos modernos ignoran la mayor parte al cargar código y controladores desde un disco. En esencia, el BIOS de placa base moderno sólo sirve para inicializar el sistema y cargar el SO. Actualmente, aunque algunos fabricantes de PC todavía escriben parte de su propio código de BIOS, la mayoría obtienen sus BIOS de uno de los programadores de BIOS independientes. Phoenix y American Megatrends (AMI) son los líderes en programación de software de BIOS para fabricantes de placas base y sistemas de PC. El tercer mayor productor de software de BIOS, Award Software, es propiedad de Phoenix Technologies, que sigue vendiendo productos basados en BIOS Award.

Después de que el BIOS y el hardware de la placa base del IBM PC se duplicaran, lo único que se necesitaba para producir un sistema totalmente compatible con IBM era MS-DOS. Utilizar la ingeniería inversa con DOS, incluso con una aproximación "de sala limpia", parecía en esa época una tarea desalentadora, ya que DOS es mucho más grande que el BIOS y consta de muchos más programas y funciones. Además, el sistema operativo ha evolucionado y cambiado con más frecuencia que el BIOS, que en comparación ha permanecido relativamente constante. Esto significa que la única manera de obtener DOS en un compatible con IBM a principios de los 80 era tener un permiso, y aquí es donde entró Microsoft. Puesto que IBM (que contrató en primer lugar a Microsoft para escribir DOS) no se aseguró de que el acuerdo de licencia con éste fuera exclusivo, Microsoft era libre de vender el mismo DOS diseñado para IBM a cualquiera que lo quisiera. Con una copia autorizada de MS-DOS, se colocaba la última pieza y se abrían las puertas para que se produjeran sistemas compatibles con IBM, tanto si IBM quería como si no.

Nota: *Finalmente MS-DOS se clonó, y el primero de los clones fue DR-DOS, lanzado por Digital Research (creadores de CP/M) en 1988. DR-DOS era, de pleno derecho, más que un clon, puesto que tenía muchas características que no se encontraban en MS-DOS en aquel momento, inspirando a Microsoft para añadir características similares en posteriores versiones de MS-DOS. En 1991, Novell adquirió DR-DOS, seguido por Caldera en 1996 (que lanzó una versión del código fuente bajo una licencia de código abierto), seguido de Lineo en 1998, y finalmente por DRDOS (*`www.drdos.com`*) en 2002.*
Las versiones de DOS gratuitas y de código abierto se han producido, actualizado y mantenido independientemente por parte de DR-DOS/OpenDOS Enhancement Project (`www.drdosprojects.de`*) y de FreeDOS Project (*`www.freedos.org`*).*

En retrospectiva, ésa es exactamente la razón por la que no había clones o compatibles de los sistemas Apple Macintosh. No es que los sistemas Mac no se pudieran duplicar; de hecho, el antiguo hardware de Mac era bastante sencillo y fácil de producir utilizando partes al alcance de cualquiera, y los Mac actuales utilizan ahora el mismo hardware que los PC. El verdadero problema es que Apple posee el sistema operativo Mac, y hasta el momento ha rechazado conceder licencia o permitir que su SO se ejecute en un hardware que no sea de Apple. Los primeros Mac no compatibles con PC también incorporaban un BIOS bastante grande y complejo que estaba muy integrado con el antiguo sistema operativo Mac. La mayor complejidad e integración combinadas con una cuota de mercado baja permitieron a los primeros SO y BIOS de Mac no compatibles con PC escapar de los intentos de duplicación desde una"sala limpia".

Nota: *Entre 1996 y 1997, los pensadores más independientes de Apple realizaron un esfuerzo para otorgar permisos para su combinación de BIOS/SO, y se desarrollaron, produjeron y vendieron muchos equipos compatibles con Mac. Empresas como Sony, Power Computing, Radius, e incluso Motorola invirtieron millones de dólares en desarrollar estos sistemas, pero al poco tiempo de que se vendieran esos primeros clones de Mac, ¡Apple canceló la licencia! Al hacerlo, garantizó virtualmente que sus sistemas no competirían con los PC basados en Windows. A su baja cuota de mercado, se unieron mayores costes del sistema, menos aplicaciones de software y menos opciones de reparación de hardware que los PC. Los* *factores de forma de la propiedad también aseguran que los componentes principales como las placas base, los suministros de energía y las cajas tan sólo están disponibles desde Apple a precios muy elevados, haciendo que las reparaciones, sustituciones y actualizaciones fuera de garantía no sean muy rentables.*

Ahora que Apple ha convertido sus sistemas Mac a la arquitectura de PC, la única diferencia entre Mac y PC es el sistema operativo que utilizan, así que un PC que ejecute OS X se convierte en un Mac, mientras que un Mac que ejecute Windows se convierte en un PC. Esto supone que lo único que hace que los sistemas Mac sean únicos es la capacidad para ejecutar OS X. Con este fin, Apple incluye código en OS X que busca un chip de seguridad específico de Apple, evitando así que OS X se ejecute en un PC que no sea de Apple. Aunque esto supone un incentivo para comprar PC de la marca Apple, también pasa por alto el enorme mercado para vender OS X a usuarios de PC que no sean de Apple. Por ejemplo, si Apple hubiera vendido OS X a usuarios de PC mientras Microsoft estaba retrasando el lanzamiento de Vista, OS X habría obtenido una gran cuota de mercado respecto a Windows. Sin embargo, pese a los intentos de Apple de evitar que OS X se ejecute, el Proyecto OSx86 Project (`www.osx86project.org`) tiene información que muestra como instalar y ejecutar OS X en PC estándar.

¿Quién controla el hardware de los PC?

Aunque está claro que Microsoft siempre ha tenido un control mayoritario sobre el software de los PC en virtud de los sistemas operativos de PC dominantes, ¿qué pasa con el hardware? IBM controlaba el estándar de hardware de PC hasta 1987. Después de todo, IBM inventó el diseño de la placa base de PC principal; la arquitectura de la ranura de bus de extensión original (bus ISA de 8/16 bits); las implementaciones de puertos serie y paralelos y la interfaz del ROM BIOS; el diseño de tarjetas de vídeo a través de estándares VGA y XGA; las implementaciones de controladores e interfaces de discos duros y disquetes; los diseños de suministros de energía; los diseños e interfaces del teclado; la interfaz del ratón; e incluso las formas físicas (factores de forma) de todo desde la placa base hasta las tarjetas de expansión, suministros de energía y chasis del sistema.

Pero para mí, la verdadera cuestión es qué empresa ha sido responsable de la creación e invención de estándares, interfaces y diseños de hardware de PC más nuevos y recientes. Cuando hago esta pregunta, veo que normalmente hay dudas, pues algunos dicen Microsoft (pero Microsoft controla el software, no el hardware), y otros que HP/Compaq o Dell, u otros fabricantes de sistemas de renombre. Otros, sin embargo, dan con la respuesta correcta: Intel.

Sé por qué la gente no se da cuenta de esto a la primera; o sea, ¿cuánta gente tiene realmente un PC de la marca Intel? No, no uno en el que ponga "Intel inside" (que se refiere sólo a que el sistema tiene un procesador Intel), sino un sistema diseñado y construido por, o incluso comprado a través de, Intel. Lo crea o no, actualmente hay mucha gente que tiene un PC de Intel.

Desde luego, esto no significa que los consumidores hayan comprado sus sistemas a Intel porque Intel no vende PC completos a los usuarios. Actualmente no es posible pedir un sistema a Intel, ni comprar un sistema de la marca Intel a un tercero. A lo que me refiero es a los componentes internos más importantes, incluyendo especialmente la placa base y su núcleo (el *chipset*).

¿Cómo ha llegado Intel a dominar el interior de nuestros PC? Intel ha sido el proveedor de procesadores de PC dominante desde que IBM escogió la CPU Intel 8088 en el IBM PC en 1981. Al controlar el procesador, Intel controlaba los chips necesarios para integrar su procesador en los diseños del sistema. Esto llevó a Intel de forma natural al negocio de los *chipsets*. Comenzó su andadura en dicho negocio en 1989 con el *chipset* 82350 EISA (*Extended Industry Standard Architecture*), y en 1993 ya se había convertido, con el debut del procesador Pentium, en el principal proveedor de *chipset* de placa base de mayor volumen. Me imagino que Intel consideró que fabricaba el procesador y el resto de chips necesarios para producir una placa base, así que, ¿por qué no eliminar al intermediario y hacer también la placa base completa? La respuesta a esta cuestión, y un momento decisivo para la industria, llegó alrededor de 1994 cuando Intel se convirtió en el fabricante de placas base de mayor volumen del mundo. En torno a 1997, Intel fabricó más placas base que los ocho siguientes fabricantes de placas base más importantes juntos, con ventas de más de 30 millones de placas y unos beneficios de 3,6 billones de dólares.

Tras el descenso de la industria en 2001, Intel se concentró en su competencia esencial de fabricación de chips, y empezó a utilizar la contratación de fabricantes chinos como Foxconn para producir placas base con la marca Intel. Desde entonces, los fabricantes subcontratados como Asus, Foxconn, ECS, MSI, y Gigabyte han asumido el control del mercado de la fabricación de placas base. Independientemente de qué compañía fabrique actualmente las placas, la parte principal de cualquier placa base es el *chipset*, que contiene la mayoría de circuitos de la placa base. Actualmente, alrededor del 80 por 100 de los PC del mercado utilizan procesadores Intel, y la mayoría de ellos se enchufan a placas base creadas mediante el uso de *chipsets* Intel.

Intel controla el estándar del hardware de PC porque controla la placa base de los PC y la mayoría de los componentes que hay en la misma. No sólo fabrica la mayoría de placas base utilizadas hoy en día, sino que también proporciona la mayoría de *chipsets* de placas base y procesadores a otros fabricantes de placas base.

Intel también ha participado en el establecimiento de varios estándares de hardware de PC recientes, como los siguientes:

- La interfaz de bus local de Interconexión de componentes periféricos (PCI, *Peripheral Component Interconnect*).
- Interfaz Puerto de gráficos acelerado (AGP, *Accelerated Graphics Port*) para tarjetas de vídeo de alto rendimiento.
- PCI Express (originalmente conocida como 3GIO, Tercera generación de E/S), la interfaz seleccionada por el *PCI Special Interest Group* (PCI SIG) para sustituir PCI y AGP como bus de alto rendimiento para PC más nuevos.

- Factores de forma de placas base estándar como ATX (incluyendo variaciones como microATX y FlexATX) y BTX (incluyendo variaciones como microBTX, nanoBTX, y picoBTX). ATX sigue siendo el más popular, y aunque comenzó en 1996–1997 remplazó al factor de forma Baby-AT, algo anticuado y diseñado por IBM, que se había utilizado desde principios de los 80.
- Interfaz de Administración de escritorio (DMI, *Desktop Management Interface*) para la monitorización de las funciones del hardware del sistema.
- Estándares DPMA (*Dynamic Power Management Architecture*, Administración de energía dinámica) y APM (*Advanced Power Management*, Administración de energía avanzada) para la administración del uso de energía en los PC.

Intel no sólo domina el PC, sino también toda la industria mundial de semiconductores. Según las cifras de ventas recopiladas por iSuppli, Intel tiene aproximadamente una vez y media más ventas que la siguiente empresa de semiconductores (Samsung) y al menos cuatro veces más que las ventas del competidor AMD (véase la tabla 1.1).

Tabla 1.1. *Las 25 empresas de semiconductores más importantes clasificadas según las ventas de semiconductores en 2007.*

Clasificación 2007	Empresa	Ingresos 2007	Porcentaje del total	Clasificación 2006	Ingresos 2006	Cambio en porcentaje
1	Intel	33.995	12,6%	1	31.542	7,8%
2	Samsung	19.691	7,3%	2	19.842	–0,8%
3	Texas Instruments	12.275	4,6%	3	12.600	–2,6%
4	Toshiba	12.186	4,5%	4	10.141	20,2%
5	STMicroelectronics	10.000	3,7%	5	9.854	1,5%
6	Hynix	9.047	3,4%	7	7.865	15,0%
7	Renesas	8.001	3,0%	6	7.900	1,3%
8	Sony	7.974	3,0%	14	5.129	55,5%
9	Infineon	6.201	2,3%	15	5.119	21,1%
10	AMD2	5.918	2,2%	8	7.506	–21,2%
11	NXP	5.746	2,1%	9	5.707	0,7%
12	NEC	5.742	2,1%	11	5.601	2,5%
13	Qualcomm	5.619	2,1%	16	4.529	24,1%
14	Freescale	5.264	2,0%	10	5.616	–6,3%
15	Micron	4.869	1,8%	13	5.247	–7,2%
16	Qimonda	4.005	1,5%	12	5.413	–26,0%
17	Elpida	3.838	1,4%	19	3.527	8,8%

Clasificación 2007	Empresa	Ingresos 2007	Porcentaje del total	Clasificación 2006	Ingresos 2006	Cambio en porcentaje
18	Matsushita	3.800	1,4%	17	4.022	–5,5%
19	Broadcom	3.746	1,4%	18	3.668	2,1%
20	nVidia	3.466	1,3%	25	2.578	34,4%
21	Sharp	3.401	1,3%	20	3.341	1,8%
22	IBM	2.977	1,1%	21	3.172	–6,1%
23	Marvell	2.777	1,0%	26	2.550	8,9%
24	Analog Devices	2.707	1,0%	23	2.603	4,0%
25	Rohm	2.633	1,0%	22	2.882	–8,6%
	Otros:	83.027	30,9%		82.401	0,8%
	Total:	**268.905**	**100,0%**		**260.355**	**3,3%**

Como se puede apreciar en estos datos, no es extraño que un popular sitio Web de noticias sobre la industria llamado *The Register* (`www.theregister.com`) utilice el término *Chipzilla* para referirse al gigante de la industria.

Quienquiera que controle el sistema operativo controla el software de los PC, y quienquiera que controle la placa base controla el hardware. Puesto que Microsoft e Intel parecen controlar actualmente el software y el hardware de los PC, no es de extrañar que a menudo se llame sistema "Wintel" al PC moderno.

Sistemas de caja blanca

Muchos de los fabricantes de sistemas con ventas más elevadas diseñan y fabrican sus propias placas base, especialmente para sus sistemas de mayor calidad. Según la revista *Computer Reseller News*, los fabricantes de sistemas de sobremesa más importantes durante los últimos años han sido nombres como HP, Dell, y Lenovo (anteriormente IBM). Estas empresas diseñan y fabrican sus propias placas base y también compran placas existentes a fabricantes de placas base. En casos excepcionales, diseñan incluso sus propios componentes de *chipset* y chips para sus propias placas. Aunque las ventas son altas para estas empresas individuales, un segmento grande del mercado es lo que la industria llama "sistemas de caja blanca".

"Caja blanca" es el término utilizado por la industria para referirse a lo que de otro modo se llamaría PC "genéricos", es decir, PC armados a partir de una recopilación de componentes estándar disponibles a nivel comercial. La designación de caja blanca viene del hecho de que históricamente la mayoría de los chasis utilizados por este tipo de sistemas han sido blancos (o marfil o beige).

Lo mejor de los sistemas de caja blanca es que utilizan componentes estándar intercambiables. Esta cualidad es la clave de futuras actualizaciones y reparaciones porque garantiza que habrá una gran variedad de partes de recambio disponibles para elegir y serán intercambiables. Durante muchos años, he aconsejado evitar sistemas de marca registrada y he recomendado en su lugar sistemas de caja blanca más estándar a nivel industrial.

Las empresas que venden sistemas de caja blanca no suelen fabricar los sistemas; los montan. Es decir, compran placas base, cajas, suministros de energía, unidades de disco, periféricos, etc. disponibles a nivel comercial y lo montan y comercializan todo junto como sistemas completos. Algunas empresas como HP y Dell fabrican sus propios sistemas y también los montan a partir de piezas estándar. En concreto, las líneas HP Pavilion y Dell Dimension están compuestas en gran medida de sistemas fabricados con partes estándar en su mayoría. Entre los fabricantes de PC que utilizan principalmente partes estándar se incluyen también los creadores de sistemas de juegos de alta calidad, como VoodooPC (propiedad de HP) y Alienware (propiedad de Dell). Otros ejemplos incluyen Gateway y eMachines (propiedad de Gateway), cuyos PC se construyen también utilizando principalmente componentes estándar. Tenga en cuenta que puede encontrar excepciones para todos estos sistemas; por ejemplo, sé que algunos sistemas Dell Dimension XPS utilizan partes de marca registrada como los suministros de energía. Le recomiendo evitar esos sistemas, para evitar problemas de actualización y reparación en el futuro.

Entre los que utilizan componentes estándar se encuentran también Acer, CyberPower, Micro Express, y Systemax, pero hay muchos más. En el volumen total general, esto acaba siendo el segmento más grande del mercado de PC actualmente. Lo que nos interesa de los sistemas de caja blanca es que, salvo contadas excepciones, usted y yo podemos comprar las mismas placas base y otros componentes que cualquiera de los fabricantes de cajas blancas (aunque seguramente nos saldría más caro debido a los descuentos que reciben por comprar al por mayor). Podemos montar un sistema de caja blanca virtualmente idéntico desde cero.

Guías de diseño de PC

Durante varios años Intel y Microsoft lanzaron una serie de documentos llamados "PC XX Design Guides" (XX designa el año) como un conjunto de especificaciones estándar para guiar a los programadores de hardware y a los de software a la hora de crear productos que funcionen con Windows. Los requisitos de estas guías eran parte del requisito del logo de "Diseñado para Windows". En otras palabras, si alguien creaba un producto de hardware o de software y quería que el logo oficial estuviera en la caja, el producto debía reunir los requisitos mínimos de PC XX.

Los documentos producidos en esta serie son los siguientes:

- "Hardware Design Guide for Microsoft Windows 95."
- "Hardware Design Guide Supplement for PC 95."
- "PC 97 Hardware Design Guide."
- "PC 98 System Design Guide."
- "PC 99 System Design Guide."

- "PC 2000 System Design Guide."
- "PC 2001 System Design Guide."

Puede descargarlos en el sitio Web de Microsoft (`www.microsoft.com/whdc/system/platform/pcdesign/desguide/pcguides.mspx`).

***Nota:** Estas guías no están pensadas para usuarios finales sino para fabricantes de PC. En cierto modo, son una herramienta de control de mercado de Intel y Microsoft para ejercer todavía más su influencia sobre el hardware y software para PC.*

La guía "PC 2001 System Design Guide" es la más reciente elaborada conjuntamente por Microsoft e Intel. A partir de entonces, cada empresa ha publicado sus propios recursos para los mismos fines. Para obtener información actualizada, visite los siguientes sitios Web:

- *Windows Hardware Developer Central*, en `http://microsoft.com/whdc`.
- *Intel Developer Center*, en `http://developer.intel.com`.

Tipos de sistema

Los PC pueden dividirse en muchas categorías. A mí me gusta clasificarlos de dos maneras: por el diseño y/o ancho del bus del procesador (a menudo llamado el bus frontal o FSB) y por el ancho de los registros internos, que dicta el tipo de software que se puede ejecutar.

Cuando un procesador lee datos, éstos entran en el procesador mediante la conexión de datos externos del mismo. Tradicionalmente esta conexión ha sido un bus paralelo; sin embargo, en los chips más recientes es un vínculo serializado de punto a punto, que transfiere pocos bits cada vez pero a una velocidad mucho más alta. Los diseños más antiguos suelen tener varios componentes que comparten el bus, mientras que los vínculos de punto a punto existen exclusivamente entre el procesador y el *chipset*.

La tabla 1.2 muestra todos los procesadores Intel y AMD x86, los anchos de sus buses de datos y los tamaños de sus registros internos.

***Tabla 1.2.** Procesadores Intel y compatibles con Intel y sus anchos de buses de datos/registros.*

Procesador	Ancho de bus de datos	Tamaño de registro
8088	8 bits	16 bits
8086	16 bits	16 bits

Procesador	Ancho de bus de datos	Tamaño de registro
286	16 bits	16 bits
386SX	16 bits	32 bits
386DX/486/5x86	32 bits	32 bits
Intel/AMD x86 w/FSB	64 bits	32 bits
AMD x86 w/HyperTransport	16 bits	32 bits
AMD x86-64 w/HT	16 bits	64 bits
Intel x86-64 w/FSB	64 bits	64 bits
Intel x86-64 w/QPI	20 bits	64 bits

FSB = Bus frontal (bus paralelo).
HT = HyperTransport (serial de punto a punto).
QPI = QuickPath Interconnect (serial de punto a punto).

Suele haber una confusión general en lo que respecta a los "anchos" de los procesadores. Algunas personas utilizan el ancho para referirse a la cantidad de bits de datos que pueden leerse o escribirse a la vez, mientras que otras se refieren al tamaño de los registros internos, que controla la cantidad de datos en los que puede operarse a la vez. Aunque en muchos procesadores los anchos de buses de datos coinciden con los tamaños de registros internos, no siempre coinciden, lo que puede acarrear mayor confusión. Por ejemplo, la mayoría de procesadores Pentium tiene anchos de buses de datos de 64 bits e incluyen también registros internos que sólo tienen 32 bits de ancho. Los nuevos procesadores AMD e Intel con arquitectura x86-64 tienen registros internos de 64 bits y pueden ejecutarse tanto en modo de 32 bits como de 64 bits. De esta manera, desde el punto de vista del software, hay procesadores de PC capaces de ejecutar instrucciones de 16, 32 y 64 bits. Para compatibilidad con sistemas anteriores, aquellos que tengan registros de 64 bits también pueden ejecutar instrucciones de 32 y 16 bits, y aquéllos con registros de 32 bits pueden ejecutar instrucciones de 16 bits. Mientras que el tamaño del registro dicta el tipo de instrucciones de software que el procesador puede ejecutar, el ancho del bus de datos es el factor principal en el diseño del *chipset* y la placa base porque dicta la cantidad de bits que entran y salen del chip en un ciclo.

Componentes del sistema

Un PC moderno es a la vez simple y complicado. Es simple en el sentido de que a lo largo de los años, muchos de los componentes utilizados para construir un sistema se han integrado con otros componentes cada vez en menos partes. Es complicado en el sentido de que cada parte de un sistema moderno realiza muchas más funciones que los mismos tipos de partes en sistemas más antiguos. La tabla 1.3 muestra los componentes y periféricos necesarios para montar un PC básico moderno.

Tabla 1.3. Componentes básicos de un PC.

Componente	Descripción
Placa base	La placa base es el núcleo del sistema. Es realmente el PC; todo lo demás está conectado a ella, y es la que controla todo en el sistema.
Procesador	El procesador se ve a menudo como el "motor" del ordenador. También se llama CPU (*Central Processing Unit*, Unidad central de proceso).
Memoria (RAM)	La memoria del sistema se llama a menudo RAM (*Random Access Memory*, Memoria de acceso aleatorio). Es la memoria de trabajo principal, que alberga todos los programas y datos que el procesador está utilizando en un momento determinado.
Caja/chasis	La caja es el marco o chasis que aloja la placa base, los suministros de energía, las unidades de disco, las tarjetas adaptadoras y otros componentes físicos del sistema.
Suministro de energía	El suministro de energía proporciona energía eléctrica a los componentes internos del PC.
Disquetera	La disquetera es un dispositivo de almacenamiento magnético para un medio extraíble de baja capacidad. Muchos sistemas recientes utilizan otros tipos de dispositivos magnéticos extraíbles o de memoria flash basada en USB en lugar de una disquetera para el almacenamiento extraíble.
Disco duro	El disco duro es el medio de almacenamiento de gran capacidad principal para el sistema.
Unidad de CD o DVD	Las unidades de CD (disco compacto) y DVD (disco versátil digital) son unidades ópticas para medios extraíbles de capacidad relativamente alta; la mayoría de sistemas recientes incluyen unidades con capacidad de escritura/reescritura.
Teclado	El teclado es el dispositivo principal de un PC utilizado por una persona para comunicarse con y controlar un sistema.
Ratón	Aunque actualmente hay muchos tipos de dispositivos de puntero en el mercado, el primero y más popular para este propósito es el ratón.
Tarjeta de vídeo*	La tarjeta de vídeo controla la información que se ve en el monitor.
Monitor	Más adelante trataremos este tema.
Tarjeta de sonido*	Una tarjeta de sonido habilita al PC para generar sonidos complejos.
Red/módem*	La mayoría de PC prefabricados incluyen una interfaz de red y posiblemente un módem.

Los componentes marcados con un asterisco (*) pueden estar integrados dentro de la placa base en muchos sistemas recientes, particularmente sistemas de nivel de entrada.

2. Tipos de procesador y especificaciones

Especificaciones de procesador

A menudo se encuentran especificaciones confusas al informarse sobre los procesadores. En el siguiente apartado veremos algunas de estas especificaciones, incluidos el bus de datos, el de direcciones y la velocidad. También se incluye una tabla que recoge las especificaciones de prácticamente todos los procesadores para PC.

Los procesadores pueden clasificarse atendiendo a dos parámetros principales: su anchura y su velocidad. La velocidad de un procesador es un concepto bastante simple. Se mide en megahercios (MHz) y gigahercios (GHz), lo que significa millones y billones, respectivamente, de ciclos por segundo. Cuanto más rápido mejor.

El concepto de anchura (no estamos hablando aquí de dimensiones físicas) es un poco más difícil de explicar, ya que hay tres especificaciones de procesador expresadas en anchura:

- Bus de datos (E/S), también conocido como FSB (*Front Side Bus*) o bien bus frontal.
- Bus de direcciones.
- Registros internos.

Observe que el bus de datos del procesador se denomina también bus frontal (FSB), de procesador (PSB) o simplemente bus de CPU. Todos estos términos hacen referencia al bus que se encuentra entre la CPU y el principal componente del *chipset*: puente norte (*Northbridge*) o *Memory Controller Hub*, Concentrador del controlador de memoria (MCH). Intel utiliza la terminología FSB y PSB, mientras que AMD sólo usa FSB. A mí personalmente, me gusta "bus de CPU" y es el término que utilizo en mis seminarios porque es el menos confuso siendo igual de exacto.

El número de bits designado para un procesador puede resultar confuso. La mayoría de los procesadores modernos tienen buses de datos de 64 bits (o más anchos); sin embargo, eso no implica que se cataloguen como procesadores de 64 bits.

Tabla 2.1. *Especificaciones de procesador Intel.*

Procesador	Núcleos	Proceso (Micras)	Reloj	Voltaje	Registros	Bus de datos	Memoria máxima
8088	1	3,0	1x	5V	16 bits	8 bits	1MB
8086	1	3,0	1x	5V	16 bits	16 bits	1MB
286	1	1,5	1x	5V	16 bits	16 bits	16MB
386SX	1	1,5, 1,0	1x	5V	32 bits	16 bits	16MB
386SL	1	1,0	1x	3,3V	32 bits	16 bits	16MB
386DX	1	1,5, 1,0	1x	5V	32 bits	32 bits	4GB
486SX	1	1,0, 0,8	1x	5V	32 bits	32 bits	4GB
486SX2	1	0,8	2x	5V	32 bits	32 bits	4GB
487SX	1	1,0	1x	5V	32 bits	32 bits	4GB
486DX	1	1,0, 0,8	1x	5V	32 bits	32 bits	4GB
486SL2	1	0,8	1x	3,3V	32 bits	32 bits	4GB
486DX2	1	0,8	2x	5V	32 bits	32 bits	4GB
486DX4	1	0,6	2x+	3,3V	32 bits	32 bits	4GB
486 Pentium OD	1	0,6	2.5x	5V	32 bits	32 bits	4GB
Pentium 60/66	1	0,8	1x	5V	32 bits	64 bits	4GB
Pentium 75-200	1	0,6, 0,35	1.5x+	3,5V	32 bits	64 bits	4GB
Pentium MMX	1	0,35, 0,25	1.5x+	2,8V	32 bits	64 bits	4GB
Pentium Pro	1	0,35	2x+	3,3V	32 bits	64 bits	64GB
Pentium II (Klamath)	1	0,35	>2x	2,8V	32 bits	64 bits	64GB
Pentium II (Deschutes)	1	0,35	>2x	2,0V	32 bits	64 bits	64GB
Pentium II PE (Dixon)	1	0,25	>2x	1,6V	32 bits	64 bits	64GB

Los procesadores comprendidos entre el 386 y el Pentium 4 y el Athlon XP se consideran procesadores de 32 bits porque sus registros internos tienen una anchura de 32 bits, aunque sus buses de datos E/S son de 64 bits y los de direcciones de 36 bits (ambos más anchos que sus predecesores, los Pentium y K6). A partir de la serie Intel Core 2 y AMD Athlon 64 los procesadores se consideran de 64 bits porque sus registros internos tienen una anchura de 64 bits. Primero veremos unas tablas que describen las diferencias en las especificaciones de todos los procesadores de PC, después, los siguientes apartados explicarán las especificaciones con más detalle. Consulte estas tablas cuando lea sobre las especificaciones de los distintos procesadores y todo quedará más claro.

Las tablas 2.1 y 2.2 muestran los procesadores más significativos de Intel y AMD.

Caché L1	**Caché L2**	**Caché L3**	**Velocidad Caché L2/L3**	**Instrucciones multimedia**	**Transistores**	**Presentado en**
—	—	—	—	—	29,000	Junio '79
—	—	—	—	—	29,000	Junio '78
—	—	—	—	—	134,000	Febrero '82
—	—	—	Bus	—	275,000	Junio '88
0KB*	—	—	Bus	—	855,000	Octubre '90
—	—	—	Bus	—	275,000	Octubre '85
8KB	—	—	Bus	—	1,185M	Abril '91
8KB	—	—	Bus	—	1,185M	Abril '94
8KB	—	—	Bus	—	1,2M	Abril '91
8KB	—	—	Bus	—	1,2M	Abril '89
8KB	—	—	Bus	—	1,4M	Noviembre '92
8KB	—	—	Bus	—	1,2M	Marzo '92
16KB	—	—	Bus	—	1,6M	Febrero '94
2x16KB	—	—	Bus	—	3,1M	Enero '95
2x8KB	—	—	Bus	—	3,1M	Marzo '93
2x8KB	—	—	Bus	—	3,3M	Marzo '94
2x16KB	—	—	Bus	MMX	4,5M	Enero '97
2x8KB	256KB, 512KB, 1MB	—	Núcleo	—	5,5M	Noviembre '95
2x16KB	512KB	—	1/2 núcleo	MMX	7,5M	Mayo '97
2x16KB	512KB	—	1/2 núcleo	MMX	7,5M	Mayo '97
2x16KB	256KB	—	Núcleo	MMX	27,4M	Enero '99

Procesador	Núcleos	Proceso (Micras)	Reloj	Voltaje	Registros	Bus de datos	Memoria máxima
Celeron (Covington)	1	0,25	>2x	2,8V	32 bits	64 bits	64GB
Celeron A (Mendocino)	1	0,25	>2x	2V	32 bits	64 bits	64GB
Celeron III (Coppermine)	1	0,18	>2x	1,75V	32 bits	64 bits	64GB
Celeron III (Tualatin)	1	0,13	>2x	1,5V	32 bit	64 bits	64GB
Pentium III (Katmai)	1	0,25	>2x	2V	32 bits	64 bits	64GB
Pentium III (Coppermine)	1	0,18	>2x	1,75V	32 bits	64 bits	64GB
Pentium III (Tualatin)	1	0,13	>2x	1,45V	32 bits	64 bits	64GB
Celeron 4 (Willamette)	1	0,18	>2x	1,75V	32 bits	64 bits	64GB
Pentium 4 (Willamette)	1	0,18	>2x	1,75V	32 bits	64 bits	64GB
Pentium 4A (Northwood)	1	0,13	>2x	1,5V	32 bits	64 bits	64GB
Pentium 4EE (Prestonia)	1	0,13	>2x	1,5V	32 bits	64 bits	64GB
Pentium 4E (Prescott)	1	0,09	>2x	1,4V	32 bits	64 bits	64GB
Celeron D (Prescott)	1	0,09	>2x	1,4V	64 bits	64 bits	1TB
Pentium D (Smithfield)	2	0,09	>2x	1,4V	64 bits	64 bits	1TB
Pentium D (Presler)	2	0,065	>2x	1,4V	64 bits	64 bits	1TB
Pentium M (Banias)	1	0,13	>2x	1,5V	32 bits	64 bits	64GB
Pentium M (Dothan)	1	0,09	>2x	1,3V	32 bits	64 bits	64GB
Core Duo (Yonah)	2	0,09	>2x	1,3V	32 bits	64 bits	64GB
Core 2 Duo (Conroe)	2	0,065	>2x	1,3V	64 bits	64 bits	1TB
Core 2 Quad (Kentsfield)	4	0,065	>2x	1,3V	64 bits	64 bits	1TB
Core 2 Duo (Wolfdale)	2	0,045	>2x	1,3V	64 bits	64 bits	1TB
Core 2 Quad (Yorkfield)	4	0,045	>2x	1,3V	64 bits	64 bits	1TB
Core i7 (Bloomfield)	4	0,045	>2x	1,4V	64 bits	16 bits	1TB
Core i3/i5/i7 (Lynnfield)	4	0,045	>2x	1,4V	64 bits	64 bits	1TB

* El 386SL contiene un controlador de caché integral, pero la memoria caché debe proveerse fuera del chip.

Caché L1	Caché L2	Caché L3	Velocidad Caché L2/L3	Instrucciones multimedia	Transistores	Presentado en
2x16KB	0KB	—	—	MMX	7,5M	Abril '98
2x16KB	128KB	—	Núcleo	MMX	19M	Agosto '98
2x16KB	128KB	—	Núcleo	SSE	28,1M	Febrero '00
2x16KB	256KB	—	Núcleo	SSE	44M	Octubre '01
2x16KB	512KB	—	1/2 núcleo	SSE	9,5M	Febrero '99
2x16KB	256KB	—	Núcleo	SSE	28,1M	Octubre '99
2x16KB	512KB	—	Núcleo	SSE	44M	Junio '01
2x16KB	128KB	—	Núcleo	SSE2	42M	Mayo '02
>16KB	256KB	—	Núcleo	SSE2	42M	Noviembre '00
>16KB	512KB	—	Núcleo	SSE2	55M	Enero '02
>16KB	512KB	2MB	Núcleo	SSE2	178M	Noviembre '03
>16KB	1MB	—	Núcleo	SSE3	125M	Febrero '04
>16KB	256KB	—	Núcleo	SSE3	125M	Junio '04
>32KB	1MB por núcleo	—	Núcleo	SSE3	230M	May '05
>32KB	2MB por núcleo	—	Núcleo	SSE3	376M	Diciembre '05
>32KB	1MB	—	Núcleo	SSE2	77M	Marzo '03
>32KB	2MB	—	Núcleo	SSE2	144M	Mayo '04
>64KB	1MB por núcleo	—	Núcleo	SSE3	151M	Enero '06
>64KB	2–4MB por núcleo	—	Núcleo	SSSE3	291M	Julio '06
>64KB	4MB por núcleo	—	Núcleo	SSSE3	582M	Diciembre '06
>64KB	3–6MB por núcleo	—	Núcleo	SSSE4.1	410M	Enero '08
>64KB	2–6MB por núcleo	—	Núcleo	SSSE4.1	820M	Marzo '08
>64KB	256KB por núcleo	8MB	Núcleo	SSSE4.2	731M	Noviembre '08
>64KB	256KB por núcleo	8MB	Núcleo	SSSE4.2	774M	Septiembre '09

Tabla 2.2. Especificaciones de procesador AMD.

Procesador	Núcleos	Proceso (Micras)	Reloj	Voltaje	Registros	Bus de datos	Memoria máxima
AMD K5	1	0,35	1,5x+	3,5V	32 bits	64 bits	4GB
AMD K6	1	0,35	2,5x+	3,2V	32 bits	64 bits	4GB
AMD K6-2	1	0,25	2,5x+	2,4V	32 bits	64 bits	4GB
AMD K6-3	1	0,25	>2x	2,4V	32 bits	64 bits	4GB
AMD Athlon	1	0,25	>2x	1,8V	32 bits	64 bits	4GB
AMD Duron	1	0,18	>2x	1,8V	32 bits	64 bits	4GB
AMD Athlon (Thunderbird)	1	0,18	>2x	1,8V	32 bits	64 bits	4GB
AMD Athlon XP (Palomino)	1	0,18	>2x	1,8V	32 bits	64 bits	4GB
AMD Athlon XP (Thoroughbred)	1	0,13	>2x	1,8V	32 bits	64 bits	4GB
AMD Athlon XP (Barton)	1	0,13	>2x	1,65V	32 bits	64 bits	4GB
Athlon 64 (ClawHammer/Winchester)	1	0,13, 0,09	>2x	1,5V	64 bits	16 bits	1TB
Athlon 64 FX (SledgeHammer)	1	0,13	>2x	1,5V	64 bits	16 bits	1TB
Athlon 64 X2 (Manchester)	2	0,09	>2x	1,4V	64 bits	16 bits	1TB
Athlon 64 X2 (Toledo)	2	0,09	>2x	1,4V	64 bits	16 bits	1TB
Athlon 64 X2 (Windsor)	2	0,09	>2x	1,4V	64 bits	16 bits	1TB
Athlon X2, 64 X2 (Brisbane)	2	0,065	>2x	1,35V	64 bits	16 bits	1TB
Phenom X3/X4 (Toliman/Agena)	3/4	0,065	>2x	1,4V	64 bits	16 bits	1TB
Athlon X2 (Kuma)	2	0,065	>2x	1,3V	64 bits	16 bits	1TB
Phenom II X2/X3/X4 (Callisto/Heka/Deneb)	2/3/4	0,045	>2x	1,4V	64 bits	16 bits	1TB
Athlon II X2 (Regor)	2	0,045	>2x	1,4V	64 bits	16 bit	1TB

Caché L1	Caché L2	Caché L3	Velocidad Caché L2/L3	Instrucciones multimedia	Transistores	Presentado en
16+8KB	—	—	Bus	—	4,3M	Marzo '96
2x32KB	—	—	Bus	MMX	8,8M	Abril '97
2x32KB	—	—	Bus	3DNow!	9,3M	Mayo '98
2x32KB	256KB	—	Núcleo	3DNow!	21,3M	Febrero '99
2x64KB	512KB	—	1/2-1/3 núcleo	Enh. 3DNow!	22M	Junio '99
2x64KB	64KB	—	Núcleo	Enh. 3DNow!	25M	Junio '00
2x64KB	256KB	—	Núcleo	Enh. 3DNow!	37M	Junio '00
2x64KB	256KB	—	Núcleo	3DNow! Pro	37,5M	Octubre '01
2x64KB	256KB	—	Núcleo	3DNow! Pro	37,2M	Junio '02
2x64KB	512KB	—	Núcleo	3DNow! Pro	54,3M	Febrero '03
2x64KB	1MB	—	Núcleo	3DNow! Pro (SSE3 para procesos 0,09)	105,9M	Septiembre '03
2x64KB	1MB	—	Núcleo	3DNow! Pro	105,9M	Septiembre '03
2x64KB por núcleo	256KB/512KB por núcleo	—	Núcleo	SSE3	154M	Junio '05
2x64Kb por núcleo	512KB/1MB por núcleo	—	Núcleo	SSE3	233M	Junio '05
2x64KB por núcleo	512KB/1MB por núcleo	—	Núcleo	SSE3	233,2M	Mayo '05
2x64KB por núcleo	512KB por núcleo	—	Núcleo	SSE3	154M	Diciembre '06
2x64KB por núcleo	512Kb por núcleo	2MB	Núcleo	SSE4a	450M	Noviembre '07
2x64Kb por núcleo	512Kb por núcleo	2MB	Núcleo	SSE4a	450M	Diciembre '08
2x64KB por núcleo	512KB por núcleo	6MB	Núcleo	SSE4a	758M	Enero '09
2x64KB por núcleo	1MB por núcleo	—	Núcleo	SSE4a	234M	Junio '09

Bus de datos E/S

Dos de las características más importantes de un procesador son la velocidad y el ancho de su bus de datos externo, que definen la velocidad a la que los datos pueden entrar y salir del procesador.

En un ordenador, los datos se envían como información digital en la que se usan ciertos voltajes o transiciones de voltaje producidos en intervalos de tiempo específicos para representar datos como "unos" y "ceros". Se puede aumentar la cantidad de datos enviados (lo denominado ancho de banda) incrementando el tiempo de ciclo o el número de bits enviados cada vez.

Con el paso de los años, los buses de datos de procesador han evolucionado de un ancho de banda de 8 bits a uno de 64. Cuantos más hilos haya, más bits individuales se pueden enviar en un mismo intervalo.

Todos los procesadores modernos, desde los Pentium y Athlon originales hasta los más recientes Core 2, Athlon 64 X2, e incluso Itanium e Itanium 2, tienen buses de datos de 64 bits (8 bytes). Por consiguiente, pueden transferir 64 bits de datos de una sola vez desde y hacia el *chipset* de la placa base o la memoria del sistema.

Una buena forma de entender este flujo de información es pensar en ello como en una carretera y el tráfico que soporta. Si una carretera tiene sólo un carril en cada sentido, únicamente puede pasar un coche a la vez en una dirección. Si queremos aumentar el flujo de tráfico (mover más coches en un mismo tiempo), podemos aumentar la velocidad de los mismos (reduciendo el intervalo entre ellos) o añadir más carriles, incluso ambas cosas.

A medida que evolucionaban los procesadores, se iban añadiendo "carriles" hasta cierto punto. Por ejemplo, un chip de 8 bits sería como una carretera de un solo carril porque únicamente pasaría 1 cada vez (1 byte equivale a 8 bits individuales). El chip de 16 bits, con 2 bytes fluyendo al mismo tiempo, sería una carretera de dos carriles.

Podríamos tener cuatro carriles en cada sentido para mover más coches; esta estructura se correspondería con el bus de datos de 32 bits, que puede mover 4 bytes de información al mismo tiempo.

Siguiendo con la misma metáfora, un bus de datos de 64 bits sería como una autopista de ocho carriles que lleva datos dentro y fuera del chip.

Tras llegar al ancho de 64 bits, los diseñadores de chips descubrieron que ya no podían aumentar más la velocidad, ya que era demasiado complicado administrar la sincronización de los 64 bits. Se descubrió que volviendo un poco hacia atrás era posible aumentar la velocidad de los bits (esto es, reducir el tiempo de ciclo) tanto que incluso eran posibles anchos de banda mayores. Por eso, muchos procesadores nuevos tienen sólo buses de datos de 4 o 16 bits, y aun así tienen un ancho de banda mayor que el de los buses de 64 bits a los que reemplazan.

Otra mejora en los procesadores más recientes es el uso de múltiples buses independientes para distintas tareas. El diseño de procesador tradicional hacía que todos los datos pasaran por un solo bus, mientras que los nuevos tienen buses separados físicamente para datos que entran o salen del *chipset*, la memoria y las ranuras de tarjeta gráfica.

Bus de direcciones

El bus de direcciones es el conjunto de hilos que transportan la información de direccionamiento utilizada para describir la ubicación de memoria a la que se envían los datos o desde la que se recuperan. Como ocurre con el bus de datos, cada hilo de un bus de direcciones transporta un solo bit de información. Este único bit es un simple dígito de la dirección. Cuantos más hilos (dígitos) se utilicen al calcular estas direcciones, mayor será la cantidad total de ubicaciones de dirección. El tamaño (o la anchura) del bus de direcciones indica la cantidad máxima de RAM que puede direccionar un chip.

La analogía de la autopista que hemos usado para hablar del bus de datos también puede encajar aquí para entender el bus de direcciones. Si el bus de datos es la carretera y su tamaño equivale al número de carriles, el bus de direcciones sería el número de la casa o la calle. El tamaño del bus de direcciones sería el número de dígitos de la dirección de la casa. Por ejemplo, si vivimos en una calle en la que la dirección está limitada a un número de dos dígitos (base 10), no podría haber más de 100 direcciones distintas (00–99) para esa calle (10^2). Si añadimos otro dígito, el número de direcciones disponibles aumentará a 1.000 (000–999), o lo que es lo mismo, 10^3.

Los ordenadores utilizan el sistema numérico binario (base 2), de modo que un número de dos dígitos ofrece sólo cuatro direcciones únicas (00, 01, 10 y 11), calculadas como 2^2. Un número de tres dígitos ofrece sólo ocho direcciones (000–111), es decir, 2^3. Por ejemplo, los procesadores 8086 y 8088 usan un bus de direcciones de 20 bits que calcula un máximo de 2^{20}, o 1.048.576 bytes (1MB), de ubicaciones de dirección. La tabla 2.3 muestra las capacidades de direccionamiento de memoria de los procesadores.

Tabla 2.3. *Capacidades de direccionamiento de memoria de los procesadores.*

Familia de procesadores	Bus de direcciones	Bytes	KiB	MiB	GiB	TiB
8088, 8086	20 bits	1.048.576	1.024	1	—	—
86, 386SX	24 bits	16.777.216	16.384	16	—	—
386DX, 486, Pentium, K6, Athlon	32 bits	4.294.967.296	4.194.304	4.096	4	—
Pentium w/PAE	36 bits	68.719.476.736	67.108.864	65.536	64	—
AMD/Intel de 64 bits	40 bits	1.099.511.627.776	1.073.741.824	1.048.576	1.024	1

PAE = Extensión de direcciones físicas (sólo compatible con sistemas operativos de servidor).
KiB = Kibibytes.
MiB = Mebibytes.
TiB = Tebibytes.

Los buses de datos y direcciones son independientes y los diseñadores de chips pueden usar el tamaño que quieran para cada uno. No obstante, lo habitual es que los chips con buses de datos grandes tengan también buses de direcciones grandes. El tamaño de los buses puede ofrecer información importante sobre la potencia relativa de un chip, medida de dos formas principales. El tamaño del bus de datos es un indicador de la capacidad para mover información del chip, y el tamaño del bus de direcciones nos dice la memoria que puede manejar dicho chip.

Registros internos (o bus de datos interno)

El tamaño de los registros internos indica sobre cuánta información puede operar el procesador al mismo tiempo y cómo mueve los datos por el chip internamente. A veces se llama a esto bus de datos internos. Un registro es una celda de mantenimiento dentro del procesador; por ejemplo, el procesador puede agregar números en dos registros diferentes y almacenar el resultado en un tercer registro. El tamaño del registro determina el tamaño de los datos sobre los que puede operar el procesador. También describe el tipo de software o comandos e instrucciones que puede ejecutar un chip. Es decir, los procesadores con registros internos de 32 bits pueden ejecutar instrucciones de 32 bits que procesan secuencias de datos de 32 bits, pero los procesadores con registros de 16 bits no pueden hacerlo. Los procesadores comprendidos entre el 386 y el Pentium 4 utilizan registros internos de 32 bits y pueden por tanto ejecutar todos básicamente los mismos sistemas operativos y software de 32 bits. Los procesadores Core 2, Athlon 64 y posteriores tienen registros de 32 y 64 bits, que pueden ejecutar sistemas operativos y aplicaciones existentes de 32 bits además de versiones más recientes de 64 bits.

Modos de procesador

Todos los procesadores Intel y compatibles con Intel a partir del 386 pueden ejecutarse en varios modos. Los modos de procesador se refieren a los distintos entornos operativos e influyen en las instrucciones y capacidades del chip. El modo de procesador controla cómo ve y administra el procesador la memoria del sistema y las tareas que lo utilizan.

La tabla 2.4 muestra los modos y submodos.

Tabla 2.4. *Modos de procesador.*

Modo	Submodo	Sistema operativo requerido	Software	Tamaño de direccionamiento de memoria	Tamaño operativo predeterminado	Anchura del registro
Real	—	16 bits	16 bits	24 bits	16 bits	16 bits
IA-32	Protegido	32 bits	32 bits	32 bits	32 bits	32/16 bits
	Real virtual	32 bits	16 bits	24 bits	16 bits	16 bits
IA-32e	64-bit	64-bit	64-bit	64-bit	32-bit	64-bit
	Compatibilidad	64-bit	32-bit	32-bit	32-bit	32/16-bit

IA-32e (modo extendido de 64 bits) también se conoce como AMD64, x86-64 o EM64T.

Modo real

A veces se llama 8086 al modo real porque está basado en los procesadores 8086 y 8088. El IBM PC incluía un procesador 8088 que podía ejecutar instrucciones de 16 bits utilizando registros internos de 16 bits y podía direccionar tan sólo 1MB de memoria empleando 20 líneas de direccionamiento. Todo el software para el PC original se creó para funcionar con estos chips y se diseñó en torno al conjunto de instrucciones de 16 bits y el modelo de memoria de 1MB. Por ejemplo, DOS y todo el software DOS, desde Windows 1.x hasta 3.x, y todas las aplicaciones para Windows 1.x hasta 3.x se desarrollaron con instrucciones de 16 bits. Estos sistemas operativos y aplicaciones de 16 bits están diseñados para funcionar en un procesador 8088.

Los siguientes procesadores, como el 286 también podían ejecutar las instrucciones de 16 bits como el 8088 original, pero mucho más deprisa. En otras palabras, el 286 era totalmente compatible con el 8088 original y podía ejecutar todo el software de 16 bits más rápido. El modo de instrucciones de 16 bits de los procesadores 8088 y 286 es lo que se conoce como modo real. Todo el software ejecutado en modo real debe usar sólo instrucciones de 16 bits y residir en la arquitectura de memoria 20 bits (1MB) que soporta. El software de este tipo suele ser de una sola tarea, es decir, sólo se puede ejecutar un programa cada vez. No existe protección integrada para impedir que un programa sobrescriba otro o incluso el sistema operativo en la memoria. En consecuencia, si se ejecuta más de un programa, uno de ellos podría provocar un fallo del sistema.

Modo IA-32 (32 Bits)

Después apareció el 386, que fue el primer procesador de 32 bits de la industria del PC. Este chip podía ejecutar un conjunto de instrucciones de 32 bits totalmente nuevo. Para aprovechar este conjunto de instrucciones, era necesario un sistema operativo y aplicaciones de 32 bits. El modo de 32 bits se dio en llamar modo protegido, en referencia al hecho de que los programas de software ejecutados en ese modo están protegidos contra la sobrescritura en la memoria por parte de otros. Tal protección ayuda a que el sistema sufra menos fallos, puesto que un programa errante no puede dañar fácilmente otros programas ni el sistema operativo. Además, un programa fallido puede finalizarse sin afectar al resto del sistema.

A sabiendas de que llevaría un tiempo desarrollar nuevos sistemas operativos y aplicaciones que aprovecharan el modo protegido de 32 bits, Intel, con mucho criterio, introdujo una compatibilidad con modo real en el 386. De esa forma era posible ejecutar sistemas operativos y aplicaciones de 16 bits sin modificar. Las ejecutaba bastante bien y mucho más rápido que cualquiera de los chips anteriores. Para la mayoría de la gente eso bastaba, no precisaban necesariamente ningún software de 32 bits; simplemente querían que su software de 16 bits se ejecutase más deprisa. Desafortunadamente, eso supuso que el chip nunca ejecutase el modo protegido de 32 bits y que se ignorasen todas las características de esa capacidad.

Cuando un procesador 386 o posterior ejecuta DOS (modo real), actúa como un "Turbo 8088", lo que significa que el procesador tiene una ventaja en velocidad al ejecutar programas de 16 bits; de otro modo sólo puede usar las instrucciones de 16 bits y acceder a la memoria dentro del mismo mapa de memoria de 1MB del 8088 original. Así pues, si tiene un sistema con un procesador actual de 32 o 64 bits que ejecute Windows 3.x o DOS, sólo estará utilizando efectivamente el primer megabyte de memoria, desaprovechando el resto de la RAM.

Hacían falta nuevos sistemas operativos y aplicaciones que se ejecutaran en el modo protegido de 32 bits de los procesadores modernos. Tercamente, los usuarios nos resistimos al intento inicial de cambiar al entorno de 32 bits. Parece ser que la gente se muestra reticente a cambiar y se conforma con que el software viejo se ejecute más rápido antes que adoptar software nuevo con otras características. Reconozco que yo era (y soy) uno de esos usuarios testarudos.

Debido a esas reticencias, los sistemas operativos de 32 bits tardaron un tiempo en entrar en el mercado del PC. Windows XP fue el primer sistema operativo auténticamente de 32 bits que se hizo un hueco, principalmente porque Microsoft fue marcando el camino con Windows 9x/Me (que son sistemas híbridos de 16 y 32 bits). Windows 3.x fue el último sistema operativo de 16 bits, y algunos ni siquiera lo consideraban un sistema completo porque se ejecutaba sobre DOS.

Modo real virtual IA-32

La clave de la compatibilidad con versiones anteriores del entorno de Windows 32 bits es el tercer modo de procesador: el modo real virtual. El modo real virtual es básicamente un entorno de 16 bits que se ejecuta en modo protegido de 32 bits. Al ejecutar una ventana de comandos DOS dentro de Windows, lo que se hace es crear una sesión de modo real virtual. Dado que el modo protegido permite la ejecución de múltiples tareas, se puede tener varias sesiones de modo real en ejecución, cada una con su propio software en un PC virtual. Pueden ejecutarse simultáneamente incluso aunque haya en funcionamiento otras aplicaciones de 32 bits.

Hay que tener en cuenta que cualquier programa ejecutado en una ventana de modo real virtual sólo puede funcionar a 1MB de memoria, que es lo que el programa considerará el primer y único megabyte de memoria del sistema. Dicho de otro modo, si ejecutamos una aplicación de DOS en una ventana real virtual, tendrá un límite de 640KB en el uso de memoria. Esto se debe a que solamente hay 1MB de RAM total en un entorno de 16 bits y se reservan 384KB para uso del sistema. La ventana real virtual simula totalmente un entorno 8088, así que dejando la velocidad a un lado, el software se ejecuta como si estuviera en un PC de modo real original. Cada equipo virtual tiene su propio espacio de direcciones de 1MB, una imagen de las rutinas del BIOS de hardware real, y una emulación de todos los demás registros y características del modo real.

El modo real virtual sirve para ejecutar programas de 16 bits de DOS o Windows 3.x en una ventana de DOS. Cuando se inicia una aplicación de DOS, Windows crea un equipo virtual DOS en la que pueda funcionar.

Es interesante observar que todos los procesadores Intel y compatibles con Intel (como AMD y VIA/Cyrix) se encienden en modo real. Si se carga un sistema operativo de 32 bits, cambia automáticamente el procesador a modo de 32 bits y se hace con el control.

También es importante tener en cuenta que algunas aplicaciones de 16 bits (DOS y Windows 3.x) no funcionan bien en entornos de 32 bits, lo que significa que hacen cosas que ni siquiera el modo real virtual soporta. El software de diagnóstico es un claro ejemplo. Este software no se ejecuta correctamente en una ventana de modo real (virtual) de Windows. En ese caso, se puede ejecutar el sistema moderno en modo real sin adornos con un disquete de inicio de DOS o Windows 9x/Me.

Aunque hay aplicaciones de DOS de 16 bits y de DOS "estándar" que usan el modo real virtual, hay programas especiales disponibles para "extender" y permitir el acceso a memoria extendida (más de 1MB). Estos programas, denominados en ocasiones extensores de DOS, suelen incluirse como parte de cualquier software DOS o Windows 3.x que los utilice. El protocolo que describe cómo hacer que DOS funcione en modo protegido se llama *DOS protected mode interface*, Interfaz de modo protegido de DOS (DPMI).

Windows 3.x utilizaba DPMI para acceder a la memoria extendida y usarla con aplicaciones de Windows 3.x. El protocolo permitía a estos programas usar más memoria incluso aunque sean programas de 16 bits. Los extensores de DOS son especialmente populares en juegos DOS porque les permiten acceder a mucha más memoria del sistema que el estándar de 1MB al que se pueden direccionar los programas de modo real. Estos extensores DOS funcionan cambiando el procesador a modo real y viceversa. Los que se ejecutan en Windows utilizan la interfaz DPMI integrada en Windows, lo que les permite compartir una parte de la memoria extendida del sistema.

Otra excepción en el modo real es que los primeros 64KB de memoria extendida son accesibles para el PC en modo real, a pesar de que supuestamente es imposible. Esto es producto de un error del IBM AT original con respecto a la vigésima primera línea de memoria, conocida como A20 (A0 es la primera línea de dirección). Manipulando la línea A20, el software de modo real puede acceder a los primeros 64KB de memoria extendida (los primeros después del primer megabyte). Esta área de memoria se conoce como HMA (*High Memory Area*, Área de memoria alta).

Modo extendido de 64 bits IA-32e (AMD64, x86-64, EM64T)

El modo extendido de 64 bits es una mejora de la arquitectura IA-32, diseñada por AMD y adoptada más tarde por Intel.

En 2003, AMD introdujo el primer procesador de 64 bits para equipos de sobremesa compatibles con x86, el Athlon 64, seguido de su primer procesador de 64 bits para servidores, el Opteron.

En 2004, Intel introdujo una serie de versiones habilitadas para 64 bits de su procesador para sobremesa Pentium 4. En los años que siguieron, ambas empresas presentaron más y más procesadores con capacidades de 64 bits.

Los procesadores con tecnología de extensión de 64 bits pueden funcionar en modo real (8086), modo IA-32 o modo IA-32e. El modo IA-32 permite al procesador funcionar en modo real y en modo real virtual. El modo IA-32e permite al procesador funcionar en modo de 64 bits y de compatibilidad, lo que significa que puede ejecutar simultáneamente aplicaciones de 64 y 32 bits. El modo IA-32e incluye dos submodos:

- **Modo de 64 bits:** Permite a un sistema operativo de 64 bits ejecutar aplicaciones de 64 bits.
- **Modo de compatibilidad:** Permite a un sistema operativo de 64 bits ejecutar la mayoría de software de 32 bits existente.

El modo IA-32e de 64 bits se habilita al cargar un sistema operativo de 64 bits y lo utilizan las aplicaciones de 64 bits. Las siguientes características nuevas están disponibles en el submodo de 64 bits:

- Direccionamiento de memoria lineal de 64 bits.
- Soporte de memoria física de más de 4GB (está limitado por el procesador específico).
- Ocho nuevos registros de propósito general (GPR).
- Ocho nuevos registros para extensiones SIMD (MMX, SSE, SSE2 y SSE3).
- Punteros de instrucción y GPR de 64 bits de ancho.

El modo de compatibilidad de IE-32e permite que se ejecuten aplicaciones de 32 y 16 bits en un sistema operativo de 64 bits. Desafortunadamente, los programas de 16 bits heredados que se ejecutan en modo real virtual (es decir, los programas de DOS) no son compatibles y no se ejecutarán, lo que será un problema para muchos usuarios. Al igual que ocurre con el modo de 64 bits, el sistema operativo habilita el modo de compatibilidad basándose en código individual, lo que implica que las aplicaciones de 64 bits ejecutadas en modo de 64 bits puedan operar simultáneamente con aplicaciones de 32 bits ejecutadas en modo de compatibilidad.

Lo que hace falta para que todo esto funcione es un sistema operativo de 64 bits y, lo que es más importante, controladores de 64 bits para que todo el hardware funcione con ese sistema operativo. Aunque Microsoft lanzó una versión de 64 bits de Windows XP, pocas empresas sacaron controladores para XP de 64 bits. Hasta la aparición de las versiones de 64 bits de Windows Vista y, especialmente, de Windows 7 los controladores de 64 bits para hardware no se tuvieron muy en cuenta en el mercado.

Observe que Microsoft utiliza el término x64 para referirse a los procesadores que soportan AMD64 o EM64T porque las extensiones de AMD e Intel para la arquitectura IA32 estándar son prácticamente idénticas y pueden soportarse en una misma versión de Windows.

> ***Nota:*** *A las primeras versiones de los procesadores de Intel equipados con EM64T les faltaba soporte para las instrucciones LAHF y SAHF utilizadas en el conjunto de instrucciones AMD64. Sin embargo, los procesadores Pentium 4 y Xeon DP que utilizan Core steppings G1 y superior soportan completamente estas instrucciones, aunque es necesario actualizar el BIOS. Los procesadores de núcleo múltiple más nuevos con soporte para 64 bits también soportan estas instrucciones.*

La tabla 2.5 muestra los límites de memoria física para Windows XP y las ediciones posteriores de 32 y 64 bits.

Tabla 2.5. *Límites de memoria física para Windows.*

Versión de Windows	Límite de memoria (32 bits)	Límite de memoria (64 bits)
7 Professional/Ultimate	4GB	192GB
Vista Business/Ultimate	4GB	128GB
Vista/7 Home Premium	4GB	16GB
Vista/7 Home Basic	4GB	8GB
XP Professional	4GB	128GB
XP Home	4GB	No disponible

La principal diferencia entre Windows de 32 y de 64 bits es el soporte de memoria, específicamente la ruptura de la barrera de 4GB de los sistemas Windows de 32 bit. Las versiones de 32 bits de Windows soportan hasta 4GB de memoria física, con hasta 2GB de memoria dedicada por proceso. Las versiones de 64 bits de Windows soportan hasta 192GB de memoria física, con hasta 4GB para cada proceso de 32 bits y 8TB para cada proceso de 64 bits. Soportar más memoria supone que las aplicaciones pueden precargar más datos en la memoria, con lo que el procesador puede acceder mucho más deprisa.

Windows de 64 bits ejecuta aplicaciones para Windows de 32 bits sin problema, pero no ejecuta aplicaciones de Windows de 16 bits ni de DOS, ni cualquier otro programa que se ejecute en modo real virtual. Además, los controladores también son un problema. Los procesos de 32 bits no pueden cargar Bibliotecas de vínculo dinámico (*Dynamic Link Libraries*, DLL) de 64 bits, y los procesos de 64 bits no pueden cargar DLL de 32 bits. Esto significa básicamente que todos los dispositivos conectados al sistema necesitarán controladores de 32 bits y de 64 para funcionar. Adquirir controladores de 64 bits para dispositivos más antiguos o que ya no tienen soporte puede ser muy difícil o imposible. Antes de instalar una versión de 64 bits de Windows, asegúrese de que todos sus distribuidores de hardware interno y agregado tienen controladores de 64 bits.

Conviene tener en mente todas las cuestiones de tamaño de memoria, software y controladores al considerar la transición de la tecnología de 32 bits a la de 64. El paso del hardware de 32 bits a la computación predominante de 32 bits tardó 16 años en completarse. El primer procesador de 64 bits PC apareció en 2003, pero la computación de 64 bits no ha empezado a ser habitual hasta la salida de Windows 7 a finales de 2009.

Puntos de referencia del procesador

A la gente le encanta saber lo rápidos (o lentos) que son sus ordenadores. Siempre nos ha interesado la velocidad, es la naturaleza humana. Para ayudarnos en esta búsqueda contamos con varios programas de prueba de referencia que sirven para medir distintos aspectos del rendimiento del procesador y el sistema. Aunque no hay una sola medida numérica que pueda describir por completo el rendimiento de un dispositivo complejo como un procesador o un PC completo, hay unos puntos de referencia que pueden ser útiles para comparar distintos componentes y sistemas.

Sin embargo, la única forma precisa de medir el rendimiento del sistema es probarlo con las aplicaciones de software que realmente usamos. Aunque crea que está probando un solo componente de un sistema, a menudo otras partes del sistema influyen. No es exacto comparar sistemas con procesadores distintos, por ejemplo, si también tienen distinta cantidad o tipo de memoria, diferentes discos duros, tarjetas de vídeo, etcétera. Éstas y otras cosas falsean los resultados de la prueba.

Por lo general, los puntos de referencia pueden dividirse en dos tipos: pruebas de componentes y de sistema. Los puntos de referencia de componentes miden el rendimiento de partes concretas de un ordenador, como un procesador, disco duro, tarjeta de vídeo o unidad óptica, mientras que los de sistema miden el rendimiento de todo el sistema ejecutando una aplicación o suite de prueba determinada. Estos puntos se denominan con frecuencia puntos de referencia sintéticos porque no miden un funcionamiento real.

Los puntos de referencia son, como mucho, un tipo de información que se puede usar durante el proceso de actualización o compra. Lo mejor es probar el sistema con el sistema operativo y las aplicaciones en la configuración que se vaya a ejecutar.

Normalmente aconsejo usar puntos de referencia basados en aplicaciones, como BAPCo SYSmark (`www.bapco.com`), para medir la diferencia de rendimiento relativo entre distintos procesadores y/o sistemas.

La siguiente sección incluye unas tablas con los resultados de pruebas de referencia SYSmark en procesadores actuales y más antiguos.

Comparación del rendimiento de procesadores

Un malentendido habitual sobre los procesadores son sus distintas tasas de velocidad. Este apartado trata sobre la velocidad de procesador en general y ofrece información más específica sobre los procesadores Intel, AMD y VIA/Cyrix.

La velocidad de reloj de un sistema se mide como una frecuencia, generalmente expresada como número de ciclos por segundo. Un oscilador de cristal controla la velocidad de reloj con una esquirla de cuarzo alojada a veces en lo que parece un contenedor como una lata pequeña. Los sistemas más recientes incluyen el circuito oscilador en el *chipset* de la placa base, por lo que podría no ser un componente visible en las placas nuevas. Cuando se aplica voltaje al cuarzo, empieza a vibrar (oscilar) a un ritmo uniforme determinado por la forma y el tamaño del cristal (esquirla). La oscilación emana del cristal en forma de corriente que se alterna a ese ritmo uniforme. Esta corriente alterna es la señal de reloj que conforma la base temporal sobre la que opera el equipo. Un sistema normal ejecuta millones o billones de ciclos por segundo, así que la velocidad se mide en megahercios o gigahercios. (Un hercio equivale a un ciclo por segundo.) Una señal de corriente alterna es como una onda senoidal, con el tiempo entre los picos de cada onda definiendo la frecuencia (véase la figura 2.1).

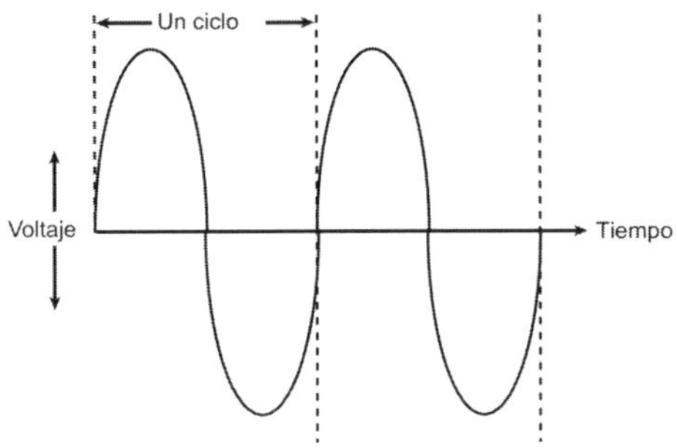

Figura 2.1. *Señal de corriente alterna que muestra el tiempo de ciclo de reloj.*

Nota: *El hercio se llama así por el físico alemán Heinrich Rudolf Hertz, que en 1885 confirmó la teoría electromagnética: la luz es una forma de radiación electromagnética que se propaga por ondas.*

Un ciclo es el elemento de tiempo más pequeño para el procesador. Cada acción requiere como mínimo un ciclo y por lo general, varios. Para transferir datos a la memoria y viceversa, por ejemplo, un procesador moderno como el Pentium 4 necesita un mínimo de tres ciclos para la primera transferencia y uno sólo por transferencia para las siguientes de la tercera a la sexta. Los ciclos adicionales de la primera suelen llamarse estados de espera. Un estado de espera es una marca de reloj en la que no ocurre nada. Esto garantiza que el procesador no se adelanta al resto del equipo.

El tiempo necesario para ejecutar instrucciones también varía:

- **8086 y 8088:** Los procesadores 8086 y 8088 originales tardan una media de 12 ciclos en ejecutar una simple instrucción.
- **286 y 386:** Los procesadores 286 y 386 mejoran esta tasa hasta llegar a unos 4,5 ciclos por instrucción.
- **486:** El 486 y la mayoría de los procesadores compatibles con Intel de cuarta generación, como el AMD 5x86, bajan la tasa a 2 ciclos por instrucción.
- **Pentium/K6:** La arquitectura Pentium y otros procesadores compatibles con Intel de quinta generación como los de AMD y Cyrix, incluyen conductos de instrucción gemelos y otras mejoras que permiten una o dos instrucciones por ciclo.
- **P6/P7 y más reciente:** Los procesadores de sexta y séptima generación y más recientes pueden ejecutar tres o más instrucciones por ciclo, más todavía en procesadores multinúcleo.

Los distintos tiempos de ejecución de instrucciones (en ciclos) pueden dificultar una comparación de sistemas basada puramente en la velocidad de reloj o cantidad de ciclos por segundo. ¿Cómo pueden dos procesadores que funcionan a la misma velocidad de reloj tener un rendimiento diferente con uno funcionando "más rápido" que el otro? La respuesta es fácil: eficiencia.

La principal razón por la que el 486 se consideraba rápido respecto al 386 es que ejecuta el doble de instrucciones en el mismo número de ciclos. Lo mismo ocurre con un Pentium; ejecuta el doble de instrucciones que el 486 en un número determinado de ciclos. Así pues, con la misma velocidad de reloj, un Pentium es el doble de rápido que un 486, y en consecuencia, un procesador 486 de 133MHz (como el AMD 5x86-133) no es tan rápido como un Pentium de 75MHz. Esto se debe a que los megahercios del Pentium "valen" más o menos el doble que los del 486 en términos de instrucciones completadas por ciclo.

Los Pentium II y III son aproximadamente un 50 por 100 más rápidos que un Pentium equivalente a una velocidad de reloj dada porque pueden ejecutar más instrucciones en los mismos ciclos.

Desafortunadamente, después del Pentium III es más difícil comparar procesadores simplemente por la velocidad de reloj, ya que aunque las distintas arquitecturas internas hacen que algunos procesadores sean más eficientes que otros, esas mismas diferencias tienen como resultado una circuitería capaz de funcionar a distintas velocidades máximas. Cuanto menos eficiente es el circuito, más velocidad de reloj puede alcanzar, y viceversa.

Uno de los factores más importantes en cuanto a eficiencia se refiere es el número de etapas en el conducto interno del procesador (véase la tabla 2.6).

Tabla 2.6. *Número de conductos por CPU.*

Procesador	Profundidad del conducto
Pentium III	10 etapas
Pentium M/Core	10 etapas
Athlon/XP	10 etapas
Athlon 64/Phenom	12 etapas
Core 2/i5/i7	14 etapas
Pentium 4	20 etapas
Pentium 4 Prescott	31 etapas
Pentium D	31 etapas

Un conducto más profundo divide eficazmente las instrucciones en micropasos, que permiten conseguir tasas totales más altas con la misma tecnología de silicio. No obstante, también significa que se puede ejecutar menos instrucciones en un solo ciclo en comparación con procesadores con canales más cortos. Esto se debe a que, si falla un paso de ejecución especulativo (ocurre con cierta frecuencia cuando el procesador intenta alinear las instrucciones por adelantado), hay que vaciar y rellenar todo el canal. Así, si comparamos un Intel Core i7 o AMD Phenom con un Pentium 4 a la misma velocidad de reloj, ambos ejecutarán más instrucciones en el mismo número de ciclos.

Aunque es una desventaja tener un conducto más profundo en lo que a eficiencia de instrucciones se refiere, los procesadores con conductos más profundos pueden ejecutarse a tasas de reloj más altas en cierta tecnología de fabricación. Así pues, aunque un conducto más profundo puede ser menos eficiente, las velocidades de reloj resultantes más altas pueden compensarlo. El conducto más profundo, de 20 o 31 etapas, de la arquitectura P4 permite obtener velocidades significativamente más altas utilizando el mismo proceso de silicio que otros chips.

Sirva como ejemplo el proceso de 0,13 micras que consiguió el Pentium 4 a 3,4GHz frente al Athlon XP que consiguió un máximo de 2,2GHz (3200+ modelo) en el mismo espacio de tiempo. Aunque el Pentium 4 ejecute menos instrucciones en cada ciclo, la velocidad total del ciclo compensa la pérdida de eficiencia, la velocidad de reloj más alta contra el procesamiento más eficiente se anulan.

Desafortunadamente, el conducto profundo combinado con velocidades de reloj altas suponía un aumento de consumo eléctrico y por consiguiente de la generación de calor. Finalmente se decidió que el problema del aumento de consumo era demasiado grave e Intel volvió a diseños más eficientes en sus nuevos procesadores de micro-arquitectura Core. En vez de aumentar simplemente las velocidades de reloj, también se aumentó el rendimiento al combinar múltiples procesadores en un mismo chip, aumentando eficazmente la eficiencia de las instrucciones todavía más. Así empezó el camino hacia los procesadores multinúcleo.

Una cosa está clara en este lío: la velocidad de reloj pura y dura no es una buena forma de comparar chips, a menos que sean del mismo fabricante, modelo y familia.

Para comparar mejor varias CPU a distintas velocidades de reloj, Intel diseñó originalmente una serie de puntos de referencia específicos llamados índice iCOMP (*Intel Comparative Microprocessor Performance*). El índice iCOMP apareció en las versiones iCOMP, iCOMP 2.0 e iCOMP 3.0.

El índice iCOMP 2.0 se derivaba de varios puntos de referencia independientes indicativos del rendimiento relativo del procesador. Los puntos de referencia comparan números enteros con puntos flotantes y rendimiento multimedia.

La tabla 2.7 muestra la potencia relativa, o índice iCOMP 2.0, para muchos de los procesadores un poco más antiguos de Intel.

Tabla 2.7. *Clasificación de Intel por índice iCOMP 2.0.*

Procesador	Índice iCOMP 2.0
Pentium II 450	483
Pentium II 400	440
Pentium II OverDrive 333	387
Pentium II 350	386

Procesador	Índice iCOMP 2.0
Pentium II 333	366
Pentium II OverDrive 300	351
Pentium II 300	332
Celeron 333	318
Pentium II 266	303
Celeron 300A	296
Pentium II 233	267
Celeron 300	226
Pentium Pro 200	220
Celeron 266	213
Pentium-MMX 233	203
Pentium Pro 180	197
Pentium-MMX 200	182
Pentium Pro 150	168
Pentium-MMX 166	160
Pentium 200	142
Pentium 166	127
Pentium 150	114
Pentium 133	111
Pentium 120	100
Pentium 100	90
Pentium 75	67

Intel y AMD valoran sus procesadores más recientes con suites puntos de referencia disponibles comercialmente, como BAPCo SYSmark. SYSmark es un punto de referencia basado en aplicación que ejecuta varios *scripts* para ver el funcionamiento real utilizando aplicaciones populares. Muchas empresas lo usan para probar y comparar sistemas PC y sus componentes.

El SYSmark es una referencia mucho más moderna y realista que el índice iCOMP que utilizaba antes Intel, y como está al alcance de cualquiera, los resultados pueden verificarse de una forma independiente. El software SYSmark puede comprarse a BAPCo (`www.bapco.com`) o a FutureMark (`www.futuremark.com`). Las tablas 2.8, 2.9 y 2.10 muestran las valoraciones para los distintos procesadores obtenidas con estas suites de puntos de referencia.

Tabla 2.8. *Resultados SYSmark 2004 para varios procesadores.*

CPU	Reloj/Caché/FSB	Valoración SYSmark 2004
Intel Core 2 Extreme QX6700	2,66GHz/8MB/1.066	413
Intel Core 2 Duo 6600	2,40GHz/4MB/1.066	335
Intel Pentium EE 965	3,73GHz/4MB/1.066	305
AMD Athlon 64 FX-60	2,60GHz/2MB/1.000	302
AMD Athlon 64 X2 4800+	2,40GHz/1MB/1.000	284
AMD Athlon 64 X2 4600+	2,40GHz/512KB/1.000	281
Intel Pentium EE 955	3,46GHz/4MB/1.066	279
AMD Athlon 64 X2 4400+	2,20GHz/1MB/1.000	266
Intel Pentium D 950	3,40GHz/4MB/800	263
AMD Athlon 64 X2 4200+	2,20GHz/512KB/1.000	263
Intel Pentium 4 570J	3,80GHz/1MB/800	245
AMD Athlon 64 X2 3800+	2,00GHz/512KB/1.000	242
Intel Pentium 4 EE 3,73GHz	3,73GHz/2MB/1.066	239
Intel Pentium EE 840	3,20GHz/2MB/800	238
AMD Athlon 64 FX-55	2,60GHz/1MB/1.000	238
Intel Pentium D 840	3,20GHz/2MB/800	232
Intel Core Duo T2600	2,16GHz/2MB/667	231
Intel Pentium 4 560	3,60GHz/1MB/800	229
Intel Pentium 4 EE 3,40GHz	3,40GHz/2MB/800	225
AMD Athlon 64 4000+	2,40GHz/1MB/1.000	222
Intel Pentium 4 660	3,60GHz/2MB/800	220
AMD Athlon 64 FX-53	2,40GHz/1MB/1.000	219
Intel Pentium 4E 3,40GHz	3,40GHz/1MB/800	218
Intel Pentium 4 550	3,40GHz/1MB/800	216
Intel Pentium 4 EE 3,20GHz	3,20GHz/2MB/800	215
Intel Pentium D 925	3,00GHz/4MB/800	214
AMD Athlon 64 3800+	2,40GHz/512KB/1.000	214
Intel Pentium 4 3,40GHz	3,40GHz/512KB/800	212
Intel Pentium 4C 3,40GHz	3,40GHz/512KB/800	212
AMD Athlon 64 3700+	2,40GHz/1MB/800	212
Intel Pentium D 820	2,80GHz/2MB/800	211

CPU	Reloj/Caché/FSB	Valoración SYSmark 2004
Intel Pentium 4 540	3,20GHz/1MB/800	207
AMD Athlon 64 3400+	2,40GHz/512KB/1.000	207
AMD Athlon 64 3500+	2,20GHz/512KB/1.000	205
Intel Pentium 4E 3,20GHz	3,20GHz/512KB/800	204
Intel Pentium 4 640	3,20GHz/2MB/800	204
Intel Pentium 4 3,20GHz	3,20GHz/512KB/800	203
AMD Athlon 64 FX-51	2,20GHz/1MB/1.000	200
Intel Pentium D 805	2,66GHz/2MB/533	196
AMD Athlon 64 3700+	2,20GHz/1MB/1.000	196
AMD Athlon 64 3400+	2,20GHz/1MB/1.000	195
AMD Athlon 64 3200+	2,20GHz/512KB/1.000	194
Intel Pentium 4 3,00GHz	3,00GHz/512KB/800	193
Intel Core Duo T2300	1,66GHz/2MB/667	193
Intel Pentium 4E 3,00GHz	3.00GHz/512KB/800	192
Intel Pentium 4 630	3,00GHz/2MB/800	190
Intel Pentium 4 530	3,00GHz/1MB/800	188
Intel Pentium 4E 2,80GHz	2,80GHz/512KB/800	182
Intel Pentium 4 2.80GHz	2,80GHz/512KB/800	181
Intel Pentium 4 517	2,93GHz/1MB/533	180
AMD Athlon 64 3200+	2,00GHz/1MB/1.000	180
AMD Athlon 64 3000+	2,00GHz/512KB/1.000	178
AMD Athlon 64 3200+	2,00GHz/512KB/1.000	176
Intel Pentium 4 520	2,80GHz/1MB/800	175
Intel Pentium 4C 2,80GHz	2,80GHz/512KB/800	174
AMD Athlon 64 2800+	1,80GHz/512KB/1.000	164
AMD Sempron 3400+	2,00GHz/256KB/800	161
AMD Sempron 3300+	2,00GHz/128KB/800	157
AMD Sempron 3100+	1,80GHz/256KB/1000	154
Intel Pentium 4C 2,40GHz	2,40GHz/512KB/800	153
Intel Pentium 4 515	2,93GHz/1MB/800	152
Intel Celeron D 346	3,06GHz/256KB/533	151

CPU	Reloj/Caché/FSB	Valoración SYSmark 2004
AMD Athlon XP 2800+	2,25GHz/256KB/166	151
Intel Pentium 4 2,40GHz	2,40GHz/512KB/800	148
AMD Athlon XP 2700+	2,18GHz/256KB/166	148
Intel Celeron D 341	2,93GHz/256KB/533	146
AMD Sempron 3000+	1,80GHz/128KB/800	145
Intel Pentium 4B 2,80GHz	2,80GHz/512KB/533	144
AMD Athlon XP 2600+	2,08GHz/256KB/166	144
Intel Celeron D 336	2,80GHz/256KB/533	143
Intel Celeron D 335	2,80GHz/256KB/533	139
Intel Pentium M 730	1,60GHz/2MB/533	139
AMD Sempron 3000+	2,00GHz/512KB/333	137
AMD Sempron 2800+	1,60GHz/256KB/800	137
AMD Sempron 2800+	2,00GHz/256KB/333	136
Intel Celeron D 331	2,66GHz/256KB/533	135
Intel Celeron D 340	2,93GHz/256KB/533	133
Intel Celeron D 326	2,53GHz/256KB/533	133
AMD Athlon XP 2400+	2,00GHz/256KB/133	133
AMD Sempron 2600+	1,60GHz/128KB/800	133
Intel Celeron D 330	2,66GHz/256KB/533	131
Intel Pentium 4B 2,40GHz	2,40GHz/512KB/533	130
AMD Sempron 2600+	1,83GHz/256KB/333	124
AMD Sempron 2500+	1,40GHz/256KB/800	123
Intel Celeron D 320	2,40GHz/256KB/533	119
Intel Celeron 2,80GHz	2,80GHz/128KB/400	117
AMD Sempron 2400+	1,66GHz/256KB/333	117
Intel Celeron 2.70GHz	2,70GHz/128KB/400	115
AMD Athlon XP 3200+	2,20GHz/512KB/400	115
AMD Sempron 2300+	1,58GHz/256KB/333	113
AMD Athlon XP 3000+	2,10GHz/512KB/400	112
AMD Athlon XP 2900+	2,00GHz/512KB/400	111
AMD Athlon XP 1800+	1,53GHz/256KB/133	111

CPU	Reloj/Caché/FSB	Valoración SYSmark 2004
Intel Celeron 2,50GHz	2,50GHz/128KB/400	110
Intel Pentium M 1,60GHz	1,60GHz/1MB/400	109
Intel Celeron 2,40GHz	2,40GHz/128KB/400	104
Intel Pentium 4 2,00GHz	2,00GHz/512KB/400	104
Intel Celeron M 1,30GHz	1,30GHz/512KB/400	93
Intel Celeron C 2,00GHz	2,00GHz/128KB/400	84
Intel Pentium III 1,00GHz	1,00GHz/256KB/133	64

Tabla 2.9. *Resultados SYSmark 2004 SE para varios procesadores.*

CPU	Reloj/Caché/FSB	Valoración SYSmark 2004 SE
Intel Core 2 Extreme QX6700	2,66GHz/8MB/1.066	440
Intel Core 2 Extreme X6800	2,93GHz/4MB/1.066	418
Intel Core 2 Duo E6700	2,66GHz/4MB/1.066	378
AMD Athlon 64 FX-62	2,80GHz/2MB/1.000	324
Intel Pentium EE 965	3,73GHz/4MB/1.066	305
AMD Athlon 64 FX-60	2,60GHz/2MB/1.000	297
AMD Athlon 64 X2 5000+	2,60GHz/1MB/1.000	290
AMD Athlon 64 X2 4800+	2,40GHz/2MB/1.000	280
Intel Core 2 Duo E6300	1,86GHz/2MB/1.066	280
Intel Pentium EE 955	3,46GHz/4MB/1.066	279
AMD Athlon 64 X2 4600+	2,40GHz/1MB/1.000	275
Intel Core 2 Duo T7600	2,33GHz/4MB/667	275
AMD Athlon 64 X2 4200+	2,20GHz/1MB/1.000	256
Intel Pentium D 960	3,60GHz/4MB/800	254
Intel Pentium D 945	3,40GHz/4MB/800	246
AMD Athlon 64 X2 3800+	2,00GHz/1MB/1.000	245
Intel Pentium 4 670	3,80GHz/2MB/800	234
Intel Pentium D 930	3,00GHz/4MB/800	223
Intel Pentium 4 661	3,60GHz/2MB/800	220
AMD Athlon 64 3800+	2,40GHz/512KB/1.000	217

CPU	Reloj/Caché/FSB	Valoración SYSmark 2004 SE
Intel Core 2 Duo T5500	1,66GHz/4MB/667	204
AMD Athlon 64 3500+	2,20GHz/512KB/1.000	201
Intel Pentium D 805	2,66GHz/2MB/533	196
AMD Athlon 64 3700+	2,20GHz/1MB/1.000	196
Intel Core Duo T2300	1,66GHz/2MB/667	193
Intel Pentium 4 540	3,20GHz/1MB/800	192
Intel Pentium 4 630	3,00GHz/2MB/800	190
Intel Pentium 4 631	3,00GHz/2MB/800	189
Intel Pentium 4 530	3,00GHz/1MB/800	188
Intel Pentium 4 517	2,93GHz/1MB/533	180
AMD Athlon 64 3200+	2,00GHz/512KB/1.000	176
Intel Pentium 4 520	2,80GHz/1MB/800	175
AMD Turion X2 TL-52	1,60GHz/1MB/1.000	171
AMD Turion X2 TL-50	1,60GHz/512KB/1.000	169
AMD Sempron 3600+	2,00GHz/256KB/1.000	163
AMD Sempron 3500+	2,00GHz/128KB/1.000	162
AMD Sempron 3400+	2,00GHz/256KB/800	161
AMD Sempron 3300+	2,00GHz/128KB/800	157
Intel Celeron D 346	3,06GHz/256KB/533	151
AMD Sempron 3100+	1,80GHz/256KB/800	149
AMD Sempron 3200+	1,80GHz/128KB/1.000	147
Intel Celeron D 341	2,93GHz/256KB/533	146
AMD Sempron 3000+	1,80GHz/128KB/800	145
Intel Celeron D 336	2,80GHz/256KB/533	143
Intel Pentium M 730	1,60GHz/2MB/533	139
AMD Sempron 2800+	1,60GHz/256KB/800	137
Intel Celeron D 331	2,66GHz/256KB/533	135
Intel Celeron D 340	2,93GHz/256KB/533	133
Intel Celeron D 326	2,53GHz/256KB/533	133
AMD Sempron 2600+	1,60GHz/128KB/800	133
AMD Sempron 2500+	1,40GHz/256KB/800	123

Tabla 2.10. Resultados SYSmark 2007 Preview para varios procesadores.

CPU	Reloj/Caché/FSB	Valoración SYSmark 2007 Preview
Intel Core i7-950	3,06GHz/8MB/4,8GTps	205
Intel Core i7-940	2,93GHz/8MB/4,8GTps	201
Intel Core i7-920	2,66GHz/8MB/4,8GTps	192
Intel Core 2 Quad Q9650	3,00GHz/12MB/1.333	187
Intel Core 2 Duo E8600	3,33GHz/6MB/1.333	186
Intel Core 2 Duo E8500	3,16GHz/6MB/1.333	183
Intel Core 2 Duo E7400	2,80GHz/3MB/1.066	181
Intel Core 2 Quad Q9550	2,83GHz/12MB/1.333	180
Intel Core 2 Duo T9600	2,80GHz/6MB/1.066	179
Intel Core 2 Duo E8400	3,00GHz/6MB/1.333	174
Intel Core 2 Quad Q9450	2,66GHz/12MB/1.333	173
Intel Core 2 Quad Q6700	2,66GHz/8MB/1.066	169
Intel Core 2 Duo T9900	3,06GHz/6MB/1.066	168
Intel Core 2 Duo E8300	2,83GHz/6MB/1.333	164
AMD Phenom II X4 955	3,20GHz/6MB/1.000	162
Intel Core 2 Duo E7600	3,06GHz/3MB/1.066	162
Intel Core 2 Duo T9800	2,93GHz/6MB/1.066	161
Intel Core 2 Quad Q9400	2,66GHz/6MB/1.333	161
Intel Core 2 Quad Q9300	2,50GHz/6MB/1.333	161
Intel Core 2 Duo E6850	3,00GHz/4MB/1.333	158
Intel Core 2 Duo E8200	2,66GHz/6MB/1.333	158
Intel Core 2 Duo E7500	2,93GHz/3MB/1.066	157
AMD Phenom II X4 940	3,00GHz/6MB/1.000	155
Intel Core 2 Duo P9700	2,80GHz/6MB/1.066	155
Intel Core 2 Duo E6750	2,66GHz/4MB/1.333	153
Intel Core 2 Duo E7300	2,66GHz/3MB/1.066	153
Intel Core 2 Quad Q8400	2,66GHz/4MB/1.333	152
AMD Phenom X4 9950	2,60GHz/2MB/1.000	152
Intel Core 2 Quad Q6600	2,40GHz/8MB/1.066	151
AMD Phenom II X4 925	2,80GHz/6MB/1.000	150
Intel Core 2 Duo P9600	2,66GHz/6MB/1.066	150

CPU	Reloj/Caché/FSB	Valoración SYSmark 2007 Preview
Intel Core 2 Duo T9550	2,66GHz/6MB/1.066	150
Intel Core 2 Duo T9500	2,60GHz/6MB/800	149
AMD Phenom II X4 920	2,80GHz/6MB/1.000	148
Intel Pentium E5200	2,50GHz/2MB/800	147
Intel Core 2 Duo T9400	2,53GHz/6MB/1.066	146
Intel Core 2 Quad Q8300	2,50GHz/4MB/1.333	146
Intel Core 2 Duo P9500	2,53GHz/6MB/1.066	145
Intel Core 2 Duo T9300	2,50GHz/6MB/800	144
Intel Core 2 Duo E6700	2,66GHz/4MB/1.066	143
AMD Phenom II X4 910	2,60GHz/6MB/1.000	143
Intel Pentium E6300	2,80GHz/2MB/1.066	142
AMD Phenom II X4 810	2,60GHz/4MB/1.000	142
Intel Core 2 Duo E7200	2,53GHz/3MB/1.066	142
AMD Phenom II X3 720	2,80GHz/6MB/1.000	141
Intel Core 2 Duo P8800	2,66GHz/3MB/1.066	139
Intel Core 2 Duo P8600	2,40GHz/3MB/1.066	138
Intel Core 2 Quad Q8200	2,33GHz/4MB/1.333	138
Intel Core 2 Duo T7800	2,60GHz/4MB/800	137
AMD Phenom II X4 805	2,50GHz/4MB/1.000	137
Intel Pentium E5400	2,70GHz/2MB/800	136
AMD Phenom II X3 710	2,60GHz/6MB/1.000	136
Intel Core 2 Duo E6550	2,33GHz/4MB/1.333	136
Intel Core 2 Duo P8700	2,53GHz/3MB/1.066	135
Intel Pentium E5300	2,60GHz/2MB/800	133
Intel Core 2 Duo E6600	2,40GHz/4MB/1.066	131
Intel Core 2 Duo T7700	2,40GHz/4MB/800	130
Intel Core 2 Duo T8300	2,40GHz/3MB/800	130
Intel Core 2 Duo E4700	2,60GHz/2MB/800	129
AMD Athlon X2 7850	2,80GHz/2MB/1.000	127
AMD Phenom X4 9850	2,50GHz/2MB/1.000	126
Intel Core 2 Duo P7570	2,26GHz/3MB/1.066	126
Intel Core 2 Duo P8400	2,26GHz/3MB/1.066	126

CPU	Reloj/Caché/FSB	Valoración SYSmark 2007 Preview
Intel Core 2 Duo P7550	2,26GHz/3MB/1.066	125
AMD Athlon X2 7750	2,70GHz/2MB/1.000	122
Intel Core 2 Duo E4600	2,40GHz/2MB/800	122
AMD Phenom X4 9750	2,40GHz/2MB/1.000	122
Intel Core 2 Duo T7500	2,20GHz/4MB/800	121
Intel Core 2 Duo E6420	2,13GHz/4MB/1.066	121
AMD Athlon 64 X2 6400+	3,20GHz/2MB/1.000	119
AMD Phenom X3 8750	2,40GHz/2MB/1.000	119
AMD Phenom X4 9650	2,30GHz/2MB/1.000	119
Intel Core 2 Duo P7450	2,13GHz/3MB/1.066	118
Intel Core 2 Duo T8100	2,10GHz/3MB/800	118
AMD Athlon X2 7550	2,50GHz/2MB/1.000	116
Intel Core 2 Duo T6670	2,20GHz/2MB/800	116
AMD Phenom X4 9550	2,20GHz/2MB/1.000	116
Intel Core 2 Duo P7370	2,00GHz/3MB/1.066	116
Intel Pentium E2220	2,40GHz/1MB/800	115
AMD Phenom X3 8650	2,30GHz/2MB/1.000	115
Intel Core 2 Duo T6600	2,20GHz/2MB/800	114
Intel Core 2 Duo P7350	2,00GHz/3MB/1.066	114
AMD Athlon 64 X2 6000+	3,00GHz/1MB/1.000	112
Intel Core 2 Duo T7600	2,33GHz/4MB/667	112
Intel Core 2 Duo T7300	2,00GHz/4MB/800	112
Intel Core 2 Duo E4500	2,20GHz/2MB/800	111
Intel Core 2 Duo T5900	2,20GHz/2MB/800	111
Intel Core Duo T2700	2,33GHz/2MB/667	110
AMD Phenom X4 9600	2,30GHz/2MB/1.000	110
Intel Core 2 Duo T6570	2,10GHz/2MB/800	110
AMD Athlon X2 6000+	3,10GHz/1MB/1.000	109
Intel Core 2 Duo T6500	2,10GHz/2MB/800	109
Intel Core 2 Duo E6320	1,86GHz/4MB/1.066	109
Intel Core 2 Duo E6400	2,13GHz/2MB/1.066	108
Intel Core 2 Duo T5800	2,00GHz/2MB/800	108

CPU	Reloj/Caché/FSB	Valoración SYSmark 2007 Preview
AMD Phenom X4 9350e	2,00GHz/2MB/1.000	108
AMD Athlon 64 X2 5800+	3,00GHz/1MB/1.000	107
Intel Pentium E2200	2,20GHz/1MB/800	107
Intel Core 2 Duo T7400	2,16GHz/4MB/667	107
AMD Phenom X3 8450	2,10GHz/2MB/1.000	107
AMD Phenom X4 9500	2,20GHz/2MB/1.000	106
AMD Athlon 64 X2 5600+	2,90GHz/1MB/1.000	105
Intel Core 2 Duo T5870	2,00GHz/2MB/800	105
Intel Core 2 Duo T6400	2,00GHz/2MB/800	105
AMD Athlon X2 5600+	2,90GHz/1MB/1.000	104
Intel Core 2 Duo T7250	2,00GHz/2MB/800	104
Intel Pentium T4300	2,10GHz/1MB/800	103
AMD Athlon 64 X2 5400+	2,80GHz/1MB/1.000	102
Intel Core 2 Duo E4400	2,00GHz/2MB/800	102
Intel Pentium E2180	2,00GHz/1MB/800	102
Intel Core 2 Duo E6300	1,86GHz/2MB/1,066	102
AMD Phenom X4 9150	1,80GHz/2MB/1,000	102
Intel Core 2 Duo T7200	2,00GHz/4MB/667	101
AMD Athlon 64 X2 5200+	2,60GHz/2MB/1.000	100
Intel Core 2 Duo T7100	1,80GHz/2MB/800	99
AMD Phenom X3 8600	2,30GHz/2MB/1.000	98
Intel Pentium T3400	2,16GHz/1MB/667	97
AMD Athlon 64 X2 5000+	2,60GHz/1MB/1.000	96
Intel Core 2 Duo T4200	2,00GHz/1MB/800	96
AMD Athlon X2 5400B+	2,80GHz/1MB/1.000	95
Intel Celeron T3100	1,90GHz/1MB/800	95
Intel Core 2 Duo E4300	1,80GHz/2MB/800	95
Intel Core 2 Duo E2180	2,00GHz/1MB/800	94
Intel Pentium T3200	2,00GHz/1MB/667	94
AMD Phenom X3 8400	2,10GHz/2MB/1.000	93
Intel Celeron T3000	1,80GHz/1MB/800	92
AMD Athlon 64 X2 4800+	2,50GHz/1MB/1.000	91

CPU	Reloj/Caché/FSB	Valoración SYSmark 2007 Preview
Intel Celeron E1400	2,00GHz/512KB/800	91
AMD Athlon 64 X2 4600+	2,40GHz/1MB/1.000	89
AMD Athlon 64 X2 4450B+	2,30GHz/1MB/1.000	89
AMD Phenom X4 9100e	1,80GHz/2MB/1.000	89
Intel Pentium E2160	1,80GHz/1MB/800	89
AMD Turion X2 Ultra ZM-86	2,40GHz/2MB/1.000	88
AMD Athlon 64 X2 4400+	2,30GHz/1MB/1.000	88
Intel Core 2 Duo E2160	1,80GHz/1MB/800	88
Intel Pentium D 945	3,40GHz/4MB/800	87
Intel Celeron T1700	1,83GHz/1MB/667	87
AMD Athlon 64 4850e	2,50GHz/1MB/1.000	86
AMD Phenom X4 9150e	1,80GHz/2MB/1.000	86
Intel Celeron E1600	2,40GHz/512KB/800	85
AMD Athlon 64 X2 BE2400	2,30GHz/1MB/1.000	85
AMD Athlon 64 X2 4200+	2,20GHz/1MB/1.000	85
Intel Core 2 Duo T5600	1,83GHz/2MB/667	85
AMD Turion X2 Ultra ZM-84	2,30GHz/2MB/1.000	84
Intel Pentium D 935	3,20GHz/4MB/800	83
AMD Athlon 64 X2 BE2350	2,10GHz/1MB/1.000	83
Intel Celeron T1600	1,66GHz/1MB/667	83
AMD Turion X2 RM-77	2,30GHz/1MB/1.000	82
AMD Turion X2 Ultra ZM-82	2,20GHz/2MB/1.000	82
Intel Celeron E1500	2,20GHz/512KB/800	81
AMD Athlon 64 X2 4000+	2,10GHz/1MB/1.000	81
AMD Athlon X2 BE-2350	2,10GHz/1MB/1.000	81
Intel Core 2 Duo T5500	1,66GHz/2MB/667	81
Intel Pentium E2140	1,60GHz/1MB/800	81
AMD Athlon 64 X2 3800+	2,00GHz/1MB/1.000	80
Intel Core 2 Duo E2140	1,60GHz/1MB/800	80
Intel Pentium D 925	3,00GHz/4MB/800	79
AMD Athlon 64 X2 4850e+	2,50GHz/1MB/1.000	79
AMD Turion 64 X2 TL-68	2,40GHz/1MB/1.000	78

CPU	Reloj/Caché/FSB	Valoración SYSmark 2007 Preview
AMD Athlon X2 QL-67	2,20GHz/1MB/1.000	78
AMD Turion X2 Ultra ZM-80	2,10GHz/2MB/1.000	78
Intel Celeron E1200	1,60GHz/512KB/800	78
AMD Turion 64 X2 TL-66	2,30GHz/1MB/1.000	77
Intel Celeron 900	2,20GHz/1MB/800	77
AMD Turion X2 RM-72	2,10GHz/1MB/1.000	77
AMD Athlon 64 X2 BE4850e	2,50GHz/1MB/1.000	76
Intel Pentium M 780	2,26GHz/2MB/533	76
AMD Athlon 64 X2 3600+	2,00GHz/1MB/1.000	76
AMD Athlon X2 BE-2300	1,90GHz/1MB/1.000	76
AMD Turion 64 X2 TL-64	2,20GHz/1MB/1.000	75
AMD Turion X2 RM-70	2,00GHz/1MB/1.000	74
AMD Athlon 64 X2 BE2300	1,90GHz/1MB/1.000	74
AMD Turion 64 X2 TL-62	2,10GHz/1MB/1.000	73
Intel Celeron 585	2,16GHz/1MB/667	72
AMD Athlon X2 QL-62	2,00GHz/1MB/1.000	72
AMD Turion 64 X2 TL-60	2,00GHz/1MB/1.000	72
AMD Sempron X2 2100	1,80GHz/512KB/1.000	72
Intel Pentium T2330	1,60GHz/1MB/533	72
AMD Athlon LE-1640	2,70GHz/512KB/1.000	69
Intel Celeron 575	2,00GHz/1MB/667	69
AMD Athlon 64 X2 QL-60	1,90GHz/512KB/1.000	69
AMD Athlon X2 QL-60	1,90GHz/1MB/1.000	69
Intel Celeron 570	2,26GHz/1MB/533	68
AMD Turion 64 X2 TL-58	1,90GHz/1MB/1.000	68
Intel Pentium 4 651	3,40GHz/2MB/800	67
AMD Turion 64 X2 TL-56	1,80GHz/1MB/1.000	67
AMD Athlon 64 X2 TK-57	1,90GHz/512KB/1.000	66
AMD Athlon 64 4000+	2,60GHz/512KB/1.000	65
Intel Celeron 560	2,13GHz/1MB/533	65
Intel Pentium T2130	1,86GHz/1MB/533	65
Intel Pentium M 740	1,73GHz/2MB/533	65

CPU	Reloj/Caché/FSB	Valoración SYSmark 2007 Preview
Intel Pentium 4 641	3,20GHz/2MB/800	64
Intel Celeron 450	2,20GHz/512KB/800	64
Intel Celeron 440	2,00GHz/512KB/800	64
AMD Sempron LE-1250	2,20GHz/512KB/1.000	63
Intel Celeron 550	2,00GHz/1MB/533	63
AMD Athlon 64 X2 TK-55	1,80GHz/512KB/1.000	63
AMD Turion 64 X2 TL-52	1,60GHz/1MB/1.00	62
Intel Pentium 4 631	3,00GHz/2MB/800	61
AMD Athlon LE-1620	2,40GHz/1MB/1.000	61
AMD Athlon 64 3800+	2,40GHz/512KB/1.000	60
AMD Sempron LE-1300	2,30GHz/512KB/800	60
Intel Celeron 540	1,86GHz/1MB/533	60
AMD Athlon 64 X2 TK-53	1,70GHz/512KB/1.000	60
AMD Turion 64 X2 TL-50	1,60GHz/512KB/1.000	60
Intel Celeron E440	2,00GHz/512KB/800	58
Intel Celeron 530	1,73GHz/1MB/533	58
AMD Athlon 64 3500+	2,20GHz/512KB/1.000	57
AMD Athlon 64 X2 MK-38	2,20GHz/512KB/1.000	57
Intel Celeron 430	1,80GHz/512KB/800	57
Intel Celeron M 530	1,73GHz/1MB/533	56
AMD Sempron 3800+	2,20GHz/256KB/1.000	55
Intel Celeron M 450	2,00GHz/1MB/533	55
AMD Sempron 3800+	2,20GHz/256KB/800	54
AMD Athlon 64 X2 MK-36	2,00GHz/512KB/1.000	54
Intel Celeron E430	1,80GHz/512KB/800	54
AMD Sempron 3600+	2,00GHz/256KB/800	53
Intel Celeron M 440	1,86GHz/1MB/533	53
Intel Celeron D 360	3,46GHz/512KB/533	52
AMD Sempron SI-40	2,00GHz/512KB/1.000	52
AMD Sempron LE-1150	2,00GHz/256KB/800	52
AMD Sempron 3600+	2,00GHz/256KB/1.000	52
Intel Celeron 420	1,60GHz/512KB/80	52

CPU	Reloj/Caché/FSB	Valoración SYSmark 2007 Preview
Intel Celeron M 520	1,60GHz/1MB/533	52
AMD Sempron 3500+	2,00GHz/128KB/800	51
Intel Celeron D 356	3,33GHz/512KB/533	50
AMD Sempron LE-1100	1,90GHz/256KB/800	50
AMD Athlon 64 3000+	1,80GHz/512KB/1.000	50
Intel Celeron E420	1,60GHz/512KB/800	50
Intel Celeron D 352	3,20GHz/512KB/533	49
AMD Sempron 3500+	1,80GHz/512KB/1.000	49
AMD Sempron 3400+	1,80GHz/256KB/800	49
Intel Celeron D 347	3,06GHz/512KB/533	47
AMD Sempron LE-1200	2,10GHz/512KB/1.000	47
AMD Sempron 3400+	1,80GHz/256KB/1.000	47
AMD Sempron 3200+	1,80GHz/128KB/800	47
AMD Athlon Neo MV-40	1,60GHz/512KB/1.000	47
AMD Sempron 3000+	1,60GHz/256KB/800	45
AMD Sempron 3200+	1,60GHz/256KB/1.000	45
AMD Athlon 64 2650e	1,60GHz/512KB/1.000	44

Los puntos de referencia SYSmark reflejan el uso normal por parte de usuarios empresariales que emplean aplicaciones ofimáticas y de creación de contenido de Internet.

Sin embargo, hay que tener en cuenta que los resultados expuestos aquí se generan por sistemas completos y se ven influidos por cosas como la versión específica del procesador, la placa base y el *chipset* utilizados, la cantidad de memoria instalada, la velocidad del disco duro y otros factores. Para conocer estos factores consulte los informes de BAPCo en `www.bapco.com`.

Memoria caché

Conforme aumentaba la velocidad del núcleo, la de la memoria se iba quedando rezagada. ¿Cómo podía un procesador funcionar más deprisa que la memoria que lo alimentaba sin que se resintiera el rendimiento? La respuesta es la caché. En su acepción más simple, la memoria caché es un búfer de memoria de alta velocidad que almacena temporalmente los datos que necesita el procesador, permitiéndole así recuperarlos más deprisa que si procediesen de la memoria principal. Pero hay una característica adicional que diferencia a la caché de un simple búfer, y es la inteligencia. Una caché es un búfer con cerebro.

Un búfer guarda datos aleatorios normalmente con la fórmula primero en entrar, primero en salir, o primero en entrar, último en salir. Por su parte, una caché guarda los datos que probablemente necesitará el procesador por adelantado, antes de que los necesite realmente. Esto permite que el procesador siga funcionando a máxima velocidad, o casi, sin tener que esperar a la recuperación de datos de la memoria principal, que es más lenta. La memoria caché suele componerse de memoria RAM estática (SRAM) integrada en la pastilla del procesador, aunque los sistemas más antiguos con caché usaban también chips instalados en la placa base.

Para la mayoría de los PC de sobremesa modernos, hay dos niveles de caché procesador/memoria: caché de nivel 1(L1) y caché de nivel 2 (L2). Algunos procesadores también tienen caché de nivel 3, aunque no es lo habitual. Los siguientes apartados describen estas cachés y su funcionamiento.

Caché interna de nivel 1

Todos los procesadores modernos a partir de la familia 486 incluyen una caché L1 integrada y su controlador. El tamaño de la caché L1 integrada varía entre procesadores, desde 8KB para el 486DX original, hasta 32KB, 64KB o más en los más recientes.

Para comprender la importancia de la caché, hay que conocer la velocidad relativa de los procesadores y la memoria. El problema es que la velocidad del procesador suele estar expresada en MHz o GHz (millones o bien billones de ciclos por segundo), mientras que la de la memoria se expresa con frecuencia en nanosegundos (milmillonésimas partes de segundo por ciclo). La mayoría de los tipos de memoria nuevos expresan la velocidad en MHz o en ancho de banda (rendimiento) en megabytes por segundo (MBps).

Ambas son en realidad medidas de tiempo o frecuencia. Así, un procesador de 233MHz, por ejemplo, sería equiparable a un ciclo de 4,3 nanosegundos, lo que significa que necesitaríamos una memoria de 4ns para seguir el ritmo de una CPU de 200MHz. La placa base de un sistema de 233MHz suele funcionar a 66MHz, lo que corresponde a una velocidad de 15ns por ciclo que requerirá una memoria de 15ns. Observe además que una memoria principal de 60ns (lo habitual en los sistemas Pentium) equivaldría a una velocidad de reloj de aproximadamente 16MHz. Entonces, un sistema Pentium 233 típico tiene un procesador que funciona a 233MHz (4,3ns por ciclo), una placa base que trabaja a 66MHz (15ns por ciclo), y una memoria principal que funciona a 16MHz (60ns por ciclo). Esto que parece una enumeración de datos servirá para facilitar la explicación del funcionamiento de la memoria caché.

Dado que la caché L1 siempre está integrada en la pastilla del procesador, funciona internamente a la velocidad máxima del procesador. Con esto quiero decir que esta caché funciona a la velocidad de reloj más alta del procesador interno y no a la de la placa base externa. Básicamente, esta caché es un área de memoria muy rápida integrada en el procesador y que sirve para albergar algunos de los conjuntos de código y datos actualmente en funcionamiento. Se puede acceder a la memoria caché sin estados de espera porque funciona a la misma velocidad que el núcleo del procesador.

La utilización de la memoria caché reduce un cuello de botella tradicional puesto que la RAM del sistema es casi siempre mucho más lenta que la CPU; la diferencia de rendimiento entre velocidad de memoria y CPU se ha hecho muy evidente en los sistemas más nuevos. El uso de la memoria caché evita que el procesador tenga que esperar código y datos de una memoria más lenta y mejora así el rendimiento. Sin la caché L1, el procesador se vería obligado con frecuencia a esperar a la memoria del sistema.

La caché es especialmente importante en los procesadores modernos, ya que suele ser la única memoria del sistema que puede seguir al chip. Los procesadores más recientes tienen multiplicador de reloj, lo que significa que funcionan a una velocidad que es en realidad múltiplo de la placa base a la que están conectados. Los únicos tipos de memoria que coinciden con la memoria máxima del procesador son las cachés L1, L2 y puede que la L3 integradas en el núcleo del procesador.

Si los datos que el procesador necesita están ya en la caché interna, la CPU no tiene que esperar. Si los datos no están en esa caché, la CPU debe buscarlos en la caché de nivel 2 o, en sistemas menos sofisticados, en el bus del sistema (es decir, directamente en la memoria principal).

Funcionamiento de la caché

Para ver cómo funciona la caché emplearemos una analogía.

En nuestra historia hay una persona (usted, por ejemplo) comiendo en el papel del procesador que necesita y opera sobre datos de la memoria. La cocina donde se prepara la comida es la memoria principal del sistema (normalmente, DDR, DDR2 o DDR3 DIMM). El controlador de la caché sería el camarero y la caché L1 la mesa a la que está sentado usted.

Bueno, ahí va la historia. Supongamos que empieza a ir a comer al mismo restaurante todos los días a la misma hora. Entra, se sienta y pide un perrito caliente. Para que la historia mantenga la proporción, vamos a suponer que come normalmente a una velocidad de un mordisco cada cuatro segundos (233MHz = unos 4ns por ciclo) y que en la cocina tardan 60 segundos en preparar cualquier cosa que pida (60ns de memoria principal).

Cuando va por primera vez, se sienta, pide el perrito y tiene que esperar 60 segundos hasta que se lo preparen. Después el camarero se lo lleva, usted empieza a comer a su velocidad habitual. Enseguida se acaba el perrito, así que llama al camarero y pide una hamburguesa. Tiene que esperar otros 60 segundos hasta que esté lista. Cuando se la llevan, empieza a comer a toda velocidad. Cuando se la acaba, pide un plato de patatas fritas y 60 segundos más tarde se lo come a toda velocidad. Finalmente, decide acabar el menú con tarta de queso de postre. Tras una espera de 60 segundos, se lo come a su velocidad máxima. Su experiencia consiste básicamente en mucha espera seguida de picos cortos de comer a toda pastilla.

Después de acudir al restaurante dos días seguidos a la misma hora y pedir lo mismo en el mismo orden exactamente, al tercer día el camarero empieza a pensar "esta persona siempre viene a la misma hora y pide un perrito caliente, una hamburguesa, patatas y tarta de queso. ¿Por qué no se lo tengo ya todo preparado y le doy una sorpresa? A lo mejor me deja una buena propina". Así que cuando entra y pide el perrito el camarero se lo sirve inmediatamente, sin esperas. Después, se acaba el perrito y cuando está a punto de pedir la hamburguesa aparece el camarero y le pone una. Toda la comida transcurre así y se come todo en una media de un bocado cada cuatro segundos sin esperar a que preparen la comida en la cocina. Esta vez su experiencia consiste en comer todo sin esperar gracias al razonamiento del camarero.

Este ejemplo describe exactamente la función de la caché L1 en el procesador. Dicha caché sería una mesa con sitio para uno o varios platos. Sin un camarero, el espacio de la mesa sería un simple búfer de comida. Cuando está lleno, se puede comer hasta que quede vacío, pero nadie se da cuenta de rellenarlo. El camarero es el controlador de la caché que entra en acción con su inteligencia para decidir qué platos hay que poner en la mesa por adelantado. Al igual que el controlador de la caché, usa su habilidad para adivinar la comida que pedirá a continuación y, si acierta, no tendrá que esperar.

Ahora, supongamos que al cuarto día entra en el restaurante y pide el perrito como siempre. El camarero, que está ya muy seguro, tiene el perrito preparado cuando llega así que no tiene que esperar nada.

Justo cuando se acaba el perrito y el camarero está sirviéndole la hamburguesa decide que prefiere una *bratwurst*, ya que realmente no había pedido ninguna hamburguesa. El camarero se ha equivocado y la consecuencia es que tendrá que esperar 60 segundos hasta que preparen la salchicha en cocina. Esto es lo que se conoce como fallo de caché; el controlador no rellenó correctamente la caché con los datos que necesitaba realmente el procesador. El resultado es tener que esperar o, en el caso de un sistema Pentium a 233MHz, que el sistema reduzca la velocidad a 16MHz (la velocidad de la RAM).

Según Intel, la caché L1 de la mayoría de los procesadores tiene un 90 por 100 de aciertos (algunos procesadores, como el Pentium 4, ligeramente superior). Esto significa que la caché tiene los datos correctos el 90 por 100 de las veces y en consecuencia el procesador funciona a toda velocidad (233MHz en nuestro ejemplo) el 90 por 100 del tiempo. No obstante, el 10 por 100 de las veces el controlador se equivoca y tiene que recuperar los datos de la memoria principal, que es mucho más lenta, así que el procesador tiene que esperar. Esto básicamente reduce la velocidad del sistema a la de la RAM, que en el ejemplo era de 60ns o 16MHz.

En esta analogía, el procesador era 14 veces más rápido que la memoria principal. La velocidad de la memoria ha aumentado de 16MHz (60ns) a 333MHz (3,0ns) o más en los sistemas más recientes, pero la velocidad de los procesadores también ha subido a 3GHz y más, con lo cual, hasta en los sistemas más modernos, la memoria sigue siendo 7,5 o más veces más lenta que el procesador. La caché es lo que compensa la diferencia.

La principal característica de la caché L1 es que siempre ha estado integrada en el núcleo del procesador, donde funciona a la misma velocidad que el núcleo. Esto, combinado con la tasa de éxito del 90 por 100, hace que la caché L1 sea muy importante para el rendimiento del sistema.

Caché de nivel 2

Para mitigar la drástica ralentización que se produce cada vez que ocurre un fallo de caché L1, se utiliza una caché secundaria (L2).

Siguiendo con el ejemplo del restaurante, la caché L2 sería un carrito con comida adicional situado estratégicamente en el restaurante de forma que el camarero tarde en coger la comida sólo 15 segundos (en vez de los 60 que tardaría yendo hasta la cocina). En un sistema Pentium (Socket 7), la caché L2 se monta en la placa base, lo que significa que funciona a la velocidad de la placa (en este ejemplo, 66MHz o 15ns). Ahora, si pide un plato que el camarero no ha dejado en su mesa por adelantado, en vez de volver a la cocina para buscarlo y tardar 60 segundos en traerlo, puede mirar primero en el carrito de la comida extra. Si el plato solicitado está ahí, volverá al cabo de sólo 15 segundos. El efecto de red en un sistema real es que en vez de pasar de 233MHz a 16MHz esperando a que lleguen los datos desde la memoria principal a 60ns, el sistema puede recuperarlos en 15ns (66MHz) desde la caché L2. Como resultado el sistema se pasa de 233 a 66MHz.

Todos los procesadores modernos tienen integrada una caché L2 que funciona a la misma velocidad que el núcleo del procesador, que es también la de la caché L1. Volviendo a la analogía para explicar estos chips nuevos, el camarero situaría el carrito justo al lado de la mesa a la que se sienta usted en el restaurante. Así, si la comida deseada no está en la mesa (fallo de caché L1), tan sólo hay que pasársela desde el carrito contiguo (la caché L2) en vez de dar un paseo de 15 segundos hasta la ubicación del carrito en el sistema antiguo.

Caché de nivel 3

Hay unos cuantos procesadores, principalmente los diseñados para operaciones de escritorio de alto rendimiento o bien servidores empresariales, que contienen un tercer nivel de caché, conocido como caché L3. En el pasado eran relativamente pocos los procesadores que incluían caché L3, pero se está convirtiendo en algo cada vez más habitual en los procesadores multinúcleo, como Intel Core y AMD Phenom.

Siguiendo con el ejemplo del restaurante, podríamos decir que la caché L3 es otro carrito con más comida situado al lado del que simbolizaba la caché L2. Si la comida solicitada no está en la mesa (fallo de caché L1) ni en el primer carrito (fallo de caché L2), el camarero puede buscarla en el segundo carrito.

La caché L3 es especialmente útil en procesadores multinúcleo en los que está compartida entre todos los núcleos. Aunque actualmente es algo propio de los chips de gama alta, los procesadores normales del futuro incluirán la caché L3 como característica estándar.

Diseño y rendimiento de la caché

Igual que ocurre con la caché L1, la mayoría de las L2 tienen una tasa de éxito de aproximadamente un 90 por 100; por lo tanto, si consideramos el sistema como un todo, el 90 por 100 del tiempo estará funcionando a máxima velocidad (233MHz en este ejemplo) al recuperar datos de la caché L1. El 10 por 100 del tiempo se ralentizará para recuperar datos de la caché L2. El 90 por 100 de las veces que el procesador recurra a la caché L2, los datos estarán en la L2, y el 10 por 100 tendrá que ir a la memoria principal por fallos de la caché L2. Así pues, combinando ambas cachés el sistema que hemos tomado como ejemplo funcionará a toda velocidad (233MHz) el 90 por 100 del tiempo, a la velocidad de la placa base (66MHz) el 9 por 100 (el 90 por 100 del 10 por 100) y a la velocidad de la RAM (16MHz) el 1 por 100 del tiempo (10 por 100 del 10 por 100). Verá claramente la importancia de ambas cachés; sin ellas el sistema usa la memoria principal con más frecuencia y es bastante más lenta que el procesador.

Esto nos lleva a otros puntos interesantes. Si pudiese invertir dinero en duplicar el rendimiento de la memoria principal (RAM) o de la caché L2, ¿cuál mejoraría? Teniendo en cuenta que la memoria principal se usa directamente sólo un 1 por 100 del tiempo, si dobla su rendimiento estará duplicando la velocidad del sistema sólo el 1 por 100 del tiempo. Esa mejora no parece compensar el gasto. Por otra parte, si duplica el rendimiento de la caché L2 estará duplicando el rendimiento del sistema el 9 por 100 del tiempo, una mejora general mucho mayor. Yo mejoraría la L2 antes que la RAM.

Los diseñadores de procesadores y sistemas de Intel y AMD son conscientes de esto y han previsto métodos para mejorar el rendimiento de la caché L2. En los sistemas Pentium (P5), la caché L2 se encontraba en la placa base, por lo que funcionaba a la velocidad de la misma. Intel hizo la primera mejora importante al pasar la caché L2 de la placa base directamente al procesador y ejecutarla inicialmente a la misma velocidad que el procesador principal. Intel fabricaba los chips de la caché y los montaba junto a la pastilla del procesador principal en un mismo chip. Esto resultó ser demasiado caro, así que con el Pentium II, Intel empezó a usar chips de caché de terceros, como Sony, Toshiba, NEC y Samsung, entre otros. Dado que se los suministraban como paquete completo y no como pastilla, Intel los montaba en una placa de circuitos junto al procesador. Es por esto que el diseño del Pentium II parecía más un cartucho que un chip.

La velocidad de los chips de caché de terceros disponibles era un problema. Los más rápidos del mercado eran de 3ns o más, lo que suponía 333MHz o menos en velocidad. Ya que los procesadores estaban consiguiendo velocidades más altas que eso, en los procesadores Pentium II y los primeros Pentium III, Intel tuvo que poner la caché L2 a la mitad de la velocidad del procesador porque es el máximo que podían manejar las cachés disponibles comercialmente. AMD siguió el ejemplo con el procesador Athlon, que tuvo que reducir la velocidad de la caché L2 todavía más en algunos modelos, hasta un tercio o dos quintos de la velocidad de la CPU para mantener la velocidad de la caché comercial menor que los chips disponibles de 333MHz.

Entonces se produjo un avance, que apareció por primera vez en los procesadores Celeron 300A y superior. Éstos tenían 128KB de caché L2, pero no usaban chips externos, sino que la L2 estaba integrada directamente en el núcleo del procesador, igual que la L1. En consecuencia, tanto la L1 como la L2 podían funcionar a la máxima velocidad del procesador, y lo que es más importante, subir la velocidad a medida que se aumentaba la de los procesadores en el futuro.

En los Pentium III más nuevos, además de en los procesadores Xeon y Celeron, la caché L2 funciona a la máxima velocidad del núcleo del procesador, lo que significa que no hay esperas ni ralentizaciones tras un fallo de caché L1. AMD también consiguió velocidades de núcleo con una caché integrada en los chips Athlon y Duron más modernos. Utilizando este tipo de caché el rendimiento aumentaba considerablemente porque el 9 por 100 del tiempo el sistema utilizaba la L2 y seguiría a máxima velocidad en vez de reducirse a la mitad o menos, o aún peor, reducir la velocidad a la de la placa base como en los diseños Socket 7. Otro beneficio de la caché L2 integrada en la pastilla era el coste, muy inferior al haber menos partes implicadas.

Volvamos al restaurante con un procesador de 3,6GHz. Ahora podría dar un bocado cada medio segundo (3,6GHz = 0,28ns por ciclo). La caché L1 también podría funcionar a esa velocidad, de modo que podría comer todo lo de la mesa al mismo ritmo (la mesa = caché L1). El verdadero salto en velocidad se da cuando quiere algo que no está en la mesa (fallo de caché L1), en cuyo caso el camarero tiene que recurrir al carrito (que está ahora justo al lado de la mesa) y 9 de cada 10 veces puede encontrar la comida solicitada en un cuarto de segundo (velocidad L2 = 3,6GHz o 0,28ns por ciclo). Este sistema estaría funcionando a 3,6GHz el 99 por 100 del tiempo (combinación de éxito de L1 y L2) y se ralentizaría a la velocidad de la RAM (esperar a la cocina) sólo el 1 por 100 del tiempo, como antes. Con una memoria más rápida que funcione a 800MHz (1,25ns), tendría que esperar sólo 1,25 segundos hasta que le llevaran la comida desde la cocina. ¡Ojalá el rendimiento de los restaurantes aumentara igual que el de los procesadores!

Organización de la caché

La caché almacena copias de datos de varias direcciones de la memoria principal. Ya que no puede albergar copias de datos de todas las direcciones de la memoria principal simultáneamente, tiene que haber un modo de saber qué direcciones hay en la caché para que, si necesitamos datos de esas direcciones, puedan leerse desde la caché en vez de desde la memoria principal. Esta función la lleva a cabo la Tag RAM, que es memoria adicional en la caché que almacena un índice de direcciones copiadas en dicha caché. Cada línea de memoria caché tiene una etiqueta de dirección que guarda la dirección de memoria principal de los datos copiados en esa línea de caché en concreto. Si hacen falta datos de un direccionamiento de memoria principal en particular, el controlador de la caché puede comprobar rápidamente las etiquetas de dirección para ver si la solicitada está actualmente guardada en la caché (éxito) o no (fallo). Si los datos están ahí, pueden leerse desde la caché más rápida; si no, tendrán que leerse desde la memoria principal más lenta.

Las diversas formas de organizar o asignar las etiquetas influyen en el funcionamiento de la caché. Una caché puede asignarse como completamente asociativa, de correspondencia directa o asociativa por conjuntos.

En una caché completamente asociativa, cuando se solicitan datos de una dirección de memoria principal específica, la dirección se compara con todas las etiquetas de la Tag RAM de la caché. Si la dirección solicitada se encuentra en la etiqueta (éxito), se devuelve la ubicación correspondiente en la caché. Si no se encuentra ahí, se produce un fallo y hay que recuperar los datos desde la memoria principal en lugar de hacerlo desde la caché.

En una caché de correspondencia directa, se preasignan direcciones de memoria física a ubicaciones de línea específicas en la caché en la que se almacenarán. Por consiguiente, la Tag RAM puede usar menos bits, ya que cuando se sabe la dirección de memoria que se quiere, sólo hay que comprobar una etiqueta de dirección y cada etiqueta tiene que almacenar sólo las posibles direcciones que puede contener una línea determinada.

Una caché asociativa por conjuntos es una caché de correspondencia directa modificada. Una caché de correspondencia directa tiene sólo un conjunto de asociaciones de memoria, lo que significa que una dirección de memoria dada únicamente puede asignarse (o asociarse) a una ubicación de línea de caché específica. Una caché asociativa por conjuntos de dos direcciones tiene dos conjuntos, así que una ubicación de memoria dada puede estar en una de dos ubicaciones. Una caché asociativa por conjuntos de cuatro direcciones puede almacenar una dirección en cuatro ubicaciones (o conjuntos) de línea de caché diferentes. Aumentando la capacidad de asociar conjuntos, aumentan las posibilidades de encontrar un valor; sin embargo, tarda un poco más porque hay que comprobar más etiquetas al buscar una ubicación específica en la caché. En esencia, cada conjunto en una caché asociativa de "n" direcciones es una subcaché que tiene asociaciones con cada dirección de la memoria principal.

A medida que aumenta el número de subcachés o conjuntos, la caché se vuelve completamente asociativa, una situación en la que cualquier dirección de memoria puede almacenarse en cualquier ubicación de línea de caché. En ese caso, una caché asociativa de "n" direcciones es un término medio entre una completamente asociativa y una de correspondencia directa.

En general, una caché de correspondencia directa es la más rápida en localizar y recuperar datos de la caché porque tiene que mirar sólo una etiqueta específica para una dirección de memoria determinada. Sin embargo, también da lugar a más fallos que otros diseños. Una caché completamente asociativa ofrece la mayor tasa de aciertos, pero es la más lenta al buscar y recuperar datos porque tiene que comprobar más etiquetas. Una caché asociativa de "n" direcciones está a medio camino entre la velocidad de caché óptima y la tasa de aciertos, pero cuanta más capacidad de asociación hay, más hardware se necesita (bits de etiqueta, circuitos comparadores, etcétera), con lo cual la caché sale más cara. Obviamente, el diseño de la caché es una serie de compensaciones y lo que funciona mejor en un caso podría funcionar peor en otro. Los entornos de multitareas como Windows son buenos ejemplos de entornos en los que el procesador necesita operar en distintas áreas de memoria simultáneamente y en los que una caché de "n" direcciones puede mejorar el rendimiento.

El contenido de la caché siempre debe estar sincronizado con el de la memoria principal para garantizar que el procesador está trabajando con datos actuales. Por este motivo, la caché interna de la familia 486 era una caché *write-through*. Esto significa que cuando el procesador escribe información en la caché, esa información también se escribe automáticamente en la memoria principal.

Por comparación, Pentium y los chips posteriores tienen una caché interna *write-back*, lo que supone que las lecturas y escrituras se guardan en caché mejorando el rendimiento más todavía.

Otra característica de los diseños de caché mejorados es que son no bloqueantes. Esta técnica sirve para reducir u ocultar retrasos de memoria explotando la superposición de operaciones del procesador con accesos de datos.

Una caché no bloqueante permite que la ejecución de programas proceda en concurrencia con fallos de caché, siempre que se cumplan ciertas limitaciones de dependencia. En otras palabras, la caché puede gestionar un fallo de caché mucho mejor y permitir al procesador continuar haciendo algo que no dependa de los datos que faltan.

El controlador de la caché integrado en el procesador también es responsable de supervisar el bus de memoria cuando procesadores alternativos, conocidos como *bus masters*, toman el control del sistema. Este proceso de supervisión se denomina sondeo del bus. Si un dispositivo *bus master* escribe en un área de memoria que también está almacenada en la caché del procesador en ese momento, el contenido de la caché y el de la memoria ya no concuerdan. El controlador de la caché marca esos datos como no válidos y recarga la caché durante el siguiente acceso de memoria, preservando la integridad del sistema.

Todos los diseños de procesador para PC que soportan memoria caché incluyen una característica conocida como Búfer de traducción anticipada (TLB, *Translation Lookaside Buffer*) para mejorar la recuperación de fallos de caché. El TLB es una tabla dentro del procesador que guarda información sobre la ubicación de direcciones de memoria a las que se ha accedido recientemente. El TLB acelera la traducción de direcciones virtuales a direcciones físicas. Para mejorar el rendimiento TLB, muchos procesadores modernos han incrementado el número de entradas en el TLB, como hizo AMD cuando pasó del núcleo Athlon Thunderbird al Palomino. Los procesadores Pentium 4 que soportan la tecnología HT tienen TLB de instrucciones (iTLB) independientes para cada hilo de procesador virtual.

A medida que aumentan las velocidades de reloj, disminuye el tiempo de cada ciclo. Los sistemas más recientes ya no usan la caché de la placa base porque la memoria de sistema más rápida que utilizan puede seguir el ritmo de la placa base. Todos los procesadores modernos integran la caché L2 en la pastilla del procesador, igual que la L1, y algunos incluso incluyen también una L3. Esto permite que la caché L2/L3 funcione a toda la velocidad del núcleo porque ya forma parte de él. La velocidad de la caché es siempre más importante que el tamaño. La regla general es que una caché pequeña pero rápida siempre será mejor que una más grande pero lenta.

Características del procesador

A medida que aparecen nuevos procesadores, se van añadiendo continuamente nuevas características que ayudan a su arquitectura a mejorar todo, desde el rendimiento con un tipo de aplicaciones en concreto hasta la fiabilidad de la CPU en conjunto. En los siguientes apartados veremos algunas de estas tecnologías.

Modo de administración del sistema

Espoleados por la necesidad de capacidades de administración de energía más robustas en los ordenadores portátiles, Intel y AMD empezaron a añadir el Modo de administración del sistema (SMM, *System Management Mode*) a sus procesadores a principios de los 90.

SMM es un modo de operación con fines especiales para manejar la administración de energía de nivel bajo y para funciones de control de hardware control. SMM ofrece un entorno de software aislado que es transparente para el sistema operativo y el software de las aplicaciones, y está pensado para que lo use el BIOS del sistema o el código de controlador de nivel bajo.

SMM se presentó por primera vez como parte del procesador portátil 386SL en octubre de 1990. Después apareció en el procesador 486SL en noviembre de 1992 y en toda la línea 486 a partir de junio de 1993. La ausencia de SMM fue notoria en los primeros Pentium que salieron en marzo de 1993; sin embargo, se incluyó en todos los Pentium a 75MHz y más rápidos lanzados a partir de octubre de 1994. Por aquel entonces, AMD también añadió SMM a sus procesadores Am486 y K5 mejorado. Desde entonces, todos los procesadores Intel y AMD basados en x86 que han ido apareciendo incorporaban SMM.

SMM se invoca señalando un pin de interrupción especial en el procesador, lo que genera una Interrupción de gestión del sistema (SMI, *System Management Interrupt*), la interrupción no enmascarable de mayor prioridad disponible. Cuando se inicia SMM, se guarda el contexto o estado del procesador y los programas que estaban en ejecución. A continuación, el procesador cambia a un espacio de direcciones dedicado aparte y ejecuta el código SMM, que se ejecuta transparentemente para el programa interrumpido y para cualquier otro software del sistema. Una vez que la tarea SMM está completada, una instrucción de reanudación restaura el contexto o estado y los programas guardados anteriormente y el procesador siguen funcionando exactamente donde los dejó.

Aunque inicialmente se usaba sobre todo para la administración de energía, SMM se diseñó para que lo utilizase cualquier función del sistema de nivel bajo que necesitara funcionar independientemente del sistema operativo y otro software del sistema. En los sistemas modernos, estas funciones incluyen las siguientes:

- Funciones de administración de energía ACPI y APM.
- Soporte para USB heredados (ratón y teclado).
- Inicio USB (emulación de unidad).
- Funciones de contraseña y seguridad.
- Supervisión térmica.
- Supervisión de la velocidad del ventilador.
- Lectura/escritura CMOS RAM.
- Actualización del BIOS.
- Registro de errores ECC de memoria.
- Registro de errores de hardware además de memoria.
- Funciones de reactivación y alerta como WOL (*Wake On LAN*).

Puede ver SMM en acción cuando el sistema intenta acceder a un dispositivo periférico que estaba apagado para ahorrar energía. Supongamos, por ejemplo, que un programa solicita leer un archivo en un disco duro, pero el disco está desactivado para ahorrar energía. Al acceder, el adaptador del *host* genera una SMI para invocar a SMM. Entonces, el software de SMM emite comandos para activar el disco y prepararlo. Acto seguido, SMM devuelve el control al sistema operativo y la apertura del archivo se completa como si el disco hubiera estado funcionando todo el tiempo.

Ejecución superescalar

La quinta generación de Pentium y otros procesadores más nuevos incluyen múltiples canales internos de ejecución de instrucciones que permiten ejecutar varias instrucciones al mismo tiempo. El 486 y todos los chips anteriores sólo podían ejecutar las instrucciones de una en una.

Intel se refiere a la capacidad de ejecutar más de una instrucción al mismo tiempo como tecnología superescalar.

La arquitectura superescalar estaba asociada inicialmente con los chips RISC (*Reduced Instruction Set Computer*, Ordenador de juego reducido de instrucciones) de alto rendimiento. Un chip RISC tiene un conjunto de instrucciones menos complejo, con menos instrucciones que son además más sencillas. Aunque cada instrucción hace menos, la velocidad de reloj total puede ser mayor, lo que suele aumentar el rendimiento. El Pentium es uno de los primeros chips CISC (*Complex Instruction Set Computer*, Ordenador de juego complejo de instrucciones) en considerarse superescalar. Un chip CISC utiliza un conjunto de instrucciones más rico, con más características e instrucciones más complejas. Por ejemplo, supongamos que queremos dar instrucciones a un robot para que ponga una bombilla.

Utilizando instrucciones CISC, le diríamos:

1. Coge la bombilla.
2. Insértala en el portalámparas.
3. Gírala en el sentido de las agujas del reloj hasta que de luz.

Con instrucciones RISC, la misma operación sería más o menos así:

1. Baja la mano.
2. Agarra la bombilla.
3. Levanta la mano.
4. Inserta la bombilla en el portalámparas.
5. Gira una vez en el sentido de las agujas del reloj.
6. ¿Se ilumina? Si no lo hace, repite el paso 5.
7. Termina.

En general, hacen falta bastantes más instrucciones RISC para hacer lo mismo, puesto que cada instrucción es más sencilla (reducida) y hace menos. La ventaja es que hay menos comandos en conjunto con los que tendrá que vérselas el robot (procesador) y puede ejecutar los comandos individuales más deprisa, con lo que en muchos casos también podrá ejecutar la tarea (o programas) más rápido. Lo que se debate es si es mejor RISC o CISC, pero en realidad no existe tal chip RISC o CISC puro, es una cuestión de definición, y las líneas son algo arbitrarias.

Intel y los procesadores compatibles suelen considerarse chips CISC, aunque la quinta generación y las siguientes tienen muchos atributos RISC e internamente transforman las instrucciones CISC en versiones RISC.

Tecnología MMX

Originalmente, el término MMX podría provenir de ampliaciones multimedia (*multimedia extensions*) o ampliaciones matemáticas para matrices (*matrix math extensions*), dependiendo de a quién se le pregunte. En público, Intel sostiene que en realidad no se trata de una abreviatura y no significa nada, por lo que parece que las letras MMX son simplemente un nombre comercial; sin embargo, internamente parece que el origen está en las opciones anteriores. La tecnología MMX se introdujo en la quinta generación de procesadores Pentium, a modo de complemento para mejorar la compresión/descompresión de vídeo, la manipulación de imágenes, el cifrado y el procesamiento E/S, todo ello utilizado actualmente en gran cantidad de software.

MMX consiste en dos mejoras importantes en la arquitectura del procesador. La primera de ellas es muy básica; todos los chips MMX tienen una caché L1 interna más grande que sus equivalentes sin MMX. Esto mejora el rendimiento de todo el software ejecutado en el chip, independientemente de si realmente utiliza o no instrucciones específicas para MMX.

La otra mejora de MMX es que amplía el conjunto de instrucciones del procesador con 57 nuevos comandos o instrucciones, además de una nueva capacidad de instrucción denominada SIMD (*Single Instruction, Multiple Data*, Una sola instrucción con múltiples datos).

Las aplicaciones multimedia y de comunicación modernas suelen utilizar bucles de repetición que, aunque ocupan sólo un 10 por 100 o menos del código de la aplicación, pueden sumar hasta un 90 por 100 del tiempo de ejecución. SIMD permite que una instrucción realice la misma función que múltiples datos, igual que, por ejemplo, un profesor puede mandar sentarse a toda la clase a la vez en lugar de ir diciéndoselo a los estudiantes de uno en uno. SIMD permite que el chip reduzca los bucles que castigan tanto al procesador con vídeo, sonido, gráficos y animación.

Intel también añadió 57 instrucciones nuevas diseñadas específicamente para manipular y procesar vídeo, audio y datos gráficos de forma más eficiente. Estas instrucciones están orientadas a las secuencias altamente paralelas y a menudo repetitivas que encontramos en las operaciones multimedia. Altamente paralelas significa que el mismo procesamiento se lleva a cabo en varios puntos de datos, como cuando se modifica una imagen gráfica. Las principales desventajas de MMX eran que sólo funcionaba en valores enteros y utilizaba la unidad de punto flotante para el procesamiento, con lo que se perdía tiempo cada vez que era necesario cambiar a operaciones en punto flotante. Estos problemas se corrigieron con los añadidos a MMX de Intel y AMD.

Intel concedió licencias de capacidades MMX a competidores como AMD y Cyrix, que entonces pudieron mejorar sus propios procesadores compatibles con Intel con la tecnología MMX.

SSE

En febrero de 1999, Intel presentó el procesador Pentium III, que incorporaba una actualización de MMX denominada *Streaming SIMD Extensions* (SSE). Anteriormente, estas instrucciones se conocían como *Katmai New Instructions* (KNI) porque se incluían originalmente en los procesadores Katmai, nombre en clave del Pentium III. El Celeron 533A y los procesadores Celeron más rápidos basados en el núcleo del Pentium III también soportaban las instrucciones SSE. Los primeros Pentium II y Celeron 533 y más bajos (basados en el núcleo del Pentium II) no eran compatibles con SSE.

SSE incluye 70 instrucciones nuevas para procesar gráficos y sonido, además de lo que ya ofrecía MMX. SSE es similar a MMX; tanto es así que, además de como KNI, SSE también se conocía como MMX-2 antes de su lanzamiento. Además de añadir instrucciones de estilo MMX, SSE permite cálculos de punto flotante y utiliza una unidad aparte dentro del procesador en lugar de compartir la unidad de punto flotante como hacía MMX.

SSE2 apareció en noviembre de 2000, junto con el procesador Pentium 4, e incorporaba 144 instrucciones SIMD adicionales. SSE2 también incluía todas las instrucciones MMX y SSE anteriores.

SSE3, presentado en febrero de 2004 con el procesador Pentium 4 Prescott, incluía 13 nuevas instrucciones SIMD para mejorar las operaciones matemáticas complejas, la codificación de vídeo y gráficos y la sincronización de hilos. SSE3 incluía asimismo todas las instrucciones MMX, SSE y SSE2 anteriores.

SSSE3 (*Supplemental SSE3*) apareció en junio de 2006 con la serie de procesadores de servidor Xeon 5100, y un mes más tarde en los procesadores Core 2. SSSE3 incluía 32 instrucciones SIMD nuevas respecto a SSE3.

SSE4 (también denominado HD Boost por Intel) se presentó en enero de 2008 en versiones del procesador Intel Core 2 (SSE4.1) y se actualizó en noviembre de ese mismo año con los procesadores Core i7 (SSE4.2). SSE4 contaba con 54 instrucciones, con un subconjunto de 47 instrucciones en SSE4.1, y un conjunto completo de 54 instrucciones en SSE4.2.

Aunque en el pasado AMD había adoptado las instrucciones Intel SSE3 y otras anteriores, en lugar de adoptar SSE4, creó un conjunto diferente de sólo cuatro instrucciones al que se refiere como SSE4a. Además, AMD anunció que estaba trabajando en un nuevo conjunto de 170 instrucciones, denominado SSE5 aunque sólo incluya algunas de las características Intel SSE4. Esto significa que después de SSE3, AMD no será compatible al 100 por 100 con Intel, lo que supondrá una dificultad para los programadores en el futuro.

Streaming SIMD Extensions consiste en nuevas instrucciones, incluido el punto flotante SIMD, enteros SIMD adicionales e instrucciones de control del almacenamiento en caché. Algunas de las tecnologías que se benefician de Streaming SIMD Extensions son aplicaciones de creación de imágenes avanzada, vídeo en 3D, transmisión de sonido y vídeo (reproducción de DVD) y reconocimiento de voz.

Las instrucciones SSEx son especialmente útiles con la descodificación MPEG2, que es el esquema estándar usado en los discos de DVD. Los procesadores equipados con SSE deberían por consiguiente estar más capacitados para descodificar MPEG2 en software a toda velocidad sin necesidad de una tarjeta decodificadora de MPEG2 de hardware adicional. Los procesadores equipados con SSE también son mucho mejores y más rápidos que sus predecesores en lo que a reconocimiento de voz se refiere.

Uno de los principales beneficios de SSE frente a MMX es que soporta operaciones SIMD de punto flotante de precisión simple, lo que suponía un cuello de botella en el procesamiento de gráficos en 3D. Al igual que MMX, SIMD permite que se lleven a cabo numerosas operaciones por instrucción. Concretamente, SSE soporta hasta cuatro operaciones de punto flotante por ciclo; es decir, una sola instrucción puede operar sobre cuatro datos simultáneamente. Las instrucciones de punto flotante SSE pueden combinarse con instrucciones MMX sin que el rendimiento se resienta. SSE también soporta la búsqueda previa (*prefetching*) de datos, que es un mecanismo para leer datos en la caché antes de que se invoquen realmente.

Observe que para que las instrucciones SSE sean beneficiosas, deben estar codificadas en el software que se utilice, de modo que hay que utilizar aplicaciones compatibles con SSE para ver la diferencia. La mayoría de las empresas de software que desarrollan programas relacionados con gráficos y sonido han actualizado sus aplicaciones para hacerlas compatibles con SSE y que puedan beneficiarse de sus características. Por ejemplo, aplicaciones gráficas potentísimas como Adobe Photoshop soportan instrucciones SSE para obtener un rendimiento más alto en procesadores equipados con SSE. Microsoft incluyó soporte para SSE en su DirectX 6.1 y controladores de vídeo y sonido más recientes, incluidos en Windows 98 y versiones posteriores. Cada conjunto sucesivo de instrucciones SIMD se crea sobre el anterior.

3DNow!

La tecnología 3DNow! se presentó originalmente como alternativa de AMD a las instrucciones SSE de los procesadores Intel. En realidad, 3DNow! apareció por primera vez en la serie K6 antes de que Intel lanzase SSE en el Pentium III, y luego AMD añadió Enhanced 3DNow! a los procesadores Athlon y Duron. La versión más reciente, Professional 3DNow!, se introdujo en los primeros procesadores Athlon XP.

Después, AMD consiguió la licencia para MMX de Intel, y toda la serie K6, Athlon, Duron y procesadores posteriores incluyen soporte completo para instrucciones MMX. La tecnología 3DNow! es un conjunto de 21 instrucciones que utiliza técnicas SIMD para operar sobre cadenas de datos en vez de sobre elementos individuales.

Enhanced 3DNow! añade 24 instrucciones más (19 SSE y 5 DSP/comunicaciones) a las 21 originales, lo que hace un total de 45 instrucciones nuevas. Aunque 3DNow! se parece a la tecnología SSE de los procesadores de Intel Pentium III y Celeron, no son compatibles a nivel de instrucciones, de modo que el software desarrollado específicamente para SSE no soporta 3DNow!, y viceversa.

3DNow! Professional incorpora 51 comandos SSE a Enhanced 3DNow!, lo que significa que 3DNow! Professional soporta todos los comandos SSE. AMD añadió soporte para SSE2 en los procesadores Athlon 64, Athlon 64FX y Opteron de 64 bits, e incluyó SSE3 en las versiones de 0,09 micras del Athlon 64 y en todas las versiones del Athlon 64 X2 de doble núcleo.

Ejecución dinámica

Utilizada por primera vez en los procesadores P6 (o de sexta generación), la ejecución dinámica permite que el procesador ejecute más instrucciones en paralelo, de forma que las tareas se completan más deprisa. Esta innovación tecnológica se compone de tres elementos principales:

- **Predicción de rama múltiple:** Predice el flujo del programa a través de varias ramas.
- **Análisis del flujo de datos:** Programa las instrucciones para que se ejecuten cuando estén preparadas, independientemente del orden del programa original.
- **Ejecución especulativa:** Aumenta la velocidad de ejecución anticipándose al contador del programa y ejecutando las instrucciones que probablemente sean necesarias.

Predicción de rama múltiple

La predicción de rama múltiple es una característica que antes sólo se encontraba en procesadores de gama alta. Permite que el procesador mantenga el canal de instrucciones lleno mientras funciona a toda velocidad. La unidad especial *fetch/decode* del procesador utiliza un algoritmo de predicción de rama muy avanzado para predecir la dirección y salida de las instrucciones ejecutadas a través de varios niveles de ramas, llamadas y retornos. Es como un jugador de ajedrez planeando estrategias antes de jugar prediciendo los movimientos de su adversario. Prediciendo la salida de las instrucciones, éstas podrán ejecutarse sin demora.

Análisis del flujo de datos

El análisis del flujo de datos estudia el flujo de datos por el procesador para detectar cualquier oportunidad de ejecutar instrucciones fuera del orden preestablecido. La unidad especial *dispatch/execute* del procesador supervisa varias instrucciones que puede ejecutar en un orden que optimice el uso de las múltiples unidades de ejecución superescalar. La ejecución de instrucciones "desordenada" resultante puede tener a las unidades de ejecución ocupadas incluso cuando la caché falla y las instrucciones dependientes de otros datos se habrían quedado colgadas.

Ejecución especulativa

La ejecución especulativa es la capacidad del procesador para ejecutar instrucciones por adelantado respecto al programa real. La unidad especial *dispatch/execute* del procesador utiliza el análisis del flujo de datos para ejecutar todas las instrucciones disponibles en el conjunto de instrucciones y almacenar el resultado en registros temporales. Una unidad de retirada busca después en ese conjunto instrucciones completadas que ya no dependan de otros datos para ejecutarse o que tengan predicciones de rama sin resolver. Si hay alguna de esas instrucciones completadas, la unidad de retirada o el estándar Intel apropiado guarda los resultados en la memoria en el orden en el que se emitieron originalmente, y se retiran del conjunto.

La ejecución dinámica elimina básicamente los límites y dependencias de la secuenciación lineal de instrucciones. Promoviendo la ejecución de instrucciones fuera de orden, las unidades de instrucciones pueden seguir funcionando en vez de esperar a que les lleguen datos desde la memoria. Aunque las instrucciones pueden predecirse y ejecutarse fuera de orden, los resultados se guardan en el orden original para no perturbar ni modificar el flujo del programa. Esto permite que el P6 ejecute el software para la arquitectura Intel existente exactamente igual que lo hacían el P5 (Pentium) y los procesadores anteriores, pero mucho más rápido.

Arquitectura bus dual independiente

La arquitectura DIB (*Dual Independent Bus*, Bus dual independiente) se implementó por primera vez en la sexta generación de procesadores de Intel y AMD. DIB se creó para mejorar el ancho de banda y el rendimiento del bus del procesador. La existencia de dos buses de entrada y salida de datos independientes permite al procesador acceder a los datos desde cualquiera de sus buses simultáneamente y en paralelo, en vez de hacerlo de forma secuencial como en los sistemas de un solo bus. El bus del procesador principal (a menudo denominado bus frontal) es la interfaz entre el procesador y la placa base o el *chipset*. El bus secundario (trasero) de un procesador con DIB es el que utiliza la caché L2, permitiendo un funcionamiento mucho más rápido que si se comparte el bus principal.

Dos buses conforman la arquitectura DIB: el bus de la caché L2 y el bus de la CPU. Los procesadores del tipo P6, desde el Pentium Pro hasta el Core 2, y los Athlon 64 pueden usar ambos buses simultáneamente, eliminando un cuello de botella. La arquitectura bus dual permite que la caché L2 de los procesadores más nuevos funcione a máxima velocidad dentro del núcleo del procesador en un bus independiente, dejando que el bus de la CPU (bus frontal) se ocupe de los datos normales que entran y salen del chip. Ambos buses funcionan a distinta velocidad. El bus frontal o principal (el de la CPU) es parejo a la velocidad de la placa base, mientras que el secundario (el de la caché L2) funciona a la velocidad del núcleo del procesador. A medida que aumenta la frecuencia de los procesadores, aumenta la velocidad de la caché L2.

La clave para la implementación de DIB fue quitar la memoria caché L2 de la placa base e integrarla en el procesador. La caché L1 siempre ha formado parte de la pastilla del procesador, pero la L2 era más grande y, en principio, debía ser externa. El traslado de la caché L2 al procesador permite que la L2 funcione a una velocidad similar a la de la L1, mucho más deprisa que la placa base o el bus del procesador.

DIB también permite al bus del sistema realizar múltiples transacciones simultáneas en lugar de transacciones secuenciales únicas, lo que acelera el flujo de información dentro del sistema y mejora el rendimiento. En general, la arquitectura DIB ofrece hasta el triple de rendimiento del ancho de banda respecto a un procesador con arquitectura de bus simple.

Tecnología Hyper-Threading

La tecnología *Hyper-Threading* (HT) de Intel permite que un solo procesador o núcleo de procesador maneje dos conjuntos de instrucciones independientes al mismo tiempo. Básicamente, lo que hace la tecnología HT es convertir un único núcleo de procesador físico en dos procesadores virtuales.

La tecnología HT se introdujo por primera vez en los procesadores para estación de trabajo Xeon con un bus del sistema a 533MHz en marzo de 2002, y unos meses más tarde se hizo un hueco en los procesadores para PC de sobremesa a partir del Pentium 4 a 3,06GHz. Esta tecnología es anterior a los procesadores multinúcleo, así que los procesadores con varios núcleos físicos, como Core 2 y Core i Series, podrían no soportarla, dependiendo de la versión específica del procesador. Un procesador *quad-core* que soporte la tecnología HT (como el Core i Series) aparecería ante el sistema operativo como un procesador de 8 núcleos.

Funcionamiento de Hyper-Threading

Internamente, un procesador habilitado para HT tiene dos conjuntos de registros de fines generales, registros de control y otros componentes arquitectónicos por cada núcleo, pero ambos procesadores lógicos comparten la misma caché, unidades de ejecución y buses. Durante la operación, cada procesador gestiona un solo hilo (véase la figura 2.2).

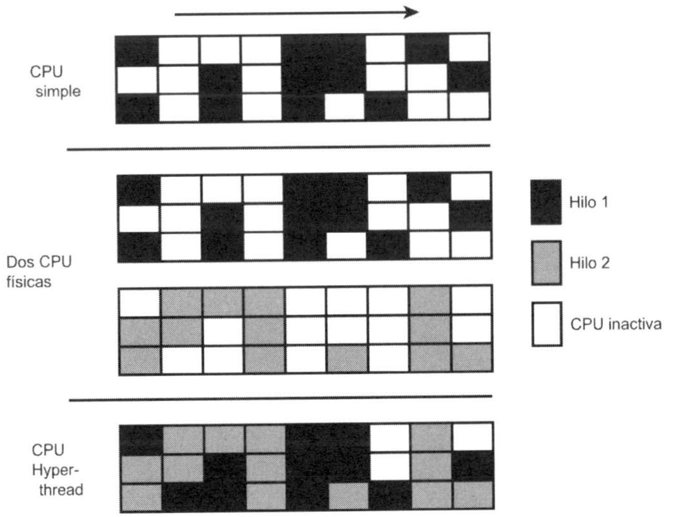

Figura 2.2. *Un procesador con la tecnología HT habilitada puede rellenar el tiempo de inactividad con un segundo proceso por cada núcleo, mejorando el rendimiento multitarea.*

Aunque el compartir algunos componentes del procesador suponga que la velocidad global de un sistema con HT no sea tan alta como la de un procesador con los mismos núcleos físicos, la velocidad aumenta un 25 por 100 aproximadamente cuando se ejecutan múltiples aplicaciones o aplicaciones multihilo.

Requisitos de Hyper-Threading

Para aprovechar al máximo la tecnología HT, se necesita lo siguiente:

- **Un procesador que soporte la tecnología HT:** Como muchos (aunque no todos) de los procesadores Core i Series, Pentium 4, Xeon y Atom. Compruebe las especificaciones de cada modelo para asegurarse.
- **Un chipset compatible:** Puede que algunos *chipsets* antiguos no soporten la tecnología HT.
- **Soporte BIOS para habilitar/deshabilitar la tecnología HT:** Asegúrese de habilitar la tecnología HT en la configuración del BIOS.
- **Un sistema operativo habilitado para HT:** Windows XP y los sistemas más recientes soportan la tecnología HT. Las distribuciones de Linux basadas en *kernel* 2.4.18 y superior también son compatibles con esta tecnología. Para saber si HT funciona correctamente, puede comprobar el Administrador de dispositivos de Windows para ver cuántos procesadores reconoce. Cuando está habilitado el soporte para HT, el Administrador de dispositivos muestra dos procesadores por cada núcleo físico.

***Truco:** Aunque Windows NT 4.0 y Windows 2000 se diseñaron para utilizar múltiples procesadores físicos, la tecnología HT requiere optimizaciones del sistema operativo específico para funcionar correctamente. Si su sistema operativo no soporta la tecnología HT (como ocurre con Windows 2000, 9x/Me y versiones anteriores), Intel recomienda deshabilitar esta característica en la configuración del BIOS.*

Tecnología multinúcleo

La tecnología HT simula dos procesadores en un mismo núcleo físico. Si tener varios procesadores simulados está bien, tener dos o más procesadores reales es mucho mejor. Un procesador multinúcleo, como su propio nombre indica, contiene dos o más núcleos en un solo procesador. Por su apariencia exterior, parece un único procesador (y así se considera a efectos de licencia de Windows), pero dentro puede haber dos, tres, cuatro o incluso más núcleos.

Un procesador multinúcleo ofrece prácticamente todas las ventajas de tener múltiples procesadores separados físicamente, pero con un coste mucho más bajo.

Tanto AMD como Intel presentaron sus primeros procesadores de sobremesa compatibles con x86 de núcleo doble en mayo de 2005. El primer procesador dual de AMD fue el Athlon 64 X2, mientras que los de Intel fueron el Pentium Extreme Edition 840 y el Pentium D. Cabe destacar que el Extreme Edition 840 soportaba además la tecnología HT, lo que le permitía aparecer ante el sistema operativo como un procesador con cuatro núcleos. Estos procesadores conjugaban la capacidad de instrucciones de 64 bits con dobles núcleos internos, básicamente dos procesadores en un mismo paquete. Estos chips supusieron el inicio de la revolución multinúcleo, que ha seguido añadiendo núcleos y ampliaciones adicionales del conjunto de instrucciones. En noviembre de 2006 Intel presentó los primeros procesadores *quad-core*, denominados Core 2 Extreme QX y Core 2 Quad. Un año después, AMD sacó su primer procesador *quad-core* para PC de sobremesa en noviembre de 2007 y lo llamó Phenom.

Nota: *Ha habido cierta confusión respecto a Windows y los procesadores multinúcleo y/o HT. Windows XP y las ediciones Home posteriores sólo soportaban una CPU física, mientras que las ediciones Professional, Business, Enterprise y Ultimate soportaban dos CPU físicas. Aunque las ediciones Home solamente soportan una CPU, si ese chip es un procesador multinúcleo con tecnología HT, se soportarán todos los núcleos físicos y virtuales. Por ejemplo, si tiene un sistema con un procesador* quad-core *que soporte HT, las ediciones Home de Windows verán ocho procesadores y soportarán todos ellos. Si tuviese una placa base con dos de estas CPU instaladas, las ediciones Home verían los ocho procesadores físicos/virtuales en la primera CPU, mientras que las ediciones Professional, Business, Enterprise y Ultimate verían los 16 núcleos en ambas CPU.*

Los procesadores multinúcleo se diseñaron para usuarios que ejecutaban varios programas al mismo tiempo, o que utilizaban aplicaciones multihilo, lo que viene a ser todos los usuarios actuales. Una aplicación multihilo puede ejecutar distintas partes del programa, conocidas como hilos, al mismo tiempo en el mismo espacio de direcciones, compartiendo código y datos. Los programas multihilo se ejecutan más deprisa en procesadores multinúcleo o en procesadores con tecnología HT que en procesadores de un solo núcleo o sin HT.

La figura 2.3 muestra cómo un procesador con doble núcleo maneja múltiples aplicaciones para un rendimiento más rápido.

Es importante darse cuenta de que los procesadores multinúcleo no mejoran mucho el rendimiento de las tareas simples. Si juega en su PC a juegos que no sean multihilo, es poco probable que note las ventajas de una CPU multinúcleo o con HT. Por suerte, cada vez se diseña más software multihilo (juegos incluidos) para aprovechar las ventajas de los procesadores multinúcleo. El programa se deshace en varios hilos que pueden repartirse entre los núcleos de CPU disponibles.

Los siguientes apartados explican las principales características de estos procesadores y los distintos enfoques adoptados por Intel y AMD para llevar la computación multinúcleo de 64 bits al PC.

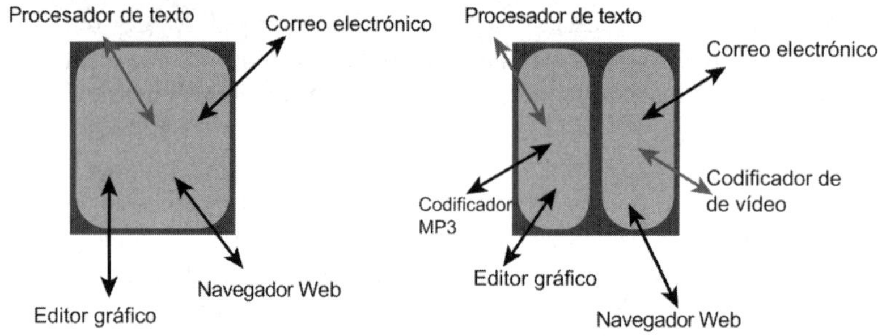

Un procesador con un solo núcleo debe dedicar menos tiempo a cada aplicación en ejecución a medida que se inician más aplicaciones.

Un procesador con dos núcleos reparte la carga de trabajo entre los dos, permitiendo un funcionamiento más rápido con la misma carga de trabajo, o el manejo de más aplicaciones.

Figura 2.3. *Gestión de múltiples tareas por parte de un procesador con un solo núcleo (izquierda) y un procesador con dos núcleos (derecha).*

Fabricación de un procesador

Los procesadores se fabrican principalmente con silicio, el segundo elemento más común del planeta (por detrás del oxígeno). El silicio es el principal ingrediente de la arena de playa, aunque en esa forma no es suficientemente puro como para usarse en chips.

La forma en que el silicio se transforma en chips es un proceso largo que empieza por la creación de cristales de silicio puro mediante el denominado método Czochralski. En este método, hornos de arco eléctricos transforman las materias primas (fundamentalmente roca de cuarzo extraída de la mina) en silicio de grado metalúrgico.

Después, para eliminar impurezas, el silicio se convierte en líquido, se destila y se vuelve a depositar en forma de varillas de grado semiconductor, con una pureza del 99,999999 por 100. A continuación, estas varillas se rompen mecánicamente en fragmentos que se empaquetan en crisoles de cuarzo y se introducen en hornos eléctricos para el estirado de cristales. Allí, los fragmentos de silicio se funden a más de 1.345 grados centígrados. Para evitar impurezas, los hornos suelen montarse sobre gruesos bloques de hormigón-concreto, a menudo en suspensión para evitar la vibración, que podría dañar el cristal durante la formación.

Una vez fundido el silicio, se inserta una pequeña semilla de cristal en el silicio derretido y se gira lentamente (véase la figura 2.4). Cuando se saca la semilla del silicio, parte del líquido se pega a ésta y se endurece con la misma estructura. La velocidad de crecimiento (de 10 a 40 milímetros por hora) y la temperatura (1.345°C aproximadamente) se controlan cuidadosamente, lo que hace que el cristal crezca con un cuello estrecho que se ensancha hasta obtener el diámetro deseado. Dependiendo de los chips que se estén haciendo, cada lingote tiene 200mm o bien 300mm de diámetro y más de 152cm de largo, y pesa más de 50Kg.

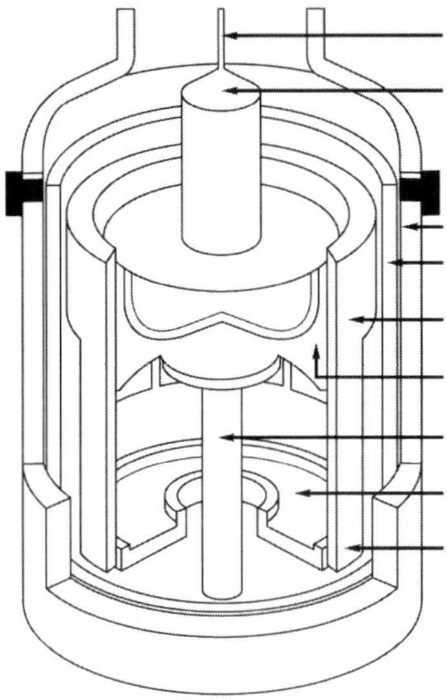

Figura 2.4. *Formación de un lingote de silicio puro en un horno de alta presión y temperatura.*

Después, el lingote se transforma en un cilindro perfecto de 200mm o 300mm de diámetro, con una pequeña muesca a un lado para manejarlo y posicionarlo. Cada lingote se corta entonces con una sierra de alta precisión en más de mil obleas circulares de menos de un milímetro de grosor. Las obleas se pulen hasta obtener una superficie lisa como un espejo y quedan listas para el grabado. La figura 2.5 muestra una oblea terminada con chips grabados.

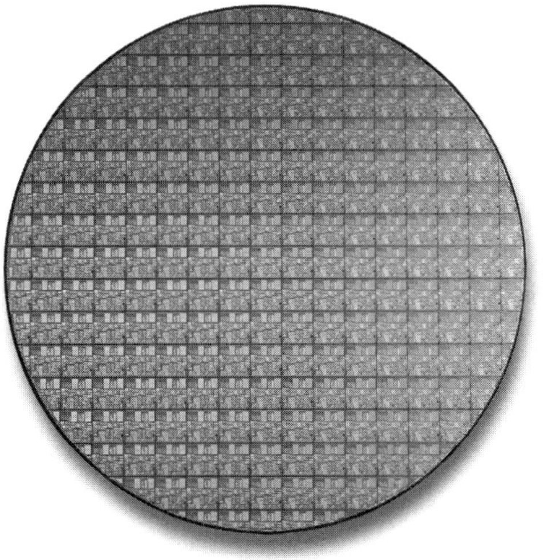

Figura 2.5. *Oblea de 200mm que contiene 177 núcleos de procesador completos Pentium 4 Northwood (0,13 micras).*

Los chips se fabrican a partir de las obleas a través de un proceso denominado fotolitografía. Mediante el proceso fotolitográfico, se crean transistores, circuitos y rutas de señal en los semiconductores depositando distintas capas de diversos materiales en el chip, una tras otra.

Donde haya una intersección de dos circuitos específicos, se puede formar un transistor o conmutador.

El proceso fotolitográfico comienza con la creación de una capa aislante de dióxido de silicio sobre la oblea a través de un proceso de deposición de vapor. A continuación, se aplica un recubrimiento de material fotorresistente y se proyecta una imagen de esa capa del chip a través de una máscara sobre la ahora fotosensible superficie.

Doping es el término utilizado para describir las impurezas químicas añadidas al silicio (que por naturaleza no es conductor) con el fin de crear un material con propiedades semiconductoras. El proyector utiliza una máscara especialmente creada, que es básicamente un negativo de esa capa del chip grabada en cromo en una lámina de cuarzo. Los procesadores modernos tienen 20 capas o más de material depositado y parcialmente grabado (cada uno requiere una máscara) que forman hasta seis capas o más de interconexiones de metal.

Cuando la luz atraviesa una máscara, se centra en la superficie de la oblea, exponiendo la fotorresistencia con la imagen de esa capa del chip. Cada imagen de chip individual se denomina pastilla. Un dispositivo llamado *stepper* desplaza un poco la oblea y se utiliza la misma máscara para grabar otra pastilla del chip inmediatamente siguiente a la anterior. Una vez grabada toda la oblea con una capa de material y fotorresistencia, una solución cáustica lava las áreas en las que la luz incidió en la fotorresistencia, dejando el grabado de la máscara de los elementos y rutas del circuito del chip individual. A continuación, se deposita otra capa de material semiconductor sobre la oblea con más fotorresistencia y la siguiente máscara se utiliza para exponer y grabar la siguiente capa de circuitería. Con este método, las capas y componentes de cada chip se crean uno sobre otro hasta que se completan los chips (véase la figura 2.5).

Algunas de las máscaras sirven para añadir capas de metalización, que son las interconexiones metálicas utilizadas para unir todos los transistores y otros componentes individuales. La mayoría de los chips antiguos usan interconexiones de aluminio, aunque en 2002 muchos se pasaron al cobre.

El primer chip de procesador para PC comercial que utilizó el cobre fue el Athlon de 0,18 micras construido en la fábrica de AMD en Dresden, e Intel cambió el Pentium 4 a cobre con la versión Northwood de 0,13 micras. El cobre es mejor conductor que el aluminio y permite interconexiones más pequeñas con menos resistencia, con lo que es posible fabricar chips más pequeños y más rápidos. El motivo por el que no se usaba antes el cobre es que se producían problemas de corrosión difíciles de solventar durante el proceso de fabricación que no se daban con el aluminio.

Otra tecnología utilizada en la fabricación de chips es la denominada SOI (*Silicon On Insulator*, Silicio sobre aislante). SOI utiliza un sustrato de oblea de silicio aislante para reducir la capacitancia de componentes parásito, disminuyendo así las fugas y mejorando el rendimiento. En particular, AMD lleva utilizando SOI para muchos de sus procesadores desde el año 2001.

Una oblea circular completa tiene tantos chips grabados como quepan en ella. Dado que los chips suelen ser cuadrados o rectangulares, quedan algunas partes sin utilizar en los bordes de las obleas, pero se intenta usar cada milímetro cuadrado de la superficie.

La industria está pasando por diversas etapas de transición en la fabricación de chips. La tendencia es a usar obleas más grandes y procesos de fabricación más pequeños. Los procesos son el tamaño y espacio entre líneas de los circuitos y transistores individuales del chip, mientras que el tamaño de la oblea hace referencia al diámetro de las obleas circulares sobre las que se graban los chips.

En 2002 la manufactura de chips pasó de las obleas de 200mm de diámetro a otras más grandes (300mm). Las obleas de 300mm permiten duplicar la cantidad de chips a hacer. Además, la transición a procesos cada vez más pequeños permite la incorporación de más transistores a la pastilla del chip.

Sirva como ejemplo de cómo afecta esto a un chip en particular, el Pentium 4. Las obleas utilizadas en noviembre de 2000, cuando apareció el Pentium 4, tenían un diámetro de 200mm, lo que proporcionaba un área de 31.416 milímetros cuadrados. La primera versión del Pentium 4 utilizaba el núcleo Willamette, con 42 millones de transistores integrados en un proceso de 0,18 micras con interconexiones de aluminio, lo que daba un área de 217 milímetros cuadrados. Tras descontar el espacio y la pérdida de pastilla por los bordes, se podía grabar una pastilla completa de 101 en una oblea de 200mm.

En enero de 2002 Intel empezó a producir procesadores Pentium 4 utilizando el núcleo Northwood, con 55 millones de transistores integrados en un proceso más pequeño de 0,13 micras con interconexiones de cobre, que tenía como resultado un área de 131 milímetros cuadrados. Northwood había duplicado la caché L2 (512KB frente a 256KB) igual que hizo Willamette, y es por eso que la cuenta de transistores era más alta. Incluso con más transistores, el proceso más pequeño de 0,13 micras proporcionaba una pastilla que era un 60 por 100 más pequeña, lo que permitía que una pastilla completa de 177 cupiese en una oblea de 200mm.

Ese mismo año, Intel empezó a producir chips Northwood en obleas más grandes de 300mm, con un área de 70.686 milímetros cuadrados. Esto es 2,25 veces la superficie de las obleas de 200mm y permite más del doble de chips por oblea. En el caso del Pentium 4 Northwood, podía grabar una pastilla de hasta 449 en una oblea de 300mm. La combinación del cambio a una pastilla Northwood más pequeña con el uso de obleas de 300mm permitió a Intel producir hasta 4,5 veces más chips por oblea que cuando se presentó el Pentium 4.

La industria empezó a moverse hacia el proceso de 90 nanómetros (0,09 micras) en 2004, el de 65 nanómetros en 2006 y el de 45 nanómetros en 2008. La transición a los 32 nanómetros está prevista para 2010 y permitirá la producción de procesadores con entre 1 y 2 billones de transistores, que seguirán haciéndose sobre obleas de 300mm, ya que no se espera una transición a obleas de 450mm hasta el año 2014.

La tabla 2.11 nos muestra las transiciones en el proceso de fabricación de CPU y el tamaño de las obleas durante los primeros 30 años a partir del debut de los procesadores (1971-2001).

La tabla 2.12 muestra la evolución continuada de estas transiciones desde 2002 hasta el presente y prevé transiciones futuras hasta el año 2022.

Tabla 2.11. *Transición en el tamaño de oblea/proceso de CPU entre 1971 y 2001.*

Fecha	1971	1974	1976	1982	1989
Proceso (micras)	10μm	6μm	3μm	1,5μm	1,0μm
Proceso (nanómetros)	10.000nm	6.000nm	3.000nm	1.500nm	1000nm
Tamaño de oblea (milímetros)	50,8mm	76,2mm	100mm	100mm	150mm
Tamaño de oblea (pulgadas)	2 in	3 in	4 in	4 in	6 in

Intel utilizó las obleas de 150mm (6 in) por primera vez en 1983 y las de 200mm (8 in) en 1993.

Tabla 2.12. *Transición en el tamaño de oblea/proceso de CPU entre 2002 y 2022.*

Fecha	2002	2004	2006	2008	2010
Proceso (micras)	0,13μm	0,09μm	0,065μm	0,045μm	0,032μm
Proceso (nanómetros)	130nm	90nm	65nm	45nm	32nm
Tamaño de oblea (milímetros)	300mm	300mm	300mm	300mm	300mm
Tamaño de oblea (pulgadas)	12 in	12 in	12 in	12 in	12 in

Hay que tener en cuenta que no todos los chips de cada oblea serán buenos, especialmente cuando se inicia una nueva línea de producción. A medida que se perfecciona el proceso de fabricación de un chip determinado o la línea de producción, son más los chips buenos. La proporción de chips buenos respecto a chips malos en una oblea se conoce como rendimiento del proceso de fabricación (*yield*).

Un rendimiento por debajo del 50 por 100 es habitual cuando se inicia la producción de un chip, pero para el final de la vida del mismo el rendimiento suele estar por encima del 90 por 100. La mayoría de los fabricantes de chips mantienen estas cifras en secreto porque airear problemas de rendimiento sería dar ventaja a la competencia. Un rendimiento bajo da problemas de coste por chip y de retraso en la entrega al cliente. Si una empresa conoce el rendimiento de otra, puede poner los precios y planificar la producción para hacerse con una cuota de mercado más alta en un momento crucial.

Una vez completada la oblea, un aparato especial prueba todos los chips de la misma y marca los malos para que se retiren más adelante. A continuación, se separan los chips de la oblea con un láser de alta potencia o una sierra de diamante.

Tras separarse, se vuelve a probar cada pastilla individualmente, se encapsula y se vuelve a probar. Durante el encapsulado, la pastilla se sitúa en una carcasa en la que una máquina especial vincula con finos hilos de oro la pastilla y los pines del chip. La cápsula es un contenedor para la pastilla que básicamente la aísla del entorno.

Una vez vinculados y encapsulados los chips, se realiza una última prueba para determinar si funcionan correctamente y a qué velocidad lo hacen. Los distintos chips de un mismo lote funcionan a menudo a distinta velocidad.

1992	1994	1995	1997	1999	2001
0,8µm	0,6µm	0,35µm	0,25µm	0,18µm	0,13µm
800nm	600nm	350nm	250nm	180nm	130nm
200mm	200mm	200mm	200mm	200mm	200mm
6 in	8 in	8 in	8 in	8 in	8 in

2012	2014	2016	2018	2020	2022
0,022µm	0,016µm	0,011µm	0,008µm	0,006µm	0,004µm
16nm	11nm	8nm	6nm	4nm	
300mm	450mm	450mm	450mm	450mm	450mm
12 in	18 in	18 in	18 in	18 in	18 in

Se utilizan aparatos de prueba especiales para hacer funcionar los chips a distintas presiones, temperaturas y velocidades en busca del punto en el que el chip deja de funcionar. En ese punto, se toma nota de la velocidad máxima alcanzada en el funcionamiento y se agrupan los chips que se han probado a la misma velocidad.

Lo interesante es que a medida que un fabricante adquiere experiencia y perfecciona la línea de montaje de un chip en particular, el rendimiento de las versiones de alta velocidad sube, con lo que de todos los chips producidos a partir de una misma oblea quizá más del 75 por 100 funciona a máxima velocidad y un 25 por 100 o menos funciona a velocidades más bajas. La paradoja es que Intel suele vender muchos más chips más baratos y lentos, así que echa un vistazo a la lata de los rápidos, los etiqueta como lentos y los vende así. La gente se dio cuenta de que muchos de los chips lentos funcionaban en realidad más deprisa de lo que indicaba su velocidad y así nació el negocio del *overclocking*.

Remarcado de los procesadores

A medida que la gente conocía el proceso de fabricación y mejora de los procesadores surgió un problema: algunos vendedores sin escrúpulos empezaron a remarcar y vender chips lentos como si fueran versiones rápidas. A menudo, la diferencia de precio entre un chip igual a otra velocidad es sustancial, en el orden de los 100 euros, así que cambiando unos cuantos números en el chip, el beneficio potencial es enorme. Dado que la mayoría de los procesadores de Intel y AMD se producen con un margen de seguridad generoso (es decir, suelen funcionar bastante por encima de la velocidad estimada) los chips remarcados parecen funcionar bien en la mayoría de los casos, aunque, naturalmente, en muchos casos no lo hacen y el sistema acaba fallando o colgándose periódicamente.

Al principio, el remarcado de chips consistía simplemente en borrar los números originales y poner nuevos números con aspecto oficial, y eran fáciles de detectar. Después, los remarcadores optaron por técnicas más sofisticadas que dificultan la detección de los remarcados. Este tipo de remarcado es ya una forma de crimen organizado y no la travesura de un chaval en el sótano de su casa con lija y un sello de goma.

Intel y AMD han encontrado una forma de impedir parte del remarcado creando una protección de *overclocking* en la forma de un multiplicador incluido en sus chips desde finales de los 90, salvo algunos modelos diseñados para el mercado de los fans. Esto suele hacerse en el proceso de fabricación, en el que se alteran intencionadamente los chips para que no se ejecuten a más velocidad de la que se ha estimado. Normalmente, esto implica cambiar los pines de frecuencia del bus (BF) o rastros en el chip, que controlan los multiplicadores internos que utiliza el chip. En cierto punto, muchos temían que fijar el multiplicador del reloj acabaría con el *overclocking* aficionado, pero no fue el caso.

Hubo quien encontró la forma de hacer funcionar su placa base a velocidades de bus superiores a la habitual, así que aunque por lo general la CPU no permite multiplicadores más altos, se puede conseguir más velocidad de la planeada aumentando la velocidad del bus del procesador.

Los procesadores con ranuras actuales son mucho más inmunes a estos intentos de remarcado, aunque todavía es posible hacerlo, especialmente por la posibilidad de ocultar las pruebas bajo un disipador. Para protegerse contra chips fraudulentos, verifique los números de especificación y serie con Intel y AMD antes de comprar. Tenga cuidado también con dónde compra el hardware, los sitios Web de subastas y los rastros de ordenadores son ideales para este tipo de actividad. Finalmente, es aconsejable comprar solamente versiones "empaquetadas" de los procesadores Intel y AMD, en vez de las versiones OEM. Las primeras están empaquetadas al calor y contienen un disipador de alta calidad, documentación y una garantía de tres años.

Los componentes fraudulentos de ordenador no se limitan a los procesadores. Yo he visto memorias falsas, ratones falsos, tarjetas de vídeo falsas, memorias caché falsas, sistemas operativos y aplicaciones falsificados e incluso placas base falsas. El hardware falso suele funcionar pero es de peor calidad que el original. Por ejemplo, una de las piezas de hardware más falsificadas en su día fue el ratón de Microsoft. Estos ratones costaban originalmente 35 dólares pero se podían comprar de fabricantes de otros países por 2 dólares. Enseguida se dieron cuenta de que si hacían que esos ratones de 2 dólares parecieran los de Microsoft podrían venderlos a 20 dólares y la gente pensaría que eran una ganga, mientras los delincuentes obtenían beneficios importantes.

Encapsulado de chip PGA

Las variaciones del encapsulado de chips PGA (*Pin Grid Array*, Malla de contactos) han sido los encapsulados más habituales a lo largo del tiempo. Se utilizaron por primera vez con el procesador 286 en los años 80 y todavía se utilizan hoy, aunque no en todos los diseños de CPU. Los chips PGA se insertan en zócalos que suelen tener un diseño ZIF (*Zero Insertion Force*, Fuerza nula de inserción). Los zócalos ZIF tienen una palanca que permite la fácil instalación y retirada del chip.

La mayoría de los procesadores Pentium utilizan una variación del PGA normal denominada SPGA (*Staggered Pin Grid Array*, Malla de contactos escalonada), en la que los pines están escalonados en la parte inferior del chip en lugar de organizados en filas y columnas estándar. Esto se hizo para acercar los pines y reducir el tamaño del chip cuando hacen falta más pines. La figura 2.6 muestra un Pentium Pro que utiliza el arreglo dual SPGA (derecha) junto a un Pentium 66 más antiguo que utiliza el PGA normal. Observe que la mitad derecha del Pentium Pro de la imagen tiene pines adicionales escalonados por las demás filas y columnas.

Figura 2.6. *PGA en un Pentium 66 (izquierda) y SPGA en un Pentium Pro (derecha).*

Las variaciones más antiguas de PGA montaban la pastilla del procesador en una cavidad debajo del substrato, quedando la superficie superior arriba si se daba la vuelta al chip. A continuación, se vinculaba la pastilla a la cápsula del chip con cientos de hilitos de oro que unían las conexiones del borde del chip con las conexiones internas de la cápsula. Después, se sellaba la cavidad con un recubrimiento de metal. Este método era caro y llevaba bastante tiempo, así que se diseñaron nuevos métodos de encapsulado más económicos y eficientes.

La mayoría de los procesadores modernos se construyen sobre una forma de encapsulado FC-PGA (*Flip-Chip Pin Grid Array*, Chip invertido con disposición de contactos en rejilla). Este tipo se conecta a un zócalo PGA, pero la cápsula en sí misma está muy simplificada. Con FC-PGA, la pastilla de silicio se monta boca abajo sobre el substrato del chip, y en lugar de mediante vínculos con cables, las conexiones se realizan con pequeños topes de soldadura alrededor del perímetro de la pastilla. Después se sella el borde con una capa de resina epóxica. Con las versiones originales de FC-PGA, se podía ver la parte trasera de la pastilla encajada en el chip.

Desafortunadamente, hubo algunos problemas para unir el disipador al chip FC-PGA. El disipador se situaba sobre la pastilla, que actuaba como pedestal. Si se apretaba demasiado un lado del mismo durante el proceso de instalación, por ejemplo al adjuntar el clip, se corría el riesgo de agrietar la pastilla de silicio y destruir el chip. Este problema se agravó cuando los disipadores empezaron a hacerse más grandes y pesados y la fuerza aplicada por el clip era mayor.

AMD redujo el riesgo de daños añadiendo espaciadores de goma en cada esquina del substrato del chip en el XP, evitando así que el disipador apretase demasiado durante la instalación. Aun así, estos amortiguadores podían comprimirse y seguía siendo fácil romper la pastilla.

Intel revisó su encapsulado con una nueva versión FC-PGA2, utilizada en los últimos Pentium III y en todos los Pentium 4. Esta versión incorporaba una chapa de metal, denominada *heat spreader*, para proteger la CPU de daños al adjuntar el disipador. Irónicamente, el primer procesador para PC que utilizó esta chapa fue en realidad el K6 de AMD.

Todos los procesadores de Intel a partir del Pentium 4, y los de AMD desde el Athlon 64 usan un *heat spreader* sobre la pastilla del procesador, lo que permite la instalación de disipadores más grandes y pesados sin daños potenciales en el núcleo del procesador.

Las futuras direcciones del encapsulado podrían incluir el denominado encapsulado BBUL (*Bumpless Bbuild-Up Layer*, Capa de crecimiento sin soldadura). Esta técnica incrusta la pastilla en la cápsula; de hecho las capas del encapsulado crecen alrededor de la pastilla, integrándola totalmente en la cápsula. Esto ofrece una superficie completamente plana para adjuntar el disipador, además de interconexiones internas más cortas dentro de la cápsula. BBUL está diseñado para manejar velocidades de reloj extremadamente altas, de 20GHz o más.

Encapsulado de contacto por un solo lado y de borde simple

Intel y AMD usaron encapsulados basados en cartucho o en placa para algunos de sus procesadores entre 1997 y 2000. Este encapsulado se denominaba SECC (*Single Edge Contact Cartridge*, Cartucho de contacto por un solo lado) o SEPP (*Single Edge Processor Package*, Encapsulado de procesador de borde simple) y consistía en la CPU y chips de caché L2 opcionales montados en una placa de circuito parecida a un módulo de memoria muy grande conectado a una ranura. En algunos casos, las placas estaban cubiertas con un cartucho de plástico.

El cartucho SEC es un diseño de encapsulado innovador, aunque poco manejable, que incorpora en el interior el bus trasero y la caché L2. Se utilizó como método rentable para integrar la caché L2 en el procesador antes de que pudiera incluirse directamente en la pastilla del procesador.

El encapsulado SEP es una versión más económica de SEC. Es básicamente la misma placa de circuito con el procesador y la caché opcional, pero sin la cubierta de plástico, y se utilizaba principalmente para los primeros procesadores Celeron de bajo coste. El encapsulado SEP se conecta directamente al mismo conector Slot 1 utilizado por el Pentium II o III estándar. Cuatro agujeros en la placa permiten la instalación del disipador.

El Slot 1, véase la figura 2.7, es la conexión a la placa base y tiene 242 pines. AMD utilizaba la misma ranura física pero rotada 180° y la llamaba Slot A. El cartucho SEC o procesador SEP se conecta a esta ranura y se asegura con un mecanismo de sujeción de procesador, que consiste en un soporte que lo mantiene en su sitio. También podía incluir un mecanismo de sujeción o soporte para el disipador.

La figura 2.8 nos muestra las partes de la cubierta que conformaban el encapsulado SEC. Observe la gran placa térmica utilizada para disipar el calor de este procesador. La figura 2.9 muestra el encapsulado SEP.

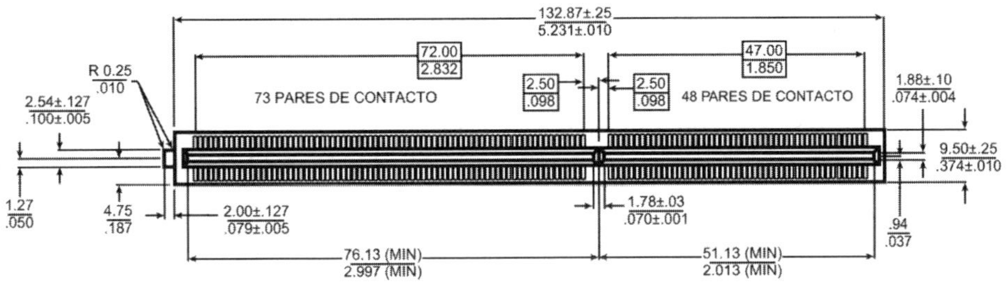

Figura 2.7. *Dimensiones del Slot 1 de un procesador Pentium II (métrica inglesa).*

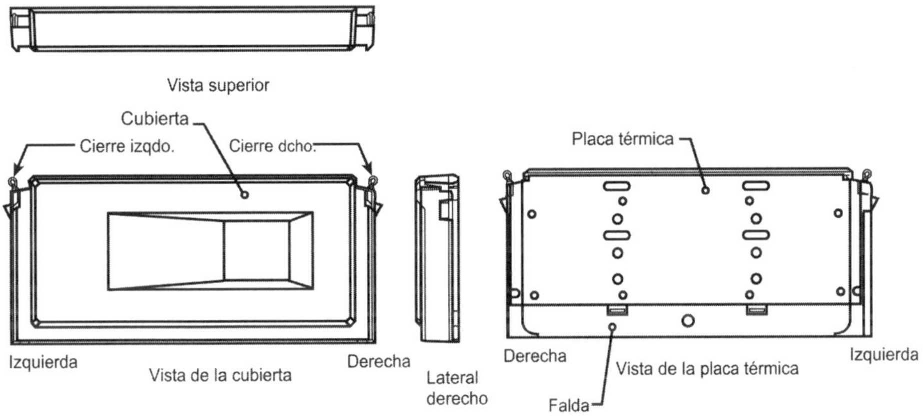

Figura 2.8. *Partes de un encapsulado SEC para Pentium II.*

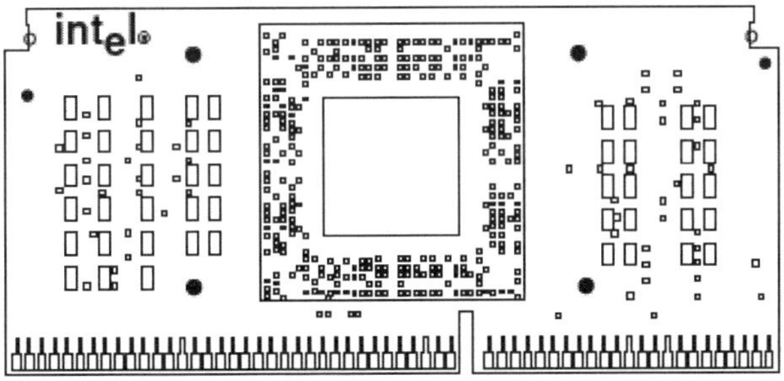

Figura 2.9. *Vista frontal de un encapsulado SEP para Celeron.*

Con el Pentium III, Intel introdujo una variación en el encapsulado SEC denominada SECC2 (*Single Edge Contact Cartridge version 2*, Cartucho de contacto por un solo lado versión 2). Este nuevo encapsulado sólo cubría una parte de la placa del procesador con plástico y permitía adjuntar el disipador directamente al chip por el otro lado. Esta interfaz térmica más directa permitía una mejor refrigeración, y la fabricación del encapsulado, más ligero, resultaba más barata. Para mantener el chip encapsulado SECC2 en su sitio era necesario un nuevo sistema de sujeción universal consistente en una base de plástico vertical. Este sistema también servía para el antiguo encapsulado SEC utilizado en la mayoría de los Pentium II, y para el encapsulado SEP utilizado en los procesadores Celeron basados en zócalo, lo que lo convertía en el mecanismo de sujeción ideal para todos los procesadores basados en Slot 1. Los procesadores de AMD Athlon Slot A utilizaban el mismo mecanismo de sujeción que Intel. La figura 2.10 muestra el encapsulado SECC2.

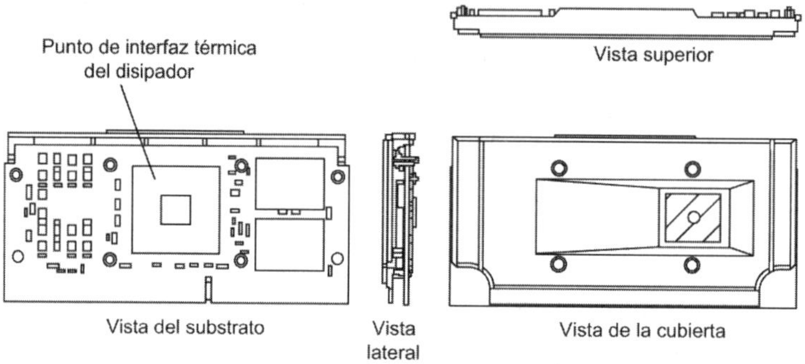

Figura 2.10. *Encapsulado SECC2 utilizado en procesadores Pentium II y III.*

La principal razón para cambiar a los encapsulados SEC y SEP fue la posibilidad de quitar la memoria caché L2 de la placa base y ponerla en el procesador de forma económica y escalable. Esto era necesario porque, en aquella época, no era posible incorporar la caché directamente en la pastilla nuclear de la CPU. Cuando por fin se pudo integrar la L2 directamente en la pastilla, el encapsulado de cartucho y zócalo dejó de ser necesario. Dado que prácticamente todos los procesadores modernos incorporan la caché L2 en la pastilla, el encapsulado ha vuelto al zócalo PGA.

Tipos de zócalos y ranuras para procesador

Intel y AMD han creado un conjunto de zócalos (*sockets*) y ranuras (*slots*) diseñados especialmente para sus procesadores. Cada zócalo o ranura está diseñado para soportar una gran variedad de procesadores originales y actualizados. La tabla 2.13 muestra las designaciones de los distintos zócalos/ranuras estándar y los chips con los que se conectan.

Los Sockets 1, 2, 3 y 6 son zócalos para procesadores 486 y aparecen juntos en la siguiente imagen (véase la figura 2.11) para que se pueda comparar el tamaño y la disposición de los pines en estos zócalos.

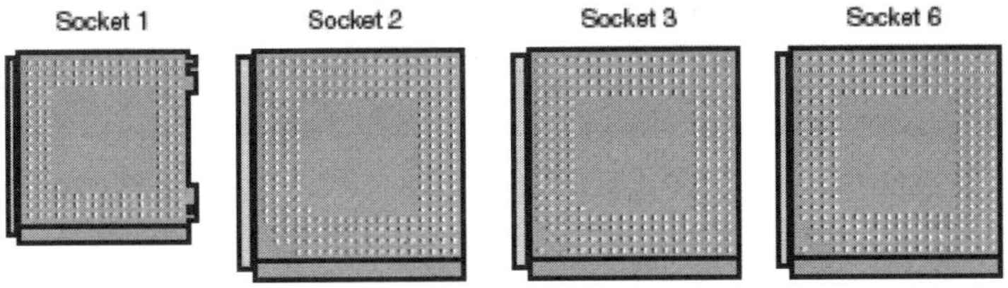

Figura 2.11. Zócalos para procesadores 486.

Los Sockets 4, 5, 7 y 8 son zócalos para procesadores Pentium y Pentium Pro y aparecen juntos en la siguiente imagen (véase la figura 2.12) para establecer la misma comparación.

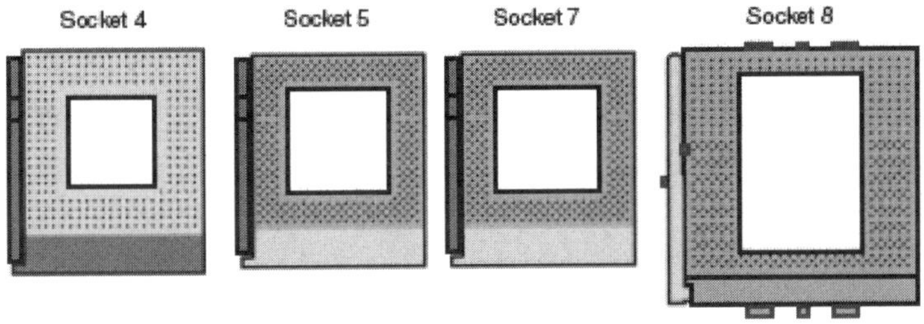

Figura 2.12. Zócalos para procesadores Pentium y Pentium Pro.

Cuando se creó la especificación Socket 1, los fabricantes se dieron cuenta de que si los usuarios querían actualizar los procesadores iban a tener que facilitar el proceso. Los fabricantes de zócalos descubrieron que hacían falta 46 Kg de fuerza de inserción para instalar un chip en una placa base estándar Socket 1 con 169 pines.

Con tanta fuerza de por medio era muy fácil dañar el chip o el zócalo durante la retirada o reinstalación. Por este motivo, algunos fabricantes de placas base empezaron a utilizar zócalos que requerían una fuerza de inserción baja (LIF), de 27 Kg para un chip de 169 pines.

Una presión de la placa base con entre 30 y 50 Kg de fuerza podía romperla si no estaba bien sujeta, por lo que era necesaria una herramienta especial para retirar un chip de estos zócalos.

Como podrá imaginar, incluso la fuerza de inserción baja era relativa, y hacía falta una solución mejor si cualquier persona iba a poder reemplazar su CPU.

Los fabricantes empezaron a usar zócalos ZIF en los diseños de Socket 1, y todos los zócalos de procesador a partir de Socket 2 incluyen este diseño. ZIF es imprescindible para todos los zócalos de alta densidad porque de lo contrario la fuerza de inserción sería demasiada.

Los zócalos ZIF casi eliminan el riesgo al instalar o retirar un procesador porque no hace falta fuerza ni ninguna herramienta. La mayoría de los zócalos ZIF se accionan manualmente: se levanta la palanca, se coloca el chip en el zócalo y se baja la palanca. Este diseño hace que instalar o retirar un procesador sea pan comido.

Tabla 2.13. *Especificaciones de zócalo para CPU.*

Clase de chip	Zócalo	Pines	Disposición	Voltaje
486	Socket 1	169	17×17 PGA	5V
	Socket 2	238	19×19 PGA	5V
	Socket 3	237	19×19 PGA	5V/3,3V
	Socket 6*	235	19×19 PGA	3,3V
586	Socket 4	273	21×21 PGA	5V
	Socket 5	320	37×37 SPGA	3,3V/3,5V
	Socket 7	321	37×37 SPGA	VRM
686	Socket 8	387	Dual-pattern SPGA	Auto VRM
	Slot 1 (SC242)	242	242-pin Slot	Auto VRM
	Socket 370	370	37×37 SPGA	Auto VRM
Intel P4/Core	Socket 423	423	39×39 SPGA	Auto VRM
	Socket 478	478	26×26 mPGA	Auto VRM
	LGA775 (Socket T)	775	30×33 LGA	Auto VRM
	LGA1156 (Socket H)	1156	40×40 LGA	Auto VRM
	LGA1366 (Socket B)	1366	41×43 LGA	Auto VRM
AMD K7	Slot A	242	242-pin Slot	Auto VRM
	Socket A (462)	462	37×37 SPGA	Auto VRM
AMD K8/K9/K10	Socket 754	754	29×29 mPGA	Auto VRM
	Socket 939	939	31×31 mPGA	Auto VRM
	Socket 940	940	31×31 mPGA	Auto VRM
	Socket AM2	940	31×31 mPGA	Auto VRM
	Socket AM2+	940	31×31 mPGA	Auto VRM
	Socket AM3	941	31×31 mPGA	Auto VRM
	Socket F (1207 FX)	1207	35×35 LGA	Auto VRM
Servidor/estación de trabajo	Slot 2 (SC330)	330	330-pin Slot	Auto VRM
	Socket PAC418	418	38×22 split SPGA	Auto VRM
	Socket PAC611	611	25×28 mPGA	Auto VRM
	Socket 603	603	31×25 mPGA	Auto VRM
	Socket 604	604	31×25 mPGA	Auto VRM
	LGA771 (Socket J)	771	30×33 LGA	Auto VRM
	Socket 940	940	31×31 mPGA	Auto VRM
	Socket F (1207 FX)	1207	35×35 x2 LGA	Auto VRM

* En realidad, Socket 6 nunca se implementó en un sistema.

Procesadores compatibles	Presentado en
Intel 486 SX/SX2, DX/DX2, DX4 OverDrive	Abril '89
Intel 486 SX/SX2, DX/DX2, DX4, DX4 OverDrive, 486 Pentium OverDrive	Marzo '90
Intel 486 SX/SX2, DX/DX2, DX4, DX4 OverDrive, 486 Pentium OverDrive, AMD Am486, Am5x86	Febrero '94
Intel 486 DX4, 486 Pentium OverDrive	Febrero '94
Intel Pentium 60/66, OverDrive	Marzo '93
Intel Pentium 75-133, OverDrive	Marzo '94
Intel Pentium 75-233+, MMX, OverDrive, AMD K5/K6, Cyrix 6x86/M1/MII	Junio '95
Intel Pentium Pro, Pentium II OverDrive	Noviembre '95
Intel Pentium II/III SECC, Celeron SEPP, VIA/Cyrix III/C3	Mayo '95
Intel Celeron/Pentium III PPGA/FC-PGA, VIA/Cyrix III/C3	Noviembre '98
Intel Pentium 4 FC-PGA	Noviembre '00
Intel Pentium 4/Celeron FC-PGA2, Celeron D	Octubre '01
Intel Pentium 4/Extreme Edition, Pentium D, Celeron D, Pentium Dual-Core, Core 2 Duo/Extreme/Quad, Xeon	Junio '04
Intel Pentium, Core i3/i5/i7, Xeon	Septiembre '09
Intel Core i7, Xeon	Noviembre '08
AMD Athlon SECC	Junio '99
AMD Athlon, Athlon XP/MP, Duron, Sempron, Geode NX	Junio '00
AMD Athlon 64, Sempron	Septiembre '03
AMD Athlon 64/64 FX/64 X2, Sempron, Opteron	Junio '04
AMD Athlon 64 FX, Opteron	Abril '03
AMD Athlon 64/64 FX/64 X2, Sempron, Opteron, Phenom	Mayo '06
AMD Athlon 64/64 X2, Opteron, Phenom X2/X3/X4/II X4	Noviembre '07
AMD Athlon II, Phenom II, Sempron	Febrero '09
AMD Athlon 64 FX, Opteron	Agosto '06
Intel Pentium II/III Xeon	Abril '98
Intel Itanium	Mayo '01
Itanium 2	Julio '02
Intel Xeon	Mayo '01
Intel Xeon	Octubre '03
Intel Core 2 Extreme, Xeon	Mayo '06
AMD Athlon 64FX	Abril '03
AMD Athlon 64 FX, Opteron	Agosto '06

Socket 370 (PGA-370)

En noviembre de 1998, Intel presentó un nuevo zócalo para los procesadores P6. Este zócalo se llamaba Socket 370 o bien PGA-370 puesto que tenía 370 pines y estaba diseñado originalmente para versiones PGA de bajo coste de los procesadores Celeron y Pentium III. El Socket 370 estaba pensado para competir directamente en el mercado de sistemas de gama baja junto con la plataforma Super7 compatible con AMD y Cyrix. Sin embargo, más tarde Intel lo utilizó para el Pentium III. Inicialmente, todos los procesadores Celeron y Pentium III se hicieron en formato SECC o SEPP. Eran básicamente placas de circuito que contenían el procesador y chips de caché L2 independientes en una pequeña placa conectada a la placa base por medio de la Slot 1. Este tipo de diseño era necesario cuando los chips de caché L2 formaban parte del procesador pero no estaban integrados directamente en la pastilla. Intel creó un encapsulado de chip de pastilla múltiple para el Pentium Pro, pero resultó ser un método de encapsulado demasiado caro, mientras que una placa con chips independientes era más barata; por eso el Pentium II parece distinto del Pentium Pro.

A partir del Celeron 300A lanzado en agosto de 1998, Intel empezó a integrar la caché L2 directamente en la pastilla del procesador; ya no estaba en chips aparte. Así, ya no era necesario un procesador montado en placa. Puesto que costaba más hacer una placa Slot 1 o un procesador de tipo cartucho en lugar de uno de zócalo, Intel volvió al diseño de zócalo para reducir los costes de fabricación, especialmente con el Celeron, que por aquella época competía en la gama baja con los chips Socket 7 de AMD y Cyrix.

La figura 2.13 muestra el diagrama de conexión Socket 370 (PGA-370).

Figura 2.13. Diagrama de conexión (visto desde arriba) Socket 370 (PGA-370) para Pentium III/Celeron.

El Celeron cambió gradualmente hacia el PGA-370, aunque durante algún tiempo ambos estuvieron disponibles. Todos los procesadores Celeron a 333MHz e inferior estaban disponibles sólo en la versión Slot 1; los Celeron de 366MHz a 433MHz estaban disponibles en versiones Slot 1 y Socket 370; y los Celeron de 466MHz en adelante, hasta 1,4GHz, están disponibles solamente en la versión Socket 370.

A partir de octubre de 1999, Intel también introdujo los procesadores Pentium III con caché integrada conectada al Socket 370, que utilizaban el encapsulado FC-PGA (la pastilla se monta en el sustrato boca abajo). La versión de ranura del Pentium III era más cara y ya no era necesaria gracias a la caché LD integrada en la pastilla.

Observe que debido a ciertos cambios en el voltaje y otro en los pines, muchas placas base Socket 370 originales no aceptan las versiones Socket 370 posteriores con FC-PGA para Pentium III y Celeron. Los procesadores Pentium III con FC-PGA tienen dos pines RESET y requieren especificaciones VRM 8.4. Las placas base anteriores diseñadas para las versiones más antiguas de Celeron se conocen como placas base heredadas y las más nuevas, que soportan el segundo pin RESET y las especificaciones VRM 8.4, se denominan placas base flexibles. Póngase en contacto con el fabricante de su placa base o sistema para saber si la versión de su zócalo es la flexible. Algunas placas base, como la CA810 de Intel, soportan las especificaciones VRM 8.4 y ofrecen el voltaje adecuado, pero sin soporte Vtt, el procesador Pentium III en el encapsulado FC-PGA estará en RESET#. La última versión del Pentium III y el Celeron III usa el diseño de núcleo Tualatin, que también requiere un zócalo revisado para operar. Las placas base que pueden manejar procesadores de núcleo Tualatin utilizan *chipsets* diferentes. Las empresas que venden procesadores actualizados ofrecen productos que permiten instalar un procesador Pentium III o Celeron III con núcleo Tualatin en una placa base que no tenga soporte para Tualatin integrado.

No es probable que la instalación de un procesador Pentium III con encapsulado FC-PGA en una placa base antigua dañe la placa, pero el procesador sí podría resultar perjudicado. Los procesadores Pentium III en el proceso de 0,18 micras operan a 1,60V o 1,65V, mientras que los Celeron lo hacen a 2,00V. La placa base podría dañarse si el BIOS de la misma no reconoce la identificación de voltaje del procesador. Contacte con el fabricante de su PC o placa base antes de la instalación para garantizar la compatibilidad.

Una placa base con una Slot 1 puede estar diseñada para aceptar casi cualquier procesador Celeron, Pentium II o bien Pentium III. Para utilizar los procesadores Celeron y Pentium III de zócalo, muchos fabricantes han sacado un adaptador ranura-zócalo de bajo coste, que viene a ser una placa Slot 1 con un solo Socket 370, lo que permite usar un procesador PGA en cualquier placa Slot 1.

Socket 423

El Socket 423 es un zócalo de tipo ZIF que apareció en noviembre de 2000 para el Pentium 4 original. Véase la figura 2.14.

Este zócalo soporta un bus de procesador de 400MHz que conecta el procesador al concentrador del controlador de memoria (MCH).

Hay procesadores Pentium 4 de hasta 2GHz disponibles para Socket 423, pero todas las versiones más rápidas requieren Socket 478.

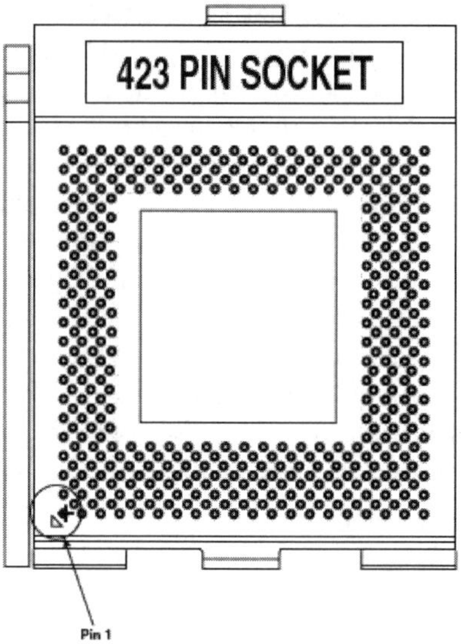

Figura 2.14. *Ubicación del pin 1 en el Socket 423 (Pentium 4).*

El Socket 423 utiliza un exclusivo método de montaje de disipador que requiere una especie de tornillos unidos al chasis o a una placa especial que se monta por debajo de la placa base. Este método se diseñó para soportar el peso de los disipadores más grandes que necesitaba el Pentium 4. Es por esto que muchas placas base Socket 423 requieren un chasis especial con esas piezas de ensamblaje adicionales instaladas. Por suerte, la necesidad de tales piezas desapareció con el nuevo Socket 478 para Pentium 4.

El procesador usa cinco pines de ID de voltaje (VID) para señalar el VRM integrado en la placa base y aplicar el voltaje correcto a la CPU instalada, lo que hace que la selección de voltaje sea completamente automática y fácil. La mayoría de los procesadores Pentium 4 para Socket 423 requieren 1,7V. Una pequeña marca triangular indica la esquina del pin 1 para orientar correctamente el chip.

Socket 478

El Socket 478 es un zócalo ZIF para Pentium 4 y Celeron 4 (Celeron basado en el núcleo del Pentium 4) introducido en octubre de 2001. Se diseñó especialmente para soportar pines adicionales para futuros procesadores Pentium 4 y velocidades de más de 2GHz. El montaje del disipador no es como el del Socket 423, lo que permite unir disipadores más grandes a la CPU. La figura 2.15 muestra un Socket 478.

El Socket 478 soporta buses de procesador de 400MHz, 533MHz y 800MHz que conectan el procesador al MCH.

Este zócalo utiliza un método de conexión del disipador que lo une directamente a la placa base, y no al zócalo o chasis de la CPU. Así pues, se puede usar cualquier chasis estándar y no son necesarias las piezas de ensamblaje especiales que requerían las placas

Socket 423. Este sistema permite una carga mayor entre el disipador y el procesador, lo cual ayuda en la refrigeración.

Los procesadores Socket 478 utilizan pines VID para señalar el VRM integrado en la placa base y aplicar el voltaje correcto a la CPU instalada, lo que hace que la selección de voltaje sea completamente automática y fácil. Una pequeña marca triangular indica la esquina del pin 1 para orientar correctamente el chip.

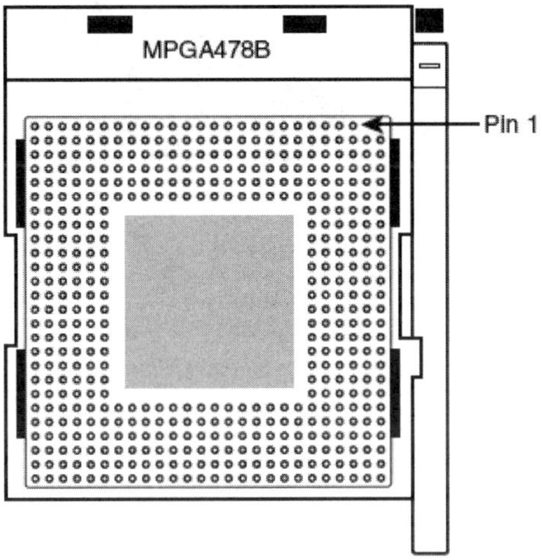

Figura 2.15. *Ubicación del pin 1 en el Socket 478 (Pentium 4).*

Socket LGA775

El Socket LGA775 (también denominado Socket T) es el utilizado por los procesadores Core 2 Duo/Quad, las versiones más recientes de los procesadores Pentium 4 Prescott, Pentium D y Pentium Extreme Edition, y versiones también de los Celeron y Celeron D. Lo que hace único al Socket LGA775 es que utiliza un formato LGA (*Land Grid Array*, Malla plana), de modo que los pines están en el zócalo y no en el procesador.

LGA utiliza contactos de oro (denominados *lands*) en la parte inferior del procesador para reemplazar a los pines empleados en el encapsulado PGA. Permite fuerzas mayores a través de una placa con una palanca de cierre, con más estabilidad y transferencia térmica mejorada (mejor refrigeración). Los primeros procesadores LGA fueron los Pentium II y Celeron en 1997. En aquellos procesadores, el chip LGA estaba soldado al cartucho Slot-1.

LGA es una versión reciclada del encapsulado conocido como LCC (*Leadless Chip Carrier*, Portador de chip sin terminales), utilizado en 1984 para el procesador 286, que tenía *lands* sólo por el borde (por entonces había muchos menos pines). Por lo demás, LGA es simplemente una versión modificada del encapsulado BGA (*Ball Grid Array*, Malla de bolas), con *lands* en lugar de bolas de soldadura, lo que hace que sea más apropiado para aplicaciones de zócalo. La figura 2.16 muestra el Socket LGA775.

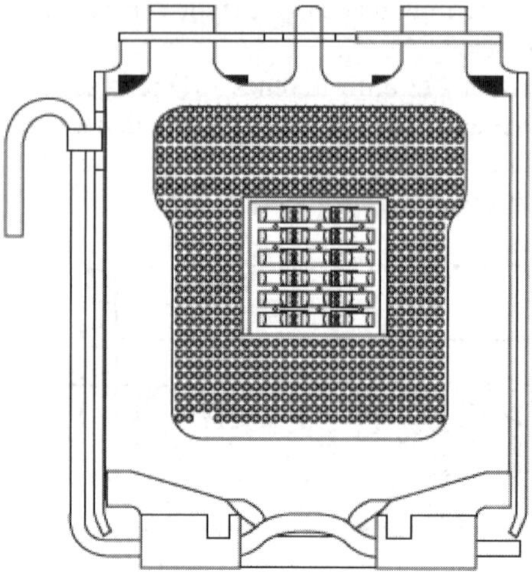

Figura 2.16. Socket LGA775 (Socket T). La palanca de liberación de la izquierda sirve para levantar la placa y permitir la colocación del procesador sobre los contactos.

Socket LGA1156

El Socket LGA1156 (también conocido como Socket H) apareció en septiembre de 2009. Se diseñó para soportar los procesadores Intel Core i Series con un puente norte integrado, que incluye un controlador de memoria de doble canal DDR3 y gráficos integrados opcionales. El Socket LGA1156 utiliza el formato LGA (véase la figura 2.17).

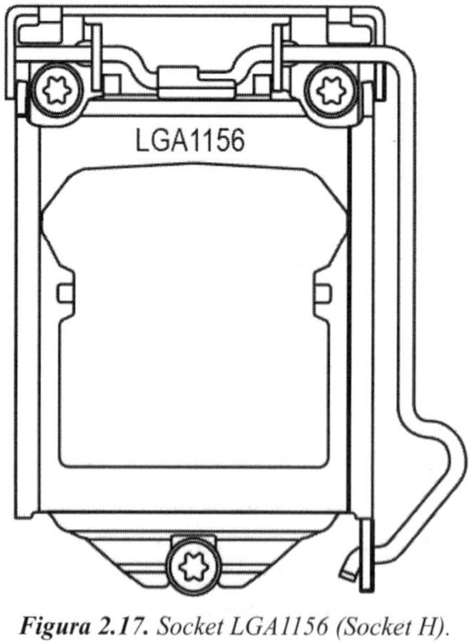

Figura 2.17. Socket LGA1156 (Socket H).

Dado que el procesador incluye el puente norte del *chipset*, el Socket LGA1156 está diseñado para actuar como interfaz entre el procesador y el PCH, nuevo nombre para el puente sur en los *chipsets* compatibles con la serie 5x.

La interfaz LGA1156 incluye lo siguiente:

- **PCI Express x16 v2.0:** Para conexión con una sola ranura PCIe x16 o bien dos PCIe x8 que soporten tarjetas de vídeo.
- **DMI (Direct Media Interface):** Para la transferencia de datos entre el procesador y el PCH. En este caso DMI es esencialmente una conexión PCI Express x4 v2.0 modificada, con un ancho de banda de 2GBps.
- **Doble canal DDR3:** Para la conexión directa entre el controlador de memoria integrado en el procesador y los módulos DDR3 SDRAM en una configuración de doble canal.
- **FDI (Flexible Display Interface):** Para la transferencia de datos de vídeo digital entre los gráficos integrados del procesador (opcional) y el PCH.

Cuando se utilizan procesadores con gráficos integrados, la FDI transmite los datos de vídeo digital desde la GPU del procesador hasta la circuitería del PCH. Dependiendo de la placa base, la interfaz de vídeo puede soportar conectores DisplayPort, HDMI, DVI y VGA.

Socket LGA1366

El Socket LGA1366 (también llamado Socket B) salió en noviembre de 2008 para soportar procesadores Intel Core i Series de gama alta que incluían un controlador de memoria DDR3 de tres canales integrado, pero también requerían un puente norte del *chipset* externo, en este caso denominado concentrador E/S. El Socket LGA1366 utiliza el formato LGA. La figura 2.18 mues un ejemplo.

El Socket LGA1366 está diseñado para actuar como interfaz entre un procesador y un concentrador E/S, que es el nuevo nombre del componente puente norte en los *chipsets* compatibles con la serie 5x.

La interfaz LGA1366 incluye lo siguiente:

- **QPI (Quick Path Interconnect):** Para la transferencia de datos entre el procesador y el concentrador E/S. QPI transfiere 2 bytes por ciclo a 4,8 o 6,4GHz, con un resultado de un ancho de banda de 9,6 o 12,8GBps.
- **Triple canal DDR3:** Es para conexión directa entre el controlador de memoria integrado en el procesador y los módulos DDR3 SDRAM en una configuración de triple canal.

El LGA1366 está diseñado para su uso en servidores, estaciones de trabajo y PC de gama alta, y soporta configuraciones multiprocesador.

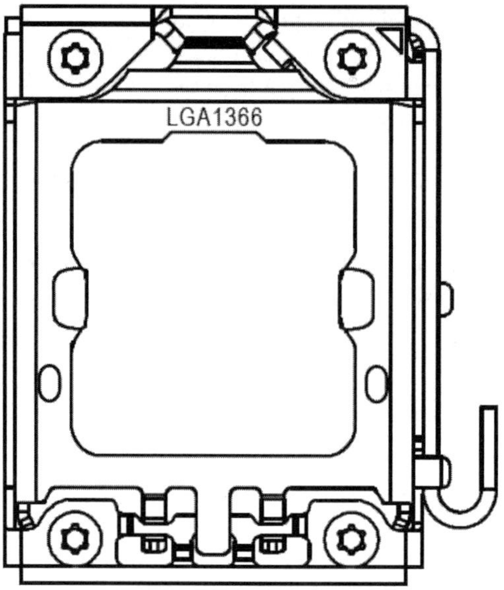

Figura 2.18. *Socket LGA1366 (Socket B).*

Socket A (Socket 462)

AMD sacó el Socket A, también conocido como Socket 462, en junio de 2000 para soportar las versiones PGA de los procesadores Athlon y Duron. Se diseñó como sustituto de la Slot A que utilizaban los procesadores Athlon originales. Dado que Athlon ya incorporaba la caché L2 en la pastilla y el Duron de bajo coste se fabricaba sólo en la versión con la caché integrada en la pastilla, ya no era necesario el costoso encapsulado en cartucho de los Athlon originales.

El Socket A tiene 462 y 11 conectores orientados en forma SPGA (véase la figura 2.19). Presenta las mismas dimensiones y disposición que el Socket 370, pero la ubicación de los conectores impide la inserción de los procesadores Socket 370. El Socket A soporta 31 niveles de voltaje, que van de 1,100V a 1,850V en aumentos de 0,025V, controlados por los pines VID0–VID4 del procesador. La circuitería del módulo regulador del voltaje está por lo general incrustada en la placa base.

Hay 11 agujeros cerrados en total, incluidos los dos orificios para pin exterior en A1 y AN1, que sirven para forzar la orientación correcta del procesador en el zócalo.

Tras la aparición del Socket A, AMD pasó todos los procesadores Athlon (incluidos los Athlon XP) a este factor de forma, y la Slot quedó desfasada. Además, durante algún tiempo, AMD también vendió una versión de caché L2 reducida del Athlon, llamada Duron, en esta forma.

En 2005, AMD dejó de fabricar el Athlon XP y lanzó el AMD Sempron en forma Socket A y Socket 754. Los primeros procesadores Athlon 64 también utilizaban el Socket 754, pero más tarde se pasaron al Socket 939 y el AM2.

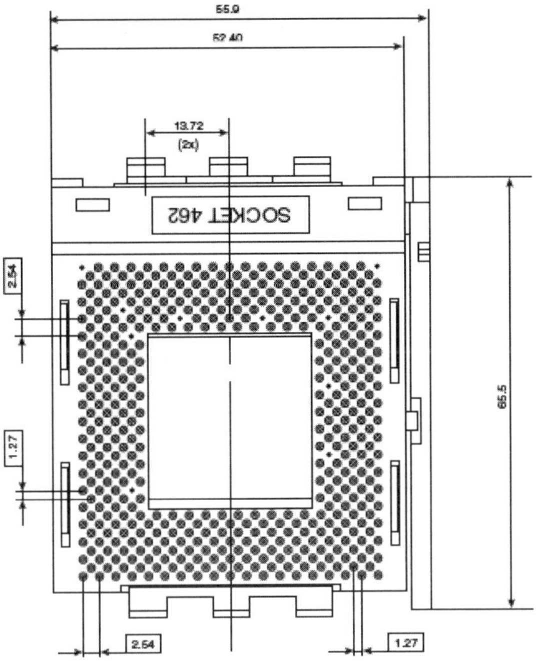

Figura 2.19. *Socket A (Socket 462) en la disposición Athlon/Duron.*

> ***Advertencia:*** *Que un chip pueda conectarse a un zócalo no significa necesariamente que vaya a funcionar. Los procesadores Athlon XP y Socket A Sempron requieren voltajes, BIOS y soporte para* chipsets *distintos que los anteriores procesadores Athlon y Duron con Socket A. Como siempre, asegúrese de que su placa base sea compatible con el procesador que pretende instalar.*

Socket 754

El Socket 754 se utiliza con las primeras versiones de los procesadores Athlon 64. También lo utilizan algunas versiones del Sempron, la línea de procesadores económicos de AMD. Este zócalo soporta DDR SDRAM sin búfer de un solo canal. La figura 2.20 muestra una vista elevada de este zócalo.

Socket 939 y 940

El Socket 939 se utiliza con las versiones de AMD Athlon 64, 64 FX y 64 X2 (véase la figura 2.21). También lo utilizan algunas versiones recientes del procesador AMD para estaciones de trabajo y servidores. Las placas base que utilizan este zócalo soportan los módulos DDR SDRAM sin búfer convencionales en modo de canal simple o doble, en vez de los módulos registrados orientados a servidor (más caros) que requieren las placas base Socket 940. Los zócalos 939 y 940 tienen diferente disposición de los pines y los procesadores para uno y otro no son intercambiables.

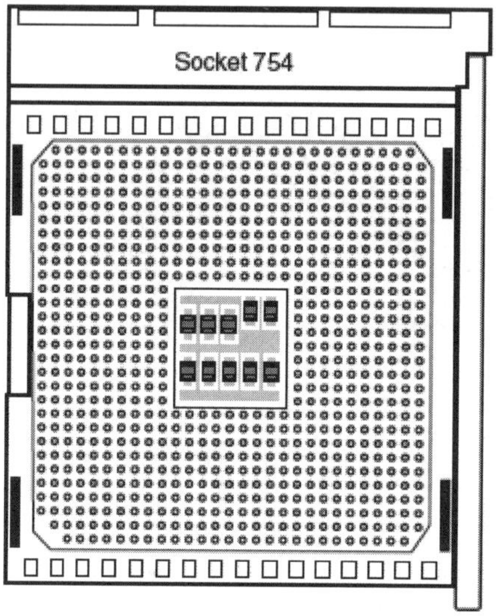

Figura 2.20. *Socket 754. La esquina recortada en la parte inferior izquierda indica el pin 1.*

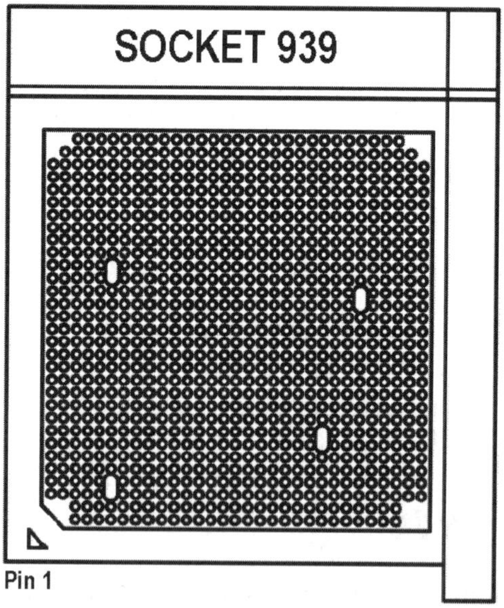

Figura 2.21. *Socket 939. La esquina recortada y el triángulo en la parte inferior izquierda indican el pin 1.*

El Socket 940 se utiliza con la versión Socket 940 del Athlon 64 FX y con la mayoría de los procesadores AMD Opteron (véase la figura 2.22). Las placas base que utilizan este zócalo soportan solamente módulos registrados DDR SDRAM en modo de doble canal. Puesto que la disposición de los pines es diferente, los procesadores Socket 939 no funcionan en Socket 940 y viceversa.

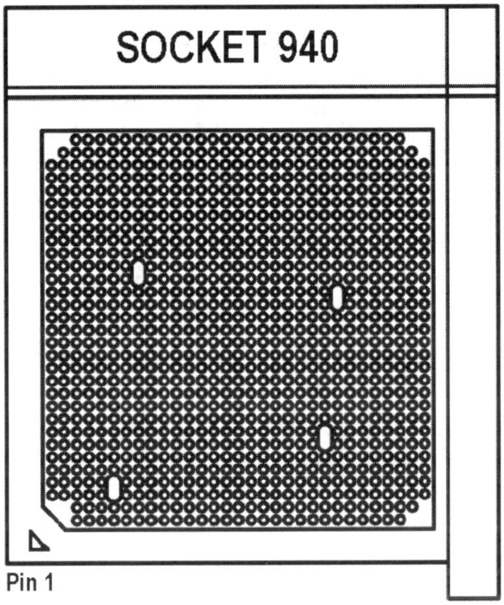

Figura 2.22. *Socket 940. La esquina recortada y el triángulo en la parte inferior izquierda indican el pin 1.*

Socket AM2/AM2+/AM3

En mayo de 2006, AMD introdujo procesadores que utilizaban un nuevo zócalo denominado Socket AM2 (véase la figura 2.23). AM2 fue el primer sustituto de las serie de formas confusas Socket 754, Socket 939 y Socket 940 para los procesadores Athlon 64, Athlon 64 FX y Athlon 64 X2.

Aunque el Socket AM2 contiene 940 pines (la misma cantidad que utilizaba el Socket 940), está diseñado para soportar los controladores de memoria DDR2 de doble canal que se añadieron a la familia de procesadores Athlon 64 y Opteron en 2006. Los procesadores diseñados para los zócalos 754, 939 y 940 incluyen controladores de memoria DDR y no son compatibles con los pines del Socket AM2. Los zócalos 939, 940 y AM2/AM2+ soportan HyperTransport v2.0, que limita la mayoría de los procesadores a un bus frontal de 1GHz.

El Socket AM2+ es una actualización del Socket AM2 que salió en noviembre de 2007. Aunque ambos zócalos son físicamente iguales, el Socket AM2 incluye soporte para las tecnologías Split Power Planes e HyperTransport 3.0, lo que permite velocidades de bus frontal de hasta 2,6GHz. Los chips Socket M2+ son compatibles con las placas base Socket AM2, pero sólo a una velocidad de bus frontal HyperTransport 2.0 reducida. Técnicamente, los procesadores Socket AM2 pueden funcionar en las placas base Socket AM2+, pero esto requiere un soporte BIOS que no tienen todas las placas base.

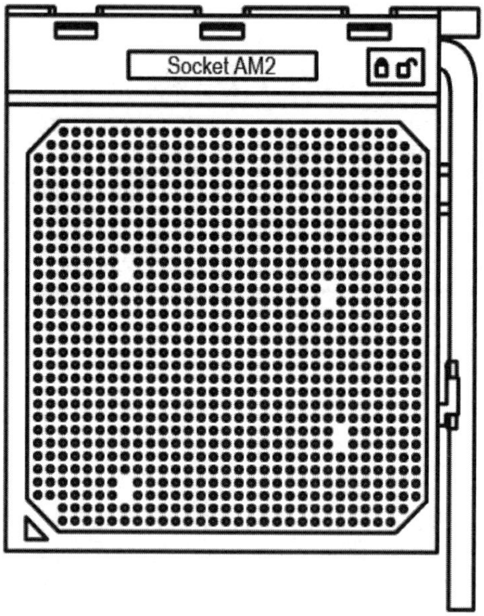

Figura 2.23. *Socket AM2/AM2+. La flecha (triángulo) de la esquina inferior derecha indica el pin 1.*

El Socket AM3 apareció en febrero de 2009 con la función principal de soportar procesadores con controladores de memoria DDR3 integrados, como el Phenom II. Además de incluir soporte para memoria DDR3, el Socket AM3 tiene 941 pines en una configuración de pines modificada que impide físicamente la inserción de procesadores Socket AM2 o AM2+ (véase la figura 2.24).

La tabla 2.14 muestra las principales diferencias entre Socket AM2, AM2+ y AM3.

Tabla 2.14. *Características de Socket AM2, AM2+ y AM3.*

Características	Socket AM2	Socket AM2+	Socket AM3
Número de pines	940	940	941
Soporte para HyperTransport (FSB)	2.0 (hasta 1,4GHz)	3.0 (hasta 2,6GHz)	3,0 (hasta 2,6GHz)
Memoria soportada	DDR2 (doble canal)	DDR2 (doble canal)	DDR3 (doble canal)
Procesadores soportados	Socket AM2, AM2+ o AM3	Socket AM2, AM2+, AM3	Socket AM3

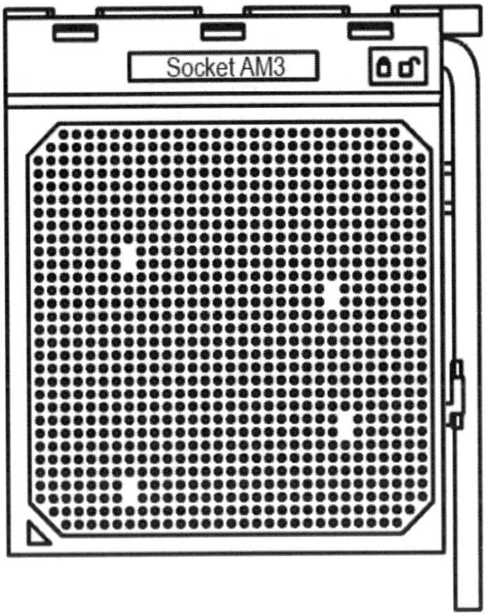

Figura 2.24. *Socket AM3. La flecha (triángulo) de la esquina inferior derecha indica el pin 1.*

He aquí un resumen de la compatibilidad entre los procesadores AM2, AM2+ y AM3 y las placas base:

- No puede instalar procesadores Socket AM2 o AM2+ en placas base Socket AM3.
- Sí se puede instalar procesadores Socket AM2 en placas base Socket AM2+.
- Es posible instalar procesadores Socket AM3 y AM2+ en placas base Socket AM2, pero el BIOS debe soportar el procesador, el FSB funcionará a velocidades HT 2.0 bajas y solamente se soportará memoria DDR2.
- Se puede instalar procesadores Socket AM3 en placas base Socket AM2+, pero el BIOS debe soportar el procesador, el FBS funcionará a la velocidad más baja HT 2.0 y sólo se soporta memoria DDR2.

Aunque es físicamente posible instalar procesadores nuevos en placas base con zócalos más antiguos, y en teoría funcionan con reducciones en la velocidad del bus y el soporte de memoria, también es necesario soporte del BIOS en la placa base específica, y puede que no lo tenga. En general, lo mejor es unir procesador y placa base con el mismo tipo de zócalo.

Socket F (1207FX)

AMD presentó el Socket F (también denominado 1207FX) en agosto de 2006 para su línea de procesadores para servidor Opteron. Socket F es el primer zócalo LGA de AMD (similar al Socket LGA775 de Intel) con 1.207 pines en una maya de 35 por 35, con los pines en el zócalo en vez de en el procesador. El Socket F suele aparecer en las placas base en pares porque está diseñado para funcionar con dos procesadores físicos en una misma placa base. AMD utilizó este zócalo para los Quad FX, procesadores de núcleo doble vendidos a pares, que funcionan como un sistema de doble núcleo de doble zócalo. Las futuras versiones podrían soportar procesadores *quad-core*, para un total de ocho núcleos en el sistema. Debido a los elevados costes de hacer funcionar dos procesadores físicos, solamente hay disponible un número muy limitado de placas base Socket F que no sean para servidor.

Voltajes operativos de CPU

Cualquiera que haya seguido el diseño de un procesador habrá observado una tendencia clara a reducir los voltajes operativos. Tres son los principales beneficios de rebajar el voltaje. El más evidente es que con un voltaje menor se reduce el consumo eléctrico. Al consumir menos energía, resulta menos caro hacer funcionar el sistema y, lo que es más importante para los portátiles, funciona más tiempo con batería. El énfasis en el trabajo con batería ha motivado muchos de los avances en la reducción del voltaje de los procesadores, ya que tiene un gran impacto en la vida de las baterías.

El segundo beneficio más importante es que con menos voltaje y menos consumo eléctrico, menos calor se genera. Los procesadores que funcionan sin recalentarse mucho pueden colocarse en sistemas más ajustados y durar más.

El tercer beneficio es que un procesador que funciona sin recalentarse demasiado con menos energía puede funcionar más deprisa. Reducir el voltaje ha sido un factor clave en el aumento de la velocidad de reloj de los procesadores. Esto se debe a que cuanto más bajo es el voltaje, menos tiempo hace falta para cambiar una señal de baja a alta.

A partir del Pentium Pro, todos los procesadores determinan automáticamente su configuración de voltaje controlando el regulador de voltaje basado en la placa base. Esto se hace por medio de pines VID integrados.

Con el fin de ganar velocidad, muchas placas base para estos procesadores han cambiado la configuración para permitir el ajuste manual del voltaje. Mucha gente ha comprobado que para aplicar *overclocking* a un procesador, aumentar el voltaje un décimo de voltio suele ser de ayuda. Naturalmente, esto aumenta el calentamiento del procesador, que debe compensarse con un sistema de refrigeración adecuado.

Nota: *Aunque los procesadores modernos utilizan pines VID para que el procesador elija el voltaje correcto, los más recientes que utilizan el mismo zócalo que procesadores más antiguos podrían usar una configuración de voltaje incompatible con la placa base. Antes de actualizar una placa base con un procesador nuevo, compruebe que la placa soporta el voltaje del procesador y otras características. Puede que tenga que instalar una actualización del BIOS antes de actualizar el procesador para asegurarse de que la placa base lo reconocerá adecuadamente.*

Coprocesadores matemáticos (Unidades de punto flotante)

Las unidades de procesamiento central más antiguas diseñadas por Intel (y clonadas por otras empresas) utilizaban un chip coprocesador matemático para realizar operaciones de punto flotante. Sin embargo, cuando Intel sacó el 486DX, incluyó un coprocesador matemático integrado, y todos los procesadores creados por Intel (y AMD y Cyrix) desde entonces incluyen uno. Los coprocesadores proporcionan hardware para operaciones matemáticas de punto flotante, que de otro modo crearían un agotamiento excesivo en la CPU principal. Los chips matemáticos aceleran la operación del ordenador sólo cuando se ejecuta software diseñado para sacar partido al coprocesador. Todos los procesadores compatibles con Intel de quinta y sexta generación (como los de AMD y Cyrix) incluyen una unidad de punto flotante.

Los chips matemáticos (como se denomina en ocasiones a los coprocesadores) pueden realizar operaciones matemáticas de alto nivel, como divisiones largas, funciones trigonométricas, raíces y logaritmos, por ejemplo, entre 10 y 100 veces más deprisa que el procesador principal correspondiente. Las operaciones realizadas por el chip principal son todas operaciones que utilizan números no enteros (es decir, que pueden contener dígitos después de la coma decimal). La necesidad de procesar números en los que el decimal no es el último carácter es lo que da origen al término punto flotante, puesto que el decimal puede moverse dependiendo de la operación. Las unidades enteras de la CPU principal trabajan con números enteros, así que realizan sumas, restas y multiplicaciones. La CPU principal está diseñada para manejar tales cálculos, por lo que estas operaciones no se descargan en el chip matemático.

El conjunto de instrucciones del chip matemático es diferente del de la CPU principal. Los programas deben detectar la existencia del coprocesador y ejecutar las instrucciones escritas específicamente para ese coprocesador; si no lo hacen, el coprocesador matemático gasta energía pero no hace nada. Por suerte, la mayoría de los programas modernos que pueden beneficiarse del uso del coprocesador lo detectan y utilizan correctamente. Estos programas suelen ser muy matemáticos: hojas de cálculo, aplicaciones de base de datos, programas estadísticos y programas gráficos, como el software de diseño asistido por ordenador (CAD). Los programas procesadores de texto no aprovechan el chip matemático y por tanto no están diseñados para utilizarlo. La tabla 2.15 muestra los coprocesadores disponibles para la familia de procesadores Intel.

Tabla 2.15. *Resumen de los coprocesadores matemáticos.*

Procesador	Coprocesador
8086/8088	8087
286	287
386SX	387SX

Procesador	Coprocesador
386DX	387DX
486SX/SX2	487SX, 486DX2
486DX/DX2/DX4	FPU integrada
Cyrix/VIA 6x86 y posteriores	FPU integrada
Intel Pentium y posteriores	FPU integrada
AMD Athlon y posteriores	FPU integrada

FPU = Unidad de punto flotante.
El chip 487SX es un chip 486DX modificado con el coprocesador matemático habilitado. Al conectar un chip 487SX, deshabilita el procesador principal 486SX y controla todo el procesamiento.
El DX2/OverDrive equivale al SX2 con el añadido de una FPU funcional.
Prácticamente todos los procesadores modernos incluyen una FPU integrada.

Nota: *La mayoría de las aplicaciones que antes utilizaban matemáticas de punto flotante utilizan ahora instrucciones MMX/SSE en su lugar. Estas instrucciones son más rápidas y precisas que las matemáticas de punto flotante x87.*

Errores y steppings del procesador

Los fabricantes de procesadores utilizan un equipamiento especializado para probar sus propios procesadores, pero nosotros tenemos que conformarnos con un poco menos. El mejor dispositivo con el que contamos para probar un procesador es un sistema que sepamos que es funcional; después podemos utilizar los diagnósticos disponibles de diversas empresas de software o del propio fabricante del sistema para probar las funciones de la placa base y el procesador.

Quizá el más infame de los errores encontrados sea el de las operaciones de división del punto flotante en los primeros procesadores Pentium.

Ya que el procesador es el cerebro de un sistema, la mayoría de los ordenadores no funcionan con un procesador defectuoso. Si un sistema parece tener una placa base estropeada, pruebe a reemplazar el procesador con uno de otra placa base que funcione y utilice el mismo chip de CPU. Podría encontrarse con que el procesador de la placa original es el culpable.

No obstante, si el sistema sigue haciéndose el muerto, el problema está en otro sitio, seguramente en la placa base, la memoria o el suministro eléctrico. Lo cierto es que en todos mis años de experiencia en la reparación de PC, raramente he encontrado procesadores defectuosos.

Algunos problemas vienen de fábrica, pero este tipo de errores o defectos son raros. Aprendiendo a reconocer estos problemas se ahorrará reparaciones así como sustituciones innecesarias.

El microcódigo y la característica Actualización de procesador

Todos los procesadores pueden contener defectos de diseño o errores. Muchas veces, los efectos de un error determinado pueden evitarse implementando soluciones de hardware o software. Intel documenta estos errores y soluciones en su manual de especificaciones, disponible en el sitio Web de la empresa. Los demás fabricantes también suelen tener boletines o consejos en sus sitios Web sobre problemas y parches especiales para sus chips.

Anteriormente, la única forma de solucionar un error del procesador era arreglar o cambiar el chip por otro que no tuviera el error. A partir de la familia de procesadores P6 yP7 de Intel, incluidos todos entre el Pentium Pro y el Pentium D y Core i7, muchos de los errores de diseño pueden corregirse modificando el microcódigo del procesador. El microcódigo es básicamente un conjunto de instrucciones y tablas en el procesador que controlan cómo opera el procesador. Estos procesadores incorporan una nueva característica denominada microcódigo reprogramable, que permite la corrección de cierto tipo de errores a través de actualizaciones del microcódigo. Estas actualizaciones residen en el ROM BIOS de la placa base o en actualizaciones de Windows y las carga en el procesador del BIOS durante el POST o Windows durante el proceso de inicio. Cada vez que se reinicia el sistema, se vuelve a cargar el microcódigo actualizado, garantizando que se tendrá el parche instalado siempre que el sistema esté operando.

Intel proporciona el microcódigo actualizado de un procesador dado a los fabricantes de placas base o a Microsoft para que se pueda incorporar en el ROM BIOS flash de la placa o directamente en Windows a través de Windows Update. Ésta es una buena razón para mantener Windows al día, además de instalar el BIOS de la placa base más reciente para el sistema. Ya que para la mayoría de la gente es más fácil mantener Windows actualizado que actualizar el BIOS, parece ser que las actualizaciones del microcódigo más recientes se van a distribuir a través de Microsoft y no de los fabricantes de placas base.

Nombres en clave de los procesadores

Intel, AMD y Cyrix siempre han usado nombres en clave para referirse a futuros procesadores y núcleos de procesador. Normalmente, se supone que estos nombres en clave no se van a hacer públicos, pero a menudo se hacen. Pueden encontrarse en noticias y artículos en línea e impresos que hablan sobre la próxima generación de procesadores. A veces incluso aparecen en manuales de placas base porque se escriben antes de la presentación oficial de los procesadores. Intel publica una lista bastante completa de nombres en clave de procesadores, *chipsets*, placas base e incluso controladores Ethernet en su sitio Web (`http://ark.intel.com/#codenames`). AMD no publica nombres clave en su sitio Web, pero se puede encontrar esta información en otros sitios.

Procesadores P1 (086)

Intel presentó en junio de 1978 el 8086, que fue uno de los primeros chips de procesador de 16 bits en el mercado. En aquellos tiempos, casi todos los demás procesadores eran de 8 bits. El 8086 tenía registros internos de 16 bits y podía ejecutar una nueva clase de software con instrucciones de 16 bits. También tenía una ruta de datos externa de 16 bits, así que podía transferir 16 bits de memoria de una sola vez. El bus de direcciones tenía 20 bits de ancho, lo que permitía al 8086 direccionar 1MB (2^{20}) de memoria. Esto suponía un contraste muy grande respecto a la mayoría del resto de chips, que por entonces tenían registros internos de 8 bits, un bus de datos externo de 8 bits y un bus de direcciones de 16 bits que permitía un máximo de sólo 64KB (2^{16}) de RAM.

Desafortunadamente, la mayor parte del mundo del ordenador personal de la época utilizaba procesadores de 8 bits, que ejecutaban sistemas operativos CP/M (*Control Program for Microprocessors*, Programa de control para microprocesadores) y software de 8 bits. Los diseños de placa y circuitos de esos tiempos eran también de 8 bits. Crear un sistema completo de placa base y memoria de 16 bits era costoso, y con ese precio no podía competir en el mercado.

El coste era elevado porque el 8086 necesitaba un bus de datos de 16 bits en lugar del más económico de 8 bits. Los sistemas disponibles por entonces eran de 8 bits, y las lentas ventas del 8086 demostraron a los de Intel que la gente no estaba dispuesta a pagar por el rendimiento adicional del diseño de 16 bits. En respuesta, la empresa introdujo una especie de versión recortada del 8086, llamada 8088. Básicamente, el 8088 eliminaba 8 de los 16 bits del bus de datos, convirtiéndose así en un chip de 8 bits a efectos de entrada y salida. Sin embargo, puesto que conservaba los registros internos de 16 bits y el bus de direcciones de 20, el 8088 ejecutaba software de 16 bits y podía direccionar 1MB de RAM.

Por estas razones, IBM seleccionó el chip de 8 bits 8088 para el IBM PC original. Años después, se criticó a IBM por usar este procesador en lugar del 8086 de 16 bits. En retrospectiva, fue una decisión muy sabia. IBM incluso lo anunciaba como microprocesador de 16 bits de alta velocidad, y podía afirmar eso porque el 8088 ejecutaba el mismo software de 16 bits que el 8086, aunque un poquito más despacio. De hecho, los programadores consideraban el 8088 un chip de 16 bits porque era virtualmente imposible que un programa distinguiera un 8088 de un 8086. Esto permitió a IBM distribuir un PC capaz de ejecutar una nueva generación de software de 16 bits, al tiempo que conservaba un diseño de 8 bits mucho menos caro para el hardware. Por todo esto, el IBM PC costaba menos en su lanzamiento que el más popular de la época, el Apple II.

Aunque el 8088 salió en junio de 1979, el IBM PC que utilizaba ese procesador no apareció hasta agosto de 1981. En aquella época, transcurría bastante tiempo entre la presentación de un procesador nuevo y su incorporación a los sistemas, al contrario de lo que ocurre actualmente: los procesadores nuevos y los sistemas que los utilizan suelen presentarse el mismo día.

El 8088 funcionaba a 4,77MHz en el IBM PC y la instrucción media tardaba 12 ciclos en completarse.

Los usuarios a veces se preguntan por qué existía una barrera de memoria convencional de 640KB si el chip 8088 podía direccionar 1MB de memoria. La barrera existía porque IBM reservaba 384KB de la parte superior del espacio de direcciones de 1.024KB (1MB) para el uso de tarjetas adaptadoras y el BIOS del sistema. Los 640KB son la memoria convencional en la que se ejecutaban DOS y las aplicaciones de software.

Procesadores P2 (286)

El procesador Intel 80286 (normalmente abreviado como 286), presentado en 1982, fue la primera CPU detrás del IBM PC AT original y no tenía los problemas de compatibilidad que afectaron al 80186 y el 80188. Otros fabricantes de ordenadores hicieron lo que denominaban sistemas compatibles con AT u ordenadores de tipo AT, es decir, clones de IBM.

Cuando IBM desarrolló el AT, eligió el 286 como base para el nuevo sistema porque el chip ofrecía compatibilidad con el 8088 utilizado en el PC y el XT. En consecuencia, el software escrito para aquellos chips funcionaba en el 286. El chip 286 es mucho más rápido que el 8088 utilizado en el XT, y en aquella época ofrecía un mejor rendimiento a los PC utilizados en empresas. La velocidad de procesamiento, o rendimiento, del AT original (que funcionaba a 6MHz) es cinco veces superior a la del PC, que funcionaba a 4,77MHz. La figura 2.25 muestra la pastilla del 286.

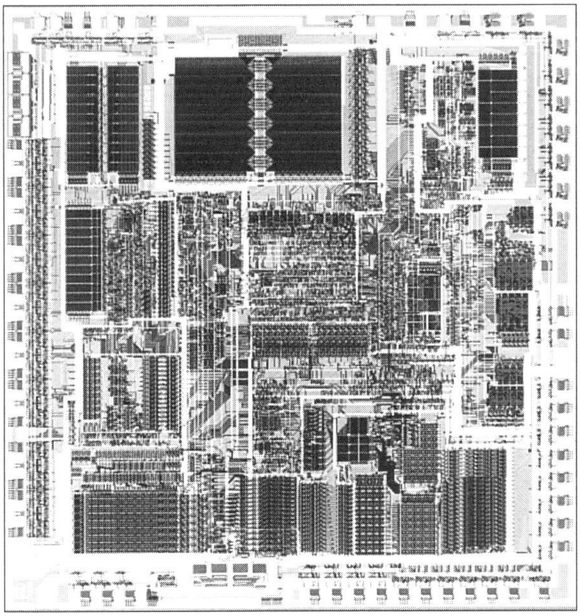

Figura 2.25. *Pastilla del procesador 286. Fotografía publicada con permiso de Intel Corporation.*

Los sistemas Intel 286 son más rápidos que sus predecesores por distintos motivos. La razón principal es que los procesadores 286 son mucho más eficientes al ejecutar instrucciones. Una instrucción media tardaba 12 ciclos en completarse en el 8086 y el 8088, pero sólo 4,5 ciclos en el 286. Además, en vez de mover 8 bits de datos a la vez, puede manejar hasta 16 bits de datos al mismo tiempo, a través de un bus de datos externo que dobla el tamaño del 8088.

El chip 286 tiene dos modos de operación: el modo real y el protegido. Los dos modos son lo bastante distintos como para hacer que el 286 parezca dos chips en uno. En modo real, un 286 actúa básicamente igual que el 8086 y es totalmente compatible con el código objeto del 8086 y el 8088. (Los procesadores con compatibilidad código objeto pueden ejecutar programas desarrollados para otro procesador y ejecutar todas las instrucciones del sistema de la misma forma.)

Cuando operaba en modo protegido, el 286 era realmente novedoso. En este modo, los programas diseñados para aprovechar las capacidades del chip creían que tenían acceso a 1GB de memoria (incluida la memoria virtual). No obstante, el chip 286 sólo podía direccionar 16MB de memoria de hardware. Un fallo importante del chip 286 es que no podía cambiar de modo protegido a modo real sin reiniciar el hardware del sistema, aunque sí podía pasar de modo real a protegido sin reinicios. Una de las mejoras del 386 respecto al 286 es que el software puede cambiar de modo real a protegido, y viceversa.

Sólo se vendió una pequeña cantidad de software que aprovechara el chip 286, hasta que Windows 3.0 ofreció un modo estándar para compatibilidad con el 286 cuando el chip más vendido era ya el 386. Aun así, el 286 fue el primer intento de Intel por producir un chip de CPU que soportase el entorno multitarea, en el que varios programas se ejecutan al mismo tiempo.

Procesadores P3 (386)

La tercera generación representa quizá el cambio más espectacular en procesadores desde el primer PC. Lo mejor fue el cambio de procesadores que gestionaban operaciones de 16 bits a auténticos chips de 32 bits. Los procesadores de tercera generación estaban muy adelantados a su tiempo y pasaron diez años hasta que los sistemas operativos y el software de 32 bits se hicieron mayoritarios. Para entonces, los chips de tercera generación se habían convertido en una memoria.

El Intel 80386 (normalmente abreviado como 386) causó sensación en la industria del PC gracias a la gran mejora de rendimiento que suponía. En comparación con los sistemas 8088 y 286, el chip 386 ofrecía un rendimiento muy superior en casi todas las áreas de operación.

El 386 es un procesador de 32 bits optimizado para operar a alta velocidad y en sistemas multitarea. Intel presentó el chip en 1985, pero no apareció en los primeros sistemas hasta finales de 1986 y principios de 1987. El Compaq Deskpro 386 y los sistemas fabricados por otras marcas introdujeron el chip, y un poco más tarde, IBM lo utilizó para su PS/2 Model 80.

El 386 podía ejecutar las instrucciones de modo real de un 8086 o un 8088, pero con menos ciclos de reloj. Era tan eficiente como el 286 en la ejecución de instrucciones (la instrucción media tardaba 4,5 ciclos de reloj). Por consiguiente, en rendimiento bruto el 286 y el 386 funcionaban prácticamente a la misma velocidad de reloj. El 386 ofrecía mejor rendimiento en otros aspectos, principalmente por la capacidad de software adicional (modos) y una Unidad de administración de memoria (MMU, *Memory Management Unit*) muy mejorada. La figura 2.26 muestra la pastilla del 386.

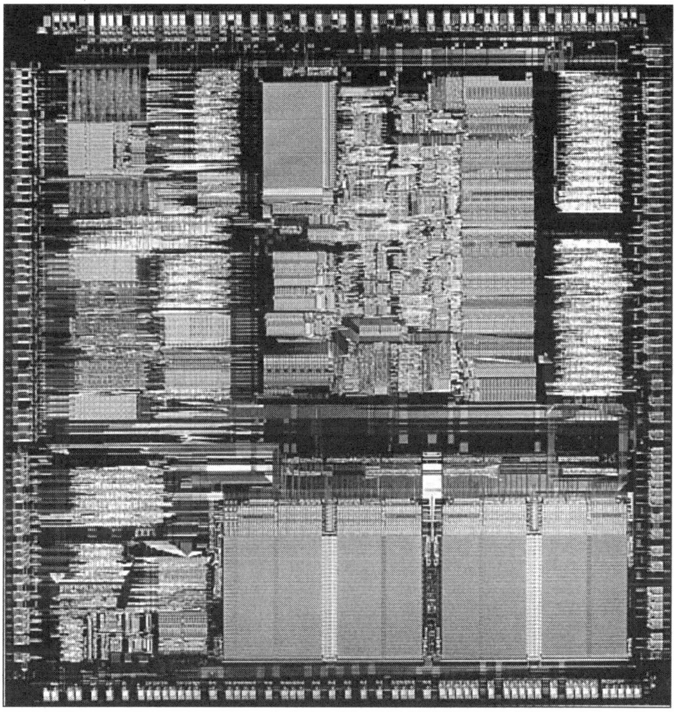

Figura 2.26. *Pastilla del procesador 386. Fotografía publicada con permiso de Intel Corporation.*

El 386 podía cambiar de modo real a protegido y viceversa a través del software, sin reiniciar el sistema, una capacidad que hacía más práctico el uso del modo protegido. Además, el 386 incluye un nuevo modo, denominado modo real virtual, que permite la ejecución simultánea de varias sesiones de modo real en modo protegido.

El modo protegido del 386 es totalmente compatible con el modo protegido del 286, con una nueva MMU que ofrecía paginación de memoria y cambio de programa avanzados. Estas características eran ampliaciones del tipo de MMU 286, así que el 386 seguía siendo compatible con el 286 a nivel de código del sistema.

El modo real virtual del chip 386 también era una novedad. En este modo, el procesador podía trabajar con protección de memoria de hardware mientras simulaba una operación en el modo real del 8086. Así pues, era posible ejecutar simultáneamente múltiples copias de DOS y otros sistemas operativos en este procesador, cada uno en un área de memoria protegida. Si un segmento del programa fallaba, el resto del sistema estaba protegido.

Se fabricaron muchas variaciones del chip 386, algunas menos potentes y otras que consumían menos.

Procesadores 386DX

El chip 386DX fue el primero de la familia 386 que sacó Intel. Se trataba de un procesador completo de 32 bits, con registros internos de 32 bits, un bus de datos interno de 32 bits y un bus de datos externo también de 32 bits. El 386 contenía 275.000 transistores en un circuito con integración a escala muy grande (VLSI, *Very Large Scale Integration*). El chip venía en un encapsulado de 132 pines y consumía aproximadamente 400 miliamperios (ma), menos energía incluso de la que necesitaba el 8086.

El requisito de energía del 386 era menor porque estaba hecho con materiales semiconductores metal-óxido (CMOS). El diseño CMOS permite que los dispositivos consuman niveles muy bajos de energía.

El chip Intel 386 estaba disponible en velocidades de reloj que oscilaban entre los 16MHz y los 33MHz; otros fabricantes, principalmente AMD y Cyrix, ofrecían versiones similares con velocidades de hasta 40MHz.

El 386DX podía direccionar 4GB de memoria física. Su administrador de memoria virtual integrado permitía que el software diseñado para aprovechar tanta memoria actuase como si el sistema tuviese 64TB de memoria. (Un terabyte, o TB, es 1.099.511.627.776 bytes de memoria, o 1.000GB.)

Procesadores 386SX

El 386SX se diseñó para sistemas que buscaban las capacidades del 386 al precio del 286. Al igual que el 286, el 386SX estaba limitado a 16 bits al comunicarse con otros componentes del sistema, como la memoria. Sin embargo, internamente, era idéntico al chip DX; el 386SX tenía registros internos de 32 bits y por tanto podía ejecutar software de 32 bits. El 386SX utilizaba un esquema de direccionamiento de memoria de 24 bits como el del 286, en vez del bus de direcciones de 32 bits del 386 estándar. Así pues, el 386SX podría direccionar un máximo de 16MB de memoria física en vez de 4GB como el 386DX. Antes de que dejaran de fabricarlo, el 386SX estuvo disponible en velocidades de reloj entre 16MHz y 33MHz.

El 386SX supuso el fin del 286 por la superioridad de su MMU y la incorporación del modo real virtual. Con un administrador de software manager como Windows y OS/2, el 386SX podía ejecutar varios programas DOS al mismo tiempo. La capacidad de ejecutar software específico para 386 era otra de las ventajas del 386SX frente a cualquier 286 o diseño más antiguo. Por ejemplo, Windows 3.1 se ejecuta prácticamente igual de bien en un 386SX que en un 386DX.

Procesadores 386SL

El 386SL es otra variación del chip 386. Esta CPU de bajo consumo tenía las mismas capacidades que el 386SX, pero estaba diseñada para sistemas portátiles en los que era necesario un consumo eléctrico menor. Los chips SL ofrecían características especiales de administración de energía que fueron muy importantes para los sistemas que funcionaban con baterías. El chip SL también ofrecía varios modos de suspensión para ahorrar energía, e incluía una arquitectura ampliada que contenía una Interrupción de gestión del sistema (*System Management Interrupt*, SMI) para proporcionar acceso a las características de administración de energía. El chip SL también incluía soporte especial para funciones de memoria expandida LIM (*Lotus Intel Microsoft*) y controlador de caché. Dicho controlador estaba diseñado para controlar una caché de procesador externa de 16KB–64KB. Estas funciones extra suponen el mayor número de transistores en los chips SL (855.000), comparado incluso con el procesador 386DX (275.000). El 386SL estaba disponible en 25MHz de velocidad de reloj.

Procesadores P4 (486)

Aunque los procesadores de cuarta generación fueron más perfeccionamientos que nuevos diseños, el Intel 80486 (normalmente abreviado como 486) supuso otro gran paso en la carrera por la velocidad. La potencia adicional disponible en el 486 impulsó un tremendo crecimiento en la industria del software. Se vendieron decenas de millones de copias de Windows y OS/2 gracias a que por fin el 486 había convertido la GUI de Windows y OS/2 en una opción realista para la gente que trabajaba con el ordenador a diario.

La familia de procesadores 486 incluye el DX, el SX y otras tantas variaciones. Son cuatro las características principales que hacen que los procesadores 486 sean el doble de rápidos que un chip 386 equivalente:

- **Tiempo de ejecución de instrucciones reducido:** Una sola instrucción tardaba una media de sólo dos ciclos de reloj en el 486, en comparación con la media de más de cuatro ciclos en el 386.
- **Caché interna (nivel 1):** La caché integrada tiene una tasa de éxito del 90-95 por 100, lo que describe la frecuencia con la que se producen operaciones de lectura con estado de espera cero. Las cachés externas pueden mejorar este porcentaje en el futuro.
- **Ciclos de memoria en modo burst:** Una transferencia de memoria estándar de 32 bits (4 bytes) conlleva dos ciclos de reloj. Tras una transferencia estándar, es posible transferir más datos (hasta 12 bytes, o tres transferencias) con un solo ciclo utilizado para cada transferencia de 32 bits. Así pues, se puede transferir hasta 16 bytes de datos de memoria secuenciales contiguos en tan sólo 5 ciclos de memoria en vez de en 8 o más. Este efecto puede ser incluso mayor cuando las transferencias son únicamente de 8 o 16 bits cada una.

- **Coprocesador matemático integrado mejorado (sincronizado):** El coprocesador matemático funciona en sincronía con el procesador principal y ejecuta instrucciones matemáticas en menos ciclos que los diseños anteriores. Por lo general, el coprocesador matemático integrado en los chips DX ofrece un rendimiento matemático entre dos y tres veces mayor que el de un chip coprocesador matemático externo 387.

El chip 486 es más o menos el doble de rápido que el 386 a la misma velocidad de reloj, por eso lo reemplazó enseguida en el mercado.

Procesadores 486DX

El procesador Intel 486DX original salió el 10 de abril de 1989, y los primeros sistemas en utilizarlo aparecieron durante el año siguiente. Los primeros chips tenían una velocidad máxima de 25MHz, pero posteriormente salieron versiones a 33MHz y 50MHz. Originalmente, el 486DX sólo estaba disponible en una versión PGA de 168 pines y 5V, pero más tarde aparecieron las versiones PQFP (*Plastic Quad Flat Pack*, Encapsulado de plástico cuadrado plano) de 196 pines y 5V y SQFP (*Small Quad Flat Pack*, Encapsulado pequeño cuadrado plano) de 208 pines y 3,3V. Estas últimas estaban disponibles en versiones SL mejoradas, que estaban pensadas principalmente para aplicaciones portátiles en las que es importante ahorrar energía.

El procesador 486DX se fabricó con tecnología de bajo consumo CMOS. El chip tiene un tamaño de registro interno de 32 bits, un bus de datos externo de 32 bits y un bus de direcciones también de 32 bits. Estas dimensiones son iguales que las del procesador 386DX. El chip 486DX contiene 1,2 millones de transistores en una pieza de silicio del tamaño de una uña. Esto es más de cuatro veces el número de componentes de los procesadores 386 y puede darle una idea de la potencia relativa del chip 486. La figura 2.27 muestra la pastilla del 486.

El 486DX contiene una unidad de procesamiento, una unidad de punto flotante (coprocesador matemático), una unidad de administración de memoria y un controlador de caché con 8KB de RAM de caché interna. Gracias a la caché interna y a una unidad de procesamiento interna más eficiente, la familia de procesadores 486 puede ejecutar instrucciones individuales en una media de sólo dos ciclos de procesador. Compare esto con las familias 286 y 386, que ejecutan una media de 4,5 ciclos por instrucción, y con los procesadores 8086 y 8088 originales, que ejecutaban 12 ciclos por instrucción. A cierta velocidad de reloj, un procesador 486 es el doble de eficiente que un 386.

486SL

El 486SL fue un chip independiente con una vida muy corta. Las mejoras y características SL estaban disponibles en prácticamente todos los procesadores 486 (SX, DX y DX2). Estas mejoras eran un diseño especial que incorporaba características especiales de ahorro de energía.

Figura 2.27. *Pastilla del procesador 486. Fotografía publicada con permiso de Intel Corporation.*

Los chips SL mejorados se diseñaron originalmente para instalarse en sistemas portátiles que funcionaban con batería, pero se hicieron un sitio también en los sistemas de sobremesa. Los chips mejorados para SL incluían técnicas de administración de energía especiales, como el modo de suspensión, para reducir el consumo eléctrico cuando fuera necesario. Estos chips estaban también disponibles en versiones de 3,3 V.

Intel diseñó una arquitectura de administración de la energía denominada Memoria de administración del sistema (*System Management Mode*, SMM). Este modo de operación es completamente independiente de otro hardware y software de CPU. SMM ofrece recursos de hardware, como temporizadores, registros y otra lógica E/S que pueden controlar y quitar suministro a componentes móviles sin interferir con los demás recursos del sistema. SMM funciona en un espacio de memoria con el mismo nombre, que no es visible y no interfiere con el sistema operativo y el software. SMM tiene una interrupción SMI que mantiene los eventos de administración de energía y es independiente de otras interrupciones, además de tener una prioridad más alta.

SMM ofrece administración de energía con una flexibilidad y seguridad que no existían antes. Por ejemplo, cuando una aplicación intenta acceder a un dispositivo periférico que está sin suministro para ahorrar energía, se produce una SMI que enciende el periférico y vuelve a ejecutar la instrucción E/S automáticamente.

Intel también diseñó una característica denominada Suspend/Resume (Suspensión/Reactivación) en el procesador SL. El fabricante del sistema podía utilizar esta característica para proporcionar a los usuarios de portátiles la posibilidad de apagar y encender al instante. Normalmente, un sistema SL puede reactivarse en un segundo en el punto donde se dejó. No es necesario reiniciar, ni cargar el sistema operativo ni datos o aplicaciones. Simplemente hay que pulsar el botón de suspensión/reactivación y el sistema está listo.

La CPU SL se diseñó para no consumir prácticamente energía durante la suspensión. Esta característica implica que el sistema pueda estar suspendido durante semanas y reactivarse al instante exactamente donde se dejó. Un sistema SL puede mantener datos en la memoria RAM normal con seguridad durante mucho tiempo cuando está suspendido, pero es más prudente guardarlos en un disco.

Procesadores DX2/OverDrive y DX4

En marzo de 1992, Intel presentó los procesadores de doble velocidad DX2. En mayo de ese mismo año, la empresa anunció que esos procesadores también estarían disponibles al por menor en una versión llamada OverDrive. Originalmente, las versiones OverDrive del DX2 estaban disponibles sólo en versiones de 169 pines, lo que significaba que únicamente podían utilizarse con sistemas 486SX que tuvieran zócalos configurados para esa disposición de pines reorganizada.

El 14 de septiembre de 1992, Intel lanzó versiones OverDrive de 168 pines para actualizar los sistemas 486DX. Estos procesadores podían añadirse a los sistemas 486 (SX o DX) existentes como actualización, incluso aunque esos sistemas no soportasen la configuración de 169 pins. Cuando se utiliza este procesador como actualización, se instala el nuevo chip en el sistema que entonces funciona el doble de rápido.

Los procesadores DX2/OverDrive funcionan internamente al doble de la velocidad de reloj del sistema anfitrión. Si el reloj de la placa base es 25MHz, por ejemplo, el chip DX2/OverDrive funciona internamente a 50MHz; del mismo modo, si la placa base es un diseño de 33MHz, el DX2/OverDrive funciona a 66MHz. Esta multiplicación de la velocidad no afecta al resto del sistema; todos los componentes de la placa base funcionan igual que con un procesador 486 estándar. En consecuencia, no hay que cambiar ningún otro componente (como la memoria) para dar cabida a un chip de doble velocidad.

AMD 486 (5x86)

AMD creó una línea de chips compatibles con 486 que se instalaban en placas base 486 estándar. De hecho, AMD sacó el procesador 486 más rápido, conocido como Am5x86-P75. El nombre era un poco confuso porque lo de 5x86 llevó a algunos a pensar que era un procesador de quinta generación de tipo Pentium. En realidad, era un 486 con una velocidad de reloj multiplicada (4x) que funcionaba al cuádruple de velocidad que la placa base 486 a 33MHz 486 a la que se conectaba.

El 5x86 ofrecía características de alto rendimiento como una caché *write-back* unificada de 16KB a una velocidad de reloj de núcleo de 133MHz; era más o menos comparable al Pentium 75. Era una opción ideal para actualizaciones rentables del 486 en las que cambiar la placa base era difícil o imposible.

Procesadores P5 (586)

Después de los chips de cuarta generación, como el 486, Intel y otros fabricantes se pusieron manos a la obra para dar con nuevas arquitecturas y características que incorporar a lo que denominaban chips de quinta generación. En octubre de 1992, Intel anunció que la quinta generación de su línea de microprocesadores compatibles (cuyo nombre en clave era P5) se llamaría Pentium en vez de 586, como todo el mundo suponía. Llamar al nuevo chip 586 habría sido lo natural, pero Intel descubrió que no podía utilizar un número como marca registrada, y quería impedir que otros fabricantes utilizaran el mismo nombre para los clones que pudieran desarrollar. El auténtico Pentium salió el 22 de marzo de 1993. Los sistemas que utilizaban estos chips tardaron sólo unos meses en aparecer.

El Pentium era totalmente compatible con los anteriores procesadores de Intel, pero era muy distinto a ellos. Al menos una de estas diferencias fue muy revolucionaria: el Pentium incluía canales de datos gemelos que le permitían ejecutar dos instrucciones al mismo tiempo. El 486 y todos los chips anteriores sólo podían ejecutar una instrucción cada vez. Intel se refiere a esta capacidad de ejecutar dos como tecnología escalar. Esta tecnología ofrece rendimiento adicional respecto al 486.

Con la tecnología superescalar, el Pentium podía ejecutar varias instrucciones a un ritmo de dos instrucciones por ciclo. La arquitectura superescalar solía estar asociada a chips RISC de alto rendimiento y el Pentium fue el primer chip CISC que se consideró superescalar. Era como tener dos chips 486 juntos. La tabla 2.16 muestra las especificaciones del procesador Pentium.

Tabla 2.16. *Especificaciones del procesador Pentium.*

Lanzamiento	22 de marzo de 1993 (primera generación); 7 de marzo de 1994 (segunda generación).
Velocidad máxima	60/66MHz (primera generación); 75/90/100/120/133/150/166/200MHz (segunda generación).
Multiplicador de reloj de CPU	1x (primera generación); 1.5x–3x (segunda generación).
Tamaño de registro	32 bits.
Bus de datos externo	64 bits.
Bus de direccionamiento de memoria	32 bits.
Memora máxima	4GB.
Tamaño de caché integral	8KB código; 8KB datos.

Tipo de caché integral	Asociativa por conjunto en dos direcciones; datos *write-back*.
Transferencias en modo *burst*	Sí.
Número de transistores	3,1 millones (primera generación); 3,3 millones (segunda generación).
Tamaño de circuito	0,8 micras (60/66MHz); 0,6 micras (75MHz-100MHz); 0,35 micras (120MHz y más).
Encapsulado externo	PGA de 273 pines; SPGA de 296 pines; cinta portadora.
Coprocesador matemático	FPU integrada.
Administración de energía	SMM; mejorada en la segunda generación.
Voltaje operativo	5V (primera generación); 3,465V, 3,3V, 3,1V, 2,9V (segunda generación).

Los dos canales de instrucciones del chip se llaman canales U y V. El canal U, que es el principal, puede ejecutar todas las instrucciones enteras y de punto flotante. El canal V es un canal secundario que sólo puede ejecutar instrucciones enteras simples y algunas de punto flotante. El proceso de operar sobre dos instrucciones simultáneamente en los distintos canales se denomina pareado. No todas las instrucciones en ejecución secuencial pueden transmitirse en pares, y cuando el pareado no es posible, tan sólo se utiliza en canal U. Para optimizar la eficiencia del Pentium se puede volver a compilar el software para permitir el pareado de más instrucciones.

Los procesadores Pentium tienen un búfer objetivo de rama (BTB, *Branch Target Buffer*), que utiliza una técnica denominada predicción de rama para minimizar las demoras de alguno de los canales provocadas por el retraso en la búsqueda de instrucciones que se bifurcan en ubicaciones de memoria no lineales. El BTB intenta predecir si un programa seguirá una rama u otra y después busca las instrucciones. El uso de la predicción de rama permite al Pentium mantener los dos canales operando a toda velocidad. La figura 2.28 muestra la arquitectura interna del Pentium.

El Pentium tiene un bus de direcciones de 32 Bits, lo que le da la misma capacidad de direccionamiento de memoria de 4 GB que los procesadores 386DX y 486. Pero el Pentium expande el bus de datos a 64 bits, lo que significa que puede mover el doble de datos dentro o fuera de la CPU en comparación con un 486 a la misma velocidad de reloj. El bus de datos de 64 bits requiere que se acceda a la memoria del sistema en bloque de tamaño de 64 bits, lo que significa que cada banco de memoria es de 64 bits.

Aunque el Pentium tiene un bus de datos de 64 bits que transfiere 64 bits de información a la vez dentro y fuera del procesador, sólo tiene registros internos de 32 bits. Al procesarse internamente las instrucciones, se dividen en instrucciones y elementos de datos de 32 bits y se procesan igual que en el 486. Algunos pensaban que Intel estaba llamando a engaño al referirse al Pentium como procesador de 64 bits, pero realmente llevaba a cabo transferencias de 64 bits. No obstante, internamente, el Pentium tiene registros de 32 bits completamente compatibles con el 486.

El Pentium, al igual que el 486, contiene un coprocesador matemático interno (FPU). La FPU del Pentium se volvió a desarrollar para rendir mucho mejor que la del 486, y al mismo tiempo seguir siendo compatible con los coprocesadores matemáticos 486 y 387. Se calcula de la FPU del Pentium unas 20 veces más rápida que la del 486. Además, los dos canales de instrucciones estándar del Pentium proporcionan dos unidades para gestionar operaciones enteras estándar. (El coprocesador matemático sólo gestiona cálculos más complejos.) Otros procesadores, como el 486, solamente tienen un canal de ejecución estándar y una unidad matemática entera.

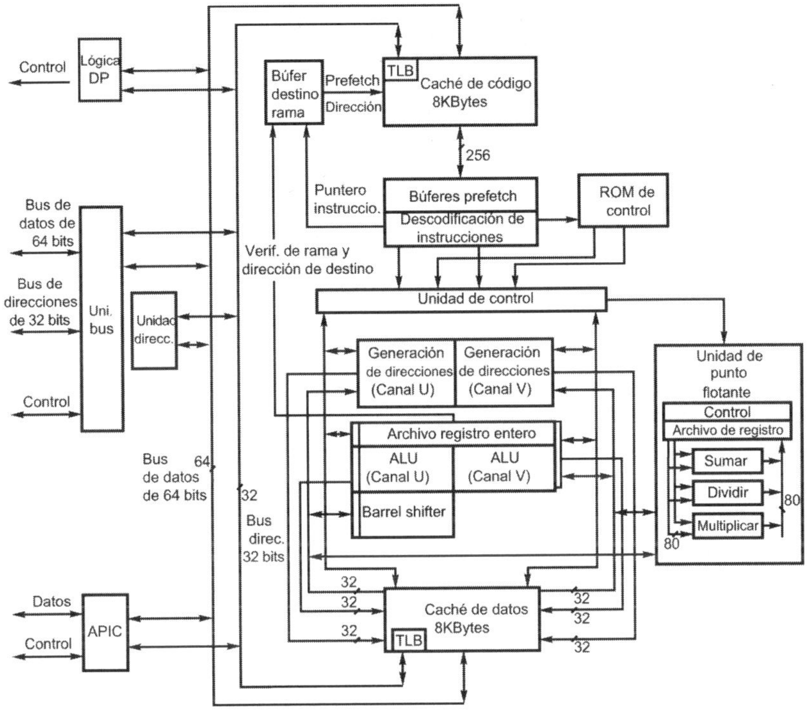

Figura 2.28. *Arquitectura interna de un procesador Pentium.*

Primera generación de procesadores Pentium

El Pentium se presentaba en tres diseños básicos, y cada uno tenía varias versiones. El diseño de primera generación venía en velocidades de procesador de 60MHz y 66MHz. Utilizaba un factor de forma PGA de 273 pines y funcionaba con 5V. En este diseño, el procesador funcionaba a la misma velocidad que la placa base, es decir, utilizaba una velocidad de reloj de 1x.

El Pentium de primera generación se creó a través de un proceso BiCMOS de 0,8 micras. Desafortunadamente, este proceso, junto con los 3,1 millones de transistores, tuvo como resultado una pastilla demasiado grande y difícil de fabricar. En consecuencia, una producción más baja disminuyó la oferta del chip; Intel no podía hacerlo lo suficientemente rápido. Otros fabricantes, incluidos IBM y Motorola, que habían estado utilizando tecnología de 0,6 micras para sus chips más avanzados, criticaron el proceso de 0,8 micras. La enorme pastilla y el voltaje operativo de 5V hacían que las versiones de 66MHz consumieran la increíble cantidad de 3,2 amperios o 16 vatios de energía, lo que generaba muchísimo calor y problemas en sistemas que no utilizaban técnicas de diseño conservadoras. Por suerte, la adición de un ventilador al procesador resolvió la mayoría de los problemas de refrigeración, mientras funcionase dicho ventilador.

Segunda generación de procesadores Pentium

Intel anunció el Pentium de segunda generación el 7 de marzo de 1994. El procesador se presentaba en versiones a 90MHz y 100MHz y no tardó en aparecer una versión a 75MHz. Finalmente también salieron versiones a 120MHz, 133MHz, 150MHz, 166MHz y 200MHz. El Pentium de segunda generación utilizaba tecnología BiCMOS de 0,6 micras (75/90/100MHz) para reducir la pastilla y el consumo eléctrico. Las versiones más recientes y rápidas (120MHz y más) de la segunda generación incorporaban una pastilla todavía más pequeña integrada en un proceso BiCMOS de 0,35 micras. Estas pastillas más pequeñas no eran muy distintas de las versiones de 0,6 micras; eran básicamente una fotografía reducida de la pastilla P54C. La figura 2.29 muestra la pastilla del Pentium. Por otra parte, estos procesadores funcionaban con una potencia de 3,3V. La versión a 100MHz consume un máximo de 3,25 amperios de 3,3V, lo que equivale a tan sólo 10,725 vatios. Más arriba en la clasificación, el chip de 150MHz utilizaba 3,5 amperios de 3,3V (11,6 vatios), la unidad a 166MHz consumía 4,4 amperios (14,5 vatios) y el procesador a 200MHz, 4,7 amperios (15,5 vatios).

La segunda generación de procesadores Pentium utilizaba un factor de forma SPGA de 296 pines que era físicamente incompatible con las versiones de primera generación. La única forma de actualizar de la primera generación a la segunda era cambiando la placa base. Los Pentium de segunda generación tenían además 3,3 millones de transistores, muchos más que los chips anteriores. Estos transistores adicionales se incorporaron con las mejoras SL de control del reloj, junto con un Controlador de interrupciones programable avanzado (APIC, *Advanced Programmable Interrupt Controller*) integrado y una interfaz de doble procesador.

El APIC y la interfaz de doble procesador son los encargados de orquestar la configuración del doble procesador, en el que dos chips Pentium de segunda generación pueden procesar simultáneamente sobre la misma placa base. Muchas de las placas Pentium diseñadas para servidores de archivos incluían zócalos con especificación Socket 7 dual, que soportaba la capacidad de procesamiento múltiple de los nuevos chips. Los sistemas operativos como Windows NT y OS/2 integraban soporte de software para el denominado Multiprocesamiento simétrico (SMP, *Symmetric Multiprocessing*).

Los procesadores Pentium de segunda generación utilizaban circuitería de multiplicador de reloj para funcionar a más velocidad que el bus. Por ejemplo, el procesador Pentium a 150MHz podía funcionar a 2,5 veces la frecuencia del bus, que solía ser 60MHz. El Pentium a 200MHz podía funcionar con un reloj de 3x en un sistema que utilizaba una velocidad de bus de 66MHz.

***Figura 2.29.** Pastilla del procesador Pentium. Fotografía publicada con permiso de Intel Corporation.*

Virtualmente todas las placas base Pentium tenían tres configuraciones de velocidad: 50MHz, 60MHz, y 66MHz. Los chips Pentium estaban disponibles con distintos multiplicadores de reloj que los hacían operar a múltiplos de la velocidad de esa placa base.

La tabla 2.17 muestra una lista de velocidades de los procesadores Pentium y las placas base.

***Tabla 2.17.** Pines BFx y multiplicadores de reloj en el Pentium.*

BF1	BF2	Multiplicador de reloj	Velocidad de bus (MHz)	Velocidad de núcleo (MHz)
0	1	3x	66	200
0	1	3x	60	180
0	1	3x	50	150
0	0	2,5x	66	166
0	0	2,5x	60	150
0	0	2,5x	50	125

BF1	BF2	Multiplicador de reloj	Velocidad de bus (MHz)	Velocidad de núcleo (MHz)
1	0	2x/4x	66	133/266[1]
1	0	2x	60	120
1	0	2x	50	100
1	1	1,5x/3,5x	66	100/233[1]
1	1	1,5x	60	90
1	1	1,5x	50	75

[1] Los procesadores a 233MHz y 266MHz han modificado los multiplicadores de 1,5x y 2x a 3,5x y 4x respectivamente.

En un Pentium, dos pines llamados BF1 y BF2 controlaban la tasa de frecuencia núcleo-bus o multiplicador de reloj. Consulte la tabla 2.20 para ver cómo el estado de estos pines afectaba a la multiplicación de reloj en un procesador Pentium.

No todos los chips soportan todos los pines de frecuencia de bus (BF) o combinaciones de configuraciones. En otras palabras, algunos procesadores Pentium operaban sólo con combinaciones específicas de estas configuraciones o con una configuración fija. Muchas de las placas base Pentium posteriores incluían conmutadores o puentes que permitían controlar los pines BF y por lo tanto alterar el multiplicador de reloj dentro del chip. En teoría, se podía hacer funcionar un chip Pentium de 75MHz a 133MHz cambiando los puentes de la placa base. Esto es lo que se conoce como *overclocking*.

Procesadores Pentium-MMX

Una tercera generación de procesadores Pentium (con nombre en clave P55C) apareció en junio de 1997 incorporando lo que Intel denomina tecnología MMX al diseño de segunda generación (véase la figura 2.30). Estos procesadores Pentium-MMX se fabricaron con velocidades de reloj de 66/166MHz, 66/200MHz y 66/233MHz, y sólo en una versión portátil de 66/266MHz. Los MMX tenían mucho en común con algunos Pentium de segunda generación, como la arquitectura superescalar, el soporte para procesador múltiple, el controlador APIC local integrado en el chip, y características de administración de energía. Las nuevas características incluían una unidad MMX con canales, código de 16KB, caché *write-back* (frente a 8KB en los anteriores Pentium) y 4,5 millones de transistores. Los chips Pentium-MMX se producían en un proceso mejorado de silicio CMOS de 0,35 micras para un nivel de voltaje más bajo 2.8V. Los nuevos procesadores portátiles a 233MHz y 266MHz estaban integrados en un proceso de 0,25 micras y funcionaban con tan sólo 1.8V. Con esta nueva tecnología, los procesadores a 266 consumían menos energía que los que no eran MMX 133.

Para utilizar el Pentium-MMX, la placa base debía ser capaz de proporcionar el voltaje más bajo (2,8V o menos) que usaban estos procesadores. Para dar una solución universal a estos cambios de voltaje, Intel desarrolló el Socket 7 con VRM. El VRM es un módulo con zócalo que se conecta junto al procesador y suministra el voltaje correcto. Ya que el módulo puede reemplazarse fácilmente, no es complicado reconfigurar una placa base para que soporte cualquiera de los voltajes requeridos por los nuevos procesadores Pentium.

Naturalmente, el voltaje bajo está bien, pero lo más importante es MXX, que incorpora un proceso que Intel denomina SIMD y que permite que una instrucción realice la misma función en varios datos. 57 nuevas instrucciones fueron diseñadas específicamente para manejar los vídeos, sonidos y gráficos que se habían añadido al chip.

Figura 2.30. *Pentium MMX. A la izquierda se muestra la parte de abajo del chip sin la cubierta, exponiendo la pastilla del procesador. Fotografía publicada con permiso de Intel Corporation.*

Defectos del Pentium

Probablemente el error más famoso en la historia de los procesadores sea el de la legendaria instrucción de división FDIV. Intel se refiere oficialmente a este error como Errata No. 23. El error se solucionó en el D1 y los *steppings* posteriores del Pentium a 60/66MHz, y en el B5 y *steppings* posteriores de los procesadores a 75/90/100MHz. Los procesadores a 120MHz y más se fabricaron a partir de los últimos *steppings*, que no tenían este problema.

El error provocó un escándalo cuando el matemático Thomas R. Nicely del *Lynchburg College* informó del mismo por Internet en octubre de 1994. En unos días, la noticia del defecto se extendió e incluso gente que no tenía ordenador había oído hablar de ello. El Pentium realizaba incorrectamente los cálculos de división de punto flotante con ciertas combinaciones numéricas, con errores a partir del tercer dígito. He aquí un ejemplo:

```
962.306.957.033 / 11.010.046 = 87.402,6282027341 (respuesta correcta)
962.306.957.033 / 11.010.046 = 87.399,5805831329 (Pentium)
```

Para cuando se descubrió públicamente el error, Intel ya había incorporado la solución al siguiente *stepping* de los Pentium a 60/66MHz y 75/90/100MHz, junto con otras correcciones.

Cuando se hizo público el error e Intel admitió que ya lo sabía, se desató la furia de los usuarios. Cuando la gente empezó a comprobar sus hojas de cálculo y otros cálculos matemáticos, muchos descubrieron que también tenían el problema y no se habían dado cuenta. Otros que no habían encontrado el problema empezaron a desconfiar de sus PC. A la gente le había costado mucho confiar en los PC y no podían aceptar que no fueran capaces ni de hacer operaciones matemáticas correctamente.

Un resultado interesante del fervor producido en torno a este defecto continúa hoy en día y es que la gente es menos propensa a confiar en sus PC sin más y realiza más pruebas y evaluaciones de los resultados. La cuestión es que si su información y cálculos son muy importantes, debería implementar alguna prueba. Muchos programas matemáticos han tenido problemas. Por ejemplo, se descubrió un error en Excel 5.0 que muchos atribuyeron al procesador Pentium, cuando en realidad se trataba de un problema de software (ya corregido a partir de la versión 5.0c).

Finalmente Intel decidió que por el bien del consumidor y el de su propia imagen, haría una garantía de reemplazamiento de por vida para los procesadores afectados. En consecuencia, si encuentra uno de los procesadores con el error Errata 23, Intel reemplazará el procesador por uno igual pero sin el problema.

Si todavía utiliza un sistema basado en Pentium y se está preguntando si le afectará este problema, visite el sitio Web de Intel (`http://support.intel.com/support/processors/pentium/fdiv/`) para buscar información al respecto.

AMD-K5

El AMD-K5 era un procesador compatible con Pentium desarrollado por AMD y disponible como PR75, PR90, PR100, PR120, PR133, PR166 y PR200.

Puesto que se diseñó para ser física y funcionalmente compatible, cualquier placa base que soportase el Pentium de Intel debería soportar el AMD-K5. Sin embargo, podría ser necesaria una actualización del BIOS para reconocer correctamente el AMD-K5. El K5 presentaba las siguientes características:

- Caché de instrucciones de 16KB, caché *write-back* de 8KB.
- Predicción de rama de ejecución dinámica con ejecución especulativa.
- Canal de tipo RISC con 5 etapas y seis unidades funcionales paralelas.
- Unidad de punto flotante de alto rendimiento.
- Múltiplos de reloj de pin seleccionable de 1.5x, 1.75x y 2x.

El K5 se vendía bajo el sistema P-Rating, lo que significa que el número en el chip no indica la auténtica velocidad del reloj, sino una velocidad aparente al ejecutar ciertas aplicaciones.

Observe que la velocidad de reloj real de muchos de estos procesadores no es la misma que la estimada. Por ejemplo, la versión PR-166 funcionaba en realidad a sólo 117MHz. A veces, esto confunde al BIOS del sistema, que podría contar con la velocidad real en vez de con la P-Rating, que compara el chip con un Pentium de la misma velocidad. La explicación de AMD es que gracias a las mejoras en la arquitectura respecto al Pentium, no necesitan funcionar a la misma frecuencia de reloj para conseguir el mismo rendimiento. A pesar de esas mejoras, AMD comercializó el K5 como procesador de quinta generación, igual que Pentium.

El AMD-K5 operaba con 3,52V. Algunas placas base más antiguas lo hacían con 3,3V, lo que podía causar problemas al quedar por debajo de la especificación del K5. Debido a las velocidades de reloj relativamente bajas y a ciertos problemas de compatibilidad que experimentaron algunos usuarios con el K5, AMD lo sustituyó por la familia de procesadores K6.

Procesadores Intel P6 (686)

Los procesadores P6 (686) eran una nueva generación con características que no se encontraban en las anteriores. La familia P6 se inauguró con el Pentium Pro en noviembre de 1995.

A partir de entonces, Intel lanzó otros chips P6 que utilizaban los mismos núcleos que el Pentium Pro. La tabla 2.18 muestra las variaciones en la familia de procesadores P6.

Tabla 2.18. *Variaciones en los procesadores Intel P6.*

Pentium Pro	Procesador original P6, incluye 256KB, 512KB o 1MB de caché L2 a velocidad de núcleo.
Pentium II	P6 con 512KB de caché L2 a la mitad de la velocidad del núcleo.
Pentium II Xeon	P6 con 512KB, 1MB o 2MB de caché L2 a velocidad de núcleo.
Celeron	P6 sin caché L2.
Celeron-A	P6 con 128KB de caché L2 integrada en la pastilla a velocidad de núcleo.
Pentium III	P6 con SSE (MMX2) y 512KB de caché L2 a la mitad de la velocidad del núcleo.
Pentium IIPE	P6 con 256KB de caché L2 a velocidad de núcleo.
Pentium IIIE	P6 con SSE (MMX2) más 256KB o 512KB de caché L2 a velocidad de núcleo.
Pentium III Xeon	P6 con SSE (MMX2) y 512KB, 1MB o 2MB de caché L2 a velocidad de núcleo.

La novedad principal de los Pentium de quinta generación era la tecnología superescalar, en la que dos unidades de ejecución de instrucciones podían ejecutar instrucciones simultáneamente en paralelo.

Mas adelante, los chips añadieron la tecnología MMX a la receta. Entonces, ¿por qué Intel sacó la sexta generación como generación completamente nueva? Además de muchas mejoras menores, las principales características de esta sexta generación de procesadores eran la ejecución dinámica y la arquitectura de Bus dual independiente (DIB, *Dual Independent Bus*), además de un diseño superescalar muy mejorado.

Procesadores Pentium Pro

El sucesor del Pentium es el Pentium Pro, que fue el primer chip de la familia P6 y se presentó en noviembre de 1995. El chip es una unidad de 387 pines que reside en el Socket 8, por lo que no es compatible con los Pentium anteriores. Se trata de un chip exclusivo porque está construido en formato de módulo multichip (MCM) que Intel denomina encapsulado PGA de cavidad doble. Dentro del chip portador de 387 pines hay dos pastillas, una con el procesador Pentium Pro en sí y la otra con una caché L2 de 256KB, 512KB o 1MB L2 (véase la figura 2.31). La pastilla del procesador contiene 5,5 millones de transistores, la de la caché de 256KB contiene 15,5 millones y la(s) pastilla(s) de la caché de 512KB, 31 millones por pastilla, lo que podría suponer un total de casi 68 millones de transistores en un Pentium Pro con 1MB de caché interna. Un Pentium Pro con una caché de 1MB tiene dos pastillas de caché de 512KB y una pastilla de procesador P6 estándar (véase la figura 2.32).

La pastilla del procesador principal incluye una caché L1 de 16KB dividida con 8KB de caché asociativa por conjunto de dos vías para instrucciones primarias y 8KB de caché asociativa por conjunto de cuatro vías para datos.

Figura 2.31. *Procesador Pentium Pro con caché L2 de 256KB (la caché está a la izquierda de la pastilla del procesador). Fotografía publicada con permiso de Intel Corporation.*

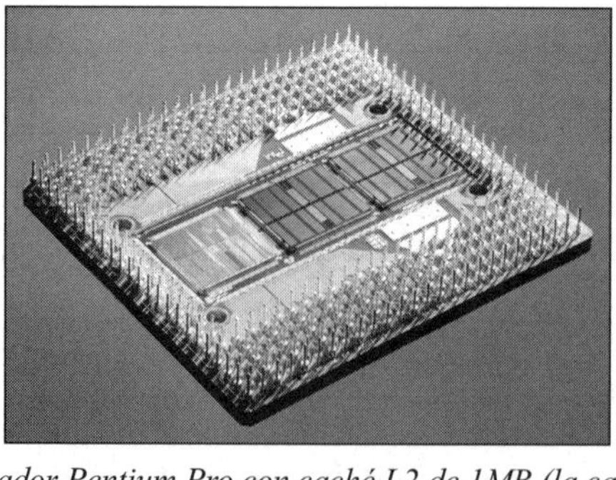

Figura 2.32. *Procesador Pentium Pro con caché L2 de 1MB (la caché está en el centro y la derecha de la pastilla). Fotografía publicada con permiso de Intel Corporation.*

Otra característica de la sexta generación que encontramos en el Pentium Pro es la arquitectura DIB, que resuelve las limitaciones del ancho de banda de la memoria de las arquitecturas de procesador anteriores.

Esta arquitectura está formada por dos buses: el de la caché L2 (íntegramente en el encapsulado del procesador) y el que comunica el procesador con la memoria principal del sistema. La velocidad del bus de la caché L2 en el Pentium Pro es igual a la del núcleo del procesador. Esto se consiguió incrustando los chips de la caché en el encapsulado del Pentium Pro.

La arquitectura DIB soluciona las limitaciones de ancho de banda del bus del procesador a la memoria, ya que ofrece hasta el triple del rendimiento que el bus simple de los procesadores de la generación "Socket 7", como el Pentium.

La tabla 2.19 muestra las especificaciones del Pentium Pro.

Tabla 2.19. *Especificaciones de la familia de procesadores Pentium Pro.*

Lanzamiento	1 de noviembre de 1995 (256KB/512KB L2), 18 de agosto de 1997 (w/1MB L2).
Velocidad estimada, bus, multiplicador	200MHz (66MHz×3), 180MHz (60MHz×3), 166MHz (66MHz×2,5), 150MHz (60MHz×2,5).
Registros internos	32 bits.
Bus de datos	64 bits.
Bus de direcciones	36 bits (64GB direccionables).
Caché L1	8KB para código y 8KB para datos (16KB en total).
Caché L2	256KB, 512KB o 1MB a velocidad de núcleo.
Zócalo	Socket 8.
Encapsulado	PGA de cavidad doble de 387 pines, 2,46 (6,25cm)×2,66 (6,76cm).
Transistores	5,5 millones (0,35 o 0,6 micras), más 15,5 millones en la caché L2 de 256KB (0,6 micras), o 31 millones en la caché L2 de 512KB (0,35 micras), o 62 millones en la caché L2 de 1MB (0,35 micras).
Tamaño de la pastilla de la CPU	196mm² (0,35 micras), 306mm² (0,6 micras).
Voltaje	3,1V o 3,3V.

Igual que el Pentium antes, el Pentium Pro multiplica el reloj en una placa base a 60/66MHz. La tabla 2.20 muestra la velocidad oficial de los procesadores Pentium Pro y las placas base.

También había configuraciones de multiplicador de reloj no soportadas de 3,5x y 4x, que si se establecían podían dar como resultado el *overclocking* de la CPU. Por ejemplo, configurar el multiplicador en 3,5x en un bus de 66MHz daba lugar a una operación a 233MHz, que funcionaba en muchos de estos procesadores.

Tabla 2.20. Velocidades para procesadores Pentium Pro y placas base.

Tipo/Velocidad de CPU	Reloj de la CPU	Velocidad de la placa base
Pentium Pro 150	2,5x	60
Pentium Pro 166	2,5x	66
Pentium Pro 180	3x	60
Pentium Pro 200	3x	66

La caché L2 integrada es una de las características más destacables del Pentium Pro. Dado que está integrada en la CPU y queda fuera de la placa base, el Pentium Pro puede hacerla funcionar a la velocidad del procesador en vez de a la del bus de la placa, que es más lento (60MHz o 66MHz). De hecho, la caché L2 tiene su propio bus trasero interno de 64 bits, que no comparte tiempo con el bus frontal externo, también de 64 bits, que usa la CPU. Los registros internos y las rutas de datos siguen siendo de 32 bits, como en el Pentium.

Dado que la caché L2 está integrada en el sistema, las placas base pueden resultar más baratas porque no requieren memoria caché aparte. Algunas placas base podrían incluso intentar incluir memoria caché en sus diseños, pero el consenso general es que la caché L3 (como daría en llamarse) ofrecería menos mejoras con el Pentium Pro que con el Pentium. La incorporación de la caché L2 es uno de los legados más duraderos de Pentium Pro, ya que sus características se han incluido en casi todos los procesadores Intel y AMD construidos desde entonces, con la notable excepción del Celeron original.

Una de las características de la caché L2 integrada es que se mejora mucho el procesamiento múltiple. En vez de simplemente SMP, como el Pentium, el Pentium Pro soporta un tipo de configuración de multiprocesador denominada MPS 1.1. El Pentium Pro con MPS permite configuraciones de hasta 4 procesadores funcionando juntos. A diferencia de otras configuraciones multiprocesador, el Pentium Pro evita problemas de coherencia de caché porque cada chip mantiene una L1 y una L2 separadas internamente.

Hay cuatro pines VID especiales en el procesador Pentium Pro. Estos pines sirven para soportar la selección automática del voltaje del suministro eléctrico. Por tanto, una placa base Pentium Pro no tiene configuración de puente regulador de voltaje como la mayoría de las placas Pentium, lo que facilita enormemente la instalación e integración de un sistema Pentium Pro. La mayoría de los Pentium Pro funcionan a 3,3V, pero unos cuantos lo hacen a 3,1V.

Procesadores Pentium II

Intel sacó a la luz el Pentium II en mayo de 1997. Antes del lanzamiento oficial, se referían a este procesador con su nombre en clave, Klamath, y hubo muchas especulaciones sobre él en la industria. El Pentium II es básicamente el mismo procesador de sexta generación que el Pentium Pro, con tecnología MMX añadida (incluía el doble de caché

L1 y 57 nuevas instrucciones MMX); sin embargo, el diseño es un poco más enrevesado. La figura 2.33 muestra la pastilla del Pentium II.

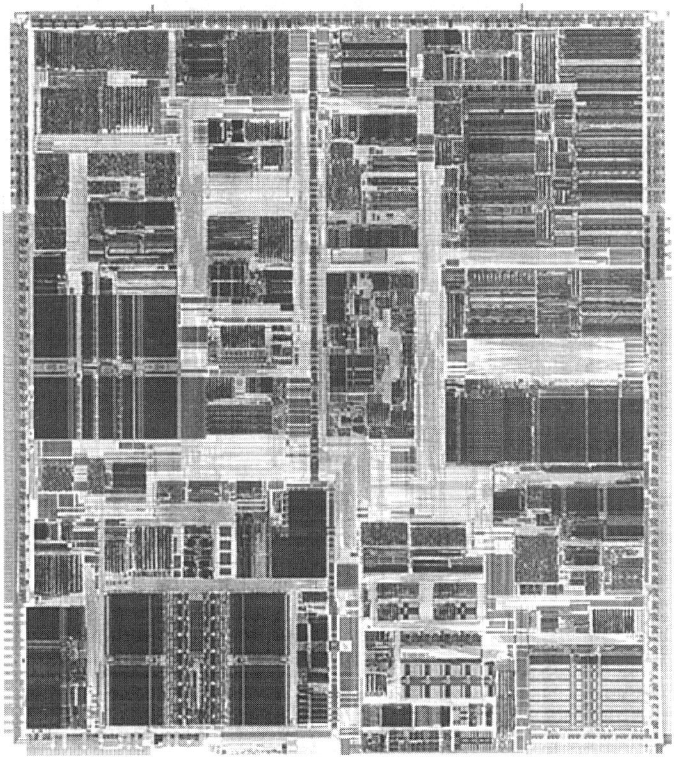

Figura 2.33. *Pastilla del procesador Pentium II. Fotografía publicada con permiso de Intel Corporation.*

Desde el punto de vista físico, había una gran diferencia con los procesadores anteriores. Alejándose del enfoque del chip en zócalo que usaban hasta ese momento prácticamente todos los procesadores, el chip Pentium II se caracteriza por su diseño de cartucho SEC. El procesador, junto con varios chips de caché L2, se monta sobre una pequeña placa de circuito (parecida a una memoria SIMM más grande de lo normal), véase la figura 2.34, y la placa de circuito se sella en un cartucho de metal y plástico. Después, dicho cartucho se conecta a la placa base a través de un conector de arista denominado Slot 1, que se parece mucho a una ranura para tarjeta adaptadora.

Las dos variaciones de estos cartuchos se denominan SECC y SECC2. La figura 2.35 muestra un diagrama del encapsulado SECC.

Era más barato fabricar la versión SECC2 porque tenía menos partes. Además permitía una conexión más directa del disipador al procesador para una mejor refrigeración. Intel pasó del SECC al SECC2 a principios de 1999; todos los chips PII posteriores, y PIII Slot 1 que siguieron utilizaban el diseño SECC2 mejorado.

Figura 2.34. *Placa del procesador Pentium II (normalmente enfundada en el cartucho SEC). Fotografía publicada con permiso de Intel Corporation.*

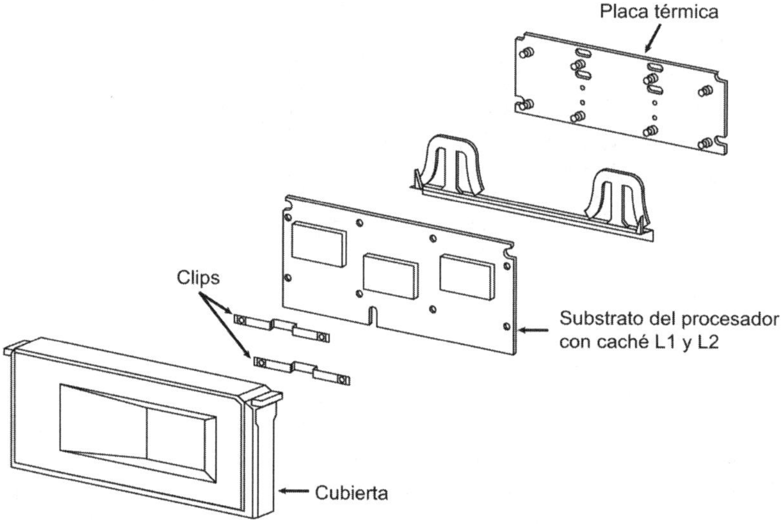

Figura 2.35. *Componentes SECC mostrando la placa de procesador que contienen.*

Utilizando chips separados montados sobre una placa de circuito, Intel pudo construir el Pentium II con muchos menos costes que la pastilla múltiple en un encapsulado que utilizaba el Pentium Pro. Intel también pudo usar chips de caché de otros fabricantes y modificar con mayor facilidad la cantidad de caché de los futuros procesadores con respecto al Pentium Pro.

La tabla 2.21 nos muestra las velocidades de los procesadores Pentium II que ofrecía Intel.

Tabla 2.21. *Velocidades para procesadores y placas base Pentium II.*

Tipo/Velocidad de CPU	Reloj de la CPU	Velocidad de la placa base
Pentium II 233MHz	3,5x	66MHz
Pentium II 266MHz	4x	66MHz
Pentium II 300MHz	4,5x	66MHz
Pentium II 333MHz	5x	66MHz
Pentium II 350MHz	3,5x	100MHz
Pentium II 400MHz	4x	100MHz
Pentium II 450MHz	4,5x	100MHz

El núcleo del procesador Pentium II tenía 7,5 millones de transistores y estaba basado en la arquitectura avanzada del P6. El Pentium II empezó con una tecnología de proceso de 0,35 micras, aunque los Pentium II a 333MHz y más rápidos se basaban en la tecnología de 0,25 micras.

Esto posibilitaba una pastilla más pequeña, lo que permitía aumentar la frecuencia del núcleo y reducir el consumo eléctrico. A 333MHz, el procesador Pentium II mostraba una mejora del rendimiento de entre el 75 y el 150 por 100, en comparación con el Pentium a 233MHz con tecnología MMX, y aproximadamente un 50 por 100 más de rendimiento en los puntos de referencia multimedia. Como veíamos en la tabla 2.7, según la valoración iCOMP 2.0 Index el chip Pentium II a 266MHz es más del doble de rápido que el Pentium a 200MHz clásico.

Dejando la velocidad al margen, la mejor forma de concebir el Pentium II es como un Pentium Pro con instrucciones de tecnología MMX y un diseño de caché ligeramente distinto. Tenía la misma escalabilidad multiprocesador que el Pentium Pro, además de caché L2 integrada. También incluía las 57 nuevas instrucciones relacionadas con multimedia trasladadas desde los procesadores MMX y la capacidad de procesar con más eficiencia los comandos de bucle repetitivo. Asimismo, como parte de la actualización MMX se incluía el doble de caché L1 interna que el Pentium Pro (de un total de 16KB a 32KB en el Pentium II).

La tabla 2.22 muestra el uso máximo de energía del Pentium II.

Tabla 2.22. *Uso máximo de energía para el procesador Pentium II.*

Velocidad del núcleo	Consumo eléctrico	Proceso	Voltaje
450MHz	27.1w	0,25 micras	2,0V
400MHz	24.3w	0,25 micras	2,0V
350MHz	21.5w	0,25 micras	2,0V
333MHz	23.7w	0,25 micras	2,0V

Velocidad del núcleo	Consumo eléctrico	Proceso	Voltaje
300MHz	43.0w	0,35 micras	2,8V
266MHz	38.2w	0,35 micras	2,8V
233MHz	34.8w	0,35 micras	2,8V

Como verá, la versión a más alta velocidad (450MHz) del Pentium II utiliza en realidad menos energía que la versión original a 233MHz. Esto se consiguió empleando el proceso más pequeño (0,25 micras) y haciendo funcionar el procesador con menos voltaje (sólo 2,0V). El Pentium III y los siguientes procesadores utilizaban procesos todavía más pequeños y voltajes menores siguiendo esta tendencia.

Al igual que el Pentium Pro, el Pentium II también incluía arquitectura DIB. El procesador Pentium II podía utilizar ambos buses simultáneamente, consiguiendo mover el doble de datos dentro y fuera del procesador que un procesador con arquitectura de bus simple. La arquitectura DIB permitía que la caché L2 del Pentium II a 333MHz funcionase dos veces y media más deprisa que la de los procesadores Pentium. A medida que aumentaba la frecuencia de los siguientes procesadores Pentium II, aumentaba también la de la caché L2. Además, el bus del sistema con conductos permitía transacciones paralelas simultáneas en vez de transacciones individuales secuenciales. Juntas, estas mejoras de la arquitectura DIB ofrecían hasta el triple de rendimiento del ancho de banda respecto a una arquitectura de bus simple como la del Pentium normal.

La tabla 2.23 muestra las especificaciones generales del Pentium II, y la 2.29 las que cambian dependiendo del modelo.

La caché L1 siempre funciona a la velocidad del núcleo porque forma parte de la pastilla del procesador. La caché L2 del Pentium II funciona a la mitad de la velocidad del núcleo, lo que ahorra dinero y permite el uso de chips de caché menos caros.

Por ejemplo, en un Pentium II a 333MHz, la caché L1 funciona a 333MHz, mientras que la L2 lo hace a 167MHz. Incluso aunque la caché L2 no funcionase a la velocidad máxima del núcleo con el Pentium Pro, su velocidad seguía siendo superior a la de los diseños Socket 7 del Pentium que al tener la caché en la placa base funcionaban a la velocidad de la misma, es decir, a 66MHz.

Intel asegura que la arquitectura DIB del Pentium II permitía hasta tres veces el ancho de banda de un procesador normal con un bus simple, como el Pentium original.

Al quitar la caché del encapsulado interno del procesador y utilizar chips externos montados en un substrato y encajados en el diseño de cartucho, Intel pudo usar chips de caché más rentables y escalar más fácilmente el procesador a velocidades más altas. El Pentium Pro tenía un límite de velocidad de 200MHz, principalmente debido a la incapacidad de encontrar memoria caché asequible que funcionase más deprisa. Al funcionar la caché a la mitad de la velocidad del procesador, el Pentium II podía funcionar a hasta 450MHz, utilizando chips de caché de 225MHz. Para compensar la caché a la mitad de la velocidad del núcleo en el Pentium II, Intel duplicó la cantidad básica de caché L2 integrada, de los 256KB estándar en el Pro a 512KB.

Tabla 2.23. Especificaciones generales del procesador Pentium II.

Lanzamiento	7 de mayo de 1997 (233, 266, 300MHz), 26 de enero de 1998 (333MHz), 15 de abril de 1998 (350, 400, 450MHz).
Velocidad estimada, bus, multiplicador	233MHz (66MHz×3,5), 266MHz (66MHz×4), 300MHz (66MHz×4,5), 333MHz (66MHz×5), 350MHz (100MHz×3,5), 400MHz (100MHz×4), 450MHz (100MHz×4,5).
Registros internos	32 bits.
Bus de datos	64 bits.
Bus de direcciones	36 bits (64GB direccionables).
Caché L1	16KB para código y 16KB para datos (32KB en total).
Caché L2	512KB a ½ velocidad.
Zócalo	Slot 1.
Encapsulado	SECC de 242 pines, 13,98cm × 6,28cm × 1,64cm.
Transistores	7,5 millones (0,25 micras o 0,35 micras), más 31 millones en la caché L2 de 512KB.
Tamaño de la pastilla de la CPU	118mm² (0,25 micras), 131mm² (0,35 micras).
Voltaje	2,0V.

Observe que la RAM incluida en la caché L2 permitía pasar hasta 512MB de memoria principal a caché en los PII de 233MHz a 333MHz. Las versiones de 350MHz, 400MHz y más incluían una RAM mejorada que permitía pasar hasta 4GB de memoria principal a caché. Si tiene sistemas basados en el Pentium II, tenga en cuenta las limitaciones de la caché en los procesadores más lentos antes de actualizar la memoria por encima de los 512MB. La memoria que no pase a caché ralentizará el sistema.

Pentium III

El Pentium III, véase la figura 2.36, salió en febrero del año 1999 y presentaba muchas características nuevas respecto a la familia P6. Era básicamente el mismo núcleo del Pentium II con la incorporación de instrucciones SSE y caché L2 integrada en la pastilla en las versiones más recientes. SSE consiste en 70 instrucciones nuevas que mejoraban drásticamente el rendimiento y las posibilidades de las aplicaciones de tratamiento de imagen, 3D, transmisión de sonido, vídeo y reconocimiento de voz.

Basado originalmente en la tecnología de proceso CMOS de 0,25 micras de Intel, el núcleo del PIII empezó con más de 9,5 millones de transistores. A finales de 1999, cambió a un proceso de 0,18 micras (Coppermine en clave) y agregó 256KB de caché L2 integrada en la pastilla, lo que aumentó la cantidad de transistores a 28,1 millones. La última versión del Pentium III (en clave, Tualatin) usaba un proceso de 0,13 micras y tenía 44 millones de transistores; las placas base fabricadas antes de las versiones del núcleo

Tualatin del Pentium III no soportan generalmente este procesador por los cambios en el diagrama de conexiones. El Pentium III se fabricó en velocidades de 450MHz a 1,4GHz, además de en versiones para servidor con caché más rápida o grande conocidas como Pentium Xeon. El Pentium III también incorporaba características avanzadas como una caché L1 de 32KB y una caché L2 con la mitad de la velocidad del núcleo 512KB, o una caché L2 integrada en la pastilla de 256KB o bien 512KB a la misma velocidad que el núcleo con capacidad para direccionar 4GB de memoria. El PIII también podía usarse en sistemas de procesamiento doble de hasta 64GB de memoria física. Un número de serie proporcionaba a las aplicaciones de seguridad, autenticación y administración del sistema una potente herramienta para identificar sistemas individuales. Por cuestiones de privacidad, cuando salió el procesador se podía deshabilitar esta característica en el BIOS de la mayoría de los sistemas que utilizaban procesadores Pentium III o Celeron III.

Los procesadores Pentium III estuvieron disponibles por primera vez con el factor de forma SECC2 de Intel SECC2, que reemplazaba al antiguo (y más caro) encapsulado SEC. El encapsulado SECC2 cubre solamente una parte del chip y permite una mejor unión del disipador y menos peso total. Entre las características arquitectónicas del Pentium III se incluyen las siguientes:

- **SSE:** 70 instrucciones nuevas para mejorar drásticamente el procesamiento rápido y las aplicaciones de tratamiento de imágenes, 3D, audio y vídeo, acceso a Web, reconocimiento de voz y nuevas interfaces de usuario.
- **Número de serie de procesador Intel:** Sirve como número de serie electrónico para el procesador y, por extensión, su sistema o usuario. Esta característica puede habilitarse y deshabilitarse a placer en el BIOS del sistema. Permite que las redes internas y aplicaciones de la empresa identifiquen el sistema/usuario. El número de serie del procesador puede usarse en aplicaciones que se benefician de formas más fuertes de identificación de sistemas y usuarios, como las siguientes:
  - **Aplicaciones que utilizan capacidades de seguridad:** Acceso administrado a nuevos servicios y contenidos de Internet; intercambio de documentos electrónicos.
  - **Aplicaciones de administrabilidad:** Administración de activos; configuración y carga remota del sistema.

Figura 2.36. *Procesador Pentium III en encapsulados SECC2 (Slot 1) y FC-PGA (Socket 370).*

Aunque la versión inicial de los procesadores Pentium III se creó en un encapsulado SECC2 mejorado, Intel enseguida cambió al encapsulado FC-PGA, cuya producción resultaba menos cara todavía y permitía una conexión más directa del disipador al núcleo del procesador para una mejor refrigeración. La versión FC-PGA se conectaba al Socket 370 pero podía usarse en la Slot 1 con un adaptador.

Todos los Pentium III tenían caché L2 de 512KB o 256KB, que funcionaba a la mitad de la velocidad del procesador o a la misma. Las versiones Pentium III Xeon tenían 512KB, 1MB o 2MB de caché L2 que funcionaba a la velocidad del procesador. El Pentium III Xeon era una versión más cara del Pentium III diseñada para servidores y estaciones de trabajo. Todas las cachés L2 de los procesadores PIII podían guardar en caché hasta 4GB de espacio de memoria direccionable e incluían capacidad ECC.

Los procesadores Pentium III podían identificarse por sus marcas, que se encontraban en la parte superior del cartucho del procesador. La figura 2.37 muestra el formato y significado de estas marcas.

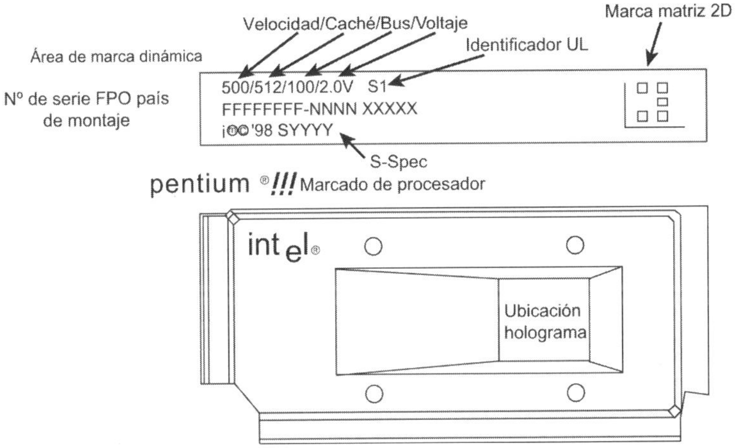

Figura 2.37. Marcas en un procesador Pentium III.

Todos los procesadores Pentium III tenían el multiplicador del reloj bloqueado en un intento por evitar los fraudes y el *overclocking*. Desafortunadamente, esta característica podía burlarse modificando el procesador bajo la cubierta del cartucho, y algunos individuos sin escrúpulos vendieron procesadores de velocidad baja marcados como si tuvieran una velocidad más alta. Lo mejor es comprar los sistemas o procesadores directamente a distribuidores Intel y comerciantes de gama alta que no recurren a estas prácticas.

Celeron

Celeron es más un nombre comercial que un auténtico chip. Las dos primeras versiones eran originalmente un P6 con el mismo núcleo que el Pentium II; más adelante, salió con el mismo núcleo que el PIII y luego del P4, mientras que las últimas versiones utilizaban el núcleo de los Core 2. El nombre Celeron representa básicamente una versión del chip dominante de Intel, que se ha vuelto a encapsular para PC de bajo coste.

Al crear el Celeron original, Intel pensó que cogiendo el Pentium II y quitándole los chips de caché L2 separados montados dentro del cartucho del procesador (y quitando también la cubierta) podría crear un procesador "nuevo" que sería básicamente una versión más lenta del Pentium II. Como tales, los primeros modelos Celeron a 266MHz y 300MHz no incluían caché L2. Por desgracia, esto tuvo demasiado impacto en el rendimiento, así que a partir de la versión 300A, el Celeron tuvo 128KB de caché L2 integrada en la pastilla a máxima velocidad, lo que resultó ser más rápido y avanzado que los 512KB a media velocidad que utilizaba el Pentium II en aquella época. De hecho, el Celeron fue el primer procesador para PC en incluir una caché L2 integrada en la pastilla. No fue hasta la aparición de la versión Coppermine del Pentium III que este tipo de caché pasó a los principales procesadores de Intel.

No hace falta decir que esto generó una gran confusión en el mercado. Teniendo en cuenta que el Celeron apareció como Pentium II "lisiado" y luego se actualizó hasta ser en cierto modo superior al Pentium II en el que se basaba (y manteniendo un precio más bajo), muchos no sabían ubicar el Celeron en términos de rendimiento.

Desde entonces, el Celeron se ha lanzado en muchas versiones diferentes, cada una nueva basada en el procesador dominante en cada momento. Los últimos Celeron usan el mismo núcleo básico Wolfdale de 45nm que los procesadores Core 2 (más caros). La diferencia es que las versiones Celeron tienen menores velocidades de procesador y reloj y cachés más pequeñas para justificar el precio más bajo.

Dado que Intel ha ofertado procesadores Celeron y Celeron D en distintas variaciones, es fácil confundir unas con otras o saber cuál está disponible en una velocidad determinada. Identificando el número de especificación de un chip en concreto y buscándolo en el sitio Web de Intel (`http://processorfinder.intel.com`), se puede averiguar la especificación exacta, que incluye el tipo de zócalo, el voltaje, el tamaño de la caché y más información sobre el chip. Si desconoce este número, puede buscar el procesador por número de modelo o usar software como CPU-Z (`www.cpuid.com`) para encontrar información más detallada.

Procesadores Pentium 4

El Pentium 4 se presentó en noviembre de 2000 como una nueva generación de procesadores (véase la figura 2.38). Si tuviera un número en vez de un nombre, sería 786 porque representa una generación superior a la 686.

Salieron muchas versiones del Pentium 4, basadas en la pastilla y arquitectura del procesador. La figura 2.39 muestra varias de estas pastillas.

Éstos son los principales detalles técnicos para el Pentium 4:

- Velocidad entre 1,3GHz y 3,8GHz.
- Software compatible con procesadores anteriores Intel de 32 bits.

Figura 2.38. *Procesador Pentium 4 FC-PGA2.*

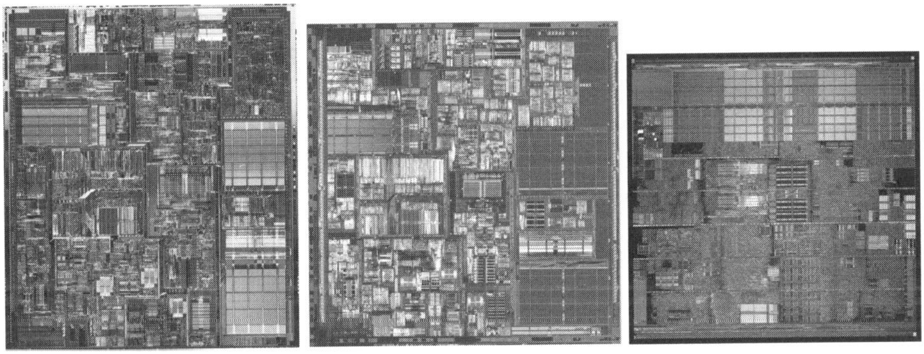

Figura 2.39. *Pastillas de CPU para Pentium 4 basadas en los núcleos Willamette, Northwood y Prescott.*

- Algunas versiones soportan EM64T (ampliaciones de 64 bits) y Execute Disable Bit (protección contra desbordamiento de búfer).
- El bus del procesador (frontal) funciona a 400MHz, 533MHz, 800MHz o bien 1.066MHz.
- Las *Arithmetic Logic Units*, Unidades aritméticas lógicas (ALU) funcionan al doble de la frecuencia del núcleo.
- Tecnología Hyper Pipelined (20 o 31 etapas).
- Soporte de la tecnología Hyper-Threading en todos los procesadores a 2,4GHz y más rápidos con un bus a 800MHz, y todos los procesadores a 3,06GHz y más rápidos con un bus a 533MHz.
- Ejecución de instrucciones desordenada.
- Predicción de rama mejorada.

- Caché L1 de 8KB o 16KB más 12K de caché para rastreo de ejecución de microoperaciones.
- 256KB, 512KB, 1MB o 2MB de caché L2 integrada en la pastilla a la velocidad del núcleo, con una anchura de 256 bits y asociatividad de 8 vías.
- La caché L2 puede manejar toda la memoria física y soporta ECC.
- 2MB de caché L3 integrada en la pastilla a máxima velocidad (Extreme Edition).
- SSE2-SSE más 144 nuevas instrucciones para procesamiento de gráficos y sonido (Willamette y Northwood).
- SSE3-SSE2 más 13 nuevas instrucciones para procesamiento de gráficos y sonido (Prescott).
- Unidad de punto flotante mejorada.
- Múltiples estados de energía baja.

Intel abandonó la numeración romana por la estándar para identificar el Pentium 4. Internamente, el Pentium 4 introduce una nueva arquitectura que Intel denomina microarquitectura NetBurst, que es un término de marketing y no un término técnico. Intel utiliza NetBurst para describir la tecnología Hyper Pipelined, un motor de ejecución rápida, un bus del sistema de alta velocidad (400MHz, 533MHz, 800MHz o 1.066MHz) y una caché para rastreo de ejecución. La tecnología Hyper Pipelined duplica o triplica la profundidad del conducto de instrucciones del Pentium III (o Athlon/Athlon 64), lo que significa la necesidad de más pasos más pequeños para ejecutar instrucciones. Aunque esto parezca menos eficiente, se consiguen velocidades de reloj más altas. El motor de ejecución rápida permite que las dos ALU enteras funcionen al doble de la frecuencia del procesador, con lo que las instrucciones pueden ejecutarse en medio ciclo de reloj. El bus del sistema a 400MHz/533MHz/800MHz/1.066MHz es un bus de tecnología Quadpumped que funciona con un reloj del sistema de 100MHz/133MHz/200MHz/266MHz que transfiere datos cuatro veces por ciclo. La caché para rastreo de ejecución es una caché L1 de alto rendimiento que almacena aproximadamente 12K de microoperaciones descodificadas. Al quitar el decodificador de instrucciones del conducto de ejecución principal, aumenta el rendimiento.

Cabe destacar el bus del procesador de alta velocidad. Desde el punto de vista técnico, el bus del procesador es un bus de tecnología Quadpumped de 100MHz, 133MHz, 200MHz o 266MHz que transfiere cuatro veces por ciclo (4x), consiguiendo una velocidad efectiva de 400MHz, 533MHz, 800MHz o 1.066MHz. Puesto que su anchura es de 64 bits (8 bytes), el resultado es una tasa de rendimiento de 3.200MBps, 4.266MBps, 6.400MBps o 8.533MBps.

En la arquitectura interna del Pentium 4 con conductos de 20 o 31etapas, las instrucciones se dividen en más subetapas que en los procesadores anteriores, lo que prácticamente convierte al Pentium 4 en un procesador RISC. Desafortunadamente, esto puede aumentar el número de ciclos necesarios para ejecutar instrucciones si no están optimizadas para este procesador.

Otra ventaja arquitectónica importantes es la tecnología Hyper-Threading, que permite que un solo procesador ejecute dos hilos simultáneamente, actuando como si hubiera dos procesadores en vez de uno.

El Pentium 4 utilizaba inicialmente el Socket 423, que tiene 423 pines en arreglo 39×39 SPGA. Las versiones posteriores utilizaban el Socket 478 y las más recientes, el Socket T (LGA775), que cuenta con pines adicionales para soportar características nuevas como EM64T, Execute Disable Bit, la tecnología de virtualización de Intel y otras características avanzadas. El Celeron nunca se diseñó para funcionar en el Socket 423, pero las versiones Celeron y Celeron D están disponibles para Socket 478 y Socket T (LGA775), lo que permite sistemas de bajo coste compatibles con el Pentium 4. La selección del voltaje se lleva a cabo a través de un módulo regulador de voltaje automático instalado en la placa base y conectado al zócalo.

La tabla 2.24 muestra una guía de las características del Pentium 4 y el Pentium 4 Extreme Edition. Para más información sobre las características exclusivas de cada procesador, visite `http://processorfinder.intel.com`. Desde hace ya un tiempo, es obvio que el Pentium 4 es más que una simple familia de procesadores, lo que ha dado lugar a mucha confusión cuando los usuarios se planteaban una actualización o la adquisición de un procesador nuevo.

Por los tres factores de forma (Socket 423, Socket 478 y Socket 775) y la amplia gama de características disponibles en la familia Pentium 4, es esencial determinar las características de un procesador en concreto antes de comprarlo como actualización para un procesador existente o como parte de un sistema completo.

Pentium 4 Extreme Edition

En noviembre de 2003, Intel sacó la versión Extreme Edition del Pentium 4, que destaca por ser el primer procesador para PC de sobremesa en incorporar la caché L3. El Extreme Edition (o Pentium 4EE) es básicamente la versión modernizada del procesador Prestonia core Xeon para servidores y estaciones de trabajo, que llevaba ya un año usando la caché L3. El Pentium 4EE tenía 512KB de caché L2 y 2MB de L3, lo que aumentaba la cantidad total de transistores a 178 millones y hacía que la pastilla fuese bastante más grande que la del Pentium 4 estándar. La gran pastilla basada en el proceso de 130 nanómetros encarecía la producción del chip y su elevado precio en el mercado así lo reflejaba. El Extreme Edition estaba dirigido al mercado de los juegos, en el que la gente está dispuesta a pagar más por un rendimiento adicional. La caché adicional no ayuda a las aplicaciones empresariales tanto como a los juegos en 3D.

En 2004 aparecieron versiones revisadas del Pentium 4 Extreme Edition. Eran procesadores basados en el núcleo Prescott de 90 nanómetros (0,09 micras), pero con una caché L2 de 2MB en vez de la de 512KB del núcleo estándar del Pentium 4. Los procesadores Pentium 4 Extreme Edition basados en Prescott no tenían caché L3.

El Pentium 4 Extreme Edition estaba disponible en factores de forma Socket 478 y Socket T, con velocidades de reloj entre 3,2GHz y 3,4GHz (Socket 478) y 3,4GHz y 3.73GHz (Socket T).

Tabla 2.24. Información sobre el procesador Pentium 4.

Número del modelo de procesador	Velocidad de CPU	Velocidad de bus	Caché L2	Caché L3	Núcleo	Proceso
P4 631-661	3,00-3,60GHz	800MHz	2MB	—	Cedar Mill	65nm
Celeron D 347-365	3,06-3,60GHz	533MHz	512KB	—	Cedar Mill	65nm
P4 620-670	2,80-3,80GHz	800, 1.066MHz	2MB	—	Prescott 2M	90nm
P4 2.26-3.8	2,26-3,80GHz	533, 800MHz	1MB	—	Prescott	90nm
Celeron D 310-355	2,26-3,80GHz	533, 800MHz	1MB	—	Prescott	90nm
P4 EE	3,20-3,46GHz	800, 1,066MHz	512KB	2MB	Gallatin	130nm
P4 1.6-3.4	1,60-3,40GHz	400, 533, 800MHz	512KB	—	Northwood	130nm
Celeron 1.8A-2.8	1,80-2,80GHz	400MHz	128KB	—	Northwood	130nm
P4 1.3-2.0	1,30-2,00GHz	400MHz	256KB	—	Willamette	180nm
Celeron 1.7-1.8	1,70-1,80GHz	400MHz	128KB	—	Willamette	180nm

EE = Extreme Edition.
SSE = Streaming SIMD Instructions (MMX).
HT = Tecnología Hyper-Threading.
NX = Execute Disable Bit.
EIST = Enhanced Intel SpeedStep Technology.
VT = Virtualization Technology.

Cuestiones de energía y refrigeración del Pentium 4

En comparación con los procesadores anteriores, el Pentium 4 requería mucha energía y por eso, en febrero de 2000, Intel modificó la placa base ATX y las especificaciones de suministro eléctrico para soportar un módulo regulador de voltaje de CPU de 12V en vez de 3,3V o 5V como en diseños anteriores. Al utilizar 12V, quedan 3,3V y 5V disponibles para el resto del sistema y el consumo general se reduce considerablemente con el voltaje alto como fuente. Los suministros eléctricos del PC suelen generar más de 12V, pero la placa base ATX y los diseños de suministro anteriores sólo incluían un pin para 12V (cada pin está estimado para sólo 6 amperios), así que eran necesarias líneas adicionales de 12V para llevar la energía a la placa base.

La solución apareció en forma de conector de energía de CPU, que es llamado conector ATX12V. Cualquier placa base con el conector ATX12V requiere que se le suministre energía. Si utiliza un suministro eléctrico ATX más antiguo sin el conector ATX12V apropiado, muchas empresas venden adaptadores que convierten un conector de energía periférico estándar de tipo Molex en el conector ATX12V. Normalmente, un suministro eléctrico de 300 vatios (el mínimo recomendado) es más que suficiente para los controladores y el conector ATX12V. Si su suministro eléctrico es de menos de 300 vatios, podría tener que reemplazarlo.

Transis-tores	Tamaño de la pastilla	Potencia máxima	SSE	HT	64 bits	NX	EIST	VT	Zócalo
188M	81mm²	65-86W	SSE3	sí	sí	sí	algunos	—	LGA775
188M	81mm²	65-86W	SSE3	—	sí	sí	—	—	LGA775
169M	135mm²	84-115W	SSE3	sí	sí	sí	la mayoría	algunos	LGA775
125M	112mm²	84-115W	SSE3	algunos	algunos	algunos	—	—	478, LGA775
125M	112mm²	84-115W	SSE3	—	algunos	algunos	—	—	478, LGA775
178M	237mm2	92,1-110,7W	SSE²	sí	—	—	—	—	478, LGA775
55M	131mm²	46,8-89W	SSE2	algunos	—	—	—	—	478
55M	131mm²	52,8-68,4W	SSE2	—	—	—	—	—	478
42M	217mm²	51,6-71,8W	SSE2	—	—	—	—	—	423, 478
42M	217mm²	63,5-66,1W	SSE2	—	—	—	—	—	478

Refrigerar un procesador de voltaje alto como el Pentium 4 requiere un gran disipador activo. Estos pesados disipadores pueden dañar la CPU o destruir la placa base si se producen vibraciones o un golpe, especialmente durante el transporte. Para solucionar este problema con las placas base del Pentium 4 se han utilizado varios métodos para asegurar el disipador en el sistema.

Las especificaciones de Intel para Socket 423 incorporaban cuatro piezas de ensamblaje unidas al chasis ATX flanqueando el Socket 423 para sostener los soportes de sujeción del disipador. Estas piezas permitían al chasis soportar el peso del disipador sin depender de la placa base, como ocurría en los diseños antiguos. Los fabricantes utilizaban también otros métodos para reforzar la CPU sin necesidad de unión directa al chasis. Por ejemplo, la placa base P4T de Asus llevaba una placa de refuerzo metálica para que las cajas ATX pudieran trabajar con la placa base.

Los sistemas Socket 478 no requieren piezas extra de ensamblaje ni placas de refuerzo, ya que utilizan un esquema exclusivo en el que el disipador se conecta directamente a la placa base en vez de al zócalo o al chasis. Las placas base con Socket 478 pueden instalarse en cualquier chasis ATX y no requieren piezas de ensamblaje especiales.

Los sistemas Socket T (LGA775) utilizan un mecanismo de bloqueo único que mantiene el procesador en su sitio. El disipador se sitúa sobre el procesador y unos pines de bloqueo lo unen a la placa base.

Ya que la familia de procesadores Pentium 4 se fabricaba en tres tipos de zócalo con una gran variedad de velocidades de reloj y disipaciones de energía, es esencial elegir un disipador fabricado específicamente para el factor de forma y la velocidad del procesador adquirido.

Pentium D y Pentium Extreme Edition

Intel presentó sus primeros procesadores de doble núcleo, el Pentium Extreme Edition y el Pentium D, en mayo del año 2005. Aunque antes de su lanzamiento estos procesadores utilizaban el nombre en clave Smithfield, estaban basados en el núcleo Prescott para Pentium 4. De hecho, para sacarlos al mercado lo antes posible, Intel utilizó dos núcleos Prescott en cada Pentium D o Pentium Extreme. Cada núcleo se comunica con el otro a través del chip MCH (puente porte) de la placa base (véase la figura 2.40).

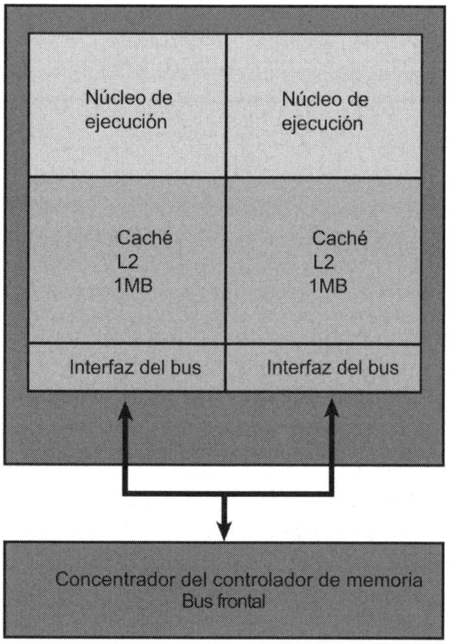

Figura 2.40. *Los núcleos de los procesadores Pentium D y Pentium Extreme Edition se comunican entre sí a través del chip MCH del chipset.*

Por esta razón, los *chipsets* de Intel 915 y 925 y algunos de terceros creados para el Pentium 4 no sirven para el Pentium D ni el Pentium Extreme Edition. La serie 945, los *chipsets* 955X y 975X para sobremesa y el *chipset* E7230 para estación de trabajo fueron los primeros *chipsets* de Intel en soportar estos procesadores. La serie nForce 4 de NVIDIA también sirve. Es increible ver como piezas tan pequeñas pueden llegar a hacer incompatible el hardware.

Las principales características del Pentium D incluyen las siguientes:

- Velocidad de reloj de 2,66GHz–3,6GHz.
- Bus del procesador a 533MHz o 800MHz.
- Ampliaciones de 64 bits EM64T.
- Soporte para Execute Disable Bit.
- Proceso de fabricación de 65 o 90 nanómetros.
- Caché L2 de 2MB/4MB L2 (1MB/2MB por núcleo).
- Socket T (LGA775).

Los modelos 830, 840 y 9xx incluían además Enhanced Intel Speed Step Technology, que generaba una operación más fresca y silenciosa al ofrecer una amplia gama de velocidades de procesador en respuesta a la carga de trabajo y cuestiones térmicas.

El Pentium Extreme Edition es una versión de gama alta del Pentium D que incluye las siguientes diferencias:

- Se soporta la tecnología HT, que permite a cada núcleo simular dos núcleos para un mejor rendimiento de las aplicaciones multihilo.
- No soporta la tecnología Enhanced Intel Speed Step Technology.
- Incluye multiplicadores de reloj sin bloquear, lo que facilita el *overclocking*.

La tabla 2.25 muestra una comparació de las características de los distintos procesadores Pentium D y Pentium Extreme Edition.

Procesadores Intel Core

Durante la producción del Pentium 4, Intel se dio cuenta de que el alto consumo eléctrico de la arquitectura NetBurst se estaba convirtiendo en un problema. La raíz del problema era el conducto interno con 31 etapas de profundidad, que hacía que el procesador fuese más rápido pero menos eficiente. Para continuar la evolución de procesadores con núcleos más rápidos, era necesaria una solución que aumentase la eficiencia y redujese drásticamente el consumo eléctrico. Intel tenía la solución perfecta en sus procesadores para portátiles. A partir del Pentium M, los procesadores para portátil de Intel utilizaban una arquitectura interna completamente distinta de la de los de sobremesa como el Pentium 4. De hecho, el Pentium M estaba basado en el Pentium III. Para crear un potente procesador de sobremesa, Intel partió de los procesadores portátiles más eficientes y fue añadiendo características y tecnologías para aumentar el rendimiento. Los nuevos procesadores se diseñaron desde el principio como chips multinúcleo. El resultado final fue la familia de procesadores Core, que se presentó el 27 de julio de 2006 como Core 2.

Tabla 2.25. Procesadores Pentium D y Pentium Extreme Edition.

Número de modelo de procesador	Núcleos	Velocidad de CPU	Velocidad de bus	Caché L2	Núcleo de CPU
Pentium EE 955-965	2	3,46-3,73GHz	1.066MHz	4MB	Presler
Pentium D 915-960	2	2,80-3,60GHz	800MHz	4MB	Presler
Pentium EE 840	2	3,20GHz	800MHz	2MB	Smithfield
Pentium D 805-840	2	2,66-3,20GHz	533, 800MHz	2MB	Smithfield

Familia Core 2

El eficiente diseño de micro-arquitectura Core que presentan los procesadores de la familia Core 2 ofrece un 40 por 100 más de rendimiento y requiere un 40 por 100 de energía menos que la generación anterior. También es interesante observar que el procesador Core 2 Duo supone la tercera generación de procesadores de doble núcleo de Intel; la primera generación fue el Pentium D para PC de sobremesa y la segunda el Core Duo para portátiles. Los nombres del procesador Core 2 y la micro-arquitectura Core pueden resultar algo confusos, ya que el nombre Core también se utilizó en los procesadores Core Solo y Core Duo, que eran los sucesores de la familia de procesadores para portátiles Pentium M. Lo extraño es que estos procesadores no incorporaban la micro-arquitectura Core y, aunque sirvieron como punto de partida para el Core 2, son distintos internamente y no son de la misma familia.

El Core 2 salió inicialmente como un procesador de doble núcleo, pero después salieron también versiones *quad-core*. Las versiones de dos núcleos tienen 291 millones de transistores, mientras que las *quad-core* tienen el doble (582 millones). Incluyen 1MB o 2MB de caché L2 por núcleo, hasta un total de 8MB en las versiones *quad-core*. Al principio todos se construían sobre obleas de 300mm con un proceso de 65nm, pero después salieron versiones de 45nm.

He aquí lo más destacable de la micro-arquitectura Core:

- **Ejecución dinámica ancha:** Cada núcleo de ejecución interna es un 33 por 100 más ancho que en las generaciones anteriores, permitiendo así la ejecución simultánea de hasta cuatro instrucciones completas. Se consigue más eficiencia con una predicción de rama más precisa, búferes de instrucciones más profundos para una mayor flexibilidad en la ejecución y características adicionales que reducen el tiempo de ejecución.

- **Gestión inteligente de energía:** Capacidad de gestión de energía avanzada que activa subsistemas individuales del procesador sólo cuando son necesarios.

- **Caché inteligente avanzada:** Caché optimizada para multinúcleo que aumenta la probabilidad de que cada núcleo de ejecución acceda a los datos de una caché L2 compartida.

Proceso	Potencia máxima	SSE	HT	64 bits	NX	EIST	VT	Zócalo
65nm	130W	SSE3	sí	sí	sí	—	sí	LGA775
65nm	95-130W	SSE3	—	sí	sí	sí	algunos	LGA775
90nm	130W	SSE3	sí	sí	sí	—	—	LGA775
90nm	95-130W	SSE3	—	sí	sí	algunos	—	LGA775

- **Acceso a memoria inteligente:** Incluye una capacidad denominada desambiguación de memoria que aumenta la eficiencia del procesamiento desordenado proporcionando a los núcleos de ejecución inteligencia para cargar datos especulativamente para las instrucciones que están a punto de ejecutarse.
- **Amplificador de medios digitales:** Mejora el rendimiento cuando se ejecutan instrucciones SSE permitiendo la ejecución de las instrucciones de 128 bits a un rendimiento de instrucción por ciclo de reloj. Esto duplica la velocidad de ejecución de estas instrucciones en comparación con las generaciones anteriores.

La familia Core 2 incluye procesadores de 2 y 4 núcleos con distintos nombres:

- **Core 2 Duo:** Procesadores estándar de doble núcleo.
- **Celeron:** Procesadores de núcleo doble o simple de gama baja.
- **Core 2 Quad:** Procesadores estándar de cuatro núcleos.
- **Core 2 Extreme:** Versiones de gama alta de los procesadores de 2 y 4 núcleos.

La figura 2.41 muestra una vista del interior de un chip Core 2 Duo mostrando la pastilla de doble núcleo debajo del disipador.

Figura 2.41. *Vista interior del chip Core 2 Duo.*

Todos los procesadores de la familia Core 2 soportan ampliaciones de 64 bits, además de SSSE3 (*Supplemental SSE3*), que añade 32 nuevas instrucciones SIMD a SSE3. Estos procesadores también soportan EIST, y la mayoría ofrece además soporte para hardware de virtualización. Las tablas 2.26 y 2.27 muestran los detalles de los procesadores de la familia Core 2.

Procesadores Intel Nehalem (Core i)

La micro-arquitectura Nehalem de Intel es la sucesora de la Core 2. Los procesadores Nehalem se conocen como la familia Core i Series. Sus principales características incluyen la integración del controlador de memoria en el procesador y, en algunos modelos, todo el puente norte, con un procesador de gráficos opcional denominado en clave Larrabee.

Tabla 2.26. *Procesadores de doble núcleo de la familia Core 2.*

Número de modelo de procesador	Núcleos	Velocidad de CPU	Velocidad de bus	Caché L2	Núcleo de CPU
Core 2 Duo E8190-E8600	2	2,66-3,33GHz	1.333MHz	6MB	Wolfdale
Core 2 Duo E7200-E7600	2	2,53-3,06GHz	1.066MHz	3MB	Wolfdale-3M
Celeron E3200-E3300	2	2,40-2,50GHz	800MHz	1MB	Wolfdale-3M
Core 2 Extreme X6800	2	2,93GHz	1.066MHz	4MB	Conroe XE
Core 2 Duo E6300-E6850	2	1,86-3,00GHz	1.066, 1.333MHz	2, 4MB	Conroe
Celeron 220-450	1	1,20-2,20GHz	533-800MHz	512KB	Conroe-L
Core 2 Duo E6300-E6400	2	1,86-2,13GHz	1.066MHz	2MB	Allendale
Core 2 Duo E4300-E4700	2	1,80-2,60GHz	800MHz	2MB	Allendale
Celeron E1200-E1600	2	1,60-2,40GHz	800MHz	512KB	Allendale

Tabla 2.27. *Procesadores quad-core de la familia Core 2.*

Número de modelo de procesador	Núcleos	Velocidad de CPU	Velocidad de bus	Caché L2	Núcleo de CPU
Core 2 Extreme QX9xxx	4	3,00-3,20GHz	1.333-1.600MHz	12MB	Yorkfield XE
Core 2 Quad Q9xxx	4	2,67-3,00GHz	1.333Hz	12MB	Yorkfield
Core 2 Quad Q9xxx	4	2,50-2,83GHz	1.333Hz	6MB	Yorkfield-6M
Core 2 Quad Q8xxx	4	2,33-2,66GHz	1.333Hz	4MB	Yorkfield-6M
Core 2 Quad Q7xxx	4	2,20-2,90GHz	800MHz	2MB	Yorkfield-6M
Core 2 Extreme QX6xxx	4	2,66-3,00GHz	1.066-1.333MHz	8MB	Kentsfield XE
Core 2 Quad Q6xxx	4	2,13-2,66GHz	1.066MHz	8MB	Kentsfield

El primer procesador de Core i Series fue el Core i7, presentado en noviembre de 2008. Creado inicialmente sobre un proceso de 45nm, los siguientes procesadores Core i Series se crearon sobre un proceso mejorado de 32nm, que permitía una pastilla más pequeña, menos consumo eléctrico y un mejor rendimiento. Todos soportaban memoria DDR3 e incluían caché L3, y algunos modelos contaban con soporte para la tecnología HT.

Hay dos variantes principales en la familia Core i Series, las versiones de gama alta que usaban Socket LGA1366, y modelos más normales que utilizaban Socket LGA1156. Estos últimos modelos incluían un puente norte totalmente integrado con un control de memoria DDR3 de doble canal, interfaz gráfica e incluso un verdadero procesador de gráficos opcional (Larrabee). Puesto que toda la funcionalidad del puente norte está integrada en el procesador, los chips Socket LGA1156 utilizan una interfaz DMI más lenta (2GBps) como conexión de bus frontal con el puente sur de la placa base.

Proceso	Potencia máxima	SSE	64 bits	NX	EIST	VT	Zócalo
45nm	65W	SSSE4.1	sí	sí	sí	la mayoría	LGA775
45nm	65W	SSSE4.1	sí	sí	sí	algunos	LGA775
45nm	65W	SSSE3	sí	sí	sí	sí	LGA775
65nm	75W	SSSE3	sí	sí	sí	sí	LGA775
65nm	65W	SSSE3	sí	sí	sí	sí	LGA775
65nm	19-35W	SSSE3	sí	sí	—	—	LGA775
65nm	65W	SSSE3	sí	sí	sí	sí	LGA775
65nm	65W	SSSE3	sí	sí	sí	—	LGA775
65nm	65W	SSSE3	sí	sí	sí	—	LGA775

Proceso	Potencia máxima	SSE	64 bits	NX	EIST	VT	Zócalo
45nm	130-150W	SSSE4.1	sí	sí	sí	sí	LGA775, LGA771
45nm	65-95W	SSSE4.1	sí	sí	sí	sí	LGA775
45nm	65-95W	SSSE4.1	sí	sí	sí	sí	LGA775
45nm	65-95W	SSSE4.1	sí	sí	sí	algunos	LGA775
45nm	65-95W	SSSE4.1	sí	sí	sí	—	LGA775
65nm	130W	SSSE3	sí	sí	sí	sí	LGA775
65nm	95-105W	SSSE3	sí	sí	sí	sí	LGA775

Los procesadores Core i 900 Series que utilizan Socket LGA1366 incluyen un controlador de memoria DDR3 de triple canal y un bus frontal de alto rendimiento denominado QPI (*Quick Path Interconnect*, Ruta rápida de interconexión) que conecta con el componente puente norte (denominado concentrador E/S o IOH) de la placa base (véase la figura 2.42). El IOH implementa la interfaz gráfica PCIe.

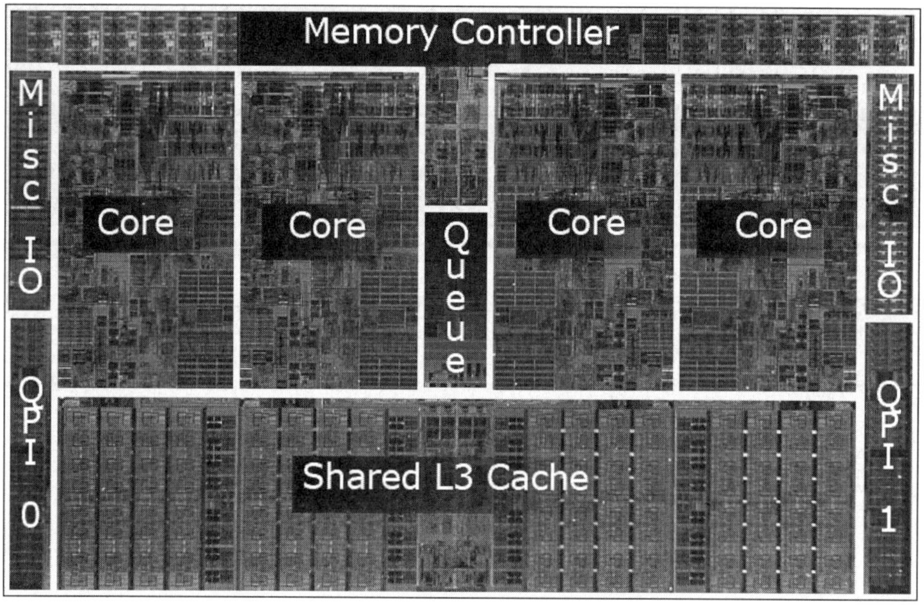

Figura 2.42. *Fotografía de la pastilla de un procesador Core i7 900 Series, cortesía de Intel.*

Los miembros iniciales de la familia Core i Series incluían los procesadores Core i5 e i7, a los cuales más tarde se unieron los i3 e i9 para ampliar la oferta de alta y baja gama. La tabla 2.28 nos muestra los detalles de distintos procesadores de la familia Core i Series.

Tabla 2.28. *Procesadores de la familia Core i Series.*

Número de modelo de procesador	Núcleos	Velocidad de CPU	Velocidad de bus	Caché L2	Caché L3
Core i9	6	~3GHz	6,4GHz	1,5MB	12MB
Core i3	2	~3GHz	2GHz	0,5MB	4MB
Core i7 9xx EE	4	3,20-3,33GHz	6,4GHz	1MB	8MB
Core i7 9xx	4	2,66-3,20GHz	4,8GHz	1MB	8MB
Core i7 8xx	4	2,80-2,93GHz	2GHz	1MB	8MB
Core i5 7xx	4	2,66GHz	2GHz	1MB	8MB

Procesadores AMD K6

A diferencia de Cyrix y otros de los competidores de Intel, AMD fabrica y diseña chips, de hecho, produjo procesadores de tipo P6, la versión inicial de los diseñados para interactuar con las placas base de clase P5 del mercado de gama baja. Más tarde, AMD sacó los procesadores Athlon y Duron, que eran auténticos diseños de sexta generación con su propia conexión propietaria al sistema.

NexGen Nx586

Thampy Thomas fundó NexGen y contrató a algunas de las personas relacionadas con los procesadores 486 y Pentium de Intel. En NexGen, los desarrolladores crearon el Nx586, un procesador que era funcionalmente igual que el Pentium pero cuyos pines no eran compatibles. Como tal, siempre se suministraba con una placa base; de hecho, solía estar soldado a ella. NexGen no fabricaba los chips ni la placa en la que venían; eso se lo encargaban a IBM Microelectronics. Más adelante AMD compró NexGen, justo antes de que sacara el Nx686, un diseño muy mejorado por Greg Favor que realmente podía competir con el Pentium. AMD cogió el diseño del Nx686 y lo combinó con una interfaz eléctrica Pentium para crear un chip compatible con Pentium al que llamó K6, y que acabó por tener mejor rendimiento que el original de Intel.

El Nx586 tenía todas las características estándar de los procesadores de quinta generación, como la ejecución superescalar con dos conductos internos y una caché L1 integral de alto rendimiento con cachés separadas para código y datos. Una ventaja era que el Nx586 incluía cachés separadas de 16KB para instrucciones y 16KB para datos, mientras que las del Pentium eran de 8KB cada una. Estas cachés mantenían las instrucciones y datos principales cerca de los motores de procesamiento para aumentar el rendimiento global del sistema. El Nx586 también incluía capacidades de predicción de rama, que eran uno de los sellos distintivos de los procesadores de sexta generación. La predicción de rama supone que el procesador tiene funciones internas para predecir el flujo de programas y optimizar la ejecución de instrucciones.

Núcleo de CPU	Proceso	Potencia máxima	SSE	64 bits	NX	VT	HTT	Zócalo
Gulftown	32nm	130W	SSSE4.2	sí	sí	sí	sí	LGA1366
Clarkdale	32nm	75W	SSSE4.2	sí	sí	sí	—	LGA1156
Bloomfield XE	45nm	130W	SSSE4.2	sí	sí	sí	sí	LGA1366
Bloomfield	45nm	130W	SSSE4.2	sí	sí	sí	sí	LGA1366
Lynnfield	45nm	95W	SSSE4.2	sí	sí	sí	sí	LGA1156
Lynnfield	45nm	95W	SSSE4.2	sí	sí	sí	—	LGA1156

El procesador Nx586 también incluía un núcleo RISC. Una unidad de traducción traducía dinámicamente las instrucciones x86 a instrucciones RISC86. Estas instrucciones RISC86 se diseñaron específicamente con soporte directo para la arquitectura x86 al tiempo que obedecían a los principios de rendimiento RISC. Por consiguiente, eran más simples y fáciles de ejecutar que las complejas instrucciones x86. Esta capacidad es otra característica habitual de los P6. El Nx586 dejó de fabricarse tras la fusión con AMD, que tomó el diseño de su sucesor, el Nx686, y lo comercializó como AMD-K6.

AMD-K6 Series

El AMD-K6 es un procesador de sexta generación de alto rendimiento físicamente instalable en una placa base P5 (Pentium). NexGen lo diseñó para AMD y su primer nombre fue Nx686. La versión de NexGen nunca salió al mercado puesto que AMD compró la empresa antes del lanzamiento. El AMD-K6 ofrece niveles de rendimiento a medio camino entre el Pentium y el Pentium II, como resultado de su exclusivo diseño híbrido.

El procesador K6 contenía una implementación de alto rendimiento estándar del nuevo conjunto de instrucciones multimedia, que permitía un rendimiento multimedia de alto nivel. El K6-2 introdujo una actualización de MMX (que AMD llama 3DNow!) que añadía incluso más instrucciones para gráficos y sonido. AMD diseñó el K6 para encajar en la infraestructura Socket 7 de bajo coste. Inicialmente, utilizaba la tecnología de proceso de cinco capas de metales y 0,35 micras de AMD; después se utilizó el proceso de 0,25 micras para aumentar la producción por el reducido tamaño de la pastilla, además de la disminución del consumo eléctrico.

Las características técnicas del procesador AMD-K6 incluyen éstas:

- Diseño interno de sexta generación, interfaz externa de quinta generación.
- Núcleo RISC interno, traduce instrucciones x86 a RISC.
- Unidades de ejecución paralela superescalar (siete).
- Ejecución dinámica.
- Predicción de rama.
- Ejecución especulativa.
- Caché L1 de 64KB (32KB para instrucciones más 32KB de caché *write-back* de dos puertos para datos).
- Unidad de punto flotante integrada.
- Soporte para instrucciones MMX estándar.
- Modo de administración del sistema.
- Diseño Socket 7 CPGA.
- Fabricado utilizando diseños de cinco capas de 0,35 y 0,25 micras.

La arquitectura del AMD-K6 es totalmente compatible con el código binario x86, lo que significa que ejecuta todo el software de Intel, incluidas las instrucciones MMX. Para compensar el bajo rendimiento de la L2 del diseño Socket 7, AMD aumentó la caché L1 interna a un total de 64KB, el doble de la del Pentium II o III. Esto, junto con la capacidad de ejecución dinámica, permitía al K6 mejorar el rendimiento del Pentium y acercarse al de los Pentium II yIII para una velocidad de reloj dada.

Hubo dos adiciones subsiguientes a la familia K6, el K6-2 y el K6-3. El K6-2 ofrecía velocidades de reloj y bus más altas (hasta 100MHz) y soporte para el conjunto de instrucciones 3DNow! El K6-3 añadía 256KB de caché L2 integrada en la pastilla a velocidad de núcleo. La adición de esta caché fue importantísima porque permitió a la serie K6 competir dignamente con la familia Pentium III, aunque hacía que el procesador se recalentase mucho, por lo que dejó de fabricarse al cabo de poco tiempo.

El K6 original tenía 8,8 millones de transistores y estaba integrado en un proceso de 5 capas y 0,35 micras. La pastilla tiene 12,7mm por cada lado (unos 162mm^2). El K6-3 utilizaba un proceso de 0,25 micras e incorporaba 21,3 millones de transistores en una pastilla de sólo 118mm^2.

Procesadores AMD K7

AMD Athlon

El Athlon es el sucesor de la serie K6. Se diseñó como un chip totalmente nuevo, sin interacción con los zócalos Socket 7 ni Super7 como los anteriores. En las primeras versiones, AMD utilizó un diseño de cartucho, denominado Slot A, casi igual que los Pentium II y III (véase la figura 2.43). Esto se debía a que los Athlon originales utilizaban 512KB de caché L2 externa, que se montaba sobre la placa del cartucho del procesador. La caché externa funcionaba a la mitad de la velocidad del núcleo, a dos quintos o a un tercio, dependiendo del procesador.

Figura 2.43. *Procesador Athlon de AMD para Slot A (factor de forma de cartucho).*

En junio de 2000, AMD presentó una versión revisada del Athlon (en clave, Thunderbird) que incorporaba 256KB de caché L2 directamente en la pastilla del procesador. Esta caché funcionaba a la misma velocidad del núcleo, eliminando el cuello de botella de los sistemas Athlon originales. Junto con el cambio a la L2 integrada, el Athlon también incluía una versión del propio Socket A de AMD (Socket 462) que sustituía a la versión Slot A (véase la figura 2.44).

Figura 2.44. *Procesador AMD Athlon XP de 0,13 micras para Socket A (factor de forma PGA).*

Aunque el cartucho Slot A se parece al Slot 1 de Intel, y el Socket A al Socket 370 de Intel, la disposición de los pines es completamente distinta y los chips de AMD no funcionan en las mismas placas base que los de Intel. La razón es que AMD buscaba la forma de mejorar su arquitectura al tiempo que se distanciaba de Intel. Unos pines de bloqueo especiales en cada zócalo o ranura evitaban la instalación accidental del chip en la orientación incorrecta o bien en la ranura que no era. Las versiones Socket A del Athlon se parecían mucho al Duron.

El Athlon se fabricó con velocidades entre 500MHz y 1,4GHz y utilizaba un bus de procesador (frontal) de 200MHz o 266MHz, denominado EV6, para conectar con el chip puente norte de la placa base y con otros procesadores. La licencia del EV6 era de Digital Equipment. Este bus era el mismo empleado para el procesador Alpha 21264 que después fue de Compaq. El bus EV6 utilizaba una velocidad de reloj de 100MHz o 133MHz, pero doblaba los datos, transfiriéndolos dos veces por ciclo, con una velocidad de ciclo de 200MHz o 266MHz. Dado que el bus tenía una anchura de 8 bytes (64 bits), el resultado era un rendimiento de 8 veces 200MHz/266MHz, es decir, 1,6GBps o 2,1GBps. Este bus era ideal para soportar memoria DDR PC1600 o PC2100, que también funcionaba a esa velocidad. El diseño del bus de AMD eliminaba un cuello de botella potencial entre el *chipset* y el procesador y permitía una transferencia más eficiente en comparación con otros procesadores. El uso del bus EV6 es una de las principales razones por las que los chips Athlon y Duron rendían tanto.

El Athlon tenía una caché L1 grande, de 128KB, en la pastilla del procesador y una caché L2 de 512KB a la misma velocidad que el núcleo, a dos quintos o a un tercio de la misma en el cartucho de las versiones más antiguas; 256KB de caché a velocidad de núcleo en Socket A Athlon y en la mayoría de los modelos Athlon XP; y 512KB de caché a velocidad de núcleo en los últimos Athlon XP. Todas las versiones PGA Socket A tenían caché a velocidad de núcleo. El Athlon también soportaba MMX e instrucciones 3DNow! mejoradas.

Para la producción inicial del Athlon se empleó la tecnología de 0,25 micras, y para las versiones nuevas y más rápidas, se recurrió a procesos de 0,18 y 0,13 micras. Las últimas versiones se construyeron con tecnología de cobre, una primicia en la industria del procesador para PC.

En la mayoría de los puntos de referencia, el Athlon iguala o supera al Pentium III. AMD también venció a Intel con la marca de 1GHz presentando su Athlon a 1GHz dos días antes del lanzamiento del Pentium III a 1GHz.

AMD Duron

El procesador AMD Duron (cuyo nombre en clave era Spitfire) se presentó en junio de 2000. Era un derivado del Athlon, igual que el Celeron lo era de los Pentium II y III. Básicamente, se trataba de un Athlon con menos caché L2; el resto de las capacidades venían a ser iguales. Se diseñó como versión económica con menos caché pero con una diferencia en el rendimiento ligera. Para conseguir un coste más bajo, Duron contenía 64KB de caché L2 integrada en la pastilla y se diseñó para Socket A, una versión en zócalo del Athlon Slot A. Salvo por las marcas, el Duron es prácticamente idéntico a las versiones Socket A del Athlon original. En esencia, el Duron se diseñó para competir con el Celeron de Intel en el mercado de los PC de bajo coste, del mismo modo en que el Athlon se había diseñado para competir con el Pentium III en el mercado de gama alta. Más tarde, el Sempron sustituyó al Duron.

AMD Athlon XP

La última versión del Athlon se conoce como Athlon XP. Se trataba básicamente de una evolución del Athlon, con mejoras en el conjunto de instrucciones para poder ejecutar instrucciones SSE de Intel, y un nuevo esquema de marketing que competiría directamente con el Pentium 4. El Athlon XP también adoptó una caché integrada en la pastilla grande (512KB) a velocidad de núcleo.

AMD utilizó el término QuantiSpeed (cuestión de marketing, no un término técnico) para referirse a la arquitectura del Athlon XP, que incluía lo siguiente:

- **Micro-arquitectura superescalar de nueve unidades con conductos:** Ofrece más rutas para enviar instrucciones a las secciones de ejecución de la CPU e incluye tres unidades de ejecución de punto flotante, tres unidades enteras y tres unidades de cálculo de direcciones.

- **Unidad de cálculo de punto flotante superescalar con conductos:** Proporciona operaciones más rápidas por ciclo de reloj y resuelve una deficiencia de los procesadores AMD frente a los Intel.

- **Búsqueda previa de datos de hardware:** Reúne los datos necesarios en la memoria del sistema y los lleva a la caché L1 para ganar tiempo.
- **Búferes de traducción anticipada (TLB) mejorados:** Permiten el almacenamiento de datos donde el procesador pueda acceder a ellos de forma más rápida sin duplicados ni atascos por falta de información reciente.

Estas mejoras en el diseño sacaban más trabajo de cada ciclo de reloj, permitiendo así que un Athlon XP "más lento" venciese a un Pentium 4 "más rápido" en el trabajo real.

Los primeros modelos del Athlon XP usaban el núcleo Palomino, igual que los procesadores para portátil Athlon 4. Los modelos posteriores usaban el núcleo Thoroughbred, revisado más tarde para mejorar las características térmicas.

Los distintos núcleos Thoroughbred se denominan en ocasiones Thoroughbred-A y Thoroughbred-B. Los procesadores Athlon XP utilizaban un núcleo con 512KB de caché L2 integrada a máxima velocidad, conocida como Barton. Éstas son algunas de las características adicionales del Athlon XP:

- Instrucciones multimedia 3DNow! Professional (compatibles con las 70 instrucciones SSE adicionales del Pentium III, pero no con las 144 instrucciones SSE2 adicionales del Pentium 4).
- FSB de 266MHz o 333MHz.
- Caché L1 de 128KB y caché L2 integrada de 256KB o bien 512KB a velocidad de CPU.
- Interconexiones de cobre (en vez de aluminio) para más eficiencia eléctrica y menos calentamiento.

Otra novedad del Athlon XP fue el uso de un compuesto para encapsulado del chip más fino y ligero, similar al empleado por los nuevos procesadores de Intel. La figura 2.45 muestra los últimos procesadores Athlon XP que utilizaron el núcleo Barton.

Figura 2.45. *Procesador Athlon XP de 0,13 micras con 512KB de caché L2 para Socket A (factor de forma PGA). Fotografía publicada por cortesía de Advanced Micro Devices, Inc.*

Este encapsulado permitía una disposición más eficiente de los componentes eléctricos. Las versiones más recientes del Athlon XP se hicieron con un nuevo proceso de 0,13 micras que dio origen a un chip con una pastilla más pequeña que consumía menos, generaba menos calor y podía funcionar más deprisa que los modelos anteriores. Las versiones más recientes de 0,13 micras del Athlon XP funcionan a velocidades de reloj que superan los 2GHz. El Athlon XP fue reemplazado por las versiones Socket A del Sempron.

Athlon MP

El Athlon MP es el primer procesador de AMD diseñado para soporte de multiprocesador. Por consiguiente, puede usarse en servidores y estaciones de trabajo que necesiten ese soporte. El Athlon MP apareció en estas tres versiones, similares a distintos modelos Athlon y Athlon XP:

- **Model 6 (1GHz, 1,2GHz):** Este modelo es similar al Athlon Model 4.
- **Model 6 OPGA (1500+ hasta 2100+):** Este modelo es similar al Athlon XP Model 6.
- **Model 8 (2000+, 2200+, 2400+, 2600+):** Este modelo es similar al Athlon XP Model 8.
- **Model 10 (2500+, 2800+, 3000+):** Este modelo es similar al Athlon XP Model 8, pero con 512KB de caché L2.

Todos los procesadores Athlon MP utilizaban la misma interfaz Socket A que los modelos más nuevos de Athlon y todos los procesadores Duron y Athlon XP.

El Athlon MP fue sustituido por el AMD Opteron. Para más información sobre el Athlon MP, visite el sitio Web de AMD.

Procesadores AMD K8

Athlon 64 y 64 FX

Los Athlon 64 y 64 FX, presentados en septiembre de 2003, fueron los primeros procesadores de 64 bits para equipos de sobremesa (y no servidores). Los ClawHammer (nombre en clave de estos procesadores) eran el componente para sobremesa de la familia de 64 bits de AMD, que también incluía los procesadores para servidor Opteron (SledgeHammer en clave). El Athlon 64 y el 64 FX (véase la figura 2.46) eran básicamente chips Opteron diseñados para sistemas con un solo procesador, y en algunos casos, con menos caché o ancho de banda de memoria.

Además del soporte de instrucciones de 64 bits, la mayor diferencia entre los Athlon 64 y 64 FX y otros procesadores era el controlador de memoria integrado. Normalmente, el controlador era parte del puente norte o MCH de la placa base, pero con el Athlon 64 y el 64 FX, se integró en el procesador. Esto significaba que la arquitectura de bus de CPU típica era diferente con estos chips. En un diseño convencional, el procesador se comunicaba con el puente norte del *chipset* que a su vez se comunicaba con la memoria y los demás componentes del sistema. Dado que el Athlon 64 y el 64 FX tenían controladores de memoria integrados, se comunicaban con la memoria directamente y podían comunicar con el puente norte para otras comunicaciones de sistema. Separar el tráfico de memoria del bus de la CPU permitió mejorar el rendimiento en las transferencias de memoria y en las del bus de la CPU. La principal diferencia entre el Athlon 64 y el 64 FX radica en las distintas configuraciones de los tamaños de caché y anchura del bus de memoria.

Figura 2.46. *Fotografía de un Athlon 64 FX (versión Socket 939), cortesía de AMD.*

He aquí las principales características del Athlon 64:

- Velocidades que oscilan entre 1,0GHz y 3,0GHz.
- Entre 68,5 millones de transistores (versiones con caché L2 de 512KB) y 129 millones de transistores (versiones con caché L2 de 1MB).
- Conductos de 12 etapas.
- Controlador de memoria DDR con soporte ECC integrado en el procesador (en lugar del puente norte o MCP, como en otros *chipsets* recientes).
- El Socket 754 incluye un controlador de memoria de canal simple; los Socket 940, 939 y AM2 incluyen controladores de memoria de doble canal.
- Caché L1 de 128KB.
- Caché L2 de 512KB o 1MB integrada a velocidad de núcleo.
- Soporte para la tecnología de ampliación de 64 bits AMD64 (también llamada IA-32e o x86-64), que amplía la arquitectura x86 de 32 bits.
- Vínculo Hypertransport de hasta 3,2GBps (Socket 754) o 4GBps (Socket 940, 939 y AM2) con el puente norte.

- Tamaño de memoria dirigible de hasta 1TB, superando bastante el límite de 4GB o 64GB impuesto por los procesadores de 32 bits.
- SSE2 (SSE más 144 instrucciones nuevas para procesamiento de gráficos y de sonido).
- Múltiples estados de energía baja.
- Núcleos de 130 nanómetros, 90nm o 65nm.

El Athlon 64 FX se diferenciaba del Athlon 64 así:

- Soportaba sólo Socket 940, 939 o AM2.
- Tenía un controlador de memoria DDR o DDR2 de doble canal con soporte ECC.
- Las versiones Socket 940 requerían memoria registrada.
- Tenía velocidades entre 2,2GHz y 2,8GHz.
- Caché L2 de 1MB L2 (estándar).

Aunque las versiones Socket 939 y AM2 del Athlon 64 salvaron el hueco del rendimiento, el Athlon 64 FX seguía siendo el procesador Athlon 64 de un solo núcleo más rápido. Aunque muchos (yo incluido) criticaron a AMD por la confusión respecto al rendimiento que causaban los nombres de los procesadores de la serie Athlon XP, la empresa utilizó el mismo sistema de nombres con los Athlon 64. Igual que con el Athlon XP, hay que ver el rendimiento real del procesador con las aplicaciones que más se utilizan para determinar si el Athlon 64 es el procesador más adecuado para nosotros y qué modelo se ajusta mejor a nuestras necesidades.

AMD tenía sus propios *chipsets* para el Athlon 64, y desde la adquisición de ATI en 2006, también ofrecía *chipsets* ATI. La tabla 2.29 muestra un resumen de los distintos modelos y características de los Athlon 64 y 64 FX.

Los Athlon 64 y 64 FX estaban disponibles en cuatro versiones de zócalo, cuyas características principales aparecen a continuación (véase la tabla 2.30). Observe que el Socket 940 sólo soporta DIMM registradas más lentas y pesadas, por lo que conviene evitar los procesadores y placas base Socket 940.

El Athlon 64 salió básicamente en tres versiones: Socket 754 que sólo tenía un bus de memoria de un único canal, Socket 939 mejorada con un bus de memoria de doble canal y Socket AM2 mejorada todavía más con un bus DDR2 de doble canal. El Athlon 64 FX también estaba disponible en tres versiones: Socket 940 que utilizaba memoria registrada (más cara y lenta), Socket 939 mejorada con memoria sin búfer, y una adaptada que utilizaba DDR2 de dos canales. Las versiones Socket 939 del Athlon 64 y el 64 FX eran esencialmente el mismo chip, con la única diferencia de la cantidad de caché L2 incluida. Por ejemplo, tanto el Athlon 64 3800+ como el Athlon 64 FX-53 funcionaban a 2,4GHz y tenían memoria dual, pero el 3800+ sólo tenía 512KB de caché L2, mientras que el FX-53 contaba con 1MB. Puesto que los chips eran en esencia iguales, había que leer la letra pequeña para determinar las diferencias de configuración.

Tabla 2.29. *Información sobre los procesadores Athlon 64 y 64 FX.*

Número de modelo del procesador	Núcleos	Velocidad de CPU	Velocidad de Bus	Caché L2	Núcleo de CPU
Athlon 64 3500+-3800+	1	2,20-2,40GHz	1.000MHz	512KB	Lima
Athlon 64 3000+-3500+	1	1,80-2,20GHz	1.000MHz	512KB	Winchester
Athlon 64 1500+-3400+	1	1,00-2,40GHz	800, 1.000MHz	512KB	Venice
Athlon 64 3500+-4000+, FX-55-57	1	2,20-2,80GHz	1.000MHz	512KB, 1MB	San Diego
Athlon 64 3000+-4000+	1	1,80-2,60GHz	1.000MHz	512KB	Orleans
Athlon 64 3200+-3500+	1	2,00-2,20GHz	1.000MHz	512KB	Manchester
Sempron 3000+-3800+	1	1,60-2,20GHz	800MHz	128, 256KB	Manila
Sempron 2500+-3500+	1	1,40-2,00GHz	800, 1.000MHz	128, 256KB	Palermo
Athlon 64 FX-51-53	1	2,20-2,40GHz	800MHz	1MB	SledgeHammer
Athlon 64 2800+-3800+	1	1,80-2,40GHz	800, 1.000MHz	512KB	Newcastle
Athlon 64 2800+-4000+, FX-53-55	1	1,80-2,60GHz	800, 1.000MHz	512KB, 1MB	ClawHammer
Sempron 3000+-3100+	1	1,80GHz	800MHz	128, 256KB	Paris

Cool'n'Quiet = Tecnología de ahorro de energía.

Tabla 2.30. *Tipos de zócalo y memoria para los procesadores Athlon 64 y 64 FX.*

Zócalo	Procesador	Canales	Tipo
754	Athlon 64	Simple	DDR
940	Athlon 64 FX	Doble	SDRAM registrada
939	Athlon 64/64 FX	Doble	DDR
AM2	Athlon 64/64 FX	Doble	DDR2

El Athlon 64 FX podía consumir 104W o más de energía, que es bastante pero seguía siendo menos que lo que consumían los Pentium 4. Igual que ocurría con el Pentium 4, las placas base de los Athlon 64 y 64 FX solían precisar un conector ATX12V que suministrara la energía de 12V adecuada para que funcionase el módulo regulador de voltaje del procesador.

La primera versión del Athlon 64(véase la figura 2.47) se creó sobre un proceso de 0,13 micras (130 nanómetros). Para las siguientes versiones se emplearon procesos de 0,09 micras (90nm) y 0,065 micras (65nm).

Proceso	Energía máxima	SSE	64 bits	NX	Cool'n'Quiet	VT	Zócalo
65nm	45W	SSE3	sí	sí	sí	sí	AM2
90nm	67W	SSE2	sí	sí	sí	—	939
90nm	51-89W	SSE3	sí	sí	sí	—	754, 939
90nm	67-104W	SSE3	sí	sí	sí	—	939
90nm	35-62W	SSE3	sí	sí	sí	sí	AM2
90nm	67W	SSE3	sí	sí	sí	—	939
90nm	35-62W	SSE3	sí	sí	la mayoría	—	AM2
90nm	62W	SSE2, SSE3	la mayoría	sí	algunos	—	754, 939
130nm	89W	SSE2	sí	sí	—	—	940
130nm	89W	SSE2	sí	sí	sí	—	754, 939
130nm	89-104W	SSE2	sí	sí	sí	—	754, 939
130nm	62W	SSE2	—	sí	—	—	754

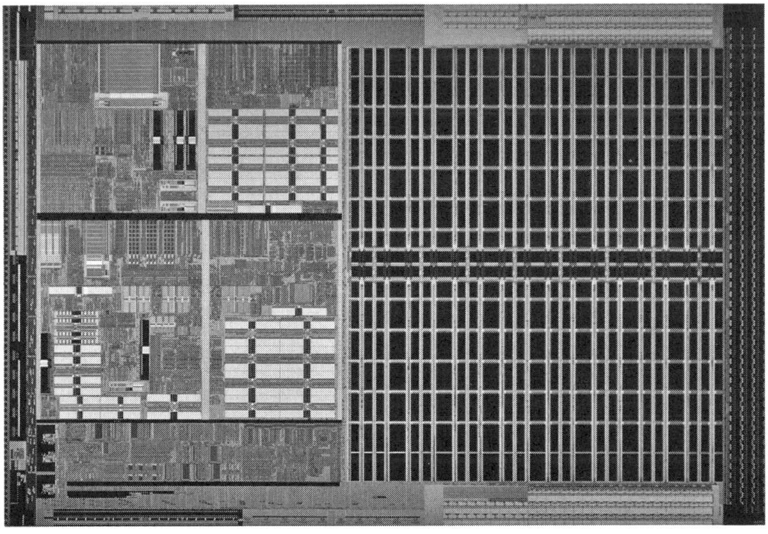

Figura 2.47. *Pastilla de un Athlon 64 (proceso de 130nm, 106 millones de transistores, 193mm²). Fotografía publicada por cortesía de AMD.*

AMD Sempron

AMD presentó la línea de procesadores Sempron en 2004 para reemplazar a los Duron y ofrecer una línea económica de procesadores diseñados para competir con el Celeron D de Intel.

Igual que el nombre Celeron había dejado de identificar hacía tiempo a un procesador particular para referirse a varios tipos de procesador de bajo coste y rendimiento reducido, la marca Sempron de AMD siguió la misma tendencia y se utilizó para identificar procesadores Socket A basados en el Athlon XP y procesadores Socket 754, 939, AM2 y AM3 basados en los Athlon 64 y 64 X2.

La versión Socket A del AMD Sempron está basada en el procesador Athlon XP, mientras que las versiones Socket 754, 939, AM2 y AM3 están basadas en el Athlon 64.

Los modelos Sempron X2 son procesadores de doble núcleo basados en el Athlon X2. La diferencia es que las versiones Sempron tienen velocidades de reloj de bus y procesador más bajas, cachés más pequeñas y, a veces, características limitadas para ajustarse a un precio más bajo.

Puesto que AMD ofreció los procesadores Sempron en variaciones muy distintas, es fácil confundir unos con otros y las características que incluye cada modelo específico. Si busca el procesador en el sitio Web de AMD (`http://products.amd.com/en-us/DesktopCPUResult.aspx`), encontrará las especificaciones exactas, incluidos el tipo de zócalo, el voltaje, el tamaño de caché, y más información sobre el chip. También se puede utilizar herramientas de software, como CPU-Z (`www.cpuid.com`) para encontrar información detallada sobre un procesador determinado.

AMD Athlon X2, 64 X2 y 64 FX

Los procesadores de 64 bits Athlon 64 se diseñaron con actualizaciones multinúcleo en mente desde el principio.

El Athlon 64 X2 para sobremesa salió en mayo de 2005. Este procesador utiliza varios diseños de núcleo con distintas opciones y características.

Éstas son las principales características del Athlon 64 X2:

- Proceso de fabricación de 65nm o 90nm.
- Velocidad de reloj real de 1,9GHz–3,0GHz.
- Factores de forma Socket 939, AM2 y 1207FX.
- Interconexión HyperTransport de 1GHz (ancho de banda de 4GBps).

El diseño de estos procesadores siempre ha incluido espacio para un segundo núcleo junto con un controlador de memoria de barras cruzadas para permitir que los núcleos del procesador se comuniquen entre sí sin utilizar el puente norte, como en los primeros procesadores de doble núcleo de Intel. La figura 2.48 muestra el diseño interno del Athlon 64 X2.

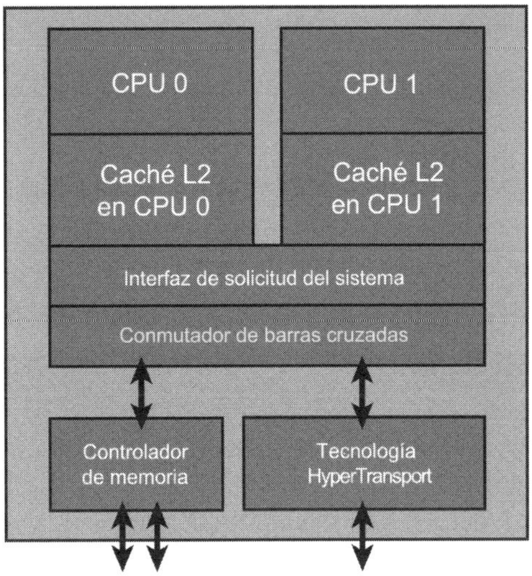

Figura 2.48. *El Athlon 64 X2 utiliza el controlador de memoria de barras cruzadas integrado, presente desde el principio del diseño del Athlon 64, para permitir la comunicación entre los núcleos del procesador.*

El resultado es que la mayoría de los sistemas existentes basados en la versión Socket 939 del Athlon 64 pueden actualizarse como procesadores de doble núcleo sin cambiar la placa base, siempre que dicha placa soporte el procesador y haya una actualización del BIOS para doble núcleo por parte del fabricante de la placa o el sistema.

Otro beneficio del enfoque de AMD es la falta de un resentimiento del rendimiento o un problema térmico al pasar al diseño de dos núcleos. Ya que el diseño del Athlon 64 incluye provisiones para una actualización al doble núcleo desde el principio, el impacto térmico del segundo es mínimo, incluso aunque los procesadores con dos núcleos funcionen a la misma velocidad que sus predecesores mononucleares.

La tabla 2.31 muestra una comparación detallada de los distintos procesadores de doble núcleo Athlon X2, 64 X2 y Athlon 64 FX.

Procesadores AMD K10 (Phenom)

El K9 fue un proyecto abortado de AMD, que supuso un salto de la arquitectura K8 a la K10. Los primeros procesadores K10 fueron los modelos Phenom lanzados en noviembre de 2007.

La familia de procesadores Phenom se diseñó como familia flexible de chips disponibles con entre 1 y 4 núcleos K10 en una misma pastilla. La familia incluía el Phenom, el Phenom II, el Athlon II y algunos modelos de los procesadores Athlon X2 y Sempron. Las versiones iniciales utilizaban Socket AM2+, que incluía soporte para memoria DDR2. Las siguientes versiones utilizaban Socket AM3, que soportaba la memoria DDR3.

Los procesadores de esta familia se hicieron sobre un proceso de 65nm, aunque las versiones más recientes utilizaban un proceso más pequeño, de 45nm, que daba lugar a una pastilla más pequeña con menor consumo eléctrico y un rendimiento más alto. Los chips de gama alta incluyen tres o cuatro núcleos y caché L3, y funcionan a velocidades más altas de reloj y de bus HyperTransport (2GHz).

La tabla 2.32 muestra una comparación detallada de los distintos procesadores de la familia K10.

Tabla 2.31. *Información sobre los procesadores Athlon X2, 64 X2 y 64 FX.*

Número de modelo del procesador	Núcleos	Velocidad de CPU	Velocidad de Bus	Caché L2	Núcleo de CPU
Athlon X2 4450B-5600B	2	2,3-2,9GHz	1GHz	1MB	Brisbane
Athlon X2 3250e-5050e	2	1,5-2,6GHz	1GHz	1MB	Brisbane
Athlon X2 BE-2xxx	2	1,9-2,3GHz	1GHz	1MB	Brisbane
Sempron X2 2100-2300	2	1,8-2,2GHz	800MHz	512KB	Brisbane
Athlon 64 FX 70-74	2	2,6-3,0GHz	1GHz	2MB	Windsor
Athlon 64 X2 3600+-6000+	2	1,9-3,0GHz	1GHz	512KB-2MB	Windsor
Athlon 64 FX-60	2	2,6GHz	1GHz	2MB	Toledo
Athlon 64 X2 3800+-4800+	2	2,0-2,4GHz	1GHz	1-2MB	Toledo
Athlon 64 X2 3600+-4600+	2	2,0-2,4GHz	1GHz	512KB-1MB	Manchester

Tabla 2.32. *Información sobre la familia de procesadores K10.*

Número de modelo del procesador	Núcleos	Velocidad de CPU	Velocidad de Bus	Caché L2	Caché L3	Núcleo de CPU
Phenom II X4	4	2,5-3,4GHz	1,8-2GHz	2MB	4-6MB	Deneb
Athlon II X4	4	2,6-2,8GHz	2GHz	2MB	—	Propus
Phenom II X3	3	2,4-3,0GHz	2GHz	1,5MB	6MB	Heka
Athlon II X3	3	2,2-2,9GHz	2GHz	1,5MB	—	Rana
Phenom II X2	2	2,8-3,1GHz	2GHz	1MB	6MB	Callisto
Athlon II X2	2	2,7-3,0GHz	2GHz	1-2MB	—	Regor
Sempron 140	1	2,70GHz	2GHz	1MB	—	Sargas
Phenom X4	4	1,8-2,6GHz	1,6-2GHz	2MB	2MB	Agena
Phenom X3	3	1,9-2,4GHz	1,6-1,8GHz	1,5MB	2MB	Toliman
Athlon X2	2	2,3-2,8GHz	1,8GHz	1MB	2MB	Kuma

Actualizaciones del procesador

A partir del 486, las actualizaciones de procesador han sido relativamente sencillas para la mayoría de los sistemas. Con el 486 y los procesadores posteriores, Intel introdujo la capacidad de actualizar diseñando zócalos estándar que podían albergar gran variedad de procesadores. Esta tendencia se mantiene en el presente y la mayoría de las placas base están diseñadas para aceptar una amplia gama de procesadores de la misma familia.

Proceso	Energía máxima	SSE	64 bits	NX	Cool'n'Quiet	VT	Zócalo
65nm	45-65W	SSE3	sí	sí	sí	sí	AM2
65nm	22-45W	SSE3	sí	sí	sí	sí	AM2
65nm	45W	SSE3	sí	sí	sí	sí	AM2
65nm	65W	SSE3	sí	sí	sí	—	AM2
90nm	125W	SSE3	sí	sí	sí	sí	AM2, 1207FX
90nm	65-125W	SSE3	sí	sí	sí	sí	AM2
90nm	110W	SSE3	sí	sí	sí	—	939
90nm	89-110W	SSE3	sí	sí	sí	—	939
90nm	89-110W	SSE3	sí	sí	sí	—	939

Proceso	Energía máxima	SSE	64 bits	NX	Cool'n'Quiet	VT	Zócalo
45nm	95-140W	SSE4a	sí	sí	sí	sí	AM2+, AM3
45nm	95W	SSE4a	sí	sí	sí	sí	AM3
45nm	65-95W	SSE4a	sí	sí	sí	sí	AM3
45nm	45-95W	SSE4a	sí	sí	sí	sí	AM3
45nm	80W	SSE4a	sí	sí	sí	sí	AM3
45nm	45-65W	SSE4a	sí	sí	sí	sí	AM3
45nm	45W	SSE4a	sí	sí	sí	sí	AM3
65nm	65-140W	SSE4a	sí	sí	sí	sí	AM2+
65nm	65-140W	SSE4a	sí	sí	sí	sí	AM2+
65nm	95W	SSE4a	sí	sí	sí	sí	AM2+

Para maximizar la placa base, se puede actualizar al procesador más rápido que soporte. Dada la gran variedad de zócalos y ranuras de procesador (por no mencionar los voltajes, velocidades y otras áreas de incompatibilidad), conviene consultar con el fabricante de la placa base para ver si un procesador más rápido funcionaría en nuestra placa base. Normalmente, se puede determinar por el tipo de zócalo o ranura de la placa base, pero hay otros factores decisivos, como el regulador de voltaje o el BIOS.

Por ejemplo, si la placa base soporta Socket LGA775, podríamos actualizar de un Pentium 4 de un solo núcleo a un Core 2 de dos o cuatro núcleos, ya que todos usan el mismo zócalo. Antes de comprar una CPU nueva, compruebe que la placa base tiene la velocidad de bus, configuración de voltaje y compatibilidad con ROM BIOS correctas para el nuevo chip. Visite el sitio Web del fabricante de la placa o del sistema para obtener la información de compatibilidad más reciente y descargar actualizaciones del BIOS si son necesarias.

Truco: *Si intenta actualizar el procesador de un sistema preensamblado, podría tener muy pocas opciones de actualización con el BIOS proporcionado por el vendedor del sistema. Si puede averiguar quién es el fabricante de la placa base (y no es una unidad propietaria), podría ponerse en contacto con la empresa para obtener un BIOS actualizado que soporte más procesadores.*

Actualizar el procesador puede, en algunos casos, duplicar el rendimiento de un sistema. Sin embargo, si ya dispone del procesador más rápido que encaja en un zócalo concreto, tendrá que considerar otras alternativas. En ese caso lo mejor es pensar en cambiar la placa base, lo que a su vez permitiría actualizar a los procesadores más recientes. Si el chasis no es propietario y el sistema utiliza un diseño de placa base ATX estándar, lo más aconsejable es cambiar la placa base y el procesador al mismo tiempo en vez de intentar buscar una actualización de procesador que funcione en la placa existente.

Overclocking

Otra forma de mejorar el procesador es configurar su velocidad para que funcione más rápido de lo que estipula el chip. Esto es lo que se conoce como *overclocking*. En muchos casos, se puede pasar con cierta cantidad de *overclocking* porque Intel, AMD y otros fabricantes suelen dejar márgenes en sus valoraciones. Así pues, un chip con una velocidad estimada en 3GHz podría funcionar en realidad a 3,5GHz o más, pero la velocidad se ha tasado como menor para permitir un mayor margen de fiabilidad. Mediante el *overclocking*, se utiliza este margen para que el chip funcione a una velocidad más próxima a su auténtica velocidad máxima. Normalmente no recomiendo esta técnica a los principiantes, pero si se siente cómodo enredando con la configuración del sistema y puede afrontar las posibles consecuencias, el *overclocking* podría permitirle aumentar el rendimiento del sistema en un 10 o 20 por 100.

El *overclocking* suele aplicarse al procesador, aunque también puede aplicarse a otros componentes del sistema, como la memoria, las tarjetas de vídeo, la velocidad de los buses, etc.

Cuando los chips funcionan más rápido, se calientan más, por lo que las actualizaciones y modificaciones de la refrigeración suelen ir de la mano del *overclocking*. Los sistemas más frescos tienden a ser más estables y fiables, así que incluso aunque no aplique *overclocking*, es esencial asegurarse de que se refrigera correctamente para que funcione sin problemas. Muchos sistemas no están diseñados o configurados para una refrigeración óptima ni siquiera a velocidad estándar, así que mucho menos en *overclocking*.

La cronología del *overclocking* en los PC se remonta a los sistemas IBM PC a 4,77MHz y AT a 6MHz originales de principios de los años ochenta. De hecho, IBM facilitó el *overclocking* en el AT porque el cristal de cuarzo que controlaba la velocidad del procesador iba en un zócalo al que se podía conectar otro cristal más rápido. La mayoría de los sistemas modernos permiten el *overclocking* sin reemplazar nada, gracias a los chips temporizadores programables y a opciones de configuración del BIOS más simples y fáciles de cambiar.

Quartz Crystals

Para comprender el *overclocking*, hay que saber cómo se controlan las velocidades del sistema. El principal componente de control de velocidad de un ordenador es un cristal de cuarzo. El cuarzo es dióxido de silicio (SiO2) en forma cristalina. El oxígeno y el silicio son los elementos más comunes de la tierra (la arena y las rocas son casi todo dióxido de silicio), y los chips están hechos a base de silicio. El cuarzo es un material duro y transparente, con una densidad de 2649 kg/m^3 y punto de fusión de 1750°C. El cuarzo es quebradizo pero con cierta elasticidad, tal vez su atributo más útil.

En su forma cristalina, el cuarzo sirve para generar pulsos de señal regulares y consistentes para regular circuitos electrónicos, igual que un metrónomo puede regular la música. Se utilizan cristales de cuarzo porque son piezoeléctricos, es decir, tienen la propiedad de generar voltaje cuando se someten a tensiones mecánicas. También funciona al revés, es decir, el cuarzo genera tensión mecánica o movimiento cuando se somete a voltaje. Pierre y Jaques Curie descubrieron la piezoelectricidad en 1880, y es la característica fundamental que hace que el cuarzo sea útil en circuitos electrónicos.

La piezoelectricidad funciona en dos direcciones, lo que significa que del mismo modo que se genera voltaje al curvar un cristal, si se aplica voltaje al mismo, éste se curva (contrae, expande o retuerce). Aunque el cristal es quebradizo por naturaleza, es también en cierta medida elástico, de manera que cualquier deformación tiende a repetirse bruscamente, resonando o vibrando a una frecuencia natural mientras haya voltaje. Igual que con los tubos de un órgano, la frecuencia de resonancia natural depende del tamaño y la forma del cristal. En general, cuanto más pequeño y delgado es, más rápido vibra.

El movimiento real es tremendamente pequeño, en el orden de 68 nanómetros por centímetro, lo que en un cristal normal supone una distancia de sólo unos átomos. Aunque el movimiento es muy pequeño, también es muy rápido, lo que significa que se pueden generar unas fuerzas tremendas. Por ejemplo, la superficie de aceleración de un cristal de 50MHz puede exceder cinco millones de veces la fuerza de la gravedad.

Los resonadores de cristal se hacen a partir de trozos de cuarzo en bruto que se cortan en cuadrados, se redondean y se aplanan para formar discos. Cuanto más finos son los discos, más alta es la frecuencia resonante; sin embargo, hay un límite de finura que se debe sobrepasar o el disco se romperá. El límite para los resonadores es de unos 50MHz. A esa frecuencia, los discos tienen el grosor de un papel y por lo general son demasiado frágiles como para resistir más aplanamientos. Aun así, es posible obtener cristales de frecuencia más alta utilizando armónicos de la frecuencia principal, que producen cristales de hasta 200MHz o incluso más. También es posible alcanzar mayores frecuencias con circuitos sintetizadores, que utilizan una frecuencia base generada por cristal y aplicada a un circuito que entonces genera múltiplos de frecuencia que pueden llegar tranquilamente a gigahercios o terahercios. De hecho, los circuitos sintetizadores de frecuencia basados en cristal se utilizan para generar las altas velocidades operativas de los PC modernos.

Los encapsulados de cristal, además de la forma de los cristales de cuarzo que hay dentro, pueden variar. Los encapsulados suelen ser de metal en forma cilíndrica o rectangular, pero pueden tener otras formas y estar hechos de plástico u otros materiales (véase la figura 2.49).

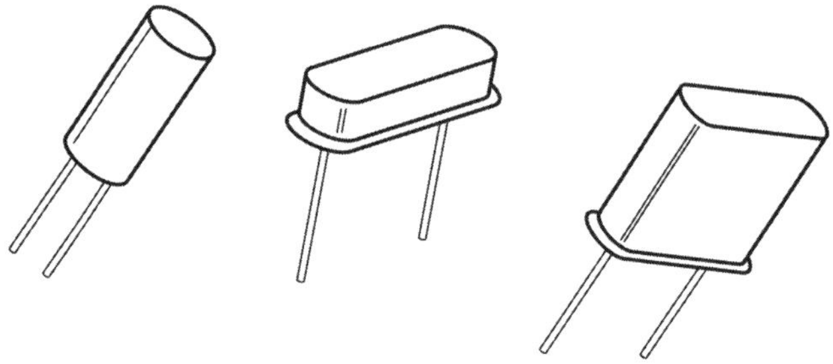

Figura 2.49. *Encapsulados de cristal con distintas formas.*

La astilla de cuarzo que hay en el encapsulado suele tener forma de disco, pero en algunos casos puede tener forma de diapasón. La figura 2.50 muestra un encapsulado de cristal cilíndrico con la cubierta retirada, exponiendo el cuarzo con forma de diapasón.

La mayoría de los cristales usan una astilla de cuarzo con forma de disco como resonador. Dicho disco está contenido en un envoltorio herméticamente cerrado al vacío. La figura 2.51 muestra el interior de un cristal típico con un resonador en forma de disco. El disco de cuarzo tiene electrodos en cada lado, lo que permite la aplicación de voltaje. La figura 2.52 muestra una vista más detallada.

Walter G. Cady fue el primero en utilizar cristal de cuarzo para controlar un circuito oscilador electrónico en 1921. El año siguiente publicó los resultados, que condujeron al desarrollo del primer reloj controlado por cristal por parte de Warren A. Marrison en 1927. Actualmente, todos los ordenadores modernos tienen múltiples osciladores y relojes internos, algunos para controlar las velocidades de bus y procesador y como mínimo otro como reloj estándar.

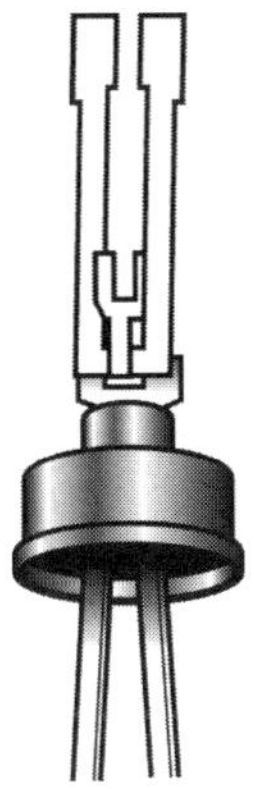

Figura 2.50. *Interior del encapsulado mostrando el diapasón de cuarzo.*

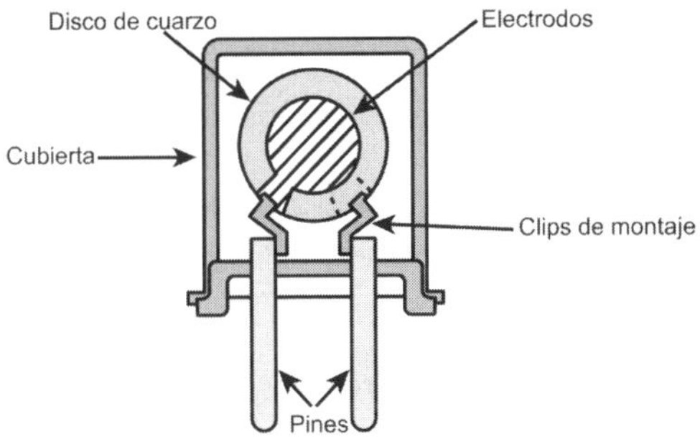

Figura 2.51. *Interior del cristal con un resonador de cuarzo en forma de disco.*

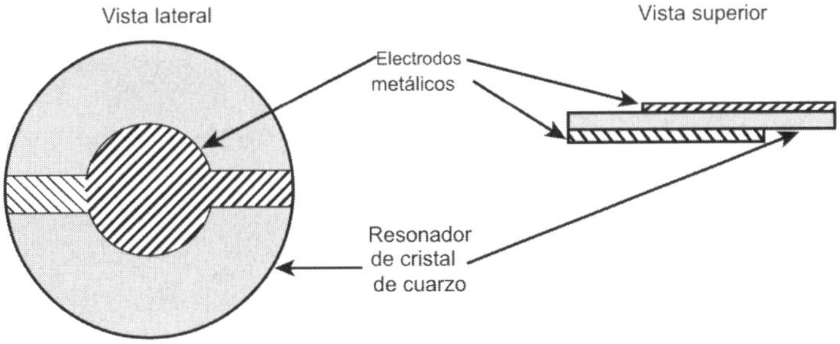

Figura 2.52. *Detalle del resonador.*

Relojes de PC modernos

Un PC moderno cuenta con al menos dos cristales en la placa base: el principal, que sirve para controlar la velocidad de la placa base y su circuitería, y el otro para controlar el reloj de tiempo real (RTC). El cristal principal siempre va a 14,31818MHz (abreviado como 14,318 o simplemente 14,3), y el RTC a 32,768KHz.

¿Por qué 14,31818MHz?

El IMB PC original de 1981 funcionaba a 4,77MHz, velocidad resultante de coger un cristal de 14,31818MHz y utilizar un circuito divisor para dividir la frecuencia entre tres y obtener 4,77MHz. Mucha gente no se explica por qué IBM decidió que el procesador funcionase a 4,77MHz; después de todo, el 8088 que utilizaban estaba tasado a 5MHz, y lo único que tendrían que haber hecho para mantenerlo a esa velocidad era cambiar el cristal principal de 14.318MHz por uno de 15MHz. Lo cierto es que si hubieran hecho eso habrían tenido que añadir más cristales al diseño. El mismo cristal de 14,318MHz dividido entre tres para que funcionase el procesador también estaba dividido entre cuatro para obtener 3,58MHz, que es la frecuencia exacta necesaria para que la señal de modulación de vídeo en color NTSC sea compatible con la TV en color.

Pero eso no es todo: otro circuito dividía la frecuencia del cristal entre 12 para obtener una frecuencia de 1,193182MHz, que utilizaba un chip 8253 temporizador/contador programable de tres canales e intervalos de 16 bits. Cada canal servía para recibir una señal de reloj y producir una señal dividiendo por un número arbitrario de 16 bits. El canal 0 servía para los tics de reloj de hardware. Estaba programado por el BIOS para generar la INT 08h cada 65.536 tics, es decir, unas 18,2 veces por segundo. Las rutinas de software vinculadas a la INT 08h hacían que el reloj de hardware se actualizara y pudiera unirse a otras actividades que tenían que hacerse periódicamente. El canal 1 se utilizaba para decir al DMA que actualizase la RAM dinámica cada 72 ciclos (unos 15 microsegundos), y el canal 2 servía para emitir una señal de audio al altavoz (podían conseguirse distintos tonos cambiando el divisor).

Así pues, al elegir un cristal de 14,318MHz en vez de 15MHz u otra velocidad, los ingenieros de IBM pudieron diseñar una placa base en la que un solo cristal servía para gestionar el procesador, la tarjeta de vídeo, el reloj de hardware, la actualización de la memoria e incluso los tonos. El diseño de un solo cristal permitía que se fabricase la placa base con menos partes y, en consecuencia, menor coste.

Como confirmación de su previsión, todos los PC modernos siguen estando controlados por un cristal de 14,318MHz, que junto con un chip generador de frecuencia sirve para derivar prácticamente todas las frecuencias que utilizan la CPU, los buses, la memoria y otros componentes en una placa base moderna.

Los PC no funcionan a 14,318MHz, así que ¿cómo puede usarse un cristal de esa velocidad? ¿Y qué ocurre cuando se instala un procesador diferente? ¿Cómo ajusta el sistema el bus y otras velocidades al nuevo chip? La respuesta es que un chip especial denominado FTG o sintetizador de frecuencia se utiliza junto con el cristal para derivar la velocidad real del sistema. La figura 2.53 muestra una parte de una placa base con un chip FTG con un cristal de 14,318MHz debajo.

El RTC del PC original era notablemente inexacto, así que a partir del IBM AT (1984), IBM añadió un cristal de 32,768KHz aparte para contar el tiempo independientemente de la velocidad del sistema. Este cristal también se utiliza en todas las placas base modernas. La figura 2.54 muestra un cristal de 32,768KHz junto al puente sur o IOH de un *chipset* que contiene la circuitería RTC y la CMOS RAM.

Figura 2.53. *Chip FTG ICS 9250 con un cristal de 14,318MHz.*

La mayoría de los chips sintetizadores de frecuencia usados en las placas base de los PC están fabricados por distintas empresas, entre las que se incluyen Integrated Device Technology (`www.idt.com`; anteriormente Integrated Circuit Systems) y Cypress Semiconductor (`www.cypress.com`; anteriormente *International Microcircuits Inc* [IMI]). Estos chips utilizan circuitos PLL (*Phased Locked Loop*, Bucle de enganche de fase) para generar señales de procesador, PCI, AGP y bus sincronizadas derivadas de un solo cristal de 14,318MHz. El cristal y el chip sintetizador de frecuencia suelen estar situados cerca del procesador y el componente principal de la placa base.

Lo asombroso de estos chips es que la mayoría de ellos son programables y ajustables, así que se puede cambiar su frecuencia vía software, lo que provoca que el sistema funcione a distintas velocidades. Dado que todas las CPU están basadas en la velocidad del bus de la CPU, al cambiar la velocidad de éste generada por el chip sintetizador, se puede cambiar la velocidad del procesador. Y puesto que los buses PCI, AGP y de memoria están a menudo sincronizados con la velocidad del bus del procesador, al cambiar ésta en un porcentaje determinado, también cambia la de los otros buses en la misma proporción. El software para llevar esto a cabo está integrado en los menús de configuración del BIOS de la mayoría de las placas base modernas.

Figura 2.54. *Puente sur (IOH) con un RTC, junto con el cristal de reloj de 32,768KHz.*

Consejos para overclocking

La mayoría de las placas base modernas leen automáticamente los componentes de la memoria y la CPU para determinar la velocidad, temporización y configuración de voltaje adecuadas. Originalmente, estas configuraciones estaban controladas por puentes y conmutadores, pero en la mayoría de las placas actuales se puede entrar en la configuración del BIOS para modificarlas manualmente y utilizar las opciones de los menús para alterar la velocidad del sistema. Puesto que tal alteración puede desestabilizar el sistema, la mayoría de los ordenadores están diseñados para ejecutarse en BIOS Setup a una velocidad baja predeterminada para poder hacer cambios en el futuro. Esto hace que el *overclocking* sea tan fácil como cambiar unas cuantas opciones de menú y reiniciar para probar la selección hecha.

El concepto de *overclocking* es simple: se puede cambiar la configuración para aumentar la velocidad del procesador, la memoria, los buses y demás componentes hasta que se desestabilice el sistema. Entonces se puede volver hacia atrás y reducir la configuración hasta que el sistema se estabilice otra vez. De este modo, encontrará la velocidad máxima que puede mantener un sistema. Dado que cada procesador es diferente, incluso los que tienen la misma velocidad estimada pueden acabar permitiendo velocidades máximas distintas.

¿Por qué algunos procesadores pueden conseguir más velocidad? Todo depende de cómo se hayan fabricado y marcado. Por ejemplo, los chips Pentium 4 basados en núcleo Prescott utilizaban pastillas de 112mm^2 en obleas de 300mm^2, lo que permitía un máximo de 529 pastillas por oblea. Por varios defectos, muchas no funcionaban, pero digamos que unas 423 (un 80 por 100 de rendimiento) estaban bien. Intel vendía inicialmente los procesadores con núcleo Prescott a velocidades entre 2,4GHz y 3.4GHz, lo que significa que todas las pastillas de cada oblea estaban diseñadas para funcionar a la máxima velocidad estimada. Sin embargo, las pruebas demostraron que aunque algunas pastillas realmente funcionaban a 3,4GHz, otras sólo funcionaban con fiabilidad a velocidades más bajas. Los chips terminados se clasificaban según los resultados en las pruebas de velocidad.

En las primeras fases de fabricación de un proceso, la mayoría de chips clasificados pasa solamente las pruebas de velocidad baja. Es por esto que los chips más rápidos son los más caros; por lo general, pocos de los chips producidos en un día pasan la prueba de velocidad rápida.

No obstante, a medida que avanza la fabricación y se ajusta el diseño, más chips pasan la pruebas de mayor velocidad. Pero dado que los chips de menor velocidad (y menor precio) se venden más, los fabricantes marcan los rápidos con velocidades más bajas para poder atender todos los pedidos.

Lo que quiero decir es que fabricantes de chips como Intel y AMD hacen todos los chips de una oblea idénticos e intentan que todos funcionen a la misma velocidad máxima. Comprar uno de los chips con una velocidad tasada por lo bajo es tener el mismo chip (pastilla) que las versiones con mayor velocidad estimada; la diferencia es que los más rápidos tienen la garantía de funcionar a máxima velocidad y los otros no. Ahí es donde entra el *overclocking*.

Truco: *La velocidad actual de un procesador puede no ser en realidad su velocidad, debido al* overclocking *o porque algunos sistemas recientes reducen la velocidad del procesador cuando el sistema no está muy ocupado. Tanto Intel como AMD han desarrollado herramientas de software que permiten identificar correctamente la velocidad estimada de un procesador.*
Para los procesadores Intel más recientes, utilice Intel Processor Identification Utility y para los chips más antiguos, Intel Processor Frequency ID Utility. Ambas utilidades se encuentran disponibles en `www.intel.com/support/processors/sb/CS-015477.htm`.
Para los procesadores AMD, utilice los programas AMD CPU Info o AMD Clock. Para encontrarlos, visite `http://www.amd.com/es-es/0,3715_15760,00.html?redir=SPT004`, *elija* Descargar controladores>Descargar controladores para procesadores *y escriba en la casilla de búsqueda* ***CPU info*** *y* ***AMD Clock***.

> *La desventaja de los programas de Intel y AMD es que sólo funcionan con sus propias marcas. Otra utilidad excelente que funciona tanto en procesadores Intel como en procesadores AMD es el programa CPU-Z, disponible en* `www.cpuid.com`. *Yo instalo rutinariamente este programa en todos los sistemas que construyo o reparo porque ofrece identificación de procesador (y* chipset*) universal.*

Los usuarios que aplican *overclocking* a sus sistemas compran chips tasados a velocidades bajas y hacen sus propias pruebas para ver si funcionan a más velocidad. También pueden empezar por chips de alta velocidad y comprobar si pueden funcionar más deprisa todavía, pero el éxito de esto es mucho más limitado. El *overclocking* más exitoso se consigue casi siempre con los chips de menor velocidad estimada de un diseño dado, que se venden además a un precio más bajo.

En otras palabras, estadísticamente es más probable encontrar chips tasados a una velocidad baja que puedan funcionar a más velocidad (porque los hacen idénticos); no obstante, si empieza con chips de alta velocidad, podría aumentar la velocidad en un pequeño porcentaje.

Lo más importante es que hay una diferencia entre la velocidad estimada de un chip y su velocidad máxima real. Los fabricantes como Intel y AMD tienen que ser prudentes a la hora de valorar sus chips, así que un chip con una velocidad estimada determinada puede casi siempre funcionar a más velocidad, la cuestión es ¿cuánto más? Desafortunadamente, la única forma de averiguarlo es probando los chips individualmente.

Velocidades de bus y multiplicadores

Los procesadores funcionan a un múltiplo de la velocidad de la placa base, y el múltiplo seleccionado suele estar bloqueado en el procesador; por tanto, lo único que se puede hacer para cambiar las velocidades es cambiar la configuración de velocidad del bus. El bus del procesador (PSB) también se conoce como bus de CPU y bus frontal (FSB).

Por ejemplo, yo construí un sistema que utilizaba un procesador Intel Pentium 4 3.2E, que normalmente funcionaba a 3.200MHz en un bus de CPU de 800MHz. En ese caso, el procesador está bloqueado para funcionar a cuatro veces la velocidad del bus de la CPU. Pude aumentar la velocidad de dicho de 800MHz a 832MHz, lo que supuso un incremento en la velocidad del procesador de 128MHz (pasó de 3.200MHz a 3.328MHz). Sólo me llevó 60 segundos reiniciar, entrar en la configuración del BIOS, hacer los cambios en el menú, guardar y reiniciar otra vez. Solamente supuso un incremento del 4 por 100 en la velocidad total, pero no me salió gratis y las pruebas demostraron que el sistema era igual de estable que antes.

Muchas placas base permiten cambios en la velocidad de un 50 por 100 o incluso más, pero el procesador raramente soporta velocidades tan por encima de la estimada sin bloquearse o fallar. Observe además que al aumentar la velocidad del bus del procesador, también podría estar aumentando la del bus de memoria, el bus PCI o el bus PCI Express (o AGP) en la misma proporción.

Por consiguiente, si la memoria es inestable a máxima velocidad, el sistema fallará aunque el procesador haya sido capaz de soportarla. El mínimo común denominador prevalece, lo que significa que el sistema funcionará más rápido solamente si todos los componentes pueden responder al cambio.

Riesgos del overclocking

Si está decidido a probar el *overclocking*, debe tener en cuenta varias cuestiones. Una es que la mayoría de los procesadores vendidos a partir de 1998 tienen el multiplicador bloqueado de fábrica. Los procesadores bloqueados ignoran cualquier cambio en la configuración del multiplicador de la placa base. Aunque originalmente se hacía para evitar que se remarcaran los procesadores fraudulentamente, el bloqueo de los multiplicadores ha impactado a los fanáticos del rendimiento informático, al dejar el ajuste de la velocidad del bus de la placa base como única forma fácil (en ocasiones la única posible) de conseguir una velocidad de reloj por encima de la estándar.

También puede encontrar problemas al aumentar la velocidad del bus de la placa base. La mayoría de las placas base antiguas de Intel, por ejemplo, sencillamente no soportan una velocidad de reloj que no sea la de la configuración estándar. Algunas placas Intel más recientes, orientadas a los fans, incluyen características que permiten incrementar la velocidad del bus del procesador (y también la del núcleo), los voltajes y los multiplicadores (para CPU sin bloquear). La mayoría de las placas base también permiten cambiar las velocidades de bus.

Observe que la mejor forma de sacar un poco más de rendimiento a un determinado procesador es con pequeños cambios incrementales en la velocidad de reloj, y no con grandes saltos. Esto se debe a que cada chip se puede ajustar en un porcentaje determinado. Cuanto más pequeños sean los pasos dados para aumentar la velocidad, más nos podremos acercar a la máxima velocidad real del chip sin pasarnos y provocar la inestabilidad del sistema.

Por ejemplo, supongamos que tenemos una placa base Socket 775 que funciona a 2,4GHz con un procesador Core 2 Quad a una velocidad de bus frontal de 1.066MHz. La placa base permite ajustes de 1MHz de la velocidad de reloj del bus de la CPU para mejorar la velocidad del procesador. La frecuencia de reloj básica es 266MHz y se multiplica por 4 para obtener la velocidad del bus frontal, que después se aumenta por el multiplicador de la CPU:

```
800MHz × 3.5 = 2.800MHz, o 2,8GHz
```

Ajustando la frecuencia de reloj de la CPU se puede cambiar la velocidad del FBS y la del núcleo del procesador (véase la tabla 2.33).

Como verá, al aumentar la velocidad de reloj de 266MHz a 300MHz, se aumenta la velocidad del FSB de 1.066MHz a 1.200MHz, y la del núcleo de CPU de 2,4GHz a 2,7GHz, lo que supone un incremento de casi el 13 por 100. Por lo general, los incrementos en el orden del 10-20 por 100 tienen éxito, posiblemente más si el sistema ofrece una refrigeración excelente y se puede ajustar también el multiplicador de CPU, el voltaje y otras configuraciones.

Tabla 2.33. *Relaciones de velocidad entre el reloj del núcleo, el FBS y la CPU.*

Frecuencia de reloj base	Multiplicador de bus (Fijo)	Velocidad de FSB resultante	Multiplicador de núcleo de CPU	Velocidad de procesador resultante
266 MHz	4X	1,066 MHz	9X	2,400 GHz
268 MHz	4X	1,072 MHz	9X	2,412 GHz
270 MHz	4X	1,080 MHz	9X	2,430 GHz
272 MHz	4X	1,088 MHz	9X	2,448 GHz
274 MHz	4X	1,096 MHz	9X	2,466 GHz
276 MHz	4X	1,104 MHz	9X	2,484 GHz
278 MHz	4X	1,112 MHz	9X	2,502 GHz
280 MHz	4X	1,120 MHz	9X	2,520 GHz
282 MHz	4X	1,128 MHz	9X	2,538 GHz
284 MHz	4X	1,136 MHz	9X	2,556 GHz
286 MHz	4X	1,144 MHz	9X	2,574 GHz
288 MHz	4X	1,152 MHz	9X	2,592 GHz
290 MHz	4X	1,160 MHz	9X	2,610 GHz
292 MHz	4X	1,168 MHz	9X	2,628 GHz
294 MHz	4X	1,176 MHz	9X	2,646 GHz
296 MHz	4X	1,184 MHz	9X	2,664 GHz
298 MHz	4X	1,192 MHz	9X	2,682 GHz
300 MHz	4X	1,200 MHz	9X	2,700 GHz

Configuración del voltaje de la CPU

Otro truco para el *overclocking* consiste en modificar la configuración de voltaje de la CPU. Todos los zócalos y ranuras modernos incluyen detección de voltaje automática. Con esta detección, el sistema determina y establece el voltaje correcto para leer ciertos pines del procesador. Algunas placas base no permiten cambiar manualmente esta configuración, pero otras permiten ajustar el voltaje, subiéndolo o bien bajándolo de voltio en voltio. Algunos experimentadores han descubierto que aumentando o disminuyendo el voltaje ligeramente respecto al estándar, se puede conseguir una velocidad de reloj más alta sin desestabilizar el sistema. Algunas placas base permiten ajustar la configuración del voltaje del *chipset* FSB y los componentes de memoria, permitiendo más control en situaciones de *overclocking*.

Mi consejo es ser muy cautos al jugar con los voltajes porque se puede dañar el procesador y otros componentes. Incluso sin cambiar el voltaje, es fácil y gratificante conseguir *overclocking* con una placa base con velocidad de bus ajustable. Le recomiendo que se asegure de usar una placa dc calidad, bucna mcmoria y sobre todo, un chasis bueno con ventiladores adicionales y suministro eléctrico muy resistente. Al aplicar *overclocking*, es importantísimo que los componentes del sistema y la CPU estén bien refrigerados. Exagerar un poco con el disipador del procesador y añadir ventiladores adicionales a la caja no hace daño, y en muchos casos ayuda al retocar así los sistemas.

Refrigeración del procesador

El calor puede ser un problema en cualquier sistema de alto rendimiento. Estos procesadores consumen más energía y por consiguiente generan más calor. El procesador suele ser el chip que más electricidad consume en un sistema, y en la mayoría de las situaciones, el ventilador que hay dentro de la caja es incapaz de manejar la carga sin ayuda.

Disipadores

Antiguamente, sólo hacía falta un disipador (un accesorio especial que aleja el calor del chip) en los sistemas en los que el calor del procesador era un problema. Sin embargo, desde principios de los 90, con la aparición de los Pentium más rápidos, los disipadores son necesarios en todos los procesadores.

El disipador funciona como el radiador del coche, quitando calor del motor. Lo que hace es conducir el calor lejos del procesador para ventilar el sistema. Lo hace con un conductor térmico (normalmente metálico) que lleva el calor del procesador a aletas que exponen una superficie mayor a una corriente de aire. Esto permite que el aire se caliente y se enfríen el disipador y el procesador. Al igual que el radiador del coche, el disipador depende de corrientes de aire. Si no fluye el aire, el disipador no puede deshacerse del calor. Para evitar que el motor de un automóvil se recaliente mientras está en marcha, los ingenieros incorporan un ventilador. Del mismo modo, hay un ventilador en el interior del PC para mover el aire por el disipador y ventilar el sistema. En algunos sistemas, el ventilador incluido en la alimentación es suficiente si se combina con un diseño de disipador especial, pero en la mayoría de los casos, hay que añadir un ventilador adicional directamente sobre el disipador para conseguir los niveles de refrigeración necesarios. Los ventiladores de caja también son habituales en los sistemas modernos para ayudar a sacar el aire caliente del sistema y reemplazarlo con aire frío del exterior.

Los disipadores suelen estar unidos con clips o piezas de sujeción. Existen muchos tipos de disipadores y métodos de conexión. Según los datos de Intel, los clips son el segundo causante principal de la destrucción de las placas base (los primeros son los destornilladores); ésa es una de las razones por las que la empresa ha cambiado los clips metálicos por corchetes plásticos en sus últimos diseños. Al instalar o retirar un disipador sujeto con clips, tenga cuidado de no arañar la superficie de la placa base.

Los disipadores se evalúan según el rendimiento de refrigeración. Normalmente las valoraciones se expresan como resistencia a la transferencia de calor en grados centígrados por vatio (°C/W), y cuanto más baja es, mejor. Observe que la resistencia varía dependiendo del flujo de aire que pasa por el disipador.

Disipadores activos

Para garantizar un flujo de aire constante y un rendimiento más consistente, muchos disipadores incorporan ventiladores, de forma que no tengan que depender de la corriente de aire de dentro del sistema. Los disipadores con ventiladores se denominan disipadores activos (véase la figura 2.55). Estos disipadores tienen una conexión eléctrica. Los más antiguos solían usar un conector de unidad libre, pero la mayoría de los disipadores modernos van en conexiones dedicadas de la placa base.

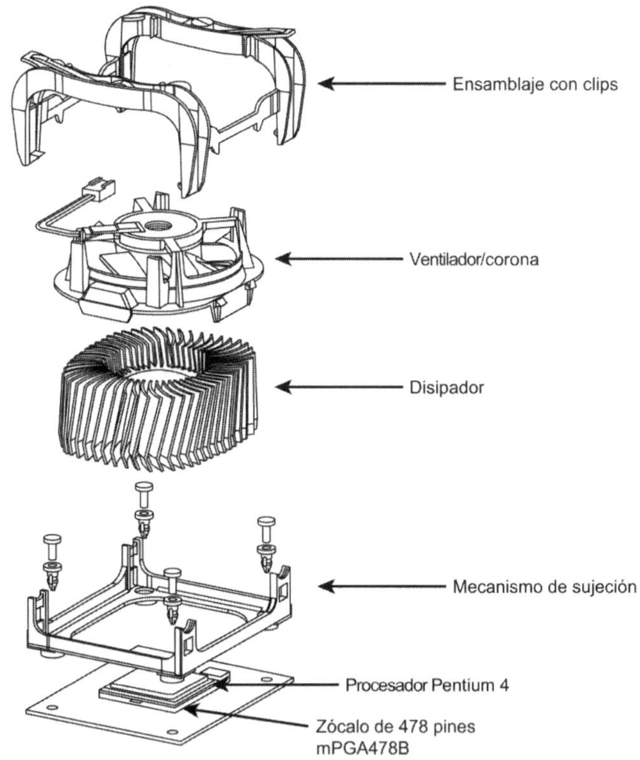

Figura 2.55. *Disipador activo adecuado para un procesador Pentium 4 con Socket 478.*

Los diseños Socket 478 usan dos levas para engranar los clips del disipador y poner el sistema en tensión. La fuerza generada es de 34,5 kilos y arquea notablemente la placa base debajo del procesador. Este arco es normal y la placa base está diseñada para ello.

Esta gran cantidad de fuerza es necesaria para evitar que los disipadores más pesados caigan sobre el procesador al mover o transportar el sistema, y garantiza una buena adherencia del material de la interfaz térmica (grasa térmica).

La figura 2.56 muestra el diseño empleado en la mayoría de los procesadores Socket AM2, 940, 939 y 754, con leva y ensamblado de clips a un lado.

Al igual que el diseño de dos levas para Socket 478, éste pone 34,4 kilos de fuerza entre el ventilador y el procesador. En este diseño se evita que se arquee la placa base con una chapa de refuerzo bajo la misma. El marco de sujeción del disipador se conecta en realidad a esta chapa a través de la placa base. La chapa de refuerzo y el marco de sujeción suelen incluirse con la placa base, pero el disipador con ventilador y el ensamblaje de leva y clip van con el procesador.

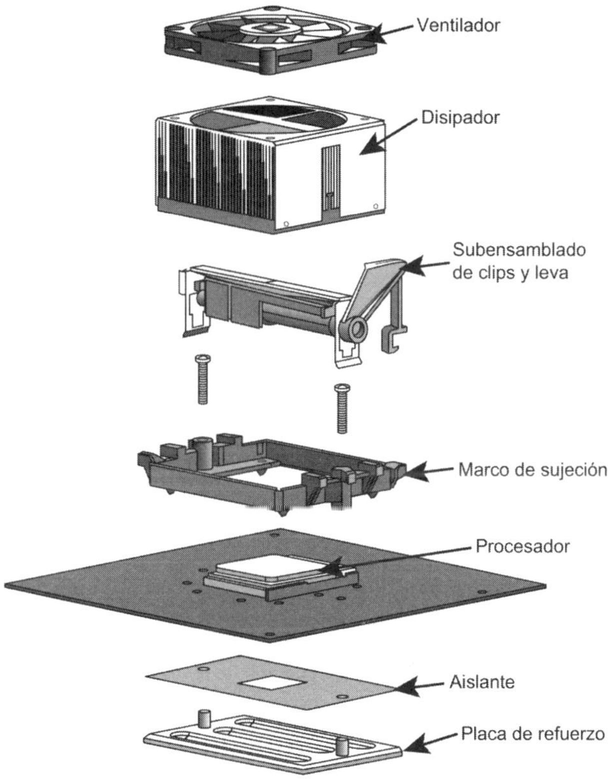

Figura 2.56. *Disipador activo y mecanismo de sujeción con leva utilizado en procesadores Socket AM2, 940, 939 y 754.*

Nota: *Una de las mejores razones para usar conectores basados en la placa base para el ventilador es que la mayoría de programas de configuración del BIOS pueden ver el rendimiento del ventilador e informar a un programa de supervisión del sistema. Puesto que algunos procesadores (especialmente los Athlon más antiguos) pueden destruirse con unos pocos movimientos de un ventilador que funcione mal, esta característica contribuye a evitar desastres dentro del equipo.*

Si tiene que comprar un disipador activo, tenga en cuenta que algunos de los que hay en el mercado son de muy mala calidad. Los malos tienen motores que utilizan rodamiento por cojinetes y al cabo de poco tiempo se paran. Yo recomiendo usar sólo ventiladores con motores de rodamiento de bolas, que duran unas 10 veces más que los de rodamiento por cojinetes. Naturalmente, son más caros (más o menos el doble) pero ahorran dinero a largo plazo.

Los ventiladores más recientes incluyen conectores eléctricos de 4 cables, que incluyen los cables estándar de masa, voltaje y sensor de los ventiladores de tres cables, más un cuarto para controlar la velocidad del ventilador. Estos ventiladores se llaman PWM (*Pulse Width Modulation*, Modulación por ancho de pulso) porque utilizan señales de modulación de ancho de pulso de la placa base para controlar la velocidad con más precisión y variaciones. Los ventiladores estándar de tres tienen transistores térmicos internos (termistores) que controlan la velocidad del ventilador (normalmente ofrecen dos velocidades). Con la configuración PWM, la placa base puede monitorizar la temperatura del sistema y el procesador, y controlar variablemente la velocidad del ventilador para mantener las temperaturas deseadas.

Los disipadores diseñados para zócalos LGA775, LGA1156 y LGA1366 suelen incluir clips de sujeción de plástico que se insertan en orificios de la placa base. Para instalar este tipo de disipador, simplemente hay que alinear la parte superior de los clips de forma que se pueda girar totalmente hacia la izquierda (al contrario que la dirección de las flechas) y presionar hasta que las partes inferiores hagan un clic o se encajen en los agujeros. Para quitar el disipador, se inserta un destornillador de punta plana en la ranura bajo las flechas y gira la parte superior en la dirección de las flechas. Al rotar los clips, irán saliendo de la placa base. La figura 2.57 muestra un disipador activo para procesadores Socket LGA775 con este tipo de sujeción.

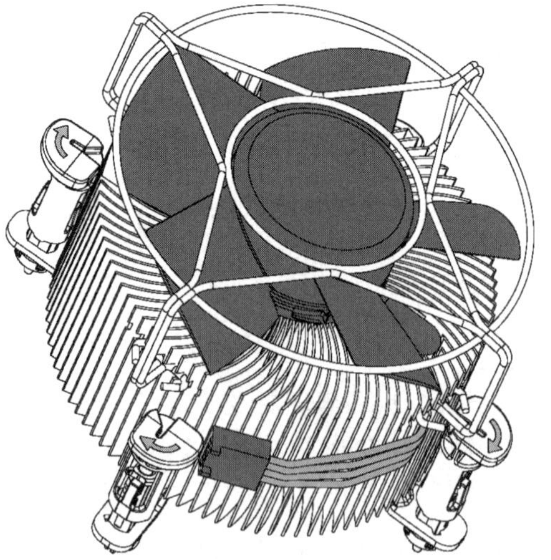

Figura 2.57. *Disipador para procesador LGA775 en el que se aprecian los elementos de sujeción y un ventilador PWM de cuatro cables.*

Adquisición de un ventilador

Con la gran variedad de diseños de procesador que hay actualmente en el mercado, es necesario que la salida térmica del procesador esté en consonancia con la capacidad de gestión del calor del disipador que se planea usar. El rendimiento del disipador requerido por un procesador dado depende de dos factores principales: la máxima temperatura que permite la caja y el máximo rendimiento de la energía. Se puede instalar un disipador con una resistencia térmica baja, que sólo mejorará la refrigeración, pero nunca hay que instalar uno que tenga una resistencia más alta que la requerida por el procesador.

Los procesadores Intel y AMD que se venden al por menor incluyen disipadores activos de alta calidad diseñados para funcionar en las peores condiciones ambientales posibles. Una de las razones por las que recomiendo comprar este tipo de procesador es que se tiene garantizada la obtención de un disipador bueno con el procesador, uno diseñado para refrigerar el procesador en las peores condiciones y que debería durar tanto como el sistema.

Si se compra un procesador OEM que no incluya disipador, habrá que gastar entre 20 y 50 euros para hacerse con un disipador con ventilador activo de alta calidad, y más si se quiere un modelo más exclusivo. Siempre se paga más por los disipadores activos más eficientes y que mejor refrigeran, y los aficionados al *overclocking* que tienen una fe ciega en estos dispositivos suelen considerar que el gasto merece la pena.

Nota: *Los disipadores pasivos son básicamente radiadores con aletas de aluminio más difíciles de integrar porque dependen de corrientes de aire procedentes de una fuente externa, normalmente un ventilador montado en la caja que a veces incluye un conducto para pasar el aire directamente por las aletas del disipador. Puede ser más fiable y rentable si funciona correctamente, por eso, muchos de los sistemas de renombre, como los de Dell o Gateway, suelen utilizar este diseño.*

Disipadores "exclusivos"

Existe un amplio mercado de disipadores "exclusivos" de gama alta, que tienen formas y diseños más propios del arte industrial que de un componente interno de ordenador. Estos bonitos disipadores son muy populares entre los fans del *overclocking* y entre los aficionados a modificar sus sistemas en general.

Aunque ciertamente se aprecia un hardware bonito, como ingeniero me preocupa más el rendimiento que la apariencia. La mayoría de estos diseños exclusivos tienen un rendimiento térmico sobresaliente, pero el nivel de rendimiento real casi nunca está documentado (lo que dificulta las comparaciones) y puede añadir costes adicionales a su ya de por sí elevado precio. Otros inconvenientes son tamaños imposibles, peso excesivo que podría dañar el procesador o la placa base, y hardware de acoplamiento difícil de usar.

Tal vez lo que menos me gusta sea la falta de documentación técnica. La especificación principal para el rendimiento térmico de un disipador es la resistencia térmica, especificada en grados Celsius por vatio. Cuanto más baja es la cifra, mejor es el rendimiento. Desafortunadamente, la mayoría de los disipadores exclusivos del mercado no incluyen estos datos en sus especificaciones, y sin conocer la resistencia térmica, no es fácil comparar el rendimiento de unos y otros disipadores.

Cálculos y valoraciones

Cuando se refrigera un procesador, el disipador transfiere calor del procesador al aire. Esta capacidad se expresa con una cifra conocida como resistencia térmica, que se mide en grados Celsius por vatio (C/W). Cuanto más baja es la cifra, más baja es la resistencia térmica y más calor puede eliminar el disipador de la CPU.

Para calcular el disipador que requiere un procesador se puede usar esta fórmula:

$$R_{total} = T_{caja} - T_{entrada}/P_{energía}$$

T_{caja} es la temperatura máxima que permite la caja de la CPU, $T_{entrada}$ es la temperatura máxima de entrada al disipador de la CPU, y $P_{energía}$ es la disipación de energía máxima del procesador. Por ejemplo, se estima que el Pentium 4 3.4E (Prescott) tiene una temperatura de caja máxima de 73°C y una salida TDP (*Thermal Design Power*, Diseño de potencia térmica) máxima de 103 vatios. Intel recomienda una temperatura de entrada de 38°C, lo que significa que el disipador necesario para refrigerar correctamente este chip tiene que ser de 0,34°C/W, o (73°C – 38°C) / 103W.

El Core 2 Extreme QX6800 *quad-core* es un ejemplo más extremo, estimado para un máximo de 54,8°C a TDP de 130W. Esto requeriría un disipador de rendimiento excepcionalmente alto, de 0,13°C/W o (54,8°C – 38°C) / 130. Por lo general, una resistencia tan baja requiere alguna forma de refrigeración líquida.

Esta otra fórmula sirve para describir la energía del procesador:

$$P_{energía} = C \times V^2 \times F$$

$P_{energía}$ es la salida de energía máxima del procesador, C es la capacitancia, V^2 es el voltaje al cuadrado y F es la frecuencia. De esto se desprende que si doblamos la frecuencia de un procesador, consumirá dos veces más energía, y si duplicamos el voltaje, consumirá cuatro veces más. En consecuencia, si bajamos el voltaje a la mitad, consumirá sólo un cuarto de energía. Es importante tener en cuenta estas relaciones si se va a aplicar *overclocking* al procesador porque un pequeño aumento en el voltaje puede tener un efecto más dramático que un aumento similar en la velocidad.

En general, un incremento de la velocidad de un procesador en un 5por 100 aumenta el consumo de energía en la misma proporción. Según los cálculos anteriores, si se aumenta la velocidad un 5 por 100, el procesador de 103W consumirá 108,15W y la valoración del disipador cambiará de 0,34°C/W a 0,32°C/W. En la mayoría de los casos, salvo que se esté aplicando un *overclocking* extremo, el disipador existente debería funcionar. Puede probar a establecer el voltaje especificado en el manual y reducirlo un poquito para compensar, reduciendo así el consumo eléctrico. Naturalmente, cuando se reduce el voltaje, se puede desestabilizar la CPU, así que habrá que hacer pruebas. Como verá, cambiar todas estas configuraciones en pro del *overclocking* puede requerir mucho tiempo, teniendo en cuenta todas las pruebas que hay que realizar para asegurarse de que todo funciona como debe. Tendrá que decidir si la recompensa merece el tiempo y energía invertidos en la configuración y verificación de la funcionalidad. Observe que la mayoría de los fabricantes de disipadores profesionales publican su valoración °C/W, mientras muchos de los distribuidores que yo llamo disipadores "exclusivos" no lo hacen. En muchos casos, los fabricantes de los disipadores más extremos no realizan las pruebas que sí hacen los profesionales y se preocupan más por el aspecto que por el rendimiento real.

Instalación de un disipador

Para conseguir la mejor transferencia posible de calor del procesador al disipador, la mayoría de los fabricantes de disipadores especifican algún tipo de material de interfaz térmica para colocar entre el procesador y el disipador. Normalmente se trata de una grasa basada en cerámica, alúmina o plata, pero también puede ser una almohadilla especial o incluso una especie de cinta adhesiva de doble cara. Algunos se denominan materiales de cambio de fase porque cambian la viscosidad (se hacen más finos) al exceder ciertas temperaturas, lo que les permite fluir mejor por los diminutos huecos que hay entre el chip y el disipador. En general, las grasas térmicas ofrecen un rendimiento más alto que los materiales de cambio de fase, pero dado que siempre tienen una viscosidad más baja, fluyen con mayor facilidad y (si se utiliza demasiada cantidad) pueden escurrirse por los lados y llegar a la ranura o la placa base.

Independientemente de la que se utilice, una interfaz térmica puede mejorar considerablemente el rendimiento del disipador en comparación con la instalación seca. Los materiales de interfaz térmica se clasifican según la conductancia térmica (en cuyo caso cuanto más alta mejor) o por resistencia térmica (mejor cuanto más baja). Desafortunadamente, se utilizan diversas escalas estándar para medir el rendimiento, lo que dificulta las comparaciones. Algunas miden la conductividad térmica, otras la resistencia térmica; y las escalas pueden variar enormemente. La especificación más habitual es la resistencia térmica en grados centígrados por vatio (°C/W) para una capa de interfaz de 0,001cm de grosor y 2,5cm de tamaño. Para un material dado, cuanto más fina sea la capa de interfaz o más grande sea el área, menor será la resistencia. Además, debido a otras variables, como la rugosidad de la superficie y la presión, en ocasiones es imposible comparar directamente distintos materiales aunque en apariencia usen la misma escala.

Yo he visto pruebas de múltiples marcas de grasas térmicas y, en la mayoría de los casos, la diferencia de temperatura entre ellas es insignificante. Por eso, no me entusiasman mucho las distintas marcas; la mayoría de los productos principales del mercado ofrecen un rendimiento sorprendentemente similar.

Refrigeración líquida

Uno de los métodos más extremos de refrigeración del PC consiste en utilizar alguna forma de refrigeración líquida. Los líquidos tienen una capacidad de transporte térmico muy superior a la del aire, y a medida que se calientan los procesadores, puede ser beneficioso o incluso necesario en determinadas situaciones usar una forma de refrigeración líquida para disipar los altos niveles de calor generados, especialmente en espacios más pequeños o confinados.

Existen numerosas formas de refrigeración líquida, entre las que se encuentran las siguientes:

- Pipas de calor.
- Refrigeración con agua.
- Enfriamiento.

Todas ellas utilizan un líquido o vapor para absorber el calor del procesador u otros componentes y llevarlo hasta un intercambiador de calor, donde finalmente se dispersará por el aire. Así pues, toda refrigeración líquida conlleva también refrigeración aérea. Además, el intercambiador de calor (radiador) utilizado puede ser más grande de lo que encajaría en el procesador u otros chips, otra razón por la que la refrigeración líquida ofrece mayor capacidad de refresco.

De todos los tipos de refrigeración líquida disponibles, las pipas de calor son el único práctico y rentable en PC a nivel de producción. La refrigeración con agua y el enfriamiento están limitados a los practicantes del *overclocking* extremo que están dispuestos a pagar precios desorbitados y a aguantar las desventajas que implican estas opciones.

Chasis adaptado para la refrigeración

Las fuentes de alimentación del PC siempre han incluido un ventilador. Durante muchos años, ese ventilador tenía toda la responsabilidad de refrigerar no sólo la fuente de alimentación sino todo el sistema, incluido el procesador. De hecho, los PC anteriores al 486 ni siquiera incorporaban disipadores porque sólo generaban un par de vatios de calor. Los disipadores pasivos se convirtieron en una pieza estándar de los procesadores en 1992, con el 486DX2, que utilizaba hasta 5,7W de energía. Los disipadores activos aparecieron por primera vez en los procesadores Pentium de venta al por menor (denominados Overdrive) y se hicieron habituales en los modelos comerciales de los Pentium II y III y Athlon a partir de 1997. La mayoría de los chasis anteriores a ese punto no incorporaban un ventilador de refrigeración, sólo el de la alimentación.

Los ventiladores del chasis se popularizaron en los sistemas OEM a mediados de los noventa porque eran menos caros que los disipadores pasivos de los procesadores. Era más eficaz usar un solo ventilador de chasis para refrigerar tanto el chasis como el sistema y ahorrar dinero utilizando un disipador pasivo (sin ventilador) en el procesador. Por el año 2000, con el Pentium 4, muchos sistemas empezaron a utilizar disipadores activos (con ventilador) y ventilador de chasis. La mayoría de los sistemas modernos incluyen tres ventiladores: uno en la alimentación, uno en el disipador activo del procesador y otro en la parte trasera del chasis. Algunos sistemas tienen ventiladores adicionales (los más habituales son un segundo ventilador trasero y otro frontal para refrigerar los discos duros), pero lo más normal y efectivo es el diseño de tres.

Desafortunadamente, con los procesadores de alto rendimiento que alcanzan o incluso sobrepasan los 100W, es imposible que un diseño de chasis estándar refrigere el sistema sin recurrir a más ventiladores o configuraciones más exóticas (y caras) de refrigeración líquida. Se ha producido un pequeño avance en el diseño del chasis que puede permitir que los procesadores consuman menos de 100W en una refrigeración adecuada en un sistema con tres ventiladores, sin emplear soluciones más peculiares ni añadir ventiladores.

Como sabrá por la fórmula expuesta anteriormente, el consumo de energía del procesador es proporcional al cuadrado del voltaje que consume. Incluso aunque los voltajes de los procesadores hayan disminuido, las velocidades están aumentando a un paso mucho más rápido, de forma que el consumo eléctrico está alcanzando todo el tiempo niveles por encima de los 120W. Para combatir ese calor, los fabricantes de disipadores han aumentado la eficiencia de sus productos significativamente durante los últimos 10-15 años. Actualmente, hay disipadores con resistencias térmicas en el orden de los 0,33°C/W o menos. Desafortunadamente, los disipadores convencionales de aire frío se están acercando rápidamente a los límites de la tecnología.

Mejora del rendimiento térmico

Un método rentable para mejorar el rendimiento del disipador es reducir la temperatura ambiente en torno al procesador, lo que supone reducir la temperatura del aire que entra al disipador. Para garantizar la refrigeración adecuada para sus procesadores de venta al por menor, Intel y AMD especifican límites de temperatura máxima para el aire que entra al ventilador del disipador. Si la temperatura que entra al disipador sobrepasa esa cantidad, no podrá refrigerar correctamente el procesador. Dado que deben responder en circunstancias externas, todos los sistemas y disipadores modernos están diseñados para funcionar correctamente si la temperatura ambiente en la sala es de 35°C. Para funcionar en entornos con una temperatura más elevada, los PC precisan diseños más especializados. La tabla 2.34 muestra las temperaturas máximas de entrada al disipador toleradas por distintos procesadores con los disipadores instalados de fábrica.

Tabla 2.34. *Temperaturas máximas de entrada al disipador para varios procesadores.*

Temperatura ambiente	Temperatura máxima de entrada al disipador	Tipo de procesador
35°C	45°C	Procesadores AMD e Intel más antiguos.
35°C	42°C	Procesadores AMD Athlon y más recientes.
35°C	40°C	Intel Pentium 4 y procesadores más recientes.
35°C	38°C	Algunos procesadores más sofisticados o "Extreme".

Durante mucho tiempo, los procesadores nuevos demandaban constantemente más refrigeración. Con la nueva tendencia de Intel y AMD a aumentar la velocidad a través del diseño del chip en lugar de mediante incrementos de la velocidad de reloj, los exigentes procesadores actuales requieren que la temperatura interna del chasis se mantenga por debajo de 38°C, incluso aunque el sistema esté en una habitación con una temperatura ambiente de 35°C. El aumento de la temperatura interna, o el precalentamiento del aire dentro del sistema, suele ser consecuencia del calor procedente de componentes como los *chipsets* de la placa base, las tarjetas gráficas, la memoria, los reguladores de voltaje, las unidades de disco y el propio procesador. Incluso con todos estos componentes generando calor, las especificaciones para los procesadores más recientes requieren que la temperatura del aire dentro del chasis supere sólo en 3°C la ambiente, lo que exige una refrigeración extrema del chasis.

Los chasis convencionales son incapaces de mantener esa diferencia tan pequeña entre el interior y la temperatura ambiente. La única forma de conseguirlo es añadir una cantidad excesiva de ventiladores al sistema, lo que desafortunadamente aumenta los gastos y el nivel de ruido. Muchos sistemas con múltiples ventiladores en la parte frontal, trasera y los laterales tampoco pueden mantener la diferencia de temperatura en el disipador a únicamente 3°C. Por suerte, hay una solución que no sólo resuelve el problema sino que no es muy cara y es fácil de instalar.

Tanto Intel como AMD han publicado documentos que describen los atributos térmicos de sus procesadores, y guías con ideas para la refrigeración. Se ha diseñado un chasis específicamente para mejorar la refrigeración del procesador manteniendo una temperatura de 38°C o menos en el disipador. El uso de uno de estos chasis adaptados para la refrigeración permite que el procesador se mantenga más fresco incluso en condiciones ambientales extremas, y reduce el ruido. La mayoría de los procesadores y chasis modernos incorporan sistemas de refrigeración que pueden ajustar la velocidad de los ventiladores. Si la temperatura está muy por debajo del límite, el ventilador funciona a velocidad baja, reduciendo así el nivel de ruido. Si aumenta la temperatura, también lo hacen la velocidad de los ventiladores y el ruido. En general, estos chasis permiten una velocidad de ventilador baja, y por lo tanto la actividad es más silenciosa.

Para cumplir los requisitos de los chasis adaptados térmicamente, se recomiendan las siguientes especificaciones:

- Aceptar una placa base estándar ATX, MicroATX o FlexATX.
- Aceptar una fuente de alimentación estándar ATX, SFX o TFX con extractor integrado.
- Utilizar una cubierta lateral extraíble con un conducto de aire ajustable para el procesador así como una rejilla de ventilación para la tarjeta adaptadora (véase la figura 2.58).
- Proporcionar extractor principal en la parte trasera, de 92mm o más grande, y un ventilador opcional en la parte frontal, de 80mm (sin contar con los de la alimentación).

Dado que un chasis adaptado es mucho mejor para refrigerar con pocos gastos adicionales, le recomiendo encarecidamente que busque estas características en el próximo sistema que compre o construya.

Conducto para el procesador

El último avance en el diseño de chasis, y una característica primordial en la adaptación térmica explicada antes, es la adición de un conducto o tubo de ventilación directamente sobre el procesador que permite que el disipador tome aire del exterior del chasis, mejorando así el rendimiento térmico del disipador y cumpliendo el requisito de temperatura igual o inferior a 38°C. Las especificaciones para este conducto, y para una rejilla de ventilación adicional en el lateral de la cubierta para las tarjetas adaptadoras, como las placas gráficas, se encuentran en un estándar oficial llamado Chassis Air Guide, que se publicó inicialmente en mayo de 2002 y se revisó en septiembre de 2003. Esta guía detalla las dimensiones y ubicaciones del conducto, además de otros atributos del diseño, y está disponible en el sitio Web de Intel.

La figura 2.58 muestra una torre típica, con el conducto de ventilación para el procesador a un lado. Este conducto es básicamente un tubo situado justamente encima del disipador, que le permite tomar aire frío de fuera del chasis. Visto desde un lado, el conducto suele estar cubierto por una rejilla de ventilación.

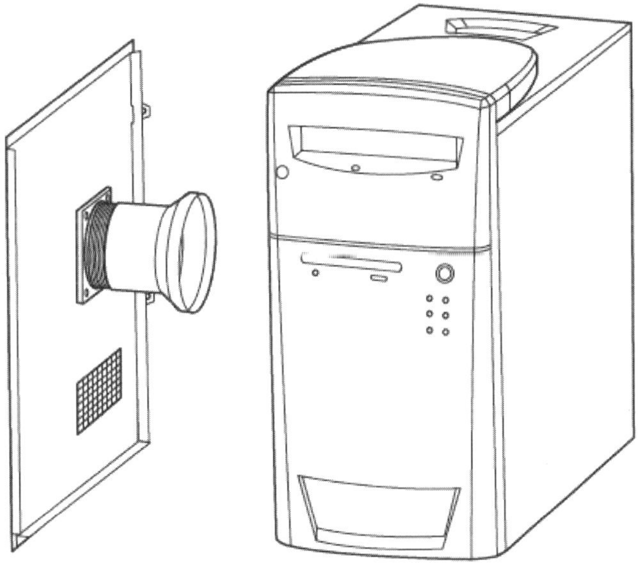

Figura 2.58. *Chasis adaptado para la refrigeración con un conducto de ventilación para el procesador y una rejilla para la tarjeta adaptadora en un lateral.*

El conducto de ventilación del procesador es la parte más importante de este diseño de chasis, y su ubicación es crucial para el rendimiento. El conducto debe estar centrado sobre el disipador del procesador, y posicionado de tal forma que el extremo quede a entre 12mm y 20mm de la parte superior del disipador. Así nos aseguramos de que el disipador absorbe solamente aire frío del exterior, y permitimos que un poco de aire escape y refresque otras partes del sistema.

El efecto del conducto de ventilación se nota bastante en la operación del sistema. En un estudio realizado por Intel, se probó un sistema que ejecutaba Windows XP en un procesador Pentium 4 a 3GHz, con una placa base D865PERL, una tarjeta de vídeo GeForce4, una memoria DDR400, un disco duro, una unidad de CD-ROM, una tarjeta de sonido y ventiladores frontal y trasero de 80mm. El sistema se encontraba en una habitación a 25°C y los resultados fueron los siguientes:

	Sin conducto	**Con conducto**
Temperatura de entrada en la CPU	35°C	28°C
Velocidad del ventilador de la CPU	4050 rpm	2810 rpm
Nivel de ruido	39,8 dBA	29,9 dBA

Como verá, la adición del procesador redujo la temperatura del procesador en 7°C, incluso con el ventilador del procesador a la velocidad mínima. El resultado es un procesador que funciona más fresco, un ventilador que dura más, y menos ruido. Incluso con dos ventiladores en el chasis ya instalados en el sistema, el conducto de ventilación del procesador marca una gran diferencia.

Seleccionando un chasis adaptado para la refrigeración, se asegura de que el procesador se mantenga fresco en condiciones ambientales extremas, por no mencionar el hecho de que aumentará la vida del ventilador del disipador y hará que el sistema sea más silencioso.

Adición de un conducto de ventilación para el procesador

Tras estudiar las especificaciones Chassis Air Guide, pensé que esa modificación era ideal para mis sistemas. Después de buscar por varias tiendas de bricolaje y hardware, encontré la solución perfecta para agregar un conducto de ventilación a uno de mis equipos en la sección de fontanería. Descubrí que podía diseñar e instalar la modificación con solamente dos partes, un desagüe de ducha de PVC de 50mm y una junta de bajante de goma flexible de 100mm, véase la figura 2.59.

El conducto es muy sencillo; simplemente consta de las piezas unidas. La junta para bajante de goma se une la rosca del desagüe de PVC y se ajusta o incluso recorta hasta obtener la distancia precisa respecto al disipador de la CPU.

Siga estos pasos para instalar un conducto como éste:

1. Retire la cubierta lateral del chasis. Coloque una capa de cinta adhesiva protectora que cubra por completo la cara exterior de la cubierta para proteger la pintura contra arañazos al hacer el agujero.

2. Mirando la cubierta como si estuviera en el chasis, haga una marca donde quedaría el disipador del procesador.

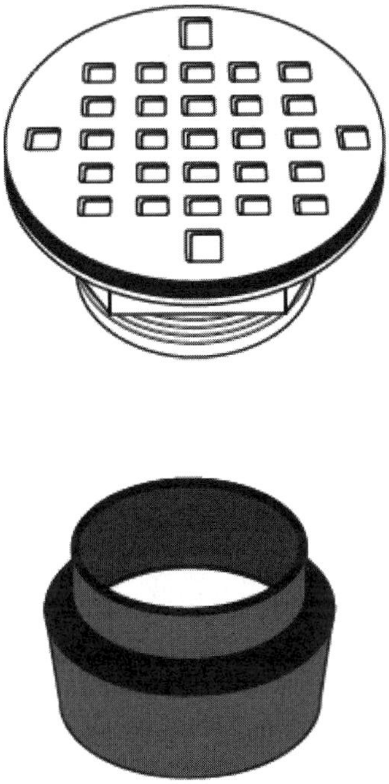

Figura 2.59. *Desagüe de ducha de PVC y junta de bajante de goma flexible para construir un conducto de ventilación de procesador.*

3. Con una perforadora, sierra de vaivén u otra herramienta, haga un agujero de 82,5mm en la cubierta, tomando la marca como centro. El agujero no tiene por qué quedar perfecto, ya que la pestaña del desagüe tapará aproximadamente medio centímetro desde el borde del agujero.
4. Coja el desagüe de PVC y quítele el colador de acero inoxidable; a continuación, retire la contratuerca interna, la brida y la junta sin enmasillar.
5. Desenrosque la contratuerca externa, retire las juntas de papel y de goma y deseche las de papel.
6. Introduzca el desagüe de PVD en el agujero de la cubierta de forma que la pestaña quede por fuera y la rosca por dentro.
7. Deslice ahora la junta de goma por la rosca, enrosque la contratuerca externa y apriétela.
8. Coja la junta para bajante de goma flexible y deslice la parte estrecha por la rosca del desagüe.
9. Coloque el ensamblaje de cubierta y conducto en el sistema para comprobar que encaja bien, mire por el conducto abierto y mida la distancia entre el final del tubo y el procesador.

10. Retire el ensamblaje de cubierta y conducto; recorte la junta de goma con un chuchillo o cuchilla de afeitar si es necesario para que la distancia entre el final del conducto y la parte superior del disipador sea de 12mm-20mm. Puede que tenga que repetir la prueba varias veces hasta dar con la medida adecuada.
11. Finalmente, coloque el colador de acero inoxidable en su sitio y vuelva a instalar el ensamblaje de tapa y conducto en el sistema.

Como ve, es muy sencillo. Lo más difícil es hacer el agujero en la cubierta, pero ni siquiera es tan horrible porque la pestaña del desagüe tapa los bordes imperfectos.

La figura 2.60 nos muestra el producto acabado, completado con el colador de acero inoxidable.

Al encender el sistema noté de inmediato que el procesador tomaba aire por el recién instalado conducto, lo que le permitía funcionar con mucha más frescura. Merece la pena la modificación.

Figura 2.60. *Conducto de ventilación instalado.*

Técnicas de detección y solución de problemas con el procesador

Los procesadores suelen ser muy fiables y la mayoría de los problemas de un PC están causados por otros dispositivos, pero si sospecha del procesador, aquí encontrará algunos pasos para solucionar el problema. Lo más fácil es reemplazar el microprocesador por uno de repuesto que ya conozcamos. Si el problema desaparece, el procesador original era defectuoso. Si persiste, el problema estará en otra parte.

La tabla 2.35 muestra una lista de soluciones generales para problemas relacionados con el procesador del PC.

Tabla 2.35. *Solución de problemas relacionados con el procesador.*

Identificación del problema	Posible causa	Solución
Sistema muerto, sin cursor, sin pitidos, el ventilador tampoco funciona	Fallo del cordón eléctrico	Conecte o sustituya el cordón. Los cables pueden fallar aunque parezca que están bien.
	Fallo de alimentación	Reemplace la fuente de alimentación. Utilice un repuesto que tenga para pruebas.
	Fallo de la placa base	Reemplace la placa base. Utilice un repuesto que tenga para pruebas.
	Fallo de memoria	Retire toda la memoria excepto un banco y vuelva a probar. Si el sistema no se inicia, reemplace el banco 1.
Sistema muerto, sin pitidos ni cierres antes de POST	No están instalados todos los componentes o no están instalados correctamente	Compruebe todos los periféricos, especialmente la memoria y el adaptador gráfico. Vuelva a colocar todos los componentes en las ranuras de la placa.
El sistema pita al iniciarse y el ventilador funciona, pero no hay cursor en la pantalla	Adaptador gráfico mal colocado o defectuoso	Reemplace el adaptador gráfico. Utilice un repuesto que tenga para pruebas.
El sistema se enciende y el ventilador funciona, pero no hay pitidos ni cursor	El procesador no está bien instalado	Recoloque o retire y vuelva a instalar el procesador y el disipador.
Cierres durante el POST o inmediatamente después	Disipación de calor pobre	Compruebe el disipador/ventilador de la CPU; sustitúyalo si es necesario, utilice uno con mayor capacidad.
	Configuración de voltaje incorrecta	Configure la placa base con un voltaje adecuado para el núcleo del procesador.
	Velocidad de bus de placa base incorrecta	Configure la placa base con la velocidad correcta.
	Multiplicador de reloj incorrecto	Configure la placa base con el valor correcto.
Identificación de CPU incorrecta durante el POST	BIOS antiguo	Actualice el BIOS.
	Placa configurada incorrectamente	Compruebe el manual y ajuste la placa según la configuración adecuada de bus y multiplicador.

Identificación del problema	Posible causa	Solución
El sistema no se inicia tras instalar un procesador nuevo	Procesador mal instalado	Recoloque o retire y vuelva a instalar el procesador y el disipador.
	BIOS no compatible con el nuevo procesador	Actualice el BIOS con una actualización del fabricante del sistema o de la placa base.
	La placa base no puede usar el nuevo procesador	Compruebe la compatibilidad de la placa base.
No se inicia el sistema operativo	Disipación de calor pobre	Compruebe el ventilador de la CPU y cámbielo si es necesario; podría necesitar un disipador o un disipador/ventilador de más capacidad en el puente norte.
	Configuración de voltaje incorrecta	Configure la placa base con un voltaje adecuado para el núcleo del procesador.
	Velocidad de bus de placa base incorrecta	Configure la placa base con la velocidad correcta.
	Multiplicador de reloj incorrecto	Configure la placa base con el valor correcto.
Las aplicaciones no se instalan o no funcionan	Controladores inapropiados o hardware incompatible	Actualice los controladores y busque problemas de compatibilidad.
El sistema parece funcionar, pero no hay vídeo	Monitor apagado o fallo del monitor	Compruebe el monitor y su alimentación. Reemplácelo con un repuesto que tenga para pruebas.

Si no se identifica correctamente el procesador durante el POST, la placa base podría estar mal configurada, o puede que el BIOS necesite una actualización. Compruebe que la placa base está bien configurada para ese procesador y asegúrese de tener el BIOS más reciente para la placa base.

Si el sistema parece funcionar mal después de calentarse, pruebe a configurar el procesador con una velocidad más baja. Si el problema desaparece, puede que el procesador sea defectuoso o tenga *overclocking*.

Muchos problemas de hardware son en realidad problemas de software camuflados. Asegúrese de tener el BIOS actualizado y los controladores más recientes para todos los periféricos. También es recomendable usar la última versión del sistema operativo para encontrar menos problemas.

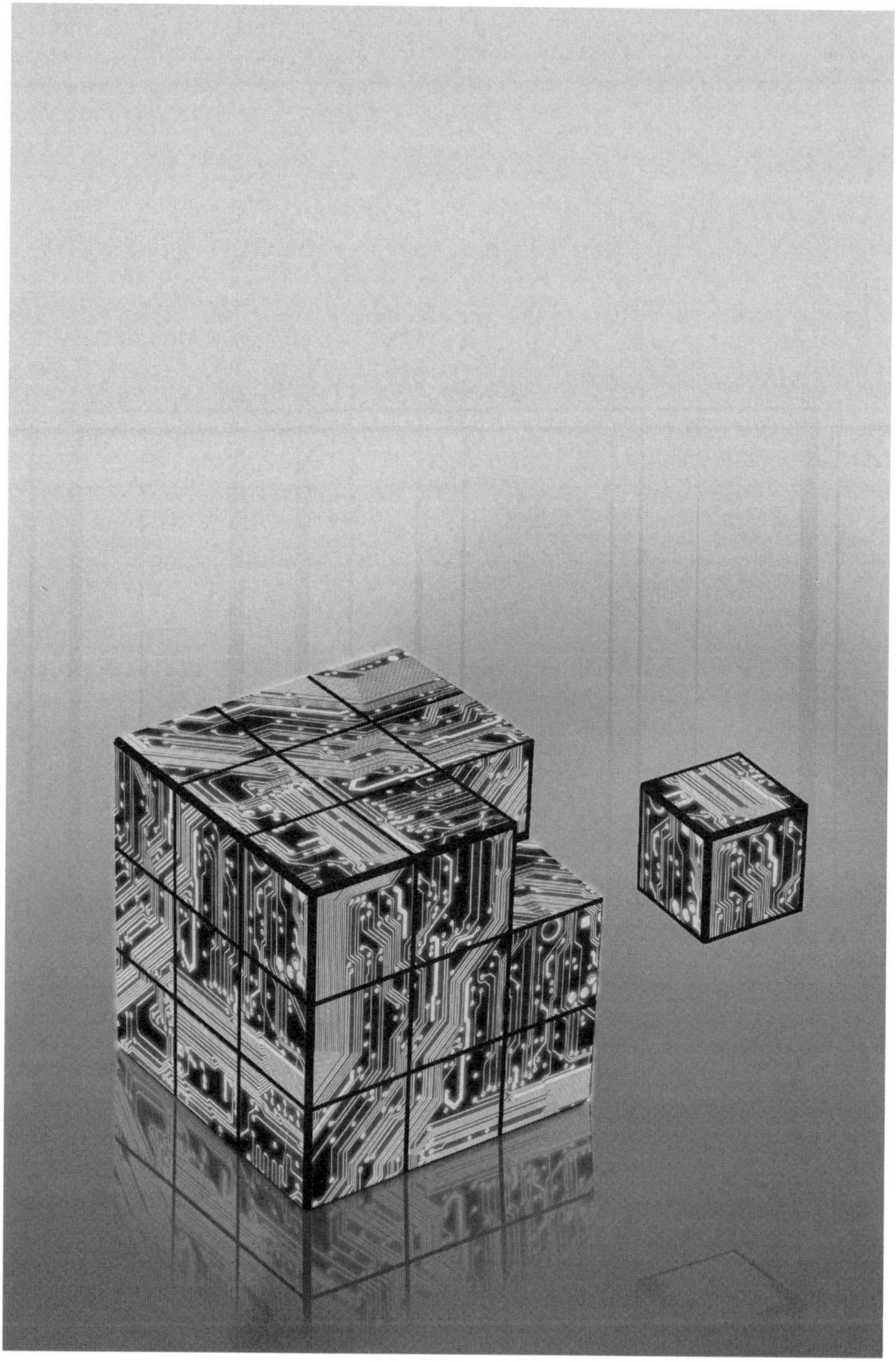

3. Placas base y buses

Factores de forma de placas base

Sin duda, el componente más importante de un sistema PC es la placa principal o placa base. Prácticamente todos los componentes internos de un PC se conectan a la placa base, y sus características determinan en gran medida qué puede hacer el ordenador, por no mencionar su rendimiento total.

Este capítulo examina los distintos tipos de placas base disponibles, los componentes que suelen aparecer en ellas y sus conectores de interfaz.

Para las placas base de los PC se usan varios factores de forma comunes. El factor de forma se refiere a las dimensiones físicas (tamaño y forma) y también a ciertos conectores, orificios de tornillos y posiciones que determinan el tipo de chasis en el que encajará la placa.

Algunos son auténticos estándares (lo que significa que todas las placas con ese factor de forma son intercambiables), mientras que otros no están suficientemente estandarizados como para permitir intercambios. Desgraciadamente, esos factores de forma no estandarizados excluyen la posibilidad de actualizaciones sencillas o sustituciones baratas, por lo que generalmente deben evitarse.

Entre los factores de forma más conocidos de la placa base de un PC se incluyen los siguientes:

- Factores de forma obsoletos:
    - Baby-AT (PC y XT).
    - AT de tamaño completo.
    - LPX (semipropietario).
    - NLX
    - WTX
    - BTX, microBTX, picoBTX.
- Factores de forma modernos:
    - ATX y sus distintas variantes; microATX, FlexATX, DTX/Mini-DTX, y ITX/Mini-ITX.

Los factores de forma de la placa base de un PC han evolucionado a lo largo de los años desde las placa de factor de forma Baby-AT basadas en IBM PC original y XT, al factor de forma ATX (y sus variantes) actual utilizado en la mayoría de sistemas de torre y sobremesa. ATX tiene cada vez más variantes, sobre todo de tamaños más pequeños, diseñadas para encajar en diferentes aplicaciones y segmentos de mercado. Los factores de forma BTX, de vida breve, reubicaban componentes principales para mejorar la refrigeración del sistema e incorporar un módulo térmico.

Cualquier cosa que no encaje en uno de los factores de forma estándar debería considerarse propietario. A menos que se den circunstancias especiales, yo no recomiendo comprar sistemas basados en diseños de placas propietarias porque es difícil actualizarlos y son caros de reparar debido a que componentes como la placa base, la caja y los suministros de energía no son intercambiables con otros sistemas. Normalmente llamo a los sistemas con factores de forma propietario "PC de usar y tirar" ya que por lo general eso es lo que hay que hacer con ellos cuando van demasiado lentos o necesitan una reparación fuera de garantía.

Factores de forma obsoletos

Los siguientes apartados tratan los factores de forma de las placas base estándar que ya no son utilizados, pero que pueden encontrarse habitualmente en los sistemas más antiguos.

PC y XT

La primera placa base de PC popular fue, naturalmente, el IBM PC original lanzado en agosto de 1981. La figura 3.1 muestra el aspecto que tenía esta placa. IBM siguió al PC con la placa base XT en marzo de 1983. Tenía el mismo tamaño y forma que la placa del PC pero poseía ocho ranuras en vez de cinco. Tanto la placa IBM PC como la XT tenían un tamaño de 229mm x 330mm. Además, las ranuras en XT se encontraban a una distancia de 24,6mm, en vez de 25,4 como en el PC (véase la figura 3.2). XT eliminaba también el puerto de casete de la parte trasera, de escasa utilización y que supuestamente se empleaba para guardar programas BASIC en casetes en vez de en disquetes, que en aquella época eran mucho más caros.

Las diferencias en las posiciones de las ranuras y el conector de casete eliminado de la parte posterior requerían un pequeño rediseño de la caja. En esencia, XT era un PC ligeramente mejorado, con una placa base que tenía la misma forma y tamaño total, utilizaba el mismo procesador y venía en una caja que era idéntica, excepto por el soporte de las ranuras y la ausencia de un orificio para el puerto de casete. Al final, el diseño de la placa base XT se hizo muy popular, y muchos otros fabricantes de placas base de PC de aquella época copiaron el diseño XT de IBM y produjeron placas similares.

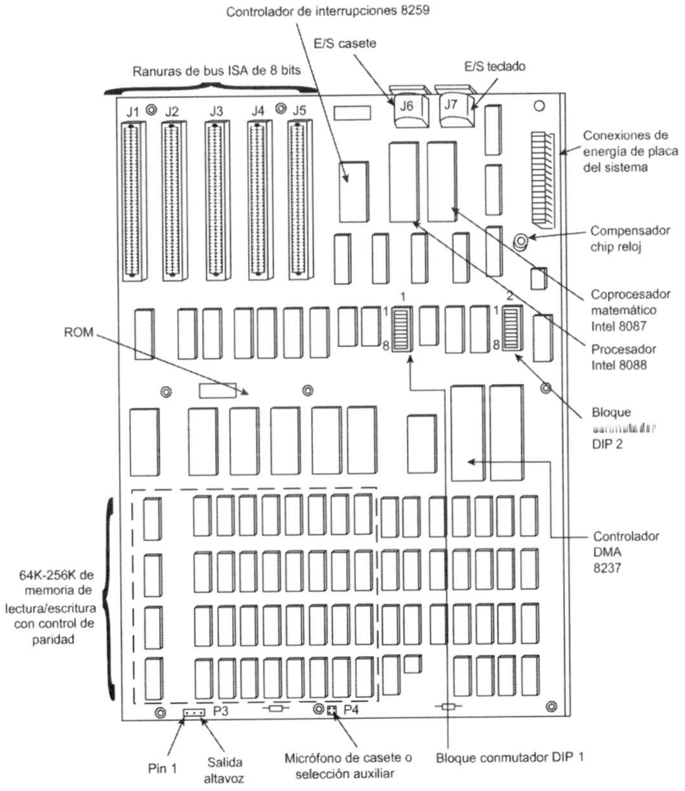

Figura 3.1. *Placa base IBM PC (alrededor de 1981).*

AT de tamaño completo

La forma de la placa base AT a tamaño completo se corresponde con el diseño de la placa base AT de IBM original. Éste cuenta con una placa muy grande, de hasta 13,5mm de ancho por 350,5mm de alto.

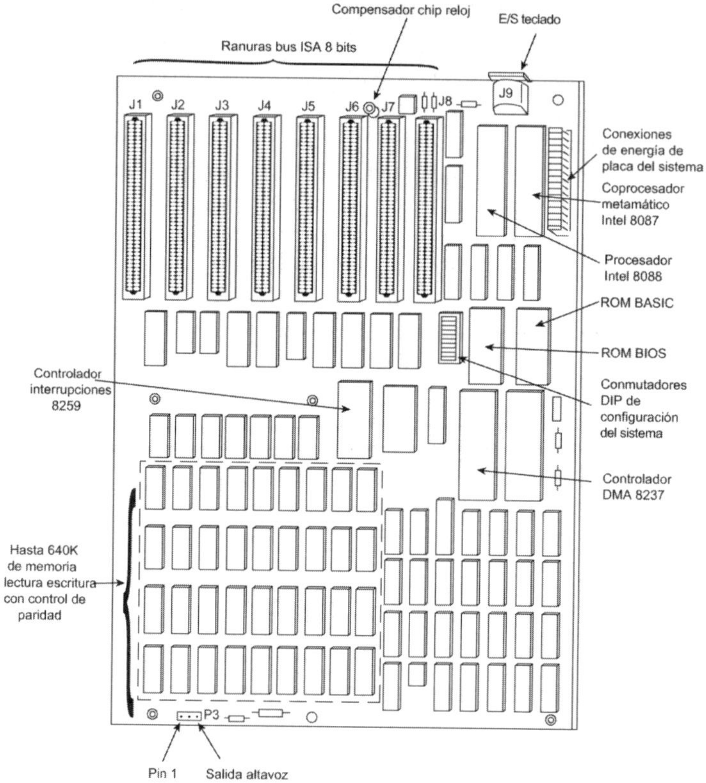

Figura 3.2. *Placa base IBM PC-XT (alrededor de 1983).*

La placa AT de tamaño completo apareció por primera vez en agosto de 1984, cuando IBM introdujo Personal Computer AT (*Advanced Technology*, Tecnología avanzada). Para acomodar el procesador 286 de 16 bits y todos los componentes compatibles necesarios de la época, IBM necesitaba más espacio del que las placas de tamaño PC/XT originales podían proporcionar, así que para AT aumentó el tamaño de la placa base pero mantuvo las mismas posiciones de conectores y orificios para tornillos del diseño XT. Para ello, IBM comenzó básicamente con una placa de tamaño PC/XT y la extendió en dos direcciones (véase la figura 3.3).

Poco más de un año después de su introducción, la aparición de los *chipsets* y la consolidación de otros circuitos permitieron que se consiguiera la misma funcionalidad de la placa base usando menos chips, así que dicha placa se rediseñó y se hizo un poco más pequeña. Luego, se rediseñó otra vez cuando IBM encogió la placa hasta el tamaño de XT en un sistema llamado XT-286 (introducido en septiembre de 1986). La placa XT-286 era prácticamente idéntica en tamaño y forma a la XT original, un factor de forma que más tarde se conocería como Baby-AT.

El conector de teclado y los conectores de ranuras de las placas AT de tamaño completo seguían cumpliendo los mismos requisitos específicos de colocación para encajar en los orificios de las cajas XT ya en uso, pero todavía hacía falta una caja mayor para encajar la placa más grande. Debido al tamaño más grande de la placa, una placa base AT completa sólo cabe en una torre AT grande. Dado que estas placas base no encajan en las Baby-AT o minitorres, y habida cuenta de los avances en la miniaturización de los componentes, la mayoría de los fabricantes de placas base ya no las producen, salvo en algunos casos para aplicaciones de servidores de procesadores duales.

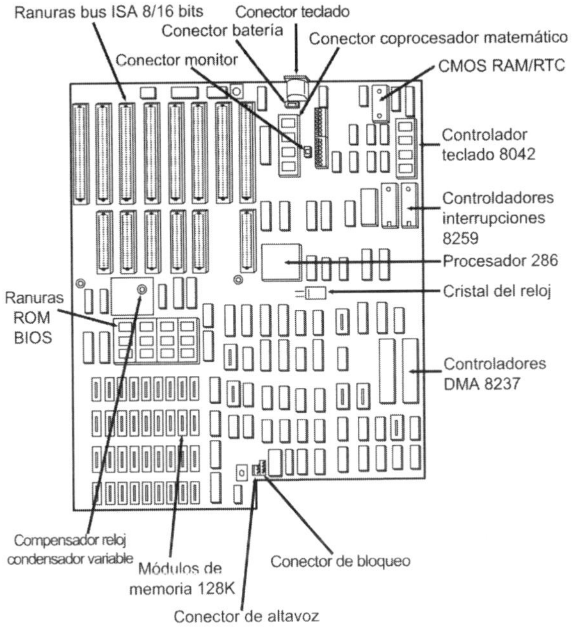

Figura 3.3. *Placa base IBM AT (alrededor de 1984).*

Lo más destacable de los sistemas AT grandes es que una placa base AT a tamaño completo siempre se puede sustituir por una placa Baby-AT (o de tamaño XT), pero no al contrario, a menos que la caja sea lo bastante grande como para acomodar semejante diseño de AT.

Baby-AT

Después de que IBM lanzase AT en agosto de 1984, la consolidación de los componentes permitió que los sistemas subsiguientes se diseñaran utilizando muchos menos chips. Por tanto, todos los circuitos adicionales de la placa base AT de 16 bits podían encajar en placas que utilizaban el factor de forma XT, más pequeño.

El factor de forma Baby-AT es en esencia el mismo que la placa base IBM XT original. La única diferencia es una ligera modificación en una de las posiciones de orificios para tornillos para que encaje en una caja de estilo AT. Estas placas base tienen también una colocación específica de los conectores de ranuras y teclado para que se correspondan con los orificios de la caja. Observe que prácticamente todas las placas base AT de tamaño completo y Baby-AT utilizan el conector estándar de tipo DIN de 5 pines para el teclado. Las placas base Baby-AT pueden utilizarse para remplazar placas base AT de tamaño completo y encajan en varios diseños de caja. Gracias a su flexibilidad, desde 1983 hasta principios de 1996, el factor de forma Baby-AT fue el tipo de placa base más popular. A mediados de 1996, el Baby-AT se vio remplazado por el diseño superior de ATX, que no es directamente intercambiable. La figura 3.4 muestra el diseño y las características integradas de una placa base de un modelo tardío de Baby-AT.

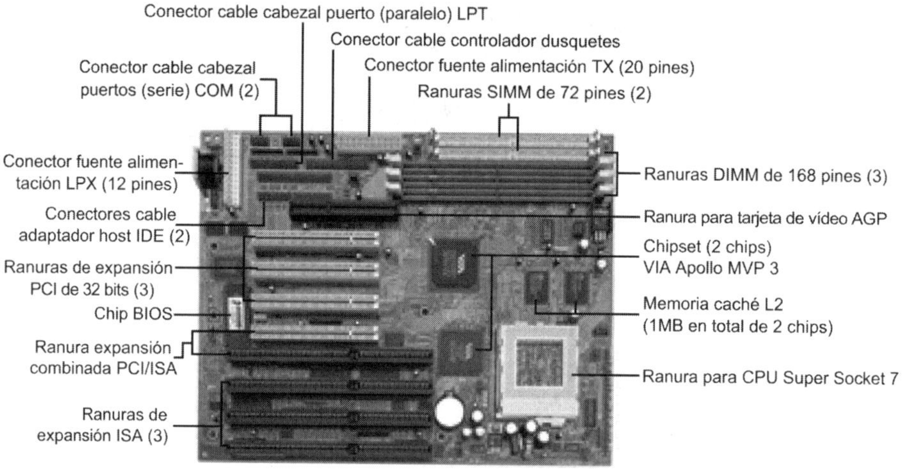

Figura 3.4. *Un modelo tardío de la placa base Baby-AT, la Tyan Trinity 100AT (S1590). Fotografía publicada por cortesía de Tyan Computer Corporation.*

La forma más sencilla de identificar un sistema con factor de forma Baby-AT sin abrirlo es echar un vistazo a la parte trasera de la caja. En una placa base Baby-AT, las tarjetas se enchufan directamente a la placa en un ángulo de 90°; en otras palabras, las ranuras para tarjetas de la caja son perpendiculares a la placa base. Además, las placas base Baby-AT sólo tienen un conector visible unido directamente a la placa, que es el conector del teclado. Normalmente, se trata de un conector de tipo DIN de 5 pines completo, aunque algunos sistemas Baby-AT utilizan el conector mini-DIN de 6 pines (a veces llamado conector de tipo PS/2), más pequeño, e incluso pueden tener un conector de ratón. El resto de conectores se montan en la caja o en soportes de borde de tarjeta y se unen a la placa base mediante cables. El teclado del conector es visible a través de un orificio adecuadamente situado en la caja.

Todas las placas Baby-AT se ajustan a anchuras y ubicaciones de conectores de teclado, ranuras y orificios para tornillos específicas, pero la longitud de la placa puede variar. Se han fabricado versiones más pequeñas que el tamaño completo de 229mm x 330mm, que suelen recibir nombres como mini-AT, micro-AT, o incluso 2/3-Baby o 1/2-Baby. Aunque quizá no sean de tamaño completo, todavía se pueden sujetar directamente en la misma caja que una placa Baby-AT y pueden utilizarse como sustitutas directas de una.

LPX

Las placas de factores de forma LPX y mini-LPX tenían un diseño semipropietario que Western Digital desarrolló originalmente en 1987 para algunas de sus placas base. Las letras LP de LPX significan *Low Profile* (Perfil Bajo), llamadas así porque estas placas incorporan ranuras que están paralelas a la placa principal, posibilitando que las tarjetas de expansión se instalen lateralmente. Esto permite un diseño de caja delgado y de perfil bajo y un sistema más pequeño en general que el Baby-AT.

Aunque Western Digital ya no produce placas base PC, el factor de forma perdura, y muchos otros fabricantes de placas base han reproducido el diseño general. Desgraciadamente, puesto que las especificaciones nunca se presentaron con mucho detalle, especialmente en lo que respecta a la parte de tarjeta *riser* de bus del diseño, estas placas se consideran semipropietarias y no se pueden intercambiar entre distintos fabricantes. Algunos distribuidores, como IBM y HP, por ejemplo, han creado sistemas LPX que utilizan una tarjeta *riser* con forma de T que permite que las tarjetas de expansión se monten en un grado normal de 90° sobre la placa base, pero todavía por encima de la placa. Esta falta de estandarización supone que si tenemos un sistema con una placa LPX, en la mayoría de los casos no podremos sustituirla posteriormente por una placa LPX diferente. Básicamente tenemos un sistema que no podemos ni actualizar ni reparar mediante la sustitución de la placa base por algo mejor. En otras palabras, tenemos lo que podríamos llamar un "PC de usar y tirar", algo que normalmente yo no aconsejaría comprar.

La mayoría de la gente no estaba al tanto de la naturaleza semipropietaria del diseño de estas placas, que eran muy populares en lo que yo llamo PC de "tiendas al por menor" desde finales de los 80 hasta finales de los 90. Esto podría incluir principalmente los sistemas Compaq y Packard Bell, y otros muchos que usaban este factor de formas en sus sistemas de menor coste. Estas placas se utilizaban a menudo en sistemas de cajas Slimline o de perfil bajo, pero también se encontraban en cajas de torre. Éstas eran a menudo sistemas de bajo coste como los que se venden en almacenes de productos electrónicos al por menor. Hoy en día, LPX se considera obsoleto.

Las placas LPX se caracterizan por varios rasgos distintivos (véase la figura 3.5). El más destacable es que las ranuras de expansión se montan en una tarjeta *riser* de bus que se conecta a la placa base. En la mayoría de diseños, las tarjetas de expansión se conectan lateralmente en la tarjeta *riser*. Esta colocación lateral tiene en cuenta el diseño de las cajas de perfil bajo. Las ranuras se colocan en uno o ambos lados de la tarjeta *riser*, dependiendo del diseño de la caja y el sistema. Los distribuidores que usan placas base de tipo LPX en cajas de torre utilizan a veces una tarjeta *riser* con forma de T en su lugar, lo que sitúa las ranuras de expansión en el ángulo correcto normal respecto a la placa base pero en una posición elevada sobre la propia placa base.

Otra característica distintiva del diseño LPX es la ubicación estándar de los conectores en la parte trasera de la placa. Una placa LPX tiene una hilera de conectores para vídeo (VGA de 15 pines), paralelos (de 25 pines), dos puertos seriales (de 9 pines cada uno) y conectores de teclado y ratón de estilo PS/2 mini-DIN. Todos estos conectores se montan a lo largo de la parte trasera de la placa base y sobresalen a través de una ranura en la caja. Algunas placas base LPX pueden tener conectores adicionales para otros puertos internos, como adaptadores SCSI o de red. Puesto que los sistemas LPX utilizan un grado alto de integración de puertos de la placa base, muchos distribuidores de sistemas, cajas y placas base LPX suelen decir que los productos LPX tienen un diseño de "todo en uno".

La figura 3.6 muestra el factor de forma estándar utilizado para placas base LPX y mini-LPX en muchos sistemas de bajo coste típicos.

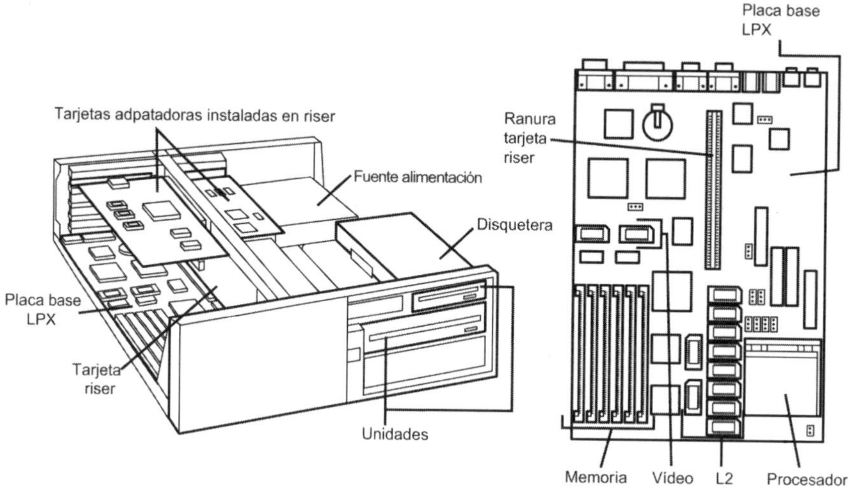

Figura 3.5. *Placa base y chasis típicos de un sistema LPX.*

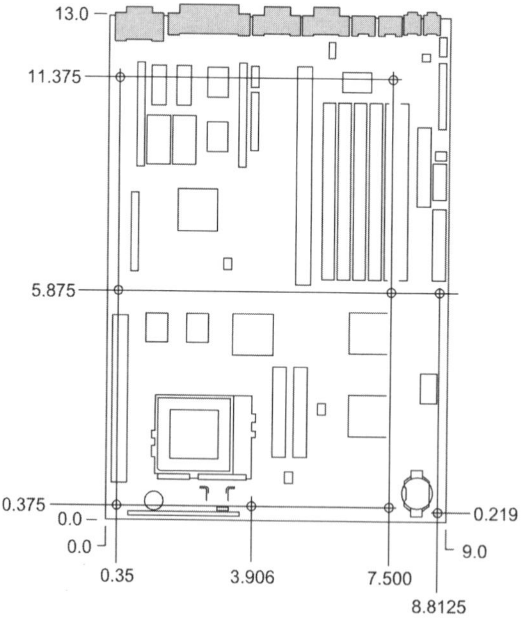

Figura 3.6. *Dimensiones de una placa base LPX. (Métrica inglesa).*

A menudo me preguntan cómo puedo saber si un sistema tiene una placa LPX sin abrir la tapa. Debido a las muchas variaciones en el diseño de las tarjetas *riser*, y puesto que las placas base más recientes como NLX también utilizan tarjetas *riser*, la manera más fiable de distinguir una placa base LPX de otros sistemas es fijarse en la firma del conector (el diseño y el patrón de los conectores de la parte trasera de la placa). Como se puede apreciar (véase la figura 3.7), todas las places base LPX, independientemente de las variaciones en la forma, tamaño o ubicación de la tarjeta *riser*, sitúan los puertos externos a lo largo de la parte trasera de la placa base. Por el contrario, las placas base Baby-AT utilizan conectores montados en la caja o montados en la ranura de expansión para puertos USB, serie, paralelos y de ratón PS/2, mientras que las placas basc de la familia ATX y de la familia BTX agrupan todos los puertos externos en el lado izquierdo de las ranuras de expansión.

En una placa LPX, la *riser* se coloca en el medio de la placa base, mientras que las placas NLX la tienen en un lado (en realidad la placa base se conecta con la *riser* en NLX). La figura 3.7 muestra dos ejemplos típicos de conectores de la parte trasera de las placas LPX. Tenga en cuenta que no todas las placas LPX tienen el audio integrado, así que puede que falten esos conectores.

Hay otros puertos (como los USB) que pueden no aparecer en estos diagramas, dependiendo de las opciones exactas que se incluyan en una placa específica; no obstante, el diseño general es el mismo.

Los conectores a lo largo de la parte trasera de la placa interferirían con la colocación de ranuras de bus directamente en la placa base, lo que explica por qué las tarjetas *riser* se utilizan para añadir placas de expansión.

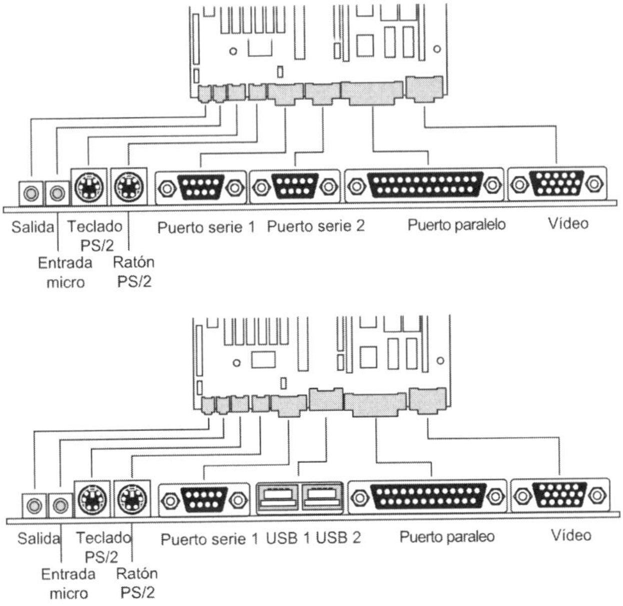

Figura 3.7. *Conectores del panel trasero de la placa base LPX.*

NLX

NLX es un factor de forma de perfil bajo diseñado para sustituir al diseño LPX no estándar utilizado en sistemas de perfil bajo anteriores. Intel lo introdujo por primera vez en noviembre de 1996, siendo un factor de forma popular a finales de los 90 para los sistemas de escritorio corporativo de distribuidores como Compaq, HP, Toshiba, y otros. Desde 2000, muchos sistemas Slimline han utilizado variaciones en la placa base FlexATX en su lugar.

NLX es similar en su aspecto inicial a LPX, pero con numerosas mejoras diseñadas para habilitar una integración completa de las tecnologías más recientes. NLX es básicamente una versión mejorada del diseño de LPX propietario, pero, a diferencia de LPX, NLX está totalmente estandarizada, lo que significa que debería ser posible sustituir una placa NLX por otra de un fabricante diferente, algo que no era factible con LPX.

Otra limitación de las placas LPX es la dificultad para manejar el mayor tamaño físico de los procesadores más recientes y sus disipadores, más grandes, así como las nuevas estructuras de buses como AGP para vídeo. El factor de forma NLX se ha diseñado específicamente para solucionar estos problemas (véase la figura 3.8). De hecho, NLX proporciona espacio suficiente para que algunos distribuidores soporten procesadores duales Pentium III Slot 1 en este factor de forma.

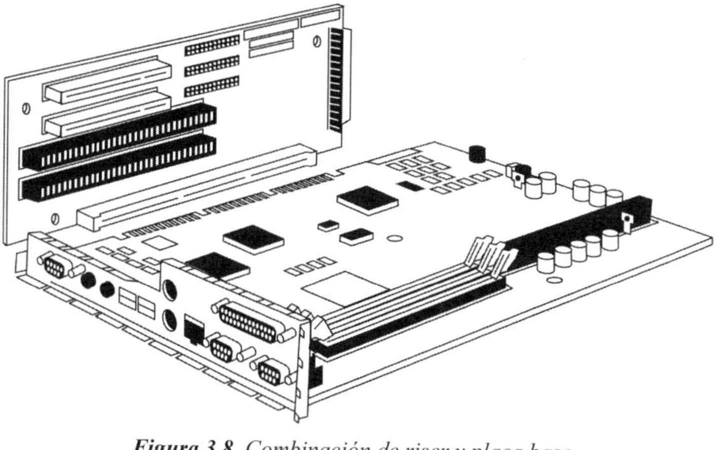

Figura 3.8. *Combinación de riser y placa base.*

La característica principal de un sistema NLX es que la placa base se conecta en la *riser*, a diferencia de LPX, donde dicha *riser* se conecta en la placa base. Por tanto, la placa base puede quitarse del sistema sin molestar a la *riser* ni a ninguna tarjeta de expansión conectada a ella. Además, la placa base de un sistema típico carece, literalmente, de conectores o cables internos unidos a ella. Todos los dispositivos que normalmente se conectan en la placa base, como los cables de unidades, la fuente de alimentación, la luz del panel frontal, los conectores del interruptor, etc., se conectan en la *riser* (véase la figura 3.8). Si se utiliza la tarjeta *riser* como punto de concentración de conectores, se puede quitar la tapa en un sistema NLX y deslizar literalmente la placa base fuera del lado izquierdo del sistema sin desconectar un solo cable o concctor del interior. Esto permite cambios increíblemente rápidos de placa base; de hecho, yo he conseguido intercambiar placas base en sistemas NLX ¡en menos de 30 segundos!

Semejante diseño fue un boom para el mercado corporativo, en el que la sencillez y rapidez del mantenimiento es una característica muy importante.

Las ventajas específicas del factor de forma NLX incluyen la compatibilidad con todas las tecnologías de procesador de sistemas de sobremesa de la época y la flexibilidad a la hora de adoptar la nueva tecnología de procesadores, la compatibilidad con tecnologías más recientes que LPX y la facilidad y rapidez de la reparación del servicio.

Al igual que con la mayoría de factores de forma, es posible identificar NLX mediante el área única de conectores o escudo E/S de la parte trasera de la placa (véase la figura 3.9). Sólo se necesita una ojeada a la parte trasera de un sistema concreto para determinar qué tipo de placa hay dentro. La figura 3.9 nos muestra el diseño exclusivo del área de conectores de E/S de NLX, que permite una fila de conectores a lo largo de la parte inferior y tiene espacio para conectores dobles en un lado.

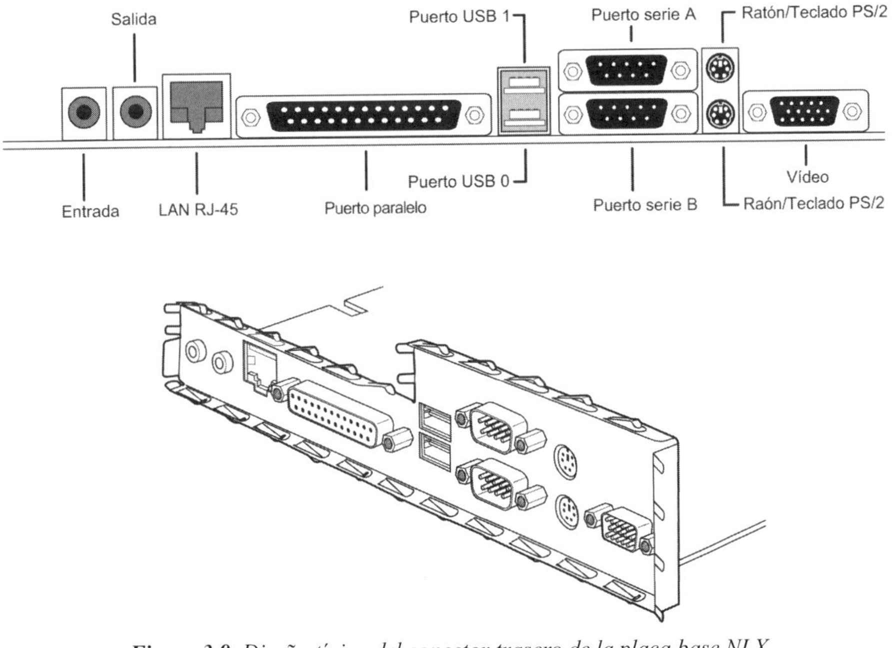

Figura 3.9. *Diseño típico del conector trasero de la placa base NLX.*

Aunque NLX es un factor de forma estándar, al igual que la familia ATX, la mayoría de productos NLX se han vendido como parte de sistemas completos destinados al mercado corporativo. Se han desarrollado muy pocas placas base genéricas con este factor de forma. Los factores de forma microATX y FlexATX han superado ampliamente a NLX en los mercados dominados anteriormente por LPX.

WTX

WTX tiene un factor de forma de sistema y placa desarrollado para el mercado de estaciones de trabajo de gama media; sin embargo, la mayoría de distribuidores que producen estaciones de trabajo y servidores han utilizado el factor de forma ATX. WTX fue más allá que ATX y definió la forma y el tamaño de la placa y la interfaz entre la placa y el chasis, así como las características del chasis requerido.

WTX se presentó por primera vez en septiembre de 1998 (1.0) y se actualizó en febrero 1999 (1.1). Desde entonces, sin embargo, WTX se ha dejado de fabricar oficialmente y ya no habrá más actualizaciones.

Las placas base WTX tienen una anchura máxima de 356mm y una longitud máxima de 425mm, por lo que es considerablemente mayor que ATX. No hay dimensiones mínimas, así que los diseñadores de placas son libres para diseñar placas más pequeñas, siempre y cuando cumplan los criterios de montaje. El espacio adicional proporcionado por el factor de forma WTX deja sitio para dos o más procesadores y otro equipamiento integrado necesario en el diseño del servidor o la estación de trabajo.

BTX

Balanced Technology Extended (BTX) es una especificación de forma de placa base que Intel lanzó originalmente en septiembre de 2003, con actualizaciones 1.0a y 1.0b lanzadas en febrero de 2004 y julio de 2005, respectivamente. BTX se diseñó para cumplir los requisitos de refrigeración y energía de los componentes, siempre en aumento, y para habilitar los diseños de chasis más flexibles y enrutamientos de circuitos mejorados.

Sin embargo, la reciente tendencia hacia diseños de procesadores de doble núcleo con uso eficaz de la energía ha ralentizado la necesidad de los beneficios inherentes en la BTX estándar, lo que a su vez ha ralentizado la adopción de BTX, haciendo que Intel anunciara a finales de 2006 que abandonaba el futuro desarrollo de BTX. BTX fue popular en muchos PC de marca vendidos al por menor y producidos en masa entre 2005 y 2007, como los de Dell, Gateway, y otros.

BTX no es compatible con versiones anteriores de ATX u otros diseños. Una placa BTX de tamaño completo es un 17 por 100 mayor que ATX, lo que proporciona espacio para más componentes integrados en la placa. Los conectores de E/S, las ranuras y los orificios de montaje se encuentran en ubicaciones diferentes que en ATX, lo que requiere nuevos diseños de chasis. No obstante, los conectores de la interfaz de suministro de energía son los mismos que en las últimas especificaciones ATX12V, y es posible utilizar los suministros de energía de ATX, TFX, SFX, CFX, y LFX más recientes. Los dos últimos factores de forma de fuentes de alimentación se crearon específicamente para soportar sistemas BTX de perfil bajo o compactos. Las principales ventajas de BTX incluyen enrutamiento y diseño de componentes en línea optimizados, la ruta del flujo de aire optimizada, un módulo de soporte y sujeción (SRM) para disipadores pesados, dimensiones de placas escalables, opciones de perfil bajo y diseños de suministros de energía flexibles con tipos de conectores compatibles con los diseños ATX.

BTX incluye tres definiciones de tamaños de placa base, véase la tabla 3.1.

Tabla 3.1. Factores de forma de las placas base BTX.

Factor de forma	Anchura máxima	Profundidad máxima	Área	Tamaño frente a BTX
BTX	325mm	267mm	867cm^2	—
microBTX	264mm	267mm	705cm^2	19% menor
PicoATX	203mm	267mm	542cm^2	37% menor

Cada placa tiene los mismos requisitos básicos en lo que respecta a orificios para tornillos y colocación de conectores, así que, si tiene una caja que encaja en una placa BTX de tamaño completo, también puede montar una placa microBTX o picoBTX en la misma caja (véase la figura 3.10). Evidentemente, si tiene una caja más pequeña diseñada para MicroBTX o picoBTX, no podrá meter en ella las placas microBTX o BTX, que son más grandes.

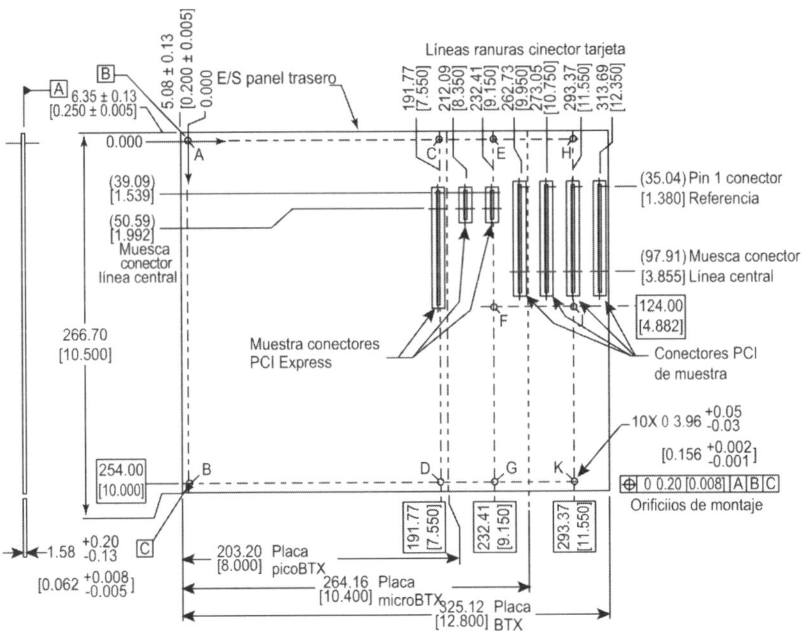

Figura 3.10. Dimensiones de la placa base 1.0a de especificación BTX. (Métrica inglesa).

BTX requiere hasta 10 orificios de montaje y soporta hasta siete ranuras, dependiendo del tamaño, véase la tabla 3.2.

BTX también especifica claramente zonas volumétricas alrededor de la placa base para evitar cualquier interferencia del chasis o de componentes internos como unidades, lo que permite una capacidad máxima para intercambios sin interferencias físicas o problemas de ajuste.

Tabla 3.2. *Orificios de montaje de la placa base BTX.*

Tamaño de la placa	Orificios de montaje	Número máximo de ranuras
BTX	A,B,C,D,E,F,G,H,J,K	7
microBTX	A,B,C,D,E,F,G	4
picoBTX	A,B,C,D	1

Con procesadores que excedían los 100W de salida térmica, reguladores de voltaje, *chipsets* de placas base y tarjetas de vídeo sumándose a la carga térmica de un sistema, BTX se diseñó para permitir a los componentes del núcleo productores de mucho calor que se montaran en línea desde la parte delantera a la trasera, de manera que un solo módulo térmico de alta eficacia (disipador) puede refrigerar el sistema. Así se elimina la necesidad de una cantidad excesiva de ventiladores. El módulo térmico incluye un disipador para el procesador, un ventilador de alta eficacia y un conducto para dirigir el flujo de aire directamente a través del sistema.

Un modulo SRM bajo la placa proporciona un soporte extra al modulo térmico, y proporciona un soporte estructural para disipadores mucho más pesados que los permitidos en los diseños ATX (véase la figura 3.11).

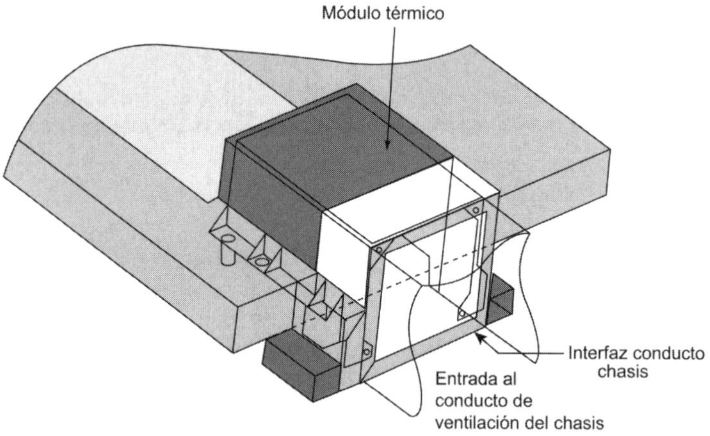

Figura 3.11. *Modulo térmico BTX que contiene un ventilador y disipador de procesador.*

BTX utiliza los mismos conectores de energía que las especificaciones para factores de forma de suministros de energía más recientes, incluyendo un conector principal de 24 pines para la placa y un conector ATX12V de 4 pines para el módulo del regulador de voltaje de la CPU. El factor de forma de suministro de energía concreto utilizado depende del chasis seleccionado.

Los componentes de un sistema de torre típico se organizan como muestra la siguiente imagen (véase la figura 3.12).

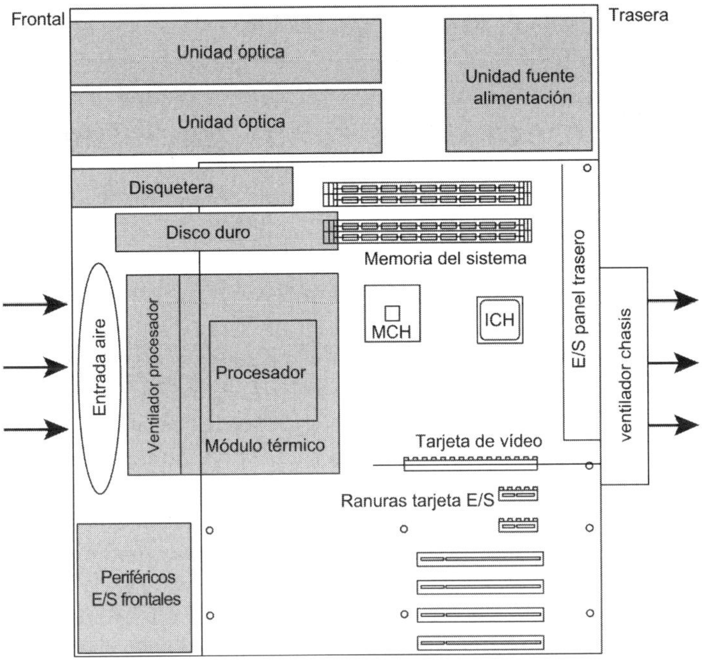

Figura 3.12. *Diseño del chasis de torre BTX.*

En ella se puede apreciar que los componentes del núcleo que producen calor se colocan en línea centralmente de la parte delantera a la trasera, lo que permite que su diseño térmico sea el más eficaz. El aire fluye desde la parte delantera a la trasera a través del centro, refrigerando el procesador, el *chipset* de la placa base, la memoria y la tarjeta de vídeo.

Para soportar el pesado disipador y el montaje del modulo térmico, se monta un SRM debajo de la placa. El SRM es, básicamente, una placa de metal fijada al chasis por debajo de la placa, y el módulo térmico se conecta directamente al SRM en vez de a la placa base. Esto contribuye a soportar el peso del módulo e impide la aplicación de cargas excesivas al procesador y la placa base, especialmente durante el transporte y manejo del sistema.

El área de conectores de E/S de BTX es similar a ATX, excepto porque está en el lado opuesto de la parte trasera de la placa. El tamaño del área es ligeramente más corto pero más ancho que ATX, lo que permite que un gran número de interfaces y conectores se integren en la placa base. Los sistemas que utilizaban BTX se produjeron principalmente de 2005 a 2007, por parte de empresas como Dell, Gateway, y otras. Después de eso, la falta de cajas y placas base BTX nuevas hizo que la mayoría de fabricantes de sistemas volvieran a los factores de forma basados en ATX, que eran más populares. Otros fabricantes importantes como HP nunca se subieron al carro de BTX, sino que se mantuvieron fieles a los sistemas basados en ATX. Debido a la poca popularidad de los componentes BTX y a otros problemas, yo recomiendo evitar los sistemas BTX y componentes como la placa base y el chasis porque resultará difícil actualizarlos y remplazarlos en el futuro.

ATX sigue siendo el factor de forma más popular con diferencia y el recomendado para actualizadores y fabricantes de sistemas.

ATX y otros factores de forma modernos

Las siguientes secciones se ocupan de los factores de forma estándar, incluyendo ATX, populares en los sistemas modernos.

ATX

El factor de forma ATX fue el primero de una drástica evolución en los factores de forma de las placas base. ATX es una combinación de las mejoras características de los diseños Baby-AT y LPX, con muchas mejoras y características nuevas incorporadas. El factor de forma ATX es básicamente una placa base Baby-AT puesta de lado en el chasis junto con un conector y una ubicación de fuente de alimentación modificados. El dato más importante que hay que conocer sobre el factor de forma ATX es que es físicamente incompatible con cualquier diseño de Baby-AT o LPX anterior. Estos diseños de cajas y suministros de energía se han hecho habituales y se encuentran en la mayoría de sistemas nuevos. Intel lanzó inicialmente la especificación ATX oficial en julio de 1995. Se escribió como una especificación abierta para la industria. Las placas ATX no llegaron con fuerza al mercado hasta mediados de 1996, cuando empezaron a sustituir rápidamente a las placas Baby-AT en los sistemas nuevos. La especificación ATX se actualizó a la versión 2.01 en febrero de 1997, a 2.03 en mayo de 2000, a 2.1 en junio de 2002, y a 2.2 en febrero de 2004. Intel publica estas especificaciones detalladas, de manera que otros fabricantes pueden utilizar el diseño ATX intercambiable en sus sistemas. Las especificaciones actuales para ATX y otros tipos de placas base actuales están disponibles en `www.formfactors.org`. ATX es el factor de forma de placa base más popular para sistemas nuevos desde 2007 y seguirá siendo popular en el futuro. Un sistema ATX será actualizable durante muchos años, exactamente igual que Baby-AT en el pasado.

ATX mejoró respecto a los diseños de placas base Baby-AT y LPX en varias áreas importantes:

- **Panel de conectores de E/S externo de doble altura integrado:** La porción trasera de la placa base incluye un área de conectores de E/S apilados de 184,15mm de ancho por 31,75mm de alto. Esto permite que los conectores E/S externos se coloquen directamente en la placa y minimiza la necesidad de cables que vayan desde los conectores internos hasta la parte trasera de la caja, como ocurría con los diseños Baby-AT.
- **Un solo conector de fuente de alimentación principal con muescas:** La especificación ATX incluye un conector de energía principal con muescas y cubierto que es fácil de conectar y difícil de instalar incorrectamente. Este conector también ofrece pines para suministrar 3,3V a la placa base, lo que ayuda a minimizar el uso de reguladores de voltaje integrados que son susceptibles de fallar.

- **Memoria y CPU reubicadas:** Los módulos de memoria y CPU se reubican de forma que no puedan interferir con ninguna tarjeta de expansión de bus y que sean fácilmente accesibles para la actualización sin necesidad de quitar ninguno de los adaptadores de bus instalados.
- **Conectores de E/S internos reubicados:** Los conectores internos de E/S para la disquetera y la unidad de disco duro se reubican para que estén cerca de las bahías de dispositivos y fuera de las áreas delas bahías de unidades y de las ranuras de placas de expansión.
- **Refrigeración mejorada:** La CPU y la memoria principal están diseñadas y colocadas para mejorar la refrigeración del sistema total.
- **Menor coste de fabricación:** La especificación ATX elimina la necesidad de ese nido de cables a conectores de puertos E/S que hay en las placas base Baby-AT.

La figura 3.13 nos muestra el diseño y las características del chasis típicos de sistemas ATX, como se verían mirando dentro del ordenador de sobremesa sin tapa, o de lado en una torre con el panel lateral quitado. Observe como la placa base entera está prácticamente libre de bahías de unidades y cómo los dispositivos como los conectores de la unidad interna, la CPU y la memoria son fácilmente accesible y no interfieren con las ranuras de bus.

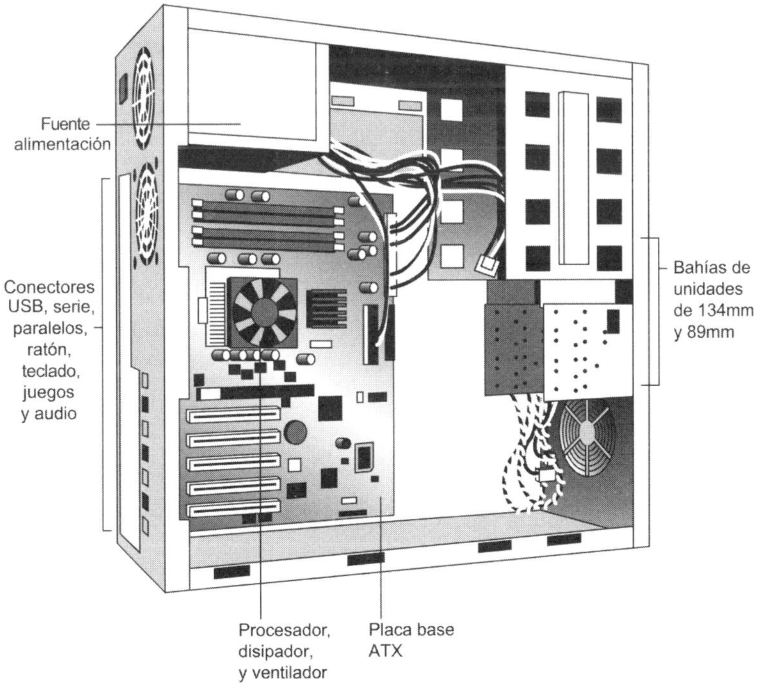

Figura 3.13. *Diseño de un sistema ATX típico.*

Nota: *Aunque la mayoría de sistemas ATX tienen el suministro eléctrico cerca del procesador (en la parte superior de la mayoría de disposiciones de torre), no es un requisito estándar. Algunos sistemas tienen la fuente de energía en otras ubicaciones (por ejemplo, en la parte inferior).*

La forma de la placa base ATX es básicamente un diseño Baby-AT rotado lateralmente 90°. Ahora las ranuras de expansión son paralelas a la dimensión lateral más corta y no interfieren con los zócalos de los conectores de E/S, la CPU o la memoria (véase la figura 3.14). Además de un diseño ATX de tamaño completo, Intel especificó originalmente un diseño Mini-ATX, que es un subconjunto totalmente compatible de ATX que encaja en la misma caja:

- Una placa ATX de tamaño completo tiene 305mm de ancho × 244mm de profundidad.
- La placa Mini-ATX tiene unas dimensiones de 284mm × 208mm.

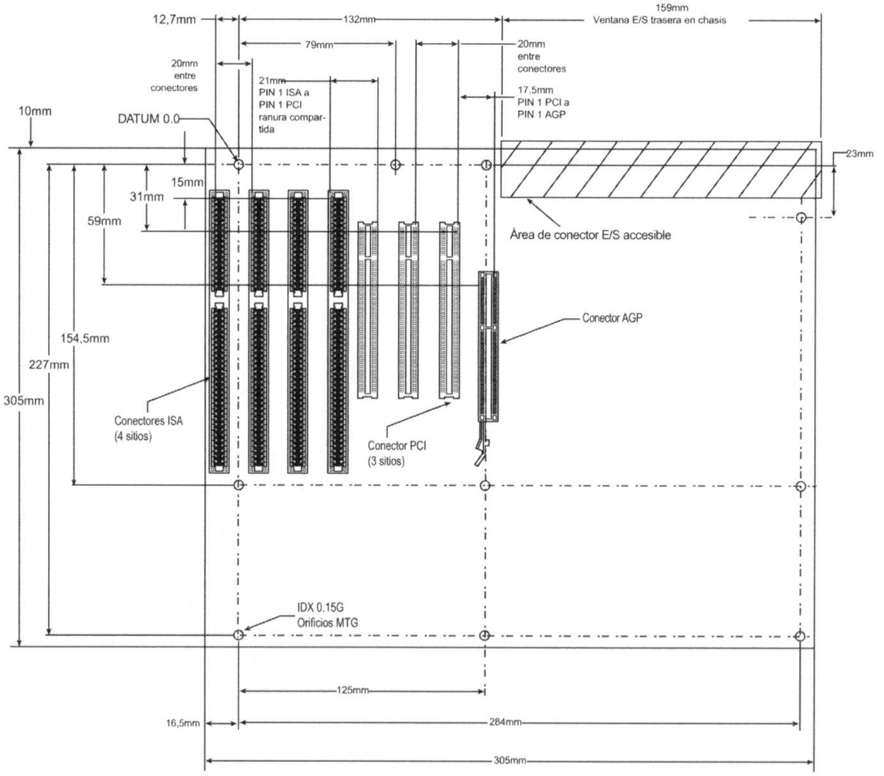

Figura 3.14. *Dimensiones de la placa base 2.2 de la especificación ATX. Las placas base ATX más recientes ya no utilizan ranuras de expansión ISA.*

Mini-ATX no es un estándar oficial, sino que se considera simplemente una versión ligeramente más pequeña de ATX. De hecho, todas las referencias a Mini-ATX se eliminaron de ATX 2.1 y especificaciones posteriores. Existen dos versiones más pequeñas de ATX, llamadas microATX y FlexATX, que veremos en los próximos apartados.

Aunque los orificios de la caja son similares a los de la caja Baby-AT, las cajas para Baby-AT y ATX son generalmente incompatibles. El diseño del suministro de energía ATX es idéntico en cuanto a tamaño físico al suministro de energía Slimline estándar utilizado con sistemas Baby-AT; sin embargo, utilizan conectores diferentes y proporcionan voltajes distintos.

La mejor manera de determinar si su sistema tiene un diseño de placa base de la familia ATX sin tener que quitar la tapa es echar un vistazo a la parte trasera del sistema. Hay dos características distintivas que identifican a ATX. Una es que las placas de expansión se conectan directamente en la placa base. Normalmente no hay tarjetas *riser* como en LPX y NLX (excepto en ciertos sistemas Slimline, como servidores montados en bastidor), así que las ranuras suelen ser perpendiculares al plano de la placa base. Además, las placas ATX tienen un área de conectores de doble altura exclusiva para todos los conectores integrados en la placa base (véanse la figura 3.15 y la tabla 3.3). Esta área se encuentra justo al lado del área de ranuras de bus y puede utilizarse para identificar fácilmente una placa ATX.

Tabla 3.3. *Puertos integrados que aparecen frecuentemente en placas base ATX.*

Descripción de puerto	Tipo de conector	Color del conector
Puerto de ratón PS/2	Mini-DIN de 6 pines	Verde
Puerto de teclado PS/2	Mini-DIN de 6 pines	Morado
Puertos USB	USB de pila dual	Negro
Puerto paralelo	D-Submini de 25 pines	Borgoña
Puerto serie	D-Submini de 9 pines	Verde azulado
Puerto de vídeo analógico VGA	HD D-Submini de 15 pines	Azul oscuro
Puerto de juegos/MIDI	D-Submini de 15 pines	Dorado
Puertos de audio: entrada L/R, salida frontal L/R, salida trasera L/R, salida central/LFE, entrada Micrófono L/R	Mini-Phone de 3,5mm	Azul claro, verde lima, negro, negro, rosa
Salida de TV S-Video	Mini-DIN de 4 pines	Negro
Puerto IEEE 1394/FireWire	IEEE 1394 de 6 pines	Gris
LAN Ethernet 10/100/1000	RJ-45 de 8 pines	Negro
Salida de audio Optical S/PDIF	TOSLINK	Negro
Salida de vídeo digital DVI (no se muestra)	DDWG-DVI	Blanco
Salida de audio Digital S/PDIF (no se muestra)	Conector RCA hembra	Naranja

Descripción de puerto	Tipo de conector	Color del conector
SCSI (no se muestra)	HD SCSI de 50/68 pines	Negro
Módem (no se muestra)	RJ-11 de 4 pines	Negro
Salida Composite Video (no se muestra)	Conector RCA hembra	Amarillo

DIN = Deutsches Institut für Normung e.V.
USB = Bus serie universal.
VGA = Cadena gráfica de vídeo.
HD = Alta densidad.
MIDI = Interfaz digital de instrumentos musicales.
L/R = Canal izquierdo/derecho.
LFE = Efectos de frecuencia baja (subwoofer).
S-Video = Súper Vídeo.
IEEE = Institute of Electrical and Electronics Engineers.
LAN = Red de área local.
RJ = Conector registrado.
S/PDIF = Interfaz digital Sony/Philips.
TOSLINK = Conexión óptica Toshiba.
DVI = Interfaz visual digital.
DDWG = Grupo de trabajo para visualización digital.
RCA = Radio Corporation of America.
SCSI = Interfaz del sistema para pequeños ordenadores.

Nota: *La mayoría de placas base ATX tienen conectores con un código de colores estandarizado en la industrial (véase la tabla 3.3). Esto hace que conectar dispositivos sea muy fácil: simplemente hay que unir los colores correspondientes. Por ejemplo, la mayoría de teclados tienen un cable con un enchufe morado, mientras que la mayoría de ratones tienen un cable con un enchufe verde. Incluso aunque los conectores del ratón y del teclado parezcan iguales (ambos son de tipo Mini-DIN de 6 pines), su código de colores se corresponde con los respectivos dispositivos. Por tanto, para enchufarlos, simplemente hay que insertar el enchufe morado en el conector morado y el enchufe verde en el conector verde, lo que le ahorrará tener que agacharse para intentar descifrar pequeñas etiquetas en los conectores para asegurarse de que lo ha hecho correctamente.*

Las especificaciones y la información sobre ATX y factores de forma relacionados está disponible en el sitio Web `www.formfactors.org`. Este sitio proporciona guías de diseño y especificaciones sobre factores de forma, así como consideraciones respecto al diseño de nuevas tecnologías, información sobre productos de distribuidores y un foro de discusión sobre factores de forma.

Nota: *Algunas placas base, especialmente las usadas en sistemas de servidores, vienen en variaciones ATX no estándar llamadas colectivamente ATX extendidas. Es un término aplicado a placas que son compatibles con ATX pero más profundas. ATX estándar tiene 305mm × 244mm, mientras que las placas ATX extendida* *tienen hasta 305mm × 330mm. Ya que técnicamente no existe ATX extendidas estándar oficiales, pueden aparecer problemas de compatibilidad con placas y chasis que digan soportar ATX extendidas. Cuando compre una placa ATX extendida, asegúrese de que va a encajar en el chasis que desea usar. Los procesadores Dual Xeon encajan en una placa de tamaño ATX estándar, así que escoja una placa de éstas para garantizar la máxima compatibilidad con el chasis ATX existente.*

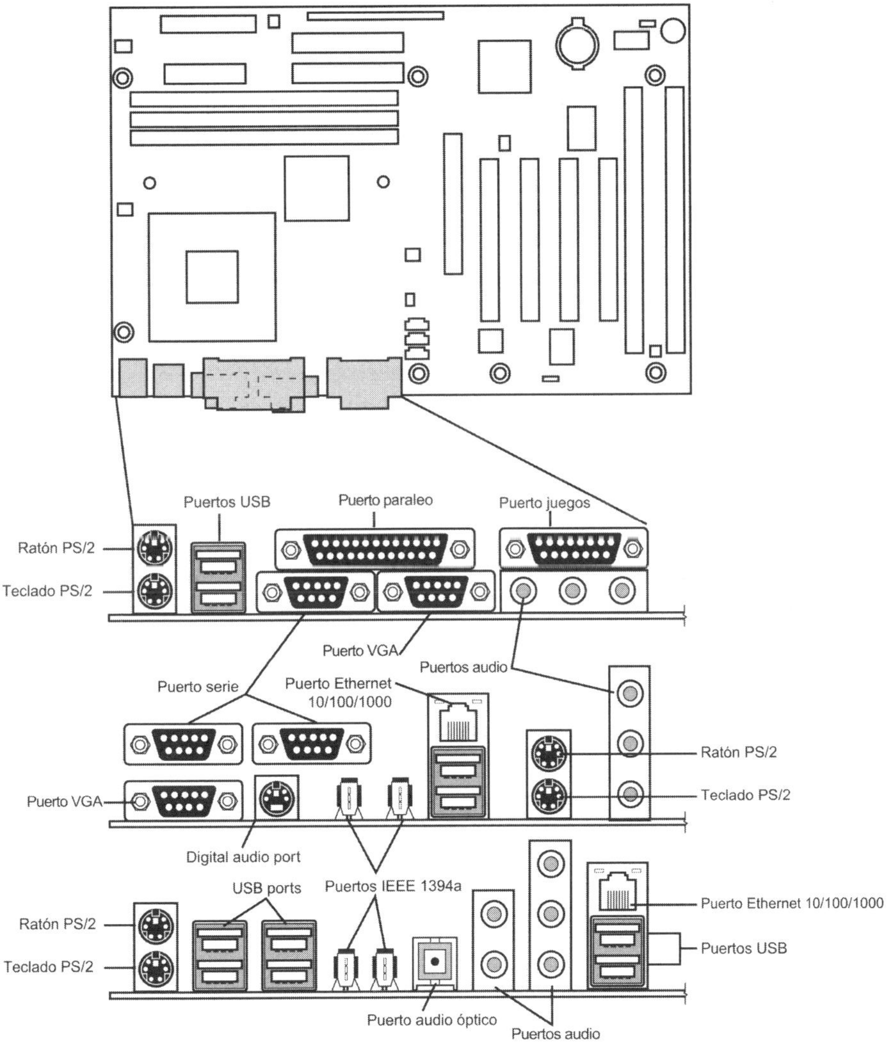

***Figura 3.15.** Panel de conexiones trasero y placa base ATX de sistemas con sonido y vídeo en la placa (partes superior y central), redes e IEEE 1394/FireWire (partes central e inferior), y un sistema "sin herencias" (parte inferior).*

microATX

microATX es un factor de forma de placa base que Intel introdujo originalmente en diciembre de 1997, como evolución del factor de forma ATX para sistemas más pequeños y de coste más bajo. El tamaño reducido en comparación con ATX estándar permite un chasis, una placa base y un suministro de energía más pequeños, lo que reduce el coste del sistema completo. El factor de forma microATX también es compatible con versiones anteriores de factores de forma ATX y puede usarse en cajas ATX de tamaño completo. Por supuesto, una caja microATX no ocupa una placa ATX de tamaño completo. Este factor de forma se ha hecho popular en el mercado de PC de bajo coste. Actualmente, los sistemas de chasis de mini-torre dominan este mercado, aunque sus tamaños pequeños y sus interiores abarrotados limitan mucho la capacidad para futuras actualizaciones.

Las principales diferencias que hay entre microATX y el estándar o Mini-ATX son las siguientes:

- Placa base de ancho reducido (244mm en vez de 305mm o 284mm).
- Menos ranuras de expansión de buses de E/S (cuatro como máximo, aunque la mayoría de placas sólo tienen tres).
- Suministro de energía más pequeño opcional (factores de forma SFX/TFX).

El tamaño máximo de la placa base microATX es de sólo 244mm × 244mm comparado con el tamaño de ATX de tamaño completo, que es de 305mm × 244mm o el tamaño de Mini-ATX, de 284mm × 208mm. Incluso pueden diseñarse placas más pequeñas siempre y cuando se ajusten a la colocación de los orificios de montaje, las posiciones de los conectores, etc., según determine el estándar. El hecho de que haya menos ranuras no es un problema para usuarios de PC domésticos o de negocio pequeño típicos porque se integran más componentes (como sonido y vídeo) en la placa base, y por tanto no requieren ranuras separadas. Esta mayor integración reduce los costes del sistema y la placa base. Los buses externos, como USB, 10/100/1000 Ethernet, y opcionalmente 1394 (FireWire), pueden proporcionar expansión adicional fuera de la caja. La figura 3.16 muestra las especificaciones para las dimensiones de la placa base.

Se han definido suministros de energía de factores de forma más pequeños (llamados SFX o TFX) para su uso opcional con sistemas microATX, aunque el suministro ATX estándar también funciona bien porque los conectores son los mismos. Los suministros de energía SFX/TFX de menor tamaño favorecen la flexibilidad en las decisiones respecto a las colocaciones de montaje en el chasis y toman en consideración a los sistemas más pequeños que consumen menos energía total. Aunque es posible utilizar suministros más pequeños, puede que les falte salida de energía para sistemas más rápidos o completamente configurados. Debido a las elevadas demandas de energía de la mayoría de sistemas modernos, la mayoría de chasis microATX de terceros están diseñados para aceptar suministros de energía ATX estándar, aunque los sistemas microATX vendidos por distribuidores como Compaq, HP, y eMachines suelen utilizar algún tipo de suministro de energía SFX o TFX para reducir costes.

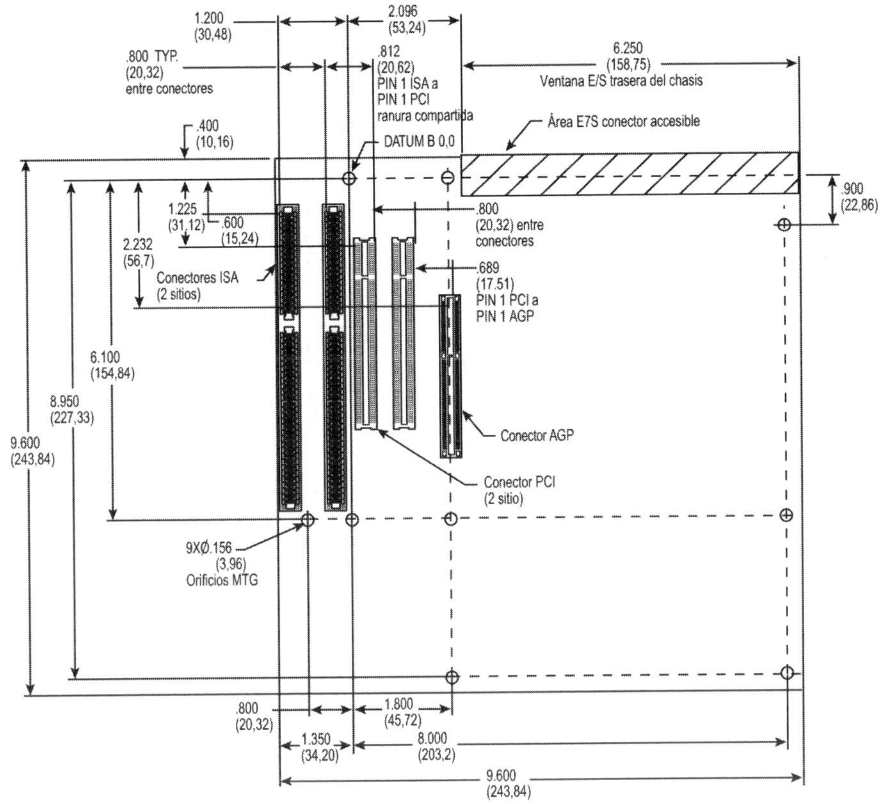

Figura 3.16. Dimensiones de la placa base 1.2 de la especificación microATX.

El factor de forma microATX es similar a ATX para la compatibilidad. Entres estas similitudes se incluyen las siguientes:

- Conectores de energía ATX estándar.
- Panel de E/S ATX estándar.
- Las dimensiones y los orificios de montaje son un subconjunto de ATX.

Estas similitudes garantizan que una placa base microATX puede funcionar fácilmente en un chasis estándar ATX con un suministro de energía ATX estándar, así como el chasis microATX y el suministro de energía SFX/TFX, que son más pequeños. El tamaño total del sistema para un microATX es muy pequeño. Una caja típica sólo tiene unos 305mm de alto, aproximadamente 178mm de ancho, y 305mm de profundidad.

La figura 3.17 muestra una placa base microATX típica. Al igual que con ATX, Intel lanzó microATX al dominio público para facilitar la adopción como estándar de facto. La especificación y la información relacionada sobre microATX están disponibles a través del sitio Desktop Form Factors (`www.formfactors.org`).

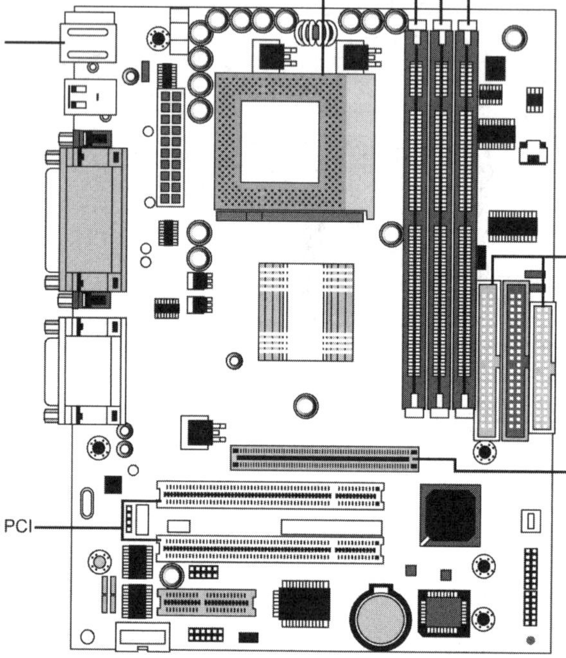

Figura 3.17. *Las dimensiones de una placa base microATX típica son de 244mm x 244m.*

FlexATX

En marzo del año 1999, Intel publicó el apéndice FlexATX para la especificación microATX. Esto añadía una variación nueva y más pequeña del factor de forma ATX al mundo de las placas base. El diseño de FlexATX está pensado para permitir una variedad de diseños de PC nuevos, especialmente sistemas de tipo electrodoméstico, orientados al consumidor, más pequeños y muy baratos. Puede que algunos de estos diseños ni siquiera tengan ranuras de expansión, por lo que sólo les resulta posible expandirse a través de puertos USB o IEEE 1394/FireWire.

FlexATX define una placa con un tamaño de hasta 229mm × 191mm, que es la placa más pequeña de la familia ATX. En todo lo demás, FlexATX es lo mismo que ATX y microATX, lo que hace que FlexATX sea totalmente compatible con las versiones anteriores de ATX o microATX mediante el uso de un subconjunto de los orificios de montaje y las mismas especificaciones de conectores del suministro de energía de E/S (véase la figura 3.18). Es probable que la mayoría de sistemas FlexATX utilicen fuentes de alimentación de tipo SFX/TFX (factor de forma pequeño o delgado), introducidas en la especificación microATX, aunque si el chasis lo permite, también puede utilizarse un suministro de energía ATX estándar.

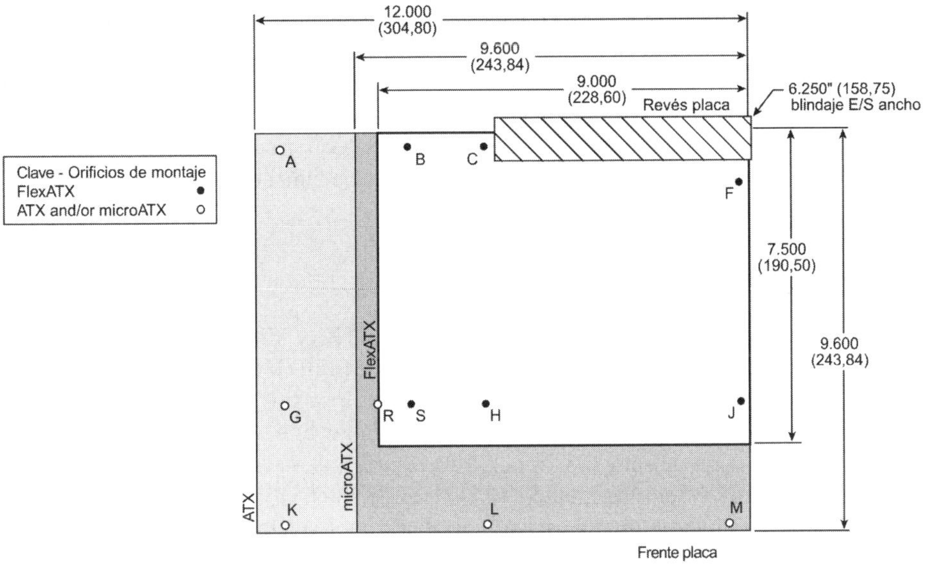

Factor de form	Ubicación orificios	Observaciones
• FlexATX	B, C, F, H, J, S	
• microATX	B, C, F, H, J, L, M, R, S	Los orificios R y S se añadieron para el factor de forma microATX. El B se definió para el formato completo.
• ATX	A, C, F, G, H, J, K, L, M	El orificio F debe implementarse en todos los montajes de chasis compatibles con ATX 2.03. Era opcional en la especificación ATX 1.1.

Figura 3.18. *Comparación de tamaño y orificios de montaje entre placas base ATX, microATX, y FlexATX.*

La adición de FlexATX dio a la familia de placas ATX cuatro definiciones de tamaño (tres son los estándares oficiales), véase la tabla 3.4.

Tabla 3.4. *Factores de forma de la placa base ATX.*

Factor de forma	Anchura máxima	Profundidad máxima	Área máxima	Comparación de tamaños
ATX	305mm	244mm	743cm^2	—
Mini-ATX	284mm	208mm	593cm^2	20% menor
microATX	244mm	244mm	595cm^2	20% menor
FlexATX	229mm	191mm	435cm^2	41% menor

Observe que estas dimensiones son las máximas permitidas. Es posible hacer una placa más pequeña en cualquier dimensión dada siempre y cuando se ajuste a los requisitos de ubicación de los conectores y los orificios de montaje detallados en las respectivas especificaciones. Cada placa tiene los mismos requisitos básicos en cuanto a la colocación de los conectores y los orificios para tornillos, así que si tiene una caja que encaje en una placa ATX de tamaño completo, también podría montar una placa microATX o FlexATX en la misma caja. Obviamente, si tiene una caja más pequeña diseñada para microATX o FlexATX, no podrá poner placas Mini-ATX o ATX de tamaño completo, que son más grandes, en esa caja.

DTX y Mini-DTX

AMD lanzó en febrero de 2007 la especificación DTX (y Mini-DTX), que está disponible para su descarga en `www.dtxpc.org`. DTX y Mini-DTX son variaciones más pequeñas de las especificaciones microATX y FlexATX, respectivamente. Las placas DTX tienen un tamaño de hasta 203,2mm × 244mm, mientras que las placas Mini-DTX son una versión más corta de sólo 203,2mm × 170,18mm. Las placas Mini-DTX incorporan únicamente cuatro orificios de montaje (C, F, H, y J), mientras que las placas DTX añaden dos más, haciendo un total de seis (C, F, H, J, L, y M). Observe la figura 3.19 para ver las ubicaciones de los orificios. La tabla 3.5 muestra el tamaño de las placas DTX y Mini-DTX en relación con FlexATX. La anchura de 203,2mm de las placas DTX y Mini-DTX resulta estrecha y sólo permite dos ranuras de expansión.

ITX y Mini-ITX

FlexATX define una placa que tiene un tamaño de hasta 229mm × 190,5mm. Digo "hasta" porque aunque esas dimensiones sean las máximas, también pueden ser menores. Por tanto, una placa FlexATX puede ser más pequeña que eso, pero, ¿cómo de pequeña? Al analizar la especificación FlexATX (y, concretamente, al estudiar las ubicaciones de los tornillos de montaje requeridas), podrá apreciar que una placa FlexATX podría ser lo bastante pequeña como para utilizar sólo cuatro orificios de montaje (C, F, H, y J). Consulte la figura 3.16 para ver las colocaciones de los orificios respectivos.

Según el estándar FlexATX, la distancia entre los orificios H y J es de 157,5mm, y la distancia entre el orificio J y el borde derecho de la placa es de 6,35mm. Si se deja el mismo margen desde el orificio H al borde izquierdo, se podría hacer una placa con una anchura mínima de 170,2mm (6,35mm + 157,5mm + 6,35mm) que se ajustaría a la especificación FlexATX. De manera similar, la distancia entre los orificios C y H es 155mm, y la distancia entre el orificio C y el borde trasero de la placa es 10,2mm. Al dejar un margen mínimo de 5,1mm desde el orificio H al borde frontal, se podría hacer una placa con una profundidad mínima de 170,3mm (10,2mm + 155mm + 5,1mm) que se ajustaría a la especificación FlexATX. Al combinar la anchura y la profundidad mínimas, se puede ver que el tamaño mínimo de la placa que se ajustaría a la especificación FlexATX sería de 170mm × 170mm.

VIA Technologies quería crear una placa base tan pequeña como fuera posible, pero sin definir un factor de forma completamente nuevo e incompatible. Para ello, en marzo de 2001 creó una placa que tenía una anchura ligeramente más estrecha (216mm en vez de 228,6mm), pero de la misma profundidad que FlexATX, lo que tenía como resultado una tabla que era un 6 por 100 más pequeña y que seguía encajando en la especificación FlexATX. VIA la llamó ITX pero después se dio cuenta de que el ahorro del tamaño era simplemente demasiado pequeño para justificar un mayor desarrollo, así que la descartaron antes de que se llegara a lanzar ningún producto.

En abril de 2002, VIA creó una placa todavía más pequeña que tenía las dimensiones de anchura y profundidad mínimas absolutas permitidas por FlexATX. La empresa la llamó Mini-ITX. En esencia, todas las placas Mini-ITX son simplemente placas FlexATX que están limitadas a unas dimensiones mínimas aceptables. En el resto de aspectos, incluyendo la ubicación y el tamaño de apertura de E/S, las colocaciones de los orificios para tornillos y las conexiones de suministros de energía son puramente FlexATX. Una placa Mini-ITX encaja en cualquier chasis que acepte una placa FlexATX; sin embargo, las placas más grandes no encajarán en un chasis Mini-ITX.

VIA diseñó el factor de forma Mini-ITX especialmente para soportar los procesadores Eden ESP y C3 E-Series incrustados de baja potencia de VIA. Sólo hay algunas placas base disponibles en este formato de forma, y únicamente a través de VIA y uno o dos fabricantes más. Ya que los procesadores utilizados en estas placas son considerablemente menos potentes incluso que los viejos procesadores de nivel de entrada Intel Celeron 4 y AMD Duron, el factor de forma Mini-ITX está pensado para utilizarse principalmente en configuraciones no tradicionales como decodificadores de señales digitales y aparatos informáticos. El tamaño de las placas ITX y Mini-ITX se relaciona con FlexATX (véase la tabla 3.5).

Tabla 3.5. *Comparación de los factores de forma FlexATX, ITX, y Mini-ITX.*

Factor de forma	Anchura máxima	Profundidad máxima	Área máxima	Comparación de tamaño respecto a FlexATX
DTX	203mm	244mm	495cm^2	14% mayor
FlexATX	229mm	191mm	435cm^2	—
ITX	215mm	191mm	411cm^2	6% menor
Mini-DTX	203mm	170mm	346cm^2	21% menor
Mini-ITX	170mm	170mm	290cm^2	34% menor
Nano-ITX	120mm	120mm	144cm^2	67% menor
Pico-ITX	100mm	72mm	72cm^2	83% menor

Mientras que el formato abortado ITX tenía prácticamente el mismo tamaño que FlexATX (que es probablemente la razón por la que se desechó antes de venderse), las placas base Mini-ITX tienen un tamaño de 170mm × 170mm, que es un 34 por 100 menor que el máximo permitido por FlexATX.

Para beneficiarse del formato Mini-ITX, muchos fabricantes de chasis han producido chasis muy pequeños para que encajen con esas placas. La mayoría tienen forma de cubo pequeño, con una bahía de unidad óptica y una de disquete visibles desde la parte frontal. La figura 3.19 muestra el diseño de una placa base Mini-ITX típica, la VIA EPIA-V.

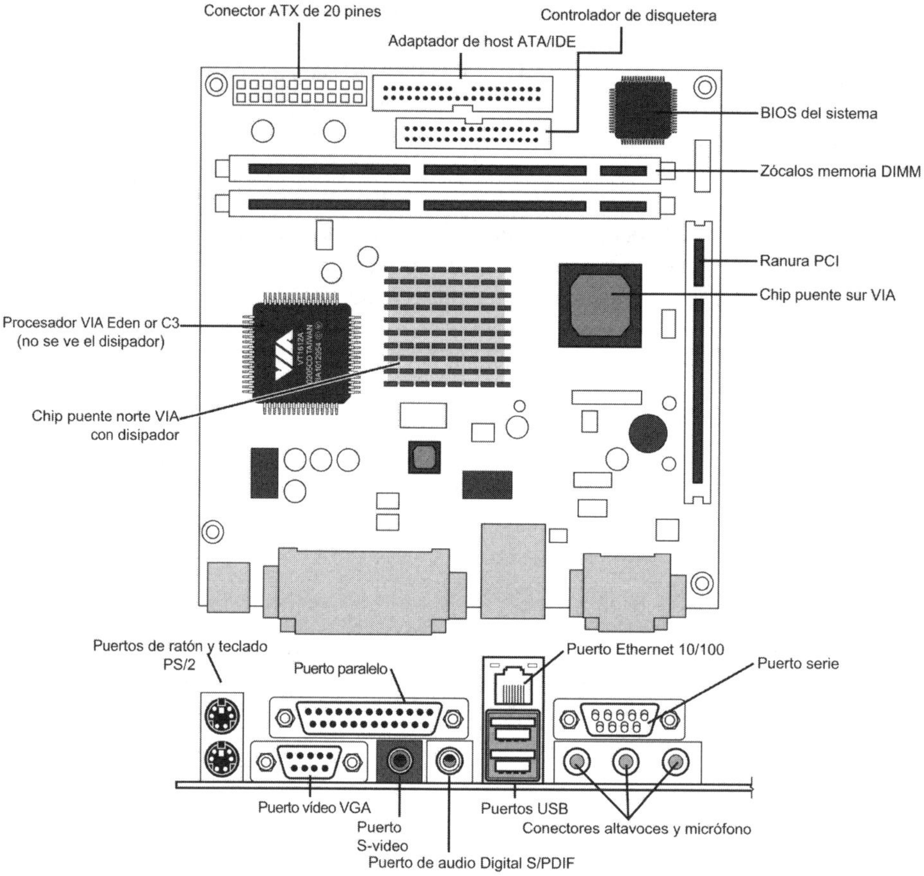

Figura 3.19. *Vistas superior y trasera de la placa base VIA EPIA-V, una placa base Mini-ITX típica. Fotografía publicada por cortesía de VIA Technologies, Inc.*

Las placas base Mini-ITX pueden ofrecer una gama completa de puertos de entrada y salida. Sin embargo, existen muchas diferencias ente las placas base Mini-ITX y otros diseños ATX:

- El procesador en una placa base Mini-ITX suele estar soldado de manera permanente a la placa, lo que imposibilita futuras sustituciones o bien actualizaciones del procesador.
- La mayoría de chasis Mini-ITX utilizan suministros de energía TFX, para los que actualmente sólo hay algunos proveedores. Por consiguiente, los reemplazos son más caros y más difíciles de encontrar.

- Los suministros de energía TFX disponibles están considerados para salidas menores que suministros más grandes, normalmente hasta un máximo de 240 vatios.
- No existen suministros para poder sustituir vídeo en la placa con una tarjeta de vídeo AGP.

Ya que sólo un pequeño número de proveedores fabrica chasis y placas Mini-ITX, las futuras actualizaciones o sustituciones de partes están limitadas. No obstante, las placas Mini-ITX se consideran en realidad placas FlexATX, así que pueden instalarse en cualquier chasis ATX de tamaño completo, microATX o FlexATX estándar, y utilizan los suministros de energía correspondientes. Las únicas pegas son que los chasis Mini-ITX, que son más pequeños, no aceptan placas ATX de tamaño completo, microATX o FlexATX más grandes y la mayoría de chasis Mini-ITX sólo aceptan suministros de energía TFX. Cuando seleccione un sistema Mini-ITX, debe asegurarse de que selecciona la velocidad y el tipo de procesador apropiados necesarios para la tarea que quiere llevar a cabo, ya que los reemplazos o actualizaciones de procesadores casi siempre requieren cambiar toda la placa base.

Nota:** El sitio oficial para obtener información de ITX es* `www.viaembedded.com`. *El sitio* `www.mini-itx.com` ***suele considerarse erróneamente como un sitio oficial, pero en realidad es un distribuidor especializado en sistemas ITX y ventas de componentes.

Los últimos desarrollos de la familia ITX son los factores de forma Nano-ITX y Pico-ITX, plataformas ultra-compactas (120mm × 120mm y 100mm × 72mm) diseñadas para aplicaciones integradas de baja potencia.

Diseños propietarios

Las placas base que no son uno de los factores de forma estándar, como cualquiera de los formatos ATX, se consideran propietarios o semipropietarios. La mayoría de personas que compran PC deberían evitar los diseños propietarios porque no permiten futuras actualizaciones de la caja, la placa base o el suministro de energía, lo cual limita el uso y la funcionalidad del sistema en el futuro. Para mí, los sistemas propietarios son PC desechables porque no se pueden actualizar ni reparar fácilmente. El problema es que los componentes propietarios suelen llegar únicamente a través del fabricante del sistema original, y normalmente cuestan mucho más que las partes estándar. Por tanto, una vez que caduca la garantía del sistema propietario, básicamente ya no vale la pena actualizarlo o repararlo. Si la placa base o cualquiera de sus componentes se estropea, le saldrá mejor comprarse un sistema estándar completamente nuevo en vez de pagar un precio mucho más alto por una placa base propietaria. Además, una placa base estándar nueva sería más reciente y rápida que la sustituida. En un sistema propietario, la placa de reemplazo no sólo costaría demasiado, sino que sería igual que la defectuosa.

Ranuras/Zócalos del procesador

La CPU se instala en un zócalo o en una ranura, según el tipo de chip.

Empezando por los procesadores 486, Intel diseñó el procesador para que el usuario pudiera instalar y reemplazar las partes y desarrolló estándares para las ranuras y los zócalos de la CPU que permitirían que se conectaran diferentes modelos del mismo procesador básico. Una innovación clave fue el uso de un diseño de zócalo ZIF, que suponía que el procesador podía instalarse o quitarse sin herramientas. Los zócalos ZIF utilizan una palanca para engranar o liberar el enganche en el chip, y cuando la palanca se suelta, el chip puede insertarse o extraerse con facilidad. A los zócalos ZIF se les dio una designación que normalmente se grababa o se ponía en relieve en el zócalo indicando de qué tipo era. Los diferentes tipos de zócalos aceptaban diferentes familias de procesadores. Si conoce el tipo de zócalo o ranura de su placa base, conoce básicamente qué tipos de procesadores están diseñados para conectarse.

La tabla 3.6 muestra las designaciones para los distintos zócalos/ranuras de procesadores estándar y ofrece una lista de los chips diseñados para conectarse en ellos.

Tabla 3.6. *Especificaciones de zócalos de CPU.*

Clase de sistema	Zócalo	Pines	Diseño	Voltaje	Procesadores soportados
Intel 486	Socket 1	169	17×17 PGA	5V	Intel 486 SX/SX2, DX/DX2, DX4 OverDrive
	Socket 2	238	19×19 PGA	5V	Intel 486 SX/SX2, DX/DX2, DX4, DX4 OverDrive, 486 Pentium OverDrive
	Socket 3	237	19×19 PGA	5V/3,3V	Intel 486 SX/SX2, DX/DX2, DX4, DX4 OverDrive, 486 Pentium OverDrive, AMD Am486, Am5x86
	Socket 6[1]	235	19×19 PGA	3,3V	Intel 486 DX4, 486 Pentium OverDrive
Intel 586 (Pentium)	Socket 4	273	21×21 PGA	5V	Intel Pentium 60/66, OverDrive
	Socket 5	320	37×37 SPGA	3,3V/3,5V	Intel Pentium 75-133, OverDrive
	Socket 7	321	37×37 SPGA	VRM	Intel Pentium 75-233+, MMX, OverDrive, AMD K5/K6, Cyrix 6x86/M1/MII
Intel 686 (Pentium II/III)	Socket 8	387	Diseño dual SPGA	Auto VRM	Intel Pentium Pro, Pentium II OverDrive
	Slot 1 (SC242)	242	Ranura de 242 pines	Auto VRM	Intel Pentium II/III SECC, Celeron SEPP, VIA/Cyrix III/C3
	Socket 370	370	37×37 SPGA	Auto VRM	Intel Celeron/Pentium III PGA/ FC-PGA, VIA/Cyrix III/C3

Clase de sistema	Zócalo	Pines	Diseño	Voltaje	Procesadores soportados
Intel Pentium 4/Core	Socket 423	423	39×39 SPGA	Auto VRM	Intel Pentium 4 FC-PGA
	Socket 478	478	26×26 mPGA	Auto VRM	Intel Pentium 4/Celeron FC-PGA2, Celeron D
	LGA775 (Socket T)	775	30×33 LGA	Auto VRM	Intel Pentium 4/Extreme Edition, Pentium D, Celeron D, Pentium Dual-Core, Core 2 Duo/Extreme/Quad, Xeon
	LGA1156 (Socket H)	1156	40×40 LGA	Auto VRM	Intel Pentium, Core i Series, Xeon
	LGA1366 (Socket B)	1366	41×43 LGA	Auto VRM	Intel Core i Series, Xeon
AMD K7	Slot A	242	Ranura de 242 pines	Auto VRM	AMD Athlon SECC
	Socket A (462)	462	37×37 SPGA	Auto VRM	AMD Athlon, Athlon XP/MP, Duron, Sempron, Geode NX
AMD K8	Socket 754	754	29×29 mPGA	Auto VRM	AMD Athlon 64, Sempron
	Socket 939	939	31×31 mPGA	Auto VRM	AMD Athlon 64/64 FX/64 X2, Sempron, Optaron
	Socket 940	940	31×31 mPGA	Auto VRM	AMD Athlon 64 FX, Opteron
	Socket AM2	940	31×31 mPGA	Auto VRM	AMD Athlon 64/64 FX/64 X2, Sempron, Opteron, Phenom
	Socket AM2+	940	31×31 mPGA	Auto VRM	AMD Athlon 64/64 X2, Opteron, Phenom X2/X3/X4/II X4
	Socket AM3	941	31×31 mPGA	Auto VRM	AMD Athlon II, Phenom II, Sempron
	Socket F (1207 FX)	1207	35×35 x2 LGA	Auto VRM	AMD Athlon 64 FX, Opteron
Servidor y estación de trabajo	Slot 2 (SC330)	330	Ranura de 330 pines	Auto VRM	Intel Pentium II/III Xeon
	Socket PAC418	418	38×22 SPGA dividido	Auto VRM	Intel Itanium
	Socket PAC611	611	25×28 mPGA	Auto VRM	Itanium 2
	Socket 603	603	31×25 mPGA	Auto VRM	Intel Xeon
	Socket 604	604	31×25 mPGA	Auto VRM	Intel Xeon

Clase de sistema	Zócalo	Pines	Diseño	Voltaje	Procesadores soportados
	LGA 771 (Socket J)	771	30×33 LGA	Auto VRM	Intel Core 2 Extreme, Xeon
	Socket 940	940	31×31 mPGA	Auto VRM	AMD Athlon 64FX
	Socket F (1207 FX)	1207	35×35 x2 LGA	Auto VRM	AMD Athlon 64 FX, Opteron

[1] Socket 6 nunca se implementó realmente en ningún sistema.
FC-PGA = *Flip-chip pin grid array*.
FC-PGA2 = FC-PGA con un disipador integrado (IHS).
OverDrive = Procesadores de actualización al por menor.
PAC = *Pin array cartridge*.
PGA = Malla de contactos.
PPGA = Malla de contactos de plástico.
SECC = Cartucho de contacto por un solo lado.
SEPP = Encapsulado de procesador de borde simple.
SPGA = Malla de contactos escalonada.
mPGA = Micro malla de contactos.
VRM = Módulo regulador de voltaje con salida de voltaje variable dependiendo del tipo de modo o puentes manuales.
Auto VRM = Módulo regulador de voltaje con selección de voltaje automática determinada por los pines ID de voltaje (VID).

Originalmente, todos los procesadores se montaban en zócalos (o se soldaban directamente en la placa base). Mientras que la mayoría de procesadores se conectan en zócalos, tanto Intel como AMD cambiaron a una aproximación basada en ranuras para sus procesadores a finales de los 90 porque éstos empezaron a incorporar caché L2 integradas, adquiridas como chips independientes de otros fabricantes de chips de memoria RAM estática (SRAM).

Por tanto, el procesador no consistía en un chip, sino en varios, todos montados en una placa hija que se conectaba en una ranura de la placa base. Funcionaba bien, pero había gastos adicionales en los chips extra de la caché, la placa hija en sí, la ranura, las cubiertas o empaquetamientos opcionales y los mecanismos de soporte y cerrojos físicos para el procesador y el disipador. En general, resultaba caro producir procesadores basados en ranuras en comparación con las versiones de zócalos anteriores.

Con la llegada de la segunda generación de Celeron, Intel empezó a integrar la caché L2 directamente en la pastilla del procesador, lo que significa que no se necesitaban chips extra. La segunda generación de Pentium III (con nombre en clave Coppermine) también recibió caché L2 integrada en la pastilla, al igual que la segunda generación del procesador Athlon (con nombre en clave Thunderbird) de AMD. Con la caché L2 integrada en la pastilla, el procesador volvía a ser un solo chip, lo que también significaba que no era necesario montarlos en una placa aparte conectada en una ranura. Ahora, todos los procesadores modernos tienen la caché L2 integrada, (algunos tienen también la caché L3) y utilizan la forma de zócalo. Además, la caché integrada se ejecuta a la velocidad total del procesador, en vez de a la mitad o un tercio de la velocidad de la caché como los procesadores basados en ranuras.

Chipsets

No podemos hablar sobre las placas base modernas sin tratar los *chipsets*. El *chipset* "es" la placa base; por tanto, dos placas cualquiera con los mismos *chipsets* ofrecerán básicamente el mismo nivel de rendimiento y características.

Dependiendo del modelo, el *chipset* suele contener la interfaz de bus del procesador, controladores de memoria, controladores de bus, controladores de E/S, etc. Todos los circuitos primarios de la placa base se contienen dentro del *chipset*. Si el procesador de su PC fuera como el motor de su coche, el *chipset* representaría la transmisión y el chasis. Es el marco de trabajo en el que descansa el motor y su conexión con el mundo exterior. El *chipset* es el armazón, la suspensión, la dirección, las ruedas y las llantas, la transmisión, el cigüeñal, el diferencial y los frenos. El chasis de su coche es lo que permite al vehículo arrancar, parar y tomar curvas. En el PC, el *chipset* representa la conexión entre el procesador y todo lo demás. El procesador no puede comunicarse con las placas adaptadoras, los dispositivos, la memoria (en algunos modelos), etc. sin pasar a través del *chipset*. Si el procesador fuera el cerebro, el *chipset* sería la columna vertebral y el sistema nervioso central.

Ya que el *chipset* controla la interfaz o conexiones entre el procesador y prácticamente todo lo demás, éste acaba dictando qué tipo de procesador tenemos; a qué velocidad se ejecutarán los buses; y en algunos casos, la velocidad, el tipo y la cantidad de memoria que podemos utilizar.

De hecho, el *chipset* podría ser el componente más importante del sistema, posiblemente más importante incluso que el procesador. He visto sistemas con un procesador más rápido tener un rendimiento menor que sistemas con un procesador más lento pero con un *chipset* mejor, al igual que un coche con menos potencia podría ganar una carrera mediante un mejor agarre y frenado. A la hora de decidir sobre un sistema, yo empiezo por elegir el *chipset* porque la elección del mismo dicta las capacidades del procesador, de la E/S y de la extensión.

Evolución de los chipsets

Cuando IBM creó las primera placa base para PC, utilizó varios chips discretos (separados) para completar el diseño. Además del procesador y del coprocesador matemático opcional, se requerían muchos otros componentes para completar el sistema. Entre esos otros componentes se incluían elementos como el generador de reloj, el controlador de bus, el reloj del sistema, los controladores de interrupciones y DMA, CMOS RAM y reloj, y el controlador del teclado. Además, se utilizaron muchos otros chips lógicos simples para completar el circuito completo de la placa base además, por supuesto, de cosas como el procesador real, el coprocesador matemático (unidad de punto flotante), la memoria y otras partes.

La tabla 3.7 muestra una lista de todos los componentes principales de los chips utilizados en las placas base AT y PC/XT originales.

Tabla 3.7. *Componentes principales de los chips de las placas base PC/XT y AT.*

Función del chip	Versión PC/XT	Versión AT
Procesador	8088	80286
Coprocesador matemático (unidad de punto flotante)	8087	80287
Generador de reloj	8284	82284
Controlador de bus	8288	82288
Reloj del sistema	8253	8254
Controlador de interrupciones de orden inferior	8259	8259
Controlador de interrupciones de orden superior	—	8259
Controlador DMA de orden inferior	8237	8237
Controlador DMA de orden superior	—	8237
CMOS RAM/reloj de tiempo real	—	MC146818
Controlador de teclado	8255	8042

Además del procesador/coprocesador, se utilizaba un conjunto de seis chips para implementar el circuito de la placa base principal en los sistemas XT y PC originales. Más tarde IBM actualizó esto a un diseño de nueve chips en los sistemas AT y posteriores, principalmente mediante la adición de más chips controladores de interrupciones y DMA y el chip CMOS RAM/reloj de tiempo real no volátil. Todos estos componentes de los chips de la placa base vinieron de Intel o de un fabricante autorizado por Intel, excepto el chip CMOS/reloj, que vino de Motorola. Construir un clon o copia de uno de estos sistemas IBM requería que todos estos chips, además de muchos chips lógicos discretos más pequeños, mantuvieran el diseño unido, lo que hacía un total de 100 o más chips individuales. Esto suponía que el precio de una placa base fuera elevado y dejaba poco espacio en la placa para integrar otras funciones.

En 1986, una empresa llamada Chips and Technologies introdujo un componente revolucionario conocido como el 82C206, la parte principal del primer *chipset* de la placa base de PC. Se trataba de un solo chip que integraba en él todas las funciones de los chips principales de la placa base en un sistema compatible con AT. Este chip incluía las funciones del generador de reloj 82284, el controlador de bus 82288, el reloj del sistema 8254, los controladores de interrupciones duales 8259, los controladores de DMA duales 8237, e incluso el chip de CMOS/reloj MC146818. Además del procesador, prácticamente todos los componentes principales de un chip en una placa base podrían sustituirse ahora por un solo chip. Otros cuatro chips incrementaron el 82C206 actuando como controladores de memoria y búferes, completando de este modo prácticamente el circuito completo de la placa base con cinco chips en total. Este primer *chipset* se conocía como CS8220 de Chips and Technologies. Huelga decir que fue un concepto revolucionario en la fabricación de placas base para PC. No sólo redujo enormemente el coste de fabricación, sino que también hizo que el diseño de una placa base diseño resultara mucho más sencillo.

La reducción en la cantidad de componentes suponía que las placas tenían más espacio para integrar otros elementos que anteriormente se encontraban en tarjetas de expansión. Más adelante, los cuatro chips que aumentaban el 82C206 fueron sustituidos por un nuevo conjunto de sólo tres chips, y el conjunto completo se llamó *chipset New Enhanced AT* (NEAT) CS8221. A éste le siguió el *chipset* 82C836 *Single Chip AT* (SCAT), que condensaba por fin todos los chips del conjunto en uno solo.

Otros fabricantes de chips no tardaron en copiar la idea del *chipset*. Empresas como Acer, Erso, Opti, Suntac, Symphony, UMC, y VLSI se hicieron con partes importantes de este mercado. Desgraciadamente para muchas de ellas, el mercado de los *chipsets* ha sido volátil, y muchas están fuera del negocio desde hace tiempo. En 1993, VLSI se había convertido en la fuerza dominante del mercado de los *chipsets* y controlaba la mayor parte; al año siguiente VLSI (que más adelante se confundiría con Philips Semiconductors), junto con prácticamente todas las demás empresas del mercado del *chipset*, estaba luchando por mantenerse a flote. La razón fue que había aparecido en escena un nuevo fabricante de *chipsets*, y en tan sólo un año aproximadamente de trabajo serio, ya dominaba completamente ese mercado.

Dicha empresa era Intel, y desde el año 1994, acapara prácticamente todo el mercado del *chipset*. Si tiene una placa base fabricada a partir de 1994 que utilice o acepte un procesador Intel, es muy probable que en ella haya también un *chipset* Intel.

Hoy en día, Intel no está solo en el negocio de los *chipsets*: ATI (que ahora es parte de AMD), NVIDIA, VIA Technologies, y *Silicon Integrated Systems* (SiS) también fabrican o han fabricado *chipsets* para sistemas basados en Intel.

Aunque AMD (y ATI, parte de AMD) ha desarrollado sus propios *chipsets*, NVIDIA y SIS también producen *chipsets* para sistemas basados en AMD.

Es interesante destacar que el fabricante de *chipsets* de PC original, Chips and Technologies, sobrevivió al cambiar de rumbo hacia el diseño y fabricación de chips de vídeo y encontró un hueco en ese mercado concretamente para *chipsets* de video para portátiles y *netbooks*. En 1998 Intel adquirió Chips and Technologies como parte de su estrategia de vídeo.

Chipsets de Intel

No podemos hablar de *chipsets* hoy en día sin mencionar Intel, puesto que actualmente posee la mayor parte del mercado del *chipset*. Es interesante señalar que seguramente tenemos que agradecer a Compaq que metiera a Intel en el negocio de los *chipsets* inicialmente.

El verdadero desencadenante fue la introducción del bus EISA diseñado por Compaq en 1989. En dicho momento, Compaq había compartido el bus con otros fabricantes en un intento por convertirlo en un estándar del mercado. Sin embargo, Compaq se negó a compartir su *chipset* de bus EISA, un conjunto de chips personalizados necesarios para implementar este bus en una placa base.

Se suma a esto Intel, que decidió llenar el vacío de *chipsets* para el resto de fabricantes de PC que querían construir placas base de bus EISA. Como es bien sabido actualmente, el bus no llegó a ser un éxito en el mercado, excepto para un hueco limitado en el negocio de los servidores, pero Intel le había cogido el gusto al negocio de los *chipsets*, y aparentemente no lo iba a olvidar. Con la introducción de los procesadores 286 y 386, Intel se impacientó por el tiempo que tardaron las otras empresas de *chipsets* en crear *chipsets* en torno a sus nuevos diseños de procesador; esto retrasó la introducción de placas base compatibles con los nuevos procesadores. Por ejemplo, pasaron más de dos años desde que se introdujo el procesador 286 hasta que aparecieron las primeras placas base 286 y un año desde el 386 hasta que aparecieron las primeras placas base 386. Intel no podía vender sus procesadores en grandes cantidades hasta que otros fabricantes hicieran placas base capaces de soportarlos, así que consideró que desarrollando *chipsets* de placas base para un nuevo procesador a la vez que el nuevo procesador, podría impulsar el negocio de las placas base al proporcionar *chipsets* ya preparados para que los utilizaran los fabricantes de placas base.

Intel hizo la prueba introduciendo la serie de *chipsets* 420 junto con su procesador 486 en abril de 1989. Esto permitió a las empresas de placas base ponerse manos a la obra inmediatamente, y en tan sólo unos meses aparecieron las primeras placas base 486. Naturalmente, los demás fabricantes de *chipsets* no estaban muy contentos, ya que ahora tenían que competir con Intel, e Intel siempre tendría *chipsets* para nuevos procesadores en el mercado antes que nadie.

Intel se dio cuenta entonces de que fabricaba tanto los procesadores como los *chipsets*, lo que suponía el 90 por 100 de los componentes de una placa base típica. La mejor manera de garantizar que hubiera placas base disponibles para su procesador Pentium cuando se introdujo era crear también sus propias placas base y tenerlas listas para la fecha de introducción del nuevo procesador. Cuando el primer procesador Pentium hizo su aparición en 1993, Intel presentó el *chipset* 430LX y una placa base completamente acabada. Ahora, además de que las empresas de *chipsets* estaban molestas, las empresas de placas base tampoco estaban precisamente felices. Intel no sólo era el principal proveedor de partes necesarias para fabricar placas completas (procesadores y *chipsets*), sino que además también fabricaba y vendía las placas terminadas. Para 1994, Intel dominaba los mercados de los procesadores y de los *chipsets* y también había acaparado el mercado de las placas base.

Ahora, mientras Intel desarrolla nuevos procesadores, desarrolla a la vez *chipsets* y placas base, lo que significa que pueden anunciarse y distribuirse al unísono. Así se eliminan los retrasos entre la introducción de los nuevos procesadores y la espera para las placas base y los sistemas capaces de utilizarlas, algo muy frecuente en los primeros días de la industria. Para los consumidores, esto supone no tener que esperar para tener sistemas nuevos. Desde el procesador Pentium original de 1993, ha sido posible adquirir sistemas preparados el mismo día en que se ha lanzado un nuevo procesador.

Números de modelos de chipsets de Intel

Empezando por el 486 de 1989, Intel comenzó con un patrón de numeración de sus *chipsets* (véase la tabla 3.8).

Tabla 3.8. *Números de los modelos de chipsets de Intel.*

Serie del Chipset	Procesadores compatibles y otras características
420xx	P4 (486).
430xx	P5 (Pentium), memoria EDO.
440xx	P6 (Pentium Pro/PII/PIII), memoria SDRAM, AGP.
450xx	Estación de trabajo P6 (Pentium Pro/PII/PIII Xeon), memoria SDRAM.
8xx	PII/PIII/P4, memoria DDR, AGP.
9xx	Pentium 4/D, Core 2, memoria DDR2, PCI Express.
3x	Core 2, memoria DDR2/DDR3, PCI Express.
4x	Core 2, memoria DDR2/DDR3, PCI Express 2.x.
5x	Core i Series, PCI Express 2.x.

Los números de *chipsets* que aparecen aquí son abreviaturas de los números reales de los *chipsets* sellados en los chips individuales. Por ejemplo, uno de los *chipsets* Pentium II/III más populares era el Intel 440BX, que constaba de dos componentes: el puente norte 82443BX y el puente sur 82371EB.

Asimismo, el *chipset* 865G es compatible con Pentium 4 y consta de dos partes principales: el concentrador de controladores de memoria gráfica 82865G (GMCH; sustituye al puente norte e incluye vídeo integrado) y un concentrador de controladores de E/S 82801EB o 82801EBR (ICH5 o ICH5R; sustituye al puente sur).

Por último, el *chipset* X58 es compatible con las versiones Socket LGA1366 de los procesadores Core i Series, y normalmente consta del 82X58 IOH (*I/O Hub*, Concentrador de E/S) y de un concentrador de controladores de E/S 82801JIR o 82801JIB (ICH10 o bien ICH10R).

Al leer el logo (Intel u otros) y parte de las combinaciones de letras y números de los chips más grandes de la placa base, es posible identificar el *chipset* utilizado por la placa base.

Intel ha utilizado dos arquitecturas de *chipsets* distintas: una arquitectura de puente norte/sur y una de concentrador más reciente. Todos los *chipsets* introducidos a partir de la serie 800 utilizan la arquitectura de concentrador.

Truco: *En muchos casos, el chip puente norte/GMCH/MCH/IOH está cubierto con un disipador activo o pasivo, y algunas placas base también utilizan un disipador en el chip ICH o puente sur.*

Para determinar qué chipset *se utiliza en estos sistemas, recomiendo usar un software como por ejemplo Intel Chipset Identification Utility (*`http://developer.intel.com/support/chipsets/inf/sb/CS-009266.htm`*) o bien CPU-Z (*`http://cpuid.com`*).*

Arquitectura de gráficos integrados Intel

Intel comenzó a producir *chipsets* de placas base con vídeo integrado a partir del *chipset* 810 en abril de 1999. Al integrar los gráficos directamente en el *chipset* de la placa base, no se requería ningún otro chip de gráficos o memoria de vídeo, lo que significaba que básicamente el vídeo podía incluirse "gratis". Muchos de los *chipsets* que incluyen gráficos integrados son compatibles también con ranuras de vídeo PCI Express o AGP para actualizaciones, lo que significa que los gráficos integrados podrían actualizarse de manera sencilla mediante la adición de una tarjeta gráfica discreta.

Aunque no está diseñado para desafiar a los chips gráficos discretos en tarjetas gráficas dedicadas, el vídeo integrado puede ofrecer un rendimiento gráfico razonable por un coste prácticamente inexistente. Yo suelo recomendar el uso de placas base que ofrezcan gráficos integrados y una ranura para añadir posteriormente una tarjeta de vídeo; de ese modo puede empezar ahorrando dinero al utilizar los gráficos integrados y después actualizar a una solución de vídeo de mayor rendimiento añadiendo simplemente una tarjeta.

Chipsets AMD

AMD se arriesgó con su familia de procesadores Athlon. Con estos procesadores, AMD decidió por primera vez crear un chip que fuera compatible con Intel en lo que se refiere al software, pero no directamente compatible con el hardware o los pines. Mientras que la serie K6 se conectaría en el mismo Socket 7 que Intel diseñó para la línea de procesadores Pentium, AMD Athlon y Duron no serían compatibles en lo que respecta a los pines con los chips de Celeron y Pentium II/III. Esto también significaba que AMD no podía aprovechar los *chipsets* y placas base existentes cuando se introdujeron Athlon y Duron; en vez de eso, AMD tendría que crear sus propios *chipsets* y placas base o encontrar otras empresas que lo hicieran. El riesgo valió la pena. AMD impulso el mercado con la introducción de su propio *chipset*, conocido como el *chipset* AMD-750 (con nombre en clave Irongate). El *chipset* AMD 750 consta del controlador de sistema 751 (puente norte) y el controlador de bus de periféricos 756 (puente sur). AMD siguió con el *chipset* AMD-760 para los procesadores Athlon/Duron, que fue el primer *chipset* principal del mercado compatible con DDR SDRAM para la memoria. Consta de dos chips: el controlador de bus del sistema AMD-761 (puente norte) y el controlador de bus de periféricos AMD-766 (puente sur). De manera similar, AMD estableció una nueva arquitectura de *chipset* estándar para su línea de procesadores de 64 bits (Athlon 64 y Opteron) mediante el desarrollo del *chipset* AMD-8000. Los esfuerzos pioneros de AMD han inspirado a otras empresas, como VIA Technologies, NVIDIA, SiS, y ATI para desarrollar *chipsets* diseñados específicamente para interactuar con procesadores AMD. En 2007, AMD adquirió ATI, lo que básicamente llevó a la empresa los *chipsets* de placas base y los procesadores de vídeo. Esto sitúa a AMD a un nivel más igualado con Intel porque proporciona a la empresa la capacidad de producir la mayoría de los chips necesarios para construir un sistema en torno a sus procesadores. Desde entonces, AMD y NVIDIA han producido la mayoría de *chipsets* para sistemas basados en AMD.

Arquitectura de puente norte/sur tradicional

La mayoría de los primeros *chipsets* de Intel (y, hasta hace unos pocos años, prácticamente todos los que no eran de Intel) se descomponen en una arquitectura de múltiples capas que incorpora los componentes llamados puente norte y sur, y también un chip Súper E/S:

- **Puente norte:** Se llama así porque es la conexión entre el bus del procesador de alta velocidad y los buses PCI y AGP, más lentos. El puente norte es el que posteriormente da nombre al *chipset*, lo que significa que, por ejemplo lo que llamamos *chipset* 440BX deriva del hecho de que el número del chip puente norte para ese conjunto es 82443BX.
- **Puente sur:** Se llama así porque es el puente entre el bus PCI (66/33MHz) y el bus ISA (8MHz), todavía más lento.
- **El chip Súper E/S:** Es un chip independiente unido al bus ISA que no se considera realmente parte del *chipset* y que a menudo proviene de terceros, como National Semiconductor o *Standard MicroSystems Corp*. (SMSC). El chip Súper E/S contiene elementos periféricos utilizados con frecuencia combinados en un solo chip. Observe que los chips de puente sur más recientes incluyen ahora funciones de Súper E/S, así que las placas base más recientes ya no incluyen un chip Súper E/S aparte.

La figura 3.20 muestra una placa base AMD Socket A que utiliza arquitectura de puente norte/sur con la colocación de todos los chips y componentes.

El puente norte se denomina a veces PAC (Controlador PCI/AGP). Es básicamente el componente principal de la placa base y es el único circuito, además del procesador, que normalmente funciona a una velocidad de placa base (bus de procesador) completa. Los *chipsets* más modernos utilizan puente norte de un solo chip; sin embargo, algunos de los más antiguos constaban en realidad de hasta tres chips individuales para componer el circuito del puente norte completo.

El puente sur es el componente de menor velocidad del *chipset* y siempre ha sido un solo chip individual. El puente sur es un componente en cierto modo intercambiable, en el sentido de que los distintos *chipsets* (chips puente norte) a menudo están diseñados para utilizar el mismo componente de puente sur. Este diseño modular del *chipset* permite a los fabricantes de placas base una mayor flexibilidad a un coste más bajo. De forma similar, muchos distribuidores producen varias versiones de chips puente sur compatibles con pines con diferentes características para proporcionar un diseño y una fabricación más flexible y con menos costes. El puente sur conecta con el bus PCI de 33MHz y contiene la interfaz o puente con el bus ISA de 8MHz (si lo hay). También suele contener interfaces de controladores de disco duro ATA/IDE duales, una o más interfaces USB interfaces, y los diseños posteriores tienen incluso funciones de reloj de tiempo real y CMOS RAM. En los diseños más antiguos, el puente sur contenía todos los componentes que forman el bus ISA, incluyendo los controladores DMA y de interrupciones. El tercer componente de la placa base, el chip Súper E/S, se conecta al bus ISA de 8MHz o al bus LPC y contiene todos los periféricos estándar que están dentro de una placa base. Por ejemplo, la mayoría de chips Súper E/S contienen los puertos seriales, el puerto paralelo, el controlador de disquetes y la interfaz de teclado/ratón. Opcionalmente, pueden contener también el CMOS RAM/reloj, los controladores IDE, y la interfaz de puerto de juegos. Los sistemas que integran puertos SCSI y IEEE 1394 utilizan chips aparte para esos tipos de puertos. Las placas base más recientes que utilizan diseños de *chipsets* de puente norte/sur incorporan Súper puente sur, que incorpora las funciones de puente sur y Súper E/S en un solo chip.

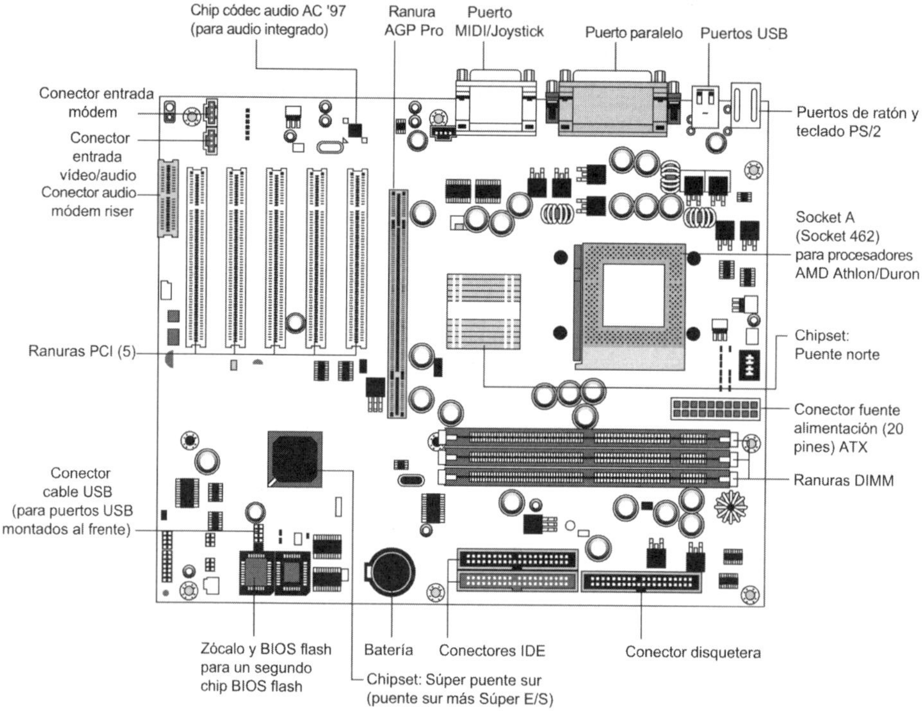

Figura 3.20. *Placa base Socket A (AMD Athlon/Duron) típica y ubicación de sus componentes.*

Arquitectura de concentrador

A partir de 1999, los *chipsets* de Intel empezaron a utilizar arquitecturas de concentrador en las que el antiguo puente norte pasó a llamarse concentrador del controlador de memoria (MCH, *Memory Controller Hub*) o un concentrador de E/S (IOH, *I/O Hub*) y el antiguo puente sur pasó a llamarse concentrador del controlador de E/S (ICH, *I/O Controller Hub*). Los sistemas que incluyen gráficos integrados utilizan un concentrador del controlador de memoria gráfica (GMCH, *Graphics Memory Controller Hub*) en lugar del MCH estándar. En vez de conectarse a través del bus PCI como en un diseño de puente norte/sur estándar, se conectan mediante una interfaz de concentrador dedicada que es por lo menos el doble de rápida que PCI. El diseño de concentrador ofrece varias ventajas sobre el diseño de puente norte/sur convencional:

- **Es más rápido:** La interfaz AHA (*Accelerated Hub Architecture*, Arquitectura de concentrador acelerada) utilizada por la serie 8xx tiene un rendimiento dos veces mayor que el de PCI. Los *chipsets* de serie 9xx y más recientes utilizan una versión todavía más rápida llamada DMI (*Direct Media Interface*), que es de 7,5 a 14 veces más rápida que el PCI.
- **Se reduce la carga del PCI:** La interfaz de concentrador es independiente de PCI y no comparte ni roba ancho de banda del bus PCI para tráfico de Súper E/S o *chipsets*. Esto mejora el rendimiento de todos los demás dispositivos conectados con el bus PCI porque el bus PCI no está implicado en estas transacciones.
- **Se reduce el cableado de la placa:** La interfaz AHA sólo tiene una anchura de 8 bits y requiere únicamente el enrutamiento de 15 señales en la placa base, mientras que DMI tiene una anchura de sólo 14 bits y requiere únicamente ocho pares diferenciales de señales. En comparación, el PCI requiere el enrutamiento de no menos de 64 señales en la placa, lo que provoca la generación de una interferencia electromagnética mayor, una mayor susceptibilidad al ruido y la degradación de la señal y un incremento en los costes de fabricación de la placa.

Este diseño de interfaz de concentrador permite un rendimiento mucho mayor de los dispositivos de PCI porque no hay chip de puente sur (que también transporta tráfico desde el chip Súper E/S) acaparando el bus PCI. Al evitar el PCI, la interfaz de concentrador también permite un rendimiento mucho mayor de los dispositivos conectados directamente al concentrador del controlador de E/S (anteriormente el puente sur), como las interfaces USB, Serial ATA 3Gbps y ATA-100/133 de alta velocidad.

Hay dos variaciones principales en la interfaz de concentrador:

- **AHA:** (*Accelerated Hub Architecture*). Utilizada por la serie 8xx de *chipsets*. AHA es una interfaz 4X de 8 bits a 66MHz (4 × 66MHz×1 byte = 266MBps), que tiene un rendimiento dos veces superior al PCI (33MHz × 32 bits = 133MBps).
- **DMI:** (*Direct Media Interface*). Usada en las series de *chipsets* 9xx y posteriores. DMI es básicamente una conexión PCI Express de cuatro líneas (4 bits de ancho) dedicada que permite 1GBps (250GHz × 4 bits) en cada dirección de forma simultánea, lo que supone una velocidad de 7,5 a 14 veces mayor que el PCI.

Estos diseños de interfaz de concentrador son también muy económicos, al tener sólo una anchura de cuatro u ocho bits. Aunque parece demasiado estrecho para ser útil, hay un buen motivo para utilizar este diseño. Cuanto menor sea el número de pines utilizado por las conexiones de concentradores AHA y DIM, el enrutamiento de circuito existente es menor, se produce menos *jitter* y ruido de señal, y los chips en sí mismos tiene muchos menos pines, lo que reduce su tamaño y sus costes de producción. Así que, en virtud de un diseño muy estrecho, pero muy rápido, la interfaz de concentrador consigue un rendimiento elevado con menos costes y más integridad de señal que con los diseños de puente norte/sur anteriores.

El ICH también incluye un bus LPC (*Low-Pin Count*, Bajo número de pines) nuevo, que consta básicamente de una versión de 4 bits de ancho dividido de PCI diseñada principalmente para soportar los chips Súper E/S y ROM BIOS de la placa base. Puesto que se utilizan las mismas cuatro señales para datos, direcciones y funciones de comandos, sólo se necesitan otras nueve señales para implementar el bus, lo que hace un total de 13 señales. Esto reduce drásticamente el número de pistas que conectan los chips ROM BIOS y chips Súper E/S de un sistema en comparación con las 98 señales del bus ISA necesarias para *chipsets* de puente norte/sur más antiguos que utilizaban ISA como interfaz para esos dispositivos. El bus LPC tiene un ancho de banda máximo de 16,67MBps, que es mucho más rápido que ISA y más que suficiente para soportar dispositivos como chips Súper E/S y ROM BIOS. La figura 3.21 muestra una placa base típica basada en *chispset* de Intel que utiliza arquitectura de concentrador.

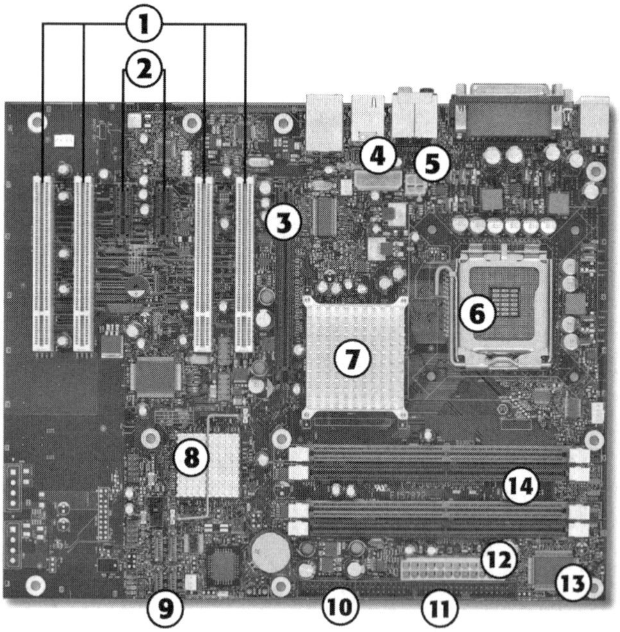

1. Ranuras de expansión PCI (4)
2. Ranuras PCI Express x1 (2)
3. Ranuras PCI Express x16
4. Conector energía alternativo
5. Conector fuente alimentación ATX12V
6. Zócalo LGA775
7. MCH (Concentrador del controlador de memoria) o puente norte
8. ICH (Concentrador controlador E/S)
9. Conectores adaptador de host SATA/RAID
10. Conector de adaptador de host ATA/IDE
11. Conector de controlador de disquetera
12. Conector fuente alimentación ATX 24 pines
13. Chip Súper I/O
14. Zóclalos DDR2 DIMM

Figura 3.21. *Placa base típica en la que se muestra la ubicación del chipset y de otros componentes. Ilustración cortesía de Intel Corporation.*

Conexiones de puente norte/sur de alta velocidad

Intel no es la única empresa que sustituye la conexión del bus PCI entre los chips de tipo puente norte/sur con una arquitectura más rápida que evite el bus PCI. Entre las empresas que han introducido interconexiones de *chipsets* de alta velocidad están las siguientes:

- **VIA:** VIA creó la arquitectura V-Link para conectar sus chips de puente norte/sur a velocidades iguales o superiores a la arquitectura de concentrador de Intel. V-Link utiliza un bus de datos dedicado de 8 bits y actualmente se implementa en tres versiones: 4x V-Link, 8x V-Link, y Ultra V-Link. 4x V-Link transfiere datos a 266MBps (4×66MHz), una velocidad dos veces superior a la del PCI e igual a la de las arquitecturas de concentrador HI 1.5 y AHA de Intel. 8x V-Link transfiere datos a 533MBps (4×133MHz), una velocidad dos veces mayor que la de la interfaz AHA de Intel. Ultra V-Link transfiere datos a 1GBps, una velocidad cuatro veces superior a la de la interfaz AHA de Intel e igual a la velocidad de la arquitectura de concentrador DMI de Intel actual.
- **SiS:** La arquitectura MuTIOL de SiS (también llamada HyperStreaming) ofrece un rendimiento comparable al de 4x V-Link de VIA; MuTIOL 1G de segunda generación utilizada en los *chipsets* de SIS ofrece un rendimiento comparable al de las arquitecturas DMI de Intel y Ultra V-Link de VIA. Los *chipsets* compatibles con MuTIOL usan buses de datos de entrada y de salida, DMA y direcciones aparte para cada bus master de E/S. MuTIOL almacena y administra varias transferencias de datos de flujo ascendente y descendente sobre un bus de datos bidireccional de 16 bits.
- **ATI:** ATI (que ahora pertenece a AMD) utilizaba una interconexión de alta velocidad llamada A-Link en sus *chipsets* IGP integrados de la serie 9100. A-Link se ejecuta a 266MBps, una velocidad que iguala la de la interfaz AHA de Intel y la primera generación de diseños V-Link y MuTIOL. Sin embargo, ATI utiliza ahora el bus HyperTransport para sus *chipsets* actuales.
- **NVIDIA:** Los *chipsets* nForce de NVIDIA utilizan el bus HyperTransport desarrollado originalmente por AMD.

La tabla 3.9 muestra una comparación de las características del rendimiento y la compatibilidad de los *chipsets* de las arquitecturas de *chipsets* de alta velocidad más importantes que no sean de Intel.

Tabla 3.9. *Arquitecturas de interconexión de chipsets de alta velocidad no pertenecientes a Intel.*

Interconexión de chipsets	Rendimiento	Fabricante del chipset
HyperTransport 1GHz	3.200MBps	AMD/ATI, NVIDIA
HyperTransport 800MHz	4.000MBps	AMD/ATI, NVIDIA

Interconexión de chipsets	Rendimiento	Fabricante del chipset
A-Link	266MBps	Anterior ATI
MuTIOL 1G	1.066MBps	SiS
MuTIOL	533MBps	SiS
Ultra V-Link	1.066MBps	VIA
8x V-Link	533MBps	VIA
4x V-Link	266MBps	VIA

Vamos a analizar ahora los *chipsets* más populares utilizados desde el 486 hasta la actualidad.

Los primeros chipsets 386/486 de Intel

El primer *chipset* de placa base de PC real de Intel fuel el 82350 para los procesadores 386DX y 486.

Éste no tuvo mucho éxito, principalmente porque el bus EISA no era muy popular y en ese momento había muchos otros fabricantes haciendo *chipsets* de placa base 386 y 486 estándar.

El mercado cambiaba muy deprisa e Intel abandonó la compatibilidad con el bus EISA e introdujo los siguientes *chipsets* 486, que si hicieron mucho más populares.

La tabla 3.10 muestra los *chipsets* 486 de Intel.

La serie 420 de *chipsets* fue la primera que introducía el diseño de puente norte/sur, hoy en día aún se utiliza en muchos *chipsets*.

Tabla 3.10. *Chipsets de placa base 486 de Intel.*

Chipset	420TX	420EX	420ZX
Nombre en clave	Saturn	Aries	Saturn II
Fecha de presentación	Noviembre 1992	Marzo 1994	Marzo 1994
Procesador	486 de 5V	486 de 5V/3,3V	486 de 5V/3,3V
Velocidad de bus	Hasta 33MHz	Hasta 50MHz	Hasta 33MHz
SMP (CPU duales)	No	No	No
Tipos de memoria	FPM	FPM	FPM
Paridad/ECC	Paridad	Paridad	Paridad
Memoria máxima	128MB	128MB	160MB

Chipset	420TX	420EX	420ZX
Tipo de caché L2	Asíncrona	Asíncrona	Asíncrona
Soporte PCI	2.0	2.0	2.1
Soporte AGP	No	No	No

AGP = Puerto gráfico acelerado (*Accelerated graphics port*).
FPM = Memoria en modo paginado (*Fast page mode*).
PCI = Interfaz de componentes periféricos (*Peripheral component interconnect*).
SMP = Multiproceso simétrico (*Symmetric multiprocessing*) (procesadores duales).
Nota: PCI 2.1 soporta operaciones del PCI concurrentes.

Chipsets de quinta generación (Tipo Pentium P5)

Con la llegada del procesador Pentium en marzo de 1993, Intel introdujo también el primer *chipset* Pentium: el 430LX (con nombre en clave Mercury). Fue el primer *chipset* de Pentium en el mercado y creó el marco para que Intel tomara la delantera y se mantuviera en cabeza.

Otros fabricantes tardaron entre meses y años en sacar sus *chipsets* Pentium. Desde la aparición de sus *chipsets*, Intel ha dominado ese mercado para los procesadores Intel. La tabla 3.11 muestra los *chipsets* de la placa base Intel Pentium. Observe que ninguno de éstos es compatible con AGP; Intel añadió por primera vez la compatibilidad con AGP en sus *chipsets* para los procesadores Pentium II/Celeron.

Tabla 3.11. *Chipsets de placa base Intel Pentium Motherboard (puente norte).*

Chipset	430LX	430NX	430FX	430MX	430HX	430VX	430TX
Nombre en clave	Mercury	Neptuno	Triton	Mobile Triton	Triton II	Triton III	N/D
Fecha de presentación	Marzo 1993	Marzo 1994	Enero 1995	Octubre 1995	Febrero 1996	Febrero 1996	Febrero 1997
Velocidad del bus de la CPU	66MHz	66MHz	66MHz	66MHz	66MHz	66MHz	66MHz
CPU compatibles	P60/66	P75+	P75+	P75+	P75+	P75+	P75+
SMP (CPU duales)	No	Sí	No	No	Sí	No	No
Tipos de memoria	FPM	FPM	FPM/EDO	FPM/EDO	FPM/EDO	FPM/EDO/ SDRAM	FPM/EDO/ SDRAM
Paridad/ECC	Paridad	Paridad	Ninguna	Ninguna	Ambas	Ninguna	Ninguna
Memoria maxima	192MB	512MB	128MB	128MB	512MB	128MB	256MB
Almacenamiento en caché máximo	192MB	512MB	64MB	64MB	512MB	64MB	64MB

Chipset	430LX	430NX	430FX	430MX	430HX	430VX	430TX
Tipos de caché L2	Async	Async	Async/ Pburst	Async/ Pburst	Async/ Pburst	Async/ Pburst	Async/ Pburst
Soporte PCI	2.0	2.0	2.0	2.0	2.1	2.1	2.1
Soporte AGP	No	No	No	No	No	No	No
Puente sur	SIO	SIO	PIIX	MPIIX	PIIX3	PIIX3	PIIX4

EDO = Salida de datos ampliada.
FPM = Memoria en modo paginado.
PIIX = PCI ISA IDE Xcelerator.
SDRAM = DRAM Síncrona.
SIO = E/S de sistema.
SMP = Multiproceso simétrico (procesadores duales).

Nota: *PCI 2.1 y versiones posteriores soportan operaciones del PCI concurrentes, lo que permite que varias tarjetas PCI realicen transacciones al mismo tiempo para conseguir mayor velocidad.*

La tabla 3.12 muestra los chips puente sur de Intel utilizados con los *chipsets* Intel para procesadores Pentium. Los chips puente sur son la segunda parte de los *chipsets* de placa base Intel modernos.

Tabla 3.12. *Chips puente sur de Intel.*

Nombre del chip	SIO	PIIX	PIIX3	PIIX4	PIIX4E	ICH0	ICH
Número	82378IB/ZB	82371FB	82371SB	82371AB	82371EB	82801AB	82801AA
Soporte IDE	No	BMIDE	BMIDE	UDMA-33	UDMA-33	UDMA-33	UDMA-66
Soporte USB	No	No	Sí	Sí	Sí	Sí	Sí
CMOS/reloj	No	No	No	Sí	Sí	Sí	Sí
Administración de energía	SMM	SMM	SMM	SMM	SMM/ ACPI	SMM/ ACPI	SMM/ ACPI

ACPI = Configuración avanzada e interfaz de potencia.
BMIDE = Bus master IDE (ATA).
ICH = Concentrador controlador de Entrada/Salida.
IDE = Electrónica Integrada en el Drive (conexión AT).
SMM = Modo de administración del sistema.
UDMA = Acceso UltraDirecto a Memoria (ATA).
USB = Bus serie universal (versión 1.1).

Los *chipsets* Pentium que aparecen en las tablas 3.11 y 3.12 dejaron de producirse hace años, y la mayoría de equipos que los utilizaban se han retirado.

Chipsets de sexta generación (Tipo Pentium Pro/II/III)

Dado que Pentium Pro, Celeron, y Pentium II/III eran básicamente el mismo procesador con diferentes diseños de caché y revisiones internas mínimas, se puede usar el mismo *chipset* para los diseños Socket 8 (Pentium Pro), Socket 370 (Celeron/Pentium III), y Slot 1 (Celeron/Pentium II/III).

La tabla 3.13 muestra los *chipsets* utilizados en placas base Pentium Pro.

Nota: *PCI 2.1 soporta operaciones del PCI concurrentes.*

Tabla 3.13. *Chipsets de placa base Pentium Pro (puente norte).*

Chipset	450KX	450GX	440FX
Nombre en clave	Orion	Orion Server	Natoma
Fecha de presentación	Noviembre 1995	Noviembre 1995	Mayo 1996
Velocidad de bus	66MHz	66MHz	66MHz
SMP (CPU dobles)	Sí	Sí (hasta 4)	Sí
Tipos de memoria	FPM	FPM	FPM/EDO/BEDO
Paridad/ECC	Ambas	Ambas	Ambas
Memoria máxima	1GB	4GB	1GB
Tipo de caché L2	En CPU	En CPU	En CPU
Almacenamiento en cache máximo	1GB	4GB	1GB
Soporte PCI	2.0	2.0	2.1
Soporte AGP	No	No	No
Velocidad AGP	N/D	N/D	N/D
Puente sur	Varios	Varios	PIIX3

AGP = Puerto gráfico acelerado.
BEDO = Burst EDO.
FPM = Memoria en modo paginado.
Pburst = Pipeline burst (síncrono).
SMP = Multiproceso simétrico (procesadores duales).

Para las placas base Celeron y Pentium II/III, Intel ofrece los siguientes *chipsets* (véase la tabla 3.14). Los *chipsets* de la serie 4xx incorporan una arquitectura de puente norte/sur, mientras que los de la serie 8xx son compatibles con la arquitectura de concentrado más rápida y reciente. La tabla 3.15 muestra los *chipsets* de procesadores P6/P7 (Pentium III/Celeron, Pentium 4, y Xeon) que utilizan arquitectura de concentrador.

Tabla 3.14. *Chipsets para procesadores P6 que utilizan la arquitectura puente norte/sur.*

Chipset	440FX	440LX	440EX
Nombre en clave	Natoma	Ninguno	Ninguno
Fecha presentación	Mayo 1996	Agosto 1997	Abril 1998
Números	82441FX, 82442FX	82443LX	82443EX
Velocidad de bus	66MHz	66MHz	66MHz
Procesadores compatibles	Pentium II	Pentium II	Celeron
SMP (CPU dobles)	Sí	Sí	No
Tipos de memoria	FPM/EDO/BEDO	FPM/EDO/SDRAM	EDO/SDRAM
Paridad/ECC	Ambos	Ambos	No
Memoria máxima	1GB	1GB EDO/512MB SDRAM	256MB
Bancos de memoria	4	4	2
Soporte PCI	2.1	2.1	2.1
Soporte AGP	No	AGP 2x	AGP 2x
Puente sur	82371SB (PIIX3)	82371AB (PIIX4)	82371EB (PIIX4E)

Tabla 3.15. *Chipsets para procesadores P6 (Pentium III/Celeron) con arquitectura de concentrador.*

Chipset	810	810E	815	815E	815EP
Nombre en clave	Whitney	Whitney	Solano	Solano	Solano
Fecha presentación	Abril 1999	Septiembre 1999	Junio 2000	Junio 2000	Noviembre 2000
Número	82810	82810E	82815	82815	82815EP
Velocidad de bus	66/100MHz	66/100/133MHz	66/100/133MHz	66/100/133MHz	66/100/133MHz
Procesadores compatibles	Celeron, Pentium II/III	Celeron, Pentium II/III	Celeron, Pentium II/III	Celeron, Pentium II/III	Celeron, Pentium II/III
SMP (CPU duales)	No	No	No	No	No
Tipos de memoria	EDO SDRAM	SDRAM	SDRAM	SDRAM	SDRAM
Velocidad de memoria	PC100	PC100	PC133	PC133	PC133
Paridad/ECC	No	No	No	No	No
Memoria máxima	512MB	512MB	512MB	512MB	512MB
Ranura AGP	No	No	AGP 4x	AGP 4x	AGP 4x
Vídeo integrado	AGP 2x	AGP 2x	AGP 2x	AGP 2x	No
Puente sur (ICH)	82801AA/AB (ICH/ICH0)	82801AA (ICH)	82801AA (ICH)	82801BA (ICH2)	82801BA (ICH2)

440BX	440GX	450NX	440ZX
Ninguno	Ninguno	Ninguno	Ninguno
Abril 1998	Junio 1998	Junio 1998	Noviembre 1998
82443BX	82443GX	82451NX, 82452NX	82453NX, 82454NX
66/100MHz	100MHz	100MHz	66/100MHz
Pentium II/III, Celeron	Pentium II/III, Xeonpro	Pentium II/III, Xeon	Celeron, Pentium II/III
Sí	Sí	Sí, hasta cuatro	No
SDRAM SDRAM	FPM/EDO	SDRAM	
Ambos	Ambos	Ambos	No
1GB	2GB	8GB	256MB
4	4	4	2
2.1	2.1	2.1	2.1
AGP 2x	AGP 2x	No	AGP 2x
82371EB (PIIX4E)	82371EB (PIIX4E)	82371EB (PIIX4E)	82371EB (PIIX4E)

820	820E	840	815P	815EG	815G
Camino	Camino	Carmel	Solano	Solano	Solano
Noviembre 1999	Junio 2000	Octubre 1999	Marzo 2001	Septiembre 2001	Septiembre 2001
82820	82820	82840	82815EP	82815G	82815G
66/100/133MHz	66/100/133MHz	66/100/133MHz	66/100/133MHz	66/100/133MHz	66/100/133MHz
Pentium II/III, Celeron	Pentium II/III, Celeron	Pentium III, Xeon	Celeron, Pentium III	Celeron, Pentium III	Celeron, Pentium III
Sí	Sí	Sí	No	No	No
RDRAM	RDRAM	RDRAM	SDRAM	SDRAM	SDRAM
PC800	PC800	PC800 dos canales	PC100, PC133	PC66, PC100	PC133
Ambos	Ambos	Ambos	No	No	No
1GB	1GB	4GB	512MB	512MB	512MB
AGP 4x	AGP 4x	AGP 4x	AGP 4x	No	No
No	No	No	No	AGP 2x	AGP 2x
82801AA (ICH)	82801BA (ICH2)	82801AA (ICH)	2801AA/AB (ICH/ICH0)	82801BA (ICH2)	82801AA/AB (ICH/ICH0)

> **Nota:** *Las CPU Pentium Pro, Celeron, y Pentium II/III tienen sus cachés secundarias integradas en el paquete de la CPU. Por tanto, las características de caché para estos equipos no dependen del* chipset, *sino que dependen bastante del procesador.*

La mayoría de *chipsets* de Intel están diseñados como un sistema de dos partes, que utiliza un puente norte (MCH o GMCH en diseños basados en concentrador) y un componente puente sur (ICH en diseños basados en concentrador). A menudo, el mismo componente ICH o puente sur puede usarse con varios *chipsets* puente norte (MCH o GMCH) diferentes. La tabla 3.16 muestra una lista de todos los componentes puente sur de Intel utilizados con procesadores de tipo P6 y sus capacidades. El ICH2 también se utiliza como parte de algunos de los primeros *chipsets* Intel de séptima generación (Pentium 4/ Celeron 4).

Muchas otras empresas producen *chipsets* diseñados para soportar procesadores de clase P6, incluyendo ALi Corporation (conocida anteriormente como Acer Laboratories), VIA Technologies, y SiS. ALi (*Acer Labs, Inc.*) escindió su división de *chipset* 2003 como ULi Electronics; después ULi fue adquirida por NVIDIA en 2006. ALi fabricó diferentes chips para los procesadores de tipo P6. La mayoría eran similares a los ofrecidos por Intel en cuanto a la forma y la función.

Chipsets de séptima/octava generación (Pentium 4/D, Core 2, y Core i)

Los dos procesadores Pentium 4 y Celeron utilizan Socket 423 y los fabricados para Socket 478 son básicamente los mismos procesadores con diferentes diseños de caché y revisiones internas mínimas, así que los mismos *chipsets* pueden utilizarse para ambos procesadores.

Tabla 3.16. *Chips de concentrador de controladores de E/S-puente sur para P6.*

Nombre del chip	SIO	PIIX	PIIX3	PIIX4
Número	82378IB/	82371FB	82371SB	82371AB
Soporte IDE	No	BMIDE	BMIDE	UDMA-33
Soporte USB	No	No	1C/2P	1C/2P
CMOS/reloj	No	No	No	Sí
Soporte ISA	Sí	Sí	Sí	Sí
Soporte LPC	No	No	No	No
Administración de energía	SMM	SMM	SMM	SMM

El procesador Pentium 4 en Socket 775 es muy diferente de sus predecesores; en consecuencia, la mayoría de *chipsets* de la serie 9xx sólo son compatibles con la versión Socket 775 del Pentium 4, así como con las series Core 2 más recientes de procesadores.

Las tablas 3.17 y 3.18 muestran los *chipsets* de la serie 8xx fabricados por Intel para los procesadores Pentium 4 y Celeron 4. Estos *chipsets* utilizan arquitectura de concentrador de Intel, lo que proporciona una velocidad de interconexión de 266MBps entre los chips MCH/GMCH e ICH.

La tabla 3.19 muestra una lista de los chips ICH utilizados por los chips de la serie 8xx de Pentium 4/Celeron 4 creados por Intel.

A mediados de 2004, Intel introdujo las series 915/925 de *chipsets* para Pentium 4 y Celeron 4. Estos *chipsets*, con nombres clave Grantsdale y Alderwood antes de su presentación, son los primeros *chipsets* de Intel compatibles con varios procesadores Socket 775, memoria DDR2 y PCI Express para vídeo y otros usos de de E/S de alta velocidad (como Ethernet Gigabit).

En el año 2005, Intel sacó su primer chip de doble núcleo para procesadores de escritorio (el Pentium D) y un procesador diseñado para un rendimiento máximo de un solo núcleo (el Pentium Extreme Edition).

Para soportar estos nuevos procesadores y también los Pentium 4 Socket 775 con tecnología HT, Intel lanzó los *chipsets* 945, 955, y 975.

Puesto que el rendimiento mayor tenía que soportar estas tecnologías de alta velocidad, los *chipsets* de la serie 9xx utilizan una arquitectura de concentrador más rápida que la que utilizaban los *chipsets* de la 8xx.

El nuevo diseño de interconexión, conocido como *Direct Media Interface* (DMI), se ejecuta a 1GBps en cada dirección.

La tabla 3.20 nos muestra una lista de los *chipsets* de la serie 9xx para Pentium 4; la tabla 3.21 muestra los *chipsets* de la serie 9xx para los Core 2, Pentium D y Pentium Extreme Edition (y también soportan el Pentium 4); y la tabla 3.22 muestra una lista de las familias ICH6 e ICH7 de los chips de concentradores de controladores de E/S utilizados con *chipsets* de la serie 9xx.

PIIX4E	ICH0	ICH	ICH2
82371EB	82801AB	82801AA	82801BA
UDMA-33	UDMA-33	UDMA-66	UDMA-100
1C/2P	1C/2P	1C/2P	2C/4P
Sí	Sí	Sí	Sí
Sí	No	No	No
No	Sí	Sí	Sí
SMM/ACPI	SMM/ACPI	SMM/ACPI	SMM/ACPI

Tabla 3.17. *Chipsets de Intel para la serie Pentium 4 8xx presentados entre 2000 y 2002.*

Chipset	**850**	**850E**	**845**	**845E**
Nombre en clave	Tehama	Tehama-E	Brookdale	Brookdale-E
Fecha de presentación	Noviembre 2000	Mayo 2002	Septiembre 2001 (SDRAM); Enero 2002 (DDR)	Mayo 2002
Número	82850	82850E	82845	82845E
Velocidad de bus	400MHz	400/533MHz	400MHz	400/533MHz
Procesadores compatibles	Pentium 4, Celeron	Pentium 4, Celeron	Pentium 4, Celeron	Pentium 4, Celeron
SMP (CPU dobles)	No	No	No	No
Tipos de memoria	RDRAM (PC800) doble canal	RDRAM (PC800, 1066 doble canal)	PC133 SDRAM, SDRAM	DDR 200/ 266 SDRAM
Paridad/ECC	Ambos	Ambos	ECC	ECC
Memoria máxima	2GB	2GB (PC800); 1,5GB (PC1066)	2GB (PC2100 DDR); 3GB (PC133 SDRAM)	2GB
Bancos de memoria	2	2	2 (PC2100); 3 (PC133)	2
Soporte PCI	2.2	2.2	2.2	2.2
Velocidad/anchura PCI	33MHz/32 bits	33MHz/32 bits	33MHz/32 bits	33MHz/32 bits
Ranura AGP	AGP 4x (1,5V)	AGP 4x (1,5V)	AGP 4x (1,5V)	AGP 4x (1,5V)
Vídeo integrado	No	No	No	No
Puente sur (concentrador)	ICH2	ICH2	ICH2	ICH4

Tabla 3.18. *Chipsets Intel 8xx presentados en 2003 para Pentium 4.*

Chipset	**848P**	**865P**	**865PE**
Nombre en clave	Breeds Hill	Springdale-P	Springdale-PE
Fecha presentación	Febrero '04	Mayo '03	Mayo '03
Número	82848P	82865P	82865PE
Velocidad de bus	800/533/400MHz	533/400MHz	800/533/400MHz
Procesadores compatibles	Pentium 4, Celeron, Celeron D	Pentium 4, Celeron, Celeron D	Pentium 4, Celeron, Celeron D
SMP (CPU dobles)	No	No	No
Tipos de memoria	DDR266/333/400 canal simple	DDR266/333 doble canal	DDR333/400 doble canal

845GL	845G	845GE	845GV	845PE
Brookdale-GL	Brookdale-G	Brookdale-GE	Brookdale-GV	Brookdale-PE
Julio 2002	Julio 2002	Octubre 2002	Octubre 2002	Octubre 2002
82845GL	82845G	82845GE	82845GV	82845PE
400MHz	400/533MHz	400/533MHz	400/533MHz	400/533MHz
Pentium 4, Celeron	Pentium 4, Celeron	Pentium 4, Celeron	Pentium 4, Celeron	Pentium 4, Celeron
No	No	No	No	No
DDR 200/266 SDRAM SDRAM	PC133 SDRAM, DDR 200/266 SDRAM	PC133 SDRAM, DDR 200/266	DDR 333/ 266 SDRAM	DDR 200/ 266 SDRAM
No	ECC	No	No	No
2GB	2GB	2GB	2GB	2GB
2	2	2	2	2
2.2	2.2	2.2	2.2	2.2
33MHz/32 bits	33MHz/32 bits	33MHz/32 bits	33MHz/32 bits	33MHz/32 bits
No	AGP 4x (1,5V)	AGP 4x (1,5V)	No	AGP 4x (1,5V)
Intel Extreme Graphics 200MHz	Intel Extreme Graphics 200MHz	Intel Extreme Graphics 266MHz	Intel Extreme Graphics 200MHz	No
ICH4	ICH4	ICH4	ICH4	ICH4

865G	865GV	875
Springdale-G	Springdale-GV	Canterwood
Mayo '03	Mayo '03	Abril '03
82865G	82865GV	82875
800/533/400MHz	800/533/400MHz	800/533MHz
Pentium 4, Celeron, Celeron D	Pentium 4, Celeron, Celeron D	Pentium 4, Celeron, Celeron D
No	No	No
DDR333/400 doble canal	DDR333/400 doble canal	DDR333/400 doble canal

Chipset	848P	865P	865PE
Paridad/ECC	No	No	No
Memoria máxima	2GB	4GB	4GB
Bancos de memoria	2	2	2
Soporte PCI	2.3	2.3	2.3
Velocidad/anchura PCI	33MHz/32 bits	33MHz/32 bits	33MHz/32 bits
Vídeo	AGP 8x	AGP 8x	AGP 8x
Vídeo integrado	No	No	Graphics 2
Soporte Ethernet Gigabit (GbE)*	No	Sí	Sí
Puente sur (concentrador)	ICH5/ICH5R	ICH5/ICH5R	ICH5/ICH5

* GbE conecta directamente con el chip MCH/GMCH, evitando el bus PCI. Se implementa mediante el chip opcional Intel_82547E1 Gigabit Connection.

Tabla 3.19. *Chips concentrador de E/S para chipsets Pentium 4 8xx.*

Nombre del chip	ICH0	ICH	ICH2
Número	82801AB	82801AA	82801BA
Soporte ATA	UDMA-33	UDMA-66	UDMA-100
Soporte SATA	No	No	No
SATA RAID	No	No	No
Soporte USB	1C/2P	1C/2P	2C/4P
USB 2.0	No	No	No
CMOS/reloj	Sí	Sí	Sí
Soporte PCI	2.2	2.2	2.2
Soporte LPC	Sí	Sí	Sí
Administración de energía	SMM/ACPI 1.0	SMM/ACPI 1.0	SMM/ACPI 1.0
Ethernet 10/100	No	No	No

Tabla 3.20. *Chipsets Intel 9xx para Pentium 4.*

Chipset	910GL	915P	915PL
Nombre en clave	Grantsdale-GL	Grantsdale-P	Grantsdale-PL
Fecha de presentación	Sept. 2004	Junio 2004	Marzo 2005
Número	82910GL	828915P	828915GPL

865G	865GV	875
No	No	ECC
4GB	4GB	4GB
2	2	2
2.3	2.3	2.3
33MHz/32 bit	33MHz/32 bit	33MHz/32 bits
AGP 8x	—	AGP 8x
Intel Extreme Graphics 2	Intel Extreme	No
Sí	Sí	Sí
RICH5/ICH5R	ICH5/ICH5R	ICH5/ICH5R

ICH4	ICH5	ICH5R
82801DB	82801EB	82801ER
UDMA-100	UDMA-100	UDMA-100
No	SATA-150	SATA-150
No	No	RAID 0, RAID 1
3C/6P	4C/8P	4C/8P
Sí	Sí	Sí
Sí	Sí	Sí
2.2	2.3	2.3
Sí	Sí	Sí
SMM/ACPI 2.0	SMM/ACPI 2.0	SMM/ACPI 2.0
Sí	Sí	Sí

915G	915GV	915GL	925X	925XE
Grantsdale-G	Grantsdale-GV	Grantsdale-GL	Alderwood	Alderwood-E
Junio 2004	Junio 2004	Marzo 2005	Junio 2004	Nov. 2004
828915G	828915GV	828915GL	82925X	82925XE

Chipset	910GL	915P	915PL
Velocidad de bus	533MHz	800/533MHz	800/533MHz
Procesadores compatibles	Pentium 4, Celeron, Celeron D	Pentium 4, Celeron, Celeron D	Pentium 4, Celeron D
Tipos de memoria	DDR333/400 doble canal	DDR333/400 doble canal, DDR2	DDR333/400
Paridad/ECC	No	No	No
Memoria máxima	2GB	4GB	2GB
Soporte PCI	PCIe x1, PCI 2.3	PCIe x1, x16, PCI 2.2	PCIe x1, x16, PCI 2.3
Vídeo PCI Express x16	No	Sí	Sí
Vídeo integrado	Intel GMA 900	No	No
Puente sur (concentrador)	Familia ICH6	Familia ICH6	Familia ICH6

* Se necesita B-2 *stepping* y superior para soporte ECC.
915GL no soporta la tecnología HT.
GMA 900 = Graphics Media Accelerator 900.

Tabla 3.21. *Chipsets Intel 9xx para Core 2, Pentium D, Pentium Extreme Edition y Pentium 4.*

Chipset	975X	955X
Nombre en clave	Glenwood	Glenwood
Fecha presentación	Nov. 2005	Abril 2005
Número	82975X	82955X
Velocidad de bus	1066/800MHz	1066/800MHz
Procesadores compatibles	Pentium Extreme Edition, Pentium D, Pentium 4 con HT (Socket 775)	Pentium Extreme Edition, Pentium D, Pentium 4 con HT (Socket 775)
Tipos de memoria	DDR2 667/533MHz doble canal	DDR2 667/533MHz doble canal
Paridad/ECC	ECC	ECC
Memoria máxima	8GB	8GB
Soporte PCI	PCIe x1, x16, PCI 2.3	PCIe x1, x16, PCI 2.3
Vídeo PCIe x16	Sí, doble ranura	Sí
Vídeo integrado	No	No
Puente sur (concentrador)	Familia ICH7	Familia ICH7

915G	915GV	915GL	925X	925XE
800/533MHz	800/533MHz	533MHz	800/533MHz	1066/800MHz
Pentium 4, Celeron, Celeron D	Pentium 4, Celeron, Celeron D	Pentium 4, Celeron, Celeron D	Pentium 4, Celeron, Celeron D	Pentium 4 (90nm)
DDR333/400 doble canal DDR2	DDR333/400 doble canal DDR2	DDR333/400 doble canal DDR2	DDR2	DDR2 533/400 doble canal
No	No	No	ECC*	No
4GB	4GB	4GB	4GB	4GB
PCIe x1, x16, PCI 2.2	PCIe x1, PCI 2.2	PCIe x1, PCI 2.2	PCIe x1, x16, PCI 2.3	PCIe x1, x16
Sí	No	No	Sí	Sí
Extreme Graphics 3	Extreme Graphics 3	Extreme Graphics 3	No	No
Familia ICH6	Familia ICH6	Familia ICH6	Familia ICH6	Familia ICH6

945G	945P	945PL
Lakeport-G	Lakeport-P	Lakeport-PL
Mayo 2005	Mayo 2005	Marzo 2006
82945G	82945P	82945PL
1066/800/533MHz	1066/800/533MHz	800/533MHz
Pentium D, Pentium 4 con HT (Socket 775)	Pentium D, Pentium 4 con HT (Socket 775)	Pentium D, Pentium 4 con HT (Socket 775)
DDR2 667/533/400MHz, doble canal	DDR2 667/533/400MHz doble canal	DDR2 533/400MHz doble canal
No	No	No
4GB	4GB	4GB
PCIe x1, x16, PCI 2.3	PCIe x1, x16, PCI 2.3	PCIe x1, x16, PCI 2.3
Sí	Sí	Sí
Intel GMA 900	No	No
Familia ICH7	Familia ICH7	Familia ICH7

Tabla 3.22. *Especificaciones de ICH de chipsets 9xx de Intel (también conocido como puente sur).*

Características	ICH6	ICH6R	ICH7
Soporte PATA*	UDMA-100	UDMA-100	UDMA-100
Soporte SATA	1.5Gbps, 4 unidades	1.5Gbps, 4 unidades	3Gbps, 4 unidades
SATA RAID	No	0, 1, 10	No
Soporte USB 2.0	6 puertos	6 puertos	8 puertos
CMOS/reloj	Sí	Sí	Sí
Soporte PCI	PCI 2.3, PCIe 1.0a	PCI 2.3, PCIe 1.0a	PCI 2.3, PCIe 1.0a
Número de líneas PCI Express	4	4	4
Soporte LPC	Sí	Sí	Sí
Administración de energía	SMM/ACPI 1.0	SMM/ACPI 1.0	SMM/ACPI 3.0
Ethernet	10/100	10/100	10/100
Soporte audio	HD Audio, AC '97	HD Audio, AC '97	HD Audio

* Un puerto ATA que soporta dos unidades ATA/IDE.

Familia 915 Intel

La familia de *chipsets* 915 de Intel, con nombre en clave Grantsdale durante su desarrollo, se introdujo en 2004. La familia Grantsdale está formada por seis miembros (910GL, 915PL, 915P, 915G, 915GV, y 915GL), los cuales todos soportan el núcleo Pentium 4 Prescott de 90nm. Estos *chipsets* son los primeros compatibles con la interfaz de procesador Socket 775, y estaban pensados para sustituir a la familia de *chipsets* 865 Springdale.

Los modelos 915P, 915G, 915GV, 915GL, y 915PL están diseñados para soportar la característica HT Technology integrada en los procesadores Pentium 4 más recientes y para soportar velocidades de bus de hasta 800MHz. Los cinco *chipsets* soportan la memoria DDR de doble canal hasta 400MHz y también PCI Express x1 así como las ranuras de expansión de PCI versión 2.3. Los *chipsets* 915P, 915G, y 915GV soportan además el nuevo estándar de memoria DDR2 a velocidades de hasta 533MHz.

El 915P y el 915PL utilizan una ranura PCI Express x16 para gráficos de alta velocidad, mientras que el 915G tiene una ranura PCI Express x16 además de Intel Graphics Media Accelerator 900 (conocido originalmente como Extreme Graphics 3) integrado. El 915GV, el 915GL, y el 910GL utilizan Intel Graphics Media Accelerator 900 pero no incluyen una ranura PCI Express x16. Graphics Media Accelerator 900 es una implementación parcial de DirectX 9, pero le faltan los cargadores de vértice que se encuentran en GPU DirectX 9 totalmente compatibles de ATI y NVIDIA.

El 910GL es el miembro de gama baja de la familia, incompatible con DDR2 RAM, velocidades de bus de 800MHz, y vídeo PCI Express x16.

ICH7R	ICH8	ICH8R
UDMA-100	No	No
3Gbps, 4 unidades	3Gbps, 4 unidades	3Gbps, 6 unidades
0, 1, 10, 5	No	0, 1, 10, 5
8 puertos	10 puertos	10 puertos
Sí	Sí	Sí
PCI 2.3, PCIe 1.0a	PCI 2.3, PCIe 1.1	PCI 2.3, PCIe 1.1
6	6	6
Sí	Sí	Sí
SMM/ACPI 3.0	SMM/ACPI 3.0	SMM/ACPI 3.0
10/100	10/100/1000	10/100/1000
HD Audio	HD Audio	HD Audio

El 910GL está diseñado para equipararse a los procesadores Celeron o Celeron D de Intel para producir un sistema de bajo coste.

Todos los chips MCH/GMCH de serie 915 utilizan la nueva familia ICH6 de reemplazos de puente sur (ICH) que se detallan en la tabla 3.22.

Familia 925X de Intel

La familia de *chipsets* 925 de Intel consta de dos miembros: el 925X y el 925XE. El *chipset* Intel 925X, con nombre en clave, se lanzó en 2004. Se diseñó para sustituir al *chipset* 875P Canterwood.

A diferencia de la serie 915 de *chipsets*, que sigue soportando la memoria DDR antigua, el 925X tan sólo es compatible con la memoria DDR2. El 925X también soporta la memoria ECC, lo que proporciona una plataforma rápida y precisa para aplicaciones de misión crítica. Para un rendimiento todavía mayor, utiliza un diseño de controlador de memoria optimizado.

El 925X soporta el Pentium 4 Extreme Edition y el Pentium 4 en factores de forma Socket 775. También incluye ranuras de expansión PCI versión 2.3, PCI Express x1 y PCI Express x16 (vídeo).

El concentrador de controladores de E/S usa la familia ICH6 de reemplazos de puente sur detallada en la tabla 3.22.

El 925XE es una versión actualizada del 925X, que añade compatibilidad con velocidades de FSB de 1.066MHz; sin embargo, pierde la compatibilidad con el procesador Pentium 4 Extreme Edition y la memoria ECC.

Familia 945 Express de Intel

La familia de *chipsets* 945 Express de Intel (con nombre en clave Lakeport) se lanzó en 2005 y tiene cinco miembros: el 945G, 945P, y 945PL. Estos *chipsets*, junto con el 955X y el 975X, son los primeros compatibles con los nuevos procesadores Pentium D de doble núcleo de Intel, pero también soportan procesadores Pentium 4 HT Technology que utilicen Socket 775. El 945G y el 945P están orientados a lo que Intel denomina segmento del mercado de "PC de rendimiento". Ofrecen velocidades de FSB de hasta 1.066MHz y hasta 4GB de memoria DDR2 de doble canal (dos pares) que funciona a una velocidad de hasta 667MHz. Ambos son compatibles con PCI Express x16, pero el 945G incorpora también gráficos integrados Intel Graphics Media Accelerator 950.

El 945PL sólo es compatible con dos módulos de memoria (un par de módulos de doble canal) ejecutándose a una velocidad de hasta 533MHz y un tamaño de memoria máximo de 2GB. También es compatible con PCI Express x16.

Todos los miembros de la familia 945 son compatibles con la familia ICH7 de chips de concentrador de controladores de E/S recogidos en la tabla 3.22. La familia ICH7 se diferencia de ICH6 en los siguientes aspectos:

- Es compatible con 300MBps Serial ATA.
- Es compatible con SATA RAID 5 y Matrix RAID (sólo ICH7R).
- Soporta dos puertos PCI Express x1 adicionales (sólo ICH7R).

La figura 3.22 muestra una comparación de las características de los *chipsets* 945G y 915G.

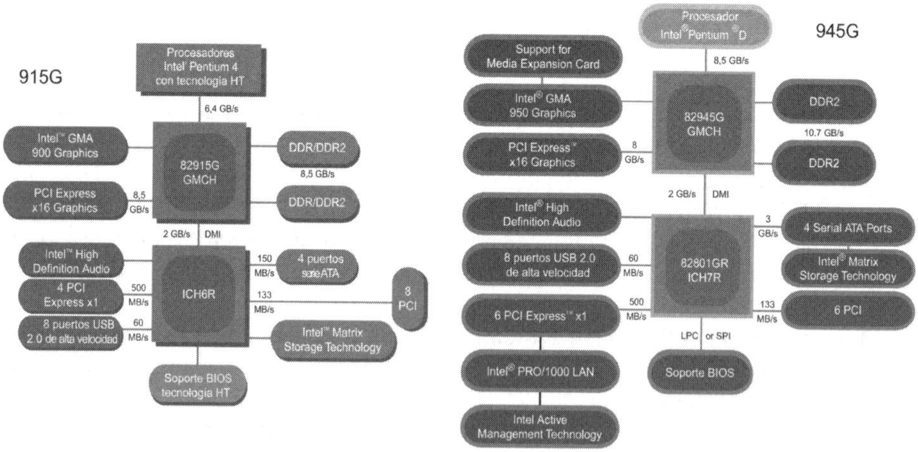

Figura 3.22. *El chipset 915G (izquierda) fue el primer chipset de Intel compatible tanto con PCI Express x16 como con gráficos integrados. El chipset 945G (derecha) ofrece características similares pero soporta gráficos integrados más rápidos, discos duros SATA más rápidos y más PCI Express x1 que el 915G.*

Familia 955X y 975X de Intel

La familia de *chipsets* Glenwood de Intel se lanzó en 2005 y está formada por dos miembros: el 955X y el 975X. Estos *chipsets*, junto con la familia 945, son los primeros compatibles con los nuevos procesadores Pentium D de doble núcleo de Intel; pero también soportan los nuevos procesadores Pentium Extreme Edition de un solo núcleo de alto rendimiento y los procesadores existentes Pentium 4 HT Technology que utilicen Socket 775. Intel clasifica estos *chipsets* como *chipsets* de PC de rendimiento y estación de trabajo a nivel de entrada.

Aunque estos *chipsets* están numerados en diferentes series, la mayoría de sus características son idénticas. Ambos soportan velocidades FSB de 800MHz y 1.066MHz y además de hasta cuatro módulos de memoria DDR2 667/533MHz (dos pares de módulos de canal doble) para un máximo de 8GB de memoria del sistema. Ambos soportan memoria ECC (obligatoria para las operaciones de estación de trabajo) y ambos utilizan la familia ICH7 de chips de concentrador de controladores de E/S de la tabla 3.22.

El 955X y el 975X se diferencian en la compatibilidad con vídeo. El 955X soporta una sola tarjeta de vídeo PCI Express x16, mientras que el 975X soporta dos tarjetas de vídeo PCI Express en una operación de ranura doble CrossFire.

Series 96x de Inetl

La serie 96x (nombre en clave Broadwater) se introdujo en junio de 2006 y está diseñado para soportar los procesadores Core 2, incluidas las versiones de núcleo doble y *quad*. Hay varios modelos en la serie, cada uno con características ligeramente diferentes. El Q963 y el Q965 son las versiones más básicas. Ambos tienen vídeo GMA 3000 integrado; sin embargo, el Q965 incluye soporte para una ranura PCIe x16 (lo que permite una actualización de la tarjeta de vídeo). También es compatible con la memoria DDR2 de 800MHz, más rápida. El P965 elimina el vídeo integrado para aquellos que sólo deseen usar tarjetas PCIe x16. Finalmente, el G965 incluye todas las características de los otros *chipsets* al tiempo que añade vídeo GMA X3000 mejorado, junto con soporte para una ranura de actualización PCIe x16. La tabla 3.23 muestra las características principales de estos *chipsets*.

Chipsets de series 3x y 4x de Intel

La familia de *chipsets* de la serie 3x (con nombre en clave Bearlake e introducida en junio de 2007) está diseñada para soportar los procesadores Core 2 en versiones de núcleo doble y *quad*. En marzo de 2008 apareció la serie 4x, y básicamente añadió compatibilidad con la memoria DDR3, además de ranuras PCIe 2.x más rápidas y gráficos integrados mejorados.

Algunos de los *chipsets* de las series 3x y 4x incluyen gráficos GMA (*Graphics Memory Accelerator*, Acelerador de memoria gráfica), y algunos de esos incluyen tecnología Clear

Video, que puede mejorar la reproducción de vídeo y soportar HDMI (*High Definition Media Interface*, Interfaz multimedia de alta definición). Las series 3x y 4x están disponibles en varias versiones, incluyendo algunas con vídeo integrado, compatibilidad con mayores velocidades de memoria y CPU, y también más memoria y ranuras. Las tablas 3.24 y 3.25 muestran los diferentes *chipsets* de las series 3x y 4x.

Tabla 3.23. *Chipsets 96x de Intel para Core 2.*

Chipset	Q963	Q965
Nombre en clave	Broadwater	Broadwater
Fecha presentación	Junio 2006	Junio 2006
Número	82Q963 GMCH	82Q965 GMCH
Procesadores compatibles	Core 2, Pentium D, Pentium 4	Core 2, Pentium D, Pentium 4
FSB de CPU	1066/800/533MHz	1066/800/533MHz
Memoria máxima	8 GB	8 GB
Tipo de memoria	DDR2 de doble canal	DDR2 de doble canal
Velocidad de memoria	667/533MHz	800/667/533MHz
Gráficos integrados	GMA 3000	GMA 3000
Gráficos externos	No	1 PCIe x16
Concentrador de controladores de E/S	Familia ICH8	Familia ICH8

Tabla 3.24. *Especificaciones de los chipsets Intel 3x.*

Chipset	P31	G31	Q33	G33
Nombre en clave	Bearlake	Bearlake	Bearlake	Bearlake
Fecha presentación	Agosto 2007	Agosto 2007	Junio 2007	Junio 2007
CPU compatibles	Core 2 Duo/Quad, Pentium Dual-Core	Core 2 Duo/Quad, Pentium Dual-Core	Core 2 Duo/Quad, Pentium Dual-Core	Core 2 Duo/Quad, Pentium Dual-Core
FBS de CPU	800/1066 MHz	800/1066/1333 MHz	800/1066/1333 MHz	800/1066/1333 MHz
Memoria máxima	4 GB	4 GB	8 GB	8 GB
Canales de memoria	Doble	Doble	Doble	Doble
Tipo y velocidad de memoria	DDR2 667/800	DDR2 667/800	DDR2 667/800	DDR2 667/800
Gráficos integrados	No	GMA 3100	GMA 3100	GMA 3100, tecnología Clear Video
Gráficos externos	1 PCIe x16, 1 PCIe x4	1 PCIe x16	1 PCIe x16	1 PCIe x16
Concentrador del controlador de E/S	Familia ICH7	Familia ICH7	Familia ICH9	Familia ICH9

Los *chipsets* de las series 3x y 4x están diseñados como una solución de conjunto de dos chips, y deben combinarse con el chip ICH correspondiente. El ICH contiene interfaces para los puertos SATA (algunos con capacidad RAID), ranuras PCIe que no sean de vídeo, puertos USB y conexiones LAN y de audio HD integradas. La tabla 3.26 muestra los chips ICH específicos que se utilizan con los *chipsets* de serie 3x y 4x.

P965	**G965**
Broadwater	Broadwater
Junio 2006	Junio 2006
82P965 MCH	82Q965 GMCH
Core 2, Pentium D, Pentium 4	Core 2, Pentium D, Pentium 4
1066/800/533MHz	1066/800/533MHz
8 GB	8 GB
DDR2 de doble canal	DDR2 de doble canal
800/677/533MHz	800/667/533MHz
No	GMA X3000
1 PCIe x16	1 PCIe x16
Familia ICH8	Familia ICH8

Q35	**G35**	**P35**	**X38**
Bearlake	Bearlake	Bearlake	Bearlake
Junio 2007	Agosto 2007	Junio 2007	Septiembre 2007
Core 2 Duo/Quad, Pentium Dual-Core	Core 2 Duo/Quad, Pentium Dual-Core	Core 2 Duo/Quad, Pentium Dual-Core	Core 2 Duo/Quad/ Extreme
800/1066/1333 MHz	800/1066/1333 MHz	800/1066/1333 MHz	800/1066/1333 MHz
8 GB	8 GB	8 GB	8 GB
Doble	Doble	Doble	Doble
DDR2 667/800	DDR2 667/800	DDR3 800/1066/1333, DDR2 667/ 800/1066	DR3 800/1066/1333, DDR2 667/800/1066
GMA 3100	GMA X3500, tecnología Clear Video	No	No
1 PCIe x16	1 PCIe x16	1 PCIe x16, 1 PCIe x4	2 PCIe x16 2.0
Familia ICH9	Familia ICH8	Familia ICH9	Familia ICH9

Tabla 3.25. *Especificaciones de chipsets Intel 4x.*

Chipset	G41	Q43	B43	G43
Nombre en clave	Eaglelake	Eaglelake	Eaglelake	Eaglelake
Fecha presentación	Sep. 2008	Sep. 2008	Dic. 2008	Junio 2008
CPU compatibles	Core 2 Duo/Quad, Pentium Dual-Core	Core 2 Duo/Quad, Pentium Dual-Core	Core 2 Duo/Quad, Pentium Dual-Core	Core 2 Duo/Quad, Pentium Dual-Core
FSB de CPU	800/1066/ 1333 MHz	800/1066/ 1333 MHz	800/1066/ 1333 MHz	800/1066/ 1333 MHz
Memoria máxima	8 GB	16 GB	16 GB	16 GB
Canales de memoria	Doble	Doble	Doble	Doble
Tipo y velocidad de memoria	DDR3 800/1066, DDR2 667/800	DDR3 800/1066, DDR2 667/800	DDR3 800/1066/ 1333, DDR2 667/ 800/1066	DDR3 800/1066, DDR2 667/800
Gráficos integrados	GMA X4500	GMA X4500	GMA X4500	GMA X4500
Gráficos externos	1 PCIe x16	1 PCIe x16 2.0	1 PCIe x16 2.0	1 PCIe x16 2.0
Concentrador del controlador de ES	Familia ICH7	Familia ICH10	Familia ICH10	Familia ICH10

Tabla 3.26. *Especificaciones para ICH Intel 3x/4x/5x (puente sur).*

Características	ICH7	ICH7R	ICH8
Soporte PATA*	UDMA-100	UDMA-100	No
Soporte SATA	3Gbps, 4 unidades	3Gbps, 4 unidades	3Gbps, 4 unidades
SATA RAID	No	0, 1, 10, 5	No
Soporte USB 2.0	8 puertos	8 puertos	10 puertos
CMOS/reloj	Sí	Sí	Sí
Soporte PCI	PCI 2.3, PCIe 1.0a	PCI 2.3, PCIe 1.0a	PCI 2.3, PCIe 1.1
Número de líneas PCI Express	4	6	6
Soporte LPC	Sí	Sí	Sí
Administración de energía	SMM/ACPI 3.0	SMM/ACPI 3.0	SMM/ACPI 3.0
Ethernet	10/100	10/100	10/100/1000
Soporte de audio	HD Audio	HD Audio	HD Audio

P43	Q45	G45	P45	X48
Eaglelake	Eaglelake	Eaglelake	Eaglelake	Bearlake
Junio 2008	Sep. 2008	Junio 2008	Junio 2008	Marzo 2008
Core 2 Duo/Quad, Pentium Dual-Core	Core 2 Duo/Quad, Pentium Dual-Core	Core 2 Duo/Quad, Pentium Dual-Core	Core 2 Duo/Quad, Pentium Dual-Core	Core 2 Duo/Quad/ Extreme, Pentium Dual-Core
800/1066/ 1333 MHz	800/1066/ 1333 MHz	800/1066/ 1333 MHz	800/1066/ 1333 MHz	1066/1333/ 1600 MHz
16 GB	16 GB	16 GB	16 GB	8 GB
Doble	Doble	Doble	Doble	Doble
DDR3 800/1066, DDR2 667/800	DDR3 800/1066, DDR2 667/800	DDR3 800/1066, DDR2 667/800	DDR3 800/1066/ 1333, DDR2 667/ 800/1066	DDR3 1066/1333/ 533/667/800/1066
No	GMA X4500	GMA X4500HD	No	No
1 PCIe x16 2.0	1 PCIe x16 2.0	1 PCIe x16 2.0	1 PCIe x16 2.0, 2 PCIe x8 2.0	2 PCIe x16 2.0
Familia ICH10	Familia ICH10	Familia ICH10	Familia ICH10	Familia ICH9

ICH8R	ICH9	ICH9R	ICH10	ICH10R
No	No	No	No	No
3Gbps, 6 unidades	3Gbps, 6 unidades	3Gbps, 6 unidades	3Gbps, 6 unidades	3Gbps, 6 unidades
0, 1, 10, 5	No	0, 1, 10, 5	No	0, 1, 10, 5
10 puertos	12 puertos	12 puertos	12 puertos	12 puertos
Sí	Sí	Sí	Sí	Sí
PCI 2.3, PCIe 1.1	PCI 2.3, PCIe 1.1	PCI 2.3, PCIe 1.1	PCI 2.3, PCIe 1.1	PCI 2.3, PCIe 1.1
6	6	6	6	6
Sí	Sí	Sí	Sí	Sí
SMM/ACPI 3.0	SMM/ACPI 3.0b	SMM/ACPI 3.0b	SMM/ACPI 3.0b	SMM/ACPI 3.0b
10/100/1000	10/100/1000	10/100/1000	10/100/1000	10/100/1000
HD Audio	HD Audio	HD Audio	HD Audio	HD Audio

Chipsets de serie 5x de Intel

Los *chipsets* de la serie 5x de Intel están diseñados para soportar los procesadores Core i Series. Estos procesadores y *chipsets* tienen un diseño muy diferente a los *chipsets* Intel anteriores, y representan un nuevo nivel de integración de sistema. De hecho, la serie 5x tiene en realidad dos subseries completamente diferentes. Los dos primeros ejemplos son el X58 IOH, introducido en noviembre de 2008, y el P55 PCH, introducido en septiembre de 2009.

Quizá la mayor diferencia entre los *chipsets* de serie 5x y sus predecesores es que el controlador de memoria ya no es parte del *chipset*, ya que se ha trasladado directamente a los procesadores Core i Series. Colocar el controlador de memoria en el procesador significa que los módulos de memoria se conectan directamente con el procesador en vez de con el componente puente norte del *chipset*, lo que permite una conexión dedicada entre el procesador y la memoria.

Aunque esta idea parece (y es) buena, no es nueva. Se trata de algo que AMD introdujo por primera vez en el Athlon 64 en 2003.

Con el controlador de memoria integrado en el procesador, la única función que queda para el puente norte es actuar como interfaz para las tarjetas de vídeo PCIe. Puesto que el puente norte ya no controla la memoria, Intel cambió el nombre de MCH por IOH en los *chipsets* de serie 5x que soportan procesadores con zócalo LGA1366. La figura 3.23 muestra el diagrama de bloque de un sistema con un procesador Core i Series con zócalo LGA1366 en una placa base con un *chipset* X58 Express. En el diagrama también se puede ver el uso del ICH tradicional, que soporta las interconexiones con SATA, USB y otros componentes en el sistema.

Actualmente el único *chipset* de serie 5x para procesadores con zócalo LGA1366 es el X58 Express, cuyas características se muestran a continuación (véase la tabla 3.27).

Tabla 3.27. *Chipset 5x de Intel para procesadores con zócalo LGA1366.*

Chipset	X58 Express
Nombre en clave	Tylersburg
Fecha presentación	Noviembre 2008
Número	82X58 (IOH)
CPU compatibles	Core i Series LGA1366 de zócalo.
FSB de CPU	6,4GTps QPI (25,6GBps)
Gráficos integrados	No
Gráficos externos	2 PCIe 2.0 x16
Concentrador del controlador de E/S	Familia ICH10

En sistemas que utilizan procesadores con zócalo LGA1366, Intel ha llevado todavía más allá la consolidación de sus componentes mediante la incorporación del controlador de memoria y de la interfaz de vídeo PCI Express directamente en el procesador. Esto quiere decir que Intel ha construido la parte completa del puente norte del chip dentro del procesador, lo que reduce los *chipsets* de la placa base de dos a uno. El chip puente sur restante tiene las mismas funciones que lo que Intel denominaba anteriormente el ICH, pero para diferenciarlo de anteriores diseños, han cambiado la designación a PCH (*Platform Controller Hub*, Concentrador de controladores de plataforma).

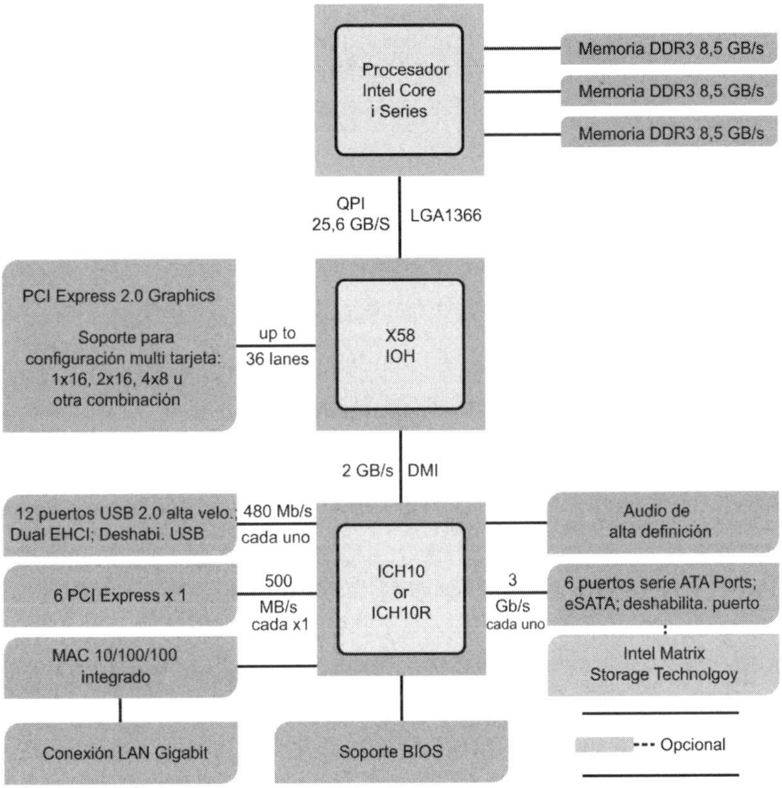

Figura 3.23. *Diagrama de bloque de un sistema con un procesador Core i Series con zócalo LGA1366 y un chipset X58 Express.*

La figura 3.24 muestra el diagrama de bloque de un sistema con un procesador Core i Series con zócalo LGA1366 en una placa base con un *chipset* P55.

En el diagrama puede observarse que la funcionalidad del puente norte es ahora parte de la CPU, lo que reduce el *chipset* a un único componente de puente sur (que ahora se llama PCH).

Al construir la interfaz de vídeo externo directamente dentro del procesador, Intel también puede producir procesadores con procesamiento de gráficos integrados. Muchos de los nuevos *chipsets* de la serie 5x (como el H55, el H57, y el Q57) son compatibles con FDI, que requiere un procesador Core i Series con gráficos integrados.

Al utilizar FDI, se envían señales de vídeo de la GPU del procesador al PCH, que entonces implementa la interfaz física para la pantalla (por ejemplo, DisplayPort, HDMI, DVI, y/o VGA). La tabla 3.28 muestra los *chipsets* de la serie 5x para procesadores Core i Series con zócalo LGA1156.

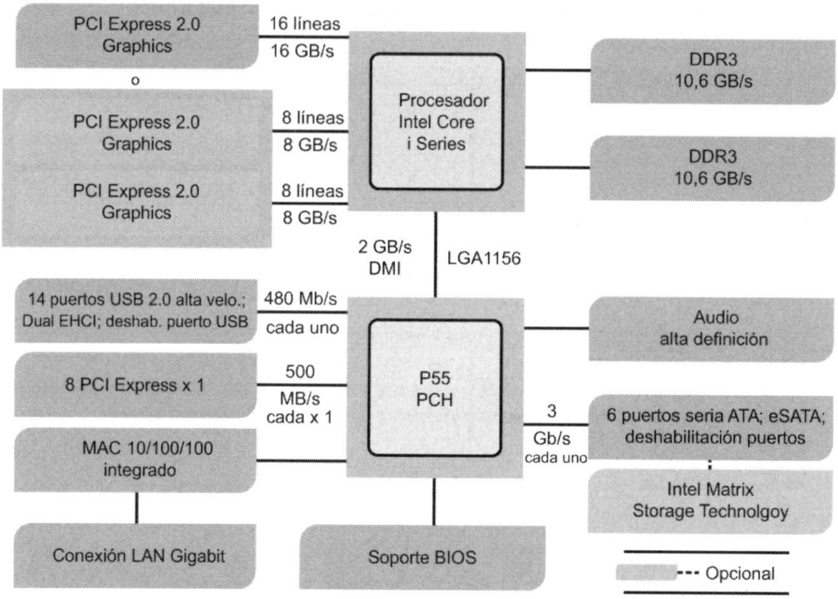

Figura 3.24. *Diagrama de bloque de un sistema con un procesador Core i Series con zócalo LGA1366y un chipset P55.*

Tabla 3.28. *Chipsets Intel 5x para procesadores Core i Series con zócalo LGA1156.*

Chipset	H55	P55
Nombre en clave	Ibex Peak	Ibex Peak
Fecha presentación	Dic. 2009	Sep. 2009
Número	BD82H55	BD82P55 (PCH)
CPU compatibles	Core i Series con zócalo LGA1156	Core i Series con zócalo LGA1156
FSB CPU	2,5 GTps DMI (2GBps)	2,5 GTps DMI (2GBps)
Flexible Display Interface	Sí	No
Líneas PCI Express	6 PCIe 2.0	8 PCIe 2.0
Soporte SATA	3,0 Gbps, 6 unidades	3,0 Gbps, 6 unidades
Soporte USB 2.0	12 puertos	14 Puertos

Chipsets de terceros para procesadores Intel

SiS, ULi (ahora NVIDIA), ATI y VIA han producido *chipsets* para los procesadores Intel Pentium 4/D y Core 2.

Aunque los *chipsets* de Intel han dominado el mercado hasta el momento, muchos de estos *chipsets* ofrecen características únicas que merece la pena tener en cuenta. En los próximos apartados se van a tratar las versiones más populares de estos *chipsets* por vendedor.

Chipsets de SiS

SiS nos ofrece varios *chipsets* para procesadores Intel, incluidos *chipsets* integrados, *chipsets* para utilizar con tarjetas aceleradoras de vídeo discretas, y algunos que soportan Rambus RDRAM.

Las tablas 3.29 a 3.32 muestran los detalles de los *chipsets* SiS para Pentium 4; los *chipsets* para el Pentium D aparecen en las tablas 3.31 y 3.32. A diferencia de la mayoría de los *chipsets* que SiS ha creado para Pentium II/III/Celeron, los *chipsets* SiS para Pentium 4 y Pentium D utilizan uno de los equivalentes de alta velocidad del puente sur (serie SiS 96x Media I/O) en lugar de integrar las funciones de puente norte y sur en un mismo chip.

Los chips puente norte y puente sur de SiS para Pentium 4 y Pentium D usan una conexión de alta velocidad de 16 bits conocida como MuTIOL (*Multi-Threaded I/O Link*) en vez del lento bus PCI de *chipsets* mas antiguos.

H57	Q57	P57
Ibex Peak	Ibex Peak	Ibex Peak
Dic. 2009	Dic. 2009	Dic. 2009
BD82H57 (PCH)	BD82Q57 (PCH)	BD82P57 (PCH)
Core i Series con zócalo LGA1156	Core i Series con zócalo LGA1156	Core i Series con zócalo LGA1156
2,5 GTps DMI (2GBps)	2,5 GTps DMI (2GBps)	2,5 GTps DMI (2GBps)
Sí	Sí	No
8 PCIe 2.0	8 PCIe 2.0	8 PCIe 2.0
3,0 Gbps, 6 unidades	3,0 Gbps, 6 unidades	3,0 Gbps, 6 unidades
14 Puertos	14 Puertos	14 Puertos

Tabla 3.29. *Chips puente norte de SiS para Pentium 4 Socket 478 (hasta 533MHz de velocidad de bus del procesador).*

Chipset	SiS650	SiS651	SiS645	SiS645DX
Velocidad de bus	400MHz	400/533MHz	400MHz	400/533MHz
Soporte HT	No	Sí*	No	Sí*
SMP (CPU dobles)	No	No	No	No
Tipos de memoria	PC133, DDR266	PC100/133, DDR200/266/333	PC133, DDR200/266	PC133, DDR266/333
Paridad/ECC	No	No	No	No
Memoria máxima	3GB	3GB	3GB	3GB
Soporte PCI	2.2	2.2	2.2	2.2
Velocidad/anchura PCI	33MHz/32 bits	33MHz/32 bits	33MHz/32 bits	33MHz/32 bits
Ranura AGP	4x	4x	4x	4x
Vídeo integrado	Sí	Sí	No	No
Puente sur	SiS961	SiS962	SiS961	SiS961
Velocidad MuTIOL	533MBps	533MBps	533MBps	533MBps

* Solamente stepping B.
^ PCI 2.2 con serie SiS963; PCI 2.3 con serie SiS964.

Tabla 3.30. *Chips puente norte de SiS para Pentium 4 (velocidad de bus del procesador de 800MHz).*

Chipset	SiS648FX	SiS655FX	SiS655TX
Velocidad de bus	800/533/400MHz	800/533/400MHz	800/533/400MHz
Soporte HT	Sí	Sí	Sí
SMP (CPU dobles)	No	No	No
Tipos de memoria	DDR400/333	DDR400/333 doble canal	DDR400/333 doble canal
Paridad/ECC	No	No	No
Memoria máxima	3GB	3GB	4GB
Soporte PCI	2.3	2.3	2.3
Velocidad/anchura PCI	33MHz/32 bits	33MHz/32 bits	33MHz/32 bits
Ranura de vídeo	AGP 8x	AGP 8x	AGP 8x
Vídeo integrado	No	No	No
Puente sur	SiS963L	SiS964/964L	SiS964/964L
Velocidad MuTIOL	1GBps	1GBps	1GBps

SiS648	SiS655	SiS R658	SiS 661GX
400/533MHz	400/533MHz	400/533MHz	400/533MHz
Sí*	Sí*	Sí*	Sí
No	No	No	No
DDR200/266/333	DDR266/333, doble canal	1066/800MHz	RDRAM DDR400/333/266
No	No	No	No
3GB	4GB	4GB	3GB
^	^	^	^
33MHz/32 bits	33MHz/32 bits	33MHz/32 bits	33MHz/32 bits
8x	8x	8x	8x
No	No	No	Mirage DirectX 7.0, 64MB
SiS963, serie 964	SiS963, serie 964	SiS963, serie 964	SiS963, serie 964
1GBps	1GBps	1GBps	1GBps

SiS656	SiS R659	SiS661FX
800/533/400MHz	800/400/533MHz	800/400/533MHz
Sí	Sí	Sí
No	No	No
DDR400/333 doble canal DDR-II	RDRAM cuatro canales PC1200	DDR400/222/266
ECC	ECC	No
4GB	4GB	3GB
2.3	2.3	2.3
33MHz/32 bits	33MHz/32 bits	33MHz/32 bits
PCIe x16	AGP 8x	AGP 8x
No	No	SiS Mirage Graphics 32/64MB
SiS965/965L	SiS964/964L	SiS964/964
1GBps	1GBps	1GBps

Tabla 3.31. *Chips puente norte de SiS para Pentium D y Pentium 4 (Socket 775).*

Chipset	SiS649	SiS649FX
Velocidad de bus	800/533/400MHz	1.066MHz
Soporte HT	Sí	Sí
SMP (CPU dobles)	No	No
Tipos de memoria	DDR2 533/400, DDR 400/222/266 canal simple	DDR2 667, DDR 400 canal simple
Paridad/ECC	No	No
Memoria máxima	2GB	2GB
Soporte PCI	2.3	2.3
Velocidad/anchura PCI	33MHz/32 bits	33MHz/32 bits
Ranura de vídeo	PCIe x16	PCIe x16
Vídeo integrado	No	No
Puente sur	SiS965, serie 966	SiS965, serie 966
Velocidad MuTIOL	1GBps	1GBps

Tabla 3.32. *Chips SiS Media I/O (puente sur) para procesadores Intel y AMD.*

Chip puente sur	Soporte USB	Nº de puertos USB	Soporte ATA	Nº de puertos SATA	Niveles RAID soportados
SiS961	1.1	6	33/66/100	—	—
SiS961B	1.1	6	33/66/100/133	—	—
SiS962	1.1, 2.0	6	33/66/100/133	—	—
SiS962L	1.1, 2.0	6	33/66/100/133	—	—
SiS963	1.1, 2.0	6	33/66/100/132	—	—
SiS963L	1.1, 2.0	6	33/66/100/133	—	—
SiS964	1.1, 2.0	8	33/66/100/133	2	0, 1, JBOD
SiS964L	1.1, 2.0	8	33/66/100/133	—	—
SiS965	1.1, 2.0	8	33/66/100/133	4	0, 1, 0+1, JBOD
SiS965L	1.1, 2.0	8	33/66/100/133	2	0, 1, JBOD
SiS966	1.1, 2.0	8	33/66/100/133	4*	0, 1, 0+1, JBOD
SiS966L	1.1, 2.0	8	33/66/100/133	2	0, 1, JBOD

* Dos puertos soportan AHCI.
JBOD = *Just a bunch of disks*, Sólo un montón de discos (combina todos los discos en una sola unidad lógica).
HDA = Sonido de alta definición.

SiS656	SiS656FX	SiS661FX
800/533/400MHz	1.066/800/533/400MHz	800/400/533MHz
Sí	Sí	Sí
No	No	No
DDR2 667/533/400 doble canal	DDR2 667/533/400 doble canal	DDR400/222/266 canal simple
ECC	ECC	No
4GB	4GB	3GB
2.3	2.3	2.3
33MHz/32 bits	33MHz/32 bits	33MHz/32 bits
PCIe x16	PCIe x16	AGP 8x
No	No	SiS Mirage Graphics 64MB
SiS965, serie 966	SiS965, serie 966	SiS964/ 964L
1GBps	1GBps	1GBps

Audio	Ethernet 10/100	Ethernet Gigabit	HomePNA 1.0/2.0	IEEE 1394	PCI-Express x1	Rendimiento MuTIOL
Canal AC'97 2.2, 5.1	Sí	No	Sí	No	No	533MBps
Canal AC'97 2.2, 5.1	Sí	No	Sí	No	No	533MBps
Canal AC'97 2.2, 5.1	Sí	No	Sí	Sí	No	533MBps
Canal AC'97 2.2, 5.1	Sí	No	Sí	No	No	533MBps
Canal AC'97 2.2, 5.1	Sí	No	Sí	Sí	No	533MBps
Canal AC'97 2.2, 5.1	Sí	No	Sí	No	No	533MBps
Canal AC'97 2.2, 5.1	Sí	No	Sí	No	No	1GBps
Canal AC'97 2.2, 5.1	Sí	No	Sí	No	No	1GBps
Canal AC'97, 7.1	Sí	Sí	Sí	No	Sí	1GBps
Canal AC'97, 7.1	Sí	No	Sí	No	Sí	1GBps
Canal HDA AC'97, 7.1	Sí	Sí	Sí	No	Sí	1GBps
Canal HDA AC'97, 7.1	Sí	No	Sí	No	Sí	1GBps

Chipsets de ULi Electronics

ULi Electronics (anteriormente conocida como ALi Corporation y Acer Laboratories, y posteriormente adquirida por NVIDIA) ha producido muchos *chipsets* para los procesadores Pentium 4 y Celeron 4. Las tablas 3.33 y 3.34 muestran una visión general de estos *chipsets*. La tabla 3.34 muestra una visión general de los chips puente sur utilizados en los *chipsets* de ULi para Pentium 4; algunos de estos chips puente sur también son compatibles con los procesadores Athlon XP y Athlon 64 de AMD.

Chipsets ATI

La línea original de *chipsets* para Pentium 4 de ATI integra gráficos 3D Radeon VE, reproducción de DVD y características de doble monitor con diseños de puente norte y sur de alto rendimiento. ATI utiliza su bus A-Link de alta velocidad para conectar sus puentes norte y sur. El chip puente norte Radeon IGP para Pentium 4 incluye la familia ATI A4, compuesta por IGP 330 e IGP 340. La familia Radeon 9x00 IGP es la segunda generación de *chipsets* ATI para Pentium 4. Los chips puente norte 9x00 IGP incluyen gráficos Radeon 9200 con soporte para hardware DirectX 8.1 y soporte para múltiples monitores. Por su parte, el chip puente sur IXP 300 soporta Serial ATA y USB 2.0 además de seis canales de audio. La familia Radeon 9x00 IGP incluye el 9100 IGP, el 9100 Pro IGP y el 9000 Pro IGP.

Tabla 3.33. *Chipsets ULi para Pentium 4.*

Chipset	ALADDiN-P4	M1681
Chip puente norte	M1671	M1681
Velocidad de bus	400MHz	533/400MHz
Soporte HT	No	Sí
SMP (CPU dobles)	No	No
Tipos de memoria	PC100/133, DDR200/266/333	PC100/133, DDR200/266
Paridad/ECC	No	No
Memoria máxima	3GB	3GB
Soporte PCI	2.2	2.3
Velocidad/anchura PCI	33MHz, 32 bits	33MHz, 32 bits
Ranura de vídeo	AGP 4x	AGP 8x
Vídeo integrado	No	No
Puente sur	Serie M1535	Serie M1535
Vínculo puente norte-sur HyperTransport	N/D	400MBps

La línea actual de ATI para Pentium 4 incluye el RC410 (que integra gráficos Radeon X300 3D) y el RS400 (quc intcgra gráficos 3D Radeon X300 y soporte para vídeo PCI Express x16). Ambos se comercializan con la marca Radeon Xpress 200. Aunque ATI ha fabricado chips puente sur en el pasado, los chips puente norte Radeon Xpress 200 actuales pueden emparejarse con el puente sur IXP 450 de ATI o M157x de ULi. Los chips puente sur de ATI incluyen los IXP 150, 200, 250, 300, 400 y 450.

Las tablas 3.35 y 3.36 muestran un resumen de las principales características de los chips puente norte, y las de los chips puente sur utilizados en los *chipsets* integrados de ATI para Pentium 4.

Los *chipsets* Radeon IGP 330 y 340 no se usan mucho en equipos de sobremesa y ya han dejado de fabricarse.

Chipsets VIA

Aunque VIA Technologies produce una línea de *chipsets* para los Core 2 y Pentium 4, inicialmente carecía de licencia de Intel para la interfaz del procesador. Esto ralentizó la aceptación de los *chipsets* de VIA por parte de los fabricantes de placas base hasta que VIA e Intel llegaron a un acuerdo en abril de 2003. Tras este acuerdo, muchos fabricantes empezaron a utilizar los *chipsets* de VIA para Core 2 y Pentium 4.

En las tablas 3.37 y 3.38 se muestran una visión general de los *chipsets* de VIA para Pentium 4, incluidos los ProSavage con gráficos integrados.

M1683	M1685
M1563	M1563
800/533/400MHz	800/533/400MHz
Sí	Sí
No	No
PC133, DDR266/333/400	DDR266/333/400, DDR2 400/533/667
No	No
4GB	3,5GB
2.3	2.3
33MHz, 32 bits	33MHz, 32 bits
AGP 8x	PCIe x16
No	No
Serie M1535	Serie M1575
400MBps	800MBps

Tabla 3.34. *Chips puente sur de ULi para Pentium 4, Athlon XP y Athlon 64.*

Chip puente sur	Soporte USB	Nº de puertos USB	Soporte ATA	SATA
M1535D	1.1	4	33/66	—
M1535D+	1.1	6	33/66/100/133	—
M1563*	2.0	6	66/100/133	—
M1567^	2.0	8	66/100/133	150MBps
M1573^	2.0	8	66/100/133	150MBps
M1575^	2.0	8	66/100/133	300MBps

* También incorpora interfaces de memoria flash SD y Memory Stick y soporta los procesadores de AMD Athlon 64/Opteron/Mobile.
^ Soporta Pentium 4 y Athlon 64 y chips puente norte de terceros, como el Radeon Xpress 200 de ATI.

Tabla 3.35. *Chips Radeon IGP (puente norte) para Pentium 4.*

Chip puente norte	Radeon IGP 330	Radeon IGP 340	Radeon 9100/PRO[2] IGP
Velocidad de bus	400MHz	400/533MHz	400/533/800MHz
Soporte HT	No	No	Sí
Tipos de memoria	DDR200/266	DDR200/266/333	DDR333/400 doble canal
Paridad/ECC	No	No	No
Memoria máxima	1GB	1GB	4GB
Soporte PCI	2.2	2.2	2.3
Velocidad/anchura PCI	33MHz/32 bits	33MHz/32 bits	33MHz/32 bits
Soporte AGP	4x	4x	8x
PCIe x16	No	No	No
Vídeo integrado	Radeon VE[1]	Radeon VE[1]	Radeon 9200[3,4]
Velocidad interconexión puente norte-sur	266MBps	266MBps	266MBps
Tipo interconexión puente norte-sur	A-Link	A-Link	A-Link

[1] Mismo núcleo que ATI Radeon 7000 con soporte para dos monitores.
[2] La versión PRO ofrece rendimiento AGP 8x mejorado, mejor rendimiento de memoria y más compatibilidad con memoria DDR400.
[3] Sólo dos canales gráficos; la GPU Radeon 9200 discreta tiene cuatro.
[4] Soporta ATI SurroundView, que permite la instalación de tres monitores cuando hay conectada una tarjeta gráfica ATI dual en la ranura AGP. Puede que algunas placas base no soporten esta característica.

SATA RAID	Audio	Soft Modem	Ethernet 10/100	Súper E/S	PCI-Express
—	Estéreo AC'97	Sí	No	Sí	No
—	AC'97 de 6 canales	Sí	No	Sí	No
—	AC'97 de 6 canales; SPDIF	Sí	Sí	Sí	No
—	HDA 7,1 canales	Sí	Sí	Sí	Sí
—	HDA 7,1 canales	Sí	Sí	Sí	Sí
0, 1, 0+1, 5, JBOD	HDA 7,1 canales	Sí	Sí	Sí	Sí

Radeon 9000 PRO IGP	RadeonXpress 200 (RS 400)	Radeon Xpress200 (RC 410)
400/533/800MHz	400/533/800MHz	400/533/800MHz
Sí	Sí	Sí
DDR333/400	DDR333/400; DDR2 400/533/667	DDR333/400; DDR2 400/533/667
No	No	No
4GB	4GB	4GB
2.3	2.3	2.3
33MHz/32 bits	33MHz/32 bits	33MHz/32 bits
8x	No	No
No	Sí	No
Radeon 9200[3,4]	Radeon X300	Radeon X300
266MBps	800MBps	800MBps
A-Link	HyperTransport	HyperTransport

Tabla 3.36. *Chips puente sur de ATI para Pentium 4.*

Chip puente sur	Soporte USB	Nº de puertos USB	Soporte ATA
IXP 150	2.0	6	ATA100
IXP 200/250[1]	2.0	6	ATA100
IXP 300	2.0	8	ATA133, 2 SATA
IXP 400 (SB400)	2.0	8	ATA133, 4 SATA
IXP 450	2.0	8	ATA 133, 4 SATA

[1] IXP250 ofrece las mismas características que IXP200, más reactivación remota (WOL), interfaz de gestión de escritorio (DMI), agente de inicio MBA y mecanismos ASF.

Tabla 3.37. *Chipsets VIA para Pentium 4 (hasta 533MHz de bus de sistema).*

Chipset	P4X266	P4X266A	P4X266E
Chip puente norte	VT8753	VT8753A	VT8753E
Velocidad de bus	400MHz	400MHz	400/533MHz
Tecnología HT	No	No	No
SMP (CPU dobles)	No	No	No
Tipos de memoria	PC100/133, DDR200/266	PC100/133, DDR200/266	DDR200/266
Paridad/ECC	No	No	No
Memoria máxima	4GB	4GB	4GB
Soporte PCI	2.2	2.2	2.2
Velocidad/anchura PCI	33MHz/32 bits*	33MHz/32 bits*	33MHz/32 bits*
Ranura AGP	4x	4x	4x
Vídeo integrado	No	No	No
Puente sur	VT8233, VT8233C, VT8233A	VT8233, VT8233C, VT8233A	VT8233, VT8233C, VT8233A, VT8235
Velocidad V-Link	266MBps	266MBps	266MBps

* Soporta PCI de 66MHz/64 bits cuando se utiliza un chip VPX-64 (VT8101) opcional.

Tabla 3.38. *Chipsets VIA para Core 2/Pentium 4 (800MHz+ System Bus).*

Chipset	PT800	PM800	P4M800Pro
Chip puente norte	PT800	PM800	P4M800Pro
Velocidad de bus	400/533/800MHz	400/533/800MHz	400/533/800MHz
Tecnología HT	Sí	Sí	Sí

Audio	Ethernet 10/100	Interconexión de alta velocidad
AC'97 2.3; 6 canales	3Com	A-Link
AC'97 2.3; 6 canales	3Com	A-Link
AC'97 2.3; 6 canales	3Com	A-Link
AC'97 2.3; 6 canales	3Com	A-Link
AC'97 2.3; 8 canales	Realtek 8101L	HyperTransport 800MHz

P4M266	P4X400 (P4X333)	P4X400A	P4X533
VT8751	VT8754	VT8754CE	P4X533
400MHz	400/533MHz	400/533 MHz	400/533 MHz
No	No	Sí	Sí
No	No	No	No
PC100/133, DDR200/266	DDR200/266/333	DDR266/333/400	DDR200/266/333
No	ECC	ECC	ECC
4GB	16GB	16GB	16GB
2.2	2.2	2.2	2.2
33MHz/32 bits*	33MHz/32 bits*	33MHz/32 bits*	33MHz/32 bits*
4x	8x	8x	8x
S3 Graphics Pro-Savage8 3D	No	No	No
VT8233, VT8233C, VT8233A	VT8235	VT8235	VT8237
266MBps	533MBps	533MBps	33MBps

PT880	PT880Ultra	PT894	PT894Pro
PT800	PT880 Ultra	PT894	PT894 Pro
400/533/800MHz	1066/80033/400MHz	1066/800/533/400MHz	1066/800/533/400MHz
Sí	Sí	Sí	Sí

Chipset	PT800	PM800	P4M800Pro
SMP (CPU dobles)	No	No	No
Tipos de memoria	DDR266/333/400	DDR266/333/400	DDR266/333/400; DDR2 533/400
Paridad/ECC	ECC	ECC	ECC
Memoria máxima	16GB	16GB	16GB
Soporte PCI	2.2	2.2	2.2
Velocidad/anchura PCI	33MHz/32 bits*	33MHz/32 bits*	33MHz/32 bits*
Ranura AGP	8x	8x	8x
Vídeo PCI Express	No	No	No
Vídeo integrado	No	S3 UniChrome Pro#	S3 UniChrome Pro#
Puente sur	VT8237	VT8237	VT8237R
Velocidad V-Link	533MBps	533MBps	1.066MBps

UniChrome Pro ofrece soporte para dos monitores, 350MHz RAMDAC, reproducción de DVD mejorada y soporte para gráficos en 3D DirectX 7/8/9.
* Soporta PCI de 66MHz/64 bits cuando se usa un chip VPX-64 (VT8101) opcional.

La tabla 3.39 muestra las características principales de los chips puente sur utilizados en los *chipsets* de VIA. Los mismos chips se usan para la familia de procesadores AMD Athlon. Todos los *chipsets* que usan estos chips puente sur utilizan la interfaz V-Link de alta velocidad entre el puente norte y el puente sur. Los *chipsets* se conectan al VT1211 LPC (bajo número de pines) o chip Súper E/S equivalente para soportar dispositivos heredados, como los puertos serie, IR, paralelos y la disquetera.

Tabla 3.39. *Chips puente sur de VIA.*

Chip puente sur	Soporte USB	Nº de puertos USB	Soporte ATA	Soporte SATA	Soporte Raid
VT8233	1.1	6	33/66/100	No	—
VT8233A	1.1	6	33/66/100	No	—
VT8233C	1.1	6	33/66/100	No	—
VT8235	2.0	6	33/66/100/133	No	—
VT8237R[4,5]	2.0	8	33/66/100/133	SATA-150	0,1[6]
VT8251	2.0	8	33/66/100/133	SATA-300[7]	0,1,0+1,5

1 El audio integrado requiere un chip códec de audio aparte en la placa base; también soporta *soft modem* MC'97.
2 Ethernet10/100 3Com.
3 Audio de ocho canales (7,1) cuando se utiliza el controlador de sonido opcional Envy 24PT PCI de VIA.
4 También puede usarse con chips puente norte que soporten una velocidad de interconexión de 533MBps.
5 Conocido originalmente como VT8237.
6 Soporta RAID 0+1 con SATALite opcional.
7 Soporta NCQ (*Native Command Queuing*, Cola de órdenes nativa).

PT880	PT880Ultra	PT894	PT894Pro
No	No	No	
DDR266/33/400 doble canal	DDR266/333/400; DDR2 533/400 doble canal	DDR266/333/400; DDR2 533/400 doble canal	DDR266/333/400; DDR2 533/400 doble canal
ECC	ECC	ECC	ECC
16GB	16GB	16GB	16GB
2.2	2.2	2.2	2.2
33MHz/32 bits*	33MHz/32 bits*	33MHz/32 bits*	33MHz/32 bits*
8x	8x	No	No
No	x4	x16	x16, x4
No	No	—	—
VT8237	VT8237R	VT8237R	VT8237R
1.066MBps	1.066MBps	1.066MBps	1.066MBps

Los puentes norte y sur de VIA para Pentium 4 soportan los diseños de plataformas de arquitectura modular de VIA (V-MAP), que permiten a los creadores de placas base pasar rápidamente a versiones más avanzadas de un *chipset* gracias a un diagrama de conexión común. Así pues, las placas base que utilizan estos *chipsets* pueden construirse con diversas configuraciones. Todos ellos soportan también la conexión de alta velocidad de VIA V-Link entre los chips puente norte y puente sur.

SATA PCI Express	Audio	Ethernet 10/100	HomePNA	Rendimiento AV-Link
No	AC'97, 6 canales[1]	Sí	Sí	266MBps
No	AC'97, 6 canales[1]	Sí	No	266MBps
No	AC'97, 6 canales[1]	Sí[2]	No	266MBps
No	AC'97, 5,1 canales[1]	Sí	No	533MBps
	AC'97, 5,1 canales[1,3]	Sí	No	1.066MBps
X2 o x1x2	AC'97, 7,1 canales	Sí	No	1.066MBps

Chipsets AMD Athlon

El AMD original era un chip de procesador Slot A, pero las siguientes versiones utilizaron Socket A, como el Athlon XP, el Duron y algunas versiones del Sempron. Aunque se parecen en cierto modo al Pentium III y al Celeron, los chips AMD usan una interfaz diferente y requieren *chipsets* distintos. AMD era originalmente el único proveedor de *chipsets* Athlon, pero VIA Technology, ULi Electronics, SiS y NVIDIA producían muchos *chipsets* con una gran variedad de características que veremos en los próximos apartados.

Chipsets AMD

AMD fabrica cuatro *chipsets* para los procesadores Athlon y Duron: el AMD-750 y los AMD-760/MP/MPX. La tabla 3.40 muestra una comparación de las características de estos *chipsets* que se describen con más detalle en los siguientes apartados.

Tabla 3.40. *Chipsets AMD para procesadores Athlon/Duron que utilizan la arquitectura puente norte/puente sur.*

Chipset	AMD-750	AMD-760
Nombre en clave	Irongate	Ninguno
Fecha de presentación	Agosto 1999	Octubre 2000
Número	AMD-751	AMD-761
Velocidad de bus	200MHz	200/266MHz
Procesadores compatibles	Athlon/Duron	Athlon/Duron
SMP (CPU dobles)	No	Sí
Tipo de memoria	SDRAM	DDR SDRAM
Velocidad de memoria	PC100	PC1600/PC2100
Paridad/ECC	Ambos	Ambos
Memoria máxima	768MB	2GB en búfer, 4GB registrados
Soporte PCI	2.2	2.2
Soporte AGP	AGP 2x	AGP 4x
Puente sur	AMD-756	AMD-766
Soporte ATA/IDE	ATA-66	ATA-100
Soporte USB	1C/4P	1C/4P
CMOS/reloj	Sí	Sí
Soporte ISA	Sí	No
Soporte LPC	No	Sí
Administración de energía	SMM/ACPI	SMM/ACPI

Chipsets VIA para AMD

VIA Technologies, Inc., es el mayor proveedor de *chipsets* y procesadores al margen de Intel y AMD.

Empresa fundada originalmente en 1987, VIA tiene su sede en Taipei, Taiwan, y es la empresa de diseño de circuitos integrados más grande de la isla. Es una empresa que no dispone de fábricas, así que encarga la manufactura a otras empresas con capacidad de fundición de chips.

Aunque es más conocida por sus *chipsets*, en 1999 VIA compró las divisiones de procesadores Cyrix y Centaur, de National Semiconductor e IDT respectivamente, con lo que se convirtió también en proveedor de procesadores.

VIA también se ha asociado coyunturalmente con SONICblue (anteriormente S3) para integrar capacidades gráficas en varios de sus *chipsets*. Esta empresa conjunta se conoce como S3 Graphics Co., Ltd.

VIA crea *chipsets* para procesadores Intel, AMD y Cyrix (VIA). La tabla 3.41 muestra una visión general de los *chipsets* de VIA para Athlon/Duron que utilizan la arquitectura tradicional de puente norte/puente sur.

Finalmente VIA cambió a una arquitectura denominada V-Link, que usa una conexión dedicada rápida entre los puentes norte y sur. V-Link es similar a la arquitectura de concentrador de Intel, a HyperTransport (empleada por ALi, NVIDIA y ATI), MuTIOL (usada por SiS) y a A-Link (utilizada por ATI). Los *chipsets* para Pentium 4 de VIA también usan VLink.

La tabla 3.42 nos muestra una panorámica de los *chipsets* V-Link, que también soportan el diseño de arquitectura de plataforma modular de VIA (V-MAP).

Al igual que los *chipsets* VIA para Pentium 4, V-MAP emplea diagramas de conexión idénticos para varios rangos de puentes norte y sur V-Link North de forma que los vendedores pueden reutilizar un diseño de placa base con *chipsets* más avanzados a medida que los vayan desarrollando.

La tabla 3.43 muestra detalles relacionados con los chips puente sur de VIA para procesadores Athlon.

Chipsets SiS para AMD

SiS tiene varios *chipsets* para los procesadores Athlon, Duron y Athlon XP. Las tablas 3.44 y 3.45 muestran una visión general de estos *chipsets*, algunos de los cuales usan un diseño de un solo chip, y otros un diseño de dos chips de alta velocidad similar al de otros fabricantes.

Los chips puente sur de la serie SiS96x utilizan un bus de alta velocidad llamado MuTIOL para conectar con chips puente norte compatibles.

La versión original de MuTIOL (soportada por los chips de las series SiS961 y 962) es una conexión de 16 bits de ancho a 266MHz que proporciona un ancho de banda de 533MBps, el doble de la velocidad de la arquitectura de concentrador que utilizan los *chipsets* de la serie 800 de Intel.

Tabla 3.41. *Chipsets VIA para procesadores Athlon/Duron/Athlon XP que utilizan la arquitectura puente norte/sur.*

Chipset	Apollo KX133	Apollo KT133	Apollo KT133A
Presentación	Agosto 1999	Junio 2000	Diciembre 2000
Puente norte	VT8371	VT8363	VT8363A
Procesador compatible	Athlon	Athlon/Duron	Athlon/Duron
Interfaz CPU	Slot-A	Socket-A (462)	Socket-A (462)
FSB de CPU	200MHz	200MHz	200/266MHz
Ranura AGP	4x	4x	4x
Gráficos integrados	No	No	No
PCI	2.2	2.2	2.2
Tipo de memoria	SDRAM	SDRAM	SDRAM
Velocidad de memoria	PC133	PC133	PC100/133
Memoria máxima	1,5GB	1,5GB	1,5GB
Puente sur	VT82C686A	VT82C686A	VT82C686B
ATA/IDE	ATA-66	ATA-66	ATA-100
Puertos USB	1C4P	1C4P	1C4P
Administración de energía	SMM/ACPI	SMM/ACPI	SMM/ACPI
Súper E/S	Sí	Sí	Sí
CMOS/Reloj	Sí	Sí	Sí
Pines puente norte	552	552	552

Tabla 3.42. *Chipsets VIA para procesadores Athlon XP/Duron que utilizan la arquitectura V-Link.*

Chipset	Apollo KT266	Apollo KT266A	Apollo KT333	ProSavage KM266
Chip puente norte	VT8366	VT8633A	VT8753E	VT8375
Velocidad de bus	200/266MHz	200/266MHz	200/266/333MHz	200/266MHz
SMP (CPU dobles)	No	No	No	No
Tipos de memoria	PC100/133, DDR200/266	PC100/133, DDR200/266	DDR200/266/333	PC100/133, DDR200/266
Paridad/ECC	No	No	No	No
Memoria máxima	4GB	4GB	4GB	4GB
Soporte PCI	2.2	2.2	2.2	2.2
Velocidad/anchura PCI	33MHz/32 bits	33MHz/32 bits	33MHz/32 bits	33MHz/32 bits

Apollo KLE133	ProSavage KM133
Marzo 2001	Sepiembre 2000
VT8361	VT8365
Athlon/Duron	Athlon/Duron
Socket-A (462)	Socket-A (462)
200/266MHz	200/266MHz
No	AGP 4x
Sí	S3 Savage 4
2.2	2.2
SDRAM	SDRAM
PC100/133	PC100/133
1,5GB	1,5GB
VT82C686B	VT8231
ATA-100	ATA-100
1C4P	1C4P
SMM/ACPI	MM/ACPI
Sí	Sí
Sí	Sí
552	552

Apollo KT400	UniChrome KM400	Apollo KT400A	VIA KT600	KT880
VT8377	KM400	VT8377A	KT600	KT800
200/266/333MHz	200/266/333MHz	200/266/333MHz	266/333/400MHz	333/400MHz
No	No	No	No	No
DDR200/266/333	DDR200/266/333	DDR200/266/ 333/400	DDR200/266/ 333/400	DDR333/400 doble canal
No	No	No	No	No
4GB	4GB	4GB	4GB	8GB
2.2		2.2	2.2	2.2
33MHz/32 bits	33MHz/32 bits	33MHz/32 bits	33MHz/32 bits	33MHz/32 bits

Chipset	Apollo KT266	Apollo KT266A	Apollo KT333	ProSavage KM266
Ranura AGP	4x	4x	4x	4x
Vídeo integrado	No	No	No	S3 Graphics ProSavage8 3D
Puente sur	VT8233, VT8233C, VT8233A	VT8233, VT8233C, VT8233A	VT8233, VT8233C, VT8233A	VT8233, VT8233C, VT8233A
Velocidad V-Link	266MBps	266MBps	266MBps	266MBps
Pines puente norte	552	552	552	552

Tabla 3.43. *Chips puente sur de VIA para Athlon/Duron/Athlon XP.*

Chip puente sur	Soporte USB	Nº de puertos USB	Soporte ATA	Audio
VT8233	1.1	6	33/66/100	AC'97, 6 canales
VT8233A	1.1	6	33/66/100/133	AC'97, 6 canales
VT8233C	1.1	6	33/66/100	AC'97, 6 canales
T8235CE	2.0	6	33/66/100/133	AC'97, 5,1 canales
T8237R6	2.0	8	33/66/100/133	AC'97, 5,1 canales

Tabla 3.44. *Chipsets SiS para procesadores Athlon/Duron/Athlon XP.*

Chipset	SiS730S	SiS740	SiS733	SiS735
Velocidad de bus	200/266MHz	266MHz	200/266MHz	200/266MHz
SMP (CPU dobles)	No	No	No	No
Tipo de memoria	PC133 SDRAM	DDR266, PC133	PC133	PC133/ DDDR266
Paridad/ECC	No	No	No	No
Memoria máxima	1,5GB	1,5GB	1,5GB	1,5GB
Tecnología HyperStreaming	No	No	No	No
Soporte PCI	2.2	2.2	2.2	2.2
Velocidad/anchura PCI	33MHz/32 bits	33MHz/32 bits	33MHz/32 bits	MHz/32 bits
Ranura AGP	4x	No	4x	4x
Vídeo integrado	Sí[1]	Sí[2]	No	No
Puente sur	N/D[3]	Serie SiS96x	N/D[3]	N/D[3]
Velocidad MuTIOL	N/D	533MBps	N/D	N/D

Apollo KT400	UniChrome KM400	Apollo KT400A	VIA KT600	KT880
8x	8x	8x	8x	8x
No	S3 Graphics	No	UniChrome	No
VT8235	VT8235CE o VT8237	VT8235CE o VT8237	VT8237	VT8237
533MBps	533MBps	533MBps	533MBps	533MBps
664	552	664	664	806

Ethernet 10/100	Home PNA	Rendimiento V-Link (SATA RAID, número de pines)
Sí	Sí	266MBps (376 pines)
Sí	No	266MBps (376 pines)
Sí	No	266MBps (376 pines)
Sí	No	533MBps (539 pines)
Sí	No	1.066MBps (0, 1, JBOD 539 pines)

SiS745	SiS746	SiS746FX	SiS741GX	SiS748	SiS741
266MHz	266MHz	266/333MHz	266/333MHz	266/333/400MHz	266/333/400MHz
No	No	No	No	No	No
DDR266/333	DDR266/333	DDR266/333/400	DDR266/333	DDR266/333/400	DDR266/333/400
No	No	No	No	No	No
3GB	3GB	3GB	3GB	3GB	3GB
No	No	Sí	Sí	Sí	Sí
2.2	2.2	2.2	2.3	2.2	2.3
33MHz/32 bits	33MHz/32 bits	33MHz/32 bits	33MHz/32 bits	33MHz/32 bits	33MHz/32 bits
4x	8x	8x	8x	8x	8x
No	No	No	SiS Mirage Graphics	No	SiS Mirage Graphics
N/D[3]	Serie SiS963	Serie SiS963	Serie SiS964	Serie SiS963	Serie SiS964
N/D	1GBps	1GBps[5]	1GBps[5]	1GBps[5]	1GBps[5]

Chipset	SiS730S	SiS740	SiS733	SiS735
Soporte ATA	ATA-100	Varía[4]	ATA-100	ATA-100
Soporte USB	1.1/6 puertos	Varía[4]	1.1/6 puertos	1.1/6 puertos
Soporte audio	AC'97	Varía[4]	AC'97	AC'97
Ethernet 10/100	Sí	Varía[4]	No	Sí
IEEE 1394a	No	Varía[4]	No	No

[1] Acelerador 2D/3D con hardware de reproducción de DVD y puente de vídeo SiS301 opcional a la TV y un monitor secundario.
[2] Características 3D DirectX7, incluidos canales *rendering* de dos píxeles y cuatro unidades de textura.
[3] Diseño de un solo chip (puentes norte/sur combinados).
[4] Varía con el chip puente sur MuTIOL utilizado.
[5] El chipset usa tecnología HyperStreaming, una versión mejorada de MuTIOL.

Tabla 3.45. *Chips puente sur MuTIOL de SiS para Athlon XP.*

Chip puente sur	Soporte USB	Nº de puertos USB	Soporte ATA	Nº de puertos SATA	Niveles RAID soportados
SiS961	1.1	6	33/66/100	—	—
SiS961B	1.1	6	33/66/100/133	—	—
SiS962	1.1, 2.0	6	33/66/100/133	—	—
SiS962L	1.1, 2.0	6	33/66/100/133	—	—
SiS963	1.1, 2.0	6	33/66/100/133	—	—
SiS963L	1.1, 2.0	6	33/66/100/133	—	—
SiS964	1.1, 2.0	8	33/66/100/133	2	0, 1, JBOD
SiS964L	1.1, 2.0	8	33/66/100/133	—	—
SiS965	1.1, 2.0	8	33/66/100/133	4	0, 1, 0+1, JBOD
SiS965L	1.1, 2.0	8	33/66/100/133	2	0, 1, JBOD

Las series SiS963, 964 y 965 y los correspondientes chips puente norte utilizan una segunda generación de MuTIOL, denominada MuTIOL 1G, que soporta una conexión de 16 bits a 533MHz para conseguir anchos de banda que sobrepasan 1GBps.

Cuando se conectan al chip puente norte SiS746FX, SiS741GX, SiS748 o SiS741 y nuevos modelos, los chips de la serie SiS963/964 usan otro desarrollo de MuTIOL llamado HyperStreaming, que integra las siguientes cuatro tecnologías para mejorar todavía más la velocidad de transferencia de datos:

- **Tecnología de transmisión simple con latencia baja:** Mejora el rendimiento entre un 5 y un 43 por 100, dependiendo de la actividad.

SiS745	SiS746	SiS746FX	SiS741GX	SiS748	SiS741
ATA-100	Varía[4]	Varía[4]	Varía[4]	Varía[4]	Varía[4]
1.1/6 puertos	Varía[4]	Varía[4]	Varía[4]	Varía[4]	Varía[4]
AC'97	Varía[4]	Varía[4]	Varía[4]	Varía[4]	Varía[4]
No	Varía[4]	Varía[4]	Varía[4]	Varía[4]	Varía[4]
Sí	Varía[4]	Varía[4]	Varía[4]	Varía[4]	Varía[4]

Audio	Ethernet 10/100	Ethernet Gigabit	HomePNA 1.0/2.0	IEEE 1394	PCI-Express x1	Rendimiento MuTIOL
AC'97 2,2, 5,1 canales	Sí	No	Sí	No	No	533MBps
AC'97 2,2, 5,1 canales	Sí	No	Sí	No	No	533MBp
AC'97 2,2, 5,1 canales	Sí	No	Sí	Sí	No	533MBps
AC'97 2,2, 5,1 canales	Sí	No	Sí	No	No	533MBps
AC'97 2,2, 5,1 canales	Sí	No	Sí	Sí	No	533MBps
AC'97 2,2, 5,1 canales	Sí	No	Sí	No	No	533MBps
AC'97 2,3, 5,1 canales	Sí	No	Sí	No	No	1GBps
AC'97 2,3, 5,1 canales	Sí	No	Sí	No	No	1GBps
AC'97, 7,1 canales	Sí	Sí	Sí	No	Sí	1GBps
AC'97, 7,1 canales	Sí	No	Sí	No	Sí	1GBps

- **Tecnología de transmisión múltiple con canalización y ejecución concurrente:** Usa canales de datos paralelos concurrentes y procesamiento simultáneo de datos no secuenciales. En operaciones de copia de archivos, por ejemplo, el rendimiento aumenta a medida que se incrementa el tamaño del archivo de datos.
- **Tecnología de transmisión específica con canales priorizados:** Mejora la reproducción de música, vídeo y aplicaciones de Internet, como en la telefonía IP y las videoconferencias.
- **Tecnología de control del flujo transmisión inteligente:** Analiza las características de las distintas interfaces y mejora el rendimiento.

Chipsets NVIDIA nForce para AMD

Aunque es más conocida por su famosa línea GeForce de *chipsets* gráficos, NVIDIA también se convirtió en un popular distribuidor de *chipsets* para la familia de procesadores Athlon/Duron/Athlon XP gracias a sus familias de productos nForce y nForce2. Las tablas 3.46 y 3.47 muestran una visión general de los chips puente norte de estas familias, y una panorámica de los chips puente sur para nForce/nForce2.

Tabla 3.46. *Chips nForce/nForce2 IGP/SPP (puente norte).*

Chip puente norte	nForce 420	nForce 415	nForce2 IGP	nForce2 SPP
Velocidad de bus	200/266MHz	200/266MHz	200/266/333MHz	200/266MHz
SMP (CPU dobles)	No	No	No	No
Tipo de memoria	DDR200/266MHz PC100/133	DDR200/266MHz PC100/133	DDR200/266/ 333/400[1]	DDR200/266/ 333/400[1]
Paridad/ECC	No	No	No	No
Memoria máxima	4GB	4GB	3GB	3GB
Modo doble canal	Sí[2]	Sí[2]	Sí	Sí
Soporte PCI	2.2	2.2	2.2	2.2
Velocidad/anchura PCI	33MHz/32 bits	33MHz/32 bits	33MHz/32 bits	33MHz/32 bits
Ranura AGP	4x	4x	8x	8x
Vídeo integrado	GeForce2 MX	No	GeForce4 MX	No
Velocidad HyperTransport	400MBps	400MBps	800MBps	800MBps
Chip puente sur	nForce MCP, MCP-D	nForce MCP, MCP-D	nForce2 MCP, MCP-T, Gigabit MCP	nForce2 MCP, MCP-T, Gigabit MCP

[1] Requiere tarjeta AGP externa para soportar la memoria DDR400.
[2] Usa solamente dos módulos de memoria idénticos para habilitar este modo.

Tabla 3.47. *Chips nForce/nForce2 MCP (puente sur).*

Chip puente sur	Soporte USB	Nº de puertos USB	Soporte ATA	Soporte SATA	Soporte ATA/ SATA RAID
nForce MCP	1.1	6	33/66/100	No	No
nForce MCP-D1	1.1	6	33/66/100	No	No
nForce2 MCP	1.1, 2.0	6	33/66/100/133	No	No
nForce2 MCP-T[1]	1.1, 2.0	6	33/66/100/133	No	No

El nForce es descendiente del *chipset* personalizado de NVIDIA creado para la consola de juegos Microsoft Xbox.

Los chips puente norte nForce con gráficos integrados se conocen como procesadores gráficos integrados (IGP, *Integrated Graphics Processor*), mientras que los que requieren una tarjeta de vídeo AGP aparte se denominan procesadores de plataforma de sistema (SPP, *System Platform Processor*). Todos los chips puente sur se conocen como procesadores de comunicaciones y multimedia (MCP, *Media and Communications Processor*). Los chips IGP/SPP y MCP se comunican por una conexión HyperTransport de 800MBps.

nForce2 400	nForce2Ultra 400	nForce 2Ultra 400R	nForce 2Ultra 400 Gb
200/266/333/400MHz	200/266/333/400MHz	200/266/333/400MHz	200/266/333/400MHz
No	No	No	No
DDR200/266/333/400[1]	DDR200/266/333/400[1]	DDR200/266/333/400[1]	DDR200/266/333/400[1]
No	No	No	No
3GB	3GB	3GB	3GB
No	Sí	Sí	Sí
2.2	2.2	2.2	2.2
33MHz/32 bits	33MHz/32 bits	33MHz/32 bits	33MHz/32 bits
8x	8x	8x	8x
No	No	No	No
800MBps	800MBps	800MBps	800MBps
nForce2 MCP, Gigabit MCP	MCP-T, nForce2 MCP, MCP-T 2 RAID MCP	nForce	nForce 2 Gigabit MCP

Audio	Ethernet 10/100[2]	Ethernet Gigabit	IEEE 1394	Firewall de hardware	Utilizado con
AC'97, 5,1 canales	Sí	No	No	No	nForce IGP, SPP
AC'97, 5,1 canales	Sí	No	No	No	nForce IGP, SPP
AC'97, 6 canales, 20 bits, SPDIF	Sí	No	No	No	nForce2 IGP, SPP, 400, Ultra 400
Todas las características de MCP, más unidad AudioProcessing, Dolby Digital 5.1, y audio 3D DirectX 8	Dual NVIDIA y 3Com	No	Sí	No	nForce2 IGP, SPP, 400, Ultra 400

Chip puente sur	Soporte USB	Nº de puertos USB	Soporte ATA	Soporte SATA	Soporte ATA/ SATA RAID
nForce2 Gigabit MCP	1.1, 2.0	8	33/66/100/133	Sí	Sí
nForce2 RAID MCP	1.1, 2.0	8	33/66/100/133	Sí	Sí

[1] También conocido como NVIDIA SoundStorm.
[2] También soporta redes HomePNA.

La combinación de controladores de memoria avanzados, diseño de búsqueda previa, conexión HyperTransport de alta velocidad y procesamiento de sonido en los chips MCP-D y MCP-T sitúan a la segunda generación de *chipsets* nForce2 entre los más rápidos disponibles para los procesadores Athlon XP. Los nuevos chips Gigabit MCP y RAID MCP aportan 8 puertos USB 2.0 y soporte Serial ATA/ATA RAID a los sistemas basados en nForce2. El Gigabit MCP es el primer chip nForce2 MCP en ofrecer Ethernet Gigabit integrada. La figura 3.25 muestra la arquitectura de la combinación nForce2 IGP y MCP-T, que ofrece la mayor versatilidad. Si se usa el puente norte SPP en vez del IGP, no hay vídeo integrado. Si se usa el puente sur MCP en vez del MCP-T, no estarán disponibles el IEEE 1394a, el sonido Dolby Digital 5.1 ni los puertos de red duales.

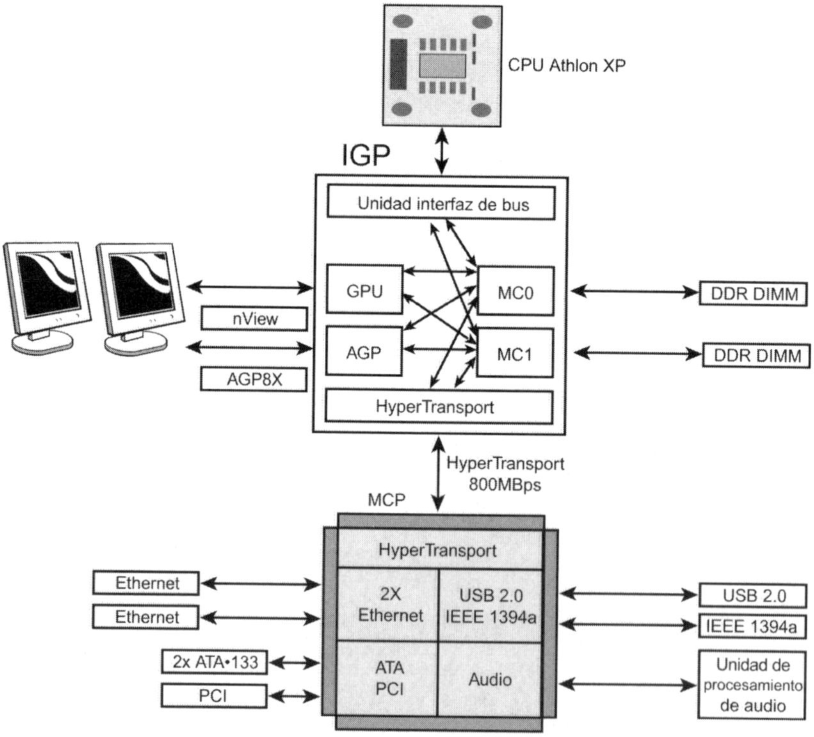

Figura 3.25. *Arquitectura del chipset nForce2 IGP/MCP2 de NVIDIA.*

Audio	Ethernet 10/100[2]	Ethernet Gigabit	IEEE 1394	Firewall de hardware	Utilizado con
AC'97, 6 canales, 20 bits, SPDIF	Sí	Sí	No	Sí	nForce2 Ultra 400Gb
AC'97, 6 canales, 20 bits, SPDIF	Sí	No	No	No	nForce2 Ultra 400R

Chipsets ATI Radeon IGP

Antes de que AMD comprara la empresa, ATI creó una serie de *chipsets* para los procesadores Athlon que integraban gráficos 3D Radeon VE, reproducción de DVD y características de reproducción doble con diseños de puente norte y puente sur de alto rendimiento.

Estos *chipsets* utilizan el bus A-Link de alta velocidad de ATI para conectar los chips puente norte y sur, pero también soportan conexiones a puentes sur de terceros a través del bus PCI. Esto permitía a los diseñadores de sistemas crear una solución ATI completa o mixta.

La mayor parte de los primeros sistemas basados en Radeon IGP que salieron al mercado utilizaban chips puente sur ALi (ahora ULi) o VIA. El chip puente norte Radeon IGP 320 puede unirse a cualquiera de los chips puente sur de ATI: IXP 200 o IXP 250. Ambos soportan seis puertos USB 2.0 y ATA33/66/100. El 320 IGP ya no se fabrica. Las tablas 3.48 y 3.49 muestran un resumen de las características más importantes del IGP 320, del IXP 200 y el 250.

Tabla 3.48. *Chip Radeon IGP (puente norte) para Athlon.*

Chip puente norte	Radeon IGP 320
Velocidad de bus	200/266MHz
SMP (CPU dobles)	No
Tipo de memoria	DDR200/266
Paridad/ECC	No
Memoria máxima	1GB
Soporte PCI	2.2
Velocidad/anchura PCI	33MHz/32 bits
Ranura AGP	4x
Vídeo integrado	Radeon VE*
Velocidad A-Link	266MBps

* Mismo núcleo que ATI Radeon 7000, con soporte para dos monitores.

Tabla 3.49. *Chips puente sur ATI para Athlon.*

Chip puente sur	IXP 200/250*
Soporte USB	6 puertos USB 2.0
Soporte ATA	ATA100
Soporte audio	AC'97, S/PDIF
LAN Ethernet	3Com 10/100
Súper ES	Sí
Interconexión de alta velocidad	A-Link

* El IXP250 tiene exactamente las mismas características que el IXP200, pero además soporta reactivación remota (WOL), interfaz de gestión de escritorio (DMI), agente de inicio MBA y mecanismos ASF.

Chipsets AMD Athlon 64

El procesador Athlon 64 requiere una nueva generación de *chipsets*, tanto para soportar su arquitectura de 64 bits como para permitir la integración del controlador de memoria en el procesador (tradicionalmente, este componente se encontraba en el puente norte). En consecuencia, algunos vendedores ya no utilizan el término puente norte (*North Bridge*) para referirse al *chipset* que conecta el procesador al vídeo AGP. AMD (ATI), VIA Technologies, NVIDIA (ULi/ALi) y SiS han desarrollado *chipsets* para el Athlon 64.

Chipset AMD 8000 (8151)

El AMD 8000 es el primer *chipset* de AMD diseñado para las familias Athlon 64 y Opteron. Su arquitectura es sustancialmente distinta de las de puente norte/sur o basadas en concentrador con las que estamos familiarizados desde los *chipsets* diseñados para soportar los procesadores Pentium II/III/4/Celeron y los Athlon/Athlon XP/Duron de AMD.

A menudo se habla del *chipset* AMD-8000 como AMD-8151, sin embargo AMD también se refiere al AMD-8151 como túnel gráfico AGP porque su única tarea es proporcionar una conexión de alta velocidad a la ranura AGP de la placa base. Los otros componentes del *chipset* AMD-8000 incluyen el concentrador E/S AMD-8111 HyperTransport (puente sur) y el chip AMD-8131 PCI-X Tunnel.

Debido a unos retrasos en el desarrollo del AMD-8151, la mayoría de los distribuidores usaron hasta finales de 2003 el concentrador E/S AMD-8111 HyperTransport solo o junto con el chip AMD-8131 PCI-X Tunnel para ofrecer una mezcla de ranuras PCI y PCI-X en las placas base optimizadas como servidores. Algunos sistemas recientes han incorporado el chip AMD-8151 para vídeo AGP, pero el *chipset* AMD-8000 sigue usándose principalmente como *chipset* para estación de trabajo/servidor en vez de como *chipset* para sobremesa. El AMD-8151 AGP presenta las siguientes características principales:

- Soporte de tarjetas gráficas AGP 2.0/3.0 (AGP 1x–8x).
- Conexión HyperTransport de 16 bits de subida y bajada al procesador.
- Conexión HyperTransport de 8 bits de subida y bajada a los chips de flujo descendente.

Las principales características del concentrador E/S AMD-8111 HyperTransport (puente sur) incluyen las siguientes:

- Bus PCI conforme a PCI 2.2 PCI (32 bits, 33MHz) para hasta ocho dispositivos.
- Audio AC'97 2.2 (seis canales).
- Seis puertos USB 1.1/2.0 (tres controladores).
- Dos adaptadores anfitrión ATA/IDE que soportan velocidades hasta ATA-133.
- RTC.
- Bus LPC (*Low-pin-count*, Bajo número de pines).
- Ethernet 10/100 integrada.
- Conexión HyperTransport de 8 bits de subida y bajada a los chips de flujo ascendente.

Éstas son las características principales del AMD-8131 HyperTransport PCI-X Tunnel:

- Dos puentes PCI-X (A y B) que soportan hasta cinco maestros para bus PCI cada uno.
- Velocidades de transferencia PCI-X de hasta 133MHz.
- Velocidades de transferencia PCI 2.2 de 33MHz y 66MHz.
- Velocidades de transferencia y modos operacionales independientes para cada puente.
- Conexión HyperTransport de 8 bits de subida y bajada a los chips de flujo ascendente y descendente.

La figura 3.26 muestra la arquitectura del *chipset* AMD-8151 para el Athlon 64.

ATI (AMD)

Una de las cosas que creó más expectación cuando AMD adquirió ATI en 2006 fue el lanzamiento de los *chipsets* AMD/ATI para los procesadores AMD. Desde entonces, han aparecido muchos *chipsets* para soportar los procesadores Athlon 64, Sempron y Phenom. La tabla 3.50 muestra un resumen de las características principales de estos *chipsets*, mientras que la tabla 3.51 muestra los componentes del puente sur correspondientes.

Tabla 3.50. *Chipsets AMD/ATI para procesadores Phenom, Athlon 64 y Sempron.*

Características	**480X, CrossFire, Xpress 1600**	**570X, 550X, CrossFire Xpress 3100**	**580X, CrossFire Xpress 3200**	**690V**	**690G**	**740**
Nombre en clave	RD480	RD570	RD580	RS690C	RS690	RX740
Fecha de presentación	Octubre 2006	Junio 2007	Octubre 2006	Febrero 2007	Febrero 2007	2008
CPU soportadas	Athlon 64, Sempron	Phenom, Athlon 64, Sempron	Phenom, Athlon 64, Sempron	Athlon 64, Sempron	Phenom, Athlon 64 Sempron	Phenom, Athlon 64 Sempron
FSB de CPU	1GTps (2GBps)	1GTps (2GBps)	1GTps (2GBps)	1GTps (2GBps)	1GTps (2GBps)	1GTps (2GBps)
CrossFire habilitado	Sí, x8+x8	Sí, x16+x8	Sí, x16+x16	No	No	No
Vídeo integrado	No	No	No	Sí	Sí	No
Puente sur	SB600, ULi-M1575	SB600	SB600	SB600	SB600	SB600, SB700, SB750

Tabla 3.51. *Componentes de puente sur de los chipsets AMD/ATI.*

Características	**SB600**	**SB700**	**SB700S**
Fecha de presentación	2006	2007	2008
Puertos SATA	4 controladores, 3Gbps	6 controladores, 3Gbps	6 controladores, 3Gbps
Puertos USB 2.0	10 USB 2.0	12 USB 2.0, 2 USB 1.1	12 USB 2.0, 2 USB 1.1
Soporte de audio	HD Audio	HD Audio	HD Audio
Soporte PATA	2 unidades, 133MBps	2 unidades, 133MBps	2 unidades, 133MBps
Ethernet integrada	No	No	No
Soporte RAID	RAID 0, 1, 0+1	RAID 0, 1, 0+1	RAID 0, 1, 0+1

Chipsets VIA para Athlon 64

VIA ha sido durante mucho tiempo uno de los principales desarrolladores de *chipsets* para procesadores AMD, y la tendencia continúa con el Athlon 64 y el Opteron.

VIA ofrece cinco *chipsets* para estos procesadores: K8T800 Pro, K8T800, K8M800, K8T890 y K8M890, que veremos con más detalle en este apartado.

740G	770	780G	790GX	790X	790FX	785G	Serie 800
RS740	RX780	RS780	RS780D	RD780	RD790	RS880	RS880D
2008	2008	2008	2008	2008	Noviembre 2007	2009	Enero 2010
Phenom, Athlon 64 Sempron	Phenom, Athlon 64 Sempron	Phenom, Athlon 64 Sempron	Phenom, Athlon 64 Sempron	Phenom, Athlon 64 Sempron	Phenom, Athlon 64 Sempron	Phenom, Athlon 64 Sempron	Phenom, Athlon 64 Sempron
1GTps (2GBps)	2,6GTps (5,2GBps)	2,6GTps (5,2GBps)	2,6GTps (5,2GBps)	2,6GTps (5,2GBps)	2,6GTps (5,2GBps)	4GTps (8GBps)	4GTps (8GBps)
No	No	Sí	Sí	Sí, x8+x8	Sí, CrossFire X (dual x16 o quad x8)	Sí, x8+x8	Sí, x8+x8
Sí	No	Sí	Sí	No	No	Sí	No
SB700, SB700, SB750	SB700, SB750	SB750	SB600, SB700, SB750	SB600, SB750	SB710, SB750, SB810, SB850	SB710, SB750, SB810, SB850	

SB750	SB810	SB850
2008	2010	2010
6 controladores, 3Gbps	6 controladores, 3Gbps	6 controladores, 3Gbps
12 USB 2.0, 2 USB 1.1	14 USB 2.0, 2 USB 1.1	14 USB 2.0, 2 USB 1.1
HD Audio	HD Audio	HD Audio
2 unidades, 133MBps	2 unidades, 133MBps	2 unidades, 133MBps
No	Gigabit	Gigabit
RAID 0, 1, 0+1, 5	RAID 0, 1, 10, 5	RAID 0, 1, 10, 5

K8T800, K8T800 Pro y K8M800

El K8T800 (conocido originalmente como K8T400) fue el primer *chipset* de VIA para los procesadores Athlon 64 y Opteron. Parte en cierto modo del modelo establecido por los *chipsets* de AMD y Ali, usando la propia interconexión 8x V-Link (533MBps) de VIA entre los chips puente norte y puente sur en lugar de HyperTransport (aunque HyperTransport se usa para conectar al procesador). El K8T800 usa el chip puente sur VT8237.

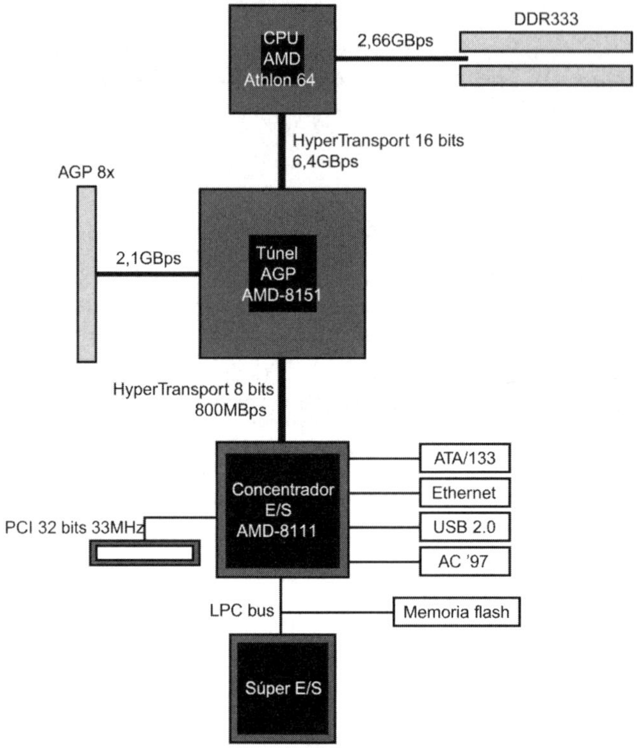

Figura 3.26. *Diagrama del chipset AMD 8000 para el Athlon 64.*

El K8M800 está basado en el K8T800 pero incorpora gráficos S3 UniChrome Pro integrados. UniChrome Pro ofrece un motor 2D/3D de 128 bits, canales de píxeles duales, aceleración de hardware para vídeo MPEG-2 y MPEG-4, y soporte para HDTV (hasta 1080p) y TV estándar, además de monitores LCD y CRT.

K8T890, K8M890 y K8T900

El K8T890 y el K8M890 son los primeros *chipsets* PCI Express de VIA para Athlon 64 y Opteron. Estos *chipsets* utilizan conexión HyperTransport procesador/puente norte a 1GHz y conexiones Ultra V-Link puente norte/puente sur. Estos chips puente norte tienen una interfaz PCI Express de 20 líneas de ancho, dejando cuatro disponibles parta tarjetas PCI Express x1. Dichos *chipsets* también están diseñados para usar el nuevo puente sur VT8251, que incluye varias características que otrora requerían chips añadidos:

- Cuatro adaptadores Serial ATA para soportar SATA RAID 0, 1 y 0+1.
- Soporte para el estándar de audio de alta definición de Intel (HDA, con nombre en clave Azalia). HDA ofrece sonido *surround* Dolby Digital compatible con IIfx (7.1) y velocidad de muestreo de 24 bits/192KHz para sonido de calidad CE.

- Dos ranuras PCI Express x1, para un total de seis posibles (cuatro conectadas al puente norte y dos conectadas al puente sur).

Debido a unos retrasos en la producción, algunos sistemas que utilizaban el K8T890 y el K8M890 utilizaron el puente sur VT8237R en vez del VT8251. Compruebe las especificaciones de cada placa base en particular para determinar el chip puente sur que se ha utilizado.

El K8M890 incorpora gráficos S3 Graphics DeltaChrome 2D/3D integrados con soporte para gráficos DirectX 9 a las características del K8T890.

El K8T900 está basado en el K8T890, pero añade soporte para vídeo PCI Express 2 x8 para soportar dos tarjetas gráficas PCI Express.

Chipsets NVIDIA para Athlon 64

NVIDIA ofrece más de 14 variedades de *chipsets* que soportan un amplio abanico de procesadores Athlon 64, Sempron y Opteron.

NVIDIA se refiere a estos chips como procesadores de multimedia y comunicaciones (MCP, *Media and Communications Processors*) porque un solo chip combina las funciones de los típicos puentes norte y sur. En el siguiente apartado vamos a ver estos chips con más detalle.

nForce3 150 y nForce3 Pro 150

El MCP nForce3 150 de NVIDIA fue uno de los primeros *chipsets* disponibles para el Athlon 64. Aunque parte de los dos chips estándar usados por la mayoría de los *chipsets* para Athlon 64 que combinan funciones de puente norte y sur, el nForce3 150 tiene un conjunto limitado de características, que refleja el desarrollo temprano de este *chipset* y su situación como *chipset* de nivel básico.

El nForce3 Pro 150 es similar, pero está diseñado para usarse con el Opteron y el procesador gráfico de estación de trabajo Quadro de NVIDIA.

nForce3 250, 250Gb y 250 Ultra y nForce3 Professional 250

La familia nForce3 250 de MCP incluye cuatro miembros, todos ellos con características mejoradas respecto a los nForce3 150 y 150 Pro originales.

El modelo 250Gb presenta las mismas características que el 250 más soporte para Ethernet 10/100/1000 con cortafuegos de hardware integrado. El 250 Pro tiene el conjunto de características del 250 Gb pero soporta el procesador para estaciones de trabajo Opteron y Athlon 64FX, y está optimizado para funcionar con Quadro.

El 250 Ultra tiene las mismas características del 250 y añade soporte para Ethernet 10/100/1000 con cortafuegos de hardware integrado y conexión procesador/MCP HyperTransport avanzada de 16 bits/1GHz de flujo ascendente y descendente.

Series nForce4 y nForce Professional

La serie nForce4 de NVIDIA combina soporte PCI Express con el mismo diseño de un solo chip utilizado en el nForce3. La serie nForce4 incluye cuatro modelos: nForce4, nForce Ultra, nForce4 SLI y nForce4 SI x16.

El modelo nForce4 básico presenta las siguientes características principales:

- Conexiones HyperTransport de 16 bits/800MHz de flujo ascendente y descendente entre el procesador y el MCP.
- Soporte para gráficos PCI Express x16.
- Dos adaptadores ATA-133 ATA/IDE independientes con RAID 0, 1 y 0+1.
- SATA y SATA RAID 0, 1 y 0+1.
- Diez puertos USB 1.1/2.0.
- Ethernet 10/100/1000 con cortafuegos de hardware integrado.
- Audio AC'97 2.1 (seis canales) con salida de 20 bits y soporte para SPDIF.

El nForce4 Ultra añade soporte para unidades SATA a 3Gbps y el motor de seguridad en red ActiveArmor. El nForce4 SLI soporta un diseño PCI Express flexible que puede usar una sola tarjeta gráfica PCI Express x16 o dos x8. También incorpora soporte para RAID 5 iniciable a las características del nForce4 Ultra. El nForce4 SLI x16 soporta una o dos tarjetas NVIDIA PCI Express x16 que funcionan a toda velocidad, y hasta 38 líneas PCI Express en total. El resto de sus características son iguales que las del nForce4 SLI.

Los *chipsets* nForce4 Professional para procesadores Opteron están basados en la serie nForce4, pero con estas diferencias:

- El nForce Professional 2050 tiene líneas PCI Express x16 y x1; Gigabit Ethernet; y cuatro puertos SATA 3GBps con soporte para RAID 0,1 y 0+1. Sin embargo, no ofrece soporte para unidades PATA, PCI de 32 bits, audio, ni el bus LPC que utilizan los dispositivos heredados.

Tabla 3.52. *Chipsets nForce 4xx integrados para Sempron.*

Modelo MCP	Modelo GPU	Soporte vídeo	Ranuras PCI-Expres x1	Soporte ATA/ Serial ATA	RAID	Soporte USB (nº de puertos)	Audio
410	GeForce 6100	PCIe x16	1	ATA-133 (4), SATA 3Gbps (2)	0,1	8	HD Audio, AC'97
430	GeForce 6100	PCIe x16	1	ATA-133 (4), SATA 3Gbps (4)	0,1, 0+1, 5	8	HD Audio, AC'97
430	GeForce 6100	PCIe x16	1	ATA-133 (4), SATA 3Gbps (4)	0,1, 0+1, 5	8	HD Audio, AC'97

- El nForce Professional 2200 tiene una implementación PCI Express flexible de 20 líneas; Gigabit Ethernet; y SATA 3GBps con RAID 0,1 y 0+1. Además, también soporta PCI de 32 bits, 10 puertos USB 2.0, el bus LPC, audio AC'97 2.3 y cuatro unidades PATA. El 2200 está diseñado como un procesador para estación de trabajo. Ambos *chipsets* soportan procesadores Opteron múltiples.

Serie nForce 410 y 430

Los *chipsets* nForce 410 y 430 son los primeros de NVIDIA con vídeo integrado para el Sempron, una versión de 32 bits del Athlon 64.

El nForce 410 y el 430 usan la GPU GeForce 6100 para vídeo integrado, aunque el 430 también puede usar la GeForce 6150.

La tabla 3.52 muestra las características principales de cada *chipset* integrado de la serie nForce 4xx.

Chipsets SiS para Athlon 64

SiS ofrece ocho *chipsets* para los procesadores AMD de 64 bits. El 755, 755FX y 756 requieren gráficos discretos. SiS también ofrece los siguientes *chipsets* con gráficos integrados: 760, 760GX, 761, 761GX y 761GL.

En los próximos apartados veremos estos *chipsets* en detalle.

SiS755 y SiS755FX

El SiS 755 es el primer *chipset* SiS que soporta los procesadores Athlon 64, Opteron, y Athlon 64FX. Se trata de un *chipset* de dos piezas que utiliza el SiS964 como componente puente sur.

El chip puente norte 755FX es compatible con los pines del 755; sin embargo, el chip puente sur idóneo para el 755FX (el SiS965) utiliza un zócalo más grande, de 588 pines frente a los de 505 pines que usaba la familia 964.

LAN	DirectX 9.0 Shader Model 3	Codificador TV	Salida TDM S/DVI	Velocidad de reloj de GPU	Escala de vídeo	Reproducción 1080i/p MPEG-2, WMA
Ethernet 10/100	Sí	No	No	425MHz	2x2 (básico)	No
Ethernet 10/100/1000	Sí	No	No	425MHz	2x2 (básico)	No
Ethernet 10/100/1000	Sí	Sí	Sí	475MHz	5x4 (alta calidad)	Sí

El *chipset* 755FX/965 presenta las siguientes mejoras respecto al 755/964:

- Conexión HyperTransport de 16 bits/1GHz entre el procesador y el puente norte con HyperStreaming.
- Soporte para dos ranuras PCI Express x1.
- Cuatro puertos Serial ATA con SATA RAID 0, 1 y 0+1, y JBOD (expansión de disco).
- Ethernet 10/100/1000.

SiS756

El *chipset* SiS756 está diseñado específicamente para usarse con el procesador de alto rendimiento Athlon 64FX para sobremesa. Es el primer *chipset* SiS que soporta la interfaz gráfica PCI Express x16. El SiS756 suele asociarse con el puente sur SiS965. La PCI Express x16 reemplaza el soporte de vídeo AGP 8x de los anteriores *chipsets* SiS.

La figura 3.27 muestra la arquitectura del *chipset* SiS756 con el puente sur SiS965.

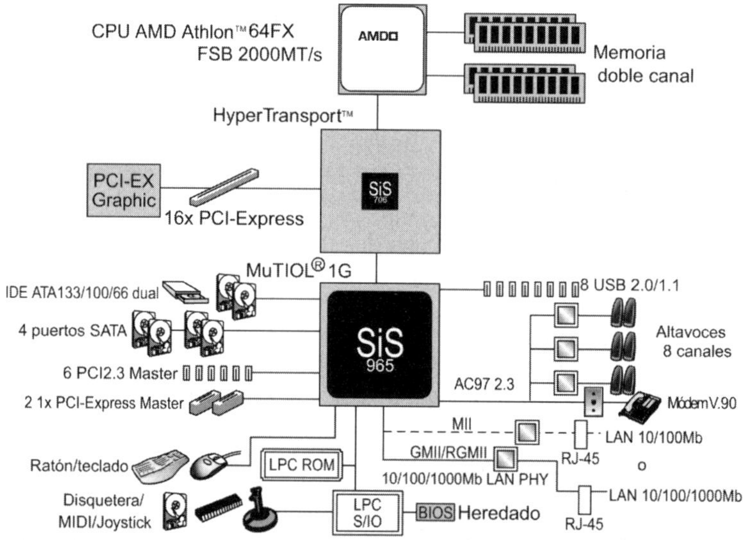

Figura 3.27. *Como ocurre con la mayoría de los chipsets para Athlon 64, el puente norte del SiS756 sólo se usa para la conexión con gráficos discretos (PCI Express en este caso), mientras que el puente sur realiza la mayor parte del trabajo.*

SiS760 y Sis760GX

El SiS760 es el primer *chipset* SiS con gráficos integrados para los procesadores Athlon 64 y Opteron. Por lo demás, sus características principales son parecidas a las del SiS755. Ambos utilizan el chip puente sur SiS964.

Las características gráficas integradas Mirage 2 (Ultra256) del SiS760 incluyen las siguientes:

- Gráficos 3D compatibles con DirectX 8.1.
- Interfaz 3D de doble canal de 256 bits.
- Gráficos 2D de 128 bits.
- Soporte opcional para salida de TV y monitor CRT o LCD secundario.
- Memoria compartida de hasta 128MB.

El SiS760GX utiliza gráficos Mirage 1 de un solo canal (128 bits).

El puente sur SiS966 es el adecuado para el SiS760GX, que incorpora las siguientes características:

- Cuatro ranuras PCI Express x1.
- SATA, SATA RAID 0, 1 y 0+1.
- Diez puertos USB 1.1/2.0.
- Audio AC'97 2.3 con soporte para el nuevo audio High Definition de 7.1 canales de Intel.
- Ethernet 10/100/1000.

SiS761GL y SiS761GX

Los *chipsets* gráficos integrados SiS761GL y SiS761GX están basados en el SiS760 y soportan todos los procesadores Athlon 64, el Opteron y la versión Sempron de 32 bits del Athlon 64. Ambos *chipsets* utilizan el SiS966 como puente sur preferido.

Éstas son las características principales del chip puente norte SiS761GX:

- Conexión HyperTransport de 16 bits/1GHz entre el procesador y el puente norte con HyperStreaming.
- Soporte para gráficos PCI Express x16.
- Conexión MuTIOL 1G entre los chips puente norte y puente sur con Hyper-Streaming.
- Gráficos Mirage DirectX 7.0 integrados con hasta 128MB de memoria de vídeo.

El SiS761GL se diferencia de su hermano de esta forma:

- La conexión HyperTransport es de 16 bit/800MHz.
- No tiene ranura PCI Express x16.
- Gráficos Mirage 1 DirectX 7.0 integrados con hasta 128MB de memoria de vídeo.

Cuando se usa el chip puente sur SiS966, ambos *chipsets* incluyen lo siguiente:

- Cuatro ranuras PCI Express x1.
- SATA, SATA RAID 0, 1 y 0+1.
- Diez puertos USB 1.1/2.0.
- Audio AC'97 2.3 de seis canales con soporte para el estándar High Definition Audio de Intel.
- Ethernet 10/100/1000.

Chips Súper E/S

El tercer chip principal que aparece en muchas placas base para PC es el Súper E/S. Este chip integra dispositivos que antes se encontraban en tarjetas de expansión separadas. La mayoría de los chips Súper E/S contienen, como mínimo, los siguientes componentes:

- Controlador de disquetes.
- Uno o dos controladores de puerto serie.
- Controlador de puerto paralelo.

Los controladores de disquetes de algunos chips Súper E/S manejan dos unidades, pero algunos modelos más modernos sólo pueden gestionar una. Los sistemas antiguos requerían a menudo una tarjeta controladora de disquetes aparte.

El puerto serie es otro elemento que antes estaba en una o más tarjetas. La mayoría de los mejores chips Súper E/S implementan un diseño de puerto serie con búfer conocido como UART (*Universal Asynchronous Receiver Transmitter*, Receptor/transmisor asíncrono universal), uno por cada puerto. La mayoría imita el UART independiente de alta velocidad NS16550A, creado por National Semiconductor. Dado que las funciones de estos chips están ahora en el Súper E/S, los puertos serie están esencialmente integrados en la placa base.

Prácticamente todos los chips Súper E/S incluyen además un puerto paralelo multimodo de alta velocidad.

Los modelos más recientes permiten estos tres modos: estándar (bidireccional), EPP (*Enhanced Parallel Port*, Puerto paralelo mejorado) y ECP (*Enhanced Capabilities Port*, Puerto con capacidad ampliada).

El modo ECP es el más rápido y potente, pero seleccionarlo implica que el puerto usará un canal DMA ISA bus de 8 bits, normalmente el canal DMA 3. Siempre que cuente con esto y no configure nada más en ese canal (como la tarjeta de sonido, por ejemplo), el puerto paralelo en modo ECP debería funcionar bien. Algunos de los escáneres e impresoras más recientes que se conectan al sistema a través de un puerto paralelo utilizan el modo ECP, inventado por Hewlett-Packard.

El chip Súper E/S puede incluir otros componentes adicionales. Por ejemplo, la placa base Intel VC820 ATX utiliza un chip Súper E/S LPC47M102 de SMC (*Standard Microsystems Corp.*) que incorpora las siguientes funciones:

- Interfaz para disquetera.
- Dos puertos serie de alta velocidad.
- Un puerto paralelo multimodo ECP/EPP.
- Controlador de ratón y teclado estilo 8042.

Esto es habitual en los chips Súper E/S recientes, en los que hay controlador de ratón y teclado integrado. Los chips Súper E/S más antiguos no tienen esta característica.

Algo que llevo años observando es que el papel del chip Súper E/S ha ido disminuyendo cada vez más en las placas base más recientes. Esto se debe principalmente a que Intel y otros fabricantes de *chipsets* han trasladado funciones del chip Súper E/S, como la IDE, directamente al puente sur o componente ICH del *chipset*, donde estos dispositivos pueden conectarse al bus PCI (arquitectura puente norte/puente sur) o a la interfaz de concentrador de alta velocidad (arquitectura de concentrador) en vez de al bus ISA. Uno de los defectos del chip Súper E/S es que originalmente se conectaba al sistema a través del bus ISA y compartía todas las limitaciones de velocidad y rendimiento de ese bus de 8MHz. El paso de la IDE al bus PCI permitió el desarrollo de unidades IDE de mayor velocidad que podían transferir a la velocidad de 33MHz del bus PCI.

Los chips Súper E/S más modernos se conectan al sistema vía bus LPC, interfaz diseñada por Intel para ofrecer una conexión a la mitad de la velocidad del PCI (unos 16,67MBps) utilizando sólo 13 señales. El LPC es mucho más eficiente que el ISA.

Puesto que los dispositivos de alta velocidad, como las unidades IDE/ATA, se conectan ahora a través del chip puente sur, el bus PCI o las arquitecturas de concentrador, nada que se conecte a través de los chips Súper E/S actuales necesita más ancho de banda.

A medida que los fabricantes de *chipsets* combinen más y más funciones en el *chipset* principal, y los periféricos basados en USB e IEEE 1394 reemplacen a los dispositivos basados en serie, paralelo y controlador de disquetes estándar, el chip Súper E/S irá desapareciendo de los diseños de placa base. Cada vez más *chipsets* están combinando los chips puente sur y Súper E/S en un mismo componente para ahorrar espacio y reducir las partes de la placa base. Muchos de los *chipsets* SiS y NVIDIA incluso integran los tres chips (puente norte, puente sur y Súper E/S) en uno solo.

CMOS RAM de la placa base

*En el sistema AT original, se utilizó un chip Motorola 146818 como RTC y chip CMOS RAM. (*Complementary Metal-Oxide Semiconductor, *Semiconductor complementario de metal óxido) RAM. Se trataba de un chip especial que tenía un reloj digital y almacenaba 64 bytes de datos. El reloj utilizaba 14 bytes de RAM y 50 bytes adicionales de RAM sobrante en los que se podía almacenar cualquier cosa.*

Los diseñadores del IBM AT usaron estos 50 bytes extra para guardar la configuración del sistema. Los PC modernos no usan el chip Motorola; en su lugar, incorporan sus funciones en el chip Súper E/S o en el puente sur de la placa base, o usan una batería especial y un módulo NVRAM de firmas como Dallas y Benchmarq.

Conectores de placa base

Una placa base moderna contiene diversos conectores. La figura 3.28 muestra la ubicación de los conectores en una placa base típica.

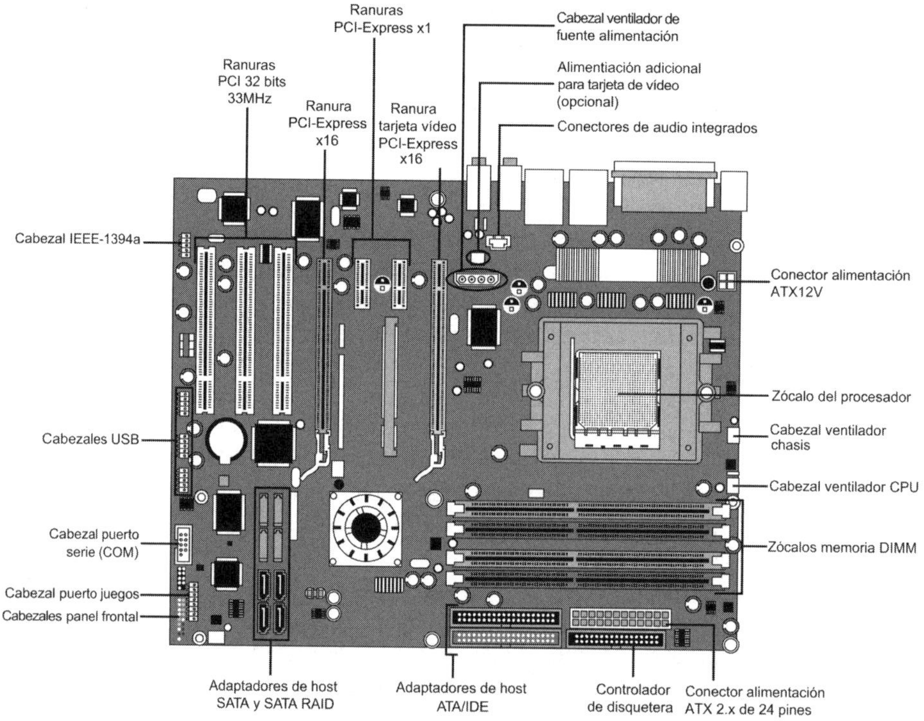

Figura 3.28. *Conectores de una placa base típica.*

Uno de los principales problemas que la gente pasa por alto al construir o actualizar sistemas son las conexiones del panel frontal. Los conectores que no encajan entre la placa base y el chasis son una de las cosas pequeñas pero frustrantes que pueden causar problemas en una actualización o creación de sistemas en principio sencilla. Tener estándares fiables para estas conexiones sería de gran ayuda, pero desgraciadamente no hubo ningún estándar oficial para conectores de panel frontal hasta octubre de 2000, cuando

Intel publicó su "Front Panel I/O Connectivity Design Guide", cuya versión más reciente se encuentra disponible en `www.formfactors.org`.

Antes de la publicación de este estándar, reinaba la anarquía. Además, aunque algunos chasis proporcionaban pequeños conectores individuales para cada función, algunos de los constructores de sistemas más grandes (como Dell, Gateway, etc.) empezaron a utilizar conectores especializados de cabezal en línea o de doble fila para poder construir los sistemas de forma más rápida y eficiente. Casualmente, la mayoría de estos fabricantes utilizaban placas Intel, de ahí que Intel desarrollara el estándar.

La guía del panel frontal detalla un conector con cabezal de 10 pines para las principales funciones conmutador/LED, y un cabezal USB de 10 pines, un cabezal IEEE 1394 (FireWire/i.LINK) de 10 pines, un cabezal de audio de 10 pines y un cabezal IR de 6 pines. Los diagramas de conexión y la configuración de éstos y otros conectores basados en la placa aparecen en las siguientes figuras y tablas. La figura 3.29 muestra un detalle del cabezal del conector para conmutador/LED. La tabla 3.53 muestra el diagrama de conexión del conector para conmutador/LED estándar.

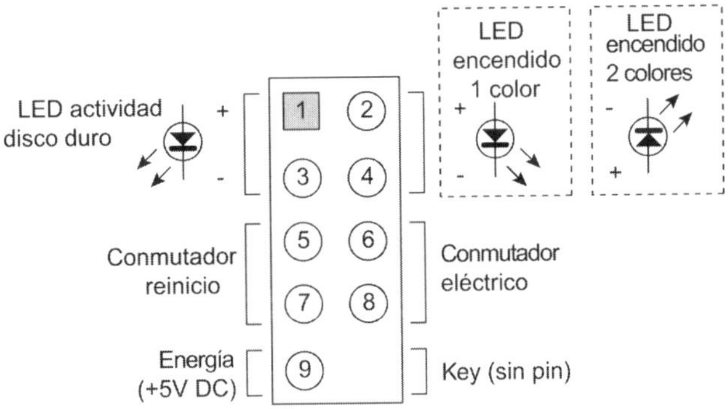

Figura 3.29. *Conector para conmutador/LED en panel frontal.*

Tabla 3.53. *Diagrama de conexión del conector para conmutador/LED en panel frontal.*

Señal	Descripción	Pin	Pin	Señal	Descripción
LED de actividad del disco duro			**LED de encendido/suspensión/mensaje**		
HD_LED+	LED+ de disco duro	1	2	PWR_LED GRN+	LED+ de un color
HD_LED-	LED- de disco duro	3	4	PWR_LED_YEL+	LED+ de dos colores
Botón Reset			**Botón de encendido/apagado**		
GND	Masa	5	6	FP_PWR	Conmutador eléctrico
FP_RESET	Conmutador de reinicio	7	8	GND Masa	
Encendido			**No conectado**		
+5V	Encendido	9	10	N/C	No conectado

Algunos chasis proporcionan un conector con cabezal de 10 pines para conexiones conmutador/LED de panel frontal, pero la mayoría ofrecen conectores individuales de dos pines para las distintas funciones. Si se utilizan conectores de 2 pines, se conectan como se muestra a continuación (véase la figura 3.30). Observe que es posible sustituir fácilmente los distintos conectores de 2 pines por uno solo de 10; algunos chasis incluyen incluso un adaptador con este propósito.

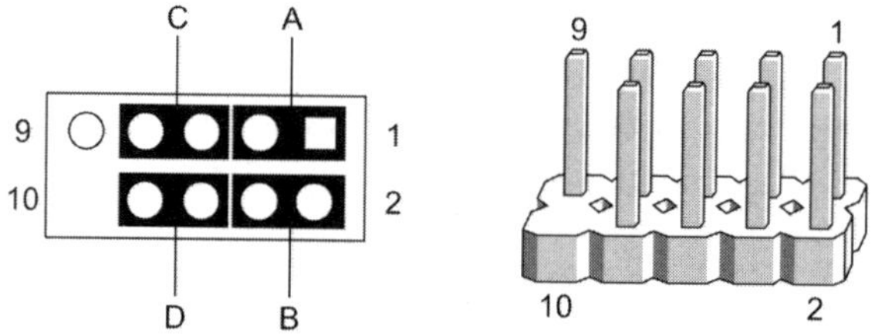

Figura 3.30. *Conexiones conmutador/LED de panel frontal estándar que utilizan conectores de 2 pines.*

La tabla 3.54 muestra las conexiones de 2 pines a un conector conmutador/LED de panel frontal estándar de 10 pines.

Tabla 3.54. *Conexiones conmutador/LED de panel frontal con múltiples conectores.*

Conector	Pines	Descripción
A	1 y 3	LED de actividad en el disco duro.
B	2 y 4	LED de encendido.
C	5 y 7	Conmutador Reset.
D	6 y 8	Conmutador eléctrico.

Un chasis puede usar un LED de un color o de dos colores para la función de LED de encendido. El de dos colores ofrece más información sobre los distintos mensajes y estados de encendido en los que puede encontrarse el sistema, incluidas las indicaciones de encendido/apagado, suspendido y mensajes en espera. La tabla 3.55 muestra los posibles estados y significados de los LED de uno y dos colores.

Tabla 3.55. *Indicaciones de los LED de encendido.*

Tipo de LED	Estado LED	Descripción	Estado ACPI
Un color	Apagado	Apagado o suspendido	S1, S3, S5
	Verde fijo	En funcionamiento	S0
	Verde intermitente	En funcionamiento, mensaje en espera	S0

Tipo de LED	Estado LED	Descripción	Estado ACPI
Dos colores	Apagado	Apagado	S5
	Verde fijo	En funcionamiento	S0
	Verde intermitente	En funcionamiento, mensaje en espera	S0
	Amarillo fijo	Suspendido	S1, S3
	Amarillo intermitente	Suspendido, mensaje en espera	S1, S3

Muchas placas base no siguen las directrices de los estándares de la industria para las conexiones conmutador/LED de panel frontal y emplean en su lugar diseños alternativos, véase la figura 3.31.

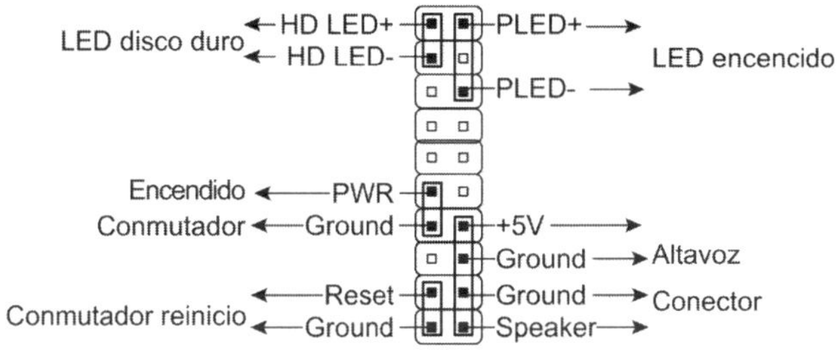

Figura 3.31. *Configuración alternativa de conector conmutador/LED de panel frontal.*

Algunas de las placas base más antiguas de Intel, y de otros fabricantes, utilizaban un conector de una sola fila de pines para las conexiones de panel frontal, como se puede ver en la figura 3.32.

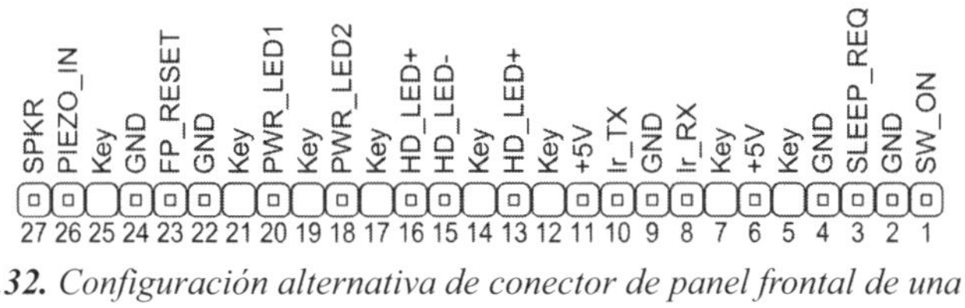

Figura 3.32. *Configuración alternativa de conector de panel frontal de una sola fila.*

La tabla 3.56 muestra las designaciones para los conectores de panel utilizados en algunas placas base.

Para adaptar los conectores del chasis a los de la placa base, en algunos casos es necesario cambiar los extremos del conector retirando los terminales y reinsertándolos en distintas posiciones. Por ejemplo, yo tuve un chasis que utilizaba una conexión de LED de encendido de 3 pines, mientras que la placa base sólo tenía una conexión de 2 pines. Tuve que quitar uno de los terminales, reinsertarlo en la posición central del conector de 3 pines y conectarlo a la placa base, de forma que dos pines coincidieran y la tercera posición vacía quedara en el extremo del conector. Por suerte, los terminales son fáciles de quitar, simplemente hay que levantar un seguro en un lado del conector y extraer el terminal y el cable. Al insertar el terminal, el seguro lo pone automáticamente en posición.

Tabla 3.56. *Diagrama de conexión de conector alternativo de panel frontal de una sola fila.*

Conector	Pin	Nombre de la señal
Altavoz	27	SPKR
	26	PIEZO_IN
	25	Key (sin pin)
	24	GND
Reset	23	FP_RESET
	22	GND
Ninguno	21	Key (sin pin)
LED de suspendido/encendido	20	PWR_LED1 (verde)
	19	Key (sin pin)
	18	PWR_LED2 (amarillo)
Ninguno	17	Key (sin pin)
LED de disco duro	16	HD_LED+
	15	HD_LED-
	14	Key (sin pin)
	13	HD_LED+
Ninguno	12	Key (sin pin)
IrDA	11	+5V
	10	Ir_TX
	9	GND
	8	Ir_RX
	7	Key (sin pin)
	6	+5V
Ninguno	5	Key (sin pin)
Suspender/Reactivar	4	GND
	3	SLEEP_REQ
Encendido	2	GND
	1	SW_ON

La mayoría de las placas base incluye conectores USB, que están diseñados para conectarse a conectores USB montados en la parte frontal o trasera del chasis. El estándar usa un conector de 10 pines para ofrecer dos conexiones USB. La figura 3.33 y la tabla 3.57 muestran el diagrama de conexión de un conector USB dual estándar.

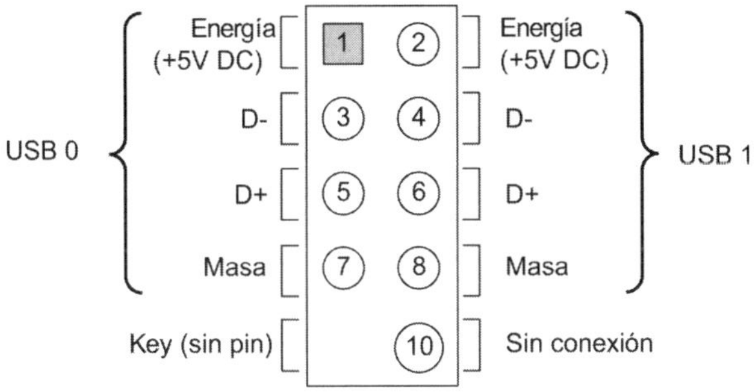

Figura 3.33. *Configuración de un conector con cabezal USB doble.*

Tabla 3.57. *Diagrama de conexión de un conector USB.*

Descripción	Nombres de señal	Pin	Pin	Nombres de señal	Descripción
Puerto 0 +5V	USB0_PWR	1	2	USB1_PWR	Puerto 1 +5V
Puerto 0 Datos-	USB_D0-	3	4	USB_D1-	Puerto 1 Datos-
Puerto 0 Datos+	USB_D0+	5	6	USB_D1+	Puerto 1 Datos+
Puerto 0 Masa	GND	7	8	GND	Puerto 1 Masa
Sin pin	Key	9	10	NC/Shield	No conectado/Blindaje

Muchos chasis incluyen múltiples conectores en línea para la conexión de USB dual a panel frontal o trasero, en lugar de un solo conector con muescas. La figura 3.34 muestra un ejemplo. Utilizando los diversos conectores individuales que veíamos en la figura anterior, habría que conectar cada uno al pin adecuado. Algunos cables USB de chasis internos utilizan dos conectores de 5 pines en línea, en cuyo caso sólo hay que asegurarse de no ponerlos al revés. Consulte el manual de su placa base y chasis para más información sobre conexiones particulares.

Advertencia: *Si su chasis utiliza múltiples conexiones individuales sin muesca, debe asegurarse de conectarlas correctamente al conector de la placa base. Si no lo hace bien, puede provocar un cortocircuito que podría dañar la placa base o cualquiera de los periféricos USB conectados al panel frontal. Las placas base de mejor calidad suelen tener unos fusibles que evitan daños si se produce ese tipo de incidente.*

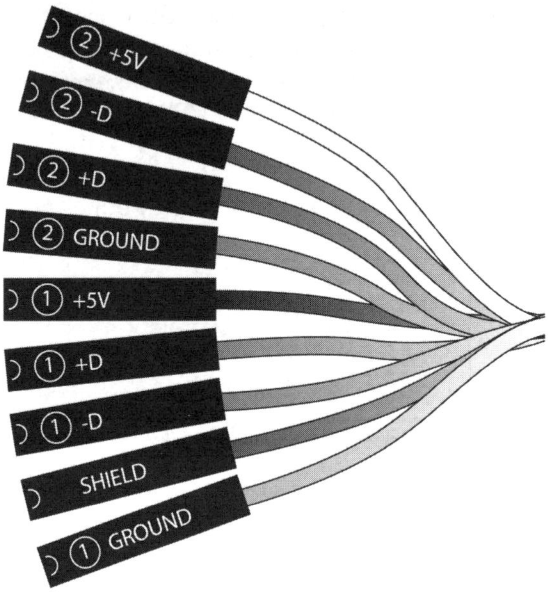

Figura 3.34. Cable USB para panel frontal con múltiples conectores sin muescas.

Aunque IEEE 1394 (FireWire/i.LINK) no se encuentra en la mayoría de las placas base, algunas incorporan esta característica o la ofrecen como opción. FireWire también puede añadirse mediante una tarjeta de expansión, y varias de las tarjetas tienen conectores para conexiones frontales o traseras similares a las encontradas en una placa base. La figura 3.35 y la tabla 3.58 nos muestran el diagrama de conexión del conector FireWire estándar.

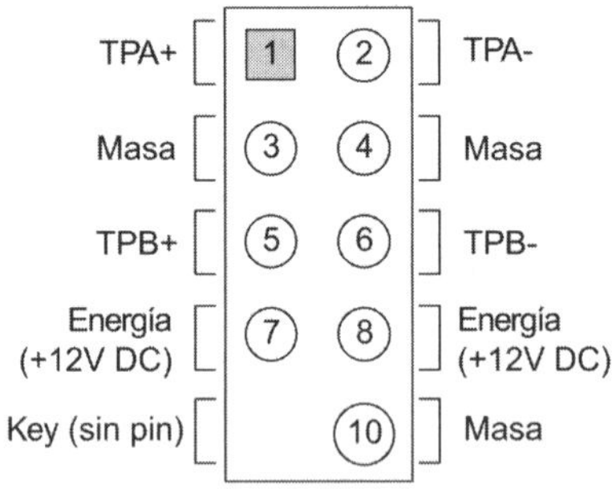

Figura 3.35. Configuración de conector IEEE 1394 (FireWire/i.LINK).

Observe que el conector FireWire tiene la misma configuración física y muescas que un USB, lo cual no es bueno, ya que permite conectar un cable de panel frontal USB a un conector FireWire y viceversa, y cualquiera de estas situaciones podría provocar un cortocircuito.

Tabla 3.58. *Diagrama de conexión del conector IEEE 1394 (FireWire/i.LINK).*

Nombre de señal	Pin	Pin	Nombre de señal
TPA+	1	2	TPA
Ground	3	4	Ground
TPB+	5	6	TPB-
+12V (Fuselado)	7	8	+12V (Fuselado)
Key (sin pin)	9	10	Ground

Advertencia: *No se debe conectar un cable USB a un conector FireWire ni un cable FireWire a un conector USB porque se producirá un cortocircuito que puede dañar la placa base y cualquier periférico conectado al panel frontal. Las placas base de mejor calidad tienen fusibles que funcionan con las señales eléctricas e impiden daños en tales situaciones.*

Las placas base con hardware de audio integrado suelen incluir un conector de audio de panel frontal. La figura 3.36 y la tabla 3.59 muestran el diagrama de conexión de este conector estándar.

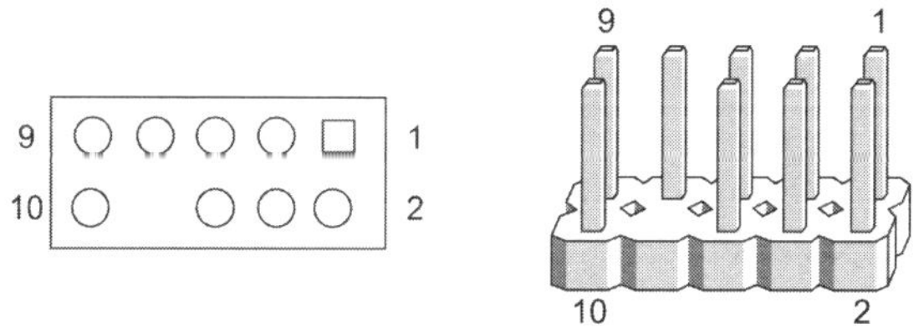

Figura 3.36. *Configuración de un conector de audio de panel frontal.*

Tabla 3.59. *Diagrama de conexión del conector de audio de panel frontal.*

Descripción	Nombre de señal	Pin	Pin	Nombre de señal	Descripción
Entrada de micrófono	AUD_MIC	1	2	AUD_GND	Masa audio analógico.
Encendido de micrófono	AUD_MIC_BIAS	3	4	AUD_VCC	+5V filtrado para audio analógico.
Canal de audio derecho	AUD_FPOUT_R	5	6	AUD_RET_R	Retorno de canal derecho.
Masa o control de amplificador de auricular	GND/HP_ON	7	8	KEY	Sin pin.
Canal de audio izquierdo	AUD_FPOUT_L	9	10	AUD_RET_L	Retorno de canal izquierdo.

Algunas placas base incluyen un conector de datos infrarrojo que se conecta a un transceptor óptico infrarrojo en el panel frontal del chasis. Esto permite la comunicación a través de infrarrojos con teléfonos móviles, PDA, portátiles, impresoras y otros dispositivos IrDA.

La figura 3.37 y la tabla 3.60 muestran el diagrama de conexión estándar para conexiones IrDA en una placa base.

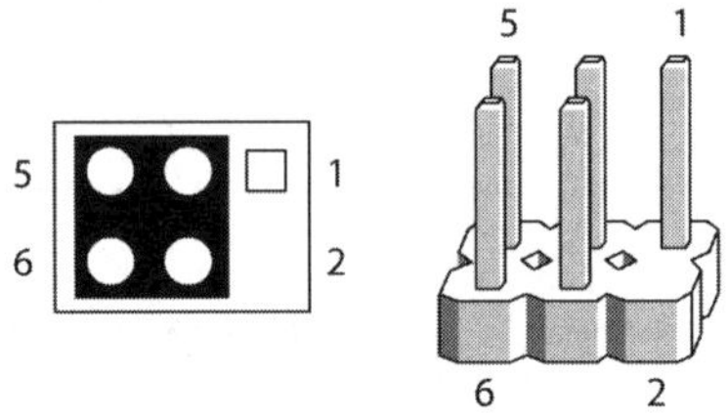

Figura 3.37. *Configuración de un conector infrarrojo de panel frontal.*

Tabla 3.60. *Diagrama de conexión de conector de datos infrarrojo de panel frontal.*

Descripción	Señal	Pin	Pin	Señal	Descripción
No conectado	NC	1	2	Key	Sin pin.
IR encendido	+5V	3	4	GND	Masa.
Salida serie IrDA	IR_TX	5	6	IR_RX	Entrada serie IrDA.

Las placas base pueden incluir también otros conectores misceláneos; las tablas 3.61 a 3.69 muestran muchos de ellos.

Tabla 3.61. *Conector de batería.*

Pin	Señal	Pin	Señal
1	Gnd	3	KEY.
2	Sin usar	4	+4 a 6V.

Tabla 3.62. *Conector de LED y bloqueo.*

Pin	Señal	Pin	Señal
1	LED Power (+5V)	4	Bloqueo de teclado.
2	KEY	5	Gnd.
3	Gnd.		

Tabla 3.63. *Conector de altavoz.*

Pin	Señal	Pin	Señal
1	Masa	3	Altavoz montado en placa.
2	KEY	4	Salida de altavoz.

Tabla 3.64. *Cabezal de pines de intrusión (seguridad) del chasis.*

Pin	Nombre de señal
1	Ground.
2	CHS_SEC.

Tabla 3.65. *Cabezal de pines para Wake on LAN (reactivación remota).*

Pin	Nombre de señal	Pin	Nombre de señal
1	+5 VSB.	3	WOL.
2	Ground.		

Tabla 3.66. *Cabezal de pines para Wake on Ring (reactivación programada).*

Pin	Nombre de señal
1	Ground.
2	RINGA.

Tabla 3.67. *Conector de CD de audio.*

Pin	Nombre de señal	Pin	Nombre de señal
1	CD_IN-Left	3	Ground.
2	Ground	4	CD_IN-Right.

Tabla 3.68. *Conector telefónico.*

Pin	Nombre de señal	Pin	Nombre de señal
1	Audio Out (monaural)	3	Ground.
2	Ground	4	Audio In (monaural).

Tabla 3.69. *Conector en línea estilo ATAPI.*

Pin	Nombre de señal	Pin	Nombre de señal
1	Left Line In	3	Ground.
2	Ground	4	Right Line In (monaural).

Nota: *Algunas placas tienen un altavoz piezo montado en placa, habilitado para colocar un puente entre los pines 3 y 4 y dirigir la salida del altavoz al montado en placa. La retirada del puente permite la conexión de un altavoz convencional.*

La mayoría de las placas base modernas tienen tres o cuatro conectores de ventilador para el ventilador del procesador, los ventiladores frontal y trasero del chasis y el del regulador de voltaje (véase la tabla 3.70). Por lo general, todos ellos usan el mismo conector de 3 pines, con el tercer pin suministrando una señal de tacómetro para supervisión opcional de la velocidad. Si la placa base es capaz de supervisar la velocidad del ventilador, puede hacer sonar una alarma cuando empiece a ralentizarse por algún fallo o por desgaste. El sonido de la alarma puede variar, pero suele proceder del altavoz interno y sonar parecido a la sirena de una ambulancia.

Tabla 3.70. *Conectores de ventilador.*

Pin	Señal
1	Masa.
2	+12V.
3	Tacómetro.

Advertencia: *No coloque un puente en este conector; la placa podría resultar gravemente dañada si se unen 12V y masa.*

Bus del sistema: Tipos, funciones y características

El corazón de la placa base son los distintos buses que transportan señales entre los componentes. Un bus es una ruta habitual por la que los datos viajan por dentro del ordenador. Esta ruta sirve para comunicaciones y puede establecerse entre dos o más elementos del equipo.

El PC tiene una jerarquía de buses diferentes. Los ordenadores más modernos tienen al menos tres buses; algunos cuatro o más. Son jerárquicos porque los buses lentos se conectan al siguiente más rápido que ellos. Cada dispositivo está conectado a uno de los buses, y algunos dispositivos (principalmente el *chipset*) actúan como puentes entre los distintos buses. Éstos son los buses principales de un sistema moderno:

- **Bus del procesador:** También llamado bus frontal (FSB), es el bus de mayor velocidad del sistema y se encuentra en el núcleo del *chipset* y la placa base. El procesador utiliza este bus para pasar información entre la caché o la memoria principal y el puente norte del *chipset*. Su velocidad depende de la combinación específica de procesador y *chipset*.
- **Bus AGP:** Bus de 32 bits diseñado específicamente para una tarjeta de vídeo. Funciona a 66MHz (AGP 1x), 133MHz (AGP 2x), 266MHz (AGP 4x) o 533MHz (AGP 8x), lo que permite un ancho de banda de hasta 2.133MBps. Se conecta al puente norte o concentrador del controlador de memoria del *chipset* y se presenta como una sola ranura AGP en los sistemas que lo soportan. Los sistemas más modernos han desechado las ranuras AGP a favor de las PCI Express.
- **PCI Express:** El bus PCI Express es la tercera generación del bus PCI que apareció a mediados de 2004. El PCI Express es un bus de señales diferenciales generadas por el puente norte o el puente sur. La velocidad del PCI Express se describe en términos de líneas. Cada línea *simplex* doble bidireccional ofrece una velocidad de transferencia de 2,5Gbps o 5Gbps en cada dirección (250MBps o 500MBps de velocidad efectiva). Las tarjetas de vídeo PCI Express suelen usar la ranura x16, que permite 4.000MBps o 8,000MBps en cada dirección.
- **Bus PCI:** Suele ser un bus de 32 bits a 33MHz que se encuentra en prácticamente todos los sistemas desde los tiempos de la CPU 486 de Intel. Algunos sistemas más recientes (principalmente estaciones de trabajo y servidores) incluyen una versión opcional de 64 bits a 66MHz. Este bus se genera en el puente norte (en los *chipsets* con puente norte y sur) o en el concentrador E/S (en los *chipsets* con arquitectura de concentrador). Este bus se manifiesta en el sistema como una colección de ranuras de 32 bits, normalmente blanca, numeradas del 4 al 6 en la mayoría de las placas base. Es posible conectar periféricos, tales como adaptadores SCSI, tarjetas de red, tarjetas de vídeo, etc. a las ranuras del bus PCI.
- **Bus ISA:** Bus de 16 bits a 8MHz que ha desaparecido en los sistemas modernos. Apareció por primera vez en el PC original en una forma de 8 bits a 5MHz, y después en el 1984 IBM AT en la forma completa de 16 bits a 8MHz. Es un bus de muy baja velocidad, pero es ideal para ciertos periféricos lentos o antiguos. En el pasado se usaba para conectar los módem, las tarjetas de sonido y otros periféricos de velocidad baja. Se genera en el puente sur del *chipset* de la placa base, que actúa como controlador del bus e interfaz entre el bus ISA y el bus PCI más rápido justo por encima de él. El chip Súper E/S solía conectarse al bus ISA en sistemas que incluían ranuras ISA.

Algunas placas base incluyen un conector especial llamado AMR (*Audio Modem Riser*) o CNR (*Communications and Networking Riser*). Se trata de conectores dedicados para tarjetas que son específicos para el diseño de la placa base y ofrecen opciones de comunicaciones y redes. No están diseñados para ser interfaces de bus con fines generales y en el mercado hay pocas tarjetas para este tipo de conectores. Normalmente se ofrecen únicamente como opción con determinadas placas base. Están diseñados de tal forma que los fabricantes de placas puedan sacar versiones con y sin opciones de comunicación, sin tener que reservar espacio para chips opcionales. Las opciones de red y módem normales están, en su mayoría, basadas en PCI, ya que la conexión AMR/CNR es bastante específica para la placa base. La figura 3.38 muestra una comparación de estos conectores. Observe que las placas base actuales tienen ranuras AMR y CNR bastante desaprovechadas.

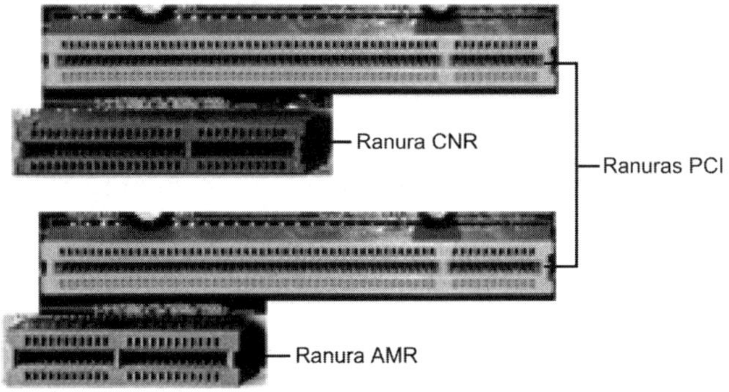

Figura 3.38. *Comparación de las ranuras AMR y CNR con las PCI. Cuando se usa la ranura AMR, no puede usarse la PCI asociada a ella.*

Hay muchos buses ocultos en las placas base modernas, buses que no se manifiestan en ranuras o conectores visibles. Me refiero a los buses diseñados para conectar componentes del *chipset*, como Intel Hub Interface y el bus LPC. Hub Interface es un bus 4x de 8 bits que transporta datos entre el MCH y el ICH en los *chipsets* con arquitectura de concentrador que fabrica Intel. Opera con un ancho de banda de 266MBps y, aunque, se diseñó como conexión de componentes de *chipset* más rápida que el PCI, utiliza menos señales en un diseño más económico. Algunos *chipsets* para estaciones de trabajo/servidores y los últimos de la serie 9xx para equipos de sobremesa de Intel utilizan versiones más rápidas de Hub Interface. Los *chipsets* más recientes de otros fabricantes también eluden el bus PCI con conexiones directas de alta velocidad entre sus componentes.

El bus LPC es un bus de 4 bits con un ancho de banda máximo de 16,67MBps; se diseñó como sustituto integrado económico del bus ISA. En sistemas que utilizan LPC, suele utilizarse para conectar componentes del chip Súper E/S o ROM BIOS al *chipset* principal. El LPC es más rápido que el ISA aunque utiliza menos pines, y permite la eliminación total del ISA de la placa.

El *chipset* orquesta todos los componentes del sistema y permite que cada uno tenga su turno en sus buses respectivos. La tabla 3.71 muestra las anchuras, velocidades, ciclos de datos y ancho de banda total de prácticamente todos los buses de PC.

Tabla 3.71. *Ancho de banda (en MBps) y comparación detallada de la mayoría de los buses e interfaces de PC.*

Tipo de bus	Anchura del bus (Bits)	Velocidad del bus (MHz)	Ciclos de datos por reloj	Ancho de banda (MBps)
ISA de 8 bits (PC/XT)	8	4,77	1/2	2,39
ISA de 8 bits (AT)	8	8,33	1/2	4.17
Bus LPC	4	33	1	16,67
ISA de 16 bits (AT-Bus)	16	8,33	1/2	8,33
Interfaz de disquete DD	1	0,25	1	0,03125
Interfaz de disquete HD	1	0,5	1	0,0625
Interfaz de disquete ED	1	1	1	0,125
Bus EISA	32	8,33	1	33
VL-Bus	32	33	1	133
MCA-16	16	5	1	10
MCA-32	32	5	1	20
MCA-16 Streaming	16	10	1	20
MCA-32 Streaming	32	10	1	40
MCA-64 Streaming	64	10	1	80
MCA-64 Streaming	64	20	1	160
PC-Card (PCMCIA)	16	10	1	20
CardBus	32	33	1	133
PCI	32	33	1	133
PCI 66MHz	32	66	1	266
PCI de 64 bits	64	33	1	266
PCI 66MHz/64-bit	64	66	1	533
PCI-X 66	64	66	1	533
PCI-X 133	64	133	1	1.066
PCI-X 266	64	266	1	2.133
PCI-X 533	64	533	1	4.266
PCI Express 1.x	1	2.500	0,8	250
PCI Express 1.x	16	2.500	0,8	4.000
PCI Express 1.x	32	2.500	0,8	8.000
PCI Express 2.x	1	5.000	0,8	500
PCI Express 2.x	16	5.000	0,8	8.000

Tipo de bus	Anchura del bus (Bits)	Velocidad del bus (MHz)	Ciclos de datos por reloj	Ancho de banda (MBps)
PCI Express 2.x	32	5.000	0,8	16.000
Intel Hub Interface de 8 bits	8	66	4	266
Intel Hub Interface de 16 bits	16	66	4	533
AMD HyperTransport 2x2	2	200	2	100
AMD HyperTransport 4x2	4	200	2	200
AMD HyperTransport 8x2	8	200	2	400
AMD HyperTransport 16x2	16	200	2	800
AMD HyperTransport 32x2	32	200	2	1.600
AMD HyperTransport 2x4	2	400	2	200
AMD HyperTransport 4x4	4	400	2	400
AMD HyperTransport 8x4	8	400	2	800
AMD HyperTransport 16x4	16	400	2	1.600
AMD HyperTransport 32x4	32	400	2	3.200
AMD HyperTransport 2x8	2	800	2	400
AMD HyperTransport 4x8	4	800	2	800
AMD HyperTransport 8x8	8	800	2	1.600
AMD HyperTransport 16x8	16	800	2	3.200
AMD HyperTransport 32x8	32	800	2	6.400
ATI A-Link	16	66	2	266
SiS MuTIOL	16	133	2	533
SiS MuTIOL 1G	16	266	2	1.066
VIA V-Link 4x	8	66	4	266
VIA V-Link 8x	8	66	8	533
AGP	32	66	1	266
AGP 2X	32	66	2	533
AGP 4X	32	66	4	1.066
AGP 8X	32	66	8	2.133
RS-232 Serial	1	0,1152	1/10	0,01152
RS-232 Serial HS	1	0,2304	1/10	0,02304
IEEE 1284 Parallel	8	8,33	1/6	1,38
IEEE 1284 EPP/ECP	8	8,33	1/3	2,77
USB 1.1/2.0 baja velocidad	1	1,5	1	0,1875

Tipo de bus	Anchura del bus (Bits)	Velocidad del bus (MHz)	Ciclos de datos por reloj	Ancho de banda (MBps)
USB 1.1/2.0 velocidad completa	1	12	1	1,5
USB 2.0 alta velocidad	1	480	1	60
IEEE 1394a S100	1	100	1	12,5
IEEE 1394a S200	1	200	1	25
IEEE 1394a S400	1	400	1	50
IEEE 1394b S800	1	800	1	100
IEEE 1394b S1600	1	1.600	1	200
ATA PIO-4	16	8,33	1	16,67
ATA-UDMA/33	16	8,33	2	33
ATA-UDMA/66	16	16,67	2	66
ATA-UDMA/100	16	25	2	100
ATA-UDMA/133	16	33	2	133
SATA-150	1	750	2	150
SATA-300	1	1.500	2	300
SATA-600	1	3.000	2	600
SCSI	8	5	1	5
SCSI Ancho	16	5	1	10
SCSI Rápido	8	10	1	10
SCSI Ancho-Rápido	16	10	1	20
SCSI Ultra	8	20	1	20
SCSI Ultra Wide	16	20	1	40
SCSI Ultra2	8	40	1	40
SCSI Ultra2/Wide	16	40	1	80
SCSI Ultra3 (Ultra160)	16	40	2	160
SCSI Ultra4 (Ultra320)	16	80	2	320
FPM DRAM	64	22	1	177
EDO DRAM	64	33	1	266
PC66 SDRAM DIMM	64	66	1	533
PC100 SDRAM DIMM	64	100	1	800
PC133 SDRAM DIMM	64	133	1	1.066
PC1600 DDR DIMM (DDR200)	64	100	2	1.600
PC2100 DDR DIMM (DDR266)	64	133	2	2.133

Tipo de bus	Anchura del bus (Bits)	Velocidad del bus (MHz)	Ciclos de datos por reloj	Ancho de banda (MBps)
PC2700 DDR DIMM (DDR333)	64	167	2	2.666
PC3200 DDR DIMM (DDR400)	64	200	2	3.200
PC3500 DDR (DDR433)	64	216	2	3.466
PC3700 DDR (DDR466)	64	233	2	3.733
PC2-3200 DDR2 (DDR2-400)	64	200	2	3.200
PC2-4300 DDR2 (DDR2-533)	64	267	2	4.266
PC2-5400 DDR2 (DDR2-667)	64	333	2	5.333
PC2-6400 DDR2 (DDR2-800)	64	400	2	6.400
RIMM1200 RDRAM (PC600)	16	300	2	1.200
RIMM1400 RDRAM (PC700)	16	350	2	1.400
RIMM1600 RDRAM (PC800)	16	400	2	1.600
RIMM2100 RDRAM (PC1066)	16	533	2	2.133
RIMM2400 RDRAM (PC1200)	16	600	2	2.400
RIMM3200 RDRAM (PC800)	32	400	2	3.200
RIMM4200 RDRAM (PC1066)	32	533	2	4.266
RIMM4800 RDRAM (PC1200)	32	600	2	4.800
33MHz 486 FSB	32	33	1	133
66MHz Pentium I/II/III FSB	64	66	1	533
100MHz Pentium I/II/III FSB	64	100	1	800
133MHz Pentium I/II/III FSB	64	133	1	1.066
200MHz Athlon FSB	64	100	2	1.600
266MHz Athlon FSB	64	133	2	2.133
333MHz Athlon FSB	64	167	2	2.666
400MHz Athlon FSB	64	200	2	3.200
533MHz Athlon FSB	64	267	2	4.266
400MHz Pentium 4 FSB	64	100	4	3.200
533MHz Pentium 4 FSB	64	133	4	4.266
800MHz Pentium 4 FSB	64	200	4	6.400
1066MHz Pentium 4 FSB	64	267	4	8.533
266MHz Itanium FSB	64	133	2	2.133
400MHz Itanium 2 FSB	128	100	4	6.400

Observe que muchos de los buses utilizan varios ciclos de datos (transferencias) por ciclo de reloj para obtener un mayor rendimiento. Así pues, la velocidad de transferencia de datos es más de lo que parece para una determinada velocidad de reloj, lo que permite coger un bus existente y hacerlo más rápido fácilmente.

El bus del procesador (bus frontal)

El bus del procesador (también conocido como bus frontal o FSB) es la ruta de comunicación entre la CPU y el *chipset* de la placa base, concretamente el puente norte o el concentrador del controlador de memoria. Funciona a la misma velocidad que la placa base, que suele ser entre 66MHz y 800MHz en los sistemas modernos, dependiendo del diseño particular de placa y *chipset*. Este bus también transfiere datos entre la CPU y la caché externa (L2) en sistemas Socket 7 (tipo Pentium). La figura 3.39 muestra cómo encaja el bus frontal en un típico PC Socket 7.

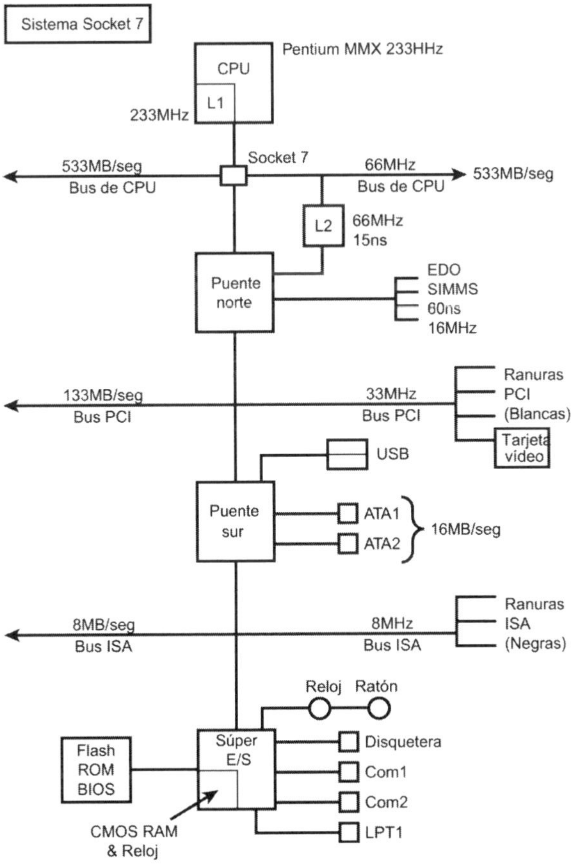

Figura 3.39. *Arquitectura típica de un sistema Socket 7 (tipo Pentium).*

En la figura también vemos dónde y cómo encajan en el sistema los otros buses principales, como el PCI y el ISA. Como verá, se trata sin duda de una arquitectura en tres niveles con el bus más rápido (CPU) en el superior, a continuación el PCI y el ISA en el inferior. Varios de los componentes del sistema se conectan a uno de estos tres buses principales.

Los sistemas Socket 7 tienen una caché externa (L2) para la CPU, que se monta en la placa base y se conecta al bus principal del procesador que funciona a la velocidad de la placa base (normalmente entre 66MHz y 100MHz). Desafortunadamente, cuando los procesadores Socket 7 empezaron a salir en versiones cada vez más rápidas (incrementando el multiplicador del reloj en el chip), la caché L2 se quedó atascada en la velocidad (relativamente baja en comparación) de la placa base. Por ejemplo, los sistemas Socket 7 más rápidos de Intel ejecutaban la CPU a 233MHz, lo que suponía 3,5 veces la velocidad del bus de CPU de 66MHz. Por consiguiente, la caché L2 funcionaba a sólo 66MHz. Los sistemas Socket 7 más veloces utilizaban el procesador AMD K6-2 550, que funcionaba a 550MHz, 5,5 veces la velocidad de un bus de CPU de 100MHz. En aquellos sistemas, la caché L2 funcionaba a sólo 100MHz.

La primera solución para el problema de la caché L2 lenta llegó con los procesadores de tipo P6, como los Pentium Pro, Pentium II, Celeron, Pentium III y los Athlon y Duron de AMD. Estos procesadores utilizaban Socket 8, Slot 1, Slot 2, Slot A, Socket A o Socket 370. Quitaron la caché L2 de la placa base y la integraron directamente en la CPU, conectándola a través de un bus trasero. Dado que el bus de la caché L2 se denominaba bus trasero, parte de la industria empezó a llamar bus frontal al de la CPU.

Con la caché L2 integrada en la CPU, puede funcionar a velocidades iguales a las del propio procesador. La mayoría de los procesadores incorporan actualmente la caché L2 directamente en la pastilla de la CPU, de modo que la caché L2 funciona a la misma velocidad que la CPU. Otros (principalmente las versiones más antiguas) utilizaban pastillas separadas para la caché integrada en el encapsulado de la CPU, que funcionaban a alguna fracción (la mitad, un tercio o un quinto) más baja que la de la CPU principal. Incluso aunque la caché L2 funcionase a la mitad o a un tercio de la velocidad del procesador, era significativamente más rápida que la vinculada a la placa base de los sistemas Socket 7.

En un sistema de tipo Slot-1, la caché L2 está integrada en la CPU pero funciona sólo a la mitad de la velocidad del procesador, y los sistemas Slot A ejecutan la caché a la mitad o a un tercio de la velocidad del procesador. La velocidad del bus de CPU aumentó de los 66MHz de los Socket 7 a 100MHz, permitiendo un ancho de banda de 800MBps. Observe que la mayoría de estos sistemas incluían soporte AGP. El AGP básico era de 66MHz (el doble de la velocidad del PCI), pero la mayoría de estos sistemas incorporaban AGP 2x, que operaba al doble de la velocidad del AGP estándar y permitían un ancho de banda de 533MBps. Estos sistemas también solían utilizar los PC-100 SDRAM DIMM, que tiene un ancho de banda de 800MBps, que coincide con el del bus del procesador para un rendimiento óptimo.

La Slot 1 dejó paso al Socket 370 para los sistemas Pentium III y Celeron puesto que los nuevos procesadores incorporaban la caché L2 directamente en la pastilla de la CPU (funcionando por tanto a la velocidad del núcleo del procesador) y ya no era necesario un caro cartucho con múltiples chips. Al mismo tiempo, la velocidad del bus del procesador aumentó hasta 133MHz, lo que permitía un rendimiento de 1.066MBps. La figura 3.40 muestra un típico diseño de sistema Socket 370. La velocidad del AGP también aumentó hasta llegar al AGP 4x, con un ancho de banda de 1.066MBps.

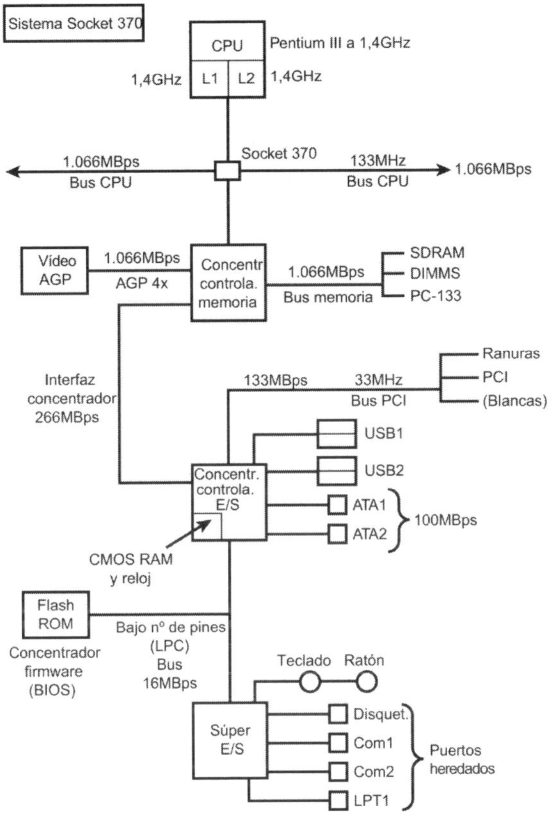

Figura 3.40. *Típica arquitectura de sistema Socket 370 (tipo Pentium III/Celeron).*

Cabe destacar el uso de lo que Intel denomina arquitectura de concentrador, en lugar del antiguo diseño de puente norte y puente sur. La conexión entre los componentes del *chipset* se ha trasladado a una interfaz de concentrador aparte a 266MBps (que ofrece el doble del rendimiento del PCI) y los dispositivos PCI pueden usar el ancho de banda completo sin competir con un puente sur. También hay que tener en cuenta que el chip ROM BIOS flash ha pasado a denominarse concentrador de *firmware* y se conecta al sistema a través del bus LPC y no del chip Súper E/S como en los antiguos diseños de puentes norte y sur. El bus ISA ya no se usa en la mayoría de los sistemas, y el Súper E/S se conecta a través del bus LPC en su lugar. También es fácil que el chip Súper E/S no se encuentre en estos diseños. Esto es lo que habitualmente se denomina sistema libre de herencias, ya que los puertos suministrados por el chip Súper E/S se conocen como puertos heredados. Los dispositivos que habrían utilizado puertos heredados se conectaban al sistema vía USB, y los sistemas incluían dos controladores USB, con hasta cuatro puertos en total (era posible añadir más conectando concentradores USB).

Los procesadores de AMD adoptaron un diseño Socket A, similar al Socket 370 salvo porque usa buses de memoria y procesador más rápidos. Aunque las primeras versiones mantenían el antiguo diseño puente norte/puente sur, las versiones posteriores emplearon un diseño parecido a la arquitectura de concentrador de Intel. Destaca el bus de CPU de alta velocidad que funcionaba a 333MHz (rendimiento de 2.667MBps) y el uso de módulos DDR SDRAM DIMM que soportaban un ancho de banda correspondiente de 2667MBps. Siempre es mejor para el rendimiento que el ancho de banda de la memoria coincida con el del procesador. Por último, observe cómo la mayoría de los componentes del puente sur incluyen funciones que de otro modo estarían en el chip Súper E/S.

El Pentium 4 utiliza un diseño Socket 423 o Socket 478 con arquitectura de concentrador (véase la figura 3.41), notable por incluir un bus de CPU a 400MHz, 533MHz o 800MHz con un ancho de banda de 3.200MBps, 4.266MBps o 6.400MBps. Los modelos de 533MHz y 800MHz son más rápidos que cualquier otro del mercado.

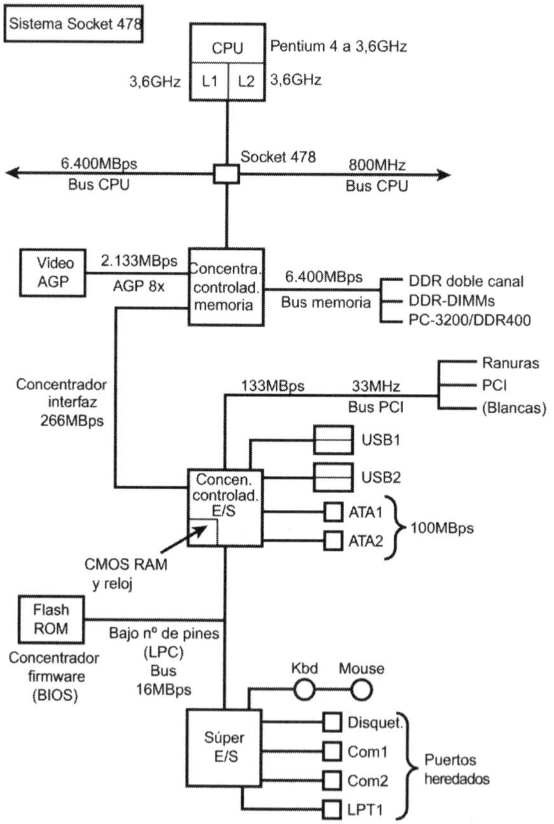

Figura 3.41. *Típica arquitectura de sistema Socket 478 (Pentium 4).*

En este ejemplo, observe el uso del doble canal PC3200 (DDR400) SDRAM. Un solo DIMM PC-3200 tiene un ancho de banda de 3.200MBps, pero cuando funciona en modo de doble canal (pares de memoria idénticos), tiene un ancho de banda de 6.400MBps, que coincide con el de los modelos de bus de CPU a 800MHz CPU del Pentium 4 para obtener el mejor rendimiento. Los procesadores con bus de CPU a 533MHz pueden usar pares de módulos de memoria PC2100 (DDR266) o PC2700 (DDR333) en modo de doble canal para coincidir con el rendimiento de 4.266MBps de este bus de memoria.

El Athlon 64 usa la arquitectura de alta velocidad HyperTransport para conectar el puente norte o chip de túnel gráfico AGP al procesador (Socket 754, 939 o 940). La mayoría de los *chipsets* Athlon 64 utilizan la versión de 16 bits/800MHz, pero los más recientes, diseñados para el nuevo Athlon 64 FX-53 Socket 939, emplean una versión más rápida (16 bits/1GHz) para soportar memoria DDR-2 más rápida.

Sin embargo, la diferencia más significativa del Athlon 64 respecto a la arquitectura convencional es la ubicación del controlador de memoria. En lugar de situarlo en el chip puente norte/MCH/GMCH, la arquitectura Athlon 64/FX/Opteron lo coloca en el mismo procesador. De ese modo desaparecen las ralentizaciones provocadas por el uso de un controlador de memoria externo y aumenta el rendimiento.

Un inconveniente de este diseño, empero, es que las nuevas tecnologías de memoria, como DDR-2, requieren que se rediseñe el propio procesador.

La figura 3.42 muestra un sistema basado en 64 FX-53 que utiliza los diseños de ranura de expansión PCI Express x1 y PCI Express x16.

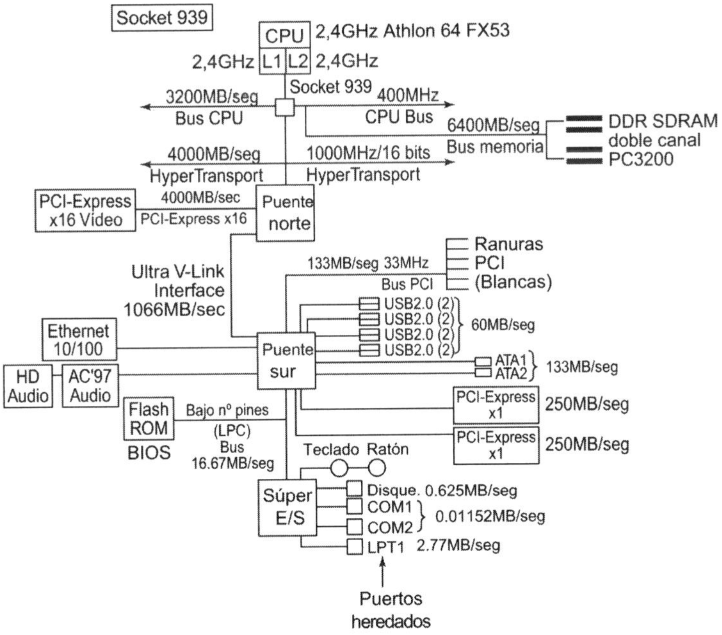

Figura 3.42. *Típica arquitectura de sistema Socket 939 (Athlon 64 FX-53) con ranuras PCI Express.*

Cálculo de la velocidad del bus del procesador

Dado que la finalidad del bus del procesador es introducir y obtener información a y de la CPU lo más rápido posible, este bus suele operar a una velocidad superior a la de cualquier otro bus del sistema. Los buses consisten en circuitos eléctricos para datos, direcciones y control. La mayoría de los procesadores a partir del Pentium original tienen un bus de datos de 64 bits, lo que significa que transfieren 64 bits (8 bytes) por el bus de la CPU de una sola vez.

El bus del procesador opera a la misma velocidad de reloj base que la CPU externamente, lo cual puede ser confuso, ya que la mayoría de las CPU actuales funcionan a una velocidad de reloj mayor internamente que externamente. Por ejemplo, un sistema AMD Athlon 64 3800+ tiene un procesador que funciona a 2,4GHz internamente pero a tan sólo 400MHz externamente, y un Pentium 4 a 3,4GHz funciona a 3,4GHz internamente pero sólo a 800MHz externamente.

En los sistemas más recientes, la velocidad de procesador real es algún múltiplo (2x, 2.5x, 3x, o superior) de la velocidad del procesador.

El bus del procesador está vinculado a las conexiones de pines del procesador externas y puede transferir 1 bit de datos por línea de datos en cada ciclo.

Para determinar la velocidad de transferencia del bus del procesador, hay que multiplicar el ancho de datos (64 bits u 8 bytes para un Celeron/Pentium III/4 o un Athlon/Duron/Athlon XP/Athlon 64) por la velocidad de reloj del bus (la misma que la velocidad de reloj base o sin multiplicar de la CPU).

Por ejemplo, si utilizamos un procesador Pentium 4 a 3,6GHz que funciona con un bus de procesador de 800MHz, obtendremos una velocidad de transferencia instantánea máxima de aproximadamente 6.400MBps.

Llegamos a este resultado con la siguiente fórmula:

```
800MHz × 8 bytes (64 bits) = 6.400MBps
```

Con versiones más lentas del Pentium 4, conseguiríamos

```
533.33MHz × 8 bytes (64 bits) = 4.266MBps
```

o bien:

```
400MHz × 8 bytes (64 bits) = 3.200MBps
```

Con Socket A (Athlon XP), podemos obtener

```
333,33MHz × 8 bytes (64 bits) = 2.667MBps
```

o bien:

```
266,66MHz × 8 bytes (64 bits) = 2.133MBps
```

o bien:

```
200MHz × 8 bytes (64 bits) = 1.600MBps
```

Y con Socket 370 (Pentium III), obtendríamos

```
133,33MHz × 8 bytes (64 bits) = 1.066MBps
```

o bien:

```
100MHz × 8 bytes (64 bits) = 800MBps
```

Esta velocidad de transferencia, a menudo denominada ancho de banda del bus del procesador, representa la velocidad máxima a la que se pueden mover los datos. Consulte la tabla 3.71 para obtener una lista completa de los distintos anchos de banda del bus del procesador.

Tipos de buses de E/S

Desde la aparición del primer PC, han surgido muchos buses de E/S por una sencilla razón: la falta de una velocidad mayor de entrada/salida para mejorar el rendimiento del sistema. Esta necesidad de un rendimiento más alto implica tres áreas principales:

- CPU más rápidas.
- Creciente demanda de software.
- Mayores requisitos multimedia.

Las tres requieren que el bus de E/S sea lo más rápido posible.

Una de las principales razones por las que las nuevas estructuras del bus de E/S han tardado en llegar es la compatibilidad. Uno de los distintivos del éxito del PC es la estandarización, que ha generado miles de tarjetas E/S de terceros creadas originalmente para las primeras especificaciones del PC. Si aparecía un nuevo sistema con un bus de alto rendimiento, tenía que ser compatible con los más antiguos para que las tarjetas E/S viejas no se quedaran obsoletas. Así pues, las tecnologías del bus evolucionan lentamente en lugar de avanzar a pasos agigantados.

Es posible identificar distintos tipos de buses de E/S por su arquitectura. La principal diferencia entre los buses está en la cantidad de datos que pueden transferir de una sola vez y en la velocidad a la que pueden hacerlo. En los siguientes apartados veremos los distintos tipos de buses de PC.

El bus ISA

La *Industry Standard Architecture* (ISA, Arquitectura normalizada de la industria) es una arquitectura de bus que apareció como bus de 8 bits con el IBM PC original en 1981; más tarde, en 1984, se amplió a 16 bits con el IBM PC/AT. La ISA es la base del ordenador personal moderno y fue la principal arquitectura utilizada en la mayoría de los sistemas PC hasta finales de los noventa.

Parece increíble que una tecnología tan antigua se haya utilizado durante tanto tiempo, pero era fiable y asequible y ofrecía compatibilidad, y además, este viejo bus sigue siendo más rápido que muchos de los periféricos conectados a él.

Nota: *El bus ISA ha desaparecido de todos los sistemas de sobremesa modernos y muy pocas empresas fabrican o venden ya tarjetas ISA. El ISA sigue siendo popular entre los diseños de ordenadores industriales (PICMG), pero es de esperar que al final también desaparecerá ahí.*

Existen dos versiones del bus ISA, basadas en la cantidad de bits de datos que se puedan transferir por el bus de una vez. La versión más antigua es de 8 bits y la otra de 16. La versión original de 8 bits funcionaba a 4,77MHz en el PC y XT, y la de 16 bits utilizada en el AT funcionaba a 6MHz y luego a 8MHz. Más tarde, la industria acordó una velocidad máxima estándar de 8.33MHz para las versiones de 8/16 bits del bus ISA en pro de la compatibilidad.

Algunos sistemas tenían la capacidad de hacer funcionar el bus ISA más rápido, pero ciertas tarjetas adaptadoras no funcionaban correctamente a más velocidad. Las transferencias de datos ISA requieren entre 2 y 8 ciclos, por lo que la velocidad de datos máxima es en teoría 8MBps aproximadamente, como resulta de esta fórmula:

```
8,33MHz × 2 bytes (16 bits) ÷ 2 ciclos por transferencia = 8,33MBps
```

El ancho de banda del bus de 8 bits sería la mitad (4,17MBps). No obstante, recuerde que estas cifras son máximos teóricos.

Debido a los protocolos de bus de E/S, el ancho de banda efectivo es mucho más bajo, normalmente la mitad. Incluso así, a 8MBps, el bus ISA sigue siendo más rápido que muchos de los periféricos que se conectan a él, como los puertos serie y paralelos, los controladores de disquete y de teclado...

El bus ISA de 8 bits

Esta arquitectura de bus era la utilizada en los IBM PC originales y se mantuvo durante muchos años en los sistemas posteriores. Aunque virtualmente no existe en ningún sistema actual, esta arquitectura se mantiene en cientos de miles de PC en producción, incluidos sistemas con procesadores 286 y 386.

Físicamente, la ranura de expansión ISA de 8 bits se parece al sistema machihembrado que utilizaban los fabricantes de muebles para unir dos piezas de madera. El nombre concreto es conector de borde de tarjeta. Una tarjeta adaptadora con 62 contactos en el borde inferior se conecta a una ranura de la placa base con 62 contactos correspondientes. Electrónicamente, esta ranura proporciona ocho líneas de datos y 20 líneas de direccionamiento, lo que le permite manejar 1MB.

Las figuras 3.43 y 3.44 muestran el diagrama de conexión de un bus ISA de 8 bits, y la orientación de los pines en la ranura de expansión.

Señal	Pin	Pin	Señal
Ground	B1	A1	-I/O CH CHK
RESET DRV	B2	A2	Data Bit 7
+5 Vdc	B3	A3	Data Bit 6
IRQ 2	B4	A4	Data Bit 5
-5 Vdc	B5	A5	Data Bit 4
DRQ 2	B6	A6	Data Bit 3
-12 Vdc	B7	A7	Data Bit 2
-CARD SLCTD	B8	A8	Data Bit 1
+12 Vdc	B9	A9	Data Bit 0
Ground	B10	A10	-I/O CH RDY
-SMEMW	B11	A11	AEN
-SMEMR	B12	A12	Address 19
-IOW	B13	A13	Address 18
-IOR	B14	A14	Address 17
-DACK 3	B15	A15	Address 16
DRQ 3	B16	A16	Address 15
-DACK 1	B17	A17	Address 14
DRQ 1	B18	A18	Address 13
-Refresh	B19	A19	Address 12
CLK(4.77MHz)	B20	A20	Address 11
IRQ 7	B21	A21	Address 10
IRQ 6	B22	A22	Address 9
IRQ 5	B23	A23	Address 8
IRQ 4	B24	A24	Address 7
IRQ 3	B25	A25	Address 6
-DACK 2	B26	A26	Address 5
T/C	B27	A27	Address 4
BALE	B28	A28	Address 3
+5 Vdc	B29	A29	Address 2
OSC(14.3MHz)	B30	A30	Address 1
Ground	B31	A31	Address 0

Figura 3.43. *Diagrama de conexión del bus ISA de 8 bits.*

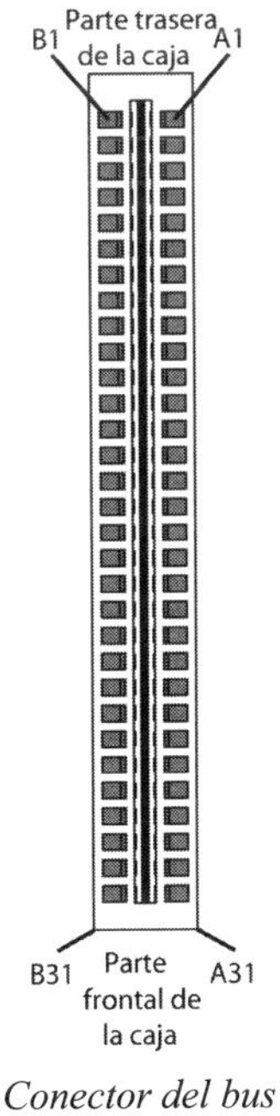

Figura 3.44. *Conector del bus ISA de 8 bits.*

Aunque el diseño del bus es simple, IBM esperó hasta 1987 para publicar unas especificaciones completas para el cronometraje de los datos y las líneas de direcciones, así que en los primeros días de los sistemas compatibles con PC, los fabricantes tenían que ingeniárselas para averiguar cómo fabricar placas adaptadoras. Este problema se resolvió cuando los ordenadores compatibles con PC consiguieron una amplia aceptación como estándar industrial y los fabricantes dispusieron de más tiempo e incentivos para crear placas adaptadoras que funcionasen correctamente con el bus.

He aquí las dimensiones de las tarjetas adaptadoras ISA de 8 bits:

- 106,68mm de alto.
- 333,5mm de largo.
- 12,7mm de ancho.

El bus ISA de 16 bits

IBM soltó una bomba en el mundo del PC al presentar el AT con el procesador 286 en 1984. Este procesador tenía un bus de datos de 16 bits, lo que significa que las comunicaciones entre el procesador y la placa base y la memoria tenían una anchura de 16 bits en vez de solamente 8. Aunque el procesador se podía haber instalado en una placa base con un bus de E/S de 8 bits, hacerlo habría supuesto un gran sacrificio de rendimiento de cualquier tarjeta adaptadora u otro dispositivo instalado en el bus.

En lugar de crear un nuevo bus de E/S, IBM sacó un sistema que podía soportar tarjetas de 8 y 16 bits manteniendo el mismo diseño de conector básico de 8 bits pero añadiendo un conector de extensión opcional de 16 bits. El primero debutó con el PC/AT en agosto de 1984, es por eso que el bus ISA también se conozca como bus AT.

El conector de extensión de cada ranura de expansión de 16 bits incluye 36 pines (98 señales en total) para transportar las señales adicionales necesarias para implementar la ruta de datos más ancha. Además, se cambiaron dos de los pines de la porción de 8 bits del conector. Estos pequeños cambios no alteraron la función de las tarjetas de 8 bits.

Las figuras 3.45 y 3.46 muestran el diagrama de una ranura de expansión ISA de 16 bits, y la orientación de los pines adicionales.

Debido a las interferencias físicas con algunos diseños de tarjeta de 8 bits antiguos, IBM no incluyó conectores de extensión de 16 bits en dos de las ranuras del AT. Esto no suponía ningún problema en los sistemas más recientes, así que cualquier sistema con ranuras ISA podía tener todas como versiones completas de 16 bits.

Éstas son las dimensiones de una típica placa de expansión AT:

- 121,92mm de alto.
- 333,5mm de largo.
- 12,7mm de ancho.

En realidad, hay dos alturas disponibles para las tarjetas utilizadas normalmente en los sistemas AT: 121,92mm y 106,68mm (la altura de las antiguas tarjetas PC-XT). Las tarjetas más cortas se convirtieron en un problema cuando IBM sacó el XT Model 286. Dado que este modelo contiene una placa base AT en una caja XY, necesita placas de tipo AT con una altura máxima de 106,68mm. La mayoría de los fabricantes recortaron la altura de sus placas para que funcionasen en sistemas con cualquier perfil.

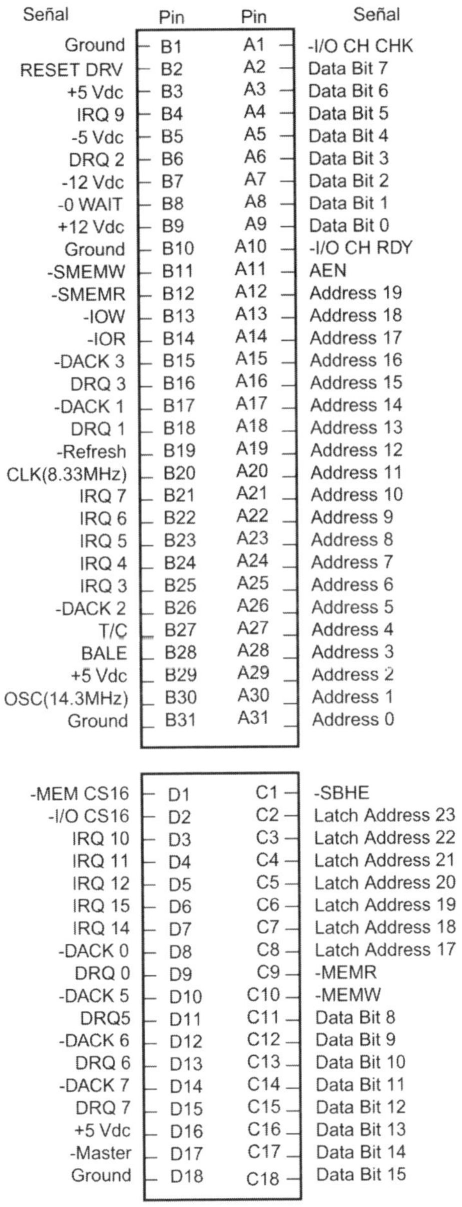

Figura 3.45. *Diagrama de conexión del bus ISA de 16 bits.*

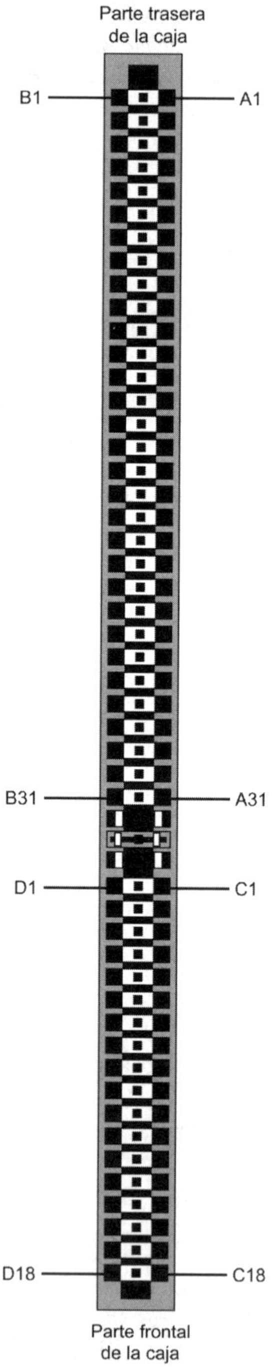

Figura 3.46. *Conector del bus ISA de 16 bits.*

Buses de 32 bits

Tras la aparición de las CPU de 32 bits, pasó algún tiempo hasta que salieron los estándares de bus de 32 bits. Antes de la salida de las especificaciones MCA y EISA, algunos fabricantes empezaron a crear sus propios buses de 32 bits, que eran extensiones del bus ISA. Por suerte, aquellos buses propietarios fueron escasos.

Las porciones expandidas del bus suelen usarse para tarjetas de vídeo o expansión de memoria propietarias. Puesto que los sistemas son propietarios (es decir, no son estándar), no hay diagramas de conexión ni especificaciones disponibles.

El bus micro canal

La introducción de los chips de 32 bits supuso que el bus ISA no pudiera manejar la potencia de otra nueva generación de CPU. Los chips podían transferir 32 bits de datos de una vez, pero el bus ISA sólo podía manejar un máximo de 16 bits. En vez de volver a ampliar el bus ISA, IBM decidió crear un nuevo bus; el resultado fue el bus MCA. La arquitectura micro canal (MCA, *Microchannel Architecture*) es completamente diferente de la ISA y es muy superior técnicamente.

Lo que IBM pretendía no era simplemente reemplazar el antiguo estándar ISA, sino también exigir a los vendedores la licencia de ciertas partes de la tecnología. Muchos poseían licencias sobre la tecnología del ISA (también de IBM), pero como IBM no fue suficientemente agresivo con estas licencias, muchos no las adquirieron. Los problemas con las licencias y el control llevaron al desarrollo de un competidor, el bus EISA, y dificultaron la aceptación del bus MCA.

Los sistemas MCA originaron un nuevo nivel de facilidad de uso; eran *plug-and-play* antes de que existiera la especificación Plug and Play oficial. El sistema MCA no tenía puentes ni conmutadores, ni en la placa base ni en ningún adaptador de expansión. En su lugar utilizaba un disco especial de referencia, que iba con cada sistema particular, y discos de opciones que iban con cada una de las tarjetas instaladas en el sistema. Tras instalar una tarjeta, se cargaban los archivos del disco de opciones en el disco de referencia y ya no era necesario el primero. El disco de referencia contenía el programa especial de configuración de la BIOS y el sistema indispensable para configurar un sistema.

El bus EISA

El estándar EISA (*Extended Industry Standard Architecture*, Ampliación de la arquitectura normalizada de la industria) se anunció en septiembre de 1988 en respuesta a la introducción del bus MCA de IBM, o más bien al modo en que IBM quería gestionar el asunto de las licencias. Los vendedores no se sentían en la obligación de pagar derechos retroactivos por el bus ISA, así que dieron la espalda a IBM y crearon sus propios buses.

El EISA fue desarrollado principalmente por Compaq en un intento por sustituir a IBM en el futuro desarrollo de buses para PC. Compaq sabía que nadie clonaría su bus si era la única empresa que lo tenía, así que dio el diseño a otras empresas líderes del sector y formó el comité EISA, una organización sin ánimo de lucro pensada específicamente para controlar el desarrollo del bus EISA. Se desarrollaron muy pocos adaptadores EISA y todos ellos estaban centrados básicamente en controladores de cadenas de discos y tarjetas de red para servidor.

El bus EISA era en esencia una versión de 32 bits del ISA. A diferencia de lo que ocurría con el bus MCA, seguía siendo posible utilizar tarjetas ISA antiguas de 8 o 16 bits en ranuras EISA de 32 bits, lo que favorecía la compatibilidad. Al igual que el MCA, el EISA también permitía una configuración automática de las tarjetas EISA a través del software.

El bus EISA incorporaba 90 conexiones nuevas (55 señales nuevas más masas) sin aumentar el tamaño del conector del bus ISA de 16 bits. A simple vista, la ranura EISA de 32 bits se parece mucho a la ISA de 16 bits. Sin embargo, el adaptador EISA tiene dos filas de contactos apilados. La primera es del mismo tipo utilizado en las tarjetas ISA de 16 bits; la otra, más delgada, se extiende a partir de los conectores de 16 bits. En consecuencia, las tarjetas ISA pueden seguir usándose en ranuras EISA. Aunque esta compatibilidad no fue suficiente para garantizar la popularidad de los buses EISA, es una característica que continuó con el estándar VL-Bus. Éstas son las especificaciones físicas de las tarjetas EISA:

- 127mm de alto.
- 333,5mm de largo.
- 12,7mm de ancho.

El bus EISA puede manejar hasta 32 bits de datos a una velocidad de ciclo de 8,33MHz. La mayoría de las transferencias de datos requieren un mínimo de dos ciclos, aunque es posible alcanzar más velocidad de ciclo si una tarjeta adaptadora ofrece las especificaciones oportunas. El ancho de banda máximo en el bus es de 33MBps, como demuestra la siguiente fórmula:

```
8,33MHz × 4 bytes (32 bits) = 33MBps
```

Buses locales (VESA, PCI, PCI Express, AGP)

Los buses de E/S vistos hasta ahora (ISA, MCA y EISA) sólo tienen una cosa en común: una velocidad relativamente baja. Los tipos de bus que veremos en las siguientes secciones bajo el concepto de bus local tratan la cuestión de la velocidad. Éstos son los principales buses locales que encontramos en los sistemas PC:

- VL-Bus (*VESA local bus*).
- PCI.
- PCI Express.
- AGP.

Los buses ISA, MCA y EISA arrastraban esas limitaciones de velocidad desde los tiempos del PC original, cuando el bus de E/S operaba a la misma velocidad que el del procesador. Cuando aumentó la velocidad del bus del procesador, el bus de E/S sólo hizo alguna mejora simbólica en la velocidad, derivada básicamente de un incremento en el ancho de banda del bus. El bus de E/S debía permanecer a una velocidad más lenta porque es a la única a la que podía funcionar la enorme base instalada para las tarjetas adaptadoras.

Un bus local es cualquier bus diseñado para interactuar más de cerca con el procesador, o para acercarse más al rendimiento del procesador. Es interesante observar que los primeros buses ISA de 8 y 16 bits eran una forma de arquitectura de bus local. Estos sistemas tenían el bus del procesador como bus principal, y todo funcionaba a la velocidad del procesador. Cuando los sistemas ISA empezaron a funcionar a más de 8MHz, el bus ISA tuvo que desacoplarse del bus del procesador porque las tarjetas de expansión, la memoria, etc. no podían mantenerse a ese nivel. En 1992, apareció en los sistemas PC una extensión del bus ISA llamada VL-Bus, que indicaba una vuelta a la arquitectura local. Desde entonces, el bus local PCI (*Peripheral Component Interconnect*, Interconexión de componentes periféricos) Express ha suplantado otras arquitecturas de bus populares como la conexión de alta velocidad más habitual para dispositivos de PC.

Las soluciones de bus local no sustituyen necesariamente a estándares anteriores, como el ISA; están diseñadas como bus más próximo al procesador en la arquitectura del sistema. Los buses más antiguos se mantuvieron por cuestiones de compatibilidad con tipos de adaptadores más lentos que no necesitaban conexiones rápidas al sistema (como los módem, por ejemplo). Así pues, un sistema normal puede tener varios tipos de ranuras, incluidas las PCI Express, PCI, AGP y/o ISA.

VESA Local Bus

El bus local VESA (*Video Electronics Standards Association*, Asociación para normas de electrónica de vídeo) fue el diseño de bus local más popular desde su debut en agosto de 1992 hasta 1994. Lo creó el comité VESA, una organización sin ánimo de lucro fundada por NEC para desarrollar los estándares de vídeo y bus. De forma similar a la evolución del EISA, NEC había hecho la mayor parte del trabajo en el VL-Bus (como daría en llamarse) y, tras fundar el comité, dio la vuelta al futuro desarrollo del VESA.

Al principio, la ranura de bus local parecía diseñada para usarse principalmente con tarjetas de vídeo. Mejorar el rendimiento del vídeo era una prioridad en NEC para vender sus monitores de gama alta y sus propios sistemas PC. Por el año 1991, el rendimiento del vídeo se había convertido en un auténtico cuello de botella en la mayoría de los PC.

El VL-Bus podía mover 32 bits de datos de una vez, permitiendo que los datos fluyeran entre la CPU y un subsistema de vídeo compatible o un disco duro con el ancho completo de 32 bits del chip 486. El rendimiento máximo del VL-Bus era de 133MBps. En otras palabras, el bus local recorrió un camino muy largo para deshacer los principales cuellos de botella que existían en las configuraciones de bus anteriores.

Desafortunadamente, el VL-Bus no fue un concepto de larga vida. El diseño era realmente simple, sólo cogía los pines del procesador 486 y los hacía funcionar en una ranura de conector de tarjeta, así que se trataba básicamente del bus del procesador 486. Esto suponía un diseño muy económico, ya que no hacían falta *chipsets* ni interfaces adicionales. Un diseñador de placas base podía añadir fácilmente ranuras VL-Bus a sus placas 486 por un bajo coste. Ésa es la razón por la que estas ranuras aparecieron de la noche a la mañana en casi todos los diseños 486.

Los problemas surgieron con las interferencias provocadas por la capacitancia introducida en el circuito por distintas tarjetas. Dado que el VL-Bus funcionaba a la misma velocidad que el bus del procesador, distintas velocidades de bus de procesador implicaban diferentes velocidades de bus, y resultaba muy difícil conseguir una compatibilidad total. Aunque el VL-Bus podía adaptarse a otros procesadores (incluido el 386 o incluso el Pentium), estaba diseñado para el 486 y funcionaba mejor con él. A pesar de su bajo coste, tras la aparición de un nuevo bus conocido como PCI, el VL-Bus cayó en el olvido rápidamente. Nunca se puso al día con los sistemas Pentium y apenas se desarrolló más en la industria del PC.

Físicamente, la ranura VL-Bus era una extensión de las ranuras usadas para cualquier tipo de sistema base. Si tenías un sistema ISA, el VL-Bus se colocaba como una extensión de las ranuras ISA de 16 bits existentes. La extensión VESA tenía 112 contactos y utilizaba el mismo conector físico que el bus MCA.

El bus PCI

A principios de 1992, Intel encabezó la creación de un nuevo grupo industrial formado con los mismos objetivos que el grupo VESA en relación al bus de PC. Conscientes de la necesidad de superar las debilidades de los buses ISA y EISA, formaron el PCI Special Interest Group.

La especificación del bus PCI apareció en junio de 1992 como versión 1.0 y desde entonces se ha sometido a numerosas actualizaciones. La tabla 3.72 muestra las distintas versiones.

Tabla 3.72. *Especificaciones PCI.*

Especificación PCI	Lanzamiento	Principal cambio
PCI 1.0	Junio 1992	Especificación original de 32/64 bits.
PCI 2.0	Abril 1993	Definición de conectores y placas de expansión.
PCI 2.1	Junio 1995	Operación a 66MHz, orden de transacción, cambios de latencia.
PCI 2.2	Enero 1999	Administración de energía, aclaraciones mecánicas.
PCI-X 1.0	Septiembre 1999	Operación a 133MHz, anexo a 2.2.
Mini-PCI	Noviembre 1999	Placas de factor de forma pequeño, anexo a 2.2.
PCI 2.3	Marzo 2002	Señal de 3,3V, tarjetas añadidas de perfil bajo.
PCI-X 2.0	Julio 2002	Operación a 266MHz y 533MHz, soporta la subdivisión del bus de datos de 64 bits en segmentos de 32 o 16 bits para usar múltiples dispositivos, señal de 3,3V/1,5V.

Especificación PCI	Lanzamiento	Principal cambio
PCI Express 1.0	Julio 2002	2,5GTps por línea por dirección, con señal de 0,8V y codificación 8b/10b, lo que tiene como resultado 250MBps por línea.
PCI Express 2.0	Enero 2007	5GTps por línea por dirección, con señal de 0,8V y codificación 8b/10b, lo que tiene como resultado 500MBps por línea.
PCI Express 3.0	2010 (previsto)	8GTps por línea por dirección, con señal de 0,8V y codificación 8b/10b, lo que tiene como resultado 1GBps por línea.

PCI rediseñaba el bus de PC tradicional insertando otro bus entre la CPU y el bus de E/S nativo mediante puentes. En vez de intervenir directamente en el bus del procesador, con su delicada coordinación eléctrica (como se hacía en el VL-Bus), se desarrolló un nuevo conjunto de chips controladores para extender el bus, véase la figura 3.47.

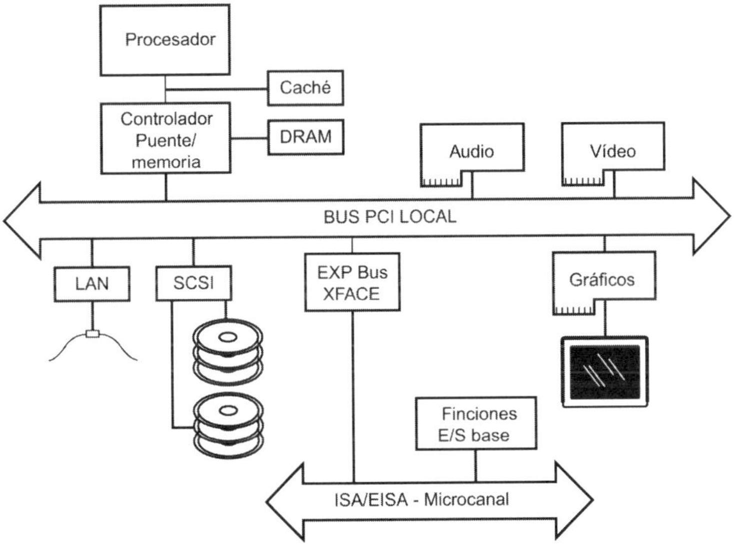

Figura 3.47. *Diagrama conceptual del bus PCI.*

A menudo se denomina al bus PCI bus *mezzanine* porque añade otra capa a la configuración de bus tradicional. El PCI evita el bus de E/S estándar; utiliza el bus del sistema para incrementar la velocidad de reloj del bus y aprovechar al máximo la ruta de datos de la CPU. A mediados de 1993 salieron sistemas que integraban el bus de la CPU, y desde entonces han sido un pilar fundamental en el PC.

Normalmente, la información se transfiere a través del bus PCI a 33MHz y de 32 en 32 bits. El ancho de banda es de 133MBps, tal y como se desprende de la siguiente fórmula:

```
33,33MHz × 4 bytes (32 bits) = 133MBps
```

Aunque el PCI de 32 bits a 33MHz es el estándar que se encuentra en la mayoría de los PC, tiene numerosas variaciones, véase la tabla 3.73. Los PC más modernos incluyen también ranuras PCI Express x1 y PCI Express x16.

Tabla 3.73. *Tipos de bus PCI.*

Tipo de PCI	Anchura del bus (bits)	Velocidad del bus (MHz)	Ciclos de datos por reloj	Ancho de banda (MBps)
PCI	32	33	1	133
PCI 66MHz	32	66	1	266
PCI 64 bits	64	33	1	266
PCI 66MHz/64 bits	64	66	1	533
PCI-X 64	64	66	1	533
PCI-X 133	64	133	1	1.066
PCI-X 266	64	133	2	2.132
PCI-X 533	64	133	4	4.266
PCI Express 1.x	1	2.500	0,8	250
PCI Express 1.x	16	2.500	0,8	4.000
PCI Express 1.x	32	2.500	0,8	8.000
PCI Express 2.x	1	5.000	0,8	500
PCI Express 2.x	16	5.000	0,8	8.000
PCI Express 2.x	32	5,000	0,8	16.000
PCI Express 3.x	1	8.000	~0,98	1.000
PCI Express 3.x	16	8.000	~0,98	16.000
PCI Express 3.x	32	8.000	~0,98	32.000

PCI Express 1.x y 2.x utiliza codificación 8b/10b, que transfiere 8 bits de datos por cada 10 bits enviados.
PCI Express 3.x utiliza codificación 128b/130b, que transfiere 128 bits de datos por cada 130 bits enviados.

Actualmente, las variaciones de 64 bits o 66MHz y 133MHz se utilizan solamente en placas y sistemas de tipo servidor o estación de trabajo. El bus PCI puede operar en concurrencia con el bus del procesador para favorecer el rendimiento, pero no lo suplanta. La CPU puede procesar datos en una caché externa mientras el bus PCI está ocupado transfiriendo información entre otras partes del sistema, uno de los principales beneficios del diseño del bus PCI. La tarjeta adaptadora A PCI usa su propio conector exclusivo, que puede identificarse en un ordenador porque suele estar aparte de los conectores ISA, MCA o EISA que se encuentran habitualmente en las placas base más antiguas (véase la figura 3.48). El tamaño de una tarjeta PCI es el mismo que tenían las utilizadas en el bus de E/S normal del sistema.

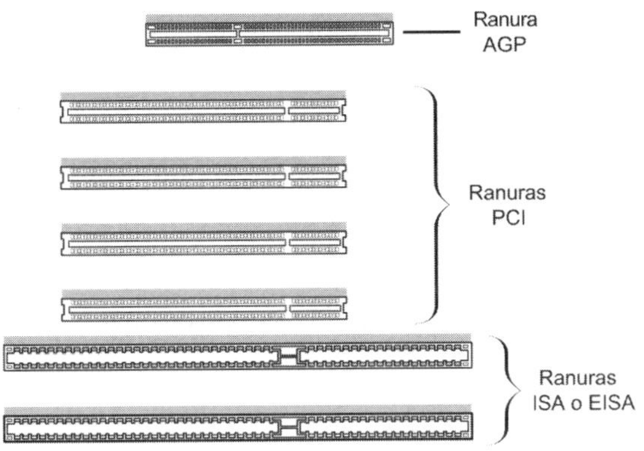

Figura 3.48. *Configuración típica de una ranura PCI de 32 bits a 33MHz PCI en comparación con ranuras ISA o EISA y AGP.*

La especificación PCI identifica tres configuraciones de placa, cada una diseñada para un tipo de sistema específico, con requisitos de energía específicos; cada especificación tiene una versión de 32 bits y otra de 64. La especificación de 5V es para ordenadores estacionarios (que utilizan PCI 2.2 o versiones anteriores), la de 3,3V es para sistemas portátiles (también soportan PCI 2.3), y la especificación universal es para placas base que funcionan en cualquier tipo de sistema. Las versiones de 64 bits de las ranuras PCI de 5V y universal se encuentran principalmente en placas base de servidor. Las especificaciones PCI-X 2.0 para las versiones 266 y 533 soportan señales de 3,3V y 1,5V, lo que se corresponde con la versión PCI 2.3, que soporta 3,3V.

La figura 3.49 muestra una comparación de las versiones de 32 y 64 bits de la ranura PCI estándar de 5V con la ranura PCI universal de 64 bits. La figura 3.50 muestra una comparación del conector de una tarjeta PCI universal de 64 bits con la propia ranura.

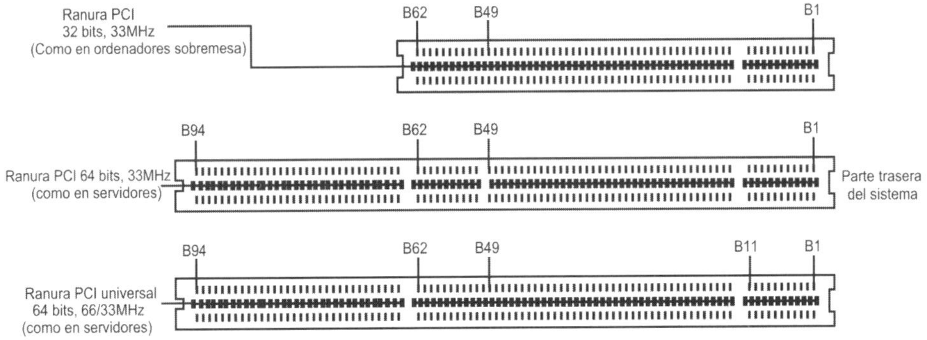

Figura 3.49. *Ranura PCI de 32 bits a 33MHz (superior) comparada con una de 64 bits a 33MHz (centro) y una ranura PCI universal que funciona a 66MHz (inferior).*

Observe que las especificaciones de placa PCI universal combina efectivamente las especificaciones de 5V y 3.3V. Para los pines cuyo voltaje es diferente, la especificación universal marca el pin como "V I/O". Este tipo de pin representa un pin de potencia especial para definir y conducir la señal PCI.

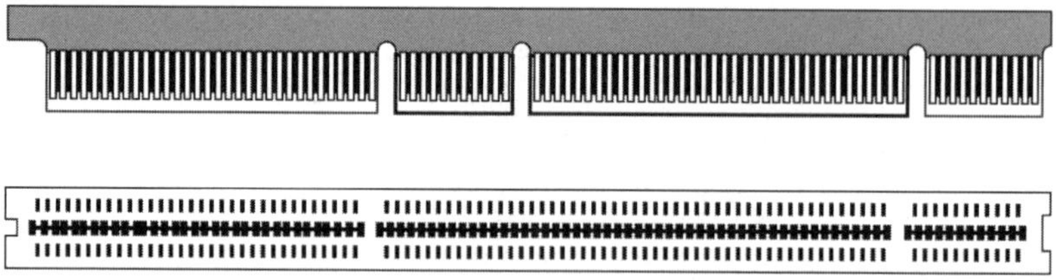

Figura 3.50. *Tarjeta PCI universal de 64 bits (arriba) comparada con la ranura PCI universal de 64 bits (abajo).*

Otra característica importante de la PCI es que fue el modelo para la especificación PnP de Intel. Así pues, las tarjetas PCI no tienen puentes ni conmutadores, sino que se configuran mediante software. Los auténticos sistemas PnP son capaces de configurar automáticamente los adaptadores, mientras que los sistemas con ranuras ISA tienen que configurarlos a través de un programa que suele formar parte de la configuración del CMOS del sistema. Desde finales de 1995, la mayoría de los sistemas compatibles con PC incluyen una BIOS PnP que permite la configuración automática.

PCI Express

Durante el año 2001, un grupo de empresas llamado Arapahoe Work Group (liderado por Intel) elaboró un borrador de una nueva especificación de bus de alta velocidad con nombre en clave 3GIO (tercera generación de buses de E/S). En agosto de 2001, el PCI-SIG se hizo cargo de administrar y promover la especificación de arquitectura 3GIO como la futura generación de PCI. En abril de 2002, se terminó la versión 3GIO 1.0, que se traspasó al PCI-SIG y se renombró como PCI Express. Finalmente, en julio se aprobó la especificación PCI Express 1.0, que se actualizó a 1.1 en abril de 2005 y a 2.0 en enero de 2007.

El nombre 3GIO original venía de que la nueva especificación de bus estaba diseñada en principio para ampliar y después para reemplazar a las anteriores arquitecturas de bus ISA/AT (primera generación) y PCI (segunda generación) para PC. Las dos primeras generaciones estaban pensadas para una vida útil de entre 10 y 15 años cada una. Al adoptarse y aprobarse por el PCI-SIG, el PCI Express está llamado a ser la arquitectura de bus para PC dominante, diseñada para soportar las crecientes necesidades de ancho de banda de los PC en los próximos 10–15 años.

Éstas son las características principales del PCI Express:

- Compatibilidad con enumeración PCI y controladores de dispositivo de software existente.
- Conexión física sobre medios de cobre, ópticos o de otro tipo para permitir futuros esquemas de codificación.

- El ancho de banda máximo por pin permite factores de forma pequeños, reduce los costes, simplifica el diseño de la placa y el enrutamiento, y reduce los problemas de integridad de señal.
- El esquema de reloj integrado permite cambios fáciles de frecuencia (velocidad) en comparación con el reloj sincrónico.
- El ancho de banda (rendimiento) aumenta fácilmente con los aumentos de frecuencia y anchura (líneas).
- Baja latencia adecuada para aplicaciones que requieren datos isócronos, como las de transmisión de vídeo.
- Capacidades de conexión y cambio en caliente.
- Capacidades de administración de energía.

PCI Express es otro ejemplo de cómo el PC pasó de interfaces paralelas a interfaces en serie. La anterior generación de arquitecturas de bus para PC presentaba un diseño en paralelo, en el que los bits se enviaban simultáneamente a través de varios pines paralelos. Cuantos más bits se envían cada vez, más rápido es el rendimiento del bus. El cronometraje de todas las señales paralelas debe ser el mismo, lo cual es bastante difícil en conexiones más rápidas y largas. Aunque es posible transmitir 32 bits simultáneamente por un bus PCI o AGP, los retrasos en la propagación y otros problemas hacen que lleguen ligeramente desfasados al otro extremo, lo que provoca una diferencia entre la llegada de los primeros y los últimos bits.

El diseño de bus en serie es mucho más simple: se envía 1 bit cada vez con una sola escritura, a velocidades mucho más rápidas que las que permite un paralelo. Enviando los bits en serie, el cronometraje de los bits o la longitud del bus carecen de importancia. Al combinar múltiples rutas de datos en serie se puede conseguir un rendimiento incluso más rápido, que sobrepase la capacidad de los buses paralelos tradicionales.

PCI Express es un diseño de bus en serie muy rápido compatible con controladores de software y controles PCI. En PCI Express, los datos se envían en dúplex (rutas de una dirección operando al mismo tiempo) sobre dos pares de hilos señalados con diferencia denominado línea. Cada línea permite un rendimiento de unos 250MBps en cada dirección inicialmente, y el diseño permite escalar de 1 a 2, 4, 8, 16 o 32 líneas. Por ejemplo, una configuración con mucho ancho de banda, con 16 líneas en cada dirección simultáneamente, permitiría hasta 4.000MBps de ancho de banda en cada dirección. PCIe 2.0 aumenta la tasa de transferencia a 500MBps por línea, u 8.000MBps por conector x16. Compare esto con el PCI, que tiene un ancho de banda de tan sólo 133MBps (una dirección cada vez). La figura 3.51 muestra una comparación de los conectores de PCI Express x1–x16. Observe que los conectores PCI Express x4 y x8 que presenta la figura están pensados principalmente para su uso en servidores.

PCI Express utiliza un esquema de codificación de 8 a 10 bits diseñado por IBM que permite señales de reloj local que posibilitarán mejoras futuras en la frecuencia. La frecuencia inicial es de 2,5GHz, y la especificación permitirá aumentarla en el futuro hasta 10GHz, que es casi el límite de las conexiones de cobre. Combinando incrementos de frecuencia con la capacidad de usar hasta 32 líneas, PCI Express podrá soportar anchos de banda de hasta 32GBps.

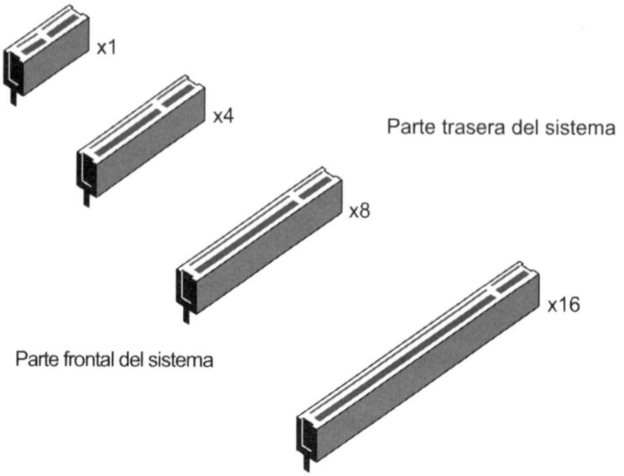

Figura 3.51. *Ranuras PCI Express x1, x4, x8 y x16.*

PCI Express está diseñado para aumentar y reemplazar finalmente muchos de los buses utilizados actualmente en los PC. No solamente será un suplemento para las ranuras PCI, sino que también servirá como sustituto de la arquitectura de concentrador de Intel, HyperTransport, e interfaces de alta velocidad similares entre los componentes del *chipset* de la placa base. Además, reemplazará las interfaces de vídeo, como AGP, y actuará como bus *mezzanine* para conectar otras interfaces como Serial ATA, USB 2.0, 1394b (FireWire o i.LINK) y Ethernet Gigabit, entre otras.

Dado que PCI Express puede implementarse tanto en cables como en la placa, puede usarse para crear sistemas construidos con "ladrillos" remotos que contengan el grueso de la potencia computacional. Imagine una placa base, un procesador y una RAM en una cajita escondida debajo de una mesa, con los puertos de vídeo, unidades de disco y E/S en otra caja que está en una mesa con mejor acceso. Esto permitiría el desarrollo de varios factores de forma flexibles en el futuro sin poner en riesgo el rendimiento.

PCI Express no ha reemplazado y no reemplazará PCI ni otras interfaces de la noche a la mañana. Los creadores de sistemas siguen integrando PCI, AGP y otras arquitecturas de bus en sistemas diseñados para varios años. Igual que ocurrió antes con PCI y los buses ISA/AT, es probable que ambos buses convivan en las placas base durante mucho tiempo, aunque gradualmente irán apareciendo cada vez menos PCI y más PCI Express. Con el tiempo, PCI Express se convertirá en el bus de E/S para fines generales más habitual. Espero que el cambio a PCI Express sea similar a la transición de ISA/AT a PCI en los años noventa. Las placas base ATX actuales tienen la mitad de las ranura PCI y la otra mitad PCI Express.

Aunque PCI Express tardará algún tiempo en reemplazar por completo a PCI, PCI Express x16 ya ha sustituido a AGP 8x.

La mayoría de los diseños de placa base para escritorio más recientes incluyen una mezcla de ranuras PCI, PCI Express x1 y x16; las placas para estaciones de trabajo y servidores añaden también ranuras PCI Express a las típicas PCI-X y PCI.

Para obtener más información acerca de PCI Express, visite el sitio Web de PCI-SIG (`www.pcisig.org`).

Puerto de gráficos acelerados

A mediados de los 90, Intel creó el AGP como un nuevo bus diseñado específicamente para soportar gráficos y vídeos de alto rendimiento. El AGP está basado en PCI, pero contiene muchos añadidos y mejoras, y es física, eléctrica y lógicamente independiente de PCI. Por ejemplo, el conector AGP es similar al PCI, aunque tiene señales adicionales y está posicionado en el sistema de distinta forma. A diferencia del PCI, que es un auténtico bus con múltiples conectores (ranuras), el AGP es más bien una conexión de punto a punto de alto rendimiento diseñada especialmente para una tarjeta de vídeo en un sistema, ya que sólo una ranura AGP únicamente permite una tarjeta de vídeo. Intel lanzó la especificación AGP 1.0 en julio de 1996 y definió una velocidad de reloj de 66MHz con señal 1x o 2x que utilizaba 3,3V. La versión 2.0 salió en mayo de 1998 e incorporaba señal 4x además de una capacidad de operación más baja (1,5V).

La última revisión de la especificación AGP para PC es la AGP 8x, también llamada AGP 3.0. AGP 8x define una velocidad de transferencia de 2.133MBps, el doble de la de AGP 4x. La especificación se anunció en noviembre de 2000 y está disponible en muchos *chipsets* de placa base y gráficos de los principales vendedores. Aunque el AGP 8x tiene una velocidad máxima que duplica a la del AGP 4x, las diferencias reales entre AGP 4x y dispositivos compatibles con 8x con especificaciones idénticas son mínimas. No obstante, muchos *chipsets* para 3D que soportan AGP 8x también han actualizado las velocidades y los diseños de núcleo de memoria y gráficos 3D para soportar mejor la interfaz más rápida.

La mayoría de las tarjetas de vídeo AGP de última generación están diseñadas para cumplir la especificación AGP 4X o AGP 8X, que funcionan con sólo 1,5V. La mayor parte de las placas base más antiguas, con ranuras AGP 2X, están diseñadas para aceptar sólo tarjetas de 3,3V. Si conectamos una tarjeta de 1,5V a una ranura de 3,3V, podemos dañar tanto la placa base como la ranura, así que se han incorporado claves especiales a la especificación para impedir tales desastres. Normalmente, las ranuras y las tarjetas tienen muescas para que las tarjetas de 1,5V encajen únicamente en zócalos de 1,5V, y las de 3,3V en zócalos de 3,3V. Sin embargo, existen unas ranuras universales que aceptan tarjetas de 1,5V y 3,3V. La muesca de las tarjetas y conectores AGP está determinada por el estándar AGP, véase la figura 3.52.

Como se observa en la figura, las tarjetas AGP 4x y 8x (1,5V) solamente encajan en ranuras de 1,5V o universales (3,3V o 1,5V). Debido al diseño del conector y las muescas de las tarjetas, no es posible insertar una tarjeta de 1,5V en una ranura de 3,3V, así que si su nueva tarjeta AGP no encaja en su placa base, considérelo como algo bueno, puesto que si pudiese conectarla, freiría la tarjeta y probablemente también la placa. Si no encaja, devuelva la tarjeta 4x/8x o consiga una placa base nueva que la soporte.

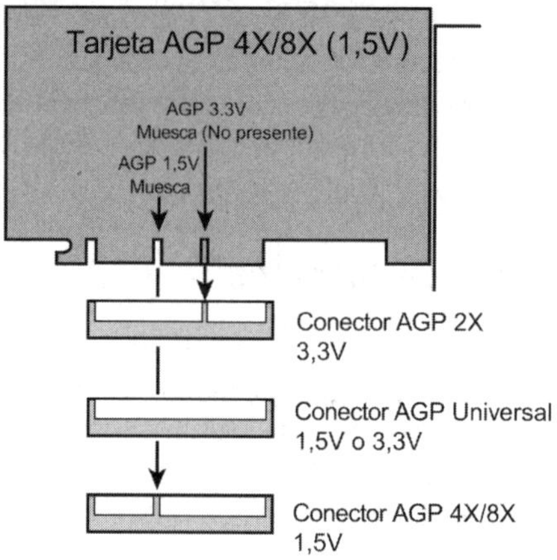

Figura 3.52. *Tarjeta AGP 4x/8x (1,5V) y ranuras AGP de 3,3V, universal y de 1,5V.*

Advertencia: *Algunas placas base compatibles con AGP 4x/8x requieren el uso de tarjetas AGP 4x/8x de 1,5V exclusivamente; compruebe la compatibilidad entre la placa base y la tarjeta AGP que desea adquirir para evitar problemas de compatibilidad.*

Adicionalmente, en agosto de 1998 se presentó la nueva especificación AGP Pro 1.0, que se revisó en abril de 1999 (AGP Pro 1.1a). Define una ranura ligeramente más larga con pines de energía adicionales a cada extremo para tarjetas AGP más grandes y rápidas que consumen entre 25 y 100 vatios. Es más probable el uso de tarjetas AGP Pro en estaciones de trabajo gráficas que en PC normales, pero las ranuras AGP Pro son compatibles con las anteriores, lo que significa que se puede conectar una tarjeta AGP estándar, y muchos fabricantes de placas base empezaron a usar en sus productos ranuras AGP Pro en vez de AGP 4x. Dado que las ranuras AGP Pro son más largas, se puede insertar una tarjeta AGP 1x/2x incorrectamente en la ranura y dañarla, así que muchos distribuidores ofrecen una cubierta para la extensión AGP Pro en la parte trasera de la ranura. Esta cubierta protectora debe retirarse sólo si se va a instalar una tarjeta AGP Pro. La figura 3.53 muestra una comparación de las ranuras AGP 1x/2x, AGP 4x y AGP Pro.

AGP funciona a una frecuencia base de 66MHz (en realidad, 66,66MHz), que es el doble de la del PCI estándar. En el modo AGP básico, denominado 1x, se hace una sola transferencia en cada ciclo. Dado que el bus AGP tiene una anchura de 32 bits (4 bytes), a 66 millones de veces por segundo podría transferir datos a una tasa 266MBps. La especificación AGP original también define un modo 2x, en el que se realizan dos transferencias en cada ciclo, con un resultado de 533MBps. Si comparamos cada ciclo con el balanceo de un péndulo, el modo 1x transferiría información al principio de cada balanceo. En el modo 2x, se produciría una transferencia adicional cada vez que el péndulo completase medio balanceo, lo que duplicaría el rendimiento al tiempo que, técnicamente, se mantiene la misma velocidad de reloj, o en nuestra analogía, el mismo número de balanceos por segundo. Aunque las primeras tarjetas AGP soportaban sólo el modo AGP 1x, la mayoría de los fabricantes cambiaron enseguida al modo AGP 2x. La nueva especificación AGP 2.0 añade capacidad para transferencias 4x, en las que se transfiere datos cuatro veces por ciclo, llegando a una velocidad de transferencia de datos de 1.066MBps. La mayoría de las tarjetas AGP actuales tienen soporte para el estándar 4x como mínimo, y muchos *chipsets* gráficos de NVIDIA y ATI soportan AGP 8x. La tabla 3.74 muestra las diferencias entre las velocidades de reloj y de transferencia de datos (ancho de banda) de los distintos modos AGP.

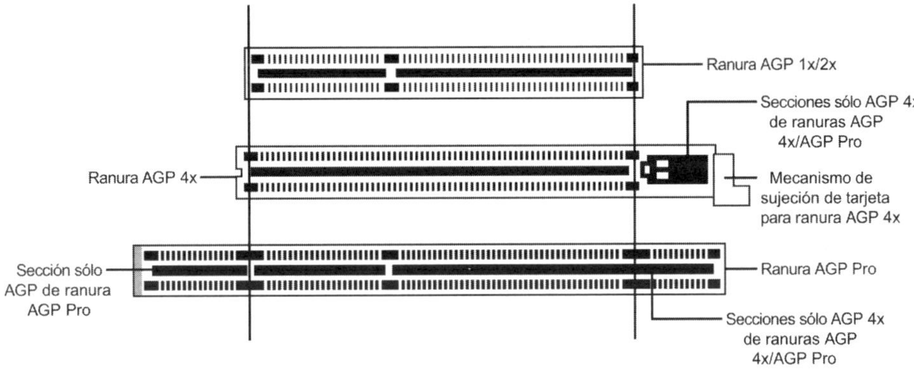

Figura 3.53. *Comparación de ranuras AGP estándar (1x/2x), AGP 4x y AGP Pro. AGP 4x y AGP Pro pueden aceptar tarjetas AGP 1x, 2x y 4x, y también tarjetas AGP 8x.*

Tabla 3.74. *Modos AGP con velocidad de reloj y ancho de banda.*

Tipo de bus AGP	Ancho del bus (Bits)	Velocidad del bus (MHz)	Ciclos de datos por reloj	Ancho de banda (MBps)
AGP	32	66	1	266
AGP 2x	32	66	2	533
AGP 4x	32	66	4	1.066
AGP 8x	32	66	8	2.133

Dado que AGP es independiente de PCI, el uso de una tarjeta de vídeo AGP libera el bus PCI para entradas y salidas más tradicionales, como las de controladores IDE/ATA o SCSI, controladores USB, tarjetas de sonido, etcétera.

Además de por un mejor rendimiento del vídeo, una de las principales razones por las que Intel diseñó el AGP fue permitir que la tarjeta de vídeo pudiera contar con una conexión de alta velocidad directa con la RAM del sistema, lo que permitiría la integración de una solución de vídeo razonablemente potente y rápida con un coste bajo. El AGP permite que la tarjeta de vídeo acceda directamente a la RAM del sistema, de forma que es posible integrar soluciones de vídeo más económicas en la placa base, sin necesidad de incluir RAM adicional ni habilitar una tarjeta AGP para compartir la memoria principal del sistema. Sin embargo, en los últimos tiempos hay pocas tarjetas AGP que compartan la memoria principal, ya que tienen su propia memoria de alta velocidad (hasta 256MB en algunos modelos recientes). El uso de memoria dedicada directamente en la tarjeta de vídeo es especialmente importante cuando se ejecutan aplicaciones de vídeo en 3D de alto rendimiento. El AGP permite que la velocidad de la tarjeta de vídeo se acompase con los requisitos de los gráficos en 3D de alta velocidad y el vídeo dinámico en el PC.

Aunque el AGP 8x (2.133MBps) es 16 veces más rápido que el PCI de 32 bits a 33MHz (133MBps), solamente es la mitad de rápido que el PCI Express x16 (4.000MBps). A mediados de 2004, los creadores de placas base y sistemas empezaron a reemplazar el AGP 8x por las ranuras de expansión PCI Express x16 en los sistemas de alto rendimiento, y para principios de 2006, la mayoría de las placas base ya incluían ranuras PCI Express x16 en lugar del AGP.

Recursos del sistema

Los recursos del sistema son canales de comunicación, direcciones y otras señales que los dispositivos de hardware utilizan para comunicarse en el bus. En su nivel más bajo, estos recursos suelen incluir los siguientes:

- Direcciones de memoria.
- Canales IRQ (solicitud de interrupción).
- Canales DMA (acceso directo a memoria).
- Direcciones de puerto E/S.

Muchos componentes del sistema necesitan y utilizan estos recursos. Las tarjetas adaptadoras los necesitan para comunicarse con el sistema y lograr sus fines, aunque no todas las tarjetas adaptadoras requieren los mismos recursos. Un puerto serie de comunicaciones, por ejemplo, necesita un canal IRQ y una dirección de puerto E/S, mientras que una tarjeta de sonido necesita lo mismo más un canal DMA como mínimo.

A medida que ha aumentado la complejidad de los sistemas, también han aumentado las probabilidades de conflictos de recursos. El problema de la configuración llegó a su punto álgido a principios de los noventa, cuando la configuración manual era lo habitual. Por aquel entonces, Microsoft e Intel desarrollaron una tecnología denominada *Plug and Play* (PnP), que permitía la detección, administración y configuración automática de hardware, la mayoría de las veces sin intervención del usuario. Windows 95 fue el primer sistema operativo para PC compatible con PnP, y cuando salió la mayor parte del hardware empezó a soportar el estándar PnP. Plug and Play fue después reemplazada por la ACPI (*Advanced Configuration and Power Interface*, Configuración avanzada e interfaz de potencia), que combinaba configuración de dispositivos y administración de energía en una misma especificación.

Los sistemas modernos con ACPI y buses modernos como PCI y PCI Express raramente tienen problemas al configurar los recursos. En casi todos los casos la configuración será automática y sin problemas.

Interrupciones

Los canales de solicitud de interrupción, o interrupciones de hardware, son utilizados por numerosos dispositivos de hardware para indicar a la placa base que debe cumplirse una solicitud. Es como cuando un estudiante levanta la mano para pedir atención.

Estos canales de interrupción están representados por hilos en la placa base y en los conectores de las ranuras. Cuando se invoca una interrupción concreta, una rutina especial se hace con el control del sistema. Primero guarda todo el contenido del registro de la CPU en una pila y luego dirige el sistema a la tabla de vectores de interrupción. Dicha tabla contiene una lista de las direcciones de memoria correspondientes a los canales de interrupción. Dependiendo de la interrupción invocada, se ejecuta el programa correspondiente a ese canal.

Los punteros de la tabla de vectores señalan a la dirección del controlador de software que sirva para la tarjeta que generó la interrupción. Para una tarjeta de red, por ejemplo, el vector podría apuntar a la dirección de los controladores de red que se hayan cargado para hacer funcionar la tarjeta; para un controlador de disco, el vector puede señalar al código BIOS que hace funcionar el controlador. Una vez que la rutina de software termina de hacer lo que necesitaba la tarjeta, el software de control de la interrupción devuelve el contenido de la pila a los registros de la CPU y el sistema sigue con lo que estuviera haciendo antes de que se produjera la interrupción.

A través de las interrupciones, el sistema puede responder a eventos externos de forma oportuna. Cada vez que un puerto serie presenta un byte al sistema, se genera una interrupción para asegurarse de que el sistema lo lee antes de que llegue otro. Tenga en cuenta que, en algunos casos, un dispositivo de puerto (en concreto, un módem con un chip UART 16550 o superior) podría incorporar un búfer de bytes que permita el almacenamiento de varios caracteres antes de que se genere una interrupción.

Las interrupciones de hardware suelen priorizarse según el número; salvo en contadas excepciones, la interrupción con mayor prioridad tiene el número más bajo. Las interrupciones con prioridad más alta tienen preferencia sobre las que tienen prioridad más baja y las interrumpen. Como resultado, pueden producirse varias interrupciones a la vez en un mismo sistema, anidándose unas en otras.

El bus ISA utiliza detección de interrupciones como flancos, en la que la interrupción se detecta por medio de una señal enviada por un hilo situado en el conector de la ranura. Hay un hilo diferente para cada interrupción de hardware posible. Dado que la placa base no puede reconocer la ranura que contiene la tarjeta que ha utilizado la línea de interrupción, se produce una confusión si más de una tarjeta está configurada para usar una interrupción en particular. Por consiguiente, cada interrupción suele estar designada para un solo dispositivo de hardware. La mayor parte del tiempo, las interrupciones no pueden compartirse.

Originalmente, IBM desarrolló formas de compartir interrupciones en el bus ISA, pero pocos dispositivos seguían las normas para conseguirlo. El bus PCI permite inherentemente compartir interrupciones; de hecho, virtualmente todas las tarjetas PCI están configuradas para compartir la interrupción A en el bus PCI. El verdadero problema es que técnicamente hay dos conjuntos de interrupciones de hardware en el sistema: interrupciones PCI e interrupciones ISA. Para que las tarjetas PCI funcionen en un PC, las interrupciones PCI se asignan primero a las interrupciones ISA, que entonces se configuran como no compartibles. En consecuencia, en muchos casos hay que asignar una interrupción que no sea conflictiva para cada tarjeta, incluso para las tarjetas PCI. El conflicto de asignación de IRQ ISA para interrupciones PCI causó muchos problemas a los primeros usuarios de placas base PCI, y siguió originando conplicaciones incluso después del desarrollo de Windows 95 y su tecnología Plug and Play.

La solución al problema de compartir interrupciones para las tarjetas PCI vino de la mano del control de IRQ, que llevaba más de una década siendo compatible con los sistemas operativos (a partir de Windows 95 OSR 2.x) y BIOS. El control IRQ permite que un sistema operativo con Plug and Play como Windows asigne dinámicamente las tarjetas PCI (casi todas usan PCI INTA#) a interrupciones estándar, y que varias tarjetas PCI se asignen a la misma interrupción.

Las interrupciones de hardware se denominan en ocasiones interrupciones enmascarables, ya que se puede enmascarar o desactivar la interrupción un momento mientras se usa la CPU para otras operaciones críticas. La gestión adecuada y eficiente de las interrupciones para un mejor rendimiento depende de la BIOS del sistema y los programas.

Interrupciones del bus ISA de 8 bits

El PC y XT (sistema basado en la CPU 8086 de 8 bits) ofrece ocho interrupciones de hardware externas diferentes. La tabla 3.75 muestra los usos habituales de estas interrupciones, que están numeradas del 0 al 7.

Tabla 3.75. *Asignación de de interrupciones predeterminada para el bus ISA de 8 bits.*

IRQ	Función	Ranura de bus
0	Temporizador del sistema	No
1	Controlador de teclado	No
2	Disponible	Sí (8 bits)
3	Puerto serie 2 (COM2:)	Sí (8 bits)
4	Puerto serie 1 (COM1:)	Sí (8 bits)
5	Controlador de disco duro	Sí (8 bits)
6	Controlador de disquete	Sí (8 bits)
7	Puerto paralelo 1 (LPT1:)	Sí (8 bits)

Si tiene un sistema con uno de los buses ISA de 8 bits originales, verá que los recursos IRQ proporcionados por el sistema presentan una limitación importante. Instalar varios dispositivos que necesitan los servicios de las IRQ en sistemas de tipo PC/XT puede resultar muy frustrante, ya que la única forma de resolver el problema de la escasez de interrupciones es eliminar la placa adaptadora que menos falta haga.

Interrupciones de los buses ISA, EISA y MCA de 16 bits

La aparición del AT, basado en el procesador 286, vino acompañada de un aumento en la cantidad de interrupciones de hardware externas que soportaría el bus. Esta cantidad se duplicó a 16 al utilizar dos controladores de interrupción Intel 8259 para canalizar las interrupciones generadas por el segundo a través de la IRQ2 sin utilizar en el primer controlador. Este diseño hace que estén disponibles efectivamente sólo 15 asignaciones IQR, y que la IRQ2 sea inaccesible.

Al dirigir todas las interrupciones del segundo controlador IRQ a través de la IRQ2 del primero, se asigna a las nuevas interrupciones un nivel de prioridad anidado entre IRQ1 y IRQ3.

Así, la IRQ15 acaba por tener una prioridad más alta que la IRQ3. La figura 3.54 muestra cómo se conectaron los dos chips 8259 para crear la cascada a través de la IRQ2 en el primer chip.

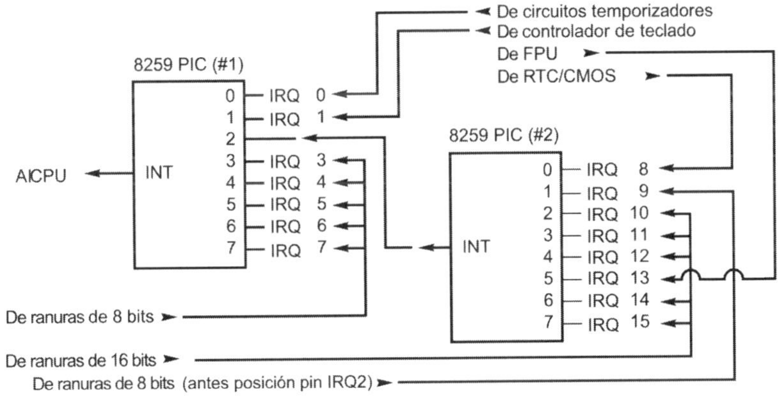

Figura 3.54. *Conexión en cascada del controlador de interrupciones.*

Para evitar problemas con las placas configuradas para utilizar la IRQ2, los diseñadores del sistema AT usaron una de las nuevas direcciones (IRQ9) para rellenar la posición de la ranura que se quedaba abierta tras eliminar la IRQ2. Esto significa que cualquier tarjeta instalada en un sistema moderno que diga estar utilizando la IRQ2 está en realidad usando la IRQ9.

La tabla 3.76 muestra los típicos usos de las interrupciones en los buses ISA de 16 bits y PCI/AGP de 32 bits y lo hace por orden de prioridad, de la más alta a la más baja. Los obsoletos buses EISA y MCA utilizaban una asignación de IRQ similar.

Tabla 3.76. *Asignación de interrupciones predeterminada para ISA/PCI/AGP de 16/32 bits.*

IRQ	Función estándar	Ranura de bus	Tipo de tarjeta	Uso recomendado
0	Temporizador del sistema	No	—	—
1	Controlador de teclado	No	—	—
2	Cascada del segundo controlador IRQ	No	—	—
8	Reloj en tiempo real	No	—	—
9	Disponible (como IRQ2 o IRQ9)	Sí	8/16 bits	Tarjeta de red.
10	Disponible	Sí	16 bits	USB.
11	Disponible	Sí	16 bits	Adaptador de *host* SCSI.
12	Puerto para ratón /Disponible	Sí	16 bits	Puerto para ratón.
13	Coprocesador matemático	No	—	—
14	IDE principal	Sí	16 bits	IDE principal (discos duros).
15	IDE secundaria	Sí	16 bits	IDE secundaria (CD-ROM/Cinta).
3	Serie 2 (COM2:)	Sí	8/16 bits	COM2:/Módem interno.
4	Serie 1 (COM1:)	Sí	8/16 bits	COM1:
5	Sonido/Paralelo 2 (LPT2:)	Sí	8/16 bits	Tarjeta de sonido.
6	Controlador de disquete	Sí	8/16 bits	Controlador de disquete.
7	Paralelo 1 (LPT1:)	Sí	8/16 bits	LPT1:

Observe que las interrupciones 0, 1, 2, 8 y 13 no están en los conectores del bus ni son accesibles para las tarjetas adaptadoras. Las interrupciones 8, 10, 11, 12, 13, 14 y 15 proceden del segundo controlador de interrupciones y sólo son accesibles para las placas que utilizan el conector de extensión de 16 bits porque es ahí dónde están situados estos hilos. La IRQ9 se reconecta a la ranura de 8 bits en lugar de la IRQ2, así que la sustituye y está disponible para las tarjetas de 8 bits, que la tratan como si fuera la IRQ2.

> ***Nota:*** *Aunque el bus ISA de 16 bits tiene el doble de interrupciones que el de 8, es posible quedarse sin interrupciones disponibles, ya que solamente los adaptadores de 16 bits pueden usar la mayoría de las interrupciones nuevas. Cualquier adaptador PCI de 32 bits puede asignarse a cualquier IRQ ISA.*

Las líneas IRQ adicionales del sistema ISA de 16 bits no son de gran ayuda a menos que las placas adaptadoras que se vaya a usar permitan configurarlas para una de las IRQ sin utilizar. Algunos dispositivos están diseñados para usar solamente una IRQ en particular, y algunos de los primeros adaptadores ISA de 16 bits no estaban diseñados para utilizar IRQ de 16 bits (9–15). Si hay un dispositivo que ya use esa IRQ, debemos resolver el conflicto antes de instalar el segundo adaptador. Si ninguno de los adaptadores permite una reconfiguración del uso de IRQ, es muy probable que no podamos usar los dos dispositivos en el mismo sistema.

Interrupciones PCI

El bus PCI soporta interrupciones de hardware (IRQ) que pueden usar los dispositivos PCI para indicarle que necesitan atención. Las cuatro interrupciones PCI son INTA#, INTB#, INTC# y INTD#. Estas interrupciones INTx# distinguen niveles, lo que significa que la señalización eléctrica permite que se compartan entre varias tarjetas PCI. De hecho, todos los chips PCI de una sola función o un solo dispositivo o las tarjetas que usan únicamente una interrupción deben usar la INTA#. Es una de las reglas de la especificación PCI. Si hay dispositivos adicionales en un chip o en una tarjeta, pueden usar de INTB# a INTD#. Puesto que hay muy pocos chips o placas PPCI multifunción, prácticamente todos los dispositivos del bus PCI comparten la INTA#.

Para que el bus PCI funcione en un PC, las interrupciones PCI deben asignarse a interrupciones ISA. Ya que las interrupciones ISA no pueden compartirse, en la mayoría de los casos cada tarjeta PCI que utilice INTA# en el bus PCI debe asignarse a una interrupción ISA diferente. Por ejemplo, en un sistema con cuatro ranuras PCI y cuatro tarjetas PCI instaladas que utilicen la interrupción PCI INTA#, habría que asignar cada tarjeta a una solicitud de interrupción ISA disponible, como IRQ9, IRQ10, IRQ11 o IRQ5 en la mayoría de los casos.

Encontrar una IRQ exclusiva para cada dispositivo en los buses ISA y PCI siempre ha sido un problema; sencillamente no hay suficientes para todo. Nunca ha sido posible configurar dos dispositivos ISA para la misma IRQ (el conocido como uso compartido de IRQ4 por COM1/3 e IRQ3 por COM2/4 no permitía que ambos puertos COM funcionasen al mismo tiempo), pero en los sistemas más modernos podría ser posible compartir IRQ entre varios dispositivos PCI.

Las BIOS más recientes y los sistemas operativos con Plug and Play soportan una función conocida como control IRQ, que es imprescindible para que esto funcione. Las BIOS más antiguas y los sistemas operativos Windows 95 o 95A y anteriores no soportan el control IRQ.

Controlador de interrupciones programable avanzado

Como reemplazo para el par tradicional de controladores de interrupción 8259, Intel desarrolló el Controlador de interrupciones programable avanzado (APIC, *Advanced Programmable Interrupt Controller*) a mediados de los noventa. Aunque todos los procesadores a partir del Pentium original contienen un APIC, éste también debe estar presente en el *chipset* de la placa base, y la BIOS y el sistema operativo deben soportarlo. Las placas base más modernas soportan el APIC, y también lo hacen todas las versiones de Windows a partir de Windows 2000. En algunos sistemas se puede habilitar o deshabilitar el soporte APIC desde la BIOS, pero en la mayoría está habilitado permanentemente.

El APIC ofrece soporte para procesadores múltiples, pero también se usa en equipos con un solo procesador. El principal beneficio del APIC para un único procesador es el soporte para IRQ PCI virtuales por encima de 15. La mayoría de las implementaciones de APIC soportan IRQ virtuales hasta 24. Aunque Windows 2000 tiende a colocar las IRQ PCI en el rango ISA tradicional de 0–15, incluso cuando el APIC está habilitado, Windows XP y más recientes hacen uso completo de los servicios APIC cuando se instalan en un equipo que lo tiene habilitado.

A partir de Windows XP, el APIC limita el uso compartido de las IRQ para permitir que los dispositivos funcionen mejor y con menos conflictos. Por ejemplo, en un sistema normal con el APIC habilitado, las IRQ PCI se asignan así:

- **IRQ 16:** Sonido integrado/Gráficos AGP (compartida).
- **IRQ 17:** Controlador USB 1.1 de tarjeta agregado (no compartida).
- **IRQ 18:** Controlador USB 1.1 de tarjeta agregado (no compartida).
- **IRQ 19:** Adaptador Ethernet 10/100/ Controlador USB 2.0 de tarjeta agregado (compartido).
- **IRQ 21:** Controladores USB 1.1 integrados (3)/ Controlador USB 2.0 de tarjeta integrado (compartido).

Las IRQ ISA tradicionales (0–15) del sistema del ejemplo sirven solamente para dispositivos ISA, evitándose así conflictos IRQ ISA-PCI.

Nota: *El APIC debe estar habilitado en la BIOS del sistema para poder instalar ediciones x64 de Windows.*

Conflictos IRQ

Uno de los conflictos IRQ más habituales en los sistemas antiguos se produce entre el puerto COM2: integrado en la mayoría de las placas base modernas y un módem interno ISA (basado en tarjeta). El problema surge porque los auténticos módem basados en tarjeta (no los conocidos como WinModems, que están basados en software) incorporan un puerto serie como parte de la circuitería de la tarjeta. Este puerto serie está configurado por defecto como COM2: y el PC interpreta que hay dos puertos COM2:, que utilizan la misma IRQ y los mismos recursos de dirección de puerto E/S.

La solución es fácil. Entre en BIOS Setup y deshabilite el puerto COM2: integrado en el sistema. Y ya que está ahí, podría deshabilitar también el puerto COM1:, puesto que no es muy probable que lo use. Deshabilitar puertos COMx: que no se utilizan es la mejor forma de liberar un par de IRQ para otros dispositivos.

Una forma sencilla de comprobar la configuración de interrupciones es utilizar el Administrador de dispositivos de Windows. Al hacer doble clic en el icono de propiedades del equipo aparece una lista concisa de los recursos del sistema utilizados. Microsoft también incluyó un programa en Windows 98 y posteriores denominado Información del sistema (MSinfo32), que ofrece un informe detallado sobre el sistema.

Para proporcionar el mayor número posible de interrupciones no compartidas a un sistema reciente sin ranuras ISA, siga estos pasos en el BIOS del sistema:

1. Deshabilite cualquier puerto heredado no utilizado. Por ejemplo, si usa puertos USB en vez de puertos serie y paralelos, deshabilite los últimos. Así puede liberar hasta tres IRQ.
2. Seleccione las IRQ liberadas en el paso anterior como disponibles para PCI/PnP. Dependiendo de la BIOS, la pantalla en la que se hace podría ser PnP/PCI Resource Exclusion (Exclusión de recursos PnP/PCI) o PnP/PCI Configuration (Configuración PnP/PCI).
3. Habilite la opción Enable the Reset Configuration Data (Permitir el restablecimiento de datos de configuración) para que se borren las tablas de enrutamiento IRQ del CMOS.
4. Guarde los cambios y salga del programa de configuración del BIOS.

Canales DMA

Los canales de acceso directo a memoria (DMA, *Direct Memory Access*) son para dispositivos de comunicación que deben enviar y recibir información a alta velocidad. Un puerto serie o paralelo no usa un canal DMA, pero sí suele hacerlo una tarjeta de sonido basada en ISA o un adaptador SCSI. Los canales DMA pueden compartirse si los dispositivos no tienen que funcionar simultáneamente. Por ejemplo, un adaptador de red y un adaptador de cinta de copia de seguridad pueden compartir el canal DMA 1, pero no se puede hacer una copia de seguridad si está funcionando la red. Para poder hacer copias de seguridad y operaciones de red al mismo tiempo, cada adaptador debe utilizar un canal DMA exclusivo.

Nota: *Hay muchos tipos de DMA en un PC moderno. Los canales DMA tratados en este apartado incluyen el bus ISA. Otros buses, como el ATA/IDE que utilizan los discos duros, tienen distintos usos DMA. Los canales DMA tratados aquí no incluyen a las unidades ATA/IDE, incluso aunque estén configuradas para transferencias DMA o Ultra DMA.*

Canales DMA del bus ISA de 8 bits

En el bus ISA de 8 bits hay cuatro canales DMA que soportan transferencias de datos de alta velocidad entre los dispositivos de E/S y la memoria. Tres de ellos están a disposición de las ranuras de expansión.

La tabla 3.77 muestra los típicos usos de estos canales.

Tabla 3.77. *Asignación de canales DMA predeterminada para ISA de 8 bits.*

DMA	Función estándar	Ranura de bus
0	Actualización de RAM dinámica	No
1	Disponible	Sí (8 bits)
2	Controlador de disquete	Sí (8 bits)
3	Controlador de disco duro	Sí (8 bits)

Dado que la mayoría de los sistemas suelen incluir disquetera y disco duro, sólo hay disponible un canal DMA en los sistemas ISA de 8 bits.

Canales DMA del bus ISA de 16 bits

Desde la aparición de la CPU 286, el bus ISA soporta ocho canales DMA, con 7 disponibles para ranuras de expansión. Igual que las líneas IRQ expandidas comentadas anteriormente, los canales DMA adicionales se crearon conectando en cascada un segundo controlador DMA al primero.

El canal DMA 4 sirve para conectar los canales 0–3 al microprocesador. Estos canales están disponibles para transferencias de 8 bits, y los canales 5–7 para transferencias de 16 bits.

La tabla 3.78 muestra los usos habituales de los canales DMA.

Tabla 3.78. *Asignación de canales DMA predeterminada para ISA de 16 bits.*

DMA	Función estándar	Ranura de bus	Tipo de tarjeta	Transferencia	Uso recomendado
0	Disponible	Sí	16 bits	8 bits	Sonido.
1	Disponible	Sí	8/16 bits	8 bits	Sonido.
2	Controlador de disquete	Sí	8/16 bits	8 bits	Controlador de disquete.
3	Disponible	Sí	8/16 bits	8 bits	LPT1: en modo ECP.
4	Cascada de primer controlador DMA	No	—	16 bits	—
5	Disponible	Sí	16 bits	16 bits	Sonido.
6	Disponible	Sí	16 bits	16 bits	Disponible.
7	Disponible	Sí	16 bits	16 bits	Disponible.

Observe que los adaptadores PCI no utilizan estos canales DMA ISA; éstos son sólo para tarjetas ISA. Sin embargo, algunas tarjetas PCI emulan el uso de estos canales DMA para funcionar con software antiguo.

El único canal DMA estándar utilizado en todos los sistemas es el DMA 2, empleado universalmente por el controlador de disquetes. El DMA 4 no puede usarse y no aparece en las ranuras del bus. Los DMA 1 y 5 son los más habituales para las tarjetas de sonido ISA, como la Sound Blaster 16, o nuevas tarjetas de sonido PCI que emulan a las antiguas por cuestiones de compatibilidad. Estas tarjetas usan canales DMA de 8 y 16 bits para transferencias de alta velocidad. El DMA 3 se usa cuando un puerto paralelo está configurado para funcionar en modo ECP o EPP/ECP. Algunos sistemas no estándar, como los antiguos ordenadores Packard Bell, utilizan el DMA 1 en vez del DMA 3 para el puerto paralelo por defecto.

No obstante, se puede configurar un bloque puente en la placa base de muchos de estos sistemas para utilizar el DMA 3 para el puerto paralelo y evitar conflictos con las tarjetas de sonido que usan DMA 1.

Nota: *Aunque el canal DMA 0 aparece en una extensión del conector de ranura de 16 bits y por lo tanto puede usarlo sólo una tarjeta de 16 bits, únicamente realiza transferencias de 8 bits. Es por esto que por lo general no es la mejor opción para las tarjetas de 16 bits. La mayor parte de estas tarjetas (como los adaptadores de* host *SCSI) que usan canales DMA tienen las opciones limitadas a DMA 5-7.*

Direcciones de puerto de E/S

Los puertos de E/S del ordenador permiten la comunicación entre los dispositivos y el software del sistema. Son como canales de radio de dos direcciones. Si quiere hablar con el puerto serie, tendrá que saber en qué puerto de E/S está escuchando.

Del mismo modo, para recibir datos del puerto serie, hay que escuchar el canal en el que está transmitiendo.

A diferencia de lo que ocurría con las IRQ y los canales DMA, nuestros sistemas tienen muchos puertos de E/S, concretamente 65.536 numerados de 0000h a FFFFh, que es una característica del diseño de procesador Intel x86. Incluso aunque la mayoría de los dispositivos utilicen hasta ocho puertos cada uno, habiendo tantos es poco probable que falten. El mayor problema del que hay que preocuparse es la configuración de dos dispositivos para que usen el mismo puerto.

La mayoría de los sistemas modernos con Plug and Play resuelven los conflictos de puerto y seleccionan puertos alternativos para uno de los dispositivos en conflicto.

Un asunto que resulta confuso es que los puertos I/O están designados por direcciones hexadecimales similares a las de memoria, pero no son memoria, sino puertos. La diferencia es que cuando enviamos datos a la dirección de memoria 1000h, se almacenan en la memoria SIMM o DIMM, mientras que si enviamos datos a la dirección de puerto de E/S 1000h, se envía al bus en ese "canal" y cualquiera que esté escuchando podría "oírlos". Si no hay nadie escuchando en esa dirección, los datos llegan al final del bus y los absorben los resistores de terminación del bus.

Los programas controladores son principalmente lo que interactúa con los dispositivos y las distintas direcciones de puerto. El controlador debe saber qué puerto usa el dispositivo para trabajar con él y viceversa, lo cual no suele ser un problema, ya que controlador y dispositivo vienen de la misma empresa.

Los dispositivos de la placa base y el *chipset* suelen estar configurados para usar las direcciones de puerto de E/S 0h–FFh, y los demás dispositivos utilizan 100h–FFFFh. La tabla 3.79 muestra un resumen del uso habitual de puertos de E/S basados en placa base y *chipset*.

Tabla 3.79. *Direcciones de puerto para dispositivos basados en la placa base y en el chipset.*

Dirección (Hex)	Tamaño	Descripción
0000–000F	16 bytes	Chipset – 8237 DMA 1.
0020–0021	2 bytes	Chipset – 8259 controlador de interrupción 1.
002E–002F	2 bytes	Registros de configuración de controlador Súper E/S.
0040–0043	4 bytes	Chipset – Contador/Temporizador 1.
0048–004B	4 bytes	Chipset – Contador/Temporizador 2.
0060	1 byte	Byte controlador de teclado/ratón – restablecer IRQ.
0061	1 byte	Chipset – NMI, control altavoz.
0064	1 byte	Controlador ratón /teclado, byte CMD/STAT.
0070, bit 7	1 bit	Chipset – Habilitar NMI.
0070, bits 6:0	7 bits	MC146818 – Reloj tiempo real, dirección.
0071	1 byte	MC146818 – Reloj tiempo real, datos.
0078	1 byte	Reservado – Configuración de placa.
0079	1 byte	Reservado – Configuración de placa.
0080–008F	16 bytes	Chipset – registros de página DMA.
00A0–00A1	2 bytes	Chipset – 8259 controlador de interrupción 2.
00B2	1 byte	Puerto de control APM.
00B3	1 byte	Puerto de estado APM.
00C0–00DE	31 bytes	Chipset – 8237 DMA 2.
00F0	1 byte	Error numérico de restablecimiento de coprocesador matemático.

Para averiguar qué direcciones de puerto exactamente se están usando en su equipo, consulte la documentación de la placa o mire la configuración en el Administrador de dispositivos de Windows.

Los dispositivos basados en bus suelen usar las direcciones de la 100h en adelante. La tabla 3.80 muestra las direcciones de los dispositivos basados en bus y de algunas tarjetas adaptadoras habituales con su configuración correspondiente.

Tabla 3.80. *Direcciones de puerto para dispositivos basados en bus.*

Dirección (Hex)	Tamaño	Descripción
0168–016F	8 bytes	Cuarta interfaz ATA.
0170–0177	8 bytes	Interfaz ATA secundaria.
01E8–01EF	8 bytes	Tercera interfaz ATA.
01F0–01F7	8 bytes	Principal interfaz ATA.
0200–0207	8 bytes	Puerto de juegos o adaptador de *joystick*.
0210–0217	8 bytes	Chasis de expansión IBM XT.
0220–0233	20 bytes	Audio Creative Labs Sound Blaster 16 (predeterminado).
0240–0253	20 bytes	Audio Creative Labs Sound Blaster 16 (alternativo).
0260–0273	20 bytes	Audio Creative Labs Sound Blaster 16 (alternativo).
0270–0273	4 bytes	Puertos de lectura E/S Plug and Play.
0278–027F	8 bytes	Puerto paralelo 2 (LPT2).
0280–0293	20 bytes	Audio Creative Labs Sound Blaster 16 (alternativo).
02E8–02EF	8 bytes	Puerto serie 4 (COM4).
02EC–02EF	4 bytes	Puertos estándar vídeo, 8514 o ATI.
02F8–02FF	8 bytes	Puerto serie 2 (COM2).
0300–0301	2 bytes	Puerto MIDI MPU-401 (secundario).
0320–0323	4 bytes	Controlador de disco duro XT (8 bits).
0330–0331	2 bytes	Puerto MIDI MPU-401 (predeterminado).
0366	1 byte	Cuarto puerto de comandos ATA.
0367, bits 6:0	7 bits	Cuarto puerto de estado ATA.
0370–0375	6 bytes	Controlador de disquetes secundario.
0376	1 byte	Puerto de comandos ATA secundario.
0377, bit 7	1 bit	Cambio de disco de controlador de disquete secundario.
0377, bits 6:0	7 bits	Puerto de estado ATA secundario.
0378–037F	8 bytes	Puerto paralelo 1 (LPT1).
0388–038B	4 bytes	Audio – sintetizador FM.
03B0–03BB	12 bytes	Puertos estándar vídeo, Mono/EGA/VGA.

Dirección (Hex)	Tamaño	Descripción
03BC–03BF	4 bytes	Puerto paralelo 1 (LPT1) en algunos sistemas.
03BC–03BF	4 bytes	Puerto paralelo 3 (LPT3).
03C0–03CF	16 bytes	Puertos estándar vídeo, EGA/VGA.
03D0–03DF	16 bytes	Puertos estándar vídeo, CGA/EGA/VGA.
03E6	1 byte	Tercer puerto de comandos ATA.
03E7, bits 6:0	7 bits	Tercer puerto de estado ATA.
03E8–03EF	8 bytes	Puerto serie 3 (COM3).
03F0–03F5	6 bytes	Controlador de disquetes principal.
03F6	1 byte	Puerto de comandos ATA principal.
03F7, bit 7	1 bit	Cambio de disco de controlador de disquetes principal.
03F7, bits 6:0	7 bits	Puerto de estado ATA principal.
03F8–03FF	8 bytes	Puerto serie 1 (COM1).
04D0–04D1	2 bytes	Controlador de interrupción PCI como flanco.
0530–0537	8 bytes	Sistema de sonido de Windows (predeterminado).
0604–060B	8 bytes	Sistema de sonido de Windows (alternativo).
0678–067F	8 bytes	LPT2 en modo ECP.
0778–077F	8 bytes	LPT1 en modo ECP.
0CF8–0CFB	4 bytes	Registros de dirección de configuración PCI.
0CF9	1 byte	Registro de control de restablecimiento y Turbo.
0CFC–0CFF	4 bytes	Registros de datos de configuración PCI.
FF00–FF07	8 bytes	Registros maestros de bus ATA.
FF80–FF9F	32 bytes	Bus serie universal.
FFA0–FFA7	8 bytes	Registros maestros de bus ATA principales.
FFA8–FFAF	8 bytes	Registros maestros de bus ATA secundarios.

Para averiguar lo que están utilizando exactamente sus dispositivos, le remito de nuevo a la documentación del dispositivo o bien al Administrador de dispositivos de Windows. Tenga en cuenta que la documentación de algunos dispositivos podría incluir solamente las primeras direcciones en lugar del rango completo de direcciones de puerto de E/S utilizadas.

Casi todos los dispositivos de los buses del sistema utilizan direcciones de puerto de E/S. La mayoría están bastante estandarizadas, por lo que no suelen darse conflictos con estas configuraciones.

Resolución de conflictos de recursos

Los recursos de un sistema son limitados, mientras que, desafortunadamente, la demanda de los mismos parece ilimitada. A medida que añadimos tarjetas adaptadoras al sistema, vemos que aumentan las posibilidades de que se produzcan conflictos de recursos. Si el sistema es compatible con PnP, estos conflictos deberían resolverse automáticamente, pero a menudo no lo hacen.

¿Cómo se sabe si hay un conflicto de recursos? Normalmente, alguno de los dispositivos deja de funcionar, aunque los conflictos de recursos pueden manifestarse de otras formas. Cualquiera de estos sucesos es síntoma de un conflicto de recursos:

- Un dispositivo transfiere datos mal.
- El sistema se bloquea con frecuencia.
- La tarjeta de sonido no suena bien.
- El ratón no funciona.
- Aparece una fragmentación en el monitor de vídeo sin razón aparente.
- La impresora imprime galimatías.
- No se puede formatear un disquete.
- El PC se inicia en Modo seguro (Windows 9x/Me) o sólo se inicia con la última configuración buena conocida (Windows 2000 y más recientes).

Windows también muestra conflictos destacando un dispositivo en rojo o amarillo en el Administrador de dispositivos. Con esta herramienta, suele encontrarse el conflicto rápidamente.

> ***Truco:*** *Los puertos serie, PS/2 de ratón y paralelos que todavía se encuentran en muchos sistemas recientes son dispositivos ISA que no pueden compartir las IRQ. Si ya no utiliza estos puertos, puede usar las IRQ de esos dispositivos para otros, con estos pasos:*
>
> - *Deshabilite el puerto sin usar en la BIOS del sistema.*
> - *Configure la BIOS del sistema para que utilice para la configuración PnP la IRQ anteriormente usada por el dispositivo (en algunos sistemas este paso es automático).*

También ayuda instalar las tarjetas en una secuencia concreta y no todas a la vez. Modificar la secuencia de instalación suele ser bueno porque muchas tarjetas pueden usar sólo una o dos IRQ de una selección específica para cada marca o modelo. Cuando se instala las tarjetas en una secuencia controlada, el software *plug-and-play* puede resolver mejor los conflictos con IRQ provocados por la configuración predeterminada de las distintas tarjetas.

Para empezar recomiendo una configuración mínima con solamente la tarjeta gráfica, memoria y unidades de almacenamiento. Así hay menos posibilidades de que se produzcan conflictos en la configuración inicial. Si la placa base venía con controladores específicos para el *chipset* u otras características integradas en la placa, ahora es el momento de cargarlas o instalarlas.

Complete la configuración de todos los dispositivos integrados antes de instalar otras tarjetas o dispositivos externos.

Una vez configurado el sistema básico (y ejecutado con éxito el sistema operativo y cualquier actualización o parche), puede empezar a añadir dispositivos de uno en uno en un orden específico. De ese modo, podrá apagar, instalar el dispositivo, encender y proceder a instalar cualquier controlador necesario y configurar el dispositivo. Probablemente tenga que reiniciar el sistema tras completar la configuración.

Truco: *A veces aconsejo entrar en el Administrador de dispositivos entre instalación e instalación e imprimir la configuración tal cual está en cada momento. Así, tenemos un registro de los cambios de configuración durante todo el proceso de instalación.*

He aquí la secuencia de carga de tarjetas adicionales:

1. Tarjeta de sonido.
2. Módem interno o externo.
3. Tarjeta de red.
4. Dispositivos de vídeo auxiliares, como decodificadores MPEG, aceleradores de 3D, etc.
5. Adaptador SCSI.
6. Cualquier otra.

Normalmente, si sigue esta secuencia de configuración controlada del sistema el resultado será una integración más fácil, con menos conflictos y configuraciones fastidiosas.

Utilización de una plantilla de configuración del sistema

Una plantilla de configuración del sistema es útil porque es más fácil consultar anotaciones que recordar todo de memoria. Yo uso una dividida en tres áreas principales: una para interrupciones, otra para canales DMA, y una zona central para los dispositivos que no usan interrupciones. Cada sección enumera las IRQ o canales DMA a la izquierda y el rango del dispositivo de puerto de E/S a la derecha. Así me hago mejor idea de los recursos que se están utilizando y los que están disponibles en un sistema determinado.

Este tipo de hoja de configuración está basado en el recurso en vez de en los componentes. Cada fila de la plantilla representa un recurso diferente y muestra el componte que utiliza el recurso y los recursos utilizados.

El cuadro tiene ya incluidos los elementos fijos que encontramos en un PC moderno para los que no se debe cambiar la configuración.

Siga estos pasos para rellenar el cuadro:

1. Introduzca los recursos predeterminados utilizados por los componentes estándar, como los puertos serie y paralelos, los controladores de disco, y el vídeo. Puede utilizar el ejemplo ya relleno incluido aquí para ver cómo se configura la mayoría de los dispositivos estándar.
2. Introduzca los recursos utilizados por componentes agregados adicionales, tales como tarjetas de sonido, tarjetas de red, etc. En el caso del hardware PnP, no hay predeterminados reales. Utilice el Administrador de dispositivos de Windows o bien cualquier programa de diagnóstico similar para determinar la configuración del dispositivo.
3. Cambie los elementos de configuración que entren en conflicto. Intente mantener los dispositivos integrados y las tarjetas de sonido con su configuración predeterminada. Puede cambiar la configuración de otros adaptadores instalados, pero asegúrese de documentar todos los cambios.

Naturalmente, lo mejor es usar una plantilla como ésta la primera vez que se instalan los componentes, no después. Una vez rellenada por completo con los datos del sistema, puede etiquetarla y guardarla.

Siempre que tenga que añadir dispositivos, la plantilla le guiará en la configuración ideal de los mismos si tiene que configurarlos manualmente.

Nota: *Gracias a la configuración PnP, las IRQ y otros recursos de hardware fijos ya son agua pasada. No se sorprenda si su sistema asigna IRQ, direcciones de puerto de E/S, o configuraciones DMA diferentes después de instalar una tarjeta nueva. Por eso recomiendo registrar la información antes y después de agregar un nuevo dispositivo al sistema.*
También es conveniente tomar nota de la ranura PCI usada por una tarjeta en particular, ya que algunos sistemas convierten las IRQ PCI en IRQ ISA dependiendo de la ranura a la que se conecte la tarjeta. Además, algunos sistemas emparejan ranuras PCI o la AGP y una PCI, y asignan las tarjetas instaladas en las ranuras pareadas a la misma IRQ ISA. Compruebe la documentación del sistema o la placa base para determinar qué ranuras y dispositivos integrados comparten una IRQ en particular.

Mapa de recursos del sistema

Marca y modelo del PC: ____________________

Número de serie: ____________________

Fecha: ____________________

Interrupciones (IRQ):	Direcciones de puertos E/S:
0 - Circuitos temporizadores ________	040-04B ________
1 - Controlador teclado/ratón ________	060 & 064 ________
2 - 2º controlador 8259 IRQ ________	0A0-0A1 ________
8 - Reloj de tiempo real /CMOS RAM ________	070-071 ________
9 - ________	
10 - ________	
11 - ________	
12 - ________	
13 - Coprocesador matemático ________	0F0 ________
14 - ________	
15 - ________	
3 - ________	
4 - ________	
5 - ________	
6 - ________	
7 - ________	

IRQ virtuales (usadas sólo por dispositivos by PCI)	Canales DMA:
16 - ________	0 - ________
17 - ________	1 - ________
18 - ________	2 - ________
19 - ________	3 - ________
20 - ________	4 - Canal DMA cascada 03 ________
21 - ________	5 - ________
22 - ________	6 - ________
23 - ________	7 - ________
24 - ________	

Dispositivos que no usan interrupciones: ________	Direcciones de puertos E/S:
Puertos estánsar Mono/EGA/VGA ________	3B0-3BB ________
Puertos estándar EGA/VGA ________	3C0-3CF ________
Puertos estándar CGA/EGA/VGA ________	3D0-3DF ________
________	________
________	________
________	________
________	________
________	________

Mapa de recursos del sistema

Marca y modelo del PC: Intel SE440BX-2

Número de serie: 100000

Fecha: 06/09/99

Interrupciones (IRQ):	Direcciones de puertos E/S:
0 - Circuitos temporizadores	040-04B
0 - Circuitos temporizadores	040-04B
1 - Controlador teclado/ratón	060 & 064
2 - 2º controlador 8259 IRQ	0A0-0A1
8 - Reloj tiempo real/CMOS RAM	070-071
9 - Tarjeta SMC EtherEZ Ethernet	340-35F
10 -	
11 - Adapador SCSI Adaptec 1542CF (escáner) 334-337[1]	
12 - Puerto ratón placa base	060 and 064
13 - Coprocesador matemático	0F0
14 - IDE principal (disco duro 1 y 2)	1F0-1F7, 3F6
15 - IDE secundario (CD-ROM/cinta)	170-177, 376
3 - Puerto serie 2 (Módem)	3F8-3FF
4 - Puerto serie 1 (COM1)	2F8-2FF
5 - Audio Sound Blaster 16	220-233
6 - Controlador disquetes	3F0-3F5
7 - Puerto paralelo 1 (Printer)	378-37F

Dispositivos que no usan interrupciones:	Direcciones de puertos E/S:
Puertos estándar Mono/EGA/VGA	3B0-3BB
Puertos estándar Mono/EGA/VGA	3B0-3BB
Puertos estándar EGA/VGA	3C0-3CF
Puertos estándar CGA/EGA/VGA	3D0-3DF
Puertos adicionales para tarjeta de vídeo ATI Mach 64	102,1CE-1CF, 2EC-2EF
Puerto MIDI Sound Blaster 16	330-331
Puerto juegos Sound Blaster 16 (joystick)	200-207
Sintetizador Sound Blaster 16 FM (música)	388-38B

Canales DMA:

0 -

1 - Sound Blaster 16 (DMA 8 bits)

2 - Controlador disquetera

3 - Puerto paralelo 1 (en modo ECP)

4 - Canal DMA cascada 0-3

5 - Sound Blaster 16 (DMA 16 bits)

6 - Adaptador SCSI Adaptec 1542CF[1]

7 -

[1] Representa una configuración de recursos que hubo que cambiar para resolver un conflicto.

Sistemas Plug-and-Play

Plug and Play (PnP) es toda una revolución en la tecnología de interfaz. Apareció por primera vez en el mercado en 1995, y a partir de 1996 la mayoría de placas base y tarjetas adaptadoras empezaron a sacarle partido. Antes de eso, los usuarios del PC se veían obligados a abrirse paso por una pesadilla de conmutadores DIP y puentes cada vez que querían añadir un dispositivo a su sistema. Los resultados más frecuentes eran conflictos de recursos y tarjetas que no funcionaban.

PnP no era un concepto totalmente innovador. Ya era una característica clave en las interfaces MCA y EISA que salieron 10 años antes, pero el limitado atractivo de MCA y EISA supuso que nunca llegara a ser un estándar de la industria. Por tanto, la mayoría de los usuarios de PC tuvieron que seguir preocupándose por las direcciones de E/S, los canales DMA y la configuración IRQ. Los primeros sistemas basados en PCI también utilizaban una suerte de configuración PnP, pero como no había provisión para administrar conflictos entre tarjetas PCI e ISA, muchos usuarios seguían teniendo problemas de configuración.

Pero ahora que PnP es predominante, los usuarios de ordenadores pueden configurar su hardware sin preocupaciones.

Para que PnP funcione, son deseables los siguientes componentes:

- Hardware PnP.
- BIOS PnP.
- Sistema operativo PnP.

Todos estos componentes tienen que ser compatibles con PnP, es decir, cumplir con las especificaciones PnP. Naturalmente, todos los sistemas modernos incluyen estas características.

El componente hardware

El componente hardware se refiere a los sistemas y a las tarjetas adaptadoras. No obstante, el término no implica que no se pueda usar tarjetas adaptadoras ISA más antiguas (conocidas como tarjetas heredadas) en un sistema PnP. Pueden usarse, de hecho, la BIOS PnP asigna automáticamente tarjetas compatibles con PnP a componentes heredados existentes.

Además, muchas tarjetas ISA último modelo pueden pasarse a modo compatible mediante PnP.

Las tarjetas adaptadoras PnP se comunican con la BIOS del sistema y el sistema operativo para transmitir información sobre los recursos del sistema necesarios. A su vez, la BIOS y el sistema operativo resuelven conflictos (siempre que sea posible) e informan a la tarjeta adaptadora de los recursos específicos que debería utilizar.

La tarjeta adaptadora modifica entonces su configuración para utilizar los recursos indicados.

El componente BIOS

El componente BIOS implica que la mayoría de los usuarios de PC anteriores a 1996 tienen que actualizar la BIOS o adquirir equipos nuevos con BIOS PnP. Para que una BIOS sea compatible, tiene que soportar 13 llamadas a funciones de sistema adicionales, que puede usar el componente sistema operativo de un sistema PnP. La especificación de la BIOS PnP se desarrolló conjuntamente por Compaq, Intel y Phoenix Technologies.

Las características PnP de la BIOS se implementan a través de un POST expandido. La BIOS es responsable de la identificación, el aislamiento y la posible configuración de las tarjetas adaptadoras PnP.

Para llevar a cabo estas tareas, la BIOS sigue estos pasos:

1. Deshabilita cualquier dispositivo configurable de la placa base o de las tarjetas adaptadoras.
2. Identifica cualquier dispositivo PnP PCI o ISA.
3. Compila un mapa de asignación de recursos inicial para puertos, IRQ, DMA y memoria.
4. Habilita los dispositivos de E/S.
5. Analiza los ROM de los dispositivos ISA.
6. Configura los dispositivos protocargadores (IPL) que se usarán después para iniciar el sistema.
7. Habilita los dispositivos configurables informándoles de los recursos que tienen asignados.
8. Inicia el cargador de inicio.
9. Transfiere el control al sistema operativo.

El componente sistema operativo

El componente sistema operativo se encuentra en la mayoría de los sistemas operativos modernos desde Windows 95. En algunos casos los fabricantes de sistemas han proporcionado extensiones a los sistemas operativos para su hardware específico. Esto se da especialmente en los sistemas *netbook*. Asegúrese de cargar estas extensiones si están disponibles en su sistema.

Es responsabilidad del sistema operativo el informar a los usuarios de los conflictos que no pueda resolver la BIOS. Dependiendo de la sofisticación del sistema operativo, el usuario podrá entonces configurar las tarjetas oportunas manualmente (en pantalla) o apagar el sistema y configurar conmutadores en las tarjetas físicas. Cuando el sistema se reinicia, se comprueba en busca de conflictos sin resolver (o nuevos), y si se encuentra alguno se informa al usuario. Mediante este proceso repetitivo, se resuelven todos los conflictos del sistema.

> ***Nota:*** *Debido a las revisiones de algunas de las especificaciones Plug and Play, especialmente la especificación ACPI, conviene asegurarse de que se está ejecutando la BIOS y los controladores más actuales para el sistema. Con la ROM flash utilizada en la mayoría de los sistemas PnP, se puede descargar la nueva imagen de la BIOS del distribuidor o fabricante y ejecutar el programa de actualización suministrado.*

Criterios de selección de la placa base (saber lo que se está buscando)

A menudo me piden consejos para compras. Sin orientaciones, muchas personas eligen sin ton ni son, basándose en lo que leen en las revistas o, lo que es peor, en prejuicios personales. Para evitar este proceso de selección azaroso, he elaborado una sencilla lista para elegir una placa base.

Es bueno pensar como un ingeniero a la hora de elegir. Considere cada aspecto y detalle de la placa base en cuestión. Por ejemplo, debería pensar tanto en el uso actual como en futuros usos y actualizaciones.

La ayuda técnica a nivel profesional (en oposición a usuario) es extremadamente importante. Compruebe las descargas de manuales y controladores, ¿son fáciles de encontrar y mantener al día?

La siguiente lista incluye algunos de los criterios más importantes a tener en cuenta cuando se selecciona una placa base:

- **Chipset de la placa base:** El *chipset* es la columna vertebral del sistema y quizá el componente más importante a tener en cuenta. Compare las características de los *chipsets* disponibles para asegurarse de que la placa hará lo que quiere. Por ejemplo, algunos *chipsets* incluyen soporte para memoria más rápida, tarjetas PCIe 2.x, unidades SATA 3Gbps y capacidades RAID opcionales. Yo dedico mucho tiempo a decidir el próximo *chipset* que compraré porque afecta e influye en prácticamente todos los demás componentes del sistema.
- **Zócalo del procesador:** El zócalo del procesador en una placa base dicta las marcas y modelos de procesador específicos que se puede instalar. En la mayoría de los casos se tiene un procesador concreto en mente, así que elija la placa base con un zócalo que soporte el procesador que le gustaría utilizar. Los principales zócalos que se utilizan actualmente en los nuevos sistemas incluyen los Socket AM2 y AM3 para procesadores AMD, y Sockets LGA775, LGA1156 y LGA1366 para procesadores Intel. Consulte la tabla 3.6 (con las especificaciones para zócalo de CPU) para ver los tipos de procesador soportados por cada zócalo. Compruebe también las especificaciones de la placa base para ver qué procesadores específicos soporta una placa base dada.

- **Memoria:** El tipo y la cantidad de memoria compatible con un sistema depende de la placa base elegida. Muchas placas base actuales soportan memoria DDR2 o bien DDR3, en operación en canales simples, dobles o triples. El número de zócalos de memoria, las velocidades soportadas y otras variables también dependen de la placa base, así que compruebe las especificaciones de la placa para ver lo que soporta exactamente.
- **Factor de forma:** El factor de forma nos indica el tamaño y la forma de la placa y debe ser compatible con el chasis o caja y la fuente de energía. Para más flexibilidad, rendimiento, fiabilidad y facilidad de uso, recomiendo placas base basadas en los factores de forma ATX y microATX. Los factores de forma grandes, como ATX, proporcionan más ranuras y espacio para componentes integrados adicionales. También existen variaciones más pequeñas de ATX, pero al final hay que asegurarse de que la placa base es compatible con la caja y la fuente de energía elegidas.
- **Ranuras de bus:** Los sistemas actuales ofrecen entre una y cinco o más ranuras PCI y PCI Express (dependiendo del factor de forma). Algunas placas tienen más de una ranura PCIe x16 (tarjeta de vídeo), que nos interesa si vamos a ejecutar múltiples tarjetas de vídeo en un arreglo SLI o bien CrossFire. Asegúrese de que la placa base tenga el número y tipo de ranuras necesarios.
- **Interfaces ATA integradas:** Todas las placas base en el mercado llevan ya tiempo incluyendo interfaces ATA en serie y paralelas, pero no son todas iguales. Busque placas que incluyan al menos entre cuatro y seis conectores SATA, con soporte para operación a 3Gbps y funcionalidad RAID (opcional).
- **Otras interfaces integradas:** Lo ideal sería que una placa base contuviese tantos controladores e interfaces estándar integrados como fuera posible. La mayoría de las placas integran USB, sonido y LAN (busque las que ofrecen Ethernet gigabit), mientras que otras incluyen además vídeo, FireWire, eSATA, adaptadores LAN dobles, y más.

> ***Truco:*** *Con una corriente sin fin de placas base llegando al mercado, puede que nos cueste encontrar la placa con las características que queremos. Los sitios de venta en línea como NewEgg (*`www.newegg.com`*) pueden ser útiles para saber qué tipos de placa hay disponibles actualmente, pero para una búsqueda más exhaustiva, el motor Motherboard Homeworld's Mobot es el indicado para encontrar placas viejas y nuevas basadas en la elección del factor de forma, la plataforma, el* chipset, *el tipo de CPU, el procesador, el fabricante, el tipo de memoria, los tipos de ranuras, los puertos integrados, etc. Puede utilizarlo en* `www.motherboards.org/`.

- **Documentación:** Es importante tener una buena documentación técnica. Los documentos deberían ser fáciles de descargar del sitio del fabricante y deberían incluir información sobre todos los puentes y conmutadores encontrados en la placa, diagramas de conexión de todos los conectores, especificaciones para otros componentes complementarios, y cualquier otra información de aplicación técnica. La mayoría de los distribuidores proporciona esta información en formato electrónico (en Adobe Reader PDF) desde sus sitios Web, así que puede previsualizar la información disponible para una placa base en concreto antes de comprarla.

- **Soporte técnico:** Un buen soporte técnico en línea debe incluir actualizaciones de la BIOS y controladores fáciles de descargar, preguntas frecuentes, tablas actualizadas de compatibilidad de procesadores y memoria, y utilidades que ayuden a supervisar el estado del sistema. Además, asegúrese de que se puede contactar con el vendedor por teléfono y correo electrónico.

En general, recomiendo comprar placas de fabricantes conocidos, como GIGABYTE, Foxconn o Intel entre otros. Puede que sean un poco más caras, pero las marcas conocidas son más seguras. Quiero decir que cuantas más placas venden, más probabilidades hay de que otros hayan encontrado algún problema y ya esté resuelto cuando la compremos nosotros. Además, si necesitamos mantenimiento o soporte es más probable que podamos seguir contando con las grandes firmas a largo plazo.

Documentación del chipset

Como ya he dicho, la documentación es un factor importante a tener en cuenta cuando se planea comprar una placa base. La mayoría de los fabricantes diseñan sus placas en torno a un *chipset* en particular, que cuenta como el grueso de la circuitería de la placa base. Yo aconsejo descargar las hojas de datos del *chipset* o cualquier otra documentación técnica directamente del sitio del fabricante.

Por ejemplo, una de las cuestiones más habituales que he oído sobre los sistemas se refiere al programa de configuración de la BIOS. La gente quiere saber lo que significan las características de configuración avanzada del *chipset* y qué pasa si las cambian. A menudo, recurren al fabricante de la BIOS pensando que su documentación servirá, pero normalmente se encuentran con que la documentación de la BIOS no cubre las características de configuración del *chipset*. Esta información está en el libro de datos proporcionado por el fabricante del *chipset*. Aunque se supone que estos libros están destinados a los ingenieros que diseñan las placas, contienen información completa y detallada sobre las características del *chipset*, especialmente las que son ajustables. En el libro de datos del *chipset* encontrará una explicación de todos los controles de la sección de configuración avanzada del *chipset* del programa de configuración del BIOS.

Además de las hojas de datos del *chipset* principal, también es aconsejable hacerse con los libros de datos de los demás chips importantes del sistema, que incluyen los chips Súper E/S, controladores SATA y, naturalmente, el procesador principal. Encontrará una cantidad increíble de información sobre estos componentes en las hojas de datos.

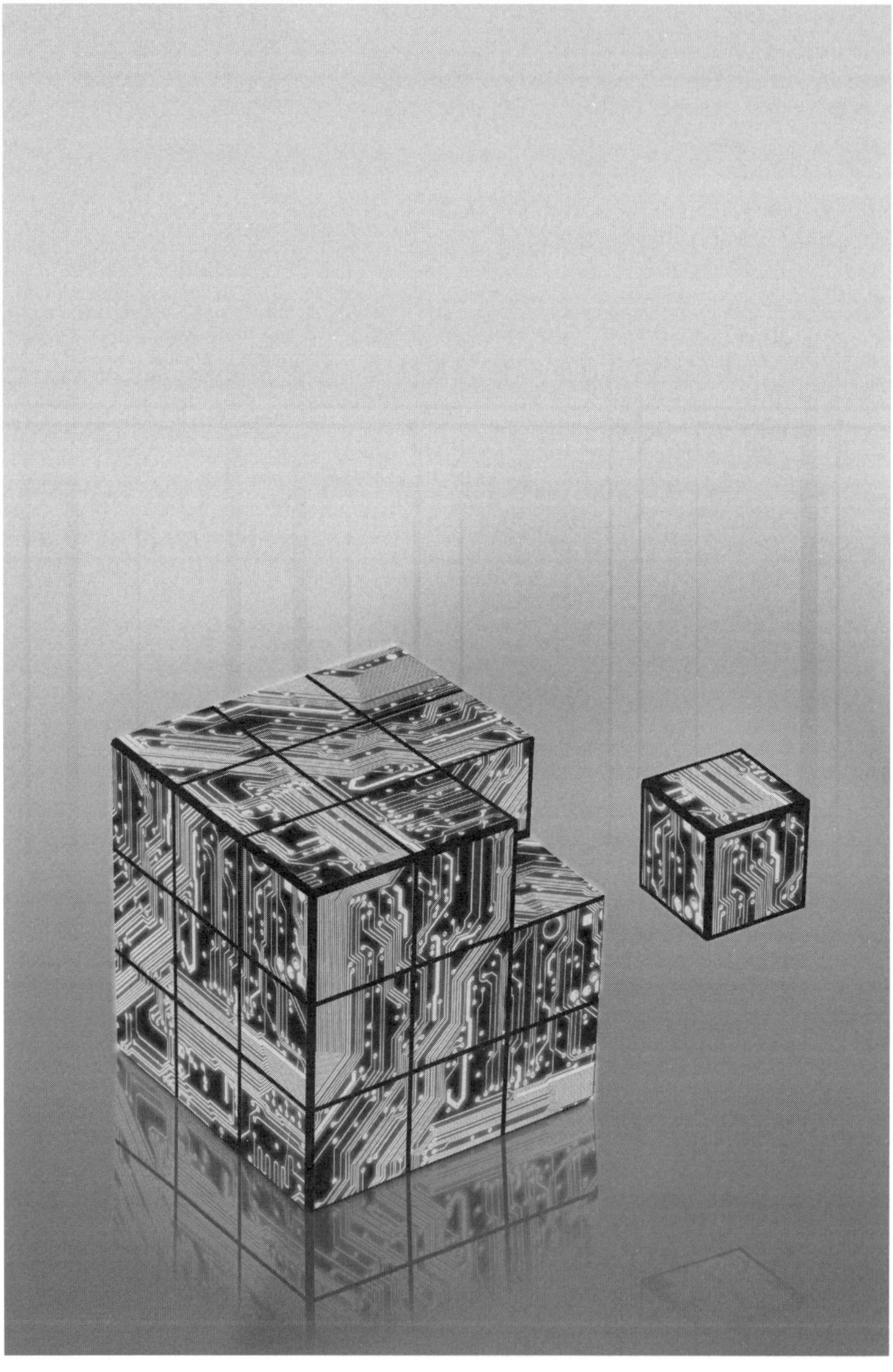

4. BIOS

Fundamentos de la BIOS

A menudo resulta difícil para la gente entender la diferencia entre hardware y software en los PC, ya que ambos están muy entrelazados en el diseño, construcción y operación del sistema. Entender estas diferencias es esencial para comprender el papel de la BIOS.

BIOS se refiere al *basic input/output system* (sistema básico de entrada/salida) que consiste en software de bajo nivel que controla el hardware del sistema y actúa como interfaz entre el sistema operativo y el hardware. La mayoría de la gente conoce la BIOS por otro nombre: controladores de dispositivo, o simplemente controladores. En otras palabras, la BIOS es todos los controladores; es, básicamente, el nexo entre el hardware y el software de un sistema.

La BIOS en sí es software ejecutado en memoria que consta de todos los controladores que conectan el hardware al sistema operativo. Es distinto del software habitual en tanto que una parte se precarga en memoria de sólo lectura (ROM), y el resto se carga en la RAM desde el disco. La BIOS del PC procede de tres fuentes posibles:

- ROM de la placa base.
- ROM de las tarjetas adaptadoras (por ejemplo en una tarjeta de vídeo).
- Cargado en RAM desde el disco (controladores de dispositivo).

Cuando apareció el PC, el software BIOS que contenía todos los controladores de dispositivo del sistema se integró en uno o varios chips de memoria ROM no volátil (es decir, que mantiene los datos incluso cuando se apaga) que se colocaron en la placa base. En esencia, los controladores eran autocontenidos, se precargaban en memoria y eran accesibles siempre que el PC estuviera encendido.

Este chip ROM también contenía un programa de autocomprobación en el encendido (POST, *power-on self test*) y un cargador de inicio. El cargador de inicio estaba diseñado para iniciar la carga de un sistema operativo buscando y cargando el sector de inicio de un disquete o, si no había, un disco duro. Una vez cargado el sistema operativo, podía invocar las rutinas de bajo nivel (controladores de dispositivo) de la BIOS para interactuar con el hardware del sistema. Al principio, todos los controladores de dispositivo necesarios estaban en la BIOS, almacenados en la ROM de la placa base. Esto incluía controladores para el teclado, adaptadores de vídeo MDA/CGA, puertos serie/paralelos, controlador de disquetes, controlador de disco duro, *joystick* y reloj.

Cuando se cargaba el sistema operativo no era necesario cargar un controlador para que interactuase con ese hardware, ya que los controladores ya estaban precargados en la ROM. Aquello funcionaba muy bien, siempre y cuando no se agregase hardware nuevo para el que no hubiese controlador en ROM. Si se agregaba, había dos opciones. Si el hardware en cuestión era una tarjeta adaptadora, dicha tarjeta podía incluir una ROM integrada con todos los controladores de dispositivo necesarios. La ROM de la placa base estaba programada para analizar un área de memoria predeterminada en busca de ROM de tarjetas adaptadoras y si encontraba alguna, se ejecutaba su código, añadiendo su funcionalidad a la BIOS existente. Básicamente, la ROM de la placa base "asimilaba" las ROM de las tarjetas adaptadoras y las añadía a la funcionalidad "colectiva".

Este método de agregar controladores era necesario para elementos como las tarjetas de vídeo, que tenían que funcionar en cuanto se encendiese el ordenador. El código de la BIOS de la ROM de la placa base tenía controladores solamente para las tarjetas de vídeo MDA (*Monochrome Display Adapter*, Adaptador de pantalla monocromo) y CGA (*Color Graphics Adapter*, Adaptador de gráficos a color) de IBM. Si añadías cualquier otra, los controladores de la ROM de la placa base no la soportaban. Pero eso no suponía un problema si la nueva tarjeta disponía de sus propios controladores en una ROM integrada que se unía a la BIOS en cuanto se pulsaba el interruptor de encendido.

Si el dispositivo no tenía una ROM integrada conectada al bus del sistema principal, había otra forma de agregar los controladores necesarios al colectivo de la BIOS. Se creó un esquema según el cual en las primeras fases de inicio, el archivo de inicio de MS-DOS (`IO.SYS`) buscaba un archivo de configuración (llamado `CONFIG.SYS`) que especificase cualquier controlador adicional a cargar para soportar el nuevo hardware. El archivo `CONFIG.SYS` junto con los controladores mencionados en él, se situaba en la unidad de inicio. Al iniciar, el programa `IO.SYS` cargaba los controladores especificados en memoria y los vinculaba al resto de la BIOS, agregando nuevamente su funcionalidad al colectivo. Básicamente, los controladores se cargaban en la RAM a partir del disco y se vinculaban con la BIOS para poder ser invocados cuando fuera necesario.

Llegado ese momento, la BIOS había pasado de estar contenida por completo en la ROM de la placa base a tener controladores adicionales vinculados desde las ROM de las tarjetas adaptadoras, o incluso más controladores todavía vinculados después de cargarse en RAM durante las primeras fases del proceso de inicio. La BIOS estaba ahora formada por programas situados en tres ubicaciones físicas distintas, pero seguía funcionando como un solo ente, ya que todos los programas estaban vinculados mediante la subrutina de la BIOS que llamaba a las interrupciones de sistema de software. El sistema operativo o cualquier aplicación que necesitase comunicarse con un elemento de hardware específico (por ejemplo, leer de la unidad de CD-ROM) invocaba una interrupción de software concreta y entonces, la tabla de vectores de interrupción dirigía la llamada a la parte adecuada de la BIOS (es decir, el controlador específico) para llamar al dispositivo. No importaba si el controlador estaba en el ROM de la placa base, en el de la adaptadora o en la RAM. Por lo que respecta al sistema, la memoria es memoria, y mientras existiese una rutina en una dirección de memoria conocida, podía invocarse.

La combinación de la ROM de la placa base, la ROM de la tarjeta adaptadora y los controladores de dispositivo cargados en la RAM desde el disco contribuía a la BIOS como un todo. La parte de la BIOS contenida en chips ROM, tanto de la placa base como de algunas tarjetas adaptadoras, se denomina *firmware*, que es el nombre que recibe el software almacenado en chips ROM en vez de en un disco. Evidentemente, una vez apagado el sistema, los controladores de la ROM no volátil permanecían intactos, pero los de la RAM volátil desaparecían instantáneamente. Eso no era un problema, empero, ya que cuando se volvía a encender el equipo, volvía a pasar por el proceso de inicio cargando los controladores necesarios otra vez.

A medida que evolucionaba el PC, se añadían más y más accesorios y nuevo hardware a los sistemas, lo que implicaba tener que cargar cada vez más controladores para soportarlos. Agregar controladores nuevos a la ROM de la placa base era difícil porque los chips ROM eran bastante fijos (difíciles de modificar) y el espacio disponible era limitado. La arquitectura del PC permitía tan sólo 128KB para la ROM de la placa base y la mayor parte estaba ya siendo utilizada por los controladores existentes, el POST, el programa de configuración y, naturalmente, el cargador de inicio. Poner controladores en la ROM de una tarjeta adaptadora también era caro, y solamente se asignaba 128KB para todas las ROM de las tarjetas adaptadoras, por no mencionar que la tarjeta de vídeo se llevaba ya 32KB. Así pues, muchas empresas que desarrollaban hardware nuevo para el PC simplemente escribían controladores diseñados para cargarse en RAM durante el proceso de inicio.

Con el tiempo, eran cada vez más los controladores cargados desde el disco, llegando en algunos casos a reemplazar a los de la placa base. Por ejemplo, Windows 95 introdujo un nuevo controlador de disco duro que utilizaba código de 32 bits que suprimía el controlador de 16 bits existente en la ROM de la placa base. En otras palabras, el controlador de disco duro de 16 bits de la ROM de la placa base se usaba para cargar el sistema operativo y otros controladores y, tras cargarse el controlador de 32 bits en RAM durante el proceso de inicio, la tabla de vectores cambiaba para señalar al controlador de 32 bits de la RAM en vez de al de 16 bits de la ROM. Windows 95, 98 y Me permitían el uso de ambos controladores, lo que facilitó la transición a la operación de 32 bits.

Cuando se ejecutan versiones modernas de Windows de 32 y 64 bits, se cargan los controladores correspondientes de 32 y 64 bits desde el disco para reemplazar a todos los de la ROM de la placa base. Los sistemas operativos modernos no pueden usar ninguno de los controladores de 16 bits de la ROM de la placa base o de cualquier tarjeta adaptadora, deben usar sólo controladores de 32 o 64 bits, dependiendo de la versión. El código de 16 bits de la ROM de la placa base solamente sirve para que el sistema funcione hasta que se cargan el sistema operativo y los controladores, que toman el control a partir de ese momento. Dicho de otro modo, una vez que Windows está cargado, la BIOS (es decir, todos los controladores) reside esencialmente en la RAM. La ROM de la placa base existe sólo para iniciar el sistema y cierto hardware, para ofrecer seguridad en forma de contraseñas de inicio y para llevar a cabo una configuración inicial básica. Una vez que se carga el sistema operativo, toma el control un nuevo conjunto de controladores.

Un sistema PC puede describirse como una serie de capas, algunas de hardware y otras de software, que se interconectan. Simplificando, se puede descomponer un PC en cuatro capas principales que a su vez pueden dividirse en subconjuntos. La figura 4.1 muestra las cuatro capas de un PC típico.

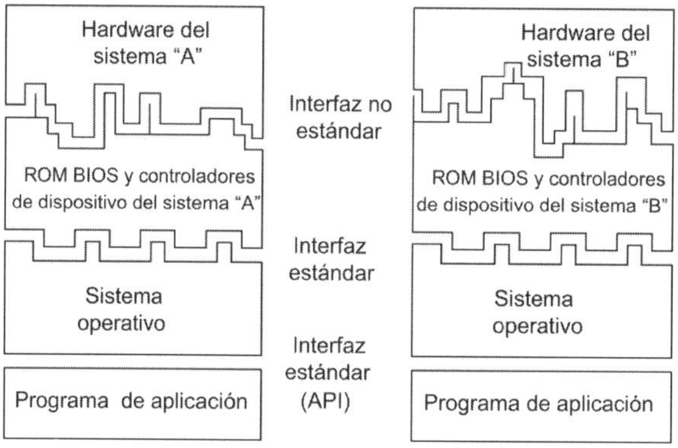

Figura 4.1. *Capas de un sistema PC.*

En esta arquitectura en capas, los programas de software de aplicación se comunican con el sistema operativo a través de la denominada API (*Application Programming Interface*, Interfaz de programación de aplicación). La API varía según el sistema operativo que se utilice y consiste en varios comandos y funciones que puede ejecutar el sistema operativo para una aplicación. Por ejemplo, una aplicación puede llamar al sistema operativo para abrir o guardar un archivo. De ese modo, dicha aplicación no tiene que saber leer el disco, enviar datos a una impresora o realizar cualquier otra función de la que puede ocuparse el sistema operativo. Dado que la aplicación está completamente aislada del hardware, es posible ejecutar las mismas aplicaciones en distintos equipos; la aplicación está diseñada para comunicarse con el sistema operativo más que con el hardware.

El sistema operativo conecta o habla con la BIOS o capa de controladores. La BIOS consta de todos los programas controladores individuales que operan entre el sistema operativo y el hardware. Como tal, el sistema operativo nunca habla directamente con el hardware, sino que pasa por los controladores apropiados, lo que proporciona una forma consistente de comunicar con el hardware. Normalmente es responsabilidad del fabricante del hardware el proporcionar controladores para su producto. Puesto que los controladores deben actuar entre el hardware y el sistema operativo, suelen ser específicos para cada sistema operativo. Por lo tanto, el fabricante debe ofrecer controladores diferentes para los distintos sistemas operativos. Ya que varios sistemas operativos usan las mismas interfaces internas, algunos controladores pueden funcionar en diversos sistemas. Por ejemplo, los controladores que funcionan en las versiones de 32/64 bits de Windows 7 funcionarán también en las versiones correspondientes de Vista; los controladores que funcionan en Windows XP también funcionarán en Windows 2000 y NT; y los que funcionan en Windows Me suelen hacerlo también en Windows 98 y 95. Esto se debe a que Windows 7 y Vista son en esencia variaciones del mismo sistema operativo principal, al igual que Windows XP, Windows 2000 y NT, y Windows 95, 98 y Me. Aunque Windows 7 y Vista están basados en Windows NT, el modelo de controlador ha cambiado lo suficiente como para que, por lo general, no puedan usar los mismos controladores que XP y los sistemas operativos anteriores basados en NT.

Dado que la capa BIOS parece igual al sistema operativo, da igual el hardware que haya por encima (o por debajo, según se mire); el mismo sistema operativo puede ejecutarse en diversos sistemas. Por ejemplo, se puede ejecutar Windows en dos sistemas con diferentes procesadores, discos duros adaptadores de vídeo... y Windows será básicamente igual para los usuarios de ambos equipos, ya que los controladores proporcionan las mismas funciones básicas independientemente del hardware específico utilizado.

Como se observa en la figura 4.1, las capas de aplicaciones y sistema operativo pueden ser idénticas en varios sistemas, pero el hardware puede ser radicalmente distinto. Dado que la BIOS consta de controladores que conectan el hardware con el software, la capa BIOS se adapta al hardware por un lado pero parece igual al sistema operativo por otro.

La capa de hardware es en la que más diferencias hay entre sistemas. Depende de la BIOS el enmascarar las diferencias en el hardware para que el sistema operativo (y la aplicación) pueda ejecutarse. Este capítulo se centra en la capa BIOS.

BIOS y CMOS RAM

Algunas personas confunden la BIOS con el CMOS RAM de un sistema. A esta confusión contribuye el hecho de que se use el programa Setup de la BIOS para configurar y guardar parámetros de configuración de la CMOS RAM. En realidad, se trata de componentes totalmente distintos.

*La BIOS de la placa base se encuentra en un chip ROM fijo. En la placa base también hay un chip llamado RTC/NVRAM (*Real-time Clock/Nonvolatile Memory, *Reloj de tiempo real/Memoria no volátil), que es donde se guarda la configuración del programa de configuración de la BIOS, y es en realidad un chip de reloj con unos cuantos bytes de memoria extra. Normalmente se denomina chip CMOS porque está hecho con tecnología CMOS (*Complementary Metal-Oxide Semiconductor, *Semiconductor complementario de metal óxido).*

El primer ejemplo de esto en un PC fue el chip Motorola MC146818, que tenía 64 bytes de almacenamiento, de los cuales 14 estaban dedicados a la función de reloj, lo que dejaba 50 bytes para guardar configuraciones de la BIOS. Aunque se llama no volátil, en realidad el chip es volátil, lo que significa que sin energía, la configuración de fecha y hora y los datos de la parte RAM se borran. Muchos lo consideran no volátil porque está diseñado con tecnología CMOS, lo que tiene como resultado un chip que requiere muy poca energía en comparación con otros. Una pequeña batería puede proporcionar esa energía cuando el sistema está apagado. Este chip de reloj/memoria alimentado por batería suele denominarse CMOS RAM; aunque en cierto modo llama a engaño (la mayoría de los chips usan alguna forma de tecnología CMOS), el término está muy aceptado. La mayoría de los chips RTC/NVRAM funcionan con tan sólo 1 microamperio (la millonésima parte de un amperio), así que gastan muy poca batería. La mayor parte de las baterías de moneda de litio pueden durar hasta cinco años antes de agotarse y que se pierda toda la información almacenada (incluida fecha y hora).

Cuando entramos en el programa Setup de la BIOS, configuramos los parámetros del disco duro o cualquier otro y los guardamos, esta configuración se graba en el área de almacenamiento del chip RTC/NVRAM (también llamado CMOS RAM). Cada vez que se inicia el sistema, lee los parámetros guardados en el chip CMOS RAM para determinar cómo debe configurarse dicho sistema.

Existe una relación entre la BIOS y el CMOS RAM, pero son partes distintas del sistema. Algunos sistemas utilizan versiones especiales de estos chips creadas por Dallas Semiconductor, Benchmarq u Odin (como el DS12885 o el DS12887) que incluyen el chip RTC/NVRAM y la batería en un mismo componente. Sin embargo, no es lo habitual en los sistemas modernos. Aunque el llamado chip CMOS RAM empezó siendo un chip discreto de la placa base, en los sistemas modernos ya no es un chip aparte, sino que se incluye como una de las funciones del componente puente sur o concentrador del controlador de E/S del chipset *de la placa base.*

ROM BIOS de la placa base

Todas las placas base tienen un chip especial que contiene software denominado ROM BIOS. Este chip ROM contiene los programas de inicio y controladores utilizados para que el sistema empiece a funcionar y para actuar como interfaz para el hardware básico del sistema. Cuando se enciende el sistema, el POST de la BIOS prueba los principales componentes del sistema. Además, se puede ejecutar un programa de configuración para almacenar los datos de configuración del sistema en la memoria CMOS, que se alimenta con una batería en la placa base. La CMOS RAM puede almacenar datos durante años gracias a una pequeña batería de litio.

La ROM de la placa base contiene una colección de programas incrustados en uno o varios chips, dependiendo del diseño del ordenador. Esa colección es lo primero que se carga al iniciar el equipo, antes incluso que el sistema operativo. En resumen, la BIOS de la mayoría de los PC tiene cuatro funciones principales:

- **POST:** (*Power-On Self Test*, Autocomprobación en el encendido). El POST prueba el procesador, la memoria, el *chipset*, el adaptador de vídeo, los controladores de disco, el teclado y otros componentes importantes del sistema.
- **Configuración:** El programa de configuración suele ser un programa con menús que se activa al pulsar una tecla especial durante el POST, y permite configurar la placa base y el *chipset* junto con parámetros básicos del sistema como la fecha y la hora, contraseñas, controladores de disco, etc. También se puede controlar la configuración de la administración de energía y la secuencia de inicio desde el programa de configuración de la BIOS, y en algunos sistemas también la temporización y el multiplicador de reloj de la CPU. Algunos sistemas 286 y 386 antiguos no contaban con el programa Setup en la ROM y requerían iniciar desde un disco especial; algunos sistemas más modernos utilizan una aplicación basada en Windows para acceder a la configuración de la BIOS.
- **Cargador de inicio:** Es una rutina que lee el primer sector físico de varias unidades de disco en busca de un registro de inicio maestro (MBR). Si encuentra alguno que cumpla ciertos criterios mínimos (que acaben con la firma de bytes55AAh), se ejecuta ese código. El código del programa MBR continúa con el proceso de inicio leyendo el primer sector físico del volumen iniciable, que es el principio del registro de inicio de volumen (VBR). El VBR abre el primer archivo de inicio del sistema operativo, que suele ser `IO.SYS` (Windows 9x/Me), `ntldr` (Windows XP/2000/NT) o `bootmgr` (Windows 7/Vista). El sistema operativo toma el control y continúa con el proceso de inicio.
- **BIOS (Sistema básico de entrada y salida):** Hace referencia a la colección de controladores usados como interfaz entre el sistema operativo y el hardware cuando el sistema está iniciándose y en ejecución. Cuando se ejecuta DOS o Windows en Modo seguro, el sistema está funcionando prácticamente con sólo controladores BIOS basados en ROM porque ninguno se carga desde el disco.

Hardware ROM

La memoria de sólo lectura (*read-only memory*, ROM) es un tipo de memoria que puede conservar datos de forma permanente o semipermanente. Se llama de sólo lectura porque es imposible o muy difícil escribir en ella. La ROM también suele llamarse memoria no volátil porque los datos que guarda permanecen aunque se apague el sistema. Como tal, la ROM es el lugar ideal para las instrucciones de inicio del PC, es decir, el software que inicia el sistema (la BIOS).

Observe que ROM y RAM no son términos opuestos, como mucha gente piensa. De hecho, la ROM es técnicamente un subconjunto de la RAM del sistema. En otras palabras, una parte del espacio de direcciones de memoria de acceso aleatorio del sistema se asigna a uno o varios chips ROM. Es necesario para albergar el software que permite que se inicie el PC; si no existiera, el procesador no tendría programas en la memoria que ejecutar al encenderse.

Por ejemplo, cuando se enciende un PC, el procesador pasa directamente a la dirección FFFF0h, esperando encontrar instrucciones que le digan lo que tiene que hacer. Esta ubicación está exactamente a 16 bytes del final del primer megabyte de espacio de RAM, y del final del propio ROM. Si esta ubicación se asignase a chips RAM normales, cualquier dato almacenado allí habría desaparecido al apagar el sistema, y el procesador no encontraría instrucciones que ejecutar la siguiente vez que se encendiera. Colocando un chip ROM en esta dirección, el programa de inicio del sistema se encuentra ahí permanentemente y está disponible siempre que se encienda el sistema.

Normalmente, la ROM del sistema empieza en la dirección E0000h o F0000h, 128KB o 64KB antes del final del primer megabyte. Dado que el chip ROM suele ser de 128KB, los programas ROM pueden ocupar los últimos 128KB del primer megabyte, incluida la dirección de instrucciones de inicio FFFF0h, que se encuentra a 16 del final del espacio de la BIOS. Algunos chips ROM son más grandes, de hasta 256KB o 512KB. El código adicional que contienen se configura para actuar como ROM de tarjeta de vídeo (dirección C0000h–C7FFFh) en placas base con vídeo integrado, y puede incluso contener controladores ROM adicionales configurados en cualquier parte entre C8000h y DFFFFh para soportar dispositivos integrados extra, como SCSI o adaptadores de red.

La figura 4.2 muestra un mapa del primer megabyte de memoria en un PC; observe las áreas superiores de memoria reservadas para el ROM BIOS de la placa base y las tarjetas adaptadoras al final del primer megabyte.

```
. = RAM
G = RAM para vídeo en modo gráfico
M = RAM para vídeo en modo texto monocromo
C = RAM para vídeo en modo texto a color
V = ROM BIOS de adaptador de vídeo
a = Reservado para  otro ROM de tarjeta adaptadora
r = ROM BIOS de placa base adicionales en algunos sistemas
R = ROM BIOS de la placa base

Memoria convencional (Base)

       : 0---1---2---3---4---5---6---7---8---9---A---B---C---D---E---F---
000000: ................................................................
010000: ................................................................
020000: ................................................................
030000: ................................................................
040000: ................................................................
050000: ................................................................
060000: ................................................................
070000: ................................................................
080000: ................................................................
090000: ................................................................

Área superior de memoria (UMA)

       : 0---1---2---3---4---5---6---7---8---9---A---B---C---D---E---F---
0A0000: GGGGGGGGGGGGGGGGGGGGGGGGGGGGGGGGGGGGGGGGGGGGGGGGGGGGGGGGGGGGGGGG
0B0000: MMMMMMMMMMMMMMMMMMMMMMMMMMMMMMMMCCCCCCCCCCCCCCCCCCCCCCCCCCCCCCCC
       : 0---1---2---3---4---5---6---7---8---9---A---B---C---D---E---F---
0C0000: VVVVVVVVVVVVVVVVVVVVVVVVVVVVVVVVaaaaaaaaaaaaaaaaaaaaaaaaaaaaaaaa
0D0000: aaaaaaaaaaaaaaaaaaaaaaaaaaaaaaaaaaaaaaaaaaaaaaaaaaaaaaaaaaaaaaaa
       : 0---1---2---3---4---5---6---7---8---9---A---B---C---D---E---F---
0E0000: rrrrrrrrrrrrrrrrrrrrrrrrrrrrrrrrrrrrrrrrrrrrrrrrrrrrrrrrrrrrrrrr
0F0000: RRRRRRRRRRRRRRRRRRRRRRRRRRRRRRRRRRRRRRRRRRRRRRRRRRRRRRRRRRRRRRRR
```

Figura 4.2. *Mapa de memoria de un PC mostrando el ROM BIOS.*

A algunos les parece extraño que el PC empezase a ejecutar instrucciones BIOS de 16 bytes desde el final del ROM, pero este diseño está integrado intencionadamente en los procesadores x86 de Intel. Todo lo que el programador del ROM tiene que hacer es situar en esa dirección una instrucción JMP que ordene al procesador saltar al principio real del ROM (en la mayoría de los casos, cerca de F0000h) que suele estar unos 64KB antes en el mapa de la memoria. Es como decidir leer un libro empezando por la página 16 contando desde el final, y que todos los editores se pongan de acuerdo para colocar ahí una instrucción para retroceder el número de páginas adecuado para llegar a la página 1. Al configurar así la ubicación de inicio del procesador, Intel permitió que el ROM aumentase hasta cualquier tamaño al tiempo que mantenía las direcciones superiores en el primer megabyte del espacio de direcciones de memoria.

La ROM de la placa base analiza y lee automáticamente las ROM de las tarjetas adaptadoras durante la primera parte del proceso de inicio, durante el POST. La ROM de la placa base analiza un área especial de RAM reservada para las ROM de las adaptadoras (direcciones C0000–DFFFFh) en busca de bytes de firma 55AAh. Esta área indica el inicio de una ROM.

Todas las ROM de las adaptadoras deben empezar por 55AAh; de lo contrario, la placa base no las reconocerá. El tercer byte indica el tamaño de la ROM en unidades de 512 bytes denominadas párrafos, y el cuarto byte es el inicio real de los programas controladores. La ROM de la placa base usa el byte de tamaño para pruebas. Además, suma todos los bytes del ROM y divide el resultado entre el número de bytes. El resultado debería producir un resto de 100h. Así, al crear un ROM para una adaptadora, el programador suele usar un byte "de relleno" al final para que salga la suma de verificación. Con esta suma, la placa base prueba cada ROM de las adaptadoras durante el POST y señala los que parezcan dañados.

La ROM de la placa base ejecuta automáticamente los programas de las ROM de las adaptadoras que encuentre durante la prueba. Esto es lo que se ve en la mayoría de los sistemas al encenderlos, y durante el POST se ve la BIOS de la tarjeta de vídeo inicializarse y anunciar su presencia.

Copia de ROM

Los chips ROM son muy lentos por naturaleza, con tiempos de acceso de 150ns, en comparación con los tiempos de acceso RAM, que suelen estar por debajo de los 10ns en la mayoría de los sistemas. Debido a esto, en prácticamente todos los sistemas se copian las ROM en la RAM al inicio para permitir un acceso más rápido durante la operación normal. Se copia la ROM en RAM y luego se asigna a esa RAM la misma dirección que utilizaba la ROM originalmente, deshabilitando la ROM real en el proceso. Así parece que el sistema tiene ROM funcionando a la misma velocidad que la RAM.

La ganancia en rendimiento derivada de la copia de las ROM de las tarjetas adaptadoras suele ser mínima y puede causar problemas si no se configura correctamente. Por consiguiente, en la mayoría de los casos, lo mejor es copiar sólo la de la placa base (y quizá la BIOS de la tarjeta de vídeo) y dejar las otras en paz.

Normalmente, la copia es útil sólo si se ejecuta un sistema operativo de 16 bits, como DOS o Windows 3.x. Si se ejecuta un sistema operativo de 32 o 64 bits, la copia es prácticamente inútil porque esos sistemas no utilizan el código ROM de 16 bits mientras se ejecutan, sino que cargan los dispositivos en RAM, lo que reemplaza el código ROM de 16 bits usado sólo durante el inicio del sistema. Si están presentes, las opciones de copia se encuentran en el programa CMOS Setup de la ROM de la placa base.

Tipos de chip ROM

Los cuatro tipos principales de chips ROM utilizados en PC son éstos:

- **ROM:** Memoria de sólo lectura.
- **PROM:** ROM programable.
- **EPROM**: PROM borrable.
- **EEPROM**: PROM borrable eléctricamente, también llamada flash ROM.

Independientemente del tipo de ROM que utilice su sistema, los datos almacenados en un chip ROM no son volátiles y permanecen allí indefinidamente, a menos que se borren o sobrescriban intencionadamente (en los casos en que eso sea posible).

ROM (ROM auténtica o enmascarada)

Originalmente, la mayoría de los chips ROM se fabricaban con los datos binarios (ceros y unos) ya integrados en la pastilla. La pastilla es el chip de silicio en sí mismo.

Estos chips se denominan ROM enmascarada porque los datos se forman en la máscara desde la que se produce fotolitográficamente la pastilla del ROM. Este método de fabricación es económico si se fabrican cientos de miles de ROM con la misma información. Sin embargo, como haya que cambiar un solo bit, hay que rehacer toda la máscara, y eso resulta bastante caro. Precisamente por los costes y la inflexibilidad, ya nadie utiliza ROM enmascarada.

Los ROM enmascarados son comparables a los CD-ROM pregrabados. Mucha gente cree que los CD-ROM se fabrican como discos vírgenes y luego se graban datos en ellos con láser, pero no es así. Un CD-ROM es en realidad un trozo de plástico sellado en una prensa, y los datos se moldean directamente, no se graban. La única grabación real se hace con el disco maestro a partir del cual se hacen los moldes o sellos.

PROM

Los PROM son un tipo de ROM en blanco cuando son nuevos para programarse con los datos que se quiera. Texas Instruments inventó el PROM a finales de los años setenta y ha estado disponible en tamaños que oscilan entre 1KB (8Kb) y 2MB (16Mb) o incluso más. Pueden identificarse por sus números, que suelen ser 27nnnn, donde 27 indica el

PROM de tipo TI y nnnn el tamaño del chip en kilobits (que no bytes). Por ejemplo, la mayoría de los PC que utilizaban PROM venían con chips 27512 o 271000, lo que indica 512Kb (64KB) y 1Mb (128KB) respectivamente.

Aunque digamos que estos chips están en blanco cuando son nuevos, técnicamente están precargados con 1 binarios. En otras palabras, un chip ROM de 1Mb utilizado en un PC viene con un millón (en realidad 1.048.576) de ubicaciones de bits, con un 1 binario cada una. Entonces se puede programar un PROM en blanco, es decir grabar en él. Normalmente esto requiere un equipo especial denominado programador de dispositivos, programador ROM o quemador ROM (véase la figura 4.3).

A veces se llama quemado a la programación del ROM porque es técnicamente una descripción acertada del proceso. Cada 1 binario es como un fusible intacto. La mayoría de los chips funcionan con 5 voltios, pero cuando se programa un PROM, se pone un voltaje más alto (normalmente 12 voltios) en las distintas direcciones del chip. Este nuevo voltaje funde o quema los fusibles en las ubicaciones deseadas, transformando los 1 en 0. Hay que tener en cuenta que el proceso es irreversible; es decir, no se puede volver a convertir el 0 en 1.

El programador de dispositivos examina el programa que se quiere grabar en el chip y cambia selectivamente sólo los 1 por 0 donde es necesario.

Los chips PROM se denominan a menudo chips OTP (*One-Time Programmable*, Programables una vez) por esta razón. Sólo pueden programarse una vez y no pueden borrarse. La mayoría de los PROM son bastante económicos, así que si hay que cambiar la programación de un PROM es mejor desecharlo y programar otro con los datos nuevos.

La acción de programar un PROM puede tardar segundos o minutos, dependiendo del tamaño del chip y el algoritmo utilizado por el dispositivo programador. La figura 4.3 muestra una ilustración del típico programador PROM que dispone de varios zócalos. Se denomina programador GANG y puede programar varios chips a la vez, lo que ahorra bastante tiempo cuando hay que grabar los mismos datos en múltiples chips. También existen programadores más baratos con una sola ranura, que están bien para uso individual.

Yo recomiendo un programador muy económico de una empresa llamada Andromeda Research Labs (`www.arlabs.com`).

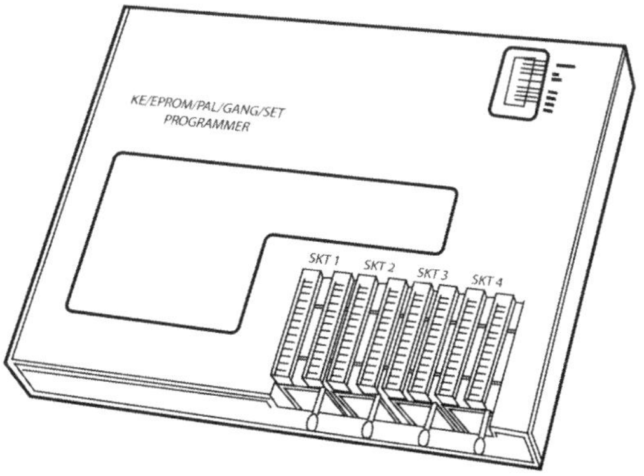

Figura 4.3. *Típico programador de dispositivo (quemador ROM) GANG (con múltiples zócalos).*

EPROM

El EPROM es una variación muy popular del PROM. Se trata de un PROM que se puede borrar. Se puede reconocer fácilmente un chip EPROM chip por la ventana de cristal de cuarzo transparente integrada en el encapsulado, por encima de la pastilla (véase la figura 4.4). Realmente se ve la pastilla por esta ventana. Los EPROM tienen el mismo esquema de numeración 27xxxx que los PROM estándar, y son funcional y físicamente idénticos salvo por la ventana de cuarzo.

Figura 4.4. *EPROM en el que se ve la ventana de cuarzo para el borrado ultravioleta.*

El propósito de la ventana es permitir que llegue luz ultravioleta a la pastilla del chip, ya que el EPROM se borra mediante exposición a luz UV intensa. La ventana es de cristal de cuarzo porque el cristal normal bloquea la luz UV; nadie se pone moreno a través de una ventana de cristal normal.

> ***Nota:*** *La ventana de cristal de cuarzo encarece los EPROM con respecto a los PROM OPT. Este gasto extra es innecesario si la posibilidad de borrar no es importante.*

La luz UV borra el chip provocando una reacción química, que básicamente derrite los fusibles y los une. Así todos los 0 binarios se convierten en 1 y el chip se restaura a una condición con 1 binarios en todas las ubicaciones. Para que funcione, la exposición UV debe producirse a una longitud de onda específica (2.537 angstroms), a una intensidad bastante elevada (12.000 uw/cm^2), a una distancia corta (2cm–3cm) y durante 5-15 minutos. Un borrador EPROM es un dispositivo que contiene una fuente del luz UV (normalmente una bombilla de tipo lámpara solar) por encima de un compartimento sellado en el que se colocan los chips (véase la figura 4.5).

La figura 4.5 muestra un borrador EPROM profesional que puede manejar hasta 50 chips a la vez. Yo utilizo uno mucho más pequeño y barato llamado DataRase, de Walling Company. Este dispositivo borra hasta cuatro chips de una vez y es portátil. La versión actual es DataRase II; se podrá encontrar el DataRase II y otros productos similares en `www.digikey.com`.

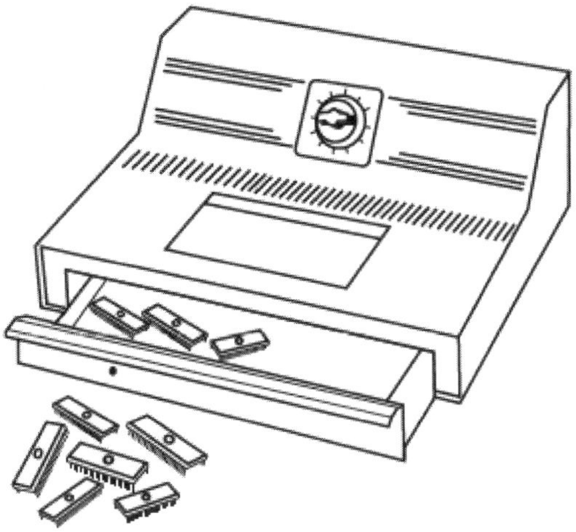

Figura 4.5. *Borrador EPROM profesional.*

La ventana de cristal de cuarzo de un EPROM suele estar cubierta con cinta que impide la exposición accidental a luz UV. Esta luz está presente en la luz solar, obviamente, e incluso en sistemas de iluminación doméstica estándar, así que con el tiempo un chip expuesto a la luz puede empezar a degradarse. Por esta razón, una vez programado el chip, es conveniente tapar la ventana con una pegatina para protegerlo.

EEPROM/Flash ROM

El EEPROM (*Electrically Erasable PROM*, PROM borrable eléctricamente) es un tipo de ROM más reciente. Estos chips, también llamados flash ROM, se caracterizan por su capacidad para ser borrados y reprogramados directamente en el circuito en el que están instalados, sin necesidad de equipamiento especial. Utilizando un EEPROM o flash ROM, se puede borrar y reprogramar el ROM de la placa base de un PC sin quitar el chip del sistema o incluso sin ni siquiera abrir el chasis.

Con un flash ROM o EEPROM, no hace falta ningún borrador UV ni programador de dispositivo para borrar o programar los chips. No sólo los utilizan prácticamente todas las placas para PC construidas desde 1994, sino que también lo hacen la mayoría de los automóviles fabricados desde entonces.

El EEPROM o flash ROM puede identificarse por la numeración 28xxxx o 29xxxx y por la ausencia de la ventana en el chip. Tener un EEPROM o flash ROM en la placa base de un PC significa poder actualizar fácilmente el ROM de la placa base sin tener que cambiar chips. En la mayoría de los casos, se descarga la actualización del sitio Web del fabricante y se ejecuta un programa especial que proporciona para actualizar el ROM.

Le aconsejo que revise periódicamente el sitio Web del fabricante de su placa para ver si hay disponible alguna BIOS actualizada para su sistema. Una BIOS actualizada puede contener parches y habilitar nuevas características o soporte para dispositivos que no se encontraban originalmente en el sistema.

Las actualizaciones del flash ROM también sirven para añadir nuevas capacidades a los periféricos existentes; por ejemplo, puede actualizar un módem para que soporte nuevos estándares de comunicación o actualizar las unidades de grabación ópticas para soportar nuevos medios. Actualmente, muchos objetos con ordenadores incrustados para controlarlos usan flash ROM; por ejemplo, yo he actualizado el código flash ROM (a menudo denominado *firmware*) en discos duros, unidades ópticas, enrutadores de red, puntos de acceso inalámbricos, unidades de almacenamiento en red, reproductores Blu-ray, cámaras digitales, y muchos más. Instalar actualizaciones de flash ROM o *firmware* es tan fácil como descargar un archivo del sitio Web del fabricante y ejecutar el programa incluido en dicho archivo. ¡A lo mejor algún día nos vemos descargando actualizaciones flash ROM para la tostadora!

Fabricantes de ROM BIOS

Muchos fabricantes de BIOS populares en el mercado actual suministran código para sus ROM a la mayoría de los fabricantes de placas base y sistemas. En este apartado veremos distintas versiones disponibles.

Muchas empresas se han especializado en el desarrollo de productos ROM BIOS compatibles. Las tres empresas más importantes que me vienen a la cabeza al hablar de software ROM BIOS son *American Megatrends, Inc.* (AMI), Phoenix Technologies, y Award Software (ahora propiedad de Phoenix Technologies). Cada empresa concede la licencia de su ROM BIOS a los fabricantes de placas base para que puedan preocuparse del hardware más que del software. Para obtener uno de estos ROM para una placa base, el fabricante de equipamiento original (OEM) deber responder a unas cuantas preguntas sobre el diseño del sistema para que se pueda desarrollar la BIOS adecuada o seleccionarla entre las ya diseñadas. La combinación de un ROM BIOS y una placa base no se puede hacer al azar, y no existe ni un solo ROM genérico compatible. AMI, Award y Phoenix incluyen muchas variaciones en su código BIOS para los distintos fabricantes de placas base, cada uno personalizado para una placa específica.

Con los años, se han producido algunos cambios importantes en la industria de la BIOS. Intel, quizá el mayor cliente de BIOS, ha alternado Phoenix y AMI para la mayoría de sus placas base. Originalmente, utilizaba un núcleo BIOS de Phoenix en sus placas base, hasta que en 1995 lo cambió por un núcleo AMI. Estuvo con AMI hasta 1997 y luego volvió a Phoenix. En 1999 volvió a cambiarse a AMI. En todo caso, tenga en cuenta que tanto si Intel obtiene las BIOS de Phoenix como si lo hace de AMI, están muy personalizadas para las placas base individuales en las que están instaladas.

Otro acontecimiento importante se produjo a finales de 1998, cuando Phoenix compró Award. Desde entonces, Phoenix ha vendido las BIOS Phoenix y Award como productos diferentes. Las BIOS Award se venden como producto estándar, mientras que las Phoenix se presentan como BIOS con más características para sistemas de gama alta. Actualmente, el mercado de la BIOS está principalmente dividido entre AMI y Phoenix; no obstante, Phoenix no sólo desarrolla BIOS para varios sistemas, sino que es además el principal responsable del desarrollo de nuevas BIOS y nuevos estándares.

Otro hito reciente ha sido la creación de productos BIOS aparte para sistemas de sobremesa de 32 y 64 bits, portátiles, servidores de 32 y 64 bits y dispositivos incrustados. Aunque todos los chips BIOS deben realizar las mismas tareas, un producto BIOS optimizado para un portátil necesita a menudo soporte adicional para características como módulos de acoplamiento, administración avanzada de energía y dispositivos de memoria USB y flash iniciables y extraíbles, mientras que una BIOS optimizada para un servidor necesita soporte para características como la supervisión de hardware avanzada y ranuras de 64 bits. Mediante la creación de versiones personalizadas para las distintas plataformas, los vendedores de BIOS ofrecen soporte para las características que necesita cada una de ellas, lo que mejora el rendimiento y la estabilidad.

OEM

La mayoría de los OEM recurre a AMI o Phoenix para el núcleo BIOS de la placa base y luego realiza sus propias personalizaciones para *chipsets* y placas base específicos. Aunque la mayoría utilizan los núcleos ofrecidos por AMI o Phoenix, algunos OEM han desarrollado sus propios BIOS ROM compatibles. Empresas como Dell, HP/Compaq, AT&T y Acer han desarrollado muchos productos BIOS propios. En algunos casos puede que hayan partido de un núcleo de AMI o Phoenix del que hubieran adquirido la licencia años atrás y lo hayan desarrollado ellos mismos después.

Incluso aunque AMI o Phoenix se hayan encargado del desarrollo inicial, es posible obtener actualizaciones o parches de los fabricantes del sistema o la placa base, dado que todos los fabricantes de sistemas personalizan la BIOS para sus placas.

AMI

La BIOS AMI es una de las BIOS más populares entre los sistemas PC. Algunas versiones de la BIOS AMI se denominan Hi-Flex por la alta flexibilidad que ofrece su programa de configuración.

AMI, Intel y otros muchos fabricantes de placas base utilizan los productos BIOS Hi-Flex de AMI. AMI también es el único fabricante de BIOS para terceros que fabrica sus propias placas base y otros dispositivos de hardware.

Durante el encendido, aparece la cadena AMI BIOS ID en la parte inferior izquierda de la pantalla. Esta cadena nos ofrece información importante acerca de la versión de nuestra BIOS y ciertas configuraciones determinadas por el programa de configuración integrado.

> ***Truco:*** *Un buen truco para ver la cadena BIOS ID es apagar y desconectar el teclado o mantener una tecla pulsada mientras vuelve a encenderse para provocar un error de teclado y que se mantenga la cadena a la vista. También se puede descargar el programa* AMI Motherboard ID Utility *(AMIMBID) en el sitio Web de AMI (*`www.ami.com/support/mbid.cfm`*) y luego ejecutarlo para determinar el contenido de la cadena ID 1.*

Todas las BIOS AMI nos muestran la principal cadena de identificación de la BIOS (ID String 1) durante el POST, en la parte inferior izquierda de la pantalla, debajo del mensaje de copyright. Las BIOS Hi-Flex pueden mostrar cadenas BIOS ID adicionales (ID Strings 2 y 3) si se pulsa la tecla **Insert** durante el POST. Estas cadenas ID adicionales muestran las opciones instaladas en la BIOS.

La BIOS AMI tiene varias opciones, incluido un programa de configuración integrado que se activa normalmente al pulsar las teclas **Supr** o **Esc** durante los primeros segundos del encendido. En la mayoría de los casos, las BIO indican brevemente en la pantalla qué tecla hay que pulsar y cuándo hay que hacerlo.

Una característica exclusiva de algunas versiones de la BIOS AMI consistía en que además del programa de configuración, incluían un paquete de diagnóstico con menús integrado, que era básicamente una versión muy limitada del producto AMIDIAG independiente. El diagnóstico interno no reemplaza a programas más completos basados en disco, pero puede ayudar un poco. El diagnóstico con menús no realiza una prueba exhaustiva de la memoria, por ejemplo, y el formateador de bajo nivel del disco duro funciona sólo a nivel de BIOS y no de registro de controlador. Estas limitaciones han impedido a menudo que pueda formatear discos muy dañados. La mayoría de las versiones más recientes de la BIOS AMI ya no incluyen el diagnóstico completo.

AMI únicamente produce actualizaciones de BIOS para sus propias placas base. Si su placa base no es AMI y tiene una BIOS AMI personalizada, debe ponerse en contacto con el fabricante de la placa para una actualización o bien utilizar una de terceros, como `eSupport.com`.

Phoenix Award BIOS

Phoenix se refiere actualmente a la familia de productos integrados en su BIOS Award as Phoenix Award BIOS. Durante muchos años, también se conoció como Phoenix FirstBIOS. La BIOS Award tiene todas las características que cabría esperar, incluido un programa de configuración integrado que se activa al pulsar cierta tecla en particular al inicio (normalmente se indica en la pantalla). El POST es bueno, aunque los pocos códigos Beep soportados suponen que puede ser útil una tarjeta POST si se quiere diagnosticar problemas fatales en el encendido. Phoenix ofrece soporte técnico para la BIOS Award BIOS en su sitio Web (`www.phoenix.com`). `eSupport.com` también ofrece actualizaciones BIOS Award limitadas para algunos sistemas.

Phoenix

La BIOS Phoenix tiene actualmente la licencia de Phoenix con la marca SecureCore. Durante años, ha sido un estándar de compatibilidad para juzgar a otros. Phoenix fue la primera de las empresas de terceros en aplicar un proceso de retroingeniería a la BIOS de IBM con una aproximación de "sala limpia". En esta aproximación, un grupo de ingenieros estudió la BIOS de IBM y escribió una especificación para el funcionamiento de esa BIOS y las características que debería incorporar. Esta información pasó a un segundo grupo de ingenieros que nunca había visto la BIOS de IBM, que podía escribir una BIOS nueva legalmente con las especificaciones establecidas por el primer grupo. El trabajo era entonces genuino y no una copia de la BIOS de IBM; sin embargo, funcionaba igual.

la BIOS Phoenix tiene un programa de configuración integrado que suele activarse pulsando **F1** o **F2** durante el POST. En la mayoría de los casos la BIOS indica en la pantalla la tecla que hay que pulsar cuando hay que hacerlo.

Phoenix nos ofrece un amplio soporte técnico y la documentación en su sitio Web (`www.phoenix.com`) y también podrá encontrar documentación adicional en el sitio `www.esupport.com`.

Microid Research BIOS

Microid Research (MR) comercializaba inicialmente actualizaciones de BIOS para placas base Pentium y 486 antiguas abandonadas por sus fabricantes. Más tarde, la adquirió Unicore, que finalmente fue absorbida por Phoenix.

Hardware/Software BIOS

Algunos controladores muy importantes deben activarse durante el inicio. ¿Cómo se podría, por ejemplo, iniciar desde un disco duro si los controladores necesarios para que funcione su interfaz deben cargarse desde ese disco? Obviamente, debe haber un mínimo de controladores de disco duro precargados en la ROM de la placa base o de una tarjeta adaptadora para que el sistema pueda iniciarse.

Otro ejemplo: ¿cómo podríamos ver cualquier cosa en la pantalla si la tarjeta de vídeo no tuviese un conjunto de controladores en ROM? La solución podría pasar por una ROM de placa base con los controladores de vídeo adecuados integrados; sin embargo, esto no resulta práctico dada la gran variedad que existe de tarjetas de vídeo, cada una con sus propios controladores. En su lugar, cuando IBM diseñó el PC original, diseñó la ROM de la placa base para que analizase las ranuras en busca de tarjetas adaptadoras con ROM. Si se detectaba alguna, la ROM se ejecutaba durante la primera fase de inicio del sistema, antes de que se empezase a cargar el sistema operativo desde el disco duro. Hay algunas tarjetas (adaptadoras) que casi siempre integran ROM, como:

- **Tarjetas de vídeo:** Todas tienen BIOS integrada.
- **Tarjetas RAID:** (*Redundant Array of Independent Disks*, Cadena redundante de discos independientes). Son adaptadores que permiten conectar múltiples unidades y las unen de distintas formas para mejorar la fiabilidad, la redundancia y/o el rendimiento. Estas tarjetas requieren una BIOS integrada que permita que se inicie la cadena.
- **Tarjetas de red:** Las que soportan el inicio desde un servidor de archivos tienen integrado lo que se denomina ROM de inicio o ROM IPL (*Initial Program Load*, Programa inicial de carga). Esto permite configurar el PC en una LAN como estación de trabajo sin disco, también llamadas Net PC, NC (ordenadores para red), clientes ligeros o terminales inteligentes.

- **Placas ATA/SATA o disquetes de actualización:** Placas que permiten conectar tipos de unidades distintos de las soportadas normalmente por la placa base. Estas tarjetas requieren una BIOS integrada para que las unidades sean iniciables.
- **Adaptadores SCSI:** Los que soportan el inicio desde discos duros SCSI o unidades ópticas tienen BIOS integrada.
- **Placas Y2K:** Placas que incorporan parches BIOS para actualizar el byte del siglo en el CMOS RAM. Estas placas tienen un pequeño controlador en la BIOS que supervisa el byte del año para cambiar de 99 a 00. Cuando se detecta, el controlador actualiza el byte del siglo de 19 a 20, corrigiendo un error en algunos ROM BIOS de placas base antiguas.

Actualización de la BIOS

Los fabricantes de placas base ajustan el código BIOS para el hardware específico de cada placa, lo cual dificulta en cierto modo la actualización de una BIOS; la BIOS suele residir en uno o varios chips ROM de la placa base y contiene código específico para dicho modelo o versión de placa base. En otras palabras, hay que obtener las actualizaciones de la BIOS del fabricante de la placa base o de una empresa de actualizaciones que soporte la placa base en cuestión, y no del desarrollador original de la BIOS.

Aunque la mayoría de las actualizaciones de la BIOS se hacen para corregir errores o problemas, conviene actualizarlo con frecuencia para aprovechar otras características. Por ejemplo, una actualización de la BIOS ofrece a menudo soporte para procesadores más recientes, unidades internas más grandes, unidades ópticas y USB iniciables o inicio más rápido, entre otras cosas. Parte del estándar PC 2001 publicado por Intel y Microsoft requiere que se soporte algo llamado Fast POST, que consiste en que el tiempo transcurrido desde el encendido hasta el inicio del sistema desde el disco debe ser de 12 segundos o menos (para sistemas que no usan SCSI como conexión principal de almacenamiento). Este límite de tiempo incluye la inicialización del teclado, la tarjeta de vídeo y el bus ATA. Para los sistemas que tienen adaptadores con ROM integrados, se permiten 4 segundos extra por ROM. Intel llama a esta característica RRB (*Rapid BIOS Boot*, Inicio rápido de la BIOS) y la soportan todas sus placas base desde 2001, algunas de las cuales se pueden iniciar en 6 segundos o menos.

Si instalamos nuevo hardware o software y hemos seguido correctamente todas las instrucciones, pero no funciona, puede que haya problemas específicos con la BIOS que una actualización podría solucionar. Esto es especialmente cierto con los sistemas operativos más recientes. Muchos sistemas antiguos necesitaban una actualización de la BIOS para trabajar bien con las características Plug and Play y ACPI de Windows. Ya que estos problemas varían de unas placas a otras, conviene visitar periódicamente el sitio Web del fabricante de la placa para ver si hay actualizaciones y qué problemas pueden corregir. Puesto que un hardware y software nuevo no compatible con el sistema puede hacer que falle, le aconsejo que compruebe las actualizaciones de la BIOS para su sistema antes de instalar cualquier cosa, especialmente procesadores y sistemas operativos. Puede emplear la utilidad BIOS Wizard de `eSupport.com` para comprobar la compatibilidad de su BIOS con las características de BIOS populares.

Dónde conseguir las actualizaciones de la BIOS

La mayoría de las actualizaciones de la BIOS deben descargarse del sitio Web del fabricante del sistema o la placa base. Los fabricantes de BIOS no ofrecen actualizaciones, ya que la BIOS de nuestras placas no procede directamente de ellos. En otras palabras, aunque crea que tiene una BIOS Phoenix, AMI o Award, en realidad no es así; lo que tiene es una versión personalizada de una de estas BIOS, con licencia del fabricante para su placa y personalizada exclusivamente para ella en particular. Así pues, hay que obtener las actualizaciones de la BIOS del fabricante de la placa base o del sistema porque deben estar personalizadas también para esa placa o sistema. Si no la consigue por parte del fabricante de su placa base, puede que la encuentre en `eSupport.com`.

Determinar la versión de la BIOS

Cuando se busca una actualización de la BIOS para una placa base (o sistema) en particular, hay que conocer la siguiente información:

- Marca y modelo de la placa base (o sistema).
- Versión de la BIOS existente.

Por lo general, se puede identificar la BIOS que se tiene observando la pantalla cuando se enciende el sistema. Es mejor encender primero el monitor porque algunos tardan un poco y la información de la BIOS sólo aparece unos segundos. Normalmente, puede pulsarse **Pausa** en el teclado cuando se ve la información BIOS ID para congelar la imagen y poder registrar la información. Pulsar cualquier otra tecla reanuda el inicio del sistema.

Nota: *Muchos PC no muestran la típica pantalla POST, sino que reproducen el logo del fabricante de la placa base o del PC en lo que se conoce como pantalla* splash. *Para entrar en la configuración de la BIOS, hay que pulsar una o varias teclas (específicas para cada fabricante). También puede oír alguna referencia a esta pantalla como inicio silencioso. A menudo se puede cambiar las pantallas* splash *de la BIOS al gusto, para incluir por ejemplo el logo de la empresa o un gráfico cualquiera. Intel ofrece software libre para personalización de BIOS, denominado Intel Integrator Toolkit (*`http://intel.com/go/itk`*), que permite cambiar o restaurar la pantalla* splash *de las placas base de Intel, además de otras configuraciones de la BIOS. Otros fabricantes de placas base ofrecen también personalizadores, por ejemplo, Gigabyte tiene la utilidad Face Wizard (*`http://tinyurl.com/mqyazg`*) para sus placas base.*

Truco: *Busque advertencias de copyright o información de número. A veces se puede pulsar* ***Pausa*** *en el teclado para congelar el POST y tener tiempo de tomar nota. Para reanudar el POST pulse cualquier tecla.*

Además, puede encontrar la información de la BIOS ID en las pantallas de configuración de la BIOS. eSupport ofrece un programa descargable (BIOS Agent) que sirve para determinar esta información, además del *chipset* de la placa base y el chip Súper E/S que utiliza. Cuando tenga esta información, debería ponerse en contacto con el fabricante de la placa base para ver si hay alguna BIOS nueva para su sistema. Si acude al sitio Web, compruebe si hay alguna versión más reciente que la suya y si la hay, descárguela e instálela en su sistema.

Comprobación de la fecha de la BIOS

Una forma de determinar la edad relativa y las capacidades del ROM de la placa base es comprobar la fecha. La fecha de la BIOS se guarda en prácticamente todos los PC como cadena de texto de 8 bytes en la dirección de memoria FFFF5h. Esta fecha suele indicar cuándo el fabricante de la placa base actualizó o compiló el código BIOS por última vez. Conocer la fecha de una BIOS puede darnos alguna pista sobre las características que puede tener o no tener. Se puede usar la utilidad de línea de comandos DEBUG proporcionada por Windows y DOS para ver estas direcciones. DEBUG es un programa de línea de comandos que presenta un indicador - propio en el que es posible introducir varios comandos. Por ejemplo, el comando `?` ofrece información de ayuda. Para encontrar la fecha de la BIOS, abra un indicador de comandos y ejecute el comando `DEBUG`. Luego, en el indicador - de DEBUG, introduzca `D FFFF:5 L 8`, para que DEBUG muestre la memoria en FFFF5 con una longitud de 8 bytes. DEBUG muestra los códigos hexadecimal y ASCII que se encuentran en esas direcciones. Cuando el indicador - vuelve, se puede introducir `Q` para salir de DEBUG y volver a la ventana de Símbolo del sistema. La figura 4.6 muestra lo que ocurrió cuando ejecuté el programa en uno de mis sistemas.

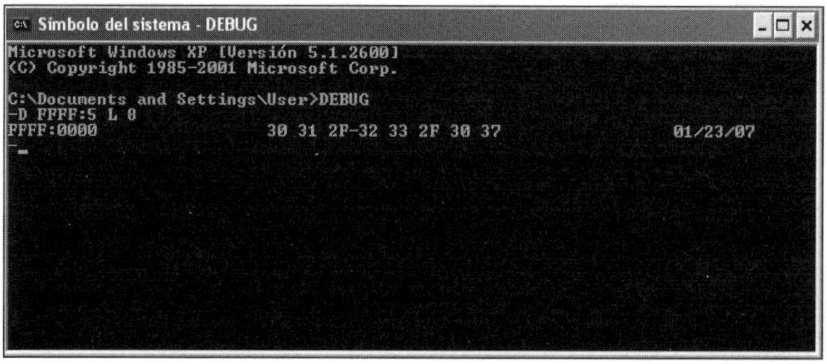

Figura 4.6. *Ejecute DEBUG para ver la fecha del ROM BIOS de la placa base.*

En este ejemplo, el sistema indica que la fecha del ROM BIOS de la placa base es el 23 de enero de 2007.

Copia de seguridad de la BIOS

Antes de actualizar una BIOS, es buena idea ver si es posible guardar una copia de seguridad de la BIOS existente. Lo es porque algunos fabricantes de placas base solamente ofrecen la BIOS más reciente para una placa base dada y a veces ésta da problemas o tiene consecuencias inesperadas. Teniendo una copia de seguridad siempre se puede volver a la versión anterior. Para hacer la copia, ejecute el programa de actualización de la BIOS para su placa y compruebe si hay alguna opción para guardar la BIOS existente en un archivo. Si no existe tal opción, compruebe si el fabricante ofrece versiones antiguas (en concreto la suya) para descargar.

Si no hay opciones de menú para hacer copias de seguridad ni es posible descargar versiones antiguas, todavía puede haber otras formas de hacer una copia de seguridad de la BIOS, como usar el software de actualización de BIOS basado en comandos de DOS que suele encontrarse en el disquete o CD de actualización de la BIOS de la placa base.

Por ejemplo, si la placa base tiene una BIOS Phoenix o Award, puede hacer una copia de seguridad con el programa awdflash.exe que encontrará en el disco de actualización de la BIOS de la placa base con los parámetros `/sy` y `/pn`, así:

```
awdflash /sy /pn
```

Al ejecutar el programa, se le solicitará que introduzca un nombre para el archivo de la copia de seguridad (por ejemplo, `backup.bin`). Pulse **Intro** para guardar el archivo.

Copia de seguridad de la configuración de la BIOS (CMOS RAM)

La actualización de la BIOS de una placa base suele borrar la configuración de la BIOS en el CMOS RAM. En consecuencia, debería grabar estos parámetros, especialmente los más importantes, como los relacionados con el disco duro. Algunos programas de configuración de la BIOS ofrecen la posibilidad de guardar y restaurar la configuración del CMOS, pero desafortunadamente esta capacidad no es universal. Además, en algunos casos la nueva BIOS ofrece nuevas configuraciones o cambia la situación de los datos almacenados en el CMOS RAM, lo que significa que una copia de seguridad y restauración no funcionará.

En muchos casos, lo mejor es registrar manualmente los parámetros de configuración de la BIOS. Una forma sencilla de hacerlo es usar una cámara digital para ir sacando fotos de cada pantalla o menú. Si dispone de una impresora paralela, también puede imprimir las pantallas pulsando **Imp Pant** en el teclado. Encienda la impresora, inicie el equipo con normalidad y reinícielo sin apagarlo para inicializar la impresora. Observe que esto no se aplica a impresoras USB, ya que la BIOS solamente soporta impresoras paralelas.

Al registrar cualquier cambio realizado en la configuración predeterminada preste especial atención a la configuración de los discos duros, especialmente los modos SATA (IDE/AHCI/RAID), la geometría de unidad (Cilindro/Cabezal/Sectores por pista), o traducción (LBA, Large, CHS). Estos parámetros son importantes porque si no se pueden volver a poner como estaban, podría ser imposible iniciar desde las unidades o acceder a ellas.

Truco: *Si usa una cámara digital para sacar una foto de cada pantalla de configuración de la BIOS, asegúrese de que la cámara está en modo de detalle. Además, a menos que la cámara sea de tipo SLR (*Single Lens Reflex, *Réflex de un solo lente), utilice la pantalla LCD en lugar del visor óptico para asegurarse de que está sacando la pantalla completa en la foto.*

Chips controladores de teclado

Además del ROM del sistema principal, algunos sistemas tienen un microprocesador controlador de teclado con su propio ROM integrado. El controlador de teclado original fue el microcontrolador Intel 8042, que incorporaba un microprocesador, RAM, ROM y puertos de E/S. Era un chip de 40 pines que a menudo tenían avisos de copyright que identificaban el código de la BIOS programado en el chip. Las placas base modernas tienen esta función integrada en el chipset, *concretamente en los chips Súper E/S o puente sur.*

El controlador de teclado controla las líneas de reseteo y A20 y descifra los códigos de análisis del teclado. La línea A20 se usa en la memoria extendida y otras operaciones en modo protegido.

Actualización de una BIOS flash

Prácticamente todos los PC construidos a partir de 1996 usan un ROM flash para almacenar la BIOS. Un ROM flash es un tipo de chip EEPROM que se puede borrar y volver a programar directamente en el sistema sin necesidad de equipamiento especial. Los antiguos EPROM requerían una fuente de luz ultravioleta especial y un dispositivo de programación EPROM para borrar y reprogramarlos, mientras que los ROM flash pueden borrarse y regrabarse sin tener siquiera que sacarlos del sistema. En algunos sistemas, el ROM flash no es un chip aparte, sino que está incorporado en el puente sur.

El uso de ROM flash permite cargar la actualización en el chip ROM flash de la placa base sin necesidad de retirar y reemplazar el chip. Normalmente, estas actualizaciones se descargan del sitio Web del fabricante. Dependiendo del diseño, algunos programas de actualización requieren que se coloque el software en un disquete o disco óptico iniciable, mientras que otros configuran el programa para que se ejecute al siguiente inicio (antes de que se cargue Windows), y otros se ejecutan en Windows como una aplicación.

Algunos sistemas permiten que se bloquee (protección contra escritura) el ROM flash de un sistema. En ese caso hay que deshabilitar la protección antes de llevar a cabo la actualización, normalmente mediante un puente o conmutador. Sin el bloqueo, cualquier programa con las instrucciones correctas puede rescribir el ROM del sistema, lo cual tampoco es muy tranquilizador. Sin la protección contra escritura, podrían grabarse virus que sobrescriban o dañen el código ROM BIOS del sistema. El virus CIH (también llamado Chernobyl) es un ejemplo de virus que sobrescribió el código BIOS de ciertas placas base. En lugar de un bloque físico, algunos ROM BIOS flash tienen un algoritmo de seguridad que impide las actualizaciones no autorizadas. Ésta es la técnica que utiliza Intel en sus placas base, suprimiendo la necesidad de un puente o conmutador.

Tenga en cuenta que los fabricantes de placas base normalmente no avisan de la actualización de la BIOS para una placa en particular; hay que visitar sus sitios Web con regularidad para buscar actualizaciones que se puedan descargar e instalar sin cargos.

Antes de proceder con la actualización de la BIOS, debe localizar y descargar la BIOS actualizada del sitio Web del fabricante de su placa. Regístrese en el sitio y siga los menús de la página para seleccionar y descargar la nueva BIOS.

Nota: *Si se identifica una actualización BIOS flash como exclusiva para algunas versiones de un modelo en particular, asegúrese de que funcionará en su placa antes de instalarla. Puede que tenga que abrir el sistema en busca de un número de versión o algún componente en particular. Visite el sitio Web del fabricante para más detalles.*

Los fabricantes de placas base pueden ofrecer varias formas de actualizar la BIOS de una placa base dada: algunas se ejecutan directamente desde dentro de Windows, otras puede que tengan que ejecutarse desde un medio extraíble iniciable como una unidad óptica, USB o un disquete. Sólo hay que usar una de ellas, así que si tiene opción de elegir debería seleccionar la más fácil de llevar a cabo. La elegida dependerá del estado actual del sistema. Por ejemplo, si la BIOS está dañada, puede que no tenga más remedio que usar procedimientos de recuperación de emergencia. Si el sistema que quiere actualizar es uno que está creando en ese momento y todavía no tiene una copia de Windows instalada en el disco duro, puede que necesite un método que funcione con otros medios iniciables, como una unidad óptica USB flash o un disquete. Si los archivos y programas de actualización son demasiado grandes para un disquete, debería ejecutar la actualización desde una unidad óptica o USB flash. La mayoría de las actualizaciones ROM flash encajan en alguno de estos cuatro grandes grupos:

- Actualizaciones ejecutables en Windows.
- Imágenes automatizadas de medios iniciables.
- Medios iniciables creados por el usuario.
- Medios de recuperación de emergencia.

Actualizaciones ejecutables en Windows

El método ejecutable en Windows es generalmente el más fácil y popular. Puede que no esté disponible en placas base antiguas, pero la mayoría de las nuevas ofrecen este tipo de procedimiento. La actualización no podría ser más fácil, ya que básicamente todo lo que hay que hacer es descargar el programa de actualización y ejecutarlo. El programa se ejecuta directamente en Windows, o ejecuta una rutina de instalación que instala temporalmente el software de la actualización flash para que se ejecute automáticamente en el próximo reinicio y el sistema se reinicie solo para empezar la actualización. En cualquier caso, una vez finalizada la actualización, el sistema se reinicia y la actualización queda completa. El único inconveniente de este procedimiento es que necesita que Windows esté instalado en el sistema, por lo que no es apropiado para sistemas recién construidos en los que todavía no se ha instalado el sistema operativo, o si ejecuta un sistema operativo alternativo, como Linux.

Un problema potencial con este método de actualización es que si el programa se ejecuta directamente en Windows, y el sistema operativo es inestable o está dañado o infectado por *malware*, podría interrumpirse la actualización de la BIOS, haciéndose potencialmente necesario un procedimiento de recuperación de la BIOS. Tal evento podría destruir toda la placa base. Si sospecha que el sistema operativo anfitrión es inestable, decántese por alguno de los otros métodos (como la actualización desde un disquete, CD o unidad USB flash iniciable).

Imágenes automatizadas de medios iniciables

Las imágenes iniciables automatizadas son el siguiente método más sencillo y funcionan con cualquier sistema operativo instalado en el sistema (si lo hay). Es ideal para sistemas operativos distintos de Windows o para sistemas nuevos que todavía no tienen instalado ningún sistema operativo. El poder usar este procedimiento depende de que el fabricante de la placa base ofrezca imágenes de CD o disquete iniciables con los archivos necesarios para crear el verdadero medio de actualización.

En el caso de los disquetes, hay que descargar el programa de creación de imagen de disquete del sitio Web del fabricante de la placa base. Al ejecutarlo, el programa solicita que se inserte un disquete en blanco en la disquetera y graba en él la imagen iniciable con el sistema operativo iniciable (probablemente DOS o una variante) y todos los archivos necesarios para llevar a cabo la actualización. Para realizar la actualización, asegúrese de que la disquetera es lo primero en la secuencia de inicio y reinicie el sistema con el disquete metido en la unidad. El sistema debería iniciarse desde el disquete y el proceso de actualización debería comenzar automáticamente. Siga las indicaciones en pantalla para completar la actualización y cuando ya esté, retire el disquete y reinicie el sistema.

Dado que ya no se instalan disqueteras en la mayoría de los sistemas modernos, y las imágenes BIOS para las nuevas placas base son demasiado grandes como para caber en un disquete, muchos fabricantes ofrecen imágenes descargables de CD iniciables para actualizaciones de BIOS. Suelen estar en forma de archivo `*.ISO`, que es un archivo de imagen de CD-ROM que contiene una copia sector por sector de un CD. Para llevar a cabo la actualización, hay que grabar la imagen iniciable ISO en un CD-R o disco RW virgen. Desafortunadamente, las versiones de Windows anteriores a Windows 7 no incluyen software de grabación de CD/DVD que pueda leer o escribir imágenes ISO, lo que significa que será necesario un programa de grabación de terceros para este paso.

Los programas de grabación de CD/DVD comerciales como los de Roxio, Nero o Sonic están a veces incluidos en los nuevos sistemas o unidades ópticas, así que puede que ya disponga del software necesario. Si todavía no tiene ninguno de estos programas, le recomiendo ImgBurn (`www.imgburn.com`), una excelente aplicación gratuita de grabación de CD/DVD.

Utiliza el programa de grabación de CD/DVD para crear la imagen del disco copiando el archivo ISO en un CD-R o disco RW virgen. Después, para realizar la actualización, asegúrese de que la unidad óptica es la primera en la secuencia de inicio y reinicie el sistema con el disco de actualización metido en la unidad. El sistema debería iniciarse desde el CD y el procedimiento de actualización debería comenzar automáticamente. Siga las indicaciones para completar la actualización y acto seguido retire el CD y reinicie el equipo.

Medios iniciables creados por el usuario

Muchos fabricantes de placas base también ofrecen actualizaciones de la BIOS en forma de utilidad flash basada en DOS combinada con un archivo de imagen que se puede ejecutar manualmente desde cualquier medio iniciable DOS. Con esta técnica, la actualización puede llevarse a cabo desde un disquete, un CD o incluso una unidad USB flash iniciables, independientemente de si el disco duro del sistema está ejecutando Windows, Linux o no tiene ningún sistema operativo.

Los ficheros necesarios suelen estar en un archivo que puede descargarse del sitio del fabricante de la placa base. Desafortunadamente, este tipo de procedimiento es mucho más laborioso que los otros, ya que implica varios pasos. La parte más difícil es la creación manual del medio en el que se copiarán los archivos. Aunque es bastante fácil crear un disquete iniciable, el procedimiento para crear CD o unidades USB flash iniciables es más complicado.

Por suerte, algunas utilidades gratuitas son de gran ayuda. Para crear un CD iniciable para actualizaciones de BIOS, recomiendo el paquete Clean Boot CD, que se puede descargar de manera gratuita en `www.nu2.nu/bootcd/#clean`. Descargue el paquete ejecutable autoextraíble en una nueva carpeta y ejecútelo. Se extraerán los archivos y carpetas adicionales que contiene. A continuación, siga las instrucciones para copiar la utilidad flash y los archivos de imagen para la placa base en la carpeta adecuada. Cuando los archivos estén en su sitio, ejecute el comando `"buildclean"`, que creará automáticamente una imagen ISO de CD iniciable con un sistema operativo y los archivos incluidos. Después deberá usar un programa de grabación de CD/DVD de terceros como ImgBurn (`www.imgburn.com`) para copiar la imagen en un CD-R o disco RW.

Una vez grabado el CD, puede iniciar desde él, navegar hasta la carpeta donde se encuentran los archivos de imagen y la utilidad flash e introducir el comando apropiado para ejecutar la actualización. Para las placas base de Intel que utilizan la utilidad IFLASH.

EXE y archivos de imagen con la extensión `*.BIO`, el comando adecuado sería `IFLASH /PF XXX.BIO`, sustituyendo `XXX.BIO` por el nombre real del archivo BIO.

El mismo procedimiento puede llevarse a cabo con una unidad USB flash iniciable, pero igual que ocurría con el CD, la creación de una unidad de este tipo puede ser complicada. Afortunadamente, hay una utilidad de formato USB basada en Windows disponible de forma gratuita por parte de HP (`http://h50178.www5.hp.com/local_drivers/17550/SP27608.exe`). También puede buscar el archivo directamente como "`SP27608.exe`". Para hacer la unidad flash iniciable, este programa requiere un conjunto de archivos de sistema DOS (`command.com`, `io.sys` y `msdos.sys`) para escribir en la unidad flash durante el formateo. Es posible usar varias versiones de DOS, pero en la mayoría de los casos recomiendo utilizar los archivos de sistema de DOS 6.22. Si no dispone de una copia, puede descargar estos archivos en forma de imagen de disquete iniciable en `www.bootdisk.com`.

> ***Nota:*** *Los fabricantes de BIOS y placas base empezaron a añadir soporte de inicio USB en 2001, así que si su sistema es de aquella época o anterior, puede que no sea capaz de iniciarse desde una unidad USB.*
>
> *Al configurar un sistema para que se inicie desde una unidad USB flash, la unidad debe estar conectada antes de reiniciar el sistema y entrar en la configuración de la BIOS. En la secuencia de inicio de la configuración de la BIOS la unidad USB flash podría aparecer como dispositivo de almacenamiento genérico o como algún tipo de unidad extraíble, que habría que establecer como primer dispositivo en la secuencia de inicio. En la mayoría de los sistemas, cuando se desconecta la unidad USB flash, se elimina automáticamente del orden de inicio en el siguiente reinicio.*

Cuando la unidad USB flash ya está formateada como unidad iniciable, se puede añadir la utilidad BIOS flash y los archivos de imagen para la placa base. Conecte la unidad USB flash iniciable al sistema que desea actualizar y reinicie el equipo. Entre en la configuración de la BIOS y establezca la USB flash como primer dispositivo en la secuencia de inicio. Tras guardar el cambio y salir, el sistema debería iniciarse en DOS desde la unidad USB flash. En el indicador de comandos de DOS, ejecute el comando adecuado para actualizar la BIOS.

> ***Truco:*** *Antes de iniciar el proceso de actualización de la BIOS flash, debería desconectar todos los dispositivos USB e IEEE 1394 (FireWire) excepto el ratón y el teclado. Si va a iniciar desde una unidad USB flash para realizar la actualización, asegúrese de que todas las demás unidades USB están desconectadas. En algunos sistemas, dejar unidades externas adicionales conectadas impide que la actualización actúe correctamente.*
>
> *Si tiene habilitada Byte Merge en la configuración de la BIOS o en sistemas basados en Award BIOS, deshabilítela por precaución antes de comenzar la actualización. Esto es recomendable porque en algunos sistemas antiguos, dejar Byte*

Merge habilitada durante la actualización de la BIOS puede provocar un fallo de la actualización que la dañe durante el proceso. Puede volver a habilitarla cuando la actualización se haya completado. Algunas actualizaciones de BIOS contienen parches para que este problema no se produzca en el futuro.

Recuperación de emergencia de BIOS flash

Cuando se realiza una actualización de la BIOS flash, suele aparecer un mensaje de advertencia en la pantalla similar a éste, que indica que no se debe reiniciar ni desconectar el sistema hasta que la actualización esté completa:

```
The BIOS is currently being updated. DO NOT REBOOT OR POWER DOWN until
the update is completed (typically within three minutes)...
```

Si desoye esta advertencia o algo interrumpe el proceso de actualización, el resultado puede ser un sistema con una BIOS dañada. Esto significa que no podrá reiniciar el equipo y rehacer el proceso, al menos no fácilmente. Dependiendo de la placa base que tenga, puede que necesite reemplazar el chip ROM flash con uno reprogramado por el fabricante de la placa base, y ya sería mala suerte porque una placa base no funciona hasta que no tiene un ROM válido. Ésta es una de las razones por las que todavía conservo mi fiel quemador ROM; es muy útil para placas base con chips ROM flash con zócalos. En cuestión de minutos, puedo reprogramar el ROM con el grabador y reinstalarlo en la placa. Si necesita un programador ROM, le recomiendo el EPROM+ de Research Labs (`www.arlabs.com`).

No obstante, en la mayoría de los sistemas, el ROM flash está soldado a la placa, de forma que no se puede reemplazar fácilmente y hay que descartar la idea de la reprogramación. Sin embargo, esto no significa que la única salida sea cambiar toda la placa base. La mayoría de las placas base con ROM flash soldados tienen un procedimiento de recuperación de la BIOS que restaura el contenido del chip. Gira en torno a una parte especial protegida del ROM flash que está reservada a los efectos, denominada el bloque de inicio. Éste contiene una rutina de recuperación que sirve para restaurar el principal código de la BIOS.

Nota: *Dada la pequeña cantidad de código que hay en el área del bloque de inicio, normalmente no hay indicaciones en pantalla para dirigir el procedimiento. Esto significa que la pantalla permanecerá negra durante ese tiempo, como si no estuviera ocurriendo nada. No obstante, el procedimiento se puede supervisar escuchando el altavoz interno y/o mirando el LED de acceso de la unidad que contiene el medio de actualización. Normalmente, el procedimiento hace que el sistema pite una vez al empezar y varias veces al terminar. Entre tanto, debería verse actividad en el disco, lo que indicaría que la imagen de la BIOS se está leyendo desde la unidad y escribiendo en el dispositivo flash.*

Las distintas versiones de BIOS y placas base pueden tener técnicas de recuperación diferentes. La mayoría de las placas base (incluidas las de Intel) que soportan la recuperación de la BIOS incorporan un puente de configuración que puede establecer varios modos, incluido uno de recuperación integrado. La figura 4.7 muestra este puente en una placa base corriente.

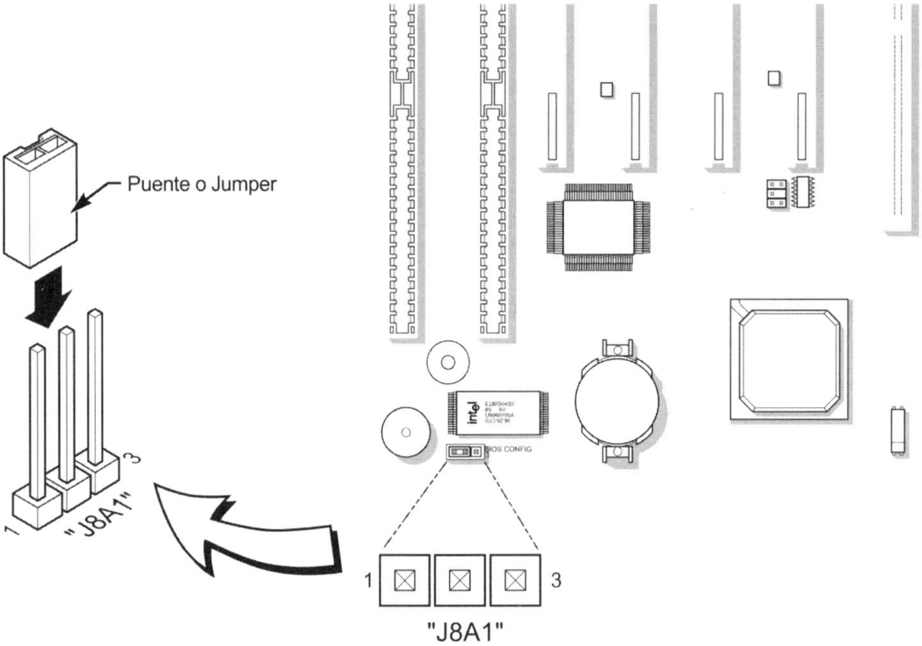

Figura 4.7. *Puente de configuración de la BIOS.*

Además de mover el puente, la recuperación requiere que un haya un disquete o unidad óptica con el medio del archivo de la imagen de la BIOS conectado al sistema y configurado correctamente. Algunas placas base pueden usar cualquier tipo de unidad para el proceso de recuperación, pero en la mayoría de los casos sólo se puede usar uno u otro. Esto se debe a que la mayoría de las placas antiguas soportan solamente la recuperación desde disquete, y muchas de las placas nuevas carecen totalmente de soporte para disquete (no tienen controlador de disquetes integrado) o tienen imágenes BIOS demasiado grandes para un disquete. La norma general es usar un disquete si el archivo de recuperación (`*.BIO`) es suficientemente pequeño como para caber en un disquete (de 1,44MB o menos) y la placa base incluye un controlador de disquetes integrado. Si no dispone de disquetera, puede instalar una temporalmente. Como técnico yo siempre llevo una disquetera con su cable en mi kit de herramientas para estos fines. Observe que la disquetera no tiene por qué estar todo el tiempo montada; yo suelo abrir la caja, conectar los cables de energía y datos y dejar la unidad en la mesa de al lado. El disquete insertado en la unidad debería contener solamente el archivo `*.BIO`, no hace falta ningún otro (esto es, el disco no debería ser iniciable), si lo hubiera podría impedir que el archivo `*.BIO` cupiera en el disco.

Antes de iniciar el procedimiento de recuperación con un disquete o un disco óptico, hay que descargar el archivo de imagen de recuperación correcto (`*.BIO`) para la placa base que se está recuperando. Obviamente esto hay que hacerlo desde otro sistema si el que se intenta recuperar no funciona.

El archivo de imagen `*.BIO` puede descargarse por separado o bien como parte de un archivo con otros ficheros, como herramientas de programación flash, documentación, etcétera. En ese caso sólo hace falta la imagen `*.BIO`; no se usará ninguno de los otros archivos ni programas. También conviene asegurarse de que el sistema tiene una disquetera o unidad óptica bien instalada.

Siga estos pasos para poder recuperar la BIOS con el método de recuperación desde disquete:

1. Copie solamente el archivo de imagen de recuperación apropiado (`*.BIO`) en un disquete formateado en blanco.
2. Coloque el disco en la disquetera principal conectada al sistema a recuperar.
3. Apague el sistema y retire el puente de configuración de la BIOS para habilitar el modo de recuperación.
4. Encienda el sistema; la recuperación debería iniciarse automáticamente. Debería escuchar un pitido al principio y ver actividad en la disquetera durante el procedimiento.
5. La recuperación debería completarse en 2-5 minutos aproximadamente. Después puede que el sistema siga funcionando, que se apague automáticamente o que indique que hay que apagarlo manualmente.
6. Con el sistema apagado, retire el disquete y vuelva a poner el puente de configuración de la BIOS para permitir la operación normal.

Puede utilizar el método de la unidad óptica en placas base más modernas que no tengan controlador de disquetes integrado o cuyo archivo de recuperación (`*.BIO`) no quepa en un disquete de 1,44MB. Aunque la unidad puede ser virtualmente cualquier tipo de CD o DVD, el disco a utilizar debería ser un CD-R o RW grabado con el archivo `*.BIO` y finalizado.

Puede grabar el disco con el software de grabación incluido en Windows (XP y posteriores), o uno de terceros como la aplicación gratuita ImgBurn (`www.imgburn.com`), que es más potente, más fácil de usar y funciona también con versiones más antiguas de Windows.

Siga estos pasos para recuperar la BIOS con el método de la unidad óptica:

1. Grabe y finalice un CD con una copia del archivo de imagen de recuperación (`*.BIO`).
2. Coloque el CD en la unidad óptica principal del sistema a recuperar.

3. Apague el sistema y retire los puentes de configuración de la BIOS para habilitar el modo de recuperación.
4. Encienda el sistema; la recuperación debería iniciarse automáticamente.
5. La recuperación debería completarse en 2-5 minutos. Después puede que el sistema siga funcionando, que se apague automáticamente o que indique que hay que apagarlo manualmente.
6. Con el sistema apagado, retire el disquete y vuelva a poner el puente de configuración de la BIOS para permitir la operación normal.

> ***Nota:*** *Una recuperación de la BIOS puede corromper la información de configuración de la misma almacenada en el CMOS RAM. Si aparece el mensaje "*`CMOS/GPNV Checksum Bad...Press F1 to Run SETUP`*" durante el primer inicio tras la actualización, pulse **F1** para acceder a la utilidad de configuración de la BIOS, pulse **F9** para cargar la configuración predeterminada y luego pulse **F10** para guardar y salir y que se corrija el problema.*

Si su placa base no incluye un puente de configuración de la BIOS, todavía queda un procedimiento de recuperación que puede intentar. Por ejemplo, algunas BIOS de AMI tienen código de bloque de inicio con un procedimiento de recuperación que funciona incluso sin puente. Si la BIOS principal está dañada, el código del bloque de inicio está diseñado para buscar un archivo llamado `AMIBOOT.ROM` en un disquete y pasarlo al ROM si lo encuentra. Para llevar a cabo una recuperación, primero descargue el archivo de imagen BIOS más reciente para la placa base, cópielo en un disquete formateado en blanco y cámbiele el nombre por `AMIBOOT.ROM`. Apague el sistema a recuperar, inserte el disquete y encienda el sistema; el proceso de recuperación debería iniciarse automáticamente.

La mayoría de las BIOS Phoenix y Award también tienen un bloque de inicio con capacidades de recuperación diseñadas para iniciarse automáticamente desde un disquete si la BIOS principal está dañada. Para realizar la recuperación, primero descargue los archivos de actualización de la BIOS más recientes para la placa base. Extraiga los archivos y copie el programa flash Award (`awdflash.exe`) y el archivo de imagen BIOS correcto (`*.bin`) en un disquete iniciable formateado, y cree un archivo `AUTOEXEC.BAT` en el disquete con el comando `awdflash.exe *.bin`, cambiando `*.bin` por el nombre del archivo de imagen de la BIOS para la placa base específica que se está recuperando. Apague el sistema, inserte el disquete y vuelva a encenderlo. El sistema debería iniciarse desde el disquete y el proceso de recuperación debería empezar automáticamente.

Con cualquiera de estos procedimientos, espere varios minutos después de que paren los pitidos y la actividad del disco antes de retirar el disquete o CD y reiniciar el sistema. Cuando vuelva a encender el equipo, la nueva BIOS debería estar instalada y en funcionamiento. Si no ocurre nada, puede que haya fallado la recuperación o que la placa no incluya una sección de bloque de inicio aparte (con el código de recuperación).

Nota: *El procedimiento de recuperación de la BIOS suele ser la forma más rápida de actualizar varios equipos, especialmente si se están realizando varias actualizaciones al mismo tiempo, y/o los equipos son nuevos y no tienen instalado un sistema operativo iniciable. Por ejemplo, así es como se hacen las actualizaciones a veces en un entorno de producción.*

Direcciones CMOS RAM en la placa base

En el sistema IBM AT original, se utilizaba un chip Motorola 146818 como reloj de tiempo real (RTC) y chip CMOS RAM. Este chip especial tenía un sencillo reloj digital que usaba 14 bytes de RAM y 50 bytes de RAM para guardar lo que se quisiera. Los diseñadores del IBM AT utilizaron esos 50 bytes extra para almacenar la configuración del sistema. Los sistemas PC modernos ya no utilizan el chip Motorola, sino que incorporan las funciones de este chip en el *chipset* de la placa base (puente sur) o en el chip Súper E/S, o utilizan una batería especial y un módulo NVRAM de empresas como Dallas Semiconductor o Benchmarq.

La tabla 4.1 muestra el formato estándar de la información almacenada en el módulo CMOS RAM estándar de 64 bits. El programa de configuración lee y escribe esta información, que controla la configuración del sistema.

Tabla 4.1. *Direcciones CMOS RAM.*

Desplazamiento (hex)	Desplazamiento (dec)	Tamaño de campo	Función
00h	0	1 byte	Segundo actual en BCD (00–59).
01h	1	1 byte	Segundo de alarma en BCD.
02h	2	1 byte	Minuto actual en BCD (00–59).
03h	3	1 byte	Minuto de alarma en BCD.
04h	4	1 byte	Hora actual en BCD (00–23).
05h	5	1 byte	Hora de alarma en BCD.
06h	6	1 byte	Día de la semana actual en BCD (00–06).
07h	7	1 byte	Día del mes actual en BCD (00–31).
08h	8	1 byte	Mes actual en BCD (00–12).
09h	9	1 byte	Año actual en BCD (00–99).
0Ah	10	1 byte	Registro de estado A.
0Bh	11	1 byte	Registro de estado B.
0Ch	12	1 byte	Registro de estado C.

Desplazamiento (hex)	Desplazamiento (dec)	Tamaño de campo	Función
0Dh	13	1 byte	Registro de estado D.
0Eh	14	1 byte	Estado de diagnóstico.
0Fh	15	1 byte	Código de cierre.
10h	16	1 byte	Tipos de disquetera.
11h	17	1 byte	Opciones avanzadas de configuración de la BIOS.
12h	18	1 byte	Tipos de disco duro 0/1 (0–15).
13h	19	1 byte	Tasa de demora y repetición del teclado.
14h	20	1 byte	Equipamiento instalado.
15h	21	1 byte	Memoria básica en múltiplos de 1K, LSB.
16h	22	1 byte	Memoria básica en múltiplos de 1K, MSB.
17h	23	1 byte	Memoria extendida en múltiplos de 1K, LSB.
18h	24	1 byte	Memoria extendida en múltiplos de memoria en múltiplos de 1K, MSB.
19h	25	1 byte	Disco duro 0 tipo extendido (0–255).
1Ah	26	1 byte	Disco duro 1 tipo extendido (0–255).
1Bh	27	9 bytes	Disco duro 0 información de tipo definido por el usuario.
24h	36	9 bytes	Disco duro 1 información de tipo definido por el usuario.
2Dh	45	1 byte	Opciones avanzadas de configuración de la BIOS.
2Eh	46	1 byte	MSB suma de control CMOS.
2Fh	47	1 byte	LSB suma de control CMOS.
30h	48	1 byte	LSB memoria extendida del informe del POST.
31h	49	1 byte	MSB memoria extendida del informe del POST.
32h	50	1 byte	Siglo de la fecha en BCD (00–99).
33h	51	1 byte	Bandera de información del POST.
34h	52	2 bytes	Opciones avanzadas de configuración de la BIOS.
36h	54	1 byte	Opciones de configuración de la BIOS específicas del *chipset*.
37h	55	7 bytes	Contraseña de inicio (normalmente cifrada).
3Eh	62	1 byte	MSB suma de control CMOS extendido.

BCD = *Binary-coded decimal* (decimal codificado en binario).
LSB = *Least significant byte* (byte menos significativo).
MSB = *Most significant byte* (byte más significativo).

Observe que muchos sistemas nuevos tienen CMOS RAM extendido con 2KB, 4KB o más. El espacio extra sirve apara almacenar la información Plug and Play que detalla la configuración de las tarjetas adaptadoras y otras opciones del sistema. Como tal, no existe ningún estándar compatible al 100 por 100 para el almacenamiento de la información CMOS en todos los sistemas. Habrá que consultar al fabricante de la BIOS para más información si se necesitan detalles completos, ya que la configuración CMOS y los programas de configuración suelen formar parte de BIOS. Éste es otro ejemplo de lo cercana que es la relación entre la BIOS y el hardware de la placa base.

Hay programas y utilidades de copia de seguridad disponibles para la información CMOS RAM que pueden ser muy útiles para guardar y restaurar configuraciones. Desafortunadamente estos programas son específicos para cada BIOS y sólo funcionan con la BIOS para el que se diseñaron. Yo procuro no depender de estos programas porque son demasiado específicos y no funcionan bien en todos mis sistemas.

La tabla 4.2 muestra los valores que podría almacenar la BIOS de un sistema en un byte CMOS especial denominado byte de estado de diagnóstico (*diagnostic status byte*). Examinando esta ubicación con un programa de diagnóstico se puede determinar si el sistema ha establecido códigos de fallo, lo que indicaría un problema anterior.

Tabla 4.2. *Códigos del byte de estado de diagnóstico CMOS RAM.*

Número de bit 7	6	5	4	3	2	1	0	Hex	Función
1	■	■	■	■	■	■	■	80	El reloj de tiempo real (RTC) ha perdido potencia.
■	1	■	■	■	■	■	■	40	La suma de control CMOS RAM está mal.
■	■	1	■	■	■	■	■	20	Información de configuración no válida detectada en el POST.
■	■	■	1	■	■	■	■	10	Error de comparación de tamaño de memoria en el POST.
■	■	■	■	1	■	■	■	08	Inicialización fallida del disco o adaptador.
■	■	■	■	■	1	■	■	04	Reloj de tiempo real (RTC) no válido.
■	■	■	■	■	■	1	■	02	Los adaptadores no coinciden con la configuración.
■	■	■	■	■	■	■	1	01	Tiempo de lectura de un ID de adaptador excedido.

Si el byte de estado de diagnóstico tiene cualquier valor distinto de 0, saldrá un error de configuración CMOS al inicio. Es posible eliminar este tipo de errores volviendo a ejecutar el programa de configuración.

Problemas con el año 2000 en la BIOS

Todos los sistemas utilizados actualmente deberían ser compatibles con las fechas del siglo veintiuno, bien a través de actualizaciones de la BIOS, bien mediante parches de software o hardware. Sin embargo, si se va a volver a poner en funcionamiento sistemas anteriores a 1999, conviene comprobar la compatibilidad con el año 2000.

Entorno de inicio previo

Algunos sistemas utilizan el entorno de inicio previo de la BIOS Phoenix, que tiene una interfaz de usuario gráfica que permite acceder a la configuración de la BIOS, diagnósticos extendidos, aplicaciones de copia de seguridad/restauración o la recuperación del contenido completo del sistema original (restauración del producto al contenido distribuido por fábrica).

Todas estas aplicaciones (excepto el programa de configuración de la BIOS) se encuentran en el área protegida por *host* (HPA, *Host Protected Area*), un área oculta del disco duro situada literalmente después del final reconocido de la unidad. La cantidad y el tipo de aplicaciones a las que se puede acceder desde el entorno de inicio previo depende de las opciones seleccionadas por el OEM al diseñar el sistema. La figura 4.8 muestra la implementación IBM/Lenovo del entorno de inicio previo de la BIOS Phoenix. Este entorno se activa pulsando **Intro** en el teclado durante el POST.

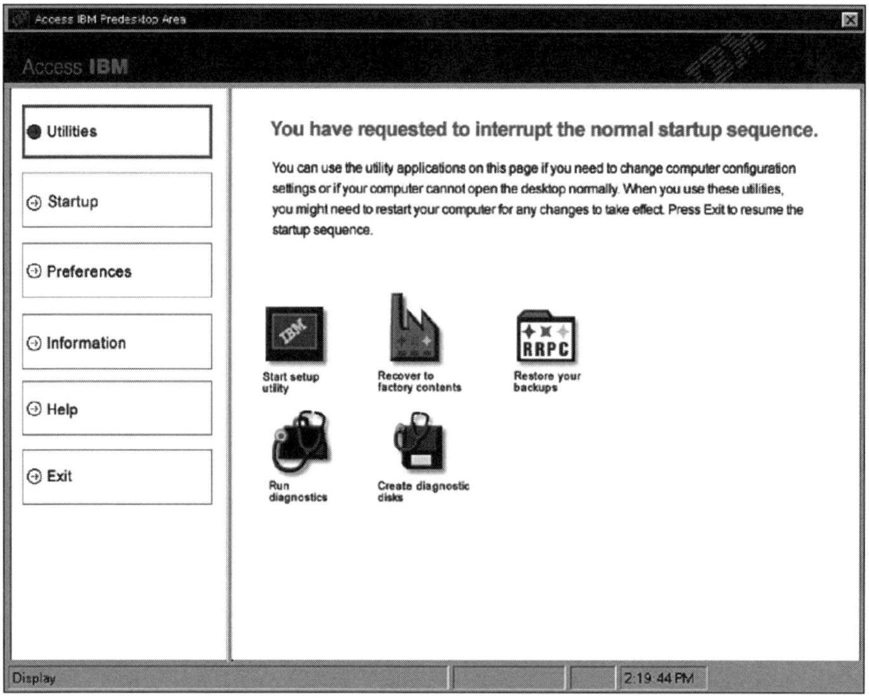

Figura 4.8. *Implementación IBM/Lenovo del entorno de inicio previo de la BIOS Phoenix.*

El entorno de inicio previo gráfico es especialmente útil para la recuperación de productos. Por ejemplo, la mayoría de los OEM de sistemas grandes hacen mucho más que simplemente instalar Windows en un sistema antes de entregarlo. Después del sistema operativo, instalan todos los *service packs* y actualizaciones disponibles en ese momento y los controladores actualizados exclusivos para esos sistemas. Luego añaden personalizaciones, como papeles tapiz especiales o interfaces personalizadas, información de contacto para soporte, documentación en línea, y utilidades personalizadas diseñadas para facilitar el uso de sus sistemas. Por último, instalan aplicaciones, como reproductores de DVD, Office, etc.

Esta personalización del OEM supone mucho trabajo si el usuario quiere reproducir esto desde cero, así que a la mayoría de los fabricantes de placas les gusta incluir la posibilidad de recuperar el sistema con los contenidos de fábrica, incluido el OS, los controladores, las aplicaciones y la configuración personalizada. Antes, esto se ofrecía a través de CD o DVD que el usuario podía perder o dañar, a veces eran difíciles de usar, y eran caros de producir y distribuir. Utilizando una BIOS con entorno de inicio previo, el OEM puede integrar el contenido de los CD de recuperación directamente en el disco duro y hacer que sea accesible a través del menú de inicio previo de la BIOS.

Originalmente, esto se hacía con una partición oculta que, por desgracia, era fácil de dañar o borrar por software de particiones u otras utilidades. En muchos sistemas nuevos, el contenido de los discos de recuperación está preinstalado en la HPA, a la que se puede acceder por medio de *Protected Area Run Time Interface Extension Services* (PARTIES), un estándar soportado por todas las unidades ATA-4 o más recientes. HPA/PARTIES funciona utilizando el comando ATA `SET MAX ADDRESS` para que la unidad aparezca ante el sistema como una unidad ligeramente más pequeña. La mayoría de los fabricantes utiliza los últimos 3GB de la unidad para la HPA. Todo lo que queda entre la nueva dirección máxima (el final reconocido de la unidad) y el final real de la unidad se considera HPA y se puede acceder a ella con comandos PARTIES. La figura 4.9 muestra el contenido de la HPA y la relación entre la HPA y el resto de la unidad.

La HPA es más segura que una partición oculta porque cualquier dato que quede más allá del final de la unidad no puede ser visto por ninguna aplicación normal, ni siquiera las de particiones como Partition Magic o bien Partition Commander. Esto la hace más segura e inmune a daños. Aun así, si quiere eliminar la HPA hay una forma de restablecer la dirección máxima y exponer la HPA. Después podría utilizar una aplicación como Partition Magic o Partition Commander para cambiar el tamaño de la partición principal de forma que incluya el espacio extra que hasta entonces permanecía oculto e inaccesible. La única consecuencia es que perdería el acceso a las aplicaciones de recuperación, diagnóstico y copia de seguridad precargadas por el OEM. Mucha gente prefiere esto porque puede seguir haciendo recuperaciones en el futuro con los discos de recuperación (que ya no se incluyen con el sistema pero están disponibles de forma gratuita o por poco dinero), y puede hacer auténticos diagnósticos de hardware a través de disquetes iniciables o discos ópticos. Además, si se reemplaza el disco duro, se puede descubrir temporalmente la HPA del disco original para copiarla en una nueva unidad. Alternativamente, se puede usar los discos de recuperación suministrados por el OEM para instalar la HPA en la unidad nueva.

La mayoría de los sistemas nuevos que usan la BIOS Phoenix vienen con el software de recuperación y diagnóstico en la HPA porque es parte de los nuevos núcleos BIOS Phoenix que utilizan gran parte de OEM para sistemas portátiles y de sobremesa construidos en 2003 o más tarde.

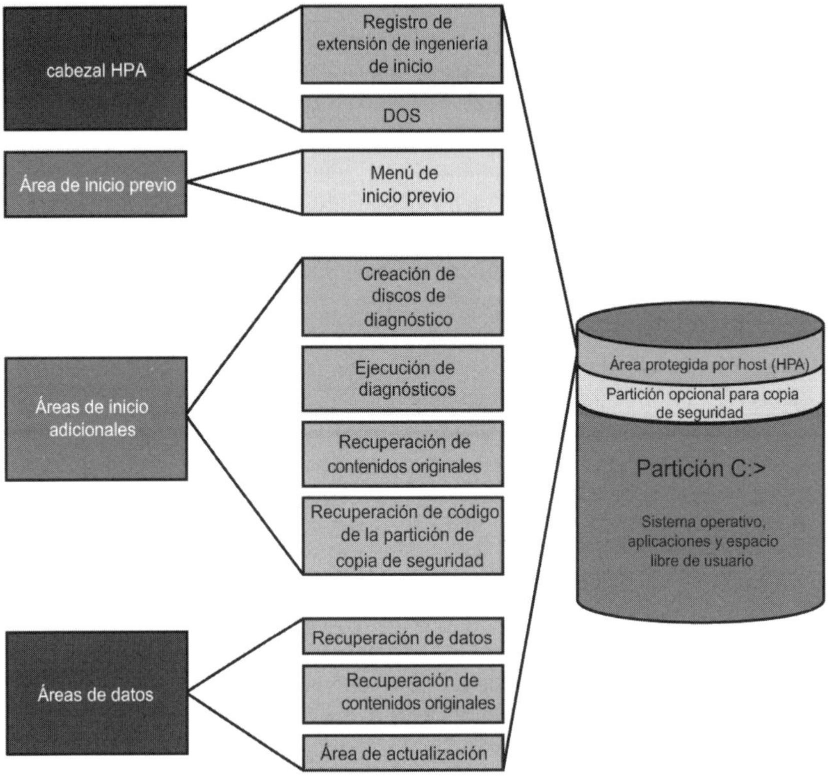

Figura 4.9. *Área protegida por host (HPA).*

Especificaciones de configuración del CMOS

El CMOS RAM debe configurarse con información sobre las unidades del sistema y opciones seleccionadas por el usuario antes de poder usar el ordenador. El programa de configuración proporcionado con el sistema sirve para seleccionar las opciones deseadas para iniciar el equipo.

Ejecución o acceso al programa de configuración del CMOS

Para ejecutar el programa de configuración de la BIOS, normalmente hay que reiniciar y pulsar una tecla o combinación de teclas en particular durante el POST. Normalmente, la tecla que hay que pulsar aparece momentáneamente en la pantalla. Si no le da tiempo de leer, pulse **Pausa** en el teclado en cuanto aparezca. Así congelará el sistema y podrá leer la pantalla. Pulse cualquier tecla (por ejemplo la barra espaciadora) para reanudar y permitir que continúe el POST.

La mayoría de los proveedores han estandarizado las teclas a pulsar para acceder a la configuración de la BIOS en los sistemas modernos:

- **BIOS AMI:** Pulse **F1** o **Supr** durante el POST.
- **BIOS Phoenix:** Pulse **F1** o **F2** durante el POST.
- **BIOS Award:** Pulse **Supr** (o **Control-Alt-Esc**) durante el POST.
- **Microid Research (MR) BIOS:** Pulsar **Esc** durante el POST.

Si su sistema no responde a ninguna de estas configuraciones habituales, puede que deba ponerse en contacto con el fabricante o leer la documentación del sistema para averiguar qué teclas pulsar.

Éstas son algunas más exclusivas:

- **Portátiles Toshiba:** Pulse **Esc** mientras se enciende el sistema y a continuación, pulse **F1** cuando se le indique.
- **BIOS Phoenix más antiguos:** Inicie en modo seguro con indicador de comandos DOS y pulse **Control-Alt-Esc** o **Control-Alt-S**.
- **Compaq:** Pulse **F10** durante el POST.

Tras acceder a la pantalla principal del programa de configuración de la BIOS aparecerá un menú que ofrecerá acceso a otros en distintas secciones o pantallas. En los próximos apartados veremos los menús y submenús presentes en la mayoría de las placas base de Intel. Aunque no todas las placas tienen todas las opciones, y algunas marcas pueden emplear una terminología ligeramente distinta, la mayoría serán similares en contenido.

Menús de configuración de la BIOS

La mayoría de las BIOS modernas ofrecen una barra de menú en la parte superior de la pantalla del programa de configuración que controla la navegación por los distintos menús principales. La típica barra de menú ofrece las opciones recogidas más abajo (véase la tabla 4.3).

> ***Nota:*** *La configuración tratada aquí le ayudará a hacerse una idea general del tipo de configuración que cabe esperar y de cómo la configuración de la BIOS afecta al equipo. Tenga en cuenta, no obstante, que la configuración específica que encuentre después, su ubicación e incluso los títulos de los menús variarán dependiendo de la marca y modelo de la placa base y la versión de la BIOS.*

Tabla 4.3. Menús de configuración de la BIOS.

Menú	Descripción
Maintenance (Mantenimiento)	Borra contraseñas y muestra información del procesador. Este menú sólo aparece cuando el puente de configuración de la BIOS está en modo de configuración.
Main (Principal)	Configuración del procesador y de fecha y hora.
Advanced (Avanzada)	Configura características avanzadas del *chipset* y el hardware.
Security (Seguridad)	Establece contraseñas y características de seguridad.
Power (Energía)	Configura características de administración de energía y controles de suministro eléctrico.
Boot (Inicio)	Selecciona opciones de inicio.
Exit (Salir)	Guarda o desecha los cambios realizados en las opciones del programa de configuración.

La elección de cada una de estas alternativas conduce a otro menú con más opciones.

Menú de mantenimiento

El menú Maintenance es un menú especial para configurar la velocidad del procesador y borrar las contraseñas establecidas. Las placas base antiguas usaban puentes para configurar la velocidad del bus del procesador (la de la placa base) y multiplicadores de procesador. La mayoría de las placas nuevas de Intel y otros fabricantes ofrecen este control a través del programa de configuración de la BIOS sin necesidad de mover puentes. En el caso de Intel, queda un puente en la placa, denominado puente de configuración, que debe ponerse en modo de configuración para que el menú de mantenimiento esté disponible.

El programa de configuración muestra este menú sólo si el sistema está en modo de configuración. Para ponerlo en este modo, apague el sistema y mueva el puente de configuración de la placa base de Normal a Configure (véase la figura 4.7). Dado que éste es el único puente en una placa Intel moderna, es fácil encontrarlo. Cuando se vuelve a encender el sistema, se ejecuta automáticamente el programa de configuración de la BIOS, y se puede seleccionar el menú Maintenance. Una vez realizados y guardados los cambios oportunos, apague el sistema y devuelva el puente al modo normal.

Tabla 4.4. Configuración del menú Maintenance.

Configuración	Opciones	Descripción
Board ID (ID de la placa)	—	Valor que identifica unívocamente a la placa.
C1E	Enabled/Disabled (Habilitado/Deshabilitado)	Permite al sistema reducir el voltaje del procesador cuando no se está haciendo nada.

Configuración	Opciones	Descripción
Clear All Passwords (Borrar todas las contraseñas)	OK/Cancel (Aceptar/Cancelar)	Borra todas las contraseñas de usuario y de supervisor.
Clear Trusted Platform Module (Borrar módulo de plataforma de confianza)	OK/Cancel (Aceptar/Cancelar)	Sirve para eliminar el módulo de plataforma de confianza (TPM) si se va a transferir la propiedad del ordenador a otro usuario.
CPU Frequency Multiplier (Multiplicador de frecuencia de la CPU)	Definidas por el usuario	Establece la proporción entre el reloj del núcleo de la CPU y el bus frontal. Esta configuración sólo está presente si Default Frequency Ratio está deshabilitada.
CPU Microcode Update Revision (Versión de actualización de microcódigo de CPU)	—	Muestra la versión de actualización del microcódigo del procesador.
CPU Stepping Signature (Firma de Stepping de la CPU)	—	Muestra la firma de Stepping del procesador.
Default Frequency Ratio (Tasa de frecuencia predeterminada)	Enabled/Disabled (Habilitado/ Deshabilitado)	Cuando está habilitada utiliza la tasa de frecuencia del procesador predeterminada. Cuando está deshabilitada permite programar una tasa de frecuencia.
Failsafe Watchdog (Guardián de archivos seguros)	Enabled/Disabled (Habilitado /Deshabilitado)	Cuando está habilitado, usa un WDT (*Watchdog Timer*, Temporizador de guardia) para detectar bloqueos de inicio y restablecer el sistema con la configuración predeterminada.
Fixed Disk Boot Sector (Sector de inicio de disco fijo)	Enabled/Disabled (Habilitado/ Deshabilitado)	Protección antivirus del Registro de inicio maestra (MBR, *Master Boot Record*). Cuando está habilitado, el MBR está protegido contra copia.
Microcode Revision (Versión de microcódigo)	—	Muestra la versión del microcódigo del procesador.
Processor Stepping (Stepping del procesador)	—	Muestra el Stepping del procesador.
Ratio Actual Value (Valor real de proporción)	—	Muestra la proporción entre el núcleo del procesador y el bus.
Reset Intel AMT to default (Restablecer la configuración predeterminada de Intel AMT)	—	Restablece la Intel *Active Management Technology* (AMT) a su configuración predeterminada de fábrica.
Use Maximum Multiplier (Utilizar multiplicador máximo)	Automatic/Disabled (Automático/ Deshabilitado)	Solamente funciona en procesadores basados en multiplicador sin bloquear. Establece la velocidad de la CPU a la predeterminada o al multiplicador máximo estimado.

Observe que la mayoría de los procesadores están diseñados para permitir la operación tan sólo a su multiplicador o proporción de frecuencia (una característica denominada *speed locking*) predeterminados, aunque algunos permiten seleccionar proporciones mayores que las estimadas.

Si un usuario olvida su contraseña, lo único que tiene que hacer es cambiar el puente de configuración, entrar en el menú de mantenimiento del programa de configuración de la BIOS y utilizar la opción para borrar la contraseña. Esta función no recuerda la contraseña al usuario, simplemente la borra, permitiendo que se establezca una nueva si se desea. Esto significa que la seguridad será tan fuerte como sea la caja, ya que cualquiera que pueda acceder al puente de configuración puede borrar la contraseña y entrar en el sistema. Es por esto que las mejores cajas tienen sistemas de bloqueo.

Menú principal

El menú de configuración del CMOS estándar se remonta a los tiempos de los 286, cuando el menú de configuración de la BIOS completo consistía en un solo menú. En el menú estándar se puede configurar el reloj del sistema y registrar los parámetros del disco duro y la disquetera, además del tipo de vídeo básico. Las BIOS más recientes tienen configuraciones más complejas, con más menús y submenús, así que el menú principal suele ser bastante escaso en comparación con el de los sistemas antiguos.

El menú principal de un sistema moderno ofrece información del sistema, como la versión de la BIOS, el tipo y la velocidad de procesador, la cantidad de memoria o la caché configurada para la funcionalidad ECC. El menú Main también sirve para configurar la fecha y hora del sistema. La tabla 4.5 muestra un típico menú principal.

Tabla 4.5. *Configuración del menú Main.*

Configuración	Opciones	Descripción
Additional System Information (Información adicional del sistema)	—	Muestra información sobre el sistema, la placa base, el chasis, etc.
BIOS Version (Versión del BIOS)	—	Muestra la versión de la BIOS instalada actualmente.
Core Multiplexing Technology (CMP)	Enabled/Disabled (Habilitado/ Deshabilitado)	Cuando está deshabilitada, esta configuración apaga todos los núcleos del procesador excepto uno. Puede que tenga que configurar esta opción para sistemas operativos antiguos que no soportan núcleos múltiples. Dependiendo del procesador, el núcleo restante puede tener acceso a más caché, lo que permite un mejor rendimiento de ciertas aplicaciones.
Front Side Bus (FSB) Frequency (Frecuencia de bus frontal)	—	Muestra la frecuencia del bus frontal (FSB).

Configuración	Opciones	Descripción
Hyper-Threading Technology (Técnología HT)	Enabled/Disabled (Habilitado/ Deshabilitado)	Habilita o bien deshabilita la tecnología Hyper-Threading Technology.
L2 Cache RAM (RAM de caché L2)	—	Muestra el tamaño de la caché L2.
Language (Idioma)	English/French (Inglés/Francés)	Selecciona el idioma utilizado por la BIOS.
Processor Speed (Velocidad del procesador)	—	Muestra la velocidad del procesador.
Processor Type (Tipo de procesador)	—	Muestra el tipo de procesador.
System Bus Speed (Velocidad del bus del sistema)	—	Muestra la velocidad del bus del sistema.
System Date (Fecha del sistema)	Month/day/year (Mes/Día/Año)	Establece la fecha actual.
System Memory Speed (Velocidad de memoria del sistema)	—	Muestra la velocidad de la memoria del sistema.
System Time (Hora del sistema)	Hour:minute:second (Hora:minuto:segundo)	Establece la hora actual.
Total Memory (Memoria total)	—	Muestra la cantidad total de RAM.

La mayoría de las BIOS antiguas informan de la memoria como memoria básica y memoria extendida en vez de con un solo valor. La memoria básica suele ser de 640KB y en ocasiones se denomina memoria convencional. La memoria extendida es la que está por encima del primer megabyte del sistema.

No es posible cambiar los valores de los campos de la memoria; los rellena automáticamente el sistema y son sólo informativos. Si la cuenta no coincide con la memoria que hay instalada, es probable que haya algún problema con la memoria, a saber, que sea defectuosa, que no esté bien asentada o correctamente instalada, o que sea de un tipo incompatible con el sistema.

Menús avanzados

Los menús Advanced sirven para configurar características avanzadas que suelen estar controladas por el *chipset* de la placa base. Esta parte de la configuración de la BIOS es en cierto modo específica para el *chipset* concreto que use la placa base. Actualmente hay muchos *chipsets* en el mercado y cada uno tiene sus características. La configuración del *chipset* está diseñada para permitir al usuario personalizar estas características y controlar algunas de las configuraciones del mismo. La tabla 4.6 muestra los menús avanzados disponibles habitualmente.

Tabla 4.6. *Menús Advanced de la BIOS.*

Menú avanzado	Descripción
PCI Configuration (Configuración PCI)	Configura la prioridad IRQ de las ranuras PCI individuales.
PCI Express Configuration (Configuración PCI Express)	Configura las ranuras PCI Express.
Memory Configuration (Configuración de memoria)	Configura módulos y controladores de memoria.
Boot Configuration (Configuración de inicio)	Configura Plug and Play y la tecla **Bloq Num**.
Chipset Configuration (Configuración del *chipset*)	Configura características avanzadas del *chipset*.
Peripheral Configuration (Configuración periférica)	Configura puertos y dispositivos periféricos.
Drive Configuration (Configuración de unidad)	Configura dispositivos ATA.
Floppy Configuration (Configuración de disquetes)	Configura la disquetera.
Event Log Configuration (Configuración del registro de eventos)	Configura el registro de eventos.
Video Configuration (Configuración de vídeo)	Configura características de vídeo.
USB Configuration (Configuración USB)	Configura soporte USB.
Fan Control Configuration (Configuración de control de ventilador)	Configura la operación del ventilador.
Hardware Monitoring (Supervisión de hardware)	Muestra el voltaje, la temperatura y la velocidad del ventilador.

Configuración PCI avanzada

El menú PCI Configuration sirve para seleccionar la prioridad IRQ de tarjetas agregadas en las ranuras PCI. Auto (la configuración predeterminada) tan sólo debería usarse para permitir que la BIOS y el sistema operativo asignen IRQ a cada ranura, a menos que haya tarjetas PCI específicas que requieran IRQ únicas. La tabla 4.7 muestra un ejemplo típico.

Tabla 4.7. *Configuración del menú PCI Configuration avanzado.*

Característica	Opciones	Descripción
PCI Slot 1 IRQ Priority	Auto (default), 3, 5, 9, 10, 11	Permite seleccionar la prioridad IRQ para el conector 1 del bus PCI.
PCI Slot 2 IRQ Priority	Auto (default), 3, 5, 9, 10, 11	Permite seleccionar la prioridad IRQ para el conector 2 del bus PCI.

Característica	Opciones	Descripción
PCI Slot 3 IRQ Priority	Auto (default), 3, 5, 9, 10, 11	Permite seleccionar la prioridad IRQ para el conector 3 del bus PCI.
PCI Slot 4 IRQ Priority	Auto (default), 3, 5, 9, 10, 11	Permite seleccionar la prioridad IRQ para el conector 4 del bus PCI.

Podría haber disponibles IRQ adicionales si están deshabilitados algunos dispositivos integrados, como los puertos serie y paralelos.

Configuración PCI Express avanzada

El menú PCI Express Configuration sirve para configurar parámetros relacionados con el bus y las ranuras PCI Express. La tabla 4.8 muestra un ejemplo típico.

Tabla 4.8. *Configuración del menú PCI Express Configuration avanzado.*

Característica	Opciones	Descripción
Compliance Test Pattern (Patrón de prueba de compatibilidad)	Enabled/Disabled (Habilitado/ Deshabilitado)	Sirve para verificar si una ranura PCI Express sigue funcional y habilitada para la especificación PCI Express para compatibilidad con pruebas de tarjeta.
Link Stability Algorithm (Algoritmo de estabilidad de vínculo)	Enabled/Disabled (Habilitado/ Deshabilitado)	Se usa para verificar que PCIe x16 Link está funcionando para tarjetas gráficas x16.
PCI Express 1.1 Compliance Mode (Modo de compatibilidad con PCI Express 1.1)	Enabled/Disabled (Habilitado/ Deshabilitado)	Sirve para forzar la velocidad máxima de las tarjetas PCI Express 2.x a modo PCIe 1.1.
PCIE x16 Link Retrain (Reajuste de PCIE x16 Link)	GFX Card/Enabled/ Disabled (Tarjeta GFX/Habilitado/ Deshabilitado)	Se usa para ajustar la configuración de dispositivos que pueden necesitar adaptación para funcionar correctamente al preparar vínculos. Puede que algunas tarjetas PCI Express no se detecten correctamente. El ajuste de vínculo permite al sistema seguir intentando preparar o detectar y configurar la tarjeta. Esta configuración aumenta el tiempo de inicio.
PEG Negotiated Width (Anchura negociada PEG)	—	Muestra la anchura del vínculo de detección (x1, x4, x8, x16) del dispositivo PCIe conectado a la ranura PCIe x16. Esta información sirve para encontrar problemas de rendimiento con las tarjetas PCIe x4, x8 y x16 en una ranura PCIe x16 mientras el vídeo Intel integrado (gráficos PCIe) está habilitado y la opción PEG Allow > 1 está deshabilitada en el menú avanzado del *chipset*.

Configuración de memoria avanzada

Las siguientes opciones (véase la tabla 4.9) sirven para configurar la memoria del sistema. Es posible cambiar alguno de estos parámetros para aplicar *overclocking* a la memoria; sin embargo, si se produce una desestabilización del sistema o algún otro problema, lo mejor es restablecer toda la configuración a los valores predeterminados.

Tabla 4.9. *Configuración del menú avanzado Memory Configuration.*

Configuración	Opciones	Descripción
CPC Override (Redefinir CPC)	Auto/Enabled/Disabled (Automático/Habilitado/ Deshabilitado)	Controla el modo Command Per Clock/1n. Cuando está habilitada, esta configuración permite al controlador DRAM intentar aserciones Chip Select en dos relojes comunes consecutivos.
Memory Frequency (Frecuencia de memoria)	Las opciones varían	Permite configurar manualmente la velocidad de la memoria.
Memory Correction (Corrección de memoria)	Non-ECC/ECC	Permite activar o bien desactivar el informe de errores si el sistema y toda la memoria instalada soporta ECC (*Error Correction Code*, Código de corrección de errores).
Memory Mode (Modo de memoria)	—	Muestra la operación en canal doble o bien simple.
SDRAM CAS# Latency (Latencia SDRAM)	2.0/2.5/3.0	Selecciona el número de ciclos de reloj necesarios para dirigir una columna en memoria. Corresponde a CL.
SDRAM Frequency (Frecuencia SDRAM)	Auto/266MHz/ 333MHz/400MHz	Permite sobrescribir el valor de frecuencia de memoria detectado.
SDRAM RAS Act. To Pre.	8/7/6/5	Selecciona el tiempo de lectura en cambio previo. Corresponde a tRAS, min.
SDRAM RAS# Precharge	4/3/2	Selecciona el tiempo requerido antes de acceder a una fila nueva.
SDRAM RAS# to CAS# delay (Retraso SDRAM RAS# to CAS#)	4/3/2	Selecciona el número de ciclos de reloj entre la dirección de una fila y la de una columna. Corresponde a tRCD.
SDRAM Timing Control (Control de tiempo SDRAM)	Auto/ Manual—Aggressive/ Manual—User Defined (Automático/ Manual-Agresivo/ Manual-Definido por el usuario)	Auto configura los tiempos de memoria según la memoria detectada. Manual— Aggressive selecciona los tiempos definidos por usuario más agresivos. Manual—User Defined permite sobrescribir manualmente la configuración predeterminada.
Total Memory (Memoria total)	—	Muestra la cantidad total de RAM.

ECC implica el uso de bits adicionales en los módulos de memoria para detectar e incluso corregir errores de memoria al vuelo. Para poder habilitar ECC, la placa base y el *chipset* deben soportar ECC y habría que instalar unos ECC DIMM más caros.

Configuración de inicio avanzada

Las siguientes opciones recogidas (véase la tabla 4.10) configuran los parámetros de tiempo de inicio del sistema, incluida la configuración PnP y de teclado.

Tabla 4.10. *Configuración del menú Boot Configuration avanzado.*

Configuración	Opciones	Descripción
ASF Support (Soporte ASF)	Enabled/Disabled (Habilitado/ Deshabilitado)	Habilita o bien deshabilita el soporte ASF (*Alert Standard Format*, Formato estándar de alerta).
Display Setup Prompt (Indicación de configuración en pantalla)	On/Off (Activado/ Desactivado)	Muestra un mensaje indicando la tecla a pulsar durante el inicio.
Limit CPUID MaxVal (Valor máximo límite CPUID)	Enabled/Disabled (Habilitado/ Deshabilitado)	Permite que algunos sistemas operativos heredados se inicien en procesadores con funciones CPUID extendidas.
Numlock (Bloqueo numérico)	On/Off (Activado/ Desactivado)	Especifica el estado de encendido de la característica Bloqueo numérico en el teclado numérico.
Plug & Play O/S (Sistema operativo PnP)	No/Yes (No/Sí)	Especifica si se necesita configuración manual. No deja que la BIOS configure todos los dispositivos del sistema. Yes permite al sistema operativo configurar dispositivos *Plug & Play* (PnP).

Menú de configuración avanzada del chipset

La configuración del *chipset* permite acceder a parámetros que controlan el núcleo del sistema. Debido a las grandes variaciones en los diseños de *chipsets*, placas base y BIOS, las opciones que aparecen pueden variar enormemente entre placas.

Muchas placas base incluyen características diseñadas para el *overclocking*, lo que nos permite configurar el sistema para que ejecute el bus de la CPU (y en consecuencia la propia CPU) y tal vez otros buses a velocidades más altas de lo normal. Esta configuración es especialmente útil para pruebas de fuerza después del montaje inicial.

Estos parámetros pueden servir para acelerar el procesador y los buses interconectados, como PCI y AGP. Para probar específicamente tarjetas de vídeo AGP o adaptadoras PCI, algunas placas base permiten configurar la velocidad del bus AGP/PCI independientemente de la del bus de la CPU. Si pretende usar esta configuración para acelerar un sistema, tenga en cuenta que, dependiendo del hardware y software específico que tenga, el funcionamiento más rápido que la velocidad de reloj puede reducir la estabilidad del sistema y acortar la vida del procesador, y podría no cubrirlo la garantía. También podría tener que invertir en una mejor refrigeración del sistema para compensar el calor generado por el *overclocking*. En general, si no se sabe para qué está diseñada una opción en particular, lo mejor es dejar la configuración predeterminada o automática. Si se produce cualquier problema, empiece por restaurar la configuración de tiempo y frecuencia a los valores predeterminados. La tabla 4.11 muestra los parámetros encontrados habitualmente en el menú de configuración avanzada del *chipset* de la placa base.

Tabla 4.11. *Menú Chipset Configuration avanzado.*

Configuración	Opciones	Descripción
AGP/PCI Burn-in Mode (Modo Burn-in AGP/PCI)	Default/ 63,88/31,94 MHz/ 68,05/34,02 MHz/ 69,44/34,72 MHz/ 70,83/35,41 MHz/ 72,22/36,11 MHz/ 73,60/36,80 MHz	Permite aplicar *under-* u *overclocking* al bus AGP/ PCI a frecuencias específicas. El reloj del *host* (velocidad del bus del sistema) no cambia. Si esta configuración está establecida en un valor distinto del predeterminado (66.66/33.33MHz), los modos Burn-In Host y E/S se configuran automáticamente como predeterminados.
CSA Device (Dispositivo CSA)	Auto/Disable (Automático/ Deshabilitado)	Habilita o deshabilita la interfaz CSA (*Communication Streaming Architecture*). CSA evita el bus PCI para proporcionar una conexión dedicada más rápida para los adaptadores Ethernet Gigabit integrados. Auto deja el dispositivo CSA habilitado si se encuentra alguno en el bus; de lo contrario se deshabilita.
DDR2 Voltage (Voltaje DDR2)	Automatic/1.8/1.9	Automatic: El voltaje de la memoria se ajustará según la memoria detectada. También puede ajustar manualmente para pruebas u *overclocking*.
Extended Burn-in Mode (Modo Burn-in extendido)	Enabled/Disabled (Habilitado/ Deshabilitado)	Habilitar esta opción permite al usuario seleccionar valores adicionales para aplicar *overclocking* al sistema.
Extended Configuration (Configuración extendida)	Default/ User Defined (Predeterminado/Definido por el usuario)	Elige la configuración predeterminada o elegida por el usuario para las opciones de configuración extendida.
Host Burn-in Mode (Modo Burn-in Host)	<porcentaje>	Altera las frecuencias de reloj del *host* y de E/S para aplicar *under-* u *overclocking* al sistema. Las opciones para el porcentaje dependen de los modelos de placa y procesador; puede establecerse hasta el 30 por 100.
Host Burn-in Mode Type (Tipo de modo Burn-in Host)	Positive/Negative (Positivo/Negativo)	Lee el porcentaje configurado en Host Burn-in Mode como números positivos (aumenta la velocidad) o negativos (disminuye la velocidad).
Host Spread Spectrum (Espectro de extensión del *host*)	Down/Center (Abajo/Centro)	Ajusta las frecuencias de los relojes del sistema para ayudar a prevenir la interferencia magnética. Requiere más tiempo para el POST.

Configuración	Opciones	Descripción
HPET	Enabled/Disabled (Habilitado/ Deshabilitado)	Habilita o deshabilita el soporte HPE (*High Precision Event Timer*).
IOAPIC	Enabled/Disabled (Habilitado/ Deshabilitado)	Habilita o deshabilita el controlador de interrupciones programable avanzado de E/S.
ISA Enable Bit	Enabled/Disabled (Habilitado/ Deshabilitado)	Cuando esta configuración está habilitada, un puente de PCI a PCI reconoce solamente direcciones E/S de 16 bits que no son alias de direcciones ISA de 10 bits (dentro del rango de E/S asignada del puente). Esto ayuda a prevenir conflictos con dispositivos ISA que podría haber en el sistema (como puertos serie o paralelos) y permite la asignación de un rango de direcciones compatible con VGA para dispositivos ISA. Algunos dispositivos de expansión antiguos requieren que esté habilitada.
MCH Voltage Override (Redefinición de voltaje del MCH)	Default/1,525V/ 1,600V/1,625V/ 1,725V	Permite configurar el voltaje del concentrador del controlador de memoria (MCH o puente norte) para pruebas u *overclocking*.
PCI Burn-in Mode (Modo Burn-in PCI)	Default/36,36MHz/ 40,00MHz	Permite la selección de frecuencias de reloj PCI específicas para pruebas u *overclocking*. La configuración predeterminada (Default) es 33,33MHz.
PCI Latency Timer (Temporizador de latencia PCI)	32/64/96/128/160/ 192/224/248	Permite controlar el tiempo (en ciclos de reloj de bus PCI) que un agente del bus PCI puede esperar cuando otro agente ha solicitado el bus.
PEG Allow > x1	Enabled/Disabled (Habilitado/ Deshabilitado)	Enabled permite que el sistema detecte dispositivos PCI Express con anchuras de x4, x8 y x16 en la ranura GMCH x16 mientras deja también habilitados los gráficos PCIe (Intel Integrated Graphics). Disabled significa que todos los dispositivos conectados a la ranura GMCH x16 se detectarán como dispositivos PCIe x1 si el controlador Intel Integrated Graphics está habilitado.
Watchdog Timer (Temporizador de guardia)	Enabled/Disabled (Habilitado/ Deshabilitado)	Permite supervisar el sistema para detectar desbordamientos y ejecuta una acción correctiva si se producen.

Configuración de periféricos avanzada

El menú Peripheral Configuration sirve para configurar dispositivos integrados en la placa base, tales como puertos serie, puertos paralelos y puertos integrados de sonido y USB. La tabla 4.12 muestra un menú de configuración de periféricos típico con sus opciones.

Tabla 4.12. *Configuración del menú Peripheral Configuration.*

Configuración	Opciones	Descripción
Auxiliary Power (Energía auxiliar)	Enabled/Disabled (Habilitado/ Deshabilitado)	Habilita o deshabilita el conector de energía auxiliar integrado.
Base I/O Address (for the Parallel Port) (Dirección E/S base para el puerto paralelo)	378/278	Especifica la dirección de E/S básica para el puerto paralelo, si está habilitado.
Base I/O Address (for the Serial Port) (Dirección E/S base para el puerto serie)	3F8/2F8/3E8/2E8	Especifica la dirección básica de E/S para el puerto serie A, si está habilitado.
ECP Mode Use DMA (Modo ECP usa DMA)	—	Se usa por defecto el canal DMA 3.
Front Panel 1394 Port 1 (Puerto 1 panel frontal 1394)	1394A/1394B	Establece el modo IEEE 1394 (FireWire) para el puerto 1394 principal del panel frontal.
Front Panel 1394 Port 2 (Puerto 2 panel frontal 1394)	1394A/1394B	Establece el modo IEEE 1394 (FireWire) para el puerto 1394 secundario del panel frontal.
Interrupt (for the Parallel Port) (Interrupción para el puerto paralelo)	IRQ 5/IRQ 7	Especifica la interrupción para el puerto paralelo, si está habilitado.
Interrupt (for the Serial Port) (Interrupción para el puerto paralelo)	IRQ 3/IRQ 4	Especifica la interrupción para el puerto serie, si está habilitado.
Legacy Front Panel Audio (Audio panel frontal heredado)	Enabled/Disabled (Habilitado/ Deshabilitado)	Cuando esta configuración está habilitada, el sistema asume que no hay ningún conector de audio de alta definición presente, sino uno heredado. Cuando está deshabilitada, el sistema asume que hay un conector de audio de alta definición.
Parallel Port Mode (Modo puerto paralelo)	Output Only/ Bidirectional/ EPP/ECP Output (Sólo salida/ Bidireccional/ EPP/ECP)	Output Only opera en modo compatible con AT. Bidirectional opera en modo compatible con PS/2. EPP significa modo de puerto paralelo mejorado (*Enhanced Parallel Port*), es un modo bidireccional de alta velocidad para periféricos que no sean impresoras. ECP (*Enhanced Capability Port*, Puerto con capacidad ampliada) es un modo bidireccional de alta velocidad para escáneres e impresoras.
Onboard 1394 (1394 integrado)	Enabled/Disabled (Habilitado/ Deshabilitado)	Habilita o deshabilita el IEEE 1394 integrado.
Onboard Audio (Audio integrado)	Enabled/Disabled (Habilitado/ Deshabilitado)	Habilita o deshabilita el audio integrado.

Configuración	Opciones	Descripción
Onboard LAN Boot ROM (ROM de inicio en LAN integrado)	Enabled/Disabled (Habilitado/ Deshabilitado)	Habilita o deshabilita el inicio desde la red.
Onboard LAN (LAN integrad)	Enabled/Disabled (Habilitado/ Deshabilitado)	Habilita o deshabilita la LAN integrada.
Parallel Port (Puerto paralelo)	Enabled/Disabled/ Auto (Habilitado/ Deshabilitado/ Automático)	Auto asigna a LPT1 la dirección 378h y la interrupción IRQ7. Un asterisco junto a una dirección indica un conflicto con otro dispositivo.
Secondary SATA Controller (Controlador SATA secundario)	Enabled/Disabled (Habilitado/ Deshabilitado)	Habilita o deshabilita el controlador SATA secundario.
Serial Port (Puerto serie)	Enabled/Disabled/ Auto (Habilitado/ Deshabilitado/ Automático)	Auto asigna a COM1 la dirección 3F8h y la interrupción IRQ4. Un asterisco junto a una dirección indica un conflicto con otro dispositivo.
Trusted Platform Module (Módulo de plataforma de confianza)	Enabled/Disabled (Habilitado/ Deshabilitado)	Habilita o deshabilita el chip de seguridad TPM (*Trusted Platform Module*, Módulo de plataforma de confianza).

Normalmente, aconsejo deshabilitar los puertos serie y paralelo si no se van a usar, ya que así se liberan recursos para otros dispositivos y se mejora el tiempo de inicio.

Configuración de unidad avanzada

De todos los menús de configuración de la BIOS, el del disco duro es uno de los más importantes. Al igual que con otras configuraciones de la BIOS, lo más aconsejable es no cambiar los valores automáticos o predeterminados. Con la configuración automática, la BIOS envía un comando `Identify Drive` especial a la unidad, que responde con información acerca de la configuración adecuada. A partir de ahí, la BIOS puede detectar automáticamente las especificaciones y modos de operación óptimos para casi todas las unidades ATA y SATA. Cuando se selecciona la configuración automática para una unidad dura, la BIOS vuelve a detectar las especificaciones de la unidad durante el POST cada vez que se inicia el sistema. Es posible cambiar las unidades con el equipo apagado; el sistema detectará automáticamente la nueva unidad la siguiente vez que se encienda.

Además de la configuración automática, la mayoría de las BIOS antiguas ofrecían una tabla estándar de hasta 47 tipos de unidad con parámetros pregrabados específicamente. Cada tipo de unidad definida tenía un número específico de cilindros, varios cabezales, un factor de compensación de escritura previa, una zona de aterrizaje y varios sectores. Esto se utilizaba hace muchos años pero actualmente ya no se utiliza porque las unidades actuales no se corresponden con los parámetros antiguos.

Observe que los sistemas que datan de 1997 y anteriores suelen estar limitados a un tamaño máximo de unidad de 8,4GB a menos que cuenten con una actualización de la BIOS. Los sistemas de 1998 en adelante suelen soportar unidades de hasta 137GB, y a partir de 2002 muchos soportan unidades de más de 137GB (soporte LBA de 48 bits), aunque algunos podrían necesitar una actualización de la BIOS.

La tabla 4.13 muestra el menú Drive Configuration y las opciones para una típica placa base moderna.

Tabla 4.13. *Configuración del menú Drive Configuration avanzado.*

Configuración	Opciones	Descripción
Access Mode (Modo de acceso)	CHS/LBA/ Large/Auto	Permite seleccionar el modo de dirección y traducción del sector para unidades de menos de 137GB. El modo CHS (cilindro, cabezal, sector) soporta discos duros de hasta 528MB. El modo LBA (*Logical Block Addressing*, Dirección de bloque lógico) soporta discos duros de hasta 137GB. El modo Large (Grande) soporta discos duros de más de 528MB, pero no soporta LBA.
ATA/IDE Configuration (Configuración ATA/IDE)	Disabled/Legacy/ Enhanced	Especifica el controlador ATA integrado. Disabled (Deshabilitado) deshabilita el controlador. Legacy (Heredado) habilita dos canales PATA para un sistema operativo que requiera operación IDE heredada. Enhanced (Mejorado) o Native (Nativo) habilita todos los recursos SATA y PATA.
Cable Detected (Cable detectado)	—	Muestra el tipo de cable conectado a la interfaz IDE: de 40 conductores, de 80 conductores o bien Serial ATA.
Configure SATA as... (Configurar SATA como)	IDE/AHCI/RAID	IDE permite compatibilidad con sistemas operativos o bien controladores no compatibles con SATA. AHCI (*Advanced Host Controller Interface*) habilita la interfaz de controlador *host* avanzada, que soporta características como NCQ (*Native Command Queuing*, Cola de órdenes nativas) y conexión en caliente, entre otras. RAID habilita capacidad AHCI y RAID y debe configurarse con la utilidad RAID Configuration Utility.
DMA Mode (Modo DMA)	Auto/SWDMA 0/ SWDMA 1/SWDMA 2/ MWDMA 0/MWDMA 1/ MWDMA 2/UDMA 0/ UDMA 1/UDMA 2/ UDMA 3/UDMA 4/ UDMA 5	Especifica el modo DMA para la unidad.
Drive Installed (Unidad instalada)	—	Muestra el tipo de unidad instalada.

Configuración	Opciones	Descripción
Hard Disk Pre-Delay (Retraso previo del disco duro)	Disabled/3 Seconds/ 6 Seconds/9 Seconds/ 12 Seconds/15 Seconds/ 21 Seconds/30 Seconds (Deshabilitado/X segundos)	Provoca la inserción de un retraso antes de intentar detectar las unidades IDE en el sistema. Diseñado para dejar más tiempo a las unidades más lentas.
Intel RAID Technology	Enabled/Disabled (Habilitado/Deshabilitado)	Habilita o deshabilita la tecnología Intel Matrix Storage RAID.
Legacy IDE Channels (Canales IDE heredados)	PATA Pri only/PATA Sec only/PATA PRI and Sec/ SATA P0/P1 only/ SATA P0/P1, PATA Sec/ SATA P0/P1, PATA Pri	Configura recursos PATA y SATA para un sistema operativo que requiera operación IDE heredada. P0 = Conector SATA 0; P1 = Conector SATA 1.
Maximum Capacity (Capacidad máxima) Onboard Chip SATA	—	Muestra la capacidad de la unidad.
(Chip SATA integrado)	IDE Controller/SATA Disabled (Controlador IDE/ Deshabilitado SATA)	Con IDE Controller, se detectarán los canales IDE y SATA. Con SATA Disabled, no se detectarán los canales SATA.
PCI IDE Bus Master (Maestro bus PCI IDE)	Enabled/Disabled (Habilitado/Deshabilitado)	Permite que un dispositivo PCI ATA inicie unas transacción como maestro.
PIO Mode (Modo PIO)	Auto/0/1/2/3/4	Especifica el modo ATA PIO.
Primary IDE Master (Maestro IDE principal)	[unidad]	Muestra la unidad instalada en este canal IDE. Si no hay ninguna instalada, pondrá [None].
Primary IDE Slave (Esclavo IDE principal)	[unidad]	Muestra la unidad instalada en este canal IDE. Si no hay ninguna instalada, pondrá [None].
Secondary IDE Master (Maestro IDE secundario)	[unidad]	Muestra la unidad instalada en este canal IDE. Si no hay ninguna instalada, pondrá [None].
Secondary IDE Slave (Esclavo IDE secundario)	[unidad]	Muestra la unidad instalada en este canal IDE. Si no hay ninguna instalada, pondrá [None].
S.M.A.R.T.	Auto/Disable/Enable (Auntomático/ Deshabilitado/Habilitado)	Habilita o deshabilita el soporte para la tecnología para la automonitorización, análisis y generación de informes (S.M.A.R.T, *Self-Monitoring Analysis and Reporting Technology*) del disco. S.M.A.R.T. permite la predicción y advertencia temprana de fallos de disco duro.
First SATA Master (Primer maestro SATA)	[unidad]	Muestra la unidad instalada en este canal SATA. Si no hay ninguna instalada, pondrá [None].
Second SATA Master (Segundo maestro SATA)	[unidad]	Muestra la unidad instalada en este canal SATA. Si no hay ninguna instalada, pondrá [None].
Third SATA Master (Tercer maestro SATA)	[unidad]	Muestra la unidad instalada en este canal SATA. Si no hay ninguna instalada, pondrá [None].

Configuración	Opciones	Descripción
Fourth SATA Master (Cuarto maestro SATA)	[unidad]	Muestra la unidad instalada en este canal SATA. Si no hay ninguna instalada, pondrá [None].
Fifth SATA Master (Quinto maestro SATA)	[unidad]	Muestra la unidad instalada en este canal SATA. Si no hay ninguna instalada, pondrá [None].
Sixth SATA Master (Sexto maestro SATA)	[unidad]	Muestra la unidad instalada en este canal SATA. Si no hay ninguna instalada, pondrá [None].
Type (Tipo)	Auto/User (Automático/Usuario)	Especifica el modo de configuración para los dispositivos IDE. Auto rellena con capacidades de dispositivo ATA/ATAPI. User permite cambiar las capacidades.
Use Automatic Mode (Modo de uso automático)	Enabled/Disabled (Habilitado/Deshabilitado)	Permite establecer manualmente la configuración de dispositivos iniciables para sistemas operativos heredados. Estos sistemas podrían soportar solamente cuatro dispositivos, lo que significa que habrá que elegir utilizar el controlador IDE como uno de ellos.

La configuración del modo de controlador SATA es de particular importancia. Este parámetro controla cómo funcionan y aparecen las unidades SATA ante el sistema, y puede afectar a la instalación del sistema operativo y los controladores.

Uno de los requisitos de SATA es ser capaz de emular completamente a ATA. Esto significa que una unidad SATA debería ser capaz de soportar los mismos controladores y software que las unidades Parallel ATA. Aunque esto es cierto, adherirse a ellos supondría que no se soportasen nunca capacidades adicionales como la cola de órdenes nativa. Para soportar más características que ATA, SATA cuenta con una interfaz de modo "nativo" más potente denominada AHCI (*Advanced Host Controller Interface*, Interfaz de controlador *host* avanzada).

El controlador SATA de la mayoría de las placas base tiene los tres modos de operación siguientes:

- **Modo IDE:** Ofrece emulación ATA sin soporte AHCI ni RAID.
- **Modo AHCI:** Ofrece soporte para funcionalidad SATA nativa sin RAID.
- **Modo RAID:** Proporciona soporte RAID y AHCI.

Cualquier sistema operativo o software que soporte unidades ATA estándar soportará también unidades SATA si el adaptador del *host* está configurado en modo IDE. Esto significa que, por ejemplo, se podría instalar Windows en una unidad SATA sin tener que pulsar **F6** para cargar controladores adicionales. Sin embargo, si elige los modos AHCI o RAID/AHCI, los controladores ATA estándar no funcionarán, y tendrá en su lugar controladores AHCI/RAID. Esto significa que si va a instalar Windows en un sistema con el adaptador *host* configurado en modo AHCI o RAID y Windows no reconoce la unidad, tendrá que pulsar **F6** e instalar los controladores AHCI/RAID. Windows XP y las versiones anteriores sólo soportan la carga de estos controladores desde un disquete, mientras que Windows Vista y posteriores soportan unidades ópticas y USB (incluidas unidades flash). Observe que Windows Vista y más recientes incluyen controladores AHCI/RAID para muchos adaptadores *host* SATA en el DVD de instalación, y también es posible integrarlos en los discos de instalación de Windows XP.

Cambiar los modos SATA en la configuración de la BIOS después de haber instalado el sistema operativo puede causar problemas si la unidad de inicio es SATA y no se han cargado los controladores correctos por anticipado. Por ejemplo, si cambia el modo en un sistema que ejecuta Windows XP o Vista, en el siguiente inicio es probable que aparezca inmediatamente una pantalla azul con este error:

```
STOP: 0x0000007B (parameter1, parameter2, parameter3, parameter4)
INACCESSIBLE_BOOT_DEVICE
```

En este caso, cambiar el adaptador *host* otra vez al modo IDE debería permitir que el sistema se inicie. La función de retraso previo del disco duro sirve para retrasar el acceso a las unidades más lentas. Algunas unidades todavía no están listas cuando el sistema empieza a buscarlas durante el tiempo de inicio, lo que provoca que el sistema muestre mensajes de error de disco y no pueda iniciarse. Configurar este retraso deja tiempo a la unidad para prepararse antes de seguir con el proceso de inicio. Naturalmente, esto ralentiza el inicio, así que si sus unidades no necesitan esta configuración debería deshabilitarla.

Configuración de disquetera avanzada

El menú Floppy Configuration sirve para configurar la disquetera y su interfaz. La tabla 4.14 muestra las opciones ofrecidas normalmente por el programa de configuración de la BIOS.

***Tabla 4.14.** Menú Floppy Configuration avanzado.*

Configuración	Opciones	Descripción
Diskette Controller (Controlador de disquetes)	Enabled/Disabled (Habilitado/Deshabilitado)	Configura el controlador de disquetes integrado.
Diskette Write Protect (Protección de disquete contra escritura)	Enabled/Disabled (Habilitado/Deshabilitado)	Deshabilita o habilita la protección contra escritura en la disquetera.
Floppy A (Disquetera A)	Disabled/360KB 5 1/4"/ 1.2MB 5 1/4"/720KB 3 1/2"/ 1.44MB 3 1/2"/2.88MB 3 1/2"	Selecciona el tipo de disquetera.

Habilitando la protección contra escritura, se puede deshabilitar la grabación en disquetes. Esto puede servir para impedir el robo de datos y la infección de disquetes con virus que podría haber en un sistema.

Configuración avanzada del registro de eventos

El menú Event Logging sirve para configurar las características de registro de eventos System Management (SMBIOS) y AMT (*Active Management Technology*). SMBIOS es un método compatible con DMI para administrar equipos en una red. DMI viene de *Desktop Management Interface* (Interfaz de gestión de escritorio), un protocolo especial que puede utilizar el software para comunicarse con la placa base. AMT permite capacidades de acceso remoto y solución de problemas, incluido inventario de hardware y software, alternancia proactiva y solución de problemas y recuperación remotas.

Utilizando SMBIOS y AMT, un administrador de sistema puede obtener remotamente información sobre un sistema. Aplicaciones como la suite LANDesk Management pueden usar SMBIOS y AMT para conseguir la siguiente información DMI:

- Datos de la BIOS, como la versión.
- Datos del sistema, como los periféricos instalados, número serie y etiquetas.
- Datos de recursos, como el tamaño de la memoria, el de la caché y la velocidad del procesador.
- Datos dinámicos como la detección de eventos y el registro de errores.

La tabla 4.15 muestra un ejemplo del menú de registro de eventos que suele aparecer en la configuración de la BIOS.

Tabla 4.15. *Menú Event Log Configuration avanzado.*

Configuración	Opciones	Descripción
Clear All DMI Event Log (Borrar todo el registro de eventos DMI)	Yes/No (Sí/No)	Yes implica que el registro de eventos DMI se borrará en el próximo POST y la opción cambiará automáticamente a No.
DMI Event Log (Registro de eventos DMI)	Enabled/Disabled (Habilitado/Deshabilitado)	Habilita o bien deshabilita el almacenamiento de mensajes de errores POST en el registro de eventos DMI.
ECC Event Logging (Registro de eventos ECC)	Enabled/Disabled (Habilitado/Deshabilitado)	Habilita o deshabilita el registro de eventos ECC.
Event Log Capacity (Capacidad del registro de eventos)	—	Indica si hay espacio disponible en el registro de eventos.
Event Log Validity (Validez del registro de eventos)	—	Indica si la información del registro de eventos es válida.
Mark DMI Events As Read (Marcar eventos DMI como leídos)	[Intro]	Marca todos los eventos DMI del registro como leídos.
View Event Log (Ver registro de eventos)	[Intro]	Pulse **Intro** para ver todos los eventos DMI del registro.

Algunas placas base con memoria ECC también soportan eventos ECC. Personalmente, encuentro muy útil el registro de eventos para rastrear errores como los ECC. Con la característica para ver eventos podemos saber si el sistema ha detectado (y corregido) algún error.

Configuración de vídeo avanzada

El menú Video Configuration sirve para configurar las características de vídeo. La tabla 4.16 nos muestra las funciones de este menú en una BIOS de la típica placa base moderna.

Tabla 4.16. *Menú Video Configuration avanzado.*

Configuración	Opciones	Descripción
Aperture Size (Tamaño de apertura)	4MB/8MB/16MB/ 32MB/128MB/256MB	Establece la cantidad máxima de memoria del sistema que puede utilizar el sistema operativo para memoria de vídeo. Sirve principalmente para almacenar en búfer texturas para el dispositivo de vídeo AGP.
DVMT Mode (Modo DVMT)	DVMT/Fixed/Both (DVMT/Fijo/Ambos)	La tecnología de memoria dinámica de vídeo (DVMT, *Dynamic Video Memory Technology*) asigna dinámicamente memoria de vídeo basándose en las solicitudes de memoria realizadas por las aplicaciones; la memoria se libera una vez terminada la aplicación solicitante. Con la opción Fixed, se asigna la memoria de vídeo durante la inicialización del controlador para proporcionar una cantidad estática de memoria. La opción Both permite la combinación de los dos métodos anteriores; sirve para garantizar una cantidad de memoria de vídeo mínima al tiempo que ofrece la flexibilidad de DVMT para mejorar el rendimiento.
Frame Buffer Size (Tamaño búfer marco)	1MB/8MB/16MB	Configura el tamaño del búfer marco, que es el tamaño de la cantidad total de memoria del sistema bloqueada por la BIOS para vídeo. Un tamaño de búfer más grande debería proporcionar un rendimiento de vídeo más alto.
Onboard Video Memory Size (Tamaño de memoria de vídeo integrado)	32MB/64MB/ 128MB/256MB	Cantidad de memoria del sistema disponible para acceso directo del dispositivo gráfico.
PCI/VGA Palette Snoop (Mirar en la paleta PCI/VGA)	Enabled/Disabled (Habilitado/ Deshabilitado)	Algunas tarjetas VGA especiales y descodificadores MPEG de hardware de gama alta necesitan ver paleta VGA para determinar los colores que se están utilizando. Habilitar esta característica permite mirar en la paleta. Rara vez se necesita esta opción, por lo que conviene dejarla deshabilitada a menos que un dispositivo de vídeo la requiera específicamente durante la instalación.

Configuración	Opciones	Descripción
Primary Video Adapter (Adaptador de vídeo principal)	AGP/PCI/PCIe/Onboard/ Auto (AGP/PCI/PCIe/ Integrado/Automático)	Permite seleccionar un controlador de vídeo específico como dispositivo que estará activo cuando se inicie el sistema.
Secondary Video Adapter (Adaptador de vídeo secundario)	AGP/PCI/PCIe/Onboard/ Auto (AGP/PCI/PCIe/ Integrado/Automático)	Permite seleccionar un controlador de vídeo específico como segundo dispositivo de vídeo PCI.

El uso más habitual de este menú es el de cambiar el dispositivo de vídeo principal. También es útil para configuraciones de doble monitor. Utilizando esta característica, se puede configurar la tarjeta de vídeo PCI Express, AGP o PCI como principal dispositivo de inicio.

Configuración USB avanzada

El menú USB Configuration sirve para configurar los puertos USB del sistema. La tabla 4.17 muestra las funciones de este menú en una BIOS habitual en las placas base modernas.

Tabla 4.17. *Menú USB Configuration avanzado.*

Configuración	Opciones	Descripción
USB 2.0	Enabled/Disabled (Habilitado/Deshabilitado)	Disabled desactiva toda la funcionalidad USB. Esta característica puede ser útil para fines de seguridad.
USB 2.0 Legacy Support (Soporte heredado USB 2.0)	Full-Speed/Hi-Speed (Velocidad completa/ Velocidad alta)	Configura el soporte heredado de USB 2.0 en Full-Speed (12Mbps) o Hi-Speed (480Mbps).
USB EHCI Controller (Controlador EHCI USB)	Enabled/Disabled (Habilitado/Deshabilitado)	Habilita o deshabilita las transferencias USB de alta velocidad (USB 2.0).
USB Function (Función USB)	Enabled/Disabled (Habilitado/Deshabilitado)	Habilita o deshabilita la funcionalidad USB. Si se establece Disabled, el menú de configuración avanzada de USB no incluirá ninguna opción modificable, sino que aparecerá en blanco. Esta característica sólo está presente cuando el puente de configuración de la BIOS está en modo de mantenimiento.
USB Legacy (USB heredado)	Enabled/Disabled (Habilitado/Deshabilitado)	Permite a la BIOS interactuar con un teclado USB, y en contadas ocasiones, mediante un ratón USB.
USB Ports (Puertos USB)	Enabled/Disabled (Habilitado/Deshabilitado)	Habilita o deshabilita todos los puertos USB.

Configuración	Opciones	Descripción
USB ZIP Emulation Type (Tipo de emulación USB ZIP)	Floppy/Hard Disk (Disquete/Disco duro)	Permite configurar el tipo de emulación para las unidades USB zip.

Soporte USB heredado quiere decir soporte para teclados y ratones USB independientes del sistema operativo o los controladores. Si utiliza teclados y ratones USB con esta opción deshabilitada, verá que no son funcionales hasta que se ejecute un sistema operativo compatible con USB.

Esto puede suponer un problema cuando se ejecuta software de diagnóstico, sistemas operativos antiguos u otras aplicaciones que funcionen al margen de los sistemas operativos o entornos compatibles con USB.

Observe que incluso con el soporte heredado deshabilitado, el sistema reconoce un teclado USB y lo habilita durante el POST y la configuración de la BIOS. Si el soporte heredado USB está deshabilitado (opción predeterminada en algunos sistemas), el sistema operativo hace lo siguiente:

1. Al encender el ordenador, el soporte heredado USB está deshabilitado.

2. Comienza el POST.

3. La BIOS habilita temporalmente el soporte heredado USB. Esto permite utilizar un teclado USB para entrar en el programa de configuración o bien el modo de mantenimiento.

4. El POST se completa y se deshabilita el soporte heredado USB (a menos que se haya establecido en Enabled en la configuración).

5. El sistema operativo se ejecuta. Mientras lo hace, no se reconoce ni el teclado ni el ratón USB. Una vez iniciado el sistema operativo, ya se reconocen los controladores y dispositivos USB.

Para instalar un sistema operativo que soporte USB cuando se usa un teclado y/o ratón USB, habilite el soporte heredados USB en el programa de configuración de la BIOS y siga las instrucciones de instalación del sistema operativo. Una vez instalado el sistema y configurados los controladores, ya no hace falta el soporte heredado USB y el sistema operativo y los controladores toman el mando.

Sin embargo, recomiendo dejar esta opción habilitada para que el teclado y el ratón USB funcionen durante los diagnósticos de autoinicio o basados en DOS, o al ejecutar sistemas operativos no compatibles con USB.

El soporte heredado USB es solamente para ratones y teclados; no funciona con concentradores ni otros dispositivos USB.

Para esos otros dispositivos se necesita un sistema operativo compatible con USB y los controladores USB apropiados.

Menú de configuración avanzada de control del ventilador

La mayoría de los sistemas tienen uno o varios ventiladores en el chasis para contribuir a la refrigeración del sistema. La tabla 4.18 muestra las funciones del menú Fan Control Configuration que encontraremos en un PC de alto rendimiento típico.

Tabla 4.18. *Menu Fan Control Configuration avanzado.*

Configuración	Opciones	Descripción
Automatic Fan Detection (Detección automática de ventilador)	Next Boot/Disable/ Always (Siguiente inicio/Deshabilitado/ Siempre)	Next Boot detecta los ventiladores agregados a la placa base sólo en el siguiente inicio. Disabled no detecta ventiladores conectados a la placa base y los ventiladores nuevos pueden funcionar incorrectamente. Always detecta siempre los ventiladores agregados a la placa base; puede causar un ligero retraso y un aumento de ruido en el inicio.
Lowest System Fan Speed (Velocidad más baja del ventilador del sistema)	Slow/Off (Lento/Desactivado)	Esta opción define la velocidad del ventilador del sistema a la temperatura más baja. Slow permite que el ventilador siga funcionando a velocidad reducida a bajas temperaturas. Off desactiva los ventiladores del sistema a bajas temperaturas.
Processor Zone Response (Respuesta en zona de procesador)	Aggressive/Normal/ Slow (Agresivo/ Normal/Lento)	Ajusta la acústica para soluciones de disipador con ventilador. Para soluciones menos eficientes, configure esta opción como Aggressive. Para soluciones más eficientes, establezca esta opción en Slow.
Unlock Intel(R) QST (Desbloquear QST de Intel)	No/Yes (No/Sí)	Desbloquear la tecnología de sistema silencioso (QST, *Unlocking Quiet System Technology*) permite que se cambie el control de la configuración del ventilador con software.
CPU Fan Control (Control del ventilador de la CPU)	Enabled/Disabled (Habilitado/ Deshabilitado)	Permite controlar el ventilador de la CPU para optimizar la acústica. Si se deshabilita esta opción, el ventilador de la CPU funcionará al 100 por 100.
System Fan Control (Control del ventilador del sistema)	Enabled/Disabled (Habilitado/ Deshabilitado)	Permite controlar el ventilador del sistema para optimizar la acústica. Si se deshabilita esta opción, el ventilador del sistema funcionará al 100 por 100.

Muchas placas modernas tienen integrados chips supervisores que pueden leer la temperatura, el voltaje y la velocidad de los ventiladores, e incluyen una pantalla en el programa de configuración de la BIOS que nos permite ver esa información.

Normalmente, tales placas incluyen además un programa de supervisión de hardware que se ejecuta en Windows para una supervisión más cómoda mientras se usa el sistema (véase la tabla 4.19).

Tabla 4.19. Menú avanzado Hardware Monitoring Display.

Característica	Descripción
+1.5V in (Entrada +1,5V)	Muestra el nivel de entrada +1.5V.
+12V in	(Entrada +12V) Muestra el nivel de entrada +12V.
+3.3V in (Entrada +3,3V)	Muestra el nivel de entrada +3.3V.
+5V in (Entrada +5V)	Muestra el nivel de entrada +5V.
Ambient Air Temperature (Temperatura ambiente del aire)	Muestra la temperatura del diodo térmico remoto.
Aux Fan (Ventilador auxiliar)	Muestra la velocidad del ventilador auxiliar.
Chassis Inlet Fan (Ventilador de entrada al chasis)	Muestra la velocidad del ventilador frontal del chasis.
Chassis Outlet Fan (Ventilador de salida del chasis)	Muestra la velocidad del ventilador trasero del chasis.
CPU Cooling Fan (Ventilador de refrigeración de la CPU)	Muestra la velocidad del ventilador de la CPU.
CPU Temperature (Temperatura de la CPU)	Muestra la temperatura del procesador.
ICH Temperature (Temperatura del ICH)	Muestra la temperatura del ICH puente sur.
MCH Temperature (Temperatura del MCH)	Muestra la temperatura del MCH puente norte.
VCORE Voltage (Voltaje VCORE)	Muestra el voltaje operativo del núcleo de la CPU.

Menú de seguridad

La mayoría de las BIOS incluyen dos contraseñas de seguridad, denominadas contraseña de supervisor y de usuario. Estas contraseñas ayudan a controlar quién puede acceder al programa de configuración de la BIOS y quién puede iniciar el equipo. La contraseña de supervisor también se denomina contraseña de configuración porque controla el acceso al programa de configuración. La de usuario también se llama del sistema porque controla el acceso a todo el sistema.

Si se establece una contraseña de supervisor, aparece un indicador para introducirla cuando se intenta entrar en los menús de configuración de la BIOS. Cuando se introduce correctamente, la contraseña de supervisor concede acceso sin restricciones para ver y cambiar todas las opciones de configuración. Si no se introduce, o se introduce mal, el acceso al programa de configuración es restringido.

Si se establece una contraseña de usuario, aparece el indicador antes de que se inicie el sistema. La contraseña deberá introducirse correctamente para que el sistema pueda iniciarse. Tenga en cuenta que si solamente está establecida la contraseña de supervisor, el equipo se inicia sin pedir contraseña porque la de supervisor sólo controla el acceso a los menús de la BIOS. Si ambas están establecidas, el indicador aparecerá durante el inicio y se podrá introducir cualquiera de las dos para iniciar el ordenador. En la mayoría de los sistemas, la longitud de la contraseña es de hasta 7 u 8 caracteres.

Suponiendo que se conozca la contraseña y se pueda acceder al programa de configuración de la BIOS, se puede borrar la contraseña seleccionando la función Clear Password. Si tal opción no se encuentra disponible, se puede borrar la contraseña seleccionando la función Set Password y pulsando **Intro** (sin ninguna contraseña) en los indicadores.

La tabla 4.20 nos muestra las funciones de seguridad en una configuración de BIOS típica.

Tabla 4.20. *Menú Security Settings.*

Configuración	Opciones	Descripción
Chassis Intrusion (Intrusión en el chasis)	Enabled/Disabled (Habilitado/Deshabilitado)	Habilita o deshabilita la característica de detección de intrusiones en el chasis.
Clear User Password (Borrar contraseña de usuario)	Yes/No (Sí/No)	Borra la contraseña de usuario.
Security Option (Opción de seguridad)	Setup/System (Configuración/Sistema)	Si establece una contraseña de supervisor o de usuario, esta configuración será necesaria siempre que se inicie el sistema o sólo cuando se entre en la configuración.
Set Supervisor Password (Establecer contraseña de supervisor)	—	Especifica la contraseña de supervisor, que puede tener hasta 7 caracteres alfanuméricos.
Set User Password (Establecer contraseña de usuario)	—	Especifica la contraseña de usuario, que puede tener hasta 7 caracteres alfanuméricos.
Supervisor Password (Contraseña de supervisor)	—	Dice si hay establecida una contraseña de supervisor.
User access Level (Nivel de acceso de usuario)	Limited/No Access/ View Only/Full (Limitado/Sin acceso/ Sólo ver/Total)	Establece los derechos de acceso de la utilidad de configuración de la BIOS para el nivel de usuario. Esta configuración sólo está presente si hay contraseñas de supervisor y usuario establecidas.
User Password (Contraseña de usuario)	—	Dice si hay establecida una contraseña de usuario.
VT Technology (Tecnología VT)	Enabled/Disabled (Habilitado/Deshabilitado)	Habilita o deshabilita la tecnología de virtualización (VT, *Virtualization Technology*).
XD Technology (Tecnología XD)	Enabled/Disabled (Habilitado/Deshabilitado)	Habilita o deshabilita la protección de memoria Execute Disable, que impide ataques por desbordamiento de búfer.

Para borrar contraseñas si se han olvidado, la mayoría de las placas base tienen un puente o conmutador de eliminación de contraseñas. Las placas base de Intel requieren establecer el puente de configuración, entrar en el modo de mantenimiento y seleccionar la característica Clear Password. Si no encuentra la documentación de su placa y no está seguro de cómo borrar la contraseña, pruebe a quitar la batería durante unos 15 minutos para borrar el CMOS RAM. En algunos sistemas tarda mucho en borrarse el CMOS RAM porque tienen capacitadores en el circuito que mantienen cierta carga. Observe que esto también borra toda la configuración de la BIOS, incluida la del disco duro, así que debería registrarse previamente.

Menú de energía

La administración de energía se define como la capacidad del sistema para entrar automáticamente en modos de conservación de energía durante periodos de inactividad. Hay dos clases principales de administración de energía; la estándar original era APM (*Advanced Power Management*, Administración avanzada de energía) y la soportaban la mayoría de los sistemas desde los procesadores 386 y 486. Más recientemente, se ha desarrollado un nuevo tipo de administración de energía denominado ACPI (*Advanced Configuration and Power Interface*, Interfaz avanzada de configuración y energía) que empezó a aparecer en 1998. A partir de entonces, la mayoría de los sistemas soportan el tipo de administración de energía ACPI. En APM, la BIOS administra realmente la energía y el sistema operativo u otro software tiene poco control sobre el asunto. Con ACPI, la energía la administran el sistema operativo y la BIOS conjuntamente. Esto hace que el control esté más centralizado y accesible y permite que las aplicaciones trabajen con la administración de energía. En vez de utilizar las opciones de configuración de la BIOS, es mejor comprobar ahí si ACPI está habilitada y administrar la energía a través de las configuraciones de energía de Windows 98 y posteriores.

La tabla 4.21 muestra la típica configuración de energía en un sistema administrado.

Tabla 4.21. *Menú Power Settings.*

Configuración	Opciones	Descripción
ACPI Suspend Mode (or ACPI Suspend State) (Modo o estado suspendido ACPI)	S1 State/S3 State (Estado S1/S3)	Especifica el estado de suspensión ACPI. S1 = POS (*Power On Suspend*, Alimentado en suspensión). Todo sigue alimentado. S3 = STR (Suspendido en RAM). Sólo se alimenta la RAM. Ésta es la configuración recomendada para ahorrar más energía.
After Power Failure (Tras error de energía)	Stay Off/Last State/ Power On (Desactivado/ Último estado/Encendido)	Determina el modo de operación una vez restablecida la alimentación tras un fallo de energía. Stay Off mantiene la alimentación desactivada hasta que se pulsa el botón de encendido. Last State restaura el estado de energía anterior al error. Power On restaura el suministro al equipo.
APM	Enabled/Disabled (Habilitado/Deshabilitado)	Habilita o deshabilita APM.

Configuración	Opciones	Descripción
EIST	Enabled/Disabled (Habilitado/Deshabilitado)	Habilita o bien deshabilita la tecnología *Enhanced Intel Speedstep Technology* (EIST), administración avanzada de energía de CPU que incluye frecuencia y voltaje ajustables.
Energy Lake	Enabled/Disabled (Habilitado/Deshabilitado)	Habilita o deshabilita la tecnología Energy Lake de administración de energía, que introduce dos características para usuario final: el comportamiento estilo CE (*Consumer Electronics*) y la capacidad de mantener la integridad del estado y los datos del sistema en caso de pérdida de energía.
Hard Drive (Disco duro)	Enabled/Disabled (Habilitado/Deshabilitado)	Habilita la administración de energía para discos duros durante el modo APM en espera.
Inactivity Timer (Temporizador de inactividad)	Off/1 Minute/5 Minutes/ 10 Minutes/20 Minutes/ 30 Minutes/60 Minutes/ 120 Minutes (Desactivado/ X minutos)	Especifica la cantidad de tiempo antes de que el equipo entre en modo AMP en espera.
Intel Quick Resume Technology	Enabled/Disabled (Habilitado/Deshabilitado)	Habilita la tecnología de reactivación rápida de Intel (QRT), componente de Intel Viiv Technology.
Keyboard Select (Selección de teclado)	Disable/Keyboard (Deshabilitado/Teclado)	Seleccione Keyboard para permitir que un teclado PS/2 reactive el sistema desde el estado S5.
Video Repost (Reanudación de vídeo)	Enabled/Disabled (Habilitado/Deshabilitado)	Permite que se inicialice la BIOS de vídeo al salir del estado S3. Algunos controladores de vídeo necesitan que esta característica esté habilitada. Esta opción sólo está presente cuando ACPI Suspend State está configurada en S3.
Wake on LAN from S5 (Reanudación remota desde S5)	Stay Off/Power-On (Desactivado/Encendido)	Determina cómo responderá el sistema a un evento de reanudación desde LAN cuando el sistema está en modo ACPI inactivo. Sólo está presente en placas Intel para sobremesa con LAN integrada.
Wake on Modem Ring (Reanudación por llamada de línea)	Stay Off/Power-On (Desactivado/Encendido)	Especifica cómo responderá el equipo a una llamada entrante a un módem instalado cuando se ha interrumpido el suministro eléctrico.
Wake on PCI PME (Reanudación PCI PME)	Stay Off/Power-On (Desactivado/Encendido)	Determina cómo responderá el sistema a un evento de reactivación PCI PME.
Wake on PS/2 Mouse (Reactivación con ratón PS/2)	Stay Off/Power-On (Desactivado/Encendido)	Determina la respuesta del sistema a una reactiva ción con ratón PS/2 desde un estado S3.

En espera, la BIOS reduce el consumo de energía ralentizando los discos duros y reduciendo la alimentación o bien apagando los monitores que cumplan con VESA (*Video*

Electronics Standards Organization, Asociación para normas de electrónica de vídeo) y DPMS (*Display Power Management Signaling*, Señalización del administrador de energía del monitor).

En este modo, el sistema puede responder a interrupciones externas, como las procedentes del teclado, ratón, fax/módem, o adaptador de red. Por ejemplo, cualquier actividad del ratón o el teclado puede sacar al sistema del modo de espera y restaurar inmediatamente el monitor.

En la mayoría de los sistemas, el sistema operativo se encarga de la mayor parte de la configuración de energía y, en algunos casos, puede llegar incluso a sobrescribir la configuración de la BIOS, especialmente si el sistema operativo y la placa base soportan ACPI.

Menú de inicio (secuencia u orden de inicio)

El menú Boot sirve para configurar las características y la secuencia de inicio (a través de menús). Si el sistema operativo incluye un CD iniciable (como Windows XP, por ejemplo), use este menú para cambiar el orden de inicio de forma que se busque antes el CD que el disco duro.

La tabla 4.22 muestra las funciones y configuraciones disponibles para una placa base típica.

Tabla 4.22. *Configuración del menú Boot.*

Configuración	Opciones	Descripción
1st ATAPI CD-ROM Drive (1ª unidad ATAPI CD-ROM)	Dependen de las unidades instaladas	Especifica la secuencia de inicio desde las unidades ópticas. La lista puede mostrar hasta cuatro unidades ATAPI.
1st Hard Disk Drive (1er disco duro)	Dependen de las unidades instaladas	Especifica la secuencia de inicio desde los discos duros disponibles. La lista puede contener hasta 12 unidades.
1st Removable Device (1er dispositivo extraíble)	Dependen de los dispositivos instalados	Especifica la secuencia de inicio desde los dispositivos extraíbles. La lista puede mostrar hasta cuatro dispositivos.
1st Boot Device (1er dispositivo de inicio)	Removable Device/Hard Drive/ATAPICD-ROM/ Network/Disabled (Dispositivo extraíble/ Disco duro/ATAPI CD-ROM/ Red/Deshabilitado	Especifica la secuencia de inicio de los dispositivos disponibles.
2nd Boot Device (2º dispositivo de inicio)	Removable Device/Hard Drive/ATAPI CD-ROM/ Network/Disabled(Dispositivo extraíble/Disco duro/ATAPI CD-ROM/ Red/Deshabilitado	Especifica la secuencia de inicio de los dispositivos disponibles.

Configuración	Opciones	Descripción
3rd Boot Device (3er dispositivo de inicio)	Removable Device/Hard Drive/ATAPI CD-ROM/ Network/Disabled (Dispositivo extraíble/Disco duro/ATAPI CD-ROM/ Red/Deshabilitado	Especifica la secuencia de inicio de los dispositivos disponibles.
4th Boot Device (4º dispositivo de inicio)	Removable Device/Hard Drive/ATAPI CD-ROM/ Network/Disabled (Dispositivo extraíble/Disco duro/ATAPI CD-ROM/ Red/Deshabilitado	Especifica la secuencia de inicio de los dispositivos disponibles.
AddOn ROM Display Mode (Modo visión AddOn ROM)	Enabled/Disabled (Habilitado/Deshabilitado)	Con Enabled, los mensajes del ROM de la tarjeta adaptadora son visibles; con Disabled, están ocultos.
Boot to Network (Iniciar en red) Boot to Optical	Enabled/Disabled (Habilitado/Deshabilitado)	Habilita o deshabilita el inicio desde la red.
Devices (Inicio en unidades ópticas) Boot to Removable	Enabled/Disabled (Habilitado/Deshabilitado)	Habilita o deshabilita el inicio desde dispositivos ópticos (CD/DVD).
Devices (Inicio en dispositivos extraíbles)	Enabled/Disabled (Habilitado/Deshabilitado)	Habilita o deshabilita el inicio desde dispositivos extraíbles (disquete/USB).
Halt (Parada en)	All Errors/No Errors/ All, But Keyboard (Todos los errores/Ningún error/ Todo, menos teclado)	Sirve para configurar el tipo de errores de POST que detendrán el inicio del sistema.
Intel Rapid BIOS Boot (Inicio rápido de BIOS de Intel)	Enabled/Disabled (Habilitado/Deshabilitado)	Permite a la BIOS omitir ciertas pruebas durante el inicio.
PXE Boot to LAN (Inicio PXE en LAN)	Enabled/Disabled (Habilitado/Deshabilitado)	Habilita o deshabilita el inicio del entorno de ejecución precargada (PXE, *Preboot eXecution Environment*) en LAN.
Scan User Flash Area (Analizar área flash de usuario)	Enabled/Disabled (Habilitado/Deshabilitado)	Permite a la BIOS analizar el ROM flash en busca de archivos binarios de usuario que se ejecutan al inicio.
Silent Boot (Inicio silencioso)	Enabled/Disabled (Habilitado/Deshabilitado)	Disabled muestra los mensajes del POST habituales. Enabled muestra el logo del OEM en vez de los mensajes del POST.
USB Boot (Inicio USB)	Enabled/Disabled (Habilitado/Deshabilitado)	Habilita o bien deshabilita el inicio desde dispositivos USB.

Configuración	Opciones	Descripción
USB Mass Storage Emulation Type (Tipo de emulación del almacenamiento masivo USB)	Auto/All Removable/ All Fixed Disc/Size (Automático/Todos extraíbles/Todos discos fijos/Tamaño)	Permite establecer el tipo de emulación para unidades USB. Auto depende del diseño del dispositivo USB y formato del medio para establecer el tipo de emulación. All Removable configura los dispositivos masivos USB para emular unidades extraíbles. (Se requiere formato MBR para los dispositivos de almacenamiento USB). All Fixed Disc configura los dispositivos masivos USB para emular discos fijos. Size establece el tipo de emulación dependiendo del tamaño del medio.
ZIP Emulation Type (Tipo de emulación ZIP)	Floppy/Hard Disk (Disquete/Disco duro)	Permite establecer el tipo de emulación para unidades USB zip.

Utilizando este menú se puede configurar los dispositivos de inicio y su orden en la secuencia de inicio. Desde aquí también se puede acceder a los menús Hard Drive y Removable Devices, que permiten configurar el orden de estos dispositivos en la secuencia de inicio. Por ejemplo, se puede configurar el disco duro para que sea la primera opción de disco y luego, en el menú Hard Drive, decidir iniciar desde el secundario y poner el principal como segundo. Normalmente, la configuración predeterminada con dos unidades sería al revés.

El menú Boot muestra hasta 12 discos duros y 4 dispositivos extraíbles, lo que permite elegir el dispositivo de inicio preferido; los sistemas más antiguos sólo suelen usar las unidades maestra y esclava, principal y secundaria (4 en total). Esta porción de la BIOS permite instalar más de un disco duro iniciable en el quipo y seleccionar desde el que se quiere a nivel de BIOS en vez de con un programa administrador de inicio. Si necesita trabajar con varios sistemas operativos, este menú puede ser muy útil.

Los sistemas más recientes también permiten iniciar desde unidades USB externas, incluidas las flash o *thumb*.

Menú de salida

El menú Exit sirve para salir del programa de configuración, guardar los cambios y cargar la configuración predeterminada guardada. La tabla 4.23 muestra las opciones que se encuentran en las BIOS de la mayoría de las placas base.

Tabla 4.23. *Configuración del menú Exit.*

Característica	Descripción
Exit Saving Changes	Sale y guarda los cambios en CMOS RAM.
Exit Discarding Changes	Sale sin guardar los cambios realizados en el programa de configuración de la BIOS.

Característica	Descripción
Load Optimal Defaults	Carga los valores predeterminados óptimos para las opciones del programa de configuración.
Load Custom Defaults	Carga las opciones predeterminadas personalizadas para el programa de configuración.
Save Custom Defaults	Guarda los valores actuales como predeterminados personalizados en CMOS RAM. Normalmente, la BIOS lee los valores guardados de la CMOS RAM. Si esta memoria está dañada, lee los predeterminados personalizados. Si no se ha establecido ninguno, la BIOS lee los predeterminados de fábrica del ROM flash.
Discard Changes	Desecha los cambios sin salir del programa de configuración. Se utilizan los valores presentes cuando se encendió el equipo.

Tras seleccionar un conjunto óptimo de configuraciones de la BIOS, puede guardarlo utilizando la opción Save Custom Defaults, que le permitirá restaurar esa configuración si se pierde o resulta dañada. Toda la configuración de la BIOS está guardada en la CMOS RAM, que está alimentada por una batería conectada a la placa base.

Características adicionales de configuración de la BIOS

Algunos sistemas tienen características adicionales en las pantallas del programa de configuración de la BIOS que podrían no encontrarse en todas las BIOS. La tabla 4.24 muestra algunas de las más habituales.

Tabla 4.24. *Características adicionales de configuración de la BIOS.*

Característica	Descripción
Virus Warning (Advertencia de virus)	Cuando esta característica está habilitada, recibimos un mensaje de advertencia si algún programa intenta escribir el sector de inicio o en la tabla de particiones del disco duro. Si aparece esta advertencia durante la operación normal, conviene ejecutar un programa antivirus para ver si se ha producido una infección. Esta característica solamente protege el sector de inicio maestro, no todo el disco duro. Tenga en cuenta que los programas que suelen escribir en el sector de inicio maestro, como FDISK, pueden provocar la aparición de un mensaje de advertencia de virus CPU Internal Cache/External Cache (Caché interna/caché externa). Permite deshabilitar las cachés L1 (interna) y L2 (externa) de la CPU. Suele usarse al probar la memoria, en cuyo caso no interesa que la caché esté funcionando. Para la operación normal, ambas deberían estar habilitadas.
Quick Power On Self Test (POST rápido)	Si está habilitada, reduce el tiempo necesario para la eje cución del POST. Un POST rápido se salta algunos pasos, como la prueba de memoria. Si confía en su sistema, puede habilitar el POST rápido, pero en la mayoría de los casos es mejor dejar esta característica deshabilitada para obtener la versión completa del POST.

Característica	Descripción
Swap Floppy Drive (Cambiar disquetera)	Este campo sólo es funcional en sistemas con dos disqueteras. Seleccionar Enabled asigna la unidad física `B:` a la unidad lógica `A:` y la unidad física `A:` a la unidad lógica `B:`
Boot Up Floppy Seek (Analizar disquete al inicio)	Cuando esta característica está habilitada, la BIOS prueba (analiza) las disqueteras para ver si tienen 40 u 80 pistas. Sólo los disquetes de 360KB tienen 40 pistas; los de 720KB, 1,2MB y 1,44MB tienen todos 80. Ya que muy pocos PC modernos tienen disqueteras de 40 pistas, puede deshabilitar esta función para ganar tiempo.
Boot Up System Speed (Velocidad del bus del sistema al inicio)	Seleccione High para iniciar con la velocidad de CPU predeterminada; seleccione Low para iniciar a una velocidad simulada de 8MHz. La opción de los 8MHz se usaba a menudo en el pasado con ciertos programas protegidos contra copia, en los que fallaba el esquema de protección si se iniciaba a toda velocidad. Esta opción ya no se usa actualmente.
Gate A20 Option (Opción Gate A20)	Gate A20 hace referencia a la forma en que el sistema dirige la memoria por encima de 1MB (memoria extendida). Cuando esta característica está establecida en Fast, el *chipset* del sistema controla Gate A20. Cuando está en Normal, un pin del controlador del teclado controla Gate A20. Configurar la opción Gate A20 en Fast mejora la velocidad del sistema, especialmente con sistemas que operan en modo protegido, como Windows 9x y Windows 2000/XP.
Typematic Rate Setting (Configuración de tasa de repetición)	Cuando esta característica está deshabilitada, los dos elementos siguientes (Typematic Rate y Typematic Delay) son irrelevantes. Las pulsaciones de teclado se repiten a una tasa determinada por el controlador del teclado del sistema. Con esta característica habilitada, se puede seleccionar una tasa y un retraso de repetición.
Typematic Rate (Tasa de repetición)	Cuando Typematic Rate Setting está habilitada, se puede seleccionar una tasa de repetición, que será la velocidad (caracteres por segundo) a la que se repetirán los caracteres al mantener pulsada una tecla. Se puede elegir 6, 8, 10, 12, 15, 20, 24 o 30 caracteres por segundo.
Typematic Delay (Msec) (Demora de repetición)	Cuando Typematic Rate Setting está habilitada, se puede seleccionar una demora de repetición (un retraso antes de que empiecen a repetirse las pulsaciones de teclado) de 250, 500, 750 o 1.000 milisegundos.
Report No FDD for (No comunicar FDD para)	Seleccione Yes para liberar la IRQ6 cuando el sistema no tenga disquete, para compatibilidad con la certificación Windows 95. En la pantalla Integrated Peripherals, seleccione Disabled o el campo Onboard FDC Controller.
ROM Shadowing (Copia de ROM)	Los chips ROM suelen ser muy lentos (150ns), y operan sólo 8 bits cada vez, mientras que los RAM funcionan a 60ns o incluso 10ns o menos y tienen una anchura de 32 o 64 bits en la mayoría de los sistemas. Copiar el código BIOS de ROM a RAM permite que la CPU lea los controladores a mayor velocidad.

BIOS Plug and Play

Originalmente, instalar y configurar dispositivos en un PC era un proceso difícil. Durante la instalación, el usuario se enfrentaba a la tarea de configurar la nueva tarjeta seleccionando la IRQ, los puertos E/S y el canal DMA.

En el pasado, los usuarios tenían que mover puentes o establecer conmutadores en las tarjetas agregadas para controlar esta configuración. Tenían que saber exactamente qué recursos se estaban utilizando ya para evitar conflictos. Si se producía un conflicto, el sistema podía no iniciarse y el dispositivo podía fallar o hacer que fallara el hardware conflictivo.

Plug and Play (PnP) es una tecnología diseñada para evitar problemas de configuración y dar a los usuarios la capacidad de expandir fácilmente sus PC. Con PnP, el usuario sólo tiene que conectar la tarjeta nueva y el sistema la configura automáticamente para que funcione correctamente.

PnP tiene tres componentes principales:

- BIOS Plug and Play.
- ESCD (*Extended System Configuration Data*, Datos extendidos de configuración del sistema).
- Sistema operativo Plug and Play.

La BIOS PnP inicia la configuración de las tarjetas PnP durante el proceso de inicio. Si las tarjetas estaban instaladas previamente, la BIOS lee la información de los ESCD, inicializa las tarjetas e inicia el sistema. Durante la instalación de nuevas tarjetas PnP, la BIOS consulta los ESCD para determinar los recursos del sistema disponibles y los que necesitan las tarjetas añadidas. Si la BIOS puede encontrar suficientes recursos disponibles, configura las tarjetas.

No obstante, si no los localiza, las rutinas Plug and Play del sistema operativo completan el proceso de configuración. Durante este proceso, los registros de configuración (en BIOS flash) de las tarjetas así como los ESCD se actualizan con los datos de configuración nuevos.

ID de dispositivos PnP

Todos los dispositivos Plug and Play deben contener un ID de dispositivo Plug and Play que permita al sistema operativo reconocerlo para cargar el software controlador apropiado. Cada fabricante de dispositivos es responsable de asignar un ID Plug and Play ID a sus productos y almacenarlo en el hardware.

Cada fabricante tiene asignado un ID industrial exclusivo de tres caracteres y debe asignar un ID de producto exclusivo para cada modelo individual. Una vez asignado un ID a un modelo, ya no puede asignarse a ningún otro producto fabricado por la misma empresa, es decir, uno que use el mismo ID de vendedor.

> **Nota:** *Para obtener una amplia lista de ID de dispositivos PnP, consulte el archivo* `PCDEVS.TXT`, *que forma parte del programa de diagnóstico PCI32, disponible en* `http://members.datafast.net.au/dft0802`.

ACPI

ACPI viene de *Advanced Configuration and Power Interface* (Interfaz avanzada de configuración y energía), que define un método estándar para integrar la administración de energía con características de configuración del sistema en un PC, incluidos el hardware, el sistema operativo y el software de aplicación. ACPI va más allá del estándar anterior, denominado APM (*Advanced Power Management*, Administración de energía avanzada), que consiste básicamente en control de procesador, disco duro y pantalla. ACPI controla no sólo la energía, sino también la configuración del hardware Plug and Play de todo el sistema. Con ACPI, la configuración del sistema (Plug and Play) y la administración de energía ya no son cosa del programa de configuración de la BIOS, sino que se controlan íntegramente desde el sistema operativo.

La especificación ACPI fue creada por Intel, Microsoft y Toshiba, y la versión 1.0 salió en 1996. ACPI se convirtió en uno de los principales requisitos para el programa de certificación con el logo de Microsoft "PC'97", así que los fabricantes de placas base y BIOS se pusieron manos a la obra para integrar ACPI en sus sistemas. Intel integró soporte para ACPI en sus *chipsets* a partir de abril del 1998, con el puente sur PIIX4E, y Microsoft agregó soporte ACPI a Windows en el lanzamiento de Windows 98 (25 de junio de 1998) como parte de lo que denominaba diseño "OnNow".

Para cuando salió Windows 2000 (17 de febrero de 2000), ACPI ya había reemplazado universalmente a APM como principal interfaz de administración de energía y control en los sistemas nuevos.

ACPI permite que el sistema active y desactive automáticamente los periféricos (como CD-ROM, tarjetas de red, discos duros e impresoras), además de dispositivos externos conectados al PC (tales como VCR, televisiones, teléfonos y estéreos). La tecnología ACPI también permite que los periféricos enciendan o activen el PC. Por ejemplo, insertar una cinta en un VCR puede encender el PC, que a su vez activaría una pantalla de TV grande y un sistema de sonido de alta definición.

ACPI permite a los diseñadores de sistemas implementar varias características de administración de energía con los diversos diseños de hardware al tiempo que utilizan el mismo controlador de sistema operativo. ACPI también utiliza la estructura de datos BIOS Plug and Play y toma el control de la interfaz Plug and Play, proporcionando una interfaz independiente del sistema operativo para configuración y control. Microsoft ha incluido soporte para ACPI en Windows desde Windows 98.

Durante el proceso de configuración e inicio del sistema, las versiones de Windows que soportan ACPI realizan una serie de pruebas y comprobaciones para ver si el hardware y la BIOS soportan ACPI. Si no se detecta soporte para ACPI, o es defectuoso, el sistema vuelve al control estándar APM, pero los problemas pueden provocar un bloqueo con pantalla roja o azul con un código de error ACPI.

Las pantallas rojas indican que el problema está seguramente relacionado con el hardware o la BIOS. Por su parte, las pantallas azules, suelen indicar un problema relacionado con el software o un problema oscuro.

La tabla 4.25 muestra los códigos de error ACPI.

Tabla 4.25. Códigos de error ACPI.

Código de error	Descripción
1xxx -	Indica un error durante la fase de inicialización del controlador ACPI y normalmente significa que la unidad no puede leer una o más de las tablas ACPI.
2xxx -	Indica un error del intérprete del lenguaje máquina ACPI (AML).
3xxx -	Indica un error dentro del manejador de eventos de unidad ACPI.
4xxx -	Indica errores de administración térmica.

Prácticamente todos estos errores son el resultado de implementaciones ACPI parciales o incompletas o incompatibilidades en la BIOS o los controladores de dispositivos. Si encuentra alguno de estos errores, póngase en contacto con el fabricante de su placa base para obtener una BIOS actualizada o con los de los dispositivos para conseguir controladores actualizados.

Mensajes de error BIOS/MBR

Cuando se enciende por primera vez un sistema PC, el sistema ejecuta un POST. Si encuentra errores, normalmente, aparece un mensaje de error en la pantalla. Los errores que se producen muy pronto en el POST podrían ocurrir antes de que se inicialice la tarjeta de vídeo. Este tipo de errores no puede mostrarse, así que el sistema emplea dos alternativas para transmitir el mensaje de error. Una es pitar; el sistema emite unos pitidos por el altavoz con un patrón específico que indica el error que ha ocurrido.

La otra alternativa es enviar un código de error hexadecimal a la dirección de puerto E/S 80h, que puede ser leído por una tarjeta especial en una de las ranuras de bus. Cuando el ROM BIOS está realizando el POST, en la mayoría de los sistemas el resultado de estas pruebas se envía al puerto E/S 80h para que los puedan supervisar unas tarjetas de diagnóstico especiales denominadas tarjetas POST (véase la figura 4.10). Estas pruebas se llaman en ocasiones pruebas de fabricación porque se diseñaron en el sistema para probarlo en la cadena de montaje sin conectar un monitor de vídeo.

Las tarjetas POST tienen una pantalla de dos dígitos hexadecimales que sirve para mostrar la rutina de prueba actualmente en ejecución. Antes de ejecutar cada prueba, se envía un código numérico hexadecimal al puerto y luego se ejecuta la prueba. Si la prueba falla y se bloquea la máquina, el código hexadecimal de la última prueba ejecutada permanece visible en la pantalla de la tarjeta.

En un sistema se ejecutan muchas pruebas antes de que se habilite la tarjeta de vídeo, especialmente si es EGA o VGA. Por consiguiente, pueden producirse muchos errores que bloqueen el sistema antes de que tenga ocasión de mostrar un código de error. Puesto que no todos estos errores generan pitidos, un sistema con este tipo de problema (por ejemplo, un fallo de memoria en el banco 0) aparecería como "muerto" ante cualquier procedimiento de solución de problemas habitual. Sin embargo, con una de las tarjetas POST disponibles comercialmente se puede diagnosticar este problema con frecuencia.

Figura 4.10. *Código hexadecimal de dos dígitos (izquierda) y tarjeta POST en acción (derecha).*

Estos códigos dependen totalmente de la BIOS porque la tarjeta no hace sino mostrar los códigos que le ha enviado. Algunas BIOS tienen procedimientos de POST más detallados y en consecuencia envían más códigos informativos. Las tarjetas POST pueden comprarse a JDR Microdevices u otras fuentes y están disponibles en versiones para bus ISA y PCI.

Para errores simples pero fatales que no pueden mostrarse en la pantalla, la mayoría de las versiones de la BIOS también envían códigos sonoros que sirven para diagnosticar tales problemas. Los códigos sonoros son similares a los códigos POST, pero se "leen" escuchando el altavoz en vez de usando una tarjeta especial.

Mensajes de error de inicio de la BIOS

Durante el proceso de inicio, la rutina del cargador de inicio del ROM BIOS de la placa base lee el primer sector físico de cada una de las unidades o los dispositivos, que es cilindro 0, cabezal 0, sector 1 en modo CHS o dirección de bloque lógico 0 en modo LBA. El código del primer sector se carga en RAM, y se comprueban los dos últimos bytes para ver si coinciden con el valor de firma de 55AAh. Si coinciden, eso indica al ROM que el primer sector contiene un MBR válido y el ROM puede seguir transfiriendo control al código MBR.

Si los dos últimos bytes del primer sector físico no coinciden con 55AAh, el ROM continúa comprobando el primer sector físico de la siguiente unidad iniciable en la secuencia de inicio hasta que encuentra uno con un MBR válido o se queda sin dispositivos donde buscar. Si, una vez comprobados todos los dispositivos y unidades de la secuencia de inicio, no se encuentra ninguno con los bytes de firma correctos para indicar un MBR válido, el ROM invoca una interrupción (18h) que llama a una subrutina que muestra un mensaje de error. El texto específico del mensaje varía dependiendo del fabricante y la versión del ROM.

Mensajes de la BIOS IBM

Cuando no se encuentra un MBR válido o dispositivo iniciable, los sistemas con una BIOS IBM muy antigua presentan el infame intérprete de BASIC en ROM, que es así:

```
The IBM Personal Computer Basic
Version C1.10 Copyright IBM Corp 1981
62940 Bytes free
Ok
```

BASIC en ROM de IBM

Los ROM de la mayoría de los PC son similares a los sistemas IBM originales con los que son compatibles, con la excepción del intérprete de BASIC en ROM (también denominado Cassette BASIC). Puede que esto sorprenda a algunos usuarios del PC, pero el IBM PC original tenía en realidad un conector en la parte trasera del sistema para conectarse a un grabador de casetes que servía para ejecutar programas y datos a o desde una cinta de casete. IBM incluía el puerto para casete porque muchos de los primeros ordenadores personales (incluidos los Apple) utilizaban cintas porque los disquetes eran muy caros y los discos duros todavía no eran una opción. No obstante, las disqueteras bajaron de precio rápidamente poco después de la aparición del PC y el puerto para casete ya no aparecía en los siguientes sistemas IBM. El puerto para casete tampoco llegó a aparecer en muchos sistemas compatibles con PC porque cuando salieron los disquetes eran baratos.

La razón de tener BASIC en ROM era que el PC original pudiera ser estándar con sólo 16KB de memoria y sin disquetera en la configuración básica. Muchos usuarios de la época escribían sus propios programas o ejecutaban programas BASIC desarrollados por otros. El intérprete de lenguaje BASIC integrado en el ROM BIOS de estos primeros sistemas de IBM se diseñó para acceder al puerto para casete de la parte trasera del sistema y, al tener el intérprete en ROM, los 16KB de RAM podían usarse para guardar un programa.

Incluso después de la desaparición del puerto para casete, IBM mantuvo el código BASIC en el ROM de la placa base hasta los años noventa. Para mí es como el apéndice de los humanos. El BASIC en ROM de aquellos sistemas IBM es un vestigio, un sobrante que se usaba en ancestros prehistóricos pero que actualmente no tienen ninguna función.

Puede ver este BASIC en ROM en sistemas IBM antiguos que lo tienen deshabilitando todas las unidades de disco del sistema. Así, al no tener nada desde donde iniciarse, esos sistemas muestran de pronto la extraña pantalla (de 1981) de BASIC en ROM.

La gente le tenía miedo porque verla solía significar que el disquete o disco duro desde el que intentaban iniciar estaba dañado o había fallado. Puesto que ningún sistema compatible tuvo jamás el intérprete de BASIC en ROM, utilizaron mensajes diferentes para las mismas situaciones en las que un sistema IBM habría invocado esta pantalla. El más confuso de estos mensajes era el de la BIOS AMI, que simplemente decía `NO ROM BASIC - SYSTEM HALTED`*, lo que significaba que el sistema era incapaz de iniciarse.*

Sin un MBR válido ni un dispositivo iniciable, algunos sistemas IBM muestran una pantalla con caracteres gráficos de texto, véase la figura 4.11. En este caso, lo que quiere decir es "Inserte un disquete iniciable en la unidad A: y pulse F1".

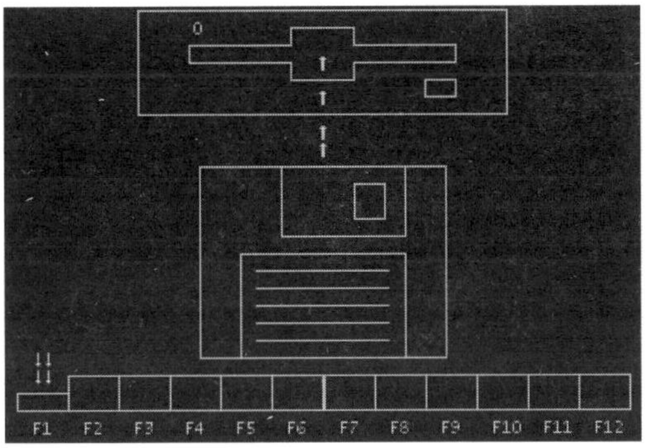

Figura 4.11. *Pantalla del ROM BIOS de IBM que señala un registro de inicio maestro no válido.*

Mensajes de la BIOS AMI

Sin un MBR válido ni un dispositivo iniciable encontrado, los sistemas con una BIOS AMI mostraban el siguiente mensaje:

```
NO ROM BASIC - SYSTEM HALTED
```

Este mensaje resultaba algo confuso porque parece indicar un problema con BASIC en ROM, pero eso no es lo que quería decir, ya que el ROM de AMI no incluye un intérprete de BASIC (ningún ROM lo incluye, salvo los de los equipos IBM muy antiguos). Así que, en vez de pasar a BASIC o mostrar un mensaje útil indicando que no hay dispositivos iniciables, mostraba este mensaje tan poco claro. El significado real es el mismo para todos estos mensajes, es decir, que ninguno de los dispositivos iniciables de la secuencia de inicio contiene bytes de firma que indiquen un MBR válido en sus primeros sectores físicos.

Mensajes de la BIOS Compaq

Sin un MBR válido ni un dispositivo iniciable encontrado, los sistemas con una BIOS Compaq muestran el siguiente mensaje:

```
Non-System disk or disk error
replace and strike any key when ready
```

Este mensaje también es confuso porque es muy parecido al mensaje de error del VBR de DOS/Windows 9X/Me VBR y suele aparecer cuando faltan archivos del sistema o están dañados. Así pues, cuando aparece este mensaje en un sistema Compaq no se sabe seguro si el problema está en el MBR, el VBR o los archivos del sistema, lo que dificulta su detección y solución.

Mensajes de la BIOS Award

Sin un MBR válido ni un dispositivo iniciable encontrado, los sistemas con una BIOS Award muestran el siguiente mensaje:

```
DISK BOOT FAILURE, INSERT SYSTEM DISK AND PRESS ENTER
```

De momento, éste parece ser el menos confuso de estos mensajes; simplemente informa de un fallo en el inicio del disco e indica que se inserte un disco de sistema y se pulse **Intro**.

Mensajes de la BIOS Phoenix

Sin un MBR válido ni un dispositivo iniciable encontrado, los sistemas con una BIOS Phoenix muestran este mensaje:

```
No boot device available -
strike F1 to retry boot, F2 for setup utility
```

O este otro:

```
No boot sector on fixed disk -
strike F1 to retry boot, F2 for setup utility
```

El que aparezca dependerá de si no se han encontrado o no se han podido leer dispositivos de inicio, o bien se ha podido leer un sector de inicio pero no tenía los bytes de firma adecuados.

Mensajes de error de inicio del MBR

Si la BIOS ha podido cargar correctamente el MBR y comprobar la firma, y si los bytes de la firma son correctos, cede el control al MBR ejecutando el código MBR. El código de programa del MBR realiza una prueba de la tabla de particiones (también contenida en el MBR) comprobando los bytes indicadores de inicio de cada una de las cuatro entradas de la tabla. Estos bytes están en los desplazamientos 446 (1BEh), 462 (1CEh), 478 (1DEh) y 494 (1EEh) del MBR y sirven para indicar cuál de las cuatro entradas de la tabla de particiones primarias puede contener una partición activa (iniciable). Un valor de 80h en cualquiera de estas ubicaciones indica la entrada concreta que contiene la partición activa. Solamente uno de los cuatro bytes indicadores de inicio puede indicar una partición activa, lo que significa que si uno de ellos contiene 80h, los otros tres deben tener todos 00h. Siguiendo las reglas impuestas inicialmente por IBM y Microsoft, sólo hay dos condiciones posibles en lo que respecta a estos bytes:

- Los cuatro son 00h, lo que indica que no hay particiones activas (iniciables).
- Uno es 80h y los otros tres son 00h, lo que significa que hay una partición activa (iniciable).

Si los cuatro bytes indicadores de inicio son 00h, el MBR devuelve el control al ROM de la placa base, que entonces suele reproducir uno de los mensajes mencionados anteriormente. Éste es el resultado que cabe esperar si se ha quitado las particiones existentes en una unidad y no se ha creado ninguna nueva, o si no se ha hecho ninguna partición activa al particionar o reparticionar la unidad. Por ejemplo, cuando creamos múltiples particiones en una unidad, puede que olvidemos configurar una de ellas como activa. Si lo hacemos sin querer y el equipo no puede iniciarse, podemos corregir el problema fácilmente iniciando desde un disquete o CD con software para particiones, como FDISK o DISKPART, y configurando la partición en la que está instalado el sistema operativo como la activa.

Si sólo uno de los bytes indicadores de inicio es 80h y los demás son 00h (configuración requerida para que el ordenador se inicie correctamente), el sistema continuará con el proceso de inicio cargando el registro de inicio de volumen (VRM, *Volume Boot Record*) desde la partición activa.

Tabla de particiones no válida

No es posible ninguna otra condición de los bytes indicadores de inicio y si se da, indica que la tabla de particiones está dañada, lo que hace que el código MBR genere un mensaje de error y se detenga. Por ejemplo, si dos o más de estos bytes son 80h (es decir, hay más de una partición activa) o si alguno de ellos tiene un valor que no sea 00h ni 80h, se considera que la tabla de particiones no es válida y el código MBR muestra el siguiente mensaje y detiene el sistema:

```
Invalid partition table
```

Si le aparece este mensaje, pruebe a reiniciar desde un medio alternativo y después intente acceder a los datos de la unidad problemática. Dependiendo de la cantidad de tabla, MBR o sectores de la unidad dañados, puede que lo más fácil sea simplemente quitar y volver a crear todas las particiones (se perderán todos los datos que contengan), o investigar las opciones de recuperación de datos si no dispone de ninguna copia de seguridad y necesita los datos.

Error al ejecutar el sistema operativo

Una vez que el código MBR pasa el control de bytes indicadores de inicio, y hay una partición marcada como activa, sigue mirando la información de la entrada de la partición activa en la tabla para determinar la ubicación del sector de inicio de la partición activa. Esta ubicación es una dirección de sector indicada por valores CHS (cilindro/cabezal/sector) y LBA (dirección de bloque lógico). El valor CHS se usa para unidades de 8,4GB o menos capacidad, mientras que el LBA se usa para unidades de más de 8,4GB (que son prácticamente todas las actuales). El primer sector de una partición contiene el registro de inicio de volumen (VBR), también conocido como registro del sistema operativo porque se instala en la unidad durante el proceso de formato de la partición del sistema operativo. Una vez determinada la dirección VBR de la partición activa, el código MBR lee ese sector de la unidad.

Si no se puede leer el VBR de la partición activa por un error de lectura (problema físico con el disco), se reintenta cinco veces. Si después de esto, sigue sin poder leerse el VBR, aparece el siguiente mensaje y el sistema se detiene:

```
Error loading operating system
```

Es mala señal que aparezca este mensaje porque generalmente indica problemas físicos con la unidad. No obstante, también puede aparecer si no se introdujeron correctamente los parámetros de la unidad en el programa de configuración de la BIOS, o si la ubicación del sector VBR que aparece en la tabla de particiones del MBR no es válida. Por ejemplo, si el MBR contiene una dirección VBR no válida que señala a un sector más allá del final físico de la unidad, aparecerá este mensaje.

Si aparece el mensaje inesperadamente, compruebe la configuración de la unidad en la BIOS para asegurarse de que es correcta, a continuación revise las entradas de la tabla de particiones y por último, ejecute una prueba de diagnóstico para la propia unidad. Si la unidad está estropeada (o se está estropeando) y necesita recuperar los datos, puede requerir la ayuda de un equipo profesional.

No se encuentra ningún sistema operativo

Si el código MBR se ha cargado correctamente en el VBR sin errores de lectura, seguirá comprobando los dos últimos bytes del VBR en busca de la firma 55AAh. Si no está, el MBR muestra este mensaje de error y detiene el sistema:

```
Missing operating system
```

Cabría esperar esto si, por ejemplo, acabamos de crear la partición y todavía no hemos hecho un formato de alto nivel, lo que significa que el sistema operativo no ha formateado todavía la partición, o no hay instalado ningún sistema operativo de momento.

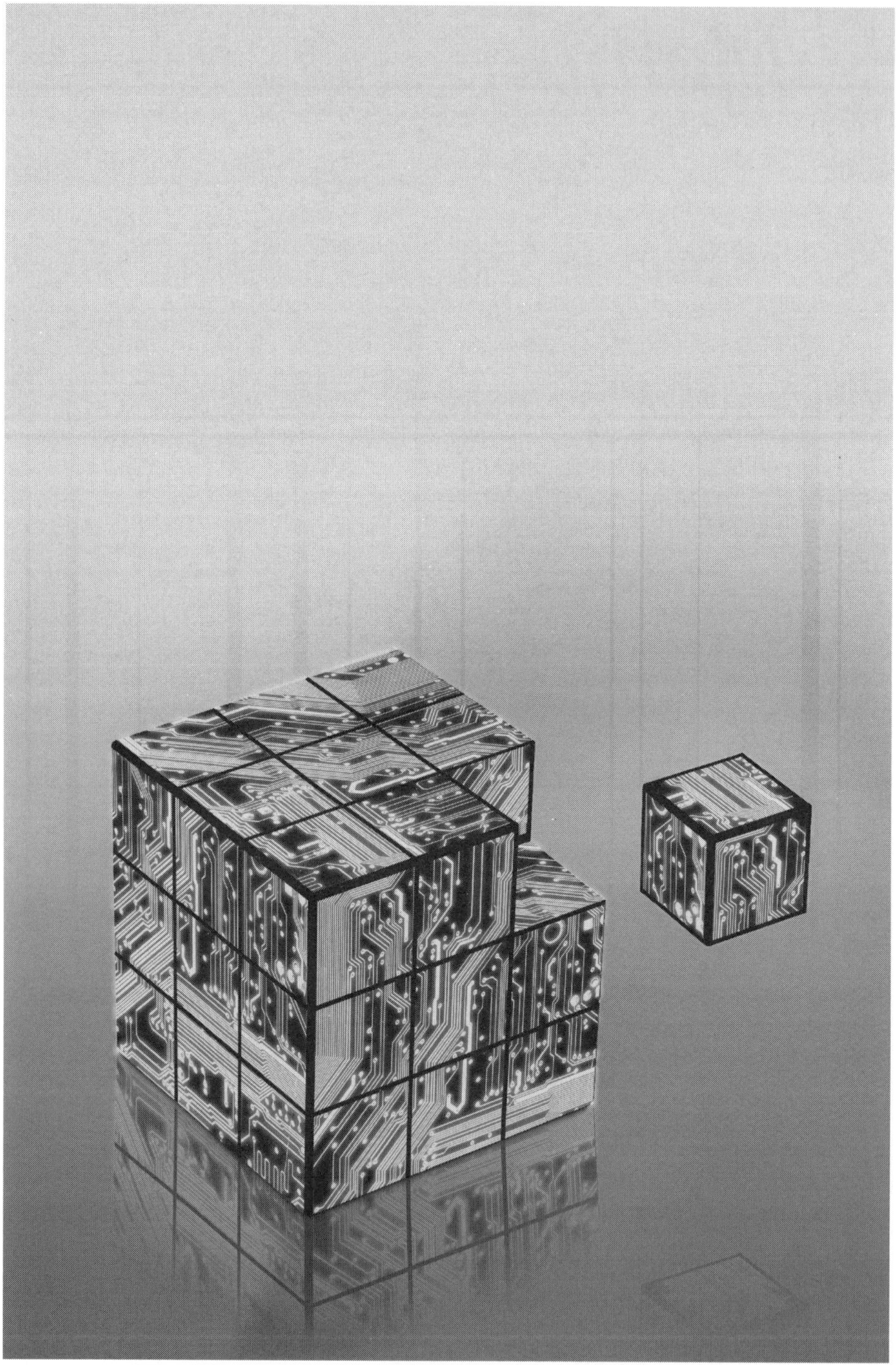

5. Memoria

Conceptos básicos de la memoria

Este capítulo trata la memoria desde un punto de vista físico y lógico. Primero, veremos qué es la memoria, dónde encaja en la arquitectura del PC y cómo funciona. Después analizaremos los distintos tipos de memoria, velocidades y empaquetamiento de chips y módulos de memoria que se pueden comprar e instalar.

Además se ocupa también del diseño lógico de la memoria, definiendo las distintas áreas de memoria y sus usos desde el punto de vista del sistema. Puesto que el diseño lógico y los usos están dentro de la "mente" del procesador, la asignación de memoria y el diseño lógico siguen siendo probablemente los temas más difíciles de comprender en el universo de los PC. Este capítulo contiene información útil que desvela los misterios asociados a la memoria y nos permite obtener el máximo de nuestro sistema.

La memoria es el espacio de trabajo del procesador. Es un área de almacenamiento temporal donde deben residir los programas y datos con los que opera el procesador. El almacenamiento de memoria se considera temporal porque los datos y programas sólo se mantienen ahí mientras el ordenador tenga alimentación eléctrica o no se reinicie. Antes de que el equipo se cierre o reinicie, cualquier dato que se modifique debería guardarse en un dispositivo de almacenamiento permanente (normalmente un disco duro) para que pueda volver a cargarse en la memoria en el futuro.

La memoria se llama a menudo *RAM* (*Random Access Memory*, Memoria de acceso aleatorio). La memoria principal se llama RAM porque se puede acceder aleatoriamente (en vez de secuencialmente) a cualquier ubicación de la misma. Esta designación es un tanto engañosa y a menudo se malinterpreta. La memoria de sólo lectura (ROM), por ejemplo, también es accesible de manera aleatoria, pero se suele diferenciar de la RAM del sistema porque mantiene los datos sin necesidad de energía y normalmente no se puede escribir en ella. Aunque un disco duro pueda utilizarse como memoria de acceso aleatorio virtual, no lo consideramos RAM.

A lo largo de los años, la definición de RAM ha cambiado de un simple acrónimo a algo que supone el espacio de trabajo de la memoria principal que el procesador utiliza para ejecutar programas, que normalmente consiste en un tipo de chip llamado DRAM (*Dynamic RAM*, RAM dinámica).

Una de las características de los chips DRAM (y por lo tanto la mayoría de tipos de RAM en general) es que almacenan datos dinámicamente, lo que en realidad tiene dos significados. Uno es que la información puede escribirse en la RAM repetidamente en cualquier momento. El otro tiene que ver con el hecho de que la DRAM requiere que los datos se refresquen (básicamente, que se reescriban) cada pocos milisegundos; una RAM más rápida requiere actualizarse más a menudo que una RAM más lenta. El tipo de RAM llamado SRAM (*Static RAM*, RAM estática) no requiere refrescarse periódicamente. Una característica importante de la RAM en general es que los datos se almacenan únicamente si la memoria recibe energía.

Nota: *Tanto la DRAM como la SRAM mantienen sus contenidos sólo mientras haya energía. Sin embargo, hay un tipo de memoria diferente conocido como memoria flash que no presenta este requisito. La memoria flash puede retener su contenido sin energía, y hoy en día es la más utilizada comúnmente en reproductores multimedia, cámaras digitales y unidades USB flash. Por lo que respecta al PC, un dispositivo de memoria flash emula a una unidad de disco (que no sea RAM) y se accede a ella mediante una letra de unidad, al igual que ocurre con cualquier otra unidad óptica o de disco.*

Cuando hablamos de la memoria de un equipo, normalmente nos referimos a la memoria física o RAM del sistema, que es principalmente los módulos o chips de memoria que el procesador utiliza para almacenar datos y programas activos primarios. Esto se confunde a menudo con el término "almacenamiento", que debería utilizarse para referirse a cosas como las unidades de cinta y disco (aunque pueden utilizarse como una forma de RAM llamada memoria virtual).

RAM puede referirse tanto a los chips físicos que componen la memoria del sistema como a la disposición y asignación lógica de esa memoria. La disposición y asignación lógica se refieren al modo en que se asignan las direcciones de memoria a los chips reales y qué ubicaciones de dirección contienen qué tipos de información del sistema.

La gente sin muchos conocimientos sobre informática confunde a menudo la memoria principal (RAM) con el almacenamiento en disco porque ambos tienen capacidades que se expresan en términos de megabytes o gigabytes similares. La mejor analogía para explicar la relación entre memoria y almacenamiento en disco que he encontrado es pensar en una oficina con un escritorio y un archivador.

En este ejemplo, el archivador representa el disco duro del sistema, donde se almacenan programas y datos para guardarlos de manera segura durante un tiempo. El escritorio representa la memoria principal del sistema, que permite a la persona que está trabajando en la mesa (que sería el procesador) el acceso directo a cualquier archivo que haya en ella. Los archivos representan los programas y documentos que se pueden "cargar" en la memoria. Para trabajar en un archivo en concreto, hay que sacarlo del archivador y ponerlo en el escritorio. Si el escritorio es lo bastante grande, se puede tener varios archivos abiertos en él a la vez; de la misma forma, si el sistema tiene más memoria, se puede ejecutar más programas o programas más grandes y trabajar con más documentos o documentos mayores.

Añadir espacio de disco duro a un sistema es como poner un archivador más grande en la oficina, de forma que se puedan almacenar más archivos permanentemente. Añadir más memoria a un sistema es como comprar un escritorio más grande; se puede trabajar con más programas y datos al mismo tiempo.

Una diferencia entre esta analogía y el modo en que funcionan las cosas realmente en un equipo es que cuando se abre un archivo en la memoria, en realidad lo que se abre es una copia del archivo; el original sigue residiendo en el disco duro. Dada la naturaleza temporal de la memoria, cualquier archivo que se haya modificado después de abrirse en la memoria debe volver a guardarse en el disco duro antes de apagar el sistema (lo que borra la memoria). Si el archivo modificado en la memoria no se guarda, la copia original del archivo en el disco duro permanece inalterada. Es como decir que cualquier cambio realizado en archivos que se han dejado en el escritorio se desecha cuando se cierra la oficina, aunque los archivos originales se conservan en el archivador.

La memoria almacena programas temporalmente cuando se están ejecutando, junto con los datos que esos programas están utilizando. Los chips RAM se conocen a veces como "almacenamiento volátil" porque cuando se apaga el equipo o se produce un fallo en el suministro eléctrico, cualquier cosa almacenada en la RAM se pierde a menos que se haya guardado en el disco duro. Debido a la naturaleza volátil de RAM, muchos usuarios se acostumbran a guardar su trabajo con frecuencia, costumbre muy recomendable. Muchas aplicaciones de software realizan guardados periódicos y automáticos para minimizar las pérdidas de datos potenciales.

Físicamente, la memoria principal de un sistema es una colección de chips o módulos que contienen chips, que normalmente se conectan en la placa base. Estos chips o módulos varían en sus diseños físicos y eléctricos y deben ser compatibles con el sistema en el que se van a instalar para funcionar correctamente.

Este capítulo trata los distintos tipos de chips y módulos que pueden instalarse en diferentes sistemas.

Para comprender mejor la memoria física de un sistema, hay que entender qué tipos de memoria se encuentran en un PC típico y cuál es el papel de cada tipo. En los PC modernos se utilizan tres tipos de memoria principal. (Recuerde, estoy hablando del tipo de chip de memoria, no del tipo de módulo en el que se almacena esa memoria.)

- **ROM:** Memoria de sólo lectura.
- **DRAM:** Memoria de acceso aleatorio dinámica.
- **SRAM:** Memoria de acceso aleatorio estática.

Normalmente, el único tipo de memoria que va a necesitar comprar e instalar en un sistema es la DRAM. Los otros dos están integrados en la placa base (ROM), el procesador (SRAM), y otros componentes como la tarjeta de vídeo, las unidades de disco duro, etc.

ROM

La memoria de sólo lectura, o ROM, es un tipo de memoria que puede almacenar datos de manera permanente o semipermanente. Se llama de sólo lectura porque es difícil o imposible escribir en ella. La ROM también se conoce a menudo como memoria no volátil porque los datos que se almacenan en ella permanecen ahí, incluso si se interrumpe el suministro eléctrico. Como tal, la ROM es el lugar ideal para colocar las instrucciones de inicio del PC, es decir, el software que ejecuta el sistema.

Observe que ROM y RAM no son opuestas, tal como parecen creer algunos. Ambas son simplemente tipos de memoria. De hecho, la ROM podría clasificarse técnicamente como un subconjunto de la RAM del sistema. En otras palabras, una porción del espacio de direcciones de la memoria de acceso aleatorio del sistema se asigna en uno o en más chips ROM. Esto es necesario para contener el software que permite que el PC se inicie; de lo contrario, el procesador no tendría en la memoria ningún programa para ejecutar al encenderse.

El ROM BIOS principal está en un chip ROM de la placa base, pero también hay tarjetas adaptadoras que incluyen ROM. Las ROM en tarjetas adaptadoras contienen controladores y rutinas de BIOS auxiliares requeridas por la tarjeta en concreto, especialmente para esas tarjetas que deben estar activas enseguida en el proceso de inicio, como las tarjetas de vídeo. Las tarjetas que no necesitan controladores activos en el momento del inicio normalmente no tienen ROM porque sus controladores pueden cargarse desde el disco duro más adelante en el proceso de inicio. La mayoría de sistemas actuales utilizan un tipo de ROM llamada EEPROM (*Electrically Erasable Programmable ROM*, ROM programable borrable eléctricamente), que es una forma de memoria flash. Flash es una memoria realmente no volátil que es regrabable, lo que permite a los usuarios actualizar de manera sencilla la ROM o el *firmware* de sus placas base o de cualquier otro componente (tarjetas de vídeo, tarjetas SCSI, periféricos, etc.).

DRAM

La RAM dinámica (DRAM) es el tipo de chip de memoria utilizado para la mayor parte de la memoria principal de un PC moderno. Lo mejor de la DRAM es que es muy densa, lo que significa que es posible empaquetar muchos bits en un chip muy pequeño, y no es muy cara, lo que permite adquirir grandes cantidades de memoria.

Las celdas de memoria de un chip DRAM son condensadores diminutos que mantienen una carga para indicar un bit. El problema con la DRAM es que es dinámica, es decir, su contenido puede modificarse.

Con cada pulsación de teclado o cada movimiento de ratón, los contenidos de la RAM cambian, y todo el contenido de la misma puede borrarse si se produce un fallo en el sistema. Además, debido al diseño, debe actualizarse constantemente; de lo contrario, las cargas eléctricas en los condensadores de la memoria individual se agotan y los datos se pierden. Las actualizaciones se producen cuando el controlador de memoria del sistema se toma un pequeño descanso y accede a todas las filas de datos de los chips de memoria. El tiempo de refresco estándar es de 15ms (milisegundos), lo que supone que cada 15ms, todas las filas de la memoria se leen automáticamente para actualizar los datos.

Desafortunadamente, actualizar la memoria quita tiempo al procesador para realizar otras tareas porque cada ciclo de refresco tarda varios ciclos de CPU en completarse. En sistemas más antiguos, el ciclo de refresco podía utilizar hasta un 10 por 100 o más del tiempo de CPU total, pero con los sistemas modernos, que funcionan en multigigahercios, el refresco total está ahora en el orden de una fracción de un porcentaje, o menos, del tiempo de CPU total. Algunos sistemas permiten alterar los parámetros temporales de la actualización mediante la configuración del CMOS. El tiempo entre ciclos de refresco se conoce como tREF y no se expresa en milisegundos, sino en ciclos de reloj (véase la figura 5.1).

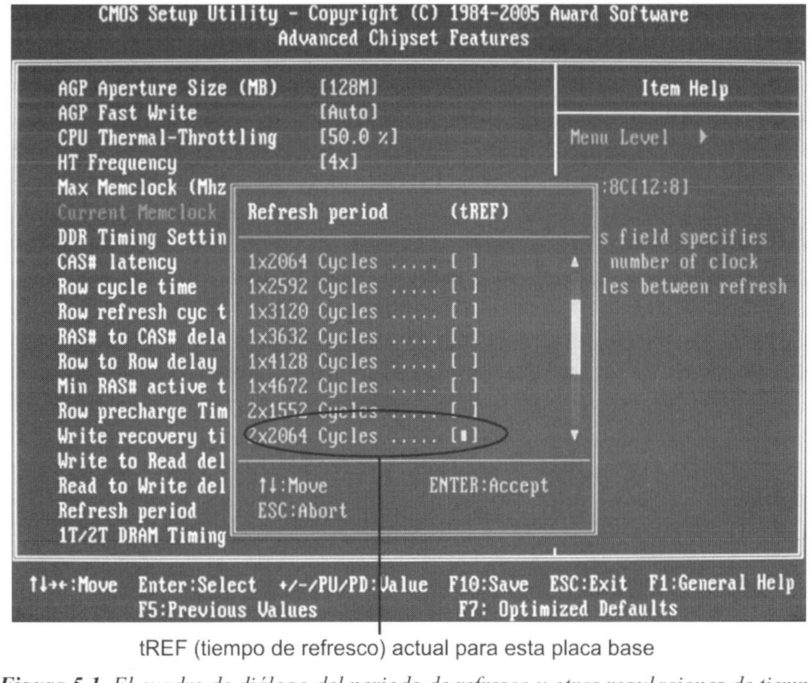

Figura 5.1. *El cuadro de diálogo del periodo de refresco y otras regulaciones de tiempo puede ajustarse manualmente a través del programa de configuración de la BIOS.*

Es importante saber que el aumentar el tiempo entre ciclos de refresco (tREF) para incrementar la velocidad del sistema puede hacer que algunas de las celdas de memoria se agoten de forma prematura, lo que puede ocasionar errores *soft* aleatorios en la memoria. Un error *soft* es un error en los datos que no está provocado por un chip defectuoso. Para evitar estos errores, lo más seguro es ajustarse a los tiempos de refresco predeterminados o recomendados. Puesto que el refresco consume menos del 1 por 100 del ancho de banda total de los sistemas modernos, alterar la velocidad no afecta mucho al rendimiento. Casi siempre es mejor utilizar las configuraciones predeterminadas o automáticas para cualquier cronometraje en la configuración de la BIOS.

Muchos sistemas modernos no permiten realizar cambios en los tiempos de la memoria y están establecidos permanentemente en las configuraciones automáticas. En una configuración automática, la placa base lee los parámetros temporales del ROM de detección de presencia serie (SPD, *Serial Presence Detect*) que se encuentra en el módulo de memoria y configura las velocidades de ciclo para que se correspondan.

Las DRAM utilizan sólo un par de condensador y transistor por bit, lo que las hace muy densas, ofreciendo más capacidad de memoria por chip que otros tipos de memoria. Actualmente, los chips DRAM se están preparando para la producción con densidades de hasta 4Gb (512MB) por chip, lo que a un transistor por bit requiere al menos 4 millardos de transistores. La cantidad de transistores en chips de memoria es mucho más alta que en procesadores, porque en un chip de memoria los transistores y condensadores están organizados de manera consistente en una rejilla (normalmente cuadrada) de estructuras repetitivas simples, a diferencia de los procesadores, que son circuitos mucho más complejos, con diferentes estructuras y elementos interconectados de manera muy irregular.

El transistor para cada celda de bit de DRAM lee el estado de la carga de condensador adyacente. Si el condensador está cargado, se lee que la celda contiene un 1; si no hay carga se indica un 0. La carga del minúsculo condensador se está agotando constantemente, y por eso la memoria debe actualizarse periodicamente. Incluso una interrupción momentánea en la energía, o cualquier cosa que interfiera con los ciclos de refresco puede provocar que una celda de memoria DRAM pierda la carga y, por tanto, los datos. Si esto ocurre en un sistema que está en funcionamiento, pueden aparecer pantallas azules, fallos de protección globales, archivos dañados y otros problemas del sistema.

La DRAM se usa en sistemas PC porque no es cara y los chips pueden estar empaquetados densamente, así que una capacidad de memoria grande puede encajar en un espacio pequeño. Desgraciadamente, la DRAM es también relativamente lenta, normalmente mucho más lenta que el procesador. Por esta razón, se han desarrollado muchos tipos de arquitecturas de DRAM para mejorar el rendimiento. Nos ocuparemos de ellas más adelante.

Memoria caché: SRAM

Existe otro tipo de memoria diferente que es significativamente más rápida que la mayoría de tipos de DRAM. SRAM son las siglas de "*static RAM*" (RAM estática), que se llama así porque no necesita actualizaciones periódicas como la DRAM. Debido al modo en que están diseñadas las SRAM, no sólo son innecesarios los refrescos, sino que además la SRAM es mucho más rápida que la DRAM y tiene muchas más posibilidades de mantener el ritmo de los procesadores modernos.

La memoria SRAM está disponible en tiempos de acceso de 0,45ns o menos, así que puede mantenerse al ritmo de procesadores que funcionan a 2,2GHz o más. Esto se debe al diseño de la SRAM, que requiere un conjunto de seis transistores por cada bit de almacenamiento. El uso de transistores pero no de condensadores implica que la actualización no es necesaria, ya que no hay condensadores que pierdan su carga con el tiempo. Siempre y cuando haya energía, la SRAM recuerda lo que está almacenado. Con todos estos atributos, ¿por qué no usar SRAM para toda la memoria del sistema? La respuesta es sencilla.

Comparada con la DRAM, la SRAM es mucho más rápida pero también mucho más baja en densidad y mucho más cara (véase la tabla 5.1). Una densidad más baja significa que los chips SRAM son físicamente más grandes y almacenan menos bits en total. El número elevado de transistores y el diseño agrupado suponen que los chips SRAM sean más grandes y que su producción sea más cara que la de los chips DRAM. Por ejemplo, un chip DRAM de alta densidad podría almacenar hasta 4Gb (512MB) de RAM, mientras que chips SRAM de tamaño similar sólo pueden almacenar hasta 72Mb (9MB). El elevado coste y las restricciones físicas han evitado que la SRAM se utilice como memoria principal en sistemas de PC.

Tabla 5.1. *Comparación entre DRAM y SRAM.*

Tipo	Velocidad	Densidad	Coste
DRAM	Lenta	Alta	Bajo
SRAM	Rápida	Baja	Alto

Incluso aunque la SRAM no resulte práctica para usarse como memoria principal de un PC, los diseñadores han encontrado una forma de utilizarla para mejorar el rendimiento del PC. En vez de gastarse el dinero para que toda la RAM sea memoria SRAM, diseñan una pequeña cantidad de memoria SRAM de alta velocidad, utilizada como memoria caché, que es mucho más rentable. La caché SRAM funciona a velocidades similares o iguales a las del procesador y es la memoria desde la que el procesador suele leer y en la que suele grabar directamente. Durante las operaciones de lectura, los datos en la memoria caché de alta velocidad se vuelven a suministrar desde la DRAM o la memoria principal de menor velocidad por adelantado. Para convertir el tiempo de acceso de nanosegundos a MHz, utilice la siguiente fórmula:

```
1 / nanosegundos × 1000 = MHz
```

Del mismo modo, para convertir de MHz a nanosegundos, use la fórmula inversa:

```
1 / MHz × 1000 = nanosegundos
```

Actualmente tenemos memorias que funcionan a velocidades superiores a 1GHz (1 nanosegundo), pero hasta finales de los 90, la DRAM estaba limitada a una velocidad de aproximadamente 60ns (16MHz). Hasta entonces, los procesadores funcionaban a velocidades de 16MHz, la DRAM disponible podía mantenerse completamente al ritmo del procesador y la placa base, así que la caché no era necesaria. Sin embargo, en cuanto los procesadores cruzaron la barrera de los 16MHz, la DRAM existente ya no podía seguir el ritmo, y la caché SRAM empezó a introducirse en los diseños de sistemas de PC. Esto ocurrió en torno a 1986 y 1987, con el debut de sistemas con procesador 386 que funcionaban a velocidades de 16MHz o 20MHz o superiores. Estos sistemas estuvieron entre los primeros PC en utilizar la llamada memoria caché, una antememoria de alta velocidad compuesta de memoria SRAM que alimenta directamente al procesador. Puesto que la caché puede funcionar a la velocidad del procesador, actúa como un búfer entre el procesador y la DRAM, más lenta, en el sistema. El controlador de la caché anticipa las necesidades de la memoria del procesador y precarga la memoria caché de alta velocidad con datos. Después, cuando el procesador requiere una dirección de memoria, los datos pueden recuperarse desde la caché de alta velocidad en vez de desde la memoria principal, que es mucho más lenta.

La eficacia de la caché se puede expresar mediante una proporción de éxitos de la caché sobre los accesos totales a la memoria. Un "éxito" se produce cuando los datos que necesita el procesador se han cargado por adelantado en la caché desde la memoria principal, lo que significa que el procesador puede leerlos desde la caché. Un "fracaso" de la caché se produce cuando el controlador de la caché no había anticipado la necesidad de una dirección específica y los datos deseados no se habían cargado por adelantado en la caché. En ese caso el procesador debe recuperar los datos desde la memoria principal, que es más lenta, en vez de desde la caché, más rápida. Cada vez que el procesador lee datos desde la memoria principal, debe esperar más rato porque la memoria principal se repite a una velocidad mucho más lenta que el procesador. Por ejemplo, si el procesador con caché integrada en la pastilla funciona a 3,6GHz (3.600MHz) en un bus de 1.333MHz, tanto el procesador como la caché integrada tendrían ciclos de 0,28ns, mientras que la memoria principal tendría probablemente ciclos casi cinco veces más lentos a 1.333MHz (0,75ns). Así pues, cada vez que el procesador de 3,6GHz lee desde la memoria principal, se ralentiza a sólo 1.333MHz. La ralentización se lleva acabo al hacer que el procesador ejecute los llamados estados de espera, que son ciclos en los que no se hace nada; básicamente, el procesador se refrigera mientras espera a que la memoria principal devuelva los datos deseados. Obviamente, nadie quiere que su procesador se ralentice, así que el diseño y la función de la caché se hacen más importantes a medida que aumentan las velocidades del sistema.

Para reducir al mínimo la necesidad de que el procesador se vea obligado a leer datos desde la memoria principal, en los sistemas modernos existen normalmente dos o tres niveles de caché, llamados Nivel 1 (L1), Nivel 2 (L2) y Nivel 3 (L3). La caché L1 se llama también caché integrada o interna, porque siempre se ha integrado directamente en el procesador como parte de la pastilla (el chip). Debido a eso, la caché L1 funciona a la velocidad total del núcleo del procesador y es la caché más rápida de cualquier sistema. Todos los procesadores 486 y más altos incorporan caché L1 integrada, lo que los hace significativamente más rápidos que sus predecesores. La caché L2 se llamaba inicialmente caché externa porque cuando apareció quedaba fuera del chip del procesador. Originalmente, esto quería decir que se instalaba en la placa base, como ocurría con todos los sistemas 386, 486 y Pentium de primera generación. En esos sistemas, la caché L2 funciona a la velocidad del bus de la CPU y la placa base porque se instala en la placa base y se conecta al bus de la CPU. Normalmente la caché L2 se encuentra físicamente adyacente al zócalo del procesador en los sistemas Pentium y anteriores.

Para obtener un rendimiento mayor, los diseños de procesadores posteriores de Intel y AMD incluían la caché L2 como parte del procesador. En todos los procesadores desde finales de 1999 (y en algunos modelos anteriores), la caché L2 se incorpora directamente como parte de la pastilla del procesador, al igual que la caché L1. En chips con L2 integrada en la pastilla, la caché funciona a la velocidad completa del núcleo y es mucho más eficaz. Por el contrario, la mayoría de procesadores de 1999 y anteriores con L2 integrada tenían la caché L2 en chips separados que eran externos al núcleo del procesador principal. La caché L2 en muchos de esos procesadores antiguos funcionaba a la mitad o a un tercio de la velocidad del núcleo del procesador. La velocidad de la caché es muy importante, así que los sistemas con caché L2 en la placa base eran los más lentos. Incluir L2 en el procesador permitió aumentar la velocidad, e incluirla directamente en la pastilla del procesador (en vez de como chips externos respecto a la pastilla) ofrece la mayor rapidez. Cualquier chip que tenga caché L2 integrada en la pastilla a la velocidad total del núcleo tiene una clara ventaja en el rendimiento respecto a un chip que no la tenga.

Desde 2001 se encuentra en algunos procesadores una caché L3 o de tercer nivel. El primer procesador de PC de escritorio con caché L3 fue el Pentium 4 Extreme Edition, un chip de gama alta introducido a finales de 2003 con 2MB de caché L3 integrada en la pastilla. Aunque en aquel momento parecía que se favorecería la expansión de la caché L3 en los procesadores de escritorio, las versiones posteriores del Pentium 4 Extreme Edition (así como de su sucesor, el Pentium Extreme Edition) desecharon la caché L3, utilizando en su lugar tamaños de caché L2 más grandes para mejorar el rendimiento. La caché L3 volvió a los procesadores PC en 2007 con el AMD Phenom y en 2008 con el Intel Core i7, ambos con cuatro núcleos en una sola pastilla. L3 está especialmente pensada para procesadores con cuatro o más núcleos porque proporciona una caché integrada en la pastilla que todos los núcleos pueden compartir. Creo que la caché L3 será un elemento básico en los futuros procesadores de núcleo múltiple.

La clave para entender la caché y la memoria principal es ver cómo encajan en la arquitectura global del sistema.

Rendimiento y tipos de RAM

La cuestión del rendimiento y la velocidad de la memoria puede resultar confusa para algunos porque la velocidad de memoria se expresa a veces en nanosegundos (ns) y la velocidad del procesador siempre se ha expresado en megahercios (MHz) o en gigahercios (GHz). Los tipos de memoria más recientes y rápidos normalmente tienen velocidades expresadas en MHz, añadiendo así mayor confusión. Afortunadamente, la conversión de MHz/GHz a ns, y viceversa, es sencilla.

Un nanosegundo se define como una milmillonésima parte de un segundo, un tiempo verdaderamente pequeño. Para poner un poco de perspectiva en esto, la velocidad de la luz es de de 299,792 kilómetros por segundo en el vacío. En una milmillonésima parte de un segundo, un haz de luz viaja apenas 29,98 centímetros, una distancia menor que la longitud de la típica regla.

Las velocidades del sistema y los chips se han expresado a menudo en megahercios (MHz), lo que supone millones de ciclos por segundo, o bien gigahercios (GHz), que son billones de ciclos por segundo. Los procesadores de hoy en día funcionan en un rango de 2GHz–4GHz con la mayoría de mejoras en el rendimiento provenientes de los cambios en el diseño de la CPU (como núcleos múltiples) en vez de incrementos en la velocidad del reloj.

Puesto que resulta confuso expresar las velocidades en estos términos diferentes, me pareció interesante establecer una comparación. Antes hemos visto fórmulas que podían utilizarse para convertir estos valores matemáticamente, a continuación, la tabla 5.2 recoge la relación entre las velocidades comunes en nanosegundos (ns) y megahercios (MHz) asociadas a los PC antiguos con los actuales y los futuros.

Como puede ver en la tabla 5.2, a medida que la velocidad del reloj aumenta, el tiempo de ciclo disminuye proporcionalmente.

Durante el tiempo de desarrollo del PC, la memoria ha tenido dificultades para mantenerse al día con el procesador, requiriendo varios niveles de memoria caché de alta velocidad para interceptar las peticiones del procesador a la memoria principal, más lenta. Sin embargo, más recientemente, los sistemas que utilizan DDR, DDR2, y DDR3 SDRAM tienen un rendimiento del bus de memoria equiparable al del bus del procesador. Cuando la velocidad del bus de la memoria iguala la velocidad del bus del procesador, el rendimiento de la memoria principal es óptimo para ese sistema.

Por ejemplo, si usa la información de la tabla 5.2, podrá ver que la memoria DRAM de 60ns usada en los PC Pentium y Pentium II originales hasta 1998 tiene una velocidad muy lenta, de 16,7MHz. Esta memoria de 16,7MHz se instaló en sistemas que ejecutaban procesadores de hasta 300MHz o más en una velocidad de bus del procesador de 66MHz, lo que tiene como resultado un gran desajuste entre el rendimiento de la memoria principal y el bus del procesador. Sin embargo, a principios de 1998 la industria cambió a la memoria SDRAM, más rápida y capaz de igualar la velocidad de 66MHz del bus del procesador de ese momento. Desde ese instante, la memoria ha evolucionado mucho al compás del bus del procesador, con tipos nuevos y más rápidos apareciendo para igualar cualquier incremento en las velocidades de los buses de procesadores.

Para el año 2000, las velocidades de memorias y buses de procesadores dominantes habían aumentado hasta 100MHz e incluso 133MHz (con el nombre de SDRAM PC100 y PC133, respectivamente). A principios de 2001, se popularizó la memoria SDRAM DDR (SRAM de doble velocidad de datos) de 200MHz y 266MHz. En 2002, la memoria DDR aumentó a 333MHz; en 2003, las velocidades se incrementaron a 400MHz. Durante 2004, presenciamos la introducción de DDR2, primero a 400MHz y después a 533MHz. La memoria DDR2 siguió igualando los incrementos en la velocidad del bus del procesador en los PC durante 2005 y 2006, subiendo hasta 667MHz y 800MHz, respectivamente, durante ese tiempo. En 2007, la memoria DDR2 estaba disponible a velocidades de hasta 1.066MHz, y apareció en el mercado DDR3, a 1.066MHz y velocidades superiores. En 2009, la memoria DDR3 se convirtió en el tipo de memoria más popular en los sistemas nuevos, con velocidades estándar de hasta 1.600MHz. La tabla 5.3 recoge los tipos principales y los niveles de rendimiento de la memoria de PC.

Tabla 5.2. *La relación entre megahercios (MHz) y tiempos de ciclo en nanosegundos (ns).*

Velocidad de reloj	Tiempo de ciclo	Velocidad de reloj	Tiempo de ciclo	Velocidad de reloj	Tiempo de ciclo	Velocidad de reloj	Tiempo de ciclo
4,77MHz	210ns	250MHz	4,0ns	850MHz	1,18ns	2.700MHz	0.37ns
6MHz	167ns	266MHz	3,8ns	866MHz	1,15ns	2.800MHz	0,36ns
8MHz	125ns	300MHz	3,3ns	900MHz	1,11ns	2.900MHz	0,34ns
10MHz	100ns	333MHz	3,0ns	933MHz	1,07ns	3.000MHz	0,333ns
12MHz	83ns	350MHz	2,9ns	950MHz	1,05ns	3.100MHz	0,323ns
16MHz	63ns	366MHz	2,7ns	966MHz	1,04ns	3.200MHz	0,313ns
20MHz	50ns	400MHz	2,5ns	1.000MHz	1,00ns	3.300MHz	0,303ns
25MHz	40ns	433MHz	2,3ns	1.100MHz	0,91ns	3.400MHz	0,294ns
33MHz	30ns	450MHz	2,2ns	1.133MHz	0,88ns	3.500MHz	0,286ns
40MHz	25ns	466MHz	2,1ns	1.200MHz	0,83ns	3.600MHz	0,278ns
50MHz	20ns	500MHz	2,0ns	1.300MHz	0,77ns	3.700MHz	0,270ns
60MHz	17ns	533MHz	1,88ns	1.400MHz	0,71ns	3.800MHz	0,263ns
66MHz	15ns	550MHz	1,82ns	1.500MHz	0,67ns	3.900MHz	0,256ns
75MHz	13ns	566MHz	1,77ns	1.600MHz	0,63ns	4.000MHz	0,250ns
80MHz	13ns	600MHz	1,67ns	1.700MHz	0,59ns	4.100MHz	0,244ns
100MHz	10ns	633MHz	1,58ns	1.800MHz	0,56ns	4.200MHz	0,238ns
120MHz	8,3ns	650MHz	1,54ns	1.900MHz	0,53ns	4.300MHz	0,233ns
133MHz	7,5ns	666MHz	1,50ns	2.000MHz	0,50ns	4.400MHz	0,227ns
150MHz	6,7ns	700MHz	1,43ns	2.100MHz	0,48ns	4.500MHz	0,222ns
166MHz	6,0ns	733MHz	1,36ns	2.200MHz	0,45ns	4.600MHz	0,217ns
180MHz	5,6ns	750MHz	1,33ns	2.300MHz	0,43ns	4.700MHz	0,213ns
200MHz	5,0ns	766MHz	1,31ns	2.400MHz	0,42ns	4.800MHz	0,208ns
225MHz	4,4ns	800MHz	1,25ns	2.500MHz	0,40ns	4.900MHz	0,204ns
233MHz	4,3ns	833MHz	1,20ns	2.600MHz	0,38ns	5.000MHz	0,200ns

Tabla 5.3. *Tipos de memoria de PC y sus niveles de rendimiento.*

Tipo de memoria	Años de popularidad	Tipo de módulo	Voltaje
DRAM FPM (Modo rápido de paginación)	1987–1995	SIMM de 30/72 pines	5V
DRAM EDO (Salida de datos ampliada)	1995–1998	SIMM de 72 pines	5V
SDRAM SDR (Velocidad de datos única)	1998–2002	DIMM de 168 pines	3,3V
DRAM Rambus (RDRAM)	2000–2002	RIMM de 184 pines	2,5V
SDRAM DDR	2002–2005	DIMM de 184 pines	2,5V
SDRAM DDR2	2005–2008	DIMM DDR2 de 240 pines	1,8V
SDRAM DDR3	2008+	DIMM DDR3 de 240 pines	1,5V

MHz = Megaciclos por segundo.
MTps = Megatransferencias por segundo.
MBps = Megabytes por segundo.
SIMM = *Single inline memory module*, Módulo unitario de memoria en línea.
DIMM = *Dual inline memory module*, Módulo dual de memoria en línea.

En los siguientes apartados veremos estos tipos de memoria con más detalle.

DRAM FPM

Para acceder a la DRAM estándar se utiliza una técnica llamada paginación. El acceso a la memoria normal requiere que se seleccione una dirección de columna y fila, lo que lleva tiempo. La paginación permite un acceso más rápido a todos los datos en una fila de memoria dada al mantener igual la dirección de la fila y cambiar únicamente la columna. La memoria que utiliza esta técnica se llama memoria Modo de paginación (*Page Mode*) o Modo de paginación rápida (*Fast Page Mode*, FPM). Otras variaciones del modo de paginación se llaman memoria Columna estática (*Static Column*) o Modo *nibble*.

La memoria paginada es un simple esquema para mejorar el rendimiento de la memoria que divide la memoria en dos páginas que pueden tener una longitud de entre 512 bytes y varios kilobytes. La circuitería de paginación permite entonces que se acceda a las ubicaciones de memoria de una página con menos estados de espera. Si la ubicación de memoria deseada está fuera de la página actual, se añaden uno o más estados de espera mientras el sistema selecciona la nueva página.

Para mejorar todavía más las velocidades de acceso a la memoria, los sistemas han evolucionado para permitir un acceso más rápido a la DRAM. Un cambio importante fue la implementación de acceso en ráfagas en el procesador 486 y posteriores. Los ciclos de ráfagas aprovechan la naturaleza consecutiva de la mayoría de accesos de memoria. Después de establecer las direcciones de columna y fila para un acceso dado, al utilizar la modalidad en ráfagas, se puede acceder a las tres siguientes direcciones adyacentes sin estados de espera adicionales ni latencia. Un acceso en ráfagas suele estar limitado a

Velocidad de reloj máxima	Rendimiento máximo un solo canal	Rendimiento máximo doble canal	Rendimiento máximo triple canal
22MHz	177MBps	N/D	N/D
33MHz	266MBps	N/D	N/D
133MHz	1.066MBps	N/D	N/D
1.066MTps	2.133MBps	4.266MBps	N/D
400MTps	3.200MBps	6.400MBps	N/D
1.066MTps	8.533MBps	17.066MBps	N/D
1.600MTps	12.800MBps	25.600MBps	38.400MBps

cuatro accesos totales. Para describir esto, normalmente nos referimos a la temporización en el número de ciclos para cada acceso. Un acceso en ráfagas típico de la DRAM estándar se expresa como x-y-y-y; x es el tiempo para el primer acceso (latencia más tiempo de ciclo), e y representa el número de ciclos necesarios para cada acceso consecutivo.

La DRAM estándar, con una velocidad de 60ns, funciona normalmente en una temporización de ráfagas de 5-3-3-3. Esto significa que el primer acceso utiliza un total de cinco ciclos (en un bus de sistema de 66MHz, es aproximadamente un total de 75ns, o bien cinco ciclos ×15ns), y los ciclos consecutivos emplean tres ciclos cada uno (3×15ns = 45ns). Como ve, la temporización de sistema real es algo menor que la memoria estimada. Sin la técnica de las ráfagas, el acceso de memoria sería 5-5-5-5 porque se necesita la latencia completa para cada transferencia de memoria. El tiempo de ciclo de 45ns durante las transferencias de ráfagas se equipara aproximadamente a una velocidad de reloj efectiva de 22,2MHz; en un sistema con un bus de memoria con una anchura de 64 bits (de 8 bytes), esto tendría como resultado un rendimiento máximo de 177MBps (22,2MHz×8 bytes = 177MBps).

La memoria DRAM compatible con la paginación y esta técnica de ráfagas se llama memoria Modo de paginación rápida (FPM). Este término viene de la capacidad de los accesos de memoria a datos en la misma página de realizarse con menos latencia. La mayoría de sistemas 386, 486 y Pentium desde 1987 a 1995 utilizaban memoria FPM, que aparecía en forma de SIMM de 30 pines o de 72 pines.

Otra técnica para acelerar la memoria FPM es la denominada entrelazamiento o *interleaving*. En este diseño, se utilizan juntos dos bancos separados de memoria, alternando el acceso de uno a otro como bytes pares y nones. Mientras se accede a uno, el otro se precarga, cuando las direcciones de fila y columna se están seleccionando. Después, para cuando el primer banco del par ha terminado de devolver los datos, el segundo banco del par ha acabado con la parte de latencia del ciclo y ya está listo para devolver datos. Mientras el segundo banco está devolviendo los datos, el primer banco se está precargando, seleccionando la dirección de columna y fila del siguiente acceso. Este solapamiento de accesos en dos bancos reduce el efecto de los ciclos de precarga o latencia y permite una recuperación total de datos más rápida. El único problema es que para utilizar el entrelazamiento, hay que instalar pares de bancos idénticos, lo que duplica el número de módulos requeridos.

RAM EDO

En 1995, apareció un nuevo tipo de DRAM para los sistemas Pentium llamado EDO (*Extended Data Out*, Salida de datos ampliada). EDO, una forma de memoria FPM, se denomina a veces modo de hiperpaginación. EDO fue creado y patentado por Micron Technology, aunque Micron concedió la licencia de producción a muchos otros fabricantes de memoria.

La memoria EDO consta de chips fabricados especialmente que permite un solapamiento temporal entre accesos sucesivos. El nombre se refiere específicamente al hecho de que a diferencia de FPM, los controladores de datos de salida del chip no se desactivan cuando el controlador de memoria elimina la dirección de columna para comenzar el ciclo siguiente. Esto permite que dicho ciclo se solape con el anterior, ahorrando aproximadamente 10ns por ciclo.

El efecto de EDO es que se mejoran los tiempos de ciclo al permitir al controlador de memoria empezar una nueva instrucción de dirección de columna mientras está leyendo los datos en la dirección actual. Eso es prácticamente igual a lo que se conseguía en sistemas más antiguos al entrelazar bancos de memoria, pero a diferencia del entrelazamiento, con EDO no es necesario instalar dos bancos de memoria idénticos en el sistema a la vez.

La RAM EDO permite un ciclo de ráfagas de 5-2-2-2, comparado con el de 5-3-3-3 de la memoria de paginación rápida estándar. Para hacer cuatro transferencias de memoria, EDO requeriría 11 ciclos de sistema totales, frente a los 14 ciclos totales de FPM. Esto supone una mejora del 22 por 100 en el tiempo de ciclos total. El tiempo de ciclo de dos ciclos (30ns) resultante durante las transferencias en ráfagas es igual a una velocidad de reloj efectiva de 33,3MHz, frente a los 45ns/22MHz para FPM. En un sistema con un bus de memoria con una anchura de 64 bits (8 bytes), esto tendría como resultado un rendimiento máximo de 266MBps (33,3MHz×8 bytes = 266MBps). Debido a la caché del procesador, normalmente EDO aumentaba la velocidad del punto de referencia del sistema general en sólo un 5 por 100 o menos. Incluso aunque la mejora total en el sistema era pequeña, lo más importante de EDO era que utilizaba el mismo diseño de chip DRAM básico que FPM, lo que significaba que apenas había costes adicionales sobre FPM. De hecho, en sus buenos tiempos EDO costaba menos que FPM y ofrecía un rendimiento mayor.

La RAM EDO aparecía generalmente en formato SIMM de 72 pines. La figura 5.4 (que aparecerá más adelante) muestra las características físicas de estos SIMM. Para utilizar realmente la memoria EDO, el *chipset* de la placa base debía ser compatible. La mayoría de *chipsets* de placa base introducidos en el mercado desde 1995 (Intel 430FX) a 1997 (Intel 430TX) eran compatibles con EDO, lo que la convirtió en la forma de memoria más popular en PC entre 1995 y 1998. Puesto que la fabricación de los chips de memoria EDO costaba lo mismo que la de los chips estándar, y que Intel soportaba EDO en los *chipsets* de placa base, el mercado del PC se subió al carro de EDO con toda su fuerza.

La RAM EDO se usaba en sistemas con velocidades de bus de CPU de hasta 66MHz, lo que encaja perfectamente con el mercado del PC hasta 1998. Sin embargo, a principios de 1998, con la llegada de las velocidades de bus de sistema de 100MHz o más, el mercado de EDO se redujo enseguida, y la arquitectura SDRAM, más rápida, pasó a ser estándar.

Una variación de EDO que nunca llegó a cuajar fue *burst EDO* (BEDO). BEDO añadía capacidades de ráfagas a transferencias de datos todavía más rápidas que la EDO estándar. Desgraciadamente, la tecnología pertenecía a Micron y no era un estándar libre, así que sólo hubo un chip compatible (Intel 440FX Natoma). BEDO quedó rápidamente eclipsado por el estándar SDRAM, que se ganó el favor de los diseñadores de sistemas y *chipsets* para PC sobre los diseños propietarios. Como tal, BEDO nunca vio realmente la luz de la producción, y por lo que yo sé, ningún sistema lo utilizó jamás.

SDRAM

SDRAM es la abreviatura de *synchronous DRAM* (DRAM síncrona), un tipo de DRAM que se ejecuta en sincronía con el bus de memoria. La SDRAM entrega información en ráfagas de alta velocidad utilizando una interfaz de reloj de alta velocidad. La SDRAM elimina la mayor parte de la latencia implicada en la DRAM asíncrona porque las señales ya están sincronizadas con el reloj de la placa base.

Como ocurre con cualquier tipo de memoria del mercado, la compatibilidad con los *chipsets* de las placas base es necesaria para que se pueda utilizar en los sistemas. Empezando por 430VX y 430TX de 1996, la mayoría de *chipsets* de Intel empezaron a soportar SDRAM estándar, y en 1998 la introducción del *chipset* 440BX hizo que SDRAM eclipsara a EDO como tipo más popular del mercado.

El rendimiento de SDRAM ha mejorado muchísimo respecto al de la RAM EDO o FPM. No obstante, puesto que la SDRAM sigue siendo un tipo de DRAM, la latencia inicial es la misma, pero los tiempos de ciclo en modalidad de ráfagas son mucho más rápidos que con FPM o EDO.

La temporización de SDRAM para un acceso en ráfagas sería 5-1-1-1, lo que significa que cuatro lecturas de memoria se completarían en sólo ocho ciclos de bus de sistema, frente a los 11 ciclos de EDO y los 14 ciclos de FPM. Esto hace que la SDRAM sea casi un 20 por 100 más rápida que EDO.

Además de poder trabajar en menos ciclos, la SDRAM también puede soportar hasta ciclos de bus de sistema de 133MHz (7,5ns). La mayoría de sistemas PC vendidos entre 1998 y 2002 incluyen memoria SDRAM.

La SDRAM se vende en formato DIMM y normalmente se estima en velocidad de reloj (MHz) en vez de en tiempo de ciclo (ns), lo que resultaba confuso durante el cambio inicial desde DRAM EDO y FPM. La figura 5.5 (que veremos más adelante) muestra las características físicas de DIMM. Para cumplir las estrictas exigencias de temporización de sus *chipsets*, Intel creó especificaciones para la SDRAM llamadas PC66, PC100, y PC133. Por ejemplo, cabría pensar que 10ns se consideraría la estimación apropiada para una operación de 100MHz, pero la especificación PC100 promovida por Intel requiere una memoria de 8ns para garantizar que todos los parámetros temporales se podrían cumplir con el suficiente margen de error.

***Nota:** La JEDEC es la rama encargada de la estandarización de dispositivos semiconductores de la EIA (*Electronic Industries Alliance*), una asociación comercial que representa todas las áreas de la industria electrónica. La JEDEC se creó originalmente en 1960 y determina la estandarización de todos los tipos de dispositivos semiconductores, circuitos integrados y módulos. La JEDEC tiene alrededor de 300 empresas miembro, que incluyen fabricantes de procesadores,* chipsets *y memorias, así como prácticamente cualquier empresa implicada en la fabricación de equipamiento informático que utilice componentes estándar.*

La idea de la JEDEC es simple: abrir estándares que puedan adoptarse libremente en toda la industria. Por ejemplo, si una empresa fuera a crear una tecnología de memoria de marca registrada, otras empresas que quisieran fabricar componentes compatibles con esa memoria tendrían que pagar un canon, suponiendo que la empresa propietaria de la tecnología estuviera interesada en conceder licencias. Habría partes que tendrían carácter de marca registrada, lo que causaría problemas con la intercambiabilidad o con la creación de reemplazos a precios razonables. Además, esas empresas con las licencias no tendrían ningún control sobre la evolución de la tecnología o cualquier cambio realizado en el futuro por la empresa propietaria.

La JEDEC evita este tipo de situaciones para aspectos como la memoria al hacer que todos los fabricantes de memorias trabajen juntos para crear estándares compartidos que se ocupen de módulos y chips de memoria.

Las empresas miembro pueden compartir libremente los estándares para memorias aprobados por la JEDEC, y ninguna empresa tiene control sobre un estándar, o cualquiera de las empresas que produzcan componentes compatibles. FPM, SDRAM, DDR, DDR2, y DDR3 son ejemplos de estándares de memoria JEDEC utilizados en PC, mientras que memorias como EDO y RDRAM son ejemplo de memorias propietarias. Puede obtener más información sobre los estándares JEDEC para memoria y otra tecnología de semiconductores en `www.jedec.org`.

La tabla 5.4 recoge el tiempo, las velocidades de chips estimadas, y las velocidades de módulos estándar para varios DIMM de SDRAM.

La SDRAM aparecía normalmente en DIMM de 168 pines, funcionando a varias velocidades diferentes. La tabla 5.5 contiene las velocidades de los módulos SDRAM y de la transferencia de datos estándar y los rendimientos resultantes.

Tabla 5.4. *Tiempo, velocidad real y velocidad estimada.*

Tiempo	Velocidad de chip estimada	Velocidad de módulo estándar
15ns	66MHz	PC66
10ns	100MHz	PC66
8ns	125MHz	PC100
7,5ns	133MHz	PC133
7,0ns	143MHz	PC133

Tabla 5.5. *Velocidades de transferencias y de módulos SDRAM (DIMM de 168 pines) estándar de JEDEC.*

Módulo estándar	Tipo de chip	Velocidad de reloj (MHz)	Ciclos por reloj	Velocidad de bus (MTps)	Ancho de bus (Bytes)	Velocidad de transferencia (MBps)
PC66	10ns	66	1	66	8	533
PC100	8ns	100	1	100	8	800
PC133	7ns	133	1	133	8	1.066

Algunos fabricantes de módulos vendían módulos que definían como "PC150" o "PC166", incluso aunque esas velocidades no existían como estándares de Intel o de JEDEC, y no había *chipsets* o procesadores oficialmente compatibles con esas velocidades. Estos módulos utilizaban en realidad chips seleccionados a 133 MHz que podían ejecutarse con *overclocking* a velocidades de 150MHz o 166MHz.

En esencia, la memoria PC150 o PC166 era una memoria PC133 que se probaba para funcionar a velocidades con *overclocking* no compatibles con el fabricante del chip original. Esta memoria en la que se podía realizar *overclocking* se vendía cara para fans que querían aplicar *overclocking* a los *chipsets* de sus placas base, incrementando así la velocidad del procesador y el bus de memoria.

Advertencia: *En general, la memoria PC133 se considera compatible con la memoria PC100. Sin embargo, algunos* chipsets *o placas base tenían requisitos más concretos para tipos más específicos de diseños de módulos y chips a 100MHz o 133MHz. Si necesita actualizar un sistema antiguo que requiere memoria PC100, no debería adquirir una memoria PC133 a menos que el distribuidor identifique la memoria específicamente como compatible con el sistema.*

Puede utilizar herramientas de configuración de memoria en línea ofrecidas por la mayoría de distribuidores de memoria para garantizar que adquiere la memoria adecuada para su sistema.

SDRAM DDR

La memoria SDRAM DDR es un estándar de JEDEC que consiste en una actualización evolutiva en la que los datos se transfieren dos veces más rápido que en la SDRAM estándar. En vez de duplicar la velocidad de reloj real, la memoria DDR consigue el doble de rendimiento al transferir dos veces por ciclo de transferencia: una a la subida de la señal y otra a la bajada (véase la figura 5.2).

Esto duplica de manera efectiva la velocidad de transferencia, incluso aunque se utilicen las mismas señales de tiempo y reloj generales.

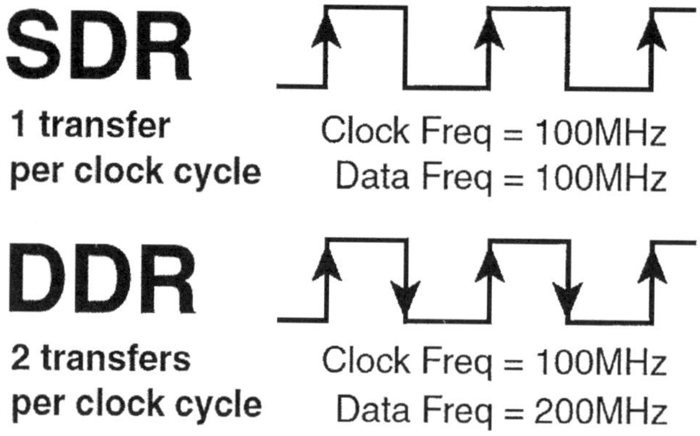

Figura 5.2. *Ciclos con SDR (velocidad de datos única) frente a DDR (doble velocidad de datos).*

La SDRAM DDR apareció por primera vez en el año 2000 e inicialmente se utilizaba en tarjetas gráficas de alta calidad porque en ese momento no había ningún *chipset* de placa base que fuera compatible. La DDR se hizo popular en 2002 con la llegada de *chipsets* y placas base compatibles de consumo masivo. De 2002 a 2005, DDR fue el tipo de memoria más popular en los PC. La SDRAM DDR utiliza un diseño de módulo DIMM con 184 pines.

Más adelante, véase la figura 5.6, obsevaremos el DIMM DDR de 184 pines.

Los DIMM de DDR tienen distintas tasas de rendimiento o velocidad y normalmente se ejecutan en 2,5 voltios. Son básicamente una extensión de los DIMM de SDRAM estándar rediseñados para doblar el reloj, donde los datos se envían en cada transición de reloj (dos veces por ciclo) en vez de una vez por ciclo, como ocurre con la SDRAM estándar. Para eliminar la confusión con DDR, la SDRAM ordinaria regular se suele llamar SDR (*Single Data Rate*, Velocidad de datos única).

La tabla 5.6 recoge una comparación de los distintos tipos de módulos SDRAM DDR estándar.

Como puede ver, los chips en sí se designan por su velocidad en megatransferencias por segundo, mientras que los módulos se designan por su rendimiento aproximado en megabytes por segundo.

Tabla 5.6. *Velocidad de transferencia y módulos DDR (DIMM de 184 pines) estándar de JEDEC.*

Estándar de módulo	Tipo de chip	Velocidad de reloj (MHz)	Ciclos por reloj	Velocidad de bus (MTps)	Anchura de bus (Bytes)	Velocidad de transferencia (MBps)	Velocidad de transferencia de doble canal (MBps)
PC1600	DDR200	100	2	200	8	1.600	3.200
PC2100	DDR266	133	2	266	8	2.133	4.266
PC2700	DDR333	166	2	333	8	2.667	5.333
PC3200	DDR400	200	2	400	8	3.200	6.400

Los fabricantes de módulos y chips de memoria más importantes producen normalmente partes que se corresponden con las tasas de velocidad estándar de JEDEC. Sin embargo, para soportar el *overclocking*, muchos fabricantes de módulos de memoria compran chips sin marcar y sin probar a los fabricantes de chips de memoria, y después, de manera independiente, los prueban y los clasifican según la velocidad a la que funcionen. Después los empaquetan en módulos con cifras de rendimiento y designaciones no oficiales que exceden las estimaciones estándar. La tabla 5.7 recoge las tasas de velocidad no oficiales más populares que he visto en el mercado. Tenga en cuenta que, puesto que las velocidades de estos módulos están más allá de las velocidades de los *chipsets* y placas base predeterminadas estándar, no observará ninguna ventaja en su uso a menos que aplique *overclocking* a su sistema.

Tabla 5.7. *Velocidades de transferencia y velocidades de módulos DDR (DIMM de 184 pines) con overclocking (no JEDEC).*

Estándar de módulo	Tipo de chip	Velocidad de reloj (MHz)	Ciclos por reloj	Velocidad de bus (MTps)	Anchura de bus (Bytes)	Velocidad de transferencia (MBps)	Velocidad de transferencia de doble canal (MBps)
PC3500	DDR433	216	2	433	8	3.466	6.933
PC3700	DDR466	233	2	466	8	3.733	7.466
PC4000	DDR500	250	2	500	8	4.000	8.000
PC4200	DDR533	266	2	533	8	4.266	8.533
PC4400	DDR550	275	2	550	8	4.400	8.800
PC4800	DDR600	300	2	600	8	4.800	9.600

Los anchos de banda que aparecen en estas tablas son por módulo. La mayoría de *chipsets* compatibles con DDR también soportan operaciones de doble canal, una técnica en la que dos DIMM correspondientes se instalan para funcionar como un solo banco, con un ancho de banda dos veces mayor que el de un único módulo. Por ejemplo, si un *chipset* es compatible con módulos PC3200 estándar, el ancho de banda para un solo módulo sería 3.200MBps. Sin embargo, con la modalidad de doble canal, el ancho de banda se duplicará a 6.400MBps. La operación de doble canal optimiza el diseño del PC al garantizar que el bus de la CPU y el bus de memoria se ejecutan exactamente a las mismas velocidades (hablando de rendimiento, no de MHz) de manera que los datos pueden moverse de manera sincronizada entre los buses sin que haya retrasos.

SDRAM DDR2

DDR2 es simplemente una versión más rápida de la memoria DDR: consigue un mayor rendimiento al utilizar pares diferenciales de cables de señal para permitir una emisión de señales más rápida sin ruidos ni interferencias. DDR2 sigue utilizando doble velocidad de datos, al igual que DDR, pero la emisión de señales modificada permite que se consigan velocidades de reloj más altas con mayor protección frente a ruidos y cruces entre las señales. Las señales adicionales requeridas para los pares diferenciales se añaden a la cuenta de pines; los DIMM DDR2 tienen 240 pines, que es más de los 184 pines de DDR. La especificación DDR original tenía oficialmente un límite de 400MHz (aunque se produjeron módulos con *overclocking* más rápidos de manera no oficial), mientras que DDR2 empieza por 400MHz y sube hasta un máximo oficial de 1.066MHz.

La tabla 5.8 recoge los distintos tipos de módulos y especificaciones de ancho de banda oficiales aprobados por la JEDEC.

Tabla 5.8. *Velocidades de transferencia y de módulos DDR2 (DIMM de 240 pines) estándar de JEDEC.*

Estándar de módulo	Tipo de chip	Velocidad de reloj (MHz)	Ciclos por reloj	Velocidad de bus (MTps)	Anchura de bus (Bytes)	Velocidad de transferencia (MBps)	Velocidad de transferencia de doble canal (MBps)
PC2-3200	DDR2-400	200	2	400	8	3.200	6.400
PC2-4200	DDR2-533	266	2	533	8	4.266	8.533
PC2-5300	DDR2-667	333	2	667	8	5.333	10.667
PC2-6400	DDR2-800	400	2	800	8	6.400	12.800
PC2-8500	DDR2-1066	533	2	1066	8	8.533	17.066

El estándar oficial más rápido aprobado por JEDEC es DDR2-1066, compuesto por chips que se ejecutan a una velocidad efectiva de 1.066MHz (en realidad megatransferencias por segundo), lo que tiene como resultado módulos designados PC2-8500 que tienen un ancho de banda de 8.533MBps. No obstante, al igual que con DDR, muchos de los fabricantes de módulos producen módulos todavía más rápidos diseñados para sistemas que usan *overclocking*. Se venden como módulos con cifras de rendimiento y designaciones no oficiales que exceden los valores estándar. La tabla 5.9 recoge las tasas de velocidad no oficiales más populares que he visto en el mercado. Tenga en cuenta que, puesto que las velocidades de estos módulos van más allá de las velocidades de los *chipsets* y placas base predeterminadas estándar, no observará ninguna ventaja en su uso a menos que aplique *overclocking* a su sistema.

Tabla 5.9. *Velocidades de transferencia y de módulos DDR2 (DIMM de 240 pines) con overclocking (no JEDEC).*

Estándar de módulo	Tipo de chip	Velocidad de reloj (MHz)	Ciclos por reloj	Velocidad de bus (MTps)	Anchura de bus (Bytes)	Velocidad de transferencia (MBps)	Velocidad de transferencia de doble canal (MBps)
PC2-6000	DDR2-750	375	2	750	8	6.000	12.000
PC2-7200	DDR2-900	450	2	900	8	7.200	14.400
PC2-8000	DDR2-1000	500	2	1000	8	8.000	16.000
PC2-8800	DDR2-1100	550	2	1100	8	8.800	17.600
PC2-8888	DDR2-1111	556	2	1111	8	8.888	17.777
PC2-9136	DDR2-1142	571	2	1142	8	9.136	18.272
PC2-9200	DDR2-1150	575	2	1150	8	9.200	18.400
PC2-9600	DDR2-1200	600	2	1200	8	9.600	19.200
PC2-10000	DDR2-1250	625	2	1250	8	10.000	20.000

Además de ofrecer mayores velocidades y anchos de banda, DDR2 tiene otras ventajas. Utiliza menos voltaje que la DDR convencional (1,8V frente a 2,5V), así que el consumo de energía y la generación de calor se reducen. Debido al gran número de pines necesarios en los chips DDR2, los chips usan normalmente encapsulado de bolas FBGA en vez del encapsulado pequeño y delgado (TSOP) empleado por la mayoría de chips DDR y SDRAM convencionales. Los chips FBGA se conectan al sustrato (que en la mayoría de los casos se trata del módulo de memoria) mediante bolas de soldadura en la base del chip.

Los DIMM DDR2 se parecen a los DIMM DDR convencionales pero tienen más pines y muescas ligeramente diferentes para evitar confusiones o aplicaciones inadecuadas. Por ejemplo, las muescas físicas diferentes evitan que un módulo DDR2 se conecte en un zócalo DDR (o SDR) convencional. Los diseños de módulos de memoria DDR2 incorporan 240 pines, bastantes más que la DDR convencional o los SDRAM DIMM estándar.

La JEDEC empezó a trabajar con la especificación DDR2 en abril de 1998, y publicó el estándar en septiembre de 2003. La producción de módulos y chips DDR2 comenzó en realidad a mediados de 2003 (principalmente muestras y prototipos), y los primeros *chipsets*, placas base y sistemas compatibles con DDR2 aparecieron para sistemas basados en procesadores basados en Intel a mediados de 2004. En ese momento empezaron a aparecer variaciones de DDR2 como G-DDR2 (Graphics DDR2) también en tarjetas gráficas. La compatibilidad de los *chipsets* de placa base de consumo masivo con DDR2 en sistemas basados en procesadores Intel apareció en 2005. Durante ese año cabe destacar la incompatibilidad con DDR2 de AMD, cuyas familias de procesadores Athlon 64 y Opteron incluían controladores de memoria DDR integrados. Los sistemas basados en procesadores AMD empezaron a ser compatibles con DDR2 a mediados de 2006, con el lanzamiento de procesadores y placas base AM2 de zócalo para que se correspondan. (Socket F de AMD, también conocido como 1207 FX, también es compatible con la memoria DDR2.)

Es interesante observar que AMD estuvo casi dos años por detrás de Intel en la transición de DDR a DDR2. Esto se debe a que AMD incluía el controlador de memoria en su Athlon 64 y los procesadores posteriores, en vez de incorporarlo en el *chipset* puente norte, como en los diseños Intel más tradicionales. Aunque integrar el controlador de memoria en la CPU tiene ventajas, también tiene inconvenientes. Una desventaja es la incapacidad para adoptar rápidamente nuevas arquitecturas, porque hacerlo requiere que tanto el procesador como el zócalo del mismo se rediseñen. Sin embargo, con el lanzamiento de los procesadores Core i7 en 2008, Intel también trasladó el controlador de memoria del *chipset* al procesador, lo que puso a Intel y a AMD en la misma situación en lo que respecta a las arquitecturas de memoria.

DDR3

DDR3 es el estándar de memoria de JEDEC más reciente. Permite niveles más altos de rendimiento junto con un menor consumo de energía y mayor fiabilidad que DDR2. La JEDEC empezó a trabajar en la especificación DDR3 en junio de 2002, y los primeros módulos de memoria DDR3 y *chipsets* compatibles (versiones de la serie Intel 3xx) se lanzaron para sistemas basados en Intel a mediados de 2007. Debido al elevado coste inicial y a las limitaciones de compatibilidad, DDR3 no alcanzó la popularidad hasta finales de 2008 cuando Intel lanzó el procesador Core i7, que incluía un controlador de memoria DDR3 de triple canal integrado. A principios de 2009, su popularidad aumentó cuando AMD lanzó las versiones Socket AM3 del Phenom II, la primera de AMD en soportar DDR3. Durante 2009, con total compatibilidad con Intel y AMD, DDR3 empezó finalmente a igualar su precio con DDR2, lo que hizo que DDR3 empezará a eclipsar a DDR2 en ventas.

Los módulos DDR3 utilizan diseños de señales avanzados, incluyendo la autocalibración y sincronización de datos junto con un sensor térmico integrado opcional. La memoria DDR3 se ejecuta en sólo 1,5V, que es aproximadamente un 20 por 100 menos que los 1,8V utilizados por la memoria DDR2. Un voltaje menor combinado con una mayor eficacia reduce el consumo total de energía hasta un 30 por 100 comparado con DDR2.

DDR3 es la más adecuada para sistemas donde el bus de la memoria y/o el procesador funcionan a 1.333MHz o más, que es una velocidad superior al máximo de 1.066MHz soportado por DDR2. Para una memoria de mayor velocidad en sistemas estándar (sin *overclocking*), los módulos DDR3 PC3-10600 y PC3-12800 permiten rendimientos de

10.667MBps y 12.800MBps, respectivamente. Cuando se combina en una operación de doble canal, un par de módulos PC3-12800 tiene un rendimiento total de unos increíbles 25.600MBps. Los procesadores con soporte de tres canales, como el Core i7, tienen anchos de banda de memoria de 32.000MBps y 38.400MBps utilizando DDR3-1333 y DDR3-1600, respectivamente. La tabla 5.10 recoge las distintas especificaciones de anchos de banda y tipos de módulos DDR3 oficiales aprobados por la JEDEC.

Tabla 5.10. *Velocidades de transferencia y de módulos DDR3 (DIMM de 240 pines) estándar de JEDEC.*

Estándar de módulo	Tipo de chip	Velocidad de reloj (MHz)	Ciclos por reloj	Velocidad de bus (MTps)	Anchura de bus (Bytes)	Velocidad de transferencia (MBps)	Velocidad de transferencia de doble canal (MBps)	Velocidad de transferencia de triple canal (MBps)
PC3-6400	DDR3-800	400	2	800	8	6.400	12.800	19.200
PC3-8500	DDR3-1066	533	2	1066	8	8.533	17.066	25.600
PC3-10600	DDR3-1333	667	2	1333	8	10.667	21.333	32.000
PC3-12800	DDR3-1600	800	2	1600	8	12.800	25.600	38.400

El estándar oficial más rápido aprobado por la JEDEC es DDR3-1600, que está compuesto por chips que se ejecutan a una velocidad efectiva de 1.600MHz (en realidad megatransferencias por segundo), lo que tiene como resultado módulos designados PC3-12800 y con un ancho de banda de 12.800MBps. Sin embargo, al igual que DDR y DDR2, muchos fabricantes producen módulos no estándar diseñados para sistemas con *overclocking*, que se venden como módulo con cifras de rendimiento, velocidades de reloj y designaciones no oficiales que superan los valores estándar.

La tabla 5.11 recoge las tasas de velocidad de DDR3 no oficiales más populares que he visto en el mercado. Tenga en cuenta que, puesto que las velocidades de estos módulos están más allá de las velocidades predeterminadas de *chipsets* y placas base, no encontrará ninguna ventaja en su uso a menos que esté aplicando *overclocking* en su sistema y su placa base sea compatible con las configuraciones de memoria y procesador con *overclocking* correspondientes que estos módulos necesitan. Además, como esos módulos utilizan chips de velocidad estándar que se ejecutan con *overclocking*, casi siempre requieren configuraciones de voltaje personalizadas que sean mayores que los 1,5V utilizados por la memoria DDR3 estándar.

Para mantener la estabilidad del sistema, yo no suelo recomendar la utilización de memoria con *overclocking* (mayor voltaje), sino que prefiero utilizar solamente aquella que funcione con el estándar 1,5V de DDR3.

Los módulos DDR3 de 240 pines son similares en número de pines, tamaño y forma a los módulos DDR2; sin embargo, los módulos DDR3 son incompatibles con los circuitos DDR2 y están diseñados con una disposición distinta para que no se puedan intercambiar físicamente.

Tabla 5.11. *Velocidades de transferencia y de módulos DDR3 (DIMM de 240 pines) con overclocking (no JEDEC).*

Estándar de módulo	Tipo de chip	Velocidad de reloj (MHz)	Ciclos por reloj	Velocidad de bus (MTps)	Anchura de bus (Bytes)	Velocidad de transferencia (MBps)	Velocidad de transferencia de doble canal (MBps)	Velocidad de transferencia de triple canal (MBps)
PC3-11000	DDR3-1375	688	2	1375	8	11.000	22.000	33.000
PC3-13000	DDR3-1625	813	2	1625	8	13.000	26.000	39.000
PC3-14400	DDR3-1800	900	2	1800	8	14.400	28.800	43.200
PC3-14900	DDR3-1866	933	2	1866	8	14.933	29.866	44.800
PC3-15000	DDR3-1866	933	2	1866	8	14.933	29.866	44.800
PC3-16000	DDR3-2000	1000	2	2000	8	16.000	32.000	48.000

RDRAM

Rambus DRAM (RDRAM) era una tecnología de memoria propietaria (no de JEDEC) que se encontraba principalmente en ciertos sistemas Pentium III y 4 basados en Intel entre 2000 y 2002. Intel había firmado un contrato con Rambus en 1996 garantizando que adoptaría y soportaría la memoria RDRAM en 2001. Creyendo que cualquier memoria que respaldara se convertiría automáticamente en un éxito en la industria, Intel invirtió mucho en Rambus en aquel momento. Ya que RDRAM era un estándar propietario que pertenecía a Rambus, utilizarlo o producirlo requeriría el permiso de Rambus, algo que no hacía mucha gracia a otros fabricantes de *chipsets* y memoria. Aun así, se concedió el permiso de la tecnología e Intel prometió en principio que habría placas base y *chipsets* compatibles en 1998.

Desgraciadamente, surgieron problemas a la hora de introducir *chipsets* compatibles en el mercado, con retrasos de varios meses que suponían el almacenamiento por parte de los fabricantes de memoria de chips RDRAM sin sistemas compatibles, mientras que DDR y SDRAM convencionales escaseaban. Los retrasos ocasionaron una debacle en toda la industria que hizo que Intel se replanteara y finalmente abandonara su inversión en la tecnología.

A partir de 2001, Intel siguió siendo compatible con RDRAM en sistemas existentes; sin embargo, los nuevos *chipsets* y placas base cambiaron rápidamente a DDR SDRAM. AMD nunca invirtió en la tecnología RDRAM, y por tanto nunca se diseñaron sistemas basados en AMD para utilizar RDRAM.

Sin el compromiso de Intel para el desarrollo y soporte de futuros chips, a partir de 2002 se vendieron muy pocos sistemas basados en RDRAM. Debido a la falta de apoyo de los fabricantes de *chipsets* y placas base, RDRAM tan sólo se utilizó en los PC durante un breve periodo de tiempo, y lo más probable es que no tenga ninguna relevancia en los PC del futuro.

Con RDRAM, Rambus desarrolló lo que es básicamente un bus de memoria de chip a chip, con dispositivos especializados que se comunican a grandes velocidades. Lo que puede resultar más interesante para algunos es que esta tecnología se diseñó inicialmente para sistemas de juegos y el primer sistema en hacerla popular fue Nintendo 64, seguido de Sony Playstation 2.

Los sistemas de memoria convencionales que utilizan SDRAM se conocen como sistemas de canal ancho. Tienen canales de memoria tan anchos como el bus de memoria o datos del procesador, que para el Pentium y superior es de 64 bits, o incluso mayor en modalidades de canal doble o triple. El módulo dual de memoria en línea (DIMM) es un dispositivo con un ancho de 64 bits, lo que significa que pueden transferirse 64 bits (8 bytes) de datos a la vez.

Los módulos RDRAM, por otro lado, son dispositivos de canal estrecho. Sólo transfieren 16 bits (2 bytes) de datos a la vez (además de 2 bits paritarios opcionales), pero a mayores velocidades. Esto supuso un cambio de un diseño paralelo a uno serie para la memoria y es similar a lo que ha estado ocurriendo en la evolución de otros buses del PC.

Cada chip individual está conectado en serie al siguiente en un paquete llamado RIMM (*Rambus inline memory module*, Módulo Rambus de memoria en línea), que se parece a un módulo DIMM pero que no es intercambiable. Todas las transferencias de memoria se realizan entre el controlador de memoria y un único dispositivo, no entre dispositivos. Un solo canal Rambus tiene normalmente tres zócalos RIMM y puede soportar hasta 32 dispositivos RDRAM individuales (los chips RDRAM) y más si se usan búferes. No obstante, la mayoría de placas base implementan sólo dos módulos por canal (cuatro zócalos en un diseño de doble canal) para evitar problemas con el ruido de la señal.

El bus de memoria RDRAM es una ruta continua a través de cada dispositivo y módulo del bus, y cada módulo tiene pines de entrada y de salida en los extremos opuestos. Por tanto, cualquier zócalo RIMM que no contenga un RIMM debe llenarse con un módulo de continuidad para garantizar que la ruta se completa. Las señales que alcanzan el extremo del bus se terminan en la placa base.

Las versiones de RIMM más recientes funcionaban a 1.066MHz además de la velocidad original de 800MHz, pero se lanzaron muy pocos *chipsets* y placas base compatibles con la velocidad más elevada.

Cada chip RDRAM en un RIMM1600 opera básicamente como un dispositivo independiente que se encuentre en el canal de datos de 16 bits. Internamente, cada chip RDRAM tiene un núcleo que opera en un bus de 128 bits de ancho dividido en ocho bancos de 16 bits que se ejecutan a 100MHz. En otras palabras, cada 10ns (100MHz), cada chip RDRAM puede transferir 16 bytes desde y hasta el núcleo. Esta interfaz de alta velocidad, ancha en el interior pero estrecha en el exterior, es la clave de RDRAM.

Otras mejoras en el diseño incluyen la separación de control y señales de datos en el bus. Los buses de direcciones y el control independiente se dividen en dos grupos de pines para comandos de columna y fila, mientras los datos se transfieren a través del bus de datos de 2 bytes de ancho. El reloj del bus de memoria real funciona a 400MHz; sin embargo, los datos se transfieren en la bajada y en la subida de la señal del reloj, o dos veces por pulso de reloj. La bajada se llama ciclo par, y la subida se llama ciclo impar. La sincronización completa del bus de memoria se consigue mediante el envío de paquetes de datos empezando en un intervalo de ciclo de bajada. La espera total antes de que pueda empezar una transferencia de memoria (latencia) es de sólo un ciclo, o un máximo de 2,5ns.

La figura 5.2 (vista anteriormente) representa la relación entre los ciclos de datos y reloj; puede ver los ciclos de datos y reloj DDR utilizados por RDRAM y DDR SDRAM. Para fines de sincronización, un paquete de datos RDRAM siempre empieza en una transición de bajada. La arquitectura también soporta varias transacciones intercaladas simultáneas en múltiples dominios de tiempo separados. Por tanto, antes incluso de que se haya completado una transferencia, ya puede empezar otra.

Los RIMM en sí y los dispositivos RDRAM funcionan a sólo 2,5 voltios y utilizan oscilaciones de señal de bajo voltaje de 1,0V a 1,8V, una oscilación de sólo 0,8V en total. Las RDRAM también tienen cuatro modos de reducción de energía y pueden cambiar automáticamente a modo de suspensión al final de la transacción, lo que permite un ahorro de energía mayor.

Un RIMM es similar en tamaño y forma física a un DIMM, pero no son intercambiables. Los RIMM están disponibles en tamaños de módulo de hasta 1GB o más y pueden añadirse a un sistema de uno en uno porque cada RIMM individual representa técnicamente varios bancos en un sistema. Tenga en cuenta, no obstante, que tiene que añadirlos de dos en dos si su placa base implementa RDRAM de canal doble y está usando RIMM de 16 bits de ancho.

Los RIMM están disponibles en cuatro grados de velocidad principales y normalmente se ejecutan en un entorno de canal doble, así que tienen que instalarse de dos en dos, cada una de las parejas en un conjunto diferente de zócalos. Cada conjunto de zócalos de RIMM en esas placas es un canal. La versión de 32 bits incorpora múltiples canales en un solo dispositivo y, como tal, está diseñada para instalarse individualmente, eliminando el requisito de parejas correspondientes. La tabla 5.12 recoge una comparación de los distintos tipos de módulos RDRAM. Tenga en cuenta que los nombres que antes eran comunes para módulos RIMM, como PC800, se han visto sustituidos por nombres que reflejan el ancho de banda real de los módulos para evitar confusiones con la memoria DDR.

Tabla 5.12. *Ancho de banda y tipos de módulos RDRAM.*

Módulo estándar	Tipo de chip	Velocidad de reloj (MHz)	Ciclos por reloj	Velocidad de bus (MTps)	Ancho de bus (Bytes)	Velocidad de transferencia (MBps)
RIMM1200	PC600	300	2	600	2	1.200
RIMM1400	PC700	350	2	700	2	1.400
RIMM1600	PC800	400	2	800	2	1.600
RIMM2100	PC1066	533	2	1.066	2	2.133

Cuando Intel respaldó inicialmente la memoria Rambus, parecía que su éxito estaba asegurado. Desgraciadamente algunos problemas técnicos en los *chipsets* hicieron que las placas base compatibles se retrasaran significativamente, y al haber pocos sistemas compatibles con los RIMM, la mayoría de fabricantes de memoria volvieron a producir

SDRAM o cambiaron a SDRAM DDR. Esto hizo que el resto de RIMM disponibles que se estaban fabricando fueran en principio al menos tres veces más caros que los DIMM de tamaño similar.

Nota: *Rambus afirmaba que tenía patentes que cubrían los diseños estándar y SDRAM DDR, sosteniendo que independientemente de si una empresa fabricaba SDRAM, DDR, o RDRAM, debía pagar derechos. Rambus ha perdido la mayoría de causas que se han llevado a juicio de momento; básicamente, se han invalidado sus patentes y reclamaciones sobre DDR y SDRAM. Hay muchas apelaciones pendientes, y seguramente transcurrirá mucho tiempo antes de que se resuelvan los problemas.*

En 2003 la compatibilidad con la memoria RDRAM era prácticamente inexistente, así que RDRAM desapareció enseguida del mercado de los PC. Puesto que las existencias de RDRAM son muy limitadas, si tiene sistemas con memoria RDRAM, normalmente no le resultará rentable actualizarlos añadiendo más memoria.

Módulos de memoria

La arquitectura de la CPU y la placa base (*chipset*) determina la capacidad de memoria física de un equipo y los tipos y formas de memoria que se pueden instalar. A lo largo de los años, se han producido tres cambios principales en la memoria de los ordenadores: se ha hecho gradualmente más rápida, más ancha y con mayor capacidad. La CPU y la circuitería del controlador de memoria determinan la velocidad, la anchura y la cantidad máxima soportada. El controlador de memoria de un PC moderno reside o bien en el procesador o bien en el *chipset* de la placa base. Incluso aunque un sistema pudiera soportar físicamente una cantidad máxima de memoria, el tipo de software que se ejecute puede determinar cuánta memoria se puede utilizar en realidad.

Ya hemos visto los tipos de memoria, las velocidades y las anchuras. Los módulos de memoria modernos tienen una anchura de 64 bits, y dependiendo del diseño del controlador de memoria, se puede acceder a ellos en modo de canal único, doble o triple. En el modo de canal único, la memoria se lee y se escribe a 64 bits a la vez, mientras que en los modos de doble o triple canal, la anchura del bus aumenta hasta 128 bits o 192 bits, respectivamente. Con la excepción del infortunado tipo de memoria RDRAM, la memoria es uno de los pocos componentes del PC que siguen siendo masivamente paralelos. Muchas de las otras partes del PC han pasado a diseños de interfaz serie.

La capacidad de memoria física máxima se determina mediante varios factores. La primera es la cantidad direccionable para el propio procesador, que se basa en el número de líneas de direcciones físicas en el chip. Los procesadores de PC originales (8086/8088) tenían 20 líneas de dirección, lo que significaba que esos chips podía reconocer hasta 1MB (2 elevado a 20 bytes) de RAM. El 286/386SX aumentó la capacidad de direccionamiento de la memoria a 24 líneas, permitiendo un direccionamiento de 16MB (2 elevado a 24 bytes). Los procesadores x86 modernos tienen entre 32 y 36 líneas de direcciones, lo que supone entre 4GB y 64GB de RAM direccionable. Los procesadores x86-64 (de 64 bits) modernos tienen 40 líneas de direcciones, lo que tiene como resultado un máximo de 1TB (1 terabyte) de RAM física compatible.

El modo operativo del procesador puede limitar todavía más la direccionabilidad de la memoria. Por ejemplo, cuando el procesador está operando en modo real compatible con versiones anteriores, sólo se soporta 1MB de memoria.

Tenga en cuenta que incluso aunque los procesadores de 64 bits modernos pueden direccionar hasta 1TB, los *chipsets* y/o las placas base modernos suelen limitar la cantidad máxima de RAM a 8, 16, o 24GB. El tipo de software también es un factor a considerar. Las versiones de 32 bits de Windows XP, Vista, y Windows 7 limitan la compatibilidad de memoria a 4GB, mientras que las versiones de 64 bits la limitan a 8, 16, o 192GB, dependiendo de la edición.

SIMM, DIMM y RIMM

Originalmente, la memoria se instalaba en los PC mediante chips individuales, conocidos normalmente como chips DIP (*Dual Inline Package*, Paquete de dos filas) debido a sus diseños físicos. Los sistemas IBM XT y AT originales tenían 36 zócalos en la placa base para esos chips individuales, y era frecuente encontrar más zócalos en las tarjetas de memoria conectadas en las ranuras del bus. Recuerdo haber pasado horas llenando placas con esos chips, un trabajo muy aburrido.

Además de ser una forma muy laboriosa de tratar con la memoria, los chips DIP tenían un problema muy conocido: se salían de los zócalos con el tiempo a medida que el sistema pasaba por ciclos térmicos. Cada día, al encender y apagar el sistema, éste se calentaba y se enfriaba, y los chips se iban saliendo gradualmente de los zócalos. Al final, los contactos ya no eran buenos y se producían errores de memoria. Por suerte, el problema solía resolverse al volver a colocar los chips en sus zócalos, pero si había que ocuparse de muchos sistemas, resultaba una tarea demasiado ardua.

En aquella época la alternativa a esto era soldar la memoria a la placa base o a una tarjeta de expansión. Así se evitaba que los chips se movieran y las conexiones se hacían más permanentes, pero esto conllevaba otro problema. Si un chip se estropeaba, había que intentar desoldar el antiguo y volver a soldar uno nuevo o desechar la placa base o la tarjeta de memoria en la que estaba instalado el chip. Esto resultaba caro y dificultaba la solución de problemas de memoria.

Era necesario un chip que estuviera soldado y a la vez fuera extraíble, algo que se hizo posible mediante el uso de módulos de memoria en vez de chips individuales. Los primeros módulos tenían una fila de contactos eléctricos y se llamaban SIMM (*Single Inline Memory Modules*, Módulos unitarios de memoria en línea), mientras que los módulos posteriores tenían dos filas y se llamaban DIMM (*Dual Inline Memory Modules*, Módulos duales de memoria en línea) o RIMM (*Rambus Inline Memory Modules*, Módulos de memoria en línea Rambus). Estas pequeñas placas se enchufaban a conectores especiales en una placa base o una tarjeta de memoria. Los chips de memoria individuales se sueldan al módulo, así que es imposible quitarlos o reemplazarlos. Hay que sustituir el módulo entero si falla alguna parte. El módulo se trata como si fuera un chip de memoria grande.

Hay varios tipos diferentes de SIMM, DIMM y RIMM que se han usado comúnmente en sistemas de escritorio. Estos tipos se suelen describir mediante el número de pines, la anchura de la fila de memoria o el tipo de memoria.

Los SIMM, por ejemplo, están disponibles en dos tipos físicos principales: de 30 pines (8 bits más una opción para 1 bit paritario adicional) y de 72 pines (32 bits más una opción para 4 bits paritarios adicionales). Estos tipos tienen varias capacidades y otras especificaciones. Los SIMM de 30 pines son físicamente más pequeños que las versiones de 72 pines, y cada versión puede tener chips en uno o ambos lados. Los SIMM se utilizaron mucho de finales de los 80 a finales de los 90 pero ahora están obsoletos.

Los DIMM están disponibles en cuatro tipos principales. Los DIMM SDR (velocidad de datos única) tienen 168 pines, una muesca en uno de los lados y dos muescas en el área de contactos. Por otro lado, los DIMM DDR (doble velocidad de datos) tienen 184 pines, dos muescas en cada lado y una muesca de compensación en el área de contactos. Los DIMM DDR2 y DDR3 tienen 240 pines, dos muescas a cada lado, y una cerca del centro del área de contactos. Todos los DIMM tienen una anchura de 64 bits (sin ECC/paridad) o 72 bits (datos más paridad o ECC). La diferencia física más importante entre los SIMM y los DIMM es que los DIMM tienen pines de señal diferentes en cada lado del módulo, lo que tiene como resultado dos filas de contactos eléctricos. Ésa es la razón por la que se llaman módulos duales de memoria en línea, y por la que con una longitud adicional de sólo 2,54cm, tienen muchos más pines que un SIMM.

Nota: *Hay cierta confusión entre los usuarios, e incluso dentro de la industria, en lo referente a los términos "de cara sencilla" y "de doble cara" con respecto a los módulos de memoria. Lo cierto es que la designación de cara sencilla o doble cara en realidad no tiene nada que ver con si los chips están ubicados físicamente en una o ambas caras de un módulo, ni tiene que ver con el hecho de que el módulo sea un SIMM o un DIMM. Los términos de cara sencilla y de doble cara se utilizan para indicar si el módulo tiene uno o dos banco internos (llamados rangos) de chips de memoria instalados. Un módulo DIMM de doble rango tiene dos bancos completos de 64 bits de ancho de chips apilados lógicamente de manera que el módulo tiene el doble de profundidad (el doble de filas de 64 bits). En muchos casos (aunque no en todos), esto requiere que haya chips en ambos lados del módulo; por tanto, el término de doble cara se ha utilizado a menudo para indicar que un módulo tiene dos rangos, incluso aunque el término es técnicamente incorrecto. Los módulos de un solo rango (erróneamente llamados de cara sencilla) también pueden tener chips montados físicamente en ambos lados del módulo, y los módulos de doble rango pueden tener chips montados físicamente en un solo lado. Yo recomiendo usar los términos rango simple o doble rango puesto que son mucho más precisos y fácilmente comprensibles.*

Los RIMM también tienen pines de señal diferentes en cada lado. Hay disponibles tres tipos de RIMM físicamente diferentes: una versión de 6/18 bits con 184 pines, una versión de 32/36 bits con 232 pines, y una versión de 64/72 bits con 326 pines. Cada uno de ellos se enchufa en el conector del mismo tamaño, pero las muescas de los conectores y los RIMM son distintas para evitar desajustes. Una placa determinada sólo aceptará un tipo. El tipo más común es, con mucha diferencia, la versión de 16/18 bits. La versión de 32 bits se introdujo a finales de 2002, y la versión de 64 bits se introdujo en 2004.

El RIMM de 16/18 bits estándar tiene 184 pines, una muesca en cada lado, y dos muescas colocadas centralmente en el área de contactos. Las versiones de 16 bits se utilizan para aplicaciones que no sean ECC, mientras que las versiones de 18 bits incorporan los bits adicionales necesarios para ECC.

Las figuras de la 5.3 a la 5.9 muestran un SIMM de 30 pines (de 8 bits), un SIMM de 72 pines (32 bits), un SDRAM DIMM de 168 pines, un SDRAM DIMM/SDRAM DDR (de 64 bits) de 184 pines, un DIMM DDR2 de 240 pines, un DIMM DDR3 de 240 pines y un RIMM de 184 pines, respectivamente. Los pines están numerados de izquierda a derecha y se conectan a ambos lados del módulo en el SIMM. Los pines de DIMM son diferentes en cada lado, pero en un SIMM, cada lado es igual al otro y las conexiones se llevan a cabo. Tenga en cuenta que los módulos suelen estar disponibles en versiones ECC con 1 bit ECC (o paritario) extra por cada 8 bits de datos (múltiplos de 9 en ancho de datos) o versiones que no son compatibles con ECC (múltiplos de 8 en ancho de datos).

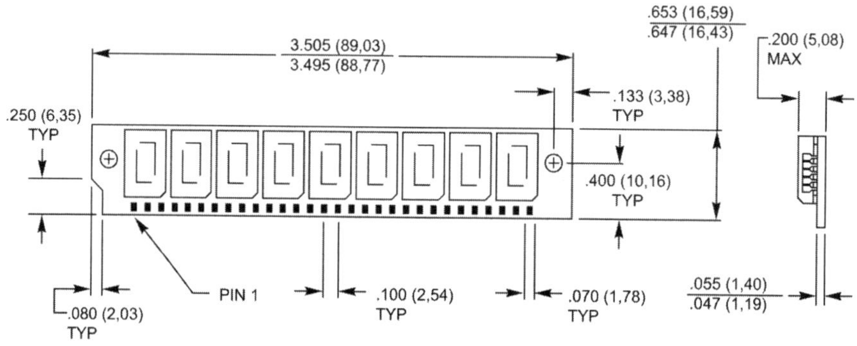

Figura 5.3. *Un SIMM de 30 pines típico.*

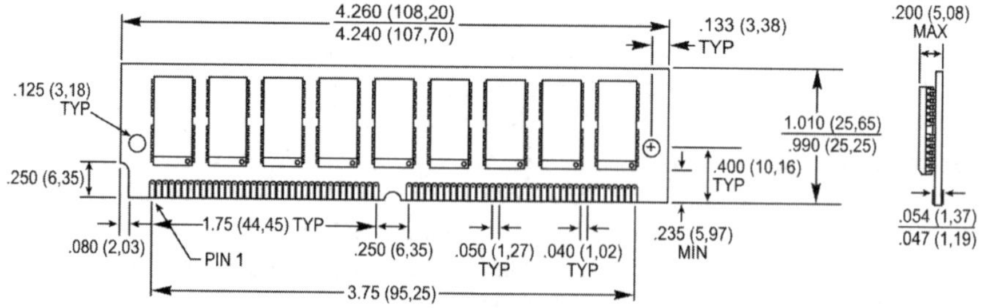

Figura 5.4. *Un SIMM de 72 pines típico.*

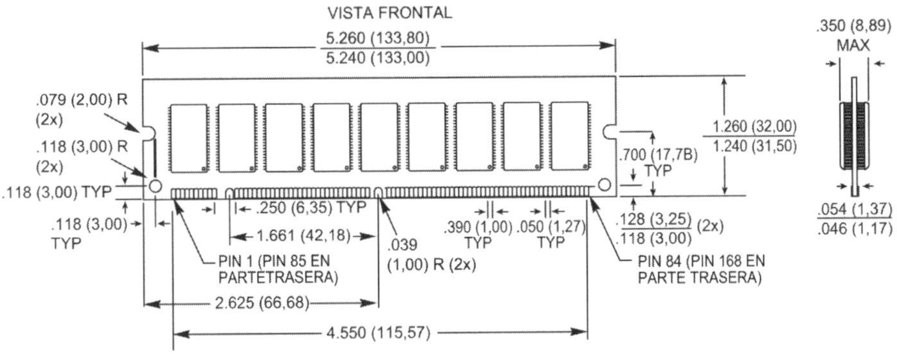

Figura 5.5. *Un SDRAM DIMM de 168 pines típico.*

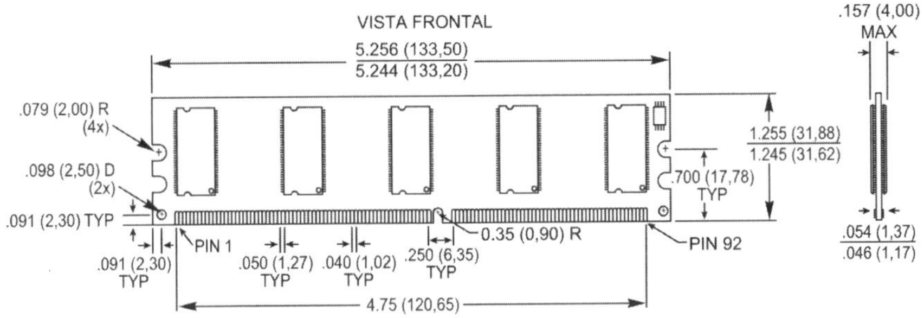

Figura 5.6. *Un DIMM DDR de 184 pines típico.*

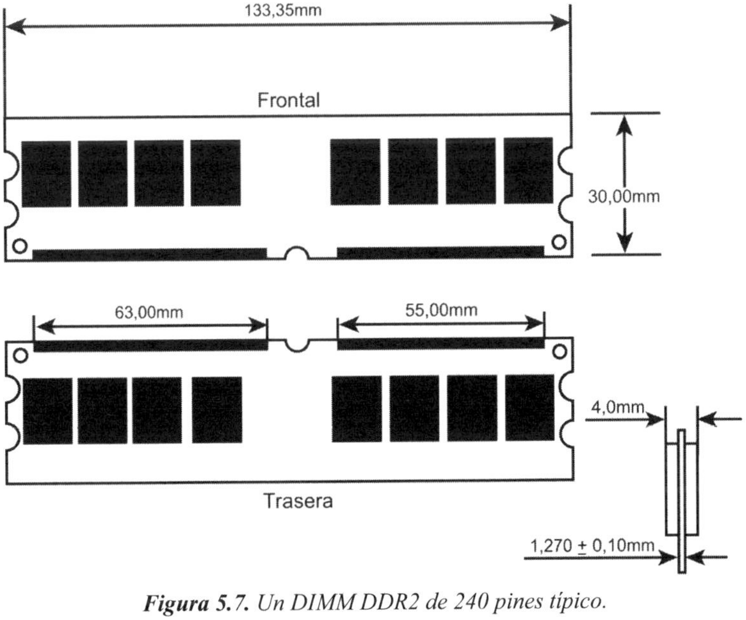

Figura 5.7. *Un DIMM DDR2 de 240 pines típico.*

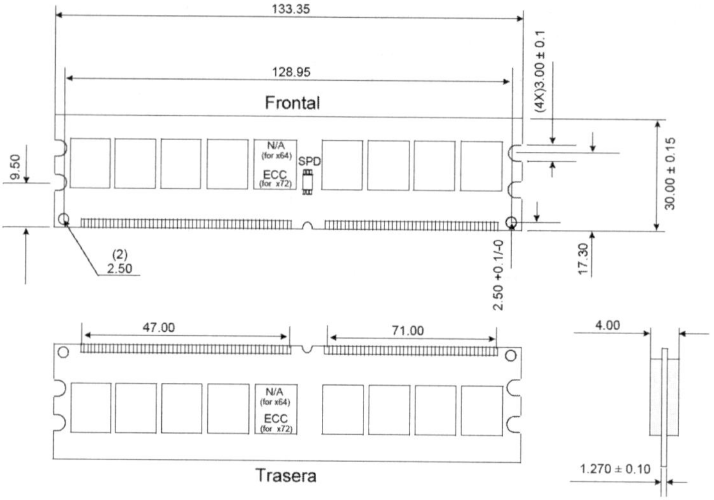

__Figura 5.8.__ Un DIMM DDR3 de 240 pines típico.

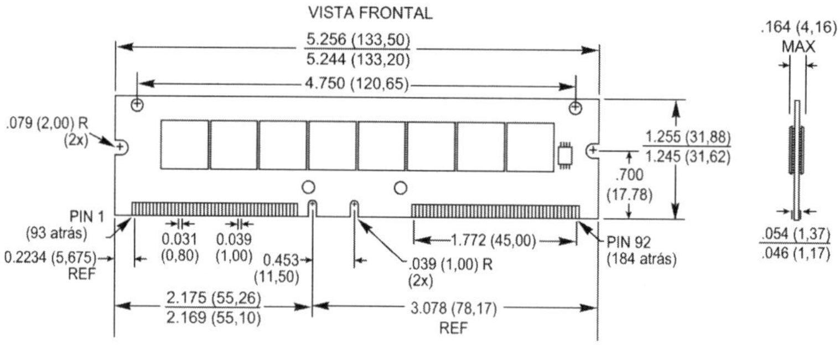

__Figura 5.9.__ Un RIMM de 184 pines típico.

Todos estos módulos de memoria son muy compactos teniendo en cuenta la cantidad de memoria que albergan y están disponibles en varias capacidades y velocidades. La tabla 5.13 recoge una lista de las capacidades disponibles para los SIMM, DIMM y RIMM.

__Tabla 5.13.__ Capacidades de SIMM, DIMM y RIMM.

Capacidad	Profundidad×Anchura estándar	Profundidad×Anchura Paridad/ECC
SIMM de 30 pines		
256KB	256K×8	256K×9
1MB	1M×8	1M×9
4MB	4M×8	4M×9
16MB	16M×8	16M×9

Capacidad	Profundidad×Anchura estándar	Profundidad×Anchura Paridad/ECC
SIMM de 72 pines		
1MB	256K×32	256K×36
2MB	512K×32	512K×36
4MB	1M×32	1M×36
8MB	2M×32	2M×36
16MB	4M×32	4M×36
32MB	8M×32	8M×36
64MB	16M×32	16M×36
128MB	32M×32	32M×36
DIMM/DIMM DDR de 168/184 pines		
8MB	1M×64	1M×72
16MB	2M×64	2M×72
32MB	4M×64	4M×72
64MB	8M×64	8M×72
128MB	16M×64	16M×72
256MB	32M×64	32M×72
512MB	64M×64	64M×72
1.024MB	128M×64	128M×72
2.048MB	256M×64	256M×72
DIMM DDR2/DDR3 de 240 pines		
256MB	32M×64	32M×72
512MB	64M×64	64M×72
1.024MB	128M×64	128M×72
2.048MB	256M×64	256M×72
4.096MB	512M×64	512M×72
RIMM de 184 pines		
64MB	32M×16	32M×18
128MB	64M×16	64M×18
256MB	128M×16	128M×18
512MB	256M×16	256M×18
1.024MB	512M×16	512M×18

Los módulos de memoria de cada tipo y capacidad están disponibles en varias tasas de velocidad. Consulte la documentación de su placa base para obtener los detalles sobre el tipo y la velocidad de memoria correctos para su sistema. Si un sistema requiere un módulo de memoria de una velocidad específica, casi siempre puede utilizar velocidades mayores si la especificada no está disponible. Generalmente, no hay problemas al mezclar velocidades de módulos, siempre y cuando se utilicen módulos iguales o más rápidos que lo requerido por el sistema. Puesto que hay poca diferencia de precio entre las distintas versiones de velocidad, yo suelo comprar módulos más rápidos de lo necesario para una aplicación en particular, especialmente si cuestan lo mismo que módulos más lentos. Esto puede hacerlos más aprovechables en un futuro sistema que podría requerir velocidades mayores.

Dado que SDRAM y módulos más recientes tienen un ROM de detección de presencia serie (SPD, *Serial Presence Detect*) integrado que informa de sus parámetros de temporización y velocidad al sistema, la mayoría de sistemas ejecutan el controlador de memoria y el bus de memoria a la velocidad que corresponda al módulo más lento instalado.

Nota: *Un banco es la cantidad de memoria más pequeña necesaria para formar una sola fila de memoria direccionable para el procesador. Es la cantidad mínima de memoria física leída o escrita por el procesador cada vez y normalmente se corresponde con la anchura del bus de datos del procesador. Si un procesador tiene un bus de datos de 64 bits, un banco de memoria tiene también una anchura de 64 bits. Si la memoria ejecuta canales duales o triples, se forma un banco virtual que tiene dos o tres veces la anchura total del bus de datos del procesador.*

No siempre se puede sustituir un módulo con una unidad de mayor capacidad y esperar que funcione. Los sistemas podrían tener en su diseño limitaciones específicas para la capacidad máxima de módulo que pueden acoger. Un módulo con una capacidad mayor sólo funciona si la placa base está originalmente diseñada para aceptarlo. Consulte la documentación de su sistema para determinar la velocidad y capacidad correctas a utilizar.

Módulos registrados

Hay versiones registradas sin búfer de SDRAM a través de módulos DDR3. La mayoría de placas base de PC están diseñadas para utilizar módulos sin búferes, lo que permite a las señales del controlador de memoria pasar directamente a los chips de la memoria en el módulo sin interfaz. No sólo se trata del diseño más barato, sino que también es el más rápido y eficaz. El único inconveniente es que el diseñador de la placa base debe poner unos límites respecto al número de módulos (refiriéndonos a zócalos de módulo) que pueden instalarse en la placa, y posiblemente limitar también la cantidad de chips que puede haber en un módulo. Los llamados módulos de doble cara que realmente tienen múltiples bancos de chips integrados pueden restringirse en algunos sistemas en ciertas combinaciones.

Los sistemas diseñados para aceptar cantidades de RAM extremadamente grandes (por ejemplo, servidores) suelen requerir módulos registrados. Un módulo registrado utiliza una arquitectura que tiene chips de registro en el módulo que actúan como una interfaz entre los chips de la RAM real y el *chipset*. Los registros albergan temporalmente los datos que pasan desde y a los chips de memoria y permiten que muchos más chips RAM se controlen o se coloquen en el módulo que el *chipset* podría soportar normalmente. Esto permite que los diseños de la placa base soporten muchos módulos y que cada módulo pueda tener un número mayor de chips. En general, los módulos registrados son necesarios para placas base de estaciones de trabajo o servidores diseñadas para soportar más de cuatro zócalos. Una anomalía es la versión inicial del procesador AMD Athlon 64 FX, que también utiliza memoria registrada porque su diseño Socket 940 estaba basado en el procesador del servidor y la estación de trabajo AMD Opteron. Las versiones subsiguientes Socket 939, AM2, y Socket F del Athlon FX ya no requieren memoria registrada.

Para proporcionar el espacio necesario para los chips del búfer, un DIMM registrado suele ser más alto que un DIMM estándar. La figura 5.10 muestra una comparación de un DIMM registrado típico con un DIMM sin búfer típico.

Nota: *Si está instalando DIMM registrados en una caja extraplana, la holgura entre la parte superior del DIMM y la caja podría ser un problema. Algunos distribuidores venden DIMM registrados de perfil bajo que tienen aproximadamente la misma altura que un DIMM sin búfer. Use este tipo de DIMM si su sistema no tiene espacio para DIMM registrados estándar. Algunos distribuidores sólo venden este tipo de DIMM para sistemas concretos.*

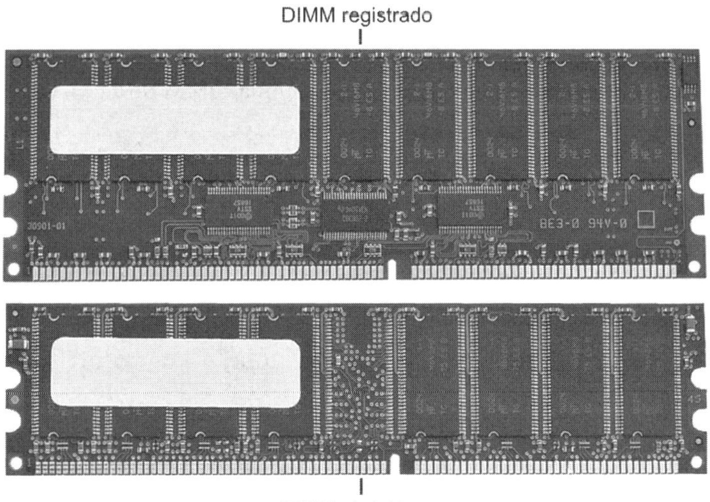

Figura 5.10. *Un DIMM registrado típico es más alto que un DIMM sin búfer típico para proporcionar espacio a los chips con búferes.*

Es importante destacar que sólo se puede utilizar el tipo de módulo que la placa base (o *chipset*) pueda soportar según su diseño. Para la mayoría, se trata de módulo sin búfer estándar o, en algunos casos, módulos registrados.

Datos sobre SIMM

Los SIMM de 72 pines utilizan un conjunto de cuatro o cinco pines para indicar el tipo de SIMM a la placa base. Estos pines de detección de presencia son de masa o no están conectados para indicar el tipo de SIMM a la placa base. Las salidas de detección de presencia deben estar sujetas a tierra a través de un puente o una resistencia de 0 ohmios en el SIMM, para generar un nivel lógico alto cuando el pin está abierto o un nivel lógico bajo cuando está sujeto a la placa base. Esto produce señales que la interfaz de memoria lógica puede descodificar. Si la placa base utiliza señales de detección de presencia, un procedimiento de autocomprobación en el encendido (POST) puede determinar el tamaño y la velocidad de los SIMM instalados y ajustar las señales de control y direccionamiento de manera automática. Esto permite la autodetección de la velocidad y el tamaño de la memoria.

Nota: *En muchos aspectos, la función de los pines de detección de presencia es similar a la codificación DX estándar utilizada en los rollos de película de 35mm modernos para indicar la velocidad ASA de la película a la cámara. Cuando ponemos la película dentro de la cámara, los contactos eléctricos pueden leer la tasa de velocidad de la película mediante una configuración estándar.*

La detección de presencia realiza la misma función para los SIMM de 72 pines que SPD realiza para los DIMM. La tabla 5.14 recoge una lista de configuraciones de detección de presencia estándar de la JEDEC para la familia SIMM de 72 pines.

Tabla 5.14. *Configuraciones de pines de detección de presencia para SIMM de 72 pines.*

Tamaño	Velocidad	Pin 67	Pin 68	Pin 69	Pin 70	Pin 11
1MB	100ns	Gnd	—	Gnd	Gnd	—
1MB	80ns	Gnd	—	—	Gnd	—
1MB	70ns	Gnd	—	Gnd	—	—
1MB	60ns	Gnd	—	—	—	—
2MB	100ns	—	Gnd	Gnd	Gnd	—
2MB	80ns	—	Gnd	—	Gnd	—
2MB	70ns	—	Gnd	Gnd	—	—
2MB	60ns	—	Gnd	—	—	—

Tamaño	Velocidad	Pin 67	Pin 68	Pin 69	Pin 70	Pin 11
4MB	100ns	Gnd	Gnd	Gnd	Gnd	—
4MB	80ns	Gnd	Gnd	—	Gnd	—
4MB	70ns	Gnd	Gnd	Gnd	—	—
4MB	60ns	Gnd	Gnd	—	—	—
8MB	100ns	—	—	Gnd	Gnd	—
8MB	80ns	—	—	—	Gnd	—
8MB	70ns	—	—	Gnd	—	—
8MB	60ns	—	—	—	—	—
16MB	80ns	Gnd	—	—	Gnd	Gnd
16MB	70ns	Gnd	—	Gnd	—	Gnd
16MB	60ns	Gnd	—	—	—	Gnd
16MB	50ns	Gnd	—	Gnd	Gnd	Gnd
32MB	80ns	—	Gnd	—	Gnd	Gnd
32MB	70ns	—	Gnd	Gnd	—	Gnd
32MB	60ns	—	Gnd	—	—	Gnd
32MB	50ns	—	Gnd	Gnd	Gnd	Gnd

— = Sin conexión (abierto).
Gnd = Masa.
Pin 67 = Detección de presencia 1.
Pin 68 = Detección de presencia 2.
Pin 69 = Detección de presencia 3.
Pin 70 = Detección de presencia 4.
Pin 11 = Detección de presencia 5.

Desgraciadamente, a diferencia de lo que ocurre en la industria de las películas, no todo el mundo en la industria de los ordenadores sigue estándares establecidos. Como tal, la señalización de detección de presencia no es un estándar en la industria del PC. A veces los distintos fabricantes de sistemas utilizan distintas configuraciones para lo que se espera en estos cuatro pines. Compaq, IBM (sobre todos los sistemas PS/2), y Hewlett-Packard son famosos por este tipo de comportamiento. Muchos de los sistemas de estos distribuidores requieren SIMM especiales que son básicamente iguales que los SIMM de 72 pines estándar, salvo por los requisitos especiales de detección de presencia. En la tabla 5.15 se recoge el modo en que IBM define estos pines.

Puesto que estos pines tienen variaciones personalizadas, a menudo hay que especificar IBM, Compaq, HP, o SIMM genéricos cuando se encarga una memoria para sistemas que utilicen SIMM de 72 pines. Aunque muy pocos (por no decir ninguno) de estos sistemas están todavía en servicio, recuerde esta información si traslada módulos de 72 pines de un sistema a otro o si está instalando una memoria recuperada en un sistema.

Además, asegúrese de que el metal utilizado en los zócalos y conectores del módulo se corresponde. Los pines de un SIMM pueden estar recubiertos de oro o estaño, y el recubrimiento de los pines del módulo debe corresponderse con el de los pines del zócalo; de lo contrario, se producirá una corrosión.

Tabla 5.15. *Pines de detección de presencia para SIMM de 72 pines de IBM.*

67	68	69	70	Tipo de SIMM	Número de IBM
—	—	—	—	Sin SIMM válido	n/d
Gnd	—	—	—	1MB 120ns	n/d
—	Gnd	—	—	2MB 120ns	n/d
Gnd	Gnd	—	—	2MB 70ns	92F0102
—	—	Gnd	—	8MB 70ns	64F3606
Gnd	—	Gnd	—	Reservado	n/d
—	Gnd	Gnd	—	2MB 80ns	92F0103
Gnd	Gnd	Gnd	—	8MB 80ns	64F3607
—	—	—	Gnd	Reservado	n/d
Gnd	—	—	Gnd	1MB 85ns	90X8624
—	Gnd	—	Gnd	2MB 85ns	92F0104
Gnd	Gnd	—	Gnd	4MB 70ns	92F0105
—	—	Gnd	Gnd	4MB 85n	79F1003 (muesca cuadrada) L40-SX
Gnd	—	Gnd	Gnd	1MB 100ns	n/d
Gnd	—	Gnd	Gnd	8MB 80ns	79F1004 (muesca cuadrada) L40-SX
—	Gnd	Gnd	Gnd	2MB 100ns	n/d
Gnd	Gnd	Gnd	Gnd	4MB 80ns	87F9980
Gnd	Gnd	Gnd	Gnd	2MB 85ns	79F1003 (muesca cuadrada) L40SX

— = Sin conexión (abierto).
Gnd = Masa.
Pin 67 = Detección de presencia 1.
Pin 68 = Detección de presencia 2.
Pin 69 = Detección de presencia 3.
Pin 70 = Detección de presencia 4.

Advertencia: *Para que el sistema sea lo más fiable posible al usar módulos SIMM, hay que instalar módulos con contactos recubiertos de oro en zócalos recubiertos de oro, y módulos con contactos recubiertos de estaño en zócalos recubiertos de estaño únicamente. Si se mezclan contactos de oro con zócalos de estaño, o viceversa, es probable que se produzcan fallos de memoria entre 6 meses y un*

año después de la instalación inicial porque se producirá un tipo de corrosión por fricción conocido como fretting. *Éste ha sido un problema importante de los sistemas basados en SIMM de 72 pines porque algunos distribuidores de placas base y memoria optaban por zócalos de estaño y otros preferían el oro.*
Si mantiene sistemas con contactos mezclados de estaño y de oro en los cuales ya se ha producido la corrosión, utilice un limpiador de contactos húmedo. Después de limpiar, para mejorar los contactos eléctricos y ayudar a prevenir la corrosión, debería utilizar un líquido denominado Stabilant 22, de D.W. Electrochemicals (`www.stabilant.com`*) al instalar SIMM o DIMM.*

Datos sobre SDR DIMM

Los SDR DIMM utilizan un tipo de detección de presencia completamente diferente que SIMM, llamado detección de presencia serie (SPD). Consiste en un pequeño EEPROM o chip de memoria flash en el DIMM que contiene datos especialmente formateados que indican las características del DIMM. Estos datos serie pueden leerse mediante los pines de datos serie del DIMM, y permiten a la placa base autoconfigurarse según el tipo de DIMM instalado. Los DIMM pueden aparecer en múltiples variedades, incluyendo con búfer y sin búfer, y también de 3,3V y de 5V. Los DIMM con búfer tienen chips de búfer adicionales incluidos para conectarse con la placa base.

Desgraciadamente, estos chips con búfer ralentizan el DIMM y no son eficaces a velocidades altas. Por esta razón, la mayoría de sistemas PC (aquellos que no utilizan DIMM registrados) utilizan DIMM sin búfer. El voltaje es sencillo: los diseños de DIMM para PC son de 3,3V prácticamente a nivel universal. Si instala un DIMM de 5V en un zócalo de 3,3V, quedará dañado, pero afortunadamente las muescas del zócalo y el DIMM pueden evitar que esto ocurra. Los sistemas PC modernos utilizan únicamente DIMM de 3,3V sin búfer. Los sistemas Apple y otros sistemas que no son PC pueden utilizar las versiones de 5V con búfer. Afortunadamente, las muescas clave a lo largo del borde del conector de un DIMM tienen una separación diferente en DIMM con búfer y sin búfer, y con DIMM de 3,3V y de 5V, véase la figura 5.11. Así se evita la inserción de un DIMM del tipo equivocado en un zócalo determinado.

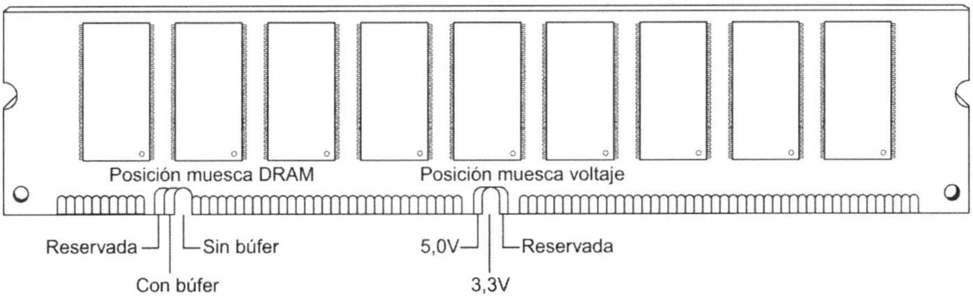

Figura 5.11. *Definiciones de muescas de 168pines de DRAM DIMM.*

Datos sobre DDR DIMM

Los DIMM DDR de 184 pines utilizan una sola muesca para indicar el voltaje, véase la figura 5.12.

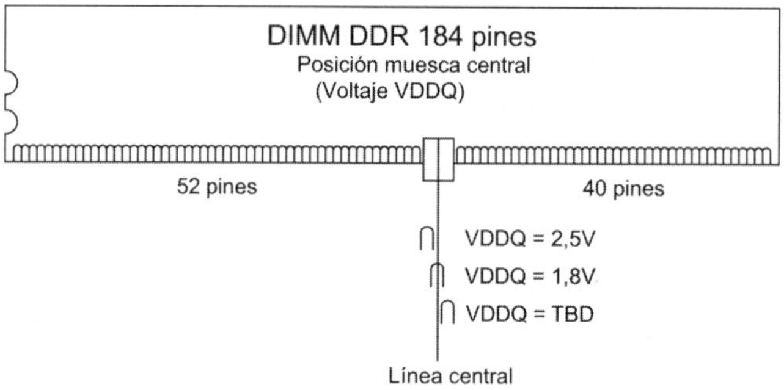

Figura 5.12. *Muescas de SDRAM DIMM DDR de 184 pines.*

Los DIMM DDR también utilizan dos muescas en cada lado para permitir la compatibilidad con zócalos con cerrojo de perfil alto y bajo. Tenga en cuenta que la posición de la muesca está compensada con respecto al centro del DIMM para evitar que se inserte del revés en el zócalo. La muesca se posiciona a la izquierda, centrada o a la derecha del área entre los pines 52 y 53. Esto se utiliza para indicar el voltaje de E/S para el DIMM DDR y para evitar la instalación del tipo equivocado en un zócalo que podría dañar el DIMM.

Datos sobre DDR2 DIMM

Los DIMM DDR2 de 240 pines utilizan dos muescas en cada lado para permitir la compatibilidad con zócalos con cerrojo de perfil alto y bajo. La muesca del conector está compensada con respecto al centro del DIMM para evitar que se inserte del revés en el zócalo. La muesca se sitúa en el centro del área entre los pines 64 y 65 en la parte delantera (184/185 en la trasera), y no hay muescas de voltaje porque todos los DIMM DDR2 funcionan en 1,8V.

Datos sobre DDR3 DIMM

Los DDR3DIMM de 240 pines utilizan dos muescas en cada lado para permitir la compatibilidad con zócalos con cerrojo de perfil alto y bajo. La muesca del conector está compensada con respecto al centro del DIMM para evitar que se inserte del revés en el zócalo. La muesca se sitúa en el centro del área entre los pines 48 y 49 en la parte delantera (168/169 en la trasera), y no hay muescas de voltaje porque todos los DDR3DIMM funcionan en 1,5V.

Datos sobre RIMM

Los RIMM de 16/18 bits tienen dos muescas en el centro; así se evita una inserción incorrecta y se evita que el RIMM de tipo (voltaje) equivocado se use en un sistema. Actualmente, todos los RIMM funcionan en 2,5V, pero las versiones propuestas de 64 bits se ejecutarán únicamente en 1,8V. Para permitir los cambios en los RIMM, hay tres opciones de muescas posibles en el diseño (véase la figura 5.13). La muesca izquierda (indicada como "DATUM A" en la figura 5.13) está fija en la posición, pero la muesca central puede estar en tres posiciones diferentes separadas por 1mm o 2mm hacia la derecha, indicando diferentes tipos de RIMM. La opción predeterminada actual es la opción A, mostrada en la figura 5.13 y la tabla 5.16, que corresponde a la operación de 2,5V.

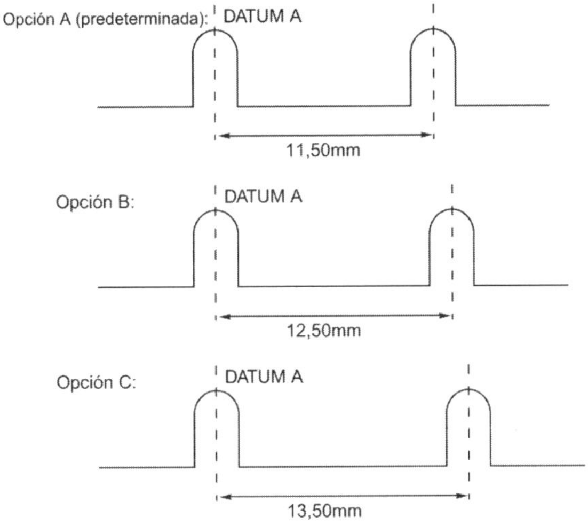

Figura 5.13. *Opciones de muesca de RIMM.*

Tabla 5.16. *Opciones posibles de muescas para RIMM.*

Opción	Separación de muescas	Descripción
A	11,5mm	RIMM de 2,5V
B	12,5mm	Reservado
C	13,5mm	Reservado

Los RIMM incorporan un dispositivo SPD, que es básicamente un ROM flash integrado. Este ROM contiene información sobre el tamaño y el tipo del RIMM, incluyendo información detallada de temporización para el controlador de memoria. El controlador de memoria lee automáticamente los datos del ROM SPD para configurar el sistema de forma que se corresponda con los RIMM instalados.

La figura 5.14 muestra una instalación de RIMM de PC típica. El controlador de RDRAM y el generador de reloj se encuentran generalmente en el componente puente norte del *chipset* de la placa base. Tal como puede ver, el canal de memoria Rambus fluye desde el controlador de memoria a través de hasta tres módulos RIMM en serie. Cada módulo contiene 4, 8, 16, o más dispositivos RDRAM (chips), también conectados en serie, con un ROM SPD integrado para la configuración del sistema. Cualquier zócalo de RIMM sin un RIMM instalado debe tener un módulo de continuidad, como se muestra en el último zócalo de la figura 5.14. Esto permite al bus de memoria permanecer continuo desde el controlador a través de cada módulo (y, por tanto, cada dispositivo RDRAM en el módulo) hasta que termina finalmente en la placa base. Tenga en cuenta que el bus salta de un módulo a otro. Para propósitos de temporización, el primer zócalo de RIMM debe tener 15,24cm o menos desde el controlador de memoria, y la longitud total del bus no debe ser superior a lo que necesitaría una señal para ir desde un extremo al otro en cuatro relojes de datos, o unos 5ns.

Es interesante señalar que Rambus no fabrica los dispositivos RDRAM (los chips) ni los RIMM; eso se lo deja a otras empresas. Rambus es simplemente una empresa de diseño, y no tiene instalaciones propias para la fabricación de chips, sino que concede el permiso a otras empresas que fabrican los dispositivos y los módulos.

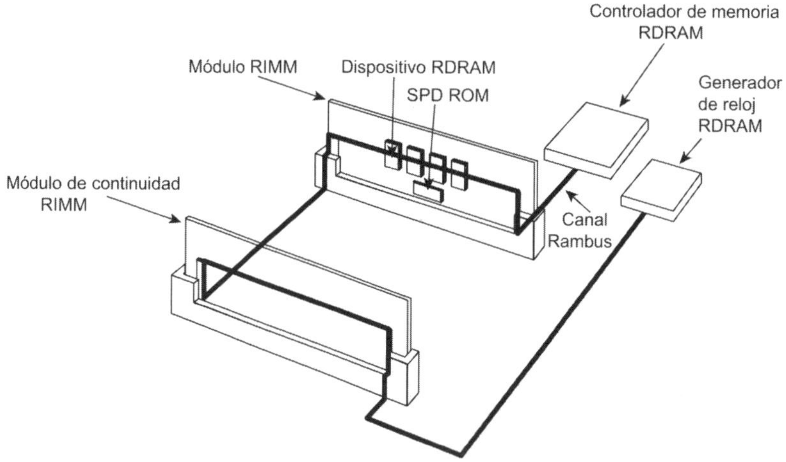

Figura 5.14. *Diseño de bus RDRAM típico que muestra un RIMM y un módulo de continuidad.*

Determinación de las características y el tamaño de un módulo de memoria

La mayoría de módulos de memoria están etiquetados con una pegatina que indica el tipo de módulo, su velocidad y el fabricante. Si está intentando determinar si puede utilizar en un ordenador nuevo una memoria existente o si necesita sustituir la memoria de un ordenador existente, esta información puede ser esencial. La figura 5.15 muestra las marcas de los módulos de memoria DDR de 512MB y 1GB típicos de Crucial Technologies.

1. Tamaño del módulo
2. Tipo y velocidad del módulo
3. Latencia CAS
4. Número de Crucial Technology

Figura 5.15. *Marcas de los módulos de memoria DDR de 512MB (arriba) y 1GB (abajo) de Crucial Technology.*

No obstante, si tiene módulos de memoria que no están etiquetados, puede determinar el tipo de módulo, la velocidad y la capacidad si los chips de memoria del módulo están claramente etiquetados. Por ejemplo, supongamos que tiene un módulo de memoria con chips etiquetados de la siguiente manera:

```
MT46V64M8TG-75
```

Al utilizar un motor de búsqueda de Internet, como Google, e introducir el número de uno de los chips de memoria, normalmente se puede encontrar una hoja de datos para los chips de memoria. Piense en el siguiente ejemplo: digamos que tiene un módulo de memoria registrado y desea buscar el número para los chips de memoria (normalmente ocho o más chips) en vez de los chips con búfer en el módulo (normalmente de uno a tres, según el diseño del módulo).

En este ejemplo, el número resulta ser un chip de memoria Micron que se descodifica así:

```
MT = Micron Technologies (el fabricante del chip de memoria)
46 = SDRAM DDR
V = 2,5V Corriente continua
64M8 = 8 millones de filas × 8 (igual a 64) × 8 bancos (a menudo
escrito 64 Meg × 8)
TG = Paquete de chips TSOP de 66 pines
-75 = 7,5ns a latencia CL2 (DDR 266)
```

La hoja de datos completa para este ejemplo se encuentra en `http://download.micron.com/pdf/datasheets/dram/ddr/512MBDDRx4x8x16.pdf`.

A partir de esta información, se puede determinar que el módulo tiene las siguientes características:

- El módulo se ejecuta a velocidades de DDR266 utilizando el voltaje estándar de 2,5V de corriente continua.
- El módulo tiene una latencia de CL2, así que puede utilizarse en cualquier sistema que requiera una latencia de CL2 o más lenta (como CL2.5 o CL3).
- Cada chip tiene una capacidad de 512Mb (64 × 8 = 512).
- Cada chip contiene 8 bits. Puesto que se necesitan 8 bits para formar 1 byte, la capacidad de cada módulo se puede calcular agrupando los chips de memoria del módulo en grupos de ocho. Si cada chip contiene 512Mb, un grupo de ocho significa que el módulo tiene un tamaño de 512MB (512Mb × 8 = 512MB). Un módulo de banco doble tiene dos grupos de ocho chips para una capacidad de 1GB (512Mb × 8 = 1024MB, o 1GB).

Si el módulo tiene nueve chips de memoria en vez de ocho (o 18 en vez de 16), los chips adicionales se utilizan para comprobar la paridad y soportar la corrección de errores ECC en servidores con esta característica.

Para determinar el tamaño del módulo en MB o GB y determinar si el módulo es compatible con ECC, cuente los chips de memoria del módulo y compárelos con el siguiente cuadro (véase la tabla 5.17).

Recuerde que el tamaño de cada chip de memoria en Mb es el mismo que el tamaño en MB si los chips de memoria utilizan un diseño de 8 bits.

El chip adicional utilizado por cada grupo de ocho chips ofrece comprobación de paridad, que la función ECC utiliza en la mayoría de placas base de servidores para corregir errores de un solo bit.

Un módulo registrado contiene 9 o 18 chips de memoria para ECC además de chips de búfer de memoria adicionales. Estos chips suelen ser más pequeños y colocarse cerca del centro del módulo, como se mostraba previamente en la figura 5.10.

Tabla 5.17. Capacidad del módulo utilizando chips de 512Mb (64Mbit × 8).

Número de chips	Número de bits en cada banco	Tamaño del módulo	Compatibilidad con ECC	Banco simple o doble
8	64	512MB	No	Simple
9	72	512MB	Sí	Simple
16	64	1GB	No	Doble
18	72	1GB	Sí	Doble

***Nota:** Algunos módulos usan chips de memoria de 16 bits de ancho. En ese caso, sólo se necesitan cuatro chips para una memoria de banco simple (cinco con compatibilidad de ECC/paridad) y ocho para memoria de banco doble (10 con compatibilidad de ECC/paridad). Estos chips de memoria utilizan un diseño listado como capacidad × 16, así: 256Mb × 16.*

También puede ver esta información si busca el fabricante y el tipo de memoria en un motor de búsqueda. Por ejemplo, una búsqueda Web de "Micron Unbuffered DIMM Design" localiza una tabla que muestra la organización de varios DIMM, la densidad de SDRAM y más información sobre los módulos recogidos en la lista.

Como ve, investigando un poco puede determinar el tamaño, la velocidad y el tipo de un módulo de memoria, incluso aunque dicho módulo no esté marcado, siempre y cuando las marcas de los chips de memoria sean legibles.

***Truco:** Si no consigue descifrar el número de un chip, puede utilizar un programa como por ejemplo HWiNFO o SiSoftware Sandra para identificar el módulo de memoria, y muchos otros datos sobre el equipo, como el* chipset*, el procesador, los zócalos de memoria vacíos, etc. Puede descargar versiones* shareware *de HWiNFO en* `www.hwinfo.com` *y de SiSoftware Sandra en* `www.sisoftware.net`.

Bancos de memoria

Los chips de memoria (DIP, SIMM, SIPP y DIMM) se organizan en bancos en placas base y tarjetas de memoria. Debería conocer el diseño y posición del banco en la placa base y las tarjetas de memoria.

Hay que conocer la disposición del banco cuando se añade memoria al sistema. Además, los diagnósticos de memoria informan sobre ubicaciones de errores por direcciones de bytes y bits, y hay que utilizar estos números para localizar el banco del sistema que contiene el problema.

Normalmente los bancos corresponden a la capacidad del bus de datos del microprocesador del sistema. La tabla 5.18 recoge las anchuras de los bancos individuales según el tipo de PC.

Tabla 5.18. *Anchuras de bancos de memoria en varios sistemas.*

Procesador	Bus de datos	Anchura de banco de memoria	Anchura de banco de memoria (paridad/ECC)	SIMM de 30 pines por banco	SIMM de 72 pines por banco	DIMM por banco
8088	De 8 bits	8 bits	9 bits	1	—	—
8086	De 16 bits	16 bits	18 bits	2	—	—
286	De 16 bits	16 bits	18 bits	2	—	—
386SX, SL, SLC	De 16 bits	16 bits	18 bits	2	—	—
486SLC, SLC2	De 16 bits	16 bits	18 bits	2	—	—
386DX	De 32 bits	32 bits	36 bits	4	1	—
486SX, DX, DX2, DX4, 5x86	De 32 bits	32 bits	36 bits	4	1	—
x86 y x86-64 en modo de canal simple	De 64 bits	64 bits	72 bits	—	—	1
x86 y x86-64 en modo de canal doble	De 64 bits	128 bits	144 bits	—	—	2
x86 y x86-64 en modo de canal triple	De 64 bits	192 bits	216 bits	—	—	3

Los DIMM son ideales para los sistemas Pentium (y superiores) porque la anchura de 64 bits de los DIMM se corresponde exactamente con la anchura de 64 bits del bus de datos de los procesadores Pentium. Por tanto, cada DIMM representa un banco individual, y éstos pueden añadirse o quitarse de uno en uno. Muchos sistemas recientes se han diseñado para utilizar parejas o tríos correspondientes de módulos de memoria para obtener un rendimiento más rápido.

Los diseños denominados de canal doble y canal triple tratan dos o tres módulos emparejados como un solo banco de memoria.

La numeración y la orientación física de los SIMM o DIMM utilizados en una placa base son arbitrarias y vienen determinadas por los diseñadores de la placa, así que la documentación que trata su sistema o tarjeta resulta muy útil.

Puede determinar la disposición de una placa base o una tarjeta adaptadora mediante la realización de una prueba, pero lleva tiempo y puede ser difícil, especialmente si ha tenido un problema con el sistema.

Advertencia: Si su sistema es compatible con una memoria de canal doble o triple, asegúrese de que utiliza los zócalos de memoria correctos para habilitar las operaciones de canales múltiples. Compruebe la documentación para asegurarse de que utiliza los zócalos correctos. La mayoría de sistemas con múltiples canales seguirán funcionando en modo de canal simple si la memoria no está instalada de manera que permita operaciones de múltiples canales completas, pero el rendimiento será menor que si la memoria está adecuadamente instalada. Algunos sistemas ofrecen compatibilidad con canal doble si hay instalado un número impar de módulos, siempre y cuando la capacidad total de los dos módulos instalados en un canal sea igual al tamaño del único módulo del otro canal y todos los módulos tengan la misma velocidad y latencia. Encontrará más detalles en su documentación.

Velocidad del módulo de memoria

Cuando se sustituye un modulo de memoria dañado o se instala un módulo nuevo como actualización, normalmente hay que instalar un módulo del mismo tipo y velocidad que los demás módulos del sistema. Se puede sustituir un módulo con una velocidad diferente pero sólo si la velocidad del módulo de reemplazo es igual o superior a la de los otros módulos del sistema.

Algunos usuarios han tenido problemas al mezclar módulos de diferentes velocidades. Dada la amplia variedad de placas base, *chipsets* y tipos de memoria, existen pocas normas irrefutables.

Cuando tenga dudas sobre qué velocidad de módulo debe instalar en su sistema, consulte la documentación de la placa base para obtener más información.

La sustitución de una memoria más rápida del mismo tipo no producirá un rendimiento mejor si el sistema sigue operando la memoria a la misma velocidad. Los sistemas que utilizan DIMM o RIMM pueden leer las características de temporización y velocidad del módulo desde un ROM SPD especial instalado en el módulo y después configurar en consecuencia la temporización del *chipset* (controlador de memoria). En estos sistemas, puede que vea un incremento en el rendimiento al instalar módulos más rápidos, hasta el límite de lo que soporte el *chipset.*

Para poner mayor énfasis en la temporización y fiabilidad, hay estándares de la JEDEC y de Intel que rigen tipos de memoria que requieren ciertos niveles de rendimiento. Estos estándares certifican que los módulos de memoria funcionan según las directrices de rendimiento y temporización de Intel.

Los mismos síntomas comunes aparecen cuando la memoria del sistema ha fallado o simplemente no es suficientemente rápida para la temporización del sistema. Los síntomas más habituales son errores frecuentes en la comprobación de paridad o un sistema que no opera en absoluto. El POST también puede informar de errores. Si no está seguro de qué chips comprar para su sistema, contacte con el fabricante del mismo o con un proveedor de chips de confianza.

Paridad y ECC

Parte de la naturaleza de la memoria es que, inevitablemente, falla. Estos fallos se suelen clasificar en dos tipos básicos: fallos graves y errores *soft*.

Los más comprensibles son los fallos graves, en los que el chip está funcionando y después, debido a algún defecto, un daño físico u otro suceso, queda dañado y experimenta un fallo permanente. Solucionar este tipo de fallo normalmente requiere la sustitución de alguna parte del hardware de la memoria, como el chip, SIMM, o DIMM.

El otro tipo de error, más traicionero, es el error *soft*, que es un tipo de fallo no permanente que podría no repetirse nunca más u ocurrir sólo a intervalos de poca frecuencia.

Hace más de 20 años, Intel descubrió algo sobre los errores *soft* que convulsionó la industria de la memoria. Descubrió que las partículas alfa estaban causando una tasa inaceptablemente alta de errores *soft* o fallos transitorios simples (SEU, *Single Event Upsets*), como se les llama en ocasiones, en las DRAM de 16KB disponibles en aquella época. Puesto que las partículas alfa son partículas con poca energía que se pueden detener mediante algo tan fino y ligero como una hoja de papel, quedó claro que para que causaran un error *soft* en la DRAM, tendrían que provenir de dentro del material semiconductor. Las pruebas mostraron rastros de elementos de torio y uranio en los materiales plásticos y cerámicos que empaquetaban los chips utilizados en aquella época. Este descubrimiento obligó a todos los fabricantes a evaluar sus procesos de fabricación para producir materiales libres de contaminación.

Hoy en día, los fabricantes de memorias han eliminado casi totalmente los errores *soft* originados por partículas alfa, y descubrimientos recientes indican que dichas partículas representan sólo una pequeña fracción de la causa de errores *soft*.

Actualmente, la mayor causa de errores *soft* son los rayos cósmicos. Los investigadores de IBM comenzaron a analizar la posibilidad de que los rayos cósmicos terrestres causaran errores similares a los de las partículas alfa. La diferencia es que los rayos cósmicos son partículas de mucha energía y no pueden detenerse mediante hojas de papel ni otros tipos de protección más potentes. La figura más importante en esta línea de investigación es el Doctor J.F. Ziegler del *IBM Watson Research Center* de Yorktown Heights, Nueva York, que ha realizado una investigación decisiva sobre la comprensión de los rayos cósmicos y su influencia sobre los errores *soft* de memoria. Mediante un interesante conjunto de experimentos se descubrió que los errores *soft* inducidos por rayos cósmicos se eliminaban cuando las DRAM se trasladaban a una cámara subterránea protegida por más de 15m de roca.

Los errores inducidos por rayos cósmicos son todavía más problemáticos en las SRAM que en las DRAM porque la cantidad de carga necesaria para almacenar un bit en la celda de una SRAM es menor que la requerida para almacenar un condensador de celda DRAM. Los rayos cósmicos también son más problemáticos para las memorias de mayor densidad. A medida que aumenta la densidad del chip, es más fácil que una partícula perdida almacene un bit.

Algunos opinan que la tasa de errores *soft* de una DRAM de 64MB es el doble que la de un chip de 16MB, y una DRAM de 256MB tiene una tasa de errores *soft* cuatro veces superior. A medida que los tamaños de la memoria siguen aumentando, es probable que la tasa de errores *soft* también aumente.

Desgraciadamente, la industria del PC ha fracasado estrepitosamente a la hora de reconocer esta causa de errores de memoria.

La descarga electrostática, sobretensiones de energía, o un software inestable pueden explicar mucho más fácilmente la naturaleza aleatoria e intermitente de un error *soft*, especialmente justo después del lanzamiento de un sistema operativo o una aplicación importante.

Aunque la mayor causa de errores *soft* sean quizá los rayos cósmicos y otros eventos de radiación, estos errores también pueden tener otras fuentes:

- **Interferencias eléctricas o ruido en la línea:** Esto puede estar causado por un suministro de energía defectuoso en el sistema o por fallos de energía en la toma de corriente.
- **Tasa o tipo de velocidad incorrectos:** La memoria debe ser del tipo correcto para el *chipset* y corresponderse con la velocidad de acceso al sistema.
- **Interferencia de la RF (frecuencia de radio):** Ocasionada por transmisores de radio próximos al sistema, que pueden generar señales eléctricas en los circuitos y el cableado del sistema. Tenga en cuenta que el incremento en el uso de dispositivos de ratón, teclado y red inalámbricos puede conllevar un riesgo mayor de interferencias de la RF.
- **Descargas estáticas:** Estas descargas provocan picos de energía momentáneos, que alteran los datos.
- **Interferencias en la temporización:** Los datos no llegan al lugar adecuado en el momento apropiado, lo que provoca errores. A menudo están causados por configuraciones inadecuadas en el programa de configuración de la BIOS, por una memoria que tiene una velocidad menor que la requerida por el sistema, o por procesadores y otros componentes del sistema que utilizan *overclocking*.
- **Acumulación de calor:** Los módulos de memoria de alta velocidad se calientan más que los más antiguos. Los módulos RIMM de RDRAM fueron la primera memoria en incluir difusores de calor integrados, y muchos módulos de memoria DDR y DDR2 de alto rendimiento incluyen actualmente difusores de calor para ayudar a combatir la acumulación de calor.

La mayoría de estos problemas no hacen que los chips fallen permanentemente (aunque la mala alimentación y la energía estática pueden dañarlos de forma permanente), pero pueden causar problemas temporales con los datos.

¿Cómo se puede tratar estos errores? La mejor manera de solucionar este problema es aumentar la tolerancia a errores del sistema. Esto supone la implementación de formas de detección y corrección de errores en sistemas PC.

En los PC modernos se utilizan estas tres técnicas y niveles básicos para la tolerancia a errores:

- No paridad.
- Paridad.
- ECC.

Los sistemas sin paridad no tienen tolerancia a errores. La única razón por la que se utilizan es que tienen el coste inherente más bajo. No se necesita memoria adicional, como ocurre con las técnicas de paridad o ECC. Puesto que un byte de datos con paridad tiene 9 bits frente a los 8 del que no tiene paridad, el coste de la memoria es aproximadamente un 12,5 por 100 más elevado. Además, el controlador de memoria sin paridad está simplificado porque no necesita puertas lógicas para calcular los bits de comprobación ECC o de paridad. Los sistemas portátiles que dan mucha importancia a minimizar la energía podrían beneficiarse de la reducción en la energía de la memoria resultante de un número mucho menor de chips. Finalmente, el bus de datos del sistema de memoria es más estrecho, lo que reduce la cantidad de búferes de datos. La probabilidad estadística de fallos de memoria en un equipo de sobremesa de oficina moderno está ahora estimada en un error cada pocos meses. Los errores serán más o menos frecuentes dependiendo de la cantidad de memoria que se tenga.

Esta tasa de error puede ser tolerable para sistemas de baja gama que no se utilizan para aplicaciones de misión crítica. En este caso, la extrema sensibilidad del mercado frente a los precios no justificaría probablemente el coste extra de una memoria con paridad o ECC, y esos errores deben tolerarse.

Comprobación de paridad

Un estándar IBM establecido para la industria es que los chips de memoria en un banco de 9 manejan 1 bit de datos: 8 bit por carácter más un bit extra llamado bit de paridad. El bit de paridad permite a la circuitería del control de memoria controlar los otros 8 bits, una verificación integrada para comprobar la integridad de cada byte del sistema.

Originalmente, todos los sistemas PC utilizaban memoria con comprobación de paridad para garantizar la precisión. A partir de 1994, la mayoría de distribuidores empezaron a vender sistemas sin comprobación de paridad ni cualquier otro medio para la detección o corrección de errores sobre la marcha. Estos sistemas utilizaban módulos de memoria sin paridad más baratos, que ahorraban entre un 10 y un 15 por 100 de los costes de memoria de un sistema.

Las memorias con paridad suponían un aumento en el coste del sistema inicial, sobre todo por los bits de memoria adicionales implicados. La paridad no puede corregir errores del sistema, pero como puede detectarlos, puede avisar al usuario de su existencia cuando se produzcan.

Desde entonces, Intel y otros fabricantes de chips han añadido compatibilidad con memorias ECC en muchos *chipsets* (especialmente en sus modelos de mayor calidad). Sin embargo, los *chipsets* de gama baja no suelen ser compatibles con paridad ni ECC. Si necesita mayor fiabilidad, asegúrese de que los sistemas que adquiere son compatibles con ECC.

Funcionamiento de la comprobación de paridad

IBM estableció originalmente la paridad impar estándar para la comprobación de errores. La siguiente explicación puede ayudarle a comprender qué se entiende por paridad impar. Mientras los 8 bits individuales de un byte se almacenan en la memoria, un comprobador/generador de paridad, que puede ser parte de la CPU o estar ubicado en un chip especial en la placa base, evalúa los bits de datos sumando el número de unos en el byte. Si se encuentra un número de unos par, el comprobador/generador de paridad crea un 1 y lo almacena como noveno bit (bit de paridad) en el chip de memoria de paridad. Eso hace que la suma para los 9 bits (incluyendo el bit de paridad) sea un número impar. Si la suma original de los 8 bits de datos es un número impar, el bit de paridad creado sería un 0, y la suma de los 9 bits seguiría siendo un número impar. La regla básica es que el valor del bit de paridad siempre se elige de modo que la suma de los 9 bits (8 bits de datos más 1 bit de paridad) se almacene como número impar. Si el sistema utilizara paridad par, el ejemplo sería el mismo salvo por el hecho de que el bit de paridad se crearía para garantizar un resultado par de la suma. No importa si se utiliza paridad par o impar; el sistema utiliza una u otra, y es completamente transparente para los chips de memoria implicados.

Recuerde que los 8 bits de datos de un byte se numeran como 0 1 2 3 4 5 6 7. Los siguientes ejemplos le ayudarán a comprenderlo:

```
Data bit number:  0 1 2 3 4 5 6 7   Parity bit
Data bit value:   1 0 1 1 0 0 1 1   0
```

En este ejemplo, como el número total de bits de datos con un valor de 1 es un número impar (5), el bit de paridad debe tener un valor de 0 para garantizar una suma impar para los 9 bits.

Veamos otro ejemplo:

```
Data bit number:  0 1 2 3 4 5 6 7   Parity bit
Data bit value:   1 1 1 1 0 0 1 1   1
```

En este ejemplo, como el número total de bits de datos con un valor de 1 es un número par (6), el bit de paridad debe tener un valor de 1 para crear una suma impar para los 9 bits.

Cuando un sistema lee memoria desde el almacenamiento, comprueba la información sobre paridad. Si un byte (de 9 bits) tiene un número par de bits, dicho byte debe tener un error. El sistema no puede decir qué bit ha cambiado o si tan sólo ha cambiado uno. Si han cambiado 3 bits, por ejemplo, el byte sigue marcando un error de comprobación de paridad; no obstante, si han cambiado 2 bits, el byte dañado podría pasar desapercibido.

Ya que es extraño que haya múltiples errores de bit (en un solo byte), este esquema le ofrece una indicación actual, razonable y barata de si la memoria está en buen estado o no.

Los siguientes ejemplos muestran mensajes de comprobación de paridad para tres tipos de sistemas antiguos:

Para IBM PC:	`PARITY CHECK x`	
Para IBM XT:	`PARITY CHECK x`	`yyyyy (z)`
Para IBM AT y modelo posterior XT:	`PARITY CHECK x`	`yyyyy`

donde `x` es 1 o 2:

1 = El error se produjo en la placa base.

2 = El error se produjo en una ranura de expansión.

En este ejemplo, `yyyyy` representa un número de 00000 a FFFFF que indica, en notación hexadecimal, el byte en el que se ha producido el error.

Además, `(z)` es (S) o (E):

(S) = El error de paridad se produjo en la unidad del sistema.

(E) = El error de paridad se produjo en un chasis de expansión opcional.

> ***Nota:*** *Un chasis de expansión era una opción que IBM vendía para los sistemas XT y PC originales para añadir más ranuras de expansión.*

Cuando se detecta un error de comprobación de paridad los circuitos de comprobación de paridad de la placa base generan una interrupción no enmascarable (NMI, *Nonmaskable Interrupt*), que detiene el procesamiento y desvía la atención del sistema hacia el error. La NMI hace que se ejecute una rutina ROM. En algunos sistemas IBM más antiguos, la rutina de comprobación de paridad de la ROM detiene la CPU. En ese caso, el sistema se bloquea, y hay que restaurar el hardware o realizar un ciclo de apagado-encendido para reiniciar el sistema. Desgraciadamente, todo el trabajo que no se haya guardado se perderá en el proceso.

La mayoría de sistemas no detienen la CPU cuando se detecta un error de paridad; en vez de eso, ofrecen la posibilidad de reiniciar el sistema o continuar como si no hubiera pasado nada. Adicionalmente, estos sistemas pueden mostrar el mensaje de error de paridad en un formato diferente al de IBM, aunque la información presentada es básicamente la misma. Por ejemplo, la mayoría de sistemas con una BIOS Phoenix muestran uno de estos mensajes:

```
Memory parity interrupt at xxxx:xxxx
Type (S)hut off NMI, Type (R)eboot, other keys to continue
```

o bien:

```
I/O card parity interrupt at xxxx:xxxx
Type (S)hut off NMI, Type (R)eboot, other keys to continue
```

El primero de estos dos mensajes indica un error de paridad en la placa base (Comprobación de paridad 1), y el segundo indica un error de paridad en una ranura de expansión (Comprobación de paridad 2). Observe que la dirección dada en la forma `xxxx:xxxx` para el error de memoria está en un formato `segmento:offset` en vez de en una dirección lineal, como en los mensajes de error de IBM. El formato de dirección `segmento:offset` también le ofrece la ubicación del error a una resolución de un solo byte.

Después de ver uno de estos mensajes, puede actuar de tres formas:

- Pulsando **S**, que cierra la comprobación de paridad y reanuda la operación del sistema en el punto en el que se produjo el error de paridad por primera vez.
- Pulsando **R** para obligar al sistema a reiniciarse, perdiendo todo el trabajo que no hubiera guardado.
- Pulsando cualquier otra tecla para hacer que el sistema reanude la operación con la comprobación de paridad todavía habilitada.

Si se genera el problema, es probable que se produzca otra interrupción de la comprobación de paridad. Normalmente lo más prudente es pulsar **S**, que deshabilita la comprobación de paridad de forma que puede guardar su trabajo. En este caso, es mejor guardar el trabajo en un disquete para evitar la posible corrupción del disco duro. También debería evitar sobrescribir cualquier versión anterior (todavía buena) de cualquier archivo que esté guardando porque podría estar guardando un archivo dañado por la corrupción de la memoria. Puesto que ahora la comprobación de paridad está deshabilitada, las operaciones de guardado no se interrumpirán. Después, debería apagar el sistema, reiniciarlo y ejecutar el software de diagnóstico de memoria que tenga para localizar el error. En algunos casos, el POST encuentra el error en el siguiente reinicio, pero normalmente es necesario ejecutar un programa de diagnóstico más sofisticado, quizá en modo continuo, para localizar el error.

Los sistemas con una BIOS AMI muestran los mensajes de error de paridad de una de las siguientes maneras:

```
ON BOARD PARITY ERROR ADDR (HEX) = (xxxxx)
```

o bien:

```
OFF BOARD PARITY ERROR ADDR (HEX) = (xxxxx)
```

Estos mensajes indican que se ha producido un error en la memoria durante el POST, y el fallo está ubicado en la dirección indicada. El primero indica que el error se ha producido en la placa base y el segundo indica un error en la tarjeta adaptadora de una ranura de expansión. La BIOS de AMI también puede mostrar errores de memoria de una de las siguientes maneras:

```
Memory Parity Error at xxxxx
```

o bien:

```
I/O Card Parity Error at xxxxx
```

Estos mensajes indican que se ha producido un error en la memoria en la dirección indicada durante las operaciones normales. El primero indica un error de memoria en la placa base, y el segundo indica un error de memoria en el adaptador de una tarjeta de expansión.

Aunque muchos sistemas permiten continuar el procesamiento tras un error de paridad e incluso permiten deshabilitar la continuación de la comprobación de paridad, seguir utilizando un sistema después de que se haya detectado un error de paridad puede ser peligroso. La idea subyacente al hecho de seguir utilizando cualquier método es dar al usuario tiempo para guardar el trabajo que no hubiese guardado antes de revisar y diagnosticar el equipo, pero tenga cuidado con el modo en que lo hace.

Tenga en cuenta que estos mensajes pueden variar dependiendo no tan sólo del ROM BIOS sino también del sistema operativo. Los sistemas operativos en modo protegido, como la mayoría de las versiones de Windows, atrapan estos errores y ejecutan su propio programa manejador que muestra un mensaje diferente del que habría mostrado la ROM. El mensaje podría asociarse con una pantalla azul o ser una interrupción forzada, pero normalmente indica que está relacionado con la paridad o la memoria.

Advertencia: *Cuando se le notifique un error de paridad en la memoria, recuerde que la comprobación de paridad le está diciendo que la memoria está dañada. ¿Quiere guardar datos potencialmente dañados sobre el archivo sin dañar que conserva desde la última vez que guardó? ¡Claro que no! Asegúrese de que guarda el trabajo con un nombre de archivo diferente. Además, tras un error de paridad, guarde únicamente en un disquete si es posible y evite escribir en el disco duro; existe una pequeña posibilidad de que el disco duro se corrompa si guarda en él los contenidos de la memoria dañada.*

Después de guardar el trabajo, determine la causa del error de paridad y repare el sistema. Puede que se vea tentado a utilizar una opción para cerrar la comprobación de paridad y simplemente seguir utilizando el sistema como si ni hubiera pasado nada. Hacer eso es como desenroscar la bombilla del indicador de presión del aceite de un coche con una fuga de aceite para que deje de molestarnos la luz.

Código de corrección de errores (ECC)

ECC va un paso más allá que la simple detección de errores de paridad. En vez de detectar simplemente un error, ECC permite que un error de un solo bit se corrija, lo que significa que el sistema puede continuar sin interrupciones y sin corrupción de datos. ECC, tal y como está implementado en la mayoría de los PC, sólo puede detectar, pero no corregir, errores de doble bit.

Puesto que hay estudios que indican que aproximadamente el 98 por 100 de los errores de memoria son de un solo bit, el tipo de ECC más utilizado es uno en el que el controlador de memoria encargado detecta y corrige errores de un solo bit en una palabra de datos accedida (los errores de doble bit pueden detectarse, pero no corregirse). Este tipo de ECC se conoce como corrector de errores simples y detector de errores dobles (SECDED, *Single-bit Error-Correction Double-bit Error Detection*) y requiere 7 bits de comprobación adicionales sobre 32 bits en un sistema de 4 bytes y 8 bits de comprobación adicionales sobre 64 bits en un sistema de 8 bytes. Si el sistema utiliza SIMM, se añaden dos SIMM de 36 bits (paridad) para cada banco (para un total de 72 bits), y ECC se realiza a nivel de banco. Si el sistema utiliza DIMM, se usa un solo DIMM de 72 bits de paridad/ECC como banco y proporciona los bits adicionales. Los RIMM se instalan de manera individual o en parejas, dependiendo del *chipset* y la placa base. Si se desea paridad/ECC, deben ser versiones de 18 bits.

ECC implica que el controlador de memoria calcula los bits de comprobación en una operación de escritura en la memoria, llevando a cabo una comparación entre los bits de comprobación leídos y calculados en una operación de lectura, y, si es necesario, corrigiendo los bits dañados. La lógica ECC en el controlador de memoria no es muy significativa en esta época de lógica VLSI de alto rendimiento y barata, pero en realidad ECC afecta al rendimiento de la memoria en cuanto a la escritura. Esto se debe a que la operación debe temporizarse para esperar a que se realice el cálculo de bits de comprobación y, cuando el sistema espera los datos correctos, lee.

En escritura de palabra parcial, la palabra completa debe leerse en primer lugar, los bytes afectados deben reescribirse y después deben calcularse los nuevos bits de comprobación. Esto convierte las operaciones de escritura de palabra parcial en escrituras de modificación de lectura más lentas. Afortunadamente, el impacto de esto en el rendimiento es muy pequeño, de un minúsculo porcentaje como máximo, así que el sacrificio en favor de una mayor fiabilidad merece la pena.

La mayoría de errores son de un solo bit, y ECC los puede corregir. La incorporación de esta técnica de tolerancia a errores proporciona una alta fiabilidad del sistema y disponibilidad concomitante. Un sistema basado en ECC es una buena opción para servidores, estaciones de trabajo o aplicaciones de misión crítica en las que el coste de un error de memoria potencial es mayor que el coste del sistema y la memoria adicional para corregirlo, y además se garantiza que el sistema no pierda fiabilidad. Si valora sus datos y utiliza su sistema para tareas que usted considera importantes, le conviene utilizar memoria ECC.

Actualizaciones de RAM

Añadir memoria a un sistema es una de las actualizaciones más útiles que puede realizar, y también una de las más baratas, especialmente cuando se tiene en cuenta la mejor en el rendimiento de Windows y Linux cuando se les da acceso a más memoria. En algunos casos, duplicar la memoria puede duplicar prácticamente la velocidad del ordenador.

Las siguientes secciones tratan distintos aspectos de la adición de memoria, incluyendo la selección de chips de memoria, la instalación de los mismos y la comprobación de la instalación.

Opciones y estrategias de actualización

Añadir memoria puede ser una solución barata; el coste de la memoria masiva es muy bajo, y añadir más memoria puede dar un buen empujón al rendimiento de su equipo.

¿Cómo se añade memoria a un PC? Existen dos opciones, recogidas aquí por orden de comodidad y coste:

- Añadir memoria en ranuras libres de la placa base.
- Sustituir la memoria de su placa base actual por otra de mayor capacidad.

Si decide actualizar a una placa base o sistema más potente, normalmente no puede rescatar la memoria de su anterior sistema.

La mayoría de las veces es mejor pensar en equipar una placa nueva con el tipo de memoria óptimo con el que sea compatible.

Asegúrese de sopesar cuidadosamente sus futuras necesidades respecto a la velocidad del equipo y un sistema operativo multitarea frente a la cantidad de dinero que se invierte en la actualización del equipo actual.

Para determinar en qué punto debería añadirse memoria, puede utilizar el Monitor de rendimiento (`Perfmon.msc`) integrado en Windows. Puede iniciarlo desde el menú Inicio; el cuadro de diálogo Ejecutar o desde un indicador de comandos. Para comprobar el uso de la memoria, seleccione Memoria en Objeto de rendimiento y habilite los siguientes contadores:

- **Páginas/s:** Este contador mide el número de veces por segundo que el sistema utiliza memoria virtual en vez de memoria física. Un valor superior a 20 indica un problema potencial. Compruebe la configuración de la memoria virtual; si el contador permanece por encima de 20, y no es durante periodos de acceso a archivos o actividad pesada del disco, debería considerar la instalación de más memoria.
- **Bytes comprometidos y Bytes disponibles:** Bytes comprometidos busca memoria virtual en uso; Bytes disponibles busca memoria física disponible. Añada más memoria si no tiene suficientes bytes disponibles.
- **Bytes de caché:** Mide la cantidad de RAM utilizada para la caché del sistema de archivos. Añada más RAM si la cantidad es inferior a 4MB.

Nota: *Es normal que aparezcan valores altos en* Páginas/s *durante periodos de mucha actividad o acceso a archivos, por ejemplo al ejecutar un análisis de* malware, *una operación de indización, una desfragmentación, etc. Si el valor de* Bytes disponibles *no disminuye a medida que aumenta el valor de* Páginas/s, *entonces las cifras elevadas de* Páginas/s *se deben probablemente al acceso al disco generado por una aplicación, y no indican ningún tipo de problema de insuficiencia de memoria ni cuellos de botella en la memoria.*

Antes de añadir RAM a un sistema (o reemplazar chips de RAM defectuosos), debe determinar los módulos de memoria que requiere el sistema. Puede encontrar esta información en la documentación de su sistema.

Si necesita reemplazar un módulo de memoria defectuoso o añadir más memoria a su sistema, hay varias formas de determinar cuál es el módulo correcto para su sistema:

- Inspeccione los módulos instalados en su sistema. Cada módulo tiene marcas que indican su capacidad y velocidad. Puede apuntar las marcas del módulo de memoria y utilizarlas para determinar el tipo de memoria que necesita. Puede obtener ayuda consultando a un distribuidor de memoria en línea o en una tienda de su zona.
- Busque su sistema utilizando la utilidad de configuración de memoria en línea proporcionada por su distribuidor de memoria. Originalmente, estas herramientas de configuración estaban pensadas principalmente para usuarios de sistemas de marcas conocidas. Sin embargo, la mayoría de distribuidores añaden actualmente modelos y marcas importantes de placas base a sus bases de datos. Por tanto, si conoce la marca y el modelo de su sistema o placa base, puede encontrar la memoria que se recomienda.
- Descargar y ejecutar software de análisis proporcionado por el fabricante del módulo de memoria o de un tercero. SiSoftware Sandra y programas similares utilizan el chip SPD de cada módulo para determinar esta información.
- Consulte la documentación de su sistema. Tengo una buena razón para poner esta opción al final. Si ha instalado actualizaciones de la BIOS, podría utilizar una memoria más rápida y más grande que las que, según su documentación, son compatibles con su sistema. Debería comprobar las notas y la documentación en línea más recientes sobre su sistema y comprobar la versión de la BIOS instalada en su sistema para determinar qué características relacionadas con la memoria tiene. Una actualización de la BIOS podría permitir a su sistema utilizar una memoria más rápida.

Añadir a un sistema los módulos equivocados puede hacerlo tan poco fiable como dejar instalado un módulo defectuoso e intentar utilizar el sistema en esas condiciones.

> ***Nota:*** *Antes de actualizar un sistema Pentium (clase P5) antiguo más allá de 64MB de RAM, asegúrese de que su* chipset *es compatible con un almacenamiento en caché superior a 64MB. Añadir RAM más allá de la cantidad soportada por el controlador de caché L2 ralentiza el rendimiento en vez de mejorarlo. El Pentium II y procesadores posteriores, incluyendo las familias AMD Athlon, Duron, y Sempron, tienen el controlador de caché L2 integrado en el procesador (no en el* chipset*), lo que soporta un almacenamiento en caché de hasta 4GB y más en los modelos más recientes.*

Adquisición de memoria

Hay varias cuestiones que debe tener en cuenta a la hora de adquirir memoria. Algunas son relativas a la fabricación y distribución de la memoria, mientras que otras dependen del tipo de memoria que compre. Esta sección se ocupa de algunas de las cuestiones que debería considerar cuando vaya a adquirir memoria.

Proveedores

Hay muchas empresas que venden memoria, pero en realidad sólo algunas la fabrican. Además, sólo algunas compañías fabrican chips de memoria, aunque hay muchas más que fabrican módulos de memoria como SIMM, DIMM y RIMM. La mayor parte de las empresas que fabrican los auténticos chips RAM también fabrican módulos que contienen sus propios chips. Sin embargo, otras empresas fabrican únicamente módulos; estas empresas compran los chips de memoria a varios fabricantes de chips y después los utilizan para producir módulos. Finalmente, hay algunas empresas que no fabrican ni chips ni módulos. En vez de eso, compran módulos fabricados por otras empresas y los reetiquetan.

Yo me refiero a los módulos de memoria producidos por los fabricantes de los chips como módulos de primeros, mientras que a aquéllos producidos por fabricantes de módulos (pero no de chips) los llamo módulos de segundos. Finalmente, aquellos que simplemente son de primeros o de segundos reetiquetados con un nombre diferente se denominan módulos de terceros. Yo prefiero adquirir módulos de primeros o de segundos siempre que puedo porque su documentación es mucho mejor. Básicamente, tienen mejor pedigrí y su calidad está más asegurada. Por no mencionar el hecho de que comprar directamente a primeros y segundos elimina uno o más intermediarios del proceso de distribución.

Entre los fabricantes de primeros (donde la misma empresa fabrica los chips y los módulos) se incluyen Micron (`www.crucial.com`), Infineon (anteriormente Siemens), Samsung, Mitsubishi, Toshiba, NEC, y otros. Las empresas de segundos que fabrican los módulos (pero no los chips) incluyen Kingston, Viking, PNY, Simple Tech, Smart, Mushkin, y OCZ Technologies. A nivel de terceros, no compra a un fabricante, sino a un vendedor o revendedor.

La mayoría de fabricantes grandes no venden cantidades pequeñas de memoria a usuarios individuales, pero algunos han creado almacenes con excedentes de fábrica donde los usuarios pueden comparar un solo módulo. Uno de los mayores fabricantes de memoria, Micron, vende directamente al consumidor en `www.crucial.com`. Puesto que la compra es directa, el precio de estos excedentes suele ser competitivo respecto a los distribuidores de segundos y terceros.

Consideraciones a la hora de adquirir DIMM

Los aspectos más importantes que debe tener en cuenta a la hora de comprar DIMM son los siguientes:

- ¿Necesita versiones SDR, DDR, DDR2 o DDR3?
- ¿Necesita que tenga ECC o que no tenga ECC?
- ¿Necesita versiones registradas o estándar (sin búfer)?
- ¿Qué grado de velocidad necesita?
- ¿Necesita una latencia CAS (*Column Address Strobe*, Flasheo a la dirección de la columna) específica?

Actualmente, los DIMM vienen en versiones SDR (SDRAM), DDR, DDR2 y DDR3. No son intercambiables porque utilizan una señalización completamente diferente y tienen muescas distintas para evitar un emparejamiento erróneo. Los sistemas de alta fiabilidad como los servidores pueden utilizar versiones ECC, aunque la mayoría de sistemas de escritorio utilizan los tipos sin ECC, menos caros. La mayor parte de los sistemas emplean DIMM sin búferes estándar, pero las placas base de estaciones de trabajo y servidores de archivos diseñadas para soportar cantidades de memoria muy grandes pueden requerir DIMM registrados (que también incluyen compatibilidad con ECC). Los DIMM registrados contienen sus propios registros de memoria, lo que permite al módulo alojar más memoria que un DIMM estándar. Los DIMM aparecen en diferentes velocidades, con la norma de que siempre se puede sustituir uno más rápido por uno más lento, pero no al revés.

Otra cuestión relacionada con la velocidad es la latencia CAS. Esta especificación se expresa en un número de ciclos. Los números más bajos indican mayor velocidad (menos ciclos). Una latencia CAS más baja recorta un ciclo a cada lectura, lo que mejora marginalmente el rendimiento de la memoria. Los DIMM SDR están disponibles en versiones CL3 o CL2. Los DIMM DDR están disponibles en versiones CL2.5 o CL2. Los DIMM DDR2 están disponibles en versiones CL 3, 4 o 5, y los DIMM DDR3 en versiones CL 7, 8, y 9. Con todos los tipos de memoria, el número de CL más bajo es el tipo de memoria más rápido (y normalmente el más caro). Es posible mezclar DIMM con diferentes tasas de latencia CAS, pero generalmente el sistema tiende, por defecto, a completar ciclos a la velocidad más lenta del denominador común más bajo.

Consideraciones a la hora de adquirir memoria obsoleta

Mucha gente se sorprende al descubrir que los tipos de memoria obsoletos cuestan mucho más que los utilizados por los sistemas actuales. Esto se debe simplemente a la ley de la oferta y la demanda; lo menos popular generalmente es lo más caro. Por eso, añadir memoria a sistemas antiguos puede resultar inasequible para muchos bolsillos.

La mayoría de sistemas Pentium posteriores a 1995 utilizaban SIMM EDO sin ECC y con un tiempo de acceso estimado de 60ns. Si su sistema es todavía más antiguo, puede que necesite memoria FPM en vez de EDO. Los tipos FPM y EDO son intercambiables en muchos sistemas, pero algunos sistemas antiguos no aceptan el tipo EDO. Algunos sistemas Pentium 4 usan RIMM, disponibles en versiones de 184 pines y 232 pines. Aunque parecen del mismo tamaño, no son intercambiables. Si el sistema es compatible con ECC, necesitará (o querrá) versiones ECC. Puede mezclar módulos con ECC y sin ECC, pero en ese caso el sistema tiende por defecto al modo sin ECC.

> ***Truco:*** *En vez de comprar memoria obsoleta "nueva" para sistemas antiguos, busque en establecimientos de reparación de equipos, Craigslist, o consulte a otros usuarios que quizá tengan una colección de partes antiguas.*

Los sistemas de alta fiabilidad pueden requerir versiones ECC, que tienen bits ECC extra. Como ocurre con otros tipos de memoria, es posible mezclar tipos con ECC y sin ECC, pero los sistemas no pueden utilizar la capacidad de ECC.

Sustitución de módulos por versiones de mayor capacidad

Si todas las ranuras del módulo de memoria de su placa base están ocupadas, la mejor opción es quitar un banco de memoria existente y reemplazarlo por módulos de mayor capacidad.

Sin embargo, no se debe asumir automáticamente que la memoria de mayor capacidad funcionará simplemente porque los módulos de mayor capacidad se puedan insertar en la placa base.

El sistema operativo, la BIOS y los *chipsets* del sistema limitarán la capacidad de la memoria que se puede utilizar. Compruebe la documentación de su placa base o de su sistema para ver qué tamaños de módulos funcionan antes de comprar la nueva RAM. Debería asegurarse de que tiene la BIOS más reciente para su placa base cuando instale memoria nueva.

Si su sistema es compatible con memoria de doble o triple canal, debe utilizar módulos en parejas o tríos que se correspondan (dependiendo del tipo compatible con su sistema) e instalarlos en la ubicación correcta de la placa base. Para obtener más detalles, consulte el manual de su placa base.

Instalación de módulos de memoria

Cuando instala o quita memoria, es muy probable que se enfrente a uno de los problemas siguientes:

- Descarga electrostática.
- Módulos colocados incorrectamente.
- Parámetros incorrectos de configuración de la memoria en el programa de configuración de la BIOS.

Para evitar la descarga electrostática (ESD) al instalar placas o chips de memoria sensibles, procure no llevar ropa con fibra sintética o zapatos con suela de piel porque eso promueve la generación de cargas estáticas. Elimine cualquier carga estática que lleve tocando el chasis del sistema antes de empezar, o mejor aún, póngase una buena pulsera antiestática en la muñeca. Puede encargar una en una tienda de aparatos electrónicos. Una pulsera antiestática es una banda conductora conectada al otro extremo a través de una resistencia de 1-meg ohm mediante un cable sujeto al chasis del sistema. Asegúrese de que el sistema en el que está trabajando está desenchufado.

Advertencia: *Asegúrese de usar una pulsera antiestática comercial diseñada adecuadamente; no se haga una casera. Las unidades comerciales tienen una resistencia de 1-meg ohm que sirve como protección si toca accidentalmente con corriente. La resistencia evitará que se convierta en la ruta de menos resistencia a tierra y se electrocute. Una pulsera diseñada incorrectamente puede hacer que la energía se conduzca a través de usted hasta tierra, lo que posiblemente le mataría.*

Siga este procedimiento para instalar memoria en un PC de escritorio típico:

1. Cierre el sistema y desenchúfelo. También puede desactivar el suministro de energía utilizando el interruptor de apagado/encendido que hay en la parte trasera de algunas fuentes de alimentación. Espere unos 10 segundos para que la placa base vacíe completamente su carga.
2. Abra el sistema. Busque las instrucciones de la caja o bien el sistema para obtener más datos.
3. Conecte una pulsera antiestática a su muñeca y después a una parte de metal del chasis del sistema, como por ejemplo, el marco. Asegúrese de que la chapa metálica de la parte interior de la pulsera está bien apretada contra la piel de su muñeca.
4. Algunas placas base tienen un LED que brilla mientras la placa base recibe energía. Espere hasta que el LED se apague antes de quitar o instalar la memoria.
5. Aparte cualquier obstrucción del interior de la caja, como cables o alambres, de los módulos de memoria y zócalos vacíos. Si tiene que quitar un cable o alambre, fíjese en su ubicación y orientación para volver a colocarlo después.
6. Si necesita quitar un módulo existente, baje la lengüeta eyectora a cada extremo del módulo y saque el módulo del zócalo hacia arriba. Fíjese en las muescas del módulo.
7. Fíjese en las ubicaciones específicas requeridas si está instalando módulos para operar en modo de canal doble. Los zócalos utilizados para la memoria de canal doble pueden usar un plástico de distinto color para distinguirse de otros zócalos, pero debería consultar la documentación de su placa base o sistema para determinar la orientación adecuada.

8. Para insertar un módulo en un zócalo, asegúrese de que las lengüetas eyectoras están bajadas en el zócalo que piensa utilizar. Los DIMM tiene muescas distribuidas a lo largo de los bordes inferiores del los conectores que están desplazadas desde el centro de manera que sólo se puedan insertar en una dirección, véase la figura 5.16.

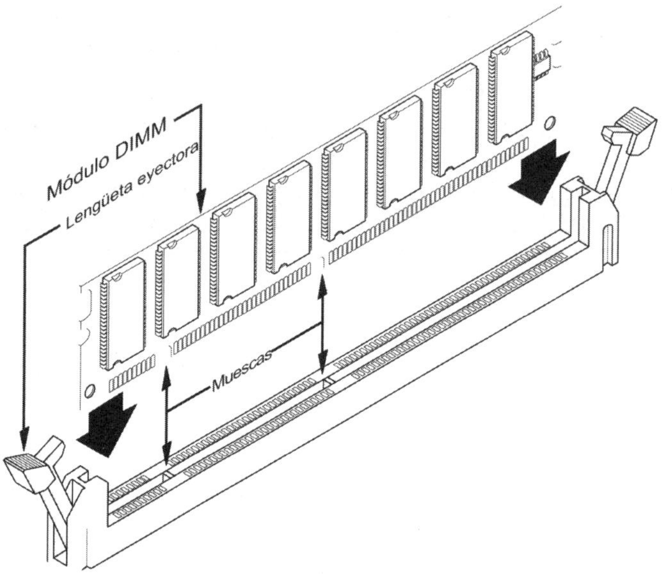

Figura 5.16. *Las muescas de los DIMM se corresponden con las protuberancias de los zócalos de los DIMM. Las muescas de los DIMM SDR/DDR/DDR2/DDR3 son similares, pero no exactamente iguales.*

9. Presione el módulo hasta que las lengüetas eyectoras encajen en su sitio en la muesca del lateral del módulo. Es importante que no meta el módulo en el zócalo a la fuerza. Si el módulo no se desliza fácilmente dentro de la ranura, es probable que no esté correctamente orientado o alineado. Intentar meterlo a la fuerza podría hacer que se rompiera o se rompiera el zócalo. Si está instalando RIMM, tiene que llenar cualquier zócalo de RIMM con módulos de continuidad (véase la figura 5.14).
10. Vuelva a colocar en su sitio los cables o alambres que haya desconectado antes.
11. Cierre el sistema, reconecte el cable de energía y encienda el PC.

Los SIMM utilizados en sistemas antiguos se orientan mediante una muesca en un lado del módulo que no aparece en el otro lado, véase la figura 5.17. El zócalo tiene una protuberancia que deben encajar en el área con muescas en un lado del módulo. Esta protuberancia hace que sea imposible instalar un SIMM al revés a menos que se rompa el conector o el módulo. La figura 5.18 muestra en detalle la muesca y el clip de bloqueo.

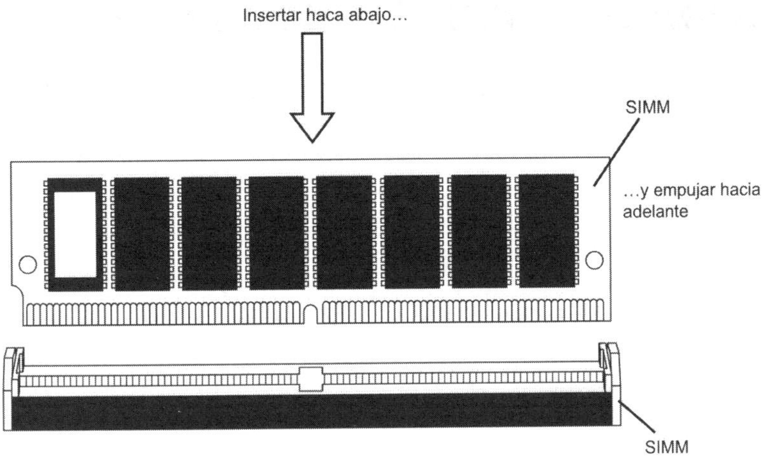

Figura 5.17. *La muesca de este SIMM aparece en el lado izquierdo. Inserte el SIMM en un ángulo de 45° y después empuje hacia adelante hasta que los clips de bloqueo queden en su sitio.*

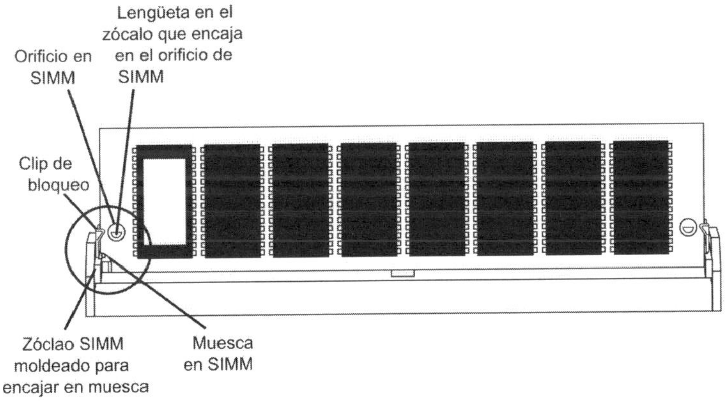

Figura 5.18. *Esta figura muestra el SIMM insertado en el zócalo con la muesca alineada, el clip de bloqueo cerrado y el orificio del SIMM alineado con la pestaña del zócalo.*

Tras instalar la memoria y volver a montar el sistema, puede que tenga que ejecutar el programa de configuración de la BIOS y volver a guardar con la información sobre la nueva cantidad de energía incluida. La mayoría de sistemas nuevos detectan automáticamente la nueva cantidad de memoria y reconfiguran el programa de configuración de la BIOS por usted. Además, la mayor parte de los sistemas nuevos no requieren la configuración de ningún puente ni conmutador en la placa base para configurarlos para la memoria nueva.

Después de configurar el sistema para que funcione adecuadamente con la memoria adicional, le convendría ejecutar un programa de diagnóstico de memoria para asegurarse de que la nueva memoria funciona correctamente.

Solución de problemas de memoria

Los problemas de memoria pueden ser difíciles de detectar y solucionar. Para empezar, la memoria del ordenador sigue siendo un misterio para la gente porque es el tipo de cosa "virtual" que no se comprende fácilmente. Además, los problemas de memoria pueden ser intermitentes y a menudo pasan por problemas de otras áreas del sistema o incluso de software. Este apartado ofrece unos sencillos pasos para solucionar problemas si se sospecha que hay algún problema de memoria.

Para solucionar problemas con la memoria, primero se necesita algún programa de diagnóstico de memoria. Puede que ya tenga varios aunque no lo sepa. Cada BIOS tiene un diagnóstico de memoria en el POST que se ejecuta al encender el sistema por primera vez. En la mayoría de los casos, también hay un diagnóstico de memoria por parte de una utilidad incluida en el sistema. Además, hay muchos programas de diagnóstico comerciales en el mercado, y la mayoría de ellos incluyen pruebas de memoria.

Cuando se ejecuta el POST, no solamente se prueba la memoria sino que también se cuenta. La cuenta se compara con el resultado de la última vez que se ejecutó el programa de ejecución de la BIOS; si es distinto aparece un mensaje de error. Mientras se ejecuta el POST, escribe un patrón de datos en todas las ubicaciones de memoria del sistema y vuelve a leerlo para comprobar que la memoria funciona. Si se detecta cualquier fallo, se ve u oye un mensaje. Los mensajes de audio (pitidos) se usan en errores críticos o fatales que se han producido en áreas importantes del sistema. Si el sistema puede acceder a memoria suficiente como para que funcione el vídeo, se ve un mensaje en vez de escuchar un código de pitidos. Si su sistema pasa por el POST sin indicaciones de errores de memoria, puede que no haya ningún problema de hardware o que el POST no haya podido detectarlo. A menudo el POST no detecta los errores intermitentes de memoria, y también tiene dificultades para descubrir otros defectos de hardware sutiles. El POST está diseñado para ejecutarse rápidamente, así que la prueba no es tan exhaustiva como debería ser. Es por esto que con frecuencia hay que iniciar desde un disco de diagnóstico independiente y ejecutar un análisis completo del hardware para hacer una prueba de memoria más extensiva. Estos tipos de test pueden ejecutarse continuamente y dejarse funcionando durante días si es necesario para cazar un defecto intermitente escurridizo.

Por suerte, hay muchos programas de prueba de memoria excelentes que se pueden descargar de forma gratuita. Le recomiendo alguno de éstos:

- **Microsoft Windows Memory Diagnostic:** `http://oca.microsoft.com/es/windiag.asp`.
- **Memtest86:** `www.memtest86.com`.

No sólo son gratuitos, sino que además están disponibles en formato de CD iniciable, lo que significa que no hace falta instalar ningún software en el sistema que se va a probar. El formato iniciable es necesario en tanto que Windows y otros sistemas operativos impiden el acceso directo a la memoria y a otro hardware necesario para la prueba. Estos programas usan algoritmos que escriben distintos tipos de patrón en toda la memoria del sistema, probando cada bit para asegurarse de que lee y escribe correctamente. También apagan la caché del procesador para garantizar la prueba directa de los módulos y no de la caché. Algunos, como Windows Memory Diagnostic, indican incluso el módulo que está fallando en caso de que se encuentre algún error. Observe que Windows 7/Vista incluye Windows Memory Diagnostic, que se encuentra entre las herramientas administrativas y en el DVD iniciable de instalación, en la opción de reparación.

Un problema con los diagnósticos de memoria basados en software es que sólo efectúan pruebas de tipo acierto/error; es decir, lo único que pueden hacer es escribir patrones de memoria y volver a leerlos. No pueden determinar cómo está fallando la memoria, sino sólo si funciona o no. Para pruebas de alto nivel, lo mejor es utilizar una máquina dedicada de prueba de memoria, normalmente llamado probador de módulo.

Estos dispositivos permiten insertar un modulo y probarlo a varias velocidades, voltajes y temporizaciones para averiguar si la memoria está bien o mal. Yo he tenido, por ejemplo, módulos defectuosos que funcionan en algunos sistemas (lentos) pero no en otros. Lo que quiero decir es que el mismo programa de prueba de memoria puede indicar un fallo en el módulo de un equipo pero pasarlo por alto en otro. En un probador de módulos, siempre se identifica como malo hasta el último bit individual, e incluso se informa de la velocidad real del dispositivo, y no sólo la estimada. Entre las empresas que ofrecen probadores de módulos de memoria están Tanisys (`www.tanisys.com`), CST (`www.simmtester.com`) e Innoventions (`www.memorytest.com`). Pueden ser caros, pero para un constructor de sistemas o tienda de reparaciones con mucho volumen de negocio, estos aparatos ahorran tiempo y dinero a largo plazo.

Una vez que ya se está ejecutando el sistema operativo, también pueden producirse errores, que suelen identificarse en mensajes de error. He aquí los más habituales:

- **Errores de paridad:** La circuitería de comprobación de paridad de la placa basc ha dctcctado un cambio en la memoria desde que se almacenaron los datos originales.
- **Fallos de protección generales o globales:** Un error general indica que un programa se ha dañado en la memoria y se ha terminado inmediatamente la aplicación. También puede estar provocado por programas con errores o defectuosos.
- **Errores de excepción fatales:** Códigos de error devueltos por un programa cuando se encuentra una instrucción ilegal, se ha accedido a datos o código no válidos o el nivel de privilegio de una operación no es válido.
- **Error de división:** Error general que indica que se ha intentado una división entre 0, o el resultado de una operación no encaja en el registro de destino.

Si encuentra estos errores, podrían estar causados por memoria defectuosa o mal configurada, pero también por errores de software (especialmente en los controladores), mal suministro eléctrico, descargas estáticas, proximidad a transmisores de radio, problemas de temporización... Si sospecha que la memoria es la causa de los problemas, hay formas de analizarla para confirmarlo. La mayoría de estos test consisten en la ejecución de uno o varios programas de prueba de memoria.

Otro problema con el diagnóstico basado en software está en la ejecución de pruebas de memoria con las cachés del sistema habilitadas, lo cual invalida las pruebas porque la mayoría de los sistemas tienen caché *writeback*. Esto significa que los datos que se escriben en la memoria principal se escriben primero en la caché. Puesto que un programa de prueba escribe datos y los lee inmediatamente, lo que hace es leerlos de la caché en vez de la memoria principal. Esto hace que el programa de prueba funcione muy deprisa, pero en realidad se está probando la caché. La cuestión es que si probamos la memoria con la caché habilitada, realmente no estamos escribiendo en los SIMM/DIMM, sino en la caché. Antes de ejecutar cualquier programa de prueba de memoria, asegúrese de que las cachés del procesador y la memoria están deshabilitadas. Muchos sistemas antiguos tienen opciones en la configuración de la BIOS para desactivar las cachés. Los test de memoria basados en software actuales como Windows Memory Diagnostic y Memtest86 desactivan automáticamente las cachés en los sistemas más nuevos. Los siguientes pasos permiten probar la RAM del sistema para detectar problemas eficazmente. La figura 5.19 muestra un procedimiento resumido que le guiará por el proceso rápidamente.

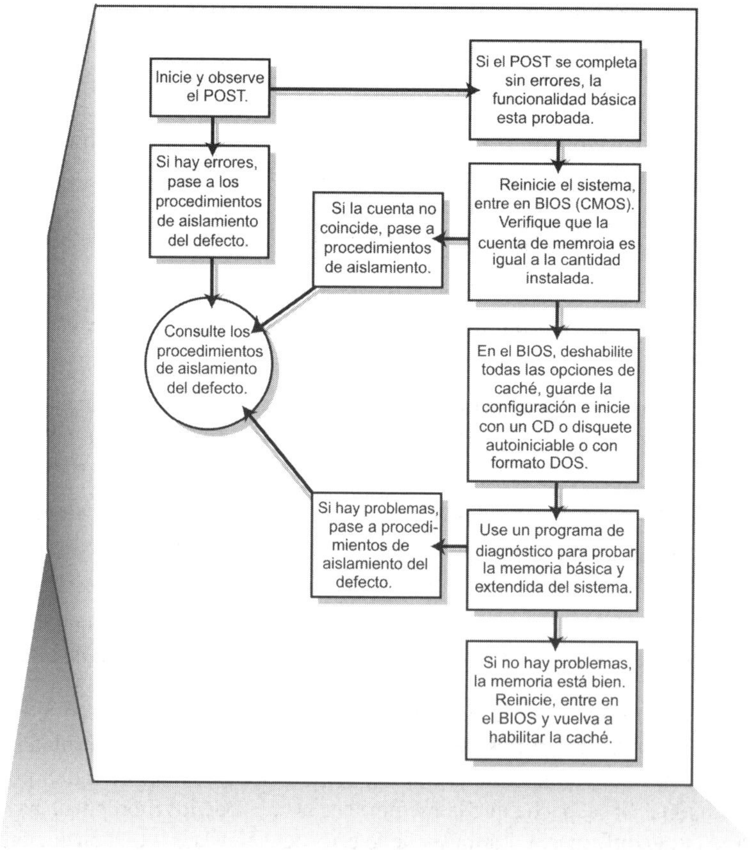

Figura 5.19. *Prueba de memoria y solución de problemas.*

Primero, vamos a ver los procedimientos de prueba y detección de problemas de memoria:

1. Encienda el sistema y observe el POST. Si se completa sin errores, ya está probada la funcionalidad de memoria básica. Si hay errores, pase a los procedimientos de aislamiento del defecto.

2. Reinicie el sistema y entre en la configuración de la BIOS (o CMOS). En la mayoría de los sistemas, esto se hace pulsando **Supr** o **F2** durante el POST pero antes de que el proceso de inicio empiece (compruebe la documentación de su sistema o placa base para más detalles). Una vez en el programa de configuración de la BIOS, verifique que la cuenta de memoria es igual a la cantidad instalada. Si no coincide con lo que hay instalado, recurra a los procedimientos de aislamiento del defecto.

3. Busque las opciones de configuración de la caché en la BIOS y deshabilite todas. La figura 5.20 muestra un típico menú de características avanzadas de la BIOS con las opciones de caché destacadas. Guarde la configuración y reinicie con un disquete o un disco óptico iniciable que contenga el programa de diagnóstico de memoria.

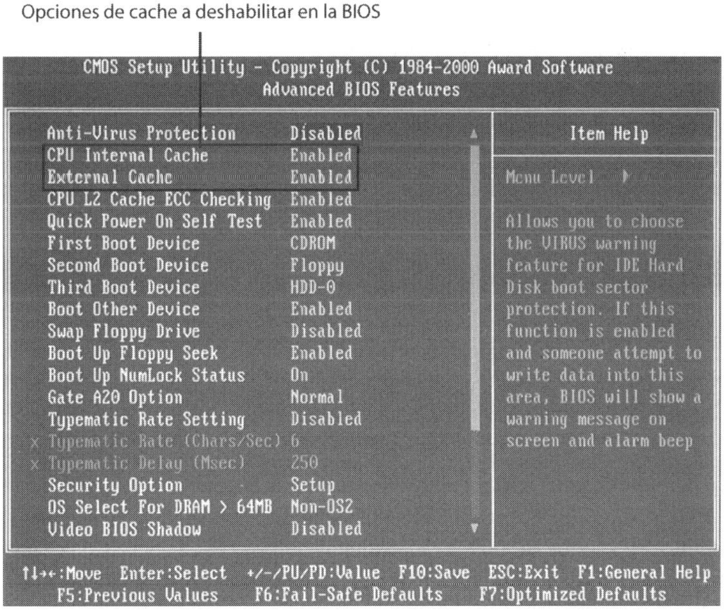

Figura 5.20. *Las cachés de CPU interna (L1) y externa (L2) deben deshabilitarse en la BIOS del sistema antes de probar la memoria; si no se hace el resultado de la prueba será inexacto.*

4. Siga las instrucciones que vinieran con el programa de diagnóstico para que pruebe la memoria básica y extendida. La mayoría de los programas tienen un modo

que les permite repetir el test continuamente, lo cual es estupendo para detectar problemas intermitentes. Si el programa detecta un error de memoria, siga con los procedimientos de aislamiento del defecto.

5. Si no se encuentran errores en el POST ni el diagnóstico completo de memoria, el hardware está bien. Reinicie el sistema, entre en el programa de configuración de la BIOS y vuelva a habilitar la caché. El sistema funcionará muy despacio hasta que la caché esté activa de nuevo.

6. Si sigue teniendo problemas de memoria a pesar de que la prueba no detectara nada, puede que tenga un problema indetectable por pruebas simples de acierto/error, o puede que se trate de un problema provocado por software u otro elemento defectuoso del sistema. Podría necesitar un probador de módulos para un análisis más acertado. Algunas tiendas grandes de ordenadores tienen este tipo de aparatos. Yo también comprobaría el software (especialmente los controladores, que podrían precisar una actualización), el suministro eléctrico y el entorno del sistema en busca de problemas como la electricidad estática, los transmisores de radio, etc.

Procedimientos de aislamiento de memoria defectuosa

Para estos pasos, asumo que se ha identificado un problema de memoria real del que ha informado el POST o un diagnóstico de memoria basado en disco. Si es el caso, siga estos pasos y observe la siguiente imagen (véase la figura 5.21) para identificar o aislar el módulo causante del problema:

1. Reinicie el sistema y entre en el programa de configuración de la BIOS. En un menú que suele llamarse Advanced (Avanzado) o Chipset Setup (Configuración del *chipset*) podría encontrar parámetros de temporización de memoria. Seleccione las opciones predeterminadas, que suelen ser la configuración más lenta. Si la temporización de la memoria se ha establecido manualmente, como en la figura 5.20, restablezca la configuración a By SPD (Por SPD).

2. Guarde la configuración, reinicie y vuelva a probar con los procedimientos de prueba y solución de problemas descritos anteriormente. Si el problema se ha resuelto, se trataba de una configuración incorrecta. Si persiste, es probable que tenga una memoria defectuosa, así que siga con el siguiente paso.

3. Abra el sistema para acceder físicamente a los módulos de la placa base. Identifique la organización del banco en el sistema. Sirviéndose del manual o la leyenda de la placa base identifique los módulos que corresponden a cada banco. Recuerde que si está probando un sistema multicanal tiene que asegurarse de quitar todos los módulos del mismo canal.

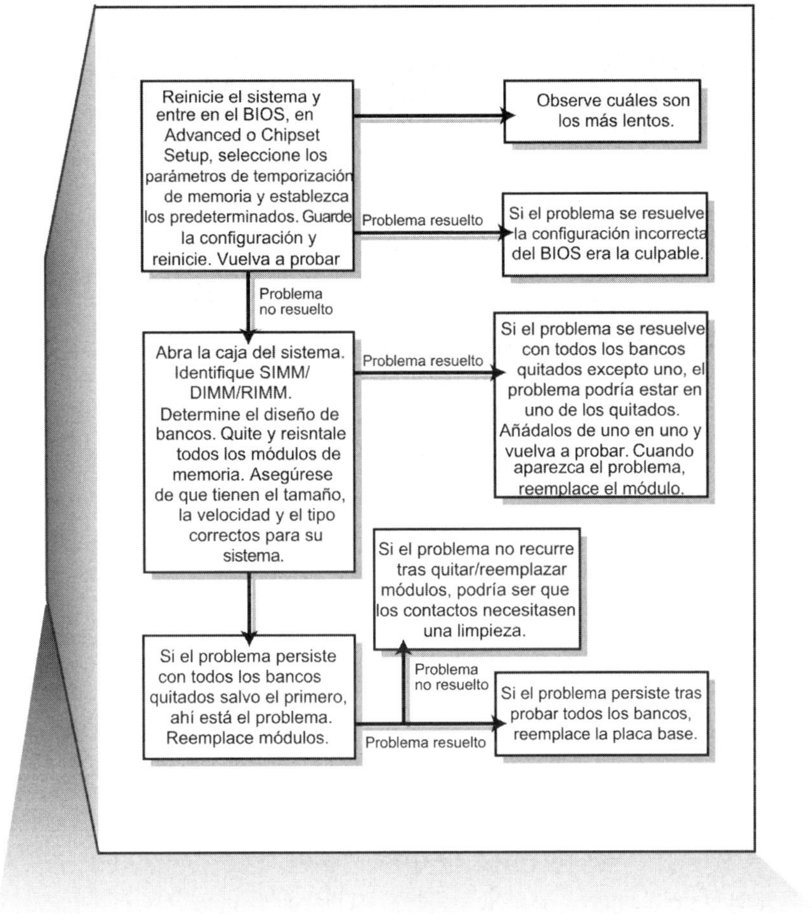

Figura 5.21. *Siga estos pasos si todavía encuentra errores de memoria tras completar los pasos de la figura 5.19.*

4. A continuación, quite toda la memoria excepto el primer banco y vuelva a probar con los procedimientos de prueba y solución de problemas explicados anteriormente (véase la figura 5.22). Si el problema persiste con todo quitado salvo el primer banco, el problema se encuentra entonces en ese primer banco, que deberá ser reemplazado.

5. Reemplace la memoria del primer banco (preferiblemente con módulos de repuesto buenos conocidos, pero puede cambiarlo por uno de los que ha quitado) y vuelva a probar. Si el problema no desaparece después de probar todos los bancos de memoria (y descubrir que todos funcionan correctamente), es probable que sea la propia placa base lo que esté mal (seguramente uno de los zócalos de memoria). Reemplace la placa base y vuelva a probar.

Cambie esta configuración a SPD para volver a la temporización de memoria predeterminada en el módulo

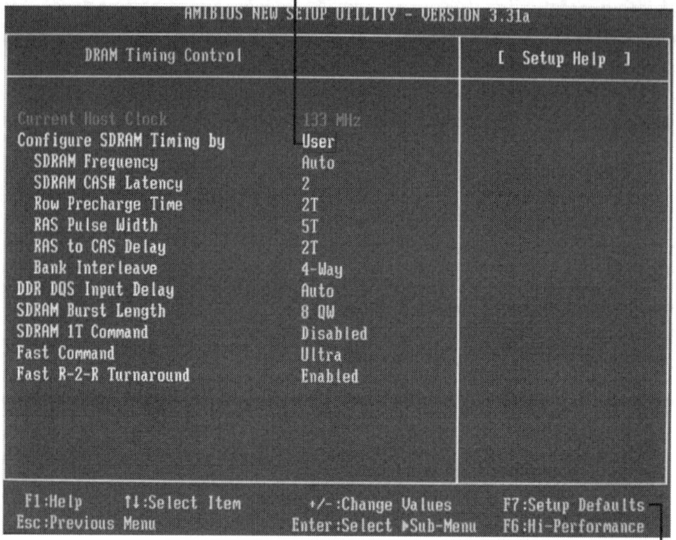

Pulse F7 para usar la configuración predeterminada para la memoria y otras temporizaciones del sistema

Figura 5.22. *Este sistema está utilizando temporizaciones definidas por el usuario, que podrían haber desestabilizado la memoria.*

6. Si el primer banco estaba bien, el problema debe estar en alguno de los retirados temporalmente. Instale el siguiente y pruebe. Si el problema vuelve a surgir, la memoria de ese banco es defectuosa. Siga probando hasta dar con el módulo defectuoso.

7. Repita el paso anterior hasta que todos los bancos de memoria estén instalados y probados. Si el problema no ha resurgido tras retirar y reinstalar toda la memoria, es probable que se tratase de un problema intermitente o provocado por una pobre conducción en los contactos de la memoria. A menudo, simplemente quitar y volver a poner la memoria puede solucionar problemas por la acción de autolimpieza entre el módulo y el zócalo durante la retirada y reinstalación.

Disposición de la memoria lógica del sistema

El PC original tenía un total de 1MB de memoria direccionable, cuyos 384KB superiores estaban reservados para uso del sistema. La situación de este espacio reservado en la parte superior (entre 640KB y 1,024KB, en vez de al final, entre 0KB y 640KB) dio pie a lo que con frecuencia se denomina barrera de memoria convencional.

Las constantes presiones a los fabricantes de sistemas y periféricos para que mantuvieran la compatibilidad no rompiendo nunca con el sistema original de memoria del primer PC provocaron una estructura de memoria del sistema que es (cuando menos) un desastre. Casi dos décadas después del lanzamiento del primer PC, incluso los sistemas más recientes están limitados en gran medida por el mapa de memoria de los primeros PC.

El PC original utilizaba un procesador Intel 8088 que podía ejecutar solamente instrucciones y código de 16 bits al funcionar en el conocido como modo real del procesador. Aquellos primeros procesadores sólo tenían líneas suficientes para acceder a 1MB de memoria, y los últimos 384KB estaban reservados para el uso de la tarjeta de vídeo como RAM de vídeo, otros adaptadores (para ROM BIOS en tarjeta o búferes RAM), y el ROM BIOS.

El procesador 286 trajo más líneas de direccionamiento, las suficientes para permitir hasta 16MB de RAM, y un nuevo modo para usarla, denominado protegido. Un tema de confusión era que la RAM ya no era contigua; es decir, el sistema operativo podía usar los primeros 640KB y los últimos 15MB, pero no los 384KB del área reservada para el sistema que quedaban en medio.

Cuando Intel lanzó el primer procesador de 32 bits en 1985 (el 386DX), la arquitectura de memoria del sistema cambió drásticamente. Había líneas de direccionamiento suficientes para que el procesador usara 4GB de memoria, pero sólo podía acceder a ellos en modo protegido de 32 bits, en el que solamente se podía ejecutar código o instrucciones de 32 bits. Desafortunadamente, la industria tardó 10 años en pasar de los sistemas y aplicaciones de 16 bits a los de 32. Desde la perspectiva de las instrucciones de software, todos los procesadores de 32 bits a partir del 386 son en realidad versiones más rápidas del mismo.

Cuando AMD sacó el primer procesador x86-64 en 2003 (Intel le siguió en 2004), nació la era de 64 bits. Además de los modos de 16 y 32 bits, estos chips tienen también un modo de 64 bits. Los procesadores de 64 bits tienen tres modos diferenciados, con distintas arquitecturas de memoria. Para favorecer la compatibilidad con versiones anteriores, los procesadores de 64 bits pueden funcionar en modos de 64, 32 o 16 bits, y los procesadores de 32 bits pueden funcionar en modos de 32 o 16 bits, cada uno con limitaciones de memoria diferentes.

Por ejemplo, un procesador de 64 bits que funcione en modo de 32 bits solamente puede dirigir 4GB de RAM, y un procesador de 64 o 32 bits que funcione en modo de 16 bits solamente puede dirigir 1MB de RAM. Todos los procesadores para PC compatibles con Intel empiezan a operar en modo real cuando se encienden. Cuando se carga un sistema operativo de 32 o 64 bits, es el código de ese sistema operativo el que instruye al procesador para que cambie a modo protegido de 32 o 64 bits.

Cuando se inicia un sistema operativo como Windows, el procesador cambia a modo protegido de 32 bits al principio de la secuencia de inicio. A continuación se cargan los controladores de 32 bits para todo el hardware y después el resto del sistema operativo. En modo protegido de 32 bits, los sistemas operativos y las aplicaciones pueden acceder a toda la memoria del sistema hasta 4GB. Del mismo modo, en un sistema operativo de 64 bits, el sistema cambia al modo protegido de 64 bits al principio del proceso de inicio y carga los controladores de 64 bits y luego el resto del sistema operativo.

Las ediciones de 32 bits de Windows soportan 4GB de memoria física (RAM). De lo que muchos no se dan cuenta es de que el hardware de los sistemas PC utiliza alguno o los cuatro gigabytes para la BIOS, los recursos de la placa base, la E/S asignada a memoria, el espacio de configuración PCI, la memoria de dispositivos (apertura gráfica), la memoria VGA, etc. Esto significa que si instalamos 4GB (o más) de RAM, no se verá ninguno más de los 4GB y se deshabilitará todo o gran parte del cuarto gigabyte (esto es, la RAM entre 3GB y 4GB) porque ya está ocupada por otro hardware del sistema. Esto se conoce como el límite de 3GB, que es similar al de 640K que tenían los sistemas de 16 bits de los ochenta. El direccionamiento de 16 bits soportaba 1MB, pero el hardware del sistema (BIOS, vídeo, ROM de adaptador ROM...) ya estaba usando los 384K superiores.

La figura 5.23 muestra el mapa de memoria para un sistema moderno que utiliza un *chipset* Intel G45, que soporta un máximo de 16GB de RAM. Para un sistema operativo de 32 bits, la línea denominada "Top of usable DRAM (32-bit OS)" está en los 4.096MB. Observe que el rango de memoria PCI, FLASH, APIC y las áreas reservadas abarcan un total de 770MB de memoria por debajo de los 4GB.

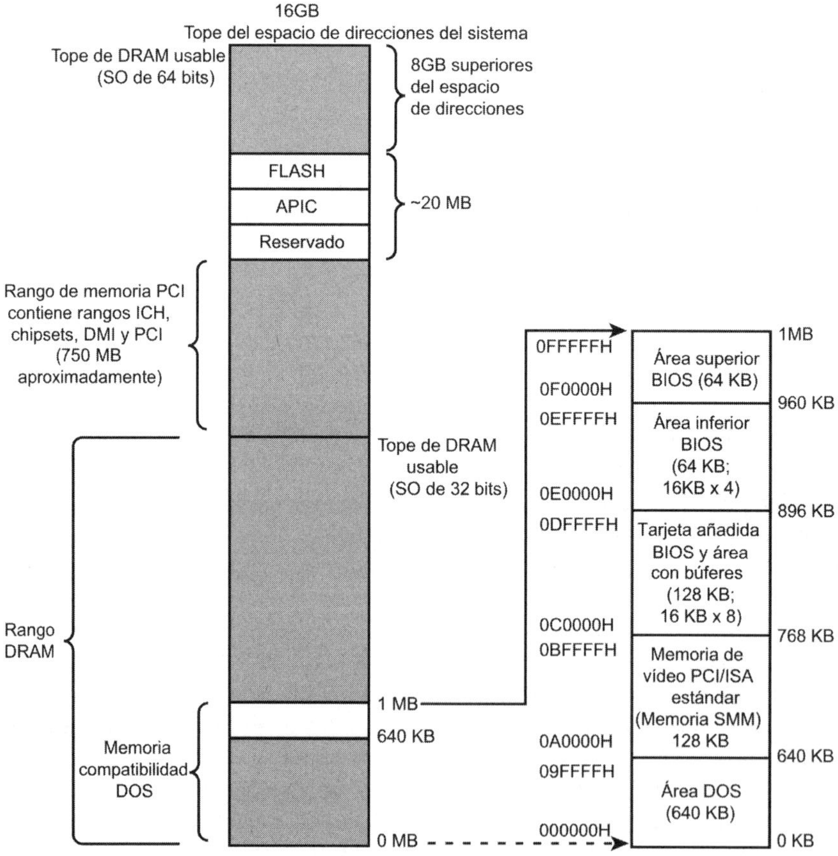

Figura 5.23. *Mapa de memoria de un sistema que utiliza un chipset Intel G45.*

También vemos que el sistema usa además los 384K (0,375MB) de memoria que quedan por debajo de 1MB. Esto significa que si ejecutamos un sistema operativo de 32 bits, incluso aunque tengamos instalados 4GB de RAM, la cantidad utilizable por el sistema operativo será 4.096MB – 770MB – 0,375MB, es decir 3.325,625MB (o unos 3,24GB redondeando hacia abajo).

¿Se puede reclamar algo de esa memoria sin usar entre los 3GB y 4GB? Los que utilicen un sistema operativo de 32 bits, no. Sin embargo, si se ejecuta un sistema operativo de 64 bits que soporte la reasignación de memoria (principalmente una función del *chipset* de la placa base y la BIOS), la respuesta es sí. La mayoría de los *chipsets* de placa base más recientes tienen una característica que puede reasignar la RAM deshabilitada del cuarto GB hasta un quinto o más, donde será visible y utilizable para el sistema operativo. Tenga en cuenta, no obstante, que si la placa base no soporta reasignación, aunque se ejecute un sistema de 64 bits se perderá esa memoria.

Observe que el límite de 3GB no se define tan estrictamente como el de 640K. Esto significa que si se instalan 4GB, se podría utilizar desde unos 3,5GB hasta 2,5GB o menos. Todo depende en gran medida de los tipos de buses del sistema y del tipo y la cantidad de tarjetas de vídeo instaladas. Con una sola tarjeta de vídeo de gama baja, se puede tener acceso a 3,5GiB. Sin embargo, en un sistema nuevo con dos o más ranuras PCIe x16, y especialmente con dos o más tarjetas de vídeo PCI Express de gama alta instaladas, el límite utilizable puede caer hasta los 2GiB.

Para ejecutar ediciones de Windows de 32 bits, solía recomendar instalar un máximo de 3GB RAM, puesto que la mayor parte (si no todo) del cuarto GB es inutilizable. Sin embargo, en sistemas que soportan memoria de doble canal, sale más barato instalar dos módulos de 2GB para obtener 4GB que instalar dos de 1GB y dos de 512MB para conseguir 3GB. En un sistema de sobremesa que soporte memoria de doble canal, yo no instalaría tres módulos de 1GB, porque en ese caso no toda la memoria funcionaría en modo de canal doble.

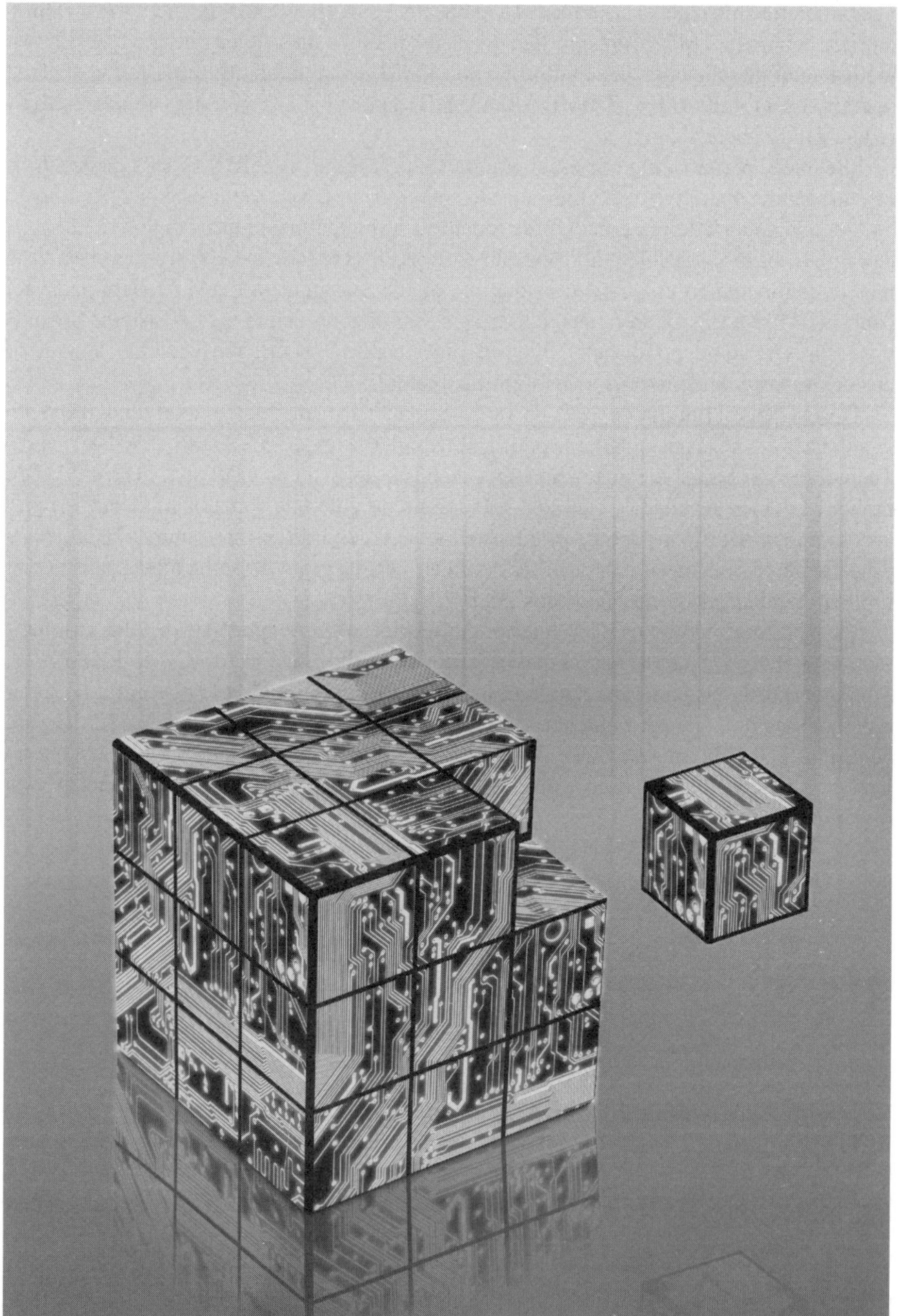

6. La interfaz ATA/IDE

Visión general de la interfaz IDE

La interfaz usada para conectar el disco duro y las unidades ópticas a un PC moderno se suele llamar IDE (*Integrated Drive Electronics*, Electrónica integrada en la unidad), aunque su nombre oficial es ATA (*AT Attachment*, Conexión de tecnología avanzada). El nombre ATA hace referencia al hecho de que la interfaz estuviera diseñada originalmente para conectar directamente una unidad combinada y un controlador al bus de 16 bits del antiguo IBM AT (1984) y ordenadores compatibles. El bus AT también se conoce como bus ISA (*Industry Standard Architecture*, Arquitectura normalizada de la industria). Aunque ATA es el nombre oficial de la interfaz, IDE es un término comercial creado por algunos fabricantes para describir la combinación unidad/controlador utilizada en unidades con la interfaz ATA. El nombre IDE hace referencia al hecho de que la electrónica o el controlador de la interfaz está integrado en la unidad y no es una placa aparte, como en las anteriores interfaces de unidad. Aunque el nombre correcto para esa interfaz IDE más utilizado técnicamente es ATA, muchos insisten en la designación IDE. Si es quisquilloso, puedo decirle que IDE se refiere genéricamente a cualquier interfaz de unidad en la que el controlador esté integrado mientras que ATA se refiere a la implementación específica de IDE que se utiliza en la mayoría de los PC.

ATA era en origen una interfaz paralela de 16 bits, lo que significa que transmitía 16 bits simultáneamente por el cable de conexión. A finales de 2000 se presentó una nueva interfaz denominada Serial ATA, que sería adoptada por los ordenadores de sobremesa a partir de 2003 y por los portátiles desde 2005. La *Serial ATA* (SATA) envía los bits por el cable de uno en uno, lo que permite el uso de cables más pequeños y finos y proporciona un rendimiento más alto gracias a la velocidad de ciclo que consigue. Aunque SATA es un diseño de interfaz física totalmente distinto, es compatible con PATA a nivel de software. En este libro, ATA se refiere sólo a la versión paralela o a las versiones paralela y serie, mientras que PATA (*Parallel ATA*) se refiere específicamente a la versión paralela y SATA (*Serial ATA*) a la versión serie.

Precursores de IDE

La tabla 6.1 recoge las diversas interfaces de disco duro para PC que se han utilizado a lo largo de los años. Con el paso del tiempo, se han multiplicado las opciones, aunque muchas de las interfaces estándar antiguas se han quedado obsoletas y ya no son viables en sistemas más modernos.

Tabla 6.1. *Interfaces de unidad para PC.*

Interfaz	Periodo de uso
ST-506/412	1978–1989 (obsoleta)
ESDI	1983–1991 (obsoleta)
IDE no ATA	1987–1993 (obsoleta)
SCSI	1986–presente
Parallel ATA (IDE)	1986–presente
Serial ATA	2003–presente

De estas interfaces, solamente ST-506/412 y ESDI son lo que podríamos llamar auténticas interfaces de disco controlador a unidad. Las versiones no ATA de IDE se utilizaron por primera vez en los sistemas IBM PS/2 y también están desfasadas. SCSI, ATA y Serial ATA son interfaces a nivel de sistema que suelen incorporar internamente una interfaz controladora basada en *chipset*. Por ejemplo, muchas unidades SCSI, PATA y SATA incorporan la misma circuitería controladora básica dentro de la unidad real. La interfaz SCSI añade otra capa que conecta el controlador de la unidad con el bus PCI (o ISA), mientras que PATA y SATA tienen una conexión más directa del controlador a la interfaz de conexión del bus AT. A pesar de sus diferencias, llamamos a las tarjetas SCSI, PATA y SATA adaptadoras de interfaz de *host* en lugar de tarjetas controladoras porque los controladores reales están dentro de las unidades. Prácticamente todas las unidades de disco modernas utilizan interfaces PATA, SATA o SCSI para conectar con el sistema.

Origen de IDE

Cualquier unidad con un controlador integrado podría llamarse unidad IDE, aunque por lo general, cuando decimos IDE, nos estamos refiriendo a la versión específica de IDE llamada ATA.

Independientemente de cómo la llamemos, combinar la unidad de disco y el controlador simplifica enormemente la instalación porque no hacen falta cables eléctricos ni de señal separados para unir el controlador a la unidad. Además, cuando controlador y disco se montan como una unidad, la cantidad total de componentes se reduce, las rutas de señal se acortan y las conexiones eléctricas son más resistentes al ruido. El resultado es un diseño más fiable y económico que cuando se utiliza un controlador independiente conectado a la unidad mediante cables.

Colocar el controlador, incluido el codificador digital-analógico, en la unidad ofrece más fiabilidad inherente respecto a interfaces con controladores separados, como ST506 y ESDI. La fiabilidad aumenta porque la codificación de datos se lleva a cabo directamente en la unidad, en un entorno libre de ruido. La información sensible a la temporización no tiene que viajar por cables de cinta plana que pueden recibir ruido y generar retrasos en la propagación de las señales. La configuración integrada permite aumentar la velocidad de reloj del codificador y la densidad de almacenamiento de la unidad.

Integrar el controlador y la unidad también libera a los ingenieros de controladores y unidades de tener que adherirse a las estrictas directrices impuestas por los primeros estándares de interfaz.

Los ingenieros pueden diseñar implementaciones de controlador y unidad personalizadas porque nunca habrá que conectar otro controlador a esa unidad. Las combinaciones de controlador y unidad resultantes pueden ofrecer un rendimiento más alto que las configuraciones de controlador y unidad independientes anteriores. Las unidades IDE se denominan a veces unidades con controladores incrustados. Las primeras unidades IDE se llamaban tarjetas de disco duro y no eran más que discos duros y controladores unidos conectados en una ranura como una sola unidad. Empresas como la división Plus Development de Quantum cogieron unidades pequeñas, de unos 9cm (ST-506/412 o ESDI), y las juntaron directamente con un controlador estándar. El ensamblaje de unidad y controlador se conectaba después a una ranura de bus ISA como si fuera una tarjeta controladora de disco normal. Desafortunadamente, el montaje de un disco duro pesado y vibrante en una ranura de expansión con un simple tornillo para sujetarlo dejaba mucho que desear, por no mencionar la interferencia física con las tarjetas adyacentes, ya que estas unidades eran mucho más gruesas que una tarjeta controladora.

A varias empresas se les ocurrió rediseñar el controlador para sustituir el ensamblaje de placa lógica en un disco duro estándar por un montaje en una bahía de dispositivo estándar como cualquier otra unidad. Ya que el controlador integrado de estas unidades todavía tenía que conectarse directamente al bus de expansión como cualquier otro controlador, había un cable entre la unidad y una de las ranuras. Ahí está el origen de IDE.

Origen de ATA

Control Data Corporation (CDC; su división de discos duros se llamaría posteriormente Imprimis), Western Digital y Compaq crearon lo que podrá llamarse primera interfaz ATA IDE y fueron los primeros en establecer el diagrama de conexión ATA de 40 pines. La primera unidad ATA IDE fue una CDC Wren II 40MB de 13,3cm con un controlador

WD integrado que se utilizó por primera vez en los sistemas Compaq 386 de 1986. Recuerdo haberla visto por primera vez en 1986, en la feria otoñal de Comdex, junto con un cable de cinta de 40 pines único (por aquel entonces); me llamó mucho la atención el LED de actividad verde en el bisel frontal (la mayoría de unidades usaban LED rojos).

Compaq fue la primera en incorporar un adaptador de bus especial a su sistema para adaptar el conector de bus ATA (también conocido como ISA) de 98 pines de la placa base a un conector más pequeño de estilo cabezal con 40 pines al que se conectaría la unidad. El conector de 40 pines era lo único que hacía falta porque se sabía que un controlador de disco nunca necesitaría más de 40 líneas del bus ISA. Las unidades ATA más pequeñas (6,4cm) que encontramos en equipos portátiles utilizan una conexión de 44 o 50 pines, que incluye pines adicionales para energía y configuración. Los pines del bus ISA original utilizados en ATA son los únicos pines que requiere un controlador de disco duro de tipo AT estándar. Por ejemplo, dado que un controlador de disco de estilo AT principal solamente utiliza la línea 14 de solicitudes de interrupción (IRQ), el conector ATA de la placa base suministra únicamente esa línea IRQ; no hace falta más. Incluso aunque la interfaz ATA esté integrada en el chip puente sur o concentrador del controlador de E/S del *chipset* de la placa base (como en los sistemas más modernos) y funcione a velocidades de bus más elevadas, el diagrama de conexión y las funciones de los pines siguen siendo iguales que en el diseño original tomado del bus ISA.

Nota: *Mucha gente que utiliza sistemas con conectores ATA en la placa base cree que hay un controlador de disco duro integrado en la placa base, pero en un sentido técnico, el controlador está realmente en la unidad. Aunque los puertos ATA integrados en una placa base suelen denominarse controladores, es más exacto llamarlos adaptadores de* host, *pero raramente se escucha este término. Un adaptador de* host *podría definirse como un dispositivo que conecta un controlador a un bus.*

Finalmente, el diseño de interfaz de unidad y conector ATA de 40 pines fue llevado ante los comités de estandarización ANSI, que junto con los fabricantes de unidades pulieron imperfecciones, ataron algún cabo suelto y publicaron lo que se conoce como interfaz CAM ATA. El comité CAM ATA se constituyó en octubre de 1988 y el primer documento de la interfaz se presentó en marzo de 1989. Antes del estándar CAM ATA, varias empresas, como Conner Peripherals (más tarde fusionada con Seagate Technology), hicieron cambios propietarios en la interfaz diseñada por CDC. Como resultado, muchas unidades ATA de finales de los ochenta son muy difíciles de integrar en configuraciones de doble unidad por culpa de pequeñas diferencias en las interfaces que pueden causar problemas de compatibilidad entre unidades. A principios de los noventa, la mayoría de los fabricantes de unidades hicieron sus productos en consonancia con el estándar oficial, resolviendo así muchos de estos problemas de compatibilidad.

Algunas áreas del estándar ATA quedaron abiertas a comandos y funciones específicos de cada vendedor. Ésa es la razón por la que es tan importante utilizar programas específicos de cada OEM para probar unidades ATA. Para funcionar a plena capacidad, el programa de diagnóstico que utilice debe conocer los comandos exclusivos del vendedor para reorganizar defectos. Por desgracia, éstos y otros comandos específicos varían de OEM a OEM, lo que empaña el estándar en cierto modo. La mayoría de los fabricantes de unidades ATA publican su software de formateo/inicialización en sus sitios Web.

Como veíamos al principio del capítulo, PATA es una interfaz paralela de 16 bits que lentamente empezó a desfasarse a favor de la interfaz serie SATA. Los cables más pequeños y delgados de SATA proporcionan un rendimiento más alto gracias a las mayores velocidades de ciclo que permiten, y es bastante más fácil trabajar con ellos que con los anchos cables de cinta PATA. La figura 6.1 nos muestra una comparación del tamaño de los cables de energía y datos que utiliza SATA con los que utiliza PATA.

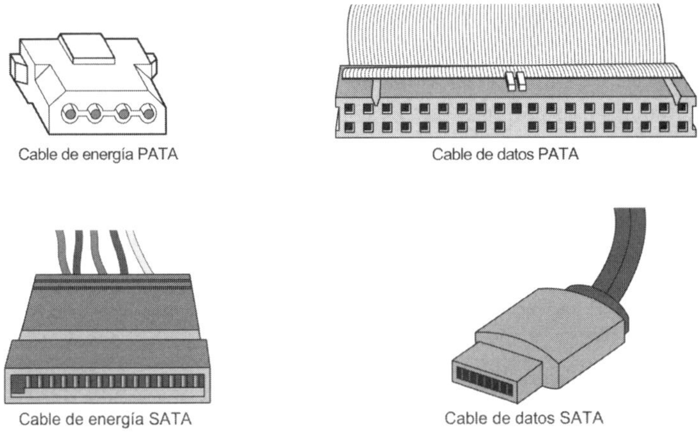

Figura 6.1. Los cables de datos SATA (abajo a la derecha) son mucho más pequeños que los que utiliza PATA (arriba a la derecha), mientras que los cables de energía (izquierda) tienen un tamaño similar.

Estándares ATA

Actualmente, la interfaz ATA está controlada por un grupo independiente de representantes de los principales fabricantes de PC, unidades y componentes. Este grupo, llamado Technical Committee T13 (`www.t13.org`), es responsable de todos los estándares relacionados con las interfaces de almacenamiento PATA y SATA. T13 es parte del INCITS (*International Committee on Information Technology Standards*, Comité Internacional para Estándares de Tecnología de la Información), que se rige por normas aprobadas por el ANSI (*American National Standards Institute*, Instituto Americano de Normas Nacionales), un organismo gubernamental que establece reglas para controlar los estándares no propietarios en la industria informática y en otras. Se formó un segundo grupo llamado Serial ATA International Organization (`www.serialata.org`) para crear estándares SATA, que después pasan por el comité T13 para que los retoque y finalmente son publicados por el ANSI. Los estándares ATA-7 y ATA-8 incorporan interfaces serie y paralelas.

Las reglas por las que se rigen estos comités están diseñadas para garantizar que los estándares de la industria voluntarios se desarrollan por consenso de las personas y organizaciones afectadas. INCITS desarrolla específicamente estándares de sistema de procesamiento de información, mientras que ANSI aprueba el proceso en el que se desarrollan estos estándares y luego los publica.

Dado que T13 es básicamente una organización pública, todos sus borradores, discusiones y reuniones están abiertos al público.

Es posible adquirir copias de los estándares publicados de ANSI (`www.ansi.org`) y Global Engineering Documents (`http://global.ihs.com`). También se puede descargar versiones en borrador de los estándares de los sitios Web del comité T13 y de *Serial ATA International Organization* (SATA-IO).

Cada versión nueva de ATA es compatible con las anteriores. En otras palabras, los dispositivos ATA-1 y ATA-2 funcionan bien en interfaces ATA-6 y ATA-8. ATA-7 y ATA-8 incluyen ATA serie y paralela, y las versiones más modernas de ATA suelen estar creadas a partir de versiones más antiguas, son en cierto modo extensiones de las versiones anteriores. Esto significa que ATA-8, por ejemplo, se considera en general igual a ATA-7 con algunas características añadidas. La tabla 6.2 recoge los estándares ATA que veremos con más detalles en los próximos apartados.

Tabla 6.2. *Estándares ATA.*

Estándar	Propuesto	Publicado	Retirado	Modos PIO	Modos DMA	Modos UDMA
ATA-1	1988	1994	1999	0-2	0	—
ATA-2	1993	1996	2001	0-4	0-2	—
ATA-3	1995	1997	2002	0-4	0-2	—
ATA-4	1996	1998	—	0-4	0-2	0-2
ATA-5	1998	2000	—	0-4	0-2	0-4
ATA-6	2000	2002	—	0-4	0-2	0-5
ATA-7	2001	2004	—	0-4	0-2	0-6
ATA-8	2004	2008	—	0-4	0-2	0-6

S.M.A.R.T. = *Self-Monitoring, Analysis, and Reporting Technology*, Tecnología para la automonitorización, análisis y generación de informes.
ATAPI = *AT Attachment Packet Interface*, Interfaz de paquetes de conexión de tecnología avanzada.
MB = Megabyte.
GB = Gigabyte.
PB = Petabyte.
CHS = Cilindro, cabezal, sector.
LBA = *Logical Block Address*, Dirección de bloque lógico.
PIO = *Programmed I/O*, E/S programada.
DMA = *Direct Memory Access*, Acceso directo a memoria.
UDMA = Ultra DMA.

ATA-1 (Interfaz de conexión de tecnología avanzada para unidades de disco)

ATA-1 definía la interfaz de conexión de tecnología avanzada original, que se trataba de una interfaz de bus integrada entre unidades de disco y sistemas *host* basados en el bus ISA (AT).

La especificación ATA-1 presentaba y documentaba las características principales siguientes:

- Conectores y cableado de 40/44 pines.
- Opciones de configuración de unidad maestra/esclava o selección por cable.
- Temporización de señal para modos de E/S programada (PIO) y acceso directo a memoria (DMA).
- Traducción de parámetros de unidad cilindro, cabezal, sector (CHS) y dirección de bloque lógico (LBA) que soportan capacidades de unidad de hasta 228–220 (267.386.880) sectores, o 136,9GB.

Velocidad paralela (MBps)	Velocidad serie (MBps)	Características
8,33	—	Los controladores soportan hasta 136,9GB; problemas de BIOS sin tratar.
16,67	—	Modos PIO más rápidos; traducción CHS/LBA BIOS definida hasta 8,4GB; PC-Card.
16,67	—	S.M.A.R.T.; integridad de señal mejorada; soporte LBA obligatorio; eliminados los modos DMA de una sola palabra.
33,33	—	Modos Ultra-DMA; ATAPI; soporte BIOS hasta 136,9GB.
66,67	—	Modos UDMA más rápidos; cable de 80 pines con autodetección.
100	—	100MBps Modo UDMA; soporte extendido de unidad y BIOS hasta 144PB.
133	150	133MBps Modo UDMA; Serial ATA.
133	150	Revisiones menores.

Aunque ATA-1 se utilizaba desde 1986, el trabajo para convertirla en un estándar oficial no comenzó hasta 1988, con el comité CAM (*Common Access Method*, Método de acceso común). En 1994 se terminó y publicó en estándar TA-1 como "ANSI X3.221-1994, AT Attachment Interface for Disk Drives". ATA-1 se retiró oficialmente como estándar el 6 de agosto de 1999.

Aunque en teoría ATA-1 soportaba capacidades de unidad de hasta 136,9GB (228–220 = 267.386.880 sectores), no resolvía las limitaciones de la BIOS que paraban en 528MB (1024×16×63 = 1.032.192 sectores). Estas limitaciones se tratarían en las siguientes versiones de ATA, ya que en aquella época no existían unidades de más de 528MB.

ATA-2 (Interfaz de conexión de tecnología avanzada con extensiones-2)

ATA-2 apareció por primera vez en 1993 y fue una actualización importante del estándar ATA original. Quizá el mayor cambio fuese en la filosofía. ATA-2 se actualizó para definir una interfaz entre sistemas *host* y unidades de almacenamiento en general y no sólo unidades de disco. Las principales características que incorporaba ATA-2 respecto al estándar ATA original incluían las siguientes:

- Modos PIO y DMA más rápidos.
- Soporte para administración de energía.
- Soporte para dispositivos extraíbles.
- Soporte para dispositivos PCMCIA (PC Card).
- Comando `Identify Drive` que ofrece más información.
- Métodos de traducción CHS/LBA estándar definidos para unidades con una capacidad de hasta 8,4GB.

Las incorporaciones más importantes a ATA-2 eran el soporte de modos PIO y DMA más rápidos, y de modos que permitían que la BIOS soportase hasta 8,4GB. El soporte BIOS era necesario porque, aunque ATA-1 estuviese diseñada para soportar unidades de hasta 136,9GB de capacidad, la BIOS del PC solamente podía manejar unidades de hasta 528MB. Con la adición de la capacidad de traducción de parámetros la BIOS podía manejar unidades de hasta 8,4GB.

ATA-2 también incluía mejoras en el comando `Identify Drive` que permitían a una unidad decir al software cuáles eran exactamente sus características; esto sería esencial para *Plug and Play* (PnP) y la compatibilidad con las futuras versiones del estándar.

ATA-2 también se conocía por nombres comerciales no oficiales tales como Fast-ATA o Fast-ATA-2 (Seagate/Quantum) y EIDE (*Enhanced IDE*, Western Digital).

Aunque el trabajo en ATA-2 empezó en 1993, el estándar no se publicó oficialmente hasta 1996, como "ANSI X3.279-1996 AT Attachment Interface with Extensions". ATA-2 se retiró oficialmente en 2001.

ATA-3 (Interfaz de conexión de tecnología avanzada-3)

Aparecida por primera vez en 1995, ATA-3 era una revisión menor del estándar ATA-2 que la precedía. Consistía en una limpieza general de las especificaciones y tenía principalmente pequeñas aclaraciones y retoques.

Éstos son los cambios más importantes que incluía:

- Eliminación de protocolos de transferencia DMA de una sola palabra (8 bits).
- Adición de soporte S.M.A.R.T. para predicción de degradación de rendimiento de los dispositivos.
- Soporte del modo LBA obligatorio (antes era opcional).
- Adición del modo ATA Security, que permite la protección por contraseña del acceso a los dispositivos.
- Recomendaciones para terminación de bus de origen y recepción, para resolver problemas de ruido a velocidades de transferencia elevadas.

ATA-3 se creó a partir de ATA-2, añadiendo fiabilidad mejorada, especialmente de las 4 transferencias en modo PIO más rápido; sin embargo, ATA-3 no define modos más rápidos. Por otro lado, ATA-3 añadía un esquema de seguridad sencillo basado en contraseña, administración de energía más sofisticada, y S.M.A.R.T. Esto permitía a la unidad rastrear los problemas que podían derivar en un fallo y evitar así la pérdida de datos. S.M.A.R.T. es una tecnología de predicción fiable desarrollada inicialmente por IBM.

Empezaron a trabajar en ATA-3 en 1995, y el estándar se terminó y publicó oficialmente en 1997 como "ANSI X3.298-1997, AT Attachment 3 Interface". Se retiró oficialmente en 2002.

ATA/ATAPI-4 (Conexión de tecnología avanzada con extensión de interfaz de paquetes-4)

ATA-4, que apareció por primera vez en 1996, añadía cosas importantes al estándar. Incluía la característica Packet Command conocida como ATAPI (*AT Attachment Packet Interface*, Interfaz de paquetes de conexión de tecnología avanzada), que permitía la conexión de dispositivos como unidades de CD-ROM y CD-RW, disquetes LS-120 SuperDisk, unidades Zip, cintas, y otros tipos de dispositivos de almacenamiento, mediante una interfaz común. Hasta la salida de ATA-4, ATAPI era un estándar independiente. ATA-4 también incorporaba el modo de transferencia a 33MB por segundo conocido como Ultra-DMA o Ultra-ATA. ATA-4 es compatible con ATA-3 y definiciones anteriores de ATAPI.

El trabajo en ATA-4 comenzó en 1996, y el estándar se acabó y publicó en 1998 como "ANSI NCITS 317-1998, AT Attachment - 4 with Packet Interface Extension".

Éstas son las principales novedades que incorporaba ATA-4:

- Modos de transferencia *Ultra-DMA* (UDMA) hasta Mode 2, que es de 33MBps (llamado UDMA/33 o Ultra-ATA/33).
- Soporte ATAPI integral.
- Soporte de administración de energía avanzado.
- Cable opcional de 80 conductores y 40 pines definido para resistencia a ruido mejorada.
- Soporte de área protegida por *host* (HPA).
- Soporte CFA (*Compact Flash Adapter*, Adaptador Compact Flash).
- Soporte BIOS mejorado para unidades con un tamaño superior a 9,4ZB (Zettabytes o un trillón de gigabytes), incluso aunque ATA todavía se limitaba a 136,9GB.

El *chipset* de la placa base es principalmente el que dicta la velocidad y el nivel de soporte ATA de un sistema. La mayoría de los *chipsets* incluyen un componente llamado puente sur o concentrador del controlador de E/S que proporciona al sistema la interfaz ATA (además de otras funciones). Compruebe las especificaciones de su placa base o *chipset* para ver si soporta los modos ATA/33, ATA/66, ATA/100 o ATA/133 más rápidos. Entre en el programa de configuración de la BIOS, ponga el disco duro en configuración de parámetros manual y observe los modos Ultra-DMA que aparezcan (si hay alguno). La mayoría de las placas fabricadas durante 1998 soportan ATA/33. En 2000 empezaron a soportar ATA/66, y a finales de ese año, ATA/100. El soporte ATA/133 se extendió a partir de mediados de 2002.

ATA-4 convirtió el soporte de ATAPI en parte integral del estándar ATA; en consecuencia, ATAPI dejó de ser una interfaz auxiliar para ATA para fusionarse totalmente con ella. Así pues, ATA-4 convirtió a ATA en una interfaz para utilizar con otros muchos tipos de dispositivo. ATA-4 también incorporaba soporte para nuevos modos Ultra-DMA (también llamados Ultra-ATA) para transferencias de datos más rápidas todavía. El modo de rendimiento más alto, denominado UDMA/33, tenía un ancho de banda de 33MBps, dos veces más que el modo E/S programada o DMA más rápido soportado antes. Además de una velocidad de transferencia más alta, se consiguieron otras mejoras de rendimiento, gracias a que los modos UDMA quitaban carga al procesador.

Hay un cable de 80 conductores opcional (con selección por cable) definido para transferencias UDMA/33. Aunque en principio este cable era opcional, más tarde se hizo necesario para los modos más rápidos ATA/66, ATA/100 y ATA/133 de ATA-5 y versiones posteriores. El soporte para un área reservada en la unidad, denominada HPA, se añadió mediante el comando opcional `SET MAX ADDRESS` que permitía reservar un área de la unidad para software de recuperación.

También se incluyó soporte para cola de comandos, como el de SCSI-2, lo que permitió un mejor funcionamiento multitarea cuando varios programas solicitaban transferencias ATA.

Otro estándar aprobado por el comité T13 en 1998 fue "ANSI NCITS 316-1998 1394 to AT Attachment - Tailgate", que es un protocolo puente entre el bus IEEE 1394 (i.LINK/FireWire) y ATA, que permite que se adapten unidades ATA para FireWire. Un *tailgate* es un dispositivo adaptador (básicamente una pequeña placa de circuito) que convierte IEEE 1394 (i.LINK o FireWire) a ATA, permitiendo la conexión de unidades ATA a buses FireWire. Esto permitió rápidamente a los vendedores desarrollar unidades externas IEEE 1394 (FireWire) para copias de seguridad y almacenamiento de datos extraíble de gran capacidad. Dentro de casi cualquier envoltorio de unidad FireWire externa encontrará este dispositivo adaptador y una unidad ATA estándar.

ATA/ATAPI-5 (Conexión de tecnología avanzada con extensión de interfaz de paquetes-5)

ATA-5 apareció por primera vez en 1998 y se creó a partir de la interfaz ATA-4. ATA-5 incluye Ultra-ATA/66 (también llamado Ultra-DMA o UDMA/66), que duplica la velocidad de transferencia de Ultra-ATA reduciendo los tiempos de inicio y aumentando la velocidad de reloj. La velocidad de reloj más rápida aumenta las interferencias, que causan problemas con el cable de 40 pines estándar utilizado por ATA y Ultra-ATA. Para eliminar el ruido y las interferencias, se hizo obligatorio el nuevo cable de 40 pines y 80 conductores para las unidades que funcionasen en modo UDMA/66 o más rápido. Este cable añade 40 líneas de masa adicionales entre las 40 líneas de masa y señal originales, lo que ayuda a proteger las señales contra interferencias. Observe que este cable funciona también con dispositivos más antiguos que no soportan Ultra-ATA porque sigue teniendo los mismos conectores de 40 pines.

El trabajo en ATA-5 empezó en 1998, y el estándar se terminó y publicó oficialmente en 2000 como "ANSI NCITS 340-2000, AT Attachment - 5 with Packet Interface".

Las principales novedades del estándar ATA-5 incluían éstas:

- Modos de transferencia *Ultra-DMA* (UDMA) hasta Mode 4, que es de 66MBps (denominado UDMA/66 o Ultra-ATA/66).
- Cable de 80 conductores obligatorio para la operación UDMA/66.
- Detección automática de cables de 40 u 80 conductores.
- Sólo se habilitan los modos UDMA más rápidos que UDMA/33 si se detecta un cable de 80 conductores.

Los cables de 40 pines y 80 conductores soportan la característica de detección de cable y tienen conectores con un código de colores. El conector azul (extremo) debería estar conectado a la interfaz del *host* ATA (por lo general la placa base). El conector negro (extremo opuesto) se conoce como posición maestra y es donde se conecta la unidad principal. El conector gris (medio) es para dispositivos esclavos.

Para usar el modo UDMA/33 o UDMA/66, la interfaz ATA, la unidad, la BIOS y el cable deben ser capaces de soportar el modo que se quiere usar. El sistema operativo debe además ser capaz de manejar acceso directo a memoria. Windows 95 OSR2 y versiones posteriores ya están preparados desde el principio, pero las versiones más antiguas de Windows 95 y NT (anteriores al Service Pack 3) requieren controladores adicionales o actualizados para poder explotar estos modos más rápidos. Póngase en contacto con el vendedor de su sistema o placa base para obtener los controladores más recientes.

Para más fiabilidad, los modos Ultra-DMA incorporan un mecanismo de detección de errores conocido como prueba de redundancia cíclica (CRC, *Cyclical Redundancy Checking*). CRC es un algoritmo que calcula una suma de control que sirve para detectar errores en un flujo de datos. Tanto el *host* (controlador) como la unidad calculan un valor CRC para cada transferencia Ultra-DMA.

Una vez enviados los datos, la unidad calcula un valor CRC que se compara con el valor CRC original del *host*. Si se encuentra alguna diferencia, puede que se requiera al *host* seleccionar un modo de transferencia más lento y volver a intentar la solicitud original de datos.

ATA/ATAPI-6 (Conexión de tecnología avanzada con extensión de interfaz de paquetes-6)

ATA-6 empezó a desarrollarse en 2000 e incluye Ultra-ATA/100 (también llamado Ultra-DMA o UDMA/100), que aumenta la velocidad de transferencia Ultra-ATA reduciendo los tiempos de inicio y aumentando la velocidad de reloj. Al igual que ATA-5, los modos más rápidos requieren el cable mejorado de 80 conductores. El uso del modo ATA/100 requiere que tanto la unidad como la interfaz de la placa base los soporten.

El trabajo en ATA-6 empezó en 2000 y el estándar se publicó oficialmente dos años más tarde, como "ANSI NCITS 361-2002, AT Attachment - 6 with Packet Interface".

Los principales cambios en el estándar incluyen los siguientes:

- Adición de Mode 5 de *Ultra-DMA* (UDMA), que permite unas transferencias de 100MBps (llamado UDMA/100, Ultra-ATA/100 o simplemente ATA/100).
- Cuenta de sectores por comando aumentada de 8 bits (256 sectores, o 131KB) a 16 bits (65.536 sectores, o 33,5MB), lo que permite la transferencia más eficaz de archivos grandes.
- Dirección LBA extendida de 228 a 248 (281.474.976.710.656) sectores, que soporta unidades de hasta 144,12PB (petabytes).
- El direccionamiento CHS se quedó obsoleto; las unidades deben usar únicamente direccionamiento LBA de 28 o 48 bits.

Además de añadir la velocidad de transferencia Mode 5 de UDMA a 100MBps, ATA-6 amplió la capacidad considerablemente, y en el momento oportuno. ATA-5 y las unidades estándar anteriores soportaban sólo hasta 137GB, lo que se convirtió en una limitación a medida que iban saliendo unidades más grandes. Las primeras unidades de más de 137GB disponibles comercialmente aparecieron en 2001, pero sólo estaban disponibles en versiones SCSI porque SCSI no tiene las mismas limitaciones que ATA. Con ATA-6, el límite de direccionamiento de sectores se amplía de 228 a 248 sectores, lo que significa que el direccionamiento LBA anterior solamente podía usar números de 28 bits, pero con ATA-6, puede utilizar números más grandes de 48 bits si es necesario. Con 512 bytes por sector, esto eleva la capacidad máxima de unidad soportada a 144,12PB. Observe que el direccionamiento de 48 bits es opcional y solamente es necesario para unidades de más de 137GB. Las unidades de 137GB o menos pueden utilizar direccionamiento de 28 o 48 bits.

ATA/ATAPI-7 (Conexión de tecnología avanzada con extensión de interfaz de paquetes-7)

El trabajo en ATA-7, que empezó a finales de 2001, se completó y publicó oficialmente en 2004. Como los anteriores estándares ATA, ATA-7 está creado a partir del precedente (ATA-6), con algunas adiciones, entre las que se incluyen las siguientes:

- Se añadió *Ultra-DMA* (UDMA) Mode 6, que permitía transferencias de 133MBps (llamado UDMA/133, Ultra-ATA/133 o simplemente ATA/133). Al igual que con UDMA Mode 5 (100MBps) y UDMA Mode 4 (66MBps), es necesario un cable con 80 conductores.
- Soporte añadido para sectores físicos largos. Esto permite formatear dispositivos para que haya múltiples sectores lógicos por sector físico. Cada sector físico almacena un campo ECC, así que los sectores físicos largos permiten mayor eficiencia de formato con menos bytes ECC usados en total.
- Soporte añadido para sectores lógicos largos. Esto permite el uso de bytes de datos adicionales por sector (520 o 528 bytes en vez de 512 bytes) para aplicaciones de servidor. Los dispositivos que utilizan sectores lógicos largos no son compatibles con dispositivos ni aplicaciones que utilicen sectores de 512 bytes, como los sistemas portátiles y de sobremesa estándar.
- Incorporación de SATA como parte del estándar ATA-7.
- El documento de ATA-7 se divide en tres volúmenes. El primero cubre el conjunto de comandos y los registros lógicos, el segundo se ocupa de los protocolos e interconexiones de transporte paralelos, y el tercero trata los protocolos e interconexiones de transporte serie.

Observe que aunque el rendimiento aumenta desde el controlador de la unidad (en la unidad) hasta la placa base a través de los modos UDMA, la mayoría de las unidades ATA, incluso las de UDMA Mode 6 (133MBps), siguen teniendo una velocidad de transferencia máxima media sostenida por debajo de 60MBps. Esto significa que aunque las nuevas unidades ATA puedan transferir a velocidades de hasta 133MBps desde la placa de circuito de la unidad hacia la placa base, los datos procedentes de la unidad (platos) hacia la placa se mueven a través de los cabezales a menos de la mitad de esa velocidad. Por ese motivo, poner una unidad con capacidad UDMA Mode 6 (133MBps) en una placa base con capacidad UDMA Mode 5 (100MBps) no supone una ralentización. Del mismo modo, actualizar el adaptador de *host* ATA de uno de 100MBps a uno de 133MBps no servirá de mucho si la unidad lee los datos de los platos del disco a la mitad de esa velocidad. Recuerde siempre que la velocidad de transferencia del medio es mucho más importante que la de transferencia de interfaz al seleccionar una unidad, ya que la velocidad del medio es el factor limitante.

Maxtor propuso el modo de transferencia ATA/133, y solamente unos pocos fabricantes de unidades y *chipsets* lo adoptaron. Entre los fabricantes de *chipsets*, VIA, Ali y SiS incorporaron soporte ATA/133 a sus productos antes de cambiar a Serial ATA, pero Intel decidió desde el principio pasar de ATA/133 y añadir directamente Serial ATA (150MBps o 300MBps). Esto significa que la mayoría de sistemas que utilizan PATA no tienen soporte para ATA/133; sin embargo, todas las unidades ATA/133 funcionan en modo ATA/100.

ATA/ATAPI-8

El trabajo en ATA-8 comenzó en 2004, y algunas partes del estándar se publicaron entre 2008 y 2009. Como ocurría con los estándares ATA anteriores, ATA-8 está creado a partir del estándar precedente, con algunas adiciones. Al igual que la versión anterior, ATA-8 incluye SATA también.

Éstas son las principales características de ATA-8:

- Sustitución de las funciones largas de lectura/escritura.
- Administración de HPA mejorada.

A medida que avanza el desarrollo de ATA, se espera que el comité SATA-IO diseñe nuevas características para su incorporación, incluidas velocidades de transferencia SATA más rápidas, de 3Gbps y 6Gbps.

Parallel ATA

Parallel ATA tiene especificaciones y requisitos únicos en lo referente a la interfaz física, el cableado y los conectores, en comparación con Serial ATA. Los siguientes apartados detallan las características exclusivas de Parallel ATA.

Conector E/S PATA

El conector de la interfaz PATA suele ser de tipo cabezal con 40 pines espaciados a 2,54mm, y por lo general tiene muescas para impedir la posibilidad de instalarla al revés (véanse las figuras 6.2 y 6.3).

Para crear un conector con muescas los fabricantes suelen quitar el pin 20 del conector macho y bloquear el pin 20 del conector de cable hembra. Algunos cables también incorporan una protuberancia en la parte superior del conector hembra que encaja en una muesca del recubrimiento del conector macho del dispositivo. El uso de conectores y cables con muescas es muy recomendable.

Conectar un cable ATA al revés no causa daños permanentes, pero puede bloquear el sistema e impedir que funcione.

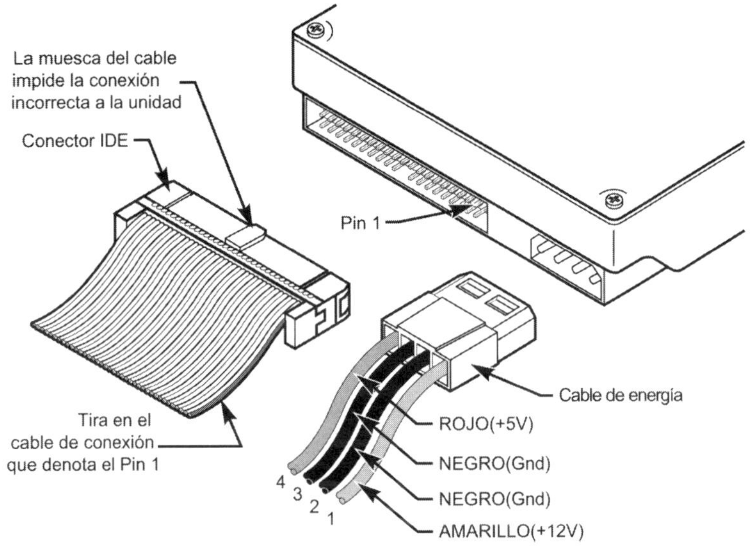

Figura 6.2. *Típicos conectores de disco duro PATA (IDE).*

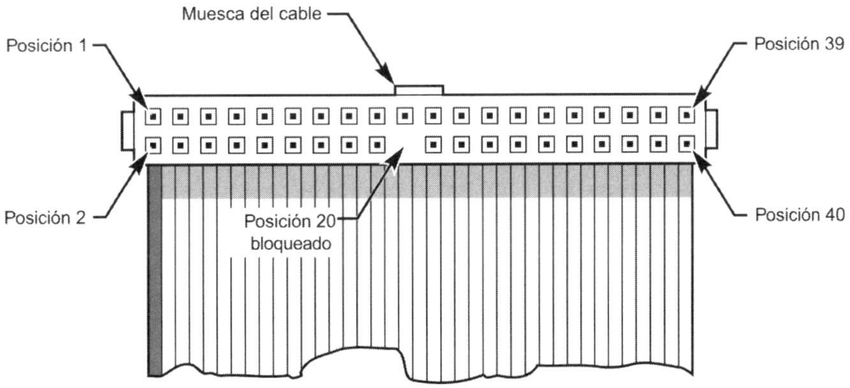

Figura 6.3. *Detalle de un conector de interfaz PATA (IDE) de 40 pines.*

La tabla 6.3 recoge el diagrama de conexión del conector de interfaz PATA (IDE) estándar de 40 pines.

Tabla 6.3. Diagrama de conexión para el conector PATA de 40 pines.

Nombre de la señal	Pin	Pin	Nombre de la señal
-RESET	1	2	GROUND
Data Bit 7	3	4	Data Bit 8
Data Bit 6	5	6	Data Bit 9
Data Bit 5	7	8	Data Bit 10
Data Bit 4	9	10	Data Bit 11
Data Bit 3	11	12	Data Bit 12
Data Bit 2	13	14	Data Bit 13
Data Bit 1	15	16	Data Bit 14
Data Bit 0	17	18	Data Bit 15
GROUND	19	20	KEY (sin pin)
DRQ 3	21	22	GROUND
-IOW	23	24	GROUND
-IOR	25	26	GROUND
I/O CH RDY	27	28	CSEL:SPSYNC[1]
-DACK 3	29	30	GROUND
IRQ 14	31	32	Reservado[2]
Address Bit 1	33	34	-PDIAG
Address Bit 0	35	36	Address Bit 2
-CS1FX	37	38	-CS3FX
-DA/SP	39	40	GROUND

[1] El pin 28 suele ser de selección por cable, pero algunas unidades antiguas podrían utilizarlo para sincronización de ejes entre múltiples unidades.
[2] El pin 32 se definía como -IOCS16 en ATA-2 pero ya no se usa.
Observe que el guión que precede al nombre de señal (como en -RESET) indica que la señal es "*active low*".

Los discos de 2 1/2 que encontramos en los equipos de tamaño portátil suelen utilizar un conector de cabezal más pequeño de 50 pines espaciados a 2mm. La parte principal de 40 pines es igual que el conector SATA estándar (salvo por la distancia entre los pines), pero hay pines adicionales para energía y puentes. El cable que se enchufa a este conector suele tener 44 pines, que transportan energía además de las señales ATA estándar. En los pines de puente la posición del puente controla la selección por cable y la configuración de esclavo o maestro. La figura 6.4 muestra el conector normalizado de 50 pines de las unidades PATA de 2 1/2 Parallel ATA en equipos portátiles y *notebooks*.

Observe que faltan los pines de puente de las posiciones A–D y los pines de las posiciones E y F. Suele colocarse un puente entre las posiciones B y D para preparar la unidad para la operación de selección por cable. En este conector, el pin 41 suministra energía +5V a la lógica de la unidad (placa de circuito), el pin 42 suministra energía +5V al motor (las unidades de 2 1/2 usan motores de 5V, a diferencia de las unidades más grandes que suelen emplear motores de 12V), y el pin 43 proporciona una masa. El último pin (44) está reservado y no se utiliza.

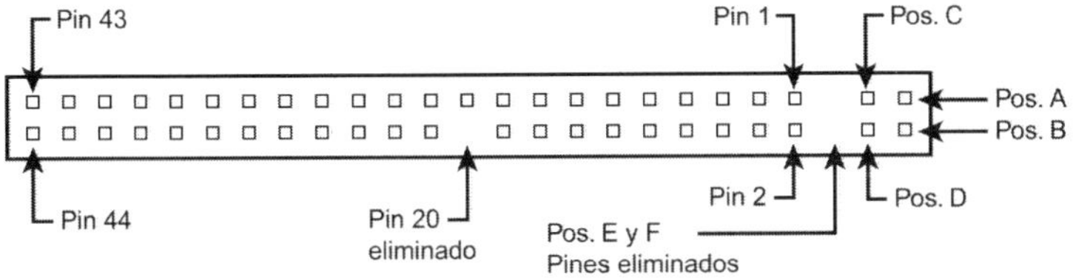

Figura 6.4. *Detalle del conector PATA normalizado de 50 pines (utilizado en unidades PATA de 2 1/2 para portátiles con cables de 44 pines).*

La tabla 6.4 recoge el diagrama de conexión del conector PATA normalizado de 50 pines tal cual se utiliza en la mayoría de unidades de 2 1/2 (portátiles y *notebooks*).

Tabla 6.4. *Diagrama de conexión del conector PATA normalizado de 50 pines.*

Nombre de la señal	Pin	Pin	Nombre de la señal
Jumper pin	A	B	Jumper pin
Jumper pin	C	D	Jumper pin
KEY (sin pin)	E	F	KEY (sin pin)
-RESET	1	2	GROUND
Data Bit 7	3	4	Data Bit 8
Data Bit 6	5	6	Data Bit 9
Data Bit 5	7	8	Data Bit 10
Data Bit 4	9	10	Data Bit 11
Data Bit 3	11	12	Data Bit 12
Data Bit 2	13	14	Data Bit 13
Data Bit 1	15	16	Data Bit 14
Data Bit 0	17	18	Data Bit 15
GROUND	19	20	KEY (sin pin)
DRQ 3	21	22	GROUND
-IOW	23	24	GROUND
-IOR	25	26	GROUND
I/O CH RDY	27	28	CSEL

Nombre de la señal	Pin	Pin	Nombre de la señal
-DACK 3	29	30	GROUND
IRQ 14	31	32	Reservado
Address Bit 1	33	34	-PDIAG
Address Bit 0	35	36	Address Bit 2
-CS1FX	37	38	-CS3FX
-DA/SP	39	40	GROUND
+5V (Logic)	41	42	+5V (Motor)
GROUND	43	44	Reservado

Nota: *Muchos fabricantes de placas y cables de bajo coste no incluyen muescas. En las placas base más baratas a menudo no se elimina el pin 20 de los conectores ATA; en consecuencia, no tienen un cable con el pin 20 bloqueado. Si no utilizan un conector recubierto con una muesca y la consiguiente protuberancia en el conector del cable, no hay muescas y los cables pueden insertarse al revés. Por suerte, la única consecuencia de esto en la mayoría de los casos es que el dispositivo no funcionará hasta que se ponga el cable en la orientación correcta.*

Tenga en cuenta que algunos sistemas no reproducen vídeo hasta que las unidades ATA responden a un comando de inicio, que no pueden recibir si el cable está mal conectado. Así pues, si conecta una unidad ATA sin muescas a su equipo, encienda el ordenador y si parece que está bloqueado (no se ve nada en la pantalla), compruebe el cable ATA. (Véase la figura 6.6 para ejemplos de cables ATA con y sin muescas.)

En extrañas situaciones en las que se esté mezclando elementos, se puede encontrar un cable con el pin 20 bloqueado (como debe ser) y una placa con el pin 20 presente. En ese caso, podemos quitar el pin de la placa, o para los más escrupulosos, quitar el bloqueo del cable o cambiar el cable por uno sin el pin bloqueado. Algunos cables tienen el bloqueo instalado permanentemente como parte del conector, en cuyo caso habrá que quitar el pin 20 de la placa o usar un cable diferente.

La regla de oro es que el pin 1 esté orientado hacia el conector de energía del dispositivo, que suele corresponderse con la raya del cable.

Cable E/S PATA

Se especifica un cable de cinta de 40 conductores para transportar las señales entre los circuitos adaptadores del bus y la unidad (controlador).

Para maximizar la integridad de la señal y eliminar problemas potenciales de temporización e interferencias, el cable no debería tener más de 46cm de largo, aunque las pruebas demuestran que los cables de 80 pines pueden usarse de forma fiable con una longitud de hasta 69cm.

Observe que las unidades ATA que soportan modos de transferencia de alta velocidad, como PIO Mode 4 o cualquiera de los modos *Ultra-DMA* (UDMA), son especialmente susceptibles a los problemas de integridad del cable. Si el cable es demasiado largo puede experimentar daños en los datos y otros errores exasperantes que se manifiestan en problemas de lectura o escritura en la unidad. Además, cualquier unidad que utilice UDMA Mode 5 (velocidad de transferencia de 66MBps), Mode 6 (velocidad de transferencia de 100MBps) o Mode 7 (velocidad de transferencia de 133MBps) debe usar un cable de 80 conductores especial de alta calidad. También recomiendo este tipo de cable cuando la unidad funciona en modo UDMA Mode 2 (33MBps) o más lento, dado que no hace ningún daño y puede ser de ayuda. Siempre llevo en la caja de herramientas un cable ATA de 80 conductores para probar unidades en las que sospecho que hay problemas con la integridad o la longitud del cable.

La figura 6.5 muestra el típico diseño de cable ATA con sus dimensiones.

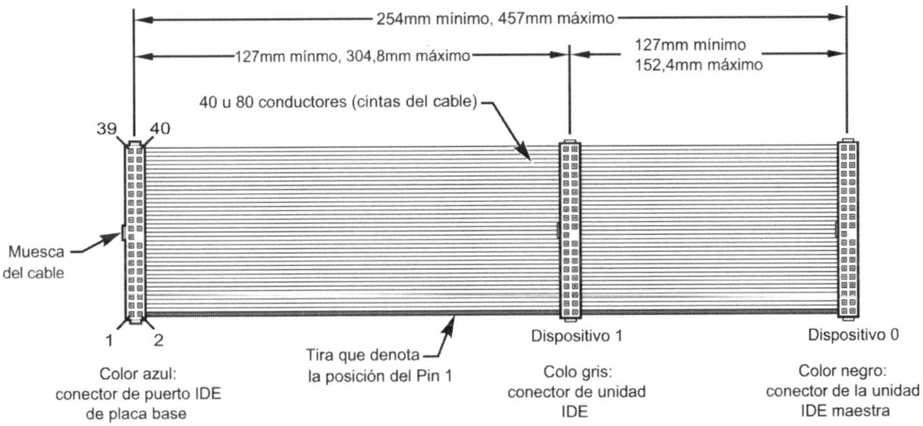

Figura 6.5. *Cable PATA (IDE) con conectores de 40 pines y cables de 40 u 80 conductores (las versiones de 80 tienen más hilos).*

> ***Nota:*** *La mayoría de los cables de 40 conductores no tienen conectores con código de colores, mientras que todos los de 80 los tienen.*

La figura 6.6 muestra las dos variedades de cables PATA utilizadas en la actualidad, una con 40 conductores y la otra con 80. Como verá, ambos usan conectores de 40 pines y los hilos adicionales de la versión de 80 conductores son de masa. Los conductores adicionales están diseñados para reducir el ruido y la interferencia y son necesarios para configurar la interfaz para que funcione a velocidades de 66MBps (ATA/66) o superiores. La unidad y el adaptador del *host* están diseñados para deshabilitar los modos de alta velocidad ATA/66, ATA/100 y ATA/133 si no se detecta un cable de 80 conductores. En ese caso, podría aparecer un mensaje de advertencia al iniciar el equipo si hay una unidad ATA/66 o más rápida conectada a un cable de 40 conductores. El cable de 80 conductores también puede usarse a menos velocidad; aunque no es necesario, mejora la integridad de la señal. Por consiguiente, es la versión recomendada independientemente de la unidad que se use.

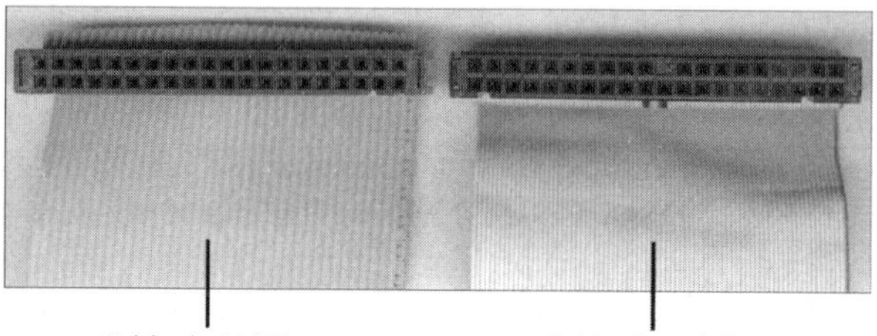

Figura 6.6. *Cable PATA de 40 conductores (izquierda) y cable PATA de 80 conductores (derecha).*

Una vez un alumno me preguntó cómo distinguir un cable de 80 conductores de uno de 40. La respuesta fácil es contar las guías de ondas (conductores) del cable. Si sólo hay 40 debe ser de 40 conductores, si hay 80... bueno, ya sabe. Si observamos uno junto a otro, la diferencia está clara: el cable de 80 conductores tiene una apariencia más suave y menos rígida que el de 40.

Observe las muescas del cable de 80 conductores diseñadas para impedir la instalación incorrecta. Fíjese también en que el cable de 40 conductores de la foto no tiene muescas. La mayoría de cables de 40 conductores de buena calidad incluyen muescas; sin embargo, dado que son opcionales, muchas versiones económicas no las incluyen. Las muescas son obligatorias para todos los cables de 80 conductores como parte del estándar.

Cables más largos y/o redondeados

El estándar PATA oficial limita la longitud del cable a 46cm, pero muchos de los cables que se venden son más largos, de hasta 91cm. Varios lectores me escriben preguntándome por qué dejan a la gente vender cables de más de 46cm si el estándar no los permite. Que algo esté a la venta no quiere decir que se ajuste a los estándares ni que vaya a funcionar correctamente. Yo veo constantemente artículos mal diseñados, mal hechos y que no cumplen con los estándares.

De todos modos, mucha gente utiliza cables largos y sus sistemas funcionan bien, aunque también he documentado muchos casos en los que el uso de cables más largos ha dado problemas, así que decidí investigar el asunto más a fondo.

Lo que he averiguado es que se puede utilizar con confianza cables de 80 conductores de hasta 69cm de largo, pero los cables de 40 deben limitarse a los 46cm que marca el estándar. Si lee el documento `www.t13.org/Documents/UploadedDocuments/technical/e00151r0.pdf`, verá datos de una propuesta que muestran diferencias insignificantes en la integridad de señal en Ultra DMA Mode 5 de un cable de 80 conductores de 46cm y uno de 69cm. Este diseño de cable extendido se propuso en octubre de 2000, pero nunca se incorporó al estándar. Aunque nunca se aprobó oficialmente, considero que la información de la propuesta es una prueba empírica de que se puede usar un cable de 80 conductores de 69cm sin problemas.

Y aún añadiría otra recomendación, que es la de evitar por lo general los cables ATA redondeados. El estándar ATA no ha aprobado ningún diseño redondeado, y hay evidencias de que pueden causar problemas de ruido y diafonía. En el diseño del cable de 80 conductores, hay un hilo de masa intercalado entre cada hilo de datos, y dar al cable una forma redondeada hace que algunas de las líneas de datos vayan paralelas o adyacentes aleatoriamente, produciendo diafonía y ruido que tienen como resultado errores de señal.

Naturalmente, mucha gente usa cables redondeados con éxito, pero mis conocimientos de ingeniería eléctrica y los estándares ATA me hacen desconfiar de ellos.

Señales PATA

Este apartado describe algunas de las señales PATA más importantes relacionadas con la configuración e instalación de unidades. Esta información le ayudará a comprender el funcionamiento de la característica de selección por cable, por ejemplo.

El pin 20 se utiliza como muesca para la orientación del cable y no se conecta a la interfaz. Este pin debería faltar en todos los conectores ATA, y el cable debería tener el orificio del pin 20 bloqueado para impedir que se conecte al revés.

El pin 39 transporta la señal DASP (*Drive Active/Slave Present*, Unidad activa/esclava presente), que es una señal de doble propósito y temporización multiplexada. Durante la inicialización del encendido, esta señal indica si hay una unidad esclava presente en la interfaz. Después, cada unidad afirma la señal para indicar que está activa. Las primeras unidades no podían multiplexar estas funciones y requerían una configuración de puente especial para funcionar con otras unidades. La estandarización de esta función para permitir la instalación de unidades dobles compatibles es una de las características del estándar ATA. Es por esto que algunas unidades requieren un puente SP (*Slave Present*, Esclava presente) y otras no.

El pin 28 transporta la señal de selección por cable (CSEL). En algunas unidades antiguas, también solía llevar una señal de sincronización de ejes (SPSYNC), pero eso no es lo normal en las unidades modernas. La función CSEL es la utilizada mayoritariamente y está diseñada para controlar la designación de una unidad como maestra (unidad 0) o esclava (unidad 1) sin necesidad de configuraciones de puente en las unidades. Si una unidad ve la CSEL como masa, esa unidad es la maestra; si la CSEL está abierta, la unidad es esclava.

Se puede instalar un cableado especial para convertir CSEL en masa selectivamente. Esta instalación suele conseguirse mediante un cable al que le falte el pin 28 en el conector del medio, pero lo tenga en los conectores de los extremos. En ese diseño, con un extremo conectado a la placa base y dos unidades configuradas para selección por cable, la unidad conectada al conector extremo se configurará automáticamente como maestra, mientras que la conectada al del medio se configurará como esclava. Observe que aunque ése sea el diseño más habitual, también es posible hacer cables en los que el conector del centro sea el maestro (y el del extremo esclavo), o incluso utilizar un diseño en Y, con el conector del bus ATA de la placa base en el medio y cada unidad en los extremos opuestos del cable. En este diseño, uno de los brazos de la Y tendría la línea CSEL conectada (maestra), y la otra la tendría abierta (conductor interrumpido o eliminado), lo que convertiría a la unidad de ese extremo en la esclava.

Configuración con dos unidades PATA

Las instalaciones con dos unidades ATA paralelas pueden dar problemas, ya que cada unidad tiene su propio controlador y ambos controladores deben funcionar conectados al mismo bus. Tiene que haber una forma de garantizar que solamente uno de los controladores responderá a un comando cada vez.

El estándar ATA da la opción de operar en el bus AT con dos unidades en una configuración de enlace común. La unidad principal (unidad 0) se denomina maestra y la secundaria (unidad 1), esclava. Se designa una unidad como maestra o esclava configurando un puente o conmutador en la unidad, o con una línea especial en la interfaz denominada pin de selección por cable (CS), configurando el puente CS en la unidad.

Cuando hay sólo una unidad instalada, el controlador responde a todos los comandos del sistema. Cuando hay dos unidades, y por consiguiente dos controladores, ambos controladores reciben todos los comandos del sistema. Cada controlador debe configurarse para responder solamente a sus comandos. En esta situación, un controlador debería designarse como maestro y el otro como esclavo. Cuando el sistema envía un comando para una unidad específica, el controlador de la otra unidad debe permanecer en silencio mientras la unidad y el controlador seleccionados están en funcionamiento. Establecer el puente en maestro o esclavo permite la discriminación entre ambos controladores al configurar un bit especial (el DRV) en el registro de la unidad/cabezal de un bloque de comando.

Configurar unidades ATA puede ser sencillo, como en la mayoría de las instalaciones de una unidad, o complicado, especialmente si hay que mezclar dos unidades viejas de distintos fabricantes en un solo cable.

La mayoría de las unidades ATA admiten cuatro configuraciones posibles:

- Maestra (una sola unidad).
- Maestra (dos unidades).
- Esclava (dos unidades).
- Selección por cable.

La mayoría de las unidades simplifican esto a tres configuraciones: maestra, esclava y selección por cable. Puesto que cada unidad ATA tiene su propio controlador, hay que decir específicamente a una unidad que sea la maestra y a la otra que sea la esclava. No existen diferencias funcionales entre ambas, salvo que la unidad especificada como esclava emitirá una señal DASP después de que un restablecimiento del sistema informe a la maestra de que la esclava está presente en el sistema. La unidad maestra presta entonces atención a la línea de selección de unidad, que de otra forma habría ignorado. Configurar una unidad como esclava también suele provocar un retraso en su inicio de varios segundos para permitir a la maestra seguir funcionando y disminuir la carga en el suministro eléctrico del sistema.

Hasta que salió la especificación ATA, no se usaba ninguna implementación común para la configuración de unidades. Algunas empresas utilizaban incluso distintos métodos maestra/esclava para distintos modelos de unidad. Debido a estas incompatibilidades, algunas unidades funcionaban juntas solamente en un orden maestra/esclava o esclava/maestra específico. Esta situación afecta principalmente a unidades IDE antiguas anteriores a la especificación ATA.

La mayoría de las unidades que siguen completamente la especificación ATA necesitan solamente un puente (maestra/esclava) para su configuración. Algunas también necesitan un puente de esclava presente. La tabla 6.5 recoge la configuración de puente que requieren la mayoría de las unidades ATA.

Tabla 6.5. *Configuración de puente para la mayoría de las unidades compatibles con ATA en cables estándar (sin selección por cable).*

Nombre del puente	Una unidad	Dos unidades maestra	Dos unidades esclava
Maestra (M/S)	Activado	Activado	Desactivado
Esclava presente (SP)	Desactivado	Activado	Desactivado
Selección por cable (CS)	Desactivado	Desactivado	Desactivado

Nota: *Si se usa un cable de selección por cable, el puente CS debería configurarse como activado y los otros como desactivados. El conector de cable determinará qué unidad es la maestra y cuál es la esclava.*

La figura 6.7 muestra los puentes de una unidad ATA típica.

El puente maestro indica si la unidad es maestra o esclava. Algunos controladores también requieren un puente de esclava presente, que se usa solamente en una configuración con dos unidades y se instala solamente en la unidad maestra, lo cual resulta confuso en cierto modo. Este puente comunica a la unidad maestra que hay una unidad esclava conectada. Con varias unidades PATA, el puente maestro es opcional y puede dejarse al margen. En cualquier caso, instalarlo no hace ningún daño y puede eliminar confusiones, por lo que recomiendo la instalación de los puentes citados aquí.

Nota: *Tenga en cuenta que algunas unidades tienen un puente en la placa de circuito en la parte de debajo de la unidad, así que no están visibles desde atrás.*

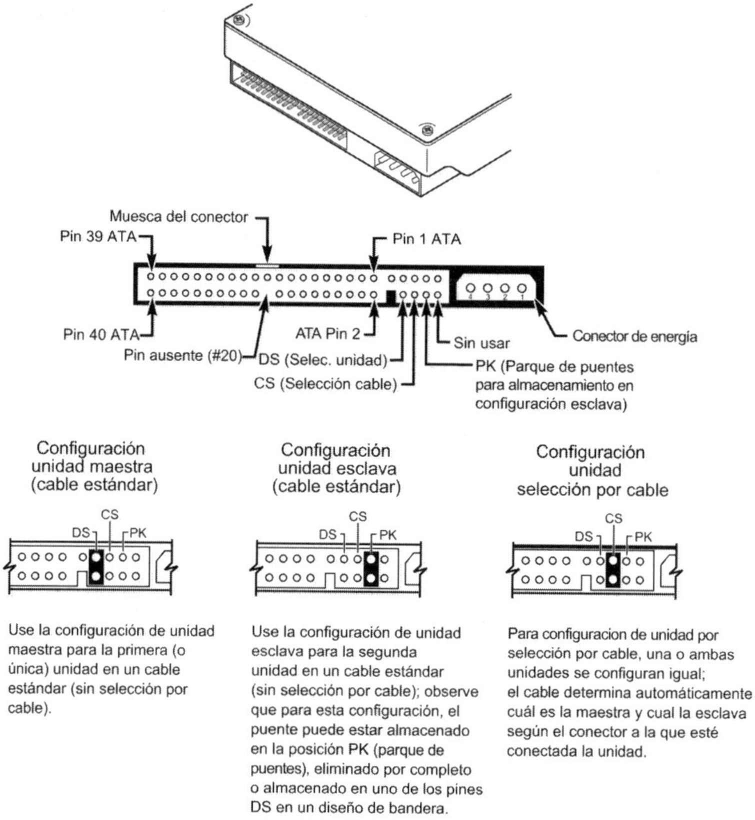

Figura 6.7. *Puentes de unidad PATA (IDE) para la mayoría de unidades.*

Para eliminar confusiones con la configuración maestra/esclava, la mayoría de los sistemas modernos usan la opción de selección por cable, que implica dos cosas. Una es tener un cable PATA especial que tenga todos los hilos excepto el pin 28 desde el conector de la placa base hasta los dos conectores de las unidades. El pin 28 sirve para la selección por cable y está conectado a uno de los conectores de la unidad (etiquetado como maestro) y no al otro (etiquetado como esclavo). Ambas unidades se configuran en modo de selección de cable por medio del puente CS de cada unidad.

Con la selección por cable, la unidad que recibe señales en el pin 28 se convierte automáticamente en la esclava. La mayoría de los cables implementan esto eliminando el bit de desplazamiento de aislamiento de metal del agujero del pin 28, que puede ser difícil de encontrar a simple vista. Otros cables tienen un corte de sección de visibilidad del pin desde el cable hasta la cinta. Dado que esta modificación del cable es tan pequeña y puede resultar difícil de ver, los cables de selección por cable suelen tener los conectores etiquetados como maestro, esclavo y sistema, lo que indica que dicho cable controla estas opciones en vez de la unidad. Todos los cables Ultra-ATA de 80 conductores están diseñados para utilizar la selección por cable.

Con esta característica, simplemente hay que configurar el puente CS en todas las unidades y después conectar la que se quiere que sea la maestra en el conector etiquetado como maestro en el cable y la que se quiere usar como esclava en el conector marcado como tal.

El único inconveniente que encuentro a usar la selección por cable es que puede restringir el enrutamiento del cable o dónde se monta la unidad que va a ser maestra respecto a la esclava, ya que deben estar conectadas en posiciones de conector de cable específicas.

Modos de transferencia PATA PIO

ATA-2 y ATA-3 definieron el primero de varios modos de alto rendimiento para la transferencia de datos por la interfaz Parallel ATA, hacia y desde la unidad. Estos modos rápidos fueron la primera parte de las nuevas especificaciones y la razón principal por la que se empezaron a desarrollar.

El modo PIO (E/S programada) determina lo rápido que se transfieren los datos a y desde la unidad con transferencias PIO. En el modo más lento posible (PIO Mode 0) el tiempo de ciclo de datos no puede exceder los 600 nanosegundos (ns). En un solo ciclo se transfieren 16 hacia adentro o afuera de la unidad, haciendo que la velocidad de transferencia teórica del PIO Mode 0 sea de 3,3MBps, mientras que el PIO Mode 4 (ciclo de 120ns) alcanza una velocidad de transferencia de 16,6MBps.

La tabla 6.6 recoge los modos PIO con sus respectivas velocidades de transferencia.

Tabla 6.6. *Modos PIO y velocidades de transferencia.*

Modo PIO	Anchura de bus (Bits)	Velocidad de ciclo (ns)	Velocidad de bus (MHz)	Ciclos por reloj	Velocidad de transferencia (MBps)	Especificación ATA
0	16	600	1,67	1	3,33	ATA-1
1	16	383	2,61	1	5,22	ATA-1
2	16	240	4,17	1	8,33	ATA-1
3	16	180	5,56	1	11,11	ATA-2
4	16	120	8,33	1	16,67	ATA-2

La mayoría de las placas base con soporte ATA-2 o superior tienen conectores ATA dobles. La mayor parte de los *chipsets* de placa base incluyen la interfaz ATA en el componente puente sur, que en la mayoría de los sistemas está vinculado al bus PCI.

Las antiguas placas base 486 y algunas de las primeras Pentium tienen solamente el conector principal por el bus local PCI del sistema. El conector secundario de esas placas pasa por el bus ISA, así que solamente soporta la operación hasta Mode 2.

Al utilizar un comando `Identify Drive`, el disco duro devuelve, entre otras cosas, información sobre los modos PIO y DMA que puede utilizar. La mayoría de las BIOS mejoradas configura automáticamente el modo correcto para las capacidades de la unidad. Si se establece un modo más rápido de lo que la unidad puede manejar, los datos resultan dañados.

Las unidades ATA-2 y más recientes también soportan el modo de transferencia en bloques PIO, lo que significa que usan los comandos `Read/Write Multiple` para reducir en gran medida la cantidad de interrupciones enviadas al procesador del *host*. Esto disminuye la carga general y las transferencias resultantes son más rápidas.

Modos de transferencia PATA DMA

Las unidades ATA también soportan transferencias de acceso directo a memoria (DMA, *Direct Memory Access*). DMA significa que los datos se transfieren directamente entre la unidad y la memoria sin usar la CPU como intermediario, en oposición a PIO.

Esto descarga al procesador de mucho trabajo de transferencia de datos, permitiéndole hacer otras cosas mientras tiene lugar la transferencia.

Hay dos tipos distintos de acceso directo a memoria: de una sola palabra (8 bits) y multipalabra (16 bits). Los modos DMA de una sola palabra se eliminaron de ATA-3 y las siguientes especificaciones y están ya obsoletos. Los modos DMA también se denominan modos *bus master* porque usan un adaptador de *host* que soporta *busmastering*. El DMA corriente depende del controlador DMA heredado de la placa base para ejecutar la compleja tarea de arbitrar, tomar el bus del sistema y transferir los datos. En el caso del *busmastering*, todo se hace mediante un chip lógico de alta velocidad en la interfaz adaptadora del *host* (que está también en la placa base). Los sistemas que utilizan los chips puente sur Intel PIIX (PCI IDE ISA eXcelerator) y posteriores (o equivalentes) tienen la capacidad de soportar ATA *bus master*. Las tablas 6.7 y 6.8 recogen los modos *bus master* de una sola palabra y multipalabra y las velocidades de transferencia.

Tabla 6.7. *Modos y velocidades de transferencia DMA de una sola palabra (8 bits).*

Modo DMA de 8 bits	Anchura de bus (Bits)	Velocidad de ciclo (ns)	Velocidad de bus (MHz)	Ciclos por reloj	Velocidad de transferencia (MBps)	Especificación ATA
0	16	960	1,04	1	2,08	ATA-1*
1	16	480	2,08	1	4,17	ATA-1*
2	16	240	4,17	1	8,33	ATA-1*

* Los modos DMA de una sola palabra (8 bits) desaparecieron en la especificación ATA-3 y posteriores.

Observe que algunos fabricantes se refieren a los modos DMA multipalabra como modos DMA *bus master*. Desafortunadamente, incluso el DMA Mode 2 multipalabra más rápido tiene la misma velocidad de transferencia de 16,67MBps del PIO Mode 4. No obstante, aunque la velocidad es la misma, dado que DMA quita trabajo al procesador, el rendimiento general del sistema es más alto. Aun así, los modos DMA multipalabra nunca fueron muy populares y cedieron el paso a los nuevos modos Ultra-DMA soportados en dispositivos compatibles con ATA-4 hasta ATA-7.

Tabla 6.8. *Modos y velocidades de transferencia DMA multipalabra (16 bits).*

Modo DMA de 16 bits	Anchura de bus (Bits)	Velocidad de ciclo (ns)	Velocidad de bus (MHz)	Ciclos por reloj	Velocidad de transferencia (MBps)	Especificación ATA
0	16	480	2,08	1	4,17	ATA-1
1	16	150	6,67	1	13,33	ATA-2*
2	16	120	8,33	1	16,67	ATA-2*

* ATA-2 también recibe el nombre de EIDE (*Enhanced IDE*) o Fast-ATA.

La tabla 6.9 recoge los modos Ultra-DMA soportados entre las especificaciones ATA-4 y ATA-7. Observe que hay que instalar los controladores correctos para cada adaptador de *host* y versión de Windows para poder usar esta característica.

Tabla 6.9. *Soporte Ultra-DMA entre ATA-4 y ATA-7.*

Modo Ultra-DMA	Anchura de bus (Bits)	Velocidad de ciclo (ns)	Velocidad de bus (MHz)	Ciclos por reloj	Velocidad de transferencia (MBps)	Especificación ATA
0	16	240	4,17	2	16,67	ATA-4
1	16	160	6,25	2	25,00	ATA-4
2	16	120	8,33	2	33,33	ATA-4
3	16	90	11,11	2	44,44	ATA-5
4	16	60	16,67	2	66,67	ATA-5
5	16	40	25,00	2	100,00	ATA-6
6	16	30	33,00	2	133,00	ATA-7

ATA-4 UDMA Mode 2 se denomina a veces Ultra-ATA/33 o ATA-33.
ATA-5 UDMA Mode 4 se denomina a veces Ultra-ATA/66 o ATA-66.
ATA-6 UDMA Mode 5 se denomina a veces Ultra-ATA/100 o ATA-100.
ATA-7 UDMA Mode 6 se denomina a veces Ultra-ATA/133 o ATA-133.

Serial ATA

Con el desarrollo de ATA-8, parece que el estándar PATA que llevaba en uso más de 10 años ha llegado a su fin. El envío de datos a más de 133MBps por un cable de cinta paralelo está lleno de problemas por la temporización de la señal, la interferencia electromagnética

(EMI) y otros problemas de integridad. La solución es Serial ATA, un sustituto evolutivo para la venerable interfaz de almacenamiento físico Parallel ATA. Cuando se configura en modos AHCI/RAID, SATA es compatible por software con PATA, lo que significa que emula todos los comandos, registros y controles para que el software existente se ejecute sin modificaciones. En otras palabras, la BIOS, el sistema operativo y las utilidades existentes que funcionan en PATA también funcionan con SATA.

Obviamente, son distintas físicamente así que no es posible conectar unidades PATA en adaptadores de *host* SATA y viceversa, aunque se puede usar conversores de señal para hacerlo. Todos los cambios físicos son para bien, ya que SATA usa cables mucho más pequeños y delgados con sólo 7 conductores, que son fáciles de enrutar dentro del PC y fáciles de conectar en conectores de cable rediseñados más pequeños. Los diseños del chip de la interfaz también han mejorado con menos pines y un voltaje más bajo. Estas mejoras están pensadas para eliminar los problemas de diseño inherentes a PATA.

La figura 6.8 muestra el logo oficial del grupo de trabajo Serial ATA International Organization que sirve para identificar la mayoría de los dispositivos SATA.

Figura 6.8. *Logotipo oficial de Serial ATA para identificar dispositivos SATA.*

Aunque SATA no reemplazó inmediatamente a PATA, la mayoría de los sistemas nuevos que siguieron a la estandarización de SATA incluían interfaces SATA y PATA. Con el tiempo, SATA ha ido reemplazando a PATA como estándar de facto para la interfaz de almacenamiento interno de los PC. La transición de ATA a SATA ha sido gradual, y mientras ha durado, las capacidades PATA continuaron disponibles.

El desarrollo de SATA empezó con el anuncio del proyecto del Serial ATA Working Group en el Intel Developer Forum de febrero de 2000. Los miembros iniciales de este grupo de trabajo incluían APT Technologies, Dell, IBM, Intel, Maxtor, Quantum y Seagate. El grupo original pasó a llamarse más tarde Serial ATA II Working Group, y finalmente, en julio de 2004, se convirtió en *Serial ATA International Organization*. Estos grupos sacaron las siguientes especificaciones SATA:

- El primer borrador de la especificación Serial ATA 1.0 salió en noviembre de 2000 y la versión final se publicó oficialmente en agosto de 2001.
- Las primeras extensiones del Serial ATA II Working Group para esta especificación, que hacían a SATA apropiada para el almacenamiento en red, salieron en octubre de 2002.

- SATA Revision 2 salió en abril de 2004. Incorporaba la velocidad de señalización de 3Gbps (300MBps).
- SATA Revision 2.5 salió en agosto de 2005. Además de la señalización a 3Gbps, añadía cola de comandos nativos (NCQ), inicio escalonado de unidades, conexión en caliente, multiplicador de puerto y soporte eSATA.
- SATA Revision 2.6 salió en marzo de 2007. Incorporaba nuevos cables y conectores internos Slimline y Micro, además de modificaciones en la cola de comandos nativos.
- SATA Revision 3.0 salió en 2009. Incorporaba la velocidad de señalización de 6Gbps (600MBps).

Las especificaciones pueden descargarse del sitio Web de *Serial ATA International Organization*, `www.serialata.org`. Desde su formación, el grupo ha crecido hasta incluir más de 200 empresas pertenecientes a todas las áreas de la industria.

Los primeros sistemas en utilizar Serial ATA salieron a finales de 2002 y utilizaban placas y chips de interfaz PCI discretos. SATA se integró directamente en el *chipset* de la placa base por primera vez en abril de 2003 con la introducción del componente Intel ICH5. Desde entonces, prácticamente todos los *chipsets* incluyen Serial ATA.

El rendimiento de SATA es impresionante, aunque los diseños actuales de las unidades no pueden sacar el máximo provecho de su ancho de banda. Esto podría cambiar cuando entren en escena unidades híbridas que incorporen cachés flash más grandes y SSD (*Solid-State Drive*, Unidad de estado sólido) de alto rendimiento. Hay tres variaciones del estándar que utilizan los mismos cables y conectores; se diferencian únicamente en el rendimiento de la velocidad de transferencia. La tabla 6.10 recoge las especificaciones; la versión de 300MBps (3Gbps) de segunda generación apareció en 2005, y las versiones de 600MBps (6Gbps) de tercera generación, en 2009.

Tabla 6.10. *Modos de transferencia Serial ATA.*

Tipo de SATA	Velocidad de señal (Gbps)	Anchura del bus (Bits)	Velocidad del bus (MHz)	Ciclos de datos por reloj	Rendimiento (MBps)
SATA-150	1,5	1	1.500	1	150
SATA-300	3,0	1	3.000	1	300
SATA-600	6,0	1	6.000	1	600

De la tabla se desprende que SATA envía los datos de bit en bit. El cable utilizado tiene solamente siete hilos (4 de señal y 3 de masa) y es un diseño muy fino, con conectores con muescas de solamente 14mm de ancho en cada extremo. Esto elimina problemas con el flujo de aire en comparación con los cables de cinta más anchos de PATA. Cada cable tiene conectores solamente en el extremo. No hay configuración maestro/esclavo porque cada cable soporta un solo dispositivo. Los extremos del cable son intercambiables, el conector de la placa base es igual al del dispositivo y ambos cables son idénticos. La longitud máxima del cable SATA es de un metro, bastante más que el máximo de 46cm de PATA. Con este cable más largo, fino y económico se consigue una velocidad de transferencia inicial de 150MBps (casi un 13 por 100 más que PATA/133). La segunda generación de SATA soporta 300Mbps, y la tercera, 600Mbps.

SATA usa un esquema de codificación especial denominado 8B/10B para codificar y descodificar los datos enviados por el cable. El código de transmisión 8B/10B fue desarrollado (y patentado) originalmente por IBM a principios de los años ochenta para usarse en comunicaciones de datos de alta velocidad. Muchos estándares de transmisión de datos de alta velocidad, incluidos Ethernet Gigabit, Fibre Channel y FireWire, utilizan este esquema de codificación. El propósito principal del esquema de codificación 8B/10B es garantizar que nunca se transmitan más de cuatro 0 (o 1) consecutivamente. En esta forma de codificación RLL (*Run Length Limited*, Tramo de recorrido limitado), denominada RLL 0,4, el 0 representa el mínimo y el 4 el máximo de 0 o 1 consecutivos en cada carácter codificado.

La codificación 8B/10B también garantiza que nunca habrá más de seis o siete ceros (o unos) en un solo carácter codificado de 10 bits. Dado que los 1 y 0 se envían como cambios de voltaje en un hilo, el espacio entre las transiciones de voltaje enviadas por el transmisor está bastante equilibrado, con pulsos más regulares y estables. Esto presenta una carga más uniforme en los circuitos, lo que aumenta la fiabilidad. La conversión de datos de 8 bits a caracteres codificados de 10 bits para la transmisión deja varios patrones de 10 bits sin usar. Muchos de estos patrones adicionales sirven para proporcionar control de flujo, delimitar los paquetes de datos, realizar comprobación de errores y llevar a cabo otras funciones especiales.

Cables y conectores SATA

El esquema de transmisión de SATA usa NRZ (*Non Return to Zero*, Sin retorno a cero). Utiliza un par de hilos equilibrado, cada uno con +0,25V (un cuarto de voltio). Las señales se envían diferencialmente: si un hilo del par lleva +0,25V, el otro lleva -0,25V, de forma que el voltaje entre ambos hilos sea siempre 0,5V (medio voltio). Así pues, para una onda de voltaje dada, se envía el voltaje opuesto por el hilo adyacente. La transmisión diferencial minimiza la radiación electromagnética y hace las señales más fáciles de leer en el extremo receptor.

Se puede usar un cable eléctrico de 15 pines y un conector con SATA para proporcionar 3,3V además de los 5V y 12V suministrados por los conectores estándar de 4 pines. Aunque tiene 15 pines, este diseño de conector tiene solamente 24mm. Con 3 pines diseñados para cada nivel de energía de 3,3V, 5V y 12V, existe capacidad suficiente para hasta 4,5 amperios de corriente a cada voltaje, suficiente para las unidades que consumen mucha energía. Para compatibilidad con los suministros de energía existentes, las unidades SATA pueden hacerse con el conector eléctrico original estándar de 4 pines o con el nuevo conector SATA de 15 pines (o ambos). Si la unidad no tiene el tipo de conector que necesita, existen adaptadores para convertir de un tipo a otro.

La figura 6.9 muestra el aspecto de los nuevos conectores de señal y energía SATA. La figura 6.10 muestra los adaptadores de *host* SATA y PATA en una placa base típica.

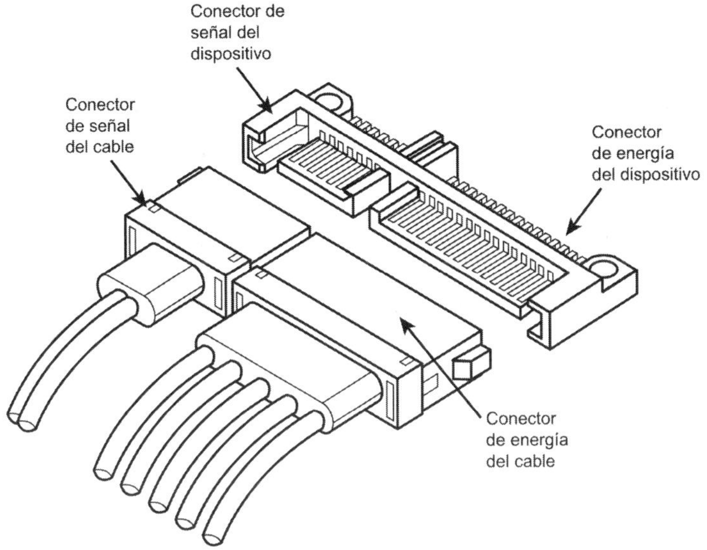

Figura 6.9. *Conectores SATA de señal y energía en una unidad SATA típica.*

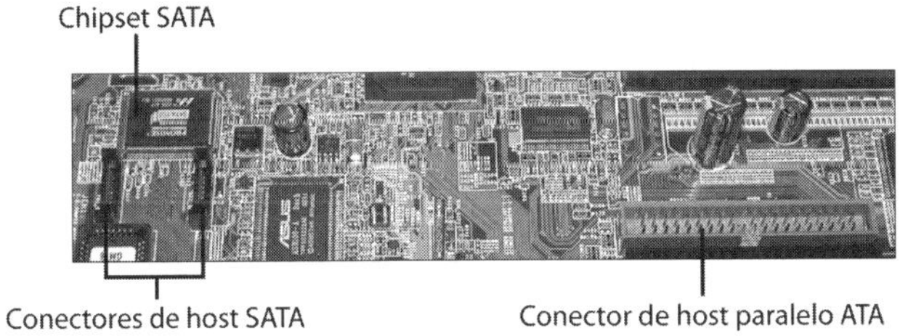

Figura 6.10. *Placa base con adaptadores de host SATA y PATA.*

Las tablas 6.11 y 6.12 recogen los diagramas de conexión para los conectores SATA de datos y energía.

Tabla 6.11. *Diagrama de conexión del conector SATA de datos.*

Pin de señal	Señal	Descripción
S1	Gnd	Primer compañero
S2	A+	Transmisión *host* +
S3	A-	Transmisión *host* -
S4	Gnd	Primer compañero

Pin de señal	Señal	Descripción
S5	B-	Recepción *host* -
S6	B+	Recepción *host* +
S7	Gnd	Primer compañero

Todos los pines están en una sola fila, espaciados a 1.27mm.
Todos los pines de masa son más largos para que puedan hacer contacto antes que los pines de señal/energía y permitir el encendido en caliente.

Tabla 6.12. *Diagrama de conexión del conector PATA de energía opcional.*

Pin de señal	Señal	Descripción
P1	+3.3V	Energía de 3,3V
P2	+3.3V	Energía de 3,3V
P3	+3.3V	Energía de 3,3V
P4	Gnd	Primer compañero
P5	Gnd	Primer compañero
P6	Gnd	Primer compañero
P7	+5V	Energía de 5V
P8	+5V	Energía de 5V
P9	+5V	Energía de 5V
P10	Gnd	Primer compañero
P11	Gnd	Primer compañero
P12	Gnd	Primer compañero
P13	+12V	Energía de 12V
P14	+12V	Energía de 12V
P15	+12V	Energía de 12V

Todos los pines están en una sola fila, espaciados a 1.27mm.
Todos los pines de masa son más largos para que puedan hacer contacto antes que los pines de señal/energía y permitir el encendido en caliente.
Tres pines de energía se usan para llevar 4,5 amperios, la corriente máxima para cada voltaje.

Configuración SATA

La configuración de dispositivos SATA es mucho más fácil porque ya no hacen falta los puentes maestro/esclavo usados con PATA. La configuración de la BIOS para las unidades Serial ATA también es bastante simple. Puesto que SATA se basa en ATA, la configuración de detección automática de unidad en sistemas con conectores SATA se lleva a cabo igual que en los sistemas PATA. Dependiendo del sistema, las interfaces SATA pueden estar habilitadas por defecto o puede que haya que habilitarlas en el programa de configuración de la BIOS.

Si quiere usar unidades SATA pero no quiere instalar una placa base nueva con adaptadores de *host* SATA ya incluidos, puede instalar un adaptador de *host* SATA aparte en una ranura de expansión PCI (véase la figura 6.11). La mayoría de estos adaptadores incluyen funciones ATA RAID.

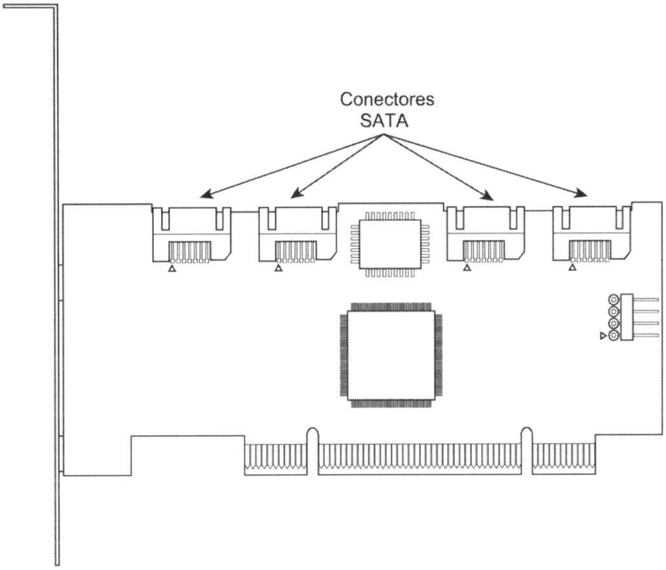

Figura 6.11. *Típico adaptador de host SATA RAID de 4 puertos.*

Algunos de los primeros adaptadores de *host* SATA, como los modelos de HighPoint y 3Ware, usan una tecnología de puente PATA-SATA que consume la mitad del ancho de banda disponible. Otros adaptadores, como los de Promise Technology, usan chips controladores SATA nativos, que son en teoría una solución mejor, ya que conservan todo el ancho de banda para uso de la unidad. Sin embargo, las unidades SATA actuales, igual que sus hermanas PATA, no pueden transferir datos a la velocidad de 150MBps del adaptador del *host*; 40MBps–50MBps es el rango típico de velocidades de transferencia medias de las unidades SATA 7200 rpm.

Interfaz de controlador host avanzada (AHCI)

SATA se diseñó no solamente para reemplazar a PATA, sino también como interfaz que pudiese evolucionar hacia algo con muchas más capacidades y características que su predecesora.

Inicialmente, la compatibilidad con PATA era una de las principales características de SATA porque permitía una transición fácil y sin contratiempos de una a otra. Esta compatibilidad llegaba al nivel de unidad, lo que permitía que los dispositivos SATA usasen los mismos controladores a nivel de BIOS y software que los dispositivos PATA heredados.

Aunque el propósito de SATA era permitir una transición fácil desde PATA, también estaba diseñada para permitir futuros crecimientos y expansiones de capacidades.

Para conseguirlo, el AHCI Contributor Group desarrolló una interfaz de software mejorada llamada Interfaz de controlador *host* avanzada (AHCI, *Advanced Host Controller Interface*). El grupo, presidido por Intel y que contaba originalmente con AMD, Dell, Marvell, Maxtor, Microsoft, Red Hat, Seagate y StorageGear, sacó una versión preliminar de AHCI v0.95 en mayo de 2003 y la versión 1.0 de la especificación apareció en abril de 2004. Puede descargar la versión actual (1.3) desde el sitio `www.intel.com/technology/serialata/ahci.htm`.

AHCI proporciona una interfaz estándar de alto rendimiento al software del controlador/sistema operativo del sistema para descubrir e implementar características SATA avanzadas, como la cola de comandos, la conexión en caliente y la administración de energía. AHCI se integró en los *chipsets* que soportaban SATA en 2004 y es compatible con controladores AHCI para Windows.

La idea es tener una sola interfaz a nivel de controlador soportada por todos los adaptadores de *host* SATA avanzados. Esto simplifica enormemente la instalación de sistemas operativos al eliminar la necesidad de unidades SATA personalizadas para cada adaptador de *host* SATA de distinto fabricante. Por ejemplo, Windows Vista y posteriores incluyen controladores AHCI y soportarán automáticamente cualquier adaptador de *host* SATA avanzado compatible con AHCI.

Desafortunadamente, los controladores AHCI no están incluidos por defecto en los CD de instalación de Windows XP y anteriores porque AHCI se desarrolló mucho después de que saliera XP. Esto significa que, por ejemplo, si instalamos Windows XP en un sistema con un adaptador de *host* SATA integrado configurado en modo AHCI, seguramente tendremos que pulsar **F6** al principio de la instalación e insertar un disquete con los controladores AHCI; si no lo hacemos, Windows XP no podrá reconocer las unidades. Esto implica que el sistema debe incluir disquetera y nosotros debemos tener los controladores copiados en un disquete por adelantado. ¿Y si el sistema no tiene disquetera? Por suerte hay varias soluciones.

Una opción es tener una disquetera en el kit de herramientas y conectarla temporalmente durante la instalación. Simplemente abra la caja, conecte el cable desde el conector de la disquetera (FDC) de la placa base hasta la disquetera, y conéctela a la luz. No es necesario montar la disquetera en el chasis, ya que solamente hay que leer el disco una vez al principio de la instalación.

Otra opción es configurar el adaptador de *host* SATA en modo de compatibilidad ATA/IDE (deshabilite AHCI/RAID) en el programa de configuración de la BIOS. Entonces se puede iniciar desde un CD de Windows XP estándar para instalar Windows sin necesidad de controladores especiales. Se puede dejar el adaptador en modo de compatibilidad, pero entonces se perdería el rendimiento que ofrecen las capacidades avanzadas soportadas por el disco duro.

Aunque las dos primeras opciones funcionan en la mayoría de las situaciones, creo que la mejor solución es simplemente crear un disco de instalación personalizado de Windows XP que ya tenga los controladores SATA AHCI (e incluso RAID) preinstalados.

Esto se hace a través de un proceso de integración manual bastante tedioso para cada conjunto de controladores, pero para facilitarlo, puede utilizar los BTS DriverPacks de `www.driverpacks.net` para integrar prácticamente todos los controladores de almacenamiento masivo en el disco de instalación de Windows XP.

Los DriverPacks permiten añadir fácilmente todo tipo de controladores al disco de Windows XP. Por ejemplo, además de los controladores de almacenamiento, a mí me gusta integrar los controladores de procesador, el *chipset* y la red (alámbrica e inalámbrica) porque caben todos en un CD. Si quiere usar un DVD en vez de un CD, también puede hacerlo.

Modos de transferencia SATA

Serial ATA transfiere los datos de forma completamente distinta que Parallel ATA. Tal como ya hemos visto, las velocidades de transferencia son de 1,5Gbps (150MBps), 3,0GBps (300MBps) y 6,0GBps (600MBps) y la mayoría de las unidades actuales soportan 1,5GBps y 3,0GBps. Observe que las velocidades son compatibles con versiones anteriores, por ejemplo, todas las unidades que soportan la velocidad de 3,0GBps también funcionan a 1,5GBps.

Tenga en cuenta que, dado que SATA se diseñó para ser compatible con PATA, puede haber cierta confusión, ya que la BIOS y las unidades pueden informar de velocidades y modos que emulan la configuración PATA.

Por ejemplo, muchas placas base detectan e identifican una unidad SATA como compatible con Ultra DMA Mode 5 (ATA/100), que es un modo Parallel ATA que opera a 100MBps. Obviamente, esto resulta incorrecto porque incluso el modo SATA más lento (1,5GBps) es de 150MBps y los modos Ultra DMA simplemente no se aplican a las unidades SATA.

PATA y SATA son especificaciones eléctricas y físicas completamente diferentes, pero SATA emula a PATA de una forma que la hace totalmente transparente para el software. De hecho, la emulación PATA en SATA se ajusta exactamente a la especificación ATA-5.

Esto se nota especialmente en el comando `IDENTIFY DEVICE` utilizado por las rutinas de autodetección de la BIOS para leer los parámetros de la unidad. La especificación SATA indica que muchos de los elementos devueltos por `IDENTIFY DEVICE` deben estar como en ATA/ATAPI-5, incluidos los modos y configuraciones UDMA disponibles.

La especificación SATA 1 también dice que la emulación del comportamiento del dispositivo PATA, tal como lo percibe la BIOS del *host* o el controlador de software, es un esfuerzo cooperativo entre el dispositivo y el hardware del adaptador de *host* SATA. El comportamiento de los registros de bloque de control, las transferencias de datos PIO y DMA, los restablecimientos y las interrupciones está todo emulado. El adaptador del *host* contiene un conjunto de registros que copian el contenido de los registros de unidad tradicionales. Todos los dispositivos SATA se comportan como dispositivos 0 e ignorarán el bit DEV del campo `Device/Head` de los FIS de registro recibidos. Es responsabilidad del adaptador del *host* controlar la transmisión de los FIS a los dispositivos como corresponda basándose en el valor del bit DEV.

Esto significa que los bloques de registro copiados son registros PATA "falsos", que permiten la emulación de todos los comandos, modos...ATA. SATA se diseñó para ser completamente compatible por software con ATA/ATAPI-5. Es por eso que una unidad SATA puede informar a veces como si fuera PATA o funcionase en modos PATA aunque no sea así.

Características ATA

Los estándares ATA han recorrido un largo camino hacia la eliminación de incompatibilidades y problemas con la conexión de unidades IDE a sistemas con bus ISA/PCI. Las especificaciones ATA definen las señales del conector de 40 pines, las funciones y la temporización de estas señales, las especificaciones de cable, etc. El siguiente apartado trata algunos de los elementos y funciones definidos por las especificaciones ATA.

Comandos ATA

Una de las mejores características de la interfaz ATA es el conjunto de comandos mejorado. La interfaz ATA se modeló a partir del controlador WD1003 que IBM utilizó en el sistema AT original. Todas las unidades ATA deben soportar el conjunto de comandos WD original (ocho comandos) sin excepciones, razón por la que las unidades ATA son tan fáciles de instalar en sistemas actuales.

Todos los sistemas compatibles con IBM tienen soporte ROM BIOS integrado para el WD1003, así que básicamente también soportan ATA.

Además de soportar todos los comandos WD1003, las especificaciones ATA añadieron otros muchos comandos para mejorar el rendimiento y las capacidades. Estos comandos son parte opcional de la interfaz ATA, pero muchos de ellos se utilizan en la mayoría de los sistemas actuales y son muy importantes para el rendimiento y uso de unidades ATA en general.

Quizá el más importante sea el comando `IDENTIFY DRIVE`, que hace que la unidad transmita un bloque de datos de 512 bytes con detalles sobre ella. A través de este comando, cualquier programa (incluido la BIOS del sistema) puede saber exactamente qué tipo de unidad hay conectada, el fabricante, el modelo, los parámetros operativos e incluso su número de serie. Muchas BIOS modernas usan esta información para recibir e introducir automáticamente los parámetros de la unidad en la memoria CMOS, suprimiendo la necesidad de hacerlo manualmente durante la configuración del sistema. Este diseño ayuda a evitar errores que puedan conducir a pérdidas de datos cuando el usuario olvide los parámetros utilizados durante la configuración.

Los datos de `Identify Drive` pueden decirnos muchas cosas de una unidad, incluidas éstas:

- Número de direcciones de bloque lógicas disponibles que usan el modo LBA.
- Número de cilindros, cabezales y sectores físicos disponibles en modo P-CHS.
- Número de cilindros, cabezales y sectores lógicos en el modo L-CHS de traducción actual.
- Modos (y velocidades) de transferencia soportados.
- Fabricante y número de modelo.
- Versión de *firmware*.
- Número de serie.
- Tipo/tamaño de búfer, indicando capacidades de caché y búfer del sector.

Muchos programas disponibles gratuitamente pueden ejecutar este comando y mostrar la información en pantalla, incluido ATAINF, que está disponible como parte de una colección de herramientas de diagnóstico gratuitas denominada Ultimate Boot CD. Puede descargar todo el disco o las utilidades individualmente en `www.ultimatebootcd.com/`. Estos programas me parecen especialmente útiles cuando intento instalar unidades ATA en sistemas que tienen un tipo de unidad definida por el usuario pero no soportan la autodetección y tengo que conocer los parámetros correctos para un tipo de BIOS definible por el usuario. Estos programas obtienen la información directamente de la unidad.

Otros dos comandos importantes son `Read Multiple` y `Write Multiple`. Permiten transferencias de datos de sector múltiple y cuando se combinan con capacidades PIO de modo bloque en el sistema, pueden dar como resultado velocidades de transferencia increíbles, mucho más rápidas que las transferencias PIO de un solo sector. Algunos sistemas antiguos requieren seleccionar el número correcto de sectores soportados por la unidad, pero la mayoría de los sistemas recientes determinan automáticamente esta información por nosotros.

Hay disponibles otros muchos comandos mejorados y espacio para que el fabricante de una unidad determinada pueda implementar comandos exclusivos. A menudo, estos comandos exclusivos controlan características como el formato a bajo nivel y la administración de defectos. Ésta es la razón de que los programas de formato a bajo nivel puedan ser tan específicos para las unidades ATA de un fabricante en particular y de que muchos fabricantes saquen sus propios programas LLF.

Modo de seguridad ATA

El soporte para contraseñas de disco duro (denominado Modo de seguridad ATA) se añadió a la especificación ATA-3 en 1995. La propuesta adoptada en la especificación ATA era originalmente de IBM, que había desarrollado esta capacidad y ya había empezado a incorporarla a los sistemas ThinkPad y las unidades IBM 2.5". Al incorporarse al estándar ATA-3 oficial (publicado finalmente en 1997), la mayoría de los demás fabricantes de sistemas también la adoptaron, especialmente para los sistemas portátiles y las unidades de 2.5". Observe que estas contraseñas son muy seguras. Si las pierde u olvida, lo más probable es que no pueda recuperarlas y nunca más pueda acceder a la unidad.

Las contraseñas de seguridad se configuran a través de la BIOS, pero no todos los sistemas soportan esta característica. La mayoría de los portátiles soportan seguridad de disco duro, pero la mayoría de los ordenadores de sobremesa no lo hacen. Si se soportan, es posible establecer dos tipos de contraseñas de disco duro, llamadas de usuario y maestra. La contraseña de usuario bloquea y desbloquea el disco, mientras que la maestra sirve solamente para desbloquear. Se puede utilizar solamente una contraseña de usuario, o configurar las dos, pero no puede haber solamente una contraseña maestra.

Cuando se configura una de usuario (sin maestra) o ambas contraseñas, no se puede acceder a la unidad (incluso aunque se pase a otro sistema) a menos que se introduzca la contraseña de usuario (o maestra) al iniciarse el sistema.

La contraseña maestra está diseñada como contraseña alternativa o de respaldo para administradores del sistema como una llave maestra. Con ambas establecidas, se comunica al usuario la contraseña de usuario pero no la maestra. En consecuencia, el usuario puede cambiar su contraseña como quiera, pero un administrador del sistema seguirá teniendo acceso con la maestra.

Si se configura una contraseña de usuario, o de usuario + maestra, el disco debe desbloquearse durante el inicio a través de un indicador de contraseña generado por la BIOS. La aparición del indicador varía de unos sistemas a otros.

Por ejemplo, en los sistemas ThinkPad aparece un icono consistente en un cilindro con un número encima (indicando el número de unidad) junto a un candado. Si aparece el indicador de contraseña, hay que introducirla; de lo contrario no se tendrá acceso a la unidad y no se iniciará el sistema.

Como ocurre con muchas características de seguridad, podría haber una solución provisional si olvida la contraseña. En ese caso, hay al menos una empresa que puede restaurar la operación de la unidad (con todos los datos perdidos) o restaurar la unidad y los datos. Se trata de Nortek (`www.nortek.on.ca`).

El procedimiento de eliminación de contraseña es relativamente caro (más que una unidad nueva en la mayoría de los casos), y hay que demostrar la propiedad al enviar la unidad. Como ve, solamente merece la pena intentarlo si realmente se necesita recuperar los datos.

No hay contraseñas de disco duro preestablecidas en una unidad nueva, pero podría haberlas en una de segunda mano o si la persona o empresa a la que se ha comprado la unidad o el sistema las introdujo. Esta táctica es bastante habitual en la venta de unidades y sistemas (sobre todo portátiles) en eBay, por ejemplo; el vendedor podría poner contraseñas de supervisor o disco duro y retenerlas hasta que reciba el pago. O podría estar vendiendo un producto "tal cual", para el que no tiene las contraseñas, con lo que resulta inútil para el comprador. No compre portátiles ni discos duros usados a menos que esté seguro de que no hay contraseñas de supervisor ni de disco duro establecidas.

La mayoría de los sistemas también soportan otras contraseñas de supervisor durante el encendido en el programa de configuración de la BIOS. En muchos de ellos, cuando se configura una contraseña de supervisor, se establece automáticamente la de disco duro con el mismo valor. En la mayoría de los casos, si se establece una contraseña de supervisor y coincide con la de usuario o maestra del disco duro, al escribirlala, la BIOS introduce automáticamente la del disco duro al mismo tiempo. Esto significa que aunque haya establecida una contraseña de disco duro puede ser que ni siquiera los sepamos porque se introduce automáticamente al escribir la contraseña de supervisor; en consecuencia, no aparecerá ningún indicador aparte pidiendo la contraseña del disco duro. Sin embargo, si la unidad se separa después del sistema, no funcionará en otro hasta que se introduzca la contraseña de disco duro correcta. Sin los servicios de alguna empresa como Nortek, se puede eliminar la contraseña de un disco duro sólo si se sabe la contraseña para empezar.

Área protegida por host

La mayoría de los PC vendidos actualmente incluyen alguna tipo de característica de recuperación o restauración que permite al usuario restaurar el sistema operativo y otro software del sistema al estado en que estaba cuando el sistema era nuevo. Originalmente, esto se hacía a través de uno o varios CD de recuperación que contenían *scripts* automatizados que reinstalaban todo el software que aparecía preinstalado en el sistema cuando era nuevo.

Desafortunadamente, los CD podían dañarse o extraviarse, a menudo eran problemáticos e incluirlos por defecto suponía un gasto elevado a los fabricantes. Esto motivó a los fabricantes de PC a trasladar el software de recuperación a una partición oculta de la unidad de inicio. No obstante, esto gasta espacio en la unidad; el software de recuperación suele caber en entre uno y cuatro CD, ocupando entre 1GB–3GB de espacio de unidad. Con unidades de 60GB o más, esta cantidad supone un 5 por 100 o menos del espacio total. Aun así, la partición oculta no era una solución muy satisfactoria, ya que podía dañarse o sobrescribirse fácilmente por software de partición y otras utilidades, así que no había forma de asegurarla.

En 1996, Gateway propuso un cambio en el estándar ATA-4 (en desarrollo) que permitiría reservar en la unidad un espacio denominado Área protegida por *host* (HPA, *Host Protected Area*). Este cambio fue ratificado y la característica HPA se incorporó a la especificación ATA-4 que se publicó finalmente en 1998. En 1999 se inició una especificación de interfaz de *firmware* BIOS aparte, denominada *Protected Area Run Time Interface Extension Services* (PARTIES), que definía los servicios que podía usar un sistema operativo para acceder a la HPA. El estándar PARTIES se completó y publicó en 2001 como "NCITS 346-2001, Protected Area Run Time Interface Extension Services".

La HPA funciona usando el comando ATA opcional `SET MAX ADDRESS` para que la unidad aparezca ante el sistema como una unidad ligeramente más pequeña. Todo lo que queda entre la nueva dirección max (el fin de unidad del que se informa) y el verdadero final de la unidad se considera HPA y solamente se puede acceder a ella con comandos `PARTIES`. Esto es más seguro que la partición oculta porque ninguna aplicación normal ni utilidad de partición ve los datos que quedan en la HPA. De todos modos, si quiere eliminar la HPA, puede usar algunas opciones del programa de configuración de la BIOS o comandos independientes para restablecer la dirección max y exponer así la HPA. Llegados a ese punto, se puede usar algo como PartitionMagic o Partition Commander para cambiar el tamaño de la partición adyacente para que incluya el espacio adicional que antes estaba culto y no disponible. A partir de 2003, algunos sistemas que utilizaban la BIOS Phoenix incluyen software de recuperación y diagnóstico en la HPA.

Interfaz de paquetes ATA

La interfaz de paquetes ATA (ATAPI, *Packet Interface*) es un estándar diseñado para proporcionar los comandos necesarios para los dispositivos como las unidades ópticas, los medios extraíbles (como SuperDisk y Zip) y las cintas que se conectan a un conector ATA (IDE) normal y corriente. La principal ventaja del hardware ATAPI es que es barato y funciona con el adaptador actual. Para las unidades ópticas tiene un uso de CPU más bajo en comparación con los adaptadores propietarios, pero no hay ninguna otra ganancia de rendimiento. Para las cintas, ATAPI tiene potencial para más rendimiento y fiabilidad en comparación con el típico controlador de disquete de los dispositivos de cinta. Aunque las unidades ópticas ATAPI utilizan la interfaz del disco duro, esto no significa que parezcan discos duros.

Al contrario, desde el punto de vista del software, son completamente distintas; se parecen más a un dispositivo SCSI. Todas las unidades ópticas ATA modernas soportan los protocolos ATAPI y en términos generales pueden considerarse sinónimos. En otras palabras, una unidad óptica ATAPI es una unidad óptica ATA, y viceversa.

Nota: *La mayoría de los sistemas empezaron a soportar a partir de 1998 la especificación de Phoenix El Torito, que permite iniciar desde unidades de CD o DVD ATAPI. Los sistemas sin soporte para El Torito en la BIOS no pueden iniciarse así. Incluso con soporte ATAPI en la BIOS, hay que cargar un controlador para utilizar ATAPI en DOS o Windows. Windows 95 y posteriores (incluidos 98 y Me) y Windows NT (incluido Windows 2000) tienen soporte ATAPI nativo. Algunas versiones de los CD-ROM de Windows 98 y Me son iniciables, mientras que todos los discos de Windows NT, 2000 y posteriores son iniciables directamente en esos sistemas, lo que facilita enormemente la instalación.*

Normalmente aconsejo tener los dispositivos ATA a los que se va a acceder simultáneamente en canales separados. Dado que ATA no soporta por lo general el solapamiento de acceso, cuando se está accediendo a una unidad de un canal dado, no se puede acceder a la otra unidad del mismo canal. Manteniendo el CD-ROM y el disco duro en canales distintos se puede solapar el acceso a ellos más fácilmente.

Otra cosa a tener en cuenta es que un dispositivo PATA, como un disco duro, podría ser incapaz de funcionar si otro dispositivo ATAPI paralelo (CD o DVD) es maestro.

Así pues, en la mayoría de los casos hay que procurar configurar las unidades de disco duro PATA como maestras (dispositivo 0) y las unidades ATAPI paralelas como esclavas (dispositivo 1) en un cable dado.

Limitaciones de capacidad de la unidad ATA

Las versiones de la interfaz ATA hasta ATA-5 tenían una limitación de capacidad de 137GB. Dependiendo de la BIOS utilizada, esta limitación podría reducirse a 8,4GB, o incluso a 528MB.

Esto se debe a las limitaciones de dicha BIOS y de la interfaz ATA, que al combinarse crean limitaciones más grandes todavía. Para entender estos límites, hay que mirar a la BIOS (software) y las interfaces ATA (hardware) conjuntamente.

Nota: *Además de las limitaciones de la BIOS/ATA tratadas en este apartado, existen otras limitaciones del sistema operativo.*

Las limitaciones de las unidades ATA son las de la propia interfaz ATA más las de la interfaz BIOS utilizada para comunicarse con la unidad. La tabla 6.13 contiene un resumen de estas limitaciones.

Este apartado detalla las diferencias entre los distintos métodos de direccionamiento de sector y las limitaciones en las que se incurre al usarlos.

Prefijos para múltiplos decimales y binarios

Muchos lectores no están familiarizados con las designaciones MiB (*mebibyte*), GiB (*gibibyte*), etc. que estoy usando en este apartado y en general, en todo el libro. Forman parte de un estándar para eliminar la confusión entre múltiplos basados en decimales y binarios, especialmente en ordenadores. Las unidades del sistema métrico o sistema internacional (SI) se basan en múltiplos de 10, lo cual está bien para casi todo, pero no para los ordenadores, que funcionan en un mundo binario en el que la mayoría de los números están basados en potencias de dos.

El resultado son distintos significados asignados al mismo prefijo; por ejemplo, 1KB (kilobyte) puede ser 1.000 (103) bytes o 1.024 (210) bytes. Para deshacer esta confusión, en diciembre de 1998 la Comisión Internacional de Electrónica (IEC) aprobó como estándar internacional los nombres y símbolos de prefijo de múltiplos binarios utilizados en el procesamiento y la transmisión de datos.

La tabla 6.14 recoge algunos de estos prefijos.

Con esta terminología estándar, un MB (*megabyte*) sería un millón de bytes, mientras que un MiB (*mebibyte*) son 1.048.576 bytes.

Nota: *Para más información sobre estos prefijos decimales y binarios estándar, visite el sitio* `http://physics.nist.gov/cuu/Units/prefixes.html`.

Tabla 6.13. *Limitaciones de capacidad ATA/IDE para distintos métodos de direccionamiento de sector.*

Método de direccionamiento	Cálculo de sectores totales	Máximo de sectores totales
CHS: BIOS w/o TL	1024×16×63	1.032.192
CHS: BIOS w/bit-shift TL	1024×240×63	15.482.880
CHS: BIOS w/LBA-assist TL	1024×255×63	16.450.560
CHS: BIOS INT13h	1024×256×63	16.515.072
CHS: ATA-1/ATA-5	65536×16×255	267.386.880
LBA: ATA-1/ATA-5	2^{28}	268.435.456
LBA: ATA-6+	2^{48}	281.474.976.710.655
LBA: EDD BIOS	2^{64}	18.446.744.073.709.551.616

w/ = *with*, con.
w/o = *without*, sin.
TL = Traducción.
INT13h = Interrupción 13 hexadecimal.
EDD = Especificación Enhanced Disk Drive (Phoenix/ATA).
MB = Megabyte.
MiB = Mebibyte.
GB = Gigabyte.
GiB = Gibibyte.
PB = Petabyte.
PiB = Pebibyte.
ZB = Zettabyte.
ZiB = Zebibyte.

Tabla 6.14. *Nombres y símbolos de prefijo estándar para múltiplos decimales y binarios.*

Prefijos decimales:			
Factor	**Símbolo**	**Nombre**	**Valor**
10^{3}	k	Kilo	1.000
10^{6}	M	Mega	1.000.000
10^{9}	G	Giga	1.000.000.000
10^{12}	T	Tera	1.000.000.000.000
10^{15}	P	Peta	1.000.000.000.000.000
10^{18}	E	Exa	1.000.000.000.000.000.000
10^{21}	Z	Zetta	1.000.000.000.000.000.000.000

Observe que el símbolo de kilo (k) va en minúscula, lo cual es técnicamente correcto según el estándar SI, mientras que los demás prefijos decimales van en mayúscula.

Capacidad máxima (Bytes)	Capacidad (Decimal)	Capacidad (Binario)
528.482.304	528,48MB	504,00MiB
7.927.234.560	7,93GB	7,38GiB
8.422.686.720	8,42GB	7,84GiB
8.455.716.864	8,46GB	7,88GiB
136.902.082.560	136,90GB	127,50GiB
137.438.953.472	137,44GB	128,00GiB
144.115.188.075.855.872	144,12PB	128,00PiB
9.444.732.965.739.290.427.392	9,44ZB	8,00ZiB

Prefijos binarios:

Factor	Símbolo	Nombre	Derivación	Valor
2^{10}	Ki	Kibi	Kilobinary	1.024
2^{20}	Mi	Mebi	Megabinary	1.048.576
2^{30}	Gi	Gibi	Gigabinary	1.073.741.824
2^{40}	Ti	Tebi	Terabinary	1.099.511.627.776
2^{50}	Pi	Pebi	Petabinary	1.125.899.906.842.624
2^{60}	Ei	Exbi	Exabinary	1.152.921.504.606.846.976
2^{70}	Zi	Zebi	Zettabinary	1.180.591.620.717.411.303.424

Limitaciones de la BIOS

Los ROM BIOS de las placas base se han actualizado con el paso de los años para soportar unidades cada vez más grandes.

En la tabla 6.15 se recogen las fechas más significativas en las que se cambiaron los límites.

Tabla 6.15. *Fechas de cambios en las limitaciones de la capacidad de unidad en el ROM BIOS.*

Fecha BIOS	Capacidad límite
Agosto 1994	528MB
Enero 1998	8,4GB
Septiembre 2002	137GB

Los límites se rompieron tanto que las BIOS anteriores a agosto de 1994 están por lo general limitadas a unidades de hasta 528MB, mientras que las anteriores a enero de 1998 suelen estar limitadas a 8,4GB.

La mayoría de las BIOS de 1998 y posteriores soportan unidades de hasta 137GB, y las de septiembre de 2002 y más recientes deberían soportar unidades de más de 137GB. Pero esto son sólo directrices generales, para determinar el límite exacto de un sistema hay que consultar con el fabricante de la placa base.

También es posible utilizar la utilidad *System Information for Windows* (SIW) desde `http://gtopala.com/`, que nos informa de la fecha de la BIOS y dice si el sistema soporta la especificación *Enhanced Disk Drive* (EDD), que supone unidades de más de 8,4GB.

Si su BIOS no soporta EDD, hay tres soluciones posibles:

- Actualice la BIOS de la placa base a una versión de 1998 o más reciente que soporte más de 8,4GB.
- Instale una tarjeta de actualización de la BIOS, como por ejemplo las UltraATA de `www.siig.com`.
- Instale un parche de software para añadir soporte para más de 8,4GB.

La primera opción es la más recomendable porque suele ser gratuita. Visite el sitio Web del fabricante de la placa base para ver si hay una BIOS nueva disponible para su placa base que soporte unidades grandes.

Si no la hay, la siguiente opción sería la de la tarjeta UltraATA de SIIG, o bien una que sea similar.

Casi nunca recomiendo la solución de software porque simplemente instala un parche en el área del sector de inicio del disco duro, lo que puede dar muchos problemas al iniciar desde distintas unidades, instalar unidades nuevas o recuperar datos.

CHS versus LBA

Hay dos métodos principales para direccionar (o numerar) sectores en una unidad ATA. El primer método se llama CHS (*Cylinder Head Sector*, Cilindro, cabezal, sector) por los tres números coordinados respectivos utilizados para direccionar cada sector de la unidad. El segundo método se llama LBA (*Logical Block Address*, Dirección de bloque lógico) y utiliza un solo número para direccionar cada sector. CHS venía de la forma física en la que se construían las unidades (y su funcionamiento interno), mientras que LBA evolucionó como una forma más sencilla y lógica de numerar los sectores independientemente de la construcción física.

El proceso de leer una unidad secuencialmente en modo CHS empieza por el cilindro 0, cabezal 0 y sector 1 (que es el primer sector del disco). A continuación, se leen todos los sectores de esa primera pista; luego se selecciona el cabezal y se leen todos los sectores de esa pista. La operación continúa hasta que todos los cabezales del primer cilindro son leídos. Entonces, se selecciona el siguiente cilindro y la secuencia comienza de nuevo. El CHS es como un cuentarrevoluciones: los números del sector deben dar la vuelta antes de que pueda cambiar el número del cabezal, y los números del cabezal deben pasar antes de que pueda cambiar el cilindro.

El proceso de leer secuencialmente una unidad en modo LBA empieza por el sector 0, luego 1, luego 2, etcétera. El primer sector de la unidad en modo CHS sería 0,0,1 y el mismo sector en modo LBA sería 0. Como ejemplo, imagine una unidad con un plato, dos cabezales (se usan ambos lados del plato), dos pistas en cada plato (cilindros) y dos sectores en cada pista. La unidad tendría dos cilindros (pistas por lado), dos cabezales (lados) y dos sectores por pista. El resultado sería una capacidad total de ocho (2×2×2) sectores. Teniendo en cuenta que los cilindros y cabezales empiezan a numerarse desde 0 (aunque los sectores físicos de una pista se numeran desde 1), usando el direccionamiento CHS, diríamos que el primer sector de la unidad es el cilindro 0, cabezal 0, sector 1 (0,0,1); el segundo sector sería 0,0,2; el tercero 0,1,1; el cuarto 0,1,2 y así hasta llegar al último sector, que sería 1,1,2.

Ahora imagine que pudiéramos coger los ocho sectores y, en vez de referir directamente al cilindro, cabezal y sector físicos, pudiésemos numerar los sectores en orden de 0 a 7. Así pues, si queremos direccionar el cuarto sector de la unidad, podemos referirnos a él como sector 0,1,2 en modo CHS o como sector 3 en LBA. La tabla 6.16 recoge la correspondencia entre los números de sector CHS y LBA para esta unidad imaginaria de 8 sectores.

Tabla 6.16. *Números de sector CHS y LBA para una unidad imaginaria con dos cilindros, dos cabezales y dos sectores por pista (ocho sectores en total).*

Modo	Números de sector equivalentes							
CHS:	0,0,1	0,0,2	0,1,1	0,1,2	1,0,1	1,0,2	1,1,1	1,1,2
LBA:	0	1	2	3	4	5	6	7

Como verá con este ejemplo, usar números LBA es más sencillo y en general más fácil de manejar; sin embargo, cuando se desarrolló el primer PC, todo el direccionamiento de la BIOS y a nivel ATA se hacía con direccionamiento CHS.

Conversiones CHS/LBA y LBA/CHS

Se puede direccionar los mismos sectores en modo CHS o LBA. La conversión de CHS a LBA siempre es consistente en tanto que para una unidad dada, un direccionamiento CHS concreto siempre se convierte a un LBD en concreto y viceversa. El documento de ATA-1 especifica una simple fórmula que puede convertir parámetros CHS a LBA:

```
LBA = (((C×HPC) + H)×SPT) + S - 1
```

Invirtiendo esta fórmula, se puede convertir otra vez de LBA a CHS:

```
C = int (LBA / SPT / HPC)
H = int ((LBA / SPT) mod HPC)
S = (LBA mod SPT) + 1
```

Las abreviaturas utilizadas para estas fórmulas son las siguientes:

- **LBA**: Dirección de bloque lógico.
- **C:** Cilindro.
- **H:** Head.
- **S:** Sector.
- **HPC:** Cabezales por cilindro (número total de cabezales).
- **SPT:** Sectores por pista.
- **int X:** Parte entera de X.
- **X mod Y:** Módulos (resto) de X/Y.

Utilizando estas fórmulas puede calcular el LBA para cualquier direccionamiento CHS dado, y viceversa. Tomando una unidad de 16.383 cilindros, 16 cabezales y 63 sectores por pista, la tabla 6.17 recoge las direcciones CHS y LBA equivalentes.

Tabla 6.17. *Números de sector CHS y LBA equivalentes para una unidad con 16.383 cilindros, 16 cabezales y 63 sectores por pista (16.514.064 sectores en total).*

Cilindro	Cabezal	Sector	LBA
0	0	1	0
0	0	63	62
0	1	0	63

Cilindro	Cabezal	Sector	LBA
999	15	63	1.007.999
1.000	0	1	1.008.000
9.999	15	63	10.079.999
10.000	0	1	10.080.000
16.382	15	63	16.514.063

Comandos BIOS versus comandos ATA

Además de los dos métodos de direccionamiento de sector (CHS o LBA), hay otros dos niveles de interfaz en los que se produce el direccionamiento de sectores. Uno es la interfaz en la que el sistema operativo se comunica con la BIOS (con comandos de controlador); el otro es la interfaz en la que dicha BIOS habla con la unidad (con comandos ATA). Los comandos específicos de estos niveles son diferentes, pero ambos soportan los modos CHS y LBA. La figura 6.12 muestra los dos niveles de interfaz.

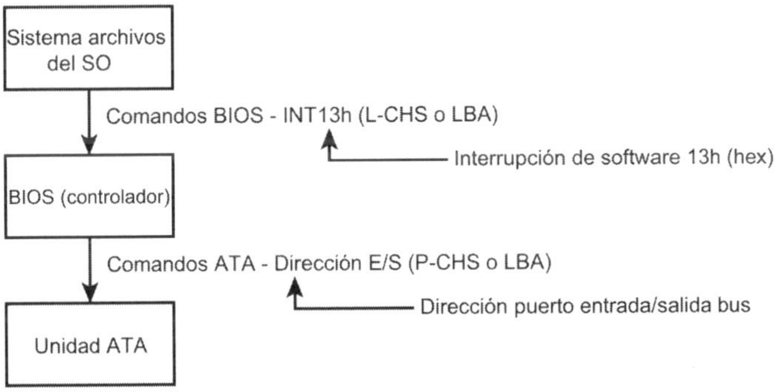

Figura 6.12. *Relación entre la BIOS y el direccionamiento de sectores físicos. (En esta figura, L-CHS se refiera a CHS lógico, y P-CHS se refiere a CHS físico.)*

Cuando el sistema operativo habla con la BIOS para leer o escribir sectores, emite comandos mediante la interrupción de software (no es lo mismo que IRQ) INT13h, que es como se llaman las subrutinas BIOS de acceso al disco. Varias subfunciones INT13h permiten la lectura o escritura de sectores con direccionamiento CHS o LBA. Las rutinas BIOS convierten entonces los comandos BIOS en comandos a nivel de hardware ATA, que se envían por los puertos E/S del bus al controlador de la unidad. Los comandos a nivel de hardware ATA también pueden usar direccionamiento CHS o LBA, aunque las limitaciones son diferentes. Si la BIOS y la unidad usan direccionamiento CHS o LBA depende de la capacidad de la unidad, la antigüedad de ambas, los parámetros de configuración de la BIOS utilizados y el sistema operativo.

Limitaciones CHS (la barrera de los 528MB)

El controlador basado en BIOS original para discos duros es accesible a través de la interrupción de software 13h (13 hex) y ofrece funciones para leer y escribir unidades a nivel de sector.

Las funciones NT13h estándar requieren el direccionamiento de un sector particular mediante la ubicación de su cilindro, cabezal y sector, es decir, el direccionamiento CHS. El sistema operativo y las utilidades de disco de bajo nivel usan esta interfaz para acceder a la unidad.

IBM escribió originalmente la interfaz INT13h para la BIOS del controlador de disco duro PC XT en 1983, y en 1984, la empresa lo incorporó a la BIOS de la placa base AT. Esta interfaz utilizaba números para definir el cilindro, cabezal y sector particular que se estaba direccionando.

La tabla 6.18, que nos muestra los límites del parámetro CHS de BIOS INT13h BIOS CHS, recoge los valores máximos para estos números.

Tabla 6.18. *Límites del parámetro CHS del BIOS INT13h.*

Campo	Tamaño del campo	Valor máximo	Rango	Total usable
Cilindro	10 bits	1.024	0–1023	1.024
Cabezal	8 bits	256	0–255	256
Sector	6 bits	64	1–63	63

El concepto de valor máximo dado un número de dígitos es simple: si tuviéramos, por ejemplo, un hotel con números de habitación decimales de dos dígitos, sólo podríamos tener 100 (102) habitaciones, numeradas de 0 a 99.

Los números CHS utilizados por la interfaz de la BIOS INT13h estándar son binarios, y usando un número de 10 bits para contar cilindros, se puede tener un máximo de 1.024 (210), numerados de 0 a 1.023.

Dado que el cabezal se identifica con un número de 8 bits, el número máximo de cabezales es 256 (28), numerados de 0 a 255.

Por último, hay una sutil diferencia con los sectores por pista, que se identifican con un número de 6 bits, lo que normalmente permitiría un máximo de 64 (26) sectores. Sin embargo, dado que los sectores se numeran a partir de 1 en lugar de 0, el rango se limita a 1–63, lo que significa que lo máximo que puede manejar la BIOS es un total de 63 sectores por pista.

Estas limitaciones son así para todas las versiones de la BIOS y programas que dependan del direccionamiento CHS.

Utilizando los máximos para CHS a nivel de BIOS, se puede direccionar una unidad con 1.024 cilindros, 256 cabezales y 63 sectores por pista. Puesto que cada sector es de 512 bytes, la cuenta sería así:

```
                  Max. Values
---------------------------
    Cylinders          1,024
        Heads            256
Sectors/Track             63
===========================
Total Sectors     16,515,072
---------------------------
Total Bytes    8,455,716,864
Megabytes (MB)         8,456
Mebibytes (MiB)        8,064
Gigabytes (GB)           8.4
Gibibytes (GiB)          7.8
```

De estos cálculos se desprende que la cantidad máxima dirigible a través de la interfaz de la BIOS INT13h estándar es de unos 8,4GB o 7,8GiB.

Desafortunadamente, los límites BIOS INT13h no son la única limitación aplicada; también hay límites en la propia interfaz ATA.

La tabla 6.19 recoge los límites CHS de ATA.

Tabla 6.19. *Límites del parámetro CHS del ATA estándar.*

Campo	Tamaño del campo	Valor máximo	Rango	Total usable
Cilindro	16 bits	65.536	0–65.535	65.536
Cabezal	4 bits	16	0–15	16
Sector	8 bits	256	1–255	255

Como verá, la interfaz ATA utiliza campos con distinto tamaño para almacenar los valores CHS. Observe que los límites ATA son más altos que los de la BIOS para cilindros y sectores, pero más bajos para cabezales. Los límites CHS para la capacidad según las especificaciones ATA-1 a ATA-5 son los siguientes:

```
                   Max. Values
-----------------------------
    Cylinders           65,536
        Heads               16
Sectors/Track              255
=============================
Total Sectors      267,386,880
-----------------------------
Total Bytes    136,902,082,560
Megabytes (MB)         136,902
Mebibytes (MiB)        130,560
Gigabytes (GB)           136.9
Cibibytes (GiB)          127.5
```

La tabla 6.20 recoge la situación que se produce al combinar las limitaciones de los parámetros CHS de ATA con los de la BIOS.

Tabla 6.20. Límites de parámetros CHS ATA y BIOS combinados.

	Límites del parámetro CHS BIOS	Límites del parámetro CHS ATA	Límites del campo de parámetros CHS combinados
Cilindro	1.024	65.536	1.024
Cabezal	256	16	16
Sector	63	255	63
Total sectores	16.515.072	267.386.880	1.032.192
Capacidad máxima	8,4GB	136.9GB	528MB

Como verá, el mínimo común denominador de los límites CHS combinados da como resultado unos parámetros de máximo usable de 1.024 cilindros, 16 cabezales y 63 sectores, lo que supone una capacidad máxima de unidad de 528MB. Esto es lo que dio en llamarse barrera de los 528MB (también llamada barrera 504MiB), y afecta a prácticamente todos los PC construidos en 1993 o antes.

Traducción CHS (Ruptura de la barrera de los 528MB)

Tener una barrera que limita la capacidad de la unidad a 528MB o menos no era un problema cuando las unidades más grandes disponibles eran más pequeñas que eso, pero en 1994, la tecnología de unidades se desarrolló tanto que las unidades eran más grandes de lo que se podía direccionar con la combinación de limitaciones de BIOS y ATA. Hacía falta una solución. A partir de 1993, el desarrollador de BIOS Phoenix Technologies empezó a trabajar en extensiones de la BIOS para solucionar el problema de los límites CHS combinados. En enero de 1994, la empresa sacó la especificación EDD que luego volvería a publicar el T13 (también responsable de ATA) como "BIOS Enhanced Disk Drive Services (EDD)". Los documentos de EDD detallan varios métodos para sortear las limitaciones de las BIOS más antiguas sin provocar problemas de compatibilidad con el software existente. Estos métodos incluyen los siguientes:

- Extensiones BIOS INT13h que soportan LBA de 64 bits.
- Traducción CHS geométrica de desplazamiento de bits.
- Traducción CHS geométrica asistida por LBA.

El método para tratar con el problema de CHS se denomina traducción porque habilita subrutinas adicionales en la BIOS para que traduzcan los CHS de los máximos de ATA a los máximos de la BIOS (y viceversa). En un esfuerzo por estandarizar estos métodos entre toda la industria del PC, Phoenix hizo público el documento EDD y permitió que se usase esa tecnología sin cargo alguno, incluso por parte de competidores como AMI y Award. El comité T13 al cargo de ATA adoptó enseguida el estándar EDD y lo incorporó a los documentos ATA oficiales.

A partir de 1994, la mayoría de las BIOS empezaron a implementar los métodos de traducción CHS diseñados por Phoenix, que permitían el soporte de unidades con un límite BIOS de hasta 8,4GB. El parche implicaba lo que se conoce como traducción de parámetros a nivel de BIOS, que adaptaba o traducía los números de cilindros, cabezales y sectores para que encajasen en los parámetros BIOS permitidos. Hay dos tipos de traducción: una funciona con una técnica denominada desplazamiento de bits CHS (normalmente designada Large o Extended CHS en el programa de configuración de la BIOS), y la otra utiliza una técnica asistida por LBA (normalmente llamada LBA en el programa de configuración de la BIOS). Se trata de métodos matemáticos distintos para hacer básicamente lo mismo: convertir un conjunto de número CHS en otro.

La traducción CHS de desplazamiento de bits manipula los números de cilindros y cabezales pero no cambia el de sectores. Empieza con los cilindros y cabezales físicos (de los que informa la unidad) y, con multiplicaciones y divisiones simples, obtiene números alterados para los cilindros y cabezales. El valor de sectores por pista no se traduce, pasa sin alterar. Se usa el término desplazamiento de bits porque las multiplicaciones y divisiones se hacen realmente en el software de la BIOS moviendo los bits de la dirección CHS. Con este tipo de traducción, los parámetros comunicados por la unidad (físicos) se denominan P-CHS, y los parámetros lógicos alterados por la BIOS son L-CHS. Una vez hecha la configuración en la BIOS, las direcciones L-CHS se traducen automáticamente a P-CHS a nivel de BIOS. Esto permite al sistema operativo enviar comandos a la BIOS con parámetros L-CHS, que ésta convierte automáticamente en P-CHS cuando habla con la unidad usando comandos ATA. La tabla 6.21 recoge las reglas de cálculo de la traducción CHS de desplazamiento de bits. La traducción CHS de desplazamiento de bits se basa en la división de la suma de cilindros físicos entre una potencia de 2 para que entre en el límite BIOS INT13h de 1.024 cilindros y en la posterior multiplicación de los cabezales por la misma potencia de 2, dejando la suma de sectores intacta. La potencia de 2 utilizada depende de la suma de cilindros, como se recoge en la tabla 6.21.

Tabla 6.21. *Reglas de traducción CHS de desplazamiento de bits.*

Cilindros físicos (comunicados por unidad)	**Cabezales Físicos**	**Cilindros lógicos**	**Cabezales lógicos**	**Capacidad máxima**
1 < C <= 1.024	1 < H <= 16	C = C	H = H	528MB
1,024 < C <= 2.048	1 < H <= 16	C = C/2	H = H×2	1GB
2,048 < C <= 4.096	1 < H <= 16	C = C/4	H = H×4	2,1GB
4,096 < C <= 8.192	1 < H <= 16	C = C/8	H = H×8	4,2GB
8,192 < C <= 16.384	1 < H <= 16	C = C/16	H = H×16	8,4GB

La suma de sectores comunicada por la unidad no se traduce.
El valor de los cabezales lógicos no puede ser superior a 255 con algunos sistemas operativos como DOS/Win9x/Me.

He aquí un ejemplo de traducción CHS de desplazamiento de bits:

	P-CHS Parameters	Bit-shift L-CHS Parameters
Cylinders	8,000	1,000
Heads	16	128
Sectors/Track	63	63
Total Sectors	8,064,000	8,064,000
Total Bytes	4,128,768,000	4,128,768,000
Megabytes (MB)	4,129	4,129
Mebibytes (MiB)	3,938	3,938
Gigabytes (GB)	4.13	4.13
Gibibytes (GiB)	3.85	3.85

Este ejemplo nos muestra una unidad con 8.000 cilindros y 16 cabezales. La suma de cilindros físicos queda por encima del límite BIOS de 1.024, así que si se selecciona la traducción CHS de desplazamiento de bits en la configuración de la BIOS, ésta divide la suma de cilindros entre 2, 4, 8 o 16 para dejarla por debajo de 1.024. En este caso, se ha dividido por 8 y el resultado es una nueva suma de cilindros lógicos de 1.000, que queda por debajo del máximo de 1.024.

Puesto que la suma de cilindros se divide entre 8, la de cabezales se multiplica por el mismo número, lo que da como resultado 128 cabezales lógicos, también por debajo del límite de la BIOS.

Así pues, aunque la unidad diga tener 8.000 cilindros y 16 cabezales, la BIOS y todo el software (incluido el sistema operativo) la ven como si tuviera 1.000 cilindros y 128 cabezales.

Observe que la cifra de 63 sectores por pista se traslada sin cambios. El resultado es que usando los parámetros lógicos la BIOS puede ver la unidad completa de 4,13GB y no estará limitada a los primeros 528MB.

Cuando se instala una unidad, no hace falta hacer la operación de traducción para convertir los cilindros y cabezales, la BIOS la hace automáticamente. Lo único que hay que hay que hacer es permitir que dicha BIOS detecte automáticamente los parámetros P-CHS y después habilitar la traducción en el programa de configuración de la misma. Seleccionar Large o ECHS en la BIOS permite el desplazamiento de bits CHS. La BIOS hace el resto del trabajo.

El desplazamiento de bits CHS es un esquema fácil y rápido (*codewise*) que puede funcionar con todas las unidades, pero desafortunadamente no puede traducir correctamente todas las geometrías posibles para unidades de menos de 8,4GB.

Para solucionarlo, se añadió un apéndice a la especificación ATA-2 que requería que las unidades informasen de ciertos rangos de geometrías para permitir la traducción de desplazamiento de bits.

Por tanto, todas las unidades conformes a la especificación ATA-2 o posterior pueden traducirse con este método.

Las barreras de 2,1GB y 4,2GB

Algunas BIOS asignaban incorrectamente 12 bits para el campo del cilindro P-CHS, permitiendo así 4.096 cilindros. En combinación con los límites estándar de 16 cabezales y 63 sectores, el resultado era la imposibilidad de soportar unidades de más de 2,1GB. Por suerte, este defecto de la BIOS afectaba solamente a un número limitado de sistemas con una BIOS anterior a mediados de 1996.

Aun así, seguía habiendo algún que otro problema con la traducción de desplazamiento de bits. Debido a la forma en que estaban escritos DOS y Windows 9x/Me, no podían manejar una unidad con 256 cabezales. Era un problema para las unidades de más de 4,2GB porque las reglas de traducción CHS de desplazamiento de bits solían dar como resultado un valor lógico de 256 cabezales, como en el siguiente ejemplo:

```
                              Bit-shift
                 P-CHS            L-CHS
            Parameters       Parameters
----------------------------------------------
      Cylinders     12,000              750
          Heads         16              256
  Sectors/Track         63               63
==============================================
  Total Sectors 12,096,000       12,096,000
----------------------------------------------
    Total Bytes 6,193,152,000 6,193,152,000
 Megabytes (MB)      6,193            6,193
Mebibytes (MiB)      5,906            5,906
 Gigabytes (GB)       6.19             6.19
Gibibytes (GiB)       5.77             5.77
```

Este esquema fallaba al intentar instalar Windows 9x/Me (o DOS) en una unidad de más de 4,2GB porque los parámetros L-CHS incluían 256 cabezales. Cualquier BIOS que implementase este esquema tenía básicamente una barrera de 4,2GB, así que instalar una unidad más grande que eso y seleccionar la traducción CHS de desplazamiento de bits provocaba el fallo de la unidad. Esto no es un problema en Windows NT y posteriores.

Nota: *Es interesante notar que la BIOS no fallaba realmente aquí; el problema estaba en el código del archivo del sistema de DOS/Win9x/Me, que almacenaba el número de sectores por pista como un valor de 8 bits. El número 256 es problemático porque equivale a 100000000b, que requiere 9 de almacenamiento. El valor 255 (que equivale a 11111111b) es el valor más alto que puede encajar en un registro binario de 8 bits y es por tanto el número máximo de cabezales que esos sistemas operativos pueden soportar.*

Para resolver este problema, se revisó la traducción CHS de desplazamiento de bits añadiendo una regla para que si la unidad informa de más de 16 cabezales y más de 8.192 cilindros (que tendrían como resultado una traducción de 256 cabezales), el valor de cabezal P-CHS se tome como 15 (en vez de 16) y el valor de cilindro P-CHS se multiplique por 16/15 para compensar. Estos valores ajustados son los que se traducen después. El siguiente ejemplo ofrece los resultados:

	P-CHS Parameters	Bit-shift L-CHS Parameters	Revised Bit-shift L-CHS Parameters
Cylinders	12,000	750	800
Heads	16	256	240
Sectors/Track	63	63	63
Total Sectors	12,096,000	12,096,000	12,096,000
Total Bytes	6,193,152,000	6,193,152,000	6,193,152,000
Megabytes (MB)	6,193	6,193	6,193
Mebibytes (MiB)	5,906	5,906	5,906
Gigabytes (GB)	6.19	6.19	6.19
Gibibytes (GiB)	5.77	5.77	5.77

Como ve en el ejemplo, una unidad con 12.000 cilindros y 16 cabezales se traduce en 750 cilindros y 256 cabezales usando el esquema CHS de desplazamiento de bits estándar. La regla revisada hace una doble traducción en este caso, cambiando primero los 16 cabezales a 15 y multiplicando luego los 12.000 cilindros por 16/15, lo que da un resultado de 12.800 cilindros. Entonces, el nuevo valor de cilindro se traduce con desplazamiento de bits (se divide entre 16), dando 800 cilindros lógicos. Del mismo modo, los 15 cabezales se multiplican por 16, obteniendo 240 cabezales lógicos. Si la suma de cilindros da más de 1.024, se trunca a 1.024. En este caso, lo que empezó como 12.000 cilindros y 16 cabezales P-CHS se convierte en 800 cilindros y 240 cabezales L-CHS (en vez de 750 cilindros y 256 cabezales), resolviendo así el problema con los sistemas operativos DOS/Win9x/Me. Hasta ahora los ejemplos eran muy claros, es decir, se han calculado parámetros L-CHS para la misma capacidad que los parámetros P-CHS, pero desafortunadamente, no siempre funciona así. El siguiente ejemplo es más parecido al mundo real. Varias unidades de 8,4GB de Maxtor, Quantum, Seagate y otros fabricantes informan de 16.383 cilindros y 16 cabezales P-CHS. Para estas unidades, las traducciones serían así:

	P-CHS Parameters	Bit-shift L-CHS Parameters	Revised Bit-shift L-CHS Parameters
Cylinders	16,383	1,023	1,024
Heads	16	256	240
Sectors/Track	63	63	63
Total Sectors	16,514,064	16,498,944	15,482,880
Total Bytes	8,455,200,768	8,447,459,328	7,927,234,560
Megabytes (MB)	8,455	8,447	7,927
Mebibytes (MiB)	8,064	8,056	7,560
Gigabytes (GB)	8.46	8.45	7.93
Gibibytes (GiB)	7.87	7.87	7.38

Observe que las reglas de traducción CHS de desplazamiento de bits revisadas tienen como resultado un soporte de sólo 7,93GB de los 8,46GB totales de la unidad. De hecho, los parámetros mostrados (con 240 cabezales) son el máximo absoluto que soporta. Por suerte, hay otro tipo de traducción que mejora la situación.

Traducción asistida por LBA

El método de traducción asistida por LBA no pone límites artificiales a las geometrías de unidad reconocidas, pero sólo funciona en unidades que soporten el direccionamiento LBA a nivel de interfaz ATA. Afortunadamente, casi todas las unidades ATA de más de 2GB soportan LBA. La traducción asistida por LBA toma los parámetros CHS que comunica la unidad, los multiplica juntos para obtener un valor LBA máximo (número total de sectores), y usa el número LBA calculado para derivar los parámetros CHS traducidos. La tabla 6.22 recoge las reglas de traducción asistida por LBA.

Tabla 6.22. *Reglas de traducción asistida por LBA.*

	Cilindros lógicos	Cabezales lógicos	Sectores lógicos
1 < T <= 1.032.192	T/1.008	16	63
1.032.192 < T <= 2.064.384	T/2.016	32	63
2.064.384 < T <= 4.128.768	T/4.032	64	63
4.128.768 < T <= 8.257.536	T/8.064	128	63
8.257.536 < T <= 16.450.560	T/16.065	255	63

T = Sectores totales, calculados multiplicando los parámetros P-CHS (C×H×S) comunicados por la unidad.

La traducción asistida por LBA fija los sectores a 63 y divide y multiplica los cilindros y cabezales por valores predeterminados dependiendo del número total de sectores. El resultado es un conjunto de parámetros L-CHS que el sistema operativo utiliza para comunicarse con la BIOS. Los números L-CHS se traducen a números LBA a nivel de interfaz ATA. Dado que el modo LBA es más flexible al traducir, debería usarse en la mayoría de los casos en lugar de la traducción CHS de desplazamiento de bits.

Normalmente, tanto la traducción CHS de desplazamiento de bits como la asistida por LBA generan la misma geometría L-CHS para una unidad dada. Esto debería ser así siempre que la unidad informe de 63 sectores por pista y 4, 8 o 16 cabezales. En el siguiente ejemplo, ambos esquemas de traducción dan como resultado valores L-CHS idénticos:

```
                            Revised bit-      LBA-assist
                    P-CHS   shift L-CHS            L-CHS
               Parameters    Parameters       Parameters
-------------------------------------------------------
    Cylinders       8,192         1,024            1,024
        Heads          16           128              128
Sectors/Track          63            63               63
```

Total Sectors	8,257,536	8,257,536	8,257,536
Total Bytes	4,227,858,432	4,227,858,432	4,227,858,432
Megabytes (MB)	4,228	4,228	4,228
Mebibytes (MiB)	4,032	4,032	4,032
Gigabytes (GB)	4.23	4.23	4.23
Gibibytes (GiB)	3.94	3.94	3.94

Sin embargo, si la unidad comunica un valor distinto de 63 sectores por pista o de 4, 8 o 16 cabezales, la traducción asistida por LBA no da los mismos parámetros que la CHS de desplazamiento de bits. Veamos un ejemplo con resultados distintos:

	P-CHS Parameters	Revised bit-shift L-CHS Parameters	LBA-assist L-CHS Parameters
Cylinders	16,383	1,024	1,024
Heads	16	240	255
Sectors/Track	63	63	63
Total Sectors	16,514,064	15,482,880	16,450,560
Total Bytes	8,455,200,768	7,927,234,560	8,422,686,720
Megabytes (MB)	8,455	7,927	8,423
Mebibytes (MiB)	8,064	7,560	8,033
Gigabytes (GB)	8.46	7.93	8.42
Gibibytes (GiB)	7.87	7.38	7.84

La traducción asistida por LBA soporta 8,42GB, que es casi 500MB más que la traducción CHS de desplazamiento de bits. Estas traducciones son diferentes y pueden surgir problemas si se cambia el modo de traducción con datos en la unidad. Si iba a instalar y formatear una unidad con traducción CHS de desplazamiento de bits y luego cambia a traducción asistida por LBA, podría cambiar la apreciación de la geometría interpretada, con lo que la unidad sería ilegible hasta que volviera a crear particiones y formatear, con la consiguiente destrucción de todos los datos. En resumen: una vez seleccionado un método de traducción no lo cambie a menos que tenga copia de seguridad de los datos.

Prácticamente todos las BIOS de PC desde 1994 tienen capacidad de traducción en la configuración, y casi todos ofrecen ambos modos de traducción, además de una opción para deshabilitar la traducción por completo. Si puede elegir entre desplazamiento de bits y traducción asistida por LBA, el método LBA es más conveniente, puesto que es el más eficiente y flexible de los dos. La traducción asistida por LBA también resuelve el problema del sistema operativo de 4,2GB porque está diseñada para permitir un máximo de 255 cabezales lógicos.

Normalmente se puede saber si la BIOS soporta traducción por la capacidad de especificar más de 1.024 cilindros en el programa de configuración de la misma, aunque esto puede llamar a engaño. Lo mejor es buscar los parámetros de configuración de traducción en la página de configuración de una unidad ATA/IDE en la BIOS. Si encuentra parámetros relacionados con la unidad, como LBA o ECHS (a veces Large o Extended), son indicadores de una BIOS con soporte de traducción. La mayoría de las BIOS a partir de 1994 incluyen esta capacidad, aunque algunas versiones de BIOS AMI de mediados de los noventa tienen la configuración LBA en una pantalla que no es la de configuración del disco duro. Si su sistema no soporta actualmente la traducción de parámetros, puede obtener una actualización del fabricante de la placa base, o instalar una tarjeta de actualización de la BIOS con esta capacidad, como la tarjeta LBA Pro de `eSupport.com`.

La tabla 6.23 recoge las cuatro formas en las que las BIOS actuales pueden direccionar los sectores en la unidad: CHS estándar (sin traducción), traducción CHS extendida, traducción LBA y direccionamiento LBA.

Tabla 6.23. *Métodos de direccionamiento de sectores de unidad.*

Modo BIOS	Sistema operativo a BIOS	BIOS a unidad
Estándar (Normal), sin traducción	P-CHS	P-CHS
Desplazamiento de bits CHS (ECHS)	L-CHS	P-CHS
Traducción asistida por LBA (LBA)	L-CHS	LBA
Direccionamiento LBA (EDD BIOS)	LBA	LBA

CHS estándar sólo tiene un paso de traducción posible interno en la unidad. La geometría física real de la unidad es completamente invisible desde el exterior con todas las unidades ATA grabadas por zona actuales. Los cilindros, cabezales y sectores impresos en la etiqueta para utilizar en el programa de configuración de la BIOS son simplemente geometría lógica y no representan los parámetros físicos reales. El direccionamiento CHS estándar se limita a 16 cabezales y 1.024 cilindros, lo que proporciona un límite de 504MiB (528MB).

Frecuentemente se denomina Normal en la configuración de la BIOS y hace que ésta se comporte como uno anticuado sin traducción. Use esta configuración si la unidad tiene menos de 1.024 cilindros o bien si quiere utilizarla con un sistema operativo que no precise traducción.

ECHS, o Large en la configuración de la BIOS, es el desplazamiento de bits CHS y la mayoría de las BIOS posteriores a 1997 utilizan el método revisado (máximo de 240 cabezales lógicos).

LBA, tal cual en la BIOS, se refiere a la traducción asistida por LBA y no al modo LBA puro. Permite al software operar con parámetros L-CHS mientras la BIOS habla con la unidad en modo LBA.

La única forma de seleccionar un modo LBA puro, del sistema operativo a la BIOS y de ésta a la unidad, es con una unidad que tenga más de 8,4GB. Todas las unidades de más de 137GB deben direccionarse mediante LBA a nivel de BIOS y de unidad, y la mayoría de las BIOS de PC direccionan automáticamente así cualquier unidad de más de 8,4GB. En ese caso no se requiere ninguna configuración especial de la BIOS, solamente hay que establecer el tipo en automático o autodetección.

Advertencia: *Cuidado con estas configuraciones de traducción de la BIOS: si tiene una unidad con una capacidad de 8,4GB o inferior y cambia entre CHS estándar, ECHS o LBA, la BIOS puede cambiar la geometría (traducida). Lo mismo ocurre si se transfiere un disco formateado en un ordenador antiguo sin LBA a uno nuevo que utiliza LBA. Esto hace que la geometría CHS lógica que ve el sistema operativo cambie y los datos aparezcan en una ubicación incorrecta, lo que pude suponer la pérdida del acceso a los datos si no se tiene cuidado. Siempre recomiendo registrar las pantallas de configuración CMOS relacionadas con el disco duro para poder usar la configuración original. Esto no afecta a las unidades de más de 8,4GB porque ahí se selecciona LBA automáticamente.*

La barrera de 8,4GB

Aunque la traducción CHS rompe la barrera de los 528MB, pone otra en 8,4GB. El soporte de unidades de más de 8,4GB requiere dejar CHS atrás y cambiar del direccionamiento CHS a LBA a nivel de BIOS. La interfaz ATA siempre había soportado el direccionamiento LBA, incluso en la especificación ATA-1. Uno de los problemas era que el soporte LBA a nivel de ATA resultaba opcional originalmente, pero el principal era que no había soporte LBA a nivel de interfaz BIOS. Se podía establecer la traducción asistida por LBA en la configuración de la BIOS, pero lo único que hacía era convertir los números LBA de la unidad en números CHS a nivel de interfaz de dicha BIOS.

Phoenix Technologies se dio cuenta de que había que pasar la interfaz de la BIOS de CHS a LBA enseguida y en 1994 publicó la especificación EDD, que trataba el problema con nuevos servicios BIOS INT13h extendidos que funcionaban con LBA en vez de con direcciones CHS. Para garantizar el soporte y compatibilidad de estas nuevas funciones BIOS en toda la industria, en 1996 Phoenix llevó el documento ante el comité T13, que lo mejoró y certificó como estándar llamado "BIOS Enhanced Disk Drive Specification (EDD)". A partir de 1998, los demás fabricantes empezaron a incluir soporte EDD en sus BIOS, habilitando el soporte del modo LBA a nivel de BIOS para unidades ATA de más de 8,4GB. Casualmente (o no), este soporte llegó justo a tiempo porque ese mismo año empezaron a salir unidades ATA de ese tamaño y superior.

El documento EDD describe nuevos comandos BIOS INT13h extendidos que permiten el direccionamiento LBA de hasta 2^{64} sectores, con el resultado de una capacidad máxima teórica de más de 9,44ZB (*zettabytes* o cuatrillones de bytes), que es como decir 9,44 trillones de GB, que son 9.44×1021 bytes o más exactamente, 9.444.732.965.739.290.427.392 bytes. Hablo de capacidad teórica porque aunque en 1998 la BIOS podía manejar hasta 2^{64} sectores, las unidades ATA seguían utilizando solamente direccionamiento de 28 bits (2^{28} sectores) a nivel de interfaz ATA. Esto limitaba la unidad ATA a 268.435.456 sectores, lo que supone una capacidad de 137.438.953.472 bytes, o 137,44GB. Así pues, se rompió la barrera de 8,4GB pero apareció otra de 137GB debido al direccionamiento de 28 bits utilizado en la interfaz ATA. Las cifras eran las siguientes:

```
                         Max. Values
---------------------------------
Total Sectors           268,435,456
---------------------------------
Total Bytes         137,438,953,472
Megabytes (MB)              137,439
Mebibytes (MiB)             131,072
Gigabytes (GB)               137.44
Gibibytes (GiB)              128.00
```

Utilizando los nuevos comandos INT13h del modo LBA de 64 bits a nivel de la BIOS, además de los comandos del modo de 28 bits a nivel de ATA, no hacía falta traducción alguna porque los números LBA pasaban sin modificar. La combinación de LBA a niveles de BIOS e interfaz ATA supuso el fin del torpe direccionamiento CHS. También significaba que al instalar una unidad ATA de más de 8,4GB en un PC con una BIOS con capacidad EDD (de 1998 o más reciente), tanto la BIOS como la unidad se configuraban automáticamente para usar el modo LBA.

Hay una peculiaridad interesante y es que para permitir la compatibilidad, al iniciar con un sistema operativo antiguo que no soporta el direccionamiento LBA (DOS o la versión original de Windows 95, por ejemplo), la mayoría de unidades de más de 8,4GB informan de 16.383 cilindros, 16 cabezales y 63 sectores por pista, es decir de 8,4GB. Esto hace que una unidad de, por ejemplo, 120GB sea como una de 8,4GB para las BIOS o sistemas operativos antiguos. Suena extraño, pero supongo que una unidad de 120GB reconocida como una de 8,4GB es mejor que nada. Si había que instalar una unidad de más de 4,8GB en un sistema anterior a 1998, la solución recomendada era una actualización de la BIOS de la placa base o una tarjeta BIOS complementaria con soporte EDD.

La barrera de 137GB y más allá

En 2001, la barrera de 137GB se convirtió en un problema porque los discos duros de 3 1/2" estaban preparados para superar ese nivel de capacidad. La solución llegó en la forma de ATA-6, que se desarrolló durante ese año. Para habilitar el direccionamiento de unidades de mayor capacidad, ATA-6 actualizó las funciones LBA de números de 28 bits a números de 48.

La especificación ATA-6 amplía la interfaz LBA de forma que use direccionamiento de sectores de 48 bits. Esto significa que la capacidad máxima se aumenta a un total de 248 (281.474.976.710.656) sectores. Dado que cada sector almacena 512 bytes, el resultado es la capacidad máxima de unidad que se muestra aquí:

```
                                Max. Values
--------------------------------------
Total Sectors        281,474,976,710,656
--------------------------------------
Total Bytes      144,115,188,075,855,872
Megabytes (MB)           144,115,188,076
Mebibytes (MiB)          137,438,953,472
Gigabytes (GB)               144,115,188
```

Gibibytes (GiB)	134,217,728
Terabytes (TB)	144,115
Tebibytes (TiB)	131,072
Petabytes (PB)	144.12
Pebibytes (PiB)	128.00

Como verá, el LBA de 48 bits de ATA-6 permite una capacidad de 144PB.

Dado que las funciones de la BIOS EDD usan un número LBA de 64 bits, tienen un límite mucho más alto:

	Max. Values
Total Sectors	18,446,744,073,709,551,616
Total Bytes	9,444,732,965,739,290,427,392
Megabytes (MB)	9,444,732,965,739,290
Mebibytes (MiB)	9,007,199,254,740,992
Gigabytes (GB)	9,444,732,965,739
Gibibytes (GiB)	8,796,093,022,208
Terabytes (TB)	9,444,732,966
Tebibytes (TiB)	8,589,934,592
Petabytes (PB)	9,444,733
Pebibytes (PiB)	8,388,608
Exabytes (EB)	9,445
Exbibytes (EiB)	8,192
Zettabytes (ZB)	9.44
Zebibytes (ZiB)	8.00

Aunque los servicios BIOS usen LBA de 64 bits (que permiten hasta 264 sectores) para más capacidad, la limitación de 144 Petabytes de ATA-6 es el denominador común, pero debería ser suficiente durante un tiempo.

Dado que las unidades de disco duro han estado doblando su capacidad cada año y medio o dos años (un corolario de la ley de Moore), calculo que llegaremos a la barrera de 144PB entre los años 2031 y 2041 (suponiendo que para entonces los discos duros no se hayan reemplazado por completo).

De la misma manera, calculo que la barrera de 9,44ZB EDD no se alcanzará hasta 2055-2073. Phoenix dijo que la especificación EDD nos serviría hasta 2020, pero parece que fueron bastante prudentes.

La barrera de 137GB resultó ser más difícil de romper que las anteriores porque, además de los problemas de la BIOS, también había que tener en cuenta los problemas del sistema operativo.

Las unidades ATA internas de más de 137GB requieren soporte LBA de 48 bits LBA, que debe proporcionarse en el sistema operativo y también en la BIOS. Lo mejor es que tanto ésta como el sistema operativo tengan este soporte, pero podría funcionar aunque sólo lo tuviera el sistema operativo.

El soporte de LBA de 48 bits en el sistema operativo requiere uno de los siguientes:

- Windows XP con *Service Pack 1* (SP1) o más reciente.
- Windows 2000 con *Service Pack 4* (SP4) o posterior.

- Windows 98/98SE/Me o NT 4.0 con IAA (*Intel Application Accelerator*) cargado. Esta solución funciona únicamente si la placa base tiene un *chipset* con soporte IAA. Visite `www.intel.com/support/chipsets/IAA/` para más información.

Para el soporte LBA de 48 bits en la BIOS hace falta alguno de estos elementos:

- Una BIOS de placa base con soporte para LBA de 48 bits (la mayoría de las que salieron a partir de septiembre de 2002).
- Una tarjeta adaptadora de *host* ATA con BIOS integrada que incluya soporte para LBA de 48 bits.

Si la BIOS de la placa base no tiene tal soporte y no hay disponible una actualización del fabricante de la placa base, podría utilizar una tarjeta.

Promise Technology (`www.promise.com`) fabrica distintos tipos de tarjetas PCI con interfaces PATA o SATA y con BIOS integrado que incorpora soporte LBA de 48 bits.

Observe que si cuenta con soporte en la BIOS y en el sistema operativo, puede simplemente instalar y usar la unidad como cualquier otra. Si no tiene soporte en ella pero sí en el sistema operativo, no se reconocerán ni se podrá acceder a las partes de la unidad que queden por encima de los 137GB hasta que el sistema operativo esté cargado. Si instala el sistema operativo en una unidad en blanco e inicia desde un CD de XP original (anterior a SP1) o anterior, tendrá que crear una partición e instalar los primeros 137GB de la unidad durante la instalación.

Tras instalar el sistema operativo y la actualización SP1, puede crear una partición con el resto de la unidad utilizando software de partición estándar o un programa de terceros, como PartitionMagic o Partition Commander, para cambiar el tamaño de la primera partición y utilizar todo el espacio del disco. Si inicia desde un CD de XP SP1 o posterior, se puede reconocer la unidad entera y acceder a ella durante la instalación del sistema operativo y la partición de toda la unidad como una sola partición de más de 137GB, si se quiere.

Por último, debe tener en cuenta que la versión original de Windows XP, además de Windows 2000/NT o Windows 95/98/Me, no ofrece soporte nativo para unidades ATA de más de 137GB. Sin embargo, como veíamos antes, esto puede arreglarse fácilmente cargando los *service packs* adecuados o el Intel Application Accelerator.

Limitaciones del sistema operativo y otro software

Tenga en cuenta que si usa software antiguo, incluidas utilidades, aplicaciones e incluso sistemas operativos que dependen exclusivamente de parámetros CHS, estos elementos verán todas las unidades de más de 8,4GB como unidades de solamente 8,4GB. No sólo necesitará una BIOS más reciente sino también nuevo software diseñado para gestionar el direccionamiento LBA directo para que funcione con unidades de más de 8,4GB.

La tabla 6.24 recoge las limitaciones impuestas por el sistema operativo respecto a las unidades de más de 8,4GB.

Tabla 6.24. *Limitaciones impuestas por el sistema operativo.*

Sistema operativo	Limitaciones del tamaño de unidad
DOS/Windows 3x	DOS 6.22 o inferior no soporta unidades de más de 8,4GB. Se necesita DOS 7.0 o superior (incluido en Windows 95 y posteriores) para reconocer una unidad de más de 8,4GB.
Windows 9x/Me	Windows 95a (versión original) no soporta las extensiones INT13h, lo que significa que soporta unidades de más de 8,4GB; sin embargo, debido a las limitaciones del sistema de archivos FAT16, el tamaño máximo de partición individual se limita a 2GB. Windows 95B/OSR2 y posteriores (incluido Windows 98/Me) soportan las extensiones INT13h, que permiten unidades de más de 8,4GB, y también soportan FAT32, que permiten tamaños de partición hasta la capacidad máxima de la unidad. Sin embargo, Windows 95 no soporta unidades de más de 32GB debido a las limitaciones de su diseño. Windows 98 requiere una actualización de FDISK para particionar unidades de más de 64GB.
Windows NT	Windows NT 3.5x no soporta unidades de más de 8,4GB. Windows NT 4.0 soporta unidades de más de 8,4GB, pero cuando se usa una unidad más grande como dispositivo de inicio principal, Windows NT no reconoce más de 8,4GB. Microsoft sacó el Service Pack 4 para corregir este problema.
Windows 2000 y más recientes	Windows 2000 y posteriores soportan unidades de más de 8,4GB.
OS/2 Warp	Algunas versiones de OS/2 se limitan a un tamaño de partición de 3,1GB o 4,3GB. IBM tiene una actualización de Device Driver Pack que permite que la partición de inicio tenga hasta 8,4GB. El sistema de archivos HPFS de OS/2 soporta unidades de hasta 64GB.
Novell	NetWare 5.0 y posteriores soportan unidades de más de 8,4GB.

En el caso de los sistemas operativos que soportan unidades de más de 8,4GB, las limitaciones del tamaño máximo de unidad dependerán de la BIOS y el estándar de la interfaz de la unidad, no del sistema operativo. Aquí entran en juego otras limitaciones para los volúmenes (particiones) y archivos que pueden crearse y administrarse con los distintos sistemas operativos. Estas limitaciones dependen no sólo del sistema operativo implicado, sino también del sistema de archivos empleado para el volumen. La tabla 6.25 recoge las limitaciones de tamaño mínimo y máximo de archivo y volumen (partición) de diversos sistemas operativos Windows.

Como ya sabemos, la versión original de XP, así como Windows 2000/NT y Windows 95/98/Me, no ofrece soporte nativo para unidades ATA de más de 137GB. Hay que usar Windows 7, Vista, o XP con Service Pack 1 o posterior para instalar y utilizar una unidad ATA de más de 137GB. Esto no afecta a las unidades conectadas a través de USB, FireWire, SCSI y otras interfaces.

Tabla 6.25. Limitaciones de tamaño de volumen/archivo de sistema operativo por sistema de archivos.

Limitaciones de SO por sistema de archivos	FAT16	FAT32	NTFS
Tamaño de volumen min. (9x/Me)	2,092MB	33,554MB	—
Tamaño de volumen máx. (95)	2,147GB	33,554MB	—
Tamaño de volumen máx. (98)	2,147GB	136,902GB	—
Tamaño de volumen máx. (Me)	2,147GB	8,796TB	—
Tamaño de volumen min. (NT+)	2,092MB	33,554MB	1,000MB
Tamaño de volumen máx. (NT+)	4,294GB	8,796GB	281,475TB
Tamaño de archivo máx. (all)	4,294GB	4,294GB	16,384TB

— = No aplicable.
NT+ = Windows NT, 2000, XP, Vista y Windows 7.
MB = megabyte = 1.000.000 bytes.
GB = gigabyte = 1.000.000.000 bytes.
TB = terabyte = 1.000.000.000.000 bytes.

PATA/SATA RAID

RAID es el acrónimo de *redundant array of independent (or inexpensive) disks* (cadena redundante de discos independientes, o económicos) y se diseñó para mejorar la tolerancia a errores y el rendimiento de los sistemas de almacenamiento informáticos. RAID se empezó a desarrollar en la *University of California at Berkeley* en 1987 y se diseñó de forma que un grupo de unidades más pequeñas y económicas pudieran interconectarse con hardware y software especial que las hiciera aparecer ante el sistema como una sola unidad más grande. Al utilizar múltiples unidades que actúan como una sola, aumenta la tolerancia a errores y el rendimiento.

Inicialmente, RAID se pensó simplemente para permitir que todas las unidades individuales de la cadena funcionasen juntas como una sola más grande con el espacio de almacenamiento de todas combinado, en lo que se denominaba configuración JBOD (*Just a Bunch of Disks*, Sólo un montón de discos). Desafortunadamente, si había cuatro unidades conectadas en una concatenación JBOD que actuaban como una sola, había cuatro veces más posibilidades de experimentar fallos de unidad que si se usaba una sola unidad más grande. Y dado que JBOD no utiliza conjuntos divididos, el rendimiento tampoco era mejor que el de una sola unidad. Para mejorar la fiabilidad y el rendimiento, los científicos de Berkeley propusieron seis niveles de RAID, que se corresponden con distintos métodos. Estos niveles ponen distinto énfasis en la tolerancia a errores (fiabilidad), la capacidad de almacenamiento, el rendimiento o una combinación de los tres.

Aunque ya no existe, en julio del año 1992 se formó una organización llamada *RAID Advisory Board* (RAB) para estandarizar, clasificar y formar en el tema de RAID. El RAB desarrolló especificaciones para RAID, un programa de conformidad para los distintos niveles RAID, y un programa de clasificación para el hardware RAID. La *RAID Advisory Board* definió siete niveles RAID estándar, nombrados de RAID 0 a 6. La mayoría de los controladores RAID implementaban además una combinación RAID 0+1, que suele denominarse RAID 10. Éstos son los niveles:

- **RAID 0: Conjunto dividido:** Los datos de archivo se escriben simultáneamente en varias unidades de la cadena, que actúan como una sola unidad más grande. Esto ofrece un alto rendimiento de lectura/escritura, pero poca fiabilidad. Requiere un mínimo de dos unidades para implementarse.
- **RAID 1: Conjunto en espejo:** Los datos escritos en una unidad se duplican en otra, lo que proporciona una excelente tolerancia a errores (si una de las unidades falla, se utiliza la otra y no hay pérdida de datos), aunque no hay mejora del rendimiento en comparación con una sola unidad. Requiere un mínimo de dos unidades para implementarse (la misma capacidad que una unidad).
- **RAID 2: ECC a nivel de bit:** Los datos se dividen de bit en bit entre varias unidades y se escriben códigos de corrección de errores (ECC, *Error Correction Code*) en otras. Está pensado para dispositivos de almacenamiento que no incorporan ECC internamente (todas las unidades SCSI y ATA tienen ECC interno). Es un estándar que, en teoría, proporciona velocidades de datos elevadas con buena tolerancia a errores, pero hacen falta siete o más unidades para una eficiencia del 50 por 100, y no existen controladores RAID 2 ni/o unidades sin ECC comerciales.
- **RAID 3: Conjunto dividido con paridad:** Combina el conjunto dividido del nivel 0 con una unidad adicional que sirve para información de paridad. Este nivel RAID es en realidad una adaptación del nivel RAID 0 que sacrifica parte de la capacidad por el mismo número de unidades. No obstante, también consigue un alto rendimiento de integridad de datos o tolerancia a errores porque, por lo general, los datos pueden recrearse si falla una unidad. Requiere un mínimo de tres unidades para implementarse (dos o más para datos y una para paridad).
- **RAID 4: Datos en bloque con paridad:** Se parece a RAID 3 pero los datos se escriben en bloques más grandes en las unidades independientes, lo que ofrece un rendimiento de lectura más rápido con los archivos grandes. Requiere un mínimo de tres unidades para implementarse (dos o más para datos y una para paridad).
- **RAID 5: Datos en bloque con paridad distribuida:** Similar a RAID 4 pero con mejor rendimiento al distribuir las divisiones de paridad entre una serie de unidades. Requiere un mínimo de tres unidades para implementarse (dos o más para datos y una para paridad).
- **RAID 6: Datos en bloque con doble paridad distribuida:** Se parece a RAID 5 pero la información de paridad se escribe dos veces utilizando dos esquemas de paridad diferentes para ofrecer mejor tolerancia a errores en caso de múltiples fallos de unidad. Requiere un mínimo de cuatro unidades para implementarse (dos o más para datos y dos o más para paridad).

También hay niveles RAID anidados creados mediante la combinación de varias formas de RAID. Éstos son los más habituales:

- **RAID 01: Espejo de divisiones:** Las unidades se combinan primero en conjuntos RAID 0 y luego se hace un espejo en una configuración RAID 1. Se requiere un mínimo de cuatro unidades, y el número total de las mismas debe ser par. La mayoría de implementaciones de PC permiten sólo cuatro unidades. La capacidad total de almacenamiento utilizable es igual a la mitad del número de unidades de la cadena multiplicado por el tamaño de la unidad de menor capacidad. Las cadenas RAID 01 pueden tolerar el fallo de una sola unidad y algunas (aunque no todas) combinaciones de fallos de varias unidades. Generalmente no se recomienda porque RAID 10 ofrece mayor redundancia y rendimiento.
- **RAID 10: División de espejos:** Las unidades se combinan primero en un conjunto de espejos RAID 1 que después se divide en una configuración RAID. Se requiere un mínimo de cuatro unidades, y el número total de las mismas debe ser par. La mayoría de implementaciones de PC permiten sólo cuatro unidades. La capacidad total de almacenamiento usable es igual a la mitad del número de unidades de la cadena multiplicado por el tamaño de la unidad de menor capacidad. Las cadenas RAID 10 pueden tolerar el fallo de una sola unidad y algunas (aunque no todas) combinaciones de fallos de varias unidades. Se parece a RAID 01, pero con fiabilidad incrementada al tolerar más combinaciones de fallos de múltiples unidades, y porque la recreación de una cadena tras reemplazar una unidad que ha fallado es mucho más rápida y eficiente.

Existen niveles personalizados o propietarios de RAID adicionales que originalmente no soportaba la RAB. Por ejemplo, de 1993 a 2004, "RAID 7" era un término comercial utilizado para describir una implementación RAID propietaria de la ya desaparecida *Storage Computer Corp.*

Cuando se configuran para un máximo rendimiento, las cadenas suelen funcionar en RAID 0, que incorpora división de datos. Desafortunadamente, también sacrifica fiabilidad, de modo que si falla una unidad se pierden todos los datos de la cadena. La ventaja está en el rendimiento extremo. Con RAID 0, el rendimiento aumenta en escala con el número de unidades añadidas a la cadena.

Por ejemplo, con cuatro unidades no se obtiene necesariamente cuatro veces el rendimiento de una sola unidad, pero muchos controladores se acercan por transferencias sostenidas. Es cierto que se produce cierta sobrecarga en el rendimiento del controlador que hace la división y que puede haber problemas de latencia (con el tiempo que se tarda en encontrar los datos), pero el rendimiento será muy superior al que pueda conseguir cualquier unidad simple.

Cuando se configuran para fiabilidad, las cadenas suelen funcionar en RAID 1, que es el espejo de una sola unidad. Todos los datos escritos en una unidad se reflejan en la otra. Si una unidad falla, el sistema puede seguir funcionando con la otra. Por desgracia, esto no aumenta para nada el rendimiento, y además supone tener solamente la mitad de capacidad. En otras palabras, hay que instalar dos unidades, pero solamente se usa una (la otra es el espejo). No obstante, en una era de grandes capacidades y precios de unidad bajos, tampoco es un gran problema.

La combinación de rendimiento con tolerancia a errores requiere usar uno de los otros niveles RAID, como RAID 5 o 10. Por ejemplo, casi todos los controladores RAID profesionales utilizados en servidores de archivos en red están diseñados para usar RAID 5. Los controladores que implementan RAID 5 solían ser muy caros y RAID 5 requiere la conexión de al menos tres unidades, mientras que RAID 10 requiere cuatro.

Con cuatro unidades de 500GB en una configuración RAID 5, se puede obtener un almacenamiento de hasta 1,5TB en total, y se podría resistir el fallo de cualquiera de las unidades. Tras un fallo de unidad, los datos pueden seguir leyéndose y escribiéndose en la cadena. Sin embargo, el rendimiento de lectura/escritura sería excepcionalmente lento hasta la sustitución de la unidad y reconstrucción de la cadena. El proceso de reconstrucción podría llevar bastante tiempo, así que si fallase otra unidad antes de que se complete la reconstrucción, se perderían todos los datos.

Con cuatro unidades en una configuración RAID 10, se obtendría solamente 1TB de almacenamiento. Sin embargo, se podrían resistir varios casos de fallos de múltiples unidades. Además, tras un fallo de unidad, los datos podrían seguir leyéndose y escribiéndose en la cadena a toda velocidad, sin pérdidas de rendimiento perceptibles. Una vez reemplazada la unidad que ha fallado, el proceso de reconstrucción es mucho más rápido que el de la cadena RAID 5. Por las ventajes que ofrece RAID 10, muchos la están recomendando como alternativa a RAID 5 para casos en los que se necesita redundancia y rendimiento máximos.

Un controlador SATA RAID típico de bajo coste permite la conexión de hasta cuatro, seis u ocho unidades, y puede hacerlas funcionar en los niveles 0, 1, 5 o 10. Hay disponibles tarjetas RAID PATA, pero la mayoría de las tarjetas RAID son SATA, que no presentan los problemas de compartir canal entre maestra y esclava de PATA. Las tarjetas RAID SATA usan un canal SATA doble (cable) para cada unidad para obtener el máximo rendimiento. Los controladores RAID basados en la placa base usan casi exclusivamente unidades SATA.

Si está pensando en un controlador RAID SATA (o una placa base con controlador RAID SATA integrado), debería buscar lo siguiente:

- Los niveles RAID soportados. (La mayoría soporta 0, 1, 5 y 10. La falta de soporte para RAID 5 y/o RAID 10 es indicador de un producto de gama baja).
- Soporte para cuatro, seis u ocho unidades.
- Soporte para velocidades de transferencia SATA de 3Gbps o 6Gbps.
- Interfaz de bus PCIe para mejor rendimiento y futura compatibilidad.

Algunos sistemas operativos incluyen capacidad RAID basada en software; sin embargo, no suelo recomendarla por problemas de rendimiento. Normalmente si se busca rendimiento y fiabilidad, lo mejor son los controladores RAID SATA que soportan los niveles RAID 5 o 10.

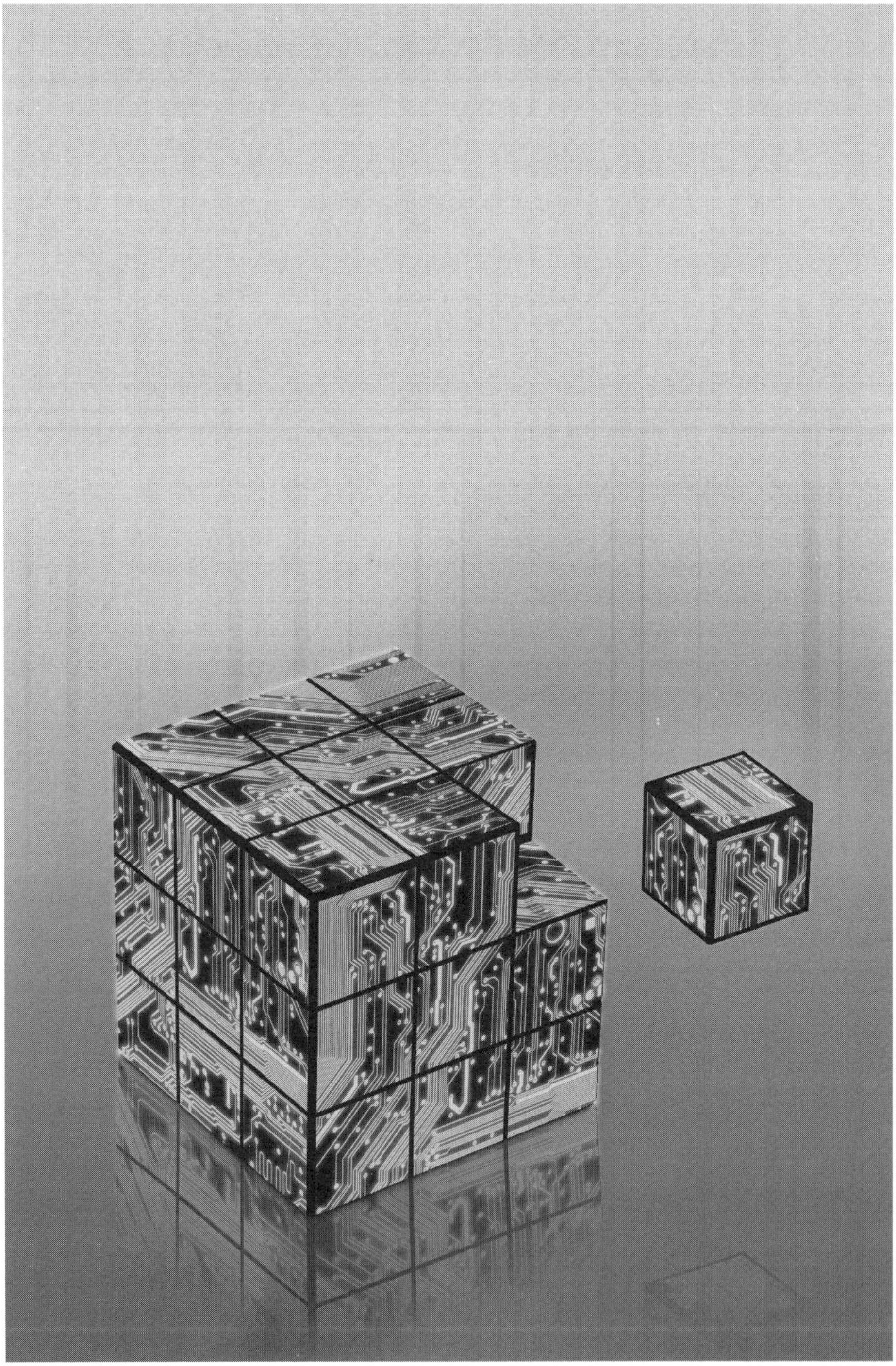

7. Almacenamiento en disco duro

Definición de un disco duro

La unidad de disco duro (HDD, *Hard Disk Drive*) es una de las partes más importantes y a la vez más misteriosas de un sistema informático. Las HDD son unidades selladas utilizadas para el almacenamiento de datos no volátiles. El almacenamiento no volátil, o semipermanente, significa que el dispositivo de almacenamiento mantiene los datos incluso cuando el equipo no está recibiendo energía. Puesto que las HDD almacenan datos y programación crucial, las consecuencias de cualquier fallo suelen ser muy serias. Para mantener, revisar y actualizar un sistema PC adecuadamente, es importante conocer el funcionamiento de los discos duros.

Las unidades de disco duro contienen platos rígidos con forma de disco, normalmente hechos de aluminio o cristal (véase la figura 7.1). A diferencia de los disquetes, los platos no pueden doblarse (de ahí el término "disco duro"). En la mayoría de unidades no es posible quitar los platos, razón por la que en ocasiones se denominan unidades de disco fijas. También existen unidades de disco duro extraíbles.

Nota: *A veces las unidades de disco duro se denominan unidades Winchester. Este término se remonta a 1973, cuando IBM introdujo la unidad modelo 3340, que tenía 30MB de almacenamiento en plato fijo y 30MB de almacenamiento en* *plato extraíble en ejes separados. El jefe del proyecto, Ken Haughton, le puso a la unidad el nombre clave Winchester porque la designación de capacidad original (30-30) sonaba como el famoso cartucho .30-30 utilizado por el rifle Winchester 94. La unidad "Winchester" 3340 original fue la primera en utilizar la combinación de disco y cabezal sellada y desde entonces el nombre se ha aplicado a todas las unidades subsiguientes con tecnología similar.*

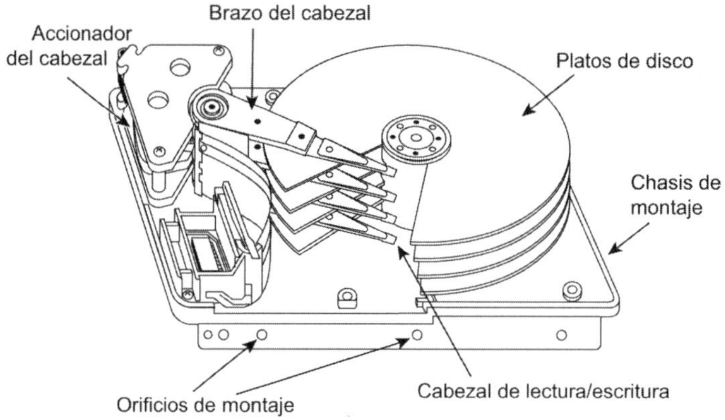

Figura 7.1. *Platos y cabezales de un disco duro.*

Avances en el disco duro

La primera unidad dura apareció en 1956. Un año más tarde, en 1957, Cyril Northcote Parkinson publicó su famosa compilación de ensayos titulada La ley de Parkinson, que comienza diciendo "El trabajo crece hasta llenar el tiempo de que se dispone para su realización". Podríamos aplicar un corolario de esta ley a los discos duros: "Los datos crecen hasta llenar el espacio de que se dispone para su almacenamiento". Esto viene a decir que no importa lo grande que sea la unidad, ya encontraremos la forma de llenarla; es la historia de mi vida, desde que compré mi primer disco duro hace más de 25 años.

Incluso aunque estoy al corriente del crecimiento exponencial de todo lo relacionado con los ordenadores, no deja de asombrarme lo grandes y rápidas que han llegado a ser las unidades modernas. El primer disco duro que compré en 1983 era un Miniscribe modelo 2012 de 10 MB (es decir, megabyte, no gigabyte), que era una unidad de 5 1/4" (plato) con un tamaño total de 203.2mm×146mm×82.6mm y un peso de 2,5kg, más pesada que muchos portátiles.

En comparación, una unidad moderna de 1,5TB 3 1/2" tiene un tamaño total de aproximadamente 146mm×102mm×25mm, pesa tan sólo 0,70kg y ofrece 150.000 veces más almacenamiento en un paquete que mide una sexta parte y pesa un cuarto de mi viejo Miniscribe.

Naturalmente, las grandes capacidades de almacenamiento que se encuentran en las unidades modernas son inútiles a menos que también se puedan transferir datos rápidamente a y desde el disco. El disco duro del IBM XT original de 1983 tenía una velocidad de transferencia de datos constante desde el medio de aproximadamente 100KBps. Hoy en día, las unidades más utilizadas ofrecen una velocidad de transferencia media de 100MBps o más, unas 10.000 veces superior. Al igual que el incremento en la capacidad de las unidades, la velocidad de la interfaz también ha recorrido un largo camino desde las interfaces MFM y RLL que eran habituales en los 80. Como siempre, las interfaces son mucho más rápidas que las unidades reales.

Las interfaces modernas ofrecen velocidades de transferencia de datos de hasta 133MBps para PATA, 150MBps y 300MBps para SATA, un ancho de banda de 320MBps para Ultra-320 SCSI y 300MBps o 600MBps para SAS. Todas estas interfaces son mucho más rápidas que las unidades que soportan, lo que significa que la verdadera velocidad de transferencia que verá estará completamente limitada por la unidad y no por la interfaz elegida. Las interfaces modernas tienen ancho de banda de sobra para futuros desarrollos y avances en la tecnología de las unidades duras.

En 2006, el disco duro celebró su 50º aniversario, un hito en la tecnología informática. Para cuando los PC entraron en escena en 1981, había unidades duras con una capacidad de 5MB. Para que se haga una idea de lo lejos que han llegado las unidades duras en los 25 años que llevan utilizándose en los PC, veremos algunos de los cambios más profundos en el almacenamiento de disco duro basado en PC:

- Las capacidades máximas de almacenamiento han aumentado de 5MB en las unidades de 5 1/4" disponibles en 1981 a 1,5TB en 2008 para unidades 3 1/2", 500GB para unidades 2 1/2" de portátiles y 250GB para unidades de 1,8". Las unidades duras con menos de 80GB son poco frecuentes en los sistemas de sobremesa o incluso portátiles actuales.

- Las velocidades de transferencia de datos de y al medio (velocidad de transferencia sostenida) han aumentado desde los aproximadamente 100KBps del IBM XT original en 1983 a una media de unos 100MBps en algunas de las unidades actuales más rápidas, o más de 130MBps de media en las unidades SAS (*Serial Attached SCSI*) más rápidas.

- Los tiempos de búsqueda medios (el tiempo que se tarda en mover los cabezales a un cilindro en particular) se han reducido desde más de 85ms (milisegundos) para las unidades de 10MB que IBM usaba en el PC-XT de 1983 a los 3,3 ms para las unidades de 15.000 rpm actuales.

- En 1982 un controlador y una unidad de 10MB costaban más de $2.000 ($200.000 por gigabyte), una cifra que realmente podría ser el doble del precio actual en dólares. Actualmente, el coste de las unidades duras de sobremesa (con controladores integrados) ha bajado a $0,09 por gigabyte o menos, ¡o $90 por 1.000GB! Las unidades de portátiles han bajado a $0,18 por gigabyte o menos, o unos $90 por 500GB.

Nota: *IBM vendió su división Hard Disk Drive a Hitachi el 6 de enero de 2003. La nueva compañía resultante, que fue llamada Hitachi Global Storage Technologies (*`www.hitachigst.com`*), con sede en San José (California) comprende las operaciones de disco duro de Hitachi e IBM. Hitachi Global Storage Technologies fabrica, vende y soporta las antiguas líneas de productos de IBM Travelstar, Microdrive, Ultrastar y Deskstar. Hitachi poseía el 70 por 100 de la empresa, e IBM el resto de las acciones. Hitachi asumió la propiedad de toda la empresa a finales de 2005 y desde entonces, IBM no tiene nada que ver con ella. Es triste que la empresa que inventó el disco duro esté fuera del negocio.*

Factores de forma

La piedra angular de la industria del PC ha sido siempre la estandarización. Con las unidades de disco, esto es evidente en los factores de forma eléctricos y físicos que componen las unidades modernas. Al utilizar factores de forma estándar, puede comprar un sistema o chasis de un fabricante y al mismo tiempo instalar física y eléctricamente una unidad de un fabricante diferente. Los estándares en los factores de forma garantizan que las unidades disponibles encajan en la bahía, los orificios para tornillos se alinean y los cables y conexiones estándar se conectan. Sin esos estándares, no habría compatibilidad entre los distintos chasis, placas base, cables y unidades.

Quizá se pregunte cómo se establecen esos factores de forma. En algunos casos, lo que ocurre es simplemente que un fabricante hace un producto popular con un protocolo de conexión y una forma concretos y otros copian o clonan esos parámetros, fabricando otros productos que sean física y/o eléctricamente compatibles. En otros casos, se han formado varios comités o grupos para dictar ciertos estándares. Así, depende de las empresas que fabrican productos aplicables crearlos para cumplir esos estándares.

A lo largo de los años, las unidades de disco se han introducido en muchos factores de forma estándar, normalmente identificados por el tamaño aproximado de los platos contenidos dentro de la unidad.

La tabla 7.1 recoge los distintos factores de forma de unidades de disco que se utilizan en PC y portátiles.

Tabla 7.1. *Factores de forma de discos duros.*

Altura	Anchura	Profundidad	Volumen
Unidades de 5 1/4"			
3,25" (82,6mm)	5,75" (146,0mm)	8" (203,2mm)	149,5 ci (2449,9 cc)
Unidades de 5 1/4" de media altura			
1,63" (41,3mm)	5,75" (146,0mm)	8.00" (203,2mm)	74,8 ci (1224,9 cc)

Altura	Anchura	Profundidad	Volumen
Unidades de 3 1/2" de media altura			
1,63" (41,3mm)	4" (101,6mm)	5,75" (146,0mm)	37,4 ci (612,5 cc)
Unidades de 3 1/2" de 1/3 de altura			
1,00" (25.4mm)	4" (101,6mm)	5,75" (146,0mm)	23,0 ci (376,9 cc)
Unidades de 2 1/2"			
19,0mm (0.75")	70,0mm (2.76")	100,0mm (3,94")	133,0 cc (8,1 ci)
17,0mm (0,67")			119,0 cc (7,3 ci)
12,7mm (0,50")			88,9 cc (5,4 ci)
12,5mm (0,49")			87,5 cc (5,3 ci)
9,5mm (0,37")			66,5 cc (4,1 ci)
8,5mm (0,33")			59,5 cc (3,6 ci)
Unidades de 1,8"			
9,5mm (0,37")	70,0mm (2,76")	60,0mm (2,36")	39,9 cc (2,4 ci)
7,0mm (0,28")			29,4 cc (1,8 ci)
Unidades PC Card de 1,8"			
8,0mm (0,31")	54,0mm (2,13")	78,5mm (3,09")	33,9 cc (2,1 ci)
5,0mm (0,20")			21,2 cc (1,3 ci)
Micro unidades 1"			
5,0mm (0,20")	42,8mm (1,69")	36,4mm (1,43")	7,8 cc (0,5 ci)

La primera cifra para cada dimensión es la dimensión en la que se basa el estándar; la segunda se obtiene mediante una conversión. Algunas medidas se basan en las medidas SAE (inglesas), mientras que otras se basan en el sistema internacional (métrico).

Actualmente, las unidades de 3 1/2" son las más utilizadas para ordenadores de sobremesa, mientras que las unidades de 2 1/2" y más pequeñas son populares entre los ordenadores portátiles y otros dispositivos transportables. Las unidades PATA se han visto sustituidas por unidades SATA en los sistemas nuevos. Todavía hay unidades PATA disponibles para la actualización de sistemas antiguos, aunque las opciones se van limitando cada vez más.

Unidad de 5 1/4"

Shugart Associates introdujo por primera vez el factor de forma de 5 1/4" junto con el primer disquete de 5 1/4" en 1976. El fundador de la empresa Al Shugart dejó la compañía y fundó Seagate Technologies, que presentó el primer disco duro de 5 1/4" (Modelo ST-506, capacidad de 5MB) en 1980, fecha anterior al IBM PC. Más tarde, IBM utilizó la unidad Seagate ST-412 (10MB) en algunos de sus modelos PC-XT, que estuvieron entre los primeros PC que se vendieron con unidades duras integradas. El formato físico del disco duro de 5 1/4" de aquel entonces era el mismo que el del disquete de 5 1/4", así que ambos encajaban en una bahía del mismo tamaño en un chasis. Por ejemplo, los modelos IBM PC y XT originales tenían dos bahías 5 1/4" que podían aceptar estos dispositivos. Los primeros sistemas portátiles (como el Compaq Portable original) también utilizaban estas unidades. Más tarde, el factor de forma de 5 1/4" redujo su altura a la mitad cuando se introdujeron las unidades duras y los disquetes de 5 1/4" de media altura. Esto permitía que se introdujeran dos unidades en una bahía diseñada originalmente para una. El factor de forma de 5 1/4" de media altura todavía se utiliza para unidades ópticas y es el factor de forma estándar para bahías de unidades más grandes en todos los chasis de los PC de sobremesa modernos.

Unidad de 3 1/2"

Sony introdujo en 1981 el primer disquete de 3 1/2", con una profundidad y una anchura más pequeñas pero la misma altura que el factor de forma 5 1/4" de media altura. Se llamaban unidades de 3 1/2" de media altura aunque no existía ninguna unidad 3 1/2" de "altura completa". Rodime siguió con el primer disco duro de 3 1/2" de media altura en 1983. Posteriormente, las unidades duras y los disquetes de 3 1/2" la redujeron a tan sólo 1", que era menos de un tercio del factor de forma 5 1/4". Hoy en día, la versión de 1" de alto se ha convertido en el factor de forma de 3 1/2" estándar moderno.

Unidad de 2 1/2"

PrairieTek introdujo el factor de forma de 2 1/2" en 1988, que resultó ser ideal para los portátiles y *notebooks*. Al mismo tiempo que se incrementaban las ventas de ordenadores portátiles, también lo hacían las de unidades de 2 1/2". Aunque PrairieTek fue el primero con ese factor de forma, otros fabricantes lo capitalizaron rápidamente en el mercado al introducir también unidades de 2 1/2". Finalmente, en 1994 Conner Peripherals, Inc. pagó a PrairieTek 18 millones de dólares por su tecnología de unidades de disco de 2 1/2" y PrairieTek dejó el negocio. Desde que las unidades de 2 1/2" aparecieron por primera vez, prácticamente todos los sistemas portátiles y *notebooks* las han utilizado. Aunque las unidades de 2 1/2" también se pueden emplear en sistemas de sobremesa, es la unidad de 3 1/2" la que sigue dominando el mercado de los equipos de sobremesa debido a su mayor capacidad y velocidad y a su menor coste.

Las unidades de 2 1/2" se han fabricado con varios grosores (o alturas) y muchos sistemas portátiles o *notebooks* están limitados por el grosor de la unidad que puedan soportar. Veamos las medidas más habituales que han estado disponibles:

- 8,5mm.
- 9,5mm.
- 12,5mm.

- 12,7mm.
- 17,0mm.
- 19,0mm.

Los tamaños más populares han sido los de grosores de 9,5mm y 12,5mm y casi todos los sistemas modernos utilizan el factor de forma de 9.5mm. Casi siempre se puede instalar una unidad más delgada en el lugar de una más gruesa; sin embargo, la mayoría de sistemas no tienen espacio para aceptar una unidad más gruesa que aquélla para la que están diseñados originalmente.

Unidad de 1,8"

Integral Peripherals introdujo por primera vez en 1991 la unidad de 1,8", que desde el principio ha tenido problemas para integrarse en el mercado. Al comienzo, este tamaño se creó porque encajaba perfectamente en el factor de forma PC Card (PCMCIA), lo que lo hacía ideal como almacenamiento extraíble para sistemas portátiles y *notebooks*. Desgraciadamente, el mercado de la unidad de 1,8" tardó bastante en tomar forma y en 1998 un grupo de inversores llamado Mobile Storage compró a Integral Peripherals la tecnología de la unidad de 1,8" por 5,5 millones de dólares, e Integral Peripherals dejó el negocio. Muchas otras empresas, como HP, Calluna, Toshiba e Hitachi, han sacado unidades de 1,8" a lo largo de los años. De ellas, sólo Toshiba e Hitachi siguen fabricando unidades en ese formato. HP abandonó completamente el mercado de las unidades de disco en 1996 y Calluna cesó sus operaciones en 2001. Toshiba introdujo sus unidades de 1,8" (disponibles en el formato físico de una PC Card Tipo II) en 2000, e Hitachi se introdujo en el mercado de las unidades de 1,8" en 2003. Las unidades de 1,8" pueden tener capacidades de hasta 250GB o más.

Unidades de 1"

Durante 1998, IBM introdujo una unidad de 1" llamada Microdrive, que incorporaba un solo plato con un tamaño de un cuarto aproximadamente. Las versiones actuales pueden almacenar hasta 8GB o más. Estas unidades están disponibles con muchas interfaces, incluida las de tarjeta *Compact Flash* (CF) Tipo II, lo que significa que pueden utilizarse en casi cualquier dispositivo que lleve tarjetas CF, como cámaras digitales, PDA y reproductores de MP3, entre otros. Hitachi compró la división de unidades de disco de IBM en 2003 y la combinó con su negocio de tecnología de almacenamiento creando Hitachi Global Storage Technologies.

Nota: *HP introdujo una unidad de disco de 20MB y 1,3" llamada KittyHawk en 1992, pensada inicialmente para el mercado de ordenadores de mano. En 1994, HP siguió con un modelo de 40MB. Estas pequeñas unidades eran caras y resultaron* *ser demasiado avanzadas para su tiempo, al igual que los ordenadores para los que estaban pensadas. Después de 2 años de ventas escasas, HP dejó de trabajar en la familia KittyHawk.*

En 2004, Toshiba introdujo la unidad más pequeña hasta la fecha: la unidad de 0,85", que tiene aproximadamente el tamaño de un sello de correos y almacena hasta 4GB. Esta unidad está diseñada para utilizarse en teléfonos móviles, reproductores de audio digitales, PDA, cámaras digitales, videocámaras, etc.

Funcionamiento de la unidad de disco duro

La construcción física básica de una unidad de disco duro consta de dos discos giratorios con cabezales que se mueven sobre los discos y almacenan datos en pistas y sectores. Los cabezales leen y escriben datos en anillos concéntricos llamados pistas, que se dividen en segmentos llamados sectores, cada uno de los cuales almacena normalmente 512 bytes (véase la figura 7.2).

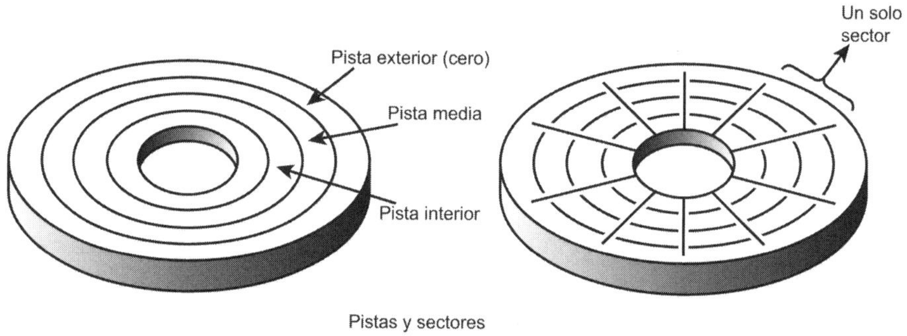

***Figura** 7.2. Pistas y sectores de un disco.*

Las unidades de disco duro suelen tener múltiples discos, llamados platos, que se apilan y giran a la vez. Cada uno tiene dos lados en los que la unidad almacena los datos. La mayoría de las unidades tienen dos o tres platos, lo que hace un total de cuatro o seis lados, pero algunos discos duros de PC tienen hasta 12 platos y 24 lados con 24 cabezales para leerlos (Seagate Barracuda 180). Las pistas alineadas de forma idéntica en cada lado de cada plato forman juntas un cilindro (véase la figura 7.3). Una unidad de disco duro suele tener un cabezal por lado del plato y todos los cabezales están montados en un bastidor o portador común. Los cabezales se mueven radialmente a través del disco a la vez; no se pueden mover independientemente porque están montados en el mismo bastidor o portador, llamado accionador.

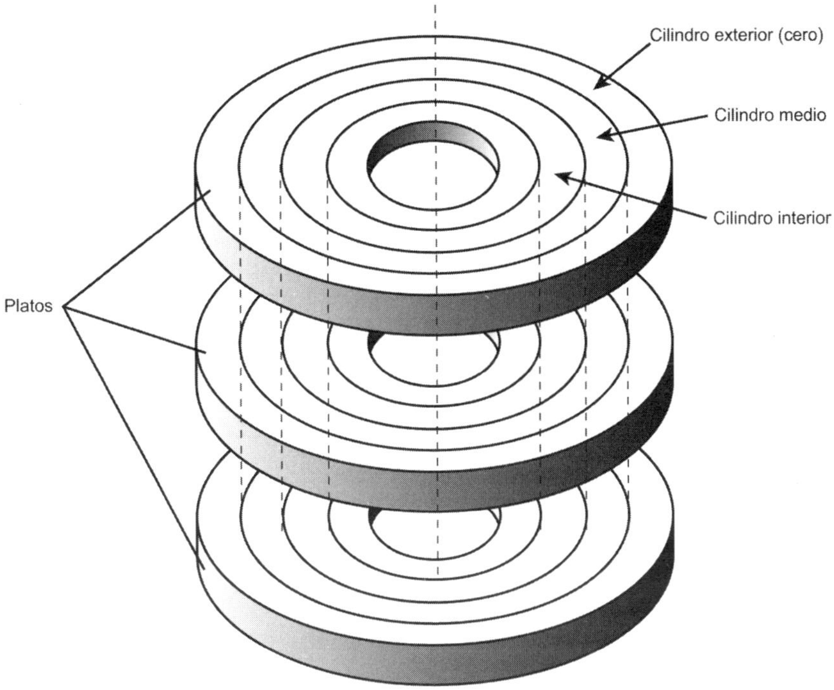

***Figura** 7.3. Cilindros del disco duro.*

Originalmente, la mayoría de discos duros giraban a 3.600 rpm, aproximadamente 10 veces más rápido que un disquete. Durante muchos años, 3.600 rpm fue prácticamente una constante entre las unidades duras. Actualmente, sin embargo, la mayoría de unidades giran mucho más deprisa.

Aunque las velocidades pueden variar, los platos de las más modernas suelen girar a 4.200 rpm, 5.400 rpm, 7.200 rpm, 10.000 rpm o 15.000 rpm. La mayoría de unidades estándar que se encuentran en los PC actuales giran a 7.200 rpm, con modelos de alto rendimiento que giran a 10.000 rpm, aunque hay muchas más baratas que giran a 5.400 rpm. Algunas de las unidades de *notebooks* pequeñas de 2 1/2" funcionan a sólo 4.200 rpm para conservar la energía, y las que lo hacen a 15.000 rpm suelen encontrarse en servidores o estaciones de trabajo de muy alto rendimiento, donde es más fácil tratar con los precios, la generación de calor y el ruido. Las velocidades de rotación altas combinadas con un mecanismo de posicionamiento de cabezales rápido y la presencia de más sectores por pista son lo que hacen que un disco duro sea más rápido que otro.

Los cabezales de la mayoría de discos duros no tocan (y no deberían tocar) lo platos durante la operación normal. No obstante, en la mayoría de unidades, los cabezales se apoyan en los platos cuando la unidad está apagada. En la mayoría de unidades, cuando la unidad está desactivada, los cabezales se mueven al cilindro más interior, donde reposan en la superficie del plato (diseño CSS). Cuando la unidad se enciende, los cabezales se deslizan en la superficie del plato a la vez que giran, hasta que se forma un pequeño cojín de aire entre los cabezales y la superficie del plato, lo que hace que los cabezales se levanten y queden suspendidos a corta distancia por encima o por debajo del plato. Si el cojín de aire se ve afectado por una partícula de polvo, el cabezal puede entrar en contacto con el plato mientras gira a toda velocidad. Si el contacto con los platos giratorios es lo bastante fuerte como para ocasionar daños, se produce un choque de cabezal. El resultado de un choque de cabezal puede tener consecuencias tan dispares como la pérdida de unos pocos bytes de datos y una unidad totalmente arruinada. La mayoría de unidades tienen lubricantes especiales en los platos y superficies endurecidas que pueden resistir los "despegues y aterrizajes" diarios y otras actividades más duras.

Algunas unidades más recientes no usan el diseño CSS sino un mecanismo de carga/descarga que no permite que los cabezales entren en contacto con los platos, ni siquiera cuando la unidad está apagada. Los mecanismos de carga/descarga tradicionales, que se utilizaron por primera vez en las unidades de portátiles y *notebooks* con factores de forma de 2 1/2" donde la resistencia al choque mecánico es más importante, emplean una rampa situada en la parte exterior de la superficie del plato mientras que algunos diseños más recientes la tienen cerca del eje.

Cuando la unidad está apagada o en modo de ahorro de energía, los cabezales se montan en la rampa. Cuando está encendida, los platos pueden alcanzar la máxima velocidad antes de que los cabezales bajen de la rampa, lo que permite que el flujo de aire evite cualquier contacto entre los cabezales y el plato.

Ya que el montaje de platos está sellado y no se pueden extraer, las densidades de las pistas del disco pueden ser muy altas. Las unidades duras actuales tienen hasta 270.000 o más pistas por pulgada (TPI) grabadas en el medio. Los montajes de cabezal de disco (HDA, *Head Disk Assembly*), que contienen los platos, se unen y sellan en habitaciones limpias en condiciones de higiene óptimas. Puesto que hay pocas empresas que arreglen HDA, la reparación o sustitución de las partes del interior de un HDA sellado pueden salir caras. Cualquier disco duro acaba fallando. La única cuestión es cuándo se producirá el fallo y si nuestros datos están a salvo.

Advertencia: *Lo más recomendable es que ni siquiera intente abrir el HDA de un disco duro a menos que tenga el equipamiento y la experiencia necesarios para hacer reparaciones internas. La mayoría de fabricantes hacen intencionadamente que los HDA sean difíciles de abrir para desanimar a intrépidos "manitas". Abrir el HDA anula la garantía de la unidad.*

Muchos usuarios de PC saben que los discos duros son frágiles y si se comparan con otros elementos, son seguramente uno de los componentes más quebradizos del PC. Por eso, los estudiantes de algunos de mis seminarios sobre recuperación de datos y solución de problemas de hardware se sorprenden cuando hago funcionar varios discos con la tapa quitada y en algunos casos, incluso he quitado e instalado las tapas mientras las unidades estaban operando. Esas unidades siguen almacenando los datos perfectamente a día de hoy con las tapas puestas o quitadas. Naturalmente, no le recomiendo probar a hacer esto con sus propios discos.

La analogía definitiva sobre unidades de disco duro

Hay una vieja analogía que compara la interacción de los cabezales y el medio en una unidad de disco duro típica con un 747 Jumbo Jet que vuela a pocos metros del suelo a velocidad de crucero. A lo largo de los años he oído esta analogía en varias ocasiones, e incluso yo mismo la he utilizado en el pasado sin pararme a comprobar si es precisa desde un punto de vista técnico con respecto a las unidades duras modernas. No lo es.

Quizás el aspecto más impreciso de la analogía del 747 es el uso de un avión de cualquier tipo para describir la interacción entre cabezales y platos. Esta analogía implica que el cabezal vuela muy bajo por encima de la superficie del disco, pero técnicamente, eso no es cierto. Los cabezales no vuelan en absoluto en el sentido aerodinámico tradicional, sino que flotan en el cojín de aire que están arrastrando los platos.

Una analogía mucho más adecuada sería utilizar un aerodeslizador en vez de un avión; la acción de un aerodeslizador se parece mucho más a la acción de los cabezales en una unidad de disco duro. Al igual que éste, los cabezales de la unidad dependen en cierto modo de la forma de la parte inferior del cabezal para capturar y controlar el cojín de aire que los mantiene flotando sobre el disco. Por naturaleza, el cojín de aire en el que flotan los cabezales sólo se forma cuando hay mucha proximidad con el plato.

Pensé que sería buena idea crear una nueva analogía que describa de manera más correcta las dimensiones y velocidades a las que las unidades de discos duros operan hoy en día. Busqué las especificaciones en una unidad de disco duro concreta y después aumenté y modifiqué la escala de todas las dimensiones implicadas por un factor de más de 300.000. Para mi ejemplo, utilicé una unidad IBM Deskstar 75GXP, que tiene 75GB (capacidad formateada) y 3 1/2" ATA. Los deslizadores de los cabezales de esta unidad tienen aproximadamente 1,24mm de largo, 0,99mm de ancho y 0,30mm de alto. Flotan en un cojín de aire de aproximadamente 15 nanómetros sobre la superficie del disco mientras se mueven a una velocidad real de 86,21Km por hora (tomando un diámetro de pista medio de aproximadamente 2 1/2"). Estos cabezales leen y escriben bits individuales separados por tan sólo 2,56 micropulgadas (millonésima parte de una pulgada), a lo largo de pistas separadas por sólo 35,27 micropulgadas. Los cabezales pueden moverse de una pista a otra en 8,5 milisegundos durante una búsqueda media.

Para crear mi analogía, amplié la escala para hacer que el cabezal flotara a una altura igual a 5mm. Puesto que una longitud de 5 milímetros es aproximadamente 333,333 veces mayor que 15 nanómetros (nm), puse todo a la misma escala.

A esa escala, los cabezales de este disco duro típico tendrían unos 422m de largo, 335,73m de ancho y 103,23m de alto (la longitud y la altura serían iguales a las de la Torre Sears si estuviera tumbada). Estos cabezales del tamaño de un rascacielos flotarían en un cojín de aire que a escala tendría sólo 5mm de grosor y se moverían a una velocidad de 28,66 millones de kilómetros por hora (7982,4 kilómetros por segundo), todo eso mientras leen bits de datos separados por apenas 21,5mm en pistas separadas por sólo 30cm.

La velocidad proporcional de este cabezal imaginario es difícil de comprender. Para que se haga una idea, el diámetro de la Tierra en el ecuador es de 12,761Km, lo que supone una circunferencia de unos 40.089Km. A 7.982,4Km por segundo, este cabezal imaginario del tamaño de un rascacielos daría la vuelta a la Tierra una vez cada 5 segundos (a ras de suelo). También leería 231.33MB en una vuelta alrededor de esta pista ecuatorial.

También hay que considerar la velocidad lateral. Ya que el tiempo de búsqueda medio de 8,5 milisegundos se define como el tiempo que se tarda en mover los cabezales sobre un tercio del total de las pistas (aproximadamente 9.241 en este ejemplo), los cabezales podrían moverse lateralmente en una distancia a escala de 2,75Km en ese breve espacio de tiempo. Esto tendría como resultado una velocidad de búsqueda a escala de más de 1.169.377Km por hora, o 325,22Km por segundo. Esta analogía debería darle una nueva apreciación de la maravilla tecnológica que representa realmente la unidad de disco duro moderna. Hace que la antigua analogía de Jumbo Jet resulte bastante patética (por no mencionar que es terriblemente imprecisa) ¿verdad?

Pistas y sectores

Una pista es un solo anillo de datos en un lado de un disco y es demasiado grande para administrar los datos eficazmente como unidad de almacenamiento única. Las pistas de discos individuales pueden almacenar más de un megabyte de datos, lo que sería muy poco útil para almacenar archivos pequeños. Por ello, las pistas se dividen en varias partes numeradas conocidas como sectores. Estos sectores representan piezas de la pista con forma de arco. Los distintos tipos de unidades de disco dividen sus pistas en números diferentes de sectores, según la densidad de las pistas. Por ejemplo, los formatos de disquete usan entre 8 y 36 sectores por pista, aunque los discos duros suelen almacenar datos a una densidad mayor y hoy en día pueden tener hasta 2.000 sectores o más por pista físicamente. Los sectores creados por el procedimiento de formateo estándar en un sistema PC tienen una capacidad de 512 bytes, una constante a lo largo de la historia del PC. Un fenómeno interesante del PC estándar es que para ser compatible con la mayoría de controladores y BIOS más antiguos, las unidades suelen realizar una traducción interna de manera que parecen tener 63 sectores por pista cuando se accede a ellos en modo CHS.

Los sectores de una pista se numeran empezando por el 1, a diferencia de los cabezales o de los cilindros, que se numeran empezando por el 0. Por ejemplo, un disquete de 1,44MB contiene 80 cilindros numerados de 0 al 79 y dos cabezales numerados como 0 y 1, mientras que cada pista de cada cilindro tiene 18 sectores numerados del 1 al 18.

Cuando se formatea un disco, el programa de formateo crea áreas ID antes y después de cada dato del sector que el controlador de discos utiliza para la numeración de los sectores y la identificación del principio y el final de cada sector. Estas áreas preceden y siguen al área de datos de cada sector y consumen parte de la capacidad de almacenamiento total del disco. Esto explica la diferencia de capacidad entre los discos formateados y no formateados. Tenga en cuenta que la mayoría de unidades duras modernas se venden preformateadas e informan sólo de la capacidad formateada. La capacidad sin formatear no suele volver a mencionarse. Otro aspecto de desarrollo interesante es que la mayoría de unidades utilizan lo que se llama formateo de sector sin ID, que significa que los sectores se graban sin marcas ID antes y después de cada sector. Por tanto, hay más partes del disco que se puede utilizar para datos reales. Cada sector de un disco suele tener una porción prefijada, o encabezado, que identifica el principio del sector y contiene el número del mismo y una porción de sufijo o cola que posee una suma de control (que ayuda a garantizar la integridad del contenido de los datos). Muchas unidades nuevas omiten este encabezado, permitiendo así más espacio para datos reales. Con la grabación sin ID, el principio y el final de cada sector se sitúa mediante la temporización predeterminada del reloj. Cada sector contiene 512 bytes de datos. Normalmente el proceso de formateo a bajo nivel llena los bytes de datos con algún valor específico, como F6h (hex), o algún otro patrón de pruebas de repetición utilizado por el fabricante de la unidad. Algunos patrones son más difíciles para los componentes electrónicos en la unidad para codificar/descodificar, así que los patrones se utilizan cuando el fabricante está probando la unidad durante el formateo inicial. Un patrón de prueba especial podría causar errores en la superficie que un patrón de datos normal no mostraría. De este modo, el fabricante puede identificar de manera más precisa los sectores marginales durante las pruebas.

> ***Nota:*** *El tipo de formateo de disco tratado aquí es un formateo físico o a bajo nivel, no el formateo a alto nivel que se realiza cuando se utiliza un programa FORMAT basado en DOS o Windows.*

Los encabezados y colas de los sectores son independientes del sistema operativo, el sistema de archivos y los archivos almacenados en la unidad. Además de encabezados y colas, existen huecos dentro de los sectores, entre los sectores de cada pista y entre las pistas, pero ninguno de dichos huecos contiene espacio de datos utilizable. Los huecos se crean durante el proceso de formateo a bajo nivel cuando la grabación está desactivada momentáneamente. Tienen la misma función que los huecos sin sonido que hay entre las canciones grabadas en una cinta de casete. El prefijo, el sufijo y los huecos dan cuenta del espacio perdido entre la capacidad sin formatear de un disco y la capacidad formateada. Por ejemplo, un disquete (3 1/2") de 4MB (sin formatear) tiene una capacidad de 2,88MB cuando se formatea, un disquete de 2MB (sin formatear) tiene una capacidad formateada de 1,44MB y un disco duro antiguo de capacidad sin formatear de 38MB (por ejemplo, Seagate ST-4038) tiene una capacidad de sólo 32MB cuando se formatea. Puesto que las unidades duras ATA que se compran actualmente se formatean a nivel bajo en la fábrica, los fabricantes anuncian únicamente la capacidad formateada. Incluso así, casi todas las unidades utilizan un espacio reservado para la administración de los datos que se almacenarán en ellas. Por tanto, aunque antes he mencionado que cada sector del disco tiene un tamaño de 512 bytes, esta información no es técnicamente cierta. Cada sector permite un almacenamiento de 512 bytes de datos, pero el área de datos es sólo una porción del sector. Cada sector de un disco ocupa normalmente hasta 571 bytes del disco, de los cuales sólo 512 bytes están disponibles para el almacenamiento de datos de usuario. El número real de bytes adicionales requeridos para el encabezado y la cola del sector puede variar de unidad a unidad. No obstante, como he comentado antes, muchas unidades modernas utilizan un esquema de grabación sin ID que prácticamente elimina el almacenamiento global de la información del encabezado del sector.

Podemos pensar en cada sector del disco como si fuera una página de un libro. En un libro, cada página contiene texto, pero no está completamente llena con ese texto, sino que tiene márgenes superiores, inferiores y laterales. Información como los títulos de los capítulos (números de cilindros y pistas) y el número de las páginas (números de los sectores) se coloca en los márgenes. Las áreas de los "márgenes" de un sector se crean durante el proceso de formateo a bajo nivel. El formateo también llena el área de datos de cada sector con valores de falsos. Después de realizar un formateo de alto nivel en el disco, el sistema de archivos del PC puede escribir en el área de datos de cada sector, pero la información de encabezado y cola del sector no se puede alterar durante las operaciones de escritura normales a menos que el disco se vuelva a formatear a bajo nivel.

La tabla 7.2 recoge el formato para cada pista y sector de una unidad de disco duro típica con 17 sectores por pista.

***Tabla** 7.2. Formato de sectores/pistas de disco típico utilizando marcas ID.*

Bytes	Nombre	Descripción
16	POST INDEX GAP	Todo 4Eh, al principio de la pista a partir de la marca Index.
Los siguientes datos de sector se repiten tantas veces como sectores haya en la pista:		
13	ID VFO LOCK	Todo 00h; sincroniza el VFO para el ID del sector.
1	SYNC BYTE	A1h; notifica al controlador que siguen datos.
1	ADDRESS MARK	FEh; define los datos del campo ID que siguen.
2	CYLINDER NUMBER	Valor que define la posición del accionador del cabezal.
1	HEAD NUMBER	Valor que define el cabezal concreto seleccionado.
1	SECTOR NUMBER	Valor que define el sector.
2	CRC	*Cyclic Redundancy Check*, Comprobación de redundancia cíclica para verificar datos ID.
3	WRITE TURN-ON GAP	00h para aislar ID de DATA.
13	DATA SYNC VFO LOCK	Todo 00h; sincroniza el VFO para DATA.
1	SYNC BYTE	A1h; notifica al controlador que siguen datos.
1	ADDRESS MARK	F8h; define el campo DATA que sigue.
512	DATA	El área de DATA de usuario.
2	CRC	Comprobación de redundancia cíclica para verificar DATA.
3	WRITE TURN-OFF GAP	00h; escrito por actualización DATA para aislar DATA.
15	INTER-RECORD GAP	Todo 00h; un búfer para variación de velocidad de eje.
693	PRE-INDEX GAP	Todo 4Eh, al final de la pista antes de la marca Index.

571 = Bytes totales por sector; 512 = Bytes de datos (utilizables) por sector.
"Todo XXh" indica que ese campo se llenará con bytes XXh.

Como verá, el espacio utilizable para datos en cada pista es aproximadamente un 15 por 100 menor que su capacidad sin formatear total. Esto se aplica a la mayoría de los discos, aunque el porcentaje puede variar ligeramente, según el número de sectores por pista. Los siguientes párrafos explican con detalle cada pieza de los datos del sector recogida en la tabla 7.2.

`POST INDEX GAP` proporciona un periodo de recuperación del cambio de cabezal, de forma que cuando se cambia de una pista a otra, los cabezales pueden leer sectores secuenciales sin esperar una revolución adicional del disco. Ya que éste está girando continuamente y los cabezales tardan un poco en moverse radialmente de pista en pista, leer sectores consecutivos en dos pistas diferentes, una detrás de otra, no es posible. Para cuando el cabezal se mueve a la nueva pista, el principio del segundo sector ya la ha pasado girando. Dejar un espacio entre sectores proporciona a los cabezales tiempo para moverse a otra pista.

En algunas unidades, este espacio no ofrece suficiente tiempo para que los cabezales se muevan. Cuando se da este caso, una unidad puede ganar tiempo adicional desfasando los sectores de diferentes pistas de manera que se retrase la llegada del primer sector. En otras palabras, el proceso de formateo a bajo nivel desplaza la numeración de los sectores, así que en vez de los mismos sectores numerados en cada pista adyacente a otra, el Sector 9 de una de las pistas puede estar junto al Sector 8 de la próxima pista, que está junto al Sector 7 de la siguiente, etc. El valor de desfase óptimo se basa en la velocidad rotacional del disco comparada con la velocidad lateral de los cabezales.

> ***Nota:*** *Hubo un tiempo en el que el desfase de cabezales era un parámetro que podía configurar uno mismo mientras formateaba un disco a bajo nivel. Las unidades actuales se formatean a bajo nivel en la fábrica con valores de desfase e intercalado que no pueden modificarse.*

Los datos de ID del sector son los campos `CYLINDER NUMBER`, `HEAD NUMBER` y `SECTOR NUMBER` además de un campo CRC utilizado para la verificación de los datos ID. La mayoría de controladores utilizan el bit 7 del campo `HEAD NUMBER` para marcar un sector como malo durante un formateo a bajo nivel o análisis de superficies. No obstante, esta convención no es absoluta.

Algunos controladores utilizan otros métodos para marcar un sector malo, pero la marca implica normalmente uno de los campos de ID.

`WRITE TURN-ON GAP` sigue los bytes CRC del campo `ID` y proporciona un colchón para garantizar una grabación adecuada de la siguiente área de datos del usuario, así como para garantizar la recuperación total de CRC de `ID`.

El campo de `DATA` de usuario consta de 512 bytes de datos almacenados en el sector. Este campo está seguido de uno CRC para verificar los datos. Aunque muchos controladores usan aquí dos bytes de CRC, el controlador podría implementar un ECC más largo que requiera más de dos bytes CRC para almacenar. Los datos ECC almacenados aquí ofrecen la posibilidad de corregir errores en el campo `DATA` y también de detectarlos. Las capacidades de corrección/detección dependen del código ECC que utilice la unidad y su implementación por parte del controlador. `WRITE TURN-OFF GAP` es un colchón que permite la recuperación total de los bytes ECC (CRC).

`INTER-RECORD GAP` ofrece un medio para acomodar las variaciones en las velocidades del eje de la unidad. Puede que se haya formateado una pista mientras el disco estaba funcionando un poco más lento de lo normal y después se haya escrito en ella mientras el disco funcionaba un poco más rápido de lo normal. En esos casos, este espacio evita que se sobrescriba accidentalmente cualquier información en el siguiente sector. El tamaño real de este colchón varía, dependiendo de la velocidad de la rotación del disco DATA cuando se formateara la pista y cada vez que se actualice el campo `DATA`.

`PRE-INDEX GAP` habilita la tolerancia de velocidades sobre la pista completa. El tamaño de este espacio puede variar, según las alteraciones en la velocidad de rotación del disco y la tolerancia a la frecuencia de escritura en el momento del formateo.

Esta información del prefijo del sector es muy importante porque contiene la numeración que define el cilindro, el cabezal y el sector. Esta información, excepto el campo `DATA`, los bytes `DATA CRC` y `WRITE TURN-OFF GAP`, se escribe únicamente durante un formateo a bajo nivel.

Formatear un disco

Antes de poder escribir datos de usuario en un disco, se requieren estos dos procesos de formateo:

- Formateo a bajo nivel, o físico.
- Formateo a alto nivel, o lógico.

Cuando un disquete en blanco se formatea, el Explorador de Windows o bien los comandos `FORMAT` realizan ambos tipos de formateo simultáneamente. Si el disquete ya se había formateado anteriormente, DOS y Windows realizan por defecto un formateo a alto nivel.

Sin embargo, un disco duro requiere un tercer paso, entre los dos procedimientos de formateo, para escribir la información de partición en el disco. Además, el formateo a bajo nivel se realiza en la propia fábrica en todas las unidades modernas. La partición es necesaria porque un disco duro está diseñado para utilizarse con más de un sistema operativo o sistema de archivos. Utilizar varios sistemas operativos y/o de archivos en una unidad dura es posible mediante el uso de particiones, que crean múltiples volúmenes en la unidad. Un volumen o unidad lógica es cualquier sección de un disco a la que el sistema operativo asigna una letra o nombre.

Por consiguiente, preparar una unidad de disco duro para el almacenamiento de datos implica tres pasos:

1. Formateo a bajo nivel (LLF; se realiza en la propia fábrica).
2. Creación de particiones.
3. Formateo a alto nivel (HLF).

Formateo a bajo nivel

Durante un formateo a bajo nivel, las pistas se dividen en un número específico de sectores, creando los espacios entre sectores y entre pistas y grabando la información del encabezado y la cola del sector. Las áreas de datos del sector se rellenan con un valor de byte falso o un patrón de valores de prueba. Para los disquetes, el número de sectores grabados en cada pista depende del tipo de disquete y unidad. Para los discos duros, el número de sectores por pista depende de la interfaz del controlador y de la unidad.

Los controladores ST-506/412 MFM originales colocaban siempre 17 sectores por pista en un disco, los controladores ST-506/412 con codificación RLL aumentaban el número de sectores a 25 o 26 por pista, y las unidades ESDI tenían 32 o más sectores por pista. Las unidades ATA que encontramos en los PC actuales puede tener entre 17 y 2.500 o más sectores por pista, y el número de éstos puede variar también entre diferentes pistas.

Prácticamente todas las unidades ATA usan una técnica llamada Grabación de bits por zonas (ZBR, *Zoned-Bit Recording*), que escribe un número variable de sectores por pista. Sin ZBR, el número de sectores (y por tanto bits) de cada pista es constante. Esto significa que el número real de bits por pulgada va a variar. En las pistas interiores habrá más bits por pulgada, mientras que en las exteriores habrá menos. La tasa de datos y la velocidad rotacional permanecerán constantes, al igual que el número de bits por pista. En la figura 7.4 se muestra una unidad grabada con el mismo número de sectores por pista.

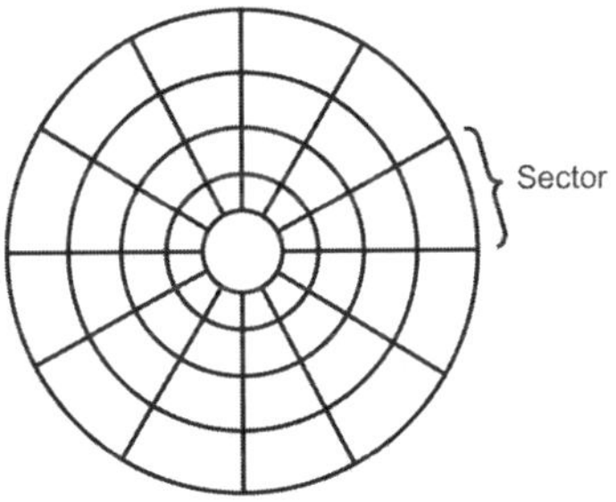

Figura 7.4. *Grabación estándar, donde cada pista comprende el mismo número de sectores.*

Una grabación estándar desaprovecha capacidad en las pistas exteriores porque es más larga y sigue albergando la misma cantidad de datos (más espaciados) que las pistas interiores. Una forma de aumentar la capacidad de una unidad dura durante el formateo a bajo nivel es crear más sectores en los cilindros exteriores del disco que en los interiores. Puesto que tiene una circunferencia mayor, los cilindros exteriores pueden alojar más datos. Las unidades sin ZBR almacenan la misma cantidad de datos en todos los cilindros, incluso aunque las pistas de los exteriores sean el doble de largas que las de los interiores. El resultado es un desaprovechamiento de la capacidad de almacenamiento porque el medio del disco debe ser capaz de almacenar datos de manera fiable a la misma densidad que en los cilindros interiores. Cuando el número de sectores por pista es fijo, como en los controladores antiguos, la capacidad de la unidad está limitada por la densidad de la pista más interior (la más corta).

Las unidades que usan ZBR dividen los cilindros en grupos llamados zonas y cada zona sucesiva tiene más sectores por pista a medida que se avanza hacia el exterior desde el centro del disco. Todos los cilindros de una zona concreta tienen el mismo número de sectores por pista. El número de zonas varía con unidades específicas, pero la mayoría de unidades tienen entre 16 y 32 zonas. La figura 7.5 muestra una unidad con ZBR.

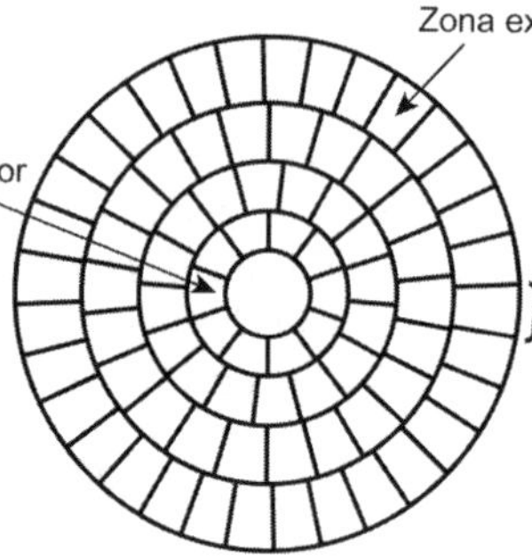

Figura 7.5. *Grabación por zonas, donde el número de sectores por pista aumenta dentro de cada zona, alejándose del centro hacia el exterior.*

Otro efecto de la grabación por zonas es que las velocidades de transferencia varían según la zona en la que se encuentren los cabezales. Una unidad con ZBR todavía gira a una velocidad constante. Sin embargo, puesto que hay más sectores por pista en las zonas exteriores, la transferencia de datos es más rápida ahí. Por consiguiente, la transferencia de datos más lenta se produce cuando se lee o se escribe en las zonas interiores. Ésa es la razón por la que prácticamente todas las unidades actuales informan sobre velocidades de transferencia sostenida máximas y mínimas, que dependen de la parte de la unidad en la que se esté escribiendo o desde la que se esté leyendo.

Sirva como ejemplo la tabla 7.3, que recoge las zonas definidas para la unidad de un portátil Hitachi Travelstar 5K500.B de 2 1/2", los sectores por pista para cada zona y la velocidad de transferencia de datos resultante.

Tabla 7.3. *Información de la grabación por zonas para una unidad de disco duro de un Hitachi Travelstar 5K500.B de 2 1/2".*

Zona	Sectores por pista	Velocidad de transferencia (MBps)
0	1920	117,96
1	1840	113,05
2	1800	110,59
3	1760	108,13
4	1720	105,68
5	1680	103,22

Zona	Sectores por pista	Velocidad de transferencia (MBps)
6	1632	100,27
7	1600	98,30
8	1560	95,85
9	1520	93,39
10	1480	90,93
11	1440	88,47
12	1360	83,56
13	1320	81,10
14	1296	79,63
15	1280	78,64
16	1240	76,19
17	1200	73,73
18	1140	70,04
19	1104	67,83
20	1080	66,36
21	1020	62,67
22	960	58,98
23	912	56,03

Esta unidad tiene un total de 172.676 cilindros, que se dividen en 24 zonas con una media de 7.195 cilindros cada una. La zona 0 consta de los cilindros más exteriores, que son los más largos y los que más sectores contienen (1.920 para cada pista), mientras que la zona interior sólo tiene 912 sectores por pista.

Con ZBR, esta unidad tiene una media de 1.302 sectores por pista. Sin ZBR, el número de sectores por pista se vería limitado a 912 para todas las pistas. Por lo tanto, el uso de ZBR proporciona un incremento de casi un 43 por 100 en la capacidad de almacenamiento de esta unidad en concreto.

Observe también la diferencia en las velocidades de transferencia de datos para cada una de las zonas. Puesto que la unidad gira a 5.400 rpm, completa una sola revolución cada 1/90 de un segundo, o cada 11,1 milisegundos. Por tanto, la velocidad de transferencia de datos varía según la zona en la que se esté leyendo o escribiendo. En la zona exterior, la velocidad de transferencia de datos es de casi 118MBps, mientras que en la zona interior es de sólo 56MBps. La velocidad de transferencia media para esta unidad es de aproximadamente 80MBps. Ésa es una de las razones por las que quizá observe grandes discrepancias en los resultados producidos por programas de referencia de la unidad de disco.

Una prueba que lea o escriba archivos en las pistas exteriores del disco produce resultados mucho mejores que una realizada en las pistas interiores. Puede parecer que la unidad funciona más lentamente cuando en realidad el problema es que los resultados de las pruebas que está comparando proceden de la actividad del disco en zonas diferentes.

Otro dato a tener en cuenta es que esta unidad se ajusta a la especificación de 3Gbps de SATA y tiene una velocidad de transferencia de interfaz de 300MBps. Como puede ver, esto es completamente teórico porque la verdadera velocidad de transferencia media de esta unidad varía entre 56MBps y 118MBps aproximadamente, con una media global de 80MBps. La velocidad de transferencia de la interfaz es simplemente eso: lo que la interfaz es capaz de hacer. No tiene mucha relación con las capacidades reales de la unidad.

El uso de ZBR permite a los fabricantes de unidades aumentar la capacidad de sus unidades duras entre un 20 y un 50 por 100 o más en comparación con una disposición de sectores fijos por pista. Todas las unidades modernas utilizan ZBR.

Crear particiones

La creación de una partición en una unidad de disco duro le permite soportar sistemas de archivos separados, cada uno en su propia partición.

Cada sistema de archivos puede usar su propio método para asignar espacio de archivos en unidades lógicas llamadas clústeres o unidades de asignación. Todas las unidades de disco duro deben tener al menos una partición y pueden tener hasta cuatro, cada una de las cuales puede soportar los mismos o diferentes tipos de sistemas de archivos. Los tres sistemas de archivos más comunes utilizados por los sistemas operativos de PC hoy en día son:

- **FAT:** (*File Allocation Table*, Tabla de asignación de ficheros). El sistema de archivos estándar compatible con DOS y Windows 9x/Me. FAT es también el sistema de archivos predeterminado utilizado por Windows 2000 y posteriores en unidades flash u otras unidades extraíbles. Las particiones FAT soportan nombres de archivo de un máximo de 11 caracteres (8 caracteres + extensión de 3 caracteres) en DOS y 255 caracteres en Windows 9x (o posterior). El sistema de archivos FAT estándar utiliza números de 12 o 16 bits para identificar clústeres, lo que tiene como resultado un tamaño de volumen máximo de 2GB.
- **FAT32:** (Tabla de asignación de ficheros, de 32 bits). Se trata de un sistema de archivos opcional compatible con Windows 95 OSR2 (*OEM Service Release 2*) y posterior. FAT32 utiliza números de 32 bits para identificar clústeres, lo que tiene como resultado un tamaño de volumen único máximo de 2TB, o 2.048GB.
- **NTFS:** (Sistema de ficheros de nueva tecnología de Windows). Éste es el sistema de archivos nativo para Windows NT y posterior, que es compatible con nombres de archivos de hasta 256 caracteres de longitud y particiones de hasta 16 exabytes (en teoría). NTFS también proporciona atributos extendidos así como características de seguridad del sistema de archivos que no existen en el sistema de archivos FAT.

Hasta el lanzamiento de XP, FAT32 era el sistema de archivos más popular con diferencia. Puesto que NTFS es nativo para Windows 2000 y posterior (y necesario para Vista y volúmenes de inicio posteriores), NTFS es el sistema de archivos más común en unidades no extraíbles. Aun así, el sistema de archivos FAT es el estándar para unidades extraíbles (por ejemplo, flash) y se puede acceder a él mediante casi cualquier sistema operativo, lo que lo convierte en el formato más compatible para unidades externas en un entorno de SO mezclados.

La creación de particiones se suele llevar a cabo mediante la ejecución de un programa de partición de disco que se incluye con el sistema operativo. El nombre y la operación exacta de este programa varían según el sistema operativo. Por ejemplo, Windows 2000 y posterior utiliza el complemento Administración de discos del servicio Administración de equipos, o el comando `DISKPART`, mientras que Windows 9x/Me y anterior utilizan el programa FDISK. Las herramientas de partición de disco permiten seleccionar la cantidad de espacio en la unidad que se va a usar para una partición, desde un solo megabyte (o 1 por 100) hasta la capacidad entera de la unidad o tanto como permita el sistema de archivos concreto. Normalmente, para mayor simplicidad, yo recomiendo utilizar el menor número de particiones posible por unidad.

Advertencia: *Normalmente, las herramientas de partición de disco incluidas en la mayoría de sistemas operativos no pueden utilizarse para cambiar el tamaño de una partición; con algunas excepciones, todo lo que pueden hacer es crear o bien eliminar particiones. Desgraciadamente la acción de eliminar una partición destruye y pierde acceso a datos que se contenían en la partición o que estaban en esa parte del disco. Para redimensionar o manipular de otro modo las particiones de forma sencilla sin destruir datos, recomiendo utilidades de terceros como por ejemplo GParted Live (*`http://gparted.sourceforge.net/livecd.php`*), Partition Resizer (*`www.zeleps.com`*), o Ranish Partition Manager (*`www.ranish.com/part`*).*

Cuando se han creado particiones en una unidad, el sistema operativo que vaya a utilizar cada partición debe realizar un formateo a alto nivel.

Formateo a alto nivel

Durante el formateo a alto nivel, el sistema operativo escribe las estructuras del sistema de archivos necesarias para la administración de los archivos y datos del disco. Estas estructuras de datos permiten al sistema operativo administrar el espacio del disco, llevar el control de los archivos e incluso administrar áreas defectuosas para que no causen problemas.

El formateo a alto nivel no es realmente un formateo físico de la unidad (excepto con los disquetes en algunos casos), sino la creación de una tabla de contenidos para el disco. Los verdaderos formateos a bajo nivel de las unidades modernas son realizados por el fabricante y técnicamente el usuario final no puede llevarlos a cabo. La mayoría de fabricantes de unidades duras hacen programas de inicialización y pruebas disponibles, que son los sustitutos modernos de los programas de formateo a bajo nivel. Aunque los programas de inicialización no recrean técnicamente las marcas del sector, rescriben la porción de datos de todos los sectores así como los defectos de administración, incluyendo la capacidad para reasignar sectores sobrantes para sustituir los sectores defectuosos. Normalmente la única vez que se ejecuta un programa de inicialización es cuando se está tratando de reparar un formato que ha quedado dañado (partes del disco se vuelven ilegibles) o en algunos casos cuando se desea borrar todos los datos de la unidad.

Componentes básicos de una unidad de disco duro

Hay muchos tipos de unidades de disco duro en el mercado, pero casi todas comparten los mismos componentes físicos básicos. Pueden existir algunas diferencias en la implementación de estos componentes (y en la calidad de los materiales utilizados para fabricarlos), pero las características operativas de la mayoría de unidades son similares.

Los componentes básicos de una unidad de disco duro típica son los siguientes (véase la figura 7.6):

- Platos del disco.
- Cabezales de lectura/escritura.
- Mecanismo accionador de los cabezales.
- Eje (dentro del concentrador de platos).
- Placa lógica (controlador o placa de circuito impreso).
- Cables y conectores.
- Elementos de configuración (como puentes o conmutadores).

Los platos, el eje, los cabezales y los mecanismos accionadores se encuentran en una cámara sellada llamada HDA (*Head Disk Assembly*, Montaje del cabezal). El HDA se suele tratar como un solo componente; raramente se abre. Otras partes del HDA de la unidad, como las placas lógicas, el bisel y otro hardware de montaje o configuración, puede desensamblarse de la unidad.

Platos (discos) de disco duro

Una unidad de disco duro tiene uno o más platos o discos. Los discos duros de sistemas PC han estado disponibles en muchos factores de forma a lo largo de los años. Normalmente, el tamaño físico de una unidad se expresa como el tamaño de los platos. La tabla 7.4 ofrece una lista de los tamaños de plato que se han asociado con las unidades de disco duro de PC.

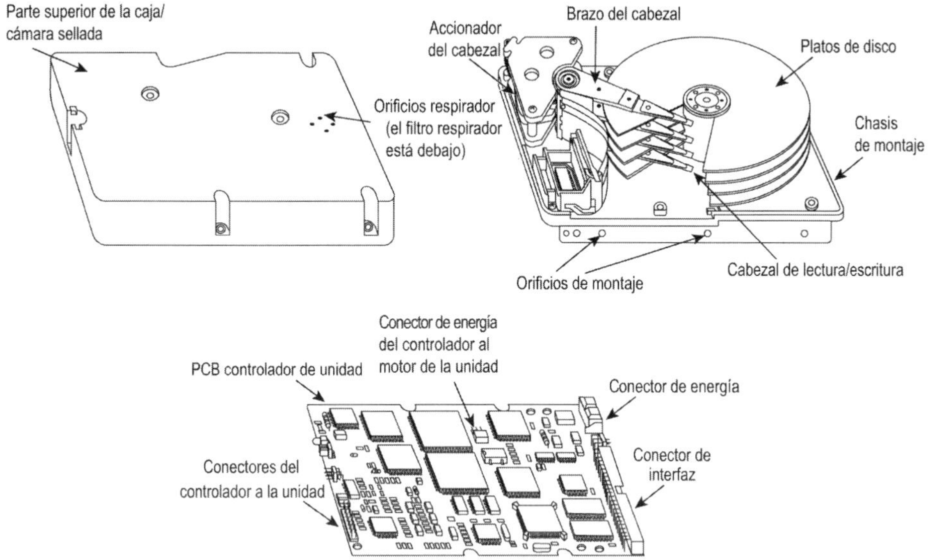

***Figura** 7.6. Componentes de una unidad de disco duro típica.*

***Tabla** 7.4. Factores de forma de discos duros frente a tamaños de platos reales.*

Factor de forma del disco duro	Diámetro del plato real (mm)	Diámetro del plato real (pulgadas)	Año de introducción
5,25"	130	5,12	1980
3,5"	95	3,74	1983
2,5"	65	2,56	1988
1,8"	48	1,89	1991
1"	34	1,33	1999
0,85"	21,5	0,85	2004

Hay disponibles unidades de disco duro más grandes que tienen platos de 8", 14", o incluso mayores, pero no se usan con sistemas PC. Actualmente, las unidades de 3 1/2" son las más populares para los sistemas de sobremesa y algunos portátiles, mientras que las unidades de 2 1/2" y más pequeñas son muy populares en los sistemas portátiles y *notebooks*. La mayoría de las unidades de disco duro tienen dos o más platos, aunque algunas de las unidades más pequeñas utilizadas en sistemas portátiles y algunas unidades de nivel de entrada para equipos de sobremesa sólo tienen uno. El número de platos que puede tener una unidad está limitado por el tamaño vertical físico de la misma. El número máximo de platos que he visto en una unidad de 3 1/2" es 12; no obstante, la mayoría de unidades tienen seis o menos.

Originalmente, los platos se fabricaban con una aleación de aluminio y magnesio, que ofrece fortaleza y un peso ligero. Sin embargo, el deseo de los fabricantes de densidades cada vez mayores y unidades más pequeñas ha llevado al uso de platos hechos de vidrio (o, más técnicamente, de un compuesto de cerámica y vidrio). Ese material, producido por Dow Corning Corporation, se llama MemCor. MemCor está hecho de vidrio con implantes de cerámica, lo que le proporciona una mayor resistencia a las roturas que el vidrio puro. Los platos de vidrio ofrecen una rigidez mayor que la del metal (porque éste se puede doblar y el vidrio no) y por tanto pueden tener la mitad del grosor de los discos de aluminio convencionales, a veces menos. Los platos de vidrio son mucho más estables térmicamente que los de aluminio, lo que significa que no se dilatan ni se contraen mucho con los cambios de temperatura.

Prácticamente todas las unidades modernas utilizan platos de vidrio o bien de vidrio y cerámica.

Grabar medios

No importa que sustrato se utilice, los platos están cubiertos con una fina capa de una sustancia magnéticamente retentiva, llamada medio, en la que se almacena la información magnética. Los tres tipos de medios magnéticos más populares que se utilizan en los platos de los discos duros son éstos:

- Oxido.
- Fina película.
- AFC (Acoplamiento Antiferromagnético).

Óxido

El medio de óxido está formado por varios compuestos, y contiene óxido de hierro como ingrediente activo. La capa magnética se crea en el disco al revestir el plato de aluminio con un jarabe que contiene partículas de óxido de hierro. Este jarabe se extiende por el disco al girar los platos a alta velocidad; la fuerza centrífuga hace que el material fluya desde el centro del plato hacia el exterior, creando un revestimiento uniforme sobre el plato. Después la superficie se vulcaniza y se pule. Finalmente, se añade y se bruñe suavemente una capa del material que protege y lubrica la superficie. El revestimiento de óxido suele tener un grosor de aproximadamente 30 millonésimas partes de una pulgada.

Si pudiera echar una ojeada al interior de una unidad con platos revestidos con óxido, vería que éstos son de color marronáceo o ámbar.

A medida que aumenta la densidad, el medio magnético tiene que ser más fino y estar formado de manera más perfecta. La mayor parte de las unidades de capacidad más elevada han excedido las posibilidades de los revestimientos de óxido. Puesto que el medio de óxido es muy suave, los discos que lo utilizan están expuestos a daños por choque de cabezal si la unidad se mueve bruscamente mientras está funcionando. Muchas unidades antiguas, especialmente aquéllas vendidas como modelos de gama baja, utilizan medios de óxido en los platos de la unidad. El medio de óxido, que se ha estado utilizando desde 1955, mantuvo su popularidad debido a su coste relativamente bajo y a su facilidad de aplicación. Sin embargo, muy pocas unidades lo utilizan actualmente.

Fina película

El medio de fina película es más fino y más duro y está formado de una manera más perfecta que el de óxido. Se desarrolló como medio de alto rendimiento que permitía a una nueva generación de unidades tener los cabezales flotando a menor altura, lo que a su vez hizo que fuera posible incrementar la densidad de la unidad.

El nombre de fina película resulta muy apropiado. El revestimiento es mucho más fino que el que se obtiene con el método de revestimiento de óxido. También se conoce como chapado o *sputter* debido a los distintos procesos usados para depositar la película en los platos.

El medio chapado se fabrica depositando el medio magnético en el disco con un mecanismo de electrochapado, de un modo muy similar al que se utiliza para cromar el parachoques de un coche. El plato de aluminio/magnesio o vidrio se sumerge en una serie de baños químicos que revisten el plato con varias capas de película metálica. La capa de medio magnético en sí es una aleación de cobalto con un grosor de aproximadamente 1 µ-pulgada.

Los medios *sputter* se crean revistiendo en primer lugar los platos de aluminio con una capa de níquel-fósforo y aplicando el material magnético de aleación de cobalto en un proceso continuo de deposición a vacío llamado *sputtering*.

Este proceso deposita en el disco capas magnéticas con un grosor de 1 µ-pulgada o menos, de un modo similar al modo en que las obleas de silicio se revisten con películas metálicas en la industria de los semiconductores. La misma técnica de *sputtering* se utiliza otra vez para colocar un revestimiento de carbono protector de 1 µ-pulgada de grosor, extremadamente duro. La necesidad de un vacío casi perfecto hace que éste sea el más caro de los procesos aquí descritos.

La superficie de un plato sometido a este proceso contiene capas magnéticas con un grosor de 1 µ-pulgada. Puesto que esta superficie también es muy suave, el cabezal puede flotar más cerca de la superficie del disco que antes.

Se pueden encontrar alturas de flotación sobre la superficie de 10nm (nanómetros, o aproximadamente 0.4 µ-pulgadas). Cuando el cabezal está más cerca del plato, la densidad de las transiciones de flujo magnético puede aumentarse para proporcionar mayor capacidad de almacenamiento. Además, la intensidad aumentada del campo magnético durante una lectura de mayor proximidad proporciona las amplitudes de señal mayores necesarias para un buen rendimiento señal-ruido.

Tanto el proceso de *sputtering* como el de chapado tenían como resultado una película dura muy fina de medio magnético en los platos. Puesto que el medio de fina película es tan duro, tiene más posibilidades de sobrevivir al contacto con los cabezales a alta velocidad. De hecho, los modernos son prácticamente irrompibles. Si pudiera abrir una unidad para echar un vistazo a los platos, vería que los que están revestidos con este medio parecen espejos.

AFC

El último avance en medios de unidades se llama ACF (*Antiferromagnetically Coupled*, Acoplamiento antiferromagnético) y está diseñado para permitir que se amplíen los límites anteriores de las densidades. Cada vez que la densidad se aumenta, la capa magnética de los platos tiene que hacerse más y más fina. La densidad de área (bits por pulgada por pistas por pulgada) se ha incrementado en las unidades duras hasta el punto en que los granos de la capa magnética utilizada para almacenar datos se están haciendo tan pequeños que se vuelven inestables con el tiempo, lo que hace que el almacenamiento de datos no sea fiable. Esto se conoce como límite superparamagnético, e inicialmente se determinó que estaba entre 30Gb/pulgada cuadrada y 50Gb/pulgada cuadrada. No obstante, a medida que la tecnología ha avanzado, este supuesto limite se ha modificado, han aparecido unidades producidas a nivel comercial con 400Gb/pulgada cuadrada y en el futuro se esperan densidades de hasta 1000 Gb/pulgada cuadrada o más.

AFC consta de dos capas magnéticas separadas por una capa de película muy fina de 3 átomos (6 angstrom) de rutenio. IBM ha acuñado el término "Pixie Dust" para referirse a esta capa de rutenio ultrafina. Esto produce acoplamiento antiferromagnético de las capas magnéticas superior e inferior, lo que provoca que el grosor magnético aparente de la estructura completa sea la diferencia entre la capa magnética superior y la inferior. Así se permite el uso de capas magnéticas más gruesas físicamente con granos más grandes y estables, de manera que pueden funcionar como si fueran realmente una sola capa con un grosor total mucho menor.

IBM utilizó AFC a partir de la serie de unidades para *notebooks* de 2 1/2" Travelstar 30GN introducida en 2001; fueron las primeras unidades del mercado que utilizaron este medio. Después, IBM lo introdujo en unidades de sobremesa de 3 1/2" empezando por Deskstar 120 GXP. Quien utiliza ahora AFC es Hitachi Global Storage Technologies, que posee la antigua división de discos duros de IBM, y prácticamente todos los demás fabricantes. El uso de AFC permitió que las densidades de área se ampliaran a 100Gb/pulgada cuadrada y más, y cuando se combinan con grabación magnética perpendicular, las densidades pueden alcanzar el doble de esa cantidad. También cabe destacar que, al tratarse de una forma de medio fina, si quitáramos la caja protectora alrededor de los platos, veríamos que el medio parece un espejo.

Cabezales de lectura/escritura

Una unidad de disco duro suele tener un cabezal de lectura/escritura para cada superficie de plato (lo que quiere decir que cada plato tiene dos conjuntos de cabezales de lectura/escritura, uno para la cara superior y otro para la inferior). Estos cabezales se conectan en un solo mecanismo de movimiento, por lo que se mueven al unísono a través de los platos.

Mecánicamente, los cabezales de lectura/escritura son sencillos. Cada cabezal está en el brazo de un accionador con un resorte para poner el cabezal en contacto con el plato. Muy poca gente se da cuenta de que en realidad cada plato está "oprimido" por los cabezales por encima y por debajo. Si pudiera abrir una unidad de manera segura y levantar el cabezal superior con el dedo, éste volvería a situarse en el plato cuando lo soltara. Si tirase de uno de los cabezales de debajo de un plato, la tensión del resorte haría que volviera a colocarse en el plato cuando lo soltara.

La figura 7.7 muestra un montaje de cabezal-accionador de disco duro típico de una unidad de bobina de parlante.

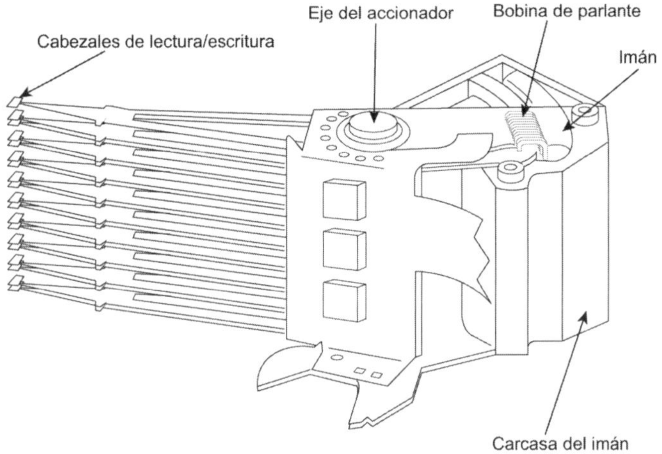

***Figura** 7.7. Cabezales de lectura/escritura y ensamblaje de accionador de bobina de parlante.*

Cuando la unidad está en reposo, los cabezales se quedan en contacto directo con los platos por la tensión del resorte, pero cuando la unidad está girando a máxima velocidad, la presión de aire que se genera debajo de los cabezales los levanta de la superficie del plato. En una unidad que gira a máxima velocidad, la distancia entre los cabezales y el plato puede estar entre 0.5 μ-pulgadas y 5 μ-pulgadas o más en una unidad moderna.

A principios de los 60, los cabezales de grabación de las unidades de disco duro funcionaban a una altura de flotación de entre 200 μ-pulgadas y 300 μ-pulgadas; los cabezales de las unidades actuales están diseñados para flotar a 10nm (nanómetros) o 0,4 μ-pulgadas sobre la superficie del disco. Se espera que, para soportar densidades mayores en futuras unidades, la separación física entre el cabezal y el disco será aún menor, e incluso en algunas unidades habrá contacto con la superficie del plato. Se necesitarán nuevos diseños de cabezales y medios para posibilitar la grabación por contacto total o parcial.

***Advertencia:** El tamaño reducido del espacio entre los platos y los cabezales es la razón por la que nunca debería abrir el HDA de la unidad de disco a menos que esté en un entorno de habitación limpia. Cualquier partícula de polvo o suciedad que entre en el mecanismo podría hacer que los cabezales no leyeran correctamente o incluso golpearan los platos mientras la unidad está funcionando a máxima velocidad. Eso podría arañar el plato o el cabezal, causando daños permanentes.*

Para garantizar la limpieza del interior de la unidad, el HDA se monta en una habitación limpia de clase 100 o mejor. Esta especificación supone que 30,48cm^3 de aire no pueden contener más de 100 partículas que miden hasta 0,5 micrones (19.7 μ-pulgadas). La respiración de una sola persona que permanece quieta genera 500 de estas partículas en un solo minuto. Estas habitaciones contienen sistemas de filtración de aire especiales que evacuan y refrescan el aire constantemente. El HDA de una unidad no debería abrirse a menos que se esté dentro de una de esas habitaciones.

Aunque mantener un entorno de habitación limpia puede parecer caro, muchas empresas fabrican cámaras limpias pequeñas que venden por sólo unos pocos miles de dólares. Algunos de estos dispositivos funcionan como una caja de guantes; el operador inserta en primer lugar la unidad y cualquier herramienta necesaria, cierra la caja y después activa el sistema de filtración. Dentro de ella, se mantiene el entorno de habitación limpia, y el técnico puede utilizar los guantes integrados para trabajar en la unidad.

En otras variaciones de la habitación limpia, el operador está en una mesa de trabajo donde una cortina de aire forzado mantiene un entorno limpio en la parte superior de la mesa. El técnico puede entrar y salir del campo de habitación limpia pasando a través de la cortina de aire. Esta cortina es muy similar a la utilizada en algunas tiendas y almacenes para evitar que el calor se escape en invierno mientras se deja un pasaje completamente abierto. Ya que la producción de un entorno limpio resulta cara, muy pocas empresas, excepto aquellas que fabrican las unidades, están adecuadamente equipadas para el mantenimiento de unidades de disco duro.

Diseños de cabezales de lectura/escritura

Al igual que la tecnología de las unidades de disco ha evolucionado, también lo ha hecho el diseño de los cabezales de lectura/escritura. Los primeros cabezales eran simples núcleos de hierro con bobinas enrolladas (electroimanes). En comparación con los estándares actuales, los diseños de cabezales originales eran enormes en cuanto al tamaño físico y operaban a densidades de grabación muy bajas. A lo largo de los años, los diseños de los cabezales han evolucionado desde los primeros y sencillos diseños de núcleo de ferrito a los tipos de magnetorresistencia y magnetorresistencia gigante disponibles hoy en día.

Mecanismo accionador de los cabezales

Posiblemente, más importante que los cabezales en sí sea el sistema mecánico que los mueve: el accionador del cabezal. Este mecanismo mueve los cabezales a través del disco y los coloca de manera precisa sobre el cilindro deseado. Se usan muchas variantes pero todas se pueden clasificar en dos categorías básicas:

- Accionadores de motor paso a paso.
- Accionadores de bobina de parlante.

El uso de uno u otro tipo afecta a la fiabilidad y el rendimiento de una unidad. Los efectos no se limitan a la velocidad; también incluyen la precisión, la sensibilidad a los cambios de temperatura, la posición, la vibración y la fiabilidad global. El accionador de los cabezales es la especificación más importante de la unidad, y el tipo de mecanismo empleado puede revelar mucho sobre las características de fiabilidad y rendimiento del disco duro. La tabla 7.5 recoge los dos tipos de accionadores de cabezales de unidades de disco duro y las características del rendimiento a las que afectan.

Tabla 7.5. *Características de unidades de motor paso a paso frente a unidades de bobina de parlante.*

Característica	Motor paso a paso	Bobina de parlante
Velocidad de acceso relativa	Lenta	Rápida
Sensible a la temperatura	Sí (mucho)	No
Sensible a la posición	Sí	No
Aparcamiento de cabezales automático	Normalmente no	Sí
Mantenimiento preventivo	Reformateo periódico	No se necesita
Fiabilidad relativa	Pobre	Excelente

Los accionadores de motor paso a paso se utilizaban habitualmente en las unidades duras fabricadas durante los 80 y principios de los 90 con capacidades de 100MB o menos. Todas las unidades que he visto con mayor capacidad de almacenamiento utilizan un accionador de bobina de parlante.

Los disquetes colocan sus cabezales utilizando un accionador de motor paso a paso. La precisión de este mecanismo es adecuada para un disquete porque las densidades de las pistas no suelen acercarse a las de un disco duro. La densidad de las pistas de un disquete de 1,44MB es de 135 pistas por pulgada, mientras que las unidades de disco duro tienen densidades de más de 5.000 pistas por pulgada. Todas las unidades de disco duro que se fabrican hoy en día usan accionadores de bobina de parlante porque los motores paso a paso no pueden conseguir la precisión necesaria.

Accionadores de motor paso a paso

Un motor paso a paso es un motor eléctrico que puede "dar pasos", o moverse de posición a posición, con dientes mecánicos. Si agarrásemos el eje de uno de estos motores y lo hiciéramos girar manualmente, oiríamos un sonido como un zumbido o un clic a medida que el motor pasara por cada diente con un suave clic.

Los motores paso a paso no pueden colocarse por sí mismos entre las posiciones; sólo pueden detenerse en los dientes predeterminados. Son pequeños (entre 1" y 3") y pueden ser cuadrados, cilíndricos o planos. Los motores paso a paso están fuera del HDA sellado, aunque el eje del motor penetra en el HDA a través de un orificio sellado.

Los mecanismos de motor paso a paso se ven afectados por distintos problemas, el mayor de los cuales es la temperatura. A medida que los platos de la unidad se calientan y se enfrían, se dilatan y se contraen, y las pistas de los platos se mueven en relación a una posición de pista predeterminada. El mecanismo no puede moverse en incrementos de menos de una sola pista para corregir estos errores provocados por los cambios en la temperatura. La unidad posiciona los cabezales en un cilindro en particular de acuerdo con un número predeterminado de pasos desde el motor, sin espacio para matices.

La figura 7.8 muestra el diseño de un motor paso a paso común, en el que se utiliza una banda de metal dividida para transferir el movimiento desde el eje del motor en rotación al propio accionador del cabezal.

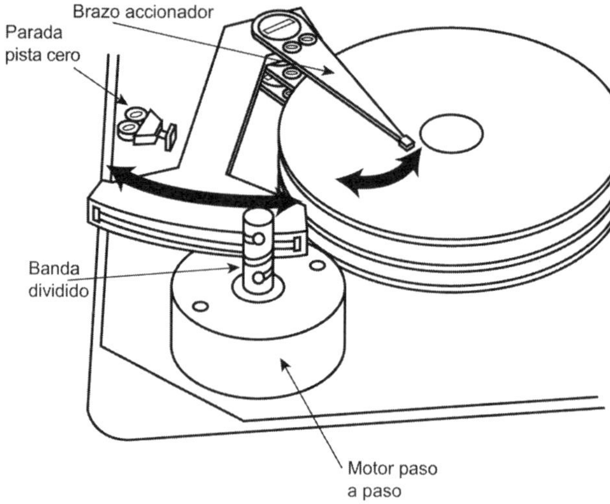

Figura 7.8. *Accionador de motor paso a paso.*

Accionadores de bobina de parlante

Los accionadores de bobina de parlante empleados en casi todas las unidades de disco duro fabricadas hoy en día (a diferencia de los de motor paso a paso) utilizan una señal de retroalimentación desde la unidad para determinar de forma precisa las posiciones de los cabezales y ajustarlas si es necesario. Esta disposición supone una mejora en el rendimiento, la precisión y la fiabilidad respecto a los diseños de accionadores de motor paso a paso.

Un accionador de bobina de parlante funciona por fuerza electromagnética pura. La construcción del mecanismo es similar a la de un altavoz típico, y de ahí lo de parlante. Un altavoz utiliza un imán fijo rodeado por una bobina, que se conecta al cono del altavoz.

Cargar la bobina hace que se mueva en relación al imán fijo, que produce sonido desde el cono. En el sistema de bobina de parlante de una unidad de disco duro típica, la bobina electromagnética está unida al extremo del bastidor del cabezal y colocada cerca del imán fijo. No se produce ningún contacto físico entre la bobina y el imán, sino que la bobina se mueve por la fuerza magnética. A medida que las bobinas electromagnéticas se llenan de energía, atraen o repelen el imán fijo y mueven el bastidor del cabezal. Los sistemas de este tipo son muy rápidos, eficaces y normalmente mucho más silenciosos que los sistemas de motores.

A diferencia de los motores paso a paso, un accionador de bobina de parlante no tiene posiciones de clic o de dientes, sino que un sistema de guía especial detiene el bastidor del cabezal sobre un cilindro en concreto. Puesto que no tiene dientes, el accionador de bobina de parlante puede deslizar suavemente hacia dentro y hacia afuera los cabezales hasta cualquier posición deseada. Los accionadores de bobina de parlante utilizan un mecanismo de guía llamado servo para decir al accionador dónde están los cabezales con respecto a los cilindros y colocar los cabezales de manera precisa en las posiciones deseadas. Este sistema de posicionamiento se llama a menudo mecanismo de retroalimentación de bucle cerrado. Funciona enviando la señal de índice (o servo) a la electrónica de posicionamiento, que devuelve una señal de retroalimentación que se utiliza para ubicar los cabezales de manera precisa. Este sistema se llama también controlador por servo, haciendo referencia a la información del servo o índice que se utiliza para dictar o controlar la precisión del posicionamiento de los cabezales.

Un accionador de bobina de parlante con control servo no se ve afectado por los cambios de temperatura, como ocurre con los motores paso a paso. Cuando los cambios de temperatura hacen que los platos de los discos se dilaten o bien se contraigan, el sistema de bobina de parlante lo compensa automáticamente porque nunca coloca los cabezales en posiciones de pistas predeterminadas, sino que busca la pista específica, guiado por la información prescrita del servo, y después coloca el bastidor del cabezal precisamente encima de la pista deseada, esté donde esté. Debido a la continua retroalimentación de información del servo, los cabezales se ajustan en todo momento a la posición de la pista actual. Por ejemplo, a medida que una unidad se calienta y los platos se dilatan, la información del servo permite que los cabezales sigan a la pista.

Los dos tipos principales de accionador de bobina de parlante son éstos:

- Accionadores de bobina de parlante lineales.
- Accionadores de bobina de parlante rotatorios.

Estos dos tipos se diferencian únicamente en la disposición física de los imanes y las bobinas.

Un accionador lineal mueve los cabezales hacia dentro y hacia fuera sobre los platos en línea recta (véase la figura 7.9). La bobina se mueve hacia dentro y hacia fuera en una pista rodeada por los imanes fijos. La principal ventaja del diseño lineal es que eliminan las variaciones acimut de los cabezales que se producen en los sistemas de posicionamiento rotatorios. (Acimut se refiere a la medida angular de la posición de los cabezales en relación a la tangente de un cilindro dado.) Un accionador lineal no rota el cabezal a medida que se mueve de un cilindro a otro, eliminando este problema.

Aunque el accionador lineal parece ser un buen diseño, tiene un defecto fatal: los dispositivos son demasiado pesados. A medida que ha aumentado el rendimiento de las unidades, el deseo de mecanismos accionadores de peso ligero se ha vuelto más importante.

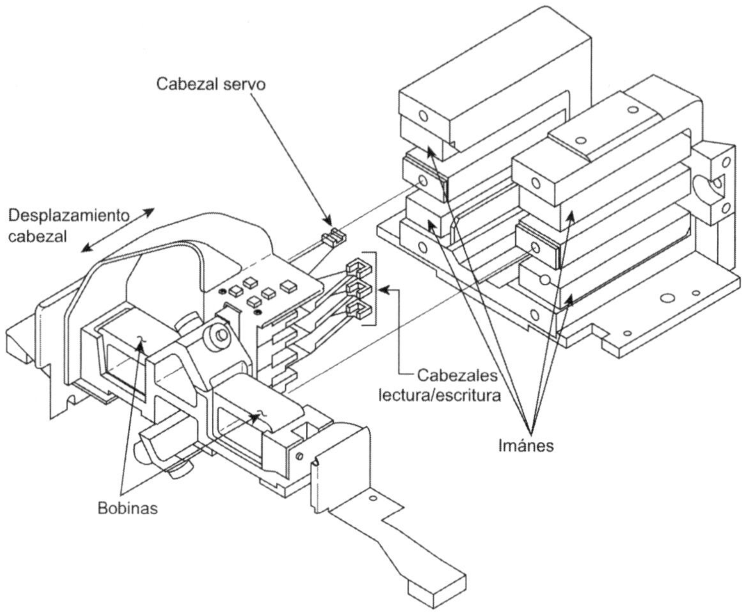

***Figura** 7.9. Accionador de bobina de parlante lineal.*

Los accionadores rotatorios utilizan imanes fijos y una bobina móvil pero unida al extremo de un brazo de un accionador. Mientras la bobina se mueve en relación al imán fijo, balancea los brazos de los cabezales hacia dentro y hacia fuera de la superficie del disco. La principal ventaja de este mecanismo es que no pesa mucho, lo que significa que los cabezales pueden acelerar y decelerar muy deprisa, y así produce unos tiempos de búsqueda medios muy rápidos.

La desventaja de un sistema rotatorio es que mientras los cabezales se mueven desde los cilindros externos hacia los internos, rotan ligeramente con respecto a la tangente de los cilindros. Esta rotación ocasiona un error acimut y es una de las razones por las que el área del plato en la que se encuentran los cilindros está limitada en cierta medida.

Al limitar el movimiento total del accionador, el error acimut se queda dentro de especificaciones razonables. Prácticamente todas las unidades de bobina de parlante actuales utilizan sistemas de accionador rotatorios.

Mecanismos servo

A lo largo de los años se han utilizado tres diseños de mecanismos servo para controlar los posicionadores de bobina de parlante:

- Servo en cuña.
- Servo incrustado.
- Servo dedicado.

Estos tres diseños son ligeramente diferentes, pero cumplen la misma tarea básica: permiten que el posicionador de los cabezales se ajuste continuamente de manera que esté colocado de forma precisa sobre un cilindro dado del disco. La diferencia principal entre estos diseños de servo es dónde se escribe realmente la información de código Gray en la unidad.

Todos los mecanismos servo dependen de una información especial que se escribe en el disco cuando se fabrica. Esta información aparece normalmente en forma de un código especial llamado código Gray, un sistema de notación binaria especial, en el que dos números adyacentes se representan mediante un código, que se diferencia en la posición de una columna o el lugar de un solo bit. Este sistema permite al cabezal leer la información de manera sencilla y determinar rápidamente su posición precisa.

En el momento de la fabricación, una máquina especial escribe el código Gray del servo en el disco. Esta máquina es básicamente una plantilla que mueve mecánicamente los cabezales a una posición de referencia dada y después escribe la información del servo en esa posición. Muchas máquinas están guiadas por una referencia de rayo láser que determina su propia posición mediante el cálculo de distancias en longitudes de onda de luz.

Puesto que la máquina debe ser capaz de mover los cabezales mecánicamente, el proceso requiere o bien que se quite la tapa de la unidad o que se pueda acceder mediante puertos de acceso especiales en el HDA. Cuando se ha completado la escritura del servo, estos puertos se suelen cubrir con cinta de sellado. Es frecuente encontrar estos orificios cubiertos con cinta en el HDA, normalmente acompañados de advertencias de que anulará la garantía si quita la cinta. Puesto que en la escritura del servo se expone el interior del HDA, es necesario un entorno de habitación limpia.

Esta máquina especial es una pieza de maquinaria cara, que cuesta miles de dólares y a menudo debe fabricarse personalizada para un modelo concreto de unidad. Algunas empresas de reparación de unidades tienen capacidad de escritura de servo, lo que significa que pueden rescribir la información de servo en una unidad si sufre algún daño. Si no existe esta capacidad, hay que devolver la unidad con daños en el código del servo al fabricante para que rescriba la información.

Afortunadamente, dañar la información de servo a través de los procesos de lectura y escritura es imposible. Las unidades están diseñadas para que los cabezales no puedan sobrescribir la información de servo, ni siquiera durante un formateo a bajo nivel. Ha estado circulando el mito (especialmente respecto a las unidades ATA) de que se puede dañar la información de servo si se realiza un formateo a bajo nivel inadecuado, pero no es cierto. Un formateo a bajo nivel inapropiado puede poner en peligro el rendimiento de la unidad, pero la información de servo está totalmente protegida y no se puede sobrescribir. Incluso así, la información de servo en algunas unidades puede resultar dañada por un campo magnético adyacente fuerte o por sacudir la unidad mientras está escribiendo, lo que hace que los cabezales se salgan de la pista.

Las capacidades de seguimiento de pistas de un accionador de bobina de parlante controlado por servo elimina los errores de posicionamiento que se producen con el tiempo en las unidades con motor paso a paso. Las unidades de bobina de parlante no se ven afectadas por condiciones como la dilatación y la contracción térmica de los platos. De hecho, muchas unidades de bobina de parlante actuales llevan a cabo un procedimiento de recalibración térmica especial a intervalos predeterminados mientras están funcionando. Este procedimiento suele implicar la búsqueda de cabezales desde el cilindro 0 a algún otro cilindro una vez para cada cabezal de la unidad. A medida que se produce esta secuencia, la circuitería de control de la unidad monitoriza cuánto se han movido las posiciones de las pistas desde la última vez que se realizó la secuencia, y se calcula un ajuste en la recalibración térmica que se almacena en la memoria de la unidad. Esta información se utiliza cada vez que la unidad posiciona los cabezales para garantizar un posicionamiento lo más preciso posible.

Antes, la mayoría de unidades tenían que realizar una secuencia de recalibración térmica cada 5 minutos durante los primeros 30 en los que la unidad estaba encendida y después una vez cada 25. Con algunas unidades, esta secuencia de recalibración térmica se notaba mucho porque básicamente la unidad detenía lo que estaba haciendo y durante un segundo más o menos se oía un tic-tac rápido. A menudo esto se interpretaba erróneamente como que la unidad tenía problemas para leer los datos y tenía que releerlos, pero no era cierto.

A medida que las aplicaciones multimedia se hicieron más populares, la recalibración térmica se convirtió en un problema con las unidades de algunos fabricantes. La secuencia de recalibración térmica interrumpía algunas veces la transferencia de un archivo de datos grande, como un archivo de audio o vídeo, lo que tenía como resultado latencias en la reproducción de audio o vídeo.

Por consiguiente, algunas empresas lanzaron unidades audiovisuales especiales que ocultan las secuencias de calibración térmica de manera que nunca interrumpa la transferencia de un archivo.

Prácticamente todas las unidades ATA actuales tienen capacidad audiovisual, lo que significa que las secuencias de recalibración térmica no interrumpen la transferencia de datos. Las unidades ATA con capacidad audiovisual también se utilizan en descodificadores empleados para grabación digital, como el famoso dispositivo TiVo.

Y hablando de funciones automáticas de la unidad, la mayoría de unidades que llevan a cabo secuencias de recalibración térmica también realizan automáticamente una función llamada barrido de disco. Este procedimiento es una búsqueda de cabezales automática que se produce después de que la unidad haya estado inactiva durante un periodo de tiempo.

La función de barrido de disco mueve los cabezales a un cilindro en la porción exterior de los platos, que es donde los cabezales flotan a mayor altura (porque la velocidad de cabezal a plato es la más elevada). Después, si la unidad continúa inactiva durante otro periodo, los cabezales se mueven a otro cilindro de esa área y el proceso continúa indefinidamente mientras la unidad esté encendida.

La función de barrido de disco está diseñada para evitar que los cabezales permanezcan fijos sobre un cilindro de la unidad durante demasiado tiempo, ya que la fricción entre el cabezal y el plato acabaría creando un surco en el medio.

Aunque los cabezales no están en contacto directo con el medio, están tan cerca que la presión del aire constante del cabezal flotando sobre un solo cilindro podría causar una fricción y un desgaste excesivo. La figura 7.10 nos muestra un servo en cuña y un servo incrustado.

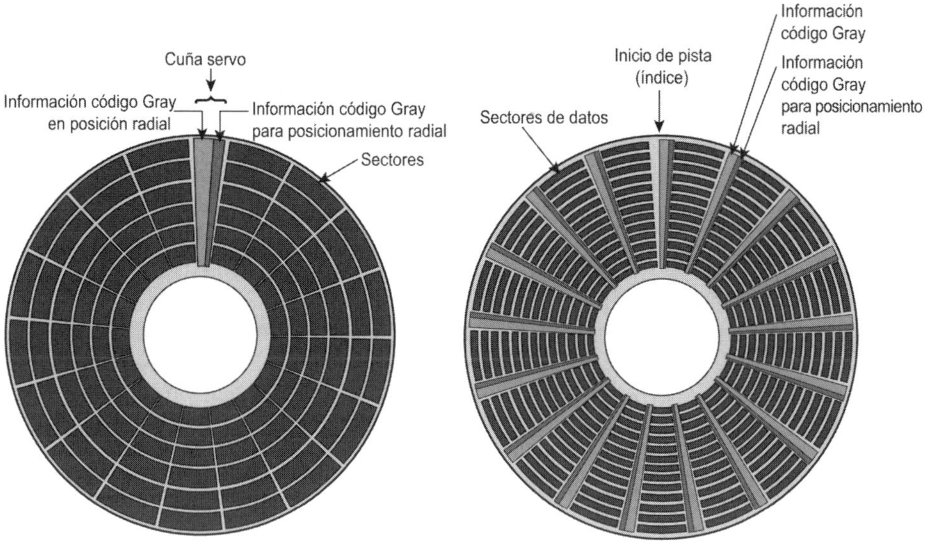

Figura 7.10. *Servo en cuña y servo incrustado.*

Servo en cuña

Las unidades controladas con servo más antiguas utilizaban una técnica llamada servo en cuña. En estas unidades, la información de guía del código Gray se contiene en una porción con forma de cuña de la unidad en cada cilindro que precede inmediatamente a la marca del índice. Dicha marca indica el principio de cada pista, así que la información del servo en cuña se escribía en `PRE-INDEX GAP`, que se encuentra al final de cada pista. Esta área está pensada para tolerancia a velocidad y normalmente el controlador no la usa. En el caso de algunos controladores, había que informar de que la unidad estaba utilizando un servo en cuña de forma que pudieran reducir la temporización del sector para que tuviera en cuenta el área del servo en cuña. Si no se configuraban de manera adecuada, estos controladores no funcionaban correctamente en la unidad.

Otro problema era que la información del servo aparece tan sólo una vez cada revolución, lo que significa que la unidad necesita a menudo varias revoluciones antes de poder determinar y ajustar con precisión la posición del cabezal. Todos estos problemas han sido la razón por la que el servo en cuña nunca fue un diseño popular; ya no se utiliza en las unidades.

Servo incrustado

Un servo incrustado es una mejora del servo en cuña. En vez de colocar el código del servo antes del principio de cada cilindro, un diseño de servo incrustado escribe la información de dicho servo antes del comienzo de cada sector. Esta disposición permite a los circuitos del posicionador recibir retroalimentación muchas veces en una sola revolución, lo que hace que el posicionamiento del cabezal sea mucho más rápido y preciso.

Otra ventaja es que cada pista de la unidad tiene su propia información de posicionamiento, así que cada cabezal puede ajustar su posición rápida y eficazmente para compensar cualquier cambio en las dimensiones de los cabezales o los platos, especialmente aquéllos debidos a dilataciones térmicas o estrés físico.

La mayoría de las unidades actuales utilizan un servo incrustado para controlar el sistema de posicionamiento. Al igual que ocurre con el diseño de servo en cuña, la información del incrustado está protegida por los circuitos de la unidad y cualquier operación de escritura se bloquea cuando los cabezales están sobre la información del servo. Así, es imposible sobrescribir la información de éste con un formateo a bajo nivel, como algunas personas creen erróneamente.

Aunque el servo incrustado funciona mucho mejor que en cuña porque la información de retroalimentación del servo está disponible varias veces en una sola revolución del disco, sería mejor un sistema que ofreciera información de retroalimentación del servo continuamente.

Servo dedicado

Un servo dedicado es un diseño en el que la información del servo se escribe continuamente por toda la pista, en lugar de solamente una vez por pista o al inicio de cada sector. Desgraciadamente, si este procedimiento se utilizara en toda la unidad, no quedaría espacio para los datos. Por eso, un servo dedicado utiliza una cara de uno de los platos exclusivamente para la información de posicionamiento del servo. El término dedicado viene del hecho de que esta cara del plato está completamente dedicada a la información del servo y no puede contener ningún dato.

Cuando se construye una unidad de servo dedicado, el fabricante deduce una cara de un plato del uso de lectura/escritura normal y graba ahí un conjunto especial de datos en código que indica las posiciones de las pistas adecuadas. Puesto que el cabezal que descansa sobre esta superficie no puede utilizarse para lectura y escritura normales, el código Grey nunca puede borrarse y la información del servo está protegida, al igual que en los otros diseños de servo.

Ningún formateo a bajo nivel ni otro procedimiento puede sobrescribir la información del servo. La figura 7.11 muestra un mecanismo de servo dedicado. Normalmente, el cabezal de la parte superior o uno del centro se dedica al uso del servo.

Cuando la unidad mueve los cabezales a un cilindro específico, la electrónica de unidad interna utiliza las señales recibidas por el cabezal del servo para determinar la posición de los cabezales de lectura escritura. A medida que se mueven los cabezales, se leen los contadores de pista desde la superficie del servo dedicado. Cuando el cabezal del servo detecta la pista solicitada, el accionador se detiene. Entonces, la electrónica del servo ajusta la posición de manera que los cabezales estén precisamente sobre el cilindro deseado antes de que se permita cualquier escritura. Aunque sólo se usa un cabezal para seguimiento del servo, los otros están unidos al mismo bastidor de manera que si un cabezal está sobre el cilindro deseado, todos los demás también lo están.

Una forma de determinar si una unidad utiliza un plato de servo dedicado es ver si tiene un número impar de cabezales. Por ejemplo la unidad Toshiba MK-538FB de 1,2GB que tenía en uno de mis sistemas tenía ocho platos, pero tan sólo 15 cabezales de lectura/escritura. Esa unidad utiliza un sistema de posicionamiento de servo dedicado, y el decimosexto cabezal es el cabezal del servo. La ventaja del concepto de servo dedicado es que la información del servo está continuamente disponible para la unidad, lo que hace que el proceso de posicionamiento de los cabezales sea más rápido y preciso.

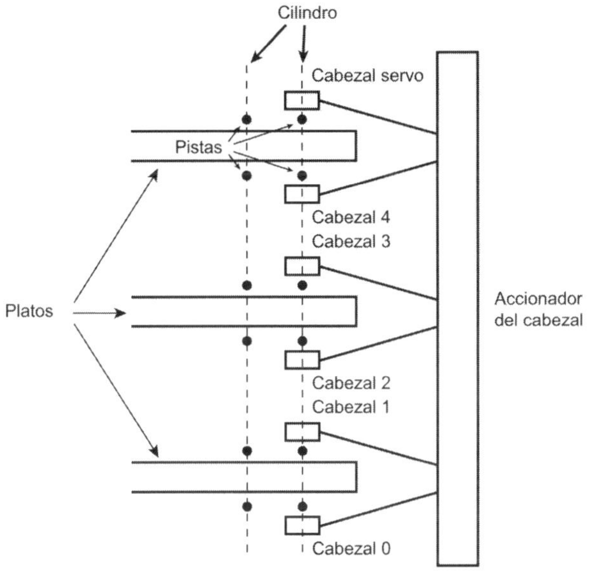

Figura 7.11. *Servo dedicado, que muestra un conjunto cabezal/cara completo utilizado para la lectura del servo.*

El inconveniente de un servo dedicado es que dedicar toda la superficie de un plato a la información del servo es un despilfarro. Prácticamente todas las unidades actuales utilizan en su lugar una variación de la técnica de servo incrustado. Algunas unidades combinaban un servo dedicado con uno incrustado, pero este tipo de diseño híbrido es poco común. Independientemente de si el mecanismo del servo es dedicado o incrustado, es mucho más preciso que los mecanismos de motor paso a paso del pasado.

Naturalmente, como he mencionado antes, las unidades ATA actuales tienen parámetros de sector por cabezal, pista y cabezal que se trasladan desde los números físicos reales. Por tanto, normalmente no se puede determinar por los números publicados la cantidad de cabezales o platos que hay contenidos en una unidad.

Aparcar cabezales automáticamente

Cuando se apaga una unidad de disco duro utilizando el diseño CSS, la tensión del resorte en cada brazo de cabezal pone los cabezales en contacto con los platos. La unidad está diseñada para sostener miles de despegues y aterrizajes, pero es mejor asegurarse de que estos últimos se producen en un punto del plato que no contiene datos. Las unidades más antiguas requerían aparcamiento de cabezales manual; había que ejecutar un programa que posicionaba los cabezales de la unidad en una zona de aterrizaje (normalmente el cilindro más interior) antes de apagar el sistema. Las unidades modernas aparcan automáticamente los cabezales, así que los programas de aparcamiento ya no son necesarios.

Durante el proceso de aterrizaje y despegue se produce cierto grado de abrasión, eliminando muy poco medio magnético, pero si la unidad se sacude durante el proceso de aterrizaje o despegue, pueden producirse verdaderos daños. Las unidades más modernas que utilizan diseños de carga/descarga incorporan una rampa situada fuera de la superficie exterior de los platos para evitar cualquier contacto entre los cabezales y éstos, incluso si la unidad está apagada. Las unidades de carga/descarga aparcan automáticamente los cabezales en la rampa cuando la unidad está apagada.

Un beneficio de usar un accionador de bobina de parlante es el aparcamiento automático de cabezales. En una unidad con dicho accionador, los cabezales están posicionados y sujetos por fuerza magnética. Cuando se quita la energía de la unidad, el campo magnético que los mantiene fijos sobre un cilindro en particular se disipa, permitiendo que el bastidor de cabezales se mueva muy rápido sobre la superficie de la unidad y pueda causar daños. En el diseño de bobina de parlante, el bastidor de cabezales está sujeto a un resorte en un extremo y a una parada de cabezal en el otro. Cuando se enciende el sistema, el resorte se vence por la fuerza magnética del posicionador. Sin embargo, cuando la unidad se apaga, el resorte arrastra suavemente el bastidor de cabezales a una posición de bloqueo antes de que la unidad se ralentice y los cabezales aterricen. En algunas unidades, es posible incluso oír un tintineo a medida que los cabezales se aparcan, literalmente, llevados por el resorte.

En una unidad con un accionador de bobina de parlante, el mecanismo de aparcamiento se activa al apagar el ordenador; no es necesario ejecutar un programa para aparcar o retraer los cabezales, como ocurría con los diseños de disco antiguos. En caso de que se produzca un corte de energía, los cabezales se aparcan solos automáticamente. (Estas unidades se ejecutan automáticamente cuando se enciende el sistema.)

Filtros de aire

Casi todas las unidades de disco duro tienen dos filtros de aire. Uno se llama de recirculación, y el otro se llama filtro respirador o barométrico. Estos filtros están permanentemente sellados dentro de la unidad y están diseñados para que no haya que cambiarlos nunca durante el tiempo de vida de la unidad, a diferencia de lo que ocurría con muchos discos duros para macroordenador antiguos que tenían filtros cambiables.

En un disco duro de un sistema PC no circula el aire del interior al exterior del HAD o viceversa. El filtro de recirculación instalado permanentemente dentro del HDA está diseñado para filtrar tan sólo las partículas pequeñas desprendidas de los platos durante los despegues y aterrizajes (y posiblemente cualquier otra partícula pequeña suelta dentro de la unidad). Puesto que las unidades de disco duro de PC están selladas permanentemente y en ellas no circula aire del exterior, pueden funcionar en entornos extremadamente sucios. (Véase la figura 7.12).

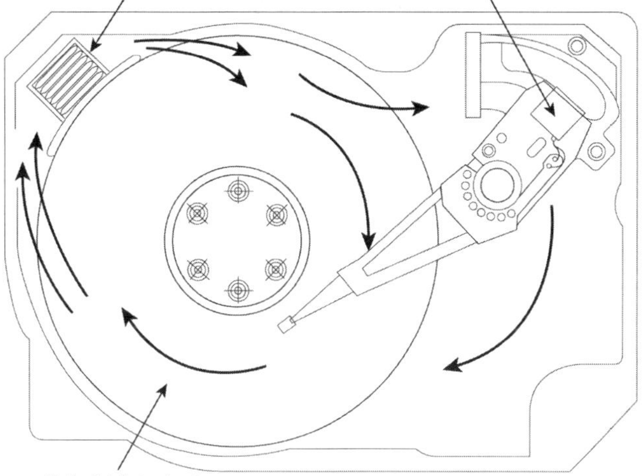

***Figura** 7.12. Circulación del aire en un disco duro.*

El HDA en un disco duro está sellado pero no herméticamente. Éste se ventila a través de un elemento de filtro respirador o barométrico que permite una ecualización de la presión (respiración) entre el interior y el exterior de la unidad. Por esta razón, la mayoría de unidades duras están preparadas por sus fabricantes para funcionar en un rango específico de altitudes de entre 330m por debajo y 3.300m por encima del nivel del mar. De hecho, hay algunas unidades que no están preparadas para superar los 2.310m mientras están operando porque la presión del aire sería demasiado baja dentro de la unidad como para que los cabezales flotaran adecuadamente. A medida que la presión del aire del entorno cambia, dicho aire se purga dentro o fuera de la unidad para que las presiones interna y externa sean idénticas. Aunque no se purgue a través de un conducto de ventilación, la contaminación no suele ser un problema porque el filtro barométrico de este conducto está diseñado para filtrar todas las partículas mayores de 0,3 micrones para cumplir las especificaciones de limpieza dentro de la unidad. Puede ver los orificios de ventilación en la mayoría de unidades, cubiertos internamente por este filtro respirador. Algunas unidades utilizan filtros de grado todavía más fino para mantener fuera partículas todavía más pequeñas.

Hace varios años impartí un seminario en Hawaii y muchos de los estudiantes eran de uno de los observatorios astronómicos que se encontraban sobre Mauna Kea. Ellos me indicaron que prácticamente todas las unidades de disco duro que habían intentado utilizar en el sitio del observatorio habían fallado enseguida, o no habían llegado a funcionar. Esto no es sorprendente, porque los observatorios se encuentran en una montaña a una altura de unos 4.552m y con esa altitud, ¡ni siquiera la gente funciona muy bien! En esa época, tenían que recurrir a SSD, unidades de cinta o incluso disquetes como medio de almacenamiento principal. Algunos fabricantes producen unidades que están herméticamente selladas, pero aún tienen aire dentro del HDA. Puesto que llevan su propio aire interno bajo presión, estas unidades pueden funcionar en cualquier altitud y pueden soportar temperaturas y shocks extremos. Las unidades están diseñadas para aplicaciones militares e industriales, como sistemas usados a bordo de un avión y en entornos extremadamente duros. Evidentemente, son más caras que las unidades duras típicas que funcionan bajo presiones ambiente.

Aclimatar a la temperatura del disco duro

Puesto que la mayoría de unidades tienen un puerto filtrado para purgar el aire dentro y fuera del HDA, puede que entre humedad en la unidad y después de un tiempo, hay que asumir que la humedad dentro de cualquier disco duro será similar a la del exterior de dicha unidad. La humedad puede llegar a ser un problema muy serio si permitimos que se condense y especialmente si encendemos la unidad mientras esta condensación está presente. La mayoría de fabricantes de discos duros han especificado procedimientos para aclimatar una unidad dura a un nuevo entorno con diferentes grados de temperatura y humedad y especialmente para traer una unidad a un entorno más calido en el que se puede formar condensación. Esta situación debería ser de especial interés para usuarios de sistemas portátiles. Si tiene un sistema portátil en el maletero de un coche durante el invierno, por ejemplo, meter la máquina y encenderla sin permitir que se aclimate a la temperatura interior puede ser catastrófico.

El siguiente texto y la tabla 7.6 recogen traducciones de extractos de las especificaciones de la fábrica que Control Data Corporation (después Imprimis y finalmente Seagate) incluía con las unidades duras:

Si acaba de recibir o quitar esta unidad de un clima con temperaturas de 10°C o inferiores no abra este contenedor hasta que se cumplan las siguientes condiciones, de lo contrario podría producirse una condensación que podría tener como resultado daños en el dispositivo y/o medio. Coloque este paquete en el entorno operativo durante el tiempo indicado de acuerdo con el cuadro de temperaturas.

Tabla 7.6. *Tabla de aclimatación al entorno de una unidad de disco duro.*

Temperatura del clima anterior	Tiempo de aclimatación
+4°C	13 horas
–1°C	15 horas
–7°C	16 horas
–12°C	17 horas
–18°C	18 horas
–23°C	20 horas
–29°C	22 horas
–34°C o menos	27 horas

Como puede ver en esta tabla, hay que colocar una unidad de disco duro que ha estado almacenada en un entorno más frío de lo habitual en su entorno operativo normal durante una cantidad específica de tiempo para permitir que se aclimate antes de encenderla.

Motor del eje

El motor que hace girar los platos se llama motor del eje porque está conectado al eje alrededor del cual giran los platos. Los motores del eje de las unidades de disco duro siempre se conectan directamente; no se utilizan ni correas ni engranajes. El motor no debe tener ruido ni vibración; de lo contrario, puede transmitirlo a los platos y eso puede afectar a las operaciones de lectura y escritura.

Además, el motor del eje debe funcionar a una velocidad controlada de manera precisa. Los platos de las unidades de disco duro giran a velocidades que van de 3.600 rpm a 15.000 rpm (entre 60 y 250 revoluciones por segundo) o más y el motor tiene un circuito de control con un bucle de retroalimentación para monitorizar y controlar esta velocidad de forma precisa. Ya que el control de la velocidad debe ser automático, las unidades duras no tienen un ajuste de velocidad del motor. Algunos programas de diagnóstico afirman medir la velocidad de rotación de la unidad, pero en realidad lo que hacen estos programas es calcular la velocidad rotacional según el tiempo en que los sectores pasan debajo de los cabezales.

En realidad no hay forma de que un programa mida la velocidad rotacional de la unidad de disco duro; esta medida sólo puede realizarse con un equipamiento de pruebas muy sofisticado. No se alarme si algún programa de diagnóstico le indica que su unidad está girando a una velocidad incorrecta; lo más probable es que lo que no funcione sea el programa, no la unidad. La información sobre el tiempo y rotación de los platos no se proporciona mediante la interfaz del controlador del disco duro. En el pasado, el software podía ofrecer cálculos aproximados de la velocidad rotacional llevando a cabo múltiples solicitudes de lectura de sectores y cronometrándolas, pero esto sólo valía cuando todas las unidades tenían el mismo número de sectores por pista y giraban a la misma velocidad. La grabación de bits por zonas (combinada con las distintas velocidades de rotaciones usadas por las unidades modernas, por no mencionar las cachés y los búferes integrados) significa que el software no puede realizar estas estimaciones de manera precisa.

En la mayoría de unidades, el motor del eje está en la parte inferior de la unidad, justo debajo del HAD sellado. No obstante, muchas unidades actuales tienen el motor del eje construido directamente dentro del concentrador de platos del HDA. Al utilizar un motor del eje de concentrador interno, el fabricante puede apilar más platos en la unidad porque el motor del eje no ocupa espacio vertical.

Nota: *Los motores de eje, especialmente en las unidades de factores de forma grandes, pueden consumir 12 voltios. La mayoría de unidades requieren una energía dos o tres veces mayor que la energía normal de funcionamiento cuando el motor gira los platos por primera vez. Este consumo tan grande dura sólo unos segundos* *o bien hasta que los platos de la unidad alcanzan la velocidad operativa. Si tiene más de una unidad, debería intentar secuenciar el inicio de los motores de los ejes para que el suministro de energía no tenga que proporcionar una carga tan grande a todas las unidades al mismo tiempo. La mayoría de unidades SCSI y algunas ATA tienen una característica de inicio retrasado del motor del eje.*

Tradicionalmente, los motores del eje han utilizado rodamientos de bolas en su diseño, pero las limitaciones en su rendimiento han hecho que los fabricantes busquen otras alternativas. El principal problema es que tienen una desviación de aproximadamente 0,1 micropulgadas. Incluso aunque parezca pequeña, con la densidad cada vez mayor de las unidades modernas se ha convertido en un problema. Esta desviación permite que los platos se muevan aleatoriamente en esa distancia de lado a lado, lo que hace que las pistas se tambaleen debajo de los cabezales. Además, la desviación sumada a la naturaleza del contacto de metal con metal de los rodamientos de bolas ocasiona una cantidad excesiva de ruido mecánico y vibración, lo que se está convirtiendo en un problema para las unidades que giran a altas velocidades.

La solución es un nuevo tipo de rodamiento llamado rodamiento dinámico fluido, que utiliza un líquido lubricante muy viscoso entre el eje y el manguito en el motor. Este fluido sirve para amortiguar las vibraciones y los movimientos, lo que permite que la desviación se reduzca a 0,01 micropulgadas o menos. Los rodamientos dinámicos fluidos también ofrecen mejor resistencia a golpes, un control de velocidad mejorado y una generación de ruido reducida. Las primeras unidades del mercado en utilizar rodamientos dinámicos fluidos fueron unidades avanzadas diseñadas para velocidades de eje muy elevadas, densidades de área altas o ruido bajo. Durante los últimos años, los rodamientos dinámicos fluidos se han convertido en un elemento estándar en la mayoría de unidades duras.

Placas lógicas

Todas las unidades de disco duro tienen una o más placas lógicas montadas. Éstas contienen la electrónica que controla los sistemas del accionador de cabezales y el eje de la unidad y presenta datos al controlador en una forma consensuada. En las unidades ATA, las placas incluyen el controlador en sí, mientras que las unidades SCSI incluyen el controlador y el circuito del adaptador de bus SCSI.

Muchos fallos de unidades de disco se producen en la placa lógica, no en el ensamblado mecánico. (Esta afirmación puede parecer ilógica, pero es cierta.) Por tanto, a veces se puede reparar una unidad con fallos simplemente reemplazando la placa lógica en vez de la unidad completa. Además, la sustitución de la placa lógica permite recuperar el acceso a los datos de la unidad, algo que no se puede hacer al sustituir la unidad completa. Desgraciadamente, ningún fabricante de unidades vende placas lógicas sueltas.

La única forma de obtener un reemplazo para una placa base de una unidad dada es comprar una unidad idéntica que funcione y después desmontarla para obtener las piezas. Evidentemente, no tiene sentido comprar una unidad completa nueva sólo para reparar una existente salvo en aquellos casos en los que sea necesario recuperar la unidad antigua. Desmontar unidades nuevas para reparar unidades viejas es una práctica habitual entre empresas que ofrecen servicios de recuperación de datos. Almacenan cantidades grandes de unidades populares cuyas partes pueden usar para permitir la recuperación de datos de unidades defectuosas que envían los clientes.

La mayor parte del tiempo las placas son bastante fáciles de cambiar utilizando poco más que un destornillador. Para quitar y reemplazar una placa lógica típica lo único que se necesita es quitar y volver a poner unos tornillos y desenchufar y reconectar un cable o dos.

Cables y conectores

Normalmente, las unidades de disco duro tienen varios conectores que actúan como interfaz del equipo, reciben energía y a veces conectan a tierra el chasis del sistema. La mayor parte de las unidades tienen al menos estos tres tipos de conectores:

- Conector(es) de interfaz.
- Conector de energía.
- Conector a tierra opcional (lengüeta).

De éstos, los conectores de interfaz son los más importantes porque llevan las señales de los comandos y los datos entre el sistema y la unidad.

En la mayoría de los casos, los cables de interfaz de la unidad pueden conectarse en una configuración de tipo bus o enlace común. La mayoría de las interfaces soportan al menos dos dispositivos. Las más antiguas, como ST-506/412 o ESDI (*Enhanced Small Device Interface*, Interfaz ampliada para pequeños dispositivos), utilizaban cables separados para señales de control y datos, pero las unidades SCSI, ATA y SATA actuales tienen un solo conector de datos en cada unidad.

La energía se suministra mediante el conector de energía periférico de 4 pines que se encuentra en todas las fuentes de alimentación de PC. La mayoría de las unidades de disco duro usan tanto 5 como 12 voltios de energía, aunque algunas de las unidades pequeñas diseñadas para aplicaciones portátiles sólo utilizan 5 voltios. En la mayoría de los casos, los 12 voltios hacen funcionar el motor del eje y el accionador de los cabezales y los 5 voltios la circuitería. Asegúrese de que su fuente de alimentación puede suministrar la energía adecuada para las unidades de disco duro instaladas en su sistema.

El consumo de energía de 12 voltios de una unidad normalmente varía con el tamaño físico de la misma. Cuanto más grande es, más rápido gira. Además, cuantos más platos haya para girar, más energía requiere. Por ejemplo, la mayoría de las unidades de 3 1/2" del mercado actual utilizan aproximadamente entre la mitad y un cuarto de la energía (en vatios) de las antiguas unidades de 5 1/4". Algunos de los discos duros más pequeños (2 1/2" o 1,8") apenas consumen energía eléctrica y realmente utilizan 1 vatio o menos.

Una lengüeta de tierra proporciona una conexión a tierra opcional entre la unidad y el chasis del sistema. En la mayoría de ordenadores, la unidad de disco duro se monta directamente en el chasis utilizando tornillos, o la unidad se conecta a tierra mediante los cables de tierra del conector de energía, así que no se necesita un cable de tierra extra.

Elementos de configuración

Para configurar una unidad de disco duro para su instalación en su sistema, generalmente hay que establecer varios puentes (y posiblemente, resistencias de terminación) de manera adecuada. Estos elementos varían normalmente según el tipo de interfaz compatible con la unidad pero también pueden variar en cierta medida de unidad a unidad.

Características del disco duro

Para tomar la mejor decisión a la hora de comprar un disco duro para su sistema o entender qué distingue una marca de discos duros de otra, debe tener en cuenta muchas características. Esta sección examina algunos de los elementos que debería tener en cuenta a la hora de evaluar unidades:

- Capacidad.
- Rendimiento.
- Fiabilidad.
- Coste.

Capacidad

Un corolario de la famosa ley de Parkinson puede aplicarse a las unidades duras: "Los datos crecen hasta llenar el espacio de que se dispone para su almacenamiento". Esto, por supuesto, significa que no importa lo grande que sea la unidad, ya que encontrará la forma de llenarla.

Si ha agotado el espacio de su disco duro actual, quizá se pregunte cuánto espacio de almacenamiento es suficiente. Puesto que tiene más posibilidades de que se quede sin espacio que de que le sobre, debería apuntar alto y adquirir la unidad más grande que se ajuste a su presupuesto. Los sistemas modernos están acostumbrados a almacenar muchos tipos de archivos que ocupan mucho espacio, incluyendo fotografías digitales, música, vídeos, sistemas operativos nuevos, aplicaciones y juegos. Los archivos de fotografía, audio y sobre todo vídeo pueden ocupar cantidades enormes de almacenamiento y es fácil que lleguen a utilizar cientos de gigabytes o incluso terabytes de almacenamiento. Aunque la mayoría de unidades actuales pueden alojar cientos de gigabytes, mucha gente almacena varias veces esa información.

La falta de espacio crea numerosos problemas en un sistema moderno, sobre todo porque Windows, al igual que muchas aplicaciones más recientes, utiliza una gran cantidad de memoria de unidad para archivos temporales y memoria virtual. Cuando Windows se queda sin espacio, la inestabilidad del sistema, los fallos así como la pérdida de datos son inevitables.

Limitaciones de capacidad

El tamaño de la unidad que puede utilizar depende de muchos factores, incluyendo la interfaz, los controladores, el sistema operativo y el sistema de archivos que elija.

Cuando la interfaz ATA se creó en 1986, tenía una limitación de capacidad máxima de 137GB (65.536×16×255 sectores). Los problemas de la BIOS limitaron más la capacidad a 8,4GB en sistemas producidos antes de 1998 y a 528MB en sistemas anteriores al año 1994. No obstante, incluso después de que se resolvieran los problemas de la BIOS, el límite de ATA siguió siendo de 137GB. Afortunadamente, esto se rompió en la especificación ATA-6 cuyo borrador salió en 2001. ATA-6 aumentó el esquema de direccionamiento usado por ATA para permitir que la capacidad de la unidad se ampliara a 144PB (petabytes, o cuatrillón de bytes), que son 248 sectores. Se ha abierto así la puerta para permitir que se lancen unidades PATA y SATA de más de 137GB.

Limitaciones de la BIOS

Si la unidad de un sistema es de 8GB o menos, puede que el sistema no sea capaz de manejar una unidad grande sin una actualización BIOS porque muchas BIOS antiguas (anteriores a 1998) no pueden manejar unidades que superen el límite de 8,4GB y otras BIOS (anteriores a 2002) tienen otros límites, por ejemplo 137GB. Algunas unidades incorporan un disco de instalación o configuración que contiene un sustituto de BIOS de software, como Disk Manager de Ontrack, EZ-Drive de Phoenix Technologies (Phoenix compró EZ-Drive creator StorageSoft en enero de 2002) y sus filiales OEM (Drive Guide, MAXBlast, Data Lifeguard y otras). No obstante, yo no le recomiendo utilizarlos porque pueden causar problemas si necesita iniciar desde un disquete o CD o si necesita reparar el registro de carga maestro no estándar que utilizan estos productos.

Las unidades ATA internas de más de 137GB requieren compatibilidad con LBA de 48 bits. Esta compatibilidad debe proporcionarse en el sistema operativo; también puede proporcionarse en la BIOS, o en ambos. Es mejor si tanto el SO como la BIOS son compatibles, pero puede funcionar si sólo es compatible el SO. Para que el sistema operativo sea compatible con LBA de 48 bits es necesario que sea uno de los siguientes:

- Windows 7/Vista.
- Windows XP con *Service Pack 1* (SP1) o posterior.
- Windows 2000 con *Service Pack 4* (SP4) o posterior.
- Windows 98/98SE/Me o NT 4.0 con *Intel Application Accelerator* (IAA) cargado. Esta solución sólo funciona si su placa base tiene un *chipset* compatible con IAA. Para obtener más información, consulte `www.intel.com/support/chipsets/iaa/`.

Y para la compatibilidad con LBA de 48 bits en la BIOS se requiere cualquiera de los siguientes:

- Una BIOS de la placa base compatible con LBA de 48 bits (normalmente actualizada en septiembre de 2002 o más tarde)
- Una tarjeta adaptadora con BIOS integrada que incluya compatibilidad con LBA de 48 bits.

Si tanto el sistema operativo como la BIOS son compatibles con LBA de 48 bits, puede sencillamente instalar y utilizar la unidad como cualquier otra unidad interna. Por otro lado, si no tiene compatibilidad con LBA de 48 bits en la BIOS, pero sí en el sistema operativo, las porciones de la unidad que pasen de 137GB no se reconocen o no se puede acceder a ellas hasta que se carga el sistema operativo. Esto significa que si está instalando el sistema operativo en una unidad dura en blanco e iniciando desde un CD de XP original (anterior a SP1) o anterior, necesita una partición con los primeros 137GB de la unidad en el momento de la instalación. Una vez que el sistema operativo está totalmente instalado y los Service Packs añadidos, se reconoce el resto de la unidad más allá de 137GB. En ese punto, puede particionar el resto de la unidad más allá de 137GB utilizando las herramientas de administración de disco de XP o un programa de partición de terceros como PartitionMagic o Partition Commander para redimensionar la primera partición para utilizar la unidad completa.

Si está iniciando desde un CD XP SP1 o posterior (lo que significa que ya se aplicó un CD con Service Pack 1), puede reconocer y acceder a la unidad entera durante la instalación del SO y particionar la unidad completa como una sola partición mayor de 137GB si lo desea. Si necesita conexiones de interfaz PATA o bien SATA más numerosas o más rápidas, puede utilizar tarjetas complementarias de empresas como Promise Technology (`www.promise.com`). Estas tarjetas son compatibles con unidades de hasta y más allá del límite de 137GB impuesto por ATA-5 y estándares más antiguos.

Observe que las unidades externas USB y FireWire no tienen estos problemas de capacidad puesto que no dependen del ROM BIOS para la compatibilidad y en su lugar utiliza controladores administrados por el sistema operativo.

SCSI se diseñó desde el principio con menos limitaciones que ATA y ésa es la razón por la que SCSI se utiliza más en servidores de archivos de alto rendimiento, estaciones de trabajo y otros sistemas informáticos de alto rendimiento. Incluso aunque SCSI se creó antes que ATA, los arquitectos tuvieron la previsión de permitir que SCSI manejara dispositivos de hasta 2,2TB (terabytes, o trillones de bytes) en capacidad (232 sectores). En 2001, el conjunto de comandos SCSI se actualizó para soportar unidades de hasta 9,44ZB en capacidad (264 sectores). Puesto que SCSI se diseñó inicialmente con la idea de menos limitaciones y mayor rendimiento, tradicionalmente los fabricantes han lanzado sus unidades de mayor capacidad primero en versiones de SCSI. Sin embargo, con la llegada de Serial ATA, esta diferencia está desapareciendo rápidamente.

Debido a los cambios realizados en 2001 tanto en ATA como en SCSI, pasarán muchos años antes de que las limitaciones de capacidad de cualquier interfaz se conviertan en un problema.

Limitaciones del sistema operativo

Muchos sistemas operativos recientes, como Windows Vista y Windows 7, no tienen ningún problema con las unidades grandes. Sin embargo, los sistemas operativos más antiguos pueden tener limitaciones a la hora de utilizar unidades grandes.

Windows XP y versiones anteriores tienen limitaciones en la capacidad para soportar hasta 2TB por unidad física o lógica (es decir, RAID), incluyendo todas las particiones. Esto se debe a la dependencia del esquema de particionamiento de MBR, que utiliza numeración de sectores de 32 bits, limitando una unidad física o lógica a un máximo de 2^{32} (4.294.967.296) sectores totales. Windows 7 y Vista soportan un nuevo esquema de particionamiento llamado Tabla de partición (GPT) GUID (*Globally Unique ID*, Identificador único global), que define sectores usando números de 64 bits, soportando 2^{64} (18.446.744.073.709.551.616) sectores, para una capacidad máxima de 18EB (exabytes). En términos prácticos, esto significa que si está ejecutando XP, no puede utilizar más de 2TB de una sola unidad o una cadena RAID de múltiples unidades. Por ejemplo, si comprara cuatro unidades de 1TB y las utilizara para crear una cadena RAID 5 (unidad lógica) de 3TB, Windows XP y versiones anteriores sólo reconocerían y podrían particionar los primeros 2TB de la unidad lógica de 3TB.

Windows 98 es compatible con unidades grandes, pero un error en el programa FDISK incluido con Windows 98 reduce la capacidad de unidad estimada unos 64GB para unidades por encima de esa capacidad. La solución es una versión actualizada de FDISK que puede descargarse de Microsoft. Aparece otro error en el comando `FORMAT` con Windows 98: si ejecuta `FORMAT` desde un indicador de comandos en una partición sobre 64GB, no se informa del tamaño correctamente, aunque la partición entera esté formateada.

Windows 95 tiene un límite de capacidad de disco duro de 32GB y la única forma de superarlo es actualizar a Windows 98 o más reciente. Además, las versiones de ventas al por menor y actualización de Windows 95 (también llamadas Windows 95 OSR 1 o Windows 95a) están más limitadas a utilizar sólo el sistema de archivos FAT16, que tiene una limitación de tamaño de partición máximo de 2GB. Por tanto, si tenía una unidad de 30GB, se vería obligado a dividirla en 15 particiones de 2GB, cada una de las cuales tendría una letra de unidad independiente (unidades `C:-Q:` en este ejemplo). Windows 95B y 95C pueden utilizar el sistema de archivos FAT32, que permite tamaños de partición de hasta 2TB. Tenga en cuenta que debido a las limitaciones internas, ninguna versión de FDISK puede crear particiones mayores de 512GB. DOS no reconoce generalmente unidades superiores a 8,4GB porque a esas unidades se accede utilizando LBA y las versiones de DOS 6.x e inferiores sólo utilizan direccionamiento CHS.

Rendimiento

Cuando selecciona una unidad de disco duro, una de las características importantes que debería tener en cuenta es el rendimiento (velocidad) de la unidad. Las unidades duras pueden tener una amplia gama de capacidades de rendimiento. Como ocurre con muchas otras cosas, un buen indicador del rendimiento relativo de una unidad es el precio.

La velocidad de una unidad de disco se mide normalmente de dos formas:

- Velocidad de transferencia.
- Tiempo de acceso medio.

Velocidad de transferencia

La velocidad de transferencia es probablemente más importante para el rendimiento general del sistema que cualquier otra estadística, pero también es una de las especificaciones peor entendidas. El problema surge del hecho de que se pueden especificar varias velocidades de transferencia para una unidad dada; sin embargo, la más importante de ellas suele pasarse por alto.

No se deje engañar por el bombo que se da a la velocidad externa de transferencia, especialmente en torno a ATA-133 o SATA-150/300. Un indicio mucho más importante del rendimiento de una unidad es la velocidad interna de transferencia (*Media Transfer Rate*) media, que es bastante más baja que la velocidad externa de 133, 150 o 300MBps. La velocidad interna de transferencia representa la velocidad media a la que la unidad puede leer o escribir datos en realidad. En comparación, la velocidad externa de transferencia indica simplemente la velocidad a la que se pueden mover los datos entre la placa base y el búfer en la unidad. La velocidad de rotación de la unidad tiene quizá el mayor efecto sobre la auténtica velocidad de transferencia de la unidad; en general, las unidades que giran a 10.000 rpm transfieren datos más rápido que las unidades que giran a 7.200 rpm y las unidades de 7.200 rpm transfieren datos más rápido que las que giran a 5.400 rpm. Tenga en cuenta, no obstante, que la velocidad de rotación no es el único factor a considerar, ya que la densidad lineal de las pistas también juega un papel muy importante en el rendimiento. Por ejemplo, la unidad de 500GB a 5.400 rpm de mi portátil actual tiene una velocidad de transferencia máxima de 118MBps, mientras que la unidad de 60GB a 7.200 rpm de mi anterior portátil tenía una velocidad de transferencia máxima de sólo 44MBps. Eso significa que mi unidad de 5.400 rpm más reciente es en realidad más de 2.6 veces más rápida en lo que se refiere al rendimiento de velocidad de transferencia real, incluso aunque gire un 33 por 100 más despacio. Si lo que le interesa es el rendimiento, asegúrese de comprobar las velocidades internas de transferencia de las unidades que esté comparando.

La confusión surge del hecho de que los fabricantes de unidades pueden presentar hasta siete velocidades de transferencia diferentes para una unidad dada. Quizá la menos importante (aunque la gente parece fijarse mucho en ella) es la velocidad externa de transferencia bruta, que para las unidades SATA es de 150MBps o 300MBps y de hasta 100MBps o 133MBps para las antiguas unidades ATA paralelas. Desgraciadamente, en realidad las unidades leen y escriben datos mucho más despacio. Las especificaciones de velocidad de transferencia más importantes son las velocidades internas de transferencia, que expresan a qué velocidad puede la unidad leer o escribir datos realmente. Las velocidades internas de transferencia pueden expresarse como un máximo bruto, un mínimo bruto, un máximo formateado, un mínimo formateado o medias de cualquiera. Muy pocos informan sobre las medias, pero pueden calcularse fácilmente.

La velocidad interna de transferencia es mucho más importante que la velocidad externa de transferencia porque la interna es la verdadera velocidad a la que se puede leer (o escribir) en el disco.

En otras palabras, indica a qué velocidad pueden moverse los datos desde y a los platos de la unidad. Es la velocidad que cualquier transferencia sostenida puede esperar conseguir. Ésta aparece normalmente como una cifra máxima y mínima, aunque muchos fabricantes de unidades sólo indican la máxima.

Las velocidades internas de transferencia tienen cifras mínimas y máximas porque las unidades actuales utilizan ZBR con menos sectores por pista en los cilindros internos que en los cilindros externos. Normalmente, una unidad se divide en 16 o más zonas y la zona interior tiene aproximadamente la mitad de sectores por pista (y por tanto la mitad de velocidad de transferencia) que la exterior. Puesto que la unidad gira a una velocidad constante, los datos pueden leerse el doble de rápido en los cilindros exteriores que en los cilindros interiores.

Otra cuestión es la de la velocidad de transferencia bruta frente a la de transferencia formateada. La velocidad bruta se refiere a la velocidad a la que pueden leerse los bits de los medios. Puesto que no todos los bits representan datos (algunos son bits de ID, ECC, servo o entre sectores) y puesto que se pierde algo de tiempo cuando los cabezales tienen que moverse de pista a pista (latencia), la velocidad de transferencia representa la auténtica velocidad a la que los datos de usuario pueden leerse o escribirse en la unidad.

Tenga en cuenta que algunos fabricantes sólo informan de la velocidad interna de transferencia bruta, pero normalmente se puede calcular que las velocidades de transferencia formateadas son aproximadamente tres cuartos de las velocidades brutas. La razón de esto es que los datos de usuario de cada pista son sólo unos tres cuartos de los bits reales almacenados debido al servo, ECC; ID y otra carga general almacenada. Asimismo, algunos fabricantes indican sólo las velocidades de transferencia máximas (brutas, formateadas, o ambas); en ese caso, generalmente se puede asumir que la velocidad de transferencia mínima es la mitad de la máxima y que la velocidad de transferencia media es tres cuartos de la máxima.

Veamos como ejemplo algunas unidades específicas. La tabla 7.7 recoge las especificaciones de rendimiento para varias unidades SATA modernas con factores de forma de 3,5".

***Tabla** 7.7. Especificaciones de rendimiento de unidades.*

Marca/modelo	Capacidad	Velocidad de rotación	Velocidad externa	Velocidad interna máxima	Velocidad interna mínima	Velocidad interna media
Seagate Barracuda 7200.12	1TB	7.200 rpm	300MBps	160MBps	80MBps	20MBps
Western Digital VelociRaptor	300GB	10.000 rpm	300MBps	126MBps	63MBps	4,5MBps
Western Digital Caviar Black	1TB	7.200 rpm	300MBps	106MBps	53MBps	9,5MBps
Seagate Barracuda ES.2	1TB	7.200 rpm	300MBps	105MBps	52,5MBps	8,8MBps

Aunque todas éstas soportan la especificación de velocidad de transferencia de SATA de 3Gbps (300MBps), tienen velocidades internas de transferencia de hasta 160MBps como máximo, con unidades individuales que tienen una media de entre 80MBps y 120MBps aproximadamente. Tenga en cuenta que la unidad con el rendimiento más rápido no es la unidad que gira más deprisa, puesto que la densidad tiene mucho más que ver con el rendimiento real que la velocidad de rotación.

Como puede ver, las velocidades de transferencia auténticas de estas unidades son muy inferiores a la velocidad externa de transferencia de 300MBps de SATA.

Hay dos factores principales que contribuyen al rendimiento de la velocidad de transferencia: la velocidad de rotación y la densidad de grabación lineal o sectores por pista. Cuando compara dos unidades con el mismo número de sectores por pista, la unidad que gira más deprisa transfiere los datos más rápido. Asimismo, cuando compara dos unidades con velocidades de rotación idénticas la unidad con mayor densidad de grabación (más sectores por pista) es más rápida. Una unidad con una densidad mayor puede ser más rápida que una que gire más deprisa; hay que tener en cuenta ambos factores.

Como puede ver en estos ejemplos, la velocidad externa de transferencia es casi insignificante, así que, si estaba pensando en adquirir una placa base nueva o quizá una tarjeta adaptadora de *host* independiente que ofreciera una velocidad externa más rápida con el único objetivo de aumentar el rendimiento de la unidad, puede ahorrarse el dinero. A decir verdad, hay una pequeña ventaja de las velocidades externas de transferencia más elevadas en tanto que los datos del búfer del controlador de la unidad pueden transferirse a la placa base a velocidad externa, en vez de a velocidad interna. Estos búferes suelen ser de 32MB o menos y sólo ayudan con transferencias repetitivas de pequeñas cantidades de datos. No obstante, si realiza transferencias repetitivas con frecuencia, las unidades con búferes más grandes pueden mejorar el rendimiento con aplicaciones que lleven a cabo transferencias repetitivas.

Más recientemente, se están fabricando unidades con búferes de memoria flash, llamadas unidades híbridas, para soportar la caché SuperFetch en Windows 7/Vista; sin embargo, puesto que la memoria flash es relativamente lenta, esta tecnología está diseñada pensando más en la mejora de vida de las baterías de los portátiles que en el rendimiento de los equipos de sobremesa.

Cuando el resto de factores son iguales, una unidad que gira más deprisa transfiere los datos más rápido, independientemente de la velocidad externa de transferencia. Desgraciadamente, es raro que todos los demás factores sean iguales, así que le conviene consultar las especificaciones de la unidad recogidas en el manual o el cuadro de características de la unidad para asegurarse.

Cuando evalúe el rendimiento de una unidad, no compare sólo una especificación, como la velocidad externa o la velocidad de rotación, porque le pueden llevar a errores. La velocidad externa es relativamente insignificante y aunque la velocidad de rotación es importante, algunas unidades tienen una velocidad externa de transferencia más lenta que otras, incluso aunque giren más deprisa. Tenga cuidado con las comparaciones demasiado simplistas. Con las unidades duras, el resultado final es que la velocidad interna de transferencia es probablemente la especificación más importante que puede conocer sobre una unidad y cuanto mayor sea, mejor.

Para averiguar las especificaciones de transferencia de una unidad dada, fíjese en el cuadro de características o preferentemente en la documentación o el manual de la unidad. Normalmente pueden descargarse de la página Web del fabricante de la unidad.

Tiempo de búsqueda medio

El tiempo de búsqueda medio, que normalmente se mide en milisegundos (ms), es la cantidad media de tiempo que tardan los cabezales en moverse de un cilindro a otro situado a una distancia aleatoria. Una forma de medir esta especificación es ejecutar muchas operaciones de búsquedas de pistas aleatorias y después dividir los resultados de tiempo entre el número de búsquedas realizadas. Este método proporciona un tiempo medio para una sola búsqueda.

El método estándar utilizado por muchos fabricantes de unidades a la hora de indicar tiempos de búsqueda medios es medir el tiempo que los cabezales tardan en moverse a través de un tercio del total de los cilindros. El tiempo de búsqueda medio depende únicamente de la unidad en sí; el tipo de interfaz o controlador no influye mucho en esta especificación. La velocidad de búsqueda media es principalmente un indicio de las capacidades del mecanismo accionador de los cabezales.

Nota: *No se fíe de los puntos de referencia que afirman medir el rendimiento de búsqueda de una unidad. La mayoría de unidades ATA utilizan un esquema llamado traducción de sectores, así que puede que cualquier orden que reciban para mover los cabezales a un cilindro específico no tenga como resultado el movimiento físico planeado. Esta situación hace que algunos puntos de referencia resulten insignificantes para esos tipos de unidades. Las unidades SCSI también requieren un paso adicional porque las órdenes deben enviarse primero a la unidad sobre el bus SCSI. Podría parecer que estas unidades tienen tiempos de acceso más rápidos porque muchos puntos de referencia no incluyen la carga general de órdenes. No obstante, cuando esta carga se incluye en los programas de punto de referencia, estas unidades reciben cifras pobres de rendimiento.*

Latencia

La latencia es el tiempo medio (en milisegundos) que tarda un sector en estar disponible después de que los cabezales hayan llegado a una pista. De media, esta cifra es la mitad del tiempo que tarda el disco en girar una vez. Una unidad que gire el doble de rápido tendrá la mitad de latencia.

La latencia es un factor que influye en el rendimiento de lectura y escritura de un disco. Reducir la latencia incrementa la velocidad de acceso a datos o archivos y se realiza simplemente girando los platos de la unidad más deprisa.

La tabla 7.8 recoge las cifras de latencia de las velocidades de rotación de las unidades más populares.

Tabla 7.8. Velocidades de rotación de discos duros y sus latencias.

Revoluciones/Minuto	Revoluciones/Segundo	Latencia (ms)
3.600	60	8,33
4.200	70	7,14
5.400	90	5,56
7.200	120	4,17
10.000	167	3,00
15.000	250	2,00

Muchas unidades actuales giran a 7.200 rpm, lo que tiene como resultado una latencia de sólo 4,17ms, mientras que otras giran a 10.000 rpm o incluso a 15.000 rpm, lo que permite unas cifras de latencia increíbles de 3,00ms o 2,00ms. Además de mejorar el rendimiento en lo referente al acceso a datos en el mundo real, girar los platos más deprisa aumenta también la velocidad de transferencia de datos después de que los cabezales lleguen a los sectores deseados.

Tiempo de acceso medio

Una medida del tiempo de acceso medio de una unidad es la suma de su tiempo de búsqueda medio más su latencia. El tiempo de acceso medio suele expresarse en milisegundos.

La medida de tiempo de acceso medio de una unidad (tiempo de búsqueda medio más latencia) proporciona la cantidad total media de tiempo que requiere la unidad para acceder a un sector solicitado aleatoriamente.

Programas de caché y controladores de caché

A nivel del software, los programas de caché de disco como SMARTDRV (DOS) y VCACHE (Windows) pueden tener un efecto importante en el rendimiento de la unidad de disco. Estos programas de caché conectan con la interrupción de la unidad dura de la BIOS e interceptan las llamadas de lectura y escritura a la BIOS del disco desde programas de aplicación y controladores de dispositivos.

Cuando un programa de aplicación quiere leer datos desde una unidad dura, el programa de caché intercepta la solicitud de lectura, la pasa al controlador de la unidad dura de la forma habitual, guarda la lectura de datos desde el disco en su búfer de memoria caché y después vuelve a pasar los datos al programa de aplicación. Dependiendo del tamaño del búfer de la caché, es posible leer y guardar en el búfer datos de muchos sectores.

Cuando la aplicación quiere leer más datos, el programa de caché intercepta otra vez la solicitud y examina sus búferes para ver si los datos solicitados están todavía en la caché. Si es así, el programa pasa los datos desde la caché a la aplicación inmediatamente, sin más operaciones de la unidad dura. Ya que los datos almacenados en la caché se almacenan en la memoria, este método acelera muchísimo el acceso y puede afectar enormemente a las medidas de rendimiento de la unidad de disco.

Ahora, la mayoría de controladores tienen alguna forma de caché o búfer de hardware integrada que no intercepta ni utiliza interrupciones de la BIOS. En su lugar, la unidad almacena datos en la caché a nivel de hardware, algo que es invisible para el software de medida de rendimiento normal. Originalmente los fabricantes incluían búferes de lectura anticipada de pistas en controladores para permitir un rendimiento de intercalado de 1:1. Algunos fabricantes aumentan el tamaño de esos búferes de lectura anticipada en el controlador, mientras que otros añaden inteligencia mediante el uso de una caché en vez de un simple búfer.

Muchas unidades ATA y SCSI tienen memoria caché construida directamente en el controlador integrado de la unidad. La mayoría de las unidades ATA más recientes tienen 2MB de caché integrada; muchas unidades ATA de alto rendimiento tienen 16MB de caché. Recuerdo los días en que 1MB o 2MB de memoria RAM era mucha memoria para un sistema completo. Actualmente, algunas unidades de disco duro de 3 1/2" pueden tener hasta 16MB de memoria caché integrada.

Aunque las cachés de software y hardware pueden hacer que una unidad sea más rápida para operaciones de transferencia de datos repetitivas o rutinarias, una caché no afecta a la velocidad de transferencia máxima real que una unidad puede sostener.

Selección de intercalado

En una discusión sobre el rendimiento de los discos, es frecuente que aparezca la cuestión del intercalado. Aunque tradicionalmente se trataba más de una cuestión del rendimiento del controlador que un tema de la unidad, las unidades de disco duro ATA modernas con controladores integrados son totalmente capaces de procesar los datos tan rápido como la unidad puede enviarlos. En otras palabras, todas las unidades ATA modernas están formateadas sin intercalado (a veces expresado como proporción de intercalado de 1:1). En los tipos de unidades duras más antiguos, como MFM y ESDI, se podía modificar el intercalado durante un formateo a bajo nivel para optimizar el rendimiento de la unidad. Hoy en día, las unidades se formatean a bajo nivel en la fábrica y los ajustes del intercalado son un tema irrelevante.

Fiabilidad

Cuando va a comprar una unidad, puede que se fije en una estadística llamada MTBF (*Mean Time Between Failures*, Tiempo medio entre averías) descrita en las especificaciones de la unidad. Las cifras de MTBF van normalmente de 300.000 a 1.000.000 de horas o más. Yo suelo ignorar estas cifras porque se derivan de manera teórica.

A la hora de entender lo que afirma el MTBF, debe comprender cómo llegan a él los fabricantes y lo que quieren decir. La mayoría de fabricantes tiene un largo historial en la creación de unidades y sus unidades han visto millones de horas de uso acumulativo.

Pueden fijarse en la tasa de error de modelos de unidades anteriores con los mismos componentes y calcular una tasa de error de una nueva unidad basada en los componentes utilizados para construir el ensamblado de la unidad. Para la placa de circuitos electrónicos, también pueden utilizar técnicas estándar para predecir los fallos de la electrónica integrada. Esto les permite calcular la tasa de error prevista para la unidad completa.

Para comprender qué significan estos números, debe saber que las afirmaciones del MTBF se aplican a una población de unidades, no a una unidad individual. Esto significa que si una unidad dice tener un MTBF de 500.000, puede esperar una avería en esa población de unidades en 500.000 horas de tiempo de ejecución total. Si hay 1.000.000 de unidades de este modelo en servicio y 1.000.000 están funcionando a la vez, puede esperar que se produzca una avería en toda esta población cada media hora. Las estadísticas MTBF no resultan útiles para predecir la avería de una unidad individual o una muestra pequeña de unidades.

También es necesario que entienda el significado de la palabra avería. En este sentido, una avería es un fallo que requiere que la unidad se devuelva al fabricante para su reparación, no un error ocasional para leer o escribir un archivo correctamente.

Finalmente, como señalan algunos fabricantes, esta medida del MTBF debería llamarse en realidad tiempo medio para la primera avería. "Entre averías" implica que la unidad falla, se envía a reparar y después, en algún momento, vuelve a fallar. El intervalo entre la reparación y la segunda avería sería aquí el MTBF. Puesto que en la mayoría de los casos una unidad dura estropeada que necesita reparación por parte del fabricante se sustituye en vez de repararse, todo el concepto de MTBF se conoce por un nombre erróneo.

La conclusión final es que yo no pongo mucho énfasis en las cifras del MTBF. Para una unidad individual, no son indicadores precisos de fiabilidad. Sin embargo, si es usted un administrador de sistemas de información que está pensando en comprar miles de PC o unidades al año o un distribuidor de sistemas que crea y soporta miles de sistemas, merece la pena que se tome su tiempo para examinar estos números y estudiar los métodos para calcularlos empleados por cada distribuidor. La mayoría de fabricantes de unidades duras designan sus unidades Premium como unidades de clase Enterprise, lo que significa que están diseñadas para emplearse en entornos que requieren alta fiabilidad y uso a tiempo completo y tienen las tasas de MTBF más elevadas. Si puede entender los cálculos del distribuidor y comparar la fiabilidad de una muestra grande de unidades, podrá comprar unidades más fiables y ahorrar tiempo y dinero en servicio y soporte.

S.M.A.R.T

S.M.A.R.T. (*Self-Monitoring, Analysis, and Reporting Technology*, Tecnología para la automonitorización, análisis y generación de informes) es un estándar que proporciona una predicción de posibles averías en unidades de disco. Cuando S.M.A.R.T. está habilitada para una unidad dada, la unidad monitoriza atributos predeterminados que son susceptibles a o indicativos de una degradación de la unidad. Se puede realizar una predicción de avería basada en los atributos monitorizados. Si se considera que es probable que se produzca una avería, S.M.A.R.T. realiza un informe de estado disponible de manera que el software de la unidad o la BIOS del sistema pueden notificar al usuario los problemas inminentes, permitiéndole quizá hacer una copia de seguridad de los datos de la unidad antes de que se produzca un problema real.

Las averías predecibles son el tipo de avería que S.M.A.R.T. intenta detectar. Estas averías son el resultado de una degradación gradual del rendimiento de la unidad. De acuerdo con Seagate, el 60 por 100 de las averías de unidades son mecánicas y S.M.A.R.T. está diseñada exactamente para detectar este tipo de averías.

Naturalmente, no todas las averías se pueden predecir y S.M.A.R.T. no es de ayuda al tratar con fallos impredecibles que se producen sin ningún aviso previo. Pueden estar causados por electricidad estática, un manejo inadecuado o bien un impacto repentino, o un fallo del circuito (como fallos de componentes problemas de soldadura relacionados con la temperatura).

IBM creó S.M.A.R.T. en 1992. Ese año, IBM comenzó a incluir unidades duras de 3 1/2" equipadas con *Predictive Failure Analysis* (PFA), una tecnología diseñada por IBM que mide periódicamente los atributos de la unidad seleccionada y envía un mensaje de advertencia cuando se excede un umbral predeterminado. IBM volcó esta tecnología en la organización ANSI y posteriormente se convirtió en el protocolo S.M.A.R.T. estándar de ANSI para unidades SCSI. El interés por extender esta tecnología a las unidades ATA llevó a la creación de S.M.A.R.T. Working Group en 1995. Además de IBM, otras empresas representadas en el grupo original eran Seagate Technology, Conner Peripherals (ahora parte de Seagate), Fujitsu, Hewlett-Packard, Maxtor, Quantum y Western Digital. La especificación S.M.A.R.T. producida por este grupo y puesta en el dominio público cubre unidades de disco duro tanto ATA como SCSI y puede encontrarse en la mayoría de unidades de producción reciente que hay en el mercado.

El diseño S.M.A.R.T. de atributos y umbrales es similar en entornos ATA y SCSI, pero la forma de ofrecer la información es diferente. En un entorno ATA, el software del controlador del sistema interpreta la señal de alarma de la unidad generada por el comando `report status` de S.M.A.R.T. El controlador sondea la unidad regularmente para comprobar el estado de este comando y, si señala un fallo inminente, envía una alarma al sistema operativo que se pasa mediante un mensaje de error al usuario final. Esta estructura posibilita que se realicen mejoras en el futuro, lo que puede permitir que se ofrezca información que no sea relativa a las condiciones del fallo de la unidad. El sistema puede leer y evaluar los atributos y las alarmas además del comando `report status` básico.

Las unidades SCSI con S.M.A.R.T. sólo comunican una condición de fiabilidad como buena o errónea. En un entorno SCSI, la decisión de los fallos se produce en la unidad de disco y el *host* notifica la acción al usuario. La especificación SCSI permite que un bit sensor se marque si la unidad determina que existe un problema de fiabilidad. Después el sistema alerta al usuario final mediante un mensaje.

Tenga en cuenta que el diagnóstico de disco tradicional como Scandisk sólo funciona en los sectores de datos de la superficie del disco y no monitoriza todas las funciones de la unidad que monitoriza S.M.A.R.T. Las unidades de disco más modernas mantienen sectores sobrantes disponibles para su uso como sustitutos para sectores con errores. Cuando uno de estos sectores sobrante se reasigna, la unidad informa de la actividad al contador de S.M.A.R.T. pero para una utilidad de análisis de superficie como Scandisk sigue pareciendo que no tiene defectos.

Las unidades con S.M.A.R.T. monitorizan una variedad de atributos que varían de un fabricante a otro. El fabricante del dispositivo selecciona los atributos según su capacidad para contribuir a la predicción de degradación o condiciones de error para esa unidad particular. La mayoría de fabricantes de unidades consideran el conjunto específico de atributos que se están utilizando y la identidad de esos atributos como propietarios y específicos del distribuidor. Algunas unidades monitorizan la altura de flotación del cabezal sobre el medio magnético. Si esta altura deja de ser una cifra nominal, la unidad podría fallar. Otras unidades pueden monitorizar atributos diferentes, como circuitería ECC que indica que se están produciendo errores al leer o escribir datos. Entre los atributos monitorizados en varias unidades aparecen los siguientes:

- Altura de flotación de los cabezales.
- Rendimiento de datos.
- Tiempo de rotación.
- Cuenta de sectores reasignados (sobrantes).
- Tasa de errores de búsqueda.
- Rendimiento del tiempo de búsqueda.
- Cuenta de reintentos de inicio de la unidad.
- Cuenta de reintentos de calibración de la unidad.

Cada atributo tiene un límite que se utiliza para determinar la existencia de una degradación o condición defectuosa. Son los fabricantes de unidades quienes establecen estos límites, que pueden variar según el fabricante y el modelo y no pueden modificarse.

Los requisitos básicos para el funcionamiento de S.M.A.R.T. son sencillos: simplemente necesita una unidad de disco duro que sea capaz de utilizar S.M.A.R.T. y una BIOS o controlador de disco duro compatible con S.M.A.R.T. para su sistema operativo. Si su BIOS no es compatible con S.M.A.R.T., existen programas de utilidades disponibles, como Norton Utilities de Symantec, EZ-Drive de StorageSoft y Data Advisor de Ontrack, que pueden soportarla en un sistema dado.

Cuando se han producido suficientes cambios en los atributos monitorizados como para activar una alerta de S.M.A.R.T., la unidad envía un mensaje de alerta mediante un comando SCSI o IDE/ATA (dependiendo del tipo de unidad de disco duro que tenga) al controlador de disco duro en la BIOS del sistema, que normalmente informa del problema durante el POST la siguiente vez que se inicie el sistema. Si quiere un informe más inmediato, puede ejecutar una utilidad que consulte el estado de la S.M.A.R.T. de la unidad, como S.M.A.R.T. Explorer de Adenix (`www.adenix.net`) o HDD Health de Panterasoft (`www.panterasoft.com`).

Lo primero que tiene que hacer si recibe un aviso de S.M.A.R.T. es realizar una copia de seguridad de todos los datos de la unidad. Le recomiendo que la realice en un medio nuevo y no sobrescribir ninguna copia de seguridad realizada anteriormente, por si acaso la unidad falla antes de que se complete la nueva copia.

Después de hacer una copia de seguridad de sus datos, ¿qué es lo más conveniente? Los avisos de S.M.A.R.T. pueden estar provocados por una fuente externa y puede que no indiquen realmente que la unidad en sí va a fallar. Por ejemplo, los cambios ambientales como temperaturas altas o bajas pueden activar una alerta de S.M.A.R.T., al igual que la vibración en la unidad causada por una fuente externa. Además, las interferencias eléctricas causada por motores u otros dispositivos en el mismo circuito que el PC pueden inducir también estas alertas.

Si la alerta no ha sido causada por una fuente externa, podría indicarse una sustitución de la unidad. Si la unidad está en garantía, contacte con el distribuidor y pregunte si la van a reemplazar. Si no se producen más alertas, puede que el problema se deba a una anomalía y quizá no sea necesario sustituir la unidad. Si recibe más alertas, se recomienda reemplazar la unidad. Si puede conectar ambas unidades, la nueva y la existente (la que falla) al mismo sistema, tal vez pueda copiar el contenido íntegro de la unidad existente en la nueva, ahorrándose la instalación o recarga de todas las aplicaciones y datos desde su copia de seguridad. Puesto que los comandos de copia y los métodos de arrastrar y soltar estándar no copian archivos del sistema, archivos ocultos ni archivos que estén abiertos, para copiar una unidad completa con éxito y que la copia de destino siga siendo iniciable, necesita una aplicación especial como Symantec Norton Ghost o Acronis True Image.

Coste

El coste del almacenamiento en disco duro está cayendo continuamente. Ahora es posible comprar una unidad de 1TB por unos 70 euros, lo que equivale a unos 7 céntimos por gigabyte.

En 1983 compré una unidad con una capacidad de 10MB que me costó 1.800 dólares (1.315 euros), lo que vendría a ser 180.000 dólares por gigabyte. Al precio actual, ¡esa unidad vale menos de un décimo de penique!

Naturalmente, como el coste de las unidades sigue bajando, podemos esperar que en el futuro haya capacidades mayores por precios más bajos.

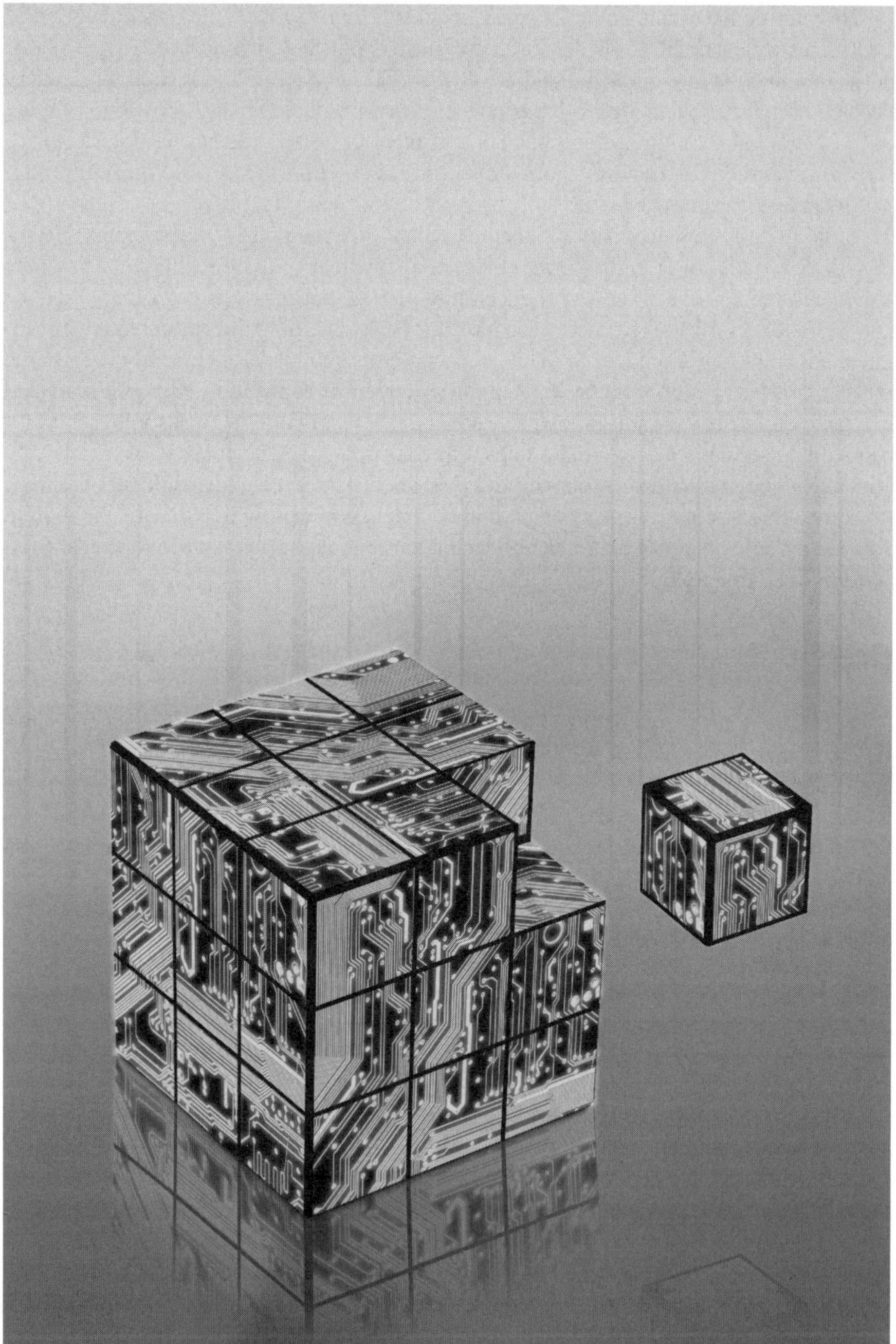

8. Almacenamiento extraíble

El papel de las unidades extraíbles

Desde mediados de los años ochenta, el principal dispositivo de almacenamiento utilizado por los ordenadores ha sido el disco duro. Sin embargo, para las copias de seguridad, el traspaso de datos entre equipos y el almacenamiento temporal, se han usado como complemento al almacenamiento principal dispositivos de almacenamiento extraíbles secundarios, como las unidades o memorias flash, las unidades ópticas, las unidades de cinta magnética, los discos duros extraíbles, las unidades *floptical*, las unidades magneto-ópticas e incluso los disquetes.

Tradicionalmente, las variedades más habituales de almacenamiento extraíble han utilizado medios magnéticos, pero actualmente los dispositivos de memoria flash son los más populares.

Medios de memoria flash

La memoria flash es un tipo especial de chip de memoria de estado sólido que no requiere energía para mantener el contenido. Las tarjetas de memoria flash se pueden pasar fácilmente de cámaras digitales a equipos portátiles o de sobremesa y pueden incluso insertarse en impresoras fotográficas y dispositivos de reproducción de fotografías. La memoria flash puede usarse para almacenar cualquier tipo de datos, pero su principal aplicación era la fotografía digital. Sin embargo, cada vez más reproductores de música digitales utilizan tarjetas de memoria flash extraíbles y los dispositivos conocidos como miniaturas o *keychain* que se conectan directamente a un puerto USB están convirtiendo a la memoria flash en un medio de almacenamiento generalizado y cada vez más popular como sustituto de los medios de almacenamiento extraíbles magnéticos, especialmente de los disquetes y las unidades Zip y SuperDisk.

Medios magnéticos

Si busca un medio magnético "puro", medio *floptical* o unidad magneto-ópticas, todos los tipos de disco magnético comparten características similares. Los discos son más caros por megabyte o gigabyte que las cintas, suelen tener menos capacidad que éstas y se pueden usar más fácilmente con archivos individuales. Los discos utilizan acceso aleatorio, que permite buscar, usar, modificar o eliminar cualquier archivo o grupo de archivos de un disco sin afectar al resto del contenido.

Cuando se usan como medios de copia de seguridad, la mayoría de los discos son más rápidos para copiar unos pocos archivos, pero son más lentos para copiar una gran cantidad de archivos o una unidad entera.

Medios de cinta magnética

Los medios de cinta son mucho menos caros por megabyte o gigabyte que los medios de disco, tienen más capacidad total y son más fáciles de usar en una imagen o múltiples archivos. Las unidades de cinta utilizan acceso secuencial, lo que significa que el contenido debe leerse desde el principio y los archivos individuales deben recuperarse en el orden en el que se encuentran en la cinta.

Además, por lo general, no es posible modificar ni eliminar los archivos de la cinta; hay que borrar y volver a escribir el contenido de todo el cartucho. Así pues, las unidades de cinta son más adecuadas para copias de seguridad de discos duros enteros, incluidos todos los datos y aplicaciones. Dado que es idónea para copias de seguridad masivas, la cinta puede resultar difícil de usar para copiar archivos individuales.

Nota: *Las unidades de disco extraíbles pueden usarse como dispositivos de copia de seguridad del sistema igual que las cintas. Sin embargo, el precio más elevado del disco o cartucho y la velocidad a la que funcionan, generalmente más lenta, los hacen prohibitivos a gran escala. Para copias de seguridad de archivos individuales, el disco es ideal; no obstante, si se hace copia de unidades o bien sistemas enteros, un disco duro externo es una opción mucho más rápida y también más económica.*

Dispositivos de memoria flash

La memoria flash lleva años sirviendo como medio de almacenamiento principal o auxiliar para portátiles. Sin embargo, el auge de dispositivos como cámaras digitales y reproductores musicales y la presencia de puertos USB en prácticamente todos los sistemas recientes ha convertido esta tecnología en un modo de almacenamiento imprescindible.

La memoria flash es un tipo de memoria no volátil que se divide en bloques en lugar de en bytes, como los módulos de memoria RAM normales. Esta memoria, que también se utiliza en la mayoría de los chips BIOS más recientes, se transforma mediante un proceso conocido como tunelado Fowler-Nordheim, que elimina la carga de la puerta flotante asociada a cada célula de memoria. La memoria flash debe borrarse antes de poder cargarse con nuevos datos. En comparación con la tradicional unidad magnética rotatoria, las unidades de memoria flash son de estado sólido (sin partes móviles) y suelen denominarse SSD (*Solid State Drive*, Unidad de estado sólido). Los dos tipos principales de memoria flash son NOR (*Not OR*, No O) y NAND (*Not AND*, No Y). La flash NOR funciona de forma similar a la DRAM, proporcionando capacidades de acceso aleatorio de alta velocidad con la posibilidad de recuperar datos en cantidades de un solo byte. La flash NOR es el tipo de memoria usado por las ROM flash, como las que hay en las placas base, los teléfonos móviles y otros dispositivos con *firmware* actualizable.

La flash NAND funciona más bien como un dispositivo de almacenamiento, leyendo y escribiendo datos en bloques o páginas en vez de en bytes individuales. NAND se usa en dispositivos que almacenan datos orientados a archivos, como las SSD, las unidades miniatura USB, las cámaras fotográficas y de vídeo digitales, los reproductores musicales, etcétera. La flash NAND es más densa que la NOR, con lo que almacena más datos en una cantidad de espacio dada y cuesta menos. La velocidad, los requisitos de reprogramación baja y el tamaño compacto de los dispositivos flash y SSD recientes han convertido a la memoria flash en un equivalente perfecto para dispositivos portátiles como cámaras digitales, que se refieren a estos medios como películas digitales.

A diferencia de una película real, la película digital puede borrarse y volver a grabarse. Las memorias flash USB ultra compactas están reemplazando a los disquetes, las unidades Zip/SuperDisk e incluso los discos ópticos, como medio de transporte de datos entre sistemas.

Tipos de dispositivos de memoria flash

Actualmente se utilizan habitualmente varios tipos de dispositivos de memoria flash, entre los que se incluyen los siguientes:

- *CompactFlash* (CF).
- *SmartMedia* (SM).
- *MultiMediaCard* (MMC).
- *SecureDigital* (SD).

- Memory Stick.
- Flash ATA.
- Tarjeta xD-Picture.
- Unidad de estado sólido (SSD).
- Dispositivos flash USB.

Algunos están disponibles en distintos tamaños (Tipo I/Tipo II). La tabla 8.1 recoge por orden de aparición los distintos tipos de almacenamiento de estado sólido utilizados en cámaras digitales y otros dispositivos.

Tabla 8.1. *Distintos dispositivos de memoria flash y su tamaño físico.*

Tipo	Largura (mm)	Anchura (mm)	Altura (mm)	Volumen (cc)	Fecha de aparición
Flash ATA Tipo II	54,00	85,60	5,00	23,11	Nov. 1992
Flash ATA Tipo I	54,00	85,60	3,30	15,25	Nov. 1992
CompactFlash (CF) Tipo I	42,80	36,40	3,30	5,14	Oct. 1995
SmartMedia (SM)	37,00	45,00	0,76	1,27	Abr. 1996
CompactFlash (CF) Tipo II	42,80	36,40	5,00	7,79	Mar. 1998
Memory Stick	21,45	50,00	2,80	3,00	Jul. 1998
Secure Digital (SD)	24,00	32,00	2,10	1,61	Ago. 1999
MultiMediaCard (MMC)	24,00	32,00	1,40	1,08	Nov. 1997
Tarjeta xD-Picture (xD)	20,00	25,00	1,70	0,85	Jul. 2002
Memory Stick Duo	20,00	31,00	1,6	0,99	Jul. 2002
MMC reducida (RS-MMC)	24,00	18,00	1,40	0,60	Nov. 2002
MiniSD	20,00	21,5	1,4	0,59	Mar. 2003
MicroSD	15,00	11,00	1,0	0,165	Jul. 2005
Memory Stick Micro	15,00	12,5	1,2	0,225	Sep. 2005

Nota: Las unidades flash USB no aparecen en la tabla porque no tienen un factor de forma normalizado.

CompactFlash

En 1994, SanDisk Corporation desarrolló CompactFlash con arquitectura ATA para emular una unidad de disco; un dispositivo CompactFlash conectado a un ordenador tiene una letra de unidad como cualquiera de las demás unidades. Los tipos de memoria flash más recientes también usan arquitectura ATA, bien implementada en el propio dispositivo, bien en el controlador.

El tamaño original era Tipo I (3,3mm de grosor); el tamaño Tipo II (5mm) sirve para dispositivos de mayor capacidad. Ambas tarjetas CompactFlash tienen 36,4mm de ancho por 42,8mm de largo y cuentan con adaptadores que permiten su inserción en ranuras PC Card de ordenador portátil. La *CompactFlash Association* (`www.compactflash.org`) supervisa el desarrollo del estándar.

SmartMedia

Irónicamente, SmartMedia (conocida originalmente como SSFDC, por *Solid State Floppy Disk Card*, Tarjeta de disquete de estado sólido) es el dispositivo de memoria flash más simple; las tarjetas SmartMedia contienen solamente memoria flash en una tarjeta sin circuito de control alguno. Esta simplicidad implica que la compatibilidad con distintas generaciones de tarjetas SmartMedia podría requerir actualizaciones de los dispositivos que las utilicen. El ya desaparecido Solid State Floppy Disk Forum supervisaba originalmente el desarrollo del estándar SmartMedia.

Truco: *Si usa una cámara digital Olympus basada en SmartMedia con la característica de panorama, asegúrese de usar tarjetas SmartMedia de la marca Olympus porque las de otras marcas carecen de soporte para esa característica.*

MultiMediaCard

La *MultiMediaCard* (MMC) se desarrolló entre SanDisk e Infineon Technologies AG (anteriormente Siemens AG) en noviembre de 1997 para usarse en teléfonos inteligentes, reproductores de MP3, cámaras digitales y videocámaras. La MMC usa una interfaz sencilla de 7 pines para los dispositivos y contiene memoria flash de voltaje bajo. En 1998 se fundó la *MultiMediaCard Association* (`www.mmca.org`) para la promoción del estándar MMC y para contribuir en el desarrollo de nuevos productos. En noviembre de 2002, MMCA anunció el desarrollo de la *Reduced Size MultiMediaCard* (RS-MMC), que reduce el tamaño de la MMC estándar en un 40 por 100 y puede adaptarse para usar con dispositivos MMC estándar. Las primeras tarjetas de memoria flash con este factor de forma se presentaron a principios de 2004 para soporte de teléfonos inteligentes compactos.

SecureDigital

Un dispositivo de almacenamiento *SecureDigital* (SD) tiene más o menos el mismo tamaño que una MMC (muchos dispositivos pueden usar ambos tipos de memoria flash), pero es un producto más sofisticado. SD, desarrollado por Toshiba en colaboración con Matsushita Electric (Panasonic) y SanDisk en 1999, toma el nombre de dos características especiales. La primera es el almacenamiento cifrado de datos para más seguridad, cumpliendo con los estándares SDMI (*Secure Digital Music Initiative*, Iniciativa de música digital segura) actuales y futuros para dispositivos portátiles. La segunda es un conmutador de protección contra escritura mecánico. La ranura SD también sirve para añadir memoria a los Palm PDA. En enero de 2002 se creó el estándar SDIO para permitir que las ranuras SD se usen con cámaras digitales pequeñas y otros tipos de expansiones con distintas marcas de PDA y otros dispositivos. La *SD Card Association* (`www.sdcard.org`) se fundó en 2000 para promover y colaborar en el desarrollo de nuevos productos. Observe que algunos ordenadores portátiles nuevos tienen ranuras SD integradas.

Las versiones reducidas de SD incluyen MiniSD (presentada en 2003) y MicroSD (presentada en 2005). MiniSD y MicroSD son opciones muy populares para teléfonos inteligentes y pueden adaptarse a una ranura SD estándar. MicroSD es compatible con el estándar TransFlash para teléfonos móviles.

Sony Memory Stick

Sony, muy implicada tanto en portátiles como en cámaras digitales y productos de grabación de vídeo, tiene su propia versión propietaria de memoria flash conocida como Sony Memory Stick. Este dispositivo incluye un conmutador de protección contra borrado, que evita la eliminación accidental de las fotos. Sony también ha concedido la licencia de la tecnología Memory Stick a otras empresas, como Lexar Media y SanDisk.

En 2003, Lexar presentó la Memory Stick Pro mejorada, que incluye tecnología de cifrado MagicGate para la administración de derechos digitales y el controlador de memoria de alta velocidad de Lexar. Memory Stick Pro se denomina en ocasiones MagicGate Memory Stick. Memory Stick Pro Duo es una versión más pequeña y ligera de la Memory Stick Pro estándar. Puede adaptarse a dispositivos diseñados para Memory Stick Pro.

ATA Flash PC Card

Aunque el factor de forma PC Card (PCMCIA) se usa ya en todo, desde adaptadores de juegos hasta los módem, desde interfaces SCSI hasta tarjetas de red, su uso original era como memoria de ordenador, como indicaba su antiguo acrónimo, PCMCIA (*Personal Computer Memory Card International Association*, Asociación internacional de tarjetas de memoria para ordenadores personales).

A diferencia de los módulos RAM normales, la PC Card actúa como una unidad de disco, utilizando el estándar PCMCIA ATA. Hay tres grosores de PC Card (el Tipo I tiene 3,3mm, el Tipo II 5mm y el Tipo III, 10,5mm), pero todas tienen 84mm de largo por 54,1mm de ancho. Las tarjetas Tipo I y Tipo II se usan para memoria flash conforme con ATA y los discos duros compatibles con ATA más modernos. Las tarjetas Tipo III son para discos duros más antiguos compatibles con ATA; también se puede usar una ranura Tipo III como dos Tipo II.

Tarjeta xD-Picture

En julio de 2002, Olympus y Fujifilm, principales seguidores del estándar de memoria flash SmartMedia para cámaras digitales, presentaron la tarjeta xD-Picture como sustituta mucho más pequeña y duradera para SmartMedia. Además de tener un tamaño de un tercio del de SmartMedia (lo que la convierte en el formato de memoria flash más pequeño hasta el momento), los medios xD-Picture tienen un controlador más rápido que permite capturar imágenes más deprisa.

Tanto las tarjetas de 16MB como las de 32MB (normalmente incluidas con las cámaras) graban datos a una velocidad de 1,3MBps, mientras que las de 64MB y más, los registran a 3MBps. La velocidad de lectura para todos los tamaños es de 5MBps. Toshiba las fabrica para Olympus y Fujifilm y, dado que el medio xD-Picture está optimizado para las diferencias entre cámaras (los de Olympus soportan el modo panorama de algunas cámaras Olympus xD-Picture, por ejemplo), conviene comprar medios de la misma marca que la cámara.

SSD

Una unidad de estado sólido (SSD) es cualquier unidad que utilice electrónica de estado sólido (es decir, sin partes mecánicas ni tubos de vacío). Mucha gente piensa que las SSD son un avance reciente en la tecnología computacional, pero en realidad existen de una forma u otra desde los cincuenta, mucho antes de que existiera el PC.

SSD Virtual (RAMdisk)

Aunque muchos se imaginan una unidad física al hablar de SSD, estas unidades están disponibles en forma física y virtual. Una SSD virtual se conoce tradicionalmente como RAMdisk porque utiliza una parte de la RAM del sistema para actuar como unidad de disco. La ventaja es un rendimiento de lectura/escritura increíble (después de todo, es RAM) y las desventajas son que todos los datos se pierden al apagar o reiniciar el sistema y que la RAM utilizada para el RAMdisk no está disponible para el sistema operativo y las aplicaciones.

El software RAMdisk está disponible para PC desde antes de que apareciera el primero en 1981. IBM incluyó el código fuente en un programa RAMdisk (posteriormente llamado VDISK.SYS) en el manual de marzo de 1983 PC DOS 2.0, como parte de un tutorial para escribir controladores de dispositivo (el soporte de controladores se implementó por vez primera en DOS 2.0). Más tarde, en agosto de 1984, IBM lanzó VDISK.SYS como parte de PC DOS 3.0. Microsoft incluyó primero un programa RAMdisk (RAMDRIVE. SYS) con MS-DOS 3.2 (1986) y Windows incluye versiones de RAMDRIVE.SYS hasta Windows 7. Sin embargo, no se instalan automáticamente y no están muy bien documentadas. Estos programas RAMdisk basados en DOS o en Windows son útiles para crear SSD de alta velocidad con la RAM existente.

SSD físicas

Poco después de la aparición del IBM PC en 1981, muchas empresas desarrollaron y sacaron unidades de estado sólido físicas que podían funcionar como sustitutas directas del disco duro. Muchas de ellas usaban RAM convencional dinámica o estática, con una batería opcional como respaldo de energía, mientras que otras utilizaban formas más exóticas de memoria no volátil, por lo que no requerían energía para conservar los datos.

Por ejemplo, Intel había sacado a finales de los 70 la memoria "burbuja", que se usó en muchos productos SSD. Dicha memoria estaba incluida en el Grid Compass de 1982, uno de los primeros ordenadores portátiles. Aunque las SSD pueden usar cualquier tipo de tecnología de memoria, cuando la gente piensa en las SSD modernas, se las imaginan como una memoria flash. Las SSD basadas en flash han aparecido hace poco en sistemas portátiles como el ThinkPad X300, presentado en febrero de 2008 con una SSD 64GB como característica estándar en algunos modelos.

Desde que las SSD se pusieron a disposición de los PC a principios de los ochenta, muchos han creído que reemplazarían universalmente al disco duro. Bueno, han pasado casi 30 años desde la primera vez que oí esa predicción y sigue sin cumplirse. Las SSD basadas en flash tienen un atributo importante que impide que sustituyan al almacenamiento magnético en todos, salvo una pequeña parte, de los mercados o aplicaciones: el precio. En relación a los discos duros modernos, las SSD son mucho más caras. Hasta hace muy poco tenían menos capacidad y eran más lentas, sobre todo al escribir. Con las recientes mejoras de capacidad y velocidad, las SSD se están convirtiendo por fin en alternativas viables a los discos duros para aplicaciones en las que el precio no es tan importante como el rendimiento y la durabilidad. Prácticamente todas las SSD modernas usan la interfaz SATA para conectarse al PC y aparecer como un disco duro estándar ante el sistema. La figura 8.1 muestra SSD de 63,5mm y 45,7mm.

Figura 8.1. *Unidades de estado sólido (SSD) de 63,5mm y 45,7mm.*

SSD utiliza dos tipos de tecnología flash NAND disponibles comercialmente: SLC (*Single-Level Cell*, Célula de un solo nivel) y MLC (*Multilevel Cell*, Célula multinivel). SLC almacena 1 bit en una célula, mientras que MLC almacena 2 o más en una sola. MLC duplica (como mínimo) la densidad, con la consiguiente reducción del coste, pero el rendimiento paga las consecuencias. Las SSD están disponibles con ambas tecnologías, las versiones con SLC ofrecen mayor rendimiento, menor capacidad y tienen un precio superior. Como cabría esperar, esto significa que las versiones con MLC ofrecen un rendimiento menor, pero con más capacidad a un precio más bajo. La mayoría de los productos predominantes utilizan la tecnología MLC, mientras que otros productos más especializados de gama alta usan SLC.

Uno de los principales problemas con la memoria flash es que se desgasta. Las células flash SLC suelen estimarse en 100.000 ciclos de lectura/escritura, mientras que las MLC se estiman en sólo 10.000. Cuando se usan para reemplazar un disco duro, esto se convierte en un problema, ya que se escribe en ciertas áreas del disco duro con mucha frecuencia y en otras se escribe muy pocas veces en toda la vida de la unidad. Para mitigar este desgaste, las SSD incorporan algoritmos de equilibrio de desgaste sofisticados que básicamente varía o rotan el uso de las células de forma que ninguna de ellas ni ningún grupo de éstas se use más que otro. Además, hay células de repuesto para reemplazar las desgastadas y aumentar la vida de la unidad. Teniendo en cuenta el patrón de uso de distintos tipos de usuarios, las unidades SSD suelen diseñarse para durar unos cinco años utilizándose mucho. A medida que aumenta la capacidad SSD, también lo hace la capacidad del algoritmo de equilibrio de desgaste para extender los datos por varias células disponibles.

Observe que debido al funcionamiento interno de SSD, el concepto de fragmentación de archivos no es material y ejecutar un programa de desfragmentación en una SSD no hará nada más que desgastarla antes. A diferencia de las unidades magnéticas, que deben mover los cabezales para acceder a los datos escritos en las distintas áreas del disco, una SSD puede leer datos de distintas áreas de memoria sin retrasos. El concepto de ubicación de archivo es dudoso con el equilibrio de desgaste, donde los archivos que se presentan como contiguos ante el sistema de archivos están esparcidos aleatoriamente por los chips de memoria y las células de la SSD. Es por esto que las SSD no deberían desfragmentarse como las unidades magnéticas tradicionales.

Nota: *Windows 7 puede distinguir una SSD de una unidad magnética estándar. Cuando se conecta una SSD, Windows 7 desactiva automáticamente la función de fondo Defrag para preservar la resistencia de la unidad. Cuando se usan SSD con Windows Vista y versiones anteriores, hay que deshabilitar manualmente esa característica e impedir que cualquier otra forma de programa u operación de desfragmentación se ejecute en SSD.*

Otra técnica para mejorar la resistencia de SSD es una extensión a la interfaz ATA denominada comando `TRIM`. Esto permite que un sistema operativo con detección de SSD (como Windows 7) informe de forma inteligente a la SSD de los bloques de datos que están en uso en ese momento, mejorando drásticamente la funcionalidad y velocidad del algoritmo interno. Para ello, tanto la unidad como el sistema operativo deben soportar el comando `TRIM`. Windows 7 y Server 2008 detectan SSD y soportan dicho comando, pero no las versiones anteriores de Windows. Las SSD de 2009 o posteriores soportan el comando `TRIM` generalmente y las que no lo hacen podrían soportarlo a través de una actualización de *firmware*. Cuando se actualiza el *firmware* de una SSD, es muy recomendable hacer una copia de seguridad completa porque, en algunos casos, la actualización puede volver a inicializar la unidad, borrando de un plumazo todos los datos.

Las SSD son ideales para portátiles porque son más duras (sin partes que se mueven), más ligeras y consumen menos energía. La diferencia de peso es muy pequeña porque la diferencia entre una SSD y una unidad convencional de la misma capacidad suele ser de sólo unos gramos. El ahorro de energía es más real: las SSD sólo consumen un décimo de vatio por cada vatio de un HDD de media. Pero podría estar sobrevalorado. Aunque consumir un décimo de la energía suena a mucho ahorro, si lo comparamos con otros componentes como la CPU, la GPU y el monitor, cada uno de los cuales consume 30 vatios o más, el ahorro general de una SSD respecto a un HDD estándar es insignificante en comparación con el consumo. Aunque las SSD modernas basadas en flash son más rápidas que los discos duros estándar (el doble de rápidas en lecturas, igual en escritura), también son mucho más caras y tienen menos capacidad. ¿Merece la pena pagar diez veces más por GB por tener el doble de la velocidad de lectura? Para algunos nichos de mercado como el de los portátiles de gama alta, la respuesta es sí. Sin embargo, para los portátiles y equipos de sobremesa predominantes, el coste y la capacidad son mucho más importantes. Naturalmente, las SSD serán más habituales en el futuro, especialmente a medida que la capacidad aumente en los años venideros. Pero puede pasar mucho tiempo antes de que las SSD dominen el mercado de los portátiles y puede que nunca se hagan un hueco en el de los equipos de sobremesa, al menos no mientras su precio no se equipare al del almacenamiento magnético.

Unidades flash USB

Como alternativa a los disquetes y las unidades extraíbles de tipo Zip/SuperDisk, los dispositivos de memoria flash basados en USB se están convirtiendo rápidamente en la forma preferida para mover datos entre sistemas. La primera unidad exitosa de este tipo, ThumbDrive de Trek, se presentó en 2000 y desde entonces han salido cientos de unidades diferentes.

> ***Nota:*** *Algunas unidades de memoria flash USB están integradas en relojes, bolígrafos y navajas con capacidades de hasta 1GB.*

A diferencia de otros tipos de memoria flash, las unidades USB no requieren un lector de tarjeta aparte; pueden conectarse a cualquier puerto o concentrador USB. Aunque suele hacer falta un controlador para Windows 9x/Me, la mayoría de las unidades flash USB pueden leerse inmediatamente en Windows XP y versiones posteriores. Como ocurre con otros tipos de memoria flash, se asigna una letra de unidad a las unidades flash USB cuando se conectan al equipo. La mayoría tienen capacidades que oscilan entre los 16MB y los 16GB. El rendimiento habitual de lectura/escritura de las unidades compatibles con USB 1.1 es de 1MBps. Las unidades flash USB 2.0 de alta velocidad son mucho más rápidas y ofrecen velocidades de lectura de entre 5MBps y 15MBps y de escritura de 5MBps a 13MBps. Dado que las unidades flash USB de alta velocidad tienen distintos rendimientos, asegúrese de comprobar la velocidad específica de lectura/escritura para las unidades que esté pensando comprar.

> ***Truco:*** *Si dispone de un lector de tarjeta conectado a un concentrador o puerto USB del ordenador, puede que tenga que desconectarlo antes de conectar una unidad flash USB. A veces es necesario por los conflictos entre controladores utilizados por varios dispositivos. Si sospecha de este tipo de problema, use el icono de extracción segura de dispositivos de Windows de la bandeja del sistema antes de insertar la unidad flash USB. Una vez que el sistema haya reconocido la unidad flash USB, puede volver a conectar el lector de tarjetas.*

Para proteger mejor los datos, algunas unidades flash USB tienen un conmutador de protección contra escritura mecánico. Otros incluyen o soportan cifrado de datos protegido por contraseña como opción y la mayoría son dispositivos iniciables (si los soporta la BIOS). Algunas unidades incluyen seguridad biométrica (nuestra huella dactilar es la clave para usar el contenido de la unidad), mientras que otras incluyen software de seguridad más tradicional. Hay incluso unidades flash USB que actúan como lectores de tarjetas de memoria flash MMC, SD, xD-Picture, Memory Stick y Memory Stick Pro. Estos lectores flash USB son básicamente unidades sin memoria integrada. Pueden usarse como lector de tarjeta o como unidad USB con almacenamiento extraíble.

Comparación de dispositivos de memoria flash

Como con cualquier otra cuestión de almacenamiento, hay que comparar las características del producto con nuestras necesidades. Debería comprobar los siguientes aspectos antes de comprar dispositivos basados en memoria flash:

- **¿Qué productos de memoria flash soporta su cámara o dispositivo?:** Aunque los adaptadores permiten algunos intercambios de tipos de dispositivo de memoria flash, para obtener mejores resultados debería ceñirse al tipo de memoria flash diseñado para el uso de su dispositivo.
- **¿Qué capacidades soporta el dispositivo?:** Los dispositivos de memoria flash están disponibles en capacidades que van siempre en aumento, pero no todos pueden manejar dispositivos de capacidad más alta. Visite los sitios Web del dispositivo y la tarjeta de memoria flash en busca de información de compatibilidad.
- **¿Son algunos dispositivos de memoria flash mejores que otros?:** Algunos fabricantes han añadido mejoras a los requisitos básicos para los dispositivos de memoria flash, como por ejemplo velocidades de escritura más rápidas y seguridad integrada. Observe que estas características suelen estar diseñadas para uso con cámaras digitales en particular. No se gaste el dinero en características mejoradas si su cámara o dispositivo no va a poder utilizarlas.

Solamente las tarjetas Flash ATA pueden conectarse directamente a la ranura PC Card de un ordenador portátil. Todos los demás dispositivos necesitan su propio zócalo o algún tipo de adaptador para transferir los datos. La figura 8.2 muestra la comparación de tamaño de los tipos más habituales de tarjetas de memoria flash, entre sí y con una moneda de un centavo americano.

La tabla 8.2 recoge una visión general de los principales tipos de dispositivos de memoria flash y sus capacidades máximas disponibles actualmente.

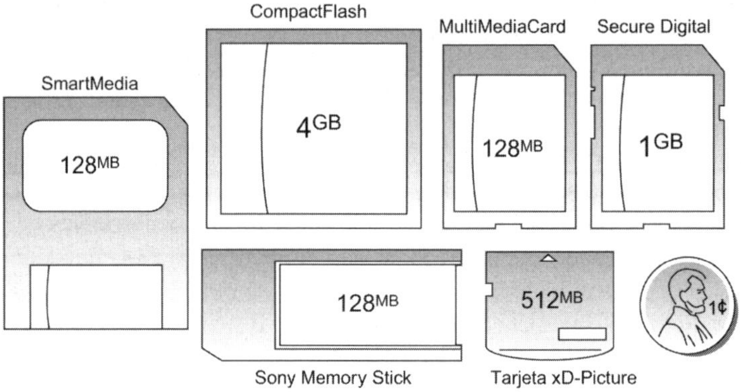

Figura 8.2. *Dispositivos de memoria flash SmartMedia, CompactFlash, MultiMediaCard, Secure Digital, xD-Picture y Sony Memory Stick, en escala relativa a un centavo.*

Tabla 8.2. *Capacidad de las tarjetas de memoria flash.*

Dispositivo	Capacidad mínima	Capacidad máxima	Observaciones
CompactFlash+	16MB	100GB	Mayor capacidad; formato más flexible; soportada por la mayoría de las cámaras SLR. Lexar Media y SanDisk fabrican versiones más rápidas de CF+; Lexar Media fabrica además medios con acceso asegurado LockTight.
SmartMedia	16MB	512MB	Opción popular para las cámaras Fujifilm y Olympus antiguas.
MultiMediaCard (MMC)	16MB	4GB	Las tarjetas MMC pueden funcionar en la mayoría de ranuras SD.
RS-MMC	128MB	2GB	Utilice un adaptador para conectar a las ranuras MMC.
Secure Digital (SD)	16MB	64GB	Las tarjetas SD no funcionan en ranuras MMC. Las utilizan la mayoría de marcas de cámaras digitales a nivel de consumo.
MiniSD	128MB	4GB	Use un adaptador para conectar a ranuras SD.
MicroSD	128MB	16GB	Use un adaptador para conectar a ranuras SD.

Dispositivo	Capacidad mínima	Capacidad máxima	Observaciones
Memory Stick	16MB	128MB	Desarrollado por Sony, que concedió la licencia a otros vendedores.
Memory Stick PRO (también conocido como Memory Stick Magic Gate)	256MB	4GB	Versión de alta velocidad mejorada de Memory Stick con soporte para la administración de derechos digitales.
Memory Stick Pro Duo	256MB	16GB	Versión de Memory Stick Pro con un tamaño reducido.
ATA Flash	16MB	2GB	Se conecta directamente a una ranura PC Card (PCMCIA) sin adaptador.
Tarjeta xD-Picture	16MB	2GB	Use la misma marca de la cámara digital para obtener los mejores resultados.
Unidad flash USB	16MB	128GB	Algunas incluyen protección por contraseña y características de protección contra escritura.

Normalmente recomiendo solamente dispositivos (cámaras, PDA, etcétera) que usen *CompactFlash* (CF), Secure Digital (incluidas sus variantes, como MicroSD) o tarjetas de memoria flash USB. No suelo aconsejar el uso de las otras por las limitaciones de capacidad y rendimiento, por los diseños propietarios y por sus elevados costes.

CompactFlash es el formato más utilizado en dispositivos profesionales y de consumo y ofrece la mayor capacidad al menor precio en un tamaño razonablemente pequeño. Las tarjetas CF se conectan directamente a las ranuras PC Card de todos los portátiles con un sencillo adaptador muy económico. Por tanto, cuando no se utiliza ninguna de dichas tarjetas en la cámara, se pueden usar como discos de estado sólido para un portátil. Durante mucho tiempo, yo ni siquiera me he planteado una cámara o dispositivo que no utilice almacenamiento CF. Ahora me estoy volviendo más flexible, pero sigo pensando que es el mejor formato con diferencia y está disponible con capacidades muy altas. Además, es significativamente más rápido que los otros formatos.

Secure Digital también se ha hecho bastante popular, es razonablemente rápido y está disponible en capacidades que se acercan a las de CompactFlash y en tamaños pequeños en formato MiniSD y MicroSD, que son compatibles físicamente con el tamaño completo usando adaptadores. Los zócalos SD también admiten tarjetas *MultiMediaCard* (MMC), que son básicamente versiones más finas de SD. Observe que no sucede lo mismo al contrario, los zócalos MMC no aceptan tarjetas SD.

La memoria USB no se utiliza por lo general en cámaras y PDA por su formato más grande; no obstante, la interfaz USB es universal, lo que la convierte en el formato ideal para almacenamiento en memoria flash para PC o cualquier dispositivo que soporte conectores USB.

En general yo no me plantearía usar otros dispositivos que utilicen otros formatos porque son (como Memory Stick y xD-Picture) y/o están limitados en capacidad, popularidad y disponibilidad.

Lectores de tarjetas flash

Se pueden adquirir muchos tipos de dispositivos para permitir que los datos almacenados en tarjetas de memoria flash puedan leerse en un PC. Aunque es posible conectar la mayoría de las cámaras digitales al ordenador por USB, en algunos casos hacen falta cables personalizados.

Lectores de tarjetas

Las principales empresas que fabrican productos flash venden lectores de tarjeta que sirven para transferir datos de las tarjetas de memoria flash al PC. Normalmente, estos lectores de tarjetas se conectan a los puertos USB del ordenador para acceder rápidamente a los datos de la tarjeta.

Además de permitir la transferencia rápida de datos, los lectores de tarjeta ahorran batería de la cámara porque no hace falta usarla para transferir la información. Dado que muchos usuarios de ordenadores y dispositivos electrónicos podrían tener dispositivos con dos o más tipos de memoria flash, muchos vendedores ofrecen lectores de tarjetas de memoria flash multiformato como el SanDisk 12-in-1 (véase la figura 8.3).

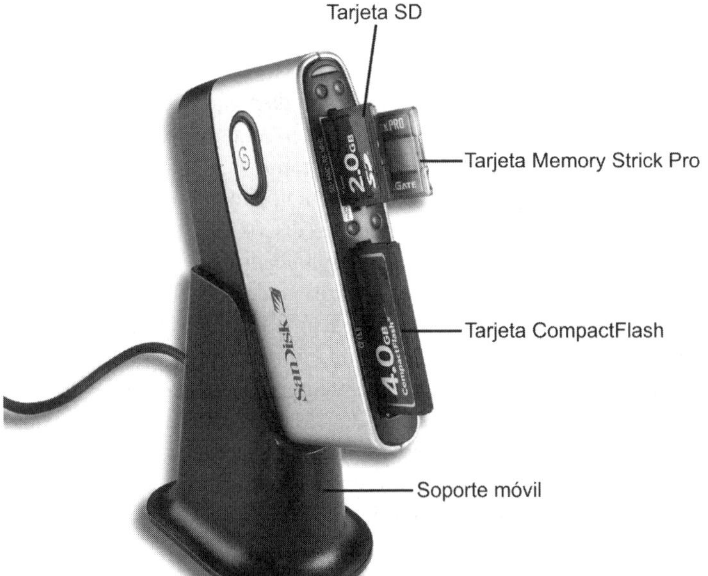

Figura 8.3. *Este lector se conecta en un puerto USB de alta velocidad (USB 2.0) e incluye un soporte de quita y pon. (Fotografía publicada por cortesía de SanDisk.)*

Los lectores de tarjetas también están disponibles como dispositivos montados en bahía interna, que se conectan a los conectores de puerto USB del panel frontal interno que incluyen la mayoría de las placas base modernas. Al margen de la ubicación de montaje, los lectores de tarjeta montados así funcionan exactamente igual que los lectores externos. El problema de los lectores internos es que hay que abrir el PC para desconectarlos. La desconexión suele ser necesaria cuando se instala un sistema operativo para evitar una asignación de letras de unidad incorrecta. Antes de comprar un lector de tarjetas externo, compruebe si su PC o impresora fotográfica tienen ya un lector integrado. Los lectores integrados en impresoras fotográficas son muy cómodos, ya que permiten imprimir las fotos directamente desde la tarjeta sin tener que pasar los archivos al ordenador.

Adaptadores de tarjeta PC Card Tipo II

Puede que para uso cotidiano prefiera adaptar las tarjetas de memoria flash al tipo de ranura PC Card Tipo II o CardBus que hay en la mayoría de portátiles. Puede insertar la memoria flash en el adaptador y después conectar el adaptador en la ranura PC Card Tipo II del ordenador. La figura 8.4 muestra el funcionamiento de un adaptador PC Card Tipo II. Al igual que con los lectores de tarjetas, compruebe los modelos disponibles por parte de los fabricantes de sus dispositivos de memoria flash.

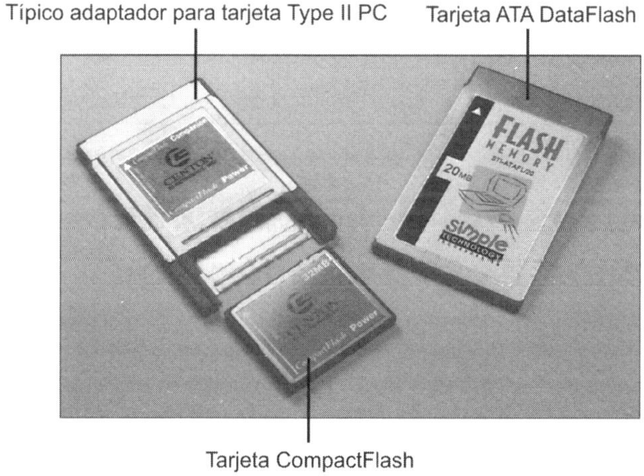

Figura 8.4. Típico adaptador PC Card Tipo II para medios CompactFlash (izquierda) comparado con una tarjeta ATA DataFlash (derecha).

Tecnología Microdrive

IBM desarrolló originalmente la Hitachi Microdrive que después fabricaría y vendería Hitachi Global Storage Technologies. La Microdrive es un auténtico disco duro que gira a 3.600 rpm e incluye un búfer de caché de 128KB. Desde su aparición, la Microdrive en factor de forma compatible con CompactFlash Tipo II ha aumentado su capacidad de 170MB a 8GB. La tabla 8.3 recoge una comparación de las especificaciones para los modelos Microdrive más recientes que usan interfaces *CompactFlash* (CF) Tipo II. Estas unidades pueden usarse con diversas cámaras digitales y otros dispositivos compatibles con tarjetas CompactFlash Tipo II.

Visite el sitio Web `www.hitachigst.com/microdrive` para más información sobre los productos Microdrive, una matriz de compatibilidad y otra información.

Tabla 8.3. *Hitachi Microdrives en interfaz CompactFlash Tipo II.*

Especificaciones	3K4-4	3K6-6	3K8
Capacidad	4GB	6GB	8GB
Tamaño (mm)	42,8×36,4×5	42,8×36,4×5	40×30×5
Peso	16g	16g	13g
Tiempo de búsqueda (ms)	12ms	12ms	12ms
Velocidad de transferencia del medio (máx.)	97,9Mbps	125Mbps	131Mbps
Velocidad de transferencia de la interfaz (máx.)	33MBps	33MBps	33MBps
Velocidad de transferencia de datos sostenida (máx.)	7,2MBps	9,4MBps	10,0MBps
Tasa de impacto en operación	200G	200G	400G
Tasa de impacto sin operación	2.000G	2.000G	2.000G

Dispositivos de almacenamiento magnéticos de gran capacidad

Las unidades extraíbles de gran capacidad son una categoría en peligro de extinción. Con la competencia de las unidades flash USB (de hasta 16GB o más), los DVD regrabables (4,7/8,5GB) y los discos duros USB y FireWire externos (20GB y más), sólo han quedado dos familias de productos, ambas de Iomega. Puesto que llevan mucho tiempo sin actualizarse, es posible que también desaparezcan:

- **Zip:** Medios flexibles, con capacidades de 100MB, 250MB y 750MB.
- **REV:** Medios rígidos, con capacidades de 35GB y 70GB.

Disquetes

Generalmente, la invención del disquete en 1967 se atribuye a Alan Shugart, que trabajaba para IBM. Uno de los ingenieros de Shugart, David Noble, es quien propuso realmente el medio flexible (entonces de 8") y la cubierta protectora. Shugart dejó IBM en

1969 y en 1976, su empresa, Shugart Associates, presentó el primer minidisquete (5 1/4"). Naturalmente, se convirtió en el estándar usado finalmente por los ordenadores personales, reemplazando rápidamente a las unidades de 8". También contribuyó en la creación de la SASI (*Shugart Associates System Interface*, Interfaz de sistemas de Shugart Associates), que después cambió el nombre por SCSI (*Small Computer System Interface*, Interfaz del sistema para pequeños ordenadores) al ser aprobada por el estándar ANSI.

Sony presentó el primer microdisquete de 3 1/2" en 1981. La primera empresa importante en adoptar el disquete de 3 1/2" para uso general fue Hewlett-Packard en 1984, con su sistema HP-150 parcialmente compatible con PC. La adopción del disco de 3 1/2" en el PC se consolidó cuando IBM empezó a utilizarlo en 1986 en algunos sistemas y finalmente cambió toda la línea de productos PC en 1987.

En 2002, muchas empresas empezaron a vender sistemas sin disqueteras. Comenzaron por los portátiles, donde las disqueteras internas se eliminaron por primera vez y se reemplazaron por unidades externas (normalmente USB). La mayoría de los portátiles modernos ya no incluyen disquetera y sólo ofrecen modelos USB externos como opción. A partir de 2003, muchos fabricantes de equipos de sobremesa dejaron también de incluir disqueteras en su configuración de sistema estándar. Se puede usar una disquetera USB opcional como unidad iniciable si la BIOS lo permite y lo hace en la mayoría de los sistemas.

Observe que todas las disqueteras para PC siguen estando basadas en (y siendo compatibles con) los diseños originales de Shugart, incluidas las interfaces eléctricas y de comandos. En comparación con otras partes del PC, la disquetera ha sufrido relativamente pocas transformaciones con los años. La tabla 8.4 recoge una breve comparación de estas unidades. Como ve, las distintas capacidades de disco vienen determinadas por varios parámetros, algunos de los cuales se mantienen constantes en todas las unidades. Otros, sin embargo, varían de unidad a unidad. Por ejemplo, todas las unidades usan sectores físicos de 512 bytes, igual que los discos duros.

Tabla 8.4. *Parámetros de disquete lógico formateado.*

	Formatos actuales					**Formatos obsoletos**		
Tamaño de disco (Pulgadas)	**3 ½**	**3 ½**	**3 ½**	**5 ¼**	**5 ¼**	**5 ¼**	**5 ¼**	**5 ¼**
Capacidad de disco (KB)	**2.880**	**1.440**	**720**	**1.200**	**360**	**320**	**180**	**160**
Byte descriptor del medio	F0h	F0h	F9h	F9h	FDh	FFh	FCh	FEh
Lados (cabezales)	2	2	2	2	2	2	1	1
Pistas por lado	80	80	80	80	40	40	40	40
Sectores por pista	36	18	9	15	9	8	9	8
Bytes por sector	512	512	512	512	512	512	512	512
Sectores por clúster	2	1	2	1	2	2	1	1
Longitud FAT (sectores)	9	9	3	7	2	1	2	1
Cantidad de FAT	2	2	2	2	2	2	2	2

	Formatos actuales					Formatos obsoletos		
Longitud dir. raíz (sectores)	15	14	7	14	7	7	4	4
Entradas raíz máximas	240	224	112	224	112	112	64	64
Sectores totales por disco	5.760	2.880	1.440	2.400	720	640	360	320
Sectores totales disponibles	5.726	2.847	1.426	2.371	708	630	351	313
Clústeres totales disponibles	2.863	2.847	713	2.371	354	315	351	313

Aunque cada vez son más escasas, las disqueteras pueden ser útiles para la recuperación de datos y operaciones forenses del equipo, cuando es necesario recuperar datos de un medio más antiguo. Aunque ya no uso disquetes para almacenar información nueva, conservo sistemas con disqueteras de 5 1/4" y 3 1/2" para leer datos de medios antiguos en una situación de recuperación y operaciones forenses.

Unidades de 1,44MB 3 1/2"

Las unidades de alta densidad (HD) de 3 1/2", 1,44MB, aparecieron por primera vez en la línea de productos PS/2 de IBM presentada en 1987. La mayoría de los vendedores de sistemas empezaron a ofrecer estas unidades como opción en sus sistemas inmediatamente después. Para los sistemas que incluyen disqueteras, los disquetes de 1,44MB siguen siendo los más populares.

La unidad registra 80 cilindros de dos pistas cada uno con 18 sectores por pista, lo que da como resultado una capacidad formateada de 1,44MB. Algunos fabricantes etiquetan estos discos como 2,0MB y la diferencia entre esta capacidad sin formatear y el resultado formateado usable se pierde durante el formateo. Observe que la capacidad total formateada de 1440KB no cuenta con las áreas que el sistema de archivos FAT reserva para administración de archivos, lo que deja 1.423,5KB de almacenamiento real.

La unidad gira a 300 rpm y debe realmente hacerlo así para operar correctamente con los controladores de baja densidad existentes. Para usar la velocidad de datos de 500KHz (la máxima de los controladores de disquete de baja densidad), estos discos deben girar a un máximo de 300 rpm. Si girasen a la velocidad de 360 rpm de los discos de 5 1/4", tendrían que reducir el número total de sectores por pista a 15; de otro modo, el controlador no podría seguir el ritmo. En resumen, los disquetes de 1,44MB 3 1/2" almacenan 1,2 veces los datos de los de 5 1/4" 1,2MB y los discos de 1,2MB giran exactamente 1,2 veces más rápido que los de 1,44MB. La velocidad de datos usada por ambas unidades HD es idéntica y compatible con los mismos controladores. De hecho, puesto que las unidades HD de 3 1/2" pueden funcionar a 500KHz, un controlador que soporte una unidad de 1,2MB 5 1/4" también puede soportar unidades de 1,44MB.

Otros tipos de disquetes que se han utilizado en el pasado incluyen los siguientes:

- **2,88MB 3 1/2":** Este tamaño es el utilizado en algunos modelos PS/2 de IBM y ThinkPad a principios de los noventa.

- **720KB 3 1/2":** Este tamaño fue el utilizado por IBM y otros desde 1986 hasta que apareció la unidad de 1,44MB 3 1/2".
- **1,2MB 5 1/4":** IBM lo introdujo para el IBM AT en 1984 y lo usó en todos los demás durante el resto de la década.
- **360KB 5 1/4":** Versión mejorada del disquete usado originalmente por el IBM PC. Se utilizó durante los 80 en los equipos XT y en algunas AT.

Interfaces de disquetera

Las disqueteras se conectan al PC de varias formas. La interfaz estándar que utilizan todas las disqueteras para PC es la llamada Shugart Associates SA400. Se inventó en los setenta y está basada en el chip controlador NEC 765. Todos los controladores de disquete modernos contienen circuitos compatibles con dicho chip. Gracias a esta interfaz estándar es posible comprar disqueteras de prácticamente cualquier fabricante y que sean compatibles.

Ya que el controlador de disquete tradicional solamente funciona internamente, las disqueteras externas suelen conectarse por USB. Las disqueteras USB tienen a menudo una disquetera estándar en una caja externa con un controlador USB a disquete. Los sistemas más recientes, sin herencias, no incluyen el controlador de disquete tradicional, así que si necesita una disquetera tendrá que ser un modelo USB externo. En el pasado, algunas unidades estaban disponibles en FireWire (IEEE 1394) o incluso interfaces paralelas.

Componentes de la unidad

Todas las disqueteras, independientemente del tipo, constan de varios componentes básicos comunes (véase la figura 8.5).

Cabezales de lectura/escritura

Una disquetera suele tener dos cabezales de lectura/escritura, uno en cada cara del disco y cada uno se utiliza para leer y escribir en su cara respectiva (véase la figura 8.6). Hubo un tiempo en el que había unidades de una sola cara para PC (el PC las tenía), pero actualmente son sólo un recuerdo.

> ***Nota:*** *Mucha gente no se da cuenta de que el cabezal 0, o el primer cabezal de una disquetera es el de abajo. De hecho, las unidades de una sola cara solamente utilizaban ese cabezal; el de arriba estaba reemplazado por una almohadilla de presión. Otra curiosidad sobre los discos es que el cabezal superior (el 1) no se sitúa directamente sobre el inferior (el 0), sino que está desplazado hacia el interior entre 4 y 8 pistas respecto al inferior, dependiendo del tipo de unidad.*

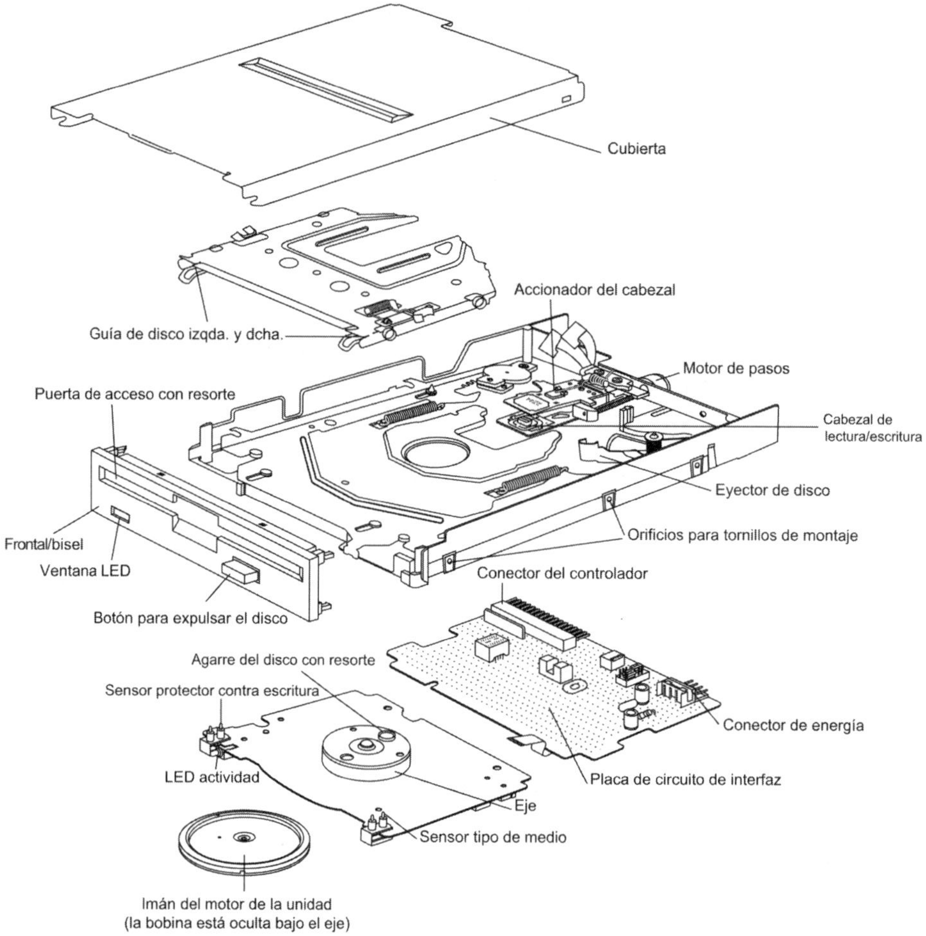

Figura 8.5. *Típica disquetera de 3 1/2".*

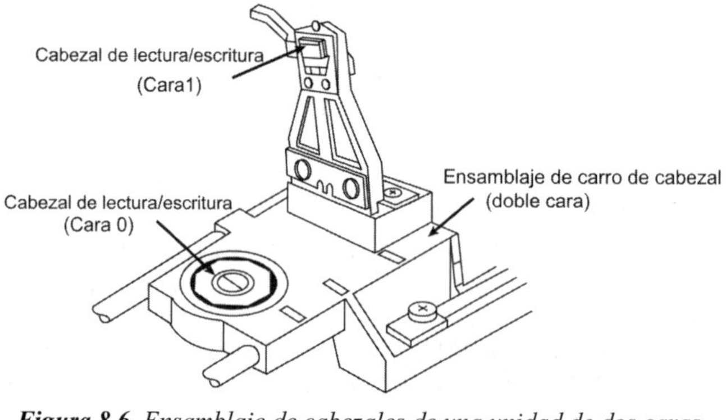

Figura 8.6. *Ensamblaje de cabezales de una unidad de dos caras.*

Un motor llamado accionador mueve el mecanismo del cabezal. Los cabezales pueden moverse hacia adentro y hacia afuera por la superficie del disco en línea recta para situarse sobre distintas pistas. En una disquetera, los cabezales se mueven tangencialmente a las pistas que graban en el disco. Es una diferencia con los discos duros, en los que los cabezales se mueven en un brazo rotatorio similar al de un tocadiscos. Ya que los cabezales superior e inferior están montados en el mismo bastidor o mecanismo, se mueven al unísono y no pueden moverse independientemente. Cada uno de ellos define pistas en su cara del disco. En una posición de cabezal dada, las pistas bajo los cabezales superior e inferior se denominan cilindros. La mayoría de los disquetes se graban con 80 pistas en cada cara (160 en total), que son 80 cilindros.

Los cabezales en sí están hechos de compuestos férreos blandos con bobinas electromagnéticas. Cada cabezal es un diseño compuesto, con un cabezal de lectura/escritura centrado entre dos cabezales de borrado de túnel en el mismo ensamblaje físico (véase la figura 8.7).

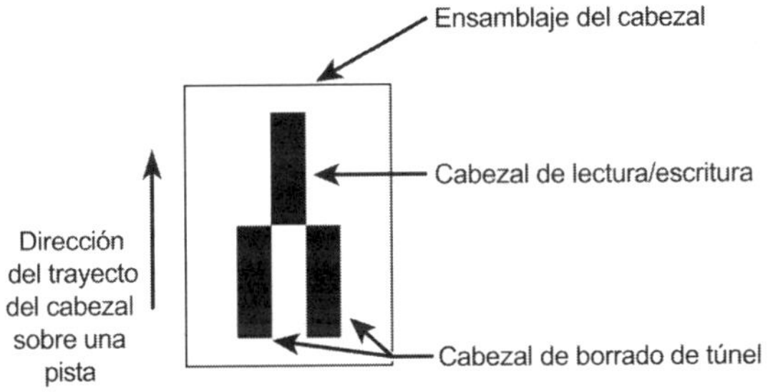

Figura 8.7. *Construcción compuesta del típico cabezal de disquetera.*

Las disqueteras emplean un método de grabación denominado borrado de túnel. A medida que la unidad escribe en una pista, los cabezales de borrado de túnel borran las bandas exteriores de la misma, dejando el resto del disco limpio. Los cabezales fuerzan los datos en un túnel estrecho específico de cada pista. Este proceso evita que se confunda la señal de una pista con las señales de las pistas adyacentes, que es lo que ocurriría si la señal pudiera "caer" a cada lado.

Los dos cabezales de la disquetera tienen resortes y sujetan físicamente el disco con una pequeña cantidad de presión, lo que significa que están en contacto directo con la superficie del disco mientras leen o escriben en él. Dado que los disquetes giran a tan sólo 300 rpm o 360 rpm, esta presión no supone un problema de fricción excesiva. Algunos discos están recubiertos con Teflón u otros compuestos para reducir más la fricción y permitir que el disco se deslice con mayor facilidad bajo los cabezales. Debido al contacto entre los cabezales y el disco, se forma en los cabezales una concentración de material magnético procedente del disco. Esta concentración debería limpiarse periódicamente como parte del programa de mantenimiento normal.

La mayoría de los fabricantes recomiendan limpiar los cabezales cada 40 horas de actividad de la disquetera, lo que, teniendo en cuenta cuánto se usan las disqueteras actualmente, podría ser nunca.

Para leer y escribir correctamente en el disco, los cabezales deben estar en contacto directo con el medio magnético. Partículas muy pequeñas de óxido, polvo, suciedad, humo, huellas o pelo pueden causar problemas con la lectura y escritura del disco. Las pruebas realizadas por fabricantes de disquetes y disqueteras han demostrado que un espacio de tan sólo 0,0081mm entre los cabezales y el medio puede provocar errores de lectura/escritura.

El controlador de la disquetera

En su día, el controlador de las disqueteras de un ordenador era una tarjeta de expansión dedicada instalada en una ranura ISA. Las implementaciones posteriores utilizaban una tarjeta multifunción que proporcionaba las interfaces IDE/ATA y de puerto serie y paralelo, además del controlador de la disquetera. Los PC actuales tienen el controlador de la disquetera integrado en la placa base, si es que lo tienen. Algunos sistemas utilizan un chip Súper E/S que también incluye las interfaces serie y paralela, entre otras cosas; otros sistemas podrían usar un chip puente sur que contenga las funciones del Súper I/O. Independientemente de la ubicación de la lógica del controlador de la disquetera, sigue conectándose al sistema mediante el bus ISA o LPC y funciona exactamente igual que si estuviese instalado en una ranura ISA. Estos controladores integrados se configuran normalmente con las rutinas de configuración de la BIOS y pueden deshabilitarse si se va a instalar una auténtica tarjeta controladora de disquetera.

Tanto si está integrado como si no, cada controlador principal utiliza un conjunto de recursos del sistema estándar:

- IRQ 6 (solicitud de interrupción).
- DMA 2 (direccionamiento de memoria directo).
- Puertos E/S 3F0–3F5, 3F7 (entrada/salida).

Estos recursos del sistema están estandarizados y no suelen cambiar. Normalmente esto no supone un problema porque ningún otro dispositivo intenta usar estos recursos (si lo hiciera se produciría un conflicto). Los sistemas clasificados como libres de herencias no incluyen chip Súper E/S y por consiguiente no tienen un controlador de disquetera integrado. Aun así, tales sistemas pueden usar una disquetera externa USB.

Aunque las tarjetas controladoras de disquetera y las multi E/S están preparadas para unidades de disquete (`A:` y `B:`), la mayoría de las placas base con controladores de disquetera integrados soportan solamente una unidad.

Conectores de energía y datos

Las disqueteras USB externas utilizan el conector USB para datos y energía. Sin embargo, casi todas las disqueteras internas tienen dos conectores: uno para la alimentación de la unidad y otro para transportar las señales de control y datos. Estos controladores están bastante normalizados en la industria informática. Para la energía se usa un conector de 4 pines alineados (denominado Mate-N-Lock por AMP) en estilo grande (Molex) y pequeño (Berg) (véase la figura 8.8), y para señales de control y datos se emplea un conector de 34 pines en diseños de borde y cabezal. Normalmente, las unidades de 5 1/4" usan el conector de energía grande (igual que el que usan los discos duros ATA y las unidades ópticas) y el conector de 34 pines de tipo borde, mientras que las unidades de 3 1/2" usan el conector de energía pequeño y el lógico de 34 pines de tipo cabezal.

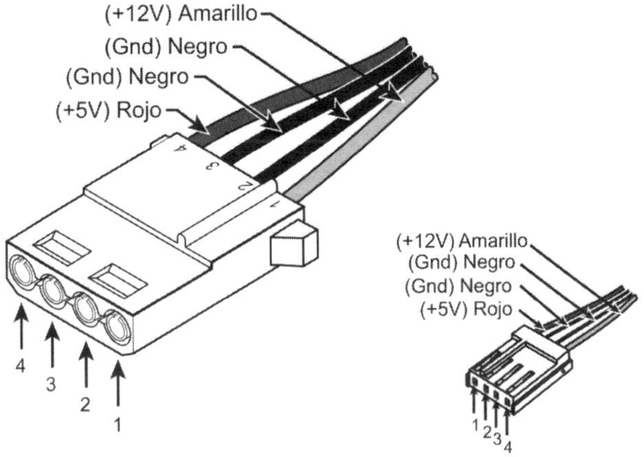

Figura 8.8. *Conector grande (Molex) para unidades de 5 1/4" y conector pequeño (Berg) para unidades de 3 1/2".*

Los conectores de alimentación Molex y Berg son hembra. Se conectan con la parte macho, que está conectada a la propia unidad. Observe que las designaciones pin a señal del conector pequeño son al contrario que las del grande.

Un problema habitual con la instalación de unidades de 3 1/2" en algunos sistemas es que la fuente de alimentación podría no tener un conector pequeño (Berg) disponible para las unidades pequeñas. La mayoría de las unidades de 3 1/2" utilizan un cable adaptador que convierte el conector de energía Molex en Berg. Dicho adaptador puede obtenerse de Dalco (`www.dalco.com`) bajo P/N 47425 y otras fuentes. También se puede usar un divisor que convierte el conector Molex en uno Berg y otro Molex (Dalco P/N 43435), o en dos Berg (Dalco P/N 51075). Puede obtener divisores de otros fabricantes.

El cable del controlador de la disquetera

El conector de 34 pines de una disquetera interna puede ser de borde (en las unidades de 5 1/4") o de cabezal (en las unidades de 3 1/2"). La tabla 8.5 recoge los diagramas de conexión para el conector del controlador de la disquetera.

El cable usado para conectar la disquetera al controlador de la placa base puede parecer extraño por una vuelta única en algunos de los hilos y por varias opciones de conector. Para soportar diversas configuraciones de unidad, un cable universal podría tener hasta cinco conectores: dos de borde y dos de pines para las unidades y uno de pines para el controlador. El cable tiene conectores redundantes para cada una de las dos unidades (`A:` y `B:`) soportadas por el controlador de disquetera estándar, así que se puede instalar cualquier combinación de unidades de 5 1/4" y 3 1/2" (véase la figura 8.9).

Tabla 8.5. *Diagrama de conexión para conector de controlador de disquetera.*

Pin	Señal	Pin	Señal
1	Masa	2	Selección densidad DD/HD.
3	Key[1]	4	Reservado (sin usar).
5	Key[1]	6	Selección densidad ED[2].
7	Masa	8	Índice.
9	Masa	10	Motor 0 (`A:`).
11	Masa	12	Selección unidad 1 (`B:`).
13	Masa	14	Selección unidad 0 (`A:`).
15	Masa	16	Motor 1 (`B:`).
17	Masa	18	Dirección (motor de pasos).
19	Masa	20	Pulso de paso.
21	Masa	22	Escribir datos.
23	Masa	24	Habilitar escritura.
25	Masa	26	Pista 0.
27	Masa	28	Protección de escritura.
29	Masa	30	Leer datos.
31	Masa	32	Selección cabezal.
33	Masa	34	Cambio de disco.

[1] Los controladores y unidades pueden usar uno, ambos o ningún pin (*key*).
[2] Solamente para controladores que soportan ED (Densidad extra alta, 2,88M); si no, no se usa.

La mayoría de los cables no universales incluyen solamente uno o dos conectores para unidades de 3 1/2"; prescinden de los conectores de borde que vemos en la figura 8.9.

Además de los conectores, el cable tiene una vuelta especial que invierte las señales de los hilos 10–16, que son los que llevan las señales de selección de unidad (DS) y habilitan motor para cada una de las unidades. Las disqueteras viejas tienen puentes DS diseñados para permitirnos seleccionar si una unidad determinada debería reconocerse como `A:` o `B:` (las realmente viejas permiten una tercera y cuarta configuración también).

Puede que ni siquiera sepa que estos puentes existen, ya que la vuelta del cable hace que no tengamos que ajustarlos y además se han eliminado en muchas de las unidades más recientes. Cuando hay dos disqueteras instaladas en un sistema (muy raro hoy en día), el cable cambia eléctricamente la configuración DS de la unidad conectada después de la vuelta. Así, la vuelta hace que una unidad establecida físicamente en la segunda posición

DS (B:) aparezca ante el controlador como la primera posición (A:). La adopción de este cable ha permitido el uso de una configuración de puente estándar para todas las disqueteras, independientemente de si hay una o dos instaladas en un mismo equipo.

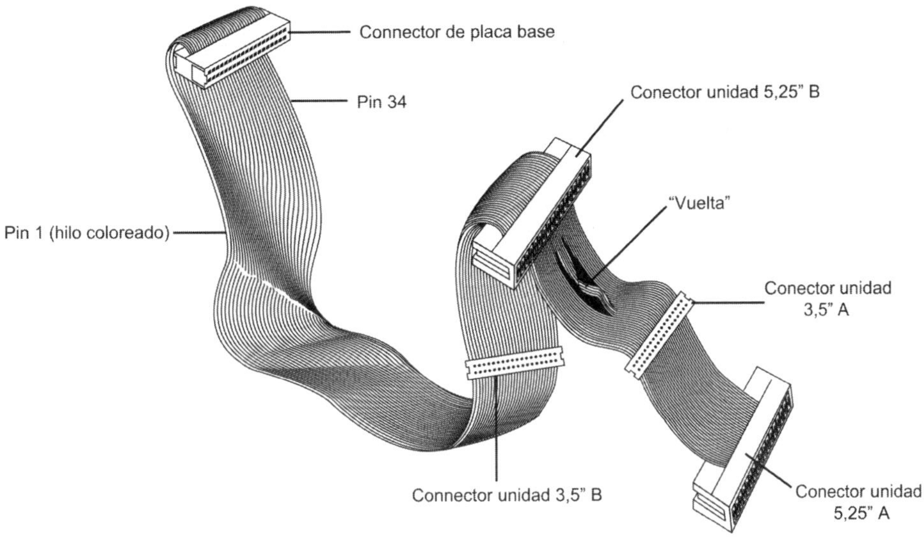

Figura 8.9. *Cable universal de conexión de disquetera con cinco conectores.*

Si sólo instala una disquetera, se conecta al conector después de la vuelta, lo que hace que se reconozca como unidad A:.

Aunque raramente se necesita en la actualidad, algunos sistemas tienen una opción en la configuración de la BIOS que permite cambiar las unidades A: y B: sin ajustar los cables.

Nota: *La interfaz de disquetera Shugart SA400 original para unidades de 5 1/4" soportaba hasta cuatro disqueteras en el mismo cable. No obstante, IBM modificó el diagrama de conexiones del controlador para que soportase sólo dos y eliminar la necesidad de cambiar los puentes en la unidad.*

Utilización de la disquetera por parte del sistema operativo

Para el sistema operativo, los datos de los disquetes del PC se organizan en pistas y sectores, igual que en los discos duros. Las pistas son círculos concéntricos estrechos en un disco; los sectores son porciones en forma de quesitos de las pistas individuales. Un disquete de 3 1/2" 1,44MB tiene las siguientes especificaciones:

- **Bytes por sector:** 512.
- **Sectores por pista:** 18.
- **Pistas por cara:** 80.
- **Anchura de pista (mm):** 0,115.
- **Caras:** 2.
- **Capacidad (KiB):** 1,440.
- **Capacidad (MiB):** 1.406.
- **Capacidad (MB):** 1.475.

La capacidad de los disquetes puede expresarse de varias formas. Por ejemplo, lo que llamamos disquete de 1,44MB almacena en realidad 1,475MB si nos guiamos por la definición correcta del prefijo decimal de un megabyte. La discrepancia surge de que en el pasado los disquetes estaban designados por capacidades kilobinarias (1.024 bytes), que se abreviaban originalmente (e incorrectamente) como KB. Para evitar ambigüedades en las interpretaciones binaria y decimal, la IEC decidió que la abreviatura correcta para kilo binario era KiB.

A pesar de los estándares IEC, el método tradicional al hablar de disqueteras y disquetes es referirse a la capacidad por la cantidad de bytes kilobinarios (1.024 bytes igual a 1KiB) pero utilizando inadecuadamente la abreviatura KB. Esto se ha extendido a la abreviatura MB. Por tanto, un disco con una capacidad real de 1.440KiB está denotado como disco de 1,44MB, aunque en realidad debería ser 1,406MiB o 1,475MB si utilizásemos las definiciones correctas de MiB (mebibyte) y MB (megabyte).

Igual que un folio en blanco, los disquetes nuevos sin formatear no contienen información. Formatear un disco es como añadir líneas al papel para no torcerse al escribir. Al formatear, el disco escribe la información que necesita el sistema operativo para mantener un directorio y una tabla de contenidos. Un formateo completo sobrescribe las estructuras del sistema de archivos, eliminando cualquier dato existente en el proceso. Es el equivalente al formateo a alto y bajo nivel del disco duro. Sin embargo, a diferencia de los discos duros, no es necesario particionar el disquete.

***Nota:** La opción* Formato rápido *que está disponible en la mayoría de las versiones de Windows borra el contenido del disquete y verifica el sistema de archivos en vez de reescribirlo. Si ejecuta* `FORMAT.EXE` *en la línea de comandos, la opción* `/Q` *también realiza un formateo rápido. Desafortunadamente,* Formato rápido *no sirve para determinar si hay problemas con el sistema de archivos del disquete. Si necesita comprobar que dicho disquete está bien formateado (por ejemplo si va a emplear un disco usado para otra tarea), no debería usar esta opción. Normalmente, si no se selecciona* Formato rápido, *Windows realiza un formateo completo (a bajo nivel) que reescribe el sistema de archivos y borra el disquete.*

Cuando se formatea un disquete, el sistema operativo reserva la pista que queda más al borde del disco (pista 0) para sus propósitos.

La pista 0, cara 0, sector 1 contiene el VBR (*Volume Boot Record*, Registro de inicio de volumen), o sector de inicio, que el sistema necesita para empezar a operar. Los sectores siguientes contienen la FAT (*File Allocation Table*, Tabla de asignación de ficheros), que mantiene un registro de los clústeres o unidades de asignación del disco que contienen información de archivos y los que están vacíos. Por último, los siguientes sectores contienen el directorio raíz, en el que el sistema operativo almacena información sobre los nombres y ubicaciones iniciales de los archivos del disco.

Observe que los disquetes llevan años vendiéndose formateados previamente, lo cual ahorra tiempo porque el formateo lleva un minuto como mínimo por disco. Aunque los discos vengan preformateados, siempre pueden volver a formatearse más adelante. Esto es útil si se ha comprado accidentalmente un disquete formateado para Mac; el PC no podría usarlo a menos que volvamos a hacerlo.

Cambio de disco

La disquetera y su controlador para PC estándar utilizan una señal especial en el pin 34 conocida como cambio de disco (DC) para determinar si se ha cambiado éste, o más exactamente, si el mismo disco cargado durante el anterior acceso al mismo sigue en la unidad. Se trata de una señal de pulso que cambia el registro de estado en el controlador para informar al sistema de que se ha insertado o expulsado un disco.

Este registro está configurado por defecto para indicar si se ha insertado o extraído (cambiado) un disco. El registro se borra cuando el controlador envía un pulso de paso a la disquetera y la unidad responde, reconociendo que los cabezales se han movido. En ese momento, el sistema sabe que hay un disco en la unidad. Si no se recibe la señal antes del siguiente acceso, el sistema asume que sigue el mismo disco en la disquetera, por lo que cualquier información leída en la memoria durante el acceso anterior puede reutilizarse sin volver a leer el disco.

Si un error de disquetera o cable impide que el sistema vea la señal DC del pin 34 se produce un problema. Si se dice al sistema (a través de la configuración de la BIOS) que la disquetera es de un tipo distinto a 360KB (que nunca puede enviar la señal DC), el sistema espera que envíe una DC siempre que se expulse un disco. Si el sistema no recibe la señal, no se entera de que se ha cambiado el disquete. En consecuencia, aunque se cambie, el sistema sigue actuando como si el primer disco siguiese en la disquetera y mantiene la información FAT y de directorio del mismo en la RAM. Esto puede ser peligroso porque la información FAT y de directorio del disco puede escribirse parcialmente en los siguientes discos que entren en la unidad.

Tipos y especificaciones de disquetes

La tabla 8.6, que se muestra a continuación, recoge las especificaciones técnicas para distintos disquetes.

Tabla 8.6. Especificaciones de disquete.

	5 1/4"			3 1/2"		
Parámetros	**Doble densidad (DD)**	**Cuádruple densidad (QD)**	**Alta densidad (HD)**	**Doble densidad (DD)**	**Alta densidad (HD)**	**Densidad extra alta (ED)**
Pistas por pulgada (TPI)	48	96	96	135	135	135
Bits por pulgada (BPI)	5.876	5.876	9.646	8.717	17.434	34.868
Formulación	Ferrita	Ferrita	Cobalto	Cobalto	Cobalto	Bario
Coercitividad (oersteds)	300	300	600	600	720	750
Grosor (micro pulgadas)	100	100	50	70	40	100
Polaridad grabación	Horiz.	Horiz.	Horiz.	Horiz.	Horiz.	Vert.

Los disquetes de 5 1/4" de cuádruple densidad (QD) nunca se utilizaron como estándar oficial para PC.
Los discos QD pueden volver a formatearse como DD en un PC con una disquetera de 360KB.

Densidad

Los disquetes tienen dos tipos de densidad: longitudinal y lineal. La densidad longitudinal se indica por la cantidad de pistas que se pueden grabar en un disco y suele expresarse en pistas por pulgada (TPI, *Tracks Per Inch*). La densidad lineal es la capacidad de una pista individual para almacenar datos y suele expresarse en bits por pulgada (BPI, *Bits Per Inch*). Desafortunadamente, estos tipos de densidad se confunden a menudo al hablar de distintos disquetes y disqueteras.

Coercitividad y grosor

La coercitividad de un disco se refiere a la intensidad del campo magnético necesaria para una correcta grabación. Se mide en oersteds y es un valor que indica fuerza magnética. Un disco con una coercitividad alta requiere un campo magnético más fuerte para grabar. Con tasas más bajas, el disco puede grabarse con un campo magnético más débil. En otras palabras, cuanto menor sea la coercitividad, más sensible es el disquete.

Los disquetes HD y ED requieren tasas de coercitividad más elevadas para que los dominios magnéticos adyacentes no interfieran. Los medios con coercitividad más alta son menos sensibles y requieren una señal de grabación más fuerte. Otro factor es el grosor del disco. Cuanto más fino es el disco, menos afecta una región del mismo a las adyacentes. Por tanto, los más finos pueden aceptar más bits por pulgada sin degradar la grabación.

Disquetes de 3 1/2"

Los discos de 3 1/2" se diferencian de los de 5 1/4" tanto en la construcción como en las propiedades físicas. El disco flexible está contenido en un envoltorio de plástico más rígido en los disquetes de 3 1/2" que en los de 5 1/4".

Sin embargo, los discos son prácticamente idénticos, salvo evidentemente por el tamaño. La rigidez del plástico de los disquetes de 3 1/2" ayuda a estabilizar el medio magnético del interior, por lo que los discos pueden almacenar más datos por pista y tener densidades mayores que los de 5 1/4" (véase la figura 8.10).

Un obturador metálico protege el orificio de acceso al medio. La disquetera manipula el obturador dejándolo cerrado cuando el disco no está en la unidad. De ese modo, el medio está totalmente aislado del entorno y de nuestros dedos. El obturador obvia la necesidad del envoltorio del disquete.

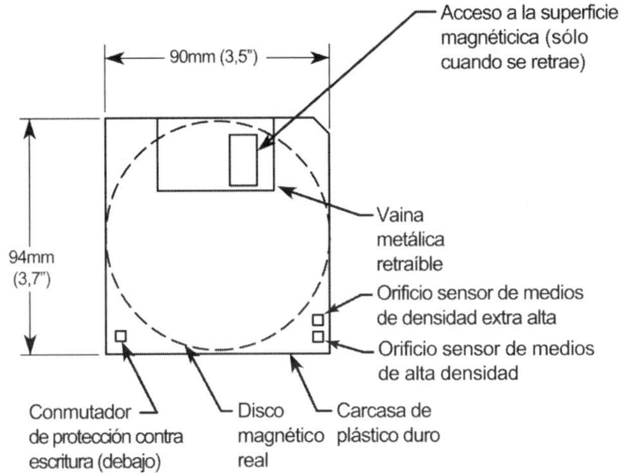

Figura 8.10. *Construcción de un disquete de 3 1/2".*

Dado que el obturador no es necesario para el funcionamiento del disco, se puede quitar del envoltorio de plástico si se dobla o daña. Levántelo haciendo palanca y saldrá con un chasquido. También debería quitar el resorte que lo cierra. Adicionalmente, tras retirar el obturador dañado, debería copiar los datos de ese disquete en uno nuevo.

En lugar de un orificio índice en el disco, los disquetes de 3 1/2" utilizan un borne central con un orificio de alineación. La disquetera coge el borne y el orificio permite a la unidad posicionar el disco correctamente.

En la parte inferior izquierda del disquete hay un agujero con un pasador de plástico que habilita la escritura o protege contra ella. Cuando el pasador está puesto de forma que el orificio está visible, el disquete está protegido contra escritura, lo que significa que la disquetera no podrá grabar en él. Si el pasador está tapando el agujero, la escritura está habilitada y se puede grabar datos en el disco. Para una protección contra escritura más permanente, se suministran algunos programas de software comerciales en discos sin pasador, de forma que se puede volver a habilitar fácilmente la grabación en dichos discos. Esto es exactamente al contrario que en los disquetes de 5 1/4", donde cubierto significa protegido, no con escritura habilitada.

En la otra cara del disco (derecha) desde el orificio de protección contra escritura suele haber otro agujero denominado sensor de densidad del medio. Si está presente este orificio, el disco está hecho de un medio especial y es por tanto HD o ED. Si el sensor del medio está exactamente en frente del orificio de protección, se trata de un disco de 1,44MB HD. Si el sensor está más hacia la parte superior del disco (el obturador está en lo más alto), se trata de un disco de 2,88MB ED. Si no hay ningún orificio a la derecha, el disco es de baja densidad. La mayoría de las disqueteras de 3 1/2" tienen un sensor del medio que controla la capacidad de grabación basándose en la ausencia o presencia de estos orificios.

El medio magnético real tanto en los discos de 3 1/2" como en los de 5 1/4" está hecho de los mismos materiales básicos. Usan una base de plástico (normalmente Mylar) recubierta con un compuesto magnético. Los disquetes de alta densidad utilizan un compuesto de cobalto e hierro y los de densidad extendida, un compuesto de bario y hierro. El material del envoltorio rígido de los discos de 3 1/2" ha llevado a algunos a creer erróneamente que estos disquetes son una especie de discos duros y no realmente discos flexibles. La oblea que hay en el interior de la carcasa de 3 1/2" es tan flexible como la de los discos de 5 1/4".

Manejo y cuidado del disquete

Los disquetes pueden dañarse o destruirse fácilmente de cualquiera de estas formas:

- Tocando la superficie de grabación con los dedos.
- Doblando el disco.
- Vertiendo algún líquido sobre el disco.
- Calentando el disco en exceso (dejándolo al sol o bien cerca de un radiador, por ejemplo).
- Exponiendo el disco a campos magnéticos.

A pesar de esto, los disquetes son dispositivos de almacenamiento bastante duros. El mayor problema es el de los campos magnéticos porque, como no se ven, pueden estar en los sitios más insospechados.

Por ejemplo, los monitores en color (y los televisores) que usan la tecnología de tubo de rayos catódicos (CRT) tienen una bobina de desimantación por la superficie del tubo que desmagnetiza la máscara de sombra cuando se enciende el monitor. Si se coloca un disquete a menos de 30cm de la parte delantera de un monitor en color, estará expuesto a un campo magnético fuerte cada vez que se encienda el monitor. El efecto es acumulativo e irreversible. Observe que los monitores LCD o de plasma no tienen bobinas de desimantación, por lo que no afectan a los medios magnéticos.

Otras fuentes de campos magnéticos importantes son las aspiradoras, las estufas, los ventiladores, los aparatos de aire acondicionado, los sacapuntas eléctricos, etcétera. No coloque estos dispositivos cerca de ningún lugar donde almacene discos. Los altavoces también pueden contener imanes, aunque la mayoría de los que se venden para PC están protegidos para minimizar daños.

Almacene los discos de 3 1/2" entre 4° y 53° Celsius y los de 5 1/4" entre 4° y 60° Celsius. En ambos casos la humedad no debería ser superior al 90 por 100.

Aparatos de rayos X y detectores de metales en los aeropuertos

Uno de los mitos que más me gusta disipar es el de que los aparatos de rayos X de los aeropuertos dañan los discos. Tengo mucha experiencia en está área por mis numerosos viajes con discos y portátiles a cuestas. He volado más de un millón de kilómetros y mi portátil y disquetes han pasado por rayos X cientos de veces.

Los rayos X son básicamente una forma de luz y los discos y ordenadores no se ven afectados por ellos al nivel de estas máquinas.

Lo que podría dañar potencialmente los medios magnéticos es el detector de metales. Estos aparatos funcionan monitorizando las interrupciones de un débil campo magnético. Un objeto metálico insertado en el área del campo hace que cambie la forma de éste y el detector lo nota. Este principio, que es la razón por la que los detectores son sensibles a los objetos metálicos, puede ser peligroso para los discos; sin embargo, el aparato de rayos X, es la zona más segura por la que puede pasar el disco o el equipo.

La máquina de rayos X no es peligrosa para los medios magnéticos porque los expone meramente a radiación electromagnética a una frecuencia concreta (muy alta). La luz azul es un ejemplo de radiación electromagnética a otra frecuencia. La única diferencia entre los rayos X y la luz azul es la frecuencia, o longitud de onda, de la emisión.

A algunas personas les preocupa el efecto de la radiación de los rayos X en los chips EPROM de sus sistemas. Esta amenaza es más real que la de los discos porque los EPROM se borran mediante ciertas formas de radiación electromagnética. Sin embargo, en realidad tampoco hay que preocuparse por este efecto. Los EPROM se borran si se exponen directamente a una luz ultravioleta muy intensa. Concretamente, deben estar expuestos a una fuente de luz UV de 12.000uw/cm2 con una longitud de onda de 2.537 angstroms durante 15–20 minutos, a 2,5cm de distancia. Aumentar la potencia de la luz o reducir la distancia de la fuente acelera el proceso de borrado unos minutos.

Los aparatos de rayos X del aeropuerto se diferencian por un factor de 10.000 en longitud de onda. La fuerza del campo, la duración y la distancia de la fuente emisora no son las necesarias para borrar EPROM. Muchos fabricantes de placas de circuitos utilizan rayos X para inspeccionar las placas (con componentes como EPROM instalados) para probar y comprobar la calidad durante la fabricación.

Unidades de cinta

Históricamente, la unidad de cinta de copia de seguridad ha sido un método popular para hacer copias de seguridad de todo el disco duro o de archivos modificados. Este apartado se centra en las tecnologías actuales de unidad de cinta de copia de seguridad para ayudarle a determinar si este tipo de almacenamiento es adecuado para usted.

Las unidades de cinta de copia de seguridad son el dispositivo más simple y eficiente para crear una copia de seguridad completa del disco duro, si la cinta es suficientemente grande. Con una unidad de cinta instalada en el equipo, se inserta una cinta, se inicia el software de copia de seguridad y se selecciona la unidad y los archivos a copiar. El software copia los archivos seleccionados en la cinta mientras podemos ocuparnos de otros asuntos. Luego, cuando hay que recuperar algún archivo de la cinta de copia de seguridad, se inserta la cinta en la unidad, se inicia el programa de copia de seguridad y se seleccionan los archivos a restaurar. La unidad de cinta de copia de seguridad se ocupa del resto.

Desventajas de las unidades de cinta de copia de seguridad

Muchos usuarios de ordenador que antes usaban unidades de cinta para copias de seguridad han cambiado a otras tecnologías por estas razones:

- Crear una copia de seguridad de archivos o unidades en una cinta requiere el uso de un programa de copia de seguridad especial en la mayoría de los casos. Muy pocas unidades de cinta permiten acceso con letra de unidad, al menos a parte de la capacidad de la cinta, pero esta característica no es universal, así que hace falta usar un programa especial.
- La recuperación de datos desde unidades de cinta requiere restaurarlos en el disco duro. Otros tipos de almacenamiento de copia de seguridad pueden tratarse como letra de unidad para usar directamente el medio.
- Las cintas de copia de seguridad almacenan y recuperan los datos secuencialmente. No se puede acceder al último archivo guardado hasta que no se haya leído el resto de la cinta; otros tipos de almacenamiento de copia de seguridad utilizan el acceso aleatorio, que permite encontrar y usar cualquier archivo del dispositivo en cuestión de segundos.
- Las cintas de bajo coste que utilizan tecnologías QIC (*Quarter Inch Committee*), QIC-Wide, o bien Travan han tenido algunos problemillas para seguir el ritmo de aumento de la capacidad de los discos duros y han llegado a costar casi tanto como los discos duros que respaldan. Los discos actuales tienen capacidades de 500GB o más y son mucho menos caros que la mayoría de las cintas de copia de seguridad de tamaño comparable. Como resultado, son necesarias unidades de cinta más grandes y caras para conseguir copias de seguridad de un solo cartucho. Si no, hay que cargar manualmente múltiples cintas o usar un autocargador.
- Otras técnicas de copia de seguridad y restauración más recientes, como las imágenes y los fantasmas, rivalizan con las cintas en facilidad de uso y permiten la restauración de datos con dispositivos de almacenamiento óptico más baratos, como los DVD regrabables. Estas alternativas son especialmente útiles si sólo se necesita unos cuantos GB de datos para copiar en una base continua.

Por estos motivos, la otrora inexpugnable posición de la unidad de cinta de copia de seguridad como accesorio indispensable de protección de datos ya no está asegurada; tiene muchos competidores en el mercado. No obstante, si se puede permitir una unidad de cinta DDS, DAT 72 o bien AIT de alta calidad, tendrá una solución fiable y de alto rendimiento porque esas unidades son las que se usan para copia de seguridad de redes.

Ventajas de las unidades de cinta de copia de seguridad

Aunque las unidades de cinta de copia de seguridad ya no son la panacea para solucionar todos los problemas de almacenamiento de cosas que no caben en disquetes, tienen su sitio en la seguridad de datos. Éstas son algunas buenas razones para usar unidades de cinta de copia de seguridad:

- Las copias de seguridad de cinta son un auténtico proceso de un cartucho para PC clientes individuales, equipos independientes y servidores de red cuando se usan unidades de cinta y cartuchos de gran capacidad. Siempre que se utilizan varias cintas o discos para una copia de seguridad, aumentan las posibilidades de fallo de la copia.
- Si una persona o empresa ha hecho anteriormente copias de seguridad en cintas, debe conservar una unidad de cinta para poder acceder a los datos o restaurarlos. Las unidades de cinta de copia de seguridad son necesarias para restaurar copias de seguridad realizadas en cintas.
- Si quiere un método de rotación de medios para conservar múltiples copias de seguridad del sistema completo, las unidades de cinta son una buena opción.

En general, las unidades de cinta se usan cuando se necesita mucha fiabilidad y gran capacidad. Pueden ser caras en principio pero resultan muy baratas si nos fijamos en el coste del medio a lo largo del tiempo.

Unidades magneto-ópticas

Las unidades magneto-ópticas (MO) fueron en su día una tecnología popular de medio extraíble. En 1985 se presentaron comercialmente con una capacidad inicial de entre 230MB y 640MB y para el año 2000 había disponibles unidades con capacidad de hasta 9,1GB. Desde entonces, la popularidad de este tipo de almacenamiento ha disminuido y muchas han dejado de fabricarse. Todavía hay disponibles medios y algunas unidades para soportar aplicaciones heredadas.

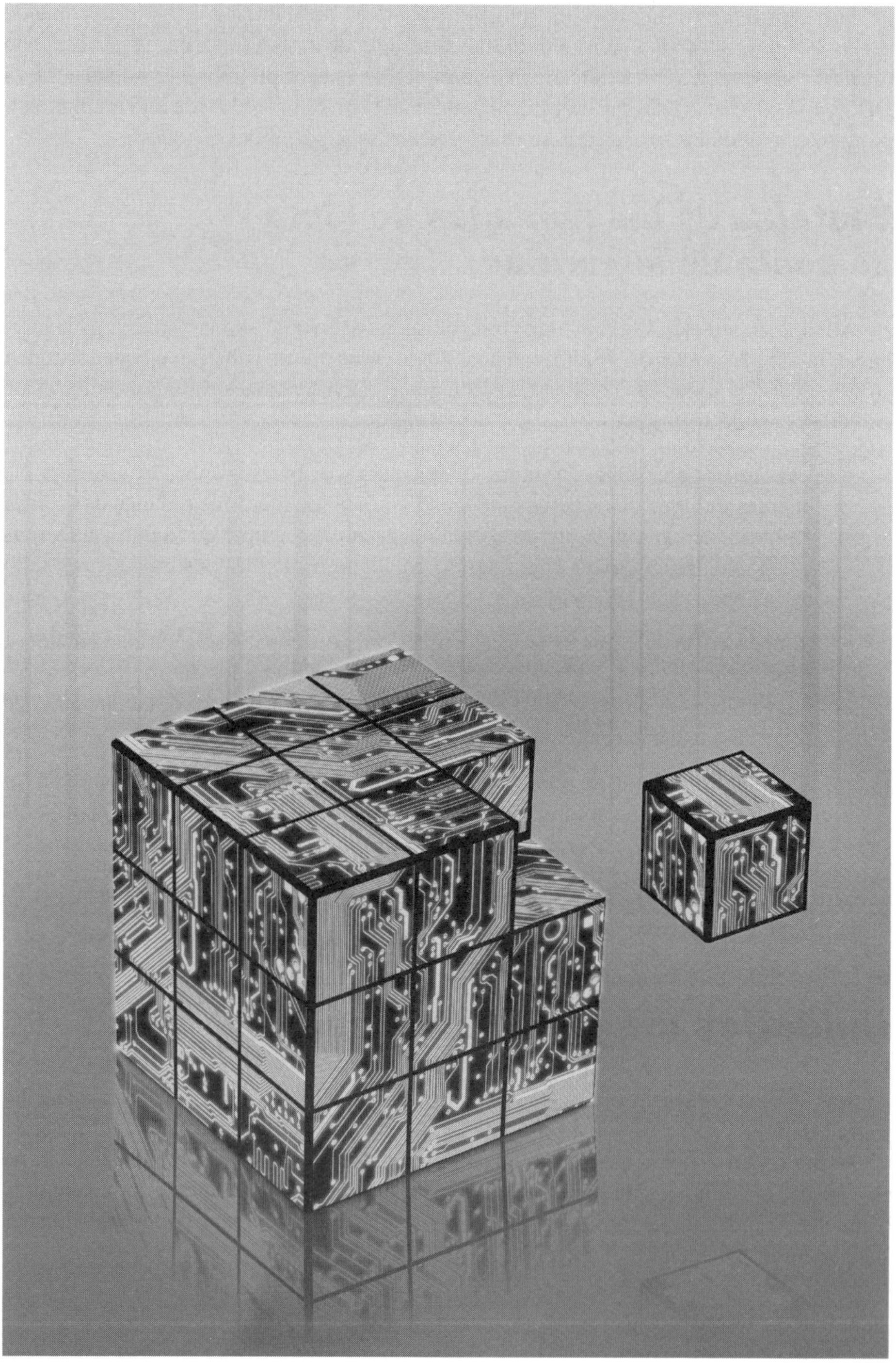

9. Almacenamiento óptico

Tecnología óptica

Existen básicamente dos tipos de almacenamiento para ordenador: magnético y óptico. En el almacenamiento magnético, los datos se graban magnéticamente en discos rotatorios. El almacenamiento en discos ópticos es similar al de discos magnéticos en la operación básica, pero leen y escriben con luz (ópticamente) en vez de con magnetismo. Aunque la mayoría de los discos magnéticos se pueden leer y escribir varias veces, la mayoría de los ópticos son de sólo lectura o de una sola escritura.

En su día se creyó que el almacenamiento óptico reemplazaría al magnético como principal medio en línea. Sin embargo, el almacenamiento óptico ha demostrado ser mucho más lento y menos denso que el magnético y es mucho más adaptable a diseños de medio extraíble. Así pues, los medios ópticos se usan con más frecuencia con fines de copia de seguridad o almacenamiento y como mecanismo para ejecutar programas o datos en unidades magnéticas. Al ser mucho más rápido y con capacidad para mantener mucha más información en la misma cantidad de espacio, el almacenamiento magnético es más adecuado para el almacenamiento en línea directo y no es muy probable que el óptico lo desbanque, de momento.

Los estándares de la tecnología óptica informática se dividen en los siguientes tres tipos principales:

- CD (*Compact Disc*, Disco compacto).
- DVD (*Digital Versatile Disc*, Disco versátil digital).
- BD (*Blu-ray Disc*, Disco Blu-ray).

Todos proceden de estándares de música y vídeo; los dispositivos basados en CD pueden reproducir los CD de música y los basados en DVD y BD pueden reproducir los discos de vídeo que se pueden comprar o alquilar. Sin embargo, las unidades de ordenador que pueden usar estos tipos de medio también ofrecen características adicionales.

En los siguientes apartados veremos en qué se parecen y diferencian las unidades y los medios ópticos y cómo podemos utilizarlos para mejorar nuestras opciones de almacenamiento y reproducción.

Tecnología óptica basada en CD

El primer tipo de almacenamiento óptico que se convirtió en estándar informático es el CD-ROM (*Compact Disc Read-Only Memory*, Memoria de sólo lectura en disco compacto). El CD-ROM es un medio de almacenamiento óptico de sólo lectura basado en el formato CD-DA original desarrollado para los CD de audio. Otros formatos, como CD-R (*CD-recordable*, CD grabable) y CD-RW (*CD-rewritable*, CD regrabable), han ampliado las capacidades del CD al hacerlo grabable.

Los discos CD-ROM antiguos albergaban 74 minutos de audio de alta definición en formato de CD de audio o 650MiB (682MB) de datos. Sin embargo, el estándar actual es el disco de 80 minutos o 700MiB (737MB). Si se utiliza un formato de sonido comprimido como MP3, WMA, o similares, es posible almacenar horas de audio en un solo disco (dependiendo del formato de compresión y la velocidad de bits utilizados). Se puede almacenar sólo música, sólo datos o una combinación de ambas cosas (Enhanced CD) en una cara (únicamente se usa la inferior) de un disco de plástico de 120mm de diámetro y 1,2mm de grosor.

El CD-ROM tiene exactamente el mismo factor de forma (diseño y forma física) que el CD de audio y se puede insertar en un reproductor de audio normal, aunque a veces no se pude reproducir porque el reproductor lee la información de subcódigo para la pista, que indica que es de datos y no de audio. Si se reproduce, el resultado puede ser un ruido, a menos que las pistas de audio precedan a los datos en el CD-ROM.

Acceder a los datos de un CD en un ordenador es mucho más rápido que acceder a los de un disquete, pero más lento que acceder a un disco duro moderno.

Breve historia de los CD

En 1979, Philips y Sony unieron fuerzas para coproducir el estándar CD-DA (*Compact Disc-Digital Audio*, Disco compact-Audio digital). Philips ya había desarrollado reproductores de disco láser comerciales y Sony llevaba una década investigando la grabación digital. Las dos empresas estaban listas para una batalla (la introducción de formatos de disco láser de audio potencialmente incompatibles) pero en su lugar llegaron a un acuerdo para formular una tecnología de audio digital estándar para toda la industria.

Philips aportó la mayor parte del diseño físico, que se parecía mucho al formato de disco láser que había creado previamente en tanto que usaba hoyos y mesetas en el disco leídos por un láser. Sony aportó la circuitería digital-analógico y especialmente los diseños de codificación digital y código de corrección de errores.

En 1980, anunciaron el estándar CD-DA, que desde entonces se conoce como formato "Libro Rojo" porque la cubierta del documento publicado era roja. El Libro Rojo incluía las especificaciones para la grabación, el muestreo y, sobre todo, el formato físico de 120mm de diámetro que perdura hasta nuestros días. Dice la leyenda que se eligió ese tamaño porque podía contener los 70 minutos que dura la Novena Sinfonía de Beethoven sin interrupción, a diferencia de los 23 minutos por cara de los discos de vinilo de 33rpm que predominaban por entonces.

Una vez establecida la especificación, ambos fabricantes iniciaron una carrera por sacar la primera unidad de CD de audio disponible comercialmente. Dada su vasta experiencia con la electrónica digital, Sony se adelantó a Philips un mes y el 1 de octubre de 1982 presentó el reproductor CDP-101 y la primera grabación comercial en CD, el álbum *52nd Street* de Billy Joel. El reproductor salió primero en Japón y luego en Europa y no llegó a EEUU hasta principios de 1983. Al año siguiente, Sony presentó los primeros reproductores de CD portátiles y para coche.

Sony y Philips siguieron colaborando en estándares de CD durante toda la década y en 1983 publicaron conjuntamente el Libro Amarillo, un estándar de CD-ROM por el que el CD pasaba de medio de almacenamiento de sonido digital a medio que podía almacenar datos de sólo lectura para usar en un ordenador.

El Libro Amarillo marcaba el mismo formato físico que los CD de audio, pero modificaba la electrónica de descodificación para permitir el almacenamiento fiable de datos. De hecho, todos los estándares de CD que siguieron (normalmente denominados por el color del libro) se han referido al estándar del Libro Rojo original para los parámetros del disco. Con la llegada del Libro Amarillo (CD-ROM), lo que se diseñó originalmente para contener una sinfonía podía usarse para guardar prácticamente cualquier tipo de información o software.

Construcción y tecnología de CD

Un CD es una oblea de policarbonato de 120mm de diámetro y 1,2mm de grosor, con un agujero de 15mm en el centro. La base de la oblea se estampa o moldea con una sola pista física en una configuración de espiral que va de dentro a fuera. La pista tiene un paso, o separación de espiral, de 1,6 micras. Por comparación, un LP tiene un paso de pista de 125 micras. Cuando se mira desde la cara de lectura (la de abajo), el disco gira en sentido contrario a las agujas del reloj. Si se examina la espiral con un microscopio, se ve que a lo largo de la pista hay una especie de bultos levantados, llamados hoyos y áreas planas entre éstos llamadas mesetas.

Queda un poco raro referirse a unos bultos como hoyos, pero es porque cuando se prensan los discos, la prensa actúa desde la cara superior y, desde esa perspectiva, los hoyos son realmente depresiones en el plástico.

El láser utilizado para leer el disco pasaría por el plástico limpio, así que la superficie estampada está recubierta por una capa de metal reflectante (normalmente aluminio). A su vez, el aluminio está cubierto por una fina capa protectora de laca acrílica. Finalmente, se añade una etiqueta o impresión.

Advertencia: *Los medios ópticos deben manejarse con el mismo cuidado que los negativos fotográficos. El disco es un dispositivo óptico que se degrada a medida que se ensucia o raya la superficie. También hay que tener en cuenta que, aunque los discos se leen desde abajo, la capa que contiene la pista está mucho más cerca de la parte de arriba porque la capa protectora de laca sólo tiene 6 o 7 micras de grosor. Escribir en la cara superior de un disco con un bolígrafo normal, por ejemplo, puede dañar fácilmente la grabación de debajo. Hay que tener cuidado incluso cuando se usa un rotulador para discos, ya que las tintas y disolventes que utilizan algunos pueden dañar la capa protectora y por consiguiente la información de la siguiente capa. Utilice rotuladores especiales para medios ópticos. La cuestión es tratar con cuidado las dos caras del disco, especialmente la de arriba.*

CD producidos en masa

Los discos ópticos producidos en masa se estampan o prensan y no se queman con un láser como muchos se piensan. Aunque se use un láser para grabar datos en un disco maestro de cristal recubierto con material fotosensible, utilizar un láser para grabar directamente los discos no sería práctico para producir cientos o miles de copias.

Éstos son los pasos para la fabricación de CD (véase la figura 9.1):

1. **Recubrimiento fotorresistente:** Se recubre una pieza circular de 240mm de diámetro de vidrio pulido de 6mm de grosor con una capa fotorresistente de unas 150 micras y se endurece horneando a 80°C durante 30 minutos.

2. **Grabación láser:** Un LBR (*Laser Beam Recorder*, Grabador de rayo láser) dispara pulsos de luz láser azul/violeta para exponer y suavizar porciones de capa fotorresistente en el maestro de cristal.

3. **Desarrollo del maestro:** Se echa una solución de hidróxido de sodio sobre el maestro de vidrio expuesto, que después disuelve las áreas expuestas al láser, grabando hoyos en la capa fotorresistente.

4. **Electroforming:** El maestro se recubre a continuación con una capa de aleación de níquel mediante un proceso denominado *electroforming*, que crea un maestro metálico conocido como padre.

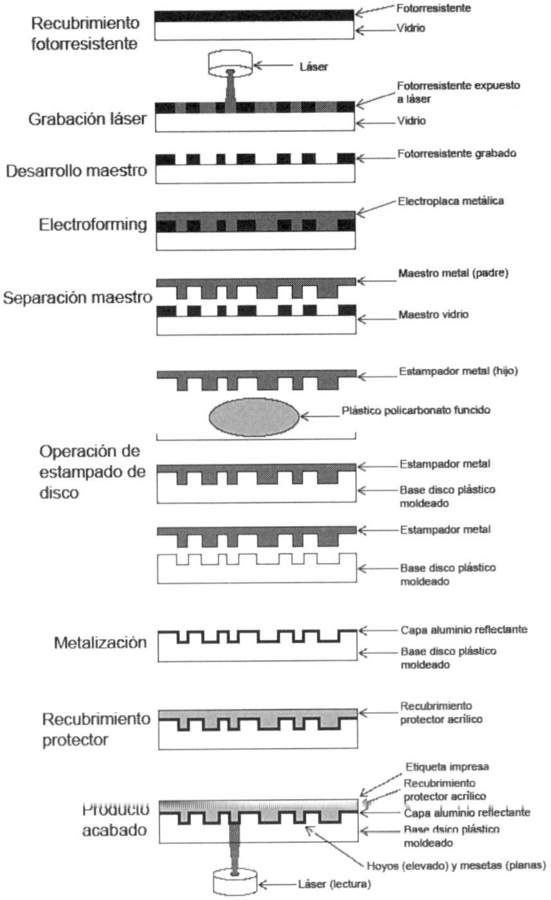

Figura 9.1. *Proceso de fabricación de un CD.*

5. **Separación del maestro:** El padre metálico se separa del maestro de vidrio. El padre es un maestro de metal que puede usarse para estampar discos y de hecho se usa para pocas cantidades. Sin embargo, dado que el maestro de cristal se daña cuando se separa el padre y puesto que un estampador puede producir un número limitado de discos antes de desgastarse, suele aplicarse *electroforming* al padre para crear varias madres de imagen invertida. Estas madres se electroforman para crear los estampadores reales. Esto permite que se estampen más discos sin tener que pasar otra vez por el proceso del maestro de cristal.

6. **Operación de estampado de disco:** Se usa un estampador de metal en un molde de inyección para prensar la imagen de datos (hoyos y mesetas) en aproximadamente 18 gramos de plástico de policarbonato fundido (350°C) con una fuerza de 20.000psi. Normalmente, se puede prensar un disco cada 2 o 3 segundos en una máquina de estampado moderno.

7. **Metalización:** La base del disco estampado se somete a *sputtering* con una fina capa de aluminio (0,05–0,1 micras) para hacer la superficie reflectante.
8. **Recubrimiento protector:** El disco metalizado se recubre con una fina capa de laca acrílica (6–7 micras), que después se vulcaniza con luz ultravioleta para proteger el aluminio contra la oxidación.
9. **Producto final:** Finalmente se adjunta o imprime una etiqueta en el disco y se fija con luz ultravioleta.

Aunque el proceso de fabricación explicado aquí es para CD, es prácticamente idéntico para otros tipos de medios ópticos.

Hoyos y mesetas

La lectura de la información del disco consiste en emitir un rayo láser de baja potencia contra la capa reflectante del disco. El láser emite un rayo centrado en la cara inferior del disco y un receptor fotorresistente detecta cuándo la luz se refleja. Cuando ésta alcanza una meseta (punto plano) de la pista, se refleja; en cambio, cuando alcanza un hoyo (bulto), no lo hace.

A medida que gira el disco sobre el láser y el receptor, dicho láser brilla continuamente mientras el receptor ve básicamente un patrón de luz parpadeante según el láser pasa por hoyos o mesetas. Cada vez que pasa por el borde de un hoyo, la luz que ve el receptor cambia de estado, de reflejada a no reflejada y viceversa. Cada cambio de estado provocado al cruzar el borde de un hoyo se traduce en un bit digitalmente. Los microprocesadores de la unidad traducen las transiciones luz/oscuridad y oscuridad/luz a bits 1 y las áreas sin transiciones a bits 0 y a continuación traducen los patrones de bits en datos o sonido real.

Los hoyos individuales de un CD tienen una profundidad de 0,125 micras y un ancho de 0,6 micras. Tanto los hoyos como las mesetas varían en longitud, entre la más corta de 0,9 a la más larga, 3,3 micras. La pista es una espiral con 1,6 micras entre vueltas adyacentes (véase la figura 9.2).

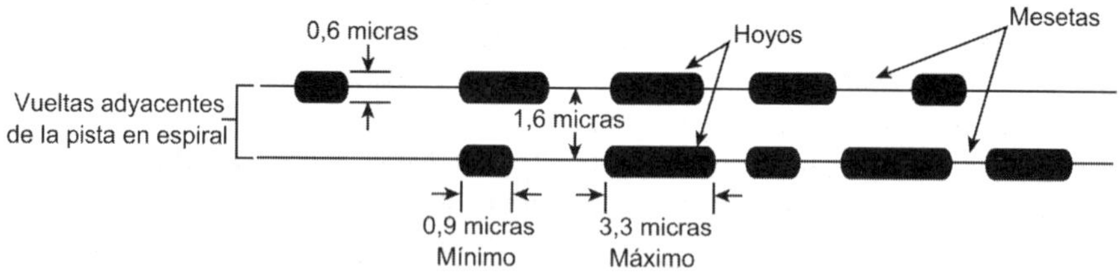

Figura 9.2. *Geometría de hoyo, meseta y pista de un CD.*

La altura de los hoyos sobre la meseta es especialmente importante porque está relacionada con la longitud de onda del láser utilizado al leer el disco. La altura del hoyo (bulto) es exactamente 1/4 de la longitud de onda del láser. Por consiguiente, la luz que alcanza a una meseta viaja la mitad de una longitud de onda más deprisa que la que alcanza a los hoyos (1/4 + 1/4 = 1/2). Esto significa que la luz reflejada desde un hoyo tiene 1/2 longitud de onda de desfase con la luz que refleja el disco. Las ondas desfasadas se anulan entre sí, reduciendo drásticamente la luz reflejada y haciendo que los hoyos aparezcan oscuros aunque estén recubiertos con el mismo aluminio reflectante que las mesetas.

El láser de lectura de una unidad de CD tiene una longitud de onda de 780nm y aproximadamente 1 milivatio de potencia. El plástico de policarbonato empleado en el disco tiene un índice reflectante de 1,55, así la luz pasa a través del plástico 1,55 veces más despacio que a través del aire que lo rodea.

Ya que la frecuencia de la luz que pasa a través del plástico permanece igual, el efecto es un acortamiento de la longitud de onda en el plástico por el mismo factor. Así pues, las ondas de luz de 780nm se comprimen a 500nm (780/1,55). Un cuarto de 500nm es 125nm, es decir 0,125 micras, la altura especificada para el hoyo.

Nota: *Las unidades de DVD utilizan dos láseres diferentes: uno de 780nm para medios CD y uno de 650nm mara medios DVD. En consecuencia, una unidad de DVD podría experimentar un fallo de un láser que haga que no pueda leer (o escribir) un tipo de medio mientras siga leyendo (o escribiendo) el otro.*

Operación mecánica de la unidad

Una unidad óptica opera utilizando un láser para reflejar la luz de la parte inferior del disco. Un fotodetector lee entonces la luz reflejada. El funcionamiento general de una unidad óptica es así (véase la figura 9.3):

1. El diodo láser emite un rayo infrarrojo de baja potencia hacia un espejo reflectante.
2. El motor servo, por orden del microprocesador, posiciona el rayo en la pista correcta del disco moviendo el espejo.
3. Cuando el rayo alcanza al disco, la luz reflejada se reúne y centra con la primera lente del plato, rebota en el espejo y se envía al divisor del rayo.
4. El divisor dirige la luz que vuelve hacia otra lente.
5. La última lente dirige la luz hacia un fotodetector que la convierte en impulsos eléctricos.
6. El microprocesador descodifica estos impulsos entrantes y los envía al equipo anfitrión como datos.

Cuando aparecieron, las unidades de CD-ROM eran demasiado caras para el público general. Sin embargo, cuando los precios de las unidades y los discos empezaron a bajar, los CD entraron rápidamente en el mundo del PC. Esto se debió especialmente al tamaño siempre en aumento de las aplicaciones para PC. Prácticamente todo el software se ofrece actualmente en un medio óptico, incluso aunque el disco no contenga datos que lleguen a un décimo de su capacidad potencial.

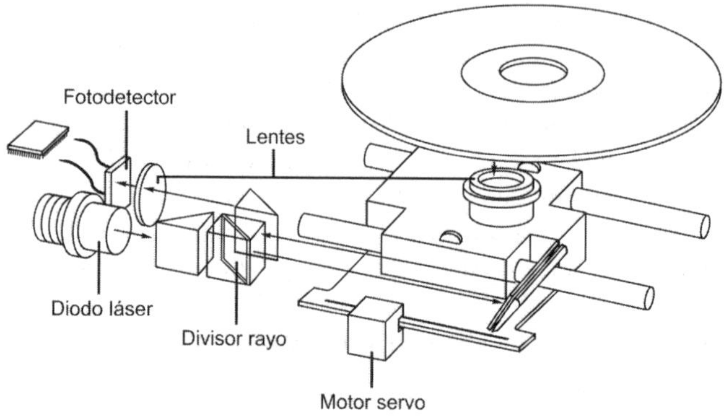

Figura 9.3. *Componentes típicos dentro de una unidad óptica.*

Pistas y sectores

En el CD tradicional de 74 minutos, los hoyos se estampan en una sola pista en espiral con un espacio de 1,6 micras entre vueltas, lo que supone una densidad de pista de 625 vueltas por milímetro. Esto equivale a un total de 22.188 vueltas en un disco típico de 74 minutos (650MiB). Los CD de 80 minutos actuales obtienen su capacidad extra de la disminución del espacio entre vueltas. La tabla 9.1 recoge información sobre las diferencias entre los CD de 74 y 80 minutos.

El disco se divide en estas seis áreas principales explicadas a continuación (véase la figura 9.4):

- **Área de resillado:** Parte del disco por la que el mecanismo terminal de la unidad puede tomarlo. En esta área no se guardan datos ni información.
- **Área de calibración de potencia (PCA):** Se encuentra solamente en discos grabables y sirve para determinar la potencia láser necesaria para una grabación óptima. Sólo se puede probar un CD-R o CD-RW hasta 99 veces.
- **Área de memoria de programa (PMA):** Se encuentra solamente en discos grabables y es el área en la que se escribe temporalmente la tabla de contenidos hasta que se cierra la sesión de grabación. Una vez cerrada la sesión, la información de la tabla se escribe en el área *lead-in* (encabezamiento).
- **Encabezamiento:** Esta área contiene la tabla de contenidos del disco (o sesión) en el canal de subcódigo Q. La tabla contiene las direcciones de inicio y longitudes de todas las pistas (canciones o datos), la longitud total del área de programa (datos), e información sobre las sesiones de grabación individuales. Sólo hay un área *lead-in* en un disco grabado de una sola vez (*Disc At Once* o modo DAO), o una en cada sesión de un CD multisesión. El encabezamiento ocupa hasta 4.500

sectores del disco (1 minuto si calculamos en tiempo, o 9,2MB si lo hacemos en datos). Esta área indica también si el disco es multisesión y cuál es la siguiente dirección grabable del disco (si no está cerrado).

- **Área de programas (datos):** Esta área empieza a un radio de 25mm desde el centro.
- **Cola:** La cola, o *lead-out*, marca el final del área de programa (datos) o el final de la sesión de grabación en un disco multisesión. No hay datos reales escritos aquí, es simplemente un marcador. La primera cola de un disco (o la única si se trata de un disco de una sola sesión o DAO) tiene 6.750 sectores (1,5 minutos o 13,8MB). Si el disco es multisesión, las siguientes colas tienen 2.250 sectores (0,5 minutos o 4,6MB).

Las áreas de resillado, encabezamiento, programa y cola se encuentran en todos los CD, mientras que solamente los CD grabables (como CD-R y CD-RW) cuentan con la de calibración de potencia y memoria de programa al inicio del disco.

La figura 9.4 muestra estas áreas en escala real relativa como aparecen en un disco.

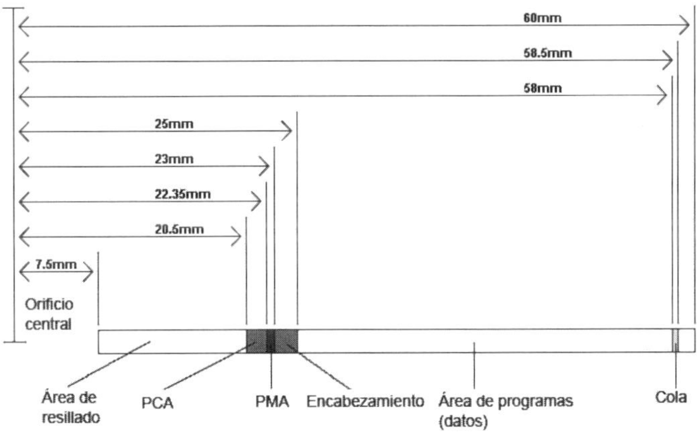

Figura 9.4. *Áreas de un disco (vista lateral).*

Oficialmente, la pista en espiral de un CD estándar empieza en el encabezamiento y acaba al final de la cola, que está a 58,5mm del centro del disco, o 1,5mm del borde exterior. Esta pista única tiene una longitud de 5,77 kilómetros. Como curiosidad le diré que en una unidad con una velocidad constante de 56x, cuando se está leyendo la parte exterior de la pista, los datos se mueven a una velocidad real de 262km por hora por el láser. Y lo que es más asombroso, con los datos viajando a esa velocidad, el láser puede leer correctamente los bits que están separados por sólo 0,9 micras.

La tabla 9.1 recoge información básica sobre las dos capacidades principales de CD, que son 74 y 80 minutos. El estándar para CD se creó originalmente en torno al disco de 74 minutos; las versiones de 80 aparecieron después y básicamente lo que hacen es expandir el estándar reduciendo el espacio entre las pistas dentro de la especificación original. Una unidad gastada o que no rinda bien puede tener problemas para leer discos de 80 minutos.

Tabla 9.1. *Parámetros técnicos del CD.*

Capacidad CD anunciada (MiB)	650	700
Velocidad de lectura 1x (m/seg)	1,3	1,3
Longitud de onda láser (nm)	780	780
Apertura numérica (lente)	0,45	0,45
Índice refractivo	1,55	1,55
Espacio entre vueltas de la pista (um)	1,6	1,48
Vueltas por mm	625	676
Vueltas por pulgada	15.875	17.162
Longitud total de la pista (m)	5.772	6.240
Longitud total de la pista (pies)	18.937	20.472
Longitud total de la pista (millas)	3,59	3,88
Anchura de hoyo (um)	0,6	0,6
Profundidad de hoyo (um)	0,125	0,125
Longitud de hoyo nominal mín. (um)	0,90	0,90
Longitud de hoyo nominal máx. (um)	3,31	3,31
Radio interior de encabezamiento (mm)	23	23
Radio interior de zona de datos (mm)	25	25
Radio exterior zona de datos (mm)	58	58
Radio exterior cola (mm)	58,5	58,5
Anchura de zona de datos (mm)	33	33
Anchura de área de pista total (mm)	35,5	35,5
Velocidad de rotación CLV 1x máxima (rpm)	540	540
Velocidad de rotación CLV 1x mínima (rpm)	212	212
Revoluciones por pista (zona de datos)	20.625	22.297
Revoluciones por pista (total)	22.188	23.986

m = Metros.
um = Micrómetros = Micras.
CLV = *Constant linear velocity*, Velocidad lineal constante.

La pista en espiral se divide en sectores que se almacenan a 75 sectores por segundo, en un disco que puede almacenar un total de 74 minutos de información, lo que da como resultado un máximo de 333.000 sectores. Cada sector se divide en 98 marcos de información individuales y cada marco contiene 33 bytes: 24 bytes son datos de audio, 1 byte contiene información de subcódigo y 8 bytes se usan para información de paridad/ECC (código de corrección de errores). La tabla 9.2 recoge los cálculos de sectores, marcos y datos de audio.

Tabla 9.2. *Información de sectores, marcos y datos de audio de CD.*

Capacidad CD anunciada (minutos)	**74**	**80**
Sectores/segundo	75	75
Marcos/sector	98	98
Número de sectores	333.000	360.000
Longitud de sector (mm)	17,33	17,33
Longitud de byte (um)	5,36	5,36
Longitud de bit (um)	0,67	0,67
Cada marco:		
Bytes de subcódigo	1	1
Bytes de datos	24	24
Bytes de paridad Q+P	8	8
Total bytes/marco	33	33
Datos de audio:		
Tasa de muestreo de sonido (Hz)	44,100	44,100
Muestras por Hz (estéreo)	2	2
Tamaño de muestra (bytes)	2	2
Bytes de audio por segundo	176.400	176.400
Sectores por segundo	75	75
Bytes de audio por sector	2.352	2.352
Cada sector de audio (98 marcos):		
Bytes de paridad Q+P	784	784
Bytes de subcódigo	98	98
Bytes de datos de audio	2.352	2.352
Bytes/sector RAW (sin descodificar)	3.234	3.234

Muestreo

Cuando se graba música en un CD, se muestrea a una velocidad de 44.100 veces por segundo (Hz). Cada muestra de música tiene un componente de canal derecho e izquierdo (estéreo) independiente y cada uno de ellos se convierte digitalmente en un número de 16 bits. Esto permite la resolución de 65.536 valores posibles, lo que representa la amplitud de la onda de sonido para ese canal en ese momento.

La velocidad de muestreo determina el rango de frecuencias de audio que se puede representar en cada grabación digital. Cuantas más muestras de una onda se tomen por segundo, más cerca estará el resultado muestreado del original. El teorema de Nyquist (publicado originalmente por el físico estadounidense Harry Nyquist en 1928) dice que la tasa de muestreo debe ser al menos el doble de la velocidad más alta presente en la muestra para reconstruir la señal original con exactitud. Eso explica por qué Philips y Sony escogieron intencionadamente la velocidad de muestreo de 44.100Hz al desarrollar el CD: esa velocidad puede reproducir correctamente sonidos de hasta 20.000Hz, que es el límite de la capacidad auditiva humana.

Los sectores de audio combinan 98 marcos de 33 bytes cada uno, con un resultado total de 3.234 bytes por sector, de los cuales solamente 2.352 son realmente datos de audio. Además de los 98 bytes de subcódigo por marco, otros 784 se utilizan para paridad y corrección de errores.

Subcódigos

Los bytes de subcódigo permiten a la unidad encontrar las canciones (que para más confusión también se llaman pistas) por la pista en espiral y también contienen o transmiten información adicional sobre el disco en general. Estos bytes se almacenan a 1 byte por marco, lo que da como resultado 98 bytes de subcódigo por cada sector. Dos de estos bytes se usan como marcadores de bloque de inicio y de fin, lo que deja 96 bytes de información de subcódigo.

Estos bytes se dividen en bloques de 12 a los que se asigna una designación con letras de la P a la W. Cada canal de subcódigo puede albergar unos 31,97MB de datos en el disco, lo que supone el 4 por 100 de la capacidad de un disco de audio. Lo más interesante de los subcódigos es que los datos serpentean continuamente por todo el disco; en otras palabras, los datos de subcódigo están contenidos de forma poco sistemática en cada sector del disco.

Los bloques de subcódigo P y Q se usan en todos los discos y los R-W sólo en discos de tipo CD+G (gráficos) o CD TEXT.

El subcódigo P nos sirve para identificar el principio de las pistas del CD. El subcódigo Q contiene multitud de información, incluida la siguiente:

- Si los datos del sector son de audio o de datos. Esto impide que la mayoría de reproductores intenten reproducir discos de datos, lo que podría dañar los altavoces por el ruido que se produciría.
- Si los datos de audio son de dos o cuatro canales. Los cuatro canales se usan raramente, si es que se usan.
- Si se permite la copia digital. Las unidades CD-R y RW basadas en PC ignoran esto; se instituyó para impedir la copia en DAT (*Digital Audio Tape*, Cinta de audio digital) o unidades de sonido ópticas domésticas.

- Si la música está grabada con énfasis previo. Se trata de una técnica de reducción de ruido.
- La disposición de las pistas (canciones) en el disco.
- El número de pista (canción).
- La cantidad de minutos, de segundos y de marcos desde el inicio de la pista (canción).
- Cuenta atrás desde una pausa entre pistas (entre canciones).
- Los minutos, segundos y marcos desde el inicio de la primera pista (canción).
- El código de barras del CD.
- El ISRC (*International Standard Recording Code*, Código internacional normalizado para grabaciones). Es único para cada pista (canción) del disco.

Los Subcódigos R-W se usan en discos CD+G (gráficos) para contener gráficos y texto. Esto permite la reproducción de una cantidad limitada de gráficos y texto mientras suena la música. El uso más habitual de los medios CD+G es el de karaoke. Estos mismos subcódigos se usan en el disco CD TEXT para almacenar información relacionada con el disco y la pista que se añade a los CD de audio estándar para su reproducción en reproductores de CD compatibles. La información CD TEXT se almacena como caracteres ASCII en los canales R-W de las áreas de encabezamiento y de programa de un CD. En los discos CD TEXT, los subcódigos de encabezamiento contienen información de texto sobre todo el disco, como el nombre del álbum, los títulos de las canciones y los artistas. Los subcódigos del área de programa, por su parte, contienen información para la pista (canción) actual, incluido el título, el compositor, los intérpretes, etcétera. Los datos del CD TEXT se repiten en cada pista para reducir el retraso en la recuperación de datos.

Los reproductores compatibles con CD TEXT suelen tener una pantalla de texto para mostrar esta información, que puede ser de una o dos líneas de 20 caracteres, como muchos reproductores RBDS (*Radio Broadcast Data System*, Sistema de emisión de datos de radio) de CD y radio para coche, o de hasta 21 líneas de 40 caracteres alfanuméricos o gráficos en color, como en los reproductores domésticos o basados en ordenador. La especificación también permite datos adicionales en el futuro, como imágenes JPEG. También es posible usar menús interactivos para seleccionar el texto a mostrar.

Nota: *Las versiones actuales del Reproductor de Windows Media no tienen soporte CD TEXT nativo para reproducción ni creación de CD musicales. No obstante, existe un complemento llamado WMPCDText que añade soporte CD TEXT. Otros reproductores, como Winamp (*`www.winamp.com`*), soportan CD TEXT nativamente. Entre los programas de grabación de CD populares con soporte CD TEXT se incluyen Nero (*`www.nero.com`*), Roxio Creator (*`www.roxio.com`*) y el programa gratuito ImgBurn (*`www.imgburn.com`*).*

Tratamiento de errores de lectura

El tratamiento de los errores de lectura era una parte importante del estándar para CD original, el Libro Rojo. Los CD utilizan técnicas de paridad e intercalado denominadas código Reed-Solomon intercalado (CIRC, *Cross-Interleave Reed-Solomon Code*) para minimizar los efectos de los errores en el disco. Funcionan a nivel de marco. Cuando se almacenan los 24 bytes de datos en cada marco primero pasan por un codificador Reed-Solomon que produce un código de paridad de 4 bytes llamado paridad "Q", que después se añade a los 24 bytes de datos. Los 28 bytes resultantes pasan por otro codificador que utiliza un esquema diferente para producir un valor de paridad adicional de 4 bytes denominado paridad "P". Éstos se añaden a los 28 bytes de la codificación anterior, obteniendo un resultado de 32 (24 de los datos originales, más los bytes de paridad Q y P). Después se añade un byte adicional de información de subcódigo, con lo que hay un total de 33 bytes por cada marco. Observe que los bytes de paridad P y Q no están relacionados con los subcódigos P y Q mencionados anteriormente.

Para minimizar los efectos de un arañazo o defecto físico que pudiera dañar marcos adyacentes, se añaden varios intercalados antes de los marcos que están realmente grabados. Se intercalan partes de los 109 marcos (almacenadas en distintos marcos y sectores) utilizando líneas de retardo. Esta codificación disminuye la probabilidad de que un rayón o defecto afecte a los datos adyacentes porque realmente no están escritos en una secuencia. Con los CD, el esquema CIRC puede corregir errores de hasta 3.874 bits de largo (lo que supondría 2,6mm en longitud de pista). Además, para los CD de audio sólo el CIRC puede ocultar (mediante interpolación) errores de hasta 13.282 bits de largo (8,9mm en longitud de pista). La interpolación es el proceso por el que se calculan los datos para restaurar lo que falta. Naturalmente, esto sería inaceptable en un CD de datos, así que sólo se aplica a los de audio. El Libro Rojo define la tasa de errores de bloque (BLER, *Block Error Rate*) como el número de marcos (98 por sector) por segundo que contienen algún bit malo (con una media de más de 10 segundos) y requiere que sea menos de 220. Esto permite que un máximo de hasta el 3 por 100 de los marcos tenga errores y el disco siga siendo funcional.

Una capa adicional de circuitería de detección y corrección de errores es la principal diferencia entre los reproductores de CD de audio y las unidades de CD de datos. Los CD de audio convierten la información digital almacenada en el disco en señales analógicas para que las procese un amplificador estéreo. En este esquema, algunas imprecisiones son aceptables porque serían prácticamente imposibles de distinguir en la música. Sin embargo, los CD de datos no pueden tolerar ninguna imprecisión. Cada dato debe leerse con exactitud. Por este motivo, los CD de datos tienen gran cantidad de información ECC adicional escrita en el disco junto con la información almacenada. El ECC puede detectar y corregir la mayoría de los errores leves, mejorando la fiabilidad y precisión a niveles aceptables para el almacenamiento de datos.

En el caso de los CD de audio, los datos perdidos pueden interpolarse, es decir, la información sigue un patrón predecible que permite a la unidad averiguar los valores que faltan. Por ejemplo, si hay tres valores almacenados en un disco de audio (digamos, 10, 13 y 20 en una serie) y el del centro se pierde por daños o suciedad en la superficie del disco, se podría interpolar un valor de 15, que está a medio camino entre el 10 y el 20. Aunque esto podrá no ser exactamente correcto, en el caso de las grabaciones de audio no será perceptible para el oyente. Si esos tres mismos valores aparecen en un CD de datos de un programa ejecutable, no hay forma de averiguar el valor correcto para la muestra del centro. La interpolación no funciona porque las instrucciones o datos del programa ejecutable deben ser exactas; de lo contrario, el programa fallará o leerá incorrectamente los datos necesarios para un cálculo. Siguiendo con el ejemplo anterior, con un CD de datos para ejecutar un programa, lo del 15 es absolutamente incorrecto.

En un CD en el que haya almacenados datos en lugar de audio, se añade información a cada sector para detectar y corregir errores, además de para identificar la ubicación de los sectores de datos con mayor exactitud. Para conseguir esto, se toman 304 bytes de los 2.352 que se usaban originalmente para datos de audio y se usan para información de sincronización, identificación, ECC y EDC. Esto deja 2.048 bytes para datos de usuario en cada sector. Igual que cuando se lee un CD de audio, en un CD 1x (velocidad estándar), los sectores se leen a una velocidad constante de 75 por segundo. El resultado es una velocidad de transferencia estándar de 153.600 bytes por segundo (2.048×75), que se expresa como 153,6KBps o 150KiBps.

Nota: *Algunos esquemas de protección contra copia utilizados en un CD de audio interfieren intencionadamente con los datos de audio y la información CIRC de forma que el disco se reproduzca correctamente pero la copia de los archivos de audio esté llena de ruido.*

Capacidad del CD

Cada segundo de un CD contiene 75 bloques de datos, con 2.048 bytes por bloque. A partir de esta información podemos calcular la capacidad de almacenamiento máximo de un CD de 80 o 74 minutos, como se recoge en la tabla 9.3. La tabla 9.3 también contiene la estructura y el diseño de cada sector en un CD con datos almacenados.

Tabla 9.3. *Información y capacidad de sector de CD.*

Cada sector de datos (Modo 1):	74 minutos	80 minutos
Bytes de paridad Q+P	784	784
Bytes de subcódigo	98	98
Bytes de sincronización	12	12
Bytes de encabezado	8	8
Bytes ECC/EDC	284	284
Bytes de datos	2.048	2.048
Bytes/sector RAW (sin codificar)	3.234	3.234

Capacidad real de CD de datos:

B	681.984.000	737.280.000
KiB	666.000	720.000
KB	681.984	737.280
MiB	650,39	703,13
MB	681,98	737,28

Esta información asume que los datos están almacenados en formato Modo 1, que se usa prácticamente en todos los discos de datos. Observe que con los sectores de datos, de los 3.234 bytes por sector reales, sólo 2.048 son datos de usuario. La mayor parte de los 1.186 bytes restantes se usan para los esquemas de detección y corrección de errores intensiva para garantizar un rendimiento sin errores.

Codificación de datos en el disco

La última parte del proceso de grabación real de los datos en el CD es muy interesante. Una vez que están compuestos los 98 marcos de un sector (sea de audio o de datos), la información pasa por un proceso de codificación final denominado EFM (*Eight to Fourteen Modulation*, Modulación de 8 a 14). Este esquema toma cada byte (8 bits) y lo transforma en un valor de 14 bits para almacenamiento. Los códigos de conversión a 14 bits están diseñados de forma que nunca haya menos de dos o más de diez bits 0 adyacentes. Es una forma de codificación RLL (*Run Length Limited*, Longitud de recorrido limitada) denominada RLL 2,10 (RLL x,y, donde x es igual al mínimo e y al máximo recorrido de "ceros"). Está diseñada para evitar cadenas de ceros largas que podrían leerse mal con mayor facilidad, además de para limitar la frecuencia mínima y máxima de transiciones situadas realmente en el medio de grabación. Con un mínimo de dos y un máximo de diez bits 0 separando bits 1 en la grabación, la distancia mínima entre "unos" es un intervalo de tiempo de 3 bits (normalmente denominado 3T) y el espacio máximo es 11 intervalos de tiempo (11T).

Dado que algunos de los códigos EFM empiezan y acaban con un "uno" o más de 5 "ceros", se añaden tres bits adicionales (denominados bits de fusión) entre cada valor EFM de 14 bits escrito en el disco. Los bits de fusión suelen ser "ceros" pero podrían contener un "uno" si fuera necesario para romper una larga cadena de "ceros" adyacentes formada por los valores EFM de 14 bits adyacentes. Además de los 17 bits creados para cada byte (EFM más bits de fusión), se añade una palabra de sincronización de 24 bits (más otros tres bits de fusión) al principio de cada marco. El resultado es un total de 588 bits (73,5 bytes) almacenados en el disco por cada marco. Multiplique esto por los 98 marcos que hay en cada sector y tendrá 7.203 bytes almacenados en el disco para representar cada sector. Un disco de 80 minutos, por consiguiente, tiene 2,6GB de datos reales escritos, lo que tras la descodificación y la separación de los códigos de corrección de errores y otra información, tiene como resultado 737MB (703MiB) de datos de usuario reales.

La tabla 9.4 recoge los cálculos para marcos y sectores codificados con EFM.

Tabla 9.4. *Cálculos de datos codificados con EFM.*

Marcos codificados con EFM:	**74 minutos**	**80 minutos**
Bits palabra sincronización	24	24
Bits de subcódigo	14	14
Bits de datos	336	336
Bits de paridad Q+P	112	112
Bits de fusión	102	102
Bits EFM por marco	588	588
Sectores codificados con EFM:		
Bits EFM por sector	57.624	57.624
Bytes EFM por sector	7.203	7.203
Total datos EFM en disco (MB)	2.399	2.593

Para poner esto en perspectiva, observe la tabla 9.5, que recoge un ejemplo de cómo los datos familiares podrían codificarse realmente cuando se graban en un CD. He utilizado las letras "N" y "O" como si estuvieran escritas en el disco.

Tabla 9.5. *Codificación de datos EFM en un CD.*

Carácter	N	O
Código decimal ASCII	78	79
Código hexadecimal ASCII	4E	4F
Código binario ASCII	01001110	01001111
Código EFM	00010001000100	00100001000100

ASCII = American Standard Code for Information Interchange, Código americano normalizado para el intercambio de información.

La figura 9.5 muestra cómo pueden aparecer los datos codificados como hoyos y mesetas estampados en un CD.

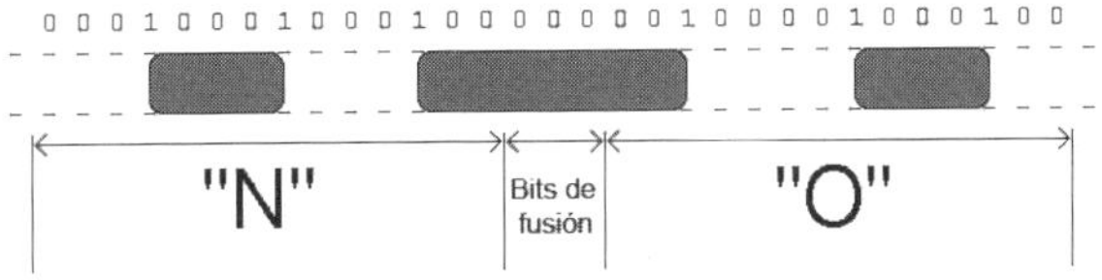

Figura 9.5. *Datos EFM físicamente representados como hoyos y mesetas en un CD.*

Los bordes de los hoyos se traducen a bits 1 binarios. Como ve, cada grupo de 14 bits está representado por un byte de datos codificados con EFM en el disco y cada código

EFM de 14 bits está separado por tres bits de fusión (todo "ceros" en este ejemplo). Los tres hoyos producidos por este ejemplo son 4T (4 transiciones), 8T y 4T. La cadena de "unos" y "ceros" de la parte superior de la figura representa cómo se leerían los datos reales; observe que un 1 se lee donde quiera que se produzca una transición de hoyo a meseta. Es interesante observar que este dibujo está realmente a escala, lo que significa que los hoyos tendrían más o menos esa longitud y anchura respecto a los otros. Si usase un microscopio para mirar el disco, éste es el aspecto que tendría la palabra "NO" grabada.

CD grabables

La grabación en discos ópticos ha avanzado mucho desde 1988, cuando se presentó el primer sistema de grabación CD-R con un precio de 50.000 dólares (por entonces usaban una unidad de grabación de audio Yamaha de 35.000 junto con miles de dólares para corrección de errores adicional y otra circuitería para uso de CD-ROM), que operaba a una velocidad de 1x y era parte de un subsistema que tenía el tamaño de una lavadora. Los discos vírgenes costaban unos 100 dólares. Originalmente, el propósito principal de la grabación de CD era producir prototipos que se pudiese replicar mediante un proceso de estampado estándar.

En 1991, Philips presentó el primer grabador 2x (el CDD 521), que tenía más o menos el tamaño de un estéreo y costaba unos 12.000 dólares. Siguieron Sony en 1992 y JVC en 1993 con sus grabadores 2x, siendo la JVC la primera unidad grabadora con factor de forma 5 1/4" de media altura que todavía usan hoy la mayoría de los sistemas de sobremesa. En 1995, Yamaha lanzó el primer grabador 4x (CDR100), que se vendía a 5.000 dólares. El punto de inflexión de los precios llegó a finales de 1995, cuando Hewlett-Packard sacó un grabador 2x (el 4020i, fabricado en realidad por Philips) por menos de 1.000 dólares. Éste demostró ser exactamente lo que estaba esperando el mercado. Con el aumento de popularidad posterior, los precios cayeron rápidamente por debajo de los 500 dólares y luego de los 200. En 1996, Ricoh introdujo la primera unidad CD-RW.

Hay dos tipos principales de CD grabables disponibles, llamados CD-R (grabable) y CD-RW (regrabable). Sin embargo, puesto que los discos CD-RW son más caros que los CD-R, sólo la mitad de rápidos (o menos) y no funcionan en todas las unidades de CD de audio o CD-ROM, la gente suele usar medios CD-R en lugar de CD-RW.

> **Nota:** *Debido a las diferencias en la reflectividad de los medios, algunas unidades ópticas antiguas no pueden leer medios CD-RW. La mayoría de las unidades modernas se ajustan a la especificación multilectura (*MultiRead*) y como tal pueden leer CD-RW. En consecuencia, si graba algo que tenga que leer mucha gente, CD-R es la mejor opción para asegurar la compatibilidad.*

Los medios CD-R son medios WORM (*Write Once, Read Many*, Una escritura, múltiples lecturas), lo que significa que tras llenar el CD-R de datos, se quedan almacenados de manera permanente y no pueden borrarse. La limitación de una sola escritura hace que este tipo de discos no sea el más adecuado para copias de seguridad del sistema u otros fines en los que sería preferible reutilizar el mismo medio una y otra vez. No obstante, por el bajo coste de los CD-R, hacer copias de seguridad permanentes en discos CD-R es tan económico como la cinta u otro medio.

Los discos CD-RW pueden reutilizarse hasta 1.000 veces, lo que los hace idóneos para casi cualquier tarea de almacenamiento de datos. En los siguientes apartados veremos estos dos estándares y su uso según las necesidades de almacenamiento.

CD-R

Una vez grabados, los discos CD-R pueden reproducirse o leerse en cualquier unidad de CD estándar. Los CD-R son útiles para almacenamiento permanente y para crear CD maestros que puedan duplicarse para su distribución en una empresa.

Los CD-R funcionan con el mismo principio que los CD-ROM estándar, emitiendo una luz láser hacia el disco y siguiendo los cambios en la reflectividad cuando se encuentran límites entre hoyos y mesetas. La principal diferencia es que en vez de estamparse en plástico como los CD, los CD-R tienen imágenes de hoyos quemados en un surco levantado. Por consiguiente, los hoyos no son realmente bultos como en un CD estándar, sino que se ven como áreas oscuras (quemadas) del surco que reflejan menos luz. Ya que la reflectividad general de las áreas de hoyos y mesetas se queda igual en un disco estampado, las unidades de CD normales pueden leer los CD-R exactamente igual que si fueran discos estampados.

Parte del proceso de grabación con CD-R empieza incluso antes de insertar el disco en la unidad. Los medios CD-R se fabrican como un CD estándar: se usa un estampador para moldear una base de plástico de policarbonato. Sin embargo, en lugar de estampar hoyos y mesetas, el estampador imprime un surco en espiral (llamadao *pre-groove*) en el disco. Desde la perspectiva del láser de lectura (y escritura) bajo el disco, el surco se ve como una cresta en espiral y no como una depresión.

El *pre-groove* no es completamente recto, sino que está ligeramente torcido. La amplitud de esta desviación es muy pequeña en comparación con los hoyos de la pista. La separación del surco es de 1,6 micras y se desvía sólo 0,030 micras de lado a lado. La desviación del surco de un CD-R está modulada para llevar información complementaria leída por la unidad. La señal contenida ahí se llama ATIP (*Absolute Time In Pre-groove*, Tiempo absoluto en *pre-groove*) porque se modula con código de tiempo y otros datos. El código de tiempo es el mismo formato `minutos:segundos:marco` que aparecerá en el subcódigo Q de los marcos una vez escritos en el disco. La ATIP permite a la unidad localizar posiciones en el disco antes de que se graben realmente los marcos. Técnicamente, esta señal es frecuencia codificada por desplazamiento, con una frecuencia portadora de 22,05KHz y una desviación de 1KHz. La desviación del surco utiliza los cambios de frecuencia para transportar información.

Para completar el disco CD-R, se aplica un tinte orgánico por el disco mediante un proceso de *spin-coating*. A continuación, se aplica una capa de oro o plata reflectante (algunos medios antiguos económicos utilizaban aluminio), seguida de una capa protectora de laca vulcanizada por UV para proteger las capas anteriores. Se usa oro o plata en los discos CD-R actuales para obtener la mayor reflectividad posible (el oro se usa en los CD-R diseñados para el almacenamiento a largo plazo) y porque se descubrió que el tinte orgánico tiende a oxidar el aluminio. Después, se aplica una serigrafía encima de la laca para identificación y protección adicional. Cuando se mira desde abajo, el láser utilizado para leer (o grabar) el disco pasa primero por el policarbonato y la capa de tinte, choca en la de oro y pasa reflejado por la de tinte y el plástico, hasta que finalmente lo recoge el sensor óptico de la unidad.

El tinte y la capa reflectante juntos tienen las mismas propiedades reflectantes que un CD virgen. En otras palabras, un lector de CD leería el surco de un CD-R sin grabar como una meseta larga. Para grabar en un disco CD-R, se usa un rayo láser con la misma longitud de onda (780nm) que el que se usa normalmente para la lectura pero 10 veces más potente, para calentar el tinte. El láser se enciende de forma pulsada por encima de la cresta (surco), calentando la capa de tinte orgánico a entre 250° y 300°C. Esta temperatura quema literalmente el tinte orgánico, volviéndolo opaco. Al leer, esto impide que la luz pase por la capa de tinte hasta la de oro y se refleje, con el mismo efecto de anulación del reflejo láser que tendría un hoyo en un CD estampado normal.

La figura 9.6 muestra las capas del medio CD-R, junto con el *pre-groove* (cresta elevada desde la perspectiva del láser) con hoyos quemados.

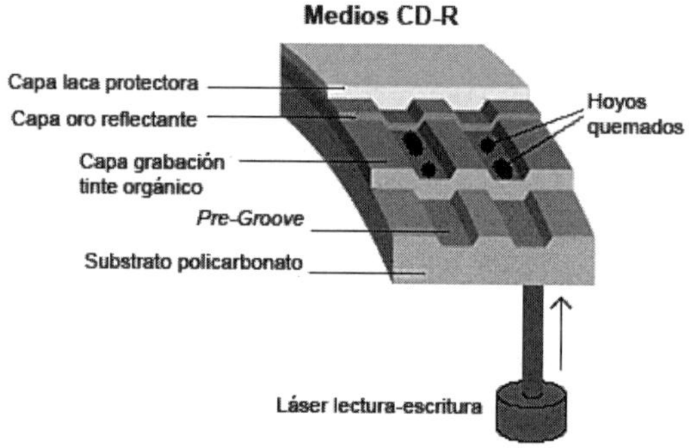

Figura 9.6. *Capas del CD-R.*

La unidad que lee el disco piensa que hay un hoyo, pero en realidad no es así, es simplemente un punto de material menos reflectante en la cresta. Esta utilización del calor para crear los hoyos en el disco es la causa de que se hable de quemar al grabar un CD. Durante la grabación, partes de la pista cambian de un estado reflectante a no reflectante. Este cambio de estado es permanente y no puede deshacerse, por eso el CD-R se considera un medio de una sola escritura.

Capacidad CD-R

Todas las unidades CD-R pueden funcionar con los medios estándar de 650MiB (682MB) o 74 minutos de música y con discos de mayor capacidad, de 700MiB (737MB) u 80 minutos de música. La mayoría de los fabricantes han abandonado los medios de 650MiB (74 minutos) y ahora producen solamente discos de 700MiB (80 minutos).

Algunas unidades y software de grabación son capaces de sobrequemar, con lo que escriben datos parcialmente en el área de cola y amplían la pista de datos. Esto es muy arriesgado en lo que a compatibilidad se refiere. Muchas unidades, especialmente las antiguas, fallan al leer cerca del final de un disco sobrequemado. Es mejor considerar esta forma de *overclocking* de CD como un experimento. Podría ser útil si funciona con sus unidades y software, pero la intercambiabilidad sería un problema.

Algunos vendedores ofrecen medios de 90 minutos (790MiB) y 99 minutos (870MiB) para facilitar el sobrequemado.

La mayoría de las unidades de CD-RW estándar pueden grabar con fiabilidad hasta 89:59 minutos de música en un medio de 90 minutos y el CD-R puede reproducirse en una amplia variedad de reproductores electrónicos domésticos y para automóvil.

Color del medio CD-R

Durante años, ha habido cierta controversia sobre qué colores de medio CD-R ofrecen el mejor rendimiento. La tabla 9.6 recoge las combinaciones de color más habituales, junto con las marcas que las usan e información técnica.

Algunas marcas figuran en más de una combinación debido a cambios en la producción o por sus distintas líneas de productos. Debería comprobar las combinaciones de color antes de comprar una tarrina de medios CD-R nuevos si observa que una combinación de color en particular funciona mejor con sus aplicaciones.

Tabla 9.6. *Color del medio CD-R y su efecto en la grabación.*

Color del medio (primero la capa reflectante; segundo la de tinte)	Marcas	Notas técnicas
Dorado-Dorado	Mitsui, Kodak, Maxell, Ricoh	Tinte de ftalocianina. Menos tolerancia a las variaciones de energía. Esperanza de vida de 100 años. Puede que no funcione en una amplia variedad de unidades. Inventado por Mitsui Toatsu Chemicals. Funciona mejor en unidades que usan un pulso láser más largo para marcar los medios.
Dorado-Verde	Imation (nee 3M), Memorex, Kodak, BASF, TDK, Verbatim	Tinte de cianina. Tolera mejor las variaciones de lectura y escritura. Esperanza de vida de 10 años (medios más antiguos) o entre 20 y 50 años (medios recientes, plateado/verde). Combinación de color desarrollada por Taiyo Yuden. Utilizada en el desarrollo de los estándares CD-R originales. Es el estándar de facto para la industria del CD-R. Funciona mejor en unidades que utilizan un pulso láser más corto para marcar los medios.
Plateado-Azul	Verbatim, DataLifePlus, HiVal, Maxell, TDK	Proceso desarrollado por Verbatim. Tinte azo. Rendimiento similar al de los medios verdes, con una esperanza de vida de 100 años. Buena elección para almacenamiento duradero.

Nota: Los juegos originales para Playstation salieron en discos tintados de negro por cuestiones de apariencia. Enseguida se hicieron CD-R con el mismo tinte negro en policarbonato. El tinte negro es sólo una decoración, es invisible para el láser infrarrojo que lee/escribe el disco. En otras palabras, los CD-R negros son funcionalmente idénticos a los discos transparentes y se pueden hacer usando cualquiera de los tintes estándar en la capa de grabación. El tinte negro oculta la capa de grabación, por lo que aunque el láser lo atraviese, impide que veamos directamente el color de la capa de grabación.

En última instancia, aunque las distintas combinaciones de color tienen sus ventajas, la mejor forma de elegir un tipo de media es probar una de las principales marcas de discos en nuestra unidad con tareas de grabación de disco completas y parciales y probar el resultado en tantas unidades de distintas marcas y velocidades como sea posible.

Nota: Si planea grabar mezclas musicales para usar en un reproductor de CD portátil o de coche, asegúrese de comprobar la compatibilidad de estos dispositivos.

El medio perfecto para usted será el que le ofrezca lo siguiente:

- Alta fiabilidad en la escritura (compruebe la lista de medios recomendados para su modelo de unidad).
- Ningún derrame de tinte ni superficie reflectante (el medio no se grabará correctamente en esas áreas).
- Durabilidad en el manejo normal (recubrimiento resistente a los arañazos en la superficie).
- Compatibilidad con el mayor número de unidades de CD posible.
- Coste más bajo por unidad.

Si tiene problemas para grabar con fiabilidad en cierto tipo de medios, o si descubre que algunas marcas son más lentas que otras con la misma velocidad estimada, póngase en contacto con el vendedor de la unidad para una actualización de *firmware*. Las actualizaciones de *firmware* también pueden ayudar a reconocer nuevos tipos de medios más rápidos de distintos vendedores.

Velocidad de grabación de medios CD-R

Con velocidades de masterización de CD-R que van de 1x (primeras generaciones, ya en desuso) a 48x–52x, es importante comprobar la velocidad (tasa x) de los medios CD-R. La mayoría de los medios de marca que hay actualmente en el mercado pueden funcionar correctamente a velocidades de grabación 48x. Algunas marcas indican esto específicamente en el envoltorio, mientras que para otras hay que buscar esta información en sus sitios Web. Si es necesario, instale las actualizaciones de *firmware* más recientes para conseguir la máxima velocidad de grabación.

***Nota:** La velocidad de grabación 52x es la más rápida disponible, ya que velocidades mayores provocarían una vibración excesiva o incluso el fallo del disco.*

Si no está disponible la velocidad estimada para su medio, debería restringir la grabación a 32x o menos para datos. Si va a grabar un CD de audio, podría encontrarse con que algunos dispositivos funcionan mejor con medios grabados a 8x o menos que con medios grabados a más velociad.

***Truco:** La mayoría de unidades y software de masterización soportan una configuración que determina automáticamente la velocidad más adecuada para grabar un CD-R. El software que soporta este tipo de característica analiza el medio y ajusta los métodos de escritura y la velocidad durante el proceso de grabación para garantizar los mejores resultados. Usando esta característica con medios con una velocidad de grabación desconocida ayuda a obtener una grabación fiable independientemente de la velocidad estimada del medio.*

CD-RW

A principios de 1996, un consorcio industrial que incluía a Ricoh, Philips, Sony, Yamaha, Hewlett-Packard y Mitsubishi Chemical Corporation anunció el formato CD-RW. Ricoh era el principal diseñador y fue el primer fabricante en introducir una unidad CD-RW (en mayo de 1996). Esta unidad era la MP6200S, una unidad 2/2/6 (grabación a 2x, regrabación a 2x, lectura a 6x). Al mismo tiempo, se publicó la tercera parte del Libro Naranja, que definía oficialmente el estándar CD-RW.

Las unidades CD-RW reemplazaron rápidamente a las CD-R y aunque las unidades de DVD regrabables han reemplazado en gran medida a las CD-RW, cualquier unidad de DVD puede funcionar como unidad CD-R/CD-RW.

Los discos CD-RW pueden grabarse igual que los CD-R; la principal diferencia es que pueden borrarse y volver a grabarse una y otra vez. Son muy útiles para crear un prototipo de disco que después se duplicará en CD-R más baratos o incluso en CD estampados para su distribución. Pueden regrabarse como mínimo 1.000 veces. Además, con el software de grabación que incluyen, pueden incluso tratarse como disquetes gigantes, en los que simplemente hay que arrastrar o copiar y borrar archivos a conveniencia. Aunque los discos CD-RW son entre 1,5 y 2 veces más caros que los medios CD-R, los CD-RW siguen siendo más baratos que los cartuchos ópticos y otros formatos extraíbles. Esto convierte a los CD-RW en una tecnología viable para copias de seguridad del sistema, almacenamiento de archivos y prácticamente cualquier otra tarea relacionada para la que no sirvan los DVD regrabables.

Nota: *El formato CD-RW se conocía originalmente como CD-E.*

Hay cuatro diferencias principales entre los medios CD-RW y CD-R. En resumidas cuentas, los discos CD-RW son así:

- Regrabables.
- Más caros.
- Más lentos al grabar.
- Menos reflectantes.

Además de ser regrabables y un poco más caros, los CD-RW se graban a una velocidad más lenta que los discos CD-R. Esto se debe a que el láser necesita más tiempo para operar en un punto particular del disco al escribir. Este medio también tiene una reflectividad más baja, lo que limita la legibilidad en unidades más antiguas. Muchas unidades antiguas de CD-ROM y CD-R estándar no pueden leer CD-RW. Sin embargo, la capacidad de multilectura (*MultiRead*) se encuentra actualmente en prácticamente todas las unidades de CD de 24x o más velocidad, lo que les permite leer CD-RW sin problemas. En general, las unidades CD-DA, especialmente los reproductores para automóvil, parecen tener las mayores dificultades para leer CD-RW. Así pues, para grabar música o si busca compatibilidad con unidades más antiguas, debería quedarse con los medios CD-R. Busque el logotipo MultiRead en la unidad de CD para ver si puede leer CD-RW. Cuando compre un reproductor de CD independiente, busque uno que especifique la capacidad de leer medios CD-R/CD-RW.

Las unidades y medios CD-RW utilizan un proceso de cambio de fase para crear la ilusión de que hay hoyos en el disco. Como ocurre con los medios CD-R, el disco empieza con la misma base de policarbonato con un surco *pre-groove* moldeado que contiene información ATIP. Después se aplica una capa de dieléctrico especial (aislante), seguida de la de grabación de cambio de fase, otra capa de dieléctrico, una de aluminio reflectante y finalmente una capa protectora de laca vulcanizada por UV (y una serigrafía opcional). Las capas dieléctricas encima y debajo de la capa de grabación están diseñadas para aislar el policarbonato y las capas reflectantes del intenso calor utilizado durante el proceso de cambio de fase. La figura 9.7 muestra las capas de un medio CD-RW, junto con el *pre-groove* (cresta levantada desde la perspectiva del láser) con hoyos quemados en la capa de cambio de fase.

En lugar de quemar un tinte orgánico como en los CD-R, la capa de grabación de los CD-RW está hecha de una aleación de cambio de fase que contiene plata, indio, antimonio y teluro (Ag-In-Sb-Te). La parte reflectante de la capa de grabación es una aleación de aluminio, igual que la utilizada en los discos estampados normales. Como resultado, la cara de grabación de un medio CD-RW parece un espejo con un ligero tinte azul. El láser de lectura/escritura actúa desde debajo del disco, donde el surco vuelve a parecer una cresta y la grabación se hace en la capa de cambio de fase que queda por encima de esta cresta. La capa de grabación de aleación de Ag-In-Sb-Te suele tener una estructura policristalina que es reflectante en un 20 por 100. Al escribir datos en un disco CD-RW, el láser de la unidad alterna entre dos configuraciones de energía, denominadas P-write y P-erase. La configuración de potencia más alta (P-write) se usa para calentar el material de la capa de grabación a una temperatura entre 500°C y 700°C, que hace que se derrita. En estado líquido, las moléculas del material fluyen libremente, perdiendo su estructura policristalina y pasando a un estado amorfo. Cuando se solidifica el material en este estado amorfo, solamente tiene un 5 por 100 de reflectividad. Al leer, estas áreas de menor reflectividad simulan los hoyos de un disco CD-ROM estampado.

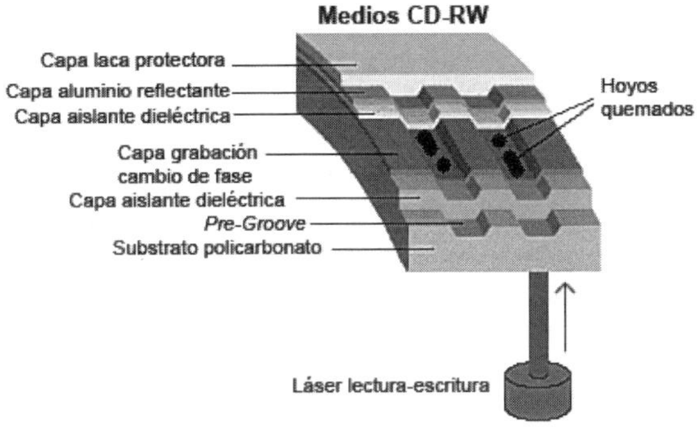

Figura 9.7. *Capas de un medio CD-RW.*

Eso sería todo si los discos CD-RW fuesen de sólo lectura, pero como se pueden regrabar, tiene que haber una forma de devolver el material a un estado policristalino. Esto se hace cambiando el láser a modo P-erase (menor potencia), que calienta el material activo a unos 200°C, bastante por debajo del punto de fusión, pero suficiente para ablandar el material. Cuando el material se ha ablandado y se le permite enfriarse más despacio, las moléculas se vuelven desde el estado amorfo reflectante en un 5 por 100 a un estado policristalino reflectante en un 20 por 100. Estas áreas reflectantes simulan las mesetas de un disco CD-ROM estampado.

Para el borrado, CD-RW utiliza una técnica para sobrescribir directamente, en la que no hace falta borrar un punto para volver a grabarlo; simplemente se rescribe. En otras palabras, cuando se graban datos el láser está activo y cambia entre los niveles de potencia P-write y P-erase para crear áreas amorfas y policristalinas de reflectividad alta y baja, independientemente del estado en que estuvieran las áreas antes. Se parece mucho a la grabación de datos en un disco magnético que también utiliza la sobrescritura directa. Cada sector tiene ya patrones de datos, así que al escribir datos lo que se hace en realidad es escribir nuevos patrones. Los sectores nunca se borran realmente, simplemente se sobrescriben. Los medios de los discos CD-RW están diseñados para grabarse y regrabarse 1.000 veces.

El volumen 1 de la tercera parte del Libro Naranja (especificación CD-RW) permite la grabación de CD-RW a velocidades de hasta 4x. Los nuevos avances en los medios y las unidades tenían que soportar velocidades más altas, así que en mayo de 2000, se publicó el volumen 2 para definir las velocidades de grabación entre 4x y 10x. Esta revisión del estándar CD-RW se denomina High-Speed Rewritable y tanto los discos como las unidades CD-RW con velocidades superiores a 4x lo indicarán por medio de los logos impresos en ellos. El volumen 3 se publicó en septiembre de 2002 con la definición de unidades Ultra-Speed, que son capaces de grabar CD-RW a velocidades de 8x–24x.

Debido a las diferencias entre High-Speed y Ultra-Speed, los medios High-Speed se pueden utilizar en unidades High-Speed y Ultra-Speed, pero los medios Ultra-Speed sólo pueden usarse en unidades Ultra-Speed. Tanto las unidades High-Speed como las Ultra-Speed pueden utilizar medios 2x–4x estándar, lo que les permite intercambiar datos con ordenadores que tengan unidades CD-RW de velocidad estándar. Así pues, elegir el medio incorrecto para intercambiar con otro sistema puede impedir que esos sistemas lean el medio. Si no sabe cuál es la velocidad de un medio CD-RW soportada por el ordenador de destino, le aconsejo que utilice la 2x–4x estándar o cree un CD-R.

Dadas las diferencias en los estándares UDF utilizados por el software de grabación para arrastrar y soltar archivos en las unidades CD-RW, la necesidad de instalar un lector UDF en sistemas con unidades CD-ROM y la incapacidad de unidades de CD-ROM antiguas o de DVD-ROM de primera generación para leer medios CD-RW, yo aconsejo usar medios CD-RW para copias de seguridad personales y transferencia de datos entre equipos propios. No obstante, cuando se envía un CD de datos a otro usuario, CD-R es legible universalmente, por lo que es una opción mejor.

Especificaciones de multilectura

Los estándares para CD originales (los libros Rojo y Amarillo) especificaban que en un CD las mesetas deben tener un valor de reflectancia mínimo del 70 por 100 y los hoyos deberían tener una reflectancia máxima de un 28 por 100. Por consiguiente, el área del disco que representa una meseta no debería reflejar menos de un 70 por 100 de la luz láser dirigida a ella, mientras que los hoyos no deberían reflejar más de un 28 por 100. A principios de los ochenta, cuando se desarrollaron estos estándares, los diodos fotodetectores utilizados en las unidades eran relativamente insensibles y estos requisitos de reflectancia máxima y mínima se diseñaron deliberadamente para crear brillo y contraste entre los hoyos y las mesetas para acomodarlos.

En un disco CD-RW, la reflectancia de una meseta es de aproximadamente el 20 por 100 (5 por 100 arriba o abajo) y la de un hoyo es tan sólo del 5 por 100, evidentemente, por debajo de los requisitos originales. Por suerte, se descubrió que con la adición de un circuito AGC relativamente sencillo, la proporción de amplificación en la circuitería del lector puede cambiarse dinámicamente para permitir la lectura de discos CD-RW con reflectividad baja. Por consiguiente, aunque las unidades de CD-ROM no eran inicialmente capaces de leer discos CD-RW, la modificación de los diseños existentes para que pudieran hacerlo no resultó difícil. Donde podría surgir algún problema con la lectura de CDRW es con las unidades de CD de audio, especialmente las más antiguas. Ya que los primeros CD-RW aparecieron en 1996 (y tardaron más de un año en popularizarse), la mayoría de las unidades de CD-ROM fabricadas en 1997 o antes tienen problemas para leer discos CD-RW.

Los DVD también tienen problemas de compatibilidad y no se trata tanto de una simple reflectividad como de una incompatibilidad inherente con la longitud de onda utilizada para los DVD frente a los CD. El problema en este caso surge de los tintes utilizados en la capa de grabación de los discos CD-R y RW, que es muy sensible a la longitud de onda de la luz utilizada para leerlos. Con la longitud de onda de 780nm apropiada para el láser del CD, son muy reflectantes, pero con otras longitudes la reflectividad disminuye considerablemente.

Normalmente, las unidades de CD utilizan un láser de 780nm (infrarrojo) para leer los datos, mientras que las de DVD utilizan un láser con una longitud de onda más corta, de 650nm (rojo). Aunque el láser de longitud más corta funciona bien para leer discos de CD-ROM comerciales porque la capa de aluminio que usan es igual de reflectante con la longitud de onda corta del DVD, no sirve para leer discos CD-R ni RW.

Afortunadamente, Sony presentó una primera solución y le siguieron los demás fabricantes de unidades de DVD. Ésta consistía en un fonocaptor láser dual que incorpora láser de 650nm (DVD) y 780nm (CD). Algunos de estos sistemas utilizaban dos unidades fonocaptoras discretas montadas en el mismo ensamblaje, pero cambiaron finalmente a dos unidades de láser doble que utilizan la misma óptica, lo que hace que el fonocaptor sea más pequeño y económico.

Puesto que la mayoría de los fabricantes querían hacer varias unidades, incluidas algunas más baratas sin el fonocaptor dual, hacía falta un estándar para que los compradores conocieran las capacidades de la unidad.

Entonces, ¿cómo podemos saber si nuestra unidad de CD o DVD es compatible con discos CD-R y RW? A finales de los noventa, la OSTA creó las especificaciones de multilectura (*MultiRead*) para garantizar niveles de compatibilidad específicos:

- **MultiRead:** Para unidades de CD.
- **MultiRead2:** Para unidades de DVD.

Además, existe un estándar *MultiPlay* que es similar para dispositivos de DVD-Video y CD-DA.

La tabla 9.7 recoge los dos niveles de capacidad *MultiRead* que pueden asignarse a unidades y los tipos de medios garantizados como legibles en tales unidades.

Tabla 9.7. *Estándares de compatibilidad MultiRead y MultiRead2 para unidades de CD/DVD.*

Medio	MultiRead	MultiRead2	Medio	MultiRead	MultiRead2
CD-DA	X	X	DVD-ROM	—	X
CD-ROM	X	X	DVD-Video	—	X
CD-R	X	X	DVD-Audio	—	X
CD-RW	X	X	DVD-RAM	—	X

X = Compatible; la unidad leerá este medio.
— = Incompatible; la unidad no lo leerá.

Observe que *MultiRead* también indica que la unidad es capaz de leer discos escritos en modo Packet Writing (Escritura en paquetes) porque es el utilizado habitualmente por los medios regrabables DVD y CD-R.

Si usa solamente unidades de CD o DVD regrabables, no tiene que preocuparse por la compatibilidad. Sin embargo, si todavía usa unidades no regrabables debería comprobar la compatibilidad con otros tipos de medios. Aunque los logos MultiRead y MultiRead2 (véase la figura 9.8) no se utilizan mucho actualmente, pueden servir para determinar la compatibilidad de una unidad en particular con un tipo de medio dado mirando la hoja de especificaciones.

Figura 9.8. *Logos MultiRead y MultiRead2 que pueden encontrarse en algunas unidades antiguas que cumplen estas especificaciones.*

Puede conseguir especificaciones MultiRead (versión 1.1, 23 de octubre de 1997) y MultiRead2 (versión 1.0, 6 de diciembre de 1999) en el sitio Web de OSTA.

DVD

DVD viene de *Digital Versatile Disc* (Disco digital versátil) y, simplificando, es un CD de gran capacidad. De hecho, todas las unidades DVD-ROM son unidades CD-ROM; es decir, pueden leer tanto CD como DVD (aunque muchos reproductores de DVD independientes no pueden leer discos CD-R ni CD-RW). El DVD usa la misma tecnología óptica que el CD, con la diferencia de que tiene mayor densidad. El estándar para DVD aumenta considerablemente la capacidad de almacenamiento de los discos CD, ampliando por tanto las aplicaciones útiles. Un CD puede albergar un máximo de 737MB de datos (80 minutos), que parece mucho pero realmente no es suficiente para muchas aplicaciones, especialmente si hay vídeo implicado. Por su parte, los DVD pueden albergar hasta 4,7GB (una sola capa) o 8,5GB (doble capa) en una sola cara del disco, con lo que son más de once veces y media más grandes que los CD. Los DVD de dos caras pueden almacenar el doble de esa cantidad, aunque hay que dar la vuelta al disco manualmente para leer la otra cara.

Es posible grabar hasta dos capas de información en los DVD, con una capacidad de almacenamiento inicial de 4,7GB de información digital en un disco de una sola cara con una única capa; un disco que tiene el mismo diámetro y grosor que un CD.

Con el estándar de compresión MPEG-2, es bastante para contener unos 133 minutos de vídeo, suficiente para una película completa, incluidos tres canales de audio de calidad de CD y cuatro canales de subtítulos. Utilizando ambas capas, un disco de una sola cara podría almacenar tranquilamente 240 minutos de vídeo o más. Esta capacidad inicial no es casual; la creación del DVD estuvo marcada por la industria cinematográfica, que llevaba tiempo buscando un medio de almacenamiento más económico y duradero que las cintas de vídeo.

Nota: *Es importante conocer la diferencia entre los estándares DVD-Video y DVD-ROM. Los discos DVD-Video solamente contienen programas de vídeo y están pensados para usarse en un reproductor de DVD conectado a una televisión y, posiblemente, a un sistema de sonido. DVD-ROM es un medio de almacenamiento de datos pensado para usarse en PC y otro tipo de ordenadores. La distinción es similar a la de CD de audio y CD-ROM. Los ordenadores pueden ser capaces de reproducir CD de audio además de CD-ROM, pero los reproductores de audio dedicados no pueden usar las pistas de datos de un CD-ROM. Del mismo modo, la unidad de DVD de un ordenador puede reproducir discos DVD-Video (con descodificación MPEG-2 en hardware o software), pero un reproductor de DVD-Video no puede acceder a los datos de un DVD-ROM. Es por esto que hay que seleccionar el tipo de DVD que se va a crear cuando se hace un DVD grabable o regrabable.*

La aplicación inicial para los DVD era una actualización de los CD y un reemplazo para las cintas de vídeo pregrabadas. Es posible alquilar o comprar DVD como cintas VCR pregrabadas, pero ofrecen mucha mejor resolución y calidad y contenidos extra. Igual que con los CD, que inicialmente estaban diseñados para música, los DVD se han desarrollado desde entonces para multitud de usos, que incluyen el almacenamiento de datos informáticos y el audio de alta calidad.

Historia del DVD

El DVD tuvo unos inicios inciertos. Durante 1995, se desarrollaron dos estándares distintos para unidades de CD de gran capacidad que competirían por el mercado futuro. Uno de los estándares, llamado Multimedia CD, estaba respaldado por Philips y Sony, mientras que el otro, denominado disco SD era obra de Toshiba, Time Warner y otras empresas. Si ambos estándares hubieran salido al mercado, los consumidores y los productores de software y entretenimiento no habrían sabido cuál elegir.

Por miedo a que se repitiera la situación Beta/VHS que se produjo en el mercado de las cintas de vídeo, varias empresas, incluidos los grupos Hollywood Video Disc Advisory y Computer Industry Technical, se unieron para crear un consorcio para desarrollar y controlar el estándar del DVD. El consorcio insistía en un formato único para la industria y se negó a aprobar propuestas competitivas. Con este incentivo, ambos bandos llegaron a un acuerdo para un único disco de gran capacidad de tipo CD en septiembre de 1995. El nuevo estándar combinaba elementos de los propuestos anteriormente y se llamó DVD, que entonces significaba *Digital Video Disc* (Disco de vídeo digital). El estándar DVD único evitó el fiasco para los aficionados al cine que supuso VHS contra Beta y ha dado a las industrias de software, hardware y cine un solo estándar unificado que soportar.

Tras acordar otras cuestiones, como la protección contra copia, los estándares DVD-ROM y DVD-Video se promulgaron oficialmente a finales de 1996. Los primeros reproductores, unidades y discos aparecieron en enero de 1997 en la feria de electrónica *Consumer Electronics Show* (CES) de Las Vegas, y estuvieron a disposición del público a partir de marzo de ese mismo año. Los reproductores iniciales costaban unos 1.000 dólares y solamente salieron 36 películas en la primera hornada, que solamente estuvieron disponibles en algunas ciudades de EEUU hasta agosto de 1997, cuando empezó el lanzamiento global. Tras unos difíciles comienzos (principalmente debido a los acuerdos sobre la protección contra copia y a la falta de títulos disponibles), el DVD ha obtenido un éxito increíble, que sigue aumentando a medida que el DVD pasa de ser un dispositivo de sólo lectura a ser completamente regrabable.

La organización que controla el estándar DVD-Video se llama DVD Forum y lo fundaron 10 empresas, entre las que se incluyen Hitachi, Matsushita, Mitsubishi, Victor, Pioneer, Sony, Toshiba, Philips, Thomson y Time Warner. Desde su fundación en abril de 1997, más de 230 empresas se han unido al foro. Dado que se trata de un foro público, cualquiera puede unirse y asistir a las reuniones; el sitio Web `www.dvdforum.org`. Puesto que el DVD Forum fue incapaz de llegar a un cuerdo sobre un formato de grabación universal, los miembros responsables originalmente de la tecnología CD y DVD (Philips, Sony, etc.) abandonaron el foro para formar la DVD+RW Alliance en junio de 2000; su sitio es `www.dvdrw.com`. Desde entonces han introducido el formato DVD+RW, que es el formato de DVD grabable más rápido, flexible y compatible con versiones anteriores. DVD-R/RW y DVD+R/RW no son sólo para ordenadores: puede comprar grabadores de DVD independientes de varios vendedores (algunos incluyen VCR para poder pasar cintas VCR no protegidas a DVD).

Construcción y tecnología del DVD

La tecnología del DVD es similar a la del CD. Ambas usan discos del mismo tamaño (diámetro de 120mm, 1,2mm de grosor y un agujero de 15mm en el centro) con hoyos y mesetas estampados en un plástico de policarbonato. Sin embargo, a diferencia del CD, los DVD pueden tener dos capas de grabación en una cara y dos caras. Cada una se estampa por separado y después se unen para formar el disco final de 1,2mm de grosor. El proceso de fabricación viene a ser el mismo, con la diferencia de que cada capa de cada cara se estampa a partir de una pieza de plástico de policarbonato distinta y después se unen. La principal diferencia entre CD y DVD es que el DVD es una grabación de densidad más alta leída por un láser con una longitud de onda más corta, centrada más de cerca en el disco, lo que permite que se almacene más información. Además, mientras que los CD sólo tienen una cara y una capa de hoyos y mesetas estampados, los DVD pueden tener hasta dos capas por cara y almacenar información en ambas.

Como con los CD, cada capa se estampa o moldea con una configuración de una sola pista física en espiral centrífuga. El disco gira en sentido contrario al de las agujas del reloj (visto desde abajo) y cada pista hoyos (bultos) y mesetas (porciones planas), igual que en un CD. Cada capa grabada se recubre con una fina película de metal para reflejar la luz del láser. La capa exterior tiene un recubrimiento que permite que la luz pase para leer la capa interior. Si el disco sólo tiene una cara, se puede colocar una etiqueta en la cara superior; si tiene dos, sólo un pequeño anillo en torno al centro ofrece espacio para etiquetas.

Al igual que con los CD, leer la información del DVD es cuestión de proyectar un rayo láser de baja potencia en una de las capas reflectantes del disco. El láser emite un rayo centrado en la cara inferior del disco y un receptor fotosensible detecta cuándo se refleja la luz. Cuando la luz alcanza una meseta de la pista, se refleja; cuando alcanza un hoyo, el diferencial de fase entre la luz proyectada y reflejada hace que las ondas se anulen y no se refleje luz. Los hoyos individuales de un DVD tienen una profundidad de 0,105 micras y una anchura de 0,4. Tanto los hoyos como las mesetas varían en longitud, entre la más corta (1,9 micras) y la más larga de los discos de una sola capa.

El DVD usa el mismo láser óptico que el CD para leer hoyos y mesetas. Lo que hace que tenga mayor capacidad son factores como los siguientes:

- Longitud de hoyo 2,25 veces más pequeña (0,9–0,4 micras).
- Separación entre pistas reducida 2,16 veces (1,6–0,74 micras).
- Área de datos ligeramente más grande (8.605–8.759 milímetros cuadrados).
- Modulación de bits de canal 1,06 veces más eficiente.
- Código de corrección de errores unas 1,32 veces más eficiente.
- Sobrecarga de sectores 1,06 veces menor (2.048/2.352–2.048/2.064 bytes).

Los hoyos y mesetas de un disco DVD son mucho más pequeños y están más juntos que los de un CD, lo que permite que el mismo espacio físico acoja mucha más información. La figura 9.9 muestra cómo las pistas surcadas por hoyos y mesetas son cuatro veces más densas en un DVD que en un CD.

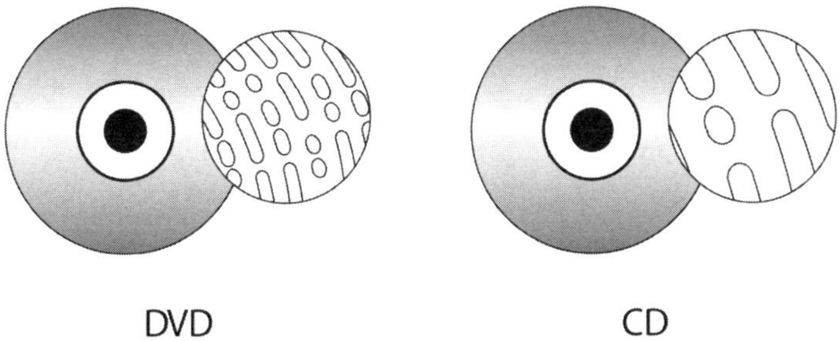

Figura 9.9. *Marcas de datos (hoyos y mesetas) en un DVD y en un CD estándar.*

Las unidades de DVD utilizan un láser con una longitud de onda más corta (650nm) para leer estos hoyos y mesetas más pequeños. Un DVD puede tener cerca del doble de la capacidad original utilizando dos capas separadas en una cara del disco y duplicarla otra vez usando las dos caras. La segunda capa de datos se escribe en un substrato aparte por debajo de la primera capa, que entonces se hace semirreflectante para permitir que el láser penetre en dicho substrato. Centrando el láser en una de las dos capas, la unidad puede leer aproximadamente el doble de datos en la misma área de superficie.

Pistas y sectores de DVD

Los hoyos están estampados en una sola pista en espiral (por capa) con un espacio de 0,74 micras entre vuelta, los que proporciona una densidad de pista de 1.351 vueltas por milímetro, o 34,324 por pulgada. Esto equivale a un total de 49,324 vueltas y una longitud de pista de 11,8km o 7,35 millas. La pista está compuesta de sectores y cada sector contiene 2.048 bytes de datos. El disco está dividido en cuatro áreas principales:

- **Área de resillado:** Parte del disco por la que el mecanismo terminal de la unidad puede tomarlo. En esta área no se guardan datos ni información.
- **Encabezamiento:** Contiene zonas de búfer, código de referencia y una zona de datos de control con información sobre el disco. La zona de datos de control consta de 16 sectores de información repetida 192 veces, hasta un total de 3.072 sectores. En los 16 sectores (repetidos) hay información sobre el disco, que incluye la categoría y el número de versión, el tamaño del disco, la velocidad de transferencia máxima, la estructura del disco y la asignación de la zona de datos. Toda la zona de encabezamiento ocupa hasta 196.607 (2FFFFh) sectores del disco. A diferencia de los CD, la estructura básica de todos los sectores de un DVD es igual. Los sectores de la zona de búfer del encabezamiento tienen todo 00h (cero hex) grabados para datos.
- **Zona de datos:** La zona de datos contiene los datos de vídeo, audio u otros del disco y empieza en el número de sector 196.608 (30000h). El número total de sectores de esta zona puede ser de hasta 2.292.897 por capa en discos de una sola capa.
- **Cola (o zona media):** La cola marca el final de la zona de datos. Los sectores de esta área contienen todo "ceros" (00h) para los datos. Se llama zona media si el disco tiene dos capas y está grabado en modo OTP (*Opposite Track Path*, Pista en espiral opuesta), en el que la segunda capa empieza en la parte exterior del disco y se lee en la dirección opuesta a la de la primera capa.

El orificio central de un DVD tiene 15mm de diámetro, así que tiene un radio de 7,5mm desde el centro del disco. Desde el borde del orificio hasta un punto a un radio de 16,5mm está el área de resillado. La zona de encabezamiento empieza a un radio de 22mm del centro del disco. La zona de datos empieza a 24mm del centro y le sigue la zona de cola (o media) a 58mm. La pista del disco termina oficialmente a los 58,5mm y después hay una zona en blanco de 1,5mm hasta el final del disco. La figura 9.10 muestra estas zonas a escala relativa como aparecen en un DVD.

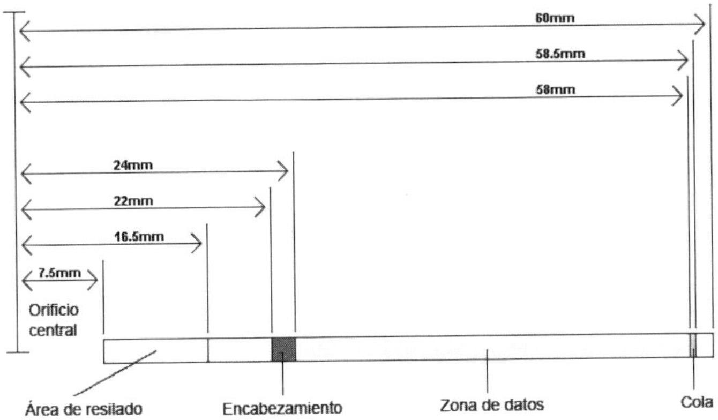

Figura 9.10. *Áreas de un DVD (vista lateral).*

Oficialmente, la pista en espiral de un DVD estándar empieza con el encabezamiento y termina al final de la cola. Esta pista única tiene una longitud de aproximadamente 11,84 kilómetros, o 7,35 millas. Un hecho interesante es que en una unidad 20x CAV, cuando se está leyendo la parte exterior de la pista, los datos se mueven a una velocidad real de 251km/h por el láser. Lo que es más asombroso es que incluso cuando los datos van a esa velocidad, el láser puede leer bien los bits (transiciones hoyo/meseta) espaciados a tan sólo 0,4 micras.

Hay versiones de DVD de una y dos capas y de una y dos caras. Los discos de doble cara son básicamente dos discos simples pegados por la parte de atrás, pero existen sutiles diferencias entre los discos de una y dos capas. La tabla 9.8 recoge información básica sobre la tecnología DVD, incluidos los DVD de una y dos capas. Las versiones de dos capas se graban con hoyos ligeramente más largos, lo que implica que hay un poco menos de información almacenada en cada una.

Tabla 9.8. *Parámetros técnicos del DVD.*

Tipo de DVD:	Una capa	Capa doble
Velocidad de lectura 1x (m/seg)	3,49	3,84
Longitud de onda del láser (nm)	650	650
Apertura numérica (lens)	0,60	0,60
Índice de reflectancia del medio	1,55	1,55
Espacio de pistas (vuelta) (um)	0,74	0,74
Vueltas por mm	1.351	1.351
Vueltas por pulgada	34.324	34.324
Longitud total de pista (m)	11.836	11.836
Longitud total de pista (pies)	38.832	38.832

Tipo de DVD:	Una capa	Capa doble
Longitud total de pista (millas)	7,35	7,35
Longitud de célula de bits del medio (nm)	133,3	146,7
Longitud de bytes del medio (um)	1,07	1,17
Longitud de sector del medio (mm)	5,16	5,68
Ancho de hoyo (um)	0,40	0,40
Profundidad de hoyo (um)	0,105	0,105
Longitud de hoyo nominal min. (um)	0,40	0,44
Longitud de hoyo nominal máx. (um)	1,87	2,05
Radio interior encabezamiento (mm)	22	22
Radio interior zona de datos (mm)	24	24
Radio exterior zona de datos (mm)	58	58
Radio exterior cola (mm)	58,5	58,5
Anchura zona de datos (mm)	34	34
Área zona de datos (mm^2)	8.759	8.759
Anchura área pista total (mm)	36,5	36,5
Velocidad de rotación máx. 1x CLV (rpm)	1.515	1.667
Velocidad de rotación min. 1x CLV (rpm)	570	627
Revoluciones pista (zona de datos)	45.946	45.946
Revoluciones pista (total)	49.324	49.324
Sectores zona de datos por capa por cara	2.292.897	2.083.909
Sectores por segundo	676	676
Velocidad de datos del medio (mbits/seg)	26,15625	26,15625
Bits por sector del medio	38.688	38.688
Bytes por sector del medio	4.836	4.836
Velocidad de datos de interfaz (mbits/seg)	11,08	11,08
Bits por sector de interfaz	16.384	16.384
Bytes por sector de interfaz	2.048	2.048
Tiempo de pista por capa (minutos)	56,52	51,37
Tiempo de pista por cara (minutos)	56,52	102,74
Vídeo MPEG-2 por capa (minutos)	133	121
Vídeo MPEG-2 por cara (minutos)	133	242

CLV = *Constant Linear Velocity*, Velocidad lineal constante.
CAV = *Constant Angular Velocity*, Velocidad angular constante.

Como verá por la información de la tabla, la pista en espiral se divide en sectores que se almacenan a una velocidad de 676 sectores por segundo. Cada sector contiene 2.048 bytes de datos.

Cuando se graban, los sectores se formatean primero en marcos de datos de 2.064 bytes: 2.048 son datos, 4 bytes contienen información ID, 2 bytes contienen códigos de detección de errores ID (IED), 6 bytes contienen información de copyright y 4 bytes contienen EDC para el marco.

Después se añade información ECC a los marcos de datos para convertirlos en marcos ECC. Cada marco ECC contiene el marco de datos de 2.064 bytes más 182 bytes de paridad exteriores (PO) y 120 bytes de paridad interiores (PI), para un total de 2.366 bytes por cada marco ECC.

Finalmente, los marcos ECC se convierten en sectores físicos en el disco. Esto se hace tomando 91 bytes al mismo tiempo del marco ECC y convirtiéndolos en bits grabados a través de una modulación de 8 a 16.

Aquí es donde se convierte cada byte (8 bits) en un valor especial de 16 bits, que se selecciona de una tabla. Estos valores se designan con un esquema RLL 2,10, diseñado de forma que la información codificada nunca tenga un recorrido de menos de dos ni más de diez "ceros" seguidos. Una vez convertido cada grupo de 91 bytes a través de la modulación de 8 a 16, se añaden 32 bits (4 bytes) de información de sincronización. Cuando ya está todo el marco ECC convertido en un sector físico, se almacena un total de 4.836 bytes.

La tabla 9.9 recoge los cálculos de sector, marco y datos de audio.

Tabla 9.9. *Información y diseño de sector físico, marco ECC y marco de datos de DVD.*

Marco de datos de DVD:	
Bytes de datos de identificación (ID)	4
Bytes de código de detección de errores ID (IED)	2
Bytes de información de copyright (CI)	6
Bytes de datos	2.048
Código de detección de errores (EDC)	4
Total bytes marco de datos	2.064
Marco EDD de DVD:	
Total bytes marco de datos	2.064
Bytes de paridad exteriores (PO)	182
Bytes de paridad interiores (PI)	120
Total bytes marco ECC	2.366
Sectores físicos del medio DVD:	
Total bytes marco ECC	2.366

Bits de modulación 8 a 16	37.856
Bits de sincronización	832
Total bits/sector de medio codificados	38.688
Total bytes/sector de medio codificados	4.836
Bits/sector de datos original	16.384
Bytes/sector de datos original	2.048
Proporción de datos de original a medio	2,36

A diferencia de los CD, los DVD no utilizan subcódigos, sino que usan los bytes ID de cada marco de datos para almacenar el número de sector y la información acerca de los sectores.

Gestión de errores de DVD

Los DVD utilizan códigos de corrección de errores más potentes que los diseñados para CD. A diferencia de los CD, que tienen distintos niveles de corrección de errores dependiendo de si se almacena audio/vídeo o datos, los DVD tratan toda la información igual y aplican la corrección de errores completa a todos los sectores.

La principal corrección de errores en los DVD tiene lugar en el marco ECC. Se añaden bits de paridad exterior (columna) e interior (fila) para detectar y corregir errores. El esquema es simple pero efectivo. La información de los marcos de datos se rompe en 192 filas de 172 bytes cada una. A continuación, se utiliza una ecuación polinómica para calcular y agregar 10 bytes PI a cada fila, haciendo que las filas sean ahora de 182.

Finalmente, se usa otra ecuación polinómica para calcular 16 bytes PO para cada columna, obteniendo un resultado de 16 bytes (columnas) añadidos a cada columna. Lo que empezó siendo 192 filas de 172 bytes se convierte en 208 filas de 182 bytes con la información PI y PO añadida.

La función de los bytes PI y PO puede explicarse con un sencillo ejemplo de paridad simple, en el que se almacenen 2 bytes (01001110 = N, 01001111 = O). Para agregar la información de corrección de errores, se organizan en filas, como aquí:

```
            Bits de datos
            1 2 3 4 5 6 7 8
------------------------------------
Byte 1      0 1 0 0 1 1 1 0
Byte 2      0 1 0 0 1 1 1 1
------------------------------------
```

Después se añade un bit PI por cada fila, utilizando paridad par. Esto significa que se cuentan los bits 1: en la primera fila hay cuatro, así que el bit de paridad se crea como un "uno", haciendo que la suma sea un número par. En la segunda fila, el bit de paridad es un "cero" porque la suma de "unos" ya es un número par.

El resultado es el siguiente:

```
            Bits de datos       |
            1 2 3 4 5 6 7 8     |  PI
----------------------------    |---------
Byte 1      0 1 0 0 1 1 1 0     |  1
Byte 2      0 1 0 0 1 1 1 1     |  0
----------------------------    |---------
```

A continuación, se añaden los bits de paridad de cada columna y se calcula igual que antes. Es decir, el bit de paridad será uno que haga que la suma de "unos" de cada columna sea un número par, como aquí:

```
            Bits de datos       |
            1 2 3 4 5 6 7 8     |  PI
----------------------------    |---------
Byte 1      0 1 0 0 1 1 1 0     |  1
Byte 2      0 1 0 0 1 1 1 1     |  0
----------------------------    |---------
    PO      1 1 1 1 1 1 1 0     |  1
```

Ahora el código está completo y los bits extra se almacenan con los datos. Así pues, en vez de almacenarse solamente los 2 bytes, se guardan 11 bits adicionales para corrección de errores. Cuando se leen los datos, los cálculos se repiten y comprueban para ver si son igual que antes. Para ver cómo funciona esto, vamos a cambiar uno de los bits de datos (debido a un error de lectura) y volver a calcular los bits de corrección de errores:

```
            Bits de datos       |
            1 2 3 4 5 6 7 8     |  PI
----------------------------    |---------
Byte 1      0 1 0 0 1 1 1 0     |  1
Byte 2      0 1 0 0 1 1 1 1     |  0
----------------------------    |---------
    PO      1 1 1 1 1 0 1 0     |  1
```

Ahora, al comparar los bits PI y PO calculados tras la lectura con los almacenados originalmente, verá un cambio en el bit PI por byte (fila) 1 y en el bit PO por bit (columna) 6. Esto identifica la fila y columnas exactas en las que está el error: byte 1 (fila 1), bit 6 (columna 6). Ese bit se leyó como un "cero" y sabemos que está mal, así que debería haber sido un "uno". La circuitería de corrección de errores simplemente lo cambia por un "uno" antes de devolverlo al sistema. Como ve, con un poco de información extra añadida a cada fila y columna, los códigos de error pueden realmente detectar y corregir errores al vuelo. Además de los marcos ECC, los DVD también codifican los datos en los marcos con una técnica de desplazamiento de bits, e intercalan partes de los marcos ECC cuando se graban en el disco. Estos esquemas sirven para almacenar los datos fuera de secuencia, evitando que algún arañazo dañe datos consecutivos.

Capacidad del DVD (caras y capas)

Hay cuatro tipos de DVD disponibles, clasificados dependiendo de si tienen una o dos caras y una o dos capas:

- **DVD-5 (4,7GB una cara, una capa):** El DVD-5 está hecho de dos substratos unidos con adhesivo. Uno está estampado con una capa grabada (capa 0) y el otro está en blanco. Normalmente se aplica un recubrimiento de aluminio a la capa grabada.
- **DVD-9 (8,5GB una cara, dos capas):** El DVD-9 está construido a partir de dos substratos estampados unidos para formar dos capas grabadas para una cara del disco, junto con un substrato en blanco para la otra cara. La capa estampada exterior (0) lleva un recubrimiento de oro semitransparente para reflejar la luz si el láser está centrado en ella y dejarla pasar si está centrado en la de debajo. Se utiliza un solo láser para leer ambas capas; solamente cambia el foco del láser.
- **DVD-10 (9,4GB doble cara, una capa):** El DVD-10 está hecho con dos substratos estampados unidos por la parte trasera. La capa grabada (capa 0 en cada cara) suele estar recubierta con aluminio. Observe que estos discos tienen dos caras, pero las unidades sólo tienen un láser en la parte de abajo, lo que significa que hay que sacar el disco y darle la vuelta para leer la otra cara.
- **DVD-18 (17,1GB doble cara, doble capa):** El DVD-18 combina dos capas y dos caras. Cada cara está formada por dos capas estampadas y las parejas de substrato están unidas por la parte de atrás. Las capas exteriores (capa 0 de cada cara) están recubiertas con oro semitransparente, mientras que las interiores (capa 1 de cada cara) lo están de aluminio. La reflectividad de un disco de una sola capa es de entre el 45 y el 85 por 100, mientras que para un disco de una sola capa es entre un 18 y un 30 por 100. La circuitería AGC (*Automatic Gain Control*, Control automático de ganancia) de la unidad compensa las distintas propiedades reflectantes.

La figura 9.11 muestra la construcción de cada tipo de disco de DVD.

Observe que aunque la figura 9.11 muestra dos láseres que leen la parte inferior de los discos de doble capa, en realidad sólo se usa uno. Únicamente se cambia el foco para leer las distintas capas.

Los discos de doble capa pueden tener las capas grabadas de dos maneras: OTP (*Opposite Track Path*, Pista en espiral opuesta) o PTP (*Parallel Track Path*, Pista en espiral paralela). OTP minimiza el tiempo necesario para cambiar de una capa a la otra al leer el disco. Cuando llega a la parte interior del disco (final de la capa 0), el láser se queda en la misma posición, simplemente se mueve ligeramente hacia el disco para enfocar la capa 1. Cuando se ha escrito en modo OTP, la zona de cola de la capa exterior se denomina zona media. Los discos escritos en PTP tienen las espirales de ambas capas escritas (y leídas) de dentro a fuera. Al cambiar de la capa 0 a la 1, los discos PTP requieren que el láser se mueva de fuera (final de la primera capa) a dentro (inicio de la segunda) y que cambie el foco. Prácticamente todos los discos están escritos en modo OTP para acelerar el cambio de capa. La grabación OTP también es la utilizada por las unidades regrabables de doble capa (DL).

Para permitir que las capas se lean más fácilmente aunque no estén una encima de otra, los discos escritos en modo PTP cambian la dirección de la espiral de una capa a otra. La capa 0 tiene una espiral que va en el sentido de las agujas del reloj (en el sentido contrario al leer), mientras que la de la capa 1 va en sentido contrario al de las agujas del reloj. Normalmente esto requiere que la unidad gire el disco en el sentido contrario para leer esa capa, pero con OTP la espiral se lee desde fuera en la segunda capa. Así pues, la capa 0 va de dentro a fuera y la 1 de fuera a dentro.

La figura 9.12 muestra la diferencia entre PTP y OTP en un DVD.

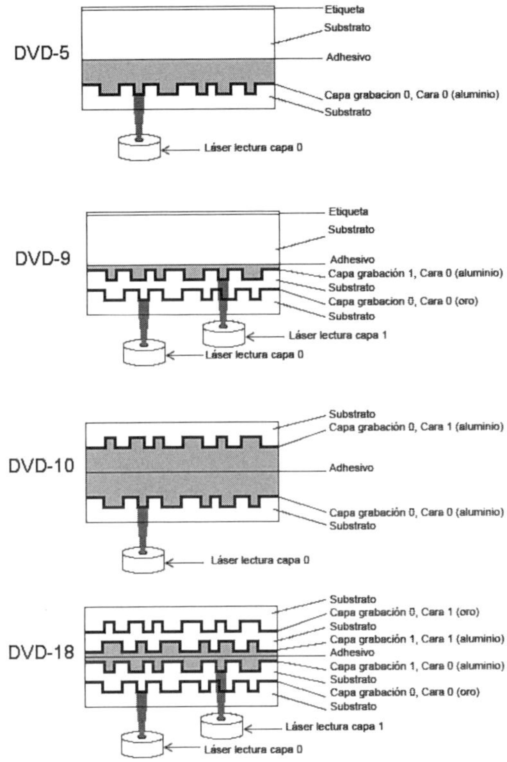

Figura 9.11. *Construcción de los distintos tipos de discos de DVD.*

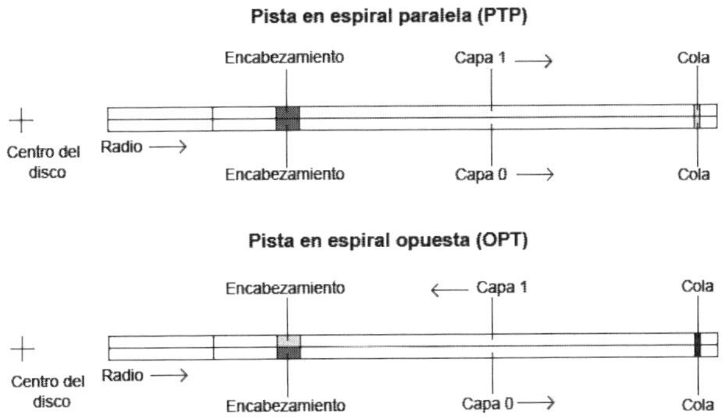

Figura 9.12. *PTP frente a OTP.*

Los DVD almacenan hasta 4,7GB–17,1GB, dependiendo del tipo. La tabla 9.10 recoge la capacidad exacta de los distintos tipos de DVD.

Tabla 9.10. *Capacidad de DVD.*

	Una capa	**Dos capas**
Designación DVD	**DVD-5**	**DVD-9**
B	4.695.853.056	8.535.691.264
KiB	4.585.794	8.335.636
KB	4.695.853	8.535.691
MiB	4.478	8.140
MB	4.696	8.536
GiB	4,4	7,9
GB	4,7	8,5
Vídeo MPEG-2 (minutos aprox.)	133	242
Vídeo MPEG-2 (horas:minutos)	2:13	4:02
	Una capa, doble cara	**Doble capa, doble cara**
Designación DVD	**DVD-10**	**DVD-18**
B	9.391.706.112	17.071.382.528
KiB	9.171.588	16.671.272
KB	9.391.706	17.071.383
MiB	8.957	16.281
MB	9.392	17.071
GiB	8,7	15,9
GB	9,4	17,1
Vídeo MPEG-2 (minutos aprox.)	266	484
Vídeo MPEG-2 (horas:minutos)	4:26	8:04

Como verá, la capacidad de los discos de doble capa es algo menos del doble de la de los de una sola capa, aunque las capas ocupen el mismo espacio en ellos (las pistas de la espiral tienen la misma longitud). Esto se hizo intencionadamente para mejorar la legibilidad de ambas capas en una configuración de doble capa. Para hacerlo, el espacio entre células se aumenta ligeramente, lo que incrementa la longitud de cada hoyo y meseta. Cuando se lee un disco de doble capa, la unidad gira un poco más deprisa para compensar, con lo que se obtiene la misma velocidad de datos. Sin embargo, dado que la distancia en la pista se cubre más rápidamente, se pueden almacenar menos datos en total.

Además de las cuatro capacidades estándar tratadas aquí, también se puede producir un disco de doble cara con una capa en una cara y dos en la otra. Es lo que se llama DVD-14 y tiene una capacidad de 13,2GB, o unas 6 horas y 15 minutos de vídeo MPEG-2. Además, también se puede producir discos de 80mm, que almacenan menos datos en cada configuración que los de 120mm estándar.

Debido a las dificultades de fabricación y los gastos extra que suponen los discos de doble cara (y el hecho de que haya que sacarlos y darles la vuelta para reproducir la otra cara), la mayoría de los DVD están configurados como DVD-5 o DVD-9, lo que permite hasta 8,5GB de datos o 242 minutos de vídeo MPEG-2 ininterrumpido. La capacidad de 133 minutos de los discos de vídeo DVD-5 sirve para más del 95 por 100 de las películas que existen.

Nota: *Cuando se ve una película en un DVD de doble capa, observará una pausa momentánea en la pantalla cuando el reproductor empieza a leer la segunda capa. Es normal y dura tan poco tiempo que si pestañea ni la notará.*

Codificación de datos en el disco

Como con los CD, los hoyos y mesetas no determinan los bits de por sí, sino que son las transiciones (cambios en la reflectividad) entre hoyos y mesetas y viceversa quienes lo hacen. La pista del disco se divide en células de bits o intervalos de tiempo (T) y un hoyo o meseta usados para representar datos tiene que tener una longitud de un mínimo de 3T o un máximo de 11T (células).

Un hoyo o una meseta de 3T representa un 1001 y un hoyo o meseta de 11T representa un 100000000001.

Los datos se almacenan usando modulación de 8 a 16, que es una versión modificada de la modulación de 8 a 14 (EFM) usada en los CD. Es por eso que a veces se llama EFM+ a la modulación de ocho a dieciséis. Dicha modulación toma cada byte (8 bits) y lo convierte en un valor de 16 bits para almacenamiento. Los códigos de conversión a 16 bits están diseñados de forma que nunca haya menos de dos ni más de diez "ceros" adyacentes (lo que tiene como resultado no menos de tres ni más de 11 intervalos entre "unos"). EFM+ es una forma de codificación RLL llamada RLL 2,10 (RLL x,y, donde x es igual al mínimo e y es igual al máximo recorrido de "ceros"). Esto está diseñado para impedir largas cadenas de "ceros" que podrían leerse mal por desincronización de los relojes y para limitar la frecuencia de transición mínima y máxima colocada realmente en el medio de grabación.

A diferencia de lo que ocurre en los CD, no hay bits de fusión entre códigos. Los códigos de modulación de 16 bits están diseñados de forma que no violen la forma RLL 2,10 sin necesidad de bits de fusión. Puesto que la EFM utilizada en los CD realmente requiere más de 17 bits por cada byte (debido a los bits de fusión y a la sincronización añadidos), EFM+ es algo más eficiente porque solamente se generan 16 bits más por cada byte codificado.

Observe que aunque no se permite más de diez "ceros" en la modulación generada por EFM+, los bits de sincronización que se añaden al escribir los sectores físicos pueden tener hasta 13 "ceros", lo que significa un periodo de hasta 14T entre "unos" escritos en el disco y hoyos o mesetas con intervalos de hasta 14T o células de bit.

Estándares de DVD grabables

La historia de las unidades de DVD grabables no ha estado exenta de problemas. Se remonta a abril de 1997, cuando el DVD Forum anunció especificaciones para DVD escribibles y grabables: DVD-RAM y DVD-R.

Más tarde añadió DVD-RW. Insatisfechos con estos estándares, los líderes de la industria de unidades y grabación ópticas formaron su propio grupo, la DVD+RW Alliance, y crearon otro estándar DVD+R y DVD+RW. Durante años, las unidades basadas en una familia de estándares no podían intercambiar medios libremente con unidades que utilizaban la otra familia de estándares.

Por suerte, todas las unidades recientes soportan medios DVD-R/RW y DVD+R/RW, incluidos los DVD+R de doble capa y la mayoría también soportan DVD-RAM. El hecho de soportar múltiples estándares en una misma unidad supone que la industria del DVD grabable/escribible ya no obliga a los consumidores a decidir qué unidad es mejor, sino que podemos elegir el medio adecuado para una tarea en particular.

La tabla 9.11 contiene una comparación entre los estándares de DVD grabable en liza y la tabla 9.12 recoge un desglose de las compatibilidades entre unidades y medios.

Tabla 9.11. *Estándares de DVD grabable.*

Formato	Presentación	Capacidad	Compatibilidad
DVD-RAM	Julio 1997	Hasta 4,7GB por cara	Incompatible con las unidades de DVD existentes a menos que soporten el estándar MultiRead2.
DVD-R/RW	Julio 1997; Nov. 1999	4,7GB por cara	Leíble por muchas grabadoras/unidades de DVD.
DVD+R/RW	Mar. 2001; Mayo 2001	4,7GB por cara	Leíble por la mayoría de grabadoras/unidades de DVD existentes, con mejoras para grabación de vídeo y datos.
DVD+R DL	Oct. 2003	8,5GB	Las unidades de DVD más antiguas podrían requerir actualizaciones de *firmware* para leer medios DL.
DVD-R DL	Feb. 2005	8,5GB	Para compatibilidad con unidades de DVD más antiguas, utilice el método Layer Jump Recording. Las unidades de DVD más antiguas podrían requerir también actualizaciones de *firmware* para leer medios DL.

Tabla 9.12. Compatibilidad de unidades y medios de DVD.

Unidades	Medios (Discos) CD-ROM	CD -R	CD-RW	Unidad DVD	DVD-ROM	DVD-R	DVD-RAM	DVD-RW	DVD+RW	DVD+R
Reproductor de DVD-Video	R	?	?	R	—	R	?	R	R	R
Unidad DVD-ROM	R	R	R	R	R	R	?	R	R[1]	R
Unidad DVD-R	R	R/W	R/W	R	R	R/W	—	R	R	R
Unidad DVD-RAM	R	R	R	R	R	R[6]	R/W	R	R[1]	R
Unidad DVD-RW	R	R/W	R/W	R	R	R/W	—	R/W	R	R
Unidad DVD+R/RW	R	R/W	R/W	R	R	R	R[3]	R	R/W	R/W[2]
DVD-Multi Drive[4]	R	R/W	R/W	R	R	R	R/W	R/W	R[1]	R
Unidad DVD±R/RW	R	R/W	R/W	R	R	R/W	R[5]	R/W	R/W	R/W
DVD Super Multi Drive[7]	R	R/W	R/W	R	R	R/W[8]	R/W	R/W	R/W	R/W[9]

R = *Read*, Lectura.
W = *Write*, Escritura.
— = Ni lectura ni escritura.
? = Lo leerán las unidades MultiRead/MultiPlay.
[1] Podría requerir el cambio del bit de compatibilidad del medio para alternar (Tipo 2).
[2] Algunas unidades DVD+RW de primera generación no escriben discos DVD+R; consulte con el fabricante de la unidad para una actualización.
[3] La compatibilidad de lectura con DVD-RAM varía por unidad; compruebe la documentación para más detalles.
[4] Especificación del DVD Forum para unidades con todos los formatos del foro (DVD+R/RW no es un estándar DVD Forum).
[5] Algunas de estas unidades también pueden grabar en medios DVD-RAM.
[6] Algunas de estas unidades también pueden grabar en medios DVD-R.
[7] Identifica unidades que funcionan con medios DVD+R/RW, DVD-R/RW, DVD+R DL y DVD-RAM.
[8] Algunas de estas unidades también funcionan con medios de doble capa (DL).
[9] También soporta medios DL.

DVD+R/RW ofrece precios bajos de unidad y medios, proporciona la mayor compatibilidad con los formatos existentes y tiene características que lo convierten en el más idóneo para grabación de vídeo y almacenamiento de datos en PC. Sin embargo, con la mayoría de las unidades modernas, se puede elegir el medio que mejor se adecue a la tarea.

DVD-RAM

DVD-RAM es el estándar de DVD regrabable aprobado por Panasonic, Hitachi y Toshiba y forma parte de los estándares respaldados por el DVD Forum. DVD-RAM utiliza una tecnología de cambio de fase similar a la de CD-RW. Desafortunadamente, los discos DVD-RAM no pueden leerse en la mayoría de unidades DVD-ROM estándar por diferencias en la reflectividad del medio y el formato de los datos. (DVD-R, en comparación, es compatible con DVD-ROM.)

Las unidades de DVD-ROM que pueden leer discos DVD-RAM salieron al mercado a principios de 1999 y seguían la especificación MultiRead2. Las unidades DVD-ROM y reproductores de DVD-Video etiquetados como compatibles con MultiRead2 pueden leer discos DVD-RAM. Aunque el logo MultiRead2 no se usa en productos actuales, algunas unidades DVD-ROM modernas pueden leer medios DVD-RAM; verifique la compatibilidad en la hoja de especificaciones de cada unidad.

Las primeras unidades DVD-RAM aparecieron en la primavera de 1998 y tenían una capacidad de 2,6GB (una cara) o 5,2GB (doble cara). Los discos DVD-RAM Version 2 con 4,7GB llegaron a finales de 1999, y los de doble cara de 9,4GB, en 2000. Las unidades DVD-RAM suelen leer medios DVD-Video, DVD-ROM y CD. Aunque las unidades DVD-ROM, las DVD+R/RW y DVD-R/RW más antiguas y los reproductores de DVD-Video no pueden leer medios DVD-RAM, las unidades DVD Multi y DVD Super Multi pueden leerlos y escribirlos.

DVD-RAM usa el método de grabación conocido como Wobbled Land & Groove, que graba señales tanto en las mesetas (las áreas entre los surcos) como dentro de los surcos preformados en el disco. Las pistas están curvadas, lo que proporciona datos de reloj para la unidad. Durante el proceso de fabricación, se preimprimen también hoyos de encabezamiento de sector. La figura 9.13 muestra las pistas curvadas (mesetas y surcos) con datos grabados en las mesetas y los surcos. Esto es una diferencia con CD-R o CD-RW, donde los datos se graban únicamente en el surco.

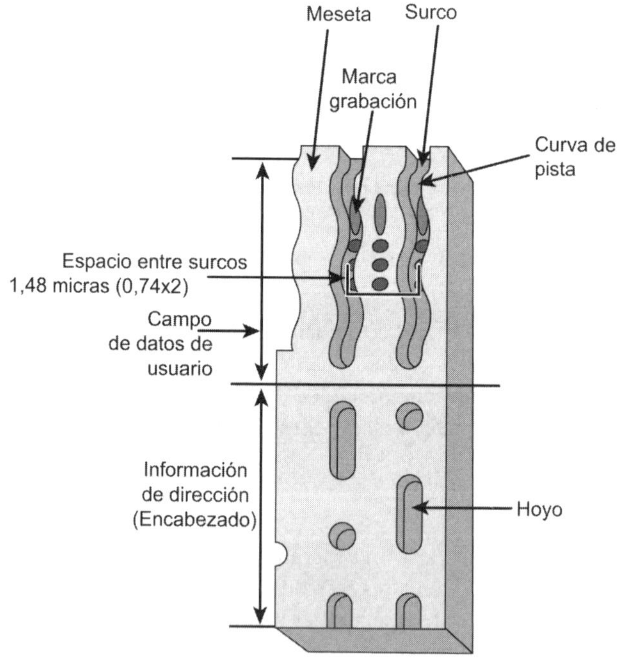

Figura 9.13. *Grabación Wobbled Land & Groove de DVD-RAM.*

El disco se graba con grabación de cambio de fase, donde los datos se escriben calentando puntos selectivamente en las mesetas con un láser de alta potencia. El láser de la unidad DVD-RAM transforma la película cristalina a un estado amorfo calentando un punto que se vuelve menos reflectante que las porciones cristalinas restantes. La señal se lee como la diferencia de la tasa de reflectividad del láser entre los estados cristalino y amorfo. Los códigos de modulación y corrección de errores son iguales para DVD-Video y DVD-ROM, garantizando así la compatibilidad con otros formatos de DVD. Para regrabar, un láser de baja potencia vuelve a calentar el punto a una temperatura más baja en la que se cristaliza.

Originalmente se requerían cartuchos o estuches para discos de una y dos caras, pero ahora son optativos para los de una sola. Los discos de doble cara deber permanecer en estuches para su protección; sin embargo, los de una sola pueden sacarse del cartucho si es necesario.

La tabla 9.13 recoge las especificaciones DVD-RAM.

Tabla 9.13. *Especificaciones DVD-RAM.*

Capacidad de almacenamiento	2,6GB una cara; 5,2GB doble cara.
Diámetro del disco	80mm–120mm.
Grosor del disco	1,2mm (0,6mm×2: estructura unida).
Método de grabación	Cambio de fase.
Longitud de onda del láser	650nm.
Longitud de bits de datos	0,41–0,43 micras.
Espacio entre pistas de grabación	0,74 micras.
Formato de pista	Meseta curvada y surco.

En el pasado, me oponía al DVD-RAM por la falta de compatibilidad con otros tipos de unidad. No obstante, si emplea unidades que soporten el estándar DVD Super Multi, puede leer y escribir DVD-RAM además de otros formatos de DVD regrabable. Con la posibilidad de leer, escribir y borrar datos sin necesidad de utilizar software de escritura en paquetes UDF, DVD-RAM puede ser una alternativa útil para otros tipos de DVD regrabable, suponiendo que sus unidades puedan usarlo.

DVD-R

DVD-R es un medio de una sola escritura muy parecido a CD-R, creado originalmente por Pioneer y lanzado por el DVD Forum en julio de 1997. Los discos DVD-R pueden reproducirse en unidades DVD-ROM estándar. Algunas unidades DVD-RAM también pueden grabar en medios DVD-R.

DVD-R tiene una capacidad de almacenamiento en una sola cara de 2,7GB, unas siete veces la de un CD-R y duplica esa cantidad en los discos de doble cara. Estos discos utilizan una capa de grabación con un tinte orgánico que es un material de bajo coste, similar al de CD-R.

Para permitir la precisión del posicionamiento, DVD-R utiliza una grabación de surco curvado, en la que hay pistas en surco especiales pregrabadas en el disco durante el proceso de fabricación. Los datos se graban solamente dentro de los surcos. Las pistas surcadas trazan leves curvas hacia la derecha y la izquierda y la frecuencia de la curva contiene datos de reloj para que los lea la unidad. Las curvas están más juntas que en DVD-RAM, pero los datos se graban solamente en los surcos y no en las mesetas (véase la figura 9.14).

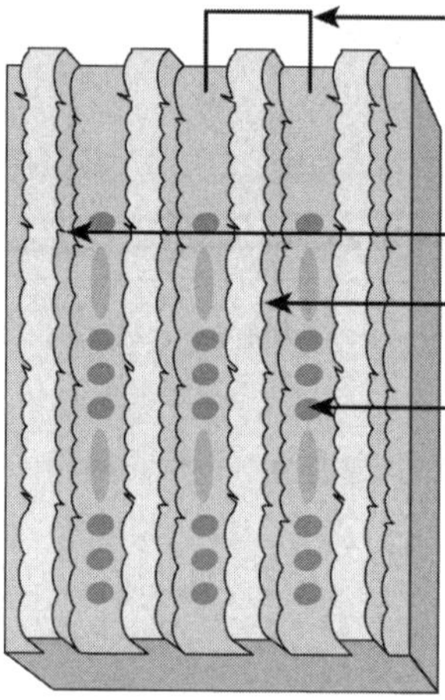

Figura 9.14. *Grabación en surco curvado DVD-R.*

La tabla 9.14 recoge las especificaciones para unidades de DVD-R.

Tabla 9.14. *Especificaciones DVD-R.*

Capacidad de almacenamiento	4,7GB una cara; 9,4GB dos caras.
Diámetro del disco	80mm–120mm.
Grosor del disco	1,2mm (0,6mm×2: estructura unida).
Método de grabación	Método de grabación de capa de tinte orgánico.
Longitud de onda del láser	635nm (grabación); 635nm/650nm (reproducción).
Longitud de bits de datos	0,293 micras.
Espacio entre pistas de grabación	0,80 micras.
Formato de pista	Surco curvado.

Los medios DVD-R están disponibles actualmente en velocidades de hasta 16x, aunque algunas unidades tienen velocidades de quemado más elevadas. Algunos vendedores están produciendo medios DVD-R de dos caras y una capa con capacidad de 9,4GB. Tales medios están diseñados principalmente para equipos de DVD, aunque pueden usarse en unidades de DVD regrabables estándar.

DVD-R DL

DVD-R DL se presentó en febrero de 2005 y es básicamente una versión de dos capas del disco DVD-R, que comparte método de grabación, longitud de onda del láser y otras especificaciones. Sin embargo, los discos DVD-R DL tienen dos capas de grabación, con la superficie reflectante de la capa superior semitransparente para permitir la grabación en la segunda capa. Debido a la baja reflectividad de la capa superior, algunas unidades DVD-ROM no pueden leer medios DVD-R DL.

Nota: *Si no puede leer medios DVD-R DL con una unidad de DVD, pruebe a utilizar el método de grabación* Layer Jump Recording *(LJR) en el software de masterización de DVD si la unidad y el software lo soportan. LJR alterna entre capas de grabación durante el proceso de escritura en vez de rellenar una capa antes de pasar a la otra. Esto permite al disco soportar grabaciones multisesión y puede facilitar a las unidades de DVD la lectura de medios de doble capa.*

Los medios DVD-R DL están disponibles actualmente en velocidad 4x, aunque algunas unidades de DVD regrabables soportan velocidades de escritura más rápidas.

DVD-RW

El DVD Forum introdujo DVD-RW en noviembre de 1999. Creado y aprobado originalmente por Pioneer, DVD-RW es básicamente una extensión de DVD-R, igual que CD-RW es una ampliación de CD-R. DVD-RW utiliza una tecnología de cambio de fase que es más compatible con las unidades de DVD estándar que DVDRAM. Las unidades basadas en esta tecnología empezaron a distribuirse a finales de 1999, pero los primeros modelos no gozaron de mucha popularidad porque Pioneer era el único vendedor y por las limitaciones de rendimiento. Actualmente hay medios DVD-RW disponibles en velocidades de 6x, aunque también los hay de 1x, 2x y 4x. Las unidades que soportan 2x/4x y medios más rápidos ofrecen muchas ventajas respecto a las unidades DVD-RW 1x/2x, incluidas éstas:

- **Formateo rápido:** Las unidades 1x/2x requieren el formateo de todo el disco DVD-RW antes de poder utilizar el medio, un proceso que puede tardar una hora aproximadamente. Las unidades 2x/4x y más rápidas pueden usar los medios DVD-RW a los pocos segundos de su inserción, formateando el disco en segundo plano si es necesario. Es parecido al funcionamiento de las unidades DVD+RW.
- **Rápido crecimiento:** En lugar de borrar el medio para añadir archivos, como en las unidades DVD-RW 1x/2x, las unidades DVD-RW 2x/4x y más rápidas

pueden dejar el medio sin finalizar para seguir añadiendo archivos sin borrar los ya existentes.

- **Finalización rápida:** Las unidades DVD-RW 2x/4x cierran los medios que contienen pequeñas cantidades de datos (menos de 1GB) más deprisa que las unidades de 1x/2x.

Sin embargo, la mayoría de las unidades de DVD-RW no soportan Lossless Link, Mount Rainier, ni la eliminación selectiva de archivos, todas ellas características principales DVD+RW.

Nota: *La tecnología Zero Link de Plextor soporta la eliminación selectiva de archivos en medios DVD-RW. Básicamente, Zero Link ofrece un equivalente a la característica Lossless Link de DVD+RW, que permite que los reproductores de DVD-Video que soportan medios DVD-RW reproduzcan discos editados.*

DVD+RW y DVD+R

DVD+RW es el estándar de DVD grabable por excelencia porque es el más económico, fácil de usar, rápido y compatible con los formatos existentes. Fue desarrollado y respaldado por Philips, Sony, Hewlett-Packard, Mitsubishi Chemical (MCC/Verbatim), Ricoh, Yamaha y Thomson, todos ellos parte de un grupo denominado DVD+RW Alliance (`www.dvdrw.com`).

Microsoft se unió a la alianza en febrero de 2003. La mayoría de vendedores de software de creación de DVD/CD y de unidades también soportan DVD+RW, incluidos HP, Philips, Ricoh y muchos revendedores OEM de unidades.

Aunque la popularidad de DVD-RW ha crecido con la llegada de tiempos de quemado más rápidos y fáciles, DVD+RW es el formato de DVD regrabable más popular.

La tabla 9.15 recoge las especificaciones básicas para las unidades DVD+RW.

Tabla 9.15. *Especificaciones DVD+RW.*

Capacidad de almacenamiento	4,7GB una cara; 9,4GB doble cara.
Diámetro del disco	120mm.
Grosor del disco	1,2mm (0,6mm×2: estructura unida).
Método de grabación	Cambio de fase.
Longitud de onda del láser	650nm (grabación/reproducción).
Longitud de bits de datos	0,4 micras.
Espacio entre pistas de grabación	0,74 micras.
Formato de pista	Surco curvado.

Observe que DVD+R, la versión grabable de DVD+RW, apareció en realidad después de DVD+RW. Es el caso opuesto a DVD-RW, que surgió a partir de DVD-R. Una de las principales razones para el desarrollo de DVD+R fue proporcionar un método de bajo coste para el almacenamiento de datos permanente con unidades DVD+RW y otra fueron los problemas de compatibilidad con unidades DVD-ROM y reproductores de DVD-Video incapaces de leer medios creados con unidades DVD+RW. Sin embargo, la mayoría de unidades de DVD-ROM o reproductores de DVD estándar pueden leer medios DVD+R y DVD+RW sin problemas. La estructura básica de un disco DVD+RW o DVD+R se parece a la de un disco DVD-R con datos escritos sólo en el surco (véase la figura 9.14), pero el surco está curvado a una frecuencia diferente de la utilizada en DVD-R/RW o DVD-RAM. El surco de DVD+R/RW también contiene información de posicionamiento. Estas diferencias suponen que los medios DVD+R/RW ofrecen un posicionamiento más adecuado para Lossless Linking, pero las unidades hechas para medios DVD+R/RW únicamente no pueden escribir en otros tipos de DVD regrabables.

Aunque algunas unidades DVD+RW de primera generación solamente funcionaban con medios reescribibles, todas las unidades actuales y en proyecto están diseñadas para funcionar con medios DVD+R (grabables) y DVD+RW (regrabables). Los discos +R sólo pueden grabarse una vez y son menos caros que los discos +RW.

Éstas son algunas de las características de DVD+RW:

- Discos de una sola cara (4,7GB).
- Discos de dos caras (9,4GB).
- Hasta 4 horas de grabación de vídeo (discos de una cara).
- Hasta 8 horas de grabación de vídeo (discos de dos caras).
- Discos sin necesidad de estuche.
- Láser de 650nm (igual que un DVD-Video).
- Densidad de datos lineal constante.
- Grabación CLV y CAV.
- Velocidades de escritura 1x–4x y superior (dependiendo de la unidad).
- Velocidades de datos de DVD-Video.
- Sistema de archivos UDF (*Universal Disc Format*, Formato universal de disco).
- Administración de defectos integrada en la unidad.
- Formateo rápido.
- Usa los mismos códigos de modulación de 8 a 16 y de corrección de errores que DVD-ROM.
- Grabación secuencial y aleatoria.
- Lossless Linking. (Las sesiones de grabación múltiple no malgastan espacio.)

- Surco en espiral con curvas radiales.
- Después de la grabación, todos los parámetros físicos cumplen con la especificación DVD-ROM.

La tecnología DVD+RW es muy similar a la CD-RW y las unidades DVD+RW pueden leer DVD-ROM y todos los formatos de CD, incluidos CD-R y CD-RW.

Con DVD+RW, el proceso de grabación puede suspenderse y reanudarse sin pérdida de espacio al vincular las sesiones, lo cual incrementa la eficiencia en la escritura aleatoria y las aplicaciones de vídeo.

Esta tecnología Lossless Linking también permite la sustitución selectiva de cualquier bloque de datos individual de 32KB (unidad de grabación mínima) por un nuevo bloque, posicionado adecuadamente con un espacio de una micra. Para permitir esta exactitud en la colocación de los datos en la pista, el *pre-groove* está curvado a más frecuencia. La información de temporización y dirección del surco es muy exacta.

La característica de formateo rápido significa que se puede introducir un DVD+R o DVD+RW virgen en la unidad y empezar a grabar en él casi al instante. En realidad, el formateo se lleva a cabo en segundo plano por donde no se puede escribir. DVD+R/RW es mi formato preferido y el que recomiendo siempre; creo que a largo plazo se convertirá en el preferido por la mayoría de los usuarios. Sin embargo, las unidades multiformato actuales soportan tanto DVD+R/RW como DVD-R/RW (y las Super Multi Drives también DVD-RAM), así que puede elegir basándose en el uso que le vaya a dar al medio.

Cuando aparecieron las unidades DVD+RW en 2001, algunos usuarios de DVD-ROM y reproductores de DVD independientes no podían leer medios DVD+RW, incluso aunque otros sí pudieran hacerlo. Las primeras unidades que soportaban medios DVD+R (que funcionaban en muchas unidades antiguas) no aparecieron hasta mediados de 2002, lo cual supuso un problema importante.

La causa más habitual de dicho problema resultó ser el contenido del campo `Book Type` de la sección de encabezamiento de todos los discos DVD. Algunas unidades requerían que este campo indicase que el medio era un DVD-ROM antes de poder leerlo. Sin embargo, por defecto, las unidades DVD+RW muestran DVD+RW como tipo en este campo cuando se usa DVD+RW.

He aquí tres posibles soluciones:

- Actualice el *firmware* en la grabadora DVD+RW para que escriba información compatible en el campo `Book Type` automáticamente.
- Cambie el campo `Book Type` durante la creación de un disco con un programa de masterización de DVD.
- Use una utilidad de compatibilidad para cambiar los contenidos del campo `Book Type` para un disco DVD+RW en particular como sea necesario. Puede obtener estas utilidades del fabricante de la unidad (a veces también es necesaria una actualización del *firmware*) o de terceros.

El cambio del campo `Book Type` se conoce como *bitsetting*.

DVD+R DL

DVD+R DL, también llamado DVD-R9, es una versión de doble capa del estándar DVD+R que apareció en octubre de 2003 y comparte el método de grabación, la longitud del láser y otras especificaciones. Sin embargo, los discos DVD+R DL tienen dos capas de grabación, con la superficie reflectante de la superior semitransparente para permitir la grabación en la segunda. Debido a la baja reflectividad de la capa superior, algunas unidades de DVD-ROM no pueden leer medios DVD+R DL.

Unidades de DVD regrabables multiformato

La especificación DVD del DVD Forum se desarrolló para unidades y reproductores compatibles con todos los estándares del foro, incluidos DVD-R/RW, DVD-RAM, DVD-ROM, DVD-Video y DVD Audio (DVD+R/RW no son especificaciones del DVD Forum y no son compatibles). La versión original de DVD Multi se publicó en febrero de 2001; la versión actual, la 1.01, fue aprobada y publicada por el DVD Forum en diciembre de ese mismo año 2001. Los primeros productos DVD Multi para ordenadores salieron al mercado a principios de 2003.

Para proporcionar soporte para distintos tipos de medio de DVD en una misma unidad, todos los vendedores de unidades de DVD regrabables venden unidades compatibles con discos DVD+R/RW y DVD-R/RW. Estas unidades se conocen comúnmente como DVD'R/RW. La serie Super Multi Drive de LG fue la primera en incorporar también compatibilidad con DVD-RAM y las unidades DVD'R/RW actuales de otros fabricantes también son ya compatibles con DVDRAM. Muchas (aunque no todas) de las unidades más modernas soportan además DVD-R DL, así que es posible comprar una sola unidad que soporte todos los formatos habituales soportados por el DVD Forum y la DVD+RW Alliance.

Disco Blu-ray (BD)

En febrero de 2002, las empresas líderes en almacenamiento óptico formaron *Blu-ray Disc Founders* (BDF) y anunciaron las especificaciones iniciales para el disco Blu-ray, un formato de disco óptico de gran capacidad. Para mayo de 2002, se publicó la especificación *Blu-ray Disc* (BD) 1.0 y en abril de 2003, Sony lanzó en el mercado japonés el BDZ-S77, el primer grabador BD disponible comercialmente. En enero de 2006, la *Blu-ray Disc Association* también sacó una especificación 2.0 para discos BD-RE. Blu-ray es un formato completamente reescribible que permite grabar hasta 25GB de datos o hasta 11,5 horas de vídeo de definición estándar en un disco de una sola capa y una sola cara de 12cm de diámetro (igual que en los CD y DVD) que utiliza un láser azul-violeta de 405nm. También se están desarrollando grabadores de BD de doble capa que grabarán hasta 50GB o 23 horas de vídeo de definición estándar. Aunque la compatibilidad con DVD y CD no es un requisito de la especificación Blu-ray, es una característica que los fabricantes de unidades pueden incluir fácilmente. De hecho, todas las unidades Blu-ray anunciadas hasta ahora son totalmente compatibles con los formatos DVD y CD. Una de las principales aplicaciones del almacenamiento óptico de gran capacidad es la grabación de TV de alta definición, que acapara una cantidad increíble de almacenamiento. Los grabadores de DVD actuales no pueden almacenar suficientes datos como para manejar vídeo de alta definición. Blu-ray, por otra parte, está diseñado para almacenar hasta 4,5 horas de vídeo de alta definición (o más de 13 de emisiones televisivas de calidad estándar) en un disco de una sola capa y 9 horas en las versiones de dos capas. Al igual que el DVD, el Blu-ray usa la tecnología de compresión estándar MPEG-2.

Nota: *Cuando se almacena una mezcla de vídeo HD y vídeo estándar en un disco Blu-ray, se puede almacenar hasta 2,25 horas de vídeo HD y 2 horas de vídeo estándar (utilizado para características extra) en un disco de una sola capa. Un disco Blu-ray de doble capa puede almacenar hasta 3 horas de vídeo HD y 9 horas de vídeo estándar. Las capacidades también pueden variar con las tasas de bits usadas para el almacenamiento de películas, ya que Blu-ray puede soportar una amplia gama de tasas de bits.*

La especificación Blu-ray Disc incluye los siguientes formatos:

- **BD-ROM:** Sólo lectura para contenido pregrabado.
- **BD-R:** Grabable.
- **BD-RE:** Regrabable.

La velocidad de transferencia de datos de un BD depende de la velocidad de la unidad y del medio. La velocidad de rotación máxima de un disco óptico es de 10,000 rpm, lo que limita la velocidad máxima de las unidades de BD a 12x, que equivale a una tasa de transferencia de 54MBps. La tabla 9.16 recoge el tiempo de lectura o escritura de un disco entero de una o dos capas a distintas velocidades de unidad/medio BD.

Tabla 9.16. *Velocidades de lectura/escritura de unidades/medios BD y tiempos de lectura/escritura de disco.*

Velocidad de unidad	Tasa de datos	Tiempo lectura/escritura disco una capa	Tiempo lectura/escritura disco dos capas
1×	4,5 MBps	90 minutos	180 minutos
2×	9 MBps	45 minutos	90 minutos
4×	18 MBps	23 minutos	45 minutos
6×	27 MBps	15 minutos	30 minutos
8×	36 MBps	12 minutos	23 minutos
12×	54 MBps	8 minutos	15 minutos

Los CD estándar usan un láser de 780nm (infrarrojo) combinado con una lente de apertura numérica de 0,45, mientras que los DVD usan un láser de 650nm (rojo) combinado con una lente de apertura numérica de 0,60. Los Blu-ray usan un láser mucho más corto, de 405nm (azul-violeta) con una lente de apertura numérica de 0,85. Dicha apertura es una medida de la capacidad de acumulación de luz de una lente, así como la longitud focal y la magnificación relativa. La apertura numérica de una lente se deriva del seno del ángulo máximo de luz que entra en la lente. Por ejemplo, la lente de una unidad de CD acumula luz hasta un ángulo de 26,7°, con lo que la apertura numérica es sen(26,7) = 0,45. Por comparación, la lente de un DVD acumula luz hasta un ángulo de 36,9°, lo que tiene como resultado sen(36,9) = 0,60. Las unidades Blu-ray acumulan luz a un ángulo de 58,2°, así que la apertura numérica es sen(58,2) = 0,85. Las aperturas numéricas más altas permiten que entren rayos cada vez más oblicuos (angulados) en la lente y por tanto producen una imagen con mayor resolución. Cuanto más elevada es la apertura, menor es la longitud focal y mayor la magnificación. La lente de una unidad de CD magnifica unas 20 veces, mientras que la de una unidad de DVD magnifica unas 40.

Las lentes de Blu-ray magnifican 60 veces aproximadamente. Esta magnificación mayor es necesaria porque la distancia entre pistas en un disco Blu-ray se reduce a 0,32um, que es casi la mitad que la de un DVD normal. Dadas las altas densidades implicadas, suele usarse un solo cartucho para el disco, que impide que se dañe con polvo, huellas o arañazos.

La tabla 9.17 recoge una comparación entre un disco Blu-ray y un DVD estándar.

Tabla 9.17. *Comparación de especificaciones Blu-ray Disc y DVD.*

Tipo de disco	**Blu-ray Disc (BD)**	**DVD**
Láser	405nm	650nm
Apertura numérica	0,85	0,60
Capacidad de almacenamiento (una capa)	25GB	4,7GB
Capacidad de almacenamiento (dos capas)	50GB	8,5GB
Vídeo SD (una capa)	11,5 horas	2 horas
Vídeo SD (dos capas)	23 horas	4 horas
Vídeo HD (una capa)	4,5 horas	—
Vídeo HD (dos capas)	9 horas	—
Códec de vídeo	MPEG-4 AVC (H.264), VC-1, MPEG-2	MPEG-2
Códec de audio sin pérdida	Linear	PCM
Opcional: MLP(True HD)[2-ch, 8-ch]*	Linear	PCM[2-ch]
Códec de audio con pérdida	Dolby Digital Plus/DTS/ Dolby Digital/MPEG Audio	Dolby Digital/MPEG Audio
Velocidad transferencia máx.	54,0Mbps	11,08Mbps

Tipo de disco	Blu-ray Disc (BD)	DVD
Protección de contenido	AACS 128 bits	CSS 40 bits
Resolución vídeo máx.	1920¥1080p (HDTV)	720¥480p (SDTV)

* Requiere HDMI 1.1 o superior para soporte de 8 canales; la mayoría de los sistemas *home theater* mezclan 2 canales o usan un códec de pérdida para audio *surround* 5.1 o 7.1.

Nota: *Para más información sobre Blu-ray Disc, visite* `www.blu-raydisc.com`.

HD-DVD

HD-DVD, también conocido como disco óptico avanzado (AOD, *Advanced Optical Disc*), es un formato de disco óptico ya desaparecido desarrollado originalmente por Toshiba y NEC. HD-DVD era similar a Blu-ray (pero no compatible) y también usaba tecnología de láser azul para conseguir una capacidad de almacenamiento mayor. La introducción de HD-DVD y Blu-ray Disc en 2006 comenzó una guerra de formatos similar a la de Betamax y VHS en los 70. Ambos eran incompatibles y los dos tenían seguidores y detractores. Blu-ray era discutiblemente superior desde un punto de vista tecnológico, pero eso no significa nada porque en estas situaciones, influencias externas como la política, el mercado y el apoyo de la industria en general deciden cuál se convertirá en el estándar de facto. Para 2008, había quedado claro que Blu-ray Disc estaba ganando en cuota general de mercado y esto hizo que muchos partidarios de HD-DVD se cambiaran al bando de Blu-ray, acabando así la guerra. El declive de HD-DVD empezó a finales de 2007 cuando la mayor empresa de alquiler de vídeo de Estados Unidos (Blockbuster) declaró que sólo alquilaría discos Blu-ray. Luego, en enero de 2008, Warner Brothers anunció que no lanzaría ninguna película nueva en HD-DVD, lo que comenzó una reacción en cadena de toda la industria con otros estudios siguiendo esa idea. El golpe de gracia llegó en febrero de 2008, cuando Toshiba anunció que abandonaría la producción de reproductores de HD-DVD, lo que puso fin a la guerra definitivamente. Aunque se lanzaron algunas unidades (las primeras unidades combinadas incluían tecnología Super Multi Blue Drive de LG) que combinaban escritura Blu-Ray/lectura HD-DVD (y que también incluían compatibilidad con versiones anteriores de medios de CD y DVD estándar), los discos y reproductores de HD-DVD desaparecieron rápidamente del mercado después de 2008.

Formatos de disco óptico

Las unidades ópticas pueden usar muchos tipos de estándares y formatos de disco. Aquí se abordan los sistemas de archivos y formatos usados por las unidades ópticas, para que compruebe que puede utilizar con su unidad un medio grabado en un formato concreto.

Formatos de CD

Después de crear el formato CD-DA en el Libro Rojo, Philips y Sony empezaron a trabajar en otros estándares de formato que permitirían a los CD almacenar archivos, datos e incluso vídeos y fotos. Estos estándares controlan el modo en que se formatean los datos de manera que la unidad pueda leerlos y los estándares de formatos de archivos adicionales pueden controlar el modo en que el software y los controladores de su PC pueden diseñarse para comprender e interpretar los datos correctamente. Recuerde que el formato físico y el almacenamiento de datos en el disco definido en el Libro Rojo fue adoptado por todos los estándares de CD subsiguientes. Esto se refiere a la codificación y los niveles básicos de corrección de errores ofrecidos por los discos CD-DA. Los otros "libros" especifican principalmente cómo deben manejarse los 2.352 bytes de cada sector, qué tipo de datos pueden almacenarse, cómo debería formatearse, etc.

Todos los libros estándar de CD oficiales y los documentos relacionados pueden adquirirse de Philips por 100-150 dólares cada uno. Consulte la página de licencias de Philips en `www.licensing.philips.com` para obtener más información.

La tabla 9.18 recoge los distintos formatos de CD estándar, que se explicarán más detalladamente en los siguientes apartados.

Tabla 9.18. *Formatos de discos compactos.*

Formato	Nombre	Introducción	Notas
Libro Rojo	CD-DA (Disco compacto audio digital)	1980, por Philips y Sony	• El estándar de audio de CD original en el que se basan todos los estándares de CD subsiguientes.
Libro Amarillo	CD-ROM (Disco compacto de sólo lectura)	1983, por Philips y Sony	• Especifica EDC y ECC adicionales para datos en varios formatos de sector, incluyendo Modo 1 y Modo 2.
Libro Verde	CD-i (Disco compacto interactivo)	1986, en Philips y Sony	• Especifica un estándar de audio/vídeo interactivo para hardware reproductor no dedicado a PC (ahora la mayoría están obsoletos) y discos utilizados para presentaciones interactivas. • Define los formatos de sectores Modo 2, Forma 1 y Modo 2, Forma 2 junto con audio ADPCM y vídeo MPEG-1 intercalado.
CD-ROM XA	CD-ROM XA (arquitectura extendida)	1989, por Philips, Sony y Microsoft	• Combina Libro Amarillo y CD-i para llevar a los PC capacidades de vídeo y audio CD-i.
Libro Naranja	CD-R (grabable) y CD-RW (grabable)	1989, por Philips y Sony (Parte I/II) 1996, por Philips y Sony (Parte III)	• Define la escritura en paquetes, multisesión y de una sesión en discos grabables. • Parte I—CD-MO (magneto-óptico). • Parte II—CD-R (grabable). • Parte III—CD-RW (regrabable).

Formato	Nombre	Introducción	Notas
Photo-CD	CD-P	1990, por Philips y Kodak	• Combina CD-ROM XA con la capacidad multisesión de CD-R en un estándar para almacenamiento de fotos en discos CD-R.
Libro Blanco	Video CD	1993, por Philips, JVC, Matsushita y Sony	• Basado en CD-i y CD-ROM XA. Almacena hasta 74 minutos de vídeo MPEG-1 y datos de audio digital ADPCM.
Libro Azul	CD EXTRA (anteriormente CD-Plus o Enhanced)	1999, por Philips y Sony	• Formato multisesión para discos estampados; utilizado por artistas musicales para incorporar vídeos, carátulas y otra información en CD de audio.
Libro Morado	CD Double-Density	2000, por Philips y Sony	• Versiones de doble densidad (1,3GB) de CD-ROM, CD-R y CD-RW (DD-ROM, DD-R, DD-RW).
Libro Escarlata	Super Audio CD	1999, por Philips y Sony	• Disco de música de alta capacidad (4.7GiB); los discos híbridos SA-CD también incluyen una capa CD-DA o compatibilidad con reproductores estándar.
DualDisc	DualDisc	2004, por Sony BMG, EMI, Universal Music Group y Warner Music Group	• Disco de doble cara; formato CD-DA mo dificado para música en una cara; la otra es DVD-Video para vídeos y otro contenido. Ligeramente más grueso que un medio CD o DVD normal.

Libro Rojo—CD-DA

El Libro Rojo introducido por Philips y Sony en 1980 es el padre de todas las especificaciones de discos compactos, ya que todos los demás formatos o "libros" se basan en el formato CD-DA original. Las especificaciones de Libro Rojo incluyen los parámetros principales, especificación de audio, especificación de disco, cabezal óptico, sistema de modulación, sistema de conexión de errores y sistema de control y muestra. La última revisión del Libro Rojo salió en mayo de 1999.

Libro Amarillo—CD-ROM

Philips, Sony y Microsoft publicaron por primera vez el Libro Amarillo en 1983 y desde entonces se ha revisado y mejorado varias veces. El estándar Libro Amarillo tomó el formato físico del CD-DA (o Libro Rojo) original y añadió otra capa de detección y corrección de errores para permitir que los datos se almacenaran de manera fiable. También proporcionaba sincronización e información de encabezamiento para permitir que los sectores se localizaran de manera más precisa. El Libro Amarillo especifica dos tipos de sectorización, llamados Modo 1 (con corrección de errores) y Modo 2, que ofrecen diferentes niveles de esquemas de detección y corrección de errores. Algunos datos (los archivos del equipo, por ejemplo) no pueden tolerar errores. Sin embargo, otros datos como un sonido o una imagen de vídeo, pueden tolerar errores menores. Al utilizar un modo con menos información de corrección de errores, pueden almacenarse más datos, pero con la posibilidad de que haya errores sin corregir.

En 1989, la ISO estableció el Libro Amarillo como estándar internacional, como "ISO/IEC 10149, Data Interchange on Read-Only 120mm Optical Discs (CD-ROM)". La última versión del Libro Amarillo se realizó en mayo de 1999.

Formas y modos de sectores

Modo 1 es el formato de sectores de CD del Libro Amarillo estándar con ECC y EDC para permitir un funcionamiento sin errores. Cada sector en Modo 1 se desglosa como se recoge en la tabla 9.19.

Tabla 9.19. *Desglose del formato de sector en Modo 1 del Libro Amarillo.*

Sectores (Modo 1) del Libro Amarillo (CD-ROM):	
Bytes de paridad Q+P	784
Bytes de subcódigo	98
Bytes de sincronización	12
Bytes de encabezamiento	4
Bytes de datos	2.048
Bytes EDC	4
Bytes vacíos (0)	8
Bytes ECC	276
Bytes/RAW sector (descodificado)	3.234

Libro Naranja

El Libro Naranja define los estándares para CD grabables y Philips y Sony lo anunciaron originalmente en 1989. Se divide en tres partes: la Parte I describe un formato llamado CD-MO (magneto-óptico), que iba a ser un formato regrabable pero se retiró antes de que apareciera ningún producto en el mercado realmente. La Parte II (1989) describe CD-R y la Parte III (1996) describe CD-RW.

Recuerde que originalmente CD-R se conocía como CD-WO (*Write-Once*, Grabar una vez) y CD-RW se llamaba originalmente CD-E (*Erasable*, Borrable).

El diseño de CD-R de la Parte II del Libro Naranja se conoce como formato WORM (*Write Once Read Mostly*, Una escritura muchas lecturas). Cuando una porción de un CD-R se ha grabado, no puede sobrescribirse ni reutilizarse. Los discos CD-R grabados son compatibles con el Libro Rojo y el Libro Amarillo, lo que significa que se pueden leer en unidades de CD-ROM o CD-DA convencionales. La definición de CD-R en la Parte II del Libro Naranja se divide en dos volúmenes. El volumen 1 define las velocidades de grabación de 1x, 2x y 4x la velocidad de CD estándar; la última revisión, que se realizó en diciembre de 1998, es 3.1. El volumen 2 define velocidades de grabación de hasta 48x la velocidad de CD estándar. La última versión lanzada, 1.2, se realizó en abril de 2002.

La Parte III del Libro Naranja describe el estándar CD-RW, que permite borrar y sobrescribir información además de leer y escribir. La definición de CD-RW de la Parte III del Libro Naranja se divide en tres volúmenes. El volumen 1 define velocidades de grabación de 1x, 2x y 4x la velocidad de CD estándar; la última versión, 2.0, se llevó a cabo en agosto de 1998. El volumen 2 (alta velocidad) define velocidades de grabación de entre 4x y 10x la velocidad de CD estándar; la última versión, 1.1, se realizó en junio de 2001. El volumen 3 (ultravelocidad) define velocidades de grabación de entre 8x y 32x la velocidad de CD estándar; la última versión, 1.0, se llevó a cabo en septiembre de 2002.

Además de la capacidad para grabar en CD, la característica más importante incluida en la especificación del Libro Naranja es la capacidad para poder realizar grabaciones multisesión.

Visión general de la grabación en multisesión

Antes de la especificación del Libro Naranja, los CD tenían que grabarse en una sola sesión. Una sesión se define como un encabezamiento, seguido por una o más pistas de datos (o audio) y una cola. El encabezamiento ocupa hasta 4.500 sectores del disco (1 minuto si se mide en tiempo o un valor de datos de unos 9,2MB). También indica si el disco es multisesión y cuál es la siguiente dirección grabable del mismo (si éste no se ha cerrado). La primera cola de un disco (o el único si se trata de una grabación Disk At Once o de una sola sesión) tiene una longitud de 6.750 sectores (1,5 minutos si se mide en tiempo o un valor de datos de unos 13,8MB). Si el disco es multisesión, cualquier cola subsiguiente tiene una longitud de 2.250 sectores (0,5 minutos si se mide en tiempo o un valor de datos de unos 4,6MB).

Un CD multisesión tiene varias sesiones y cada sesión individual está completa desde el encabezamiento hasta la cola. El encabezamiento y la cola obligatorios para cada sesión malgastan espacio del disco. De hecho, 48 sesiones utilizarían literalmente un disco completo de 74 minutos sin grabar ni siquiera un dato en cada sesión. Por tanto, el límite práctico para el número de sesiones que se pueden grabar en un disco sería mucho menor que eso. CD-DA y las unidades de CD-ROM más antiguas no podían leer más de una sesión en un disco, así que ése es el modo en que se graban la mayoría de CD fabricados. El Libro Naranja permite múltiples sesiones en un solo disco. Para ello, define tres métodos o modos principales de grabación:

- *Disk At Once* (DAO, Un disco cada vez).
- *Track At Once* (TAO, Una pista cada vez).
- Escritura en paquetes.

Disc At Once

Disc At Once es un método de escritura en CD de una sola sesión en la que el encabezamiento, las pistas de datos y la cola se graban en una sola operación sin que el láser de escritura llegue a apagarse; después el disco se cierra. Un disco se considera cerrado cuando el último (o único) encabezamiento se escribe completamente en él y la siguiente dirección utilizable del mismo no se graba en ese encabezamiento. En ese caso, el grabador de CD es incapaz de escribir ningún dato más en el disco. Tenga en cuenta que no es necesario cerrar un disco para leerlo en una unidad de CD-ROM normal, aunque si entrega un disco a una empresa de duplicación de CD para que realice una réplica, suele requerirse que esté cerrado.

Track At Once

Los discos multisesión pueden grabarse en modo *Track At Once* (TAO) o en modo de escritura en paquetes. En la grabación Track At Once, cada pista puede escribirse individualmente (láser encendido y apagado) dentro de una sesión, hasta que ésta se cierra. Cerrar una sesión es el acto de escribir la cola para dicha sesión, lo que significa que no es posible añadir más pistas a la misma. Si el disco se cierra al mismo tiempo, tampoco es posible añadir más sesiones.

Las pistas grabadas en modo TAO están divididas normalmente por espacios de 2 segundos. Cada pista escrita tiene 150 sectores para entrada, salida, pre-espacio y vinculación. Una unidad regrabable puede leer las pistas incluso si la sesión no está cerrada, pero para poder leerlas en una unidad de CD-ROM o CD-DA no regrabable, la sesión debe estar cerrada. Si tiene intención de escribir más sesiones en el disco, puede cerrar la sesión y no cerrar el disco. En ese punto, podría empezar otra sesión de grabación para añadir más pistas al disco. Lo más importante que debe recordar es que cada sesión debe cerrarse (cola escrita) antes de que pueda escribirse otra o antes de que una unidad de CD-ROM o CD-DA normal pueda leer las pistas de la sesión.

Escritura en paquetes

La escritura en paquetes es un método mediante el cual se permiten múltiples escrituras dentro de una pista, lo que reduce la carga total y el espacio malgastado de un disco. Cada paquete utiliza cuatro sectores para entrada, dos para salida y uno para vinculación. Los paquetes pueden tener una longitud fija o variable, pero la mayoría de software de escritura de paquetes y unidades utilizan una longitud fija porque de ese modo trabajar con sistemas de archivos resulta mucho más sencillo y eficaz.

Con la escritura por paquetes, utiliza el sistema de archivos UDF versión 1.5 o posterior, lo que permite que el CD se trate básicamente como un disquete grande. Es decir, puede arrastrar y soltar literalmente los archivos en él, ejecutar el comando `copy` para copiar archivos en el disco, etc.

El software de escritura en paquetes y el sistema de archivos UDF lo administran todo. Si el disco que está utilizando para la escritura en paquetes es un CD-R, cada vez que se sobrescribe o elimina un archivo, parece que éste desaparece, pero no recupera el espacio en el disco. En vez de eso, el sistema de archivos simplemente se olvida del archivo.

Si el disco es un CD-RW, el espacio se reclama realmente y el disco no se llenará hasta que tenga literalmente el límite de archivos activos almacenados ahí.

Por desgracia, las versiones de Windows hasta Windows XP no son compatibles con la escritura por paquetes o el sistema de archivos UDF directamente, así que los controladores deben cargarse para leer discos grabados mediante escritura en paquetes y debe usarse una aplicación de escritura en paquetes para grabarlos. Por suerte, éstas se incluyen generalmente con las unidades de CD-RW. Uno de los programas de escritura en paquetes más populares es DirectCD de Roxio. Incluso puede descargar una aplicación de lector UDF universal de Roxio de forma gratuita que le permite leer discos UDF 1.5 (escritos en paquetes) en cualquier unidad óptica. Windows 7 y Vista son más compatibles con UDF que las versiones anteriores de Windows. Son capaces de formatear medios ópticos utilizando *Live File System* (LFS, el término de Microsoft para UDF 2.01), versiones más antiguas de UDF (1.02, 1.5) y la nueva versión de UDF 2.5, así como Mastered. Los discos UDF 2.01 pueden ser leídos por Windows XP o posterior y son compatibles con la realización de copias mediante el método de arrastrar y soltar en Windows 7 o Vista. UDF versión 1.02 está diseñado para utilizarse con medios DVD-RAM y es compatible con Windows 98 y muchos ordenadores Apple. UDF versión 1.5 funciona con Windows 2000/XP y Windows Server 2003 y también con sistemas Linux que utilicen *kernel* versión 2.6 o superior. UDF versión 2.5 es compatible con Windows 7 y Vista. Para la compatibilidad de Linux *kernel* 2.6.20 y posterior con UDF versión 2.5, instale el parche UDF-2.50 disponible en `http://sourceforge.net`.

Nota: *Por defecto, Windows 7 y Vista utilizan Live File System (UDF 2.01) para formatear discos ópticos. Para elegir entre Live File System y Mastered (copia todos los archivos a la vez; no es compatible con el sistema de arrastrar y soltar para copiar), seleccione* Mostrar opciones de formato *en el cuadro de diálogo* Grabar un disco. *Para elegir una versión de UDF diferente, seleccione* Mostrar opciones de formato>Cambiar versión *en el cuadro de diálogo* Grabar un disco.

Nota: *Windows XP también tiene una compatibilidad limitada con CD-RW en la forma de algo llamado IMAPI (*Image Mastering Application Program Interface, *Interfaz de programación de aplicaciones de grabación de imágenes), que permite que los datos se almacenen temporalmente en la unidad dura antes de que se escriban en el CD en una sesión. Es posible grabar sesiones adicionales en el mismo disco, pero existe una carga general de 50MB para cada sesión. Esto hace que se parezca un poco a la escritura en paquetes, pero realmente no es lo mismo. Para leer discos grabados mediante escritura por paquetes en el formato UDF 1.5 o posterior, debe instalar un lector de UDF al igual que con las versiones anteriores de Windows. En lugar de utilizar IMAPI, le recomiendo instalar un programa de masterización de CD de terceros que incluya compatibilidad con UDF de escritura en paquetes, como Roxio's Easy Media Creator o Ahead Nero.*

Cuando se extrae de la unidad un disco grabado mediante escritura en paquetes, el software pregunta primero si se desea que los archivos sean visibles en todas las unidades. Si es así, entonces la sesión debe cerrarse. Incluso aunque la sesión esté cerrada, sigue siendo posible escribir más en el disco posteriormente, pero cada vez que cierra una sesión hay una sobrecarga de espacio malgastado. Si va a leer el disco en una unidad regrabable, no tiene que cerrar la sesión porque será capaz de leer los archivos incluso aunque la sesión no esté cerrada.

Advertencia: *Si no está seguro de qué tipo de unidad se va a utilizar para leer el medio, le recomiendo que lo cierre. Así permitirá que lo lean los usuarios de varios tipos de unidades, aunque en algunos casos debe instalarse un programa lector de UDF compatible.*

Hay un estándar más reciente llamado Mount Rainier (Mt. Rainier) que añade todavía más capacidades a la escritura en paquetes. Con Mount Rainier, la escritura en paquetes puede convertirse en parte oficial del sistema operativo y las unidades pueden soportar la administración de defectos necesaria para hacerlas utilizables como almacenamiento extraíble en el mundo real.

Nota: *Como parte de Service Pack 1, Microsoft lanzó actualizaciones para Windows XP que añaden soporte nativo para el estándar Mount Rainier, que es compatible con la escritura en paquetes mediante el método de arrastrar y soltar a través de unidades CD-MRW y también DVD+MRW. Microsoft Windows 7 y Vista incluyen soporte nativo para Mount Rainier.*

Photo-CD

Photo-CD se anunció por primera vez en 1990, aunque no estuvo disponible hasta 1992. Se trata de un estándar que utilizaba unidades y discos CD-R para almacenar fotos. Aunque Kodak vendió originalmente "reproductores" de Photo-CD que se conectaban a la TV, la mayoría de usuarios de Photo-CD utilizaban unidades ópticas basadas en ordenadores junto con software para descodificar y mostrar las fotos.

Quizá el mayor beneficio que aportó Photo-CD es que fue el primer formato de CD en utilizar la especificación del Libro Naranja Parte II (CD-R) con grabaciones multisesión. Además, los datos se graban el CD-ROM XA Modo 2, sectores Forma 2; por tanto, se puede almacenar más información de fotos en el disco.

El formato de codificación PhotoYCC propio de Kodak se utilizaba para almacenar hasta seis resoluciones para cada imagen, como se recoge en la tabla 9.20. La resolución x64 sólo era compatible con la versión maestra Pro Photo CD del servicio.

En un tiempo en el que el software de edición de fotografías estaba dando aún sus primeros pasos, la capacidad para seleccionar diferentes tamaños optimizados para diferentes propósitos era muy útil. Sin embargo, con el auge de los PC de alta velocidad que ejecutaban Adobe Photoshop, Adobe Photoshop Elements y otros programas de edición fotográfica y de unidades ópticas grabables y regrabables de bajo coste, el formato Photo-CD se quedó obsoleto.

Kodak abandonó su desarrollo a principios del siglo XXI y los laboratorios de terceros que ofrecían el servicio lo abandonaron en 2004. Kodak sigue ofreciendo controladores, software y *firmware* para Pro Photo CD en `www.kodak.com/global/en/service/professional/products/ekn017045.jhtml`.

Tabla 9.20. *Resoluciones de Photo CD.*

Base	Resolución (Píxeles)	Descripción
/16	128×192	Miniatura.
/4	256×384	Miniatura.
x1	512×768	Resolución TV.
x4	1.024×1.536	Resolución HDTV.
x16	2.048×3.072	Tamaño de impresión.
x64	4.096×6.144	Sólo Pro Photo CD maestro.

Picture CD

Como sustituto para Photo-CD, Kodak ofrece ahora el servicio Picture CD, más sencillo. A diferencia de Photo-CD, Picture CD utiliza el formato de archivos JPEG estándar. Utiliza un CD-R, con hasta 40 imágenes almacenadas en un solo escaneo de resolución media de 1.024×1.536 píxeles. Esta resolución es adecuada para impresiones de 4"×6" y 5"×7". Las imágenes también pueden estar disponibles mediante Kodak PhotoNet, donde las mismas imágenes aparecen en línea y pueden descargarse. Además, Kodak tiene un servicio llamado Picture Disk que almacena hasta 28 imágenes en un disquete de 1,44MB a una resolución de 400×600, adecuado para protectores de pantalla y presentaciones de diapositivas.

El software proporcionado con Picture CD permite al usuario manipular imágenes con varias operaciones automáticas o semiautomáticas, pero a diferencia de Photo-CD, el formato de archivos JPEG (JPG) estándar utilizado para el almacenamiento permite que cualquier programa de edición de imágenes popular trabaje con imágenes sin necesidad de conversión.

Aunque la calidad de imagen de Picture CD no es tan alta como con Photo-CD, el hecho de que el servicio sea mucho más barato hace que sea bastante más popular para los fotógrafos amateur. Fujifilm y Agfa ofrecen servicios similares a Picture CD y algunas tiendas le permiten encargar Kodak Picture CD con su elección de marca o procesamiento de película Kodak.

> ***Nota:*** *Al escanear sus propios negativos de 35mm con un escáner de película dedicado o plano de alto rendimiento, puede conseguir resoluciones más altas (hasta 4.800 ppp) compatibles con tamaños de imágenes más grandes que las que ofrece Picture CD. Por ejemplo, un escaneo de 3.200 ppp de un negativo de película de 35mm tiene una resolución de unos 2.570 × 4.450 píxeles. Al escanear los negativos usted mismo, también puede seleccionar la calidad de las imágenes JPEG y guardar imágenes en otros formatos, como TIFF. Si prefiere no escanear sus propias películas, algunos laboratorios fotográficos ofrecen servicios de escáner y revelado de películas de alta resolución.*

Libro Blanco—Video CD (VCD)

El estándar del Libro Blanco fue introducido en 1993 por Philips, JVC, Matsushita y Sony. Se basa en los estándares del Libro Verde (CD-i) y CD-ROM XA y permite un almacenamiento de hasta 74 minutos de vídeo MPEG-1 y datos de audio digital ADPCM en un solo disco.

La última versión (2.0) apareció en abril de 1995. Video CD (VCD) 2.0 soporta la compresión MPEG-1 con una velocidad de bits de 1,15Mbps. La resolución de la pantalla es de 352×240 para el formato NTSC y 352×288 para el formato European PAL. Además, soporta sonido estéreo compatible con Dolby Pro Logic.

Puede imaginarse los Video CD como una especie de formato de DVD baratillo, aunque en realidad la calidad de sonido e imagen puede ser bastante buena y desde luego mejor que la de VHS u otros formatos de cinta de vídeo.

Puede reproducir Video CD en prácticamente todos los PC con una unidad óptica utilizando el Reproductor de Windows Media gratuito (también pueden utilizarse otras aplicaciones de reproducción multimedia).

Además pueden usarse en la mayoría de reproductores de DVD e incluso en muchas consolas, como las Playstation (con las opciones correctas). Aunque puede crear VCD con programas de producción de DVD populares como Roxio Easy Media Creator, hoy en día es difícil encontrar medios VCD pregrabados, gracias a la popularidad del formato DVD de mayor calidad (y más fácil de proteger frente a copias) y sus hermanos de mayor resolución (Blu-ray y HD-DVD).

Super Video CD

La especificación Super Video CD 1.0, publicada en mayo de 1999, es una versión mejorada de la especificación Libro Blanco-Video CD.

Utiliza una compresión MPEG-2, una resolución de pantalla NTSC de 480×480 y una resolución de pantalla PAL de 480×576; también es compatible con sonido *surround* MPEG-2 5.1 y múltiples idiomas.

La mayoría de programas de creación de DVD domésticos pueden crear Video CD o Super Video CD.

Libro Azul—CD EXTRA

Los fabricantes de medios CD-DA estaban buscando un método estándar para combinar tanto música como datos en un solo CD. La idea era que un usuario pudiera reproducir únicamente las pistas de audio en un reproductor de CD de audio estándar mientras ignoraba la pista de datos. No obstante, un usuario con un PC o un reproductor con una combinación de audio/datos dedicado podría acceder tanto a pistas de datos como a pista de audio en el mismo disco. El problema fundamental con los CD en modo mixto no estándar es que cuando un reproductor de audio intenta reproducir una pista de datos, el resultado es una estática que podría dañar los altavoces y la audición si se ha subido el volumen. Hubo varios fabricantes que originalmente solucionaron este problema de diferentes maneras, lo que tuvo como resultado una variedad de métodos confusos para crear este tipo de discos, algunos de los cuales seguían permitiendo que las pistas de datos se "reprodujeran" accidentalmente en un reproductor de audio. En 1995, Philips y Sony desarrollaron la especificación CD EXTRA, como se define en el estándar del Libro Azul. Los CD que se ajustan a esta especificación se conocen normalmente como discos CD EXTRA (anteriormente llamados CD Plus o CD Enhanced Music) y usan la tecnología multisesión definida en el estándar CD-ROM XA para separar a las pistas de audio de las de datos. Se trata de una forma de disco multisesión estampado. La porción de audio del disco puede tener hasta 98 pistas de audio de Libro Rojo estándar, mientras que la pista de datos se compone principalmente de sectores XA en Modo 2 y puede contener vídeo, letras de canciones, imágenes fijas u otro contenido multimedia. Esos discos pueden identificarse por el logo CD EXTRA, que es logo CD-DA estándar con un signo positivo a la derecha. A menudo el logo o las marcas del envoltorio del disco se pasan por alto o no están claras y puede que no sepa que un CD de audio contiene estos datos extra hasta que no lo reproduzca en una unidad óptica basada en un ordenador.

Un disco CD EXTRA suele contener dos sesiones. Ya que los reproductores de CD de audio son compatibles con una sola sesión, únicamente reproducen la sesión de audio e ignoran la sesión adicional que contiene los datos. Sin embargo, una unidad óptica en un PC puede ver ambas sesiones en el disco y acceder tanto a las pistas de datos como a las de audio.

Nota: *Muchos artistas han lanzado CD de audio en formato CD EXTRA que incluyen elementos como letras de las canciones, vídeos, biografía del artista, fotos, etc. en archivos de datos del disco. Puede ver ejemplos de otros discos CD EXTRA (Enhanced CD), incluidos lanzamientos actuales, en* `www.musicfan.com`.

Libro Escarlata (SA-CD)

El Libro Escarlata define el estándar oficial para unidades y medios Super Audio CD (SA-CD, también conocido como SACD). Philips Electronics y Sony lo desarrollaron conjuntamente en 1999. A diferencia del estándar CD-Audio del Libro Rojo original, que muestrea música a 44,1KHz, el Libro Escarlata utiliza codificación digital de flujo directo (DSD, *Direct Stream Digital*) con una velocidad de muestreo de 2,822MHz, 64 veces la frecuencia de muestreo del Libro Rojo.

Debido a la velocidad de muestreo más elevada y la mayor capacidad de disco necesaria para almacenar el audio (así como soporte de SA-CD para contenido de texto y vídeo), no es posible reproducir medios SA-CD de doble capa o estándar en una unidad de CD o DVD de un ordenador o de un reproductor de CD estándar. Aunque un medios SA-CD estándar tiene una capacidad de 4,7GiB (la misma que un DVD de una sola capa), los formatos no son intercambiables.

Los contenidos SA-CD están protegidos contra copia por una marca de agua física conocida como *Pit Signal Processing* (PSP), que las unidades de DVD de ordenador estándar no pueden detectar.

Para facilitar la transición de CD-Audio a SA-CD, casi todos los álbumes SA-CD utilizan un diseño de doble capa híbrido, en el que la capa superior almacena audio de CD estándar reproducible en unidades y reproductores de CD estándar y la inferior tiene el contenido SA-CD de densidad superior. Básicamente, un disco SA-CD híbrido es como un disco de audio de CD y un disco SA-CD estándar en un disco de una sola cara (véase la figura 9.15).

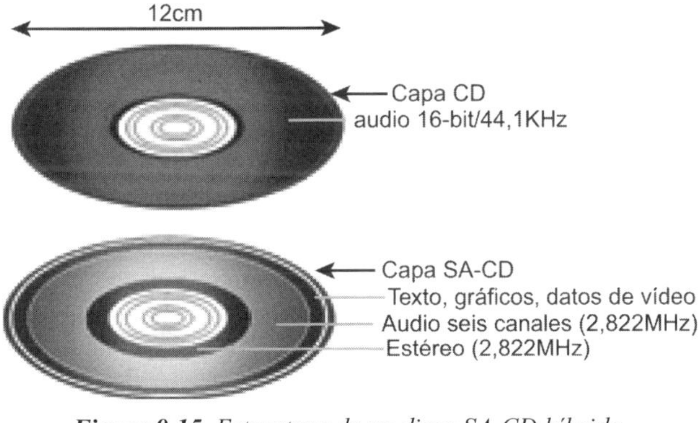

Figura 9.15. *Estructura de un disco SA-CD híbrido.*

> ***Nota:*** *Aunque un medio SA-CD híbrido puede reproducirse en unidades basadas en ordenadores o reproductores estándar, estos dispositivos sólo están reproduciendo la capa del CD. Para disfrutar del audio mejorado de SA-CD, debe utilizar un reproductor SA-CD independiente.*

Un disco SA-CD (o la capa SA-CD de un disco híbrido) incluye una versión estéreo del álbum en su porción interior, una mezcla de audio *surround* de seis canales en la porción central y datos extra como letras de canciones, gráficos y vídeo en la porción exterior.

Para obtener listas de reproductores y álbumes SA-CD e información adicional sobre SA-CD, consulte `www.sa-cd.net`.

DualDisc

DualDisc, que fue introducido por un consorcio de casas discográficas importantes en el verano de 2004 (se puede consultar `www.dualdisc.com` para más detalles), es una combinación de dos formatos diferentes, DVD y CD de música, en un solo disco de dos caras.

DualDisc, tal y como su propio nombre indica, son dos discos en uno: una cara es un CD de música, que normalmente incluye soporte para audio *surround* y otros formatos de audio avanzados y la otra es un DVD (utilizando el formato DVD-5 de una sola capa) que puede incluir vídeos musicales, conciertos, enlaces con páginas Web y otras características.

Aunque el DualDisc está diseñado para funcionar en reproductores y unidades de CD, no es completamente compatible con los estándares de Libro Rojo porque la capa de CD sólo tiene 0,9mm, mientras que el estándar de Libro Rojo tiene 1,1mm.

Como compensación por la aberración esférica causada por una capa de CD más delgada, uno de los métodos utilizados es el aumento del tamaño de los hoyos de la cara de CD de un disco DualDisc, reduciendo el tiempo de reproducción a 60 minutos. (Algunos medios DualDisc posteriores utilizan métodos diferentes para incrementar el tiempo de reproducción.)

El grosor total de un DualDisc es de 1,5mm, mientras que los medios de DVD o CD estándar tienen 1,2mm, lo que hace que DualDisc sea incompatible con unidades de carga interna en estéreos de coches, PC y mega-cambiadores de disco. Puesto que un medio DualDisc es más grueso que un medio de CD normal y ya que la estructura interna de la cara de CD no es compatible con los estándares de Libro Rojo, Philips y Sony (que crearon conjuntamente el formato CD) no utilizan el logo de CD en medios DualDisc y la mayoría de álbumes en DualDisc incluyen etiquetas de advertencia indicando que el disco no funcionará en mega-cambiadores de disco y unidades de carga interna y podrían no reproducirse en otros tipos de reproductores. Los álbumes en DualDisc suelen ir en estuches de estilo CD.

Advertencia: *Algunos distribuidores de música utilizan el término DualDisc para referirse a SA-CD y también a los auténticos álbumes en DualDisc. Asegúrese de comprobar detenidamente los datos del medio para garantizar que podrá reproducir el disco en su equipo.*

Aunque los medios DualDisc, a diferencia de los medios SA-CD, son compatibles con dos formatos estándar, no son tan populares como los medios SA-CD. Hay miles de álbumes disponibles en formato SA-CD, pero sólo cientos disponibles en formato DualDisc (prácticamente ninguno desde 2006).

SA-CD proporciona una calidad de audio mucho mejor que DualDisc (que ofrece tan sólo música con calidad de CD), lo que hace que sea un formato mucho más atractivo para los audiófilos.

Estándares y formatos DVD

Al igual que ocurre con los CD estándar, los DVD estándar se publican en libros de referencia producidos principalmente por el DVD Forum, pero también por otros grupos, como DVD+RW Alliance. Los estándares de DVD-ROM y DVD-Video de DVD Forum están bien establecidos y son compatibles con prácticamente cualquier unidad de DVD, independientemente de su antigüedad. No obstante, ambas organizaciones han desarrollado estándares de DVD grabables y regrabables rivales. El DVD Forum desarrolló los siguientes estándares:

- DVD-RAM (almacenamiento y eliminación de archivos mediante el método de arrastrar y soltar sin que se requiera ningún software adicional).
- DVD-R (DVD grabable).
- DVD-RW (DVD regrabable).

Después del desarrollo de DVD-RAM y DVD-R, la DVD+RW Alliance desarrolló estos estándares:

- DVD+RW (DVD regrabable con soporte para creación de enlaces sin pérdidas para evitar un funcionamiento incorrecto del búfer).
- DVD+R (DVD grabable).

Las primeras unidades DVD regrabables eran compatibles con DVD-RW o DVD+RW, pero las unidades DVD recientes soportan medios DVD+/-R/RW y las unidades llamadas "Super Multi" que utilizan un mecanismo de unidad diseñado por LG añaden también soporte para medios DVD-RAM. Como resultado, se puede elegir el medio de DVD más adecuado para la tarea.

Las unidades DVD regrabables soportan todos estos tipos de medios.

La tabla 9.21 recoge los formatos de DVD de alta capacidad y estándar.

Tabla 9.21. *Capacidades y formatos de DVD de alta capacidad y estándar.*

Formato	Tamaño de datos	Caras	Capas	Capacidad de datos	Capacidad de vídeo MPEG-2
Capacidades y formatos de DVD-ROM					
DVD-5	120mm	Una	Una	4,7GB	2,2 horas
DVD-9	120mm	Una	Dos	8,5GB	4,0 horas
DVD-10	120mm	Dos	Una	9,4GB	4,4 horas
DVD-14	120mm	Dos	Ambas	13,2GB	6,3 horas
DVD-18	120mm	Dos	Dos	17,1GB	8,1 horas
DVD-1	80mm	Una	Una	1,5GB	0,7 horas

Formato	Tamaño de datos	Caras	Capas	Capacidad de datos	Capacidad de vídeo MPEG-2
DVD-2	80mm	Una	Dos	2,7GB	1,3 horas
DVD-3	80mm	Dos	Una	2,9GB	1,4 horas
DVD-4	80mm	Dos	Dos	5,3GB	2,5 horas
Capacidades y formatos de DVD grabables					
DVD-R 1.0	120mm	Una	Una	3,95GB	1,9 horas
DVD-R 2.0	120mm	Una	Una	4,7GB	2,2 horas
DVD-R DL	120mm	Una	Dos	8,5GB	4,0 horas
DVD-RAM 1.0	120mm	Una	Una	2,58GB	N/D
DVD-RAM 1.0	120mm	Dos	Una	5,16GB	N/D
DVD-RAM 2.0	120mm	Una	Una	4,7GB	N/D
DVD-RAM 2.0	120mm	Dos	Una	9,4GB	N/D
DVD-RAM 2.0	80mm	Una	Una	1,46GB	N/D
DVD-RAM 2.0	80mm	Dos	Una	2,65GB	N/D
DVD-RW 2.0	120mm	Una	Una	4,7GB	N/D
DVD+RW 2.0	120mm	Una	Una	4,7GB	2,2horas
DVD+RW 2.0	120mm	Dos	Una	9,4GB	4,4 horas
DVD+R 1.0	120mm	Una	Una	4,7GB	2,2 horas
DVD+R DL	120mm	Una	Dos	8,5GB	4,0 horas
Capacidades y formatos de DVD de alta capacidad					
HD DVD-ROM	120mm	Una	Una	15GB	4,0 horas HD
HD DVD-ROM	120mm	Una	Dos	30GB	8,0 horas HD
HD DVD-R	120mm	Una	Una	15GB	4,0 horas HD
HD DVD-RW	120mm	Una	Una	20GB, 32GB	5,5/8,4 horas HD
Blu-ray Disc	120mm	Una	Una	25GB	4,5 horas HD
Blu-ray Disc	120mm	Una	Dos	50GB	9 horas HD
Capacidades y formatos de CD-ROM (para comparación)					
CD-ROM/R/RW	120mm	Una	Una	0,737GB	N/D
CD-ROM/R/RW	80mm	Una	Una	0,194GB	N/D

HD – HDTV (resoluciones de 720p, 1080i o 1080p).

Las unidades de DVD son totalmente compatibles con versiones anteriores y como tal pueden leer CD. Cuando leen o reproducen CD existentes, el rendimiento de la mayoría de unidades de DVD es equivalente a una unidad de CD 40x o más rápida. Las unidades de DVD regrabables, que también son totalmente compatibles con los formatos de CD, han sustituido a las unidades CD-RW en prácticamente todos los puntos de venta tanto en sistemas nuevos como en actualizaciones al por menor. La razón principal para utilizar medios de CD en lugar de medios de DVD en este momento es una cuestión de compatibilidad casi universal (especialmente cuando se utilizan discos CD-R) con sistemas antiguos y modernos. Con el desarrollo de *Blu-ray Disc* (BD), ahora hay unidades Blu-ray regrababales compatibles con medios de DVD y CD. Estas unidades son muchas más caras que las unidades de DVD regrabables; sin embargo, el precio de los medios y unidades BD está bajando rápidamente.

DIVX (Estándar abandonado)

DIVX (*Digital Video Express*) era un formato de DVD propietario de corta vida desarrollado por Digital Video Express (un búfete de abogados de Hollywood) y Circuit City. Se abandonó el 16 de junio de 1999, menos de un año después de su lanzamiento.

El nombre sigue existiendo como un estándar de codificación abierto para DVD-Video, pero en realidad lo único que tiene que ver este estándar de codificación con el formato DIVX original es el nombre.

Compatibilidad con unidades de DVD

Cuando las unidades de DVD aparecieron por primera vez en el mercado, se intentaron vender como si fueran totalmente compatibles con unidades de CD. Aunque puede que éste fuera el caso a la hora de leer discos de CD-ROM fabricados comercialmente, no lo era necesariamente al leer medios CD-R o CD-RW. Afortunadamente, la industria ha respondido con estándares que le permiten conocer de antemano el grado de compatibilidad con su unidad de DVD. Estos estándares se llaman multilectura (*MultiRead*) para unidades basadas en ordenadores y *MultiPlay* para dispositivos independientes de consumo, como reproductores DVD-Video y CD-DA.

Reproducción de películas en DVD en un PC

Los discos DVD-Video (como los que se incluyen en la mayoría de mis libros) están diseñados para reproducirse en reproductores de DVD estándar conectados a un televisor. También pueden reproducirse en PC, siempre y cuando estén instalados el software y el hardware (por ejemplo, una unidad de BD o DVD) adecuados.

Desgraciadamente, mucha gente ignora que el software requerido para reproducir DVD no se incluye por defecto en la mayoría de versiones de Windows, lo que significa que para reproducir DVD en Windows es necesario instalar software adicional.

Las primeras versiones de Windows en tener algún tipo de capacidad de reproducción de DVD integrada fueron Windows 98, 98SE (*98 Second Edition*) y Me (*Millennium edition*), que incluían una utilidad de línea de comandos llamada DVDPLAY.EXE. La versión de DVDPLAY.EXE incluida con Windows 98 sólo podía reproducir DVD si estaba instalado uno de los dos codificadores de DVD de hardware compatibles, que aparecían físicamente en la forma de una tarjeta PCI. La aplicación DVDPLAY.EXE incluida con Windows Me fue la primera compatible con un descodificador de software (es decir, que no requería una tarjeta especial), siempre que el PC tuviera un procesador a 333MHz o más. Pero muy poca gente utilizaba el programa DVDPLAY porque la mayoría de unidades de DVD y PC vendidos al por menor en esa época incluían software de reproducción de DVD comercial como WinDVD (Intervideo/Corel) o PowerDVD (Cyberlink). La primera versión del Reproductor de Windows Media (WMP) capaz de reproducir DVD fue WMP 8, que se incluía con el lanzamiento original de Windows XP en 2001.

Mientras que WMP 8 se incluía con Windows XP, las versiones posteriores de WMP han estado disponibles para su descarga gratuita. Por ejemplo, Windows 98SE, Me y 2000 soportan hasta WMP 9 (tenga en cuenta que el lanzamiento original de Windows 98 sólo soporta hasta WMP 7.1, que no es capaz de reproducir DVD). Windows XP y Vista soportan hasta WMP 11, mientras que WMP 12 se incluye con Windows 7.

Pero no basta con tener el Reproductor de Windows Media 8 o posterior. Para reproducir DVD, también debe tener instalado un descodificador de MPEG-2 compatible con WMP. Las ediciones Windows Vista Ultimate y Home Premium incluyen un descodificador MPEG-2, pero las ediciones Vista Home Basic y Business no. Windows 7 Home Premium, Professional y Ultimate incluyen un descodificador, mientras que la edición Windows 7 Starter no. Tampoco se incluía el descodificador MPEG-2 con Windows XP (ni siquiera con Media Center Edition) ni en ninguna versión anterior de Windows.

Si la pieza que falta en el software necesario para reproducir DVD es un descodificador MPEG-2, ¿dónde puede conseguir uno? Normalmente puede conseguir un descodificador MPEG-2 incluido con programas reproductores de DVD comerciales independientes como WinDVD y PowerDVD; no obstante, también puede comprar un descodificador por separado o incluso descargar uno gratis. Para ver si tiene un descodificador de DVD instalado actualmente, puede utilizar la utilidad de decodificación de Windows XP (`http://tinyurl.com/6xog7`). Puede comprar los códec (codificador/descodificador) MPEG-2 independientes compatibles con el Reproductor de Windows Media por unos 15 dólares. Microsoft tiene una página que recoge *plug-ins* para el Reproductor de Windows Media en `www.microsoft.com/windows/windowsmedia/player/plugins.aspx`. También puede obtener los códec MPEG-2 como parte de varios "paquetes de códec" gratutitos. Mis paquetes de códec favoritos son el K-Lite Codec Pack (recomiendo las versiones Standard o Full; `http://codecguide.com`) y los Vista/Win7 Codec Packages (`http://shark007.net`).

Si tiene el hardware adecuado y un descodificador de MPEG-2 compatible instalado, puede reproducir DVD utilizando WMP 8 o posterior.

Sistemas de archivos de discos ópticos

Los fabricantes de los primeros CD de datos requerían su propio software personalizado para leer los discos. Esto se debe a que la especificación del Libro Amarillo para CD-ROM detalla sólo cómo se almacenan en un disco los sectores de datos (en vez de los sectores de audio) y no cubría los sistemas de archivos, no se ocupaba de cómo deberían almacenarse los datos en archivos ni de cómo éstos deberían formatearse para su uso en PC con diferentes sistemas operativos. Naturalmente, los formatos de archivos no intercambiables presentaban un obstáculo en la compatibilidad a nivel de industria para aplicaciones basadas en discos ópticos.

En 1985–1986, varias empresas se unieron y publicaron la especificación de formato de archivos High Sierra, que fue el primer sistema de archivos de CD-ROM estándar que hizo que los CD-ROM pudieran utilizarse universalmente en los PC. Actualmente se utilizan muchos sistemas de archivos en discos ópticos, incluyendo los siguientes:

- High Sierra.
- ISO 9660 (basado en High Sierra).
- Joliet.
- UDF (*Universal Disc Format*, Formato de disco universal).
- Mac HFS (*Hierarchical File Format*, Formato de archivos jerárquico).
- Rock Ridge.
- Mount Rainier (también conocido como Mt. Rainier).

No todos los sistemas operativos pueden leer todos los formatos de sistemas de archivos de discos ópticos. La tabla 9.22 recoge los principales sistemas de archivos utilizados y los sistemas operativos que los soportan.

Tabla 9.22. *Formatos de sistemas de archivos de discos ópticos.*

Sistema de archivos de CD	DOS/Win 3.x	Win 9x y posterior	SO Mac
High Sierra	Sí	Sí	Sí
ISO 9660	Sí	Sí	Sí
Joliet	Sí[1]	Sí	Sí[1]
UDF	No	Sí[2]	Sí[2]
Mac HFS	No	No	Sí
Rock Ridge (RockRidge)	Sí[1]	Sí[1]	Sí[1]
Mount Rainier	No	Sí[3]	Sí[3]

[1] Un nombre corto, como (SHORTN~1.TXT), se mostrará en lugar de nombres de archivo largos.
[2] Win 9x -XP, sólo si hay un lector UDF de terceros instalado.
[3] Requiere hardware Mount Rainier (también llamado EasyWrite) y software controlador (Win 9x/NT/2000); XP requiere SP1 o posterior.

Nota: *Los sistemas de archivos Mac HFS y Unix Rock Ridge no son compatibles con sistemas operativos de PC como DOS y Windows y por tanto no los veremos en profundidad.*

High Sierra

Para hacer que los discos ópticos fueran legibles en todos los sistemas sin tener que desarrollar controladores y sistemas de archivos personalizados, los fabricantes de software y hardware de PC consideraron que lo mejor era resolver la cuestión de la estandarización de los formatos de archivos. En 1985, representantes de TMS, DEC, Microsoft, Hitachi, LaserData, Sony, Apple, Philips, 3M, Video Tools, Reference Technology y Xebec se reunieron en el entonces llamado *High Sierra Hotel and Casino* en el Lago Tahoe, Nevada, para crear un formato lógico y una estructura de archivos comunes para los CD-ROM. En 1986, publicaron conjuntamente este estándar como "Working Paper for Information Processing: Volume and File Structure of CD-ROM Optical Discs for Information Exchange (1986)". Este estándar pasó a conocerse después como formato High Sierra.

Este acuerdo permitía a todas las unidades que usaban el controlador adecuado (como MSCDEX.EXE, ofrecido por Microsoft con DOS) leer todos los discos en formato High Sierra, abriendo el camino para la producción masiva y la aceptación de la publicación de software en CD-ROM. La adopción de este estándar permitía también a los editores proporcionar soporte de plataforma cruzada para su software y fabricar fácilmente discos para DOS, Unix y otros formatos de sistemas operativos. Sin este acuerdo, la maduración del mercado óptico habría llevado muchos más años y la producción de información basada en óptica habría quedado estancada.

El formato High Sierra se presentó ante la *International Organization for Standardization* (ISO). Dos años más tarde (en 1988), tras varias mejoras y cambios, volvió a publicarse como el estándar ISO 9660. ISO 9660 no era exactamente lo mismo que High Sierra, pero todos los controladores que podían leer discos formateados en High Sierra se actualizaron rápidamente para manejar tanto ISO 9660 como el formato High Sierra original en el que estaba basado.

Por ejemplo, Microsoft escribió el controlador MSCDEX.EXE (las extensiones de Microsoft CD-ROM) en 1988 y concedió licencias a distribuidores de software y hardware óptico para incluirlo con sus productos. En 1993, cuando se lanzó MS-DOS 6.0, MSCDEX empezó a incluirse con DOS como característica estándar.

MSCDEX permite a DOS leer discos formateados en ISO 9660 (y en High Sierra). Este controlador funciona con el controlador de dispositivos a nivel de hardware ATAPI o ASPI que se incluye con la unidad. Microsoft integró el soporte de ISO 9660 y el sistema de archivos Joliet directamente en Windows 95 y posterior, sin necesidad de controladores adicionales.

ISO 9660

El estándar ISO 9660 permitía una compatibilidad cruzada total entre diferentes equipos y sistemas operativos. ISO 9660 salió en 1988 y estaba basado en el trabajo realizado por el grupo de High Sierra. Aunque se basa en High Sierra, ISO 9660 tiene algunas diferencias y ajustes. Tiene tres niveles de intercambio que dictan las características que pueden utilizarse para garantizar la compatibilidad con sistemas diferentes.

El nivel 1 de ISO 9660 es el denominador común más bajo de todos los sistemas de archivos y casi cualquier plataforma informática, incluyendo Unix y Macintosh, puede leerlo. El inconveniente de este sistema de archivos es que está muy limitado en lo que respecta a nombres de archivos y directorios. Las restricciones de intercambio del Nivel 1 incluyen las siguientes:

- En los nombres de archivos sólo se permite el uso de caracteres en mayúscula de la A a la Z, números del 0 al 9 y el guión bajo (_).
- Sólo 8.3 caracteres como máximo para el `nombre.extensión` (basado en los límites de DOS).
- Los nombres de directorios pueden tener ocho caracteres como máximo (se permite extensión).
- Los directorios están limitados a ocho niveles de profundidad.
- Los archivos deben ser contiguos.

Las reglas de intercambio del Nivel 2 tienen las mismas limitaciones que el Nivel 1, con la salvedad de que el nombre de archivo y extensión puede tener una longitud de hasta 30 caracteres (ambos puestos juntos, sin el separador `.`) Finalmente, la normas de intercambio del Nivel 3 son iguales que en el Nivel 2 excepto por el hecho de que los archivos no tienen que ser contiguos.

Tenga en cuenta que Windows 95 y versiones posteriores le permiten usar nombres de carpetas y archivos de hasta 255 caracteres, que pueden incluir espacios, minúsculas y muchos otros caracteres que no se permitían en ISO 9660. Para mantener la compatibilidad con versiones anteriores con DOS, Windows 95 y posterior asocian un nombre de archivo corto en formato 8.3 como alias para cada archivo que tiene un nombre más largo. Windows crea estos nombres cortos automáticamente y pueden verse en las propiedades de cada archivo o mediante la ejecución del comando `DIR` en un indicador de comandos. Para crear estos alias, Windows trunca el nombre a seis (o menos) caracteres seguidos de una tilde (~) y un número que empiece por 1 y trunca la extensión a tres caracteres. En la primera parte se utilizan otros números si ya existen otros archivos que al truncarse tendrían el mismo alias. Por ejemplo, el nombre de archivo `This is a.test` obtiene el alias `THISIS~1.TES`.

Esta creación de alias a partir de nombre de archivos es independiente de la unidad de CD, pero es importante que sepa que si crea o escribe un CD usando el formato ISO 9660 con las restricciones del Nivel 1, los nombres cortos de alias se utilizan cuando los archivos se graban en el disco, lo que significa que los nombres de archivos largos se perderán en el proceso. De hecho, incluso el alias se modificará porque las restricciones del Nivel 1 de ISO 9660 no permiten el uso de la tilde; ese carácter se convierte en un guión bajo en los nombres escritos en el CD.

Los datos ISO 9660 comienzan a 2 segundos y 16 sectores en el disco, en lo que se conoce también como sector lógico 16 de pista uno. Para un disco multisesión, los datos ISO 9660 están presentes en la primera pista de datos de cada sesión. Estos datos identifican la ubicación del área de volumen, donde se almacenan los datos reales. El área del sistema también recoge una lista de los directorios de este volumen como la tabla de contenidos del volumen (VTOC, *Volume Table Of Contents*), con indicadores o direcciones a varias áreas nombradas, véase la figura 9.16. Una diferencia significativa entre la estructura de directorios de un CD y la de un disco duro normal es que el área de sistema del CD también contiene direcciones directas de los archivos dentro de los subdirectorios, lo que permite al CD buscar ubicaciones de sectores específicos en la pista de datos en espiral. Ya que los datos del CD están en una pista en espiral larga, cuando hablamos de pistas en el contexto de un CD, en realidad estamos hablando de sectores o segmentos de datos a lo largo de esa espiral.

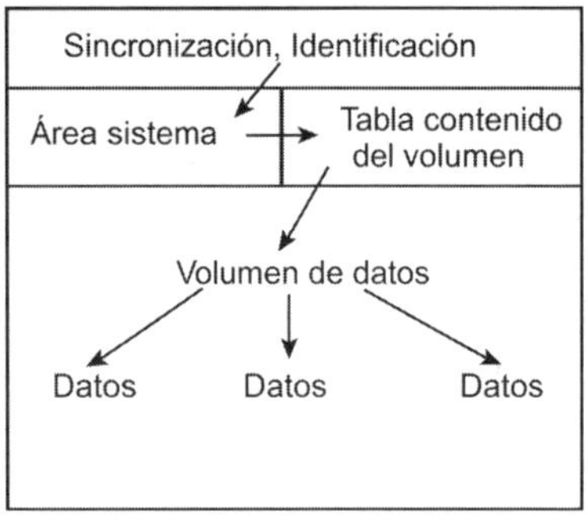

Figura 9.16. *Diagrama del formato organizativo de archivos ISO 9660 básico.*

Para poner el formato ISO 9660 en perspectiva, la disposición del disco es más o menos análoga a la de un disquete. Un disquete tiene una pista de sistema que no sólo lo identifica como disquete y revela su densidad y sistema operativo, sino que además indica al ordenador su organización (en directorios, que están compuestos por archivos).

Joliet

Joliet es una extensión del estándar ISO 9660 que Microsoft desarrolló para su uso con Windows 95 y posterior. Joliet permite que los CD se graben utilizando nombres de archivos de hasta 64 caracteres, incluyendo espacios y otros caracteres del conjunto de caracteres internacional Unicode. Joliet también preserva un alias 8.3 para aquellos programas que no pueden utilizar nombres de archivos más largos.

En general, Joliet incluye las siguientes especificaciones:

- Los nombres de directorios o archivos pueden tener una longitud de hasta 64 caracteres Unicode (128 bytes).
- Los nombres de directorios pueden tener extensiones.
- Los directorios pueden tener más de ocho niveles de profundidad.
- La grabación multisesión es compatible de manera inherente.

Truco: *Puesto que Joliet soporta una ruta más corta que Windows 9x y versiones más recientes, puede que tenga dificultades para masterizar un CD en formato Joliet que contenga nombres de ruta extremadamente largos. Le recomiendo que acorte los nombres de las carpetas en la estructura de archivos que cree con el software de masterización de CD para evitar problemas. Desgraciadamente, algunos programas de masterización de CD no le advierten de que un nombre de ruta es demasiado largo hasta después de que haya comenzado el proceso de grabación. Si su programa de masterización de CD ofrece una opción para validar su estructura de disco, utilícela para determinar si necesita acortar los nombres de carpetas. Algunos programas de masterización de CD ofrecen sugerencias de nombres cortos y acortan los nombres demasiado largos por nosotros.*

Debido a las provisiones de compatibilidad con versiones anteriores, los sistemas que no soportan las extensiones Joliet (como los sistemas DOS antiguos) deberían seguir siendo capaces de leer el disco. No obstante, se interpretará como un formato ISO 9660 que utiliza nombres cortos.

Nota: *Una curiosidad: "Chicago" era el nombre clave utilizado por Microsoft para Windows 95. Joliet es la ciudad fuera de Chicago en que Jake está atrapado en la película* The Blues Brothers.

Formato de disco universal (UDF)

UDF es un sistema de archivos creado por la *Optical Storage Technology Association* (OSTA) como formato estándar para su uso en medios ópticos, pero también puede ser empleado por otras unidades de medios extraíbles, como las unidades Iomega REV. UDF tiene varias ventajas sobre el antiguo sistema de archivos ISO 9660 pero lo más destacable es que está diseñado para funcionar con escritura en paquetes, una técnica para escribir pequeñas cantidades de datos en un disco óptico, tratándolo prácticamente como a una unidad magnética estándar. El sistema de archivos UDF permite nombres de archivo largos de hasta 255 caracteres por nombre. Ha habido varias versiones de UDF y la mayoría del software de escritura en paquetes utiliza UDF 1.5 o posterior. El software de escritura en paquetes como DirectCD y Drag-to-Disc de Roxio, InCD de Ahead Software y DLA de Veritas and Sonic Solutions utilizan el sistema de archivos UDF. Sin embargo, las unidades ópticas estándar, los controladores y los sistemas operativos como DOS no pueden leer discos formateados con UDF. Las unidades grabables pueden leerlo, pero las unidades ópticas corrientes deben cumplir la especificación MultiRead para poder leer discos UDF.

Cuando esté seguro de que su unidad puede leer UDF, debe comprobar el SO. La mayoría de sistemas operativos no puede leer UDF de forma nativa; hay que añadir el soporte mediante un controlador. DOS no puede leer UDF en absoluto; no obstante, con

Windows 95 y posterior, los discos formateados con UDF pueden leerse si se instala un controlador UDF. Normalmente, ese controlador se incluye con el software que viene con la mayoría de unidades de DVD regrabables y CD-RW.

Si no tiene lector de UDF, puede descargar uno en los siguientes sitios Web:

- Puede conseguir el UDF Volume Reader de Roxio en la sección de soporte de `www.roxio.com`.
- Puede obtener el InCD Reader de Ahead Software de la sección de soporte de `www.nero.com`.

Cuando el controlador UDF esté instalado, no es necesario seguir ningún paso especial para leer un disco formateado en UDF. El controlador estará en segundo plano esperando a que se inserte un disco formateado en UDF. Si no puede leer un disco escrito con UDF en otro sistema, devuélvalo al sistema original y cierre el medio. Esta opción suele mostrarse como parte del cuadro de diálogo de configuración de la expulsión. Cerrar el disco hace que los nombres de archivos se conviertan al formato Joliet y que se trunquen a 64 caracteres. Puede descargar la versión más reciente (revisión 2.60) de UDF en la Web de OSTA en `www.osta.org/specs/index.htm`.

Truco: *Los discos UDF pueden pasar a ser ilegibles por diferentes razones, incluyendo la instalación de un lector UDF incompatible, un disco no cerrado antes de la extracción de la unidad, una tabla de contenidos no escrita debido a un bloqueo del sistema, etc. Para recuperar datos de discos UDF, pruebe CD Roller (disponible en* `www.cdroller.com`*). Soporta las versiones de UDF más utilizadas comúnmente (de v1.02 a 2.01 y UDF Bridge) y también funciona con discos ópticos creados por cámaras digitales, grabadores de DVD y videocámaras basados en DVD. Otro programa de recuperación de discos ópticos a tener en cuenta es IsoBuster (en* `www.smart-projects.net`*), que también funciona con formatos Blu-ray Disc.*

HFS de Macintosh

HFS es el sistema de archivos utilizado por los SO Macintosh. HFS también puede utilizarse en discos ópticos; sin embargo, si se hace eso, no podrán leerse en un PC. Es posible producir un disco híbrido con sistemas de archivos Joliet y HFS o ISO 9660 y HFS y en ese caso el disco podría leerse tanto en PC como en Mac. En ese caso, el sistema sólo verá el disco que sea compatible, que es ISO 9660 o Joliet en el caso de los PC.

Rock Ridge

El *Rock Ridge Interchange Protocol* (RRIP) fue desarrollado por un consorcio industrial llamado Rock Ridge Group. El grupo de trabajo IEEE CD-ROM File System Format lo lanzó oficialmente en 1994 y es una ampliación del estándar ISO 9660 para CD-ROM que permite la grabación de información adicional para soportar características del sistemas de archivos Unix/POSIX. Ni DOS ni Windows incluyen soporte para las extensiones Rock Ridge. Sin embargo, puesto que se basa en ISO 9660, los archivos todavía pueden leerse en un PC y las extensiones RRIP simplemente se ignoran.

> ***Nota:*** *Una curiosidad interesante es que el nombre de Rock Ridge se tomó de una ciudad del oeste ficticia de la película Sillas de montar calientes.*

Mount Rainier

Mount Rainier es un estándar óptico regrabable que fue desarrollado por Philips, Sony, Microsoft, y HP (Compaq).

También llamado EasyWrite (véase la figura 9.17), Mount Rainier se diseñó para permitir la compatibilidad nativa del sistema operativo con el almacenamiento de datos en discos ópticos regrabables.

Easy WRITE

Simple • Fast • Robust

Figura 9.17. *El logo EasyWrite se utiliza en algunas unidades CD-RW y DVD+R/RW fabricadas a partir de 2003 que soportan el estándar Mount Rainier.*

Entre las principales características de Mount Rainier se incluyen:

- **Administración de defectos integral:** Las unidades estándar dependen del software del controlador para administrar defectos.
- **Direccionamiento directo a nivel del sector de 2KB para minimizar el despilfarro de espacio:** El medio CD-RW estándar utiliza un tamaño de bloque de 64KB.
- **Formateo en segundo plano para que el nuevo medio pueda utilizarse en segundos tras la primera inserción:** El formateo CD-RW estándar puede tardar hasta 45 minutos dependiendo de la velocidad de la unidad.
- **Conjunto de comandos estandarizado:** El software estándar no puede funcionar con las unidades nuevas hasta que haya archivos de comandos revisados disponibles.
- **Diseño físico estandarizado:** Las diferencias en el software UDF estándar pueden dificultar la lectura de los medios escritos por otro programa.

La compatibilidad de Mount Rainier se conoce también como compatibilidad CD-MRW o DVD+MRW. Las unidades con el logo Mount Rainier o EasyWrite tienen esta compatibilidad integrada, pero algunas unidades CD-RW existentes pueden actualizarse al estado MRW reconfigurando el *firmware* de la unidad.

También hay que tener soporte de aplicaciones o sistema operativo para utilizar Mount Rainier. Windows Vista y posterior tienen el soporte de Mount Rainier integrado; Linux *kernel* versión 2.6.2 y superior también incluyen soporte de Mount Rainier. Para soportar Mount Rainier en Windows XP o ediciones más antiguas, debemos utilizar versiones recientes de InCD de Ahead Software o DirectCD o Drag-to-Disc de Roxio, u otros programas compatibles con Mount Rainier.

Extracción/Copia de discos

Todas las unidades ópticas pueden reproducir discos CD-DA formateados con el Libro Rojo, pero no todas pueden leer discos CD-DA. La diferencia parece sutil, pero en realidad es bastante grande. Si le gusta la música y desea utilizar su PC para administrar su colección musical, la capacidad para leer datos de audio digitalmente es una función importante de sus unidades de CD (y DVD) porque le permite almacenar, manipular y finalmente reproducir pistas de audio de forma más fácil y precisa. Para grabar una canción de un CD a su disco duro, antes era necesario reproducir el disco a velocidad normal y capturar la salida de audio como analógica, de ahí la necesidad de la conexión de cable de audio analógica de cuatro cables desde la parte trasera de las unidades ópticas a la tarjeta de sonido.

Afortunadamente, durante varios años las unidades han soportado la extracción de audio digital (DAE, *Digital Audio Extraction*). En este proceso leen los sectores de audio digital directamente y, en vez de descodificarlos en señales analógicas, pasan cada sector de 2.352 bytes de datos de audio brutos digitales (con errores corregidos) directamente al procesador del PC mediante el cable de interfaz de la unidad (ATA, SATA, SCSI, USB, o FireWire).

Por tanto, no se produce una conversión de digital a analógico (ni al revés) y básicamente se obtiene los datos de audio exactamente como se grabaron originalmente en el CD (dentro de los límites de los estándares de corrección de errores CD-DA). Básicamente, se habrían extraído los datos de audio digital desde el disco al PC.

Los datos de audio en bruto se extraen de la unidad a velocidad de lectura máxima, en vez de a la velocidad normal de 1x a la que se escuchan los discos de audio. En realidad, la mayoría de unidades no pueden realizar la DAE a sus velocidades máximas. Aunque algunas son más rápidas (o lentas) que otras, la mayoría realizan la DAE a velocidades de entre la mitad y dos tercios de su velocidad de lectura de CD estimada. Así, quizá podríamos extraer datos de audio a velocidades de hasta 28x sólo en una unidad 40x. No obstante, esto sigue siendo un poco mejor que a 1x, como sería en unidades que no pueden hacer la DAE (por no mencionar que nos evitaríamos la conversión a analógico y otra vez a digital con la consiguiente pérdida de información).

Prácticamente todas las unidades ópticas recientes puede llevar a cabo la extracción de audio digital en discos de música. La velocidad y la precisión con la que lo hagan dependen del modelo. Se podría pensar que cualquier extracción (copia digital) de una pista dada (canción) debería ser igual porque se trata de una copia digital de la original, pero no siempre es el caso.

El formato CD-DA se diseñó para reproducir música, no para transferir datos con una precisión del 100 por 100. Los errores más allá de la capacidad CIRC en el formato CD-DA hacen que el *firmware* de la unidad interpole o aproxime los datos. Además, pueden producirse en la unidad problemas derivados del tiempo debido a imprecisiones en el reloj, lo que hace que vaya ligeramente desfasada cuando lee los marcos del sector (esto se conoce como fluctuación o *jitter*). Las diferencias en el software interno (*firmware*) de la unidad y las diferencias en los controladores utilizados son otros de los problemas que se pueden producir.

Nota: *Cuando se extrae música de un CD, el formato predeterminado es WAV sin comprimir, aunque también pueden utilizarse otros formatos comprimidos como MP3. Puesto que los archivos WAV se corresponden con la velocidad de muestreo de 44,1KHz utilizada en el CD, tiene 176.400 bytes por segundo de información de sonido, lo que significa que 1 minuto de música consume casi 10,6MB de espacio en su unidad dura. La compresión MP3 puede reducir eso en un factor de 6 o más, con pérdidas de calidad pequeñas o imperceptibles.*

Discos CD-R/RW "sólo para música"

De acuerdo con la ley sobre grabación doméstica 1992, las unidades y "medios grabables" de CD de consumidor vendidos específicamente para la grabación de música necesitan tener protección específica frente a la copia de discos, principalmente SCMS. Eso significa que estos grabadores pueden hacer copias digitales únicamente de discos pregrabados originales. Puede hacer una copia de una copia, pero en ese caso, los datos que se están grabando van de digital a analógico y otra vez a digital en la segunda copia, lo que conlleva una pérdida generacional de calidad.

Los medios para estos grabadores también deben ser especiales. Únicamente funcionan con discos etiquetados como sólo para música o bien sólo para audio. Éstos llevan el logo Compact Disk Digital Audio Recordable estándar con el que están familiarizados la mayoría, pero debajo de eso, como parte del logo, se añade una línea que dice "For Consumer". Estos discos incluyen una pista especial pregrabada en el disco, que los grabadores de música buscan. Integrados en el precio del medio compatible con AHRA hay unos derechos para la industria de la música que esta pista protege. El medio cuesta entre un 20 y un 30 por 100 más que un medio CD-R/RW normal. Si intenta utilizar discos CD-R/RW estándar no compatibles con AHRA en estas unidades, la unidad no reconoce el disco. Estos dispositivos de música tampoco copian discos de datos.

Observe que esto no se aplica a la unidad óptica instalada o conectada en su PC. No tiene que ser compatible con AHRA, ni necesita utilizar un medio sólo para música compatible con AHRA, ni siquiera si está copiando o grabando discos de música. Además, puede realizar copias digitales de copias; SCMS tampoco se aplica. La consecuencia final es que no tiene que comprar discos compatibles con AHRA para las unidades ópticas de su PC. Si compra esos discos, a pesar de la designación de sólo para música, los discos compatibles con AHRA pueden utilizarse en sus unidades ópticas al igual que los discos CD-R/RW normales pueden utilizarse para el almacenamiento de datos. La información extra que indica la compatibilidad con AHRA se ignora sin más.

Protección contra copia de CD

La preocupación sobre la copia pública de CD de software y música ha motivado el desarrollo de técnicas de protección contra copias que intenta hacer que estos discos no se puedan copiar. Los métodos de protección de CD de software son diferentes a los métodos de protección de CD de música, pero el resultado final es el mismo: no puede hacerse copias normales, o las copias no funcionan correctamente. En el caso de los CD de música, la protección frente a copias puede ser bastante molesta, añadiendo ruidos a la grabación y, en casos extremos, haciendo que el disco no pueda reproducirse ni siquiera en una unidad de PC.

Hay muchos esquemas de protección contra copias disponibles para discos CD-DA (audio digital) que van de lo más simple a lo más sofisticado. El esquema de protección más popular para los discos de audio digital es SafeAudio de Macrovision. Macrovision no explica el funcionamiento exacto de SafeAudio, pero adquirió la tecnología de una empresa llamada TTR Technologies y las patentes archivadas por TTR describen el esquema en detalle. De acuerdo con las patentes, el disco graba deliberadamente valores erróneos (ráfagas de ruido) tanto en los datos de audio como en los códigos, que normalmente se utilizarían para corregir estos errores. Cuando se lee el disco, el esquema de corrección de datos normal falla, dejando pequeños huecos en la música.

Cuando esto ocurre en un reproductor de CD de audio estándar, la circuitería o el código del reproductor salva automáticamente los huecos mirando a los datos de audio en cualquier lado del hueco e interpolando (suponiendo) los valores que faltan. La unidad de CD de un PC puede hacer lo mismo, así que la interpolación sólo se produce cuando se reproducen CD en un modo de reproductor de audio. Sin embargo, la unidad de un PC no realiza la misma interpolación cuando extrae los datos, es decir, cuando los copia directamente a la unidad dura, a otro CD o a algún otro medio. En ese caso, los huecos que no se han salvado se oyen como *pops*, clics y ruidos muy altos. Tanto TTR como Macrovision afirman que la interpolación que se produce cuando se reproduce un disco SafeAudio no es perceptible por el oído humano, pero muchos expertos discrepan. Para un audiófilo, la adición de cualquier distorsión o ruido a la señal de audio es intolerable, además de que les impide hacer copias de seguridad legales de su música, algo que está permitido por la ley. Debido a estos problemas, le recomiendo que evite comprar los CD de audio que contengan SafeAudio u otra forma de protección contra copias.

Administración de derechos digitales de CD

La administración de derechos digitales (DRM, *Digital Rights Management*) va un paso más allá de la protección contra copias estándar al especificar lo que se puede hacer y lo que no con un CD grabado u otro tipo de medio comercial. Cuando se aplica a música descargada, por ejemplo, las características de DRM en pistas de audio pueden impedir que se grabe una canción en un disco una cantidad ilimitada de veces, impedir que una canción se reproduzca a partir de una fecha determinada o limitar el número de veces que se puede copiar una canción de un PC a otro.

Aunque el uso de DRM en medios de CD (en oposición a las pistas de audio descargable) no ha sido habitual, el escándalo del *rootkit* de Sony en 2005 es un caso que conviene no olvidar.

Sony BMG, una de los mayores distribuidores de CD de música, introdujo un controvertido método de protección contra copias y DRM, en otoño de 2005, al añadir protección contra copias y DRM a algunos de sus CD de música. Los CD afectados utilizaban o bien XCP (*Extended Copy Protection*, desarrollada por First 4 Internet, ahora conocida como Fortium Technologies, Inc.) o MediaMax CD-3 (desarrollada por SunnComm).

Estos programas limitaban la capacidad del usuario para trabajar libremente con las canciones (cosa que se puede hacer con los CD de música normales) y lo que es peor, se instalaban en los PC sin que se informara de ello al usuario. El tipo de instalador que Sony utilizó se llamaba *rootkit*, que es un programa que oculta su presencia al sistema operativo y hace que sea más fácil que gusanos y otro *malware* ataque el sistema.

Después de que los abogados de la seguridad y de la privacidad atacaran el uso que Sony hizo de DRM y *rootkits* sin comunicárselo a los compradores, Sony introdujo una herramienta de eliminación del *rootkit* y al final retiraron todos los álbumes de 2006, llegando a una acuerdo judicial con la *Federal Trade Comisión*. Aunque el intento de Sony de utilizar DRM fue una chapuza por su fallo al no informar a los clientes de que los CD contenían software DRM y el éste no proporcionaba a los usuarios ninguna manera de bloquear la instalación, es posible que en el futuro se utilicen en CD y otros tipos de medios características DRM que eviten los errores de Sony.

Protección contra copias de DVD

Los discos DVD-Video usan varios niveles de protección controlados principalmente por la *DVD Copy Control Association* (DVD CCA) y una empresa de terceros llamada Macrovision. Normalmente, esta protección se aplica tan sólo a los discos DVD-Video, no al software DVD-ROM. Por ejemplo, la protección contra copias podría afectar a su capacidad para hacer copias de seguridad de *Matrix*, pero no afectará a una enciclopedia en DVD ni a otra aplicación de software distribuida en discos DVD-ROM.

Observe que todos estos sistemas de protección se han roto, así que con un pequeño gasto extra o el software correcto, puede vencer la protección y hacer copias de sus DVD en otros medios digitales (unidad dura, unidad óptica, unidad flash, etc.) o en medios analógicos (como VHS u otros formatos en cinta).

Se malgasta mucho tiempo y dinero en estos esquemas de protección, algo que en realidad no frustra a los contrabandistas profesionales que están dispuestos a gastar tiempo y dinero en encontrar la forma de evitarlos. Pero pueden hacer que sea difícil para un usuario medio hacer legítimamente copias de seguridad de sus caros medios.

Los cuatro sistemas de protección más importantes utilizados con discos DVD-Video son los siguientes:

- Control de reproducción regional (RPC, *Regional Playback Control*).
- Sistema de alteración de contenido (CSS, *Content Scrambling System*).
- Sistema de protección analógico (APS, *Analog Protection System*).
- ProtectDisc.

Advertencia: *La ley DMCA (*Digital Millennium Copyright Act*) aprobada en 1998 prohíbe la rotura de los esquemas de protección contra copias y la distribución de información (como herramientas, enlaces Web, etc.) sobre cómo romperlos.*

Control de reproducción regional

La reproducción regional se diseñó para permitir que los discos que se vendían en regiones geográficas específicas se reprodujeran únicamente en reproductores vendidos en esas mismas regiones. La idea era permitir que una película se lanzara en momentos diferentes en diferentes partes del mundo y evitar que la gente encargara discos desde regiones en las que la película aún no se había lanzado.

En el estándar RPC se definen ocho regiones. Los discos (y los reproductores) se identifican con un pequeño logo o etiqueta que muestra el número de la región superpuesto en un globo terráqueo. Existen los discos multi-región, que son discos que no están ligados a una región específica. Si un disco se reproduce en más de una región, tiene más de un número en el globo. Las regiones son las siguientes:

- **Código de región 1:** Estados Unidos, Canadá, Territorios de Estados Unidos, Bermudas.
- **Código de región 2:** Japón, Europa occidental, Sudáfrica y Oriente Medio.
- **Código de región 3:** Sudeste asiático y este de Asia.
- **Código de región 4:** Australia, Nueva Zelanda, Islas del Pacífico, América central Méjico, Sudamérica y el Caribe.
- **Código de región 5:** Europa de Este (este de Polonia y los Balcanes), el subcontinente indio, África, Corea del Norte y Mongolia.
- **Código de región 6:** China y el Tíbet.
- **Código de región 7:** Reservado para uso futuro.

- **Código de región 8:** Escenarios internacionales incluyendo aviones, barcos de crucero, etc.
- **Código de región Todos:** Permite que el disco se reproduzca en cualquier región o reproductor. A veces se le llama Código de región 0.

El código de región está incrustado en el hardware de los reproductores de DVD-Video. La mayoría de los reproductores están preconfigurados para una región específica y no pueden modificarse. Algunas empresas que venden reproductores los modifican para que reproduzcan discos de todas las regiones. Algunos discos nuevos añaden una función RCE (*Region Code Enhancement*, Mejora del código de región) que comprueba si el reproductor está configurado para múltiples regiones y si es así, no se reproduce. La mayoría de los reproductores independientes de la región nuevos saben consultar al disco primero para sortear esta comprobación.

Las unidades de DVD-ROM utilizadas originalmente en PC no tenían RPC en el hardware, delegando esa responsabilidad en el software utilizado para reproducir discos DVD-Video en el PC. Normalmente el software del reproductor bloqueaba el código de región al primer disco que se reproducía y desde ese momento, tan sólo reproducía discos de esa región. La reinstalación del software permitía que se reconfigurara el código de región y aparecieron muchos parches en sitios Web para permitir que el código de región se reconfigurara incluso sin tener que reinstalar el software.

Debido a la relativa facilidad para superar las restricciones de los códigos de región con unidades DVD-ROM, a partir del 1 de enero de 2000 se requirió que las unidades de DVD regrabables y DVD-ROM tuvieran RPC-II, que incrusta el código de región directamente en la unidad.

RPC-II (o RPC-2) sitúa el bloqueo de región en la unidad y no en el software de descodificación MPEG-2 o reproducción. En unidades RPC-II puede configurar el código de región hasta un total de cinco veces, lo que básicamente significa que puede cambiarlo hasta cuatro veces después de la configuración inicial.

Normalmente, el cambio puede realizarse a través del software reproductor que esté utilizando, o se puede descargar software de cambio de región del fabricante de la unidad. Al hacer el cuarto cambio (que es la quinta configuración), la unidad se queda bloqueada en la configuración de la última región.

Códigos de región utilizados por Blu-ray Disc

Blu-ray Disc utiliza un esquema de código de región diferente que divide el mundo en tres regiones:

- La Región A incluye Norteamérica, América central, Sudamérica, Corea, Japón y el Sudeste asiático.
- La Región B que incluye Europa, Oriente Medio, África, Australia y Nueva Zelanda.
- La Región C incluye Rusia, India, China y el resto del mundo.

Un Blu-ray Disc sin código de región puede reproducirse en reproductores con cualquier código de región.

Sistema de alteración de contenido

El Sistema de alteración de contenido (CSS) ofrece la protección principal para discos DVD-Video. Hasta la implementación de esta protección, la *Motion Picture Association of America* (MPAA) no accedió a lanzar películas en formato DVD, que es la razón principal por la que el avance del DVD se ha retrasado tanto.

CSS fue desarrollado originalmente por Matsushita (Panasonic) y se utiliza para cifrar y codificar digitalmente los datos de audio y vídeo en un disco DVD-Video. La descodificación requiere un par de claves (códigos numéricos) de 40 bits (5 bytes). Una de las claves es única para el disco, mientras que la otra es única para el archivo VTS (*Video Title Set*) que se está descodificando. Las claves de título y disco se almacenan en el área de encabezamiento del disco en una forma cifrada. La descodificación de CSS y la escritura de claves se realizan durante el procedimiento de masterización en vidrio, que es parte del proceso de fabricación del disco.

Puede ver este cifrado en acción si pone un disco DVD en una unidad DVD-ROM en un PC, copia los archivos en su unidad dura y después intenta verlos. Éstos se llaman normalmente `VTS_xx_yy.VOB` (objeto de vídeo), donde `xx` representa el número de título e `yy` representa el número de sección. Normalmente, todos los archivos de una película determinada tienen el mismo número de título y la película se distribuye en varios archivos de 1GB o menos con diferentes números de sección. Estos archivos `.VOB` contienen intercaladas transmisiones cifradas de vídeo y audio de la película. Otros archivos con una extensión `.IFO` contienen información utilizada por el reproductor de DVD para descodificar las transmisiones de audio y vídeo en los archivos `.VOB`. Si copia los archivos `.VOB` e `.IFO` en su unidad dura e intenta hacer clic o reproducir los archivos `.VOB` directamente, puede que vea y oiga vídeo y audio descodificado o reciba un mensaje de error sobre la reproducción de archivos protegidos contra copia.

Este cifrado no es un problema si se utiliza un reproductor con licencia CSS (ya sea hardware o software) y reproduce los archivos directamente desde el disco DVD. Todos los reproductores DVD, tanto si son unidades independientes de consumo o reproductores de software del PC, tienen su propia clave de desbloqueo CSS exclusiva asignada. Cada disco DVD-Video tiene 400 de estas claves de 5 bytes estampadas en el disco en el área de encabezamiento (a la que normalmente no pueden acceder los programas) en el DVD en forma cifrada. La rutina de descifrado del reproductor utiliza su código exclusivo para recuperar y descifrar la clave del disco, que después se utiliza para recuperar y descifrar las claves de los títulos.

CSS es básicamente un cifrado de tres niveles que en principio se creía muy seguro, pero que ha resultado ser lo contrario.

En octubre del año 1999, un programador noruego de 16 años consiguió extraer la primera clave de uno de los reproductores basados en PC comerciales, lo que le permitió descifrar el disco y las claves del título de manera muy sencilla. Se escribió entonces un programa llamado DeCSS, muy conocido actualmente, que puede romper la protección

CSS en cualquier título de DVD vídeo y guardar archivos .VOB descifrados en un disco duro que cualquier programa descodificador de MPEG-2 puede cumplir. Huelga decir que esta utilidad (y otras basadas en ella) han sido la causa de mucha preocupación en la industria cinematográfica y ha dado lugar a muchas batallas legales sobre la distribución e incluso los enlaces a este código en la Web. Haga una búsqueda sobre DeCSS para obtener información legal de interés.

Por si esto fuera poco, en marzo de 2001, dos estudiantes de MIT publicaron un programa increíblemente sencillo y corto (¡de sólo siete líneas!) que puede utilizar CSS descodificado tan rápido que una película puede básicamente descodificarse en tiempo real mientras se está reproduciendo. Escribieron y demostraron el código como parte de un seminario de dos días que realizaron sobre la controvertida DMCA, ilustrando lo trivial que es la protección CSS en realidad.

ProtectDisc

El sistema de protección contra copias más reciente se llama ProtectDisc. Su versión de DVD-Video cambia la estructura estándar del disco para evitar las copias. Desgraciadamente, una película de DVD creada utilizando ProtectDisc no puede verse con programas de reproducción basados en PC tales como el Reproductor de Windows Media o WinDVD.

A pesar de que se supone que es una protección contra copias "irrompible", el método de ProtectDisc, al igual que los demás tratados en este capítulo, ha sido rápidamente superado. Al igual que otros esquemas de protección de copias, los usuarios legítimos que no tratan de "vencer al sistema" están siendo las víctimas, en este caso de ProtectDisk, porque no pueden utilizar un PC para ver la película.

Especificaciones de rendimiento de unidades ópticas

Hay muchos factores en una unidad que pueden afectar al rendimiento y hay varias especificaciones implicadas. Los datos de rendimiento típicos que publican los fabricantes son la velocidad de transferencia de datos, el tiempo de acceso, la caché interna o búferes (si hay) y la interfaz utilizada por la unidad. Esta sección examina estas especificaciones.

Velocidad de transferencia de datos de CD

La velocidad de transferencia de datos para una unidad de CD indica la velocidad a la que la unidad puede leer desde el disco y transferir al equipo *host*. Normalmente, las velocidades de transferencia indican la capacidad de la unidad para leer transmisiones secuenciales grandes de datos.

La velocidad de transferencia se mide de dos formas. La más citada con unidades ópticas es la velocidad "x", que se define como un múltiplo de una velocidad base estándar. Por ejemplo, las unidades de CD transfieren a 153,6KBps de acuerdo con el estándar original. Las unidades que transfieren al doble son 2x, si transfieren 40 veces más rápido son 40x y así. Las unidades DVD transfieren a 1.385KBps a la velocidad base, mientras que las unidades que son 20 veces más rápidas aparecen como 20x.

Tenga en cuenta que, puesto que casi todas las unidades más rápidas incluyen CAV, la velocidad "x" indicada normalmente es un máximo que sólo se ve cuando se leen datos cerca del exterior (final) de un disco. La velocidad cerca del principio del disco podría ser simplemente la mitad de ésa y evidentemente las velocidades medias oscilarían entre dichos valores.

Como las unidades ópticas actuales soportan varios formatos de disco, existen varias especificaciones de lectura y escritura para cada forma de medio que la unidad soporta.

Velocidad de unidad de CD

Puesto que los CD se diseñaron originalmente para grabar audio, la velocidad a la que la unidad lee los datos tenía que ser constante. Para mantener este flujo constante, los datos de CD se graban utilizando una técnica llamada velocidad lineal constante (CLV). Esto significa que la pista (y por tanto los datos), a su paso por el láser de lectura, se mueve siempre a la misma velocidad, que originalmente se definía como 1,3 metros por segundo. Puesto que la pista es una espiral que se enrolla más estrechamente cerca del centro del disco, éste debe girar a varias velocidades para mantener la misma velocidad lineal de pista. En otras palabras, para mantener una CLV, el disco debe girar más deprisa cuando se está leyendo el área de pista interior que cuando se está leyendo el área de pista exterior. La velocidad de rotación en una unidad 1x (1,3 metros por segundo se considera velocidad 1x) varía de 540 rpm cuando se lee el principio (parte interior) de la pista hasta 212 rpm cuando se lee el final (parte exterior) de la pista.

En el intento por lograr el mayor rendimiento, los fabricantes de unidades empezaron a incrementar las velocidades de sus unidades al hacerlas girar más deprisa. Una unidad que gira dos veces más rápido se llamaba 2x, una que gira cuatro veces más se llamaba 4x, etc. Eso iba bien hasta el punto de 12x, en el que las unidades estaban girando a velocidades de entre 2.568 rpm y 5.959 rpm para mantener una velocidad de datos constante. A velocidades superiores a eso, se empezó a hacer difícil la fabricación de motores que pudieran cambiar velocidades (acelerar o decelerar) tan rápido como era necesario cuando se leían datos de diferentes partes del disco. Debido a esto, la mayoría de unidades giraban el disco a velocidades de más de 12x a una velocidad de rotación fija, en vez de a una lineal. Esa velocidad se conoce como velocidad angular continua (CAV) porque la velocidad angular (o de rotación) permanece constante.

Las unidades CAV también suelen ser más silenciosas que las unidades CLV puesto que los motores no tienen que intentar acelerar o decelerar tan rápidamente. Una unidad (como la mayoría de regrabables) que combina tecnologías CLV y CAV se conoce como CAV parcial o P-CAV. La mayoría de unidades grabables, por ejemplo, funcionan en modo CLV cuando se graba el disco y en modo CAV cuando se lee. La tabla 9.23 recoge una comparación entre CLV y CAV.

***Tabla 9.23**. Comparación rápida entre las tecnologías CLV y CAV.*

	CLV	CAV
Velocidad de rotación de CD	Varía con la posición de los datos en el disco. Mayor en la pistas interiores que en las exteriores	Constante.
Velocidad de transferencia de datos	Constante	Varía con la posición de los datos en el disco. Mayor en la pistas exteriores que en las interiores.
Nivel de ruido medio	Más alto	Más bajo.

Las unidades de CD-ROM han estado disponibles en velocidades de entre 1x y 52x y más allá. La mayoría de unidades no regrabables de hasta 12x eran CLV; la mayoría de unidades a partir de 16x eran CAV. Con las unidades CAV, el disco gira a velocidad constante, así que los datos de pista pasan por el láser de lectura a distintas velocidades, dependiendo de la ubicación física de los datos en el CD (cerca de la parte interior o exterior de la pista). Esto supone también que las unidades CAV leen los datos en el borde exterior (final) del disco más deprisa que los datos cerca del centro (principio). Esto puede originar cierta publicidad engañosa. Por ejemplo, una unidad CLV de 12x lee datos a 1,84MBps independientemente de dónde estén los datos en el disco. Por otro lado, una unidad CAV de 16x lee datos a velocidades de hasta 16x (2,46MBps) en la parte exterior del disco, pero también lee a una velocidad mucho menor, de sólo 6,9x (1,06MBps) cuando lee la parte interior del mismo (ésa es la parte que no le cuentan). De media, esto sería sólo 11,5x, o unos 1,76MBps. De hecho, la media es demasiado optimista porque los discos se leen desde el interior (parte lenta) hacia el exterior y una media se referiría sólo a la lectura total de discos completos. En el mundo real, la media sería mucho menor.

La tabla 9.24 contiene datos que muestran las velocidades de unidad de CD junto con las velocidades de transferencia y otros datos interesantes. Esta información también se aplica a unidades DVD o BD cuando se utilizan CD.

Los problemas de vibración pueden hacer que unidades de alta velocidad pierdan velocidad para permitir una lectura fiable. Su disco puede desequilibrarse, por ejemplo, si pone una pequeña etiqueta de papel sobre su superficie para identificarlo. Por esta razón, muchas de las unidades ópticas más rápidas incluyen mecanismos de control de vibraciones o autoequilibrio para solucionar estos problemas. La única desventaja es que si detectan una vibración, ralentizan el disco, reduciendo así el rendimiento de la velocidad de transferencia.

Las unidades ópticas más recientes utilizan diseños Z-CLV o bien P-CAV, que ayudan a aumentar el rendimiento medio mientras mantienen las velocidades de rotación bajo control.

Tabla 9.24. *Velocidades de transferencia y velocidades de unidad de CD-ROM.*

Velocidad CD-ROM anunciada (máx. si CAV)	Tiempo lectura CD de 74 minutos si CLV	Tiempo lectura CD de 80 minutos si CLV	Velocidad transferencia (Bps) (Máx. si CAV)	Velocidad CD-ROM real mínima en CAV	Velocidad transferencia mínima (Bps)
1x	74,0	80,0	153.600	0,4x	61.440
2x	37,0	40,0	307.200	0,9x	138.240
4x	18,5	20,0	614.400	1,7x	261.120
6x	12,3	13,3	921.600	2,6x	399.360
8x	9,3	10,0	1.228.800	3,4x	522.240
10x	7,4	8,0	1.536.000	4,3x	660.480
12x	6,2	6,7	1.843.200	5,2x	798.720
16x	4,6	5,0	2.457.600	6,9x	1.059.840
20x	3,7	4,0	3.072.000	8,6x	1.320.960
24x	3,1	3,3	3.686.400	10,3x	1.582.080
32x	2,3	2,5	4.915.200	13,8x	2.119.680
40x	1,9	2,0	6.144.000	17,2x	2.641.920
48x	1,5	1,7	7.372.800	20,7x	3.179.520
50x	1,5	1,6	7.680.000	21,6x	3.317.760
52x	1,4	1,5	7.987.200	22,4x	3.440.640
56x	1,3	1,4	8.601.600	24,1x	3.701.760

Nota: *La empresa Zen Research desarrolló una tecnología llamada TrueX a finales de los 90, que utilizaba varios rayos láser para conseguir velocidades de transferencia altas constantes con velocidades de rotación más bajas. Desgraciadamente, las unidades TrueX fabricadas por distribuidores como Kenwood no estuvieron a la altura del rendimiento prometido de la tecnología TrueX y tuvieron muchos problemas de fiabilidad. Zen Research cerró a mediados de 2002 y las unidades TrueX ya no se venden.*

Velocidad de unidades de DVD

Al igual que los CD, los DVD giran en sentido contrario a las agujas del reloj (desde la perspectiva del láser de lectura) y normalmente se graban a una velocidad de datos constante llamada CLV. Por tanto, la pista (y los datos) siempre pasan por el láser de lectura a

Velocidad CD-ROM media si CAV	Velocidad transferencia media si CAV (Bps)	Velocidad lineal máxima (metros por segundo)	Velocidad lineal máxima (millas por hora)	Velocidad de rotación mínima si CLV, máxima si CAV (rpm)	Velocidad rotacional máxima si CLV (rpm)
0,7x	107.520	1,3	2,9	214	497
1,5x	222.720	2,6	5,8	428	993
2,9x	437.760	5,2	11,6	856	1.986
4,3x	660.480	7,8	17,4	1.284	2.979
5,7x	875.520	10,4	23,3	1.712	3.973
7,2x	1.098.240	13,0	29,1	2.140	4.966
8,6x	1.320.960	15,6	34,9	2.568	5.959
11,5x	1.758.720	20,8	46,5	3.425	7.945
14,3x	2.196.480	26,0	58,2	4.281	9.931
17,2x	2.634.240	31,2	69,8	5.137	11.918
22,9x	3.517.440	41,6	93,1	6.849	15.890
28,6x	4.392.960	52,0	116,3	8.561	19.863
34,4x	5.276.160	62,4	139,6	10.274	23.835
35,8x	5.498.880	65,0	145,4	10.702	24.828
37,2x	5.713.920	67,6	151,2	11.130	25.821
40,1x	6.151.680	72,8	162,8	11.986	27.808

la misma velocidad, que originalmente estaba definida como 3,49 metros por segundo (o 3,84 mps en discos de doble capa). Puesto que la pista es una espiral que se estrecha en el centro del disco, éste debe girar a velocidades variables para mantener la misma velocidad lineal de pista. En otras palabras, para mantener una CLV, el disco debe girar más deprisa cuando se está leyendo el área de pista interior y más despacio cuando se está leyendo el área de pista exterior. La velocidad de rotación en una unidad 1x (3,49 metros por segundo se considera velocidad 1x) varía de 1.515 rpm cuando se lee el inicio (parte interior) de la pista a 570 rpm cuando se lee el final (parte exterior) de la pista.

Las unidades de DVD de una sola velocidad (1x) proporcionan una velocidad de transferencia de datos de 1,385MBps, lo que significa que la velocidad de transferencia de datos de un DVD a velocidad 1x es aproximadamente equivalente a un CD de 9x (la velocidad de transferencia de un CD 1x es 153,6KBps o 0,1536MBps). No obstante, esto no significa que una unidad de DVD de 1x pueda leer CD a velocidades de 9x: las unidades de DVD giran en realidad a una velocidad que es menos del triple de rápida que una unidad de CD de la misma velocidad. Así que una unidad de DVD de 1x gira aproximadamente a la misma velocidad de rotación que una de CD de 2,7x. Muchas unidades de DVD tienen dos velocidades, una para la lectura de DVD y otra para la lectura de CD. Por ejemplo, una unidad de DVD que aparezca como 16x/40x indicaría el rendimiento al leer DVD/CD, respectivamente. Al igual que con las unidades de CD, los fabricantes de unidades de DVD empezaron a aumentar las velocidades de sus unidades haciendo que giraran más deprisa. Una unidad que giraba el doble de rápido se llamaba 2x, una unidad que giraba cuatro veces más rápido era 4x, etc. A velocidades más altas, se hacía difícil crear motores que pudieran cambiar velocidades (acelerar o decelerar) tan rápido como era necesario cuando se leían datos en diferentes partes del disco. Debido a esto, las unidades de DVD más rápidas giran el disco a una velocidad de rotación fija en vez de a una lineal. Esta velocidad se llama velocidad angular continua (CAV) porque la velocidad angular (o rotacional) permanece constante.

Las unidades más rápidas son útiles principalmente para datos, no para vídeo. Tener una unidad más rápida puede reducir o eliminar la pausa durante los cambios de capa cuando se reproduce un disco DVD-Video, pero no influye en la calidad del vídeo. Las unidades DVD han estado disponibles en velocidades de hasta 20x o más, pero como prácticamente todas son CAV, en realidad sólo consiguen la velocidad de transferencia estimada cuando se lee la parte exterior de un disco. La tabla 9.25 recoge las velocidades de datos para unidades de DVD que leen DVD y las compara con una unidad de CD.

Tabla 9.25. *Velocidades de transferencia y velocidades de DVD.*

Velocidad DVD-ROM anunciada (Máx. si CAV)	Tiempo lectura DVD de una sola capa si CLV	Tiempo lectura DVD de doble capa si CLV	Velocidad transferencia (Bytes/seg) (Máx. si CAV)	Velocidad DVD real Mínima en CAV	Velocidad transferencia mínima si CAV (Bytes/seg)	Velocidad DVD media si CAV
1x	56,5	51,4	1.384.615	0,4x	553.846	0,7x
2x	28,3	25,7	2.769.231	0,8x	1.107.692	1,4x
4x	14,1	12,8	5.538.462	1,7x	2.353.846	2,9x
6x	9,4	8,6	8.307.692	2,5x	3.461.538	4,3x
8x	7,1	6,4	11.076.923	3,3x	4.569.231	5,7x
10x	5,7	5,1	13.846.154	4,1x	5.676.923	7,1x
12x	4,7	4,3	16.615.385	5,0x	6.923.077	8,5x
16x	3,5	3,2	22.153.846	6,6x	9.138.462	11,3
20x	2,8	2,6	27.692.308	8,3x	11.492.308	14,2
24x	2,4	2,1	33.230.769	9,9x	13.707.692	17,0
32x	1,8	1,6	44.307.692	13,2x	18.276.923	22,6
40x	1,4	1,3	55.384.615	16,6x	22.984.615	28,3
48x	1,2	1,1	66.461.538	19,9x	27.553.846	34,0
50x	1,1	1,0	69.230.769	20,7x	28.661.538	35,4

Tiempo de acceso

El tiempo de acceso para una unidad óptica se mide del mismo modo que para las unidades de disco duro de un PC. En otras palabras, el tiempo de acceso es el retraso entre que la unidad recibe la orden de leer y su primera lectura real de un bit de datos. El tiempo se registra en milisegundos, la velocidad típica de fábrica sería de 95ms. Se trata de una velocidad de acceso media; la velocidad de acceso real depende completamente de la ubicación de los datos en el disco. Cuando el mecanismo de lectura está posicionado en una porción del disco más cerca del centro, más estrecho, la velocidad de acceso es mayor que cuando está posicionado en el perímetro exterior, más ancho. Las velocidades de acceso indicadas por muchos fabricantes son una media que se extrae mediante el cálculo de una serie de lecturas aleatorias desde el disco.

Búfer/Caché

La mayoría de unidades ópticas incluyen cachés o búferes internos de memoria integrada. Estos búferes son chips de memoria reales instalados en la placa de circuitos de la unidad que le permiten almacenar datos en segmentos más grandes antes de enviarlos al PC. Un búfer típico puede tener entre 128KB y 8MB o más, dependiendo de la unidad.

Velocidad transferencia media si CAV (Bytes/seg)	Velocidad lineal máxima (metros/seg)	Velocidad lineal máxima (rpm)	Velocidad rotación una sola capa, min. si CLV, máx. si CAV (rpm)	Velocidad rotación una sola capa, máx. si CLV (rpm)	Velocidad de transferencia habitual en la lectura de CD-ROM
969.231	3,5	7,8	570	1.515	2,7x
1.938.462	7,0	15,6	1.139	3.030	5,4x
3.946.154	14,0	31,2	2.279	6.059	11x
5.884.615	20,9	46,8	3.418	9.089	16x
7.823.077	27,9	62,5	4.558	12.119	21x
9.761.538	34,9	78,1	5.697	15.149	27x
11.769.231	41,9	93,7	6.836	18.178	32x
15.646.154	55,8	124,9	9.115	24.238	43x
19.592.308	69,8	156,1	11.394	30.297	54x
23.469.231	83,8	187,4	13.673	36.357	64x
31.292.308	111,7	249,8	18.230	48.476	86x
39.184.615	139,6	312,3	22.788	60.595	107x
47.007.692	167,5	374,7	27.345	72.714	129x
48.946.154	174,5	390,3	28.485	75.743	134x>

Generalmente, las unidades regrabables más rápidas vienen con memoria de búfer para manejar las mayores velocidades de transferencia.

Acceso directo a memoria y Ultra-DMA

Los controladores Busmastering PATA utilizan transferencias DMA (*Direct Memory Access*, Acceso directo a memoria) o Ultra-DMA para mejorar el rendimiento y reducir la utilización de la CPU. Prácticamente todas las unidades PATA modernas son compatibles con la utilización de Ultra-DMA.

La mayoría de unidades PATA son compatibles con transferencias DMA o bien Ultra-DMA. Para determinar si su sistema tiene habilitada esta característica, abra el Administrador de dispositivos y compruebe el cuadro de propiedades del controlador para ver sus capacidades.

Para habilitar las transferencias DMA si sus unidades y su placa base las soportan, abra el Administrador de dispositivos y después abra el cuadro de propiedades del controlador o unidad. Haga clic en **Configuración** o **Configuración avanzada** y asegúrese de que DMA está habilitado si está disponible. Según la versión de Windows que utilice, algunas tienen la configuración de DMA en las propiedades del controlador y otras con las unidades individuales.

Repita los mismos pasos para habilitar transferencias DMA para unidades ATAPI CD-ROM y unidades duras adicionales de su equipo. Reinicie el ordenador tras realizar estos cambios.

Nota: *Si el sistema se cuelga después de habilitar esta característica, debe reiniciar el sistema en Modo seguro y deseleccionar la casilla* DMA.

Si su unidad es un modelo PATA que soporta cualquiera de los modos Ultra-DMA (también llamados Ultra-ATA), necesitará utilizar un cable de 80 conductores. La mayoría de las placas base rechazan la habilitación de modos Ultra-DMA de más de 33MBps si no se detecta un cable de 80 conductores. Tenga en cuenta que estos problemas de cableado sólo afectan a las unidades PATA. Si sus unidades son modelos SATA, estas cuestiones sobre el cableado no se aplican.

Dependiendo de su versión de Windows y de cuándo se creó su placa base, debe instalar controladores de *chipset* para permitir que Windows reconozca adecuadamente dicho *chipset* y habilite los modos DMA.

Prácticamente todos los *chipsets* de placa base producidos desde 1995 proporcionan compatibilidad con *busmaster* ATA. La mayoría de los producidos desde 1997 también proporcionan soporte UltraDMA para operaciones de velocidades de hasta 33MHz (Ultra-ATA/33) o 66MHz (Ultra-ATA/66).

Aun así, debería asegurarse de que DMA está habilitado para garantizar que se va a beneficiar del rendimiento que ofrece. Habilitar DMA puede mejorar muchísimo el rendimiento de DVD, por ejemplo.

Interfaz

La interfaz de la unidad es la conexión física de la unidad con el bus de expansión del PC. La interfaz es el canal de los datos desde la unidad al equipo y no se debe infravalorar su importancia. Normalmente se utilizan cuatro tipos de interfaz para conectar una unidad óptica al sistema:

- **SATA (Serial ATA):** La interfaz SATA es la misma interfaz utilizada por casi todos los ordenadores recientes para conectar sus unidades de disco duro. La mayoría de sistemas recientes incluyen soporte para una sola unidad PATA, pero son compatibles con ocho o más unidades SATA, por lo que los distribuidores de unidades ópticas están produciendo versiones SATA de sus unidades.
  Comparadas con las unidades ópticas PATA similares, las unidades SATA incluyen un rendimiento igual, pero son más fáciles de instalar porque no es necesario configurar un puente en la unidad para maestra/esclava o selección por cable.
- **PATA (Parallel ATA):** La interfaz PATA es la misma interfaz que los ordenadores más antiguos utilizan para conectarse con sus unidades de disco duro. PATA se denomina a veces ATA o IDE.
- **Puerto USB:** El USB se utiliza normalmente para unidades externas y ofrece beneficios como cambio en caliente, que es la capacidad de enchufarse o desenchufarse sin apagar la energía ni reiniciar el sistema.
- **FireWire (IEEE 1394):** Algunas unidades ópticas externas están disponibles con una interfaz FireWire (también llamada IEEE 1394 o i.LINK) en vez de, o además de USB.

Algunas unidades antiguas estaban disponibles en versiones externas que utilizaban SCSI/ASPI o interfaces de puerto de impresión paralelo, pero no son muy comunes.

Mecanismo de carga

Existen tres mecanismos claramente diferentes para cargar un disco en una unidad óptica: bandeja, estuche y ranura.

La mayoría de unidades actuales utilizan un mecanismo de carga desde bandeja. Se trata de un mecanismo similar al utilizado con un sistema estéreo. Ya que no necesita poner cada disco en un estuche aparte, este mecanismo resulta mucho más barato en general. No obstante, también supone que debe manejar cada disco cada vez que lo inserte o lo extraiga.

Algunas unidades de bandeja no pueden operar en vertical (de lado) porque la gravedad impide una carga y un funcionamiento adecuados. Compruebe si la bandeja de la unidad tiene clips de sujeción que sujeten el concentrador del disco o pestañas que a su vez sujeten el disco desde el exterior de la bandeja. Si es así, puede hacerlo funcionar tanto en posición horizontal como en vertical.

La principal ventaja del mecanismo de bandeja sobre los demás es el coste y es un factor importante. La mayoría de unidades actuales utilizan el mecanismo de bandeja para manejar los discos.

Los sistemas de estuche se han utilizado en varios tipos de unidades ópticas. Este sistema requiere que el disco en sí se coloque en un estuche especial, que es un contenedor sellado con un cerrojo de metal. El estuche tiene una tapa articulada que se abre para insertar el disco, pero después esa tapa permanece cerrada. Cuando se inserta el estuche que contiene el disco en la unidad, ésta abre el cerrojo de metal en la parte inferior del estuche, permitiendo que el láser acceda al disco.

Las desventajas de este sistema incluyen el precio elevado y la inconveniencia de tener que meter los discos en los estuches. Las unidades cargadas con estuches eran populares en los primeros CD, pero desde 1994 se han fabricado y vendido pocos.

Algunas unidades utilizan un mecanismo de carga con ranura, idéntico al utilizado en la mayoría de reproductores automotriz. Esto resulta muy cómodo porque simplemente se desliza el disco dentro de la ranura, donde el mecanismo lo coge y lo arrastra hacia adentro. Algunas unidades pueden cargar varios discos a la vez, alojándolos internamente dentro de la unidad y cambiando los discos a medida que se requiere acceso.

El principal inconveniente de este tipo de mecanismo es que si se produce un atasco, puede ser mucho más difícil repararlo porque puede que haya que extraer la unidad para liberar el disco. Otra desventaja es que las unidades que se cargan con ranuras no pueden manejar los discos de 80mm, los discos con forma de tarjeta u otras formas o formatos de disco modificados, como DualDisc.

Otras características de las unidades

Aunque las especificaciones de las unidades son de suma importancia, también debe considerar otros factores y características a la hora de evaluar unidades ópticas. Además de la calidad de la construcción, la presencia de un precinto en la unidad y autolimpieza de lentes son elementos que pueden tenerse en cuenta a la hora de decidirse a comprar.

La suciedad es el peor enemigo de la unidad. El polvo o la suciedad, cuando se acumulan en la porción de las lentes del mecanismo, pueden provocar errores de lectura o pérdidas de rendimiento considerables. Muchos fabricantes cierran la lente y los componentes internos de la bahía de la unidad en un espacio cerrado herméticamente. Otras unidades, aunque no están selladas, tienen puertas dobles, una externa y otra interna, para evitar que el polvo entre en la unidad. Todas estas características ayudan a prolongar la vida de una unidad.

Algunas unidades están selladas, lo que significa que el aire no fluye por la cámara en la que residen el láser y la lente. Para entornos comerciales o industriales duros, busque siempre unidades selladas. Para una oficina estándar o un entorno doméstico, probablemente el gasto extra no merece la pena.

Para determinar si una unidad concreta está sellada, puede que necesite echar un vistazo a las consultas o FAQ relativas a la limpieza de la unidad; puede que esta información no aparezca siempre en la hoja de especificaciones.

Si la lente del láser se ensucia, también se ensucian los datos. La unidad pasará mucho tiempo buscando y rebuscando y al final abandonará. Existen discos de limpieza de lentes disponibles, pero hoy en día prácticamente todas las unidades de buena calidad incluyen mecanismos de limpieza integrados. Ésta podría ser una característica que le convendría tener en cuenta, especialmente si trabaja en un entorno que no esté inmaculado o si tiene problemas para mantener su escritorio limpio y más aún la lente del láser de su unidad. Puede limpiar la lente manualmente, pero generalmente es una operación delicada que requiere que se desmonte parcialmente la unidad. Además, es fácil dañar el mecanismo de la lente por hacer demasiada fuerza. Debido a los riesgos que conlleva, en la mayoría de casos no recomiendo que un usuario medio desmonte e intente limpiar manualmente la lente del láser.

Nota: *Antes de utilizar un disco de limpieza, compruebe las recomendaciones del distribuidor para determinar si este método de mantenimiento es recomendable. Algunos distribuidores desaconsejan el uso de discos de limpieza porque los cepillos o las almohadillas de fieltro utilizados pueden arañar la lente del láser.*

Grabación de software

Otra dificultad que surge con los discos ópticos es que normalmente se requiere un software especial para escribir en ellos. Este software maneja las diferencias entre el modo en que se almacenan los datos en un disco óptico y el modo en que se almacenan en una unidad dura. Windows XP fue la primera versión de Windows en incluir soporte nativo para la escritura de medios CD-R/RW (Windows 7/Vista soporta también la escritura de medios DVD+R/RW y DVD-R/RW). Las versiones anteriores de Windows deben utilizar software para arrastrar y soltar o masterización de CD (normalmente suministrado como un paquete) para escribir en estos medios.

Desgraciadamente el software de grabación integrado en Windows puede resultar lento y tosco. Quizá prefiera utilizar un programa de grabación independiente para crear sus discos. Entre las opciones más populares se incluyen el programa gratuito ImgBurn y los programas comerciales Nero y Roxio Media Creator.

Cómo grabar discos ópticos de manera fiable

Hay cinco factores principales que influyen en la capacidad para crear un disco que funcione: el tipo de interfaz, el tamaño del búfer de la unidad, la ubicación y la condición de los datos que desea grabar, la velocidad de grabación y si el equipo está realizando otras tareas mientras intenta crear el disco. Si tiene problemas, compruebe lo siguiente: lo más sencillo que puede hacer para garantizar una grabación sin problemas es asegurarse de que la unidad tiene alguna forma de protección contra insuficiencia de datos. El búfer de datos de una unidad alberga información leída de la fuente de datos original, de manera que si se produce una pausa en la lectura de los datos, hay menos posibilidades de insuficiencia hasta que el búfer se quede vacío. Las unidades actuales con protección contra insuficiencia de datos eliminan prácticamente este problema, independientemente del tamaño del búfer en la unidad. Algunos programas de masterización pueden ofrecer una opción para deshabilitar la protección contra insuficiencia de datos. No obstante, debería dejarla habilitada en todo momento a menos que esté utilizando una unidad antigua que no sea compatible con esta característica.

Truco: *Si tiene problemas con la creación de discos fiables a la velocidad máxima de la unidad, pruebe a utilizar una velocidad más baja. El trabajo de masterización tardará el doble, pero es mejor crear más despacio un disco que funcione que arruinar uno en blanco más rápido.*

Insuficiencia de datos

Cada vez que una unidad escribe datos en un disco ya sea en modo DAO o en modo TAO, escribe en la pista espiral del disco, alternando la activación y la desactivación para grabar el patrón en el medio sin tratar. Originalmente, una unidad no podía reordenar el comienzo y el final de la escritura, a diferencia de una unidad dura; una vez que empezaba a escribir tenía que continuar hasta acabar la pista o el disco. De lo contrario, la grabación (y el disco si no era regrabable) quedarían arruinados y se crearía un disco inútil que a menudo se conoce como "posavasos". Para evitar este problema, el software de grabación, en combinación con el hardware del sistema, debe ser capaz de emitir una transmisión de datos consistente a la unidad mientras está escribiendo.

Aunque los distribuidores añadían búferes más grandes a las unidades y se solía recordar a los usuarios que no realizaran otras tareas mientras grababan un disco, las insuficiencias de datos y los medios estropeados seguían siendo frecuentes.

Protección contra insuficiencia de datos

Sanyo fue la primera empresa en desarrollar una tecnología que elimina insuficiencias de los búferes de una vez por todas. Esta tecnología se llama BURN-Proof, que resulta un tanto confuso (algunas personas pensaban que evitaba la grabación de discos) pero en la práctica ha resultado ser excelente. Otros distribuidores desarrollaron varias tecnologías, como JustLink de Ricoh, Waste-Proof y Safeburn de Yamaha, SMART-Burn de Lite-On y Superlink de Mediatek, entre otros. Durante años, todas las unidades grabables y regrabables han incluido algún tipo de protección contra insuficiencia de datos. La tecnología de protección contra insuficiencia de datos implica la presencia de un *chipset* especial en la unidad que monitoriza el búfer de ésta. Cuando prevé que puede producirse una insuficiencia (el búfer se está quedando sin datos), suspende la grabación temporalmente hasta que hay más datos llenando dicho búfer. Cuando está suficientemente recuperado, la unidad localiza exactamente dónde se abandonó la grabación antes y la reinicia otra vez inmediatamente a partir de esa posición. De acuerdo con la especificación del Libro Naranja, los espacios entre datos en una grabación no deben superar los 100 milisegundos. La tecnología contra la insuficiencia de datos puede reiniciar la grabación con un espacio de 40–45 milisegundos o menos desde donde se había dejado, lo que encaja con la especificación. Estos pequeños espacios quedan compensados fácilmente por la corrección de errores integrada en la grabación, así que no hay pérdidas de datos.

Si tanto su unidad como su software de grabación soportan protección contra insuficiencia del búfer, puede realizar varias tareas a la vez (hacer otras cosas mientras el disco se graba) sin miedo a que se produzca una mala grabación.

Iniciar desde un disquete con soporte para unidades ópticas

Aunque los sistemas operativos modernos están distribuidos en discos iniciables, puede que se necesite iniciar desde un disquete para comenzar un proceso de restauración desde una utilidad de imagen de disco o para instalar un sistema operativo más antiguo como Windows 9x o Me. Incluso si se está instalando Windows 9x o Me en un entorno virtualizado como los creados con Microsoft Virtual PC o VMware, habrá que iniciar la máquina virtual con un disquete que contenga soporte para el disco óptico antes de poder instalar el sistema operativo en la VM.

Para que una unidad óptica funcione en un entorno de inicio mediante disquete, puede que se necesiten varios controladores:

- **Un controlador de adaptador de host:** Los discos de inicio de Windows 98/Me incluyen un conjunto de controladores de adaptador de *host* ATAPI y SCSI.
- **MSCDEX:** Microsoft CD Extensions, que se incluye con DOS 6.0 y posterior, incluyendo los discos de inicio de Windows 98/Me.

Si necesita iniciar un PC desde un disquete iniciable, el disquete no sólo debe contener un SO iniciable, sino también los controladores que acabamos de mencionar; de lo contrario, el CD-ROM será inaccesible.

Los controladores ATAPI y SCSI universales pueden encontrarse en los discos de inicio de Windows 98 y más reciente. En vez de crear archivos `CONFIG.SYS` y `AUTOEXEC.BAT` personalizados, lo más aconsejable es simplemente iniciar desde un disquete de inicio de Windows 98 o Me porque cada vez que se inicia así, los controladores adecuados se cargan y autodetectan las unidades ópticas, tras lo cual se puede acceder a las unidades. Puede generar un disco de inicio de Windows 98/Me en cualquier sistema que ejecute Windows 98 o Me. Si no tiene acceso a un sistema Windows 98 o Me, puede descargar un disquete iniciable equivalente en `www.bootdisk.com`.

Después de iniciar desde un disquete Win98/Me, aparece un menú que le pregunta si quiere iniciar con o sin soporte de CD-ROM (y DVD). Si selecciona la opción afirmativa, después de que el disquete termine de cargarse podrá leer discos en la unidad óptica.

Si utiliza una unidad óptica que cumpla la especificación ATAPI para Windows no es necesario que haga nada. Todo el soporte de controladores para estas unidades está integrados en Windows 9x y versiones posteriores.

Discos ópticos iniciables (El Torito)

Si la BIOS de su sistema es una versión de 1998 o posterior, lo más probable es que tenga soporte "El Torito", que significa que es compatible con el inicio desde un disco óptico iniciable. El nombre El Torito se deriva de la especificación de formato para CD-ROM iniciable de Phoenix/IBM, que en realidad tomó su nombre del restaurante El Torito situado cerca de las oficinas de Phoenix Software en el que comían los dos ingenieros que desarrollaron el estándar. Lo que significa El Torito para el PC es la capacidad de iniciar desde discos óptico, lo que abre un abanico de nuevas posibilidades, incluyendo la creación de discos de rescate, el inicio desde discos de SO más recientes durante la instalación en nuevos sistemas, la creación de disco de pruebas y diagnóstico iniciables, etc.

Para crear un disco óptico iniciable, se necesita una aplicación de grabación que la permita. Además, en algunos casos es necesario un disquete iniciable que contenga los controladroes para soportar la unidad de CD en modo DOS (a veces llamados controladores en modo real). La mejor fuente para estos controladores (si se necesitan) es un disquete de inicio de Windows 98 o Me, que cualquier sistema Windows 98 o Me puede soportar. Los discos de inicio de Windows 98/Me pueden utilizarse porque éstos ya tienen el soporte de CD-ROM a nivel de DOS configurado e instalado. Si no tiene acceso a dichos sistemas para generar el disco, puede descargar uno desde `www.bootdisk.com`.

Para crear un disco iniciable, simplemente siga las instrucciones incluidas con su aplicación de grabación. Los programas como Nero y Roxio Media Creator hacen que la creación de discos iniciable sea un procedimiento relativamente sencillo.

LightScribe y LabelFlash

Existen dos sistemas de etiquetamiento de disco directo, que se llaman LightScribe y LabelFlash. El sistema de etiquetamiento de disco directo LightScribe fue desarrollado por *Hewlett-Packard* (HP) en 2005 como método para etiquetar discos de CD (y posteriormente, DVD) sin necesidad de imprimir etiquetas o utilizar una impresora de chorro de tinta equipada para imprimir en medios de CD o DVD.

La superficie superior de un disco LightScribe está revestida con un tinte reactivo que cambia de color cuando se expone a la luz del láser. LightScribe utiliza el láser de grabación para grabar texto y gráficos en la superficie superior del medio LightScribe especial. Después de que el disco se haya grabado, el usuario da la vuelta al disco y ejecuta un programa LightScribe para transferir el diseño deseado a la parte superior del disco. Para evitar que se decoloren y que la superficie resulte dañada, los discos LightScribe deberían guardarse en cajas lejos de la luz cuando no se estén utilizando.

Yamaha y Fujifilm anunciaron LabelFlash en octubre de 2005. LabelFlash se basa en la tecnología DiscT@2 ("*disk tattoo*", "tatuaje de disco") desarrollada originalmente por

Yamaha para escribir texto y gráficos en la porción sin utilizar del lado de los datos de un disco CD-R. Sin embargo, LabelFlash también puede escribir en el lado superior del medio cuando el usuario le da la vuelta, al igual que LightScribe. El lado superior de un medio LabelFash está diseñado para ser más resistente a los daños y para producir imágenes de mejor calidad que LightScribe, ya que el tinte de LabelFlash está 0,6mm por debajo de la superficie del disco.

El principal inconveniente de estos sistemas es que necesitan media hora o más para etiquetar completamente un solo disco. Otra desventaja es que ambos requieren unidades, medios y software compatibles con sistema específico.

Para ver una lista actualizada de productos compatibles con estos sistemas, puede visitar los sitios Web de LightScribe (`www.lightscribe.com`) o bien de LabelFlash (`http://labelflash.jp`).

Solución de problemas de unidades ópticas

Fallo al leer cualquier disco

Si una unidad falla a la hora de leer cualquier disco, pruebe estas soluciones:

- Compruebe si hay arañazos en la superficie de datos del disco.
- Compruebe la unidad para ver si tiene polvo o suciedad; utilice entonces un disco de limpieza.
- Asegúrese de que en Propiedades del sistema se indica que la unidad está en funcionamiento.
- Pruebe con un disco que esté seguro de que funciona.
- Reinicie el equipo (el remedio mágico para todo).
- Extraiga la unidad desde el Administrador de dispositivos en Windows y deje que el sistema vuelva a detectarla.

Fallo al leer discos CD-R/RW en una unidad de CD-ROM o DVD

Si su unidad de CD-ROM o DVD falla al leer discos CD-R y CD-RW, pruebe las siguientes soluciones:

- Compruebe la compatibilidad; algunas unidades de CD-ROM 1x muy antiguas no pueden leer medios CD-R. Sustituya la unidad por un modelo más reciente, más rápido y más barato.
- Muchas unidades de DVD de los primeros modelos no pueden leer medios CD-R, CD-RW; compruebe la compatibilidad.

- La unidad de CD-ROM debe ser compatible con MultiRead para leer CD-RW debido a la baja reflectividad de los medios; sustituya la unidad.
- Si es posible leer algunos CD-R pero otros no, compruebe la combinación de colores de los medios para ver si algunas combinaciones de colores funcionan mejor que otras; cambie la marca del medio.
- Los CD-R grabados mediante escritura por paquetes (desde Adaptec DirectCD o bien Drag to Disc y programas de copia de seguridad) no pueden leerse en unidades de CD-ROM MS-DOS/Windows 3.1 debido a las limitaciones del sistema operativo.
- Grabe los medios a menos velocidad. A veces las unidades más antiguas no pueden leer los hoyos creados a mayores velocidades.
- Si está intentando leer un CD-R grabado mediante escritura por paquetes creado con DirectCD o Drag to Disc en una unidad de CD-ROM, reinserte el medio en la unidad original, expulse el medio y seleccione la opción para cerrarlo y poder leerlo en cualquier unidad.
- Descargue e instale un lector UDF compatible con el software de escritura por paquetes utilizado para crear el CD-RW en el ordenador de destino. Si no está seguro de cómo se creo el medio, Software Architects ofrece un programa de reparación de medio/lector UDF universal llamado FixUDF! (también está incluido como parte de WriteCD-RW! Pro). WriteDVD! Pro incluye la programación de reparación de medio/lector UDF FixDVD! para unidades de DVD.

Fallo al leer un DVD regrabable en un reproductor o unidad de DVD-ROM

Si su reproductor de DVD o DVD-ROM falla a la hora de leer un DVD regrabable, pruebe las siguientes soluciones:

- Reinserte el medio DVD-RW en la unidad original y finalícelo. Asegúrese de que no necesita añadir más datos al medio si utiliza una unidad de primera generación (DVD-R 2x/DVD-RW 1x) puesto que para hacerlo necesita borrar el disco entero. Puede dejar sin finalizar un medio escrito por unidades de segunda generación DVD-R 4x/DVD-RW 2x. Consulte el archivo de ayuda o las instrucciones de su software de escritura de discos DVD-RW para obtener más detalles.
- Reinserte el medio DVD+RW en la unidad original y cambie la configuración de compatibilidad para emular el DVD-ROM.
- Si el medio es de doble capa, escriba un disco de una sola capa y vuelva a intentarlo. La mayoría de unidades DVD-ROM no pueden leer medios de doble capa.
- Asegúrese de que el medio contiene más de 521MB de datos. Algunas unidades no pueden leer medios que contengan una cantidad de datos pequeña.

Fallo al crear un DVD grabable

Si no puede crear un DVD grabable pero la unidad puede utilizarse con medios CD-R, CD-RW o DVD regrabables, pruebe las siguientes soluciones:

- Asegúrese de que está utilizando el medio correcto. Los medios +R y -R no se pueden intercambiar a menos que la unidad sea de modo dual DVD'R/RW.
- Asegúrese de que selecciona la opción para crear un proyecto de DVD en su software de masterización. Algunos software de masterización de discos utilizan por defecto la configuración CD-R.
- Seleccione la unidad correcta como destino. Si tiene unidades de CD regrabables y de DVD regrabables en el mismo sistema, asegúrese de especificar la unidad de DVD regrabable.
- Inténtelo con un disco diferente.
- Contacte con el distribuidor del software de masterización para obtener una actualización del software.

Fallo al escribir en un medio CD-RW o DVD-RW 1x

Si no puede escribir en un medio CD-RW o bien DVD-RW 1x, pruebe las siguientes soluciones:

- Asegúrese de que el medio está formateado. Utilice la herramienta de formateo proporcionada con el software UDF para preparar el medio para su uso.
- Si el medio estaba formateado, verifique que se formateó con el mismo programa UDF o uno compatible. Los diferentes programas de escritura por paquetes soportan distintas versiones del estándar UDF. Le recomiendo utilizar el mismo software de escritura por paquetes UDF en los ordenadores que utilice o emplear unidades compatibles con el estándar Mount Rainier.
- Asegúrese de que el sistema ha identificado el medio como CD-RW o DVD-RW. Expulse y reinserte el medio para forzar a la unidad a que vuelva a detectarlo.
- Contacte con el distribuidor del software de escritura por paquetes para obtener una actualización del software.
- El disco podría haberse formateado con el propio software de escritura de CD limitado de Windows XP (que utiliza CDFS en vez de UDF) en lugar de un programa de escritura por paquetes UDF. Borre el disco con Windows XP después de transferir los archivos necesarios desde el medio; luego formatéelo con su programa UDF preferido.
- Contacte con el distribuidor de la unidad con el fin de obtener una actualización del *firmware*.

La unidad óptica ATA se ejecuta despacio

Si el rendimiento de su unidad ATA es pobre, considere los siguientes elementos:

- Compruebe el tamaño de la caché en la ficha Rendimiento de Propiedades del sistema. Seleccione la configuración *quad-speed* (el mayor tamaño de caché).
- Compruebe si la unidad está configurada como esclava del disco duro; si es posible, lleve la unidad al controlador secundario.
- Puede que su modo PIO (*Programmed I/O*) o UDMA no esté configurado correctamente para su unidad en la BIOS; compruebe las especificaciones de la unidad y utilice la autodetección en la BIOS para obtener mejores resultados.
- Compruebe que está utilizando controladores *busmastering* en sistemas compatibles; instale los controladores apropiados para el *chipset* de la placa base y el sistema operativo en uso.
- Compruebe si está utilizando la interfaz de CD-ROM en su tarjeta de sonido en lugar de la conexión ATA en la placa base. Lleve la conexión de la unidad a la interfaz ATA en la placa base y deshabilite la tarjeta de sonido ATA si es posible para liberar IRQ y rangos de dirección de puertos de E/S.
- Abra el panel de control de Propiedades del sistema y luego seleccione la pestaña Rendimiento para ver si el sistema está utilizando el modo de compatibilidad con MS-DOS para la unidad de CD-ROM. Si todas las unidades ATA se están ejecutando en este modo, consulte `www.microsoft.com` para encontrar una solución. Si la única unidad de CD-ROM está en este modo, compruebe si está utilizando controladores de CD-ROM en `CONFIG.SYS` y `AUTOEXEC.BAT`. Elimine las líneas que contengan referencias a los controladores de CD-ROM (no las elimine realmente, aplíqueles `REM`), reinicie el sistema y verifique que su unidad de CD-ROM sigue funcionando y se está ejecutando en modo de 32 bits. Algunas unidades antiguas requieren al menos el controlador `CONFIG.SYS` para operar.

Problemas para grabar discos utilizando la grabación integrada de Windows

La característica de grabación de CD integrada de Windows XP sólo funciona en unidades que aparecen en la Lista de compatibilidad de hardware (HCL) de unidades y dispositivos compatibles (`www.microsoft.com/whdc/hcl/default.mspx`). Para instalar las últimas actualizaciones para Windows XP, incluyendo actualizaciones de la característica de grabación de CD, utilice Windows Update. El artículo 320174 de Microsoft Knowledgebase trata sobre una actualización de esta característica de grabación de CD. Consulte la Web de Microsoft para buscar otras soluciones.

Si está utilizando aplicaciones de escritura de terceros, quizá le interese deshabilitar la característica de grabación integrada de Windows. Esta característica se habilita o deshabilita con el Explorador de Windows. Abra la pestaña Grabación del cuadro de propiedades de la unidad y seleccione o deseleccione la casilla Habilitar grabación de CD en esta unidad de disco para habilitar o deshabilitar la grabación, respectivamente.

Si tiene problemas para escribir en medios o bien para utilizar su unidad de CD o DVD en Windows, consulte el artículo 314060 de Microsoft Knowledgebase para buscar soluciones.

Truco: *Si no puede crear discos con Windows Vista y tiene una memoria flash USB conectada al equipo, expulse la unidad flash e intente grabar otra vez.*

Problemas para leer discos CD-RW en CD-ROM

Si no puede leer disco CD-RW en su CD-ROM, pruebe las siguientes soluciones:

- Compruebe las especificaciones del distribuidor para ver si su unidad es compatible con MultiRead. Algunas no lo son.
- Si su unidad es compatible con MultiRead, pruebe el disco CD-RW en una unidad de CD-ROM compatible (una unidad que tenga la característica MultiRead).
- Vuelva a insertar el medio CD-RW en la unidad original y compruebe si hay problemas con las utilidades del programa de software de escritura por paquetes.
- Vuelva a insertar el medio CD-RW en la unidad original y expúlselo. Utilice el comando Expulsar que aparece al hacer clic con el botón secundario del ratón en Mi PC o Explorador de Windows para cerrar el medio adecuadamente.
- Cree un CD o DVD regrabable para transferir los datos a un equipo que siga teniendo problemas para leer medios regrabables.

Problemas para leer discos CD-R en una unidad de DVD

Si su unidad de DVD no puede leer un disco CD-R, compruebe si es compatible con MultiRead2 porque los DVD no compatibles no pueden leer medios CD-R. Generalmente las unidades DVD más recientes soportan la lectura de medios CD-R.

Problemas para crear discos iniciables

Si tiene problemas para crear un disco iniciable, pruebe estas soluciones posibles:

- Compruebe los contenidos del disquete iniciable desde el que copió la imagen de inicio. Para acceder a los contenidos completos de un disco, un disquete iniciable debe contener controladores CD-ROM, `AUTOEXEC.BAT` y `CONFIG.SYS`.

- Utilice el formato ISO 9660. No emplee el formato Joliet porque es para los CD con nombres de archivo largos y no puede iniciarse.
- Compruebe la BIOS de su sistema con el fin de ver la compatibilidad con el inicio y el orden de inicio; la unidad óptica debería aparecer en el primer puesto de la lista.

Cuidado de los medios ópticos

Algunas personas creen que las unidades y los discos ópticos son indestructibles cuando se comparan con sus homólogos magnéticos. Aunque las unidades ópticas son más fiables que los disquetes, ahora obsoletos, los discos ópticos modernos son mucho menos fiables que las unidades duras modernas. La fiabilidad es la cruz de todos los medios y los discos ópticos no iban a ser una excepción.

Las causas más comunes, con diferencia, de problemas con las unidades y discos ópticos son los arañazos, la suciedad y otras formas de contaminación. Los arañazos pequeños o las huellas dactilares en el lado inferior del disco no deberían afectar al rendimiento porque el láser se centra en un punto dentro del disco real, pero la suciedad o los arañazos más profundos pueden interferir en la lectura del disco.

Para remediar este tipo de problemas, puede limpiar la superficie de grabación del disco con un paño suave, pero tenga cuidad de no arañar la superficie en el proceso. La mejor técnica es limpiar de manera radial, utilizando toques quee empiecen desde el centro del disco y emanen hacia el borde exterior. De este modo, si se produce algún arañazo, éste será perpendicular a las pistas en vez de paralelo, minimizando así las interferencias que podría causar. Puede utilizar cualquier tipo de solución en el paño para limpiar el disco, siempre y cuando no dañe el plástico. La mayoría de productos limpiacristales van muy bien para limpiar huellas y otra suciedad del disco y no dañan la superficie de plástico.

Si el disco tiene arañazos profundos, normalmente se pueden pulir. Un limpiador de plástico comercial como el que se vende en las tiendas de repuestos de automóvil para limpiar los cristales de las luces posteriores es muy útil para eliminar estos arañazos. Este tipo de limpiador o pulidor de plástico tiene un abrasivo muy suave que pule los arañazos de la superficie de plástico. Los productos etiquetados como limpiadores suelen estar diseñados para arañazos más serios, mientras que aquellos etiquetados como pulidores suelen ser más suaves y sirven para un retoque final tras utilizar el limpiador. Si los arañazos de la superficie no son muy profundos puede utilizar sólo un pulidor. El dispositivo SkipDR creado por Digital Innovations puede utilizarse para facilitar la labor de pulido.

La mayoría de la gente trata con cuidado la parte inferior de los discos porque es ahí donde lee el láser, pero al menos para los CD, la parte superior es en realidad más frágil. Esto se debe a que el revestimiento de laca de la parte superior del CD es muy fino, normalmente de sólo unas 6–7 micras. Si escribe en un CD con un bolígrafo, por ejemplo, atravesará la capa de laca y dañará la capa reflectante de debajo, estropeando el disco. Además, ciertos tipos de rotuladores llevan disolventes que pueden comerse la laca y dañar también el disco. Sólo debería escribir en ellos con bolígrafos de punta de fieltro que tengan tintas compatibles, como los de las marcas Sharpie y Staedtler Lumocolor, u otros rotuladores específicos para escribir en discos, como los Maxell's DiscWriter. En cualquier caso, recuerde que los arañazos o dientes en la parte superior del disco son peores que los de la parte inferior. También es importante que recuerde que muchos productos químicos domésticos (e incluso ciertas bebidas), si se derraman sobre un disco óptico, pueden dañar el revestimiento y hacer que el material se descascarille o se desconche. Naturalmente, esto deja el medio inservible.

También pueden producirse errores de lectura cuando el polvo se acumula en la lente de lectura de la unidad. Puede intentar limpiar dicha unidad y la lente con un chorro de "aire enlatado" o utilizando un limpiador de unidades (que puede comprarse en la mayoría de tiendas que venden CD de audio).

Si tiene problemas para leer medios con una unidad más antigua y no hay actualizaciones de *firmware* disponibles o no solucionan el problema, considere la posibilidad de sustituir la unidad. Hay unidades nuevas de alta velocidad compatibles con lectura/escritura por menos de 50 dólares, así que no tiene sentido perder el tiempo enredando con una unidad vieja que da problemas. En casi cualquier caso, es más rentable actualizar a una unidad nueva (que no tendrá esos problemas y probablemente será más rápida).

Si tiene problemas para leer una marca o un tipo de disco en particular en algunas unidades pero en otras no, puede que la correspondencia unidad/medio no sea buena. Utilice las marcas y los tipos de medios recomendados por el distribuidor de la unidad.

Si sólo tiene problemas con un disco en particular y no con la unidad en general, puede que las dificultades estén ocasionadas por un disco defectuoso. Compruebe si puede cambiar el disco por otro para determinar si es la verdadera causa.

Actualización del firmware en una unidad óptica

Al igual que la actualización de la BIOS de la placa base puede resolver problemas de compatibilidad con la memoria y la CPU, el soporte, los puertos USB y la estabilidad del sistema, la actualización del *firmware* en una unidad de DVD o CD regrabable también puede resolver los problemas con la compatibilidad de medios, la velocidad de escritura y la extracción de audio digital desde discos arañados, e incluso puede impedir faltas de correspondencia potencialmente fatales entre medios y unidades.

Determinar si es necesario actualizar el firmware

Si se encuentra con cualquiera de los siguientes problemas, puede que sea necesaria una actualización del *firmware*:

- Su unidad no puede usar un tipo concreto de medio, o funciona mucho más despacio con un tipo de medio que con otros tipos/marcas.
- Su software de escritura no reconoce la unidad como unidad regrabable.

- Desea utilizar un medio más rápido que el que la unidad estaba inicialmente diseñada para usar.

Puesto que cualquier actualización de *firmware* conlleva un riesgo de fallos y una actualización de *firmware* fallida puede dejar la unidad inservible, no debería instalar actualizaciones de *firmware* a la ligera. No obstante, como indican los ejemplos anteriores, en muchos casos se recomienda una actualización.

Como muchas unidades regrabables tienen características especiales, los programas de grabación de discos pueden requerir actualizaciones para funcionar. Adquiera una actualización mediante el distribuidor de software, o utilice el software proporcionado con la unidad.

Determinar qué firmware y modelo de unidad están instalados

Antes de poder determinar si necesita una actualización de *firmware* para su unidad regrabable, necesita saber el modelo de su unidad y qué versión del *firmware* está utilizando. Esto resulta de especial importancia si utiliza una unidad OEM producida por un distribuidor que no sea el mismo que empaquetó la unidad para su reventa.

Para determinar la revisión del *firmware* utilizando el Administrador de dispositivos de Windows, siga este procedimiento:

1. Haga clic con el botón secundario del ratón en Mi PC y a continuación seleccione Propiedades.
2. Haga clic en la pestaña Administrador de dispositivos.
3. Haga clic en el signo más (+) al lado de Unidades de DVD/CD-ROM en la lista de tipos de dispositivos.
4. Haga doble clic sobre el icono de la unidad regrabable para mostrar su hoja de propiedades.
5. Con versiones más antiguas de Windows, haga clic en la ficha Configuración; aparecerán el nombre de la unidad y la versión del *firmware*.
6. En Windows XP o posterior, haga clic en la pestaña Detalles y seleccione Identificadores de hardware. La versión de *firmware* suele mostrarse con varios guiones bajos en cada lado como parte de los identificadores de hardware que aparecen en la lista. Por ejemplo, mi unidad de DVD Lite-On SHW-160P6S usa *firmware* versión PS08, que se muestra como:

   _______________PS08_______________.

Cuando tenga esta información, puede ir a la Web del distribuidor de su unidad regrabable y comprobar si hay una actualización de *firmware* disponible y qué beneficio tendría al instalar la versión más reciente.

Instalación de firmware de unidad nuevo

Hablando a nivel general el procedimiento de actualización de *firmware* funciona así (asegúrese de seguir las instrucciones concretas dadas para su unidad):

1. Si la actualización de *firmware* está almacenada como un archivo Zip, necesita utilizar un programa de descompresión o la utilidad de descompresión integrada que se encuentra en algunas versiones de Windows para descomprimir la actualización a una carpeta. Algunos distribuidores incluyen actualizaciones de *firmware* como archivos `.rar` (`.rar` es un archivo comprimido de Linux, pero puede descomprimirse con muchas utilidades de descompresión para Windows).
2. Si el fabricante de la unidad proporciona un archivo `Léame`, asegúrese de leerlo para obtener ayuda y soluciones de problemas. Si el archivo de actualización es un archivo EXE, podría mostrar un archivo de este tipo como parte del paso 3.
3. Haga doble clic sobre el archivo EXE para empezar el proceso de actualización. Asegúrese de dejar el sistema encendido durante el proceso (que puede llevar 2 o 3 minutos).
4. Siga las instrucciones del distribuidor para reiniciar su sistema.
5. Después de reiniciar el sistema, el ordenador puede volver a detectar la unidad y asignarle la siguiente letra de unidad disponible. Si la letra de unidad ha cambiado, puede utilizar el servicio Administración de equipos en Windows 2000 o posterior para reasignar a la unidad la letra correcta.

Solución de problemas de actualizaciones de firmware

Si tiene problemas para realizar una actualización de *firmware* de una unidad regrabable, compruebe la página Web o el archivo `Léame` del distribuidor para obtener ayuda. Además, hay un truco que a mí me resulta útil: si la actualización de *firmware* no consigue completarse, puede que haya interferencias de programas que controlan la unidad, como programas de escritura por paquetes (InCD, DirectCD) o la característica de escritura de discos integrada de Windows. Para deshabilitar el software residente, reinicie el equipo en Modo seguro y vuelva a intentar la actualización. Una vez que la actualización se haya completado, reinicie el sistema con normalidad.

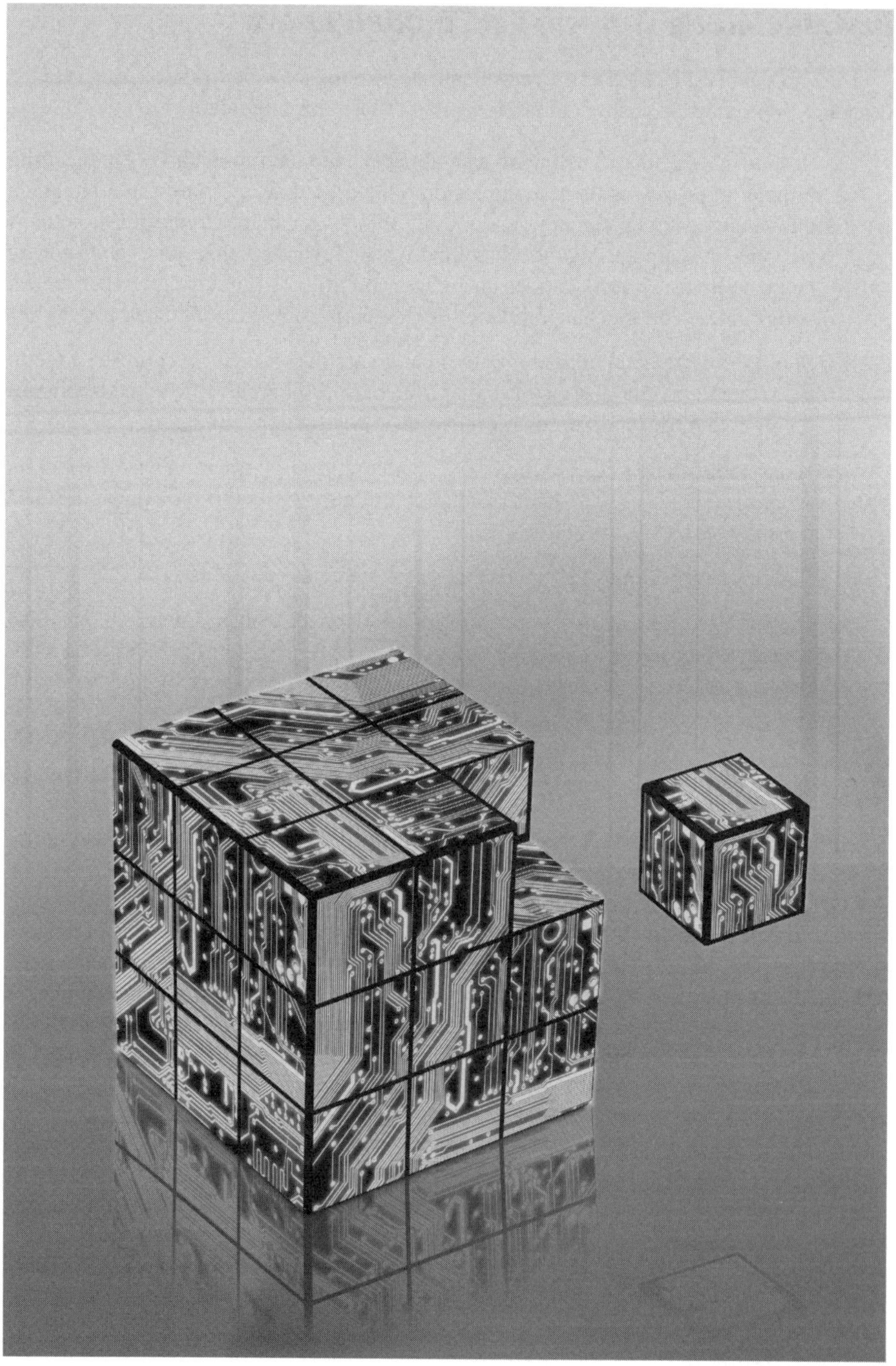

10. Hardware de vídeo

Monitores y adaptadores de pantalla

Aunque el monitor (o pantalla de vídeo) es tan importante para la interfaz de usuario de un PC como el ratón y el teclado, en realidad es un recién llegado al mundo de los ordenadores.

Antes de que los monitores CRT (*Cathode Ray Tube*, Tubo de rayos catódicos) pasasen a utilizarse de forma generalizada, la interfaz estándar del equipo era la máquina de teletipo, un dispositivo grande y ruidoso que imprimía los caracteres entrantes y salientes en un rollo de papel. Los primitivos ordenadores personales solían utilizar simplemente un panel de LED parpadeantes como monitor.

Los primeros monitores utilizados en equipos mostraban únicamente texto de un solo color (normalmente verde), pero para los usuarios de la época era una gran mejora, dado que permitía la visión en tiempo real de datos entrantes y salientes. Con el tiempo, se introdujeron los monitores en color, aumentaron los tamaños de las pantallas y las tecnologías LCD se trasladaron de los ordenadores portátiles a los de sobremesa. Las últimas tendencias reflejan la convergencia cada vez mayor de tecnologías de informática y entretenimiento.

Aunque el hardware de vídeo moderno es mucho más sofisticado que el del pasado, todavía hay que tener cuidado a la hora de seleccionarlo para un equipo. Un monitor de mala calidad puede provocar vista cansada o reducir de forma significativa la calidad de su experiencia con el PC.

El subsistema de vídeo de un PC consta de dos componentes principales:

- **Monitor (o pantalla de vídeo):** El monitor es un dispositivo de pantalla basado normalmente en un panel LCD, aunque también puede utilizar tecnología DLP, CRT o plasma.
- **Adaptador de pantalla (también llamado tarjeta de vídeo, adaptador de gráficos o unidad de proceso de gráficos):** Aunque esto se refiere normalmente a una tarjeta adaptadora conectada a una ranura, la circuitería del adaptador de vídeo también puede estar integrada en la placa base o incluida como parte del *chipset* de la placa base. Aunque suene extraño, la circuitería se sigue llamando "adaptador" o "tarjeta" aunque está totalmente integrada en la placa base o el *chipset*.

Este capítulo explora la gama de adaptadores de pantalla de vídeo de PC que hay en el mercado actual y los monitores que funcionan con ellos.

Nota: *El término "vídeo", tal como se utiliza en este contexto, no implica necesariamente la existencia de una imagen en movimiento, como en una pantalla de televisión. Cualquier circuitería que introduce señales en una pantalla o monitor es un adaptador de pantalla de vídeo, independientemente de si se utiliza con aplicaciones que muestran imágenes en movimiento, como software de videoconferencia o multimedia. Por esta razón, las tarjetas de vídeo se conocen a veces como adaptadores de gráficos o adaptadores de pantalla.*

Adaptadores de pantalla de vídeo

Un adaptador de pantalla de vídeo (también conocido como tarjeta de vídeo) proporciona la interfaz entre el ordenador y el monitor y transmite las señales que aparecen como imágenes en la pantalla. A lo largo de la historia del PC, ha habido una sucesión de estándares para hardware de vídeo que representan un incremento constante en la resolución de pantalla, la profundidad del color y el rendimiento.

La siguiente lista de estándares puede servir como historia abreviada de la tecnología de pantallas de vídeo de los PC:

- MDA (*Monochrome Display Adapter*, Adaptador monocromo de pantalla).
- HGC (*Hercules Graphics Card*, Tarjeta gráfica Hércules).
- CGA (*Color Graphics Adapter*, Adaptador de gráficos y color).
- EGA (*Enhanced Graphics Adapter*, Adaptador gráfico ampliado).

- VGA (*Video Graphics Array*, Cadena gráfica de vídeo).
- SVGA (Super VGA).
- XGA (*Extended Graphics Array*, Matriz gráfica ampliada) y otros.

IBM fue el pionero de la mayoría de estos estándares, pero otros fabricantes de PC compatibles los adoptaron y también los mejoraron. Actualmente, IBM ya no establece los estándares del negocio de los PC (incluso vendió su división de PC a Lenovo en 2005) y muchos de estos estándares están obsoletos.

Las VGA y otros adaptadores de vídeo actuales también pueden manejar la mayoría de software antiguo escrito para CGA, EGA y otros estándares gráficos obsoletos. Esto permite utilizar gran parte, por no decir la mayoría, del software de gráficos antiguo (como programas educativos y juegos) en un sistema actual.

Tipos de adaptador de vídeo

Un monitor requiere una fuente de entrada. Las señales que llegan a él vienen de uno o más adaptadores de pantalla de vídeo en el sistema.

Existen tres tipos básicos de adaptadores de pantalla de vídeo:

- **Tarjetas de vídeo plug-in discretas:** Estas tarjetas requieren el uso de una ranura de expansión, pero ofrecen el nivel más alto posible en cuanto a características y rendimiento.
- **Vídeo discreto en la placa base:** La misma circuitería discreta que se puede encontrar en una tarjeta de vídeo también puede montarse o integrarse directamente en la placa base. Así es como los vídeos de alta calidad se instalan en portátiles modernos y algunos sistemas de sobremesa más antiguos; sin embargo, los equipos de sobremesa modernos utilizan normalmente vídeo discreto en una tarjeta *plug-in* o vídeo integrado en el *chipset* de la placa base.
- **Vídeo integrado en el chipset de la placa base:** El vídeo integrado comparte la RAM y otros componentes del sistema. Es la solución de vídeo más barata, pero el rendimiento también puede ser bajo, especialmente para juegos en 3D u otras aplicaciones de mucha exigencia gráfica. Las opciones de profundidad de color y resolución también son más limitadas que las disponibles con tarjetas de vídeo añadidas. Puesto que no consume mucha energía, el vídeo integrado se utiliza en muchos portátiles para prolongar la vida de la batería. Muchos sistemas de sobremesa con vídeo integrado permiten la instalación de una tarjeta *plug-in* de vídeo discreta como actualización.

El término "adaptador de vídeo" se aplica tanto a circuitería de vídeo diferenciado como de vídeo integrado. El término "adaptador de gráficos" es básicamente intercambiable con "adaptador de vídeo" porque todas las tarjetas de vídeo desarrolladas excepto el MDA de IBM original pueden mostrar tanto gráficos como texto.

Vídeo integrado/Chipsets de placa base

Aunque el vídeo integrado ha sido un elemento principal de la informática de bajo coste durante varios años, hasta finales de los 90 la mayoría de los vídeos basados en la placa base simplemente montaban componentes de vídeo discretos en dicha placa. El rendimiento y las características del vídeo discreto son básicamente las mismas, tanto si está soldado en la placa base como si se conecta mediante una tarjeta de expansión. En la mayoría de los casos el vídeo discreto integrado podía actualizarse mediante la adición de una tarjeta de vídeo. Algunas implementaciones de vídeo discreto basado en la placa base también tenían provisiones para actualizaciones de memoria.

No obstante, el movimiento de los últimos años hacia una mayor integración en la placa base ha llevado al desarrollo de *chipsets* de placa base que incluyen soporte de vídeo como parte de su diseño. De hecho, el *chipset* de la placa base ocupa el lugar de la mayoría de los componentes de la tarjeta de vídeo diferenciado y utiliza una porción de la memoria de sistema principal como memoria de vídeo.

El uso de la memoria de sistema principal para memoria de vídeo se denomina con frecuencia UMA (*Unified Memory Architecture*, Arquitectura de memoria unificada) y aunque este método de memoria compartida también se utilizaba en algunos vídeos integrados que usaban sus propios *chipsets*, se ha hecho mucho más habitual con el aumento de los *chipsets* de placa base integrados.

Silicon Integrated Systems (SiS) fueron pioneros de los *chipsets* con vídeo integrado en 1996 y 1997 con sus *chipsets* SiS5510 y SiS5596 para sistemas portátiles y de sobremesa, respectivamente. En 1997, Cyrix Semiconductor (que ahora es propiedad de VIA Technologies) introdujo el MediaGX, que fue el primero en integrar funciones de *chipset* y gráficos en una CPU compatible con PC. National Semiconductor y posteriormente AMD desarrollaron versiones mejoradas del MediaGX conocidas como la serie Geode GX.

Intel introdujo los *chipsets* de placa base con gráficos integrados en 1999, empezando por el *chipset* 810 para los procesadores Pentium III y Celeron. El 810 (con nombre en clave Whitney) anunciaban el principio de la extensión del soporte industrial para este diseño y el principio de la hegemonía de Intel en el mercado gráfico. Más tarde Intel siguió el lanzamiento de la serie 810 (810 y 810E) con la serie 815 para Pentium III y Celeron, que en su mayor parte también incluye vídeo integrado.

Desde entonces, Intel ha ofrecido versiones de *chipsets* para equipos de sobremesa y portátiles con gráficos integrados y se ha convertido en el proveedor de chips de gráficos más grande del mundo.

Quizá suene extraño porque la mayoría de la gente piensa en NVIDIA y ATI cuando se habla de gráficos. Aunque NVIDIA y ATI pueden dominar el mercado de los chips de gráficos discretos, el mercado para sistemas portátiles y de sobremesa con chips integrados de bajo coste es mayor que el de los gráficos discretos. La tabla 10.1 recoge los datos de la cuota de mercado de chips de gráficos facilitados por la empresa de estudios de mercado JPR (*Jon Peddie Research*).

La tabla 10.2 contiene los tipos y características de los gráficos integrados disponibles en los *chipsets* de placa base a lo largo de los años.

Tabla 10.1. *Cuota de mercado de chips gráficos.*

Distribuidor	4º trimestre 2008	3º trimestre 2008	4º trimestre 2007
Intel	47,8 por 100	49,4 por 100	43,5 por 100
NVIDIA	30,7 por 100	27,8 por 100	33,6 por 100
AMD	19,3 por 100	20,6 por 100	18,3 por 100
SiS	1,1 por 100	1,2 por 100	2,0 por 100
VIA/S3	1,0 por 100	0,9 por 100	2,5 por 100
Matrox	0,1 por 100	0,1 por 100	0,1 por 100
Total	100,0 por 100	100,0 por 100	100,0 por 100

Tabla 10.2. *Vídeo integrado en chipsets de placa base Intel.*

Chipsets	Tipo de vídeo Intel	Características
810, 815	3D con Direct AGP	Aceleración 2D y 3D básica.
845	Extreme Graphics	Soporta mezcla alfa, niebla, filtrado anisotrópico, compensación de movimiento de hardware y texturas avanzadas.
865	Extreme Graphics 2	Versión mejorada de Extreme Graphics, que añade mejor administración de memoria, síntesis de zona y pixelado más rápido y síntesis de textura.
910, 915	GMA 900	Una versión mejorada de Extreme Graphics 2, que añade soporte para la mayoría de características de DirectX 9 (no soporta sombreado de vértices), soporte de pantalla doble opcional (requiere tarjeta ADD2) y soporte para paneles LCD de pantalla ancha.
945	GMA 950	Una versión más rápida de GMA 900 con soporte para DirectX 9.0c (Windows Aero), Shader Model 2.0 y Open GL 1.4 + Extensions.
946, Q963, Q965	GMA 3000	Basado en GMA 950. Añade unidades de ejecución que pueden realizar sombreado de vértices y píxeles para gráficos 3D o procesamiento de vídeo para reproducción de vídeo.
G31, G33, Q33, Q35	GMA 3100	Basado en GMA 3000, pero con velocidades de reloj reducidas para un rendimiento y un consumo de energía algo menor.
G965	GMA X3000	Rediseño sustancial de GMA 3000 pese a tener un nombre similar. Incluye soporte para DirectX 9.0c, Shader Model 3.0, hardware T&L (*Transform & Lighting*), OpenGL 1.5, descodificación VC-1 basada en hardware y Clear Video Technology para una mejor reproducción de vídeo.
GL960, GM965	GMA X3100	Versión mejorada de GMA X3000 para aplicaciones móviles con soporte actualizado para DirectX 10 y Shader Model 4.0.
G35	GMA X3500	Versión mejorada de GMA X3000 para las aplicaciones de sobremesa con soporte actualizado para DirectX 10, Shader Model 4.0 y OpenGL 2.0.

Chipsets	Tipo de vídeo Intel	Características
G41, G43, Q43, Q45	GMA X4500	Versión de alto rendimiento de GMA X3500 con soporte añadido para DisplayPort.
G45, GM45	GMA X4500HD	Igual que GMA X4500 pero incluye descodificación AVC y VC-1 acelerada de hardware, permitiendo una reproducción de vídeo de alta definición de 1080p (películas Blu-ray disc).

GMA = *Graphics Media Accelerator*, Acelerador para medios gráficos.

Además de Intel, otros distribuidores importantes de *chipsets* con gráficos integrados incluyen AMD/ATI, NVIDIA, SiS y VIA/S3. Puesto que a lo largo de los años ha habido tantos *chipsets* diferentes con vídeo integrado de estos fabricantes, le recomiendo que consulte las Web específicas de éstos para obtener información más detallada sobre modelos y capacidades de *chipsets* concretos.

Los *chipsets* integrados más recientes soportan salidas digitales (como DVI, HDMI o DisplayPort) para uso con paneles LCD digitales y componentes de Home Theater. La figura 10.2, que aparecerá más adelante, muestra el modo de diferenciar estos puertos.

Aunque un aficionado a los juegos en 3D no estará satisfecho con el rendimiento de los gráficos integrados, los jugadores casuales y domésticos/*office* consideran que el vídeo basado en chips integrados de las plataformas recientes es satisfactorio en cuanto al rendimiento y permite un ahorro significativo en los costes en comparación con una tarjeta de vídeo separada. Si decide comprar una placa base con un *chipset* integrado, le recomiendo que seleccione uno que incluya también una ranura de expansión de vídeo PCI Express x16. Esto permite añadir una tarjeta de vídeo más rápida en el futuro si le parece que la necesita.

Componentes de un adaptador de vídeo

Los adaptadores de pantalla de vídeo contienen ciertos componentes básicos, entre los que suelen incluirse los siguientes:

- BIOS de vídeo.
- Procesador de vídeo/acelerador de vídeo.
- Memoria de vídeo.
- Convertidor digital a analógico (DAC, *Digital-to-Analog Converter*). Aunque anteriormente se encontraba en un chip aparte, el DAC suele estar incorporado en el chip del acelerador/procesador de vídeo. No es necesario en un subsistema puramente digital (monitor y tarjeta de vídeo digital), no obstante, la mayoría de subsistemas digitales todavía incluyen soporte para VGA analógica.
- Conector de bus.
- Controlador de vídeo.

En tarjetas de vídeo de alto rendimiento, véase la figura 10.1, la mayoría de componentes están debajo del sistema de refrigeración. Esta tarjeta utiliza una combinación de ventilador y tubería de calor para refrigerar la GPU (*Graphics Processing Unit*, Unidad de procesamiento gráfico).

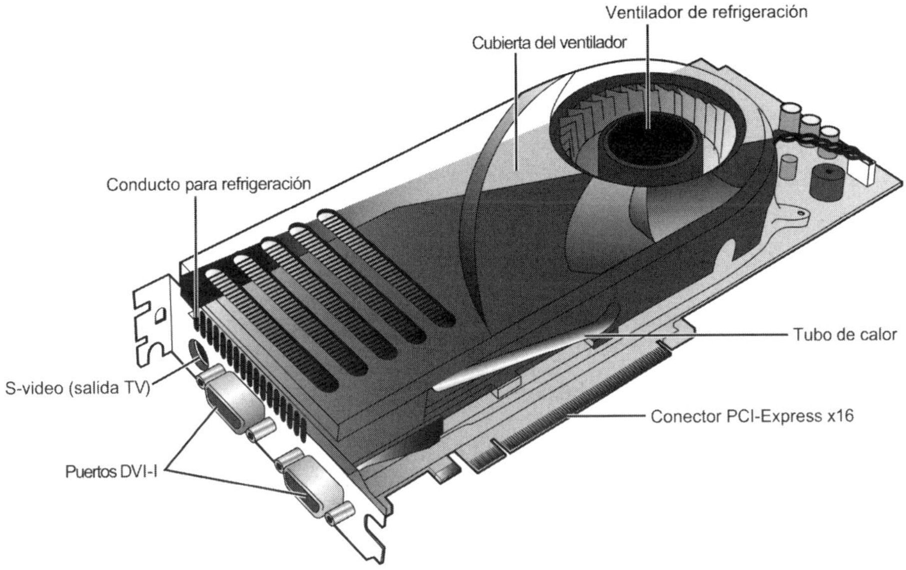

Figura 10.1. *Ejemplo típico de una tarjeta de vídeo de alto rendimiento optimizada para soporte de pantalla doble y juegos.*

Prácticamente todos los adaptadores de vídeo del mercado actual utilizan *chipsets* que incluyen características de aceleración de 3D. Las siguientes secciones examinan la BIOS de vídeo y el procesador en mayor detalle.

BIOS de vídeo

Los adaptadores de vídeo incluyen una BIOS que está separado de la del sistema principal. Si enciende primero el monitor y mira rápidamente, puede que vea un rótulo de identificación para la BIOS de vídeo de su adaptador al principio del proceso de inicio del sistema.

De forma similar a la BIOS del sistema, la del adaptador de vídeo toma la forma de un chip ROM (memoria de sólo lectura) que contiene instrucciones básicas que proporcionan una interfaz entre el hardware del adaptador de vídeo y el software que se ejecuta en su sistema. El software que realiza llamadas a la BIOS de vídeo puede ser una aplicación independiente, un sistema operativo o la BIOS de sistema principal. La programación del chip de la BIOS permite al sistema mostrar información en el monitor durante las secuencias de POST e inicio del sistema, antes de que cualquier otro controlador de software se haya cargado desde el disco.

En algunos casos la BIOS de vídeo puede actualizarse, igual que una de sistema. Normalmente la BIOS de vídeo utiliza un chip regrabable EEPROM. En tarjetas muy antiguas, se podía reemplazar completamente el chip por uno nuevo, si lo proporcionaba el fabricante y si éste no había soldado firmemente la BIOS a la placa de circuito impreso. La mayoría de tarjetas de vídeo utilizan un chip de BIOS montado en la superficie en vez de un chip en un zócalo. Una BIOS que puede actualizarse utilizando software se denomina flash BIOS y la mayoría de tarjetas de vídeo que ofrecen actualizaciones de BIOS utilizan este método. Sin embargo, como la BIOS de vídeo sólo se utiliza durante el inició para la emulación VGA, dichas actualizaciones raramente son necesarias y la mayoría de los distribuidores arreglan los problemas lanzando controladores actualizados en vez de actualizaciones de la BIOS.

Nota: *A veces las actualizaciones de la BIOS de vídeo se denominan actualizaciones de* firmware.

El procesador de vídeo

El procesador de vídeo (también conocido como *chipset* de vídeo, procesador de gráficos de vídeo o GPU) es el corazón de cualquier adaptador de vídeo y básicamente define los niveles de rendimiento y las funciones de la tarjeta. Dos adaptadores de vídeo creados utilizando el mismo *chipset* tendrán las mismas capacidades básicas. Sin embargo, las tarjetas construidas con el mismo *chipset* pueden variar respecto a las velocidades de reloj a las que ejecutan dicho *chipset*, la memoria y otros componentes, así como respecto a la cantidad y el tipo de memoria instalada. Por tanto, el rendimiento puede variar.

Los controladores de software utilizados por los sistemas operativos y las aplicaciones para manejar el hardware del adaptador de vídeo se escriben principalmente con el *chipset* en mente. Normalmente, se puede utilizar un controlador pensado para un adaptador con un *chipset* en particular en cualquier otro adaptador que utilice el mismo, o las mismas familias de *chipsets*.

Identificación de los chipsets de sistema y vídeo

Antes de comprar una tarjeta de vídeo o sistema, debería averiguar qué *chipset* utilizan el circuito de vídeo o la tarjeta de vídeo. Para sistemas con vídeo de *chipset* integrado, tiene que averiguar qué *chipset* integrado utiliza el sistema. Esto le permite obtener lo siguiente:

- Una mejor comparación de la tarjeta o sistema con otros.
- Acceso a especificaciones técnicas.
- Acceso a críticas y opiniones.

- La capacidad para tomar la mejor decisión en su compra.
- La elección de controladores y soporte del fabricante del *chipset* y el fabricante de la tarjeta.

Puesto que las características y el rendimiento de la tarjeta de vídeo son de vital importancia para el disfrute y la productividad, averigüe todo lo que pueda antes de comprar la tarjeta de vídeo o sistema consultando la Web del fabricante de la tarjeta de vídeo o sistema y críticas de terceros. Los controladores escritos pobremente o con errores pueden causar diversos tipos de problemas, así que compruebe periódicamente si hay actualizaciones del controlador de vídeo e instale cualquiera que esté disponible. Con las tarjetas de vídeo, el soporte tras la venta es importante. Por tanto, debería comprobar la Web del fabricante para ver si ofrece controladores actualizados y si el producto parece tener buen soporte.

Tenga en cuenta que aunque NVIDIA y AMD/ATI son los proveedores más importantes de procesadores gráficos diferenciados, normalmente no fabrican tarjetas de vídeo, sino que crean diseños de referencia de tarjetas de vídeo, que utilizan distintos fabricantes de tarjetas para desarrollar sus propias específicas.

Ya que cada fabricante de tarjetas puede personalizar o modificar los diseños, puede que dos tarjetas con el mismo *chipset* de gráficos tengan diferentes características y también distinto rendimiento real. Esto significa que una amplia variedad de tarjetas de vídeo utilizan el mismo *chipset*; también significa que es probable que encuentre variaciones en el rendimiento de las tarjetas, paquetes de software, garantías y otras características entre tarjetas que utilizan el mismo *chipset*.

RAM de vídeo

La mayoría de adaptadores de vídeo discretos dependen de su propia memoria integrada, que usan para almacenar imágenes de vídeo mientras las procesan. Los sistemas con vídeo integrado utilizan la característica UMA para compartir la memoria del sistema principal. En cualquier caso, la memoria en la tarjeta de vídeo o la memoria que se toma prestada del sistema realizan las mismas tareas.

La cantidad de memoria de vídeo determina la resolución de pantalla y la profundidad de color máximas que el dispositivo puede soportar, entere otras características. Con frecuencia se puede seleccionar cuánta memoria se desea en un adaptador de vídeo en particular; por ejemplo, 256MB, 512MB y 1GB son opciones habituales hoy en día. Aunque tener más memoria de vídeo no garantiza una aceleración del adaptador de vídeo, puede incrementar la velocidad habilitando un bus más ancho (por ejemplo, de 128 bits a 256 bits de ancho) o permitir más memoria que no sea de pantalla, como una caché para objetos mostrados normalmente. También permite a la tarjeta generar más colores y mayores resoluciones y permite que las texturas 3D se almacenen y procesen en la tarjeta, en vez de en la memoria principal, más lenta.

Se han utilizado muchos tipos de memoria con adaptadores de vídeo. La tabla 10.3 recoge un resumen de ellos.

Tabla 10.3. *Tipos de memoria utilizados en adaptadores de pantalla de vídeo.*

Tipo de memoria	Definición
FPM DRAM	RAM en modo de paginación rápida.
VRAM	RAM de vídeo.
WRAM	RAM para ventanas.
EDO DRAM	DRAM de salida de datos ampliada.
SDRAM	DRAM síncrona.
MDRAM	DRAM multibanco.
SGRAM	RAM síncrona de gráficos.
DDR SGRAM	Tasa doble de datos SGRAM.
GDDR2 SGRAM	DDR gráficos versión 2 SGRAM.
GDDR3 SGRAM	GDDR versión 3 SGRAM.
GDDR4 SGRAM	DDR gráficos versión 4 SGRAM.
GDDR5 SGRAM	GDDR versión 5 SGRAM.

Algunos de estos tipo, incluyendo FPM DRAM, EDO DRAM y SDRAM, también se utilizaban para memoria principal en los PC. Todos los demás se diseñaron específicamente para su uso en subsistemas gráficos.

VRAM y WRAM

Son tipos de memoria con puerto doble que pueden leer desde un puerto y escribir datos a través del otro. Esto mejora el rendimiento al reducir los tiempos de espera para acceder a la RAM de vídeo en comparación con FPM DRAM y EDO DRAM.

SGRAM

RAM síncrona de gráficos (SGRAM, *Synchronous Graphics RAM*) se diseñó como solución de alta calidad para diseños de adaptadores de vídeo muy rápidos. SGRAM es similar a SDRAM en su capacidad para sincronizarse con buses de alta velocidad de hasta 200MHz, pero se diferencia de SDRAM en que incluye una circuitería para realizar escrituras en bloque, para incrementar la velocidad de las operaciones de Z-buffer 3D y relleno de gráficos.

DDR SGRAM

Tasa doble de datos SGRAM (*Double Data Rate SGRAM*) está diseñada para transferir datos a velocidades dos veces superiores a la de la SGRAM convencional al transferir datos en las partes de subida y bajada del ciclo de reloj de procesamiento.

GDDR2 SGRAM

Ha habido muchas variaciones de lo que se ha llamado GDDR2. La primera era 2.5V DDR SDRAM estándar con algunas mejoras, mientras que la segunda se basaba realmente en 1.8V DDR2 SDRAM, con un rendimiento mucho mayor y operación más fresca.

GDDR3 SGRAM

GDDR3 SGRAM se basa en la memoria DDR2, pero presenta estas dos diferencias principales:

- GDDR3 separa las lecturas y escrituras con un estroboscopio unidireccional de un solo extremo, mientras que DDR2 usa estroboscopios bidireccionales diferenciales. Este método permite mayores velocidades de transferencia de datos.
- GDDR3 utiliza una técnica de interfaz conocida como descarga pseudo-abierta, que emplea voltaje en vez de corriente. Este método hace que la memoria GDDR3 sea compatible con GPU diseñadas para utilizar memorias DDR, GDDR2 o DDR2. Para determinar el tipo de memoria usada en una tarjeta de vídeo particular, compruebe la hoja de especificaciones del fabricante de la tarjeta.

GDDR4 SGRAM

Algunas de las tarjetas más recientes usan GDDR4 SGRAM. Comparada con GDDR3, la memoria GDDR4 tiene las siguientes características:

- Mayor ancho de banda. Una GDDR4 que funciona a la mitad de velocidad que GDDR3 proporciona un ancho de banda comparable al de su predecesora.
- Mayor densidad de memoria, que permite que se necesiten menos chips para alcanzar un tamaño particular de memoria.

GDDR5 SGRAM

GDDR5 SGRAM se basa en los estándares GDDR previos con varias modificaciones para permitir un incremento en el rendimiento. Entre las diferencias principales se incluyen las siguientes:

- Optimización de la señal mediante inversión de bits datos/dirección, fuerza de unidad ajustable, voltaje ajustable y terminación ajustable.
- Temporización de interfaz adaptiva mediante preparación de datos escalable por bit o por byte.
- Compensación de errores, incluyendo detección de errores en tiempo real en lectura/escritura y reenvío rápido.

GDDR5 también está diseñada para una administración de energía extrema, como por ejemplo que la energía se utilice únicamente cuando sea necesario. Esto permite velocidades de reloj más altas. Las partes de la GDDR5 actual están estimadas en hasta 7Gbps por chip, lo que permite un ancho de banda total de 28GBps.

Velocidad de RAM de vídeo

La velocidad de RAM de vídeo se mide normalmente en MHz, GHz o por ancho de banda en Mbits/Gbits o MBytes/GBytes por segundo. Las memorias y las GPU más rápidas producen un rendimiento mayor en los juegos, pero a un coste más alto. No obstante, si le preocupa sobre todo el rendimiento de las aplicaciones de productividad o negocios, puede ahorrar dinero utilizando una tarjeta de vídeo con una GPU y una memoria más lentas. A menos que se sumerja muy profundamente en los detalles técnicos de una tarjeta gráfica particular, puede ser difícil determinar el tipo de memoria que utiliza. Puesto que ninguna de las tarjetas de vídeo actuales incluye memoria que pueda actualizar el usuario, le recomiendo que se fije en el rendimiento de una tarjeta dada y elija la que tenga el rendimiento, las características y el precio que más se adecuen a sus necesidades.

Cálculos de RAM

La cantidad de memoria que necesita un adaptador de vídeo para mostrar una profundidad de color y una resolución concretas se basa en una ecuación matemática. Debe haber presente una ubicación en la cadena de memoria del adaptador para mostrar cada píxel de la pantalla y la resolución que determina el número total de píxeles. Por ejemplo, una resolución de pantalla de 1024×768 requiere un total de 786.432 píxeles.

Si hubiera que mostrar esa resolución con sólo dos colores, únicamente se necesitaría 1 bit de espacio de memoria para representar cada píxel. Si el bit tiene un valor de 0, el punto es negro y si tiene un valor de 1, el punto es blanco. Si se utilizan 32 bits de espacio de memoria para controlar cada píxel, se puede mostrar más de 4.000 millones de colores porque hay 4.294.967.296 combinaciones posibles con un número binario de 32 dígitos (232=4.294.967.296). Si multiplicamos el número de píxeles necesario para la resolución de pantalla por el número de bits requerido para representar cada píxel, obtendremos la cantidad de memoria que el adaptador necesita para mostrar esa resolución. Veamos cómo funciona ese cálculo:

```
1024×768 = 786,432 píxeles × 32 bits por píxel
= 25,165,824 bits
= 3,145,728 bytes
= 3MiB
```

Tal como verá, mostrar color de 32 bits (4.294.967.296 colores) a una resolución de 1024×768 requiere exactamente 3MiB de RAM en el adaptador de vídeo. Puesto que la mayoría de adaptadores tienen memoria instalada en múltiplos de 2, necesitaríamos utilizar un adaptador de vídeo con al menos 4MiB de RAM integrada para ejecutar un sistema utilizando esa resolución y esa profundidad de color.

Para los modos de resolución más alta y mayor número de colores habituales actualmente, necesitaríamos mucha más memoria en el adaptador de vídeo que los 256KB que se encuentran en el VGA de IBM original. Emplear el mismo cálculo, incluso a una resolución relativamente alta de 1920x1080 (HDTV), utilizando color de 32 bits en una tarjeta de vídeo moderna requiere sólo 7,91MiB, lo que significa que únicamente se requerirán 8MiB en la tarjeta. Ya que la mayoría de tarjetas de vídeo modernas tienen 128MiB o más, las imágenes en dos dimensiones no necesitan mucha memoria.

Las tarjetas de vídeo 3D requieren más memoria para una profundidad de color y resolución dada porque hay tres búferes diferentes que deben utilizar la memoria de vídeo: frontal, trasero y Z-buffer. La cantidad de memoria de vídeo requerida para una operación particular varía según la configuración utilizada para la profundidad de color y Z-buffer. El uso de tres búferes asigna más memoria para texturas 3D que el de dos búferes pero puede ralentizar el rendimiento de algunos juegos. El modo de búferes utilizado por una tarjeta de vídeo 3D dada suele ajustarse mediante su cuadro de propiedades.

Aunque las soluciones de gráficos integrados incluyen soporte para 3D, el rendimiento que ofrecen está limitado al basarse en GPU 3D más antiguas y menos potentes y al utilizar un bus de datos estrecho para acceder a la memoria. Puesto que las soluciones de gráficos integrados comparten memoria de vídeo con el procesador, utilizan el mismo bus de datos que éste. En un sistema basado en un solo canal, esto restringe el bus de datos a 64 bits. Un sistema de doble canal tiene un bus de datos de 128 bits, pero las tarjetas de vídeo 3D más rápidas actuales incluyen un bus de datos de 512 bits o más. Cuanto más ancho sea el bus de datos, más deprisa pueden transmitirse los datos gráficos.

Por estas razones, es probable que se sienta decepcionado (¡y pierda muchas partidas!) si juega a juegos 3D utilizando gráficos integrados. Para disfrutar juegos 3D, opte por una tarjeta de vídeo 3D de gama media-alta basada en un *chipset* ATI o NVIDIA actual con 256MB de RAM o más. Si su presupuesto se lo permite, puede que le convenga también utilizar una solución multitarjeta de ATI o NVIDIA que le permita utilizar dos o más tarjetas de vídeo PCI-Express para incrementar el rendimiento del procesamiento de gráficos.

> ***Nota:*** *Si su sistema utiliza gráficos integrados y tiene menos de 256MB de RAM, quizá pueda incrementar la memoria gráfica disponible mediante la actualización de la memoria del sistema (la memoria de sistema es empleada por el* chipset *integrado). Algunos* chipsets *Intel con gráficos integrados detectan automáticamente memoria de sistema adicional y ajustan el tamaño de la memoria gráfica de forma automática.*

Anchura de bus de memoria de vídeo

Otra cuestión con respecto a la memoria en el adaptador de vídeo es la anchura del bus que conecta la memoria y el *chipset* de gráficos en el adaptador. Este último suele ser un único chip grande en la tarjeta que contiene prácticamente todas las funciones del adaptador. Está conectado directamente a la memoria en el adaptador a través de un bus local en la tarjeta. La mayoría de adaptadores de alta calidad utilizan un bus de memoria interno que tiene una anchura de hasta 512 bits (en algunos casos más). Esta jerga puede resultar confusa porque los adaptadores de vídeo que toman la forma de tarjetas de expansión separadas también se conectan al bus de sistema principal, que tiene su propia velocidad. Cuando lea acerca de un adaptador de vídeo de 256 o 512 bits, debe entender que esto se refiere a la conexión de memoria en la tarjeta, no a la conexión a la placa base. En dos tarjetas que por lo demás tienen especificaciones de tamaño de memoria, tipo de memoria y GPU similares, es preferible la tarjeta con el bus de memoria más ancho, porque un bus de este tipo mejora el rendimiento.

El convertidor digital a analógico (DAC)

El convertidor digital a analógico de un adaptador de vídeo (comúnmente llamado DAC o RAMDAC) hace exactamente lo que su nombre indica: se encarga de convertir imágenes digitales basadas en RAM generadas por el ordenador a señales para conexiones de monitores analógicos. La velocidad del RAMDAC se mide en MHz; cuanto más rápido sea el proceso de conversión, mayor será la velocidad de actualización vertical del adaptador. Las velocidades de los RAMDAC utilizados en los adaptadores de vídeo de alto rendimiento actuales van de 300MHz a 500MHz. La mayoría de los *chipsets* de tarjeta de vídeo actuales incluyen la función RAMDAC dentro del chip acelerador de 3D, pero algunas tarjetas de vídeo compatibles con monitor doble utilizan un chip RAMDAC aparte para permitir que el segundo monitor trabaje a velocidades de actualización diferentes a las del monitor primario. Los sistemas que utilizan gráficos integrados incluyen la función RAMDAC en la porción del chip GMCH o puente norte del *chipset* de la placa base.

Los beneficios derivados del incremento en la velocidad del RAMDAC incluyen velocidades de actualización vertical mayores, lo que permite resoluciones más altas con velocidades de actualización sin parpadeos (72Hz–85Hz o más). Normalmente, las tarjetas con velocidades de RAMDAC de 300MHz o más no parpadean (75Hz o más) a todas las resoluciones hasta 1920×1200. Naturalmente, debe asegurarse de que cualquier resolución que desee utilizar es compatible con su monitor y tarjeta de vídeo.

Interfaces de pantalla de vídeo

Los adaptadores de pantalla de vídeo conectan un PC a un monitor y por tanto deben trabajar a través de dos interfaces. La primera es la interfaz del sistema, que supone la conexión entre el adaptador de vídeo y el PC y la segunda es la interfaz del monitor, que implica la conexión entre el adaptador de vídeo y el monitor. Al utilizar versiones estandarizadas de estas interfaces, acabamos teniendo adaptadores de vídeo y monitores compatibles que son fácilmente intercambiables. Este apartado aborda las interfaces de monitor y sistema disponibles y también las diferencias que se dan entre ellas.

La interfaz del sistema

Los adaptadores de vídeo estaban diseñados para su uso con los primeros estándares de bus, como IBM MCA, ISA, EISA y VL-Bus.

Debido a la relativa lentitud de su rendimiento en comparación con los estándares actuales, hoy en día se consideran obsoletos. Los adaptadores de pantalla de vídeo actuales utilizan los estándares de interfaz PCI, AGP o bien PCI-Express para conectarse a un sistema.

En los sistemas actuales, PCI Express es la ranura de tarjeta de vídeo más popular (en forma 16x o 16 líneas), sustituyendo al estándar AGP 8x. Las tarjetas de vídeo PCI antiguas tienen un rendimiento más limitado y se venden principalmente como complementos o actualizaciones para sistemas antiguos. Por ejemplo, una actualización habitual consiste en añadir una segunda tarjeta de vídeo para ejecutar monitores dobles (o más), algo que a menudo requiere una tarjeta de vídeo basada en PCI, incluso si la tarjeta principal está basada en AGP.

Puerto gráfico acelerado (AGP)

El puerto gráfico acelerado (AGP, *Accelerated Graphics Port*), un bus de vídeo dedicado diseñado por Intel e introducido en 1997, ofrece un ancho de banda máximo hasta 16 veces mayor que el de un bus PCI equiparable. AGP fue la interfaz de vídeo a sistema de alta velocidad más popular durante años, pero se ha visto reemplazada por el estándar PCI Express, que es más rápido y versátil.

La ranura AGP es básicamente una mejora del bus PCI existente; no obstante, está pensada para utilizarse únicamente con adaptadores de vídeo y proporcionar a éstos acceso de alta velocidad a la matriz de memoria del sistema principal. Esto permite que el adaptador procese ciertos elementos de vídeo 3D, como los mapas de textura, directamente desde la memoria del sistema en vez de tener que copiar los datos a la memoria del adaptador antes de poder empezar el procesamiento.

Así se ahorra tiempo y se elimina la necesidad de actualizar la memoria del adaptador de vídeo a mejor soporte de funciones 3D. Aunque AGP versión 3.0 proporciona dos ranuras AGP, esta característica nunca se ha implementado en la práctica. Los sistemas con AGP sólo tienen una ranura AGP.

> **Nota:** *Aunque las primeras tarjetas AGP tenían cantidades relativamente pequeñas de RAM integrada, la mayoría de implementaciones posteriores usan grandes cantidades de memoria integrada en la tarjeta y emplean una apertura de memoria (un espacio de direcciones de memoria dedicado sobre el área utilizada por la memoria física) para transferir datos más deprisa a y desde la propia memoria de la tarjeta de vídeo.*
>
> *Los* chipsets *integrados que incluyen AGP integrado utilizan memoria del sistema para todas las operaciones, incluyendo mapas de textura.*

Windows 98 y versiones posteriores soportan la característica DIME (*Direct Memory Execute*, Ejecución directa a memoria) de AGP. DIME utiliza la memoria principal en vez de la del adaptador de vídeo para algunas tareas con el fin de reducir el tráfico entrante y saliente del adaptador. No obstante, debido a las grandes cantidades de memoria que se encuentran en las tarjetas de vídeo AGP actuales, esta característica raramente se implementa.

Hay cuatro velocidades de AGP disponibles: 1x, 2x, 4x y 8x (la tabla 10.4 recoge más detalles). Las tarjetas de vídeo AGP posteriores soportan AGP 8x y pueden caer hasta AGP 4x o 2x en sistemas que no soporten AGP 8x.

Tabla 10.4. *Especificaciones técnicas y velocidades de AGP.*

Velocidad AGP	Especificación AGP	Velocidad de reloj	Velocidad de transferencia	Voltajes de ranura
1x	1.0	66MHz	266MBps	3,3V
2x	1.0	133MHz	533MBps	3,3V, 1,5V[1]
4x	2.0	266MHz	1066MBps	1,5V
8x	3.0	533MHz	2133MBps	1,5V[2]

[1] Varía con la implementación de tarjeta.
[2] Utiliza señalización interna de 0,8V.

AGP 3.0 se anunció en 2000, pero el soporte para el estándar requería el desarrollo de *chipsets* de placa base que no se introdujeron hasta mediados de 2002. Casi todos los *chipsets* de placa base con soporte para AGP lanzados después de esa época incluían soporte para AGP 8x.

Aunque algunos sistemas con ranuras AGP 4x o 8x utilizan un diseño de ranura universal que puede manejar tarjetas AGP de 3,3V o 1,5V, hay otros que no. Si una tarjeta diseñada para 3,3V (modo 2x) se conecta a una placa base que soporta únicamente señalización de 1,5V (modo 4x), la placa base puede resultar dañada.

Advertencia: *Compruebe la compatibilidad con AGP antes de insertar una tarjeta más antigua (AGP 1x/2x) en un sistema reciente o actual. Incluso si puede insertar físicamente la tarjeta, la falta de correspondencia entre el voltaje requerido por la tarjeta y la salida de voltaje de la ranura AGP puede dañar la placa base. Compruebe el manual de la placa base para ver los tipos de tarjeta y los niveles de voltaje soportados por la ranura AGP.*

Algunas tarjetas AGP pueden utilizar tanto niveles de voltaje de 3,3V como de 1,5V, ajustados mediante un puente integrado. Estas tarjetas utilizan normalmente un conector AGP que tiene muescas para utilizarse tanto con tarjetas AGP 2x como con tarjetas AGP 4x. Asegúrese de configurar estas tarjetas para utilizar 1,5V antes de utilizarlas en placas base que soporten únicamente señalización de 1,5V.

PCI Express (PCIe)

PCI Express empezó a aparecer en sistemas a mediados de 2004 y se ha extendido a casi todos los sistemas que utilizan tarjetas de vídeo discretas o tienen vídeo integrado que puede actualizarse. PCI Express utiliza un método de transferencia de datos serie bidireccional de alta velocidad y los canales PCI Express (también conocidos como líneas) pueden combinarse para crear ranuras de expansión más rápidas y más anchas (cada línea proporciona una velocidad de datos de 250MBps, 500MBps o 1,000MBps en cada dirección). Puesto que técnicamente PCI Express no es un bus, a diferencia de lo que ocurre con PCI las ranuras no compiten entre sí por el ancho de banda. Las tarjetas gráficas PCI Express utilizan hasta 16 líneas (x16) para permitir velocidades de 4GBps, 8GBps o 16GBps en cada dirección, como se recoge en la tabla 10.5.

Tabla 10.5. *Ancho de banda de las tarjetas de vídeo PCI Express.*

Arquitectura PCIe	Ancho de banda por línea	Ancho de banda por x16 Link
PCIe 1.x	250MBps	4GBps
PCIe 2.x	500MBps	8GBps
PCIe 3.x	1.000MBps	16GBps

La mayoría de implementaciones PCI Express incluyen una ranura x16 para vídeo y dos o más ranuras x1 para otras tarjetas añadidas, así como ranuras PCI heredadas. Los sistemas que soportan tecnologías de tarjeta de vídeo PCI Express doble SLI de NVIDIA o CrossFire de ATI tienen hasta tres o cuatro ranuras de vídeo PCI Express que se ejecutan a velocidades x8 o x16.

La interfaz del monitor

La interfaz del monitor se usa para conectar el adaptador de pantalla de vídeo al monitor o pantalla. A lo largo de los años ha habido varios métodos diferentes para la conexión de monitores. Algunas de estas interfaces han sido analógicas y otras digitales.

Los primeros estándares de vídeo de PC utilizados desde 1981 hasta finales de los 80 se basaban en diseños de interfaces digitales crudas (en comparación con los estándares actuales). Entre ellos se incluían los estándares original MDA, CGA y EGA originales. El CGA y el EGA en particular generaban colores diferentes al enviar señales de colores digitales a través de tres cables, que permitían un monitor de hasta ocho colores (2^3). Otra señal duplicaba el número de combinaciones de ocho a 16 al permitir que cada color mostrara dos niveles de intensidad. Este tipo de monitor digital era fácil de fabricar y ofrecía simplicidad, con combinaciones de colores consistentes de sistema a sistema. El principal inconveniente de los primeros estándares de monitores digitales era el número limitado de colores posibles.

A diferencia de los primeros estándares de vídeos digitales, VGA es un sistema analógico. VGA apareció en 1987 y empezó un cambio de digital a analógico que duró más de 20 años. Recientemente se ha producido una vuelta a digital. ¿Por qué ir de digital a analógico y luego otra vez a digital? La respuesta sencilla es que la analógica era la forma más barata de la época de diseñar sistemas basados en CRT que soportaban una resolución razonable con un número también razonable de colores. Ahora esa tecnología ha avanzado y los paneles LCD han sustituido a CRT, lo que da sentido a la vuelta a las interfaces digitales.

Entre las interfaces de vídeo (y los conectores) que es más probable encontrar en los PC desde finales de los 80 al presente se incluyen las siguientes:

- VGA.
- DVI (*Digital Visual Interface*, Intefaz visual digital).
- HDMI (*High-Definition Multimedia Interface*, Interfaz multimedia de alta definición).
- DisplayPort.

VGA es una conexión analógica, mientras que las otras son digitales. La figura 10.2 muestra los conectores para estas interfaces.

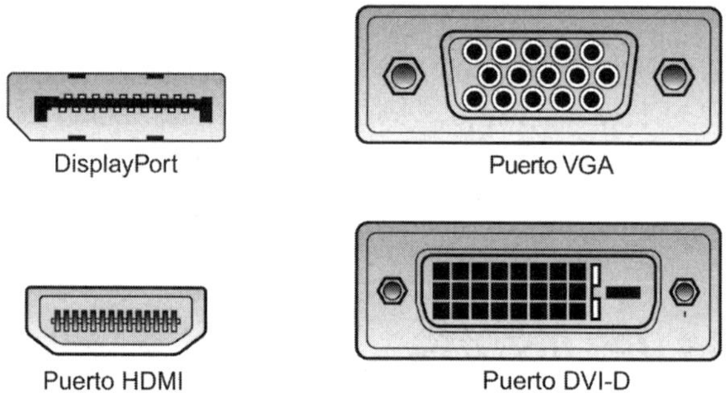

Figura 10.2. *Conectores de interfaces de vídeo utilizados en los PC desde finales de los 80 hasta hoy.*

El siguiente apartado se centra en estas interfaces de monitor.

Cadena gráfica de vídeo (VGA)

IBM introdujo el estándar de monitor e interfaz VGA (*Video Graphics Array*, Cadena gráfica de vídeo) el 2 de abril de 1987, junto con una familia de sistemas a la que llamó PS/2. Originalmente, VGA incluía el adaptador de monitor, el monitor y la conexión entre ambos. Desde entonces los adaptadores y los monitores han evolucionado, pero la conexión analógica de 15 pines de VGA llegó a convertirse en la interfaz de vídeo más popular de la historia y todavía hoy se utiliza en monitores y adaptadores de vídeo de PC.

VGA es un diseño analógico que utiliza una señal aparte para cada cañón de color CRT, pero cada señal puede enviarse a distintos niveles de intensidad (64 niveles, en el caso del estándar VGA original).

Esto proporciona 262.144 colores posibles (64^3), de los cuales 256 podrían mostrarse simultáneamente en el diseño original. Para el realismo de los gráficos de un ordenador, la profundidad del color suele ser más importante que la alta resolución porque el ojo humano percibe una imagen con colores como si fuera más realista.

VGA se diseñó para dirigirse a través de la interfaz BIOS de VGA, una interfaz de software que obligaba a los programas a comunicar con el controlador basado en la BIOS en vez de hacerlo directamente con el hardware. Esto permitía a los programas llamar a un conjunto de funciones y comandos consistentes que funcionarían en hardware diferente, siempre y cuando hubiera presente una interfaz BIOS de VGA compatible. Las tarjetas VGA originales tenían la BIOS directamente en la tarjeta de vídeo, en la forma de un chip ROM que contenía un valor de código de entre 16 y 32KB. Los procesadores de gráficos de portátiles y tarjetas de vídeo modernas siguen teniendo esta BIOS integrada de 32KB. Normalmente, la única ocasión en la que se utilizan los controladores basados en ROM es durante el inicio, cuando se ejecutan juegos o aplicaciones basados en DOS heredados, o cuando se ejecuta Windows en Modo seguro.

VGA también describe una conexión de interfaz analógica de 15 pines que puede soportar una amplia variedad de modos. Esta conexión es analógica porque VGA se diseñó principalmente para controlar monitores CRT, que son analógicos por naturaleza. Cuando un monitor se conecta mediante VGA, el chip DAC convierte las señales digitales dentro del PC a señales analógicas en el adaptador de pantalla y éstas se envían al monitor mediante la conexión VGA analógica. La figura 10.3 muestra el conector VGA y la tabla 10.6 contiene los diagramas de conexión.

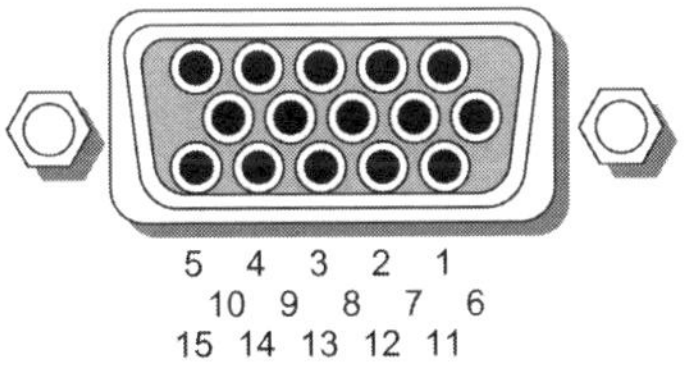

Figura 10.3. *Conector VGA analógico de 15 pines estándar.*

Tabla 10.6. *Diagrama de conexión del conector VGA analógico de 15 pines.*

Pin	Función	Dirección
1	Vídeo analógico rojo	Fuera
2	Vídeo analógico verde	Fuera
3	Vídeo analógico azul	Fuera
4	Monitor ID 2	Dentro
5	TTL GND (test automático del monitor)	—

Pin	Función	Dirección
6	GND analógico rojo	—
7	GND analógico verde	—
8	GND analógico azul	—
9	Key (sin usar)	—
10	Sync GND	—
11	Monitor ID 0	Dentro
12	Monitor ID 1	Dentro
13	Horizontal Sync	Fuera
14	Vertical Sync	Fuera
15	Monitor ID 3	Dentro

Al conector de cable VGA de unión que se enchufa en este conector le faltan normalmente 9 pines. Se diseñó así para que el orificio de unión en el conector de la tarjeta de vídeo pudiera conectarse, pero en vez de eso suele estar abierto (y normalmente sin utilizar). Éste tiene muescas para la alineación de los pines y la cubierta en forma de D, así que es difícil conectarlo al revés incluso sin el pin KEY. El pin 5 se utiliza únicamente para realizar pruebas y el 15 raramente se usa; a menudo tampoco aparece. Para identificar el tipo de monitor conectado al sistema, algunas de las primeras tarjetas VGA utilizaban presencia o ausencia de pines identificadores de monitor en varias combinaciones.

Además de la interfaz eléctrica y el conector, el estándar VGA original también definía varios modos de muestra de gráficos y texto con distintas resoluciones y colores. Los modos VGA originales permitían una resolución de gráficos máxima de 640×480 en sólo 16 colores (de 4 bits). Éste era el máximo soportado por los 256KB originales de RAM incluidos en la tarjeta. IBM introdujo versiones de resoluciones más altas de VGA llamadas XGA y XGA-2 a principios de los 90, pero la mayor parte del desarrollo de estándares VGA ha venido de la industria de tarjetas de vídeo de terceros y su grupo comercial, VESA (*Video Electronic Standards Association*, Asociación para normas de electrónica de vídeo). Cuando VGA se originó en 1987, tenía una capacidad de color y resolución muy baja en comparación con los estándares actuales. Desde entonces, VGA ha evolucionado para soportar modos de resolución mayores con muchos más colores. Incluso los adaptadores de vídeo más baratos del mercado actual pueden funcionar con modos mucho más avanzados que el estándar VGA original.

SVGA y XGA

La tarjeta VGA de IBM original fue rápidamente clonada por otros fabricantes de tarjetas de vídeo. Para distinguir sus productos del IBM original, muchos ofrecían capacidades y modos adicionales, llamándolos genéricamente tarjetas "Super" VGA o SVGA.

Alrededor de 1989, los distintos fabricantes de monitores y tarjetas de vídeo habían decidido cooperar para crear los nuevos estándares y capacidades SVGA y hacerlos compatibles con el hardware y el software existente diseñados para VGA.

En febrero de 1989, se formó un grupo internacional sin ánimo de lucro llamado VESA para crear estándares de interfaz para PC y otros entornos informáticos que sirvieran para toda la industria. VESA se diseñó para crear y promover estándares abiertos para la industria de los monitores y las interfaces de éstos, que garantizarían la interoperabilidad y seguirían permitiendo la innovación. VESA está dirigida por una junta directiva que representa una afiliación con derecho a voto de más de 100 miembros corporativos de todo el mundo. Dichos miembros son fabricantes de componentes, monitores, software y hardware de PC, así como empresas de telefonía y cable, proveedores de servicios, etc. Básicamente, VESA le quitó a IBM la función de definir estándares de interfaz de vídeo de PC y se la dio a sus propios miembros.

En agosto de 1989, VESA introdujo su primer estándar, un estándar de interfaz de BIOS de 4 bits (16 colores) de 800×600 llamado *Super VGA* (SVGA) modo 6Ah, que era el máximo soportado por los 256KB originales de RAM incluidos en las primeras tarjetas VGA. Esto permitió a las empresas desarrollar independientemente hardware de vídeo teniendo una interfaz de software común, posibilitando así una funcionalidad de mayor resolución mientras se mantenía la intercambiabilidad y la compatibilidad con versiones anteriores con VGA existente. Poco tiempo después, VESA amplió el estándar SVGA con otros modos y resoluciones y desarrolló o contribuyó a muchos estándares sucesivos en vídeo de PC.

Nota: *Aunque SVGA define técnicamente un conjunto de estándares VESA que incluye modos desde 800 × 600 en adelante, normalmente utilizamos el término SVGA para describir únicamente el modo 800 × 600. Otros modos de mayor resolución han recibido otros nombres (XGA, SXGA, etc.), incluso aunque sean técnicamente parte de las especificaciones SVGA de VESA.*

IBM incrementó más la RAM y también los colores y resoluciones disponibles al introducir el estándar XGA (*eXtended Graphics Array*, Matriz gráfica ampliada) en 1990. XGA era básicamente una versión mejorada de VGA, con más memoria (1MB), contenidos de color y resolución mejorados y funcionalidad de hardware aumentada. XGA también se optimizó para Windows y otras interfaces gráficas de usuario. La característica más llamativa que XGA añadió a VGA fue el soporte para dos modos gráficos nuevos:

- Modo 1024×768 de 256 colores.
- Modo 640×480 de 256 colores.

En la interfaz XGA original de IBM, era notable la ausencia del modo 800×600 de 16 colores de SVGA definido por VESA, que había hecho su aparición sólo un año antes. Esto es importante porque no muchos monitores de aquella época podían manejar 1024×768, pero muchos podían manejar 800×600. Con la tarjeta de IBM había que saltar directamente desde 640×480 a 1024×768, lo que requería un monitor que en aquel momento resultaba muy caro. Este descuido se corrigió finalmente cuando IBM lanzó XGA-2 en 1992. XGA-2 añadía mayor rendimiento y profundidad de color adicional, además de soporte para los modos de VESA de SVGA 800×600 de gama media:

- Modos 640×480 de 256 y 65.536 colores.
- Modos 800×600 de 16. 256 y 65.536 colores.
- Modos 1024×768 de 16 y 256 colores.

Desde entonces, VESA y otros grupos industriales han definido todos los estándares de monitor e interfaz de vídeo más recientes. IBM se hizo miembro de VESA, al igual que muchos de los otros grupos.

Interfaces de monitor digitales

La interfaz VGA analógica funciona bien con los CRT, que son dispositivos inherentemente analógicos, pero no así con LCD, plasma u otros tipos de monitores de pantalla plana que son digitales. Los datos de vídeo se inician digitalmente dentro del PC y se convierten a analógicos cuando se usa la interfaz VGA. Cuando está utilizando un monitor digital como por ejemplo un LCD sobre una interfaz analógica como VGA, la señal debe volver a convertirse en digital antes de poder mostrarse, lo que tiene como resultado una conversión doble que puede provocar artefactos en pantalla, texto borroso, cambios en los colores y otro tipo de problemas.

El uso de una interfaz digital elimina la doble conversión, lo que permite que la información de vídeo permanezca como datos digitales desde el PC hasta la pantalla. Por tanto, se observa una tendencia a volver a utilizar interfaces de vídeo digitales, especialmente para monitores inherentemente digitales como las pantallas planas LCD.

Los equipos portátiles han evitado este problema al utilizar una conexión digital interna llamada FPD-Link (*Flat Panel Display-Link*, Enlace de monitor de pantalla plana), desarrollada originalmente por National Semiconductor en 1995. Desgraciadamente, este estándar no se diseñó para conexiones externas que requirieran mayores longitudes de cable o resoluciones extremadamente altas. Lo que se necesitaba era una conexión digital estándar industrial para monitores externos.

Para facilitar una conexión de vídeo digital entre los PC y los monitores externos, ha habido muchas especificaciones y estándares de señales de vídeo digitales:

- *Plug and Display* (P&D).
- Pantalla plana digital (DFP, *Digital Flat Panel*).
- Interfaz visual digital (DVI, *Digital Visual Interface*).
- Interfaz multimedia de alta definición (HDMI, *High Definition Multimedia Interface*).
- DisplayPort.

VESA lanzó los estándares P&D y DFP en junio de 1997 y febrero de 1999, respectivamente. Ambos se basaban en el protocolo PanelLink TMDS (*Transition Minimized Differential Signaling*, Señal diferencial con transición minimizada) desarrollado por Silicon Image. Desgraciadamente, ambas interfaces soportaban una resolución relativamente baja (1280×1024 como máximo) y sólo se implementaban en un puñado de monitores y tarjetas de vídeo. Nunca llegaron a cuajar en el mercado y se vieron eclipsadas por DVI, que se convirtió en el primer estándar de interfaz de monitor digital verdaderamente popular.

DVI

El *Digital Display Working Group* (DDWG) presentó DVI el 2 de abril de 1999. Este grupo se formó en 1998 y estaba compuesto por Intel, Silicon Image, Compaq, Fujitsu, Hewlett-Packard, IBM y NEC para resolver la necesidad de un estándar de interfaz digital universal entre un sistema anfitrión y un monitor. A diferencia de las interfaces P&D y DFP que aparecieron antes, DVI obtuvo inmediatamente el soporte de la industria y en el Intel Developer Forum de agosto de 1999 se mostraron 150 productos DVI, sólo cuatro meses después del lanzamiento del estándar. Desde entonces, DVI se ha convertido en la interfaz más popular para conexiones de vídeo digitales. Además, permite que las conexiones analógicas VGA y digitales utilicen el mismo conector básico.

DVI utiliza TMDS, desarrollado por Silicon Image (`www.siliconimage.com`) y comercializado con el nombre de *PanelLink*. TMDS toma datos digitales paralelos de 24 bits del controlador de vídeo y los transmite en serie por líneas equilibradas a alta velocidad hasta un receptor. Una conexión con un solo enlace TMDS utiliza cuatro pares de datos diferenciales separados, con tres para datos de colores (uno para el rojo, otro para el verde y otro para el azul) y el cuarto par para datos de control y reloj. Cada par entrelazado utiliza señalización diferencial con una oscilación muy leve de 0,5V sobre líneas equilibradas para una transmisión de datos fiable de alta velocidad, que consuma poca energía. También se utiliza un par DDC (*Display Data Channel*, Canal de datos de pantalla) VESA de baja velocidad para transmitir información de configuración e identificación, como por ejemplo información sobre la profundidad de color y la resolución soportadas, entre el controlador de gráficos y el monitor.

TMDS está diseñada para soportar cables de hasta 10 metros de longitud, aunque los límites pueden ser más cortos o más largos, según la calidad del cable. Varias empresas fabrican productos que pueden amplificar o reconducir las señales, lo que permite mayores longitudes. La figura 10.4 muestra el diagrama de bloque de una conexión TMDS con un solo enlace.

Al utilizar TMDS, cada canal de color (rojo/verde/azul) transmite 8 bits de datos (codificados como un carácter de 10 bits) en serie a una velocidad de hasta 165MHz. Esto tiene como resultado un rendimiento bruto de 1,65Gbps por canal. Hay tres canales de color por enlace, lo que supone un ancho de banda bruto máximo de 4,95Gbps por cada uno. Puesto que los datos se envían utilizando codificación 8b/10b, únicamente 8 bits de cada 10 son datos reales, lo que tiene como resultado un rendimiento máximo de datos de vídeo reales de 3,96Gbps. Esto permite a una conexión DVI de un enlace manejar fácilmente resoluciones de vídeo de un ordenador WUXGA (1920×1200) y HDTV 1080p (1920×1080 con escáner progresivo).

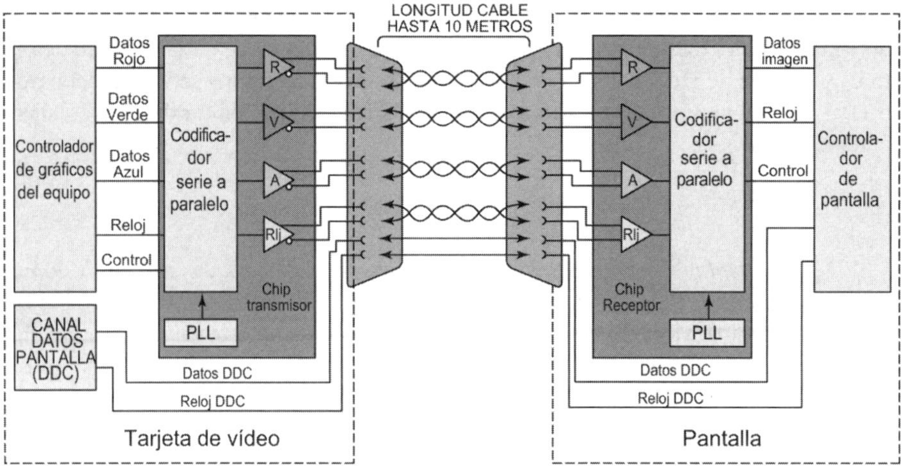

Figura 10.4. *Conexión TMDS con un enlace.*

Si se necesita más ancho de banda, el estándar DVI soporta un segundo enlace en el mismo cable y conector. Así, se usan tres pares de señales TMDS adicionales (uno para cada color) y se comparten las mismas señales DDC y de reloj del enlace primario. Esto se llama DVI de doble enlace y aumenta el ancho de banda bruto máximo a 9,9Gbps y el de datos reales a 7,92Gpbs, que manejará resoluciones de equipos tan altas como WQUXGA (3840×2400). Normalmente tan sólo las pantallas planas de 30" o más utilizan resoluciones lo bastante altas como para requerir DVI de doble enlace. Incluso los monitores de resoluciones más altas pueden ser compatibles con los puertos DVI dobles, cada uno con una conexión de doble enlace.

Los enlaces TMDS incluyen soporte para DDC, un estándar bidireccional de baja velocidad para la comunicación entre PC y monitores, creado por VESA. DDC define la conexión física y el método de señalización, mientras que el protocolo de datos y comunicaciones se define bajo el estándar EDID (*Extended Display Identification Data*, Datos ampliados de información de pantalla) de VESA.

DDC y EDID permiten al controlador de gráficos identificar las capacidades del monitor de manera que el controlador pueda configurarse a sí mismo automáticamente para corresponderse con las capacidades del monitor.

DVI utiliza conectores Molex MicroCross con múltiples variaciones. El estándar DVI se diseñó principalmente para soportar dispositivos digitales; no obstante, por motivos de compatibilidad con versiones anteriores, también puede soportar dispositivos analógicos. El conector DVI-D (digital) soporta únicamente dispositivos digitales, mientras que el conector DVI-I (integrado) admite dispositivos tanto analógicos como digitales mediante la adición de pines extra. La figura 10.5 y la tabla 10.7 muestran el diagrama de conexión y el conector DVI-I (integrado).

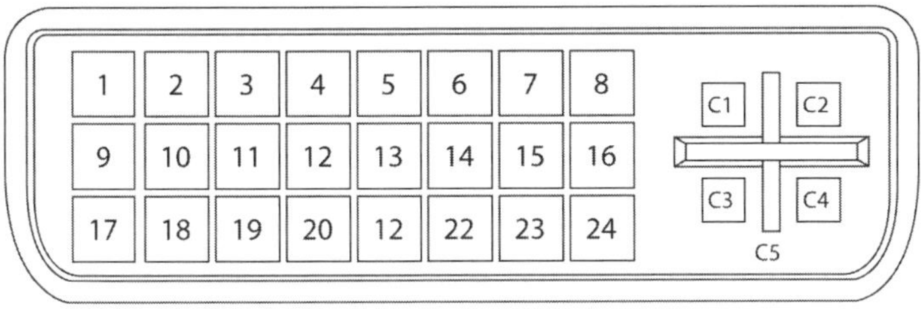

Figura 10.5. *Conector DVI-I.*

Tabla 10.7. *Diagrama de conexión del conector DVI-I.*

Pin	Señal	Pin	Señal
1	TMDS Data2-	13	TMDS Data3+
2	TMDS Data2+	14	+5V Power
3	TMDS Data2/4 Shield	15	GND
4	TMDS Data4-	16	Hot Plug Detect
5	TMDS Data4+	17	TMDS Data0-
6	DDC Clock	18	TMDS Data0+
7	DDC Data	19	TMDS Data0/5 Shield
8	Analog Vert. Sync	20	TMDS Data5-
9	TMDS Data1-	21	TMDS Data5+
10	TMDS Data1+	22	TMDS Clock Shield
11	TMDS Data1/3 Shield	23	TMDS Clock+
12	TMDS Data3-	24	TMDS Clock-
—	—	—	—
C1	Analog Red	C3	Analog Blue
C2	Analog Green	C4	Analog Horiz. Sync
—	—	C5	Analog GND

Nota: Al conector DVI-D (sólo digital) le faltan los pines analógicos C1–C4.

El conector DVI-D es igual que el conector DVI-I, excepto en que le faltan las conexiones analógicas. Debido al diseño exclusivo del conector MicroCross, un dispositivo que sea únicamente digital sólo puede conectarse a receptáculos con soporte digital y un dispositivo que sea únicamente analógico únicamente puede enchufarse a receptáculos con soporte analógico. Esta característica del diseño garantiza que un dispositivo únicamente analógico no puede conectarse en un receptáculo únicamente digital y viceversa. La figura 10.6 muestra el conector DVI-D. El diagrama de conexión es el mismo que en el conector DVI-I, salvo por la ausencia de señales analógicas. El conector DVI-D se utiliza frecuentemente en replicadores de puertos para portátiles y estaciones base que ofrecen soporte para DVI.

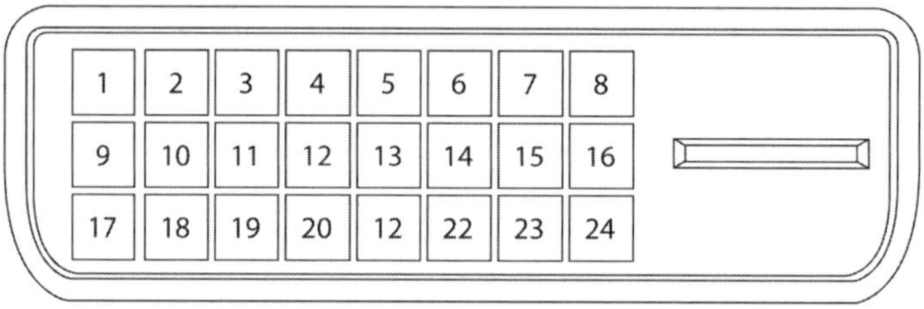

Figura 10.6. *Conector DVI-D.*

El conector DVI-I que se mostraba en la figura 10.5 se puede convertir en un puerto VGA para utilizar con CRT o con paneles LCD analógicos mediante un simple adaptador. A menudo, algunas tarjetas gráficas compradas al por menor que únicamente soportan DVI incluyen dicho adaptador que le permite conectar un conector VGA tradicional desde el monitor al adaptador.

Desgraciadamente, el DDWG que creó DVI se ha disuelto, dejando el proyecto congelado en el tiempo en el nivel de especificación DVI 1.0. Esto significa que DVI no se actualizará en el futuro. Aunque ha gozado de una tremenda popularidad como primera interfaz de monitor digital de uso masivo, la industria del PC en general está pasándose a DisplayPort como reemplazo para DVI.

HDMI

La interfaz multimedia de alta definición (HDMI) fue diseñada por un grupo de empresas multimedia (Hitachi, Panasonic, Philips, Silicon Image, Sony, Thomson y Toshiba) como un modo de proporcionar una conexión de un solo cable para transportar señales de audio y vídeo digitales entre hardware electrónico de consumo, como TV de pantalla grande, videojuegos, reproductores de DVD y sistemas Home Theater. HDMI apareció en diciembre de 2002 y la versión 1.3a se presentó en noviembre de 2006.

HDMI es básicamente un superconjunto de DVI y utiliza la misma TMDS que DVI. Sin embargo, a diferencia de DVI, cada canal de color lleva también datos de audio multiplexados. HDMI 1.2a y anterior soportan una velocidad máxima de reloj de datos de 165MHz, enviando 10 bits por ciclo, o 1,65Gbps por canal. Hay tres canales por enlace, lo que tiene como resultado un ancho de banda bruto máximo de 4,95Gbps. Puesto que los datos se envían utilizando codificación 8b/10b, únicamente 8 bits de cada 10 son datos reales, lo que significa un rendimiento de datos reales de 3,96Gbps. Esto permite a una conexión HDMI 1.2a de un solo enlace o anterior manejar fácilmente resoluciones de vídeo WUXGA (1920×1200) y también HDTV 1080p (1920×1080 con escáner progresivo), además de datos de audio.

HDMI 1.3 aumenta la velocidad de reloj máxima a 340MHz, lo que supone un ancho de banda bruto de 10,2Gbps, o un rendimiento de datos reales de 8,16Gbps. Este incremento permite que una conexión HDMI de un solo enlace tenga un rendimiento ligeramente mayor que una conexión DVI de doble enlace, que maneja una resolución tan alta como WQUXGA (3840×2400) más datos de audio.

HDMI también puede llevar hasta ocho canales de audio digital sin comprimir a 24 bits/192KHz junto con formatos de audio comprimido Dolby Digital, DTS, Dolby TrueHD y DTS-HD Master Audio. Puesto que utiliza un solo cable para las señales de vídeo y audio, HDMI ofrece una manera excelente de reducir el lío de cables presente en los sistemas Home Theater, que utilizan cables de vídeo y audio analógicos convencionales.

Para usuarios de Home Theater suscritos a servicios de cable o satélite HDTV, HDMI es ideal porque soporta HDCP (*High-bandwidth Digital Content Protection*, Protección de contenido digital de gran ancho de banda), que estos servicios usan para proteger los contenidos de la piratería al tiempo que garantizan alta calidad de imagen y sonido. Para evitar una reproducción con calidad reducida de contenido protegido, todos los dispositivos (incluyendo el descodificador o reproductor de DVD, receptor AV y pantalla) deben soportar HDCP.

Además de transmitir vídeo y audio de alta calidad entre dispositivos, HDMI transporta señales adicionales. Utiliza DDC para identificar las capacidades de un monitor HDMI, como resoluciones, profundidad de color y audio. DDC permite una calidad de reproducción óptima en diferentes dispositivos. HDMI también soporta la característica opcional CEC (*Consumer Electronic Control*, Control de la electrónica del consumidor), que permite controlar con un botón todos los dispositivos que tengan CEC habilitado para la grabación, reproducción u otras características.

La tabla 10.8 recoge una comparación de las versiones de HDMI.

Tabla 10.8. *Versiones de HDMI.*

Versión HDMI	Fecha de lanzamiento	Notas
1.0	Diciembre 2002	Lanzamiento original.
1.1	Mayo 2004	Adición de soporte de audio DVD.
1.2	Agosto 2005	Adición de soporte de Super Audio CD, soporte de PC para conector Type A y espacio de colores sRGB nativo y requisito de que los monitores soporten fuentes de bajo voltaje.
1.2a	Diciembre 2005	Adición de especificaciones para características CEC.
1.3	Junio 2006	Incremento de ancho de banda de un solo enlace a 10,2Gbps brutos (8,16Gbps de datos reales). Adición de soporte para colores de 30/36/48 bits, soporte de Dolby TrueHD y DT-HD Master Audio, sincronización labial automática y conector Type C compacto.
1.3a	Noviembre 2006	Realización de ajustes menores a CEC y otras especificaciones. Adición de nuevas pruebas de compatibilidad.

Las versiones de HDMI 1.3b (marzo 2007), 1.3b1 (noviembre 2007) y 1.3c (agosto 2008) añadían revisiones de pruebas de compatibilidad HDMI y no tuvieron efecto sobre el rendimiento, las funciones ni las características de HDMI. La especificación más reciente para HDMI sigue siendo 1.3a.

Puesto que HDMI es básicamente un superconjunto de DVI, es compatible también con DVI. Esto significa que con un adaptador sencillo y barato se puede conectar una fuente HDMI a un monitor DVI y también conectar una fuente DVI a un monitor HDMI. Sin embargo, a menos que tanto la fuente como el monitor soporten HDCP, quizá no pueda reproducir contenido HDTV de primera, o quizá la resolución se vea reducida. Aunque se suponía que algunas tarjetas gráficas soportaban HDCP nada menos que a principios de 2006, los cambios en el estándar HDCP pueden hacer que las primeras tarjetas no funcionen correctamente. Contacte con su distribuidor de monitor y tarjeta gráfica para determinar si un dispositivo concreto soporta HDCP.

Los cables HDMI actuales se corresponden con HDMI Type A o Type C. Type A es un conector de 19 pines. Type C es una versión más pequeña de Type A, diseñada para su uso en videocámaras DV u otros dispositivos portátiles. Utiliza el mismo diagrama de conexión y existen adaptadores de Type A a Type C de varios distribuidores. La versión 1.0 de HDMI también definía un cable Type B de doble enlace con 29 pines que no se ha utilizado en ningún producto.

La figura 10.7 muestra un cable HDMI Type A típico y la ubicación del pin 1 en el cable y el conector. La tabla 10.9 recoge el diagrama de conexión para los cables HDMI Type A y Type C.

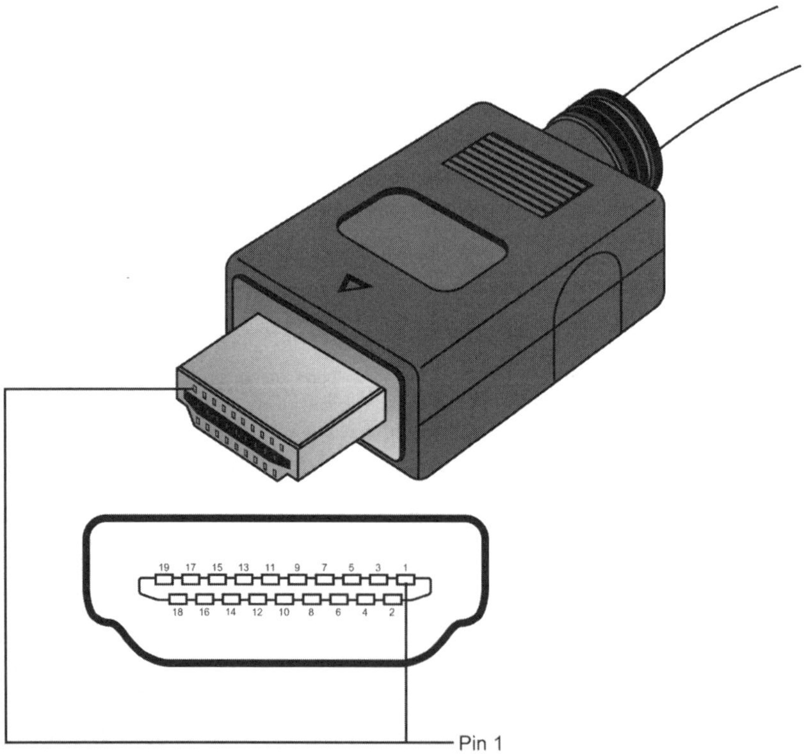

Figura 10.7. *Zócalo y cable HDMI Type A con una interfaz de 19 pines en dos filas.*

Tabla 10.9. *Diagrama de conexión del conector HDMI Type A/Type C.*

Número de pin	Descripción	Número de pin	Descripción
1	TMDS Data2 +	11	TMDS Clock Shield
2	TMDS Data2 Shield	12	TMDS Clock -
3	TMDS Data2 -	13	CEC
4	TMDS Data1+	14	Reservado
5	TMDS Data1 Shield	15	SCL
6	TMDS Data1 -	16	SDA
7	TMDS Data0+	17	Masa DDC/CEC
8	TMDS Data0 Shield	18	+5V power
9	TMDS Data0 -	19	Detección de conexión en caliente
10	TMDS Clock +	—	—

Nota: +5V power es 50mA máx.

La figura 10.8 muestra un cable adaptador HDMI-DVI típico.

Figura 10.8. *Cable adaptador HDMI–DVI.*

Nota: *El cable adaptador que se muestra en la figura 10.8 no está diseñado para trabajar con controladores y tarjetas gráficas que no soporten temporización y resoluciones HDTV. Puede que necesite actualizar el controlador de su tarjeta gráfica antes de utilizar un cable HDMI-DVI. Aunque algunos descodificadores incluyen puertos DVI, este tipo de adaptador está pensado únicamente para conexiones PC-HDTV.*

A finales de 2006, algunos distribuidores empezaron a lanzar tarjetas PCI-Express que incluían puertos HDMI. Algunos ofrecen salidas y entradas HDMI para utilizar con videocámaras HDV, mientras que otros con *chipsets* ATI o NVIDIA son tarjetas gráficas que incluyen también salida HDMI. Desgraciadamente, HDMI es una interfaz con derechos de autor y requiere el pago de una cuota de licencia anual de 10.000 dólares más un pago de 4 centavos por dispositivo. Esto, más los requisitos de circuitería adicional tanto en tarjetas gráficas como en monitores, ha contribuido al hecho de que HDMI sea más una interfaz de electrónica de consumo (por ejemplo, para entretenimiento doméstico), mientras que DVI y DisplayPort son mucho más populares en los PC como interfaz de pantalla de vídeo.

Para obtener más información sobre HDMI, consulte la Web de HDMI Founders, en `www.hdmi.org`.

DisplayPort

DisplayPort es el estándar de interfaz de monitor digital más reciente. Está diseñado para reemplazar a VGA, DVI y HDMI en su uso en PC y coexistir con HDMI en dispositivos electrónicos de consumo. Dell originó el diseño en 2003 y después lo continuó VESA en agosto de 2005. En mayo de 2006, VESA lo publicó como estándar abierto.

DisplayPort está diseñado para sustituir a todas las interfaces analógicas y digitales anteriores, incluyendo DVI, HDMI e incluso VGA. Además, se trata de una interfaz libre de derechos de autor y no acarrea las cuotas de permisos de HDMI ni la implementación de tasas de patentes de DVI. Asimismo, DisplayPort está diseñado como interfaz tanto interna como externa, lo que significa que puede sustituir a la FPD-Link utilizada internamente en la mayoría de portátiles. En pocas palabras, DisplayPort está diseñado para ser la interfaz de monitor universal definitiva para PC ahora y en el futuro.

Las interfaces digitales previas como DVI y HDMI utilizan TMDS, que requiere lógica extra tanto en el extremo de origen como en el monitor; lógica cuyo permiso debe conceder habitualmente Silicon Image. En vez de eso, DisplayPort utiliza una interfaz empaquetada (como una red) que puede implementarse fácilmente en *chipsets* sin la lógica de coste extra necesaria para DVI o HDMI. DisplayPort es como una especie de Ethernet de alta velocidad para vídeo y el diseño reticular permite características como múltiples transmisiones de vídeo sobre una sola conexión, lo que significa que puede conectar varios monitores a un solo puerto.

Puesto que es un diseño sin derechos de autor ni permisos, DisplayPort ha sido rápidamente adoptado por la industria. De hecho, todos los *chipsets* y GPU nuevos de Intel, NVIDIA y AMT/ATI ya integran soporte para DisplayPort desde 2008. Ese mismo año, los fabricantes más importantes, incluyendo Dell, HP/Compaq, Lenovo y Apple introdujeron productos con DisplayPort y lo aprobaron como sucesor de DVI y HDMI para la mayoría de conexiones de monitor digitales.

Desde el punto de vista técnico, DisplayPort es una interfaz serie de alta velocidad con hasta cuatro líneas de datos principales (pares de señales diferenciales) que lleva datos de audio y vídeo multiplexados, cada uno de los cuales soporta una velocidad de datos bruta de 1,62Gbps, 2,7Gbps o 5,4Gbps (DisplayPort 1.2 o posterior únicamente).

El uso de las cuatro líneas tiene como resultado un ancho de banda bruto máximo de 6,48Gbps, 10,8Gbps o 21,6Gbps, respectivamente. Ya que se utiliza codificación 8b/10b, únicamente 8 bits de cada 10 son datos, lo que supone rendimientos de datos reales máximos de 5,184Gbps, 8,64Gbps o 17,28Gbps, respectivamente.

El audio es opcional, con soporte para hasta ocho canales de datos PCM lineales de 16 o 24 bits a velocidades de muestreo de 48KHz, 96KHz o 192KHz, con un ancho de banda de audio máximo sin comprimir de 6,144Mbps.

DisplayPort 1.1 incluye las siguientes características:

- Conectores externos pequeños (un tamaño ligeramente superior al de USB) con cerrojo opcional. Cuatro conectores pueden ir en un solo soporte de tarjeta de expansión PCIe y encajar fácilmente en portátiles.
- Longitudes de cables de hasta 15 metros, lo que permite el uso de proyectores o monitores remotos.
- Arquitectura de red de micro-paquetes entre una y cuatro líneas. Las conexiones tan sólo pueden utilizar tantas líneas como sea necesario para reducir el número de cables.
- Alto rendimiento. Un ancho de banda de datos reales de 8,64Gbps (cuatro líneas a 2,16Gbps por línea) permite una resolución WQXGA 2560×1600.
- Soporte para conexiones LCD externas e internas (incrustadas). Esto permite una interfaz universal tanto para sistemas portátiles como de sobremesa.
- Audio opcional que soporta monitores con altavoces integrados.
- HDCP opcional que permite la reproducción de medios protegidos.
- Interoperabilidad con DVI y HDMI sobre un conector DisplayPort. Puede conectar con DVI o HDMI con adaptadores sencillos y baratos.
- Un canal auxiliar de 1Mbps, que permite una comunicación de dos direcciones para cámaras integradas, micrófonos, etc.
- Un conector con energía, que suministra electricidad a algunos monitores LCD directamente.
- Un conector de cerrojo opcional que utiliza un sencillo diseño de liberación por pulsación, sin necesidad de tornillos ni tuercas.

DisplayPort 1.2 es totalmente compatible con 1.1 y añade estas características:

- Duplica el rendimiento. DisplayPort 1.2 ofrece un ancho de banda de 21,6Gbps brutos (17,28Gbps reales), que es más del doble que el ofrecido por HDMI 1.3a y casi el triple que el de DVI.
- Múltiples transmisiones de datos, que nos permiten soporte para dos monitores WQXGA 2560×1600 o cuatro monitores WUXGA 1920×1200 encadenados con un solo cable.

- Un incremento en la velocidad del canal auxiliar a 480Mbps. Esto permite conexiones de velocidad USB 2.0 para cámaras, micrófonos y otros dispositivos.
- Conector Mini DisplayPort. Este conector tiene aproximadamente la mitad de tamaño pero sigue ofreciendo funcionalidad total para portátiles y otros dispositivos en los que el espacio es un factor a tener en cuenta.

La tabla 10.10 recoge una comparación de las versiones de DisplayPort.

Tabla 10.10. *Versiones de DisplayPort.*

Versión	Fecha de lanzamiento	Observaciones
DisplayPort 1.0	Mayo 2006	Lanzamiento inicial.
DisplayPort 1.1	Marzo 2007	Introducción de la clase "dispositivo híbrido", adición de soporte para la protección de contenido HDCP e incremento de los requisitos de energía del conector.
DisplayPort 1.1a	Enero 2008	Corrección de erratas y aclaración de elementos menores.
DisplayPort 1.2	Finales 2009	Duplicación del rendimiento, múltiples transmisiones de datos, un canal auxiliar de alta velocidad y el conector Mini DisplayPort.

El conector DisplayPort tiene 20 pines y sólo es un poco superior al tamaño USB (15,9mm frente a 12mm de anchura). Los pines constan de cuatro líneas de datos (pares diferenciales), un canal auxiliar (par diferencial) y pines de configuración y energía. Las figuras 10.9 y 10.10 muestran el cable/conector DisplayPort y el zócalo DisplayPort.

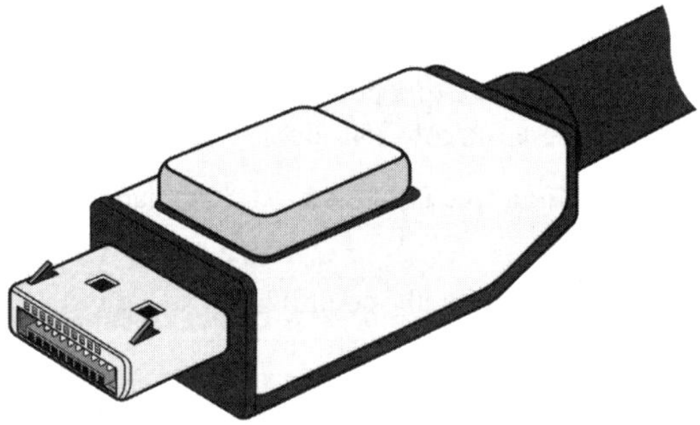

Figura 10.9. *Cable DisplayPort con conector cerrojo (Belkin).*

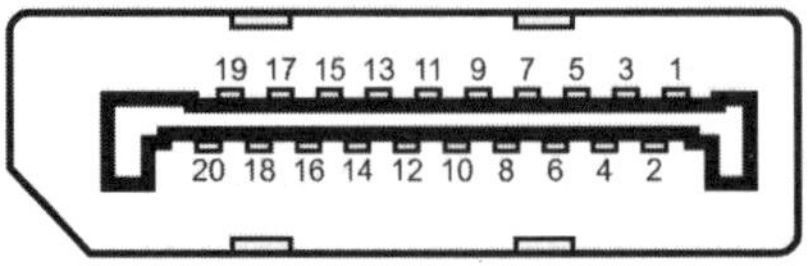

Figura 10.10. *Configuración de pines y zócalo DisplayPort.*

Apple presentó el conector Mini DisplayPort en octubre de 2008, que se incluyó a continuación como parte del estándar DisplayPort oficial en 1.2 y versiones posteriores. El conector Mini DisplayPort tiene el mismo complemento total de 20 pines que el conector DisplayPort estándar, pero sólo tiene la mitad de tamaño (7,4mm de anchura). Las figuras 10.11 y 10.12 muestran el cable/conector y el zócalo Mini DisplayPort.

La tabla 10.11 recoge el diagrama de conexión del conector de zócalo DisplayPort.

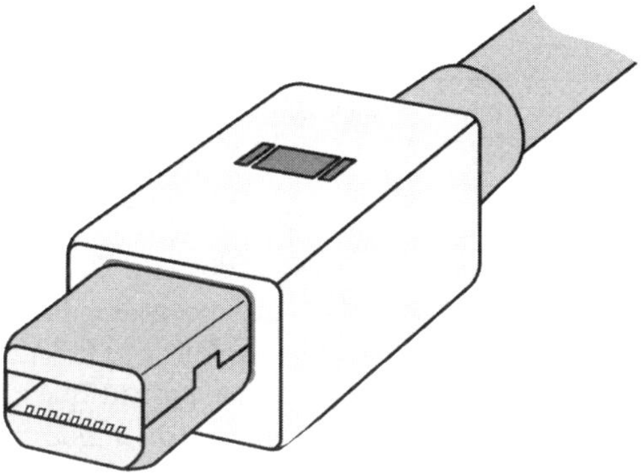

Figura 10.11. *Conector y cable Mini DisplayPort (Apple).*

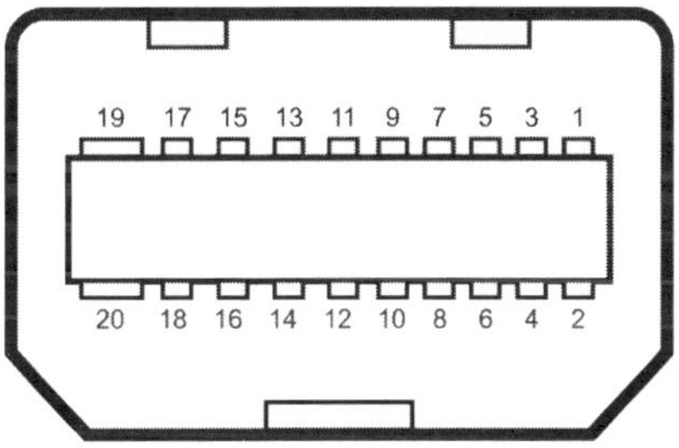

Figura 10.12. *Configuración de pines y zócalo Mini DisplayPort.*

Tabla 10.11. *Diagrama de conexión del conector de zócalo DisplayPort Socket.*

Fila superior		**Fila inferior**	
Número de pin	**Descripción**	**Número de pin**	**Descripción**
Pin 1	Lane 0+	Pin 2	Masa
Pin 3	Lane 0-	Pin 4	Lane 1+
Pin 5	Masa	Pin 6	Lane 1-
Pin 7	Lane 2+	Pin 8	Masa
Pin 9	Lane 2-	Pin 10	Lane 3+
Pin 11	Masa	Pin 12	Lane 3-

Fila superior		Fila inferior	
Número de pin	**Descripción**	**Número de pin**	**Descripción**
Pin 13	Config1	Pin 14	Config2
Pin 15	Aux. CH+	Pin 16	Masa
Pin 17	Aux. CH-	Pin 18	Detección de conexión en caliente.
Pin 19	Power Return	Pin 20	+3.3V Power

Este diagrama de conexión es para conectores de dispositivo fuente. Los conectores de dispositivo sumidero tendrán las líneas 0–3 en el orden inverso (es decir, la línea 3 estará en los pines 1 y 3, la línea 0 estará en los pines 10 y 12, etc.)
+3.3V power es 500mA máx.

VESA ha creado varios iconos y logos asociados con DisplayPort. El icono básico DisplayPort se utiliza para etiquetar productos que incorporan la tecnología DisplayPort, mientras que el logo DisplayPort Certification Compliance se utiliza en material de marketing de productos para señalar dispositivos que se han probado para garantizar que pueden operar con otros dispositivos DisplayPort. La figura 10.13 muestra el logo DisplayPort Certification Compliance. VESA tiene una lista de dispositivos certificados en la Web `www.displayport.org`.

Figura 10.13. *Logo DisplayPort Certification Compliance.*

El icono DisplayPort Multimode añade dos símbolos + para indicar un puerto o dispositivo que es completamente compatible con la tecnología DVI y HDMI (mediante adaptadores de cable económicos). La figura 10.14 muestra el icono DisplayPort Multimode y la figura 10.15 un adaptador de DisplayPort a DVI barato.

Figura 10.14. *Icono que indica un DisplayPort con soporte para Multimode (DVI y HDMI).*

Cuando DisplayPort se lanzó por primera vez, muchos se preguntaron por qué se necesitaba otra interfaz de monitor digital cuando ya existían DVI y HDMI. Desafortunadamente, esas interfaces conllevaban limitaciones tanto técnicas como de permisos que evitaban que se adoptaran universalmente. DisplayPort está diseñada para superar no sólo las limitaciones técnicas, sino también las cuotas y restricciones de permisos con las que cargaban las otras interfaces. Es probable que las capacidades técnicas avanzadas de DisplayPort, combinadas con la eliminación de los permisos y con su compatibilidad con interfaces existentes hagan que todo el mercado del PC adopte rápidamente esta interfaz.

Figura 10.15. *Adaptador de DisplayPort a DVI, que funciona en conectores MultiMode DisplayPort.*

Interfaces de monitor de TV

Cuando apareció la tecnología de vídeo se basaba en la televisión. Sin embargo, existe una diferencia entre las señales utilizadas por un televisor y las empleadas por el monitor de un ordenador. En Estados Unidos, el *National Television System Committee* (NTSC) estableció los estándares de la TV en color en 1953. Otros países, como Japón, siguieron este estándar. En cambio, muchos países europeos desarrollaron estándares más sofisticados, incluyendo PAL (*Phase Alternate Line*, Línea en alternancia de fase) y SECAM (*Sequential Couleur Avec Mémoire*, Secuencia de color con memoria).

La tabla 10.12 recoge las diferencias entre estos estándares.

Un adaptador de salida de vídeo permite mostrar pantallas de ordenadores en un televisor o grabarlas en cintas de vídeo para una distribución sencilla. Estos productos se clasifican en dos categorías: los que utilizan Genlock (que permiten a la placa sincronizar señales desde múltiples fuentes de vídeo o vídeo con gráficos de PC) y los que no lo hacen. Genlock proporciona la estabilidad de señal necesaria para obtener resultados adecuados cuando se graba una cinta, pero no es necesaria para utilizar una televisión como monitor de vídeo.

Tabla 10.12. Televisores frente a monitores de ordenador.

Estándar	Año	País	Líneas	Velocidad
Televisor				
NTSC	1953 (Color) 1941 (B/N)	EEUU, Japón	525	60 campos/segundo
PAL	1941	Europa[1]	625	50 campos/segundo
SECAM	1962	Francia	625	25 campos/segundo
HDTV[2]		Varios países	1080p 720p	25 campos/segundo 60 fotogramas/segundo
NTSC	1953 (Color) 1941 (B/N)	EEUU, Japón	525	60 campos/segundo
PAL	1941	Europa[1]	625	50 campos/segundo
SECAM	1962	Francia	625	25 campos/segundo
HDTV[2]		Varios países	1080i 1080/720p	25 campos/segundo 60 fotogramas/segundo
Ordenador				
VGA	1987	EEUU	640×480[3]	72Hz

Campo = 1/2 (0,5 fotogramas).
[1] Inglaterra, Holanda y Alemania occidental.
[2] Se han introducido varios estándares HDTV analógicos y digitales en todo el mundo, empezando por Francia 1948 (SECAM 755i, una versión analógica que ya ha quedado abandonada); el sistema analógico MUSE 1035i de Japón es el más antiguo (1979-presente) de los que están en uso. Los estándares de EEUU (ambos digitales) están recogidos más arriba; otros países utilizan varios estándares digitales y analógicos.
[3] VGA se basa en más líneas y utiliza píxeles (480) frente a líneas; se utiliza la función Genlock para poner píxeles en líneas y sincronizar estándares de TV con ordenadores.

Hay convertidores de vídeo disponibles como placas de expansión internas, cajas externas que se pueden transportar para su uso con un portátil y, lo más común hoy en día, puertos de salida de TV en la parte trasera de la mayoría de tarjetas de vídeo que utilizan *chipsets* de NVIDIA, ATI y otras marcas. La mayoría de convertidores soportan el formato de televisión NTSC estándar y también pueden soportar el formato PAL europeo. La resolución que estos dispositivos muestran en un televisor o graban en una cinta se limita a una resolución VGA (640×480) o SVGA (800×600).

Para conectar el PC a un monitor HDTV, es preferible utilizar una señal digital mediante una conexión DVI, HDMI o DisplayPort. Si el adaptador de vídeo tiene únicamente una salida VGA analógica, conviene actualizar a un adaptador de vídeo con salida digital DVI, HDMI o DisplayPort. Puesto que la mayoría de HDTV utiliza HDMI, si la tarjeta de vídeo tiene DVI o DisplayPort, se puede utilizar un adaptador de DVI a HDMI o de DisplayPort a HDMI si es necesario. Si necesita soporte de HDCP para ver contenido HD Premium, asegúrese de que su monitor y su tarjeta soportan HDCP. De lo contrario, quizá no pueda ver el programa o tal vez se vea con una resolución reducida.

Aceleradores de gráficos 3D

Desde finales de los 90, la aceleración 3D, que antes se limitaba a las exóticas tarjetas agregadas diseñadas para los jugadores más duros, se ha convertido en un elemento muy frecuente en el mundo del PC. Con la introducción del escritorio Aero en Windows Vista y posteriores, la generación de imágenes en 3D se usa incluso en la interfaz de usuario, uniéndose a otros usos de 3D en movimiento como juegos de deportes, acción en primera persona, combate en equipo, conducción y muchos otros tipos de juegos para PC. Puesto que los *chipsets* integrados de bajo coste ofrecen cierto soporte para 3D, prácticamente cualquier usuario de un equipo de un modelo reciente puede disfrutar de los efectos de sombreado, luces, perspectiva y textura de 3D.

Nota: *Habilitar la interfaz Windows Aero en Vista y posterior requiere, como mínimo, hardware gráfico que soporte gráficos 3D DirectX 7; sin embargo, para una funcionalidad máxima, se requiere hardware gráfico que soporte DirectX 9 o superior. Actualmente están saliendo al mercado juegos que requieren DirectX 10, no disponible para Windows XP y versiones anteriores.*

Funcionamiento de los aceleradores 3D

Para construir una secuencia en 3D animada, un ordenador puede animar matemáticamente las secuencias entre fotogramas clave. Un fotograma clave identifica un punto específico. Una pelota que está botando, por ejemplo, puede tener tres fotogramas clave: arriba, abajo y arriba. Al utilizar estos fotogramas como puntos de referencia, el ordenador puede crear todas las imágenes intermedias entre la parte superior y la inferior. Así se crea el efecto de una pelota que bota suavemente. Después de haber creado la secuencia básica, el sistema puede refinar el aspecto de las imágenes al rellenarlas con color. El método de relleno más primitivo y menos eficaz se llama "sombreado plano" y con él una forma se rellena simplemente con un color sólido. El "sombreado Gouraud", una técnica ligeramente más eficaz, implica la asignación de colores a puntos específicos en una forma. Los puntos se unen utilizando un gradiente suave entre los colores.

Un tipo de relleno que requiere un trabajo más intenso del procesador (y es mucho más eficaz) es el llamado mapa de texturas. La aplicación 3D incluye patrones (o texturas) en forma de pequeños mapas de bits que toman las formas de la imagen, igual que se puede armar un mapa de bits pequeño para formar el fondo de escritorio de un ordenador de sobremesa Windows. La diferencia principal es que la aplicación 3D puede modificar el aspecto de cada mosaico aplicando perspectivas y sombreados para conseguir efectos 3D. Cuando se añaden los efectos de iluminación que simulan niebla, brillos, sombras direccionales y demás, la animación 3D se acerca mucho a la realidad representada.

Hasta finales de los 90, las aplicaciones 3D dependían del soporte de rutinas de software que convertían estas abstracciones en imágenes vivas. Esto suponía una carga pesada para el procesador del sistema en el PC, lo que causaba un impacto significativo en el rendimiento no sólo del despliegue visual, sino también de otras aplicaciones que el equipo podría estar ejecutando. En el periodo entre 1996 y 1997, los *chipsets* de la mayoría de adaptadores de vídeo empezaron a encargarse de muchas de las tareas implicadas en la síntesis de imágenes 3D, reduciendo enormemente la carga en el procesador del sistema y aumentando el rendimiento general.

Ha habido aproximadamente 10 generaciones de hardware gráfico 3D en los PC, un proceso que ha durado alrededor de una década, como recoge la tabla 10.13.

Tabla 10.13. *Breve historia de la aceleración 3D.*

Generación	Fechas	Tecnologías	Chipset/Producto de ejemplo
1ª	1996–1997	Tarjeta PCI 3D PCI con paso por tarjeta gráfica 2D; OpenGL y GLIDE API	3dfx Voodoo.
2ª	1997–1998	Tarjeta PCI 2D/3D	ATI Rage, NVIDIA RIVA 128.
3ª	1999	Tarjeta 2D/3D AGP 1x/2x	3dfx Voodoo 3, ATI Rage Pro, NVIDIA TnT2.
4ª	1999–2000	DirectX 7 API, AGP 4x	NVIDIA GeForce 256, ATI Radeon.
5ª	2001	DirectX 8 API, sombreadores de píxeles y de vértices programables	NVIDIA GeForce 3, NVIDIA GeForce 4 Ti.
6ª	2001–2002	DirectX 8.1 API	ATI Radeon 8500, ATI Radeon 9000.
7ª	2002–2003	DirectX 9 API, AGP 8x	ATI Radeon 9700, NVIDIA GeForce FX 5900.
8ª	2004–2005	PCI Express, DirectX 9.0c	ATI X800, NVIDIA GeForce 6800.
9ª	2004–2006	Síntesis de GPU doble con PCI Express x8, x16	ATI X1900, NVIDIA GeForce 7800; *chipsets* de placa base y tarjetas compatibles NVIDIA nForce SLI, ATI CrossFire.
10ª	2007–presente	DirectX 10, Windows Vista o posterior	Series NVIDIA GeForce 8, ATI HD 2xxx.

Puesto que prácticamente todas las tarjetas gráficas actualmente en el mercado incluyen DirectX 9 o capacidades superiores, no hace falta gastarse un dineral para conseguir un nivel razonable de gráficos 3D. Muchas tarjetas de entre 50 y 150 dólares utilizan variantes de menor rendimiento de GPU de alta calidad, o pueden utilizar la GPU principal del año anterior. Estas tarjetas suelen proporcionar un rendimiento más que adecuado para aplicaciones empresariales 2D. La mayoría de aceleradores 3D actuales soportan también capacidades de doble monitor y de salida de TV, lo que permite trabajar y jugar al mismo tiempo.

No obstante, tenga en cuenta que cuanto más gaste en una tarjeta de acelerador 3D, mayor será la memoria integrada y más rápido será el chip acelerador. Si el dinero no le supone un problema y es un jugador de los duros, puede comprar una tarjeta gráfica que incluya su GPU más rápida por más de 400 euros. Afortunadamente, hay muchas opciones utilizando GPU de NVIDIA o ATI por precios inferiores a 400 euros que siguen ofreciendo muy buen rendimiento para juegos 3D, incluyendo soporte para operaciones de GPU doble (NVIDIA SLI o ATI CrossFire), que dividen los núcleos de síntesis por toda la GPU en tarjetas de vídeo para monitores de juegos más rápidos que con una sola tarjeta. Las GPU que soportan DirectX 10 son la elección preferida para un jugador serio que quiera utilizar los juegos más recientes.

Las tarjetas de gama media que cuestan entre 75 y 250 euros se basan a menudo en GPU que utilizan diseños similares a los productos de alta calidad pero puede que tengan velocidades de reloj de núcleo y de memoria menores, o una cantidad más pequeña de canales de síntesis. Estas tarjetas son un buen término medio para usuarios que juegan bastante a menudo pero no pueden permitirse el coste de tarjetas de gama alta.

Antes de comprar un adaptador de acelerador 3D, le conviene familiarizarse con algunos de los términos y conceptos implicados en el proceso de generación de imágenes en 3D.

La función básica del software de 3D es convertir abstracciones de imágenes en imágenes totalmente realizadas que después se reproducen en el monitor. Las abstracciones de imágenes constan normalmente de los siguientes elementos:

- **Vértices:** Ubicaciones de objetos en un espacio tridimensional, descritas en términos de sus coordenadas x, y y z en tres ejes que representan la altura, la anchura y la profundidad.

- **Primitivos:** Objetos geométricos simples que la aplicación utiliza para crear construcciones más complejas, descritos en términos de ubicaciones relativas de sus vértices. Esto no sólo sirve para especificar la ubicación del objeto en la imagen 2D, sino que también ofrece perspectiva porque los tres ejes pueden definir cualquier ubicación en un espacio tridimensional.

- **Texturas:** Superficies o imágenes de mapa de bits de dos dimensiones diseñadas para asignarse a los primitivos. El software mejora el efecto 3D al modificar el aspecto de las texturas, según la ubicación y posición del primitivo. Este proceso se denomina corrección de perspectiva. Algunas aplicaciones utilizan otro proceso, llamado mapeo MIP, que utiliza diferentes versiones de la misma textura con cantidades variables de detalles, dependiendo de la distancia del objeto respecto al observador en el espacio tridimensional. Otra técnica, llamada niebla y difuminado de profundidad (*depth cueing*), reduce el color y la intensidad del relleno de un objeto a medida que éste se aleja del observador.

Al utilizar estos elementos, las descripciones de imágenes abstractas deben sintetizarse, lo que significa que se convierten a una forma visible. La síntesis depende de dos funciones estandarizadas que convierten las abstracciones en la imagen completada que se muestra en la pantalla. Las funciones estándar realizadas durante la síntesis son las que se describen a continuación:

- **Geometría:** El tamaño, la orientación y el desplazamiento de los primitivos en el espacio y el cálculo de los efectos producidos por las fuentes de luces virtuales que iluminan la imagen.
- **Trama:** La conversión de los primitivos en píxeles en la pantalla de vídeo mediante el relleno de las formas con las texturas y los sombreados, o una combinación de ambos, correctamente iluminados.

Un adaptador de vídeo moderno que incluye un *chipset* compatible con aceleración de vídeo 3D tiene un hardware integrado especial que realiza el proceso de trama mucho más deprisa que si se llevara a cabo mediante software solamente (utilizando el procesador del sistema). La mayoría de *chipsets* con aceleración 3D realizan las siguientes funciones de trama directamente en el adaptador:

- **Conversión de escáner:** Determinación de los píxeles de la pantalla que quedan en el espacio delineado por cada primitivo.
- **Sombreado:** Proceso de rellenar píxeles con un color que fluye suavemente utilizando la técnica de sombreado plano o Gouraud.
- **Mapa de texturas:** Proceso de rellenar píxeles con imágenes derivadas de una imagen superficial o una imagen de muestra 2D.
- **Determinación de superficie visible:** Identificación de los píxeles de una escena que están oscurecidos por otros objetos más cercanos al observador en un espacio tridimensional.
- **Animación:** Proceso de cambiar rápida y limpiamente a fotogramas sucesivos en secuencias de movimiento.
- **Suavizado:** Proceso de ajustar los límites de color para suavizar los bordes en objetos sintetizados.

Técnicas de 3D típicas

Entre las técnicas de 3D típicas se incluyen las siguientes:

- **Niebla:** Está técnica simula una neblina o niebla en el fondo de una pantalla de juego y ayuda a encubrir la aparición repentina de objetos recién sintetizados (edificios, enemigos, etc.)
- **Sombreado Gouraud:** Interpola colores para hacer que los círculos y esferas parezcan más redondeados y suaves.
- **Mezcla Alpha:** Es una de las tres primeras técnicas de 3D que crea objetos translúcidos en pantalla, lo que la convierte en la opción perfecta para representar

explosiones, humo, agua y cristal. La mezcla Alpha también puede utilizarse para simular texturas, pero es menos realista que las rugosidades ambientales.

- **Búfer de estarcido:** Se trata de una técnica muy útil para juegos como simuladores de lucha en los que un elemento gráfico estático, por ejemplo el parabrisas de una cabina de piloto, conocido como HUD (*Heads-Up Display*, Visualizador frontal de datos) y utilizado pos los pilotos de combate en la vida real, se coloca delante de gráficos que cambian dinámicamente (el paisaje, otro avión, detalles del cielo, etc.) En este ejemplo, el área de la pantalla ocupada por el marco del parabrisas no se vuelve a sintetizar. Solamente el área que se ve a través del "cristal" lo hace, lo que ahorra tiempo y mejora las velocidades de fotogramas para la animación.
- **Búfer Z:** La porción búfer Z de la memoria de vídeo alberga información detallada sobre los píxeles de una escena. A medida que dicha escena se sintetiza, los valores Z (información profunda) para nuevos píxeles se comparan con los valores almacenados en el búfer Z para determinar qué píxeles están "delante" de otros y cuáles deberían sintetizarse. Los píxeles que están "detrás" de otros píxeles no se sintetizan. Este método aumenta la velocidad y puede utilizarse junto con el búfer de estarcido para crear sombras volumétricas y otros objetos 3D complejos. El búfer Z se desarrolló originalmente para aplicaciones de diseño asistido por ordenador (CAD, *Computer-Aided Drafting*).
- **Rugosidades ambientales:** Las rugosidades ambientales (estándar que comienza en DirectX 6) introducen efectos de texturas y luces especiales para simular la textura áspera del agua ondeando, ladrillos y otras superficies complejas. Combina tres mapas de texturas separados (para colores, para altura y profundidad y para el entorno, incluyendo efectos de luces, niebla y nubes). Se obtiene así un realismo mejorado para la escenografía de los juegos que también puede utilizarse para mejorar las aplicaciones de diseño de paisajes, arquitectura y mapas planetarios y de terreno. Esto representa un paso significativo que va más allá de la mezcla Alpha.
- **Mapa de desplazamiento:** Durante mucho tiempo se han utilizado mapas de escala de grises especiales llamados mapas de desplazamiento para producir mapas precisos del globo terráqueo. Microsoft DirectX 9 y 10 soporta el uso de estos mapas de hardware de escala de grises como fuente para una síntesis en 3D precisa. Las GPU totalmente compatibles con DirectX 9 y 10 en el hardware soportan esta técnica.

Filtrado y síntesis 3D avanzados

Para mejorar la calidad de los mapas de textura, se han desarrollado muchas técnicas de filtrado, entre las cuales se incluyen el mapeo MIP, el filtrado bilineal, el trilineal y el anisotrópico. Estas técnicas y varias técnicas avanzadas más que se encuentran en GPU de 3D recientes están explicadas aquí:

- **Filtrado bilineal:** Mejora la calidad de imagen de texturas pequeñas colocadas en polígonos grandes. El estiramiento de la textura que se produce puede crear un efecto de bloque, pero este filtrado aplica una difuminación para ocultar el defecto visual.
- **Mapeo MIP:** Mejora la calidad de imagen de los polígonos que parecen disminuir en la distancia al mezclar versiones con alta y baja resolución de la misma textura. Se trata de una forma de suavizado.
- **Filtrado trilineal:** Combina las dos técnicas anteriores, calculando los colores más realistas necesarios para los píxeles de cada polígono comparando los valores de los dos mapas MIP. Este método es mejor que cualquiera de los otros dos por separado.

Nota: *El filtrado bilineal y trilineal funcionan bien con superficies que se ven en línea recta, pero tal vez no quede tan bien con ángulos oblicuos (como una pared que se reduce en la distancia).*

- **Filtrado anisotrópico:** Algunos fabricantes de tarjetas de vídeo utilizan otro método, llamado filtrado anisotrópico, para superficies con ángulos oblicuos sintetizados de forma más realista que contengan texto. Esta técnica se utiliza cuando una textura se asigna a una superficie que cambia en dos de tres dominios espaciales, como un texto que aparezca en una pared a lo largo de una carretera (por ejemplo, las vallas publicitarias). Los cálculos extra utilizados llevan tiempo y por eso se puede deshabilitar. Para equilibrar el rendimiento y la calidad del monitor, también se puede ajustar el tamaño de muestra: increméntelo para mejorar la calidad del monitor o redúzcalo para mejorar el rendimiento.
- **Búfer T:** Esta tecnología elimina el *aliasing* (errores en imágenes que aparecen en la pantalla debidos a un original inframuestreado) en gráficos de ordenadores, como las líneas diagonales escalonadas que aparecen en la pantalla, el movimiento irregular, la interpretación imprecisa de las sombras, reflejos y objetos borrosos. El búfer T sustituye el búfer de fotograma normal por uno que acumula varias síntesis antes de mostrar la imagen. A diferencia de otras técnicas de 3D, esta tecnología no requiere la reescritura ni la optimización de software de 3D para utilizar esta mejora. El objetivo de la tecnología búfer T es proporcionar un realismo similar al de una película a las animaciones sintetizadas en 3D. El inconveniente de habilitar el suavizado usando una tarjeta con soporte de búfer T es que puede tener un impacto muy fuerte sobre el rendimiento de una aplicación. Esta técnica fue desarrollada originalmente por el ya desaparecido 3dfx. No obstante, se incorpora en Microsoft DirectX 8.0 y superior.
- **Transformación e iluminación (T&L) integradas:** El proceso de reproducción en 3D incluye la transformación de un objeto desde un fotograma al siguiente y el manejo de los cambios de luz que se producen por esas transformaciones. T&L

es una característica estándar de DirectX que se empezó a introducir en la versión 7. NVIDIA GeForce 256 y ATI Radeon original fueron las primeras GPU en integrar motores T&L en el chip acelerador, una característica que hoy en día es estándar.

- **Suavizado a pantalla completa:** Esta tecnología reduce las líneas escalonadas visibles en cualquier resolución al ajustar los bordes de los colores para ofrecer cambios de color graduales en vez de bruscos. Aunque los primeros productos 3D utilizaban el suavizado sólo para ciertos objetos, los aceleradores recientes de NVIDIA y ATI usan varios tipos de FSAA (*Full-Screen Antialiasing*, Suavizado a pantalla completa) altamente optimizados que permiten una gran calidad visual a velocidades de fotogramas elevadas.
- **Vertex skinning (Unión de vértices):** También conocida como combinación de vértices, esta técnica combina la conexión entre dos ángulos, como por ejemplo las articulaciones de los brazos y piernas de un personaje animado.
- **Interpolación de fotogramas clave:** También denominada deformación de vértices, esta técnica anima la transición entre dos expresiones faciales, permitiendo expresiones realistas cuando la animación esquelética no puede utilizarse o no resulta práctica.
- **Sombreado por píxeles y vértices programable:** El sombreado por píxeles y vértices programables se convirtió en una parte estándar de DirectX a partir de la versión 8.0. Sin embargo, NVIDIA introdujo esta técnica con la tecnología nfiniteFX de GeForce3, lo que permitió a los programadores de software personalizar efectos como la deformación de vértices y el sombreado por píxeles (una forma mejorada de creación de rugosidades para superficies irregulares que habilita efectos de iluminación por píxel), en vez de aplicar una gama limitada de efectos predefinidos. Las GPU basadas en DirectX 8 y 9 usan sombreadores de vértices y píxeles separados, pero DirectX 10 soporta una nueva arquitectura que permite la presencia de sombreadores unificados que pueden realizar sombreado tanto de vértices como de píxeles según la demanda.
- **Cálculos de coma flotante:** Microsoft DirectX 9 y superior soportan datos de coma flotante para una interpretación de polígonos y colores más precisa y vívida. En DirectX 9, los sombreadores de vértices usaban precisión de 32 bits, mientras que los de píxeles utilizaban precisión de 24 bits. Sin embargo, Shader Model 3.0 (DirectX 9.0c) incrementó la precisión de los sombreadores de píxeles a 32 bits, la misma utilizada por el diseño de sombreadores unificados de DirectX 10.

Síntesis en una sola pasada frente a síntesis en múltiples pasadas

Varios fabricantes de tarjetas de vídeo manejan la aplicación de estas técnicas de síntesis avanzadas de manera diferente. La tendencia natural va hacia la aplicación de filtros y síntesis básicos en una sola pasada en vez de en varias.

Las tarjetas de vídeo con filtrado y síntesis en una pasada ofrecen generalmente mayor rendimiento de velocidad de fotogramas en aplicaciones animadas con 3D y evitan los problemas de artefactos visibles ocasionados por errores en varios cálculos de coma flotante durante el proceso de síntesis. Esta técnica es la estándar en DirectX 9 y 10.

Aceleración de hardware frente a aceleración de software

En comparación con la síntesis con software solamente, la síntesis acelerada con hardware proporciona una animación más rápida. Aunque la mayor parte de la síntesis con software podría crear imágenes más precisas y con mejor aspecto, es demasiado lenta. Mediante el uso de controladores especiales, los adaptadores 3D pueden hacerse cargo de los cálculos necesarios para sintetizar una imagen que antes realizaba el software que se ejecutaba en el procesador del sistema. Esto resulta especialmente útil a la hora de crear nuestras propias animaciones e imágenes en 3D, pero también es una gran mejora para muchos juegos modernos que dependen principalmente de los efectos 3D. Tenga en cuenta que las soluciones de vídeo integradas en la placa base suelen tener un rendimiento de 3D bastante inferior al de incluso las GPU de menor calidad porque utilizan la CPU para más síntesis 3D que los *chipsets* de adaptadores de vídeo 3D.

Para obtener un rendimiento mayor, muchos de los aceleradores 3D más recientes hacen funcionar sus chips aceleradores a velocidades muy altas y muchos permiten incluso el *overclocking* de las frecuencias RAMDAC predeterminadas. Los aceleradores de vídeo de alta velocidad, al igual que las CPU que funcionan a velocidades elevadas, producen mucho calor. Tanto el *chipset* como la memoria son fuentes de calor, así que la mayoría de tarjetas de aceleradores 3D de gama media y alta incluye un ventilador para refrigerarlo. Además, la mayoría de aceleradores 3D de alta calidad actuales utilizan placas refrigeradoras y ventiladores para enfriar los chips de memoria y hacer que la aplicación de *overclocking* en la tarjeta de vídeo resulte más sencilla (véase la figura 10.1).

Optimización de software

Es importante darse cuenta de que la presencia de una característica de síntesis 3D avanzada en cualquier tarjeta de vídeo no significa nada, a menos que los diseñadores de aplicaciones y juegos optimicen su software para aprovechar la característica. Aunque existen varios estándares de 3D (OpenGL y DirectX), los fabricantes de tarjetas de vídeo ofrecen controladores que hacen que sus juegos funcionen con los estándares más destacados. Puesto que algunas tarjetas trabajan mejor con ciertos juegos, debería leer las críticas de publicaciones especializadas para ver cómo funciona con ellos su tarjeta gráfica favorita. Normalmente, pueden pasar al menos varios meses desde que aparece una nueva versión de DirectX u OpenGL hasta que los juegos 3D sacan el máximo partido de las características de síntesis 3D proporcionadas por la nueva API.

Algunas tarjetas de vídeo le permiten llevar a cabo una optimización adicional mediante el ajuste de las configuraciones de velocidades de reloj de bus, OpenGL, Direct 3D, RAMDAC y otras opciones. Tenga en cuenta que los controladores de tarjetas gráficas

3D simples incluidos como parte de Microsoft Windows no suelen proporcionar estos cuadros de diálogo. Utilice los controladores incluidos con la tarjeta gráfica o versiones actualizadas descargadas de la Web del distribuidor.

Interfaces de programación de aplicaciones

Las interfaces de programación de aplicaciones (API, *Application Programming Interface*) proporcionan a los distribuidores de hardware y software un medio para crear controladores y programas que puedan funcionar de manera rápida y fiable en una amplia variedad de plataformas. Cuando hay API, los controladores pueden escribirse para conectar con la API en vez de hacerlo directamente con el sistema operativo y su hardware subyacente.

Actualmente, las API de juegos más destacadas incluyen OpenGL de SGI y Direct3D de Microsoft (parte de DirectX). OpenGL y Direct3D están disponibles para prácticamente todas las tarjetas gráficas dominantes. Hubo un tiempo en el que otra API de juegos popular era Glide, una versión mejorada de OpenGL restringida a las tarjetas gráficas que utilizan *chipsets* 3dfx, que ya no están en el mercado.

OpenGL

La versión más reciente de OpenGL es la 2.1, lanzada el 2 de agosto de 2006. OpenGL 2.1 incluye las características principales de OpenGL 2.0, como el lenguaje de sombreado OpenGL (ahora en la versión 1.20), sombreadores de fragmentos y de vértices programables y múltiples objetivos de síntesis y añade soporte para matrices no cuadradas, objetos de búfer de píxeles, texturas sRGB, texturas que no son potencia de dos, duendes y esparcidos separados para las caras delantera y trasera de los primitivos de gráficos.

Aunque OpenGL es una API para juegos bastante popular, también se usa en síntesis 3D para aplicaciones de negocios especializadas, incluyendo mapas, ciencias biológicas y otros campos. Windows XP y más reciente pueden soportar OpenGL ya sea a través de aceleración de hardware o de software. Para que una tarjeta gráfica en particular soporte aceleración de hardware de OpenGL, el programador del controlador debe incluir un ICD (*Installable Client Driver*, Controlador de cliente instalable). El ICD se distribuye como parte del paquete de controladores proporcionado por el distribuidor de la GPU o la tarjeta de vídeo. Así, las actualizaciones del controlador pueden mejorar el rendimiento de OpenGL y el rendimiento de DirectX (Direct3D).

Para obtener más información acerca de OpenGL, se puede visitar la página Web `www.openlag.org`.

Microsoft DirectX 9.0c, 10 y 11

Direct3D es parte de la API multimedia completa de Microsoft, DirectX. Aunque las versiones más recientes de DirectX (de 9.0c en adelante) ofrecen soporte para superficies de orden más alto (convirtiendo las superficies 3D en curvas), sombreadores de vértices y sombreadores de píxeles, existen diferencias significativas entre las distintas versiones de DirectX en el modo en que se realizan estas operaciones.

DirectX 9.0c utiliza sombreadores de vértices y de píxeles separados para crear objetos en 3D. Aunque proporciona mayor precisión a la hora de manejar datos y también soporta más instrucciones, más texturas y más registros que sus predecesoras, el hecho de que utilice sombreadores separados puede llevar a una síntesis 3D lenta cuando hay que sintetizar más píxeles que sombreadores, o viceversa. Shader Model 3 (utilizado por DirectX 9.0c) es simplemente un desarrollo del diseño de función dividida desarrollado para Shader Model 1 (utilizado por DirectX 8.0) en 2001 que añade soporte para más instrucciones y mayor precisión numérica.

DirectX 10, desarrollado para Windows Vista, incluye un motor de síntesis Direct3D completamente reconstruido con un diseño de sombreadores totalmente nuevo, Shader Model 4. Shader Model 4 añade un sombreador de geometría al diseño de píxeles y vértices utilizado en modelos anteriores para mejorar el tratamiento de cambios en la escena en tiempo real, como por ejemplo explosiones. Sin embargo, el mayor cambio individual introducido en Shader Model 4 es el uso de sombreadores unificados que pueden alternar entre operaciones de sombreados de vértices, de píxeles y de geometría al vuelo, eliminando cuellos de botella y mejorando el rendimiento, independientemente del tipo de datos 3D existentes en una escena.

Nota: *Con la sustitución de los sombreadores de píxeles y de vértices dedicados en la canalización de síntesis 3D de DirectX 10, las GPU se clasifican según el número de procesadores de transmisión integrados. Cada uno realiza sombreado de píxeles, de vértices y de geometría según sea necesario.*
Cuando compare dos GPU DirectX 10 que sean iguales en el resto de aspectos (los mismos diseños de bus de memoria y placa base, velocidades y tamaño de memoria, GPU), la que tenga mayor número de procesadores de transmisión será más rápida.

Otros cambios en la arquitectura de DirectX 10 incluyen las optimizaciones de procesos para reducir la carga en la CPU. En una muestra de diferentes tipos de imágenes sintetizadas, DirectX 10 redujo los ciclos de comandos en hasta un 90 por 100 respecto a DirectX 9. DirectX 11 se desarrolló originalmente para Windows 7, e incluye varias características nuevas:

- **Teselación:** Proporciona etapas de canalización adicionales que incrementan el número de polígonos visible durante el tiempo de ejecución.
- **Síntesis multihilo:** Permite la ejecución de comandos Direct3D en varios núcleos del procesador.
- **Sombreadores de cómputo:** Proporciona una etapa adicional independiente de la canalización Direct3D que permite operaciones de carácter general en el procesador de gráficos.

- **Enlaces de sombreado dinámico:** Enlace de sombreado limitado al tiempo de ejecución que permite una especialización de sombreadores mejorada durante la ejecución de una aplicación.

También habrá una versión de DirectX 11 disponible para Windows Vista.

Es importante destacar que las GPU de DirectX 10/11 mantienen la compatibilidad total con DirectX 9.0c y con versiones anteriores de DirectX, así que es posible usar los juegos más recientes y también los antiguos que más nos gusten con una tarjeta de vídeo compatible con DX10 o DX11. Puede obtener actualizaciones para DirectX mediante `www.windowsupdate.com`. También puede encontrar más información sobre DirectX de Microsoft en `www.microsoft.com/directx`.

Síntesis de escenas con doble GPU

En la tabla 10.15 (más adelante) se recoge el desarrollo de soluciones de dobles tarjetas graficas PCI Express como la novena generación de la aceleración 3D. La capacidad para conectar dos tarjetas para que sinteticen una sola visualización más deprisa no es precisamente nueva: 3dfx Voodoo 2, que desapareció hace mucho tiempo, ofrecía una opción llamada SLI (*Scan-Line Interfacing*, Interfaz de líneas de barrido), que empareja dos tarjetas Voodoo 2 en el bus PCI, con cada una escribiendo la mitad de la pantalla en líneas alternativas.

Con la versión de 3dfx de SLI, la tarjeta número uno escribía las líneas de pantalla impares (la uno, la tres, la cinco, etc.), mientras que la tarjeta número dos escribía las líneas de pantalla pares (la dos, la cuatro, la seis, etc.). Aunque era eficaz, el uso de SLI con Voodoo 2 era una propuesta cara de la que sólamente podían beneficiarse unos pocos jugadores con mucho dinero para gastar.

Algunas empresas experimentaron también con el uso de varias GPU en una sola tarjeta para obtener un beneficio similar en el rendimiento, pero dichas tarjetas nunca llegaron a popularizarse.

Sin embargo, la idea de duplicar el rendimiento gráfico mediante varias tarjetas de vídeo ha demostrado ser lo bastante buena como para ignorarla totalmente, incluso después de que 3dfx abandonara el negocio.

NVIDIA SLI

Cuando NVIDIA compró lo que quedaba de 3dfx, heredó la marca comercial SLI y, a mediados de 2004, reintrodujo el concepto del uso de dos tarjetas para sintetizar una pantalla bajo el mismo acrónimo. Sin embargo, la versión de SLI de NVIDIA encierra un significado diferente y mucha más inteligencia.

NVIDIA utiliza el término SLI (*Scalable Link Interface*) para hablar de una interfaz enlazada extensible. En este caso, extensible se refiere al equilibrio de carga que ajusta la cantidad de trabajo que realiza cada tarjeta para sintetizar una escena concreta, según la complejidad de la misma. Para habilitar SLI, se necesitan los siguientes componentes:

- Una placa base PCI Express con un *chipset* compatible con SLI y dos ranuras de vídeo PCI Express diseñadas para operación SLI.
- Dos tarjetas de vídeo basadas en NVIDIA con soporte para SLI.

Nota: *Originalmente, se necesitaba usar dos tarjetas idénticas para SLI de NVIDIA, pero con la aparición de NVIDIA ForceWare v81.85 y versiones de controladores superiores, ya no es necesario. Al igual que ocurre con la solución ATI CrossFire multi-GPU, las tarjetas necesitan pertenecer a la misma familia de GPU, pero no hace falta que sean del mismo fabricante. Obtendrá controladores actualizados del fabricante de su tarjeta de vídeo o del sitio Web de NVIDIA (*`www.nvidia.com`*).*
*En la mayoría de los casos, se utiliza un dispositivo puente especial conocido como MIO (*Mulipurpose I/O, *E/S multipropósito) para conectar las tarjetas entre sí.*
El MIO se suministra con placas base compatibles con SLI, pero algunas tarjetas compatibles no lo utilizan.
Para obtener más información sobre SLI y poder consultar una lista de chipsets *de placa base nForce y GPU compatibles, visite* `http://sg.slizone.com`.

La figura 10.16 muestra una configuración de hardware SLI típica. Fíjese en el dispositivo MIO que conecta las tarjetas entre sí.

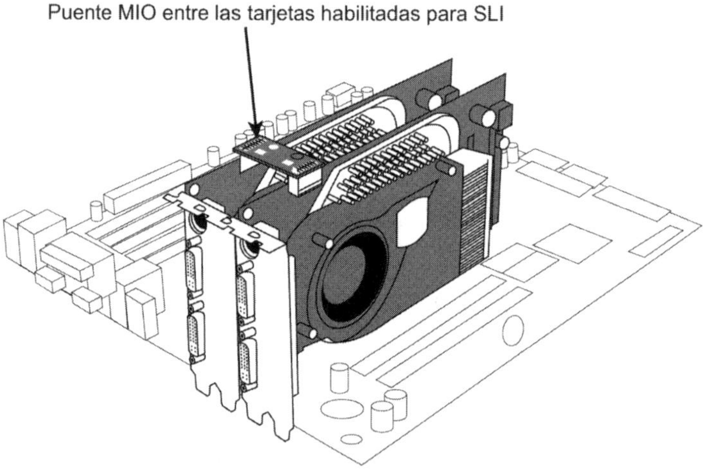

Figura 10.16. *Instalación de SLI de NVIDIA utilizando un dispositivo puente MIO.*

ATI CrossFire/CrossFireX

La tecnología de GPU múltiples CrossFire (ahora llamada CrossFireX) de ATI utiliza tres métodos para acelerar el rendimiento del monitor: interpretación de marco alternativo, *supertiling* o equilibrio de carga (que divide la escena en secciones alternativas y utiliza cada tarjeta para sintetizar las partes) y compatibilidad o *scissor* (similar al equilibrio de carga de SLI). El controlador ATI Catalyst utiliza interpretación de marco alternativo para obtener el mejor rendimiento, pero cambia automáticamente a uno de los otros modos para juegos que no funcionan con este método.

A fin de obtener una calidad de imagen mejor que la conseguida con una sola tarjeta, CrossFire ofrece varias versiones de modos SuperAA (suavizado), que combina los resultados de suavizado de cada tarjeta. CrossFire también mejora el filtrado anisotrópico al combinar el filtrado realizado por cada una.

Para utilizar CrossFire, necesita los siguientes componentes:

- Una placa base PCI Express con un *chipset* compatible con CrossFire y dos ranuras de vídeo PCI Express diseñadas para la operación de CrossFire.
- Una combinación soportada de tarjetas ATI compatibles con CrossFire.

Nota: *Para modelos específicos de placas base, tarjetas de vídeo, fuentes de alimentación, memoria y cajas diseñadas para soportar CrossFire, puede consultar* `http://www.amd.com/crossfire`.

Las tarjetas CrossFire de primera generación requerían que los usuarios compraran CrossFire Edition especiales que contenían un chip motor Xilinx XC3S400 y utilizaban un puerto DMS-59 propietario para interconectar las tarjetas. Una de ellas se emparejaba con una tarjeta Radeon estándar de la misma serie mediante un tosco cable externo entre el puerto DMS de CrossFire Edition y el puerto DVI de la tarjeta estándar. Las tarjetas compatibles con CrossFire más recientes usan el bus PCI Express o una interconexión de puente CrossFire (concepto similar al del componente MIO de SLI) para conectar tarjetas correspondientes.

CrossFire puede deshabilitarse para permitir las operaciones de monitor múltiple y las tarjetas CrossFire también sirven para implementar efectos físicos en juegos que utilizan la tecnología física HavokFX (`www.havok.com`).

Para obtener más información sobre CrossFire, consulte la página Web de AMD en `http://ati.amd.com/crossfire`.

Chipsets 3D

Prácticamente todos los adaptadores de vídeo predominantes que se producen actualmente incluyen un *chipset* compatible con aceleración 3D de distribuidores como ATI (AMD), NVIDIA y Matrox. Al haber varias generaciones de adaptadores de este tipo en el mercado de distribuidores importantes, resulta difícil estar al día con los productos más recientes.

Consulte los sitios Web de los distribuidores de *chipsets* para obtener la información más reciente sobre los que ofrecen y también fuentes de tarjetas de vídeo de terceros que utilicen un *chipset* específico.

Monitores

Los monitores utilizados normalmente con PC aparecen en una amplia variedad de tamaños y resoluciones y generalmente se basan en una de las dos tecnologías de monitores: LCD (*Liquid Crystal Display*, Pantalla de cristal líquido) o CRT (*Cathode-Ray Tube*, Tubo de rayos catódicos). Los monitores más grandes, como los televisores de pantalla grande y los proyectores, pueden utilizar tecnología LCD, pero también pueden utilizar plasma o tecnología DLP (*Digital Light Processing*, Procesamiento digital de luz) o plasma. Este apartado trata varias características, especificaciones y tecnologías usadas en monitores de PC.

Especificaciones de monitores

Existen varias características y especificaciones que diferencian unos monitores de otros. Algunas pueden resultar confusas y unas son más importantes que otras. Los siguientes apartados examinan las características y especificaciones en las que conviene fijarse a la hora de comparar o seleccionar monitores.

Tamaño del monitor

Los monitores de PC tienen varios tamaños, que oscilan generalmente entre las 15" y las 30" en diagonal. Hay monitores menores de 15" disponibles para usos especializados (y se usan a menudo en portátiles pequeños o sistemas *netbook* o palmares). También hay monitores mayores de 30"; sin embargo, se clasifican normalmente como monitores multimedia de formato grande o televisores en vez de como pantallas para PC. En general, cuanto mayor es el monitor, más alto es el precio; no obstante, siempre se puede encontrar algún "oasis" en el que un tamaño determinado puede tener un precio rentable sobre tamaños más pequeños debido alguna oferta de rebajas o a la popularidad del fabricante.

Los tamaños de los monitores se miden diagonalmente, reminiscencia de los tubos redondos usados en los primeros televisores, donde la medida diagonal era igual a diámetro físico del tubo. La diagonal del monitor mide el tamaño físico, mientras que el tamaño de imagen visible se refiere a la medida diagonal del área utilizable de la pantalla (por ejemplo, el escritorio del sistema operativo). En un panel LCD, la medida de diagonal física y el tamaño de imagen visible de la pantalla son iguales. Sin embargo, con CRT, el segundo es normalmente 1" más pequeño que el tamaño diagonal anunciado. Por tanto, cuando compare LCD y CRT con el mismo tamaño diagonal, tenga en cuenta que el LCD ofrece en realidad una imagen visible mayor.

***Nota:** Muchos usuarios se disgustaron cuando se dieron cuenta de que los monitores CRT que estaban comprando mostraban imágenes que eran más pequeñas que el tamaño anunciado. Por ejemplo, un monitor CRT de 17" mostraría una imagen de* *sólo 16". La solución llegó a mediados de los 90 cuando varios pleitos por demandas colectivas obligaron a los fabricantes de monitores CRT a exponer el tamaño de imagen visible justo al lado de la medida diagonal física en todos sus anuncios y especificaciones. Los LCD no se vieron afectados por estos pleitos porque su tamaño visible siempre ha sido el mismo que la diagonal de monitor.*

Truco: *Los monitores más grandes y con resoluciones más altas conservan su valor durante más tiempo que otros componentes de un equipo. Muchas veces se da el caso de que, nada más comprar un ordenador, sale al mercado un procesador más nuevo y más rápido, o encontramos el mismo modelo con un disco duro más grande por el mismo precio, pero un buen monitor puede durar más que el ordenador. Si compra los monitores pensando en su uso a largo plazo, puede ahorrarse algo de dinero en su próximo sistema reutilizando el monitor que ya tenía.*

Resolución

La resolución indica la cantidad de detalles que puede sintetizar un monitor. Esta cantidad se expresa con el número de elementos de la imagen verticales y horizontales, o píxeles, contenidos en la pantalla. El total se expresa normalmente en millones de píxeles, o megapíxeles. Según aumenta la resolución, la imagen consta de un número mayor de ellos. Con más píxeles, se puede ver más de una imagen dada y/o la imagen puede verse con más detalle.

A medida que la tecnología de vídeo de PC ha evolucionado, las resoluciones disponibles han aumentado a un ritmo constante. La tabla 10.14 recoge las resoluciones estándar (de menor a mayor) utilizadas en los adaptadores gráficos de PC y muestra también los términos o designaciones utilizados normalmente para describirlos.

Tabla 10.14. *Estándares de resolución de monitores gráficos.*

Designación	Resolución (HxV)	Megapíxeles	Relación de aspecto
CGA	320×200	0,06	1,33[1]
EGA	640×350	0,22	1,33[1]
VGA	640×480	0,31	1,33
WVGA	854×480	0,41	1,78
SVGA	800×600	0,48	1,33
XGA	1024×768	0,79	1,33
HD 720	1280×720	0,92	1,78
WXGA[2]	1280×768	0,98	1,67

Designación	Resolución (HxV)	Megapíxeles	Relación de aspecto
XGA+	1152×864	1,00	1,33
WXGA[2]	1280×800	1,02	1,60
WXGA[2]	1366×768	1,05	1,78
WEXGA	1280×854	1,09	1,50
QVGA	1280×960	1,23	1,33
WXGA+	1440×900	1,30	1,60
SXGA	1280×1024	1,31	1,25
SXGA+	1400×1050	1,47	1,33
WSXGA-	1600×900	1,44	1,78
WSXGA	1600×1024	1,64	1,56
WSXGA+	1680×1050	1,76	1.60
UXGA	1600×1200	1,92	1,33
HD 1080	1920×1080	2,07	1,78
WUXGA	1920×1200	2,30	1,60
QXGA	2048×1536	3,15	1,33
WQXGA	2560×1600	4,10	1,60
QSXGA	2560×2048	5,24	1,25
WQSXGA	3200×2048	6,55	1,56
QUXGA	3200×2400	7,68	1,33
WQUXGA	3840×2400	9,22	1,60
HXGA	4096×3072	12,58	1,33
WHXGA	5120×3200	16,38	1,60
HSXGA	5120×4096	20,97	1,25
WHSXGA	6400×4096	26,21	1,56
HUXGA	6400×4800	30,72	1,33
WHUXGA	7680×4800	36,86	1,60

[1] CGA y EGA utilizaban píxeles no cuadrados (rectangulares) en una proporción de aspecto de pantalla de 4:3.
[2] WXGA se utiliza para designar varias resoluciones ligeramente diferentes.

Los adaptadores de pantalla suelen soportar varias resoluciones; sin embargo, lo que puede procesar un monitor es normalmente mucho más limitado. Así pues, la resolución específica que utilicemos vendrá determinada generalmente por el monitor y no por el adaptador. Una combinación dada de monitor y adaptador de vídeo tendrá habitualmente un máximo permisible (determinado por el monitor), pero también puede funcionar con varias resoluciones diferentes inferiores al máximo. Puesto que los monitores LCD están diseñados para funcionar en una sola resolución nativa, deben utilizar componentes electrónicos para escalar la imagen a otras opciones. Los paneles LCD antiguos manejaban el escalado de manera muy pobre, pero incluso aunque los actuales realizan el escalado bastante bien, casi siempre es mejor seleccionar una única resolución específica que sea la nativa del monitor que se va a utilizar. No obstante, si la resolución nativa del monitor es excepcionalmente alta, puede seleccionar resoluciones más bajas para obtener iconos y textos más grandes y legibles.

Relación de aspecto

Una resolución dada tiene un componente vertical y uno horizontal, que es el más largo de los dos. La relación de aspecto de un monitor es la proporción entre el número de píxeles verticales y horizontales. Se calcula dividiendo la anchura (en píxeles) entre la altura. A lo largo de los años se han usado distintas relaciones de aspecto en los monitores de PC. La mayoría de formatos de los primeros monitores eran sólo un poco más anchos que largos.

Recientemente se han hecho más populares los formatos más anchos. Las relaciones de aspecto de 1,5 o superior (numéricamente) se consideran monitores de pantalla ancha. Originalmente, la más común era de 1,33 (4:3) porque se correspondía con la relación de aspecto de los televisores de definición estándar originales. Sin embargo, recientemente, la relación de aspecto de 1,60 (16:10 o 8:5) ha pasado a ser la más popular para monitores de PC de pantalla ancha, mientras que 1,78 (16:9) es el formato más popular para televisiones panorámicas. La tabla 10.15 recoge las distintas relaciones de aspecto y designaciones.

Tabla 10.15. *Designaciones y relaciones de aspecto estándar.*

Relación numérica	Relación fraccional	Designación de formato
1,25	5:4	Estándar.
1,33	4:3	Estándar.
1,50	3:2	Pantalla ancha.
1,56	25:16	Pantalla ancha.
1,60	16:10	Pantalla ancha.
1,67	5:3	Pantalla ancha.
1,78	16:9	Pantalla ancha.
1,83	11:6	Pantalla ancha.

1,50 y relaciones de aspecto numéricas superiores se consideran "pantalla ancha".

La figura 10.17 muestra las diferencias físicas entre los formatos de monitor de relaciones de aspecto de pantalla ancha y estándar más comunes.

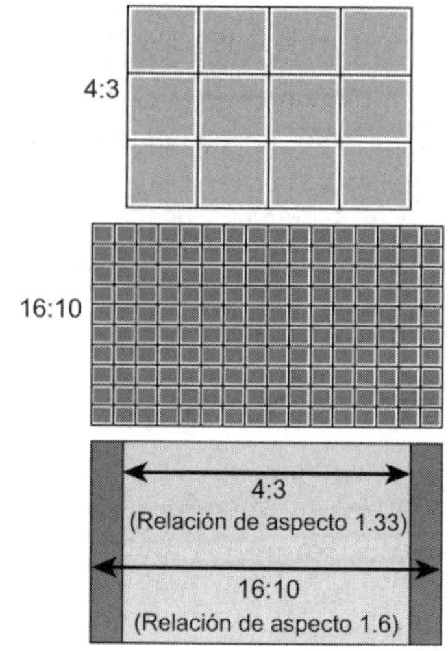

Figura 10.17. *Relaciones de aspecto de monitores estándar (4:3 o 1,33) frente a monitores de pantalla ancha (16:10 o 1,60).*

Píxeles

En un monitor a color, cada elemento de imagen (píxel) consta de tres subpíxeles RGB (*Red, Green, Blue*, Rojo, verde, azul). Al variar la intensidad de cada subpíxel, se puede hacer que el brillo y el color global del píxel esté en cualquier punto entre el negro (todo apagado) y el blanco (todo encendido) y sea cualquier color o nivel intermedio. La geometría física de los subpíxeles RGB varía según el tipo de monitor, pero las formas suelen ser rayas rectangulares o puntos redondos. Los monitores LCD tienen normalmente los tres subpíxeles organizados como rayas verticales rectangulares en una disposición lineal que se repite. Los CRT pueden utilizar también rayas lineales, o pueden tener rayas escalonadas o tríos de puntos.

Cuando seleccione un monitor, las consideraciones más importantes que debe tener en cuenta son la combinación del tamaño y la resolución, que se expresa normalmente en píxeles por pulgada (ppp), pero también puede expresarse en paso de píxel, que es la distancia entre píxeles en milímetros. Un número más alto de ppp (o paso de píxel más bajo) significa que las imágenes de tamaño fijo como iconos o texto serán más pequeñas y posiblemente más difíciles de leer. El paso de píxel también se denomina a veces paso de punto, en referencia a los subpíxeles con forma de puntos que se usan en algunos monitores.

Para una pantalla de un tamaño dado, los monitores con resoluciones más altas tiene un número de ppp más elevado, que se corresponde con un número de paso de píxel más bajo. Como resultado, los elementos de imagen están más juntos, lo que produce una imagen más nítida en la pantalla. En cambio, las pantallas con un número menor de ppp (que equivale a un paso de píxel/punto mayor) tienden a producir imágenes más graneadas y menos claras. La figura 10.18 muestra una organización de subpíxeles con forma de puntos que se encuentra comúnmente en CRT con base de máscara de sombra, en los que el paso de píxel/punto es la distancia más corta entre subpíxeles del mismo color.

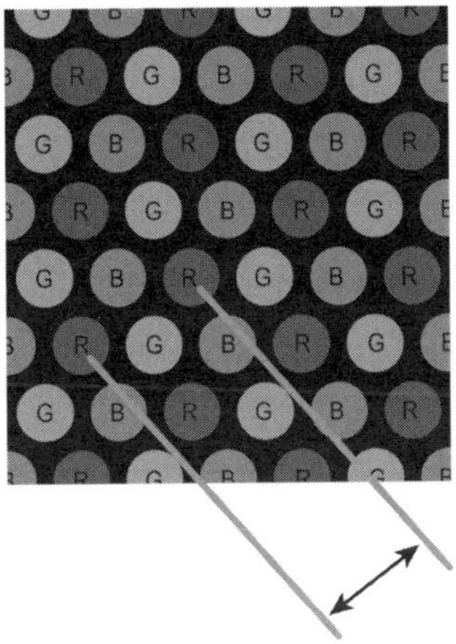

Figura 10.18. *Subpíxeles con forma de puntos, donde el paso de píxel/punto es la distancia más corta entre subpíxeles del mismo color.*

Las figuras 10.19 y 10.20 muestran las disposiciones de subpíxeles en rayas tanto en forma lineal como escalonada. De estas dos formas, la lineal es la más común y se utiliza en prácticamente todos los LCD y en la mayoría de CRT basados en rejilla de apertura. Con subpíxeles de rayas, el paso se mide como la distancia horizontal o vertical entre subpíxeles del mismo color.

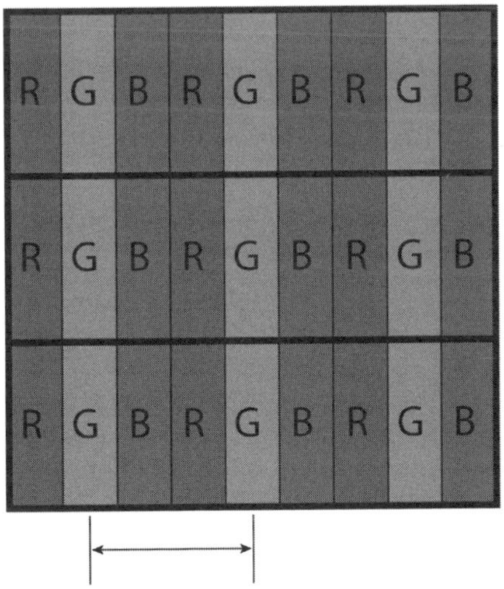

Figura 10.19. *Subpíxeles con forma de rayas en una disposición lineal, donde el paso de píxel es la distancia entre rayas de subpíxeles del mismo color.*

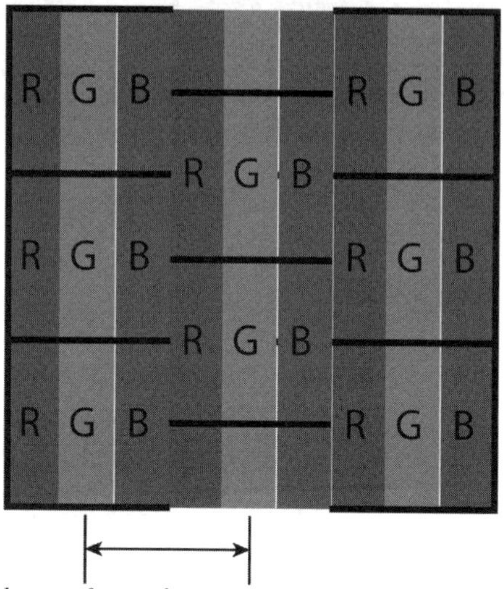

Figura 10.20. *Subpíxeles con forma de rayas en una disposición escalonada, donde el paso de píxel es la distancia entre rayas de subpíxeles del mismo color.*

Generalmente, cuanto mayor es la resolución, más grande tiene que ser el monitor. ¿Por qué? Porque como el texto y los iconos de los programas de aplicaciones y el sistema operativo utilizan normalmente un número constante de píxeles, las resoluciones de monitor más altas hacen que estos elementos aparezcan con un tamaño más pequeño en la pantalla. Al utilizar un monitor más grande, es posible usar configuraciones de resoluciones más altas y seguir teniendo iconos y texto suficientemente grandes como para ser legibles. Aunque se puede cambiar el tamaño del texto y los iconos, esto suele causar otros problemas con el formato en varias ventanas y cuadros de diálogo, así que en la mayoría de los casos es mejor quedarse con los tamaños predeterminados.

Con resoluciones más bajas, el texto y los iconos de la pantalla son muy grandes. Dado que los elementos de la pantalla utilizados para el escritorio de Windows y los menús de software tienen una altura y una anchura de píxeles fija, observará que su tamaño en la pantalla se reduce cuando se cambia a resoluciones más altas. Podrá ver más partes de su documento o página Web en la pantalla a resoluciones más altas porque cada objeto requiere menos fracción de pantalla. Las tablas 10.16 y 10.17 recogen los tamaños y resoluciones para monitores LCD de pantalla ancha y estándar disponibles habitualmente.

Ya que los monitores LCD tienen una relación de 1:1 entre la resolución y los píxeles, dos monitores cualesquiera que tengan el mismo tamaño y la misma resolución tienen siempre la misma especificación de píxeles por pulgada o de paso de píxel. Independientemente de la resolución real, dos que tengan el mismo número de píxeles por pulgada mostraran texto, iconos y otros elementos en la pantalla con el mismo tamaño. Aunque generalmente se considera mejor tener un monitor con una resolución más alta, debe tener cuidado cuando seleccione monitores LCD pequeños porque los iconos y el texto serán muy pequeños con respecto al tamaño al que está acostumbrado. Puede modificar los tamaños de fuentes e iconos en Windows para compensar, pero eso puede ocasionar problemas como un ajuste de línea anormal en los cuadros de diálogo. Además, muchas fuentes son fijas y mantendrán el tamaño más pequeño independientemente de las configuraciones que cambie.

Tabla 10.16. *Resoluciones y tamaños para monitores que no sean de pantalla ancha (Relación inferior a 1,50).*

Tamaño monitor	Designación	Resolución nativa	Megapíxeles	Relación de aspecto de píxeles	Píxeles por pulgada	Campo (mm)
15,0"	XGA	1024×768	0,79	1,33	85	0,298
17,0"	SXGA	1280×1024	1,31	1,25	96	0,263
19,0"	SXGA	1280×1024	1,31	1,25	86	0,294
20,0"	UXGA	1600×1200	1,92	1,33	100	0,254

Tabla 10.17. *Resoluciones y tamaños para monitores de pantalla plana (Relación superior a 1,50).*

Tamaño monitor	Designación	Resolución nativa	Megapíxeles	Relación de aspecto de píxeles	Píxeles por pulgada	Campo (mm)
16,0"	WXGA	1366×768	1,05	1,78	98	0,259
17,0"	WXGA+	1440×900	1,30	1,60	100	0,254
19,0"	WXGA+	1440×900	1,30	1,60	89	0,284
19,0"	WSXGA+	1680×1050	1,76	1,60	104	0,244
20,0"	WXGA+	1440×900	1,30	1,60	85	0,299
20,0"	WSXGA-	1600×900	1,44	1,78	92	0,277
20,0"	WSXGA+	1680×1050	1,76	1,60	99	0,256
22,0"	WXGA+	1440×900	1,30	1,60	77	0,329
22,0"	WSXGA+	1680×1050	1,76	1,60	90	0,282
24,0"	HD 1080	1920×1080	2,07	1,78	92	0,277
24,0"	WUXGA	1920×1200	2,30	1,60	94	0,269
26,0"	HD 1080	1920×1080	2,07	1,78	85	0,300
26,0"	WUXGA	1920×1200	2,30	1,60	87	0,292
30,0"	WQXGA	2560×1600	4,10	1,60	101	0,252

Dependiendo de su capacidad para ver y leer letra pequeña, mucha gente tiene dificultades para ver el texto y los iconos cuando el monitor tiene 100 ppp o más. Si va a elegir un monitor con más de 100 ppp, quizá necesite sentarse más cerca de la pantalla o utilizar gafas de lectura o bifocales para leerlo. Cambiar la resolución a una configuración más baja no suele ser una buena opción con un monitor de pantalla plana porque o bien el monitor será simplemente más pequeño (el texto y los iconos tendrán el mismo tamaño, pero no encajarán tanto) o bien intentará escalar los datos para que se ajusten a la pantalla. Sin embargo, el escalado tiene como resultado invariablemente una imagen distorsionada y borrosa. La conclusión es que en realidad los LCD sólo funcionan bien con sus resoluciones nativas, algo que debería tener muy en cuenta a la hora de comprar.

Como consuelo, hay que señalar que incluso con el texto y los iconos más pequeños, las pantallas LCD son mucho más nítidas y claras que los monitores basados en CRT, así que suelen ser más legibles y menos perjudiciales para la vista porque son nítidos y están perfectamente enfocados.

CRT no tienen una relación 1:1 entre resolución y píxeles. Por tanto, cuando se comparan CRT, cuanto más pequeño sea el paso de píxel, más nítida será la imagen. Por ejemplo, el monitor a color del IBM PC original de principios de los 80 tenía un paso de píxel de 0,43mm, mientras que los CRT a color recientes tienen un paso de píxel de entre 0,25mm y 0,27mm y los modelos de gama alta ofrecen 0,24mm o menos. Para evitar las imágenes graneadas en un CRT, elija uno que tenga un paso de píxel de 0,26mm o menos.

Frecuencia vertical y horizontal

Las conexiones de monitor analógicas como VGA están diseñadas para transmitir señales que conducen al monitor a dibujar imágenes. Estas señales le dicen al monitor que dibuje una imagen pintando líneas de píxeles de izquierda a derecha y de arriba abajo. Por ejemplo, si la resolución del mismo es 1024×768, significa que hay 768 líneas que se dibujarán, una tras otra de arriba abajo. Una vez que se dibuje la línea 768, se completará la imagen entera y el proceso se repetirá empezando otra vez desde arriba.

La velocidad a la que se produce este dibujo de la imagen tiene dos componentes, llamados frecuencia vertical y horizontal. Estas frecuencias se denominan también velocidades de actualización o de barrido. La frecuencia horizontal es la velocidad a la que se dibujan las líneas horizontales, expresada en número total de líneas por segundo. La frecuencia vertical (o velocidad de actualización vertical) es la velocidad a la que se dibujan imágenes completas, expresada en número de imágenes por segundo.

Tomemos como ejemplo un monitor de 1024×768. Si la velocidad de actualización vertical es 60Hz, entonces las 768 líneas que componen la imagen necesitarían dibujarse 60 veces por segundo, lo que tendría como resultado una frecuencia horizontal de 768 líneas por imagen por 60 imágenes por segundo, lo que hace un total de 46.060 líneas por segundo, o una frecuencia de aproximadamente 46KHz. Si se aumentara la velocidad de actualización vertical a 85Hz, entonces la frecuencia horizontal sería 768 por 85 = 65.280, o aproximadamente 65,3KHz. Las cifras reales son técnicamente un poco más altas, 47,8KHz y 68,7KHz respectivamente, porque hay alrededor de un 5 por 100 de carga general, llamada intervalo de blanqueo vertical, que se diseñó originalmente para permitir que el haz de electrones se moviera de la parte inferior de la pantalla otra vez a la superior sin ser visto. Aunque en los monitores LCD no hay haz de electrones, el tiempo de blanqueo todavía se usa por cuestiones de compatibilidad con versiones anteriores y para enviar datos adicionales que no forman parte de la imagen. La cantidad exacta de tiempo de blanqueo horizontal y vertical varía según la resolución y el modo. Está controlada por el estándar CVT de VESA.

Los monitores con conexiones analógicas suelen tener una gama de frecuencias de barrido que controla de manera efectiva las resoluciones máxima y mínima que se pueden mostrar. De las frecuencias horizontal y vertical, para los monitores CRT es más importante la velocidad de actualización vertical porque controla el parpadeo. Una velocidad de actualización demasiado lenta hace que las pantallas CRT parpadeen, algo que perjudica a la vista. Cuanto mayor sea la velocidad de actualización utilizada con un monitor CRT, menos sufrirá su vista mientras mira la pantalla.

Una velocidad de actualización alta evita que aparezca cualquier parpadeo. La velocidad de actualización sin parpadeos varía con el tamaño y la resolución de la configuración del monitor (las resoluciones más grandes y más altas requieren velocidades más elevadas) así como con el individuo, ya que algunas personas son más sensibles que otras. Según mi experiencia, una velocidad de actualización de 75Hz es la mínima que cualquiera debería utilizar con un CRT, especialmente con resoluciones de 1024×768 y superiores. Las velocidades más bajas producen un parpadeo notable, lo que puede ocasionar vista cansada, fatiga y dolores de cabeza.

No obstante, aunque una velocidad de actualización vertical de 75Hz es suficiente para la mayoría, algunas personas necesitan una configuración de hasta 85Hz antes de que la imagen no parpadee realmente. Por esa razón, VESA considera 85Hz la velocidad de actualización óptima para monitores CRT. Puesto que una velocidad de actualización demasiado alta puede reducir el rendimiento de vídeo, al hacer que el adaptador trabaje más para actualizar la imagen más frecuentemente, le recomiendo usar la velocidad de actualización más baja con la que se sienta cómodo.

Nota: *Los fabricantes de CRT utilizaban a menudo el término resolución óptima para referirse a la más alta que soporta un monitor CRT dado al estándar de VESA de 85Hz para una visión sin parpadeos.*

La tabla 10.18 recoge la correlación entre la resolución y las velocidades de actualización. A medida que la resolución y la velocidad de actualización vertical aumentan, también debe hacerlo la frecuencia horizontal. La máxima soportada por el monitor es el factor limitador al seleccionar velocidades de actualización más altas en una resolución dada.

Por ejemplo, supongamos que tiene un monitor CRT que soporta una frecuencia horizontal máxima de 75KHz. Ese monitor podría llegar a una velocidad de actualización de 85Hz en 1024×768, pero sólo llegaría a 60Hz en 1280×1024 o 1600×1200. Ya que el parpadeo en un CRT a 60Hz es inaceptable, usar esas resoluciones es totalmente imposible. Por comparación, un monitor capaz de soportar una frecuencia horizontal de 110KHz podría manejar incluso la resolución más alta de 1600×1200 a una velocidad de actualización de 85Hz, lo que significa que no habría parpadeos. Los monitores CRT de primera ofrecen velocidades de actualización libres de parpadeo a resoluciones más altas. Tenga en cuenta que no puede utilizar velocidades más altas que las soportadas por el monitor y en algunos casos con CRT más antiguos, seleccionar una que exceda la máxima del monitor puede dañar la circuitería del mismo.

Tabla 10.18. *Comparación de velocidades de actualización.*

Resolución	Velocidad de actualización vertical	Velocidad de actualización horizontal*
1024×768	60Hz	47,8KHz
1024×768	75Hz	60,3KHz
1024×768	85Hz	68,7KHz
1280×1024	60Hz	63,7KHz
1280×1024	75Hz	80,3KHz
1280×1024	85Hz	91,5KHz
1600×1200	60Hz	74,5KHz
1600×1200	75Hz	94,1KHz
1600×1200	85Hz	107,2KHz

* Incluye la carga general de blanqueo marcada por CVT de VESA.

Windows soporta la configuración de monitores *Plug and Play* (PnP) si tanto el monitor como el adaptador de vídeo son compatibles con la característica DDC (*Data Display Channel*, Canal de datos de pantalla). Al utilizar la comunicación DDC, Windows puede leer los EDID (*Extended Display Identification Data*, Datos de identificación de pantalla extendidos) de VESA en el monitor y utilizarlos para configurar el controlador gráfico de forma que se corresponda con las capacidades del monitor, como por ejemplo, las velocidades de actualización y las resoluciones soportadas. Así se suele evitar que el usuario seleccione velocidades de actualización que el monitor no puede soportar.

Los monitores LCD no se ven afectados por la velocidad de actualización vertical como los CRT, porque su diseño evita los problemas de parpadeo. LCD utiliza transistores para activar todos los píxeles de la imagen a la vez, en oposición a un haz de electrones de barrido que debe desplazarse de arriba a abajo de la pantalla para crear una imagen. Pero lo que es todavía más importante, los LCD tienen una retroiluminación CCFL (*Cold Cathode Fluorescent Lamp*, Lámpara fluorescente de cátodo frío) o LED (*Light Emitting Diode*, Diodo emisor de luz) que no parpadea (opera de manera continua o a frecuencias muy altas de 200Hz o más). En otras palabras, aunque una configuración de actualización vertical de 60Hz se considera mala para los CRT, es la estándar utilizada por la mayoría de los LCD porque no muestran parpadeos visibles. Aunque la mayoría de éstos puede aceptar velocidades de actualización de hasta 75Hz, en la mayoría de los casos seleccionar velocidades superiores a los 60Hz sólo obligará a la tarjeta de vídeo a trabajar más y no tendrá un efecto real sobre lo que se ve en la pantalla.

***Truco:** Si intenta utilizar una velocidad de actualización superior a la que puede soportar el monitor, es posible que aparezca un mensaje indicando que ha seleccionado una frecuencia fuera de la gama soportada. Si utiliza una tarjeta de vídeo de doble cabezal, tenga en cuenta que algunos modelos no le permiten asignar velocidades de actualización diferentes a cada monitor. Si tiene un monitor CRT y uno LCD conectados a una de esas tarjetas, utilice la velocidad de actualización más alta soportada por los dos monitores (normalmente 75Hz) para minimizar el parpadeo en el CRT.*

Sin entrelazado frente a entrelazado

Algunos monitores y adaptadores de vídeo pueden soportar tanto el modo entrelazado como el modo sin entrelazado. En el primero (convencional), la pantalla se dibuja de arriba abajo, una línea tras otra, completando la pantalla en una pasada. En el modo entrelazado, la pantalla se dibuja en dos pasadas, primero con las líneas impares y después con las pares. Cada pasada tarda la mitad de tiempo que una pasada completa en modo sin entrelazado.

Los primeros monitores CRT de alta resolución usaban el entrelazado para alcanzar sus resoluciones máximas; al igual que con el entrelazado, las frecuencias de barrido horizontal y vertical se cortaban por la mitad. Desgraciadamente, esto suele producir un parpadeo notable en el monitor, así que en la mayoría de los casos conviene evitar el entrelazado cuando sea posible.

Por suerte, la mayoría de los monitores modernos son compatibles con modos sin entrelazado a todas las resoluciones soportadas, evitando así la respuesta lenta de la pantalla y el parpadeo potencial ocasionados por el entrelazado.

***Nota:** El estándar HDTV 1080i es un modo entrelazado que a veces se usa porque requiere la mitad del ancho de banda del modo 1080p (progresivo). Sin embargo, en la mayoría de los casos, no verá ninguna TV de plasma, DLP o LCD que parpadee cuando reciba una señal 1080i. Eso se debe a que por lo general la señal se convierte internamente a una señal progresiva y se escala a la resolución nativa del monitor.*

Contraste y brillo de la imagen

Aunque es una consideración que se aplica tanto a los LCD como a los CRT, el brillo de un monitor es especialmente importante en los paneles LCD, porque puede variar mucho de un modelo a otro. El brillo de los paneles LCD se mide en candelas por metro cuadrado (cd/m^2), lo que también se denomina "nit" (del latín *nitere*, "brillar") y a menudo se abrevia como "nt". Los valores típicos para los paneles de monitores buenos están entre 200 y 450 nits, cuanto más brillante mejor.

El contraste se expresa normalmente como la proporción entre blanco y negro y las relaciones más altas son mejores. Desgraciadamente, hay formas diferentes de realizar las medidas, pero la más importante es la relación de contraste real, que es la relación de lo más brillante a lo más oscuro que puede producirse en un monitor simultáneamente.

A muchos fabricantes de monitores les gusta mostrar en vez de ese dato las relaciones de contraste dinámico, porque se miden a lo largo del tiempo con diferentes configuraciones de brillo de retroiluminación y producen cantidades mucho más grandes. Por ejemplo, un monitor con una relación de contraste real de 1000:1 puede tener también una relación de contraste dinámico de 8000:1 (o superior). Todavía resulta más confuso el hecho de que a muchos fabricantes de monitores les guste asignar sus nombres a relaciones de contraste dinámico. Por ejemplo, Acer lo llama ACM (*Adaptive Contrast Management*, Administración de contraste adaptativo), mientras que ASUS lo llama ASCR (*ASUS Smart Contrast Ratio*, Relación de contraste inteligente ASUS). Le recomiendo que compare los monitores utilizando únicamente la relación real.

Los valores típicos de la relación de contraste real van de 400:1 a 1500:1. Cualquier valor superior indica generalmente una relación de contraste dinámico. Debido a la capacidad del ojo humano, las relaciones de contraste real superiores a 1000:1 ofrecen una diferencia visual casi imperceptible. Una buena combinación de brillo y contraste sería un valor de brillo de 300 nits (o más) junto con una relación de contraste real de 1000:1.

Nota: *Cuando evalúe un monitor de TV LCD, fíjese en las configuraciones de brillo disponibles en modo ordenador y en modo TV. Muchos de estos monitores proporcionan una imagen más brillante en modo TV que en modo ordenador.*

Señalización del gestor de potencia del monitor (DPMS)

Los monitores, como la gran mayoría de los dispositivos de equipos que consumen electricidad, se han diseñado para ahorrar energía cuando y donde sea posible. Prácticamente todos los monitores vendidos en los últimos años han conseguido el logo "Energy Star" de la *Environmental Protection Agency* (EPA) al reducir su consumo a 15 vatios (CRT) o 5 vatios (LCD) o menos cuando están inactivos. Las características de administración de energía del monitor, así como los controles proporcionados en la BIOS del sistema y en las versiones más recientes de Windows, ayudan a los monitores y a otros tipos de dispositivos informáticos a utilizar menos energía.

(DPMS, *Display Power Management Signaling*, Señalización del gestor de potencia del monitor) es una especificación de VESA que define las señales que un equipo envía a un monitor para indicar periodos de inactividad. El sistema operativo decide normalmente cuándo enviar estas señales, dependiendo de la configuración de administración de energía.

La tabla 10.19 recoge el consumo de energía relativo y los estados de las señales de acuerdo con el estado de DPMS seleccionado. Normalmente el monitor se pondrá en modo suspendido después de un periodo de inactividad especificado en las configuraciones de administración de energía del sistema operativo.

Tabla 10.19. *Estados de DPMS.*

Estado	Horizontal	Vertical	Vídeo	Ahorro de energía	Tiempo de recuperación
Encendido	Pulsos	Pulsos	Activo	Ninguno	N/D
En espera	Sin pulsos	Pulsos	En blanco	Mínimo	Corto
Suspendido	Pulsos	Sin pulsos	En blanco	Sustancial	Más largo
Apagado	Sin pulsos	Sin pulsos	En blanco	Máximo	Depende del sistema

Prácticamente todos los monitores CRT con características de administración de energía cumplen los requisitos del programa de etiquetas Energy Star de la EPA, que requiere que el uso de energía en los monitores se reduzca de 100 vatios o más (cuando opera normalmente) a 15 o menos en modo en espera. Los monitores LCD cumplen el estándar *Energy 2000* (E2000), desarrollado en Suiza y mucho más riguroso. E2000 requiere que los monitores utilicen menos de 5 vatios cuando estén en modo en espera. Tenga en cuenta que los monitores LCD utilizan generalmente un tercio menos de energía que los CRT tanto en modo operativo como en espera.

Tecnología LCD

Debido a su peso ligero, su tamaño total más pequeño y su mayor claridad, los paneles LCD han reemplazado a los monitores CRT en prácticamente todas las instalaciones informáticas nuevas. Los de sobremesa utilizan la misma tecnología que apareció por primera vez en los ordenadores portátiles. Comparados con los CRT, los LCD tiene pantallas finas completamente planas y con requisitos de energía bajos (30 vatios frente a los 100 o más de los monitores CRT). La calidad de color de un buen panel LCD de matriz activa puede exceder la de muchos monitores CRT, especialmente cuando se ven de frente.

Funcionamiento de los monitores LCD

En un LCD, los filtros de polarización únicamente permiten el paso de ondas de luz alineadas con el filtro. Después de pasar a través de un filtro de polarización, todas las ondas de luz quedan alineadas en la misma dirección.

Un segundo filtro de polarización colocado en ángulo recto respecto al primero bloquea todas esas ondas. Al cambiar el ángulo del segundo filtro de polarización, puede cambiar la cantidad de luz a la que se permite pasar como corresponda. La función de la celda de cristal líquido es actuar como un filtro de polarización que puede cambiar el ángulo de polarización y controlar la cantidad de luz que pasa. Los cristales líquidos son moléculas diminutas con forma de varilla que fluyen como un líquido. Permiten que la luz pase directamente a través de ellas, pero una carga eléctrica altera su orientación y por consiguiente la orientación de la luz que pasa a través de ellas.

En un LCD a color, hay tres celdas por cada píxel (una para mostrar el rojo, otra para el verde y otra para el azul) con un transistor correspondiente para cada celda. Las celdas roja, verde y azul que forman un píxel se denominan en ocasiones subpíxeles.

Monitores de matriz activa

Los paneles LCD utilizan un tipo de tecnología de matriz activa conocida como TFT (*Thin-Film Transistor*, Transistor de película delgada). TFT es un método para empaquetar de uno (monocromo) a tres (color RGB) transistores por píxel en un material flexible con la misma forma y el mismo tamaño que el monitor. Así, los transistores para cada píxel están directamente detrás de celdas de cristal líquido que controlan.

Actualmente son dos los procesos de fabricación de TFT que se utilizan para la mayoría de los monitores de matriz activa del mercado: silicio amorfo hidrogenado (a-Si) y polisilicio de baja temperatura (p-Si). Estos procesos se diferencian principalmente en el coste. Al principio, la mayoría de monitores TFT se fabricaban utilizando el proceso a-Si porque requería temperaturas más bajas (menos de 400°C) que el proceso p-Si de la época. Ahora, los procesos de fabricación p-Si a temperaturas más bajas hacen que este método sea una alternativa a a-Si económicamente viable.

Para mejorar los ángulos de visión horizontales en los LCD más recientes, algunos fabricantes han modificado el diseño TFT clásico. Por ejemplo, el diseño IPS (*In-Plane Switching*, Conmutación en el mismo plano) de Hitachi, también conocido como STFT, alinea las celdas individuales del LCD paralelas al cristal, llevando la corriente eléctrica por los lados de las celdas y girando los píxeles para proporcionar una distribución más uniforme de la imagen por el área completa del panel. La tecnología Super-IPS de Hitachi también reorganiza las moléculas de cristal líquido en un patrón en zigzag, en vez de la típica organización de filas y columnas, para reducir el cambio de colores y mejorar la uniformidad del color. La tecnología MVA (*Multidomain Vertical Alignment*, Alineación vertical multidominio), que es similar y está desarrollada por Fujitsu divide la pantalla en diferentes regiones y cambia el ángulo de las regiones. Tanto Super-IPS como MVA proporcionan un ángulo de visión más amplio que los monitores TFT tradicionales. Otras empresas tienen nombres diferentes para la misma tecnología. Por ejemplo, Sharp la llama UHA (*Ultra High Aperture*). A los fabricantes les suele gustar inventar sus propias palabras para la misma tecnología para que sus productos parezcan diferentes, pero los resultados producidos son prácticamente los mismos. Ya que los LCD más grandes pueden mostrar cambios en el ángulo de visión incluso para un usuario individual, estas tecnologías más avanzadas suelen utilizarse en paneles más grandes y más caros.

Ventajas de los paneles LCD

Los monitores LCD ofrecen varias ventajas en comparación con los monitores de tubos de cristal CRT tradicionales. Puesto que los LCD utilizan direccionamiento directo del monitor (cada píxel de la imagen se corresponde con un transistor), producen una imagen de alta precisión. Los LCD no tienen los problemas habituales de los monitores CRT de distorsión en barril o acerico, ni experimentan errores de convergencia (halos alrededor de los bordes de los objetos que aparecen en la pantalla).

Resulta más barato utilizar paneles LCD que CRT porque consumen menos energía y acumulan mucho menos calor. Puesto que las unidades LCD no tienen un CRT, no hay que preocuparse por emisiones ELF o VLF electromagnéticas. Aunque los LCD ofrecen un tiempo medio entre fallos (MTBF, *Mean Time Between Failures*) comparable al de los monitores CRT, el principal motivo de fallos en los LCD es el inversor o la retroiluminación, que en algunos modelos puede ser relativamente barata de reemplazar. Los fallos en CRT implican normalmente al tubo de imagen, que es la parte más cara del monitor y a menudo no resulta rentable sustituirla.

Los paneles LCD ofrecen una huella (dimensiones desde la parte delantera a la trasera) mucho más pequeña y algunos permiten montaje opcional en pared o de pie. Las pantallas LCD también pesan bastante menos que las CRT del mismo tamaño. Por ejemplo, un LCD de 17" pesa menos de 5 kilos, en comparación con los 23 que pesa un CRT de 19" con área de visión similar.

Inconvenientes potenciales de los paneles LCD

Aunque los monitores LCD han sustituido casi totalmente a los CRT en los sistemas nuevos, hay algunos inconvenientes a tener en cuenta:

- Los paneles LCD de alta calidad funcionan muy bien para mostrar gráficos y texto nítidos, pero a veces no pueden mostrar una variedad amplia de colores muy claros y muy oscuros, cosa que sí pueden hacer los CRT.
- Muchos LCD no reaccionan ante los cambios en las imágenes que se muestran tan rápido como los CRT. Esto puede hacer que el vídeo de movimiento completo, los juegos 3D de pantalla completa y la animación aparezcan movidos en la pantalla. Para evitar este problema, busque LCD que ofrezcan un tiempo de respuesta de gris a gris de 5ms o más rápido. Algunos LCD actuales tienen tiempos de respuesta de gris a gris inferiores a 2ms (cuanto más bajo sea el número, mejor). Tenga en cuenta que los fabricantes de LCD utilizan varios métodos para medir el tiempo de respuesta, incluyendo negro a blanco. Los tiempos de respuesta de gris a gris son más cortos que los tiempos de respuesta de negro a blanco en un hardware idéntico.
- Aunque los monitores LCD recientes ofrecen ángulos de visión más amplios (hasta 170° o más en horizontal y hasta 120° en vertical), un CRT sigue siendo superior en cuanto a la amplitud de los ángulos de visión.

Criterios de selección de un monitor LCD

A la hora de seleccionar un monitor LCD, le recomiendo que tenga en cuenta los siguientes criterios:

- Los monitores LCD funcionan al mejor nivel únicamente con su resolución nativa y puede haber mucha diferencia en el modo en que escalan a resoluciones más bajas. Puesto que las más bajas producen textos e iconos más pequeños, no compre un monitor con una resolución más alta que la que puede ver o utilizar fácilmente. Los monitores LCD varían mucho en el modo de escalar desde resoluciones nativas a alternativas, así que debería evaluar el panel tanto en su resolución nativa como en otras que piense utilizar.
- Para los monitores más grandes que soportan resoluciones más altas, utilizar una conexión analógica VGA producirá una imagen de mala calidad. En ese caso, le conviene utilizar una conexión digital, lo que significa que tanto el adaptador de vídeo como el monitor necesitan tener conexiones digitales compatibles como DisplayPort, DVI, o HDMI.
- Los LCD tienen tiempos de respuesta más bajos que la mayoría de CRT. Para conseguir un buen rendimiento con juegos, vídeo y animación, fíjese en que los tiempos de respuesta de gris a gris sean de 5ms o más rápidos.
- Los monitores LCD tienen ángulos de visión menores que los CRT. Éste puede ser un factor importante a tener en cuenta si está pensando en utilizar su monitor LCD para presentaciones. Para mejorar el área de visión horizontal, muchos fabricantes han desarrollado mejoras patentadas para el monitor TFT básico, como IPS de Hitachi, MVA de Fujitsu y FFD de Mitsubishi. Otros fabricantes de LCD importantes tienen permisos para producir la mayoría. Si necesita un ángulo de visión más amplio, busque monitores LCD que utilicen estas tecnologías para obtener ángulos de visión horizontal de 170° o más.
- Una relación de contraste alto (diferencia de luminancia entre el blanco y el negro) conlleva un texto más nítido y colores vívidos. Busque relaciones de contraste real de 1000:1 o más.
- Las características opcionales como los concentradores USB, las Webcams y los altavoces integrados están disponibles en muchos monitores.

Tecnología de los monitores CRT

La tecnología CRT es la misma utilizada en los aparatos de televisión antiguos. En los últimos años, los CRT han empezado a escasear en las tiendas, debido principalmente a la disponibilidad de LCD de bajo coste.

Estos monitores constan de un tubo de vacío rodeado de cristal. Un extremo del mismo contiene un ensamblaje de cañón de electrones que proyecta tres haces, uno para cada sustancia fosforescente roja, verde y azul utilizada para crear los colores que se ven en la pantalla; el otro extremo contiene una pantalla con un revestimiento de fósforo.

Al calentarse, el cañón emite un flujo de electrones de alta velocidad que son atraídos hacia el otro extremo del tubo. Por el camino, una bobina desviadora o de control del haz eléctrico conduce el haz a un punto específico de la pantalla de fósforo. Al ser alcanzado por el haz, el fósforo brilla. Esta luz es lo que se ve cuando se observa la televisión o se mira la pantalla de un ordenador. Hay tres capas de sustancias fosforescentes: roja, verde y azul. Para alinear los haces de electrones se utiliza un plato de metal llamado máscara de sombra; tiene ranuras y orificios que dividen las sustancias fosforescentes en grupos de tres (uno de cada color).

Los monitores basados en tubos de imagen Sony Trinitron o Mitsubishi DiamondTron utilizaban una máscara de tipo de rejilla de apertura para separar las sustancias fosforescentes roja, verde y azul, lo que producía franjas de píxeles cuadrados en una organización lineal, similar a un LCD.

Los monitores ChromaClear de NEC utilizaban una variación en la rejilla de apertura llamada máscara de ranuras, que es más brillante que los monitores con máscara de sombra estándar y más estable mecánicamente que los monitores basados en rejilla de apertura. Esto tenía como resultado una organización de píxeles escalonados.

Hay varios tipos de máscaras de sombra que afectan a la calidad de la imagen y la distancia entre cada grupo de tres (que es el paso de punto o de píxel) afecta a la nitidez de la imagen.

La figura 10.21 muestra en interior de un CRT típico.

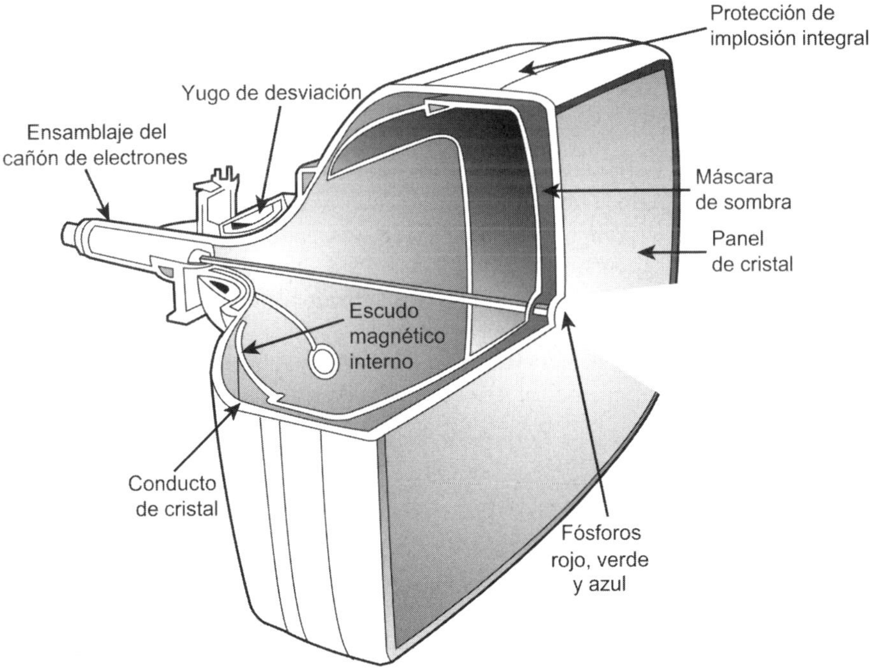

Figura 10.21. *El típico monitor CRT es un gran tubo de vacío que contiene tres cañones de electrones (rojo, verde y azul) para proyectar la imagen hacia el cristal frontal de la pantalla. Se emplea un voltaje alto para producir el magnetismo que controla los haces de electrones que crean la imagen reproducida en la parte delantera del CRT.*

El fósforo tiene una cualidad llamada persistencia, que indica el tiempo que permanece este brillo en la pantalla; es lo que hace que una imagen tenue se mantenga en el televisor unos segundos después de haberlo apagado. El análisis de frecuencia vertical (también llamado frecuencia de actualización) de la pantalla especifica la cantidad de veces por segundo que se actualiza la imagen. La relación persistencia-frecuencia de actualización debe ser buena para que la imagen no parpadee tanto (lo que ocurre si la persistencia es demasiado baja) ni haya imágenes fantasma (cuando la persistencia es demasiado elevada).

El haz de electrones se mueve muy deprisa, barriendo la pantalla de izquierda a derecha en líneas de arriba a abajo, en un patrón denominado trama. La tasa de análisis horizontal se refiere a la velocidad a la que el haz de electrones se mueve lateralmente por la pantalla, medida por la cantidad de líneas dibujadas por segundo.

Durante el barrido, el haz alcanza al fósforo en el lugar en que debería aparecer una imagen en pantalla. La intensidad del rayo también varía para producir distintos niveles de brillo. Ya que dicho brillo empieza a desvanecerse casi de inmediato, el haz de electrones debe seguir barriendo la pantalla para mantener la imagen; esto es lo que se conoce como redibujar o actualizar la pantalla.

Debido a los fósforos de baja persistencia utilizados en los monitores CTR de PC, la mayoría tienen una frecuencia de actualización ideal de 85Hz, lo que significa que la pantalla se actualiza 85 veces por segundo. Las frecuencias de actualización demasiado bajas hacen que la pantalla parpadee y castigan la vista.

Tubos de imagen curvos frente a planos

Las pantallas CRT se presentan en dos estilos principales: curva y plana. Los monitores CRT más antiguos tienen un tubo de imagen curvo que sobresale por el centro de la pantalla. Aunque la producción de este tipo de CRT es más económica, la superficie curvada puede producir distorsión y deslumbrar, sobre todo cuando se usa en una habitación muy iluminada. Algunos fabricantes utilizan tratamientos antideslumbramiento para reducir la reflectancia de este tipo de superficie CRT.

La pantalla tradicional está curvada vertical y horizontalmente. Algunas sólo lo están en horizontal y son planas en vertical; estos diseños se denominan FST (*Flat Square Tube*, Tubo plano y cuadrado).

Emisiones (CRT)

Una desventaja de los monitores de CRT es que generan campos electromagnéticos. Varios estudios médicos señalan que las emisiones electromagnéticas pueden ser perjudiciales para la salud, causando problemas como abortos, malformaciones y cáncer. No es un riesgo muy elevado, pero aumenta si se pasa más de la tercera parte del día delante de un monitor CRT.

La cuestión es que las emisiones en frecuencia muy baja y extremadamente baja pueden afectar al organismo. Estas emisiones adoptan dos formas: eléctrica y magnética. Algunos investigadores indican que las emisiones magnéticas de frecuencia extremadamente baja son más peligrosas que las otras porque interactúan con la actividad eléctrica de las células corporales. Los monitores no son los únicos culpables; las mantas eléctricas y los cables también producen este tipo de emisiones.

Nota: *Las frecuencias muy baja y extremadamente baja son una forma de radiación electromagnética; consisten en frecuencias inferiores a las utilizadas por una emisión de radio normal.*

La tabla 10.20 recoge los estándares establecidos para regular las emisiones y otros aspectos de la operación del monitor. Aunque estos estándares nacen de unas organizaciones suecas, están reconocidos y aprobados en todo el mundo.

Tabla 10.20. *Estándares de emisiones de monitor.*

Nombre del estándar	Establecido por	Fecha	Regula	Observaciones
MPR I	SWEDAC[1]	1987	Emisiones de los monitores	Sustituido por MPR II.
MPR II	SWEDAC[1]	1990	Emisiones de los monitores	Añadía máximos para las frecuencias muy baja y extremadamente baja; es el estándar mínimo para los monitores recientes.
TCO[2]	TCO[2]	1992	Emisiones de los monitores	Con límites más estrictos que los de MPR- II.

[1] *Swedish Board for Accreditation and Conformity Assessment.*
[2] Abreviatura del nombre original de la Confederación sueca de empleados profesionales.

En la actualidad, prácticamente todos los monitores CRT del mercado soportan estándares TCO. Si utiliza un monitor antiguo que no cumple con los estándares TCO, puede tomar otras medidas para protegerse. Lo más importante es mantenerse a 72 centímetros aproximadamente del monitor; a esa distancia, los niveles de emisión magnética de frecuencia extremadamente baja se reducen a los de la típica lámpara fluorescente de oficina. Además, las emisiones del monitor son más débiles en la parte delantera, así que manténgase a un metro de los laterales y las partes traseras de los monitores cercanos. Tenga en cuenta que, dado que las pantallas de plasma y LCD no utilizan cañones de electrones ni imanes, no producen estas emisiones.

Tecnología de pantalla de plasma

Las pantallas de plasma tienen una larga historia con los PC. A finales de los ochenta, IBM desarrolló una pantalla de plasma monocroma que reproducía texto y gráficos naranjas sobre un fondo negro.

IBM utilizó una versión de 10 pulgadas de esta pantalla de gas en sus sistemas portátiles P70 y P75, presentados en 1988.

A diferencia de aquellas primeras pantallas de plasma monocromas de IBM, las actuales pueden reproducir color de 24 o 32 bits. Las pantallas de plasma producen la imagen empleando gas cargado eléctricamente (plasma) para iluminar tríos de fósforos rojo, verde y azul, véase la figura 10.22.

Los electrodos de reproducción y dirección crean una rejilla que permite la dirección a cada píxel individual. Ajustando las diferencias de carga entre estos electrodos para cada trío de supbíxeles, la fuente de la señal controla la imagen.

Las pantallas de plasma normales oscilan entre las 42 y las 50 pulgadas. Dado que están diseñadas principalmente para su uso con DVD, TV o fuentes de vídeo HDTV, su tamaño está más optimizado para vídeo que para ordenador.

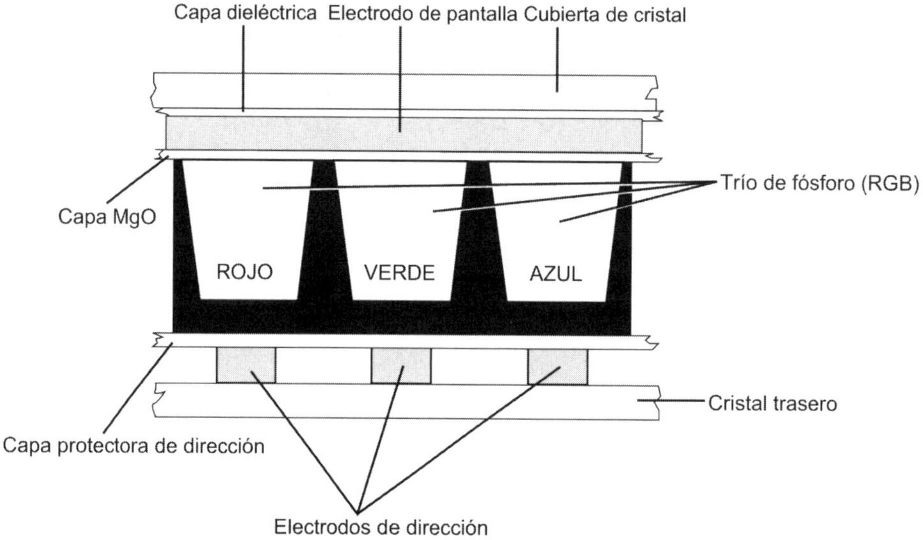

Figura 10.22. *Sección transversal de una pantalla de plasma típica.*

Proyectores LCD y DLP

Originalmente, los proyectores de datos estaban pensados para usar en salas de juntas y aulas. Sin embargo, con el auge de los sistemas Home Theater, la creciente popularidad del teletrabajo y las considerables reducciones de precios y mejoras de la tecnología, los proyectores portátiles se están convirtiendo en una alternativa cada vez más sólida a los televisores panorámicos y las pantallas de plasma.

Las tecnologías empleadas en la construcción de proyectores de datos son éstas:

- Pantalla de cristal líquido (LCD, *Liquid Crystal Display*).
- Procesamiento digital de luz (DLP, *Digital Light Processing*).

En lugar de usar tríos de subpíxeles en una pantalla plana o LCD portátil, los proyectores LCD funcionan separando la luz blanca en longitudes de onda roja, verde y azul y dirigiendo cada una a través del correspondiente panel LCD. Los píxeles de cada panel se abren o cierran según las señales recibidas de la fuente (ordenador, DVD o reproductor de vídeo) y se combinan en una sola imagen RGB que se proyecta en la pantalla. Hay que usar una lámpara de proyección relativamente caliente para proyectar imágenes LCD, así que estos proyectores requieren un tiempo de refrigeración antes de poder guardarse.

La otra tecnología principal para proyectores de presentación y Home Theater emplea la tecnología DLP, de Texas Instruments. Los proyectores DLP utilizan una combinación de una rueda de color que gira rápidamente y una cadena de pequeños espejos controlada por microprocesador conocida como dispositivo de microespejos digitales (DMD, *Digital Micromirror Device*). Cada espejo de una DMD se corresponde con un píxel y refleja luz hacia o desde las ópticas del proyector. Dependiendo de la frecuencia con la que cambien los espejos, la imagen varía de blanco (siempre encendida) a negro (nunca encendida) pasando por hasta 1.024 sombras grises. La rueda de color proporciona datos para completar la imagen proyectada. En comparación con los proyectores LCD, los DLP son más compactos y ligeros y se enfrían más deprisa después de usarse. Aunque los proyectores DLP eran originalmente más caros que los LCD, ahora tienen más o menos el mismo precio. Los proyectores más modernos también soportan resoluciones HDTV de 720p y 1080i, lo que permite que un mismo proyector funcione como PC y como pantalla de TV. La figura 10.23 muestra la creación de una imagen en un proyector DLP.

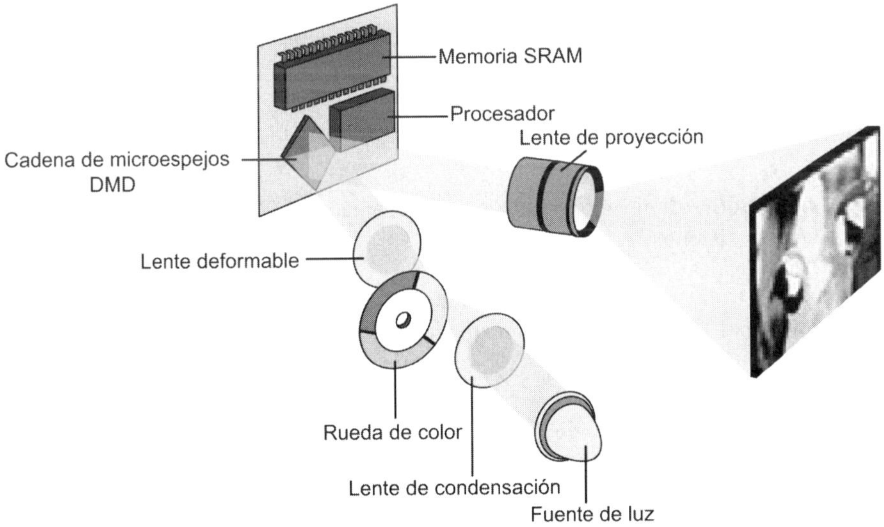

Figura 10.23. *Funcionamiento de un proyector DLP.*

Los primeros proyectores DLP utilizaban una sencilla rueda de tres colores (RGB). Sin embargo, los modelos más recientes usan una rueda de cuatro (RGB y limpio) o seis (RGBRGB) segmentos) para mejorar la calidad de la imagen.

> **Nota:** *Para más información sobre el procesamiento digital de luz, visite el correspondiente sitio Web de Texas Instruments, en* `www.dlp.com`.

Utilización de múltiples monitores

Una de las cosas más útiles que se puede hacer para aumentar la usabilidad y productividad de un PC es conectar varios monitores. Los monitores adicionales ofrecen más espacio de pantalla para ejecutar múltiples aplicaciones simultáneamente. Cuando configuramos un ordenador para el uso de múltiples monitores, el sistema operativo crea un escritorio virtual, es decir, una pantalla que existe en la memoria de vídeo y combina todo el espacio de pantalla de los monitores conectados. Esta configuración se utiliza para mostrar varias partes del escritorio virtual, colocando las ventanas abiertas para cada aplicación en monitores separados y pasando de unas a otras con total libertad.

Aunque se puede tener tres o más monitores, la simple adición de un segundo puede ser suficiente para mejorar la productividad informática. Por ejemplo, podría dejar un cliente de correo electrónico o un procesador de texto maximizado en un monitor y usar el otro para navegación Web, búsqueda de documentos, etc.

El uso de múltiples monitores requiere una señal de vídeo independiente para cada uno, que puede conseguirse mediante alguno de estos métodos:

- **Dualview:** Un solo adaptador gráfico con dos salidas de vídeo, también conocido como adaptador gráfico de dos cabezas.
- **Adaptadores homogéneos:** Dos o más adaptadores gráficos que utilizan el mismo controlador.
- **Adaptadores heterogéneos:** Dos o más adaptadores gráficos que emplean controladores distintos.

Cuando se instalan varios adaptadores de vídeo, el sistema identifica uno de ellos como el principal. En ocasiones este adaptador principal se denomina adaptador VGA y es el que muestra las pantallas de POST y configuración de la BIOS. Es una función de la placa base y su BIOS.

La mayoría de las BIOS modernas permiten elegir el adaptador de pantalla principal en el programa de configuración. Normalmente, las opciones son Onboard (Integrado), PCI o PCIe (PCI Express). Para PCI y PCIe, si hay instalados varios adaptadores, el principal será el que se encuentra en la ranura con mayor prioridad.

Si la BIOS no permite seleccionar el dispositivo que debería ser el principal, lo decide basándose únicamente en la prioridad de los buses y/o ranuras del equipo. Dependiendo de la BIOS que utiliza el sistema, puede que haya que buscar por distintos lugares la opción para seleccionar el adaptador de pantalla principal; sin embargo, en la mayoría de los casos estará en el menú Video Configuration (Configuración de vídeo).

Dualview

La mayoría de las tarjetas de vídeo antiguas sólo tienen una salida; no obstante, muchas de las nuevas incluyen dos. A excepción de los portátiles, lo mismo se aplica a los adaptadores de vídeo de la mayoría de las placas base. Los portátiles casi siempre han contado con adaptadores gráficos Dualview, mientras que la mayoría de las placas base para sobremesa no lo hacían hasta hace poco.

Es mejor usar una tarjeta Dualview que dos tarjetas separadas porque así sólo se utiliza una ranura y se consumen menos recursos del sistema e incluso menos energía. Los tipos de salida de vídeo de las tarjetas de dos cabezas pueden variar, así que escoja una que tenga los que necesita o unos que se puedan cambiar mediante adaptadores. Las salidas digitales como DVI y DisplayPort son las más convenientes porque pueden convertirse a otro tipo con adaptadores económicos.

Microsoft asegura que solamente Windows XP y versiones posteriores soportan la operación Dualview, pero con el soporte de controlador adecuado, también es posible utilizar adaptadores de esta clase en Windows 98/Me y 2000. Si usa un sistema operativo más antiguo, no extienda el escritorio al segundo monitor; intente actualizar el controlador a la versión más reciente.

Adaptadores homogéneos

La mejor solución para hacer funcionar varios adaptadores gráficos en un solo sistema es asegurarse de que son homogéneos. Esto significa que usan el mismo controlador, lo que implica que deben tener *chipsets* del mismo fabricante (como ATI o NVIDIA) y de familias compatibles dentro de esa marca. El uso de múltiples monitores es posible en Windows 98/Me (hasta nueve pantallas) y en Windows 2000 y posteriores (hasta 10) utilizando una combinación de adaptadores simples o Dualview. La instalación es sencilla, ya que sólo se necesita un controlador para todos los adaptadores y monitores.

Dado que ATI y NVIDIA utilizan una arquitectura unificada para soportar sus líneas de productos actuales, podemos usar dos (o más) tarjetas basadas en ATI o en NVIDIA para crear una configuración homogénea con múltiples monitores. Las tarjetas específicas e incluso los *chipsets* pueden ser distintos, siempre y cuando utilicen el mismo controlador.

Adaptadores heterogéneos

Los adaptadores heterogéneos son los que utilizan *chipsets* de distintos fabricantes o de familias incompatibles del mismo productor, lo que implica por consiguiente controladores distintos.

Los sistemas operativos entre Windows 98 y Windows XP y Windows 7 y posteriores soportan estos adaptadores, pero Windows Vista no lo hace porque Microsoft introdujo un nuevo modelo de controlador gráfico denominado WDDM (*Windows Display Driver Model*) 1.0, y sus controladores tan sólo soportan adaptadores homogéneos (varios adaptadores gráficos que utilizan el mismo controlador). Esto significa que, por ejemplo, no se puede emplear en un mismo sistema una GPU ATI y una NVIDIA (ni cualquier otra combinación de GPU con distintos controladores) cuando se utilizan controladores WDDM 1.0. En Windows 7, Microsoft introdujo WDDM 1.1, que incluye soporte para adaptadores heterogéneos junto con muchas otras mejoras.

Nota: *Es posible utilizar adaptadores heterogéneos en Vista si se instala controladores Windows XPDM (*XP Driver Model*) en lugar de WDDM (*Windows Display Driver Model*) 1.0. Sin embargo, la instalación de controladores XPDM en Vista deshabilita el soporte de DirectX 10 y la interfaz gráfica Aero. Además, si intentamos ejecutar controladores XPDM y WDDM en el mismo sistema, obtendremos un error de incompatibilidad y se deshabilitará el adaptador secundario.*
Para obtener más información acerca de las limitaciones de soporte de múltiples monitores en Windows Vista, consulte `www.microsoft.com/whdc/device/display/multimonVista.mspx`.

Dispositivos de captura de vídeo

En realidad, capturar y grabar vídeo de fuentes externas y guardar los archivos en el PC requiere un dispositivo de captura de vídeo denominado tarjeta de captura, sintonizador de TV, digitalizador de vídeo o capturador de vídeo.

Nota: *En este contexto, la nomenclatura técnica vuelve a resultar confusa, puesto que el término vídeo tiene aquí su connotación habitual; es decir, se refiere a la reproducción de imágenes en movimiento en el monitor del PC. A la hora de evaluar hardware de vídeo, hay que distinguir entre dispositivos que capturen imágenes fijas de una fuente de vídeo y aquellos que capturan transmisiones de vídeo en movimiento.*

Actualmente, las fuentes de vídeo adoptan dos formas:

- Analógica.
- Digital.

El vídeo analógico se puede capturar desde fuentes tradicionales, como retransmisiones televisivas, TV por cable, VCR y videocámaras con VHS o bien estándares de cinta similares. Este proceso exige mucho más espacio de almacenamiento y rendimiento del sistema que las imágenes fijas.

La típica pantalla de ordenador se diseñó para reproducir imágenes estáticas principalmente. El almacenamiento y la recuperación de estas imágenes requieren la administración de archivos enormes. Por ejemplo, si una sola imagen en color a tamaño de pantalla completa en formato sin comprimir requiere al menos 2MB de espacio en disco, un vídeo de un segundo requeriría 45MB. Además, cualquier transmisión de vídeo que se quiera capturar para utilizar en el PC debe convertirse de señal analógica NTSC a señal digital para que pueda usarla el ordenador. Y por si fuera poco, la señal de vídeo tiene que entrar en el ordenador a 10 veces la velocidad de la estructura de bus ISA convencional. No sólo hará falta una tarjeta de vídeo y un monitor de primera calidad, sino que además necesitaremos un bus de expansión excelente, como PCI Express o AGP.

Teniendo en cuenta que la imagen en movimiento puede consumir cantidades masivas de espacio en disco, queda de manifiesto la necesidad de la compresión de datos. La compresión y descompresión se aplica tanto al vídeo como al sonido. Un archivo comprimido ocupa menos espacio y ofrece mejor rendimiento sencillamente porque hay menos datos que procesar. Cuando se va a reproducir el vídeo/audio, la aplicación descomprime el archivo. En cualquier caso, si se va a trabajar con vídeo, hay que asegurarse de que el disco duro es suficientemente grande y rápido como para manejar los archivos gigantes que pueden generarse.

Los programas y dispositivos de compresión/descompresión se denominan códec y existen dos tipos: los códec dependientes del hardware y los de software (o independientes del hardware). Por lo general, los de hardware funcionan mejor, pero requieren hardware adicional, como una tarjeta complementaria o una tarjeta de vídeo de gama alta con los códec de hardware integrados. Los de software no requieren hardware para compresión ni reproducción, pero normalmente no ofrecen la misma calidad ni tasa de compresión. He aquí dos de los principales algoritmos de códec:

- **JPEG:** (*Joint Photographic Experts Group*, Grupo de expertos en fotografía unidos). Originalmente desarrollado para imágenes fijas, JPEG puede comprimir y descomprimir a unas velocidades aceptables para imágenes prácticamente en movimiento (30 fps). JPEG usa una serie de imágenes fijas, lo que facilita la edición. JPEG suele perder grandes cantidades de datos durante el proceso de compresión, lo que disminuye ligeramente la calidad de la imagen, pero no siempre lo hace. La compresión JPEG funciona eliminando datos redundantes para cada imagen individual (*intraframe*). La eficiencia de la compresión es de aproximadamente 30:1 (20:1–40:1).
- **MPEG:** (*Motion Picture Experts Group*, Grupo de expertos en imágenes en movimiento). MPEG por sí mismo comprime vídeo a una proporción aproximada de 30:1, pero si cuenta con precompresión mediante sobremuestreo, esta proporción puede ampliarse a 100:1 o incluso más, manteniendo una calidad buena. Así pues, el resultado de la compresión MPEG son vídeos mejores y más rápidos que requieren menos espacio de almacenamiento. MPEG es un compresor *interframe*. Dado que MPEG almacena tan sólo cambios incrementales, no se utiliza en fases de edición.

Si va a capturar o comprimir vídeo en su ordenador, necesitará software basado en estándares como DirectShow de Microsoft (sucesor de Vídeo para Windows y ActiveMovie),

Windows Vista y Microsoft Media Foundation, la serie Real Producer de Real Network o QuickTime Pro de Apple. Puede descargar de modo gratuito los reproductores de archivos creados con estas tecnologías en los sitios Web de los fabricantes.

Para reproducir o grabar vídeo analógico en un PC multimedia (MPC), se necesita hardware y software adicional:

- Software de sistema de vídeo, por ejemplo el Reproductor de Windows Media de Microsoft QuickTime para Windows de Apple.
- Un adaptador de vídeo de compresión/digitalización que permita digitalizar y reproducir archivos de vídeo grandes. Cuando se graba un archivo de animación, se puede guardar en diversos formatos, como AVI (*Audio Video Interleave*, Audio y vídeo intercalado), MPG (formato de MPEG) o MOV (Apple QuickTime).
- Un adaptador de salida de TV o vídeo que conecte el sistema a un VCR, reproductor de discos o televisor estándar.

Dependiendo del producto de captura de vídeo utilizado, hay varias opciones para capturar vídeo analógico. Lo mejor es usar un vídeo componente con tres receptáculos de tipo RCA que llevan la luminancia (Y) y dos señales de crominancia (PR y PB). Este tipo de conector suele encontrarse en los reproductores de DVD y televisores HDTV convencionales o de gama alta. Sin embargo, la mayoría de dispositivos de captura de vídeo domésticos no suelen soportar vídeo componente. La segunda mejor opción, compatible con muchos dispositivos de captura domésticos, es el conector Svideo (S-VHS). Este cable transmite señales aparte para color (croma) y brillo (luma). Otra opción es usar vídeo compuesto, que mezcla luma y croma. El resultado es una calidad de señal más baja y cuanto mejor sea la señal, mejor será la calidad del vídeo.

Para capturar señales de TV, utilice un sintonizador de televisión con capacidades DVR (*Digital Video Recorder*, Grabación de vídeo digital). Estos dispositivos se conectan a un puerto USB o una ranura de tarjeta PCI o PCI-Express y contienen uno o varios sintonizadores de TV. Algunos sintonizadores incluyen software DVR que permite grabar TV en vivo en el disco duro y detener una retransmisión. También se puede usar las características DVR integradas en Windows Media Center. Si desea usar DVR, busque dispositivos que incluyan (o soporten) mando a distancia y acceso a una guía de programas de TV.

La televisión digital actual (DTV) requiere sintonizadores de TV que soporten señales digitales ATSC (*Advanced Television Systems Committee*, Comité de sistemas avanzados de televisión), que incluyen tanto señales estándar como HDTV. Los dispositivos que soportan Clear QAM permiten la grabación de señales HDTV de cable descifradas y algunos soportan también los dispositivos CableCARD utilizados por muchos proveedores de TV por cable para la recepción de contenido HDTV Premium.

Nota: *La mayor parte de los sintonizadores de televisión más antiguos solamente soportan recepción analógica, que ya no se utiliza en la mayoría de los mercados. Cerciórese de que cualquier sintonizador que adquiera soporte DTV, también conocida como televisión digital ATSC.*

La característica Windows Media Center puede usar sintonizadores de TV con controladores Windows para grabar TV en vivo, pausar y reproducir en el PC y otros dispositivos domésticos. Algunos sintonizadores también pueden capturar señales de S-video y vídeo compuesto, lo que permite usar un solo dispositivo para capturar vídeo de la TV y de VCR o videocámaras analógicas.

La figura 10.24 muestra una tarjeta de captura de vídeo típica con un sintonizador de TV PCI-Express: la ATI TV Wonder 650 PCI-Express de AMD. Este ejemplo presenta una interfaz PCI-Express x1, pero otras tarjetas sintonizadoras utilizan la interfaz PCI.

Cada tipo de dispositivo de captura de vídeo tienen sus ventajas y desventajas. La tabla 10.21 contiene un resumen que le ayudará a decidir la mejor solución.

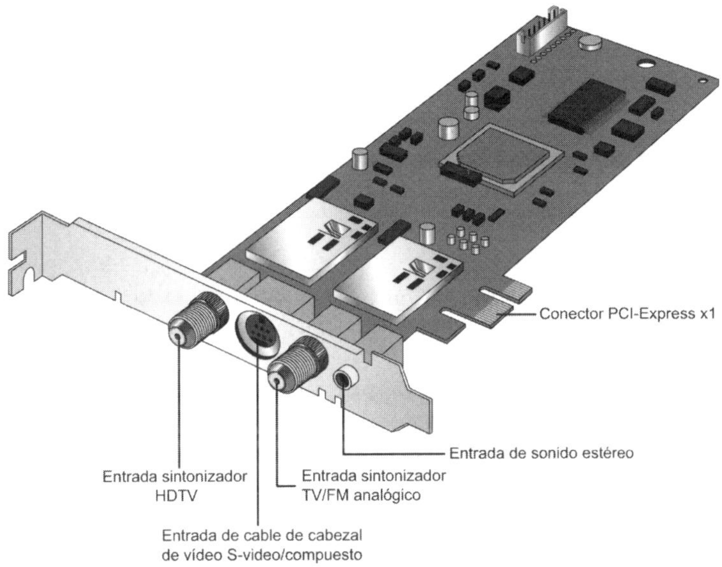

Figura 10.24. *Se conecta a la ranura PCI-Express x1 y proporciona TV analógica, radio FM, S-video, vídeo compuesto, sonido estéreo y entradas HDTV. También incluye un cable AV de entrada multicabezal y un mando a distancia. (Imagen publicada por cortesía de Advanced Micro Devices.)*

Tabla 10.21. *Comparación de dispositivos de captura de vídeo.*

Tipo de dispositivo	Pros	Contras
Tarjeta gráfica con sintonizado y captura de TV integrados	Comodidad; solución en una sola ranura.	La actualización requiere la sustitución de la tarjeta. Las GPU más recientes de ATI y NVIDIA no son compatibles.
Tarjeta sintonizadora de TV	Permite la actualización a tarjetas gráficas existentes; puede pasarse a modelos más recientes.	Las versiones basadas en PCI podrían no soportar los últimos estándares HDTV; las versiones PCI-Express no son compatibles con sistemas más antiguos.

Tipo de dispositivo	Pros	Contras
Conexión de puerto USB	Fácil instalación y transferencia entre distintos equipos; los dispositivos que son compatibles con USB 2.0/3.0 son suficientemente rápidos para vídeo de alta calidad.	Hay que usar un puerto USB 2.0 o 3.0 para un rendimiento adecuado. Algunos dispositivos no soportan la codificación de hardware.
IEEE 1394 (FireWire)	No hay conversión de analógico a digital; alta calidad de imagen sin artefactos de compresión; puede usarse para transferencias analógicas mediante videocámara DV con paso de vídeo analógico.	Requiere un puerto y una conexión IEEE 1394 a vídeo digital; se instala en una ranura PCI (sobremesa) o una ranura CardBus o ExpressCard (portátiles); no es compatible con fuentes de TV analógicas. Puede requerir la compra de software aparte para capturar vídeo.

Solucionar problemas de vídeo y mantenimiento

Solucionar la mayoría de los problemas con el monitor y el adaptador de gráficos es bastante sencillo, puesto que reemplazar el adaptador o el monitor es el procedimiento habitual.

A excepción de los adaptadores CAD especializados y los orientados a estaciones de trabajo, prácticamente todos los adaptadores actuales son más caros de mantener que de cambiar y no siempre está disponible la documentación necesaria para reparar el hardware correctamente. Por lo general, no es posible obtener diagramas esquemáticos, listas de partes, diagramas de conexión y otros documentos para la mayoría de los adaptadores y monitores. Sin embargo, antes de dar este paso, asegúrese de haber agotado todas sus opciones.

Recuerde también que muchos de los problemas que puede encontrar con los monitores y adaptadores de vídeo modernos están más relacionados con los controladores de estos dispositivos que con el hardware. Asegúrese de que dispone de los controladores adecuados y más recientes antes de intentar una reparación de hardware; puede que ya haya alguna solución disponible.

Solucionar problemas con controladores y tarjetas de vídeo

Problema

El monitor funciona cuando se inicia y en la configuración de la BIOS, pero no funciona en Windows.

Solución

Si tiene una imagen aceptable durante el inicio o cuando está en la configuración de la BIOS, pero no hay imagen en Windows, lo más probable es que tenga instalado un controlador de vídeo incorrecto o dañado. Inicie Windows en Modo seguro (que utiliza el controlador `vga.sys` suministrado por Microsoft) o habilite modo VGA (que emplea el controlador actual con configuración de resolución VGA). Si el modo seguro o VGA funciona, consiga un controlador correcto o actualizado para la tarjeta de vídeo y vuelva a instalarla.

Si ha aplicado *overclocking* a su tarjeta con una utilidad proporcionada por el fabricante o de terceros, puede que haya configurado una velocidad demasiado rápida. Reinicie el sistema en Modo seguro y reestablezca la tarjeta para que funcione a la velocidad predeterminada.

Si ha ajustado la velocidad de las ranuras AGP/PCI/PCI-Express en el programa de configuración de la BIOS, reinicie el sistema, inicie BIOS Setup y reestablezca las ranuras para que funcionen a la velocidad normal.

Problema

No es posible seleccionar la profundidad de color ni la combinación de resolución deseadas.

Solución

Compruebe que la tarjeta está identificada correctamente en Windows y que la memoria de la misma funciona bien. Utilice el software de diagnóstico proporcionado por el fabricante de la tarjeta o el *chipset* para probar la memoria. Si el hardware funciona correctamente, busque controladores nuevos. Utilice los del vendedor en vez de los proporcionados por Windows.

Problema

No se puede seleccionar la velocidad de actualización de pantalla deseada.

Solución

Verifique que el adaptador de vídeo y el monitor tienen instalados los controladores más recientes y están correctamente identificados en Windows. Si fuera necesario, consiga controladores actualizados para el adaptador y la pantalla.

Problema

No se puede ajustar la configuración de OpenGL o Direct3D (DirectX).

Solución

Instale los controladores más actuales del vendedor de la tarjeta gráfica o el *chipset* en lugar de utilizar los incluidos en Windows. Los controladores estándar de Microsoft a menudo no incluyen 3D ni otros cuadros de diálogo avanzados.

Problema

No es posible habilitar múltiples monitores.

Solución

Si está utilizando una tarjeta gráfica con cabezales múltiples, asegúrese de que los monitores adicionales están habilitados en el controlador del fabricante. Esto puede requerir acceder a la configuración avanzada del controlador (asegúrese de usar el más reciente). Si está utilizando dos tarjetas gráficas en una configuración SLI (NVIDIA) o CrossFire (ATI), tendrá que deshabilitar una de ellas antes de poder habilitar monitores adicionales. Si está utilizando múltiples tarjetas de vídeo en ranuras aparte, compruebe la configuración de la BIOS para el adaptador principal.

Problema

No se puede habilitar la operación SLI.

Solución

Asegúrese de que el dispositivo MIO (puente SLI) está instalado correctamente entre las tarjetas de vídeo (véase la figura 10.16). Si no utiliza tarjetas de vídeo idénticas, debe usar controladores NVIDIA ForceWare v81.85 o más recientes para habilitar la operación SLI. Asegúrese de que ambas tarjetas utilicen la misma familia de GPU y de que la operación SLI está habilitada en el controlador ForceWare.

Problema

No se puede habilitar la operación CrossFire.

Solución

Asegúrese de haber emparejado tarjetas CrossFire Edition y Radeon estándar de la misma familia GPU. Verifique también que ha conectado de forma correcta las tarjetas CrossFire Edition y estándar entre sí. Si utiliza tarjetas último modelo con una interconexión de puente CrossFire, asegúrese de que la interconexión está correctamente conectada a ambas tarjetas. Utilice parejas de tarjetas con la misma GPU.

Actualice los controladores de pantalla ATI CATALYST a la última versión producida. Cerciórese de haber habilitado CrossFire en el controlador.

Problema

No se puede habilitar el escritorio Aero 3D en Windows.

Solución

Asegúrese de que su tarjeta de vídeo o vídeo integrado está ejecutando un controlador WDDM (*Windows Driver Display Model*, Modelo de controlador de pantalla de Windows) y soporta DirectX 9.0 o posterior. Actualice el controlador si el hardware soporta Aero y lo mismo con la tarjeta si no tiene controladores WDDM disponibles.

DisplayMate

DisplayMate es un programa de diagnóstico y pruebas único diseñado para probar exhaustivamente adaptadores de vídeo y pantallas. Digo que es único porque la mayoría de programas de diagnóstico de hardware PC convencionales no dedican tanta atención a la prueba del vídeo como éste.

Me parece útil no sólo para comprobar si un adaptador de vídeo funciona correctamente, sino también para examinar monitores. Se puede probar fácilmente la calidad de imagen de un monitor, lo que permite enfocar, ajustando el brillo y el contraste, el nivel de color y otros aspectos con mayor exactitud. Si va a comprar un monitor nuevo, puede usar el programa para evaluar el enfoque y la linealidad del monitor y para proporcionar una forma consistente de comprobación de cada monitor que se plantee comprar. Si emplea sistemas de proyección para presentaciones, como hago yo en mis cursos, le parecerá inestimable para ajustar el proyector.

DisplayMate también puede probar a fondo un adaptador de vídeo. Configure los circuitos de vídeo en todos los modos posibles para poder probar todas sus capacidades. Incluso ayuda a determinar el nivel de rendimiento de la tarjeta, con respecto a la resolución, el color y la velocidad. Puede usar el programa para poner puntos de referencia en el rendimiento del monitor y comparar un tipo de sistema adaptador de vídeo con otro. Video Edition también soporta varios tipos de proyectores multimedia y TV utilizados en entornos Home Theater y presentaciones.

Para más información sobre DisplayMate, visite `www.displaymate.com`.

Controladores de vídeo

Los controladores son un elemento esencial y a menudo problemático, de un subsistema de monitor de vídeo. El controlador permite que el software se comunique con el adaptador de vídeo.

Puede contar con dicho adaptador, con el procesador más rápido y la memoria más eficiente del mercado y aun así tener un rendimiento de vídeo pobre por culpa de un controlador mal escrito.

Por lo general, los controladores de vídeo están diseñados para soportar el procesador en el adaptador de vídeo. Todos los adaptadores de vídeo están equipados con controladores suministrados por el fabricante de la tarjeta, pero a menudo también es posible utilizar uno creado por el fabricante del *chipset*. A veces, descubrirá que uno de los dos ofrece un mejor rendimiento que el otro, o resuelve algún problema en particular que esté experimentando.

La mayoría de los fabricantes de adaptadores de vídeo y *chipsets* tienen sitios Web en los que se puede obtener los controladores más recientes; el vendedor del sistema, la placa base o el *chipset* suministra los controladores para vídeo integrado en dicho *chipset*. Un controlador proporcionado por el fabricante de éste puede ser una alternativa útil, pero siempre conviene probar primero el del adaptador. Antes de comprar un adaptador de vídeo, debería comprobar el sitio del fabricante para determinar lo actualizados que están los controladores disponibles. En su día se pensaba que las revisiones frecuentes de controladores indicaban problemas con el hardware, pero la mayor complejidad de los sistemas actuales supone la necesidad de revisiones de los controladores. Incluso aunque se instale un modelo nuevo de adaptador de vídeo, hay que buscar controladores actualizados en el sitio Web del fabricante para obtener los mejores resultados.

Nota: *Aunque la mayoría de los dispositivos funcionan mejor con los controladores más recientes, las tarjetas de vídeo pueden ser una notable excepción. Tanto NVIDIA como ATI utilizan ahora diseños de controlador unificados, creando una misma instalación de controlador que puede usarse en una amplia gama de chips gráficos. Sin embargo, en algunos casos, las versiones antiguas de los controladores funcionan mejor con* chipsets *más antiguos. Si nota que el rendimiento o la estabilidad del sistema, especialmente de los juegos en 3D, se reducen al actualizar al controlador más reciente para la tarjeta gráfica 3D, vuelva al controlador antiguo.*

El controlador de vídeo también proporciona la interfaz para configurar el vídeo que produce el adaptador. Dicho controlador determina las opciones disponibles para esta configuración, así que no es posible elegir parámetros no soportados por el hardware. Por ejemplo, no se puede seleccionar resoluciones que no soporte el monitor aunque la tarjeta de vídeo pueda soportarlas. En la mayoría de los casos, se puede administrar el color seleccionando un perfil del mismo para el monitor para permitir un color más exacto en los programas gráficos e impresiones. Las tarjetas de vídeo con características de aceleración 3D avanzadas tienen a menudo propiedades adicionales.

Mantenimiento de monitores

Dado que un buen monitor puede usarse durante años en más de un ordenador, un buen cuidado es esencial para prolongar su vida al máximo. Use las siguientes directrices para cuidar adecuadamente el monitor:

- Aunque la quemadura de fósforo (una imagen que se queda en la pantalla deja una sombra permanente) es posible en monitores CRT o pantallas de plasma, los LCD son inmunes a este problema. Para evitarlo en monitores que no sean LCD, utilice la configuración de opciones de energía del sistema operativo para dejar la pantalla vacía tras un periodo de inactividad. Los salvapantallas sirven para proteger la pantalla, pero conviene evitarlos y hacer que el monitor se suspenda en su lugar.
- Para evitar fallos prematuros en la alimentación del monitor, utilice la configuración de opciones de energía del sistema operativo para que dicho monitor entre en un estado de suspensión tras un periodo de inactividad razonable. Es mejor utilizar esta característica que apagarlo cuando no se va a usar en un periodo de tiempo breve. Apáguelo sólo al final de la jornada.
  ¿Cómo se puede saber si el monitor está apagado o suspendido? Observe el LCD de delante del monitor. Un monitor suspendido suele tener un LCD verde o ámbar parpadeante en lugar del verde fijo que tiene cuando está funcionando en modo normal.
  Si el monitor no se suspende cuando el PC deja de enviarle señales, asegúrese de que está bien definido en el cuadro de propiedades de pantalla de Windows. Además, la casilla de verificación Energy Star debería estar seleccionada para cualquier monitor que soporte la administración de energía, a menos que el monitor se deje encendido a veces (como cuando se utiliza en un quiosco o monitor independiente).
- Asegúrese de que el monitor tiene una ventilación adecuada por los lados, la parte trasera y la parte superior. Ya que los monitores emplean una refrigeración pasiva, la falta de un flujo de aire adecuado causada por teclados, carpetas y libros apilados u otros bártulos de oficina encima del monitor puede hacer que se recaliente y acortar su vida. Si tiene que usar un monitor en una zona con poco flujo de aire, utilice un panel LCD en vez de un CRT porque se enfrían mucho mejor.
- La caja de la pantalla del monitor debe permanecer limpia. Apague el monitor, pulverice un spray limpiador en un paño suave (¡nunca directamente sobre el monitor!) y frote la pantalla y la caja con cuidado.
- Si el monitor CRT tiene un botón o característica de desimantación, utilícelo periódicamente para eliminar señales magnéticas residuales. Tenga en cuenta que los CRT tienen unos potentes imanes alrededor del tubo de imagen, así que mantenga los medios magnéticos lejos de ellos.

Prueba de monitores

A diferencia de la mayoría de los periféricos, no se puede realmente decir si un monitor nos conviene o no simplemente examinando las especificaciones técnicas. El precio tampoco es un indicador fiable. La prueba de monitores es un proceso muy subjetivo y es mejor probar unos cuantos en la exposición del distribuidor o tranquilamente en casa o en la oficina (si éste permite devoluciones).

La prueba no debería limitarse a ver qué pasa en el monitor en ese momento. Muchas tiendas de ordenadores reproducen películas, fotos y otros gráficos que son útiles para evaluar y comparar. Si es posible, debería ver las mismas imágenes en todos los monitores que pruebe para comparar la forma en que realizan una serie de tareas específicas.

Antes de realizar las pruebas sugeridas aquí, configure el monitor con la mayor resolución y frecuencia de actualización de pantalla permitidas por la combinación de monitor y tarjeta gráfica:

- Dibuje un círculo perfecto con un programa gráfico. Si el resultado mostrado es un óvalo y no un círculo, el monitor no sirve para software gráfico o de diseño.
- Utilizando un procesador de texto, escriba algunas palabras con una letra a 8 o 10 puntos. Si las palabras se ven borrosas o los caracteres negros tienen flecos de color, seleccione otro monitor.
- Muestre una pantalla con tanto espacio en blanco como sea posible y busque áreas con variación de color. Esto puede indicar un problema con esa unidad en concreto o su ubicación, pero si lo ve en más monitores de la misma marca, puede se un problema de fábrica; también podría indicar problemas con la señal procedente de la tarjeta gráfica. Traslade el monitor a otro equipo con un modelo de tarjeta diferente y entonces vuelva a realizar esta prueba para comprobar si se trata del monitor o de la tarjeta.
- Muestre el escritorio de Windows para comprobar el enfoque uniforme (con monitores CRT) y el brillo (con monitores CRT y LCD). ¿Están los iconos de las esquinas igual de enfocados que el resto de la pantalla? ¿Se ven onduladas o curvadas las barras de título? Los monitores suelen estar más enfocados en el centro, pero las esquinas muy borrosas indican un diseño pobre. Las líneas arqueadas en un monitor CRT pueden ser resultado de un adaptador de vídeo pobre o de una configuración incorrecta de los controles de imagen digital del mismo. Antes de reemplazar el monitor, ajuste estos controles. A continuación, pruebe a conectarlo a otro adaptador de vídeo. Si no mejora, reemplácelo.
  Ajuste el brillo para ver si la imagen se abre o aumenta, lo que indicaría que es probable que el monitor se desenfoque a niveles de brillo elevados. También puede utilizar programas de diagnóstico incluidos con la tarjeta gráfica o de terceros para realizar estas pruebas.
- Con los paneles LCD en concreto, cambie a una resolución más baja de la nativa con la configuración de las propiedades de pantalla de Windows. Puesto que los paneles LCD sólo tienen una resolución nativa, la pantalla debe usar escala para manejar otras resoluciones de pantalla completa. Si es diseñador Web, le gusta jugar o debe hacer capturas de pantalla en una resolución en particular, esta prueba le indicará si el panel LCD produce calidad de pantalla aceptable a resoluciones distintas de la normal. También puede utilizar esta prueba con un CRT, pero

a diferencia de los paneles LCD, estos monitores están diseñados para manejar una amplia variedad de resoluciones.

- Un buen monitor CRT se calibra de forma que los rayos de luz roja, verde y azul alcancen sus objetivos (puntos individuales de fósforo) con precisión. Si no lo hacen, hay una mala convergencia. Se nota cuando los bordes de las líneas aparecen iluminados con un color específico. Si hay buena convergencia, los colores son nítidos y verdaderos, suponiendo que haya un tinte predominante en el fósforo.
- Si el monitor tiene características de diagnóstico integradas (recomendado), úselas para probar la pantalla independientemente de la tarjeta gráfica y el sistema al que está conectada. Un monitor con diagnósticos integrados muestra texto o un patrón de prueba en la pantalla si recibe energía cuando el *host* está apagado o si el monitor no está conectado a un sistema anfitrión.

Ajuste de monitores

Una de las soluciones para problemas de monitor más obvia y que se pasa a menudo por alto es ajustar los controles del monitor, como el contraste y el brillo. Aunque los monitores más recientes utilicen controles montados en la parte frontal con OSD (*On Screen Display*, Visualización en la pantalla), hay otros ajustes posibles.

Los monitores CRT antiguos, por ejemplo, pueden tener un tornillo de ajuste en la parte trasera o lateral de la unidad. Dado que esta tuerca está muy dentro de la caja, la única prueba de su existencia es un orificio en la rejilla de plástico. Para enfocar el monitor, hay que usar un destornillador largo de unos 5cm para mover el cabezal del tornillo. Este tipo de ajuste puede evitarnos una reparación cara. Examine siempre la caja del monitor, la documentación, el sitio Web del fabricante y otros recursos en línea para la ubicación y el ajuste de los controles.

Virtualmente todos los monitores recientes utilizan controles digitales en lugar de analógicos. Esto no tiene nada que ver con las señales que el monitor recibe del ordenador, sino sólo con los controles (o la falta de ellos) del panel frontal que permiten ajustar la pantalla. Los monitores con controles digitales integran un sistema de menús que permite configurar parámetros como el brillo (que ajusta el nivel de negro de la pantalla), el contraste (que ajusta la luminosidad), el tamaño de la pantalla, la posición vertical y horizontal, el color, la fase y el enfoque. Hay un botón para desplegar el menú en la pantalla y se usan los controles para hacer selecciones y cambiar la configuración. Cuando se completan los ajustes, el monitor guarda la configuración en RAM no volátil situada dentro del monitor. Este tipo de memoria ofrece almacenamiento permanente para configuraciones sin batería u otra fuente de alimentación. Se puede desconectar el monitor sin perder la configuración y cambiarla en cualquier momento. Los controles digitales proporcionan un nivel de control más alto sobre el monitor y son muy recomendables.

Estos controles ajustan los monitores CRT que experimentan cualquiera de los errores de geometría mostrados (véase la figura 10.25). Antes de llevar a cabo estos ajustes, asegúrese de que la posición y el tamaño vertical y horizontal son correctos.

Figura 10.25. *Típicos errores de geometría en monitores CRT; pueden corregirse en la mayoría de los modelos con controles de imagen digitales.*

Aunque los paneles LCD no se ven afectados por errores geométricos como los CRT, tienen sus propios problemas de imagen, especialmente si usan un conector analógico de vídeo VGA de 15 pines. La latencia y la fluctuación de píxeles (píxeles adyacentes que se activan y desactivan) son problemas relativamente habituales que se producen cuando se usa un monitor LCD conectado al PC con un conector VGA analógico.

La opción de ajuste automático disponible en muchos ODS de paneles LCD puede servir para solucionar éstos y otros problemas de pantalla LCD.

Píxeles malos

Un "píxel malo" es uno en el que la celda de subpíxel roja, verde o azul se queda permanentemente encendida o apagada. Los que están siempre encendidos reciben el nombre de píxeles atascados (*stuck*), mientras que los que están siempre apagados se llaman píxeles muertos (*dead*). Los errores de estado parecen más habituales. En concreto, los píxeles atascados se ven mucho en un fondo negro como puntitos rojos, verdes o azules. Aunque sólo uno ya puede distraer, los fabricantes no se ponen de acuerdo en las políticas de garantía relacionadas con los píxeles malos necesarios para reemplazar el monitor. Algunos vendedores se fijan el total de píxeles malos y su ubicación. Por suerte, las mejoras en la calidad de la fabricación hacen cada vez menos frecuentes las pantallas LCD con píxeles malos.

Aunque no hay una forma estándar de reparar píxeles malos, hay un par de soluciones que puede servir. Una consiste en dar golpecitos o frotar la pantalla. Por ejemplo, yo he reparado píxeles malos en muchas ocasiones dando golpecitos con el dedo índice en la pantalla, justo sobre la ubicación del píxel (con la pantalla encendida). Como me parece más irritante un píxel constantemente encendido que uno constantemente apagado, esta solución me ha ahorrado muchos enfados (cuando ha funcionado). Una técnica similar consiste en usar la punta de un bolígrafo para aplicar presión o golpear directamente en el píxel atascado. Le aconsejo que envuelva la punta con un trapo húmedo para no arañar la pantalla. Hay quien lo ha conseguido simplemente frotando la zona en la que está el píxel atascado o muerto.

Otra solución potencial consiste en utilizar software para cambiar rápidamente el píxel atascado (y algunos de los adyacentes), lo que algunas veces lo desatasca y hace que funcione bien. Los dos programas principales con los que se puede hacer esto son Udpixel (`http://udpix.free.fr`) y Jscreenfix (`www.jscreenfix.com`).

Desafortunadamente, ninguna de estas soluciones es infalible; de hecho, en la mayoría de los casos lo más probable es que el píxel se quede atascado o muerto hagamos lo que hagamos. Si encuentra píxeles atascados o muertos que no responden a ninguna de estas estrategias, contacte con el fabricante de la pantalla o el portátil para informarse sobre su política de reemplazo por píxeles malos. En tanto que las políticas pueden variar mucho de unas empresas a otras, le aconsejo que, para encontrar los límites de defectos disponibles para su pantalla en concreto, consulte la documentación, o se ponga directamente en contacto con el fabricante.

Solución de problemas con monitores

Problema

No hay imagen.

Solución

Si el LED frontal del monitor está amarillo o parpadea en verde, el monitor está en modo de ahorro de energía.

Mueva el ratón o bien pulse **Alt-Tab** en el teclado y espere un minuto antes de reanudar el sistema, si es que está encendido.

Si el LED está verde, el monitor funciona en modo normal (recibe señal), pero el brillo y el contraste están mal configurados; ajústelos.

Si no hay luces encendidas en el monitor, compruebe la energía y el interruptor. Examine el protector de sobretensión y el director de energía para asegurarse de que llega electricidad al monitor. Cambie el cable de alimentación por un recambio que sepa que funciona y vuelva a probar. Cambie el monitor por un repuesto de confianza para asegurarse de que el problema es del monitor.

Compruebe los cables de datos del monitor y el extremo de la tarjeta de vídeo.

Problema

Calidad de imagen fluctuante.

Solución

Para los monitores LCD, utilice software de ajuste de pantalla o menús en pantalla para reducir o eliminar la fluctuación y el cruce de píxeles generados al hacer funcionar el monitor LCD digital con una fuente de vídeo analógica (VGA). Utilice una conexión digital (DVI, HDMI o DisplayPort) en lugar de la VGA para evitar problemas de conversión digital-analógico-digital de este tipo. Para todos los monitores, compruebe que los cables están conectados firmemente a la tarjeta de vídeo y al monitor (si se pueden retirar):

- Retire el cable extensor y vuelva a probar con el conector enchufado directamente a la tarjeta de vídeo. Si el cable está mal, reemplácelo.
- Examine los cables para ver si están dañados y cámbielos si es necesario.
- Si los problemas son intermitentes, busque posibles interferencias. Por ejemplo, un horno microondas situado cerca de un monitor puede provocar una distorsión de imagen importante cuando se enciende.

Para monitores CRT, compruebe la configuración de frecuencia de actualización; redúzcala hasta conseguir una calidad de imagen aceptable:

- Use ajustes de imagen en pantalla hasta lograr una calidad aceptable.
- Si los problemas son intermitentes y "se arreglan" esperando o dando toquecitos en el lateral del monitor, puede que la fuente de energía esté mal o tenga conexiones internas flojas. Revise o reemplace el monitor.

Reparación de monitores

Aunque normalmente se reemplaza el monitor como unidad completa, en el caso de algunas pantallas grandes puede ser más económico repararlas que cambiarlas. Si decide reparar el monitor, la mejor opción es contactar con la empresa a la que se la compró o con algún depósito de reparaciones.

Trabajar con un depósito de reparaciones supone enviar el monitor a unos especialistas que lo arreglan o devuelven uno exactamente igual que tengan ya reparado. Normalmente cobran una tarifa plana, es decir, el precio es el mismo independientemente de lo que hayan hecho para arreglar cada unidad.

Dado que normalmente devuelven una unidad distinta (pero idéntica), pueden enviar la pantalla reparada en cuanto reciben la estropeada o incluso por adelantado en algunos casos. De ese modo, se recibe el monitor reparado lo más rápido posible y hay menos tiempo de inactividad. En algunos casos, si un monitor en particular es único o no tienen ninguno igual, hay que esperar hasta que arreglen ése en concreto.

Diagnosticar los problemas con un monitor es relativamente fácil. Si la pantalla se apaga, por ejemplo, un cambio por otro monitor puede confirmar que dicha pantalla es culpable. Si el problema desaparece al cambiarla, seguramente se trate de la pantalla original o bien del cable; si el problema persiste, puede que sea el adaptador de vídeo o el propio PC.

Muchos de los monitores último modelo de mejor calidad cuentan con circuitería de autodiagnóstico integrada. Consulte el manual del monitor para más detalles. Con esta característica, si está disponible, se puede determinar si el problema está realmente en el monitor, en un cable o en cualquier otra parte del sistema. Si el autodiagnóstico genera una imagen en pantalla, busque el problema en otro componente del subsistema de vídeo.

En ocasiones, el cable del monitor puede ser el origen de un problema de pantalla. Un pin doblado en el conector enchufado al adaptador de vídeo puede impedir que el monitor reproduzca imágenes, o provocar cambios de color. Por lo general, se puede reparar el conector enderezando cuidadosamente el pin doblado con unos alicates puntiagudos. Un cable flojo también puede provocar cambios de color, así que asegúrese de que están conectados con seguridad.

Si se desprende un pin o el conector está dañado, a veces se puede sustituir el cable del monitor. Algunos fabricantes usan cables que se desconectan del monitor y el adaptador de vídeo, mientras que otros optan por cables conectados permanentemente. Dependiendo del tipo de conector que utilice el dispositivo en el extremo del monitor, puede que tenga que ponerse en contacto con el fabricante para una sustitución.

Si reduce el problema a la pantalla, consulte la documentación incluida con el monitor o contacte con el fabricante para averiguar la ubicación del depósito de reparaciones de la fábrica más cercano. También hay empresas de terceros que ofrecen servicios de este tipo y que pueden arreglar la mayoría de los monitores (si ya no están cubiertos por la garantía) y sus precios suelen ser bastante más bajos que los del servicio de fábrica.

Advertencia: *Nunca debería intentar reparar un monitor CRT personalmente. Tocar el componente incorrecto puede ser fatal. Los circuitos de un monitor pueden mantener un voltaje extremadamente elevado durante horas, días o incluso semanas después de apagarlo. Un técnico cualificado debería descargar el tubo catódico y los condensadores eléctricos antes de operar.*

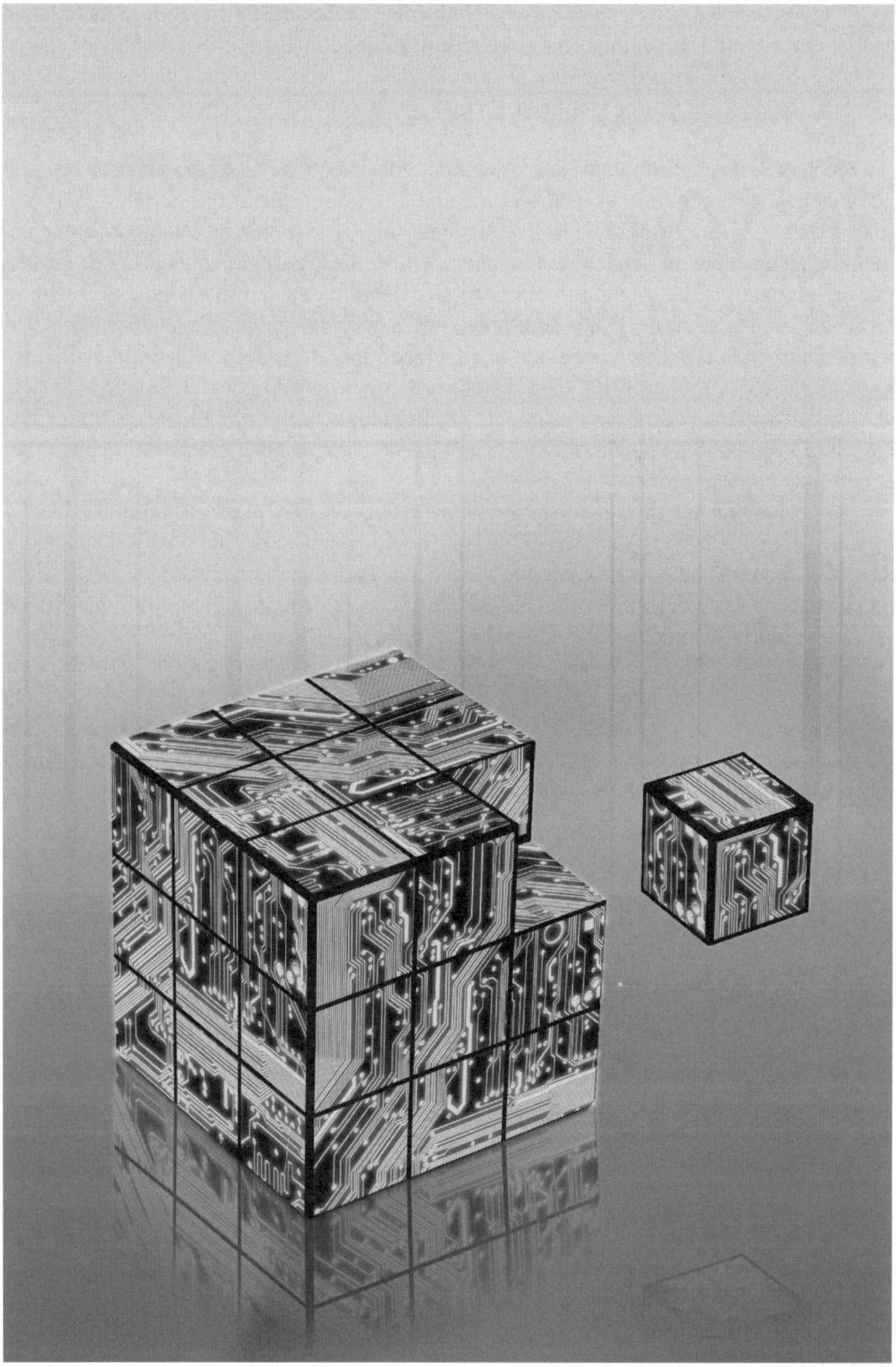

11. Hardware de sonido

Aunque el IBM PC de 1981 y sus sucesores incluían capacidades rudimentarias de audio, el sonido se utilizaba más para la solución de problemas que para tareas creativas. Las características de sonido de aquel ordenador original y los sistemas compatibles de principios y mediados de los ochenta consistían en generar tonos y pitidos. Los PC no adquirieron auténticas capacidades de audio hasta que empresas como AdLib y Creative Labs desarrollaron las primeras tarjetas de sonido complementarias a finales de aquella década. Gracias a la competitividad entre varias empresas, ahora podemos disfrutar de estándares de hardware y software para sonido. El hardware de audio ha pasado de ser un complemento caro y exótico a formar parte de prácticamente cualquier configuración de sistema en alguna de estas formas:

- Un adaptador de audio en una tarjeta de expansión que se instala en una ranura de bus (normalmente PCI o PCIe) del ordenador o se conecta mediante un bus externo, como USB o IEEE 1394 (FireWire).
- Un controlador AC'97 o HD Audio integrado en el *chipset* de la placa base, combinado con un chip códec de sonido situado en la misma placa.

Independientemente de su ubicación, las características de audio usan receptáculos para altavoces y micrófono. Además, muchos ofrecen receptáculos dedicados para hardware MIDI (*Musical Instrument Digital Interface*, Interfaz digital de instrumentos musicales) y las tarjetas más antiguas incluían un puerto de juegos analógico para *joystick*. Muchos adaptadores de sonido de gama media y alta soportan también entrada y salida de audio digital sofisticado. En cuanto al software, el adaptador de sonido requiere el soporte de un controlador que se instala directamente desde una aplicación o se encuentra en el sistema operativo del ordenador. Nos centraremos en los productos de audio que existen actualmente para PC, sus usos y su instalación y funcionamiento.

Primeros adaptadores de sonido para PC

Cuando a finales de los ochenta aparecieron los primeros adaptadores de sonido de la mano de empresas como AdLib, Roland y Creative Labs, iban dirigidos directamente hacia los juegos, no eran compatibles entre sí y a menudo costaban más de 100 dólares.

La primera tarjeta de sonido para PC que consiguió soporte de software generalizado fue la AdLib Music Synthesizer Card, presentada en 1987, que utilizaba un chip Yamaha para producir sonido mediante síntesis FM. Más o menos por la misma época, Creative Labs presentó un producto en competencia, pero incompatible, llamado Creative Music System, que después se renombró como Game Blaster.

Game Blaster, que sólo soportaba un puñado de juegos, se sustituyó en 1989 por Sound Blaster, que era compatible con la tarjeta de sonido de AdLib y su propia Game Blaster, lo que le permitía soportar juegos especificados para una tarjeta o la otra. Sound Blaster incluía un receptáculo para micrófono integrado, salida en estéreo y un puerto MIDI para conectar el PC a un sintetizador o instrumento musical eléctrico. Esto estableció una línea base de características que soportarían virtualmente todas las demás tarjetas de sonido y capacidades de audio integradas hasta hoy. Finalmente, el adaptador de sonido podía tener otros usos además de los juegos. La siguiente en la sucesión, Sound Blaster Pro, mejoraba el sonido en comparación con la Sound Blaster original. Sound Blaster Pro y sus sucesoras se impusieron al final sobre sus rivales anteriores, convirtiéndose en estándares de facto para la reproducción de sonido en PC.

Limitaciones de compatibilidad de Sound Blaster Pro

A mediados de los años noventa, aunque MS-DOS era la plataforma de juegos estándar del PC, muchos usuarios de tarjetas de sonido que no eran de Creative Labs tuvieron que vérselas con las limitaciones de la emulación imperfecta de Sound Blaster Pro en su hardware. Desafortunadamente, algunas tarjetas requerían dos conjuntos aparte de recursos de hardware: uno de IRQ, DMA y direcciones de puerto de E/S para el modo nativo y otro para compatibilidad con Sound Blaster Pro. Otras funcionaban bien con Windows o en una sesión de MS-DOS ejecutada con Windows en segundo plano, pero requerían la instalación de un programa controlador TSR (*Terminate and Stay Resident*, Termina y queda residente) basado en DOS para funcionar con el propio MS-DOS.

Sin embargo, el auge de los juegos de Windows simplificó el soporte de audio. Estas aplicaciones utilizaban los controladores del sistema operativo como interfaz con el hardware, liberando al desarrollador del software de la necesidad de escribir distintos códigos para las distintas tarjetas de sonido, de gráficos 3D, etcétera. Para sonido y gráficos de juegos, Microsoft Windows usa una tecnología denominada DirectX, que apareció por primera vez en diciembre de 1995.

DirectX y los adaptadores de sonido

DirectX de Microsoft es una serie de interfaces de programación de aplicación (API) que se sitúan entre las aplicaciones multimedia y el hardware. A diferencia de las aplicaciones MS-DOS, que requerían que los programadores desarrollaran soporte de hardware directo para varios modelos y marcas de tarjetas de sonido y vídeo y controladores de juegos, las aplicaciones Windows usan DirectX para "hablar" con el hardware de forma más directa que los controladores normales de Windows. Esto mejora el rendimiento del programa y libera a los desarrolladores de software de la necesidad de modificarlo para que funcione en distintos dispositivos; el programador sólo tiene que trabajar con el motor de sonido DirectX, el sintetizador de imágenes DirectX 3D y otras rutinas de interfaz DirectX.

Soporte de audio heredado mediante virtualización

¿Y qué pasa con los usuarios de software heredado? Si todavía le divierten los juegos basados en MS-DOS, los adaptadores de sonido actuales, *chipsets* y soluciones de audio integradas serán todo un desafío por las diferencias fundamentales de hardware entre las ranuras de expansión ISA utilizadas por Creative Labs y otras tarjetas de sonido y las ranuras PCI, los *chipsets* y el audio integrado.

En su día, la única forma de conseguir compatibilidad de audio fiable con tales juegos era usar un sistema operativo heredado como MS-DOS 6.x (con Windows 3.1 si era necesario) y una tarjeta de sonido ISA compatible con Sound Blaster Pro. Algunas de las primeras tarjetas de sonido PCI ofrecían una emulación bastante buena de Sound Blaster Pro, pero requerían controladores adicionales o cables propietarios para conseguirla. El hardware de sonido moderno está dirigido hacia Windows y con frecuencia no ofrece soporte de audio heredado si se ejecuta la aplicación heredada directamente en Windows XP o posterior. No obstante, es posible ejecutar sistemas operativos y aplicaciones heredados con soporte completo para audio heredado creando un entorno de PC virtual con aplicaciones como Microsoft Virtual PC, Parallels Desktop, VMWare Workstation, DOSBox (`www.dosbox.com`), entre otras.

En un entorno de PC virtual, se crea un equipo virtual en un sistema operativo anfitrión mediante la instalación de una aplicación de virtualización. A continuación, se instala un sistema operativo invitado en el equipo virtual, se configura para que proporcione soporte de audio y se instalan los juegos heredados. El equipo virtual traduce el audio y otras solicitudes de hardware realizadas por el juego y el sistema operativo heredados al sistema operativo anfitrión, que se comunica entonces con el hardware que soporta. Como resultado, un juego heredado ejecutado en un equipo virtual con MS-DOS "cree" que hay disponible una tarjeta de sonido Sound Blaster Pro o similar, aunque en realidad el sonido se está reproduciendo con una tarjeta moderna. Los efectos de sonido y la música generados por el juego se oyen exactamente igual que si se estuviera jugando en un sistema con hardware de audio heredado.

Historia del PC multimedia

Prácticamente todos los ordenadores que hay actualmente en el mercado están equipados con algún tipo de adaptador de sonido y unidad óptica. Estos ordenadores reciben a menudo la etiqueta de PC multimedia por los estándares MPC-1, MPC-2 y MPC-3 que se usaron para valorar los primeros equipos multimedia. Desde 1996, todos los ordenadores con sonido y unidad óptica integrados han superado los estándares MPC-3 por márgenes cada vez más grandes.

Después de los estándares MPC, Microsoft e Intel produjeron conjuntamente una serie de guías de diseño de sistemas PC entre 1995 y 2001. Aunque la última versión de estas guías se conoce como PC 2001, tanto ella como su predecesora (PC 99) siguen siendo referencias útiles para el diseño hardware y software multimedia y la industria las sigue bastante. Por ejemplo, la mayoría de los puertos de E/S de sistemas recientes utilizan el estándar de código de color de PC 99.

Nota: *Puede descargar PC 2001 y las guías anteriores del sitio Web de Microsoft, en* `www.microsoft.com/whdc/archive/pcguides.mspx`.
Hay información actualizada de diseño de sistemas específica para Microsoft disponible en `www.microsoft.com/whdc/system/platform/pcdesign/desguide/default.mspx`.

Aunque prácticamente todos los ordenadores son "PC multimedia" actualmente, las características del adaptador de sonido o la solución de audio integrada en el sistema determinará el grado de satisfacción obtenido de la amplia gama de usos especializados para los sistemas multimedia.

Características del adaptador de sonido

Para tomar la decisión más inteligente a la hora de comprar, hay que estar al corriente de los componentes básicos del adaptador de sonido y las características que ofrecen, demás de las características avanzadas que se puede conseguir con un adaptador de audio mejor. En este apartado veremos las características a tener en cuenta al evaluar adaptadores de sonido para un PC.

Conectores básicos

La mayoría de los adaptadores de sonido tienen los mismos conectores externos básicos. Estos minireceptáculos de 1/8" ofrecen el medio para pasar señales de sonido del adaptador a los altavoces, auriculares y sistemas estéreo y recibir sonido de un micrófono, un reproductor de CD, casete o estéreo. Los equipos portátiles con audio integrado suelen incluir sólo dos conectores hembra: línea de entrada y línea de salida estéreo. Sin embargo, las tarjetas de sonido y las placas base con audio integrado a menudo incluyen receptáculos adicionales para soporte de audio *surround* 5.1 o 7.1 y audio digital.

La figura 11.1 nos muestra los conectores de audio externos típicos de una placa base con audio integrado.

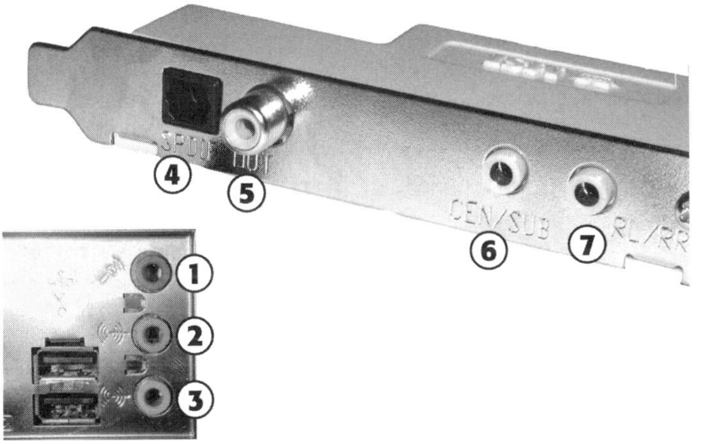

1. Entrada micrófono (rosa)
2. Línea de entrada (azul)
3. Salida altavoces estéreo (verde lima)
4. Salida óptica SPDIF (negro)
5. Salida coaxial SPDIF (amarillo)
6. Salida sonido bafle de graves/central (verde lima; soporta configuración Surround 5.1)
7. Salida sonido trasera (verde lima; soporta configuración Surround 5.1)

Figura 11.1. *Conectores de entrada y salida típicos de una placa base normal con soporte para audio surround 5.1. Los puertos SPDIF y surround de esta placa base están situados en un cable de cabezal que utiliza una ranura de expansión.*

Los receptáculos que muestra la figura suelen estar etiquetados, pero al instalar un ordenador debajo de un escritorio, puede ser difícil ver las etiquetas en la parte trasera del PC. Una de las principales razones por las que algunos PC no consiguen producir ningún sonido es que los altavoces están conectados en el zócalo incorrecto. Para evitar este problema, muchas tarjetas de sonido de consumo utilizan conectores con un código de colores conforme a las especificaciones de la guía PC 99. Algunos adaptadores pueden usar un código distinto o no usar ninguno.

Un segundo método empleado por muchos sistemas recientes con audio integrado en la placa base es la detección de conectores de audio, una característica de la versión 2.3 del estándar de audio AC'97. Cuando se conecta un dispositivo a un receptáculo de audio, el controlador de sonido abre un cuadro de diálogo que pregunta por el tipo de dispositivo en uso, como un micrófono, altavoces, auriculares, etc. El controlador de sonido asigna dinámicamente el conector para soportar el dispositivo conectado, incluso aunque se esté usando el dispositivo "incorrecto" según el código de color. Esta característica también se conoce como autodetección.

Truco: *Para evitar confusiones con la característica de autodetección, conecte los dispositivos en los receptáculos por separado y confirme el tipo de dispositivo en el programa de configuración antes de continuar.*

De todos modos, el conjunto básico de conexiones incluido en la mayoría de las tarjetas de sonido y audio integrado contiene lo siguiente:

- **Línea o conector de audio de salida estéreo (verde lima):** El conector de línea de salida se usa para enviar señales desde el adaptador de sonido hasta un dispositivo estéreo fuera del equipo. Se puede enchufar el cable del conector de línea de salida a unos altavoces, unos auriculares o un sistema estéreo. Si se conecta el PC al sistema estéreo, se puede amplificar el sonido. Algunos sistemas usan el mismo color verde de los conectores de audio *surround* para los conectores estéreo/auriculares. Compruebe las marcas adicionales en los conectores o la documentación del sistema.
- **Línea o conector de audio de entrada estéreo (azul claro):** Con el conector de entrada se puede grabar o mezclar señales de sonido de una fuente externa como un sistema de sonido o VCR, en el disco duro del ordenador. En lugar de una línea dedicada, algunas tarjetas usan un conector para varios fines (denominado "FlexiJack") para soportar la línea de entrada, el micrófono y la salida óptica. Consulte la documentación de su tarjeta de sonido o placa base.
- **Conectores de salida trasero y bafle de graves/central o altavoz (sin color estándar):** Prácticamente todas las tarjetas de sonido modernas y sistemas de sobremesa con audio integrado incluyen conectores que soportan salida trasera, central y bafle de graves para usar en sistemas de audio *surround* 5.1 y superior. Los sistemas que soportan audio 5.1 utilizan tres conectores: uno para audio frontal (estéreo), uno para audio trasero y uno para audio central/bafle de graves. Los sistemas que soportan audio 6.1 o 7.1 podrían incluir conectores adicionales o reasignar los conectores trasero y central con software para proporcionar salida adicional. Dependiendo del controlador de software, puede que haya que ejecutar

un programa de configuración propietario para habilitar el audio *surround*. Alternativamente, seleccionar la configuración *surround* a usar mediante la del altavoz del sistema operativo podría ser suficiente.

Nota: *Si tan sólo dispone de un conector de salida/altavoz, debe ajustar cuidadosamente el control de mezcla de volumen y el control de volumen de los altavoces para encontrar la mejor calidad de sonido. No utilice altavoces con energía con un sonido ya amplificado si puede evitarlo.*

- **Micrófono o conector de entrada mono (rosa):** El conector mono sirve para conectar un micrófono para grabar voz u otros sonidos en disco. Este conector de micrófono graba en mono, no en estéreo y por tanto no es adecuado para grabaciones musicales de alta calidad. Para grabar en estéreo, utilice el conector de línea de entrada. Muchas tarjetas adaptadoras de audio utilizan AGC (*Automatic Gain Control*, Control automático de ganancia) para mejorar las grabaciones. Esta característica ajusta los niveles de grabación al vuelo. Un micrófono dinámico o condensador de 600ohm–10.000ohm funciona mejor en este conector. Algunos adaptadores de sonido económicos utilizan el conector de línea de entrada en vez de uno aparte para micrófono. Algunas tarjetas de sonido utilizan un conector para varios fines en lugar de un conector de micrófono dedicado.

Para reproducir CD de audio, hay dos opciones: reproducción digital y reproducción analógica. La reproducción analógica se soporta mediante un cable de sonido analógico conectado entre la unidad y la tarjeta de sonido. Este cable no transporta datos desde el disco hasta el bus del sistema; conecta la salida de audio analógica de la unidad directamente al amplificador de sonido de la tarjeta. Esta conexión era necesaria en muchas unidades viejas y soluciones de audio heredadas para habilitar la reproducción de música y audio de los juegos.

Las unidades, tarjetas de sonido y soluciones de audio integradas actuales suelen soportar reproducción de audio además de una conexión analógica directa. Para determinar si puede utilizar la reproducción de audio digital, abra el cuadro de propiedades de la unidad óptica en el Administrador de dispositivos y seleccione la pestaña Propiedades. Busque una casilla de verificación en la sección Reproducción de CD digital de la ficha. Si está deshabilitada (lo que significa que no se puede seleccionar), esa tarjeta o unidad no soporta audio digital. La mayoría de los sistemas que ejecutan Windows XP o posterior se configurarán automáticamente para audio digital.

Conectores para características avanzadas

Muchas de las tarjetas de sonido y placas base con audio integrado más recientes están diseñadas para juegos, reproducción de audio de DVD y producción de sonido avanzados y cuentan con conectores adicionales para estos usos:

- **Entrada y salida MIDI:** Las tarjetas de sonido antiguas con puerto para juegos (un conector hembra de 15 pines) también soportaban entrada y salida MIDI a través de adaptadores que se conectaban al puerto de juegos. Con las tarjetas de sonido punteras actuales, los puertos MIDI se encuentran a veces en un adaptador de puerto E/S propietario que encaja en una bahía de unidad de 13cm o en la superficie (véase la figura 11.2).
- **Entrada y salida SPDIF (también llamada S/PDIF):** La interfaz digital Sony/Philips (*Sony/Philips Digital Interface*) recibe señales de audio digital directamente desde los dispositivos compatibles sin convertirlas antes a formato analógico. La interfaz de salida SPDIF puede integrarse en la tarjeta de sonido con un conector hembra dedicado o multipropósito. Algunas placas base incluyen un conector de salida SPDIF en el grupo de puertos traseros, mientras que otras, como la de la figura 11.1, utilizan un cable de cabezal para proporcionar la salida. Los puertos SPDIF también pueden estar incluidos en la bahía de la unidad o en adaptadores de puerto E/S externos (véase la figura 11.2).

Nota: *Algunos vendedores se refieren a las interfaces SPDIF como interfaces "Dolby Digital". Los conectores SPDIF usan cables con el conector RCA estándar pero están diseñados para funcionar específicamente a una impedancia de 75ohms, la misma que los cables de vídeo compuestos. Por consiguiente, se puede usar un cable de vídeo compuesto con conector RCA con los conectores SPDIF. Aunque los cables de audio también están equipados con RCA, su impedancia es diferente, lo que los convierte en una opción menos conveniente.*

- **SPDIF CD:** Conexión de doble hilo que conecta las unidades ópticas compatibles con salida SPDIF a la entrada digital de la tarjeta de sonido.
- **Entrada TAD:** Ésta conecta los módem internos con soporte TAD (*Telephone Answering Device*, Dispositivo de respuesta telefónica) a la tarjeta de sonido para el procesamiento de mensajes de voz. Normalmente se encuentra a un lado de la tarjeta de sonido.
- **Entrada/salida SPDIF óptica:** Soporta sistemas Home Theater y altavoces digitales con entrada óptica. Suele encontrarse en la parte trasera de la tarjeta o dispositivo externo. Las soluciones de audio integradas en la placa base pueden incluir salida SPDIF óptica en el grupo de puertos o en un cable de cabezal que utilice una ranura de expansión, como en la figura 11.1.
- **Entrada auxiliar:** Ofrece entrada para otras fuentes de sonido, como una tarjeta de sintonización de TV. Suele estar a un lado de la tarjeta de sonido.

En ocasiones, estos conectores adicionales se encuentran en la propia tarjeta; a veces están conectados a una caja de derivación interna o externa, una tarjeta hija o un bastidor externo. Aunque los detalles varían entre tarjetas, la mayoría de los modelos de dos piezas incluyen una tarjeta de sonido PCI con puertos E/S básicos y un componente interno o externo aparte con puertos E/S adicionales y más avanzados. Algunas tarjetas incluyen conexiones adicionales a una caja de derivación interna que cabe en una bahía de 13cm sin usar (véase la figura 11.2). Otras utilizan una caja de derivación externa con las mismas opciones de conexión.

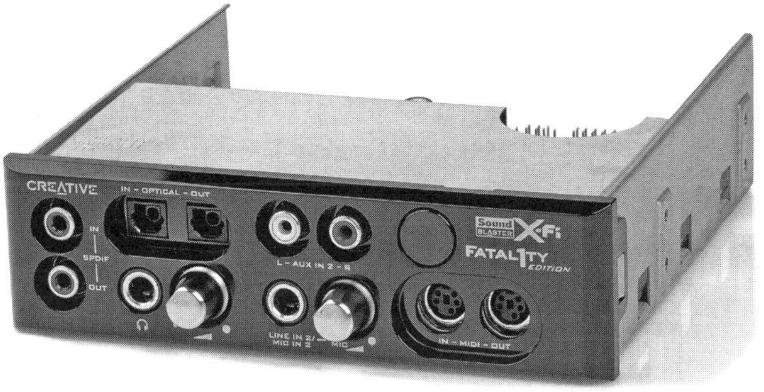

Figura 11.2. *Caja de derivación interna que proporciona soporte entrada/salida MIDI, entrada/salida SPDIF coaxial y digital, botones de control de volumen, salida estéreo, salida de auriculares y conectores de entrada y soporta mando a distancia infrarrojo.*

Adicionar características de sonido avanzadas sin reemplazar el audio integrado

Si utiliza un equipo portátil o uno de sobremesa con todo incluido que no tenga ranuras de expansión, o si no quiere abrir el sistema para actualizar el audio, puede instalar procesadores de sonido basados en USB.

Si se plantea una solución basada en USB, tenga en cuenta que, a diferencia de las actualizaciones de tarjetas de sonido normales, no hace falta deshabilitar el audio integrado ni quitar una tarjeta de sonido. El audio basado en USB puede coexistir con las tarjetas de sonido existentes. Normalmente, como con la mayor parte del hardware, el último hardware instalado de una categoría se convierte en el predeterminado, pero se puede volver al original mediante el cuadro de propiedades del panel de control de sonido de Windows. Además de darnos la posibilidad de añadir audio a casi cualquier sistema reciente, el audio basado en USB resulta especialmente atractivo si una tarjeta de sonido o un audio integrado no soporta audio 5.1 o 7.1, no puede digitalizar el sonido a velocidades de 24 bits/96KHz, o carece de salida digital.

Antes de comprar una tarjeta de sonido nueva o una solución basada en USB para un ordenador de sobremesa, compruebe la documentación del sistema o bien de la placa base para ver si ya tiene seis canales de audio integrados. Si incluye seis canales (5.1) o mejor salida de sonido, pero los únicos puertos integrados en la parte trasera de la placa base son para configuración estéreo normal (2.0/2.1), necesitará añadir un cable de cabezal a la placa base similar al de la figura 11.1. Si la placa base no incluye el cable, póngase en contacto con el distribuidor.

Control de volumen

Con prácticamente todas las tarjetas de sonido recientes, el volumen se controla a través del icono **Volumen** de Windows que se encuentra en la bandeja del sistema (cerca del reloj). Si se va a cambiar de una tarjeta de sonido estéreo sencilla a una más sofisticada con entrada o salida Dolby Digital 5.1, 6.1 o 7.1, tendrá que usar las opciones de mezcla del control de volumen para seleccionar las fuentes correctas y los niveles de volumen adecuados para el sonido entrante y saliente conectado a la tarjeta o a una caja de derivación. Tenga en cuenta que si envía sonido a un receptor de audio externo, tendrá que ajustar el volumen de ese dispositivo también. No olvide habilitar la salida digital si utiliza el conector de salida SPDIF.

Si los altavoces del PC están amplificados pero no se oye nada, asegúrese de que están encendidos, el control de volumen de los altavoces está alto y los altavoces correctos están seleccionados y bien conectados.

Características de soporte MIDI

Hubo un tiempo en que al evaluar los adaptadores de sonido, había que decidir si se compraba una tarjeta monofónica o estereofónica. Actualmente, todos los adaptadores de sonido son estereofónicos y pueden reproducir música usando el estándar MIDI, que reproduce música con instrumentos sintetizados o muestras digitales almacenadas en el adaptador de sonido o RAM.

Las tarjetas estereofónicas producen muchas voces concurrentemente desde dos fuentes. Una voz es un solo sonido producido por el adaptador. Un cuarteto de cuerda usa cuatro voces, una por cada instrumento. Por otra parte, un instrumento polifónico, como el piano, requiere una voz por cada nota de un acorde. Así pues, reproducir las capacidades de un pianista requiere 10 voces, una por cada dedo. Cuantas más voces pueda reproducir un adaptador de sonido, mejor es la fidelidad del sonido. Los mejores adaptadores de sonido del mercado pueden producir hasta 1.024 voces simultáneamente.

Los primeros adaptadores de sonido usaban síntesis FM para soporte MIDI; el Yamaha OPL2 (YM3812) incluía 11 voces, mientras que el OPL3 (YMF262) incluía 20 voces y sonido estereofónico. Sin embargo, prácticamente todos los adaptadores actuales utilizan muestras grabadas de soporte MDI; los adaptadores de sonido que utilizan esta característica se denominan adaptadores de tabla de ondas.

Los adaptadores de sonido de tabla de ondas usan grabaciones digitales de instrumentos reales y efectos de sonido en lugar de imitaciones generadas por un chip FM. Cuando se oye una trompeta en una música MIDI reproducida en una tarjeta de sonido de tabla de ondas, se oye el sonido de una trompeta real, no la imitación sintética de una. Las primeras tarjetas en incorporar soporte para tabla de ondas almacenaban 1MB de clips de sonido incrustados en chips ROM en la tarjeta o en una tarjeta hija opcional. Sin embargo, con el ascenso del bus PCI para tarjetas de sonido y cantidades más grandes de RAM en los ordenadores, la mayoría de las tarjetas de sonido adoptaron un enfoque denominado "tabla de ondas suave", que carga 2MB–8MB de instrumentos musicales muestreados en la RAM del ordenador.

Aunque los primeros juegos soportaban solamente muestras de audio digitalizado (porque las antiguas tarjetas de sonido tenían un soporte MIDI bastante pobre), los juegos DOS posteriores, como *DOOM*, empezaron a explotar el soporte MIDI de tabla de ondas generalizado para la mayoría de las tarjetas de sonido de mediados de los noventa y más recientes. Con todo el hardware actual que soporta MIDI de tabla de ondas y las mejoras en DirectX 8.x y superior para dicho soporte, el sonido MIDI se ha convertido en el más habitual en las bandas sonoras de los juegos. Muchas páginas Web ofrecen instrucciones para parchear los juegos existentes para que permitan soporte MIDI. Si juega a los videojuegos más modernos o le gusta escuchar música, es probable que le importe el buen rendimiento MIDI.

El factor más importante para el alto rendimiento de MIDI es la cantidad de voces de hardware. Incluso las mejores tarjetas de sonido suelen soportar sólo 128 voces en hardware; el resto de las voces requeridas por una banda sonora MIDI proceden del software. Si su tarjeta de sonido soporta solamente 32 voces MIDI en hardware o usa sólo síntesis de software, considere la opción de cambiarla por un modelo más reciente. Muchos de los modelos que hay actualmente en el mercado soportan más de 500 voces simultáneas y 64 voces de hardware por menos de 40 euros.

Compresión de datos

Virtualmente todos los adaptadores de sonido del mercado pueden producir fácilmente sonido de calidad de CD, que se muestrea a 44,1KHz. A esta velocidad, los archivos grabados (incluso nuestra propia voz) pueden consumir más de 10MB por minuto de grabación. Para contrarrestar esta demanda de espacio en disco, muchos adaptadores de sonido incluyen su propia capacidad de compresión de datos. Por ejemplo, la serie Sound Blaster incluye compresión al vuelo de archivos de sonido en proporciones de 2:1, 3:1 y 4:1.

La mayoría de los fabricantes de adaptadores de sonido utilizan un algoritmo denominado compresión ADPCM (*Adaptive Differential Pulse Code*, Modulación adaptativa diferencial por impulsos codificados) o IMA-ADPCM, desarrollado por la *Interactive Multimedia Association* (IMA) para reducir el tamaño de los archivos en más de 4:1. IMA-ADPCM comprime muestras lineales de 16 bits en 4 bits por muestra. Sin embargo, es un hecho que cuando se usa esta compresión se pierde calidad de sonido. Desafortunadamente, no existe un estándar para el uso de ADPCM. Por ejemplo, aunque tanto Apple como Microsoft soportan compresión IMA-ADPCM, la implementan de distinta forma. Los formatos de archivo estándar AIFF de Apple y de WAV Microsoft son incompatibles entre sí a menos que se use un reproductor que pueda utilizar ambos.

Cuando se instala un adaptador de sonido, se instalan varios códec (programas que llevan a cabo la compresión y descompresión). Normalmente, se instala alguna forma de ADPCM junto con otras muchas. Para ver qué códec hay instalados en un sistema, abra el Reproductor de Windows Media (versión 11 o posterior), seleccione Mostrar barra de menús y luego haga clic sobre Ayuda>Acerca de Reproductor de Windows Media. A continuación, haga clic en el enlace Información de soporte técnico. En la ventana de navegador que se abrirá, baje hasta ver los códec de audio instalados. En Windows XP, también se puede iniciar la herramienta Dispositivos de sonido y audio desde el Panel de control, hacer clic en la pestaña Hardware, seleccionar Códec de audio y hacer clic en el botón **Propiedades**. Los códec aparecen por orden de mayor a menor prioridad y es posible cambiar la prioridad si se prefiere un orden distinto.

El estándar de compresión más popular es MPEG (*Motion Pictures Experts Group*, Grupo de expertos en imágenes en movimiento), que funciona con compresión de sonido y de vídeo y está haciéndose fuerte en el mundo aparte de los PC con productos como los reproductores de DVD. MPEG por sí solo ofrece una tasa de compresión potencial de 30:1. El famoso esquema de compresión de sonido es un formato MPEG y puede reproducirse en la mayoría de las versiones del Reproductor de Windows Media, además de en otros programas y dispositivos de reproducción de sonido.

Procesadores de señal digital multipropósito

Muchos adaptadores de sonido utilizan procesadores de señal digital (DSP, *Digital Signal Processors*) para dotar al adaptador de inteligencia; liberando al procesador del sistema de tareas intensivas como el filtrado de ruido en las grabaciones y la compresión de audio al vuelo. Los DSP pueden actualizarse con descargas de software para acomodar más corrientes de audio simultáneas. El uso generalizado de DSP en los adaptadores de sonido de mejor calidad permite actualizarlos con software en lugar de reemplazarlos físicamente, ahorrando así tiempo y dinero.

Controladores de sonido

Como con otros componentes del PC, un controlador de software proporciona un enlace vital entre un adaptador de audio y la aplicación o sistema operativo que la usa. En la mayoría de los casos, el mejor sitio para encontrar los controladores más recientes para un hardware en concreto es la página Web del fabricante. Pero, en ciertas ocasiones, también pueden descargarse e instalarse automáticamente por medio de Windows Update.

Tarjetas de sonido para productores de sonido

Los productores de sonido son gente que intenta crear sus propios archivos de sonido. Pueden ser desde empresarios grabando anotaciones de voz de baja fidelidad hasta músicos profesionales. Estos usuarios necesitan un adaptador que puede hacer tanto procesamiento como sea posible por sí solo, de forma que no haya que poner carga adicional al procesador del sistema. Los adaptadores que usan DSP para realizar la compresión y otras tareas son muy recomendables en este caso. Los músicos seguramente preferirán un adaptador con tantas voces como sea posible y un sintetizador de tabla de ondas. También son recomendables los adaptadores con cadenas de memoria extensibles y la capacidad de modificar tablas de ondas.

Muchas de las mejores tarjetas de sonido para jugadores empedernidos también pueden resultar interesantes para los productores de sonido si se añaden programas de edición de sonido adecuados, como Sound Forge y se equipa la tarjeta con los conectores apropiados para interfaces de sonido digital SPDIF y MIDI. Muchas tarjetas de sonido de gama alta incluyen una caja de derivación interna con estas características.

Si tiene que editar o sacar múltiples fuentes de audio, necesita una tarjeta de sonido diseñada para manejar múltiples fuentes de E/S. Estos productos suelen incluir una caja de derivación externa.

***Nota:** El sitio Web de Recording Review (`www.recordingreview.com`) es un recurso destacado de búsqueda de tarjetas de sonido avanzadas y otro hardware de audio diseñado específicamente para la producción de sonido.*

Conceptos y términos relacionados con el adaptador de sonido

Para comprender totalmente los adaptadores de sonido y sus funciones, hay que entender varios términos, como calidad de CD de 16 y 24 bits CD, o puerto MIDI, por citar alguno y, a menudo, las noticias sobre nuevos productos están salpicadas con conceptos como muestreo y conversión digital a audio (DAC). Ya hemos visto algunos de estos términos y conceptos y vamos a ver algunos más en este apartado.

La naturaleza del sonido

Para poder comprender el adaptador de sonido hay que comprender la propia naturaleza del sonido. Todo sonido se produce por vibraciones que comprimen aire u otras sustancias. Estas ondas de sonido viajan en todas direcciones, expandiéndose como un globo desde el origen. Cuando llegan a nuestros oídos, causan las vibraciones que percibimos como sonido.

El tono y la intensidad son dos de las propiedades básicas del sonido.

El tono es la tasa a la que se producen las vibraciones y se mide en hercios (Hz), o ciclos por segundo. Un ciclo es una vibración completa. La cantidad de Hz es la frecuencia del tono; cuanto mayor sea la frecuencia, más alto es el tono.

Los humanos no pueden oír todas las frecuencias posibles. Muy poca gente puede oír sonidos con frecuencias inferiores a 16Hz o mayores que 20KHz (kilohertz; 1KHz equivale a 1.000Hz). De hecho, la nota más baja de un piano tiene una frecuencia de 27Hz y la más alta, un poquito más de 4KHz. Las estaciones de radio de frecuencia modulada (FM) pueden emitir notas con frecuencias de hasta 15KHz. Las asombrosas tasas de compresión que permiten los archivos MP3, en comparación con los archivos WAV de calidad de CD normal, se debe en parte a la supresión de frecuencias que están por encima y por debajo del rango de audición normal durante el proceso de extracción.

La intensidad de un sonido se denomina amplitud y determina el volumen del mismo, dependiendo de la fuerza de las vibraciones que lo producen. Una cuerda de piano, por ejemplo, vibra ligeramente cuando se pulsa la tecla levemente. La cuerda vibra hacia adelante y hacia atrás en un estrecho arco y el tono que emite es suave. No obstante, si se pulsa la tecla con más fuerza, la cuerda vibra en un arco más ancho y produce más amplitud y más volumen. La altura de los sonidos se mide en decibelios (db). Se calcula que el ruido que produce el crujido de unas hojas es de 20db, el ruido de la calle medio es de 70db y un trueno cercano, 120db.

Evaluar la calidad de un adaptador de sonido

La calidad de un adaptador de sonido se suele medir con tres criterios: la respuesta (o rango) de frecuencia, la distorsión armónica total y la relación señal-ruido.

La respuesta de frecuencia de un adaptador de sonido es el rango en el que un sistema de audio puede grabar o reproducir a un nivel de actitud constante y audible. Muchas tarjetas soportan 30Hz–20KHz. Cuanto mayor sea la amplitud, mejor será el adaptador.

La distorsión armónica total mide la linealidad de un adaptador de sonido y la rectitud de una curva de respuesta de frecuencia. Hablando en plata, la distorsión armónica es una medida de reproducción exacta del sonido. Cualquier elemento no lineal causa distorsión en forma de armónicos. Cuanto menor sea el porcentaje de distorsión, mejor. Este factor de distorsión armónica podría marcar la diferencia entre tarjetas que usen el mismo *chipset* de audio. Las tarjetas con componentes más económicos pueden presentar mayor distorsión, lo que empobrece la calidad del sonido que producen.

La relación señal-ruido (S/N o SNR, *Signal-to-Noise Ratio*) mide la fuerza de la señal del sonido respecto al ruido de fondo. Cuanto más alta sea la cantidad (medida en decibelios), mejor es la calidad de sonido. Estos factores afectan a todos los tipos de uso de los adaptadores de sonido, desde la reproducción de un archivo WAV hasta el reconocimiento de voz. Tenga presente que los micrófonos y altavoces de mala calidad pueden degradar el rendimiento de una tarjeta de sonido de buena calidad.

Muestrear

Con un adaptador de sonido, un PC puede grabar sonido de ondas. Este sonido (también conocido como sonido muestreado o digitalizado) utiliza el PC como dispositivo de grabación. Unos pequeños chips informáticos integrados en el adaptador, denominados convertidores analógico-digital (ADC, *Analog-to-Digital Converters*), convierten las ondas de sonido analógicas en bits digitales que puede entender el ordenador. Del mismo modo, los DAC convierten los sonidos grabados en un formato analógico audible.

El muestreo es el proceso de transformación de las ondas de sonido analógicas en señales digitales (binarias) que el equipo pueda guardar y después reproducir (véase la figura 11.3). El sistema muestrea el sonido tomando instantáneas de su frecuencia y amplitud en intervalos regulares. Por ejemplo, en el momento X el sonido podría medirse con una amplitud Y. Cuanto más alta (o frecuente) sea la tasa de muestreo, más exacta es la réplica que hace el sonido digital de la fuente en la vida real y mayor es la cantidad de espacio en disco necesaria para almacenarla.

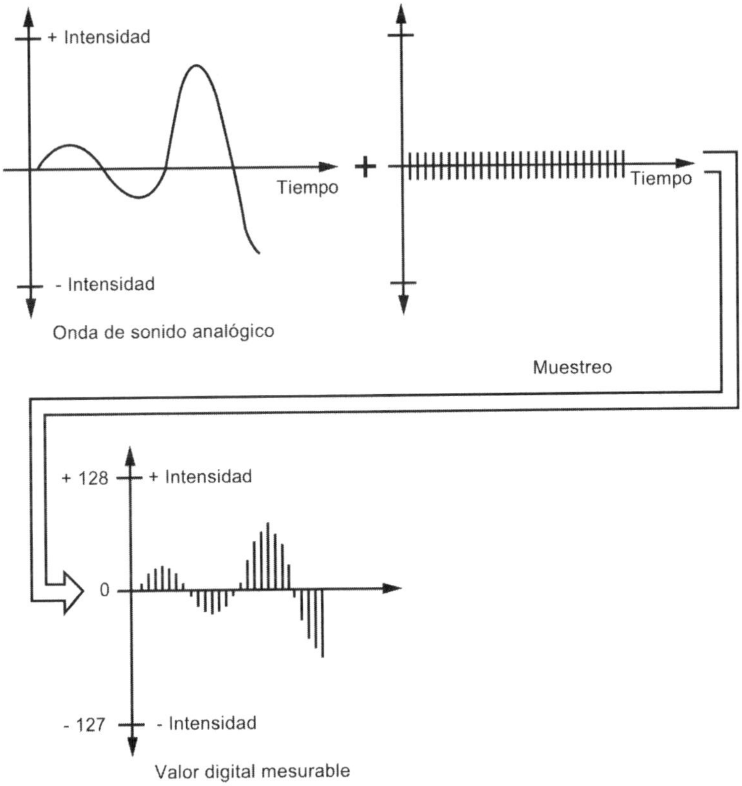

Figura 11.3. *El muestreo transforma una onda de sonido en valores digitales mesurables.*

Originalmente, las tarjetas de sonido utilizaban muestreo digital de 8 bits, que ofrecía sólo 256 valores (2^8) que podían usarse para convertir un sonido. Más recientemente, las tarjetas de sonido han aumentado la calidad del sonido digitalizado empleando muestreo 16 bits (2^{16}) para producir 65.536 valores distintos. Las tarjetas de sonido de mejor calidad actuales incluyen muestreo de 24 bits (2^{24}), que se traduce en más de 14,8 millones de valores digitales posibles que pueden asociarse a un sonido determinado.

Puede experimentar con los efectos de diferentes tasas de muestreo (y tecnologías de compresión) grabando sonido con el Grabador de sonidos de Windows (en Windows XP o versiones anteriores; el grabador de Windows Vista y Windows 7 no permite la selección de distintas tasas de muestreo) con una aplicación de terceros configurada en sonido de calidad de CD. Guarde el sonido y reprodúzcalo con la configuración de calidad más alta. A continuación, convierta el archivo a una configuración de menor calidad y vuelva a guardarlo con un nombre diferente. Reproduzca las distintas versiones para determinar cuál es la calidad más baja (y tamaño de archivo más pequeño) que puede usar sin degradar notablemente la calidad del sonido.

Chipsets de placa base con audio integrado

El *chipset* Intel 810 (presentado en abril de 1999) fue el primer *chipset* de placa base dominante que incluía audio integrado. Desde entonces, esta característica se encuentra en prácticamente todas las placas base. Aun así, es posible añadir otras soluciones de sonido mediante tarjeta de expansión o dispositivo USB si se desea.

Aunque algunas de las primeras implementaciones de audio integrado dejaban mucho que desear, gracias a ciertas mejoras en el diseño del *chipset* y un rendimiento más rápido de la CPU, los *chipsets* mejor integrados hoy en día ofrecen un rendimiento sólido. Virtualmente todos los *chipsets* actuales de Intel, VIA, Ali y SiS integran audio. Los sistemas modernos con audio integrado soportan al menos uno de los siguientes estándares:

- AC'97.
- Sonido Intel de alta definición (Azalia).

Audio integrado AC'97

El sintagma audio integrado AC'97 aparece en las descripciones de muchos sistemas recientes. Dado que AC'97 puede acabar con la necesidad de una tarjeta de sonido aparte aunque puede que no sea un sustituto satisfactorio, hay que entender lo que es y cómo funciona.

AC'97 (o AC97) es una especificación de Intel que conecta una arquitectura de códec de audio (compresión/descompresión) a una sección del puente sur, un chip concentrador de comunicaciones E/S conocido como control AC-Link, o un controlador de sonido como la serie VIA Envy24. El control AC-Link trabaja con la CPU y un DSP AC'97 para crear sonido.

El códec de audio AC'97 podría ser un chip de la placa base (lo más habitual en los sistemas recientes), un chip en una pequeña placa hija llamado CNR (*Communications and Networking Riser*, Elevador de comunicaciones y red), o un programa de software. Por tanto, una placa base con soporte para audio AC'97 integrado no requiere el uso de una tarjeta aparte para reproducir sonido. A veces también se utiliza AC'97 para referirse a los chips de audio de una tarjeta de sonido, pero en este libro sólo lo usaremos para hablar del audio integrado. En ocasiones las placas base también integran un módem analógico por medio de un chip de códec MC '97, o pueden tener un AMC '97 (audio/módem) para combinar ambas funciones.

Nota: *Algunas tarjetas de sonido de bajo coste y algunos productos de audio basados en USB utilizan chips de códec AC'97 junto con algunos componentes adicionales en lugar de las soluciones de audio de un solo chip tradicionales.*

Es importante darse cuenta de que, aunque la mayoría de los *chipsets* recientes soportan audio AC'97, esto no significa que todas las placas base construidas sobre un *chipset* en particular usen el mismo códec AC'97, ni el mismo método de creación de sonido. En la mayoría de los casos, AC'97 se implementa a través de un pequeño chip de códec en la placa base. Puede montarse en la superficie, véase la figura 11.4, pero muchos fabricantes utilizan un pequeño zócalo.

Figura 11.4. *El Realtek ALC850 es un ejemplo del típico códec conforme a AC'97 2.3 con soporte para audio surround.*

Unas cuantas placas base usan un AMR o una tarjeta CNR para implementar audio AC'97 junto con puertos de sonido.

Por varios motivos, incluidos el precio y las características del códec de audio, los distintos vendedores de placas base pueden usar diferentes chips de códec AC'97 en placas base que utilicen el mismo *chipset*.

Los principales vendedores de códec AC'97 son Analog Devices (SoundMAX), C-Media, Cirrus Logic (Crystal Audio), National Semiconductor, Realtek (incluye los antiguos productos Avance Logic), SigmaTel (STAC C-Major), VIA Technologies y Wolfson Microelectronics plc.

Nota: El vendedor de cada placa base proporciona los controladores para un chip de códec AC'97 particular, ya que deben estar personalizados para la combinación de códec y chip puente sur/ICH que use la placa base.

Aunque la especificación AC'97 recomienda un diagrama de conexión estándar, hay diferencias entre los chips de códec AC'97. Algunos vendedores de chips AC'97 ofrecen información técnica para ayudar a los fabricantes de placas base a diseñar zócalos que pueden usarse con distintos modelos de chip de códec AC'97. Sin embargo, en otros casos, los códec AC'97 están montados en la superficie de la placa base.

Las cuatro versiones de códec AC'97 son éstas:

- **AC'97 1.0:** Tiene una tasa de muestreo fija de 48KHz y salida estéreo.
- **AC'97 2.1:** Tiene opciones para tasas de muestreo variables y salida multicanal.
- **AC'97 2.2:** Tiene las características de AC'97 2.1 más audio digital SPDIF y soporte para tarjeta elevadora mejorado. Apareció en septiembre de 2000.
- **AC'97 2.3:** Tiene las características de AC'97 2.1/2.2 más soporte para auténtica detección Plug and Play de dispositivos de sonido. Salió en julio de 2002.

Nota: Las soluciones de audio que emplean los códec conformes a AC'97 2.3 pueden detectar si se ha conectado un altavoz al conector del micrófono y viceversa y advertirnos de que se está usando el conector incorrecto para ese dispositivo. Esto ayuda a eliminar una de las causas más habituales de fallos de sonido.

Las placas base más recientes con audio integrado soportan AC'97 2.2 o 2.3. Para saber más sobre la especificación AC'97, puede descargar el estándar en `http://download.intel.com/support/motherboards/desktop/sb/ac97_r23.pdf`.

Siga estos pasos para determinar si una implementación de audio AC'97 en una placa base en particular será satisfactoria:

1. Determine el chip de códec que utiliza la placa base. Lea el manual o mire qué controlador usa la placa base para sonido.
2. Busque las características y especificaciones del chip. Si no está seguro del fabricante del mismo, busque el número con un motor de búsqueda como Google.
3. Utilice un buscador para encontrar comentarios sobre la calidad de sonido y el rendimiento del chip (normalmente se incluyen en la crítica de la placa base).
4. Mire las características de la placa base para determinar si usa todas las capacidades del chip de códec. Los chips que soportan AC'97 2.1 pueden ofrecer hasta seis canales de audio analógico; los que soportan AC'97 2.2 también ofrecen audio digital SPDIF. Sin embargo, los fabricantes de placas base no siempre proporcionan las salidas adecuadas.

5. Analice cómo utiliza el audio. Si juega a muchos juegos en 3D, no es probable que quede satisfecho con el rendimiento de cualquier solución de audio integrado, independientemente de cuáles sean sus características. Puede deshabilitar el audio integrado con una configuración de la BIOS si prefiere instalar su propia tarjeta de sonido.

Sonido Intel "Azalia" de alta definición

Intel presentó el Sonido Intel de alta definición (HD) en 2004 para ofrecer un audio de alta definición capaz de reproducir más canales con mayor calidad que el estándar de audio integrado anterior, AC'97. El hardware basado en las especificaciones de Sonido Intel HD ofrece una calidad de 192KHz/32 bits por ocho canales y soporta audio *surround* 7.1. Durante su desarrollo, se denominaba con el nombre en clave "Azalia" y algunos vendedores todavía utilizan este nombre.

Aunque el Sonido HD fue desarrollado por Intel, también lo soportan la mayoría de vendedores de los códec de audio de terceros. La mayoría de los sistemas construidos a partir de 2004 con sonido *surround* integrado incluyen soporte para Sonido HD y también para AC'97. El Sonido HD es la base del diseño de audio UAA (*Unified Audio Architecture*, Arquitectura unificada de audio) utilizado en Windows Vista y posteriores.

El Sonido HD no sólo detecta cuándo se conecta un dispositivo a un conector de sonido, sino que además puede cambiar la asignación predeterminada del conector para que coincida con el dispositivo insertado. Esto ayuda a reducir los fallos de sonido causados por dispositivos conectados en los conectores incorrectos.

Instalar una tarjeta de sonido

Para poder instalar una tarjeta de sonido hay que abrir el ordenador. En la mayoría de las cajas actuales, se puede instalar un adaptador de sonido PCI o PCI Express que soporte la configuración Plug and Play.

Si su ordenador tiene audio integrado, es probable que tenga que deshabilitarlo para evitar conflictos de sonido con las soluciones basadas en códec AC'97 o Sonido Intel HD y conflictos de recursos con soluciones que emulen la Creative Sound Blaster.

Seleccionar una ranura de expansión

Si dispone de varias ranuras de bus para elegir, instale el adaptador de sonido tan lejos como pueda de las demás tarjetas del equipo. Así se reduce la posibilidad de interferencias electromagnéticas; es decir, se reducen las señales de radio desviadas de una tarjeta que podrían afectar a la de sonido. Los componentes analógicos de los adaptadores de sonido son muy susceptibles a las interferencias, e incluso aunque estén blindados, deberían protegerse tanto como sea posible. Luego, hay que quitar el tornillo que sujeta la cubierta metálica de la ranura de expansión elegida. Saque el adaptador de sonido de su envoltorio. Cuando abra la bolsa, coja con cuidado la tarjeta por los bordes metálicos. No toque ninguno de los componentes de la tarjeta porque cualquier electricidad estática que transmita puede dañarlos, tampoco los conectores dorados. Puede que le convenga adquirir una pulsera antiestática que elimine su electricidad estática mientras trabaja en el ordenador.

Antes de tomar la decisión de qué ranura emplear para el adaptador de sonido, observe con atención los cables externos que hay que conectar a la tarjeta. Los cables frontales y traseros de altavoces, micrófonos, controladores de juegos, líneas de entrada, SPDIF y otros que se conecten al sistema pueden interferir con los cables que ya estuvieran enchufados. Normalmente, lo mejor es elegir una ranura que permita poner los cables de sonido alejados de otros. Si instala una tarjeta de sonido que utilice una caja de derivación montada en una bahía interna, asegúrese de que el cable de cinta de la bahía de la unidad utilizado para la caja de derivación llega bien al conector de la tarjeta de sonido. Puede que tenga que mover una unidad óptica a otra bahía para liberar la necesaria para la caja de derivación. La figura 11.5 muestra una tarjeta de sonido tras su instalación en un ordenador. Los cables analógicos de dos hilos y digitales de cuatro que iban a la unidad óptica se han conectado a la tarjeta, igual que el cable de cinta que va a la caja de derivación interna de la tarjeta.

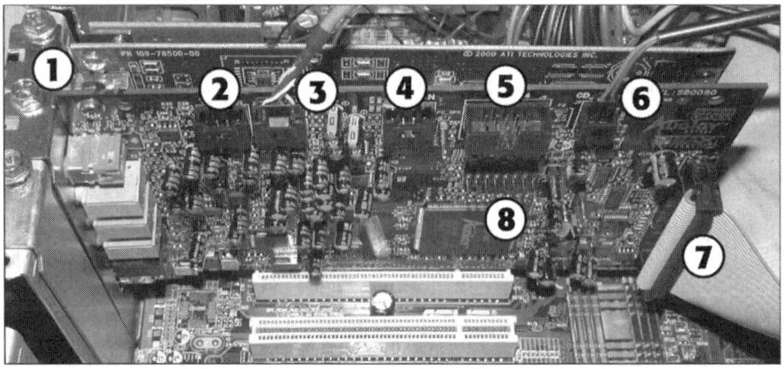

1. Tornillo de montaje
2. Conector de sonido analógico TAD (dispositivo de respuesta telefónica)
3. Cable analógico de sonido CD
4. Conector sonido analógico entrada auxiliar
5. Conector E/S SB1394 (IEEE-1394a)
6. Cable de sonido digital SPDIF CD
7. Cable E/S unidad Audigy
8. Pines de cabezal de puerto de juegos (joystick)

Figura 11.5. *Tarjeta de sonido instalada con cables analógicos y digitales de la unidad óptica conectada.*

Muchas tarjetas de sonido y unidades ópticas tienen conectores de sonido digital que soportan un conector de dos hilos. Normalmente no hacen falta en sistemas que ejecutan Windows XP o posterior, que soportan la lectura de datos musicales digitales directamente sobre la conexión de cable de datos SATA o PATA.

A continuación, inserte el conector del borde del adaptador en la ranura del bus, pero antes toque algo metálico, como la cara interior de la tapa del ordenador, para liberar electricidad estática. Cuando la tarjeta esté bien colocada en su sitio, ponga el tornillo (véase la figura 11.5) para sujetar la ranura de expansión y la tarjeta y vuelva a montar el ordenador.

Conectar altavoces para PC y finalizar la instalación

Una vez instalada la tarjeta adaptadora, puede conectar pequeños altavoces a los conectores de altavoces externos. Normalmente, las tarjetas de sonido proporcionan 4 vatios de potencia por canal a los altavoces sin energía. Si utiliza altavoces estimados para menos de 4 vatios, no suba el volumen de la tarjeta de sonido al máximo; podría quemar el altavoz por la sobrecarga. Obtendrá mejores resultados si conecta la tarjeta de sonido a altavoces con energía, es decir, altavoces con amplificadores integrados. Si su tarjeta de sonido soporta un sistema de cuatro altavoces, compruebe la documentación para ver qué conector se utiliza para los frontales y cuál se usa para los traseros. Para utilizar los altavoces traseros para sonido 3D, ajuste las propiedades con el software mezclador suministrado con la tarjeta.

Nota: *Si tiene altavoces con energía, pero no los tiene con batería ni conectados a un adaptador de corriente, no los encienda. Si enciende los altavoces si energía no oirá nada. Déjelos apagados y utilice el control de volumen integrado en el software mezclador de la tarjeta de sonido. Los altavoces con energía suenan mejor, pero la mayoría de los modelos pequeños pueden funcionar sin energía en caso de emergencia. Algunas fuentes de alimentación de ordenador incluyen pequeños conectores para suministrar energía a los altavoces.*

Una vez finalizada la instalación de la tarjeta de sonido, debería aparecer un icono de un altavoz en la bandeja del sistema de Windows.

En algunos casos, puede que se le solicite insertar el disco de instalación de Windows si son necesarios controladores adicionales para completar la instalación. Si utiliza fuentes o salidas de sonido digital, como Dolby 5.1, CD digital, o SPDIF, abra el cuadro de propiedades del dispositivo mezclador y habilite la visibilidad de estos controles de volumen.

Utilice dicho control para asegurarse de que los altavoces reciben señal de sonido. A veces, el mezclador está en silencio por defecto. Se puede ajustar el volumen aparte para los archivos WAV, MIDI, el micrófono y otros componentes.

Utilizar un estéreo en lugar de altavoces

Otra alternativa es conectar la tarjeta de sonido a un sistema estéreo para amplificar el sonido y para soporte de sonido Dolby Digital avanzado para reproducción de DVD. Compruebe los conectores a ambos extremos de la conexión. La mayoría de los estéreos usan conectores de pines, también llamados RCA o conectores *phono*, para la entrada. Aunque estos conectores son estándar en algunas tarjetas de sonido y cajas de derivación, la mayoría utilizan conectores 1/8", que requieren un adaptador para conectarse al sistema estéreo. Por ejemplo, en RadioShack se puede comprar un cable de sonido con un miniconector 1/8" estéreo en un extremo y conectores *phono* en el otro. Si desea conectar la tarjeta de sonido a unos altavoces Dolby 5.1, utilice cables diseñados para los conectores SPDIF de la tarjeta de sonido. Algunas pueden usar conectores de tipo RCA, mientras que otras usan un cable óptico con un extremo cuadrado (conector Toslink).

Asegúrese de que los conectores son estéreo y no mono, a menos que su tarjeta de sonido soporte mono. Para asegurarse de que va a tener cable suficiente para llegar desde la parte trasera del PC al sistema estéreo, hágase con un cable de 2m.

Conectar el estéreo a un adaptador de sonido es cuestión de conectar los conectores macho en los conectores hembra adecuados. Si el adaptador le da la opción de elegir salidas (altavoz/auricular y salida estéreo), escoja el conector de la línea de salida estéreo para la conexión. Esto le dará la mejor calidad de sonido, ya que las señales de esta línea no se amplifican. Lo mejor es dejar la amplificación al sistema estéreo. En algunos casos, se puede conectar un conector DIN especial al adaptador de sonido con múltiples conexiones para el sistema estéreo.

Conecte la salida de este cable desde el adaptador de sonido hasta la entrada auxiliar del sistema estéreo o amplificador integrado. Si el estéreo no tiene entrada auxiliar, las otras opciones (en orden de preferencia) serían radio, CD y pletina 2. (No use entradas de tocadiscos porque el nivel de las señales será irregular). Puede conectar el miniconector estéreo del cable al receptáculo de la línea de salida de la tarjeta de sonido, por ejemplo y conectar los dos conectores RCA a los receptáculos Tape/VCR 2.

La primera vez que use un adaptador de audio con un sistema estéreo, baje el volumen del receptor para evitar que estallen los altavoces. Simplemente suba el controlador de volumen y seleccione la entrada correcta en el receptor estéreo. Finalmente, inicie el PC. Nunca suba el volumen a más de tres cuartos porque se distorsiona el sonido.

Nota: *Si los altavoces del estéreo no están protegidos magnéticamente, puede que escuche mucho chisporroteo si están cerca del ordenador. Pruebe a alejarlos del equipo o utilice altavoces protegidos magnéticamente.*

Solucionar problemas con la tarjeta de sonido

Para funcionar, un adaptador de sonido necesita recursos de hardware, como números de IRQ, una dirección E/S básica y canales DMA que no entren en conflicto con otros dispositivos. La mayoría de los adaptadores vienen preconfigurados para utilizar los recursos Sound Blaster estándar asociados tradicionalmente a ellos.

Sin embargo, a veces surgen problemas con los adaptadores Plug and Play. La solución de los problemas puede pasar por cambiar la configuración utilizada por la BIOS del sistema para dispositivos PnP, mover la tarjeta de sonido a otra ranura o incluso reconfigurar los otros dispositivos del ordenador. Nadie dijo que la vida fuera justa.

Conflictos de (recursos de) hardware

El problema más habitual con los adaptadores de sonido (especialmente si todavía se utilizan tarjetas ISA) es que pueden entrar en conflicto con otros dispositivos instalados en el PC. Aunque esto ya no ocurra tanto como en el pasado, siguen produciéndose situaciones en las que los adaptadores de sonido no funcionan (no se oye música ni efectos de sonido), repiten los mismos sonidos una y otra vez, o dejan el PC colgado. Es lo que se conoce como conflicto de dispositivos o de hardware. ¿Por qué se pelean? Principalmente por las mismas líneas de señal de bus o canales (denominados recursos) utilizados para comunicarse con el PC. Tres suelen ser los recursos en conflicto en las instalaciones de adaptadores de sonido:

- **Solicitudes de interrupción (IRQ):** Los dispositivos de hardware usan IRQ para "interrumpir" la CPU del PC y conseguir su atención. Las tarjetas PCI pueden compartir IRQ, pero no así las ISA ni los puertos heredados integrados, como los serie, paralelos y PS/2.
- **Canales de acceso directo a memoria (DMA):** Los canales DMA pasan información directamente a la memoria del PC, ignorando al procesador del sistema. Permiten que se reproduzca el sonido mientras el PC está ocupado en otras tareas. Las tarjetas de sonido ISA y PCI que emulan el estándar Sound Blaster requieren configuración DMA; las tarjetas PCI que funcionan en modo nativo no utilizan estos canales.
- **Direcciones de puerto de E/S:** El PC usa las direcciones de puerto de E/S para canalizar la información entre los dispositivos de hardware del adaptador de sonido y el PC. Las direcciones mencionadas normalmente en los manuales de las tarjetas de sonido son las de inicio o base. Un adaptador de audio tiene varios dispositivos y cada uno usa un rango de direcciones que empieza con una dirección base concreta.

Las tarjetas de sonido y el audio integrado basados en PCI pueden compartir IRQ, no utilizan canales DMA (salvo cuando emulan una tarjeta Sound Blaster) y pueden utilizar una amplia variedad de direcciones de puerto de E/S. Por consiguiente, actualmente los casos de conflicto de recursos en los que haya implicado sonido basado en PCI son muy raros, en parte porque los sistemas ya no usan ranuras ni tarjetas ISA (los dispositivos ISA no pueden compartir IRQ).

No obstante, si todavía usa tarjetas de sonido ISA o tarjetas ISA o PCI que utilicen puertos de juegos, podría encontrar conflictos de recursos. Estos conflictos también pueden producirse en entornos virtualizados.

Otros problemas con tarjetas de sonido y audio integrado

Igual que pasa con un catarro corriente, los problemas con el adaptador de sonido tienen síntomas comunes. Los siguientes apartados le ayudarán a diagnosticar el problema.

No hay sonido

Si no se escucha ningún sonido procedente del adaptador de sonido, considere estas soluciones:

- Asegúrese de que el adaptador está configurado para utilizar todos los recursos predeterminados y de que todos los demás dispositivos que utilicen esos recursos estén reconfigurados o eliminados si causan un conflicto. Utilice el Administrador de dispositivos para determinar esta información.
- ¿Están los altavoces conectados? Compruebe que están conectados a la línea de salida o receptáculo de altavoz (y no en la línea de entrada ni en el receptáculo para el micrófono) de la tarjeta de sonido.
- ¿Reciben energía los altavoces? Compruebe que el cable eléctrico está conectado de forma segura y los altavoces están encendidos.
- ¿Son los altavoces estéreo? Compruebe que el conector que está insertado en el receptáculo es estéreo y no mono.
- ¿Es correcta la configuración del mezclador? Muchos adaptadores de sonido incluyen una aplicación de mezcla de sonido. El mezclador controla la configuración de volumen para varios dispositivos de volumen, como el micrófono o el reproductor de CD. Puede haber controles aparte para grabar y reproducir. Suba el volumen maestro o el del altavoz cuando esté en modo de reproducción.
  Si está seleccionada la opción de silencio en el mezclador de sonido, no oirá nada. Dependiendo del tipo de altavoz y fuente de sonido, puede que tenga que cambiar de sonido analógico a digital para algunos tipos de salida. Cerciórese de que están habilitados los controles de volumen de sonido digital correctos en el mezclador del dispositivo.
- Utilice el software de instalación o diagnóstico del adaptador de sonido para probar y ajustar el volumen del adaptador. Este software suele incluir sonidos muestreados para hacer las pruebas.
- Apague el equipo durante un minuto y vuelva a encenderlo. Un reinicio de este tipo (en vez de pulsar el botón **Reset** o bien **Control-Alt-Supr**) podría eliminar el problema.
- Si falta sonido a un juego, verifique que está diseñado para funcionar con su adaptador de sonido. Por ejemplo, algunos de los primeros juegos de Windows

heredados (basados en DOS) podrían requerir la configuración exacta de IRQ 7 (o IRQ 5), DMA 1 y la dirección de puerto de E/S 220 para ser compatibles con Sound Blaster. También podría tener que cargar controladores DOS para permitir que algunas tarjetas de sonido recientes funcionen con juegos DOS.

- Si utiliza audio integrado en la placa base, asegúrese de que está habilitado (compruebe la configuración de la BIOS) y de que están instalados los controladores correctos y el programa reproductor (compruebe el Panel de control de Windows).
- Si utiliza audio integrado en la placa base que emplea un cable con cabezal extraíble (como en muchas configuraciones ópticas SPDIF o bien analógicas de cuatro/seis canales), asegúrese de que el cable está conectado de forma correcta a la placa base.

Sonido por un solo lado

Si el sonido procede de un solo altavoz, compruebe estas posibles causas:

- **¿Está utilizando un conector mono en un receptáculo estéreo?:** Un error muy habitual es el uso de un conector mono en el receptáculo de salida estéreo o altavoz de la tarjeta de sonido. Visto desde un lado, un conector estéreo tiene tres rayas más oscuras, mientras que un conector mono sólo tiene una.
- **Si utiliza altavoces amplificados, ¿están encendidos?:** Compruebe la potencia de las baterías o la conexión del adaptador CA a la toma eléctrica. Si cada altavoz recibe la energía por separado, asegúrese de que las baterías de ambos funcionan.
- **¿Están los altavoces conectados correctamente?:** Siempre que sea posible, utilice conectores marcados o con código de colores para evitar errores.
- **¿Está el controlador del adaptador de sonido cargado?:** Algunas tarjetas de sonido emiten sonido solamente por el canal izquierdo si el controlador no está cargado correctamente. Vuelva a ejecutar el software de instalación del adaptador o reinstálelo en el sistema operativo.
- **¿Están ambos altavoces configurados con el mismo volumen?:** Algunos altavoces utilizan controles de volumen aparte para cada uno. Equilíbrelos para obtener el mejor resultado. Los controles de volumen separados pueden ser una ventaja si uno de los altavoces está más lejos del usuario que el otro.
- **¿Está flojo el receptáculo del altavoz?:** Si el altavoz está bien conectado al receptáculo pero no produce sonido y al sacar un poco el conector o moverlo en el receptáculo corrige temporalmente el problema, podría tratarse de un fallo del receptáculo. No hay una solución fácil; tendrá que comprar un adaptador nuevo, desmontar el hierro soldado y pasar trabajando más tiempo de lo que cuesta un adaptador nuevo. Para no dañar el receptáculo del altavoz, inserte el conector recto, no en ángulo.

Volumen bajo

Si casi no se oye lo que produce la tarjeta de sonido, pruebe estas soluciones:

- **¿Están los altavoces conectados en el receptáculo correcto?:** Los altavoces requieren un nivel de señal de unidad más alto que los auriculares. De nuevo, ajuste el volumen en la aplicación de mezclas.
- **¿Está la configuración del mezclador demasiado baja?:** Nuevamente, ajuste el volumen en la aplicación de mezclas. Si el mezclador permite elegir entre altavoces y auriculares, seleccione la configuración de altavoz correcta.
- **¿Está el volumen inicial demasiado bajo?:** Si el adaptador de sonido tiene una rueda de volumen externa en la tarjeta, asegúrese de que no está al mínimo. Compruebe también los controles de volumen de los propios altavoces.
- **¿Son los altavoces demasiado débiles?:** Algunos altavoces pueden necesitar más energía de la que produce el adaptador de sonido. Pruebe con otros altavoces o ponga un amplificador estéreo entre la tarjeta de sonido y los altavoces.

Algunos altavoces no reproducen

Si oye sonido procedente de algunos altavoces pero de otros no, pruebe lo siguiente:

- **Configuración incorrecta del mezclador de sonido:** La mayoría de los sistemas asumen que se está utilizando sonido de dos canales (estereofónico), incluso aunque se hayan conectado cuatro o más altavoces. Seleccione el tipo de altavoz correcto con el icono de un altavoz de Windows o bien un mezclador de sonido de terceros.
- **Hay altavoces adicionales conectados a los receptáculos incorrectos:** Asegúrese de conectar los altavoces adicionales para el sonido de cuatro o seis canales a los receptáculos correctos. Si los conecta a la línea de entrada o los conectores para micrófono, no funcionarán.
- **Configuración de balance incorrecta:** El control de volumen también ajusta el balance entre los altavoces derechos e izquierdos. Si se oye sonido solamente por los altavoces izquierdos o solamente por los derechos, hay que centrar el control de balance con el icono de altavoz de Windows o bien un mezclador de sonido de terceros.

> ***Nota:*** *En algunos sistemas con audio integrado, los receptáculos para sonido pueden tener múltiples usos. Por ejemplo, en el modo de seis canales de algunos sistemas, la línea de entrada y el receptáculo para micrófono pueden reconfigurarse para que funcionen con altavoces traseros y centrales/bafle de graves. En tales casos, hay que reestablecer los controles del mezclador.*

Algunos tipos de sonido se reproducen pero otros no

Si se oyen los CD pero no la música digital en WAV o MP3, o bien se puede reproducir archivos WAV y MP3, pero no de CD ni MIDI, compruebe esto:

- **Baje el volumen o silencie algunos tipos de sonido:** Algunos de los mezcladores de sonido tienen controles de volumen aparte para sonido WAV/MP3, MIDI, CD digital y CD y otros tipos de sonido y fuentes. No deje ningún tipo de sonido en silencio y ajuste el volumen a su gusto.
- **Conflictos de puerto E/S o DMA al jugar a juegos de DOS:** En la mayoría de las tarjetas de sonido basadas en ISA o PCI o soluciones de audio integradas, se utilizan rangos de direcciones de puerto de E/S y canales DMA separados para MIDI, síntesis FM y sonido normal. Un conflicto puede hacer que algunos tipos de sonido no se reproduzcan.
- Compruebe también la conexión de sonido de CD de la unidad óptica a la tarjeta de sonido.

Sonido distorsionado

El sonido distorsionado o lleno de electricidad estática puede tener varias causas. Mejorarlo puede ser tan simple como reorganizar los componentes de hardware. La siguiente lista sugiere posibles soluciones para este problema:

- **¿Se encuentra el adaptador de sonido cerca de otras tarjetas de expansión?:** El adaptador podría estar recibiendo interferencias eléctricas de otras tarjetas de expansión dentro del PC. Mueva la tarjeta de sonido a una ranura de expansión tan lejos como sea posible de las otras tarjetas.
- **Un adaptador de sonido basado en ISA requiere mucha atención de la CPU:** El acceso frecuente al disco duro puede causar pérdidas de información debido al cambio de las CPU entre la administración de la tarjeta de sonido y la del disco duro.
- **¿Están los altavoces demasiado cerca del monitor?:** Los altavoces pueden recibir ruido derivado de la electricidad estática del monitor. Aléjelos; los bafles de graves no deberían estar nunca situados cerca del monitor porque sus potentes imanes pueden interferir con la imagen. Deberían estar en el suelo para maximizar la transmisión a baja frecuencia.
- **¿Está experimentando problemas de compatibilidad entre algún juego en particular y la tarjeta de sonido?:** Si observa problemas de sonido como voces temblorosas o electricidad estática en algunos juegos, pero no en otros, consulte al vendedor del juego para ver si hay algún parche de software o con el de la tarjeta de sonido en busca de controladores actualizados. Si el juego utiliza DirectX en Windows XP o versiones anteriores, ejecute el programa de diagnostico DXDIAG

desde el cuadro de diálogo Ejecutar de Windows. Haga clic en Inicio>Ejecutar, escriba **dxdiag** y haga clic sobre **Aceptar**. (Windows Vista y 7 también incluyen DXDIAG, pero no soportan la aceleración de sonido de hardware.) En DXDIAG, haga clic en la pestaña Sonido. Ajuste el deslizador Nivel de aceleración de sonido de hardware un poco, desde Aceleración total (opción predeterminada) hasta Aceleración estándar, haga clic en **Guardar la información** y salga. Vuelva a probar el juego. Si el problema persiste, ajuste Nivel de aceleración de sonido de hardware a Aceleración básica. Si otros juegos tienen problemas de rendimiento después de ajustar el deslizador, reestablezca la configuración predeterminada antes de usar esos juegos.

El equipo no se inicia

Si el equipo no se inicia, puede que no haya insertado completamente el adaptador de sonido en su ranura. Apague el PC y empuje con firmeza la tarjeta hasta que quede colocada correctamente.

Si no puede iniciar el ordenador tras instalar una tarjeta de sonido nueva y sus controladores, puede usar el registro de inicio de Windows para registrar todos los eventos durante el inicio; este archivo registra los controladores de hardware que se cargan durante el inicio e indica si el archivo se ha cargado con éxito, no se ha cargado bien o ha colgado el equipo. Revise la documentación de su versión de Windows para más detalles sobre la creación de un registro de inicio si es necesario.

Características avanzadas

Si tiene problemas para reproducir sonido de DVD, archivos MP3 o usar conexiones SPDIF, compruebe lo siguiente:

- Ha habilitado los recursos de hardware en la tarjeta de sonido.
- Está usando el programa de reproducción correcto.
- El mezclador tiene la configuración de control de volumen correcto para el dispositivo.
- Ha habilitado la reproducción digital (si usa salida coaxial o SPDIF óptica).
- El cableado es correcto para el dispositivo.

Otros problemas

Algunos problemas de sonido pueden ser difíciles de resolver. Debido a peculiaridades y problemas con la forma en que se implementa DMA en algunos *chipsets* de placa base, pueden producirse problemas de interacción con ciertas tarjetas o controladores. En ocasiones, basta con alterar las opciones de configuración del *chipset* en el CMOS para resolverlos, pero otras veces pueden requerir muchas pruebas.

El estándar PC se basa en la cooperación de varias empresas. Algo tan simple como la BIOS o el diseño de una placa base de un vendedor puede hacer que el estándar ya no sea estándar.

Una buena forma de solucionar problemas de todo tipo con tarjetas Plug and Play, BIOS PnP y Windows es usar el Administrador de dispositivos para eliminar la tarjeta de sonido, reiniciar el sistema y dejar que los componentes de la tarjeta vuelvan a detectarse. Así se instala una copia "fresca" del software y vuelven a introducirse las entradas del Registro.

Altavoces

Las presentaciones empresariales exitosas, las aplicaciones multimedia y el trabajo con MIDI requieren altavoces de alta fidelidad externos. Aunque se puede usar altavoces estéreo estándar, a menudo son demasiado grandes para estar en el escritorio. Es mejor usar altavoces de estantería más pequeños.

Las tarjetas de sonido ofrecen poca o nada de la amplificación necesaria para los altavoces externos. Aunque algunas tarjetas de sonido tienen pequeños amplificadores de 4 vatios, no son suficientemente potentes para altavoces de calidad. Además, los altavoces convencionales situados cerca del escritorio pueden crear interferencias magnéticas que podrían distorsionar los colores y objetos en pantalla o mezclar los datos grabados en disquetes cercanos u otros medios magnéticos.

Para solucionar estos problemas, los altavoces del ordenador tienen que ser pequeños, eficientes y autoalimentados. Además deberían incluir protección magnética en forma de capas aislantes adicionales o de cancelación de distorsión magnética.

Advertencia: *Aunque la mayoría de los altavoces están protegidos magnéticamente, no deje cintas grabadas, relojes de pulsera, tarjetas de crédito ni disquetes delante de los altavoces durante periodos de tiempo largos.*

La calidad del sonido depende de la calidad de los altavoces. Un adaptador de sonido de 16 bits proporcionará mejor sonido a los altavoces del ordenador, pero incluso un adaptador de 8 bits suena mejor con un buen altavoz. En cambio, un altavoz económico hace que tanto los adaptadores de 8 bits como los de 16 suenen metalizados.

Criterios para la selección de altavoces

Hay decenas de modelos de altavoces para PC en el mercado, que van desde minialtavoces económicos de Sony, Creative y LabTech hasta modelos más grandes autoalimentados de prestigiosas empresas de sonido como Bose, Cambridge Sound Works, Klipsch, Monsoon y Altec Lansing.

Muchos de los sistemas de altavoces de gama media-alta incluyen hasta bafles de graves para proporcionar respuesta de bajo adicional. Para evaluar altavoces, es conveniente conocer la jerga. Los altavoces se valoran de acuerdo a tres criterios:

- **Respuesta de frecuencia:** Medida de la gama de sonidos altos y bajos que puede reproducir un altavoz. El rango ideal es 20Hz–20KHz, lo que puede oír el oído humano. Ningún sistema de altavoces reproduce este rango a la perfección. De hecho, poca gente oye sonidos por encima de 18KHz. Un altavoz excepcional podría cubrir un rango de 30Hz–23.000Hz y los modelos inferiores solamente 100Hz–20.000Hz. La respuesta de frecuencia es la especificación más engañosa porque altavoces valorados exactamente igual pueden sonar de forma completamente distinta.
- **Distorsión armónica total:** Expresión de la cantidad de distorsión o ruido creados al amplificar la señal. Llanamente, la distorsión es la diferencia entre el sonido enviado al altavoz y el que se oye. La cantidad de distorsión se mide en porcentajes. Un nivel de distorsión aceptable es menor al 10 por 100. Para un equipo de sonido de alta calidad el estándar habitual es 0,05 por 100, pero los amplificadores baratos incluidos con muchos altavoces económicos tienen una distorsión del 1 por 100 o más, que es más de 20 veces más.
- **Vatios:** Normalmente se expresa como vatios en total o vatios por canal. Es la cantidad de amplificación disponible para los altavoces. Es una de las especificaciones más engañosas porque puede resultar difícil establecer una comparación válida de niveles de salida entre distintos amplificadores. Puesto que la distorsión aumenta con la energía, los amplificadores con especificaciones de distorsión más altas tendrán tasas de voltaje totales o por canal más elevadas y los amplificadores con más altavoces tendrán también cantidades de voltaje más altas, incluso aunque la cantidad de potencia de los canales estéreo principales sea menor. Finalmente, algunos fabricantes dan cifras PMPO (*Peak Music Power Output*, Salida máxima de potencia musical) infladas y sin sentido, en lugar de las RMS (*Root Mean Square*, Raíz media cuadrada) normalizadas por la *Federal Trade Commission*. Cuando se hacen comparaciones numéricas de voltajes, hay que asegurarse de que son valores RMS de los que se ha informado al mismo nivel de distorsión armónica total; así se puede comparar las cifras de voltaje totales o por canal para los canales izquierdo y derecho (estéreo) principales.

Antes de comprar un juego de altavoces, investigue un poco y lea comentarios sobre los altavoces que está considerando.

A veces, los altavoces económicos para PC utilizan baterías para alimentar los amplificadores. Ya que estos altavoces requieren mucha potencia, puede que le convenga invertir en un adaptador CA o comprar altavoces que se enchufen a la corriente. Con un adaptador CA, no hay que comprar pilas nuevas cada pocas semanas. Si los altavoces no venían con este adaptador, puede comprar uno en su tienda habitual. Asegúrese de que el adquirido coincida con el voltaje y la polaridad de los altavoces; la mayoría de los adaptadores de terceros tienen múltiples voltajes e incluyen puntas intercambiables y polaridad reversible.

Se puede controlar el volumen y otros atributos del sonido de los altavoces de varias formas, dependiendo de su complejidad y precio. Normalmente, cada altavoz tiene un botón de volumen, aunque algunos comparten un solo control. Si uno de los altavoces está más alejado que el otro, puede que haya que ajustar el sonido en consecuencia. Muchos altavoces de ordenador incluyen un conmutador DBB (*Dynamic Bass Boost*, Refuerzo dinámico de graves). Este botón ofrece unos graves más potentes y unos agudos más limpios, independientemente de la configuración del volumen. Otros altavoces tienen conmutadores aparte para graves y agudos o un ecualizador de tres bandas para controlar las frecuencias baja, media y alta. Cuando se depende más de la potencia del adaptador de sonido que del amplificador integrado en los altavoces, los controles de volumen y refuerzo dinámico de graves no tienen efecto. Los altavoces están a merced del adaptador.

Para una mejor calidad de sonido, ajuste el volumen maestro en la tarjeta de sonido cerca del extremo superior y use el control de volumen de los altavoces con energía para ajustar el volumen. De lo contrario, los altavoces intentarán amplificar cualquier distorsión procedente de la entrada de baja potencia del adaptador de sonido del PC.

Un miniconector estéreo de 1/8" conecta el receptáculo de salida del adaptador de sonido con uno de los altavoces. Entonces, el altavoz divide la señal y suministra energía mediante un cable separado del primer altavoz al segundo (normalmente denominado altavoz satélite).

Antes de comprar un juego de altavoces, compruebe que los cables entre los altavoces son suficientemente largos para la configuración del ordenador. Por ejemplo, una torre que esté situada junto al escritorio podría requerir cables de altavoz más largos que un equipo de sobremesa.

Tenga cuidado con los altavoces que tienen una característica de suspensión integrada. Estos altavoces, que ahorran energía apagándose solos cuando no se están usando, pueden tener la molesta costumbre de recortar la primera parte de un sonido después de un periodo de inactividad.

Los altavoces basados en USB no pueden reproducir música de CD a menos que la unidad óptica pueda realizar extracción de audio digital. Compruebe las especificaciones de la unidad para más información.

Los auriculares son una opción cuando uno no puede permitirse un juego de altavoces de calidad. Además, ofrecen privacidad y permiten reproducir el sonido del PC tan alto como se quiera.

Para obtener mejores resultados con tarjetas de sonido nuevas que soporten cuatro altavoces o más, compruebe el cuadro de propiedades del adaptador de sonido y establezca el uso de auriculares, altavoces estéreo o más altavoces. Utilice el software de sonido para configurar efectos de sonido 3D u otros.

Asegúrese de que los altavoces estén bien situados. Si usa un bafle de graves, póngalo en el suelo para mejorar los graves y reducir la interferencia con otros dispositivos.

¿Cómo se sabe si los altavoces satélite inalámbricos están causando interferencias? Observe el monitor; las frecuencias de 2KHz pueden interferir con él. Aleje los altavoces de la pantalla y vuelva a probar.

Consideraciones sobre los sistemas de sonido Theater y Surround

Si es un fanático de los juegos o las películas en DVD, no estará contento con el sonido estereofónico ordinario. La mayoría de los adaptadores de sonido soportan en la actualidad altavoces traseros y frontales y muchos de los mejores adaptadores también soportan configuraciones compatibles con Dolby 4.1 y 5.1. Para uso puntero, puede que prefiera conectar el subsistema de sonido del PC a un sistema Home Theater.

Para conseguir el sonido deseado de cuatro o más altavoces, conectados al sistema directamente o a través de un amplificador, compruebe lo siguiente:

- **Use el cuadro de propiedades del adaptador de sonido para describir adecuadamente la configuración de los altavoces:** Esto incluye seleccionar el número de altavoces que se va a usar, configurar opciones para sonido ambiental y posicional 3D, como la resonancia y configurar el bafle de graves si lo hay.
- **Asegúrese de usar el cableado correcto entre los altavoces y el adaptador de sonido:** Si planea utilizar configuraciones de altavoz AC3/Dolby, como 4.1, 5.1, 6.1 o 7.1, asegúrese de usar la conexión y configuración SPDIF correctas. Esto varía dependiendo del adaptador de sonido; consulte el sitio Web del vendedor para más detalles.
- **Asegúrese de colocar los altavoces correctamente:** En algunos casos se puede ajustar las propiedades del adaptador de sonido para mejorar la calidad, pero a veces hay que mover los altavoces.
- **Asegúrese de que los altavoces están conectados a los receptáculos correctos:** Mezclar derecho e izquierdo o trasero y frontal puede causar una calidad de sonido pobre.
- **Seleccione la configuración correcta para el amplificador:** Si envía las señales de sonido del ordenador a un amplificador Home Theater, seleccione la opción de salida correspondiente a los receptáculos de entrada utilizados. Por ejemplo, muchos amplificadores Home Theater tienen selecciones de DVD y vídeo. Si también tiene un reproductor de DVD conectado al sistema Home Theater, utilice la conexión del DVD para el reproductor de DVD y la de vídeo para el PC. Cuando encienda el amplificador, seleccione el vídeo si quiere escuchar sonido del PC.

La configuración de sonido más simple disponible actualmente es el estéreo, que utiliza dos altavoces colocados para solapar el sonido. La mayoría de los adaptadores de sonido actuales soportan al menos cuatro altavoces, pero dependiendo del adaptador, la configuración y las opciones de salida del programa, los traseros podrían ser simplemente un reflejo de la salida de los frontales, o puede que haya cuatro transmisiones distintas.

El sonido *surround* de cuatro puntos emplea cuatro altavoces más un bafle de graves para envolvernos con música y efectos de sonido; los cuatro altavoces se colocan alrededor del usuario y el sub-bufle suele estar cerca de una pared o bien en una esquina para amplificar su sonido de baja frecuencia. El bafle de graves de configuraciones estéreo o de cuatro altavoces no está en un circuito separado, sino que lo controlan las mismas señales enviadas a los otros altavoces. Un sistema de altavoces estéreo con un bafle de graves suele denominarse configuración de altavoces 2.1 y uno con cuatro altavoces y un bafle de graves, configuración de altavoces 4.1.

El sonido Surround 5.1, también denominado Dolby Digital o DTS Surround, utiliza cinco altavoces y un bafle de graves. El quinto altavoz se sitúa entre los dos frontales para completar cualquier sonido perdido por la colocación incorrecta de los altavoces. El bafle de graves se controla de forma independiente. Este sistema es el más adecuado para las películas en DVD. La mayoría de los adaptadores de sonido de bajo coste carecen de soporte para sonido Surround 5.1.

Algunas de las tarjetas de sonido y placas base con audio integrado más recientes soportan sonido Surround 6.1 y 7.1. La configuración 6.1 se parece a la 5.1 pero añade un altavoz central junto con un bafle de graves. El sonido Surround 7.1 utiliza altavoces centrales derechos e izquierdos para flanquear al oyente y un bafle de graves. Dependiendo de la tarjeta de sonido, algunas tarjetas reproducen configuraciones de sonido Surround 5.1 o superior con altavoces analógicos solamente, mientras que otras pueden transmitir Dolby Digital (AC-3), DTS Surround o Dolby EX mediante el puerto de sonido digital SPDIF a un sistema Home Theater.

Micrófonos

Algunos adaptadores de sonido incluyen un micrófono, pero la mayoría no lo hacen. Necesitará uno para grabar voz en archivos WAV. Seleccionar un micrófono es bastante sencillo. Hace falta uno que tenga un miniconector de 1/8" para conectar en el receptáculo para micrófono (o línea de entrada) del adaptador de sonido. La mayoría de los micrófonos de mano tienen un interruptor de encendido apagado, pero también se puede usar el mezclador de sonido para cerrarlos. Al igual que los altavoces, los micrófonos se miden por rangos de frecuencia. Sin embargo, esto no es un factor de compra decisivo, ya que la voz humana tiene un rango limitado. Si solamente va a grabar voces, considere un micrófono económico que cubra un rango limitado de frecuencias. Las capacidades de grabación de un micrófono caro se amplían a frecuencias fuera del rango de la voz. ¿Por qué pagar por algo que no se necesita?

Si va a grabar música, *podcasts* o producir otro tipo de contenido de sonido que se distribuirá, la inversión en un micrófono más caro está justificada. Sin embargo, en ese caso, debería asegurarse de que el adaptador de sonido puede hacer justicia a la señal producida por el micrófono. Un micrófono de alta calidad puede dar mediocres resultados si se empareja con un adaptador de sonido barato.

La mayor decisión es seleccionar un micrófono que encaje con su estilo de grabación. Si trabaja en una oficina ruidosa, puede que le interese un micrófono unidireccional que evite la grabación de ruidos extraños. Un micrófono omnidireccional es mejor para grabar conversaciones de grupo.

Algunos adaptadores de sonido incluyen un micrófono, que puede ser de solapa, de mano o con pie para escritorio. Si necesita las manos libres, puede que le convenga sustituir el micrófono de mano tradicional por un modelo de solapa o de pie. Si su adaptador de sonido no viene con micrófono, visite su tienda de electrónica habitual. Cerciórese de que cualquier micrófono que compre tenga la impedancia correcta para coincidir con la entrada del adaptador.

Si utiliza software de reconocimiento de voz, utilice el micrófono suministrado con el software o bien escoja un modelo alternativo que recomiende el distribuidor del software. Ejecute el programa de instalación del micrófono otra vez si el software tiene problemas para reconocer su voz. Algunos modelos incluyen un paquete de baterías para mejorar la calidad del sonido; compruébelas y cámbielas para mantener alta la calidad del reconocimiento.

Si está hablando, pero el software de grabación o reconocimiento de voz no responde, compruebe lo siguiente:

- **Receptáculo incorrecto:** Es fácil conectar el micrófono en el receptáculo incorrecto. Pruebe a usar un rotulador mágico para marcar el cable y el conector del micrófono con colores y facilitar la coincidencia si el micrófono o el receptáculo no están marcados o usan estándares distintos. Si la tarjeta de sonido o audio integrado en la placa base soporta la característica de reconocimiento automático incluida en AC'97 v2.3, conecte los cables de uno en uno y seleccione el dispositivo conectado cuando se lo indique el programa de instalación.
- **Volumen de grabación en el control de mezclas:** Por defecto está configurado en silencio para evitar ruidos.
- **Si el micrófono está activado en el software de grabación o reconocimiento de voz:** Debe hacer clic sobre el botón de grabación del software y la mayoría de los programas de reconocimiento de voz permiten "coger" y "dejar" el micrófono cuando hay que contestar el teléfono. Busque un icono de un micrófono en la bandeja de entrada del sistema de Windows para alternar entre ambos modos.

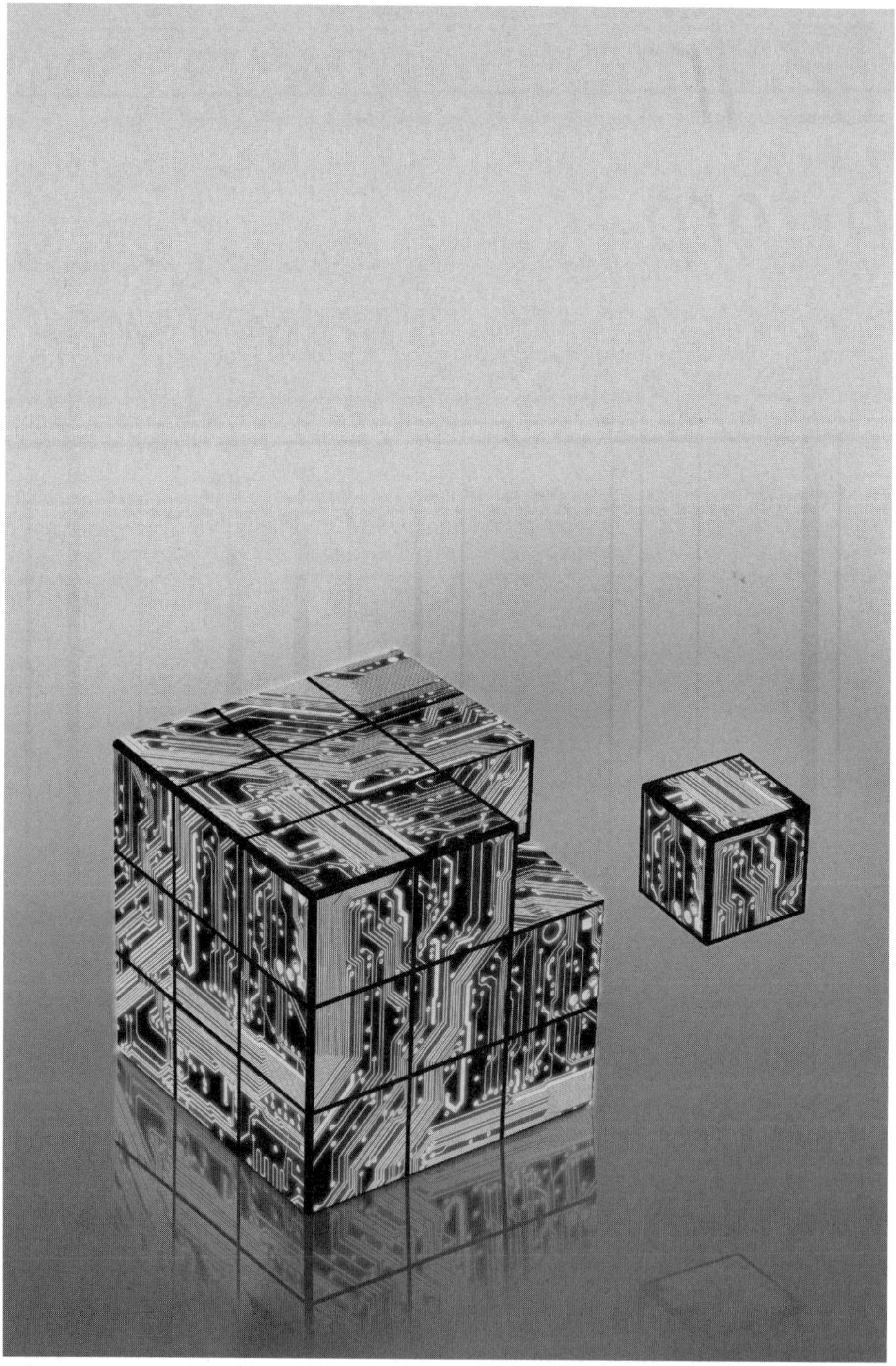

12. Interfaces E/S externas

Introducción a los puertos de entrada y salida

Este capítulo trata de los principales puertos de entrada y salida externos en un PC moderno. Esto incluye los puertos serie y paralelos heredados que formaban parte del PC estándar desde el principio y las interfaces USB (que han reemplazado a los anteriores) e IEEE 1394 (también denominada FireWire o i.LINK).

IEEE son las siglas de *Institute of Electrical and Electronic Engineers* (Instituto de ingenieros eléctricos y electrónicos).

Aunque eSATA también se considera una interfaz E/S externa, es un derivado SATA, que es principalmente una interfaz interna para dispositivos de almacenamiento. SCSI es otro tipo de interfaz interna/externa; sin embargo, los PC de sobremesa actuales raramente la implementan.

Podemos dividir las conexiones E/S externas en variantes de alta y baja velocidad. Actualmente, las dos de alta velocidad más populares son el bus serie universal (USB, *Universal Serial Bus*) e IEEE 1394. Cada una tiene varias versiones. Las conexiones de baja velocidad incluyen los puertos serie y paralelos (heredados), que en los sistemas y periféricos recientes se están viendo reemplazados por USB.

Serie frente a paralelo

La tendencia actual en el diseño de buses periféricos de alto rendimiento es utilizar una arquitectura serie, en la que se envían los bits de uno en uno por un hilo. Ya que esta arquitectura emplea 8, 16 o más hilos para enviar bits simultáneamente, el bus paralelo es en realidad más rápido a la misma velocidad de reloj. No obstante, aumentar la velocidad de reloj de una conexión serie es mucho más fácil que en una paralela; tanto es así, que las velocidades alcanzadas compensan la diferencia en la cantidad de bits enviados cada vez.

Las conexiones paralelas presentan, en general, varios problemas. Los más importantes son el desfase y la fluctuación de la señal, que se unen para limitar la velocidad de reloj y las distancias de señal.

El problema del bus paralelo es que, aunque salgan varios bits de datos desde el transmisor al mismo tiempo, para cuando llegan al receptor los retrasos en la propagación han hecho que unos bits lleguen antes que otros.

Cuanto más largo sea el cable, más variación de tiempo habrá entre la llegada de los primeros y los últimos bits. Este desfase de la señal limita tanto la velocidad como la longitud del cable. La fluctuación es la tendencia de la señal a alcanzar su voltaje meta y fluctuar por encima y por debajo del mismo durante un breve periodo de tiempo, lo que se acentúa en velocidades altas y distancias largas.

Con un bus serie, los datos se envían de uno en uno, uno detrás de otro. Dado que no hay que preocuparse por la llegada simultánea de los bits, se puede aumentar considerablemente la velocidad de reloj.

A velocidades de reloj elevadas, las señales paralelas tienden a interferir entre sí. Aquí vuelve a tener ventaja el bus serie porque con solamente uno o dos hilos de señal, la diafonía y las interferencias entre ellos son insignificantes.

En general, el cableado paralelo es más caro que el serie. Además de los muchos hilos adicionales necesarios para transportar múltiples bits en paralelo, el cable debe estar hecho específicamente para evitar diafonía e interferencias entre líneas de datos adyacentes. Ésta es una de las razones por las que los cables SCSI externos son tan caros. Por el contrario, el cableado serie resulta muy económico, primero porque hay bastantes menos hilos y segundo, porque los requisitos de blindaje son mucho más simples incluso a velocidades muy altas. Por estos motivos, es también más fácil transmitir datos en serie con fiabilidad a través de distancias más largas; es por eso que las interfaces paralelas tienen unas longitudes de cable recomendadas más cortas que las serie.

Los buses serie de alto rendimiento se desarrollaron precisamente por esas razones y por la necesidad de nuevas interfaces para periféricos Plug and Play y de eliminar la sobrecarga de puertos físicos en los ordenadores portátiles. USB es una característica estándar en prácticamente todos los PC actuales, sirve para fines generales y conexión externa de alta velocidad y es la más compatible, rápida y disponible. Además aunque IEEE 1394 se utiliza principalmente en ciertos mercados minoristas (para conectar videocámaras digitales), se está extendiendo a usos más generales, como los escáneres de alta resolución y los discos duros externos.

Bus serie universal (USB)

El bus serie universal (USB) es un bus periférico externo estándar diseñado para aportar la capacidad Plug and Play necesaria para conectar periféricos al PC externamente. USB elimina la necesidad de puertos con fines específicos, reduce la de tarjetas E/S especiales PC Cards (disminuyendo así la necesidad de volver a configurar el sistema cada vez que se añada un dispositivo) y ahorra recursos importantes del sistema, como las interrupciones (IRQ). Independientemente de la cantidad de dispositivos conectados a los puertos USB de un sistema, sólo hace falta una IRQ. Los PC equipados con USB permiten el reconocimiento y la configuración automáticos de los periféricos en cuanto se conectan físicamente, sin necesidad de reiniciar ni ejecutar un programa de instalación. USB permite el funcionamiento simultáneo de hasta 127 dispositivos en un solo bus, con algunos periféricos (como monitores y teclados) actuando como puntos de conexión adicionales o concentradores. Los dispositivos USB se identifican con iconos como el siguiente (véase la figura 12.1).

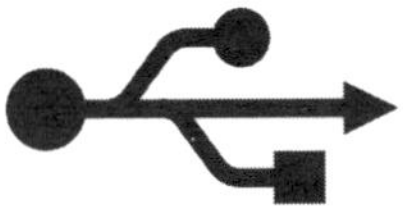

Figura 12.1. *Este icono identifica los cables, conectores, concentradores y periféricos USB.*

Intel ha sido el principal partidario de USB, y todos sus *chipsets* para PC a partir del componente puente sur PIIX3 (presentado en febrero de 1996) incluyen soporte USB como estándar. Otros fabricantes de *chipsets* le han seguido y han convertido USB en característica omnipresente en los PC actuales en lugar de los puertos paralelos y serie.

Aunque la mayoría de los sistemas de sobremesa ya incorporaban puertos USB a mediados de 1996, la mayoría de los portátiles no empezaron a hacerlo hasta 1998, con USB 1.1. La razón era básicamente que hasta entonces Intel no había sacado el *chipset* South Bridge con soporte USB.

Otras seis empresas (Compaq, Digital, IBM, Microsoft, NEC y Northern Telecom) trabajaron inicialmente con Intel para desarrollar USB. Juntas, crearon el *USB Implementers Forum* (USB-IF) para desarrollar, soportar y promover la arquitectura USB.

El USB-IF presentó oficialmente USB 1.0 en enero de 1996, USB 1.1 en septiembre de 1998, USB 2.0 en abril de 2000 y USB 3.0 en noviembre de 2008. La versión 1.1 fue más bien una aclaración de algunas cuestiones relacionadas con concentradores y otros aspectos de la especificación. La mayoría de los dispositivos y concentradores deberían ser conformes a 1.1, incluso aunque estén fabricados antes de la aparición de esta especificación. El cambio más significativo se produjo con la presentación de USB 2.0, que era 40 veces más rápido que el USB original sin dejar de ser compatible con las versiones anteriores. Es posible incorporar puertos USB a ordenadores más antiguos que carezcan de conectores USB integrados mediante el uso de una tarjeta PCI complementaria (para equipos de sobremesa) o una PC Card en portátiles compatibles con CardBus. A mediados de 2002, casi todas las placas base de sobremesas incluían de cuatro a seis (o más) puertos USB 2.0 como estándar. Los portátiles tardaron un poco más en subirse al tren del USB 2.0; hasta principios de 2003 la mayoría no incluyó estos puertos como estándar. Los sistemas con puertos USB 3.0 están previstos para 2010. Actualmente la mayoría de los ordenadores incluyen cuatro o más puertos USB 2.0 como estándar y es fácil añadir más con concentradores o replicadores de puertos.

Detalles técnicos de USB 1.1/2.0

USB 1.1 funciona a 12Mbps (1,5MBps) sobre una conexión simple de cuatro hilos. El bus soporta hasta 127 dispositivos (incluidos concentradores y funciones) conectados a un mismo concentrador raíz y utiliza una topología de estrella en niveles, construida sobre concentradores de expansión que pueden estar en el PC, en cualquier periférico USB o incluso en cajas de concentradores independientes.

Observe que aunque el estándar permite conectar hasta 127 dispositivos, todos deben compartir el ancho de banda de 1,5MBps, lo que significa que por cada dispositivo activo que se añada el bus se ralentiza un poco. A la hora de la verdad, poca gente tiene más de ocho dispositivos conectados al mismo tiempo.

Para periféricos de baja velocidad, como punteros y teclados, USB dispone de un subcanal más lento, de 1,5Mbps.

USB emplea la denominada codificación de datos NRZI (*Non Return to Zero Inverted*, Sin retorno a cero invertido), un método que codifica datos en serie en los que los "unos" y "ceros" se representan por oposición y se alternan voltajes altos y bajos donde no hay retorno a voltaje cero (o referencia) entre los bits codificados. En la codificación NRZI un "uno" se representa como la ausencia de cambio de nivel de señal y un "cero" como un cambio de nivel. Una cadena de "ceros" hace que los datos NRZI cambien los niveles de señal para cada bit. Una cadena de "unos" provoca largos periodos sin transición en los datos. Es un esquema de codificación de transferencia eficiente porque elimina la necesidad de pulsos de reloj adicionales que de otro modo malgastarían tiempo y ancho de banda.

Los dispositivos USB se consideran concentradores o funciones, o bien ambas cosas. Las funciones son los dispositivos individuales que se conectan al USB, como teclados, ratones, cámaras, impresoras, teléfonos, etc. Los concentradores proporcionan puntos de conexión adicionales al USB, permitiendo concentradores y funciones adicionales. Los puertos iniciales de la unidad del sistema se denominan concentradores raíz y son el punto de partida del USB. La mayoría de las placas base tienen como mínimo dos puertos USB y cualquiera de ellos se puede conectar a funciones o concentradores adicionales. Algunos sistemas tienen puertos USB en las partes frontal o laterales, lo cual resulta cómodo para los dispositivos que se usan sólo ocasionalmente, como las cámaras digitales o los lectores de tarjetas de memoria flash.

Los concentradores externos (también denominados genéricos) son básicamente concentradores de hilos que, a través de una topología de estrella, permiten la conexión de múltiples dispositivos. Cada punto de conexión es un puerto. La mayoría de los concentradores tienen cuatro u ocho puertos, pero los hay con más. Para una mayor expansibilidad, es posible conectar concentradores adicionales a los puertos de uno ya existente.

El concentrador controla tanto la conexión como la distribución de energía de cada una de las funciones conectadas. La figura 12.2 muestra un típico ejemplo.

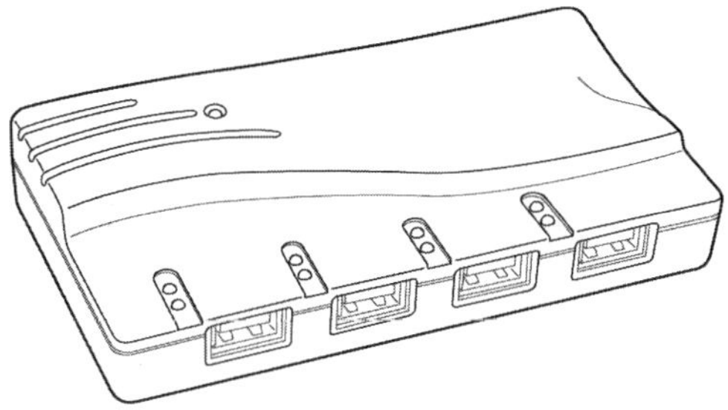

Figura 12.2. *Típico concentrador USB con cuatro puertos.*

Además de proporcionar zócalos adicionales para conectar periféricos USB, un concentrador puede suministrar energía a los periféricos conectados. Reconoce la conexión dinámica de un periférico y proporciona un mínimo de 0,5W por periférico durante la inicialización. Bajo el control del software del controlador del *host*, el concentrador puede suministrar más energía para el funcionamiento de los periféricos (hasta un máximo de 2,5W).

Los distintos tipos de dispositivos USB requieren cantidades de energía diferentes, medidas en miliamperios (mA). Los dispositivos alimentados por bus (toman energía del puerto USB) podrían requerir hasta 500mA (la cantidad máxima de energía disponible a través de un puerto) o solamente 100mA o incluso menos. Los dispositivos autoalimentados también toman energía del puerto USB, pero sólo unos 2mA.

Los aspectos PnP de USB permiten al sistema preguntar a los periféricos conectados por sus requisitos de energía y emiten una advertencia si se exceden los límites eléctricos disponibles. Esto es especialmente importante para USB cuando se usa en portátiles, ya que la energía de la batería que se asigna a los periféricos externos podría estar limitada, y también es interesante por las diferencias en los concentradores.

Los concentradores raíz y los autoalimentados (conectados a un adaptador CA) ofrecen 500mA de energía a cada puerto USB. Sin embargo, los alimentados por bus (los que no tienen adaptador CA) proporcionan sólo 100mA porque usan la energía suministrada por el puerto USB principal y la dividen entre los puertos. Si conecta un dispositivo USB que requiera más energía de la que proporciona el puerto, el dispositivo no funcionará y en el peor de los casos, podría incluso resultar dañado. Por ejemplo, el contenido de algunas unidades de memoria flash USB (que normalmente requieren 200mA–500mA) puede destruirse si se inserta en un concentrador alimentado por bus, que sólo suministra 100mA por puerto. Algunos distribuidores incluyen protección de sobreintensidad en sus modelos más recientes, pero dados los factores de riesgo, le desaconsejo la conexión de unidades de memoria flash USB o lectores de tarjeta en un concentrador alimentado por bus.

A fin de conocer los requisitos de energía de un dispositivo USB en particular antes de comprarlo, compruebe las especificaciones del producto o póngase en contacto con el distribuidor. Para determinar la energía disponible por puerto y el uso de los dispositivos conectados al mismo en Windows, desde el Panel de control, abra el cuadro de propiedades de cada concentrador genérico o raíz y haga clic en la pestaña Energía. Esta ficha muestra en la sección de información el tipo de concentrador (autoalimentado o alimentado por bus) y la cantidad de energía por puerto. En la sección de dispositivos conectados, cada dispositivo conectado al concentrador aparece por categoría y energía requerida (véase la figura 12.3).

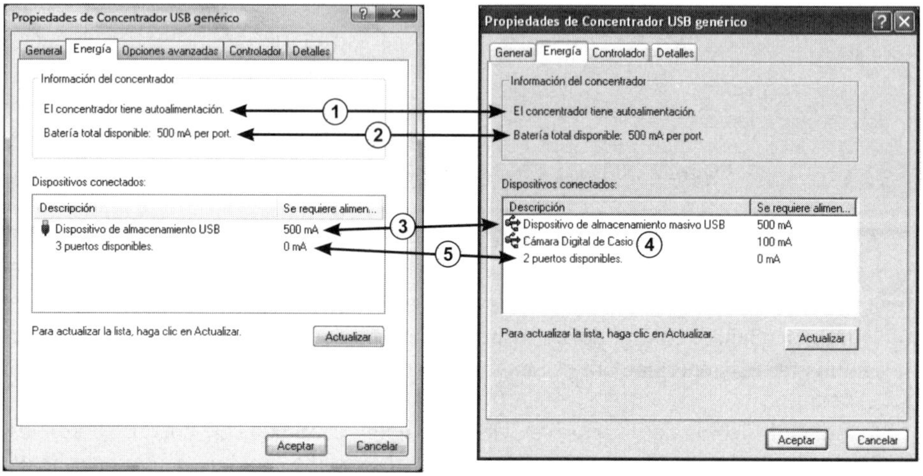

1 = Tipo de concentrador
2 = Energía por puerto
3 = Dispositivos que consumen mucha energía
4 = Dispositivo que consume poca energía
5 = Puertos libres

Figura 12.3. *Ejemplos de concentrador USB y uso de energía de sus dispositivos en Windows Vista (izquierda) Windows XP (derecha).*

Dada la gran variedad en los requisitos de energía de los distintos dispositivos USB y la posibilidad de daños, yo recomiendo utilizar solamente concentradores autoalimentados. Tenga en cuenta que algunos concentradores USB que hay en el mercado no incluyen adaptador CA (lo que los convierte automáticamente en concentradores alimentados por bus) y todavía hay muchos USB 1.1. Un concentrador USB 1.1 hace que cualquier dispositivo USB 2.0 conectado a él funcione a la velocidad de USB 1.1.

Los dispositivos que usan más de 100mA, como las cámaras o los dispositivos de almacenamiento masivo USB que muestra la figura 12.3, deben conectarse a un concentrador raíz o genérico autoalimentado. Los dispositivos que utilizan 100mA o menos pueden conectarse a concentradores alimentados por bus, como los que no vienen con adaptadores CA o los integrados en algunos teclados y monitores.

Nota: *Si un dispositivo conectado a un concentrador autoalimentado deja de funcionar, compruebe la fuente de alimentación porque podría estar fallando o bien* *desconectada. En ese caso, el concentrador autoalimentado pasa a ser alimentado por bus, suministrando sólo 100mA por puerto en vez de los 500mA disponibles en modo de autoalimentación.*

A un concentrador recién conectado se le asigna una dirección única y es posible conectar hasta 5 conectores más en cascada (véase la figura 12.4). Un concentrador funciona como repetidor bidireccional que repite las señales USB según se necesite un flujo ascendente (hacia el PC) o descendente (hacia el dispositivo). El concentrador también supervisa estas señales y maneja las transacciones dirigidas a él mismo; todas las demás se repiten para los dispositivos conectados.

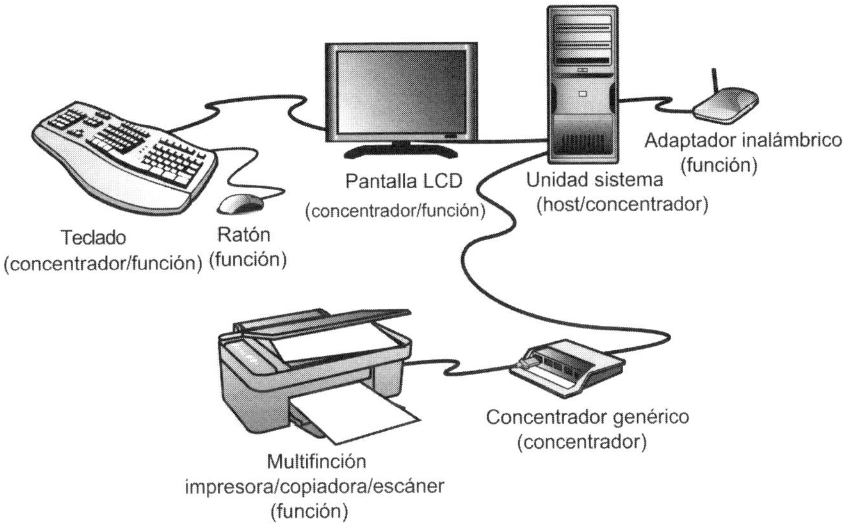

Figura 12.4. *PC típico con dispositivos USB que puede usar múltiples concentradores para soportar numerosos periféricos, conectados al concentrador más conveniente.*

Nota: *Un concentrador USB 1.1 soporta periféricos a 12Mbps (velocidad completa) y 1,5Mbps (baja velocidad). Un concentrador USB 2.0 soporta esas mismas velocidades más la nativa de 480Mbps (alta velocidad). Los USB 3.0 soportan 5Gbps (súper velocidad) además de los dispositivos USB 2.0 y 1.1.*

La longitud de cable máxima entre dos dispositivos USB 2.0 a 480Mbps o USB 1.1 a 12Mbps, o entre un dispositivo y un concentrador es de 5 metros. Se trata de un cable blindado de par entrelazado con hilos de 1mm (20 galgas). La longitud máxima de cable para conexiones USB 3.0 (5Gbps), además de los dispositivos de baja velocidad (1,5Mbps) que no usan par entrelazado es de 3 metros. Estos límites de distancia son más cortos si se usa un cable más fino (véase la tabla 12.1).

Tabla 12.1. Longitudes máximas de cable frente a las galgas de los hilos.

Galgas	Resistencia (en Ohmios/Metro Ω/m)	Longitud (Máx. en metros)
28	0,232 Ω/m	0,81m
26	0,145 Ω/m	1,31m
24	0,091 Ω/m	2,08m
22	0,057 Ω/m	3,33m
20	0,036 Ω/m	5,00m

Conectores USB

La familia de especificaciones USB incluye varios estilos de conector desde su aparición. Inicialmente había cuatro: Serie A, Serie B, Mini-A y Mini-B. Los conectores A se utilizan para conexiones de flujo ascendente entre un dispositivo y el *host* o un concentrador. Los puertos USB de las placas base y concentradores suelen ser de este tipo.

Los Series B están diseñados para las conexiones de flujo descendente hacia un dispositivo que cuente con cables desmontables. El conector Mini es simplemente una versión reducida de los grandes para dispositivos con un factor de forma más pequeño, como cámaras digitales, PDA y reproductores multimedia. Para los dispositivos USB *On-The-Go*, se desarrolló un conector Mini-AB que permitía al dispositivo actuar como uno de flujo ascendente o descendente en relación a otro.

En abril de 2006, los conectores Micro-B y Micro-AB fueron reconocidos como tales y en mayo del año siguiente, los conectores Mini-A y Mini-AB desaparecieron de la lista de conectores USB aprobados. Por consiguiente, desde mediados de 2007, los nuevos dispositivos USB sólo pueden usar los siguientes conectores: Serie A, Serie B, Mini-B, Micro-B y Micro-AB. Únicamente los productos *On-The-Go* usan Micro-AB.

Los enchufes USB físicos son pequeños (especialmente los Mini y Micro) y, a diferencia del típico cable serie o paralelo, no va unido con tornillos ni tornillos de oreja. No hay pines que se puedan doblar ni romper, lo que hace que los dispositivos USB sean muy fáciles de quitar y poner. Los siguientes conectores USB (véase la figura 12.5) se enchufan a los zócalos USB correspondientes.

Observe que un zócalo Mini-AB tiene la doble finalidad de aceptar Mini-A o Mini-B. De la misma forma, un zócalo Micro-AB admite Micro-A y Micro-B; no hay zócalo Micro-A. Los conectores y zócalos Mini y Micro modernos tienen partes de plástico dentro que deben seguir un código de colores, como se recoge en la tabla 12.2.

La mayoría de las placas base tienen varios conectores de cabezal USB integrados. Se trata de conectores de 10 pines que soportan dos puertos USB. Normalmente, una placa base incluirá un cable de cabezal USB con conectores externos montados sobre un corchete, pero si hace falta más, hay empresas como MonoPrice y Cables To Go que venden cables compatibles con los pines USB estándar. La figura 12.6 muestra un típico conjunto de cabezal y cable USB.

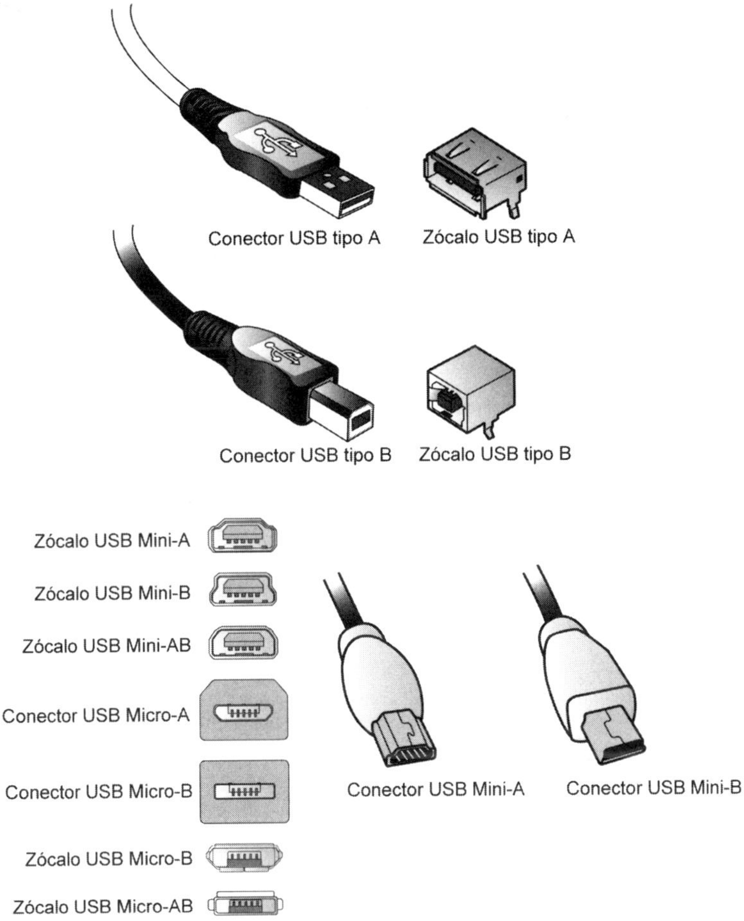

Figura 12.5. *Conectores y zócalos USB.*

Tabla 12.2. *Código de colores para conectores y zócalos USB Mini.*

Conector	**Color**
Zócalo Mini-A	Blanco.
Conector Mini/Micro-A	Blanco.
Zócalo Mini/Micro-B	Negro.
Conector Mini/Micro-B	Negro.
Zócalo Mini/Micro-AB	Gris.

Las tablas 12.3 y 12.4 recogen los diagramas de conexión para los conectores y cables USB.

Tabla 12.3. *Diagramas de conexión para conectores USB Serie A/B.*

Pin	Nombre de señal	Color	Comentarios
1	Vbus	Rojo	Alimentación por bus.
2	– Data	Blanco	Transferencia de datos.
3	+ Data	Verde	Transferencia de datos.
4	Ground	Negro	Cable de tierra.
Shell	Shield	—	Hilo de drenaje.

Tabla 12.4. *Diagramas de conexión para conectores USB Mini y Micro A/B.*

Pin	Nombre de señal	Color	Comentarios
1	Vbus	Red	Alimentación por bus.
2	– Data	White	Transferencia de datos.
3	+ Data	Green	Transferencia de datos.
4	ID	—	Identificación A/B*.
5	Ground	Black	Cable de tierra.
Shell	Shield	—	Hilo de drenaje.

* Sirve para distinguir un conector Mini/Micro-A de un Mini/Micro-B en un dispositivo. ID está conectada a Ground en un enchufe Mini/Micro-A y no está conectada (abierta) en un Mini/Micro-B.

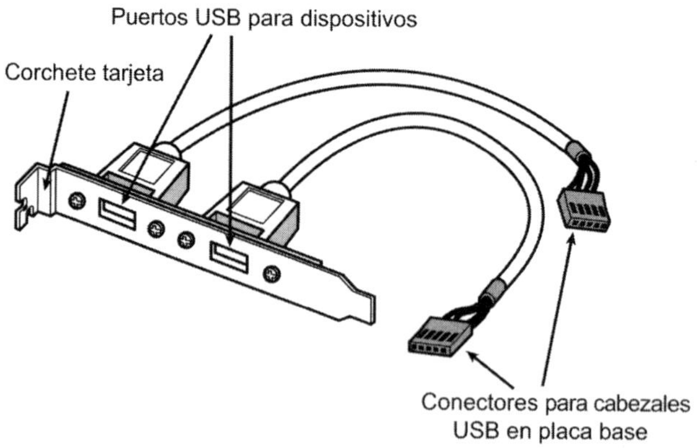

Figura 12.6. *Típico conjunto de cabezal y cable USB; conéctelo a la placa base para conectar dispositivos a los puertos USB integrados adicionales (si los hay).*

USB se ajusta a las especificaciones PnP de Intel, incluida la conexión en caliente, que implica que es posible conectar dispositivos dinámicamente sin apagar ni reiniciar el sistema. Simplemente se conecta el dispositivo y el controlador USB del PC lo detecta. Acto seguido, determina y asigna automáticamente los recursos y controladores necesarios. Una de las ventajas de una interfaz como USB con sistemas antiguos es que sólo requiere una interrupción (IRQ) del sistema. Así pues, se puede conectar hasta 127 dispositivos sin que usen interrupciones aparte como si se hubiesen conectado a interfaces separadas.

USB 2.0

USB 2.0 (también llamado USB de alta velocidad) es una extensión de la especificación USB 1.1 compatible con versiones anteriores que usa los mismos cables, conectores e interfaces de software, pero funciona 40 veces más deprisa que las versiones originales 1.0 y 1.1. La velocidad más elevada permite la conexión externa de periféricos de alto rendimiento (como unidades de almacenamiento, cámaras Web o de videoconferencia de alta resolución, escáneres e impresoras más rápidas) con la sencilla instalación Plug and Play que caracteriza al USB. Desde el punto de vista del usuario final, USB 2.0 funciona igual que 1.1, sólo que más rápido. Todos los dispositivos USB 1.1 funcionan en un bus USB 2.0 porque soporta todas las conexiones de menor velocidad. La tabla 12.5 recoge las velocidades de datos USB.

Tabla 12.5. *Velocidades de datos USB.*

Interfaz	Nomenclatura por velocidad	Bits por segundo	Bytes por segundo
USB 1.1	Baja velocidad	1,5Mbps	0,1875MBps
USB 1.1	Velocidad completa	12Mbps	1,5MBps
USB 2.0	Alta velocidad	480Mbps	60MBps
USB 3.0	Súper velocidad	5Gbps	500MBps

Observe la nomenclatura, que puede resultar confusa. Velocidad completa se refiere al rendimiento de 1,5MBps de USB 1.1, mientras que alta velocidad designa el rendimiento de USB 2.0. Dado que cualquier dispositivo USB 1.1 funcionará en un bus 2.0 (a la velocidad baja del 1.1), muchos dispositivos o componentes se anuncian como "compatibles con USB 2.0" o "compatibles con USB 3.0" cuando en realidad no soportan la operación en alta ni supervelocidad. La clave para encontrar auténticos dispositivos USB 2.0 o 3.0 es comprobar que están "certificados" para esas versiones.

El soporte de periféricos USB con velocidades más elevadas requiere el uso de un concentrador USB 2.0 o 3.0. Es posible usar concentradores USB 1.1 o 2.0 más antiguos en buses 2.0 o 3.0, pero cualquier periférico o concentrador adicional conectado en flujo descendente desde un concentrador más lento opera a la velocidad más baja. Las altas velocidades de transmisión de un concentrador 2.0/3.0 se negocian dispositivo por dispositivo y si un periférico no soporta la velocidad más alta, el enlace opera a una más baja.

¿Cómo se puede saber de un vistazo qué dispositivos están diseñados para USB 1.1 o para los estándares más rápidos USB 2.0 y 3.0 *standards*? El USB-IF, que posee y controla el estándar USB, creó unos logotipos a finales de 2000 para los productos que han pasado sus pruebas de certificación. La figura 12.7 muestra estos logos.

Figura 12.7. *Logos de conformidad con USB 1.1 (izquierda) y con USB 2.0 (derecha). Los logotipos de la parte inferior derecha e izquierda indican conformidad con On-The-Go.*

Tal como muestra la figura 12.7, USB 1.1 se llama simplemente "USB", mientras que USB 2.0 se denomina "Hi-Speed USB" (USB de alta velocidad).

Los cables, conectores, concentradores y periféricos USB también se identifican con iconos, véase la figura 12.8. El signo de adición (+) del icono de la derecha indica que ese puerto o dispositivo soporta USB 2.0 y 1.1. Observe que las directrices de estos iconos no se aplican a los cables y conectores USB, ya que el diseño no cambió de USB 1.1 a 2.0. Se supone que los cables usan el símbolo estándar (sin el signo de adición) y que todos los cables que soportan USB 1.1 también soportan 2.0.

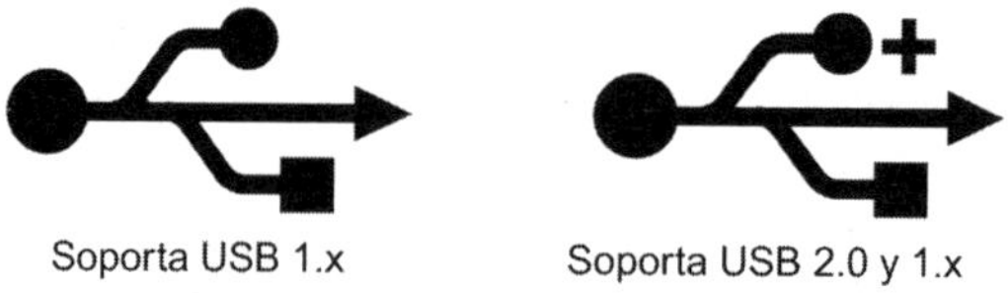

Figura 12.8. *Estos iconos identifican los dispositivos USB 1.x y 2.x.*

USB 3.0

USB 3.0 (que también es llamado SuperSpeed USB por la supervelocidad) ofrece un rendimiento y ancho de banda 10 veces superior al de USB 2.0 y sigue siendo compatible con USB 1.1 y 2.0. Además, está optimizado para consumir menos energía y mejorar la eficiencia de protocolo (menos carga general). Los puertos y cables USB 3.0 están diseñados para permitir total compatibilidad con versiones anteriores y diseños ópticos opcionales para aplicaciones futuras.

El 18 de septiembre de 2007, Intel anunció la formación del USB 3.0 Promoter Group y el desarrollo de la interfaz USB 3.0, que ya estaba en marcha. Entre los miembros iniciales del grupo se incluían Intel, HP, Microsoft, NEC, NXP y Texas Instruments. La especificación USB 3.0 definitiva apareció el 17 de noviembre de 2008.

La característica principal de USB 3.0 es el aumento de la velocidad de transferencia a 5Gbps (500MBps), que reduce significativamente el tiempo que se tarda en mover los datos. La tabla 12.6 recoge lo que tarda cada versión de USB en transferir la cantidad de datos contenidos en medios populares: un CD de música con archivos MP3 a 320Kbps, una película en definición estándar y una película en alta definición. Estos números señalan las velocidades de transferencia reales o efectivas de USB, contando la tara de protocolo. De la tabla, podemos deducir que USB 2.0 es unas 40 veces más rápido que USB 1.1 y USB 3.0 es más de 10 veces más rápido que USB 2.0. Cuando se diseñó USB 3.0 se tuvo muy en cuenta el tiempo que se tardaba en transferir el contenido de una película de alta definición, que son unos 14 minutos con USB 2.0. A sabiendas de que la gente estaría muy insatisfecha con ese nivel de rendimiento, diseñaron USB 3.0 para aumentar el ancho de banda de forma que una transferencia de ese tipo tardase poco más de un minuto.

Tabla 12.6. *Tiempo de copia de medios utilizando USB 1, 2 y 3.*

Tipo de USB	CD MP3 (128MB)	Película SD (6GB)	Película HD (25GB)
USB 1.1 (Velocidad completa)	2,9 minutos	2,2 horas	9,3 horas.
USB 2.0 (Alta velocidad)	4,3 segundos	3,3 minutos	13,9 minutos.
USB 3.0 (Supervelocidad)	0,4 segundos	20 segundos	70 segundos.

Es interesante observar que el nivel de rendimiento real o efectivo que indica Intel para USB 3.0 (transferencia de 25GB en 70 segundos) equivale aproximadamente a 360MBps de rendimiento efectivo (incluida la tara), que se compara al rendimiento efectivo máximo de 32MBps de USB 2.0. Pero no hay que emocionarse demasiado, dado que esto está muy por encima de cualquier medio de almacenamiento disponible en la actualidad. Por ejemplo, los discos duros SATA/eSATA más rápidos ofrecen velocidad de transferencia de unos 70MBps. Algunas unidades de estado sólido llegan hasta 100MBps, mientras que otras muchas son más lentas que las unidades convencionales.

Así pues, aunque la interfaz USB 3.0 pueda transferir datos a más de 350MBps, actualmente hay pocos dispositivos que puedan leer o escribir datos a esa velocidad. Muchos se preguntarán por qué se ha diseñado para semejante nivel de rendimiento si los demás elementos no están a la altura. La respuesta es sencilla: aunque no lo estén hoy se espera que en el futuro tanto los discos duros como las unidades flash o de estado sólido y los reproductores multimedia, experimenten unas mejoras drásticas en su rendimiento, y USB 3.0 está diseñado para poder cumplir las exigencias de estos productos en el futuro.

Éstas son algunas de las principales mejoras de USB 3.0:

- Líneas de entrada y salida dedicadas con cuatro hilos adicionales (más tierra) que permiten operación doble (leer y escribir al mismo tiempo).
- Aumento de la energía disponible para los dispositivos alimentados por bus, 900mA (4,5W) frente a sólo 500mA (2,5W) en USB 1.1/2.0.
- Administración de energía agresiva; paso a estados de energía baja cuando hay inactividad.
- El *host* programa todas las transacciones (sin sondeos).
- Tanto los *hosts* como los dispositivos transmiten solamente cuando ellos tienen datos.

Para compatibilidad con versiones anteriores, los conectadores USB 3.0 también incluyen un concentrador USB 2.0, que permite operar en modo USB 3.0 y 1.1/2.0 al mismo tiempo. USB 3.0 también opera mediante conmutación, en la que la comunicación se hace entre el *host* y cada dispositivo de manera independiente, en lugar de emitiendo a todos los dispositivos. Esto es mucho más eficiente que la técnica de emisión de USB 2.0 y las versiones anteriores.

Los dispositivos que pasan las pruebas de conformidad con USB 3.0 pueden llevar el logo de certificación SuperSpeed USB (véase la figura 12.9).

Figura 12.9. *Logotipo de certificación USB de supervelocidad.*

Los conectores y cables USB 3.0 tienen cinco pines adicionales dedicados a la función SuperSpeed (dos pares de señal diferencial SuperSpeed más uno de tierra), mientras que los cuatro pines de USB 1.1/2.0 permanecen intactos para compatibilidad. El zócalo tiene los nuevos pines montados justo por encima y delante de los ya existentes. Los zócalos USB 3.0 aceptan conectores y cables USB 3.0 y USB 1.1/2.0.

La figura 12.10 muestra el diseño de zócalo USB 3.0.

El enchufe USB 3.0 tiene cinco nuevos pines de contacto eliminados para coincidir con el conector cuando se inserta. Los pines consisten en pares de recepción y transmisión referencial y uno de masa (véase la figura 12.11).

Además de los montajes de conector modificados, el icono de cable USB 3.0 (véase la figura 12.12) indica que los cables cumplen con la especificación USB 3.0.

La especificación USB 3.0 también incluye disposiciones para conectores ópticos, que podrían usar algunos dispositivos en el futuro.

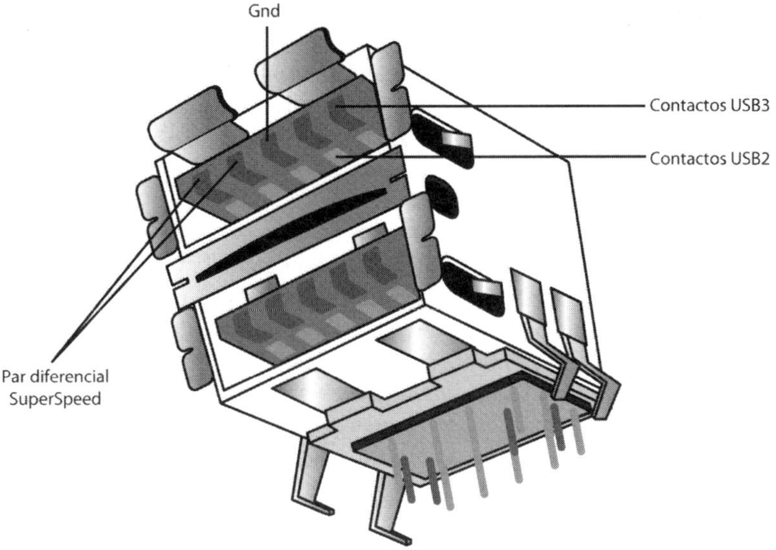

Figura 12.10. *Zócalos USB 3.0 para montaje en placa de circuito.*

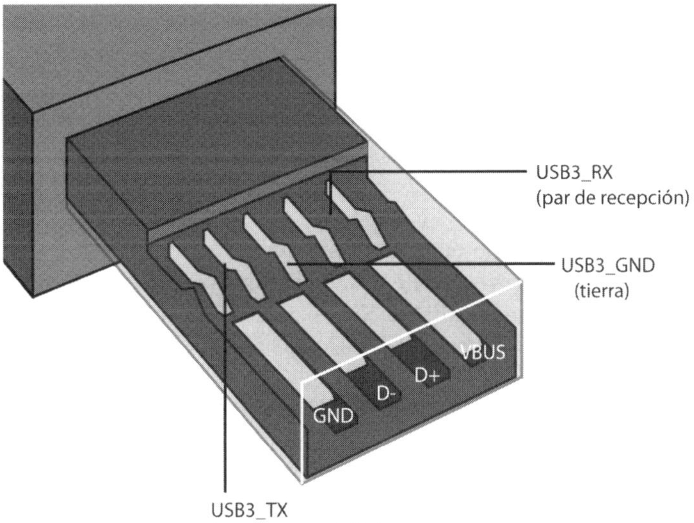

Figura 12.11. *Conector USB 3.0, con los cinco pines USB 3.0 y los cuatro USB 1.1/2.0 originales.*

Figura 12.12. *Icono de cable SuperSpeed USB 3.0.*

USB On-The-Go

En diciembre de 2001, el USB-IF sacó un suplemento del estándar USB 2.0 denominado USB *On-The-Go*, diseñado para solucionar una de las mayores deficiencias de USB: que hiciera falta un PC para transferir datos entre dos dispositivos. En otras palabras, no se podía conectar dos cámaras para pasar imágenes de otra sin que un PC orquestase la transferencia. Con USB *On-The-Go*, los dispositivos conformes a la especificación siguen funcionando con normalidad al conectarse a un sistema, pero tienen capacidades adicionales cuando se conectan a otros dispositivos que soportan el mismo estándar.

Aunque esta capacidad también funciona con los periféricos para PC basados en USB, se incorporó principalmente para solucionar cuestiones de uso de dispositivos USB en la electrónica de consumo, donde no hay un PC disponible. Utilizando este estándar, dispositivos como grabadores de vídeo digital pueden conectarse a otros similares para grabar películas o programas, artículos como agendas electrónicas pueden transferir datos a otras, etcétera.

La incorporación del suplemento *On-The-Go* a USB 2.0 mejora considerablemente el uso y las capacidades de USB, tanto en el PC como en otros artículos electrónicos.

USB inalámbrico

El USB inalámbrico (WUSB, *Wireless USB*) es precisamente eso, USB sin cables. WUSB se basa en una tecnología de radio UWB (*Ultrawideband*, Ancho de banda ultra), desarrollada originalmente por militares en 1962 para comunicaciones de radio seguras y uso de radar.

Reconociendo la utilidad de esta tecnología de radio para el público, en 2002 la *Federal Communications Commission* liberó frecuencias de 3,1GHz a 10,6GHz para uso UWB con fines generales.

En junio de 2003, se formó un grupo denominado Multiband OFDM (*Orthogonal Frequency Division Multiplexing*, Multiplexado por división de frecuencias ortogonales) Alliance Special Interest Group (MBOA-SIG) para desarrollar un estándar de interfaz de capa física con ancho de banda ultra. El MBOA-SIG completó su especificación UWB 1.0 en noviembre de 2004 y en marzo de 2005 se fusionó con otro grupo llamado WiMedia Alliance. La WiMedia Alliance se había formado originalmente en 2002 para promover la normalización y adopción de estándares inalámbricos UWB.

Después, en febrero del año 2004, varias empresas, entre las cuales se incluían Agere, HP, Intel, Microsoft, NEC, Philips y Samsung, anunciaron la formación del Wireless USB Promoter Group y empezaron a trabajar en la especificación de USB inalámbrico, que utilizaría la plataforma de radio WiMedia MB-OFDM (OFDM multibanda) Ultrawideband para la capa de conexión física. El Wireless USB Promoter Group desarrolló la especificación WUSB 1.0 y la publicó el 12 de mayo de 2005.

Los dispositivos WUSB están certificados como cumplidores del estándar por el USB-IF y permiten conectividad inalámbrica de alta velocidad adaptando los protocolos USB a la plataforma MB-OFDM Ultrawideband desarrollada por la WiMedia Alliance. Los dispositivos WUSB llevan el siguiente logotipo oficial (véase la figura 12.13).

Figura 12.13. *Logo WUSB que llevan los dispositivos que cumplen con la especificación de USB inalámbrico.*

WUSB utiliza una porción del espectro de radio UWB, que incluye tres canales con 528MHz de ancho, de 3168MHz (3,1GHz) a 4753MHz (4,8GHz). Estos canales permiten anchos de banda de hasta 480Mbps (60MBps), que coincide exactamente con la especificación USB 2.0 para máximo rendimiento.

WUSB está diseñado para conexiones de alta velocidad de alcance corto y un consumo de energía muy bajo, con un rendimiento de 480Mbps (60MBps) a 3 metros, que se reduce a 110Mbps a 10 metros. Este alcance es similar al de Bluetooth, pero con una velocidad de transferencia bastante más elevada. Las radiofrecuencias utilizadas para WUSB (3,1 a 4,8GHz) también están diseñadas para no solaparse ni interferir con las populares radios Wi-Fi y Bluetooth 2,4GHz 802,11b/g y Wi-Fi 5GHz 802.11ª, ni con teléfonos inalámbricos y microondas.

Los usos de WUSB son casi infinitos; básicamente cualquier cosa que pueda conectarse mediante USB normal puede conectarse también sin cables. Por ejemplo, se puede colocar un disco duro WUSB cerca de un PC y que se reconozca para uso como dispositivo de almacenamiento o copia de seguridad de alta velocidad. También se podría situar una cámara WUSB cerca del ordenador para transferir rápidamente imágenes y películas sin cables. Los dispositivos USB con cables existentes pueden incluso conectarse de forma inalámbrica enchufando un adaptador WUSB especial llamado HWA al PC y un adaptador para el dispositivo (DWA) al periférico. La figura 12.14 muestra una posible configuración para conectar así dispositivos alámbricos.

Observe que el HWA no tiene por qué ser necesariamente un dispositivo externo; también puede instalarse como tarjeta PCI o PCI Express para sistemas de sobremesa y tarjeta Mini PCI, PC-Card o ExpressCard para portátiles. Los futuros sistemas portátiles y de sobremesa podrían incluir funcionalidad WUSB integrada, al igual que los futuros adaptadores de red Wi-Fi. Los primeros adaptadores y periféricos USB inalámbricos salieron al mercado en 2006.

Soporte USB en Windows

La primera versión de Windows que soportó propiamente USB fue Windows 98, si bien es cierto que Windows 95B y 95C ofrecían un soporte limitado para USB 1.1. Muchos dispositivos USB no funcionaban con ninguna versión de Windows 95 porque los controladores disponibles para 95B y 95C tenían una capacidad limitada. Hasta la aparición de Windows 98 no se podía afirmar que Windows fuera totalmente compatible con USB. Windows 98 incluía soporte de USB 1.1 integrado, aunque el soporte para USB 2.0 requería controladores adicionales del proveedor de la placa base o el adaptador del *host*.

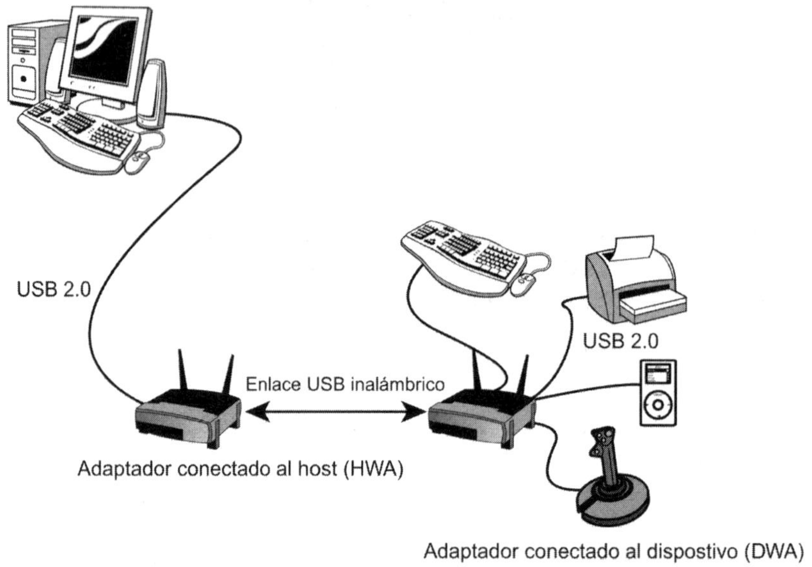

Figura 12.14. *Utilizando adaptadores HWA y DWA es posible conectar al sistema de manera inalámbrica dispositivos USB que tradicionalmente utilizan cables.*

La primera versión de Windows XP no incluía controladores USB 2.0, pero sí se suministraron con el *Service Pack 1* y las actualizaciones posteriores. Naturalmente Windows Vista incluyó soporte nativo del estándar USB 2.0.

Los dispositivos USB individuales incluían también sus propios controladores, que podrían requerir una instalación aparte. Windows 7 no incluye controladores USB 3.0, pero Microsoft ha señalado que incluirá dicho soporte en una distribución posterior que seguramente será una actualización o un *service pack*. También se necesita soporte USB en la BIOS para dispositivos como ratones y teclados, y ya está incluido en todos los sistemas con puertos USB integrados.

Hay tarjetas PC Cards y ExpressCards genéricas para añadir USB a sistemas en los que no es estándar. Los periféricos USB incluyen las impresoras, las unidades de almacenamiento externo, los módem, los escáneres, los teléfonos VOIP, los controladores de juegos, los teclados y los dispositivos de puntero, como ratones y seguibolas.

Adaptadores USB

Si todavía conserva varios periféricos antiguos y quiere aprovechar el conector USB de la placa base, dispone de varios adaptadores o conversores de señal.

Empresas como Belkin, entre otras, nos ofrecen actualmente los siguientes tipos de adaptadores:

- USB a paralelo (impresora).
- USB a serie.
- USB a SCSI.
- USB a Ethernet.
- USB a teclado/ratón.
- USB a TV/vídeo.

Estos adaptadores suelen tener la apariencia de un simple cable, con un conector USB en un extremo (que se enchufa al puerto USB) y varios conectores de interfaz al otro, pero son más que eso: hay una electrónica oculta en un módulo a lo largo del cable o encapsulada en uno de los extremos del cable. Esta electrónica se alimenta a través del bus USB y convierte las señales a la otra interfaz apropiada. Estos adaptadores presentan algunos inconvenientes.

Por ejemplo, los convertidores USB serie no siempre funcionan con dispositivos especializados que requieren un puerto serie real. Antes de comprar cualquier adaptador, asegúrese de que funcionará con el dispositivo o los dispositivos que tiene en mente.

Si necesita usar más de un dispositivo no USB con el sistema, piense en los concentradores USB especiales que también tienen varias combinaciones de otros tipos de puerto. Estos concentradores son más caros que los que sólo tienen puertos USB, pero resultan más económicos que combinar un concentrador USB y dos o más adaptadores.

Otro tipo de adaptador disponible es un cable de puente de conexión directa que permite conectar dos PC equipados con USB utilizando USB como red. Son bastante populares en la transferencia de archivos porque esta conexión suele funcionar igual de bien o mejor que la paralela que se usaría en otras circunstancias. También existen cajas de conmutación USB que permiten que se comparta un periférico entre dos o más buses USB. Observe que tanto los cables de conexión directa como las cajas de conmutación no forman parte de la especificación USB.

IEEE 1394 (FireWire o i.LINK)

El *Institute of Electrical and Electronic Engineers Standards Board* presentó IEEE 1394 (o bien 1394 para abreviar) a finales de 1995. El número viene de que era el estándar 1.394 que publicaba el grupo. Aunque el estándar se llama oficialmente 1394, Apple Computer, que hizo las primeras aportaciones al diseño, lo inició con el nombre comercial FireWire. 1394 es el resultado de la demanda de tanto movimiento de datos de los dispositivos multimedia actuales. Su principal ventaja es la rapidez; el estándar actual soporta velocidades de transferencia de datos de hasta 400Mbps (1394a), 800Mbps (1394b S800) y 3.200Mbps (1394b S3200).

Estándares 1394

La versión más popular del estándar 1394 es 1394a, también conocida como 1394a-2000 por el año en que se adoptó. El estándar 1394a surgió para resolver problemas de interoperabilidad y compatibilidad del 1394; utiliza los mismos conectores y soporta las mismas velocidades que el original.

El estándar 1394b, más rápido, se presentó a principios de 2003. Inicialmente 1394b soportaba transferencias a 800Mbps, pero las versiones más recientes del estándar soportan velocidades de 3.200Mbps. El estándar 1394b puede alcanzar velocidades todavía más altas que 1394/1394a porque soporta tecnologías de red como cables de fibra óptica vidrio y plástico y UTP Categoría 5, distancias aumentadas con el uso de CAT5 entre dispositivos y mejoras en la señalización. 1394b es totalmente compatible con dispositivos 1394a. El estándar 1394 también recibe otros nombres: FireWire (Apple) e i.LINK (Sony). i.LINK es el nombre que da Sony a IEEE 1394 para que resulte más amigable con el usuario. Originalmente el término FireWire era un nombre comercial que Apple cedió bajo licencia a otros distribuidores previo pago. Sin embargo, en mayo 2002, Apple y la 1394 Trade Association llegaron a un acuerdo para permitir que esta asociación comercial pudiese utilizar el nombre FireWire sin pagar en los productos compatibles con 1394 que superasen sus pruebas. Apple sigue utilizando FireWire como nombre comercial para los dispositivos IEEE 1394. FireWire 400 se refiere a los productos IEEE 1394a de Apple, mientras que FireWire 800 designa sus productos IEEE 1394b. Observe que Intel siempre ha concedido la licencia de USB sin pago de derechos, lo cual podría ser la principal razón por la que se ha hecho más popular en los PC y dispositivos de consumo.

Detalles técnicos de 1394a

El estándar IEEE 1394a tiene actualmente estas tres velocidades de señal: 100Mbps, 200Mbps y 400Mbps (12,5MBps, 25MBps y 50MBps). Es posible conectar un máximo de 63 dispositivos a una misma tarjeta adaptadora IEEE 1394 mediante enlace común o ramificación. A diferencia de los dispositivos USB, los 1394 se pueden usar en un enlace común sin necesidad de concentrador, aunque éstos son recomendables para dispositivos que se cambiarán en caliente. Los cables para dispositivos IEEE 1394a usan conectores derivados de la GameBoy de Nintendo y constan de seis conductores: cuatro hilos para transmitir datos y dos para energía. La conexión con la placa base se lleva a cabo mediante una interfaz IEEE 1394a dedicada o una tarjeta adaptadora. La figura 12.15 muestra los conectores de puerto 1394a.

El bus 1394 se deriva del FireWire desarrollado originalmente por Apple y Texas Instruments. El 1394a usa un simple cable de seis hilos con dos pares diferenciales de líneas de reloj y datos, más dos líneas de energía; los conectores/cables de cuatro hilos mostrados en la figura 12.15 se usan con dispositivos autoalimentados, como cámaras de vídeo DV. Al igual que USB, 1394 es completamente compatible con PnP, e incluye la capacidad de conexión en caliente (inserción y extracción de componentes sin apagar).

Construido sobre un enlace común o una topología de ramificación, 1394 permite 63 nodos, con una cadena de hasta 16 dispositivos cada uno. Por si no fuera suficiente, el estándar también contempla 1.023 buses con puentes que pueden interconectar más de 64.000 nodos. Además, igual que SCSI, 1394 puede soportar dispositivos con varias velocidades de datos en un mismo bus. La mayoría de los adaptadores 1394 tienen tres nodos, cada uno de los cuales puede soportar 16 dispositivos en un diseño de enlace común. Algunos adaptadores 1394 también soportan dispositivos 1394 internos.

Los tipos de dispositivos que se puede conectar al PC a través de 1394 son principalmente videocámaras y equipos de edición, y toda clase de unidades de disco, incluidos discos duros, unidades ópticas y disqueteras, además de cámaras digitales, unidades de cinta, escáneres de alta resolución y otros muchos periféricos que cuentan con interfaces 1394 integradas. El bus 1394 aparece en algunos equipos portátiles y de sobremesa como sustituto o complemento para otros buses externos de alta velocidad, como USB o SCSI.

Varios fabricantes venden *chipsets* con adaptadores PC Card/CardBus y ExpressCard para el bus 1394, incluidos algunos modelos que soportan 1394 y otros tipos de puertos en una misma ranura. Microsoft ha desarrollado controladores para soportar 1394 en Windows 9x y posteriores. Los dispositivos más populares que se ajustan al estándar IEEE 1394 son principalmente cámaras de vídeo y grabadoras de vídeo digitales. Sony fue una de las primeras empresas en sacar este tipo de dispositivos con el nombre i.LINK. Sin embargo, como es habitual en Sony, sus productos tienen un conector exclusivo de cuatro hilos que requiere un cable adaptador de 6 a 4 pines para usar con ciertas tarjetas IEEE 1394 PC Cards, y Sony ni siquiera lo llama IEEE 1394 o FireWire, sino que ha creado su propia designación. Recuerde que todo lo que se llame IEEE 1394, FireWire o i.LINK es básicamente lo mismo. También hay productos de vídeo digital (DV) que utilizan 1394 disponibles por parte de Panasonic, Sharp, Matsushita y otras empresas.

Las aplicaciones no informáticas de IEEE 1394 incluyen dispositivos de conferencia DV, transmisiones de datos de sonido y vídeo por satélite, sintetizadores de sonido, DVD y otras unidades de disco de alta velocidad. Dado el entusiasmo DV por periféricos IEEE 1394, muchas de las tarjetas FireWire PC Cards ofrecidas actualmente incluyen captura de DV y software de edición. Con una cámara o un equipo de grabación DV, estos elementos proporcionan capacidades importantes de edición de vídeo y doblaje al sistema. Naturalmente se necesita conectividad E/S IEEE 1394, característica que se va aceptando pero que sigue siendo bastante inusual en las placas base actuales.

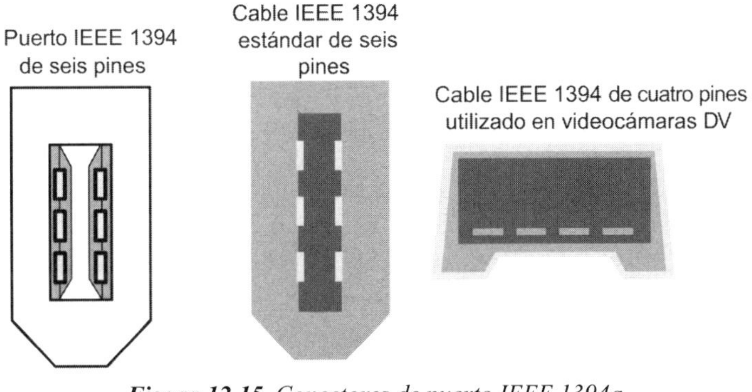

Figura 12.15. *Conectores de puerto IEEE 1394a.*

Detalles técnicos de 1394b

IEEE 1394b es la segunda generación del estándar 1394; sus primeros productos (discos duros externos de alto rendimiento) se presentaron en enero de 2003. IEEE 1394b utiliza uno de dos cables y conectores de 9 pines nuevos, junto con codificación 8b/10b para soportar velocidades de 800Mbps–3.200Mbps con cables de cobre o fibra óptica. Además de soportar velocidades de transferencia más elevadas, 1394b presenta otras novedades:

- Bucles de autocorrección. Si conecta dispositivos 1394b incorrectamente para crear un bucle lógico, la interfaz corrige el problema en lugar de fallar, como 1394a.
- Simplex dual continuo. Cada uno de los dos pares de hilos empleados transmite datos al otro dispositivo para que la velocidad se mantenga constante.
- Soporte para cable de red de fibra óptica y CAT5 y cable de cobre 1394a y 1394b estándar.
- Arbitraje de señales mejorado para soportar rendimiento más rápido y distancias de cable más rápidas.
- Soporte para cable CAT5, aunque use pares en los pines 1/2 y 7/8 solamente para más fiabilidad. Tampoco requiere cables cruzados.

Las implementaciones iniciales de IEEE 1394b usan una nueva interfaz de nueve hilos con dos pares de hilos de señalización. Sin embargo, para habilitar el puerto 1394b para conectar dispositivos compatibles con 1394a, se usan dos versiones del primero:

- Beta.
- Bilingual.

Los conectores Beta soportan sólo dispositivos 1394b, mientras que los Bilingual pueden soportar tanto dispositivos 1394b como 1394a. Como muestra la figura 12.16, los conectores y cables tienen el mismo diagrama de conexión pero con distintas muescas.

Observe que los zócalos y cables Bilingual tienen una muesca más estrecha que los Beta. Esto evita que se conecten cables diseñados para dispositivos 1394a en zócalos Beta. La figura 12.17 muestra una comparación entre un cable 1394b de Beta a Beta con cables de Bilingual a 1394a.

1394b S3200 (FireWire 3200)

En diciembre de 2007, la 1394 Trade Association anunció la especificación 1394b S3200 (FireWire 3200), que cuadruplica la velocidad de FireWire a 3,2Gbps (320MBps con codificación 8b/10b). La nueva velocidad utiliza los cables y conectores FireWire 800 existentes y es compatible con las especificaciones FireWire 800 y FireWire 400. Ya que los protocolos de servicio, datos y arbitraje de 1394 son iguales para el modo S3200 que para el S800 anterior, los distribuidores de hardware y software pueden aprovechar el nuevo modo sin cambios significativos en el diseño del producto.

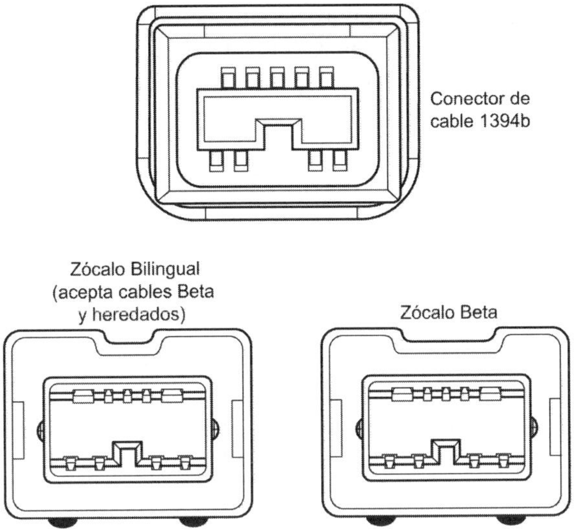

Figura 12.16. *Conectores y cables 1394b Bilingual y Beta. Muchas implementaciones 1394b utilizan ambos tipos de conectores.*

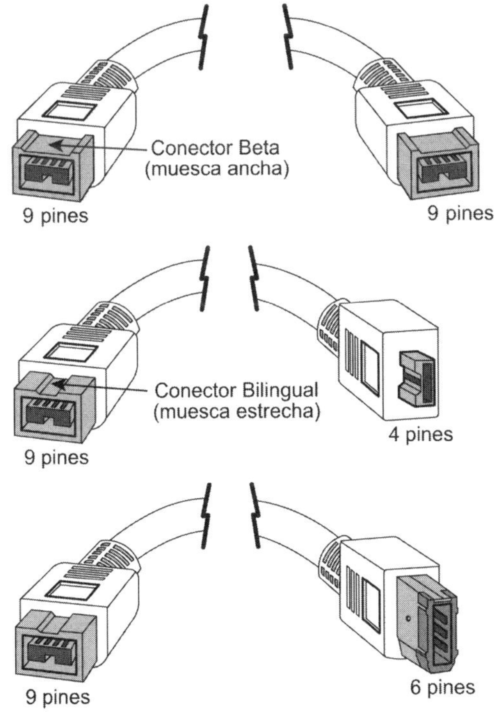

Figura 12.17. *Cable de Beta a Beta (arriba) comparado con dispositivos de Bilingual a 1394a de 4 pines (centro) y Bilingual a 1394a de 6 pines (abajo).*

La principal competencia de FireWire 3200 será USB 3.0, que ofrece más velocidad bruta (5Gbps frente a 3,2Gbps) y es mucho más popular. Debido al éxito generalizado de USB, es probable que FireWire 3200 no sea muy aceptado en los PC.

Comparación de USB e IEEE 1394 (FireWire)

Dada la similitud tanto en forma como en función de USB y 1394, ha habido cierta confusión sobre ellas. En la tabla 12.7 se recoge un resumen de las diferencias entre ambas tecnologías.

Tabla 12.7. *Comparación de USB y IEEE 1394 (FireWire).*

	IEEE 1394a (FireWire 400)	IEEE 1394b S800 (FireWire 800)	IEEE 1394b S3200 (FireWire 3200)	USB 1.1	USB 2.0	USB 3.0
Se necesita PC *host*	No	No	No	Sí	Sí[1]	Sí[1]
Cantidad máxima de dispositivos	63	63	63	127	127	127
Cambio en caliente	Sí	Sí	Sí	Sí	Sí	Sí
Longitud máxima de cable (entre dispositivos)	4,5 metros	4,5 metros	4,5 metros	5 metros	5 metros	3 metros
Energía disponible para dispositivos	7W[2]	7W	7W	2,5W	2,5W	4,5W
Velocidad de transferencia	400Mbps (50MBps)	800Mbps (80MBps)	3,2Gbps (320MBps)	12Mbps (1,5MBps)	480Mbps (60MBps)	5Gbps (500MBps)

[1] USB *On-The-Go* (OTG) no requiere un PC como *host*.
[2] 7W es lo normal, aunque algunos puertos IEEE 1394 pueden soportar 18W o más.

Actualmente, USB es con diferencia la interfaz externa más popular para PC, eclipsando a todas las demás. Esto se debe principalmente a que Intel desarrolló la mayor parte de USB y ha integrado soporte en todos sus *chipsets* y placas base desde 1996. Pocos *chipsets* de placa base, si hay alguno, integran 1394a o 1394b; hay que añadirlo como chip aparte a la placa base. El coste de la circuitería 1394 adicional (más 0,25 dólares de derechos para Apple Computer por sistema) y el hecho de que todas las placas base tengan ya integrado USB han limitado la popularidad de 1394 (FireWire) en el mercado del PC.

Pero a pesar de la abrumadora popularidad de USB, hay un mercado para 1394. Una de las principales diferencias entre 1394 y USB es que USB suele requerir un ordenador como *host* que proporcione el control y la administración del bus. Esto significa que no se puede conectar dos dispositivos USB directamente y transferir datos entre ellos, sino que deben estar ambos conectados a un PC, que actúa como controlador. Con FireWire, por el contrario, sí es posible hacerlo, ya que el bus está diseñado de forma que cualquier dispositivo pueda controlar las transferencias. Por ejemplo, se puede utilizar 1394 para conectar directamente un grabador DV a un DV-VCR para duplicar o editar cintas. Esto puede jugar un papel importante en el rendimiento porque la velocidad de transferencia entre dispositivos USB depende en gran medida de la potencia del PC que controla el bus, mientras que la de FireWire depende menos del PC y más de los dispositivos que realizan la transferencia.

Esto ha cambiado en parte con la aparición de un suplemento a la especificación USB 2.0 llamado USB *On-The-Go*, presentado en diciembre de 2001, que permite las mismas conexiones entre dispositivos que 1394 (FireWire), lo cual anula prácticamente la principal ventaja de 1394 sobre USB. Sin embargo, en realidad, esto apenas ha afectado al mercado USB porque son muy pocos los dispositivos que soportan realmente USB *On-The-Go*.

En general, yo sólo uso FireWire si no hay otra conexión disponible. Por ejemplo, si la cámara de vídeo digital que queremos conectar tiene sólo una conexión 1394 (FireWire/i. LINK), tendremos que conectarla a un puerto FireWire del sistema. Si el ordenador no incluye ningún puerto FireWire integrado, se puede añadir uno mediante una tarjeta adaptadora. Algunos dispositivos incluyen interfaces USB y 1394/FireWire para permitir su uso en una amplia gama de ordenadores.

Mitos y verdades sobre el rendimiento

Una vez me escribió un estudiante para consultarme sobre una pregunta que le había salido en un examen de informática. La pregunta era la siguiente: "¿Qué es más rápido, USB 2.0 o FireWire 400 (1394a)?". Ellos habían respondido que USB 2.0 era más rápido porque la velocidad de USB 2.0 estaba estimada en 480Mbps (60MBps), mientras que la de FireWire 400 lo estaba en 400Mbps (50MBps). Cuando les devolvieron el examen corregido, los estudiantes se sorprendieron al descubrir que su respuesta era incorrecta. Tras discutir el asunto en clase, el profesor confirmó las especificaciones técnicas, pero añadió que debido a una menor "tara" interna, FireWire era más rápido que USB en el mundo real, a pesar de que la velocidad de transferencia bruta fuese menor en teoría. Lo que me preguntaba básicamente el estudiante era quién tenía razón.

Odio este tipo de preguntas porque desde un punto de vista técnico la cuestión está planteada de una forma tan pobre e imprecisa que ambas respuestas pueden considerarse correctas. Por ejemplo, no queda claro si "más rápido" se refiere a la velocidad bruta del bus o al rendimiento real. Y si se refería al mundo real, no especifica en qué circunstancias. Cuando me enfrento a preguntas así, en las que hay que tomar una decisión u otra, en general lo mejor es responder de forma sencilla y evitar darle vueltas. Puesto que las pruebas en el mundo real implican muchas variables desconocidas, la respuesta más simple y definitiva se basaría únicamente en las velocidades de transferencia brutas. En ese caso la respuesta es simple: dado que USB 2.0 transfiere a 480Mbps (60MBps) y 1394a lo hace a 400Mbps (50MBps), es más rápido USB.

Se que habrá gente que discrepe, incluido el profesor que puso dicho examen. Muchos piensan (y varias pruebas así lo demuestran) que aunque USB es más rápido sobre el papel, FireWire es más rápido en el mundo real. A pesar de que no me gusta ser tan tajante, estoy de acuerdo en que, igual que con cualquier interfaz o bus de un PC, hay otros muchos factores que contribuyen al rendimiento para una tarea específica en unas condiciones determinadas además de la especificación de velocidad bruta del bus. Aunque mucha gente asume que FireWire es más rápido en realidad, lo cierto es que los diseños de USB y FireWire son muy distintos y no se puede predecir el resultado de un ejemplo concreto sin conocer todos los detalles relevantes.

Para comprobarlo, realicé unas cuantas pruebas y luego registré los resultados. Tenía una unidad Maxtor de 250MB a 7200 rpm montada sobre un envoltorio externo que soporta interfaces FireWire 400 (1394a) y USB 2.0. La unidad estaba formateada como una sola partición FAT32 y medio llena. Creé una carpeta y copié en ella un archivo de vídeo de 300MB. Escogí deliberadamente un archivo grande que no cupiese en ninguna de las cachés ni búferes de la unidad ni los sistemas implicados. Utilicé dos sistemas diferentes para las pruebas y ambos incluían interfaces FireWire 400 y USB 2.0. Eran así:

- **Sistema 1:** Sobremesa, con un procesador Pentium 4 a 3,6GHz, 1GB de RAM, Windows XP.
- **Sistema 2:** Portátil, procesador Pentium M a 1,7GHz, 1GB de RAM, Windows XP.

Para probar el rendimiento, copié el archivo y cronometré el tiempo en segundos que tardaba el comando en completarse. El archivo debía leerse y escribirse en la misma unidad, lo que supone básicamente un viaje de ida y vuelta por la interfaz (de la unidad al PC y del PC a la unidad). Utilicé dos comandos diferentes (`COPY` y `XCOPY`), ejecutando cada uno cuatro veces consecutivas, desechando los resultados de la primera ronda y haciendo media con los otros tres.

> ***Nota:** Para medir el tiempo que tardaba en copiarse cada archivo empleé la utilidad TimeIt, que es una herramienta de línea de comandos que registra el tiempo que tarda un comando determinado en ejecutarse.* `TimeIt.exe` *se incluye en el Kit de herramientas de recursos de Windows Server 2003, que puede descargar en* `http://go.microsoft.com/fwlink/?LinkId=4544`.

La tabla 12.8 recoge los tiempos medios de copia del archivo utilizando el sistema de sobremesa, más rápido.

***Tabla 12.8.** Tiempo transcurrido al copiar un archivo 300MB en un PC de sobremesa a 3,6GHz.*

Procedimiento	Tiempo con USB 2.0 (Segundos)	Tiempo con FireWire 400 (Segundos)	¿Cuál es más rápido?
`COPY` con archivo de 300MB	20,67	23,32	USB en un 12,82 por 100
`XCOPY` con archivo de 300MB	12,52	15,62	USB en un 24,73 por 100

Como demuestran los resultados, al usar el sistema de sobremesa para copiar el archivo, USB fue casi un 13 (con `COPY`) y un 25 por 100 (con `XCOPY`) más rápido que FireWire. Además es curioso que el uso del comando `XCOPY` fuera un 49 por 100 más rápido que `COPY` con FireWire y un 65 por 100 más rápido con USB. La tabla 12.9 recoge los tiempos medios de copia del archivo utilizando el ordenador portátil, más lento.

Tabla 12.9. *Tiempo transcurrido al copiar un archivo 300MB en un PC portátil a 1,7 GHz.*

Procedimiento	Tiempo con USB 2.0 (Segundos)	Tiempo con FireWire 400 (Segundos)	¿Cuál es más rápido?
`COPY` con archivo de 300MB	30,50	24,13	FireWire en un 26,37 por 100
`XCOPY` con archivo de 300MB	19,37	15,83	FireWire en un 22,34 por 100

Como prueban estos resultados, al usar el portátil para copiar el archivo, FireWire fue casi un 22 (con `XCOPY`) y un 26 por 100 (con `COPY`) más rápido que USB. También cabe destacar que el uso el comando `XCOPY` fuera un 52 por 100 más rápido que `COPY` con FireWire y un 57 por 100 más rápido con USB.

Entonces ¿cuál es más rápido en "el mundo real"? En este ejemplo, al copiar el archivo con el PC de sobremesa (mayor rendimiento), fue más rápido USB 2.0; sin embargo, en el portátil (más lento), FireWire resultó más rápido. Pero eso no es todo; también observé otro detalle interesante: parece ser que la velocidad y rendimiento relativos del PC influyeron notablemente en el rendimiento de las transferencias USB 2.0, mientras que no tuvieron prácticamente ningún efecto sobre las FireWire 400. La tabla 12.10 recoge una comparación.

Tabla 12.10. *Rendimiento de copia de archivos sobre USB/FireWire: sobremesa con Pentium 4 a 3,6GHz Vs. Portátil con Pentium M a 1,7GHz.*

Sobremesa Vs. Portátil	USB 2.0	FireWire 400
`COPY` con archivo de 300MB	Sobremesa un 47,54 por 100 más rápido	Sobremesa un 3,49 por 100 más rápido.
`XCOPY` con archivo de 300MB	Sobremesa un 54,67 por 100 más rápido	Sobremesa un 1,37 por 100 más rápido.

El sistema de sobremesa fue entre un 48 y un 50 por 100 más rápido que el portátil en las transferencias USB, pero tan sólo entre un 1 y un 3 por 100 más rápido en las FireWire. En otras palabras, el tiempo de transferencia de FireWire fue prácticamente idéntico en ambos sistemas, aunque los ordenadores tuvieran velocidades muy distintas. Es comprensible, ya que FireWire usa un diseño de conexión de igual a igual, que no emplea el PC para administrar la interfaz. Por otra parte, USB es un diseño basado en PC que utiliza el ordenador como controlador *host*. Dicho de otro modo, debido a las diferencias internas entre USB y FireWire, el procesador y el rendimiento general del PC influyen mucho más en USB que en FireWire.

Otra cuestión interesante es que el método empleado para copiar el archivo (`COPY` Vs. `XCOPY` en este caso) marcó una diferencia mayor que la interfaz y la velocidad del sistema, lo cual plantea varias preguntas: ¿Habría habido otras diferencias si la unidad hubiese estado formateada con NTFS en vez de FAT32? ¿Qué pasaría si se hubiesen copiado varios archivos pequeños en lugar de uno grande? ¿Y si se hubiese utilizado un sistema operativo diferente? Como verá, con cualquier punto de referencia o comparación hay que considerar numerosas variables, ¡y no hay respuestas simples a preguntas ambiguas!

Conexión (y desconexión) en caliente

Ya que algunos dispositivos USB y 1394 (FireWire) externos pueden conectarse en caliente, hay que tener cuidado en algunos casos a la hora de desconectarlos, especialmente con los dispositivos de almacenamiento. Para evitar la pérdida de datos con unidades y dispositivos de almacenamiento externos, al desconectarlos debería hacer clic en el icono **Quitar hardware con seguridad** de la barra de tareas de Windows (llamada con frecuencia bandeja del sistema). A continuación, seleccione el dispositivo a retirar y espere para desconectarlo unos segundos, hasta que se le indique que puede quitarlo con seguridad. Pero piense en esto: yo he desconectado dispositivos sin "retirarlos con seguridad" muchas veces y no he tenido ningún problema, así que ¿es necesario realmente hacerlo así? Para responder a esa pregunta adecuadamente, hay que profundizar en el funcionamiento de las cachés tanto en Windows como en el hardware.

Windows incluye una caché de escritura en el sistema operativo (que utiliza RAM del sistema) a la que Microsoft suele llamar escritura perezosa. La función de escritura perezosa basada en el sistema operativo existe desde hace mucho tiempo. De hecho, está habilitada por defecto para las unidades no extraíbles (como los discos duros ATA internos, por ejemplo) en todas las versiones de Windows desde 3.1 (como `smartdrv.exe`), que data de 1992. Lo que Microsoft llama escritura perezosa también se conoce como caché *writeback* y escritura retrasada.

En las versiones modernas de Windows, el administrador de caché controla la caché de escritura basada en Windows y vacía el contenido con frecuencia para minimizar pérdidas. Además, cualquier aplicación que utilice operaciones de escritura puede solicitar que se lleven a cabo en modo *write-through*, que ignora la escritura perezosa y va directamente al disco. La verdad es que, para minimizar las pérdidas de datos potenciales, la escritura perezosa está deshabilitada para los medios extraíbles en Windows por defecto. Se hizo así para minimizar los problemas derivados de lo que Microsoft llama extracción por sorpresa de cierto hardware. La escritura perezosa está habilitada por defecto para dispositivos de almacenamiento internos (ATA o SATA) que no pueden quitarse por sorpresa. También lo está para algunos dispositivos externos de alto rendimiento que podrían no ser cambiables en caliente, como los conectados mediante eSATA o SCSI.

Mucha gente se preocupa por la caché de escritura en relación con la pérdida de datos potencial. Una de las perores situaciones imaginables es un corte del suministro eléctrico mientras se está guardando un archivo, algo que ciertamente supondría la pérdida de los datos que no estuvieran ya grabados en la unidad y podría incluso dañar todo el sistema de archivos. Aquí es donde resulta útil llevar un registro de NTFS, una de las razones por las que NTFS es más recomendable que FAT.

Nota: *Si se produce un corte en el suministro eléctrico mientras está guardando un archivo en un dispositivo de almacenamiento con un sistema de archivos FAT, además de perder el archivo puede terminar con clústeres perdidos, archivos cruzados o daños en el sistema de archivos que podrían provocar una pérdida de datos mucho mayor que la del archivo que se estaba guardando. Sin embargo, si el corte se produce mientras guarda un archivo con NTFS, el sistema de archivos no sufrirá ningún daño. Naturalmente independientemente del sistema de archivos utilizado, es casi seguro que perderá parte del archivo que estaba guardando en el momento del corte porque, aunque tenga la caché de escritura deshabilitada, no es posible recuperar datos que nunca llegaron al disco.*

Además de la caché de Windows está la caché de escritura física integrada de la unidad, que también está habilitada por defecto en todas las unidades internas. Dependiendo del hardware y unidades específicos implicados, esta funcionalidad podría estar redefinida o controlada por Windows. Si se puede controlar, la ficha Directivas del cuadro de propiedades de la unidad en el Administrador de dispositivos tendrá una configuración denominada Habilitar caché de escritura en el disco, que permite a Windows activar y desactivar la función de caché de escritura del hardware de la unidad. Observe que el texto del cuadro de diálogo para Habilitar caché de escritura en el disco dice: Esta configuración habilita la caché de escritura en Windows para mejorar el rendimiento del disco, pero la pérdida de energía o un error del equipo pueden ocasionar pérdida o daño en la información.

En mi opinión, esta advertencia es más un descargo de responsabilidad que una advertencia de peligro real. Lo cierto es que cuando se está guardando un archivo y se produce un corte en el suministro eléctrico, la diferencia en la pérdida de datos entre tener la caché de escritura interna de la unidad habilitada y tenerla deshabilitada no tendrá mayor importancia. Sin embargo diría que si un sistema falla con frecuencia o se queda sin suministro durante la operación normal, deshabilitar la caché de escritura interna (y también la escritura perezosa de Windows para dispositivos externos) a través de la configuración del Administrador de dispositivos podría tener como resultado la pérdida de menos datos en determinadas circunstancias.

Con los dispositivos extraíbles, se puede cambiar la funcionalidad de escritura perezosa de Windows a través de las configuraciones Optimizar para extracción rápida (deshabilitarla) y Optimizar para rendimiento (habilitarla) de la ficha Directivas del cuadro de diálogo Propiedades de la unidad en la entrada del Administrador de tareas para cualquier dispositivo extraíble (es decir, unidades USB/FireWire). Además optimizar para extracción rápida también desactiva la caché interna de la unidad. La figura 12.18 muestra la configuración predeterminada para unidades USB externas.

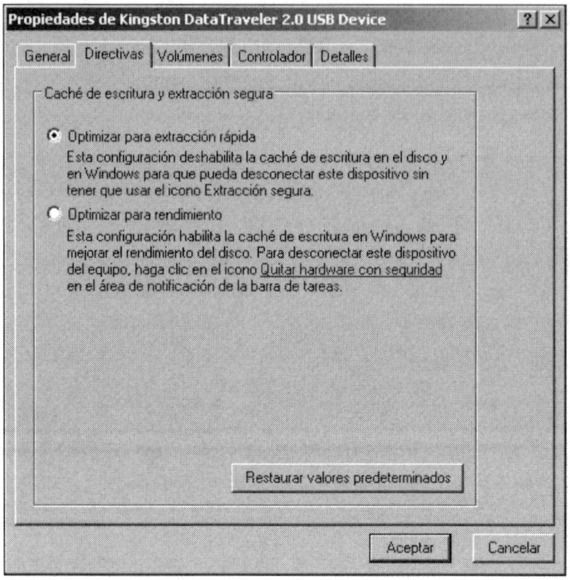

Figura 12.18. *Configuración Caché de escritura y extracción rápida para unidades externas.*

Estas configuraciones no suelen estar disponibles (aparecen atenuadas) para unidades internas, lo que significa que no es posible deshabilitar la caché interna en ellas. En la figura 12.19 se muestra la configuración invariable para las unidades internas.

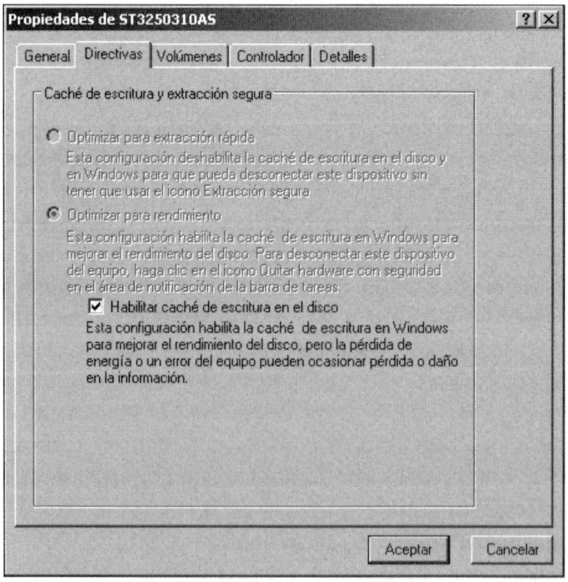

Figura 12.19. *Configuración Caché de escritura y extracción rápida para unidades internas.*

Algunas unidades pueden cambiarse en caliente; sin embargo, siguen teniendo el rendimiento de las unidades internas. Por ejemplo, mi portátil ThinkPad tiene una bahía de dispositivo cambiable que puede aceptar numerosos dispositivos, incluidas unidades Parallel ATA y Serial ATA. Con una unidad SATA instalada, las configuraciones de directiva predeterminadas son iguales que las de las unidades internas; no obstante, se puede cambiar si se desea. La figura 12.20 muestra la configuración predeterminada para una unidad instalada en la bahía cambiable.

La razón por la que se utilizan estas configuraciones es que para retirar el dispositivo de la bahía hay que pulsar un interruptor que informa automáticamente al sistema de la extracción inminente, activando así el proceso de extracción segura para ejecutar y vaciar todas las cachés.

Para las unidades externas, las capacidades varían a veces. Por ejemplo, tengo una unidad USB externa en la que si selecciono Optimizar para rendimiento, la casilla Habilitar caché de escritura en el disco se selecciona también automáticamente, a pesar de seguir atenuada, y debajo aparece una llamada amarilla advirtiendo de que el dispositivo no permite la deshabilitación de la caché de escritura. Tengo otra que no ofrece ninguna opción para la caché de escritura de hardware y otra que muestra la opción pero cuando la selecciono la configuración se deshace automáticamente en cuanto hago clic en **Aceptar**, lo que significa que no se puede habilitar la caché de escritura de hardware.

Para las unidades internas, casi siempre se recomienda mantener activada la caché de escritura para máximo rendimiento. Para rendimiento adicional en unidades externas, también se puede activar la escritura perezosa (Optimizar para rendimiento) y la caché de escritura de hardware (Habilitar caché de escritura en el disco), si están disponibles y especialmente si todos los volúmenes de la unidad están formateados con NTFS.

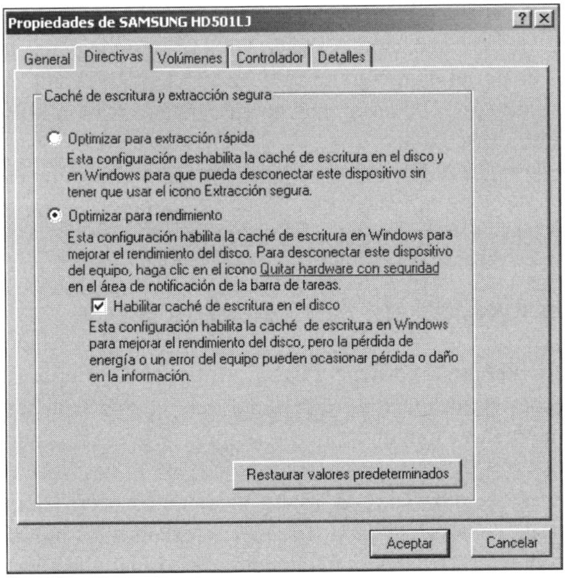

Figura 12.20. *Configuración Caché de escritura y extracción rápida para unidades internas.*

Conexiones externas de baja velocidad

Tradicionalmente, los puertos de comunicación más básicos de un PC han sido los serie y paralelos; sin embargo, USB los está reemplazando en la mayoría de los sistemas modernos.

Los puertos serie (también conocidos como puertos de comunicaciones o COM) se utilizaban originalmente para dispositivos que tenían que comunicarse de forma bidireccional con el sistema, como por ejemplo los módem, ratones, escáneres, digitalizadores y otros dispositivos que envían y reciben información a y desde el sistema. Algunos estándares de puertos paralelos también permiten realizar comunicaciones bidireccionales; sin embargo, el formato original se diseñó para comunicaciones unidireccionales.

Las tareas que llevaban a cabo tradicionalmente los puertos serie y paralelo las realizan ahora otros tipos de puertos, como USB y IEEE 1394 (FireWire), pero durante algún tiempo todavía se utilizarán puertos heredados en algunas aplicaciones.

Puertos serie

La interfaz serie asíncrona se diseñó como puerto de comunicaciones entre sistemas. Asíncrona significa que no hay presente ninguna señal de sincronización ni de reloj, así que los caracteres pueden enviarse con cualquier espacio de tiempo arbitrario.

Cada carácter que se envía sobre una conexión serie está enmarcado en una señal estándar de inicio y detención. Un solo bit "0", llamado bit de inicio, precede a cada carácter para decir al sistema receptor que los siguientes 8 bits constituyen un byte de datos. Uno o dos bits de detención siguen al carácter para señalar que ya se ha enviado. En el extremo receptor de la comunicación, los caracteres se reconocen por los signos de inicio y detención en vez de por el momento de su llegada. La interfaz asíncrona está orientada al carácter y tiene un 20 por 100 aproximadamente de tara para la información adicional necesaria para identificar cada uno.

Serie quiere decir que los datos se envían por un mismo hilo, con cada bit alineado en una serie para enviarse. Este tipo de comunicación se usa en sistemas telefónicos porque ofrece un hilo por dato en cada dirección.

Ubicaciones típicas de los puertos serie

Los puertos serie integrados están controlados por un chip Súper E/S o puente sur de la placa base. Si necesita más puertos serie de los que incluye su sistema como estándar, o si el ordenador no incluye ninguno, puede comprar tarjetas adaptadoras con uno o varios puertos serie.

Observe que los módem basados en tarjeta pueden incorporar además un puerto serie integrado en la tarjeta como parte de su circuitería (excepto los módem de software sin controlador). La figura 12.21 muestra el conector de 9 pines estándar que se utiliza con la mayoría de los puertos serie externos modernos.

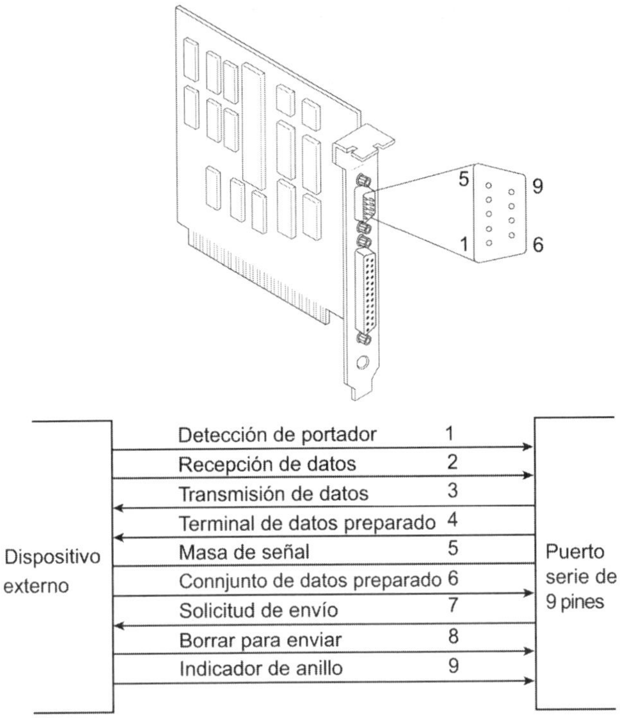

Figura 12.21. *Especificaciones para conector de puerto serie de estilo AT con 9 pines.*

La figura 12.22 muestra la versión original de 25 pines.

Los puertos serie pueden conectarse a diversos dispositivos, tales como módem, plóteres, impresoras, otros ordenadores, lectores de códigos de barras, escalas y circuitos de control de dispositivos.

La especificación oficial recomienda una longitud de cable máxima de 15 metros y medio. El factor limitante es la capacitancia de carga total del cable y los circuitos de entrada de la interfaz. La capacitancia máxima se especifica como 2.500pF (picofarads). Los cables especiales de capacitación baja pueden aumentar de forma eficaz la longitud máxima del cable, hasta 155m o más.

También existen controladores de línea (amplificadores/repetidores) que pueden ampliarla todavía más.

Las tablas 12.11, 12.12 y 12.13 recogen los diagramas de conexión de los conectores serie de 9 y 25 pines y el adaptador serie de 9 a 25 pines.

El chip UART

El corazón de todo puerto serie es el chip UART (*Universal Asynchronous Receiver/ Transmitter*, Receptor/transmisor asíncrono universal), que controla el proceso de reparto de los datos paralelos nativos dentro del PC en formato serie y la posterior conversión de los datos serie a formato paralelo. Los ordenadores modernos con puertos serie integrados en el *chipset* de la placa base emulan la funcionalidad del UART.

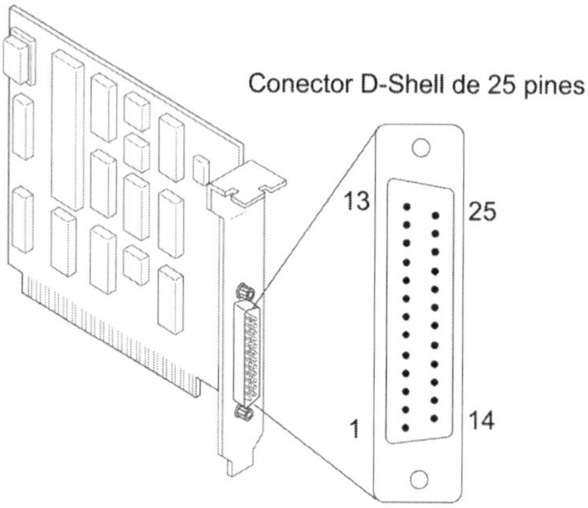

Dispositivo externo — Adaptador de comunicaciones asíncrono (RS-232C)

Descripción	Pin
NC	1
Datos transmitidos	2
Datos recibidos	3
Solicitud de envío	4
Borrar para enviar	5
Conjunto de datos preparado	6
Masa de señal	7
Detector de señal de línea recibida	8
+ Transmisión datos bucle actual	9
NC	10
- Transmisión datos bucle actual	11
NC	12
NC	13
NC	14
NC	15
NC	16
NC	17
+ Recepción datos bucle actual	18
NC	19
Terminal de datos preparado	20
NC	21
Indicador de anillo	22
NC	23
NC	24
- Recepciónretorno bucle actual	25

Figura 12.22. *Especificaciones para conector de puerto serie estándar con 25 pines.*

***Tabla 12.11.** Diagrama de conexión para un conector de puerto serie de 9 pines.*

Pin	Señal	Descripción	E/S
1	CD	Detección de portador	Entrada.
2	RD	Recepción de datos	Entrada.
3	TD	Transmisión de datos	Salida.
4	DTR	Terminal de datos preparado	Salida.
5	SG	Masa señal	—
6	DSR	Conjunto de datos preparado	Entrada.
7	RTS	Solicitud de envío	Salida.
8	CTS	Borrar para enviar	Entrada.
9	RI	Indicador de anillo	Entrada.

***Tabla 12.12.** Diagrama de conexión para un conector de puerto serie de 25 pines.*

Pin	Señal	Descripción	E/S
1	—	Masa chasis	—
2	TD	Transmisión de datos	Salida.
3	RD	Recepción de datos	Entrada.
4	RTS	Solicitud de envío	Salida.
5	CTS	Borrar para enviar	Entrada.
6	DSR	Conjunto de datos preparado	Entrada.
7	SG	Masa señal	—
8	CD	Detector de señal de línea recibida	Entrada.
9	—	+Transmisión datos bucle actual	Salida.
11	—	–Transmisión datos bucle actual	Salida.
18	—	+Recepción datos bucle actual	Entrada.
20	DTR	Terminal de datos preparado	Salida.
22	RI	Indicador de anillo	Entrada.
25	—	–Recepción retorno bucle actual	Entrada.

***Tabla 12.13.** Conexiones para un adaptador serie de 9 a 25 pines.*

9 pines	25 pines	Señal	Descripción
1	8	CD	Detección de portador.
2	3	RD	Recepción de datos.

9 pines	25 pines	Señal	Descripción
3	2	TD	Transmisión de datos.
4	20	DTR	Terminal de datos preparado.
5	7	SG	Masa señal.
6	6	DSR	Conjunto de datos preparado.
7	4	RTS	Solicitud de envío.
8	5	CTS	Borrar para enviar.
9	22	RI	Indicador de anillo.

Configuración de un puerto serie

Cada vez que un puerto serie recibe un carácter, llama la atención del ordenador emitiendo una línea de solicitud de interrupción (IRQ). Los sistemas de bus ISA de 8 bits tienen ocho líneas de éstas y los sistemas con bus ISA de 16 bits, tienen 16. El chip controlador de interrupción 8259 o equivalente suele manejar estas solicitudes. En una configuración estándar, COM1 usa IRQ4 y COM2, IRQ3. Incluso en los sistemas más recientes, la asignación de puertos COM predeterminada permanece igual para compatibilidad con software y hardware.

Cuando se instala un puerto serie en un sistema, debe configurarse para usar direcciones E/S (denominadas puertos) e interrupciones (IRQ) específicas. La tabla 12.14 recoge la configuración de recursos de puerto E/S e IRQ estándar para los puertos serie.

Tabla 12.14. *Direcciones de puerto E/S e interrupciones serie estándar.*

COM	Puertos	IRQ
COM1	3F8–3FFh	IRQ4
COM2	2F8–2FFh	IRQ3
COM3	3E8–3EFh	IRQ4*
COM4	2E8–2EFh	IRQ3*

* Observe que aunque es posible configurar varios puertos serie para compartir IRQ3 e IRQ4 con COM1 y COM2, no es aconsejable. Lo mejor sería configurar COM3 en IRQ10 y COM4 en IRQ11 (si está disponible).

Puertos paralelos

Los puertos paralelos suelen usarse para conectar impresoras a un PC. Aunque ése fuese su único propósito originalmente, se fueron haciendo más útiles con los años como interfaz de velocidad relativamente alta para fines generales entre dispositivos (en comparación con puertos serie). Sin embargo en la actualidad los puertos USB han sustituido a los paralelos para impresión y conexión con dispositivos como escáneres o bien unidades externas. Yo recomiendo el uso de dispositivos USB en lugar de paralelos, pero si soporta sistemas operativos o impresoras antiguas, puede que tenga que seguir trabajando con puertos y dispositivos paralelos.

Los puertos paralelos se llaman así porque tienen ocho líneas para enviar todos los bits que componen un byte de datos simultáneamente por los ocho hilos. La tabla 12.15 recoge el diagrama de conexión de un puerto paralelo estándar para PC.

Tabla 12.15. *Diagrama de conexión para un conector de puerto paralelo de 25 pines compatible con PC.*

Pin	Señal	E/S
1	–Strobe	Salida.
2	+Data Bit 0	Salida.
3	+Data Bit 1	Salida.
4	+Data Bit 2	Salida.
5	+Data Bit 3	Salida.
6	+Data Bit 4	Salida.
7	+Data Bit 5	Salida.
8	+Data Bit 6	Salida.
9	+Data Bit 7	Salida.
10	–Acknowledge	Entrada.
11	+Busy	Entrada.
12	+Paper End	Entrada.
13	+Select	Entrada.
14	–Auto Feed	Salida.
15	–Error	Entrada.
16	–Initialize Printer	Salida.
17	–Select Input	Salida.
18	–Data Bit 0 Return (GND)	Entrada.
19	–Data Bit 1 Return (GND)	Entrada.
20	–Data Bit 2 Return (GND)	Entrada.
21	–Data Bit 3 Return (GND)	Entrada.
22	–Data Bit 4 Return (GND)	Entrada.
23	–Data Bit 5 Return (GND)	Entrada.
24	–Data Bit 6 Return (GND)	Entrada.
25	–Data Bit 7 Return (GND)	Entrada.

Estándar para puerto paralelo IEEE 1284

El estándar IEEE 1284, que se llama "*Standard Signaling Method for a Bidirectional Parallel Peripheral Interface for Personal Computers*", se aprobó y publicó en marzo de 1994. Dicho estándar define las características físicas del puerto paralelo, incluidos los modos de transferencia de datos y las especificaciones físicas y eléctricas. IEEE 1284 define el comportamiento de la señalización para un puerto paralelo multimodo que puede soportar modos de operación de 4 bits. La especificación 1284 no requiere todos los modos, y el estándar prevé modos adicionales.

La especificación IEEE 1284 estaba dirigida a la normalización del comportamiento entre un PC y un dispositivo conectado, específicamente, una impresora. Sin embargo también resultó de interés para los fabricantes de periféricos de puerto paralelo (unidades extraíbles, escáneres, etc.)

IEEE 1284 sólo se relaciona con el hardware y el control de líneas, no define cómo el software se comunica con el puerto. Se creó una versión del estándar 1284 para definir la interfaz de software. El comité IEEE 1284.3 se formó para desarrollar un estándar para software que se utilice con hardware IEEE 1284. Este estándar contiene una especificación para soportar el modo EPP (*Enhanced Parallel Port*, Puerto paralelo mejorado) mediante la BIOS del sistema. IEEE 1284 permite un rendimiento más alto en una conexión entre un ordenador y una impresora o entre dos equipos. El resultado es que el cable de la impresora ya no es el cable estándar, sino que usa la tecnología de par cruzado, que aporta más fiabilidad y una conexión sin errores.

El estándar IEEE 1284 también define los conectores de puerto paralelo, incluidos los dos tipos que ya existían (A y B) y un tipo C adicional de alta densidad. El tipo A se refiere al conector DB25 estándar utilizado en la mayoría de los sistemas PC para conexiones paralelas, mientras que el tipo B hace referencia al conector de estilo Centronics de 36 pines que encontramos en las impresoras. El tipo C es un conector de 36 pines de alta velocidad que también se encuentra en algunas impresoras. La mayoría de los puertos paralelos utilizan el receptáculo A estándar. La figura 12.23 muestra los tres conectores.

El estándar de puerto paralelo IEEE 1284 define cinco modos de operación para los puertos, con especial atención a los modos EPP y ECP. Algunos son sólo de entrada y otros sólo de salida. Los cinco modos se combinan para crear cuatro tipos de puertos, como recoge la tabla 12.16.

Tabla 12.16. *Tipos de puertos IEEE 1284.*

Tipo de puerto paralelo	Modo de entrada	Modo de salida	Comentarios
SPP (Puerto paralelo estándar)	Nibble	Compatible	Entrada de 4 bits, salida de 8.
Bidirectional	Byte	Compatible	8 bits de E/S.
EPP (Puerto paralelo mejorado)	EPP	EPP	8 bits de E/S.
ECP (Puerto con capacidad ampliada)	ECP	ECP	8 bits de E/S, usa DMA.

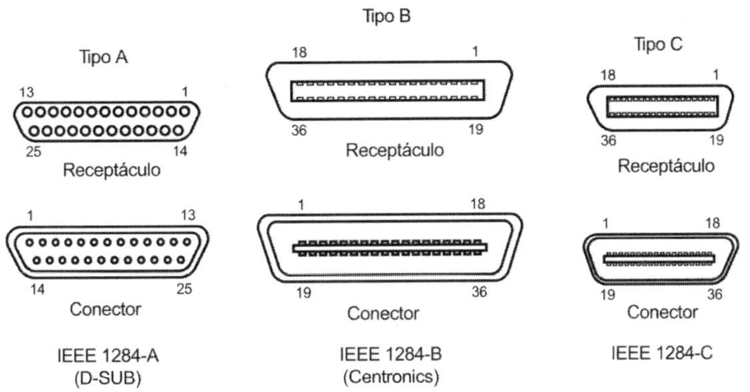

Figura 12.23. *Los tres tipos de conectores de puerto paralelo IEEE 1284.*

La tabla 12.17 recoge los modos de puerto paralelo definidos por 1284. También ofrece las velocidades de transferencia aproximadas.

Tabla 12.17. *Modos de puerto paralelo IEEE 1284.*

Modo de puerto paralelo	Dirección	Velocidad de transferencia
Nibble (4 bits)	Sólo entrada	50KBps
Byte (8 bits)	Sólo entrada	150KBps
Compatible	Sólo salida	150KBps
EPP	Entrada/Salida	500KBps–2,77MBps
ECP	Entrada/salida	500KBps–2,77MBps

Puertos paralelos estándar

Los sistemas antiguos no contaban con distintos tipos de puertos paralelos. El único puerto paralelo disponible era el que se utilizaba para enviar información del ordenador a un dispositivo, como una impresora. La naturaleza unidireccional de aquel puerto paralelo original estaba en consonancia con su principal uso: enviar datos a una impresora. Sin embargo, había ocasiones en las que vendría bien un puerto bidireccional, por ejemplo, cuando había que recibir retroalimentación de una impresora, algo muy habitual con las PostScript. Esto no podía hacerse fácilmente con los puertos paralelos unidireccionales originales.

Aunque no estaba pensado para entradas, se ideó un esquema inteligente en el que cuatro de las líneas de señal podían usarse como conexión de entrada de 4 bits. Así pues, estos puertos contaban con salida de 8 bits (byte) en modo Compatible y entrada de 4 en modo Nibble. Esto sigue siendo muy habitual en los sistemas de escritorio de gama baja. Es probable que los ordenadores fabricados a partir de 1993 incluyan puertos paralelos con mayor capacidad, como los bidireccionales, EPP o ECP.

Los puertos paralelos estándar tienen capacidad para velocidades de transferencia efectiva de unos 150KBps en salida y 50KBps en entrada.

Puertos paralelos bidireccionales (8 bits)

Con la aparición de la serie PS/2 en 1987, IBM introdujo el puerto paralelo bidireccional. Estos puertos todavía se encuentran a menudo en los sistemas compatibles con PC y reciben el nombre de bidireccionales, tipo PS/2 o puertos paralelos ampliados. Este diseño abrió las puertas a la verdadera comunicación entre el ordenador y los periféricos a través del puerto paralelo. Se consiguió definiendo algunos de los pines del conector paralelo que antes estaban sin utilizar y un bit de estado para indicar la dirección en la que la información viajaba por el canal. Esto permite la entrada de 8 bits (modo Byte).

Estos puertos tienen entrada y salida de 8 bits con las ocho líneas estándar y son bastante más rápidos que los puertos de 4 bits cuando se usan con dispositivos externos. Los puertos bidireccionales alcanzan velocidades de transferencia de 150KBps tanto en entrada como en salida. Algunos sistemas recientes utilizan este modo como estándar.

Puerto paralelo mejorado

Intel, Xircom y Zenith Data Systems desarrollaron y presentaron el EPP en octubre de 1991. Los primeros productos en ofrecer EPP fueron los portátiles de Zenith Data Systems, los adaptadores LAN de Xircom Pocket y el chip E/S 82360 SL de Intel. En los sistemas actuales que incluyen puertos paralelos, EPP es uno de los modos soportados. EPP opera casi a la misma velocidad que el bus ISA y aumenta diez veces el rendimiento bruto de un puerto paralelo convencional. EPP se diseñó especialmente para periféricos de puerto paralelo, como adaptadores LAN, unidades de disco y cintas de copia de seguridad. Este puerto se incluye en el estándar IEEE 1284. Con él, es posible conseguir velocidades de transferencia de hasta 2,77MBps. La versión 1.7 de EPP (marzo de 1992) fue la primera versión popular de la especificación de hardware. Con unos pequeños cambios, se abandonó en seguida y pasó al estándar IEEE 1284. Algunos materiales de referencia hablan incorrectamente de una versión 1.9 de la especificación EPP, generando confusión sobre el estándar EPP. Observe que técnicamente no existe tal versión; cualquier especificación EPP posterior a la original (1.7) forma parte de la especificación IEEE 1284.

Desafortunadamente, el resultado de esto son dos estándares en cierto modo incompatibles para los puertos paralelos EPP: el estándar original 1.7 del EPP Standards Committee y el del IEEE 1284 Committee, habitualmente llamado EPP versión 1.9. Los dos son suficientemente parecidos como para que los periféricos puedan diseñarse de forma que soporten ambos, pero los periféricos EPP 1.7 antiguos podrían no funcionar con puertos EPP 1284 (EPP 1.9). Por este motivo, algunos puertos multimodo permiten la configuración en EPP 1.7 o 1.9, que suele seleccionarse en el programa de configuración de la BIOS.

Puerto con capacidad ampliada

En 1992, Microsoft y Hewlett-Packard anunciaron otro tipo de puerto paralelo de alta velocidad: el ECP (*Enhanced Capabilities Port*, Puerto con capacidad ampliada). Al igual que el EPP, el ECP ofrece rendimiento mejorado para el puerto paralelo y requiere una lógica de hardware especial. Desde el anuncio inicial, ECP se incluyó en IEEE 1284, igual que EPP, pero a diferencia de éste, el ECP no está adaptado para soportar periféricos de puerto paralelo para PC portátiles; su finalidad es soportar conexiones económicas a una impresora o escáner de alto rendimiento. Además, el modo ECP requiere el uso de un canal DMA que EPP no definía y que puede entrar en conflicto con otros dispositivos que lo utilizan. La mayoría de los PC construidos desde mediados de los noventa soportan los EPP y ECP. Si emplea dispositivos paralelos, le aconsejo que ponga el puerto en modo ECP (o un modo combinatorio conocido como EPP/ECP) para obtener el máximo rendimiento.

Configuración de un puerto paralelo

La configuración de los puertos paralelos no es tan complicada como la de los serie. Incluso el IBM PC tenía soporte BIOS para tres puertos LPT.

La tabla 12.18 recoge la configuración de direcciones de E/S e interrupciones estándar para el uso de puertos paralelos.

Tabla 12.18. *Direcciones de puerto de E/S e interrupciones para interfaz paralela.*

LPTx estándar	LPTx alternativo	Puertos E/S	IRQ
LPT1	—	3BC–3BFh	IRQ7
LPT1	LPT2	378–37Ah	IRQ5
LPT2	LPT3	278h–27Ah	IRQ5

Ya que la BIOS siempre ha proporcionado tres definiciones para los puertos paralelos, los problemas con ellos son poco usuales.

Índice alfabético

A

B

C

D

E

F

G

H

I

J

K

L

M

N

O

P

Q

R